Temas de **Análise Econômica** *do Direito Processual*

COORDENADORES
LUIZ FUX
RODRIGO FUX
RAFAEL GAIA PEPE

Temas de **Análise Econômica** *do Direito Processual*

AUTORES

ALEXANDRE MAGNO DA CONCEIÇÃO BITTENCOURT • AMANDA DE LIMA VIEIRA • ANDERSON DE PAIVA GABRIEL • FELIPE CARVALHO GONÇALVES DA SILVA • CARLA CAMPOS AMORELLI DE FREITAS • CARLA TERESA BONFADINI DE SÁ • CLAUDIO LUIZ DE MIRANDA BASTOS • DANIEL VIANNA VARGAS • FÁBIO COSTA SOARES • FABÍOLA UTZIG HASELOF • FLÓRENCY RODRIGUES • HEITOR DE ANDRADE MENDES • ISABEL DE ALBU-QUERQUE MARANHÃO MILMAN • JORGE LUIS DA COSTA SILVA • JOSÉ ROBERTO SOTERO DE MELLO PORTO • LUDMILLA CAMACHO DUARTE VIDAL • LUIZ FUX • MARCELO MAZZOLA • NATHALIA RIBEIRO • PAULO WUNDER • RAFAEL ESTRELA NÓBREGA • RAFAEL GAIA PEPE • RAFAEL VASCONCELLOS DE ARAÚJO PEREIRA • ROBERTA FERME SIVOLELLA • RODRIGO FUX • SONIA LEAL MARTINS • TATIANA MACHADO ALVES • THIAGO DIAS DELFINO CABRAL • TIAGO LEZAN SANT´ANNA

GZ
EDITORA

Rio de Janeiro
2021

1ª edição – 2021

Presidente do Conselho Editorial
Nelson Nery Costa

Diagramação
Olga Martins

Foto da capa
Chait Goli - Pexels

Capa
Carmen Guerrero

CIP – Brasil. Catalogação-na-fonte.
Sindicato Nacional dos Editores de Livros, RJ.

A551

Temas de Análise Econômica do Direito Processual / Alexandre Magno da Conceição Bittencourt; coordenação Luiz Fux, Rodrigo Fux, Rafael Gaia Pepe. - 1. ed. - Rio de Janeiro: Mundo Jurídico, 2019.
586p.; 24 cm.

Inclui bibliografia e índice
ISBN 978-85-9524-066-7

1. Direito processual - Brasil. I. Bittencourt, Alexandre Magno da Conceição. II. Fux, Luiz. III. Fux, Rodrigo. IV. Pepe, Rafael Gaia.

19-58138
CDU: 340(81)

Av. Erasmo Braga, 299 – sala 202
CEP: 20020-000 – Rio de Janeiro – RJ
Tels.: (0XX21) 2240-1406 / 2240-1416 – Fax: (0XX21) 2240-1511
contato@editoragz.com.br
www.editoragz.com.br

Impresso no Brasil
Printed in Brazil

APRESENTAÇÃO

Sob um prisma histórico, os primeiros estudos relacionados à Análise Econômica do Direito remontam ao final da década de 50 e início da década de 60 do século passado, capitaneados pelos escritos de Gary Becker, Guido Calabresi e Ronald Coase. Não obstante o tempo transcorrido desde então, até um passado muito recente, o pensamento jurídico brasileiro manteve-se infenso a tais lições, ressalvadas algumas honrosas exceções. Esse afastamento deliberado talvez decorra da necessária quebra dos paradigmas doutrinários convencionais, porquanto a Análise Econômica do Direito exige do intérprete uma postura investigativa, atrelada à identificação da lógica que subjaz às normas jurídicas, à observação de seus efeitos e à proposição de novos parâmetros de conduta.

O Direito Processual, naturalmente, não ficou imune a esses novos influxos. Por conseguinte, tornou-se imprescindível revisitar as normas processuais, como forma de avaliar a sua eficiência, sob um viés consequencialista. Deste modo, os institutos tradicionais do Direito Processual, a exemplo do acesso à justiça, da coisa julgada e dos recursos, experimentaram uma releitura à luz da Análise Econômica. Figuras mais recentes, como os meios adequados de solução de controvérsias e os precedentes vinculantes, por sua vez, são impulsionados por essa nova perspectiva.

A presente obra tem origem nos estudos desenvolvidos no âmbito do Grupo de Pesquisa em Análise Econômica do Direito Processual, por mim conduzido no Programa de Pós-Graduação da Universidade do Estado do Rio de Janeiro. Em conjunto com os outros dois coordenadores deste livro, Rodrigo Fux e Rafael Gaia Pepe, busquei reunir os trabalhos elaborados pelos pesquisadores, todos eles profissionais experimentados em seus respectivos campos de atuação, abordando uma gama de assuntos relacionados à temática central. Assim, o livro compreende artigos que vão desde a exposição dos fundamentos teóricos da Análise Econômica do Direito Processual, até aplicações práticas específicas no Processo Civil e no Processo Penal.

Estou seguro de que os múltiplos ângulos de abordagem, contidos nos distintos artigos, propiciarão a desejada difusão acadêmica da metodologia da Análise Econômica do Direito Processual, inspirando novas e salutares reflexões. É esse o escopo desta obra, que considero atendido com louvor.

Luiz Fux
Ministro Presidente do
Supremo Tribunal Federal

PREFÁCIO

Direito e Economia são Ciências que podem e devem ser pensadas articuladas entre si e, sobretudo, com a realidade da vida. Não são e não podem ser campos isolados do conhecimento. Sem dúvida, há um papel muito importante à compreensão filosófica abstrata dos fenômenos jurídicos e econômicos. Por outro lado, o isolamento em normas e números tomados em si mesmos, com exclusão da vida real, seria atitude nefelibata que deixaria escapar a riqueza e a complexidade próprias à vida humana. As relações jurídicas e as relações econômicas remontam aos primórdios das relações sociais próprias à Humanidade. Ainda assim, é recente o empenho de articular Direito e Economia com rigor científico, com metodologia dedicada, empenho esse que é devido à Academia de Chicago em meados do Século XX.

A expansão das teorias econômicas para além dos aspectos estritamente financeiros torna necessário o conhecimento dos fundamentos da Economia pelos estudiosos de todas as áreas do conhecimento. Desse modo, a conjugação da Economia com temas ligados à Política, à Sociologia, à Psicologia e, como não poderia deixar de ser, ao Direito é fundamental para compreender a própria aplicação prática dessas diferentes Ciências, aí incluído o Direito.

É precisamente nesse contexto que merece destaque o papel exercido pela Escola de Chicago na criação e no desenvolvimento do que se convencionou chamar "Law and Economics" ou, como usualmente dito na Academia brasileira, "Análise Econômica do Direito". Essa linha de pensamento, que busca ampliar a eficiência do Direito como instrumento de Justiça, foi inicialmente impulsionada pelos trabalhos apresentados por Ronald Coase, ainda na década de 1960. Os estudos de Coase foram posteriormente aprofundados por outros dois Professores de Chicago, Gary Becker e Richard Posner. Esse último é considerado a grande referência mundial no tema, sobretudo após sua obra intitulada "Economic Analysis of Law".

Nesse contexto, é essencial que Legisladores, Juízes, Advogados e profissionais do Direito em geral tenham muito presente os impactos econômicos de todas as suas decisões. Em verdade, deve-se ter esse ponto de vista em muito boa conta. Isso porque a realidade sempre se impõe: toda e qualquer tomada de decisão, ainda que respaldada nas melhores intenções, pode ser equivocada e danosa se deixar de avaliar corretamente todas as suas possíveis consequências, mormente aquelas de ordem econômica.

Portanto é tempo de prestar a devida atenção aos fundamentos da Análise Econômica do Direito. Isso porque não apenas permitem fazer prognósticos dos efeitos de proposições normativas em consideração, bem assim chamam à responsabilidade manifestações jurídicas, seja na esfera administrativa, seja na esfera judicial, tomando em consideração os possíveis reflexos que terão. Aliás, o art. 20 da Lei de Introdução às Normas do Direito Brasileiro dispõe: "Nas esferas administrativa, controladora e judicial, não se decidirá com base em valores jurídicos abstratos sem que sejam consideradas as consequências práticas da decisão." Apenas assim é possível mensurar o custo-benefício das decisões, inclusive daquelas tomadas em juízo, com as devidas reflexões, por exemplo, acerca dos efeitos da estabilidade da jurisprudência e da utilização dos meios adequados de resolução dos conflitos. Tudo isso aponta para um muito importante valor civilizatório de importância imensurável, seja para o Direito, seja para a Economia: a segurança jurídica, valor esse que passa pela coerência e previsibilidade das decisões judiciais, bem assim pela estabilidade da jurisprudência.

É verdade que a Análise Econômica do Direito tem nível avançado de desenvolvimento em outros países. Porém, ainda está em seus primeiros passos no debate brasileiro. Por isso mesmo, é uma honra prefaciar obra coletiva que cuida precisamente dessa temática, reunindo artigos elaborados sob a coordenação sábia e segura do Ministro Luiz Fux, do Supremo Tribunal Federal, a partir da seminal produção acadêmica do Programa de Pós-Graduação da Faculdade de Direito da Universidade do Estado do Rio de Janeiro, em que é reconhecido Professor Titular de Processo Civil.

Todos os artigos ora reunidos, muito esclarecedores e escritos por respeitável grupo de jovens juristas, a exemplo dos Professores Rodrigo Fux e Rafael Pepe, também Coordenadores da obra, cobrem a incidência da Análise Econômica do Direito em praticamente todos os campos do Direito Processual. Desse modo, o presente livro alcança dos fundamentos à aplicação prática da Análise Econômica do Direito, passando por temas como litigância desenfreada, pragmatismo jurídico, valorização dos precedentes, demandas frívolas, custo dos litígios, repartição de competências, sistema multiportas, produção de provas, efetividade da execução, colaboração premiada e presunção de inocência. Trata-se, portanto, de leitura obrigatória para todos aqueles que têm interesse no assunto.

Estas linhas prefaciais não pretendem aprofundar os temas relacionados à Análise Econômica do Direito, o que bem fazem os articulistas. Porém, é com entusiasmo que devem ser destacados os importantes passos que a presente coletânea dá em direção à consolidação de uma necessária visão interdisciplinar a envolver Direito e Economia. Por todo o exposto, importa cumprimentar o Ministro Luiz Fux e os demais Coordenadores pela excelente iniciativa, desejando a todos os leitores um ótimo proveito.

Paulo Roberto Nunes Guedes

Ministro de Estado da Economia

SOBRE OS AUTORES

ALEXANDRE MAGNO DA CONCEIÇÃO BITTENCOURT

Mestrando em Processo Civil pelo PPGD-UERJ.

AMANDA DE LIMA VIEIRA

Doutoranda em Direito Processual na Universidade do Estado do Rio de Janeiro – UERJ. Advogada. Contato: amandalimavieira@uol.com.br.

ANDERSON DE PAIVA GABRIEL

Doutorando e Mestre em Direito Processual pela Universidade do Estado do Rio de Janeiro (UERJ). Juiz de Direito do Tribunal de Justiça do Estado do Rio de Janeiro, aprovado em 1º lugar no XLVII Concurso. Anteriormente, atuou como Delegado de Polícia do Estado do Rio de Janeiro (2010-2017) e como Delegado de Polícia do Estado de Santa Catarina (2009-2010). Possui graduação em Ciências Jurídicas e Sociais pela Universidade Federal do Rio de Janeiro (2008), especialização em Direito Público e Privado pelo Instituto Superior do Ministério Público (2010), especialização em Direito Constitucional pela Universidade Estácio de Sá (2010) e especialização em Gestão em Segurança Pública pela Universidade do Sul de Santa Catarina (2011). Professor de Direito Processual Penal da Escola da Magistratura do Estado do Rio de Janeiro (EMERJ) e da Escola de Administração Judiciária (ESAJ). Membro do Instituto Brasileiro de Direito Processual (IBDP). Integrante do Fórum Nacional de Juízes Criminais (FONAJUC).

FELIPE CARVALHO GONÇALVES DA SILVA

Doutorando e Mestre em Direito Processual pela Universidade do Estado do Rio de Janeiro (UERJ). Juiz de Direito do Tribunal de Justiça do Estado do Rio de Janeiro. Anteriormente, foi Defensor Público do Estado do Rio de Janeiro (2002-2006). Titular da 2ª Vara Criminal de Belford Roxo.

RAFAEL ESTRELA NÓBREGA

Doutorando e Mestre em Direito Processual pela Universidade do Estado do Rio de Janeiro (UERJ). Juiz de Direito do Tribunal de Justiça do Estado do Rio de Janeiro. Juiz Titular da 3ª Vara Criminal de Duque de Caxias, em Exercício na Vara de Execuções Penais.

CARLA CAMPOS AMORELLI DE FREITAS

Advogada. Pós-Graduação Lato Sensu em Direito Empresarial na Pontifícia Universidade Católica do Rio de Janeiro (PUC-RIO). Mestrado em Direito pela UVA. Professora de Processo Civil no curso de Pós-Graduação de Gestão Jurídica e Processo Civil do IBMEC-RJ.

CARLA TERESA BONFADINI DE SÁ

Juíza Federal, ex-defensora pública do Estado do Rio de Janeiro. Mestre em Direito Processual Civil pela Universidade do Estado do Rio de Janeiro.

CLAUDIO LUIZ DE MIRANDA BASTOS FILHO

Doutorando e Mestre em Direito, na linha "Empresa e Atividades Econômicas" na Universidade do Estado do Rio de Janeiro – UERJ. Professor e advogado no Rio de Janeiro.

Daniel Vianna Vargas

Doutorando e Mestre em Direito Processual/UERJ. Mestre em Direito Universidade de Barcelona y Universidade Pompeu Fabra (Espa-nha) (mest. pp.). Juiz de Direito TJRJ.

Fábio Costa Soares

Doutorando em Direito processual (UERJ). Mestre em Direito Processual (UERJ). Especialista em Direito do Consumidor (UERJ/CEPED). Graduado em Direito pela Universidade Federal Fluminense (UFF). Juiz de Direito (TJRJ).

Fabíola Utzig Haselof

Juíza Federal Titular – Tribunal Regional Federal da 2ª Região. Doutoranda em Processo pela UERJ – Universidade do Estado do Rio de Janeiro. Mestre em Direito pela UNESA/RJ.

Flórency Rodrigues

Mestranda em Direito Processual pela Universidade do Estado do Rio de Janeiro (UERJ). Advogada.

Heitor de Andrade mendes

Juiz de Direito do TJRJ. Professor da EMERJ. Mestre em Direito Processual pela UERJ.

Isabel de Albuquerque Maranhão Milman

Advogada e mestranda pela Universidade do Estado do Rio de Janeiro (Uerj).

Jorge Luis da Costa Silva

Mestrando em Direito Processual pela Universidade do Estado do Rio de Janeiro. Graduado em Direito pela Universidade do Estado do Rio de Janeiro. Assessor no Tribunal Regional Federal da 2ª Região.

José Roberto Sotero de Mello Porto

Defensor Público do Estado do Rio de Janeiro. Doutorando e mestre em Direito Processual pela UERJ

Ludmilla Camacho Duarte Vidal

Doutoranda e Mestre em Direito pela UERJ . Professora de Processo Civil da UFJF. Advogada.

Luiz Fux

Ministro Presidente do Supremo Tribunal Federal e do Conselho Nacional de Justiça. Professor Titular de Direito Processual Civil da Faculdade de Direito da Universidade do Estado do Rio de Janeiro (UERJ). Doutor em Direito Processual Civil pela Universidade do Estado do Rio de Janeiro (UERJ). Palestrante internacional na Harvard Law School, no Massachusetts Institute of Technology, na Universidade de Oxford, na Universidade de Coimbra, no Council of the Americas e no Cyrus Vance Center/NY. Membro da Academia Brasileira de Letras Jurídicas e da Academia Brasileira de Filosofia.

Marcelo Mazzola

Doutorando e Mestre em Direito Processual pela UERJ. Professor de Processo Civil da Escola da Magistratura do Estado do Rio de Janei-ro (EMERJ). Coordenador de Processo Civil da Escola Superior de Advocacia/RJ. Vice-Presidente de Propriedade Intelectual do Centro Brasileiro de Mediação e Arbitragem (CBMA). Membro do Instituto Brasileiro de Direito Processual (IBDP), da Associação Brasileira de Direito Processu-al (ABDPro) e do Instituto Carioca de Processo Civil (ICPC). Advogado.

Nathalia Ribeiro

Mestranda em Direito Processual Civil pela UERJ. Coordenadora Adjunta de Processo Civil da Escola Superior de Advocacia/RJ. Advogada.

Paulo Wunder

Doutorando em Direito Processual pela UERJ, Guest Researcher no Max Planck Institut für ausländisches und internationales Strafrecht e Visiting Scholar na Columbia Law School. Promotor de Justiça no Estado do Rio de Janeiro. e-mail: wunder.paulo@gmail.com.

Rafael Gaia Pepe

Mestre em Direito Processual pela UERJ. Master of Laws pela Columbia Law School. Pós-graduado pela FGV Direito-Rio. Professor do CEPED/UERJ. Procurador do Estado do Rio de Janeiro. Ex-Assessor de Ministro do Supremo Tribunal Federal. Advogado.

Rafael Vasconcellos de Araújo Pereira

Professor de Direito Processual Civil. Procurador da Fazenda Nacional. Ex-Juiz de Direito do TJRR. Mestre pela UFPE

Roberta Ferme Sivolella

A autora é Juíza auxiliar da Vice-Presidência do Tribunal Superior do Trabalho desde 2016; Juíza do Trabalho titular da 2ª Vara do Trabalho do Rio de Janeiro; doutoranda de direito processual da UERJ; e professora de direito processual e coletivo do trabalho.

Rodrigo Fux

Mestre e Doutorando em Direito Processual Civil pela Universidade do Estado do Rio de Janeiro – UERJ. Advogado.

Sonia Leal Martins

Mestranda em Direito Processual pela Universidade do Estado do Rio de Janeiro (UERJ). Especialista em Direito Processual, Direito Constitucional, Direito Tributário e Contabilidade Tributária. Advogada. Contadora do Instituto Federal de Educação, Ciência e Tecnologia do Sudeste de Minas Gerais (IF SUDESTE-MG). email: soniamartins2802@gmail.com

Tatiana Machado Alves

Doutoranda em Direito Processual na UERJ em cooperação com a Ludwig-Maximilians Universität (Alemanha). Mestre em Direito Processual pela UERJ em cooperação com a Maastricht University (Países Baixos). Pesquisadora Convidada do Institute of Intellectual Property (Japão). Advogada.

Thiago Dias Delfino Cabral

Mestre em Direito Processual pela Universidade do Estado do Rio de Janeiro. Bacharel, cum laude, em Direito pela Universidade Federal do Rio de Janeiro. Advogado.

Tiago Lezan Sant´Anna

Advogado no Rio de Janeiro. Mestre em Direito pela UFRJ. Doutorando no PPGD/UERJ (Direito Processual).

SUMÁRIO

UMA ANÁLISE ECONÔMICA DOS JUIZADOS ESPECIAIS CÍVEIS

Alexandre Magno da Conceição Bittencourt

SUMÁRIO: 1. Introdução. **2.** Acesso à Justiça e Juizados Especiais. **3.** Os Juizados Especiais Cíveis. **4.** Modelagem da Litigância Civil. **5.** Conclusão. **6.** Referências Bibliográficas.

1. Introdução

O problema a ser abordado neste artigo é a funcionalidade dos Juizados Especiais Cíveis (doravante JEC´s). Como será visto, eles foram um valioso instrumento para a garantia do acesso à justiça, na forma preconizada pelo art. 5º, XXXV da Constituição da República.

Não obstante a sua importância para o sistema processual civil brasileiro, ao longo do tempo os JEC´s têm apresentado uma marcante disfuncionalidade, caracterizada pelo absurdo número de processos e pela indesejada demora na solução dos litígios, ambos traços evidentes de um alto grau de litigância, que possui efeitos deletérios não apenas para o processo enquanto instrumento apto a solucionar conflitos, mas também para a sociedade.

Desta maneira, urge pensar em mecanismos que possam ser utilizados para a necessária correção de rumos de tão importante mecanismo de acesso à justiça. A se verificar no futuro a tendência atual de litigância crescente na órbita do Poder Judiciário, chegaremos a uma situação inusitada: mais será menos. Ou seja, quanto maior o acesso à justiça facultado, menor será a chance de concretização deste importante direito fundamental, o que obviamente desatende aos objetivos de construção de uma sociedade livre, justa e solidária, de garantir o desenvolvimento nacional, de reduzir as desigualdades e de promover o bem de todos, os quais tem assento no art. 3º da Constituição Federal.

A partir da análise econômica do direito, este artigo pretende tecer considerações sobre aspectos processuais dos JEC´s com o intuito de verificar se há medidas administrativas ou mudanças legais possíveis e idôneas a resolver os problemas atualmente enfrentados, como, por exemplo, dispositivos legais esquecidos no âmbito do processo civil e que adequadamente reinterpretados e empregados, poderiam ser úteis na promoção do acesso à justiça. Neste sentido, o artigo buscará alinhavar um conjunto de propostas que poderiam redinamizar os JEC´s enquanto instituto de acesso à justiça.

Além desta breve introdução, o artigo se desenvolve em outras 4 seções. A segunda relaciona o acesso à Justiça aos JEC´s, enquanto a terceira apresenta uma breve síntese das principais características dos JEC´s e dos principais dispositivos constitucionais e legais afetos ao instituto. Na sequência, a quarta, subdividida em 4 subseções, diz respeito à modelagem da litigância civil aplicada aos JEC´s, realizando a apresentação das premissas universais que orientarão os modelos usados, do modelo básico de litigância civil, dos refinamentos deste exercício de modelagem e das opções de política disponíveis. Ao final, apresenta-se uma conclusão, sintetizando as principais ideias do texto.

2. Acesso à justiça e juizados especiais

a redemocratização do pós-guerra, ao lado do pós-positivismo e da concepção da força normativa da Constituição foram os fatores que fundamentaram o surgimento do neoconstitucionalismo, seus verdadeiros marcos histórico, filosófico e teórico, respectivamente, segundo Luis Roberto Barroso.[1]

A mudança operada não foi pequena. Daniel Sarmento diz que a partir da Constituição de 1988, no Brasil, passou-se a vivenciar de fato o neoconstitucionalismo. O autor relata a mudança na hermenêutica constitucional com o reconhecimento da força normativa dos princípios, a rejeição ao formalismo positivista, a reaproximação do Direito com a Moral e a Filosofia, a constitucionalização do Direito, percebida em todos os ramos do ordenamento, com a irradiação dos valores constitucionais e a judicialização da política e das relações sociais, com deslocamento da esfera de poder do Legislativo e Executivo para o Judiciário.[2]

Exatamente estes dois últimos pontos são especialmente importantes para este trabalho.

A constitucionalização do direito, além de impulsionar a jurisdição constitucional, incentivou a sociedade a demandar seus direitos. Permitiu também a reinterpretação de diversos institutos do direito à luz de valores constitucionais e após anos de repressão, a sociedade se defrontava com uma Carta Constitucional que lhe concedia amplos direitos, o que despertou não apenas a conscientização sobre tais direitos, mas também a cidadania.

No plano doutrinário, passou-se a defender que a Constituição, verdadeira norma jurídica, poderia ser aplicada diretamente aos casos concretos, de forma a concretizar os direitos previstos, independentemente de legislação. Ainda que sem a regulamentação legal da previsão constitucional, direitos tais como o acesso à educação básica e fundamental e à saúde poderiam ser concretizados diretamente pelo juiz, pelo modelo adotado pela Constituição Federal.[3]

---

1 BARROSO, Luís Roberto. **Neoconstitucionalismo e constitucionalização do Direito**: O triunfo tardio do Direito Constitucional no Brasil. Disponível em:< https://www.conjur.com.br/2006-abr-26/triunfo_tardio_direito_constitucional_brasil>. Acesso em 06.09.2018.

2 SARMENTO, Daniel. O Neoconstitucionalismo no Brasil-Riscos e possibilidades. In: SARMENTO, Daniel. **Filosofia e teoria constitucional contemporânea**. Rio de Janeiro: Lumen Juris, 2009, p. 113-114.

3 SARMENTO, Daniel. O Neoconstitucionalismo no Brasil-Riscos e possibilidades. In: SARMENTO, Daniel. **Filosofia e teoria constitucional contemporânea**. Rio de Janeiro: Lumen Juris, 2009, p. 125. Também defendendo a ideia de aplicação direta da Constituição e a efetividade das normas cons-

Em tal cenário, impossível não pensar no protagonismo do Poder Judiciário, já que a própria Constituição Federal elegia o processo como ferramenta a ser usada em caso de lesão ou ameaça de lesão a direito, conforme determina o seu art.5º, incisos XXXV e LIV, sem deixar de observar uma série de garantias processuais ofertadas em outros incisos deste mesmo artigo.[4]

O neoconstitucionalismo não foi um fenômeno exclusivo do Brasil. Ao contrário, ainda anteriormente à Constituição federal de 1988, teve importantes repercussões em vários países europeus, nos quais se verificou o mesmo fenômeno: a explosão na busca por direitos e a crescente judicialização, causado pelo fato de que as normas constitucionais destes países passaram a exibir um conteúdo axiológico acentuado, dispondo sobre assuntos diversos que não apenas direitos políticos, direitos fundamentais e organização do Estado.

Sendo assim, a própria doutrina processualista passou a se preocupar com o tema do acesso à justiça, por ser necessário assegurar que toda essa gama de direitos pudesse ser atendida.

Daí os estudos conduzidos por Mauro Cappelletti e Bryant Garth.[5] No âmbito do Projeto Florença, os autores verificaram que a dificuldade econômica era um importante entrave para o acesso à justiça, pelos altos custos dos processos judiciais. Outro obstáculo detectado foi a desigualdade no plano processual, já que a hipossuficiência econômica causa um desnível no acesso à justiça. Por último, os entraves processuais, através de institutos ou procedimentos inadequados, que impedem uma solução rápida e eficiente para os litígios.

Identificados os problemas, os dois professores propuseram soluções para tais problemas, as quais ficaram conhecidas como as "ondas renovatórias". A primeira onda foi o acesso à assistência jurídica gratuita, a segunda procurou resolver os problemas dos direitos difusos e coletivos, em meio à evidente desigualdade entre as partes que usualmente compõe tais litígios e a terceira, simplesmente, buscou tornar a justiça mais simples e acessível, através de mecanismos diversos como conciliação e mediação.

---

titucionais: CLÉVE, Clemerson Merlin. A teoria constitucional e o direito alternativo. In: CARVALHO FILHO, Carlos Henrique. **Uma vida dedicada ao direito**. São Paulo: Revista dos Tribunais, 1995, p.34-53. Também neste sentido: BARROSO, Luís Roberto. A efetividade das normas constitucionais: por que não uma Constituição para valer? In: BARROSO, Luís Roberto. **O novo direito constitucional brasileiro:** contribuições para a construção teórica e prática da jurisdição constitucional no Brasil. Belo Horizonte: Forum, 2012.

---

4 Por exemplo, os incisos LV, LVI,LXXVIII do art. 5º que tratam da ampla defesa e contraditório, proibição de provas ilícitas e duração razoável do processo.

5 CAPPELLETTI, Mauro e GARTH, Bryant. **Acesso à justiça**. 1ª ed. Porto Alegre: Sergio Antonio Fabris, 1998. CAPPELLETTI, Mauro. **Processo, ideologias e sociedade**. Trad e notas do Prof. Elício de Creci Sobrinho. Porto Alegre: Sergio Antonio Fabris, 2008, p. 386-390.

É nesse movimento que os Juizados Especiais se inserem. Ainda no governo militar, foi aprovada a Lei 7.244/1984, que tratava do Juizado de Pequenas Causas. No ano seguinte, em 1985, foi aprovada a Lei de Ação Civil Pública, a Lei 7.347. O movimento legislativo, ainda no período do governo militar, evidencia a força deste movimento iniciado no pós-guerra, com o neoconstitucionalismo, que perdura até os dias de hoje, na forma da 3ª onda renovatória de acesso à justiça, que reverbera nos mecanismos consensualistas de resolução de litígios. Naquele tempo o acesso à justiça já era uma preocupação evidente, tanto da doutrina quanto do Poder Público e as leis acima, que facilitavam o acesso ao Poder Judiciário com o intuito de garantir direitos, em meio a um governo tido por autocrático, são um sinal cristalino e significativo de que o tema ocupava posição central na agenda da época.[6]

Não obstante, foi com a Constituição Federal de 1988 que os Juizados Especiais ganharam a dimensão e a importância que hoje ostentam. O art. 24, X determinou a competência concorrente da União, Estados e Distrito Federal para a criação, funcionamento e processo dos juizados de pequenas causas. Além disso, o art. 98, I determinou a criação destes juizados especiais pela União, no Distrito Federal e nos Territórios, bem como pelos Estados, nos moldes descritos na próxima sessão.

O legislador constituinte sabia da enorme disparidade de renda que assolava o país. Também não ignorava a dificuldade que pessoas das classes mais baixas tinham de acessar o Poder Judiciário e exigir seus direitos, seja pelos custos envolvidos, pela falta de informação ou pelo próprio ambiente autoritário da época. Com isso, imaginou os JEC´s como uma fórmula democrática de acesso à justiça por parte dos menos favorecidos, que poderiam assim garantir seus direitos. Na verdade, procurou aperfeiçoar a legislação já existente, reforçando a sua importância no sistema jurídico pelo assento constitucional.

Sendo assim, pode-se dizer que os Juizados Especiais são uma importante ferramenta de acesso à justiça concebida e determinada pelo legislador constitucional, com o fito de concretizar os direitos previstos nesta mesma Constituição, sobretudo para os até então excluídos.

3. Os juizados especiais cíveis

Os juizados especiais cíveis têm estatura constitucional. O art. 98, I da Constituição Federal determina que a União, nos Territórios e no Distrito Federal, bem como os Estados criem tais juizados, de forma que sejam providos por juízes togados e leigos, com competência para a conciliação, o julgamento e a execução de causas cíveis de

---

6 Não se desconhece a existência da Lei 1060/1950, que já tratava da assistência judiciária aos necessitados. Entretanto, ainda que o legislador estivesse atento ao problema, as dificuldades ainda existiam visto que nem todos os Estados possuíam Assistência Judiciária organizada, fato que dificultava o acesso á justiça.

menor complexidade, mediante os procedimentos oral e sumaríssimo, permitida a transação entre as partes e sendo os recursos apreciados por uma turma de juízes de primeiro grau.[7] O §1º determina ainda que lei federal deverá dispor sobre a criação destes juizados especiais no âmbito da Justiça Federal.[8]

A lei que regulamenta os juizados especiais cíveis é a Lei 9.099, de 26.08.1995, ao passo que os juizados especiais federais e fazendários são regulamentados pelas leis 10.259, de 12.07.2001 e 12.153, de 01.10.2009, respectivamente.

As características principais dos JEC´s são a desnecessidade do advogado e a inexistência de pagamento de custas, taxas ou despesas no primeiro grau de jurisdição, havendo, no entanto, previsão legal de limitação para o valor da causa.[9] Ademais, admite-se sempre a conciliação e a atuação de juízes leigos, conforme permissão do art. 98, I da Constituição Federal.

Outra característica importante é a ausência de atividades periciais, por não se coadunarem com os princípios regentes da celeridade, simplicidade e informalidade, não obstante provas técnicas de baixa complexidade sejam admitidas (art. 35 da Lei 9.099/95). Salvo a exceção anterior, são admitidos todos os meios de prova, inclusive testemunhais (art. 32 da Lei 9.099/95).

A competência recursal, como já expresso acima, é da turma recursal, composta por 3 juízes togados em exercício no 1º grau de jurisdição.

Não obstante não se disponha de estatísticas precisas sobre o funcionamento dos JEC´s, não é difícil ter uma noção precisa sobre a questão, bastando a experiência forense para concluir pela imensa dificuldade em cumprir com os seus objetivos.[10]

---

7 O art. 98, I da Constituição Federal também contempla a criação dos juizados especiais criminais, nos mesmos moldes já definidos, com competência para julgar infrações penais de menor potencial ofensivo

8 Este dispositivo foi obra do legislador constitucional reformador através da EC45 de 08.12.2004.

9 O art. 3º da Lei 9.099/95 determina que a competência dos JEC´s se dá para causas até 40 vezes o valor do salário mínimo, incluindo as possessórias sobre bens imóveis até este valor, para as causas do antigo procedimento sumário e para as ações de despejo para uso próprio, estando excluídas as causas de natureza alimentar, falimentar, fiscal, de interesse da Fazenda Pública, bem como as de acidente de trabalho, estado e capacidade de pessoas (art. 3º, incs. I a IV c/c §2º). Até o valor de 20 vezes o salário mínimo, o advogado não é indispensável (art. 9º, caput). Nos Juizados Especiais Federais e de Fazenda Pública, o valor para julgamento das causas é de até 60 vezes o valor do salário mínimo (art.3º, caput e 2º, caput das Leis 10.259/01 e 12.153/09). A determinação dos arts. 3º, §3º e 2º, §4º das Leis 10.259/01 e 12.153/09 é de que a competência é absoluta no foro onde estiver instalada vara do Juizado Especial. Quanto a estes dispositivos, Alexandre Câmara entende pela sua inconstitucionalidade, haja vista as restrições ao contraditório, aos recursos e aos meios de prova. CÂMARA, Alexandre Freitas. **Juizados Especiais Cíveis Estaduais, Federais e da Fazenda Pública:** uma abordagem crítica. 6ª edição. Rio de Janeiro: Lumen Juris, 2010, p. 203.

10 A experiência forense é verificado no Estado do Rio de Janeiro, domicílio de atuação do autor do texto.

Apesar de pautado pelo princípio da celeridade, não é incomum que os processos levem no mínimo seis meses. A conciliação é praticada de maneira apenas formal e os eventuais acordos (transações), em sua ampla maioria, acontecem em circunstâncias de condenação certa, tal a força dos elementos de prova e o direito aplicável. Não há um esforço das partes no sentido da autocomposição, mas sim mero reconhecimento do direito alheio em casos isolados, nos quais o conjunto probatório é significativo.

O número de demandas frívolas é imenso, havendo também a dominância nestas cortes dos chamados *repeat players,* ou seja, agentes que são partes em uma grande quantidade de processos, usualmente sobre uma mesma matéria.

Com tais características, não causa estranheza a demora na solução dos litígios. É necessário analisar o que move estes agentes e conceber meios para superar tal problema.

4. A modelagem da litigância civil

4.1. Premissas universais

Usualmente a análise econômica do direito é pautada pelos mesmos pressupostos que orientam o estudo da microeconomia.

Sendo assim, considera-se que os indivíduos têm uma função de utilidade, sendo capazes de ordenar preferências de forma coerente, ao mesmo tempo em que buscam maximizar essa função de utilidade.[11]

Implicitamente, assume-se uma racionalidade estrita destes agentes, segundo a qual eles não cometem erros de lógica e nem assumem vieses na elaboração de suas distribuições de probabilidade para um dado evento nos seus horizontes de previsão.[12]-[13]

---

11 Basicamente assume-se que os indivíduos possam ordenar e comparar todas as opções disponíveis, preferindo as opções que lhes tragam mais satisfação. Por isso, diz-se serem as preferências completas (há conhecimento das opções disponíveis), transitivas (se A é preferível a B e B a C, logo A é preferível a C) e não saciáveis (prefere-se sempre mais ao menos). PINDYCK, Robert S.; RUBINFELD, Daniel L. **Microeconomia**, 5ª ed. São Paulo: Prentice Hall, 2002, p. 63-64.

12 A razão desta observação é o fato de as pessoas em geral não se comportarem, individualmente, nos termos definidos pela teoria neoclássica em todos os momentos. Em seus comportamentos são frequentes os desvios causados por má representação da realidade devido a problemas cognitivos, sentimentos exacerbados ou pelo simples apego à tradições. Assim, os humanos estão submetidos a vieses cognitivos, implicando uma racionalidade limitada. Não se atua sempre como um maximizador de utilidade. As pessoas cometem erros de avaliação, de comparação entre categorias, o que obviamente contradiz a teoria neoclássica. JOLLS, Christine; SUNSTEIN, Cass R.;THALER, Richard H. A Behavioral Approach to Law and Economics. **Stanford Law Review**, v. 50, Maio 1998, p. 1473-1475. KAHNEMAN, Daniel. Judgment under uncertainty. **Science, New Series**. V. 185, n. 4157, Setembro 1974, p. 1124-1131. SUNSTEIN, Cass et alii. Predictably Incoherent Judgments. **Stanford Law Review**. V. 1, Issue 6, Junho 2002, p. 1153-1216.

13 Não obstante a pertinência da observação da nota acima, não é difícil ou irrazoável supor que, em termos agregados, os erros de agregação de todos os indivíduos sejam mutuamente compensados,

Na sequência, uma outra noção importante que merece ser conhecida, já que permeia grande parte dos modelos de análise econômica do direito é a da escolha envolvendo risco. De antemão, declara-se que na maioria dos modelos apresentados, os indivíduos são normalmente neutros ao risco.

Diz-se que alguém é avesso ao risco caso ele prefira uma renda certa a uma renda incerta com o mesmo valor esperado. É o caso do sujeito que entre ter 50 reais certos na mão e optar entre ter 100 com 50% de chances e 0 com 50% chances, opta pela primeira alternativa.[14]

Cabe aqui uma importante consideração, referente aos limites dos modelos apresentados e do objeto da análise econômica do direito. A análise econômica do direito visa verificar a consistência dos institutos legais adotados. Daí a importância dos modelos. Eles são uma simplificação da realidade e buscam capturar interações que, por vezes, são difíceis de enxergar pela verbalização. Neste sentido, muitas vezes imaginamos que um determinado dispositivo legal será capaz de produzir certo efeito, mas a prática não corrobora a percepção inicial. Os modelos podem ser úteis em apontar tais problemas – ligados à consistência dos institutos legais – de forma antecipada, já que ao descrever um modelo, o pesquisador é obrigado a deixar claro as premissas de trabalho, assim como a solução analítica envolve necessariamente os rigores da lógica matemática e da estatística. Não obstante, os modelos não devem ser vistos como

Ao contrário, o sujeito neutro ao risco é aquele indiferente entre as opções acima. Neste caso, as duas alternativas lhe trariam o mesmo grau de satisfação e utilidade.[15]

A importância destes conceitos é que eles se manifestam na maneira pela qual o indivíduo maximiza a sua utilidade. Na verdade, podemos pensar como critérios de escolha. Em sendo diferentes, não é difícil concluir que um indivíduo avesso ao risco não realiza as mesmas escolhas de um propenso ao risco. Por exemplo, um indivíduo avesso ao risco não desejaria assumir posições processuais que um indivíduo propenso ao risco assumiria, haja vista os custos e a possibilidade de perda envolvidos.

permitindo que as hipóteses citadas mantenham sua integridade. Essa é a lógica por trás do chamado teorema da agregação. PINDYCK, Robert S.; RUBINFELD, Daniel L. **Microeconomia**, 5ª ed. São Paulo: Prentice Hall, 2002, p. 116-117.

14 O cálculo do valor esperado é fácil, a partir do conhecimento das probabilidades. Algebricamente, diz que $E(u)=\Sigma p^i.U^i$, ou seja, é a soma das utilidades associadas a todos os possíveis resultados, ponderada pela probabilidade de cada resultado. Aritmeticamente, no caso em tela, temos 2 resultados possíveis, 0 e 100, ambos com 50% de probabilidade de ocorrência. O cálculo é: 0,5 x 100 + 0,5 x 0, que é igual a 50.

15 Há também o caso da propensão ao risco, no qual o indivíduo prefere justamente a renda incerta, no exemplo, a possibilidade de obter os 100 reais com 50% de chances lhe traria mais utilidade e satisfação do que a opção pela renda certa, devendo-se notar que em todos os casos aqui mencionados o valor esperado era o mesmo. PINDYCK, Robert S.; RUBINFELD, Daniel L. **Microeconomia**, 5ª ed. São Paulo: Prentice Hall, 2002, p. 155-156.

Realizadas estas importantes considerações iniciais, analisemos o modelo básico de litigância civil.

4.2. O modelo básico de litigância civil

Trata-se de analisar a litigância civil de acordo com a teoria econômica do direito,[16] ou seja, dos incentivos que as partes têm para seguir ou não litigando, bem como dos incentivos e da racionalidade do Estado em oferecer institutos adequados para a solução de conflitos.[17]

Inicialmente, é importante fixar um ponto que o modelo, a partir da perspectiva dos litigantes, não contempla: o custo social do processo, problema este, que, contudo, será tratado ao longo do texto, dada a sua importância para o que se discute neste artigo, ou seja, a necessidade de alterar dispositivos ou entendimentos, bem como adotar práticas para que o acesso à justiça por meio dos Juizados Especiais ocorra de forma célere e eficiente, oferecendo uma tutela jurisdicional justa, adequada, efetiva, tempestiva e econômica.[18]

---

16 O modelo aqui analisado é o modelo básico proposto por Steven Shavell. SHAVELL, Steven. **Foundations of Economic Analysis of Law**. Cambridge: Harvard University Press, 2004. p. 387-418. Faz-se neste artigo a opção de não apresentar o modelo algebricamente. Ao contrário, recorre-se tão somente ao uso da aritmética simples, já que o objetivo fundamental é veicular as ideias propostas de forma simples, evitando a complexidade da análise matemática, porém, sem desconsiderar o rigor analítico.

17 Cabe aqui uma importante consideração, referente aos limites dos modelos apresentados e do objeto da análise econômica do direito. A análise econômica do direito visa verificar a consistência dos institutos legais adotados. Daí a importância dos modelos. Eles são uma simplificação da realidade e buscam capturar interações que, por vezes, são difíceis de enxergar pela verbalização. Neste sentido, muitas vezes imaginamos que um determinado dispositivo legal será capaz de produzir certo efeito, mas a prática não corrobora a percepção inicial. Os modelos podem ser úteis em apontar tais problemas – ligados à consistência dos institutos legais – de forma antecipada, já que ao descrever um modelo, o pesquisador é obrigado a deixar claro as premissas de trabalho, assim como a solução analítica envolve necessariamente os rigores da lógica matemática e da estatística. Não obstante, os modelos não devem ser vistos como infalíveis ou perfeitos previsores de uma realidade. São, ao contrário, em uma analogia coloquial, um lampião na mão de um indivíduo bêbado que tenta descer uma escada localizada em um ambiente escuro.

18 Daniel Mitidiero entende que, modernamente, o direito de ação deve ser visto como um direito à tutela adequada, efetiva e tempestiva. MITIDIERO, Daniel. **Colaboração no processo civil**: os pressupostos sociais, lógicos e éticos. 3ª ed. rev., atual. e ampl. de acordo com o novo código de processo civil. São Paulo: Revista dos Tribunais, 2015, p. 42. Do art. 3º, inc.I da Constituição Federal extrai-se a necessidade de a tutela ser justa e do art. 5º,inc. LXXVIII é possível extrair a tutela econômica, visto que a duração irrazoável do processo causa danos econômicos àquele que necessita da tutela.

Na análise a seguir, a iniciativa das partes pode ser entendida a partir de sua perspectiva individual, porém, há a repercussão social destas ações que não são consideradas pelas partes, mas que influem na ação do Estado.[19]

O modelo parte de uma hipótese básica que é a neutralidade ao risco dos agentes, ou seja, da indiferença que eles apresentam entre obter R$5.000,00 com certeza ou ter 50% de chances de obter R$10.000,00 e 50% de não obter nada. Sem embargo, os resultados podem ser generalizados para os casos de aversão ao risco, nos quais o agente preferiria o valor certo.

A decisão de propor ou não uma ação é tomada pelo autor com base em uma simples ideia: os rendimentos esperados devem superar o custo.

De outro lado, o réu somente buscará um acordo se o valor deste for menor do que o gasto que ele teria caso tivesse que arcar com os custos processuais e com a possível condenação. Trata-se, portanto, de maximização de utilidade, de preferir ganhar a perder, de ter mais satisfação com mais do que com menos, com base em uma atitude frente ao risco, todas estas premissas já comentadas. Isso favorece a ideia de que o processo é um jogo não cooperativo em que cada parte pretende maximizar a sua utilidade.[20]

É intuitivo auferir que algumas variáveis determinam se haverá litigância ou acordo. São eles: os custos do processo, a probabilidade que cada parte atribui à sua chance de vitória e a aversão ao risco das partes.

Antes de comentar cada variável, um exemplo. O valor da causa é 10.000. As partes possuem custos de 3.000 cada e a probabilidade atribuída por elas à vitória

---

19 O custo social do processo se origina do fato de que vivemos em sociedade. O Estado, na concepção clássica, exerce o monopólio da jurisdição por meio de vários órgãos, sendo a atividade jurisdicional financiada por tributos(impostos e taxas) pagos pela sociedade. SCHOUERI, Luís Eduardo. **Direito tributário**. 7ª ed. São Paulo: Saraiva, 2017, p. 45. Há autores que questionam o conceito clássico de jurisdição, entendida como monopólio completo do Estado. Não obstante, não se depreende destes conceitos e das análises conduzidas por tais autores a desnecessidade de financiamento da atividade ali conduzida, ainda que esta seja exercida por terceiro investido pelo Estado. Também nestes casos se evidencia um custo social. A atividade consome recursos que poderiam ser melhor empregados. DIDIER JR, Fredie. **Curso de direito processual civil:** introdução ao direito processual civil, parte geral e processo de conhecimento. 18ª ed. Salvador: Juspodium, 2017, p. 155. CABRAL, Antonio do Passo. Per um nuovo concetto di giuridizione. In: BRIGUGLIO, Antonio et alii. (Org.) **Studi in onore di Nicola Picardi**, 2016.

20 O processo deve ser visto como um jogo em que as partes colaboram para que a melhor solução seja alcançada, estando o chamado princípio da cooperação ou colaboração configurado como norma processual fundamental no art. 6º do CPC. Não obstante, é importante registrar que as partes não têm obrigação de cooperar entre si, já que o conflito existente entre as partes impede tal altruísmo, daí o jogo ser não cooperativo. O dever de cooperação com as partes é do juiz, devendo ser exigido, contudo, atuação leal, transparente e ética das partes, em conformidade com a norma fundamental da boa fé, presente no art. 5º do diploma processual. MITIDIERO, Daniel. **Colaboração no processo civil:** pressupostos sociais, lógicos e éticos. 3ª ed. rev., atual. e ampl. São Paulo: Revista dos Tribunais, 2015, p. 70.

do autor é 80%. Neste caso, para o autor o ganho esperado é de 80%*10.000 – 3.000 =5.000 e a perda esperada pelo réu é de 80% * 10.000 + 3.000 = 11.000. Um espera ganhar 5.000 e o outro perder 11.000, fato que sugere haver um espaço para negociação, de forma que ambos melhorem suas posições. Se o jogo é não cooperativo e ambos visam maximizar suas utilidades, é possível vislumbrar um equilíbrio melhor para ambas as partes.[21]

Voltando às variáveis, à luz do exemplo, é importante perceber quão vital é a probabilidade de vitória do autor, tal qual percebida pelas partes. No caso em tela, as opiniões convergiam. No entanto, caso elas divirjam, o intervalo para acordo diminui. Basta assumir que o réu imagina a chance de vitória do autor ser de apenas 10% para que se elimine qualquer chance de acordo, pois sua perda esperada seria de 4.000, enquanto o autor teria expectativa de ganhar 5.000.

A importância da probabilidade no modelo reforça o valor dos precedentes. Quanto maior a solidez do sistema de precedentes, maior a chance de acordo, haja vista a concordância das partes acerca das suas possibilidades, a partir do entendimento consolidado do Tribunal.

Neste sentido, entende-se vital a previsão dos arts. 926 e 927 do CPC que ordenam a uniformização da jurisprudência com base na sua estabilidade, integridade e coerência, ao passo em que admitem padrões decisórios vinculantes.[22]

---

21 Neste exemplo é possível caminhar para uma solução melhor para ambos os litigantes, já que ambos podem aumentar seu bem-estar sem reduzir o do outro. Pode-se caminhar para uma forma de equilíbrio mais eficiente, o chamado equilíbrio de Pareto. O equilíbrio de Pareto é aquele em que nenhum dos participantes do jogo consegue aumentar seu bem-estar sem reduzir o bem-estar do outro. Esta noção foi proposta por Vilfredo Pareto, daí o nome. PINDYCK, Robert S.; RUBINFELD, Daniel L. **Microeconomia**, 5ª ed. São Paulo: Prentice Hall, 2002, p. 572.
Não obstante, a existência do espaço para negociar não implica que as partes o farão, já que, muitas vezes, possuem estratégias que não contemplam a negociação. Como exemplo, pode-se pensar que há o interesse em se fixar um precedente.O ponto foi devidamente observado por POLINSKY, A.MITCHELL. **An introduction to law and economics**. 4ª ed. New York: Wolters Kluwer, 2011, p. 140.

22 A doutrina diverge quanto ao art. 927 do CPC. Há autores que taxam os incisos III, IV e V de inconstitucionais, por entenderem ser crucial o permissivo constitucional para que tais padrões decisórios sejam realmente vinculantes, o que apenas ocorre para as decisões de controle concentrado de constitucionalidade e para as súmulas vinculantes, sob pena de violação da separação de poderes. Neste sentido, NERY JR., Nelson; ANDRADE NERY, Rosa Maria de. **Comentários ao Código de Processo Civil**. São Paulo: Revista dos Tribunais, 2015, p. 1156 e TUCCI, José Rogério Cruz e. O regime do precedente judicial no novo CPC. In: DIDIER JR, Fredie et al (Coords.) **Precedentes**. Salvador: Juspodium, 2015, p. 454. Há outros autores que vêem graus de obrigatoriedade diferentes nos comandos do art. 927, atribuindo aos incs. III e IV, uma obrigatoriedade média, vendo as súmulas do STF e STJ como meramente persuasivas e uma obrigatoriedade fraca às decisões do plenário ou do órgão especial dos tribunais. Neste sentido, WAMBIER, Teresa Arruda Alvim et al. **Primeiros comentários ao novo código de processo civil**, artigo por artigo. São Paulo: Revista dos Tribunais, 2015, p. 1315 e ss. Finalmente, há autores que apenas consideram obrigatórias as decisões das Cortes Supremas. MARINONI, Luiz Guilherme. Comentários aos arts. 926 e 927. In: WAMBIER, Teresa Arruda Alvim; DIDIER JR, Fredie; DANTAS, Bruno. **Breves comentários ao novo código de**

Com relação à importância dos precedentes, é importante mencionar o trabalho de William Landes e Richard Posner.[23] Estes autores conceberam um modelo em que as decisões de uma corte são pensadas em uma perspectiva de investimento. De forma mais específica, o conjunto de decisões judiciais capazes de formarem precedentes – o que acontece sobretudo na instância recursal - formam o estoque de capital jurídico da corte, o qual como todos os outros oferece uma taxa de retorno, sujeitando-se também a depreciação com o passar do tempo.

Desta forma, quando o nível de estoque de capital estiver abaixo do nível desejado, por força da depreciação, nesse caso entendida como decorrente de mudanças na lei e na própria sociedade, ambas aptas a mudar o entendimento de determinadas situações jurídicas, haveria um aumento no nível de litigância, justamente por força da incerteza criada, associada diretamente ao declínio do estoque de capital jurídico ótimo.

A nova situação criada levaria os agentes a investirem pesadamente na atividade de litigância, dada a maior incerteza e o aumento de conflitos. Este investimento permitiria a depuração de novas teses e a formação de novos precedentes, normalizando a situação.

É importante entender que a jurisdição se submete a ciclos. Estes são determinados pelas mudanças na sociedade e fazem com que o número de litígios aumente em determinados momentos. Não obstante, pode-se também extrair a noção de que é importante para o Judiciário cultuar uma jurisprudência íntegra, estável e coerente, pois trata-se, na verdade, de preservar, com tais ações, o seu próprio estoque de capital.[24]

Já a aversão ao risco é uma variável dada. O perfil de risco depende da psicologia e não pode ser alterada por políticas de qualquer natureza. É certo, porém, que quanto maior a aversão ao risco das partes maior será a propensão ao acordo, haja vista a preferência delas por segurança. Elas preferem o certo ao duvidoso, não gostam de variância.

No modelo, a propensão ao risco seria analisada como um valor subtraído do *pay-off* do autor e somado ao do réu, aumentando, desta forma, o intervalo para o

---

processo civil. São Paulo: Revista dos Tribunais, 2015, p. 2073 e ss. Contra este entendimento, defendendo a obrigatoriedade normativa de todos os incisos do art. 927 e que precedentes podem ser firmados por quaisquer cortes, desde que dentro de sua esfera de influência e sempre respeitando as decisões de cortes superiores: ZANETI JR., Hermes. **O valor vinculante dos precedentes**: teoria dos precedentes normativos formalmente vinculantes. 3ª ed. rev.,ampl., atual. Salvador: Juspodium, 2017, p. 405 e ss.

23 LANDES, William M.; POSNER, Richard A. Legal Precedent: A Theoretical and Empirical Analysis. **Journal of Law and Economics**, vol. 19, 1976, p. 262-270.

24 Sergio Chiarloni chama a atenção para a importância da função nomofilácica da jurisdição. O termo, introduzido por Calamandrei, diz respeito à tarefa assinalada às Cortes Superiores no sentido de aplicar os entendimentos consolidados, os precedentes, assegurando a isonomia, a previsibilidade, a segurança jurídica, a eficiência, de forma que a própria autoridade da Corte é reforçada. CHIALONI, Sergio. Funzione nomofilattica e valore del precedente. In: Wambier, Teresa Arruda Alvim (coord.). **Direito jurisprudencial**. São Paulo: Revista dos Tribunais,2012, p. 225-229.

acordo. Se, no exemplo proposto, medirmos a aversão ao risco por meio de 1000 unidades, teríamos que o autor esperaria ganhar 4000 em vez de 5000, ao passo que o réu esperaria pagar 12000 e não 11000. A aversão ao risco aumenta, assim, o intervalo para que um acordo seja alcançado. O novo intervalo é de 4000 a 12000, superior ao anterior.

O custo processual é outra variável bastante relevante. Quanto maiores os custos, maior a chance de haver um acordo.

Já foi demonstrado acima que os custos de litigar aumentam o intervalo para o acordo. O custo é uma rubrica que diminui o resultado esperado do processo para os litigantes. Se previam receber uma determinada quantia, o custo reduz o valor efetivamente recebido.[25]

Neste ponto vale perceber a dimensão do custo social do processo. Está afirmado que o processo é um jogo não cooperativo e que as partes buscam maximizar suas utilidades. As partes podem ou não litigar, ainda que o efeito social desta decisão seja negativo. Isso significa que a decisão de litigar pode não trazer benefício algum para a sociedade.

Desta forma, caso a decisão seja litigar em juízo, a sociedade teria que arcar com os custos de uma máquina administrativa e com possíveis externalidades negativas de um conflito privado. Caso optem por não litigar, as partes manterão suas decisões, ainda que possa haver um efeito benéfico para a sociedade, como por exemplo, a fixação de padrões de conduta com fins de pacificação social, que são externalidades positivas.[26]

Steven Shavell argumenta que o autor não considera como benefício de sua demanda os efeitos de desestímulo que a mesma pode ter sobre a conduta do ofensor ou potenciais ofensores. Ele apenas considera como vantagem aquilo que receberia ao vencer a demanda. Ou, alternativamente, ele apenas considera a utilidade que o processo poderá lhe trazer, não computando os custos da movimentação da máquina administrativa. Definitivamente, não há internalização das externalidades, positivas ou negativas, associadas ao processo.

Por sua estrutura de custos, pensada individualmente e, portanto, inepta para internalizar as externalidades positivas e negativas associadas ao processo, um autor pode decidir não ajuizar uma ação quando a questão seria interessante para o Estado, já que um pronunciamento do tribunal poderia dar um norte para a interpretação da norma, caso se assuma a ideia de Owen Fiss de que o juiz declara valores sociais ou mesmo de que tal atividade é importante para reforçar o capital jurídico do próprio tribunal.[27]-[28]

---

25 Aqui é importante perceber a importância dos Juizados Especiais. Nestes, é possível litigar sem custos, favorecendo o acesso à justiça, sobretudo daqueles que não podem dispor de parcela de sua renda para concretizar seus direitos.

26 SHAVELL, Steven. The fundamental divergence between the private and the social motive to use the legal system. **Journal of Legal Studies**, vol. 26, Junho 1997, p. 581-586.

27 FISS, Owen M. The Forms of Justice. **Harvard Law Review,** número 93, vol 1, 1979, p. 14

28 LANDES, William M.; POSNER, Richard A. Legal Precedent: A Theoretical and Empirical Analysis. **Journal of Law and Economics**, vol. 19, 1976, p. 262-270.

Ou, contrariamente, poderia decidir ajuizar uma ação, não obstante o custo da máquina em muito ultrapasse o valor da causa.

Os custos privados da litigância são muito menores do que os custos sociais. De outro modo, os benefícios privados serão sempre (na sua maioria) financeiros, enquanto para a sociedade, o benefício da litigância se relaciona com os efeitos de desestímulos de condutas, compensação das vítimas e o estabelecimento de precedentes.[29]-[30]

Nos EUA, estima-se que os litígios envolvendo acidentes de trânsito ocupem a metade de todos os casos de responsabilidade civil, mas seus efeitos sociais para a prevenção de acidentes não são sentidos, porque os acidentes em sua maioria não poderiam ser realmente evitados e porque a maioria dos réus tem seguro que cobre as despesas.[31]

Nesses casos, os incentivos privados são maiores do que os sociais a favor da litigância. O sentimento de autodefesa e a tipificação na lei penal de certas condutas tidas como inaceitáveis atuam na conformação de tais litígios, o que faz crer que há outros mecanismos atuando e por isso, nestas circunstâncias, o processo torna-se supérfluo do ponto de vista social. Regras de seguro obrigatório poderiam atuar de forma mais eficaz.

Os casos de litígios envolvendo defeitos de produto podem ser custosos e difíceis de comprovar a responsabilidade do ofensor, desestimulando o ajuizamento de demandas. No entanto, nesses casos, haveria interesse social em perseguir judicialmente uma condenação como forma de sancionar empresas e obrigá-las a tomarem precauções que reverteriam em benefício da sociedade como um todo. Neste conjunto estão inseridos os chamados danos de bagatela, nos quais uma lesão ínfima é perpetrada a muitos sujeitos, de forma que uma ação corretiva seria de grande valia social.[32]

---

29 ROSE-ACKERMAN, Susan; GEISTFELD, Mark. The divergence between social and private incentives to sue: a comment on Shavell, Menell and Kaplow. **Journal of Legal Studies**, vol. 16, 1987, p. 483. SPIER, Kathryn E. A note on the divergence between the private and the social motive to settle under a negligence rule. **Journal of Legal Studies**, vol. 26, 1997, p. 614-615. Especificamente sobre o valor dos precedentes: SPIER, Kathryn. Litigation. In: POLINSKY, A.Mitchell; SHAVELL, Steven. **Handbook of Law and Economics**, vol. 1. 1ª ed. Amsterdam: North Holland, 2007, p. 298-300.

30 Steven Shavell realça o fato de que, na verdade, a diferença entre os custos privados e sociais do processo é brutal, posto que o autor (demandante) não leva em consideração os custos do réu e muito menos os custos do Estado. SHAVELL, Steven. **Economic Analysis of Law**, 2004, p. 83.

31 A estimativa é de Steven Shavell. SHAVELL, Steven. **Economic Analysis of Law**, 2004, p. 84.
Há casos em que os danos pessoais são grandes, justificando o ajuizamento de demandas. Porém, o benefício social delas decorrentes, com o desestímulo ao ofensor, são insignificantes. E vice-versa. A título de exemplo, citemos os litígios por danos decorrentes de acidentes de trânsito e responsabilidade por defeito do produto.

32 A percepção do valor social destas medidas não é recente. O juiz Story, da Suprema Corte dos Estados Unidos, já havia percebido tal fato, tanto que com base em seus escritos no livro Commentaries on Equity Jurisprudence, a Suprema Corte deliberou a favor de ações coletivas, ainda que sem previsão legal. MENDES, Aluisio Gonçalves de Castro. **Ações coletivas no direito comparado e nacional**. São Paulo: Revista dos Tribunais, 2014, p. 67.

Outro problema é que, mesmo quando processados, esses ofensores são condenados ao pagamento de indenizações que contemplam apenas os danos das vítimas, mas não o custo social total da litigância, que envolve não apenas as despesas incorridas pelo autor, como também o custo incorrido pelo Estado, com a manutenção do aparato judiciário.

Como o processo é um jogo não cooperativo no qual os litigantes buscam maximizar suas utilidades de um ponto individual, é correto concluir que apenas por sorte os incentivos privados para litigar serão iguais aos incentivos sociais, resultando no máximo bem-estar social para a sociedade como um todo.

Neste ponto, apreendida a lição de Steven Shavell, é importante concluir pela possibilidade de o *policy maker* (o legislador) tomar medidas que corrijam os desvios entre os incentivos privados e sociais para litigar, aumentando o bem-estar social.[33]-[34]

Kathryn Spier também defende a ideia de que quando há divergência entre os incentivos privados e sociais para o ajuizamento de uma ação, surge a possibilidade de que políticas possam ser introduzidas com o fito de realinhar os interesses e aumentar o bem-estar social.[35]

Visto o impacto social da litigância, cabe considerar três questões importantes para a análise da eficiência dos JEC´s que contemplam hipóteses não apreciadas no

---

33 Em importante trabalho, Peter Menell chega à conclusão de que os custos privados são sempre iguais aos sociais, logo, este autor apresenta uma visão bem diferente daquela apresentada até então e que é o fio condutor da argumentação aqui desenvolvida. Assim considerada a matéria, torna-se difícil a atuação do legislador para aumentar a eficiência do sistema quanto ao nível de litigância. Entretanto, o modelo proposto pelo autor é diferente. Ele propõe um modelo no qual o réu fixa a quantidade produzida de dano de acordo com o valor do dano causado ao autor *vis a vis* os custos do autor para litigar. Desta forma, quanto maiores os custos do autor, maiores as possibilidades de escolha do réu no tocante à determinação da quantidade produzida de dano Neste modelo, é o réu que controla o nível de dano que ele provoca, já que ele tem inteiro controle sobre a situação, logo, as externalidades desaparecem pois a sua escolha determina a própria escolha do autor em processar ou não. Os custos são, assim, internalizados. MENELL, Peter. A Note on private versus social incentives to sue. **Journal of Legal Studies**, vol. 12, Janeiro 1983, p. 41-52.

34 Louis Kaplow esclarece que, na verdade, as questões analisadas por Menell e Shavell são diferentes. O primeiro se preocupa com o comportamento *ex ante* do réu, enquanto o segundo com o comportamento *ex post* do autor. A observação de fato importante feita por este autor é que para o modelo de Menell, as regras do sistema legal não estão sujeitas à modificação. Sendo assim, as externalidades que possam surgir para o autor estão fixas, considerando-se apenas as que surgem para o réu. KAPLOW, Louis. Private versus social costs in bringing suit. **Journal of Legal Studies**, vol. 15, Junho 1986, p. 371-385. Para um modelo mais geral e uma discussão detalhada das nuances dos modelos aqui discutidos, ver ROSE-ACKERMAN, Susan; GEISTFELD, Mark. The divergence between social and private incentives to sue: a comment on Shavell, Menell and Kaplow. **Journal of Legal Studies**, vol. 16, Junho 1987, p. 483-491.

35 SPIER, Kathryn. Litigation. In: POLINSKY, A.Mitchell; SHAVELL, Steven. **Handbook of Law and Economics**, vol. 1. 1ª ed. Amsterdam: North Holland, 2007. A autora propõe um modelo de litigância semelhante ao aqui apresentado, baseado nas ideias do professor Shavell.

modelo básico. É o que se faz agora, a partir de modelos mais sofisticados que propõe refinamentos ao modelo de litigância básico apresentado.

4.3. Refinamentos da modelagem da litigância civil

A primeira diz respeito aos incentivos do sistema legal para que um violador de direitos, futuro réu, tome as precauções devidas e evite provocar danos, aumentando o nível de litigância.

Basicamente, podemos decompor estes incentivos em duas vertentes: os custos processuais e a acurácia no processo.

Os custos processuais não são propriamente um problema nos JEC´s já que o processo é gratuito, por força da lei. Não obstante, para pensar em soluções de otimização para os JEC´s é necessário conhecer aspectos do modelo de litigância geral. Sendo assim, é importante perceber que o réu terá menos incentivos para adotar um nível adequado de cautela em suas atividades de forma a não cometer atos ilícitos quanto maiores forem os custos de litigância para o autor, menos significativos forem os danos causados e quanto menos ele for obrigado a arcar com os custos sociais da litigância.[36]

A acurácia na condução do processo se relaciona com o desenho e aplicação das leis processuais, sendo vital para constranger o possível violador, restringindo seus incentivos para cometer atos ilícitos. A partir do momento que as regras processuais são adequadamente desenhadas e aplicadas, os indivíduos tendem a evitar criar valor pela via oblíqua, posto que a sanção será certa.[37]-[38]

A acurácia lida com a minimização do que os estatísticos chamam de erro tipo I e erro tipo II.[39] É importante ter em mente que a acurácia tem um custo, posto que um processo de maior qualidade e mais compreensivo, normalmente, demanda mais tempo e é mais custoso do ponto de vista financeiro devido às atividades, sobretudo, probatórias, envolvidas.

É cediço que a acurácia legitima o resultado do processo. Além disso, a acurácia tem um valor instrumental, já que o processo também tem um caráter instrumental, visando realizar escopos de natureza política, jurídica e social.[40] Portanto, a acurácia

---

36 SHAVELL, Steven. **Foundations of Economic Analysis of Law**. Cambridge: University Press, 2004, p. 397.

37 SPIER, Kathryn. Litigation. In: POLINSKY, A.Mitchell; SHAVELL, Steven. **Handbook of Law and Economics**, vol.1. 1ª ed. Amsterdam: North Holland, 2007, p. 397.

38 SHAVELL, Steven. **Foundations of Economic Analysis of Law**. Cambridge: University Press, 2004, p. 450-456.

39 O erro tipo I é a probabilidade de condenar um inocente, enquanto o erro tipo II é a probabilidade de absolver um culpado.

40 DINAMARCO, Cândido Rangel. **A instrumentalidade do processo**. 6ª ed. São Paulo: Malheiros, 1998.

não é um fim em si própria, não possui um valor intrínseco, devendo ser confrontada com a natureza do conflito em questão.

A acurácia envolve custos e por não possuir um valor intrínseco, a determinação de seu grau deve estar de acordo com a situação jurídica suscitada no conflito, dada a natureza instrumental e o fato de que seu valor está vinculado aos resultados obtidos.

Já foi dito que a acurácia tem um custo e tem valor. É importante notar que há um valor social e um valor privado, os quais, normalmente, apenas convergem por acaso.

O valor social da acurácia reside no fato de que, ao minimizar os riscos dos erros tipo I e II, ela reforça o compromisso com o cumprimento da lei por parte dos agentes, ao mesmo tempo em que reduz o custo social da litigância e da imposição de sanções. Explica-se.

A acurácia aumenta o temor da sanção por parte do agente, induzindo-o ao cumprimento das regras legais. Mais do que isso, ao minimizar o erro tipo II, ela legitima a sanção real esperada pelo violador, posto que o incentivo para respeitar a lei é aumentado quando se tem a garantia de que as chances de condenação de um inocente são mínimas.[41]

É fato que o grau de acurácia possui relação com o grau de precaução a ser tomado pelo agente.[42] No entanto, há situações em que uma maior acurácia não resulta num maior grau de precaução já que o resultado do dano não é previsível. Por exemplo, é o caso dos acidentes de automóveis, já mencionado, que, como vimos, abrange diferentes incentivos do ponto de vista social e privado. Por ser incapaz de prever o dano causado por um acidente automobilístico, o grau de precaução devido à acurácia não é da mesma dimensão que seria, caso a previsão perfeita pudesse ser realizada. Afinal, os custos de prevenção tenderiam a superar em muito, pela imprevisibilidade, o valor da acurácia como indutora de comportamento. Há verdadeiro *trade-off* entre acurácia e custos.

Não obstante esta observação, que reduz o valor social da acurácia, é fato que esta reduz os custos sociais da litigância e da imposição de sanções. Se as chances de

---

41 Claro está que o incentivo para cumprir a lei é pequeno caso o sistema processual não possua a capacidade de distinguir, com pequena margem de erro, quem é culpado e quem é inocente. Outro efeito importante associado é que o grau de precaução do agente em um sistema dotado de acurácia é menor, implicando menos custos para ele, possuindo um maior engajamento em atividades, favorecendo o crescimento econômico e o risco do país. Daí se dizer que países que possuem um sistema jurídico com baixo grau de acurácia possuem uma menor margem para o crescimento econômico estrutural (o ordenamento jurídico bem empregado é parte do estoque de capital do país) e um nível de risco também maior (a chance de um credor legítimo recuperar seu crédito é menor).

42 Kathryn Spier demonstra que o valor da acurácia surge quando a precaução tomada é capaz de afetar a magnitude e a probabilidade do acidente. SPIER, Kathryn. Settlement bargaining and the design of damage awards. **Journal of Law, Economics, & Organization**, vol. 10, Abril 1994, p. 84-95.

erros tipo I e II são pequenas, as sanções são aplicadas e as partes possuem incentivos para seguir a lei e em caso de descumprimento, a buscar uma solução consensual, evitando os custos de litigar.[43]

A acurácia possui um valor privado para as partes. Nesta altura não é estranho imaginar que o valor privado e o social divirjam. Senão, vejamos. A parte tem interesse em introduzir um fato no processo quando aquele possa aumentar as chances de êxito, ao passo em que busca ocultá-lo caso a plena ciência reduza suas chances. É o comportamento maximizador de utilidade já estudado. No entanto, a dimensão social da acurácia envolve incentivos para o adequado comportamento dos agentes e a maximização do bem-estar social. A título de exemplo, é possível pensar em uma situação em que o grau de acurácia social seja baixo, pela dificuldade de prever os contornos exatos da situação, mas na qual os incentivos privados sejam relevantes, pela dimensão do dano observado. Ou vice-versa. O fato é que a origem da divergência é a mesma já discutida anteriormente na questão do custo social do processo: falha na internalização de todos os custos e benefícios associados às externalidades presentes.

Sendo assim, aqui a conclusão é a mesma: é possível o estabelecimento de políticas que objetivem a correção dos desvios verificados.

Outra questão importante a ser abordada diz respeito à assimetria de informações entre os litigantes. O modelo básico estabelece as condições para que um acordo surja, mas não especifica o valor acordado nem o momento em que ele acontecerá.

Decompondo o resultado do julgamento na aplicação da lei e no acertamento dos fatos, uma jurisprudência estável, íntegra e coerente, bem como a observância dos precedentes, reduzem bastante a chance de informações assimétricas no plano da aplicação da lei. Resta contemplar o plano fático. Assim, caso as partes tenham informações diferentes, a possibilidade de um acordo diminui.

É importante entender que a assimetria de informações pode ter várias causas. Por exemplo, o autor pode ter privilégio no conhecimento da real extensão do dano sofrido, ambas as partes podem ter mais ou menos confiança nos seus elementos de prova, bem como a própria relação cliente-advogado pode introduzir ruídos no fluxo de informação, caso o causídico não exponha a questão devidamente.

Na presença de informações assimétricas, a certeza sobre um fato é substituída pela probabilidade. Naturalmente, a desinformação, tanto por parte do autor como do réu, gera um comportamento defensivo, considerando-se que o jogo é não cooperativo e que os agentes buscam maximizar suas utilidades. Sendo assim, ninguém quer receber menos ou pagar mais do que poderia, fato este que dificulta o acordo, cuja

43 Não são apenas financeiros, mas também envolvem a dimensão temporal. O processo é custoso na dimensão temporal para aquele que está com a razão, está amparado pelo direito mas tem que esperar o fim do processo para usufruir de algo que sempre esteve na sua esfera jurídica.

importância reside no fato de que é impossível para qualquer sistema legal lidar com litígios que apenas se resolvem no âmbito das cortes de justiça.[44]

A essência da presença de informações assimétricas no modelo básico de litigância é essa: ela produz ineficiência, dificultando o acordo.[45]

A diferença de informação entre as partes faz com que uma delas tenha maior confiança no resultado final do processo, enquanto a outra, por estar em condição menos favorável, tem um comportamento defensivo. A diferença de informação acarreta divergência no resultado esperado, dificultando o acordo.

Suponhamos que a parte que possua mais informação seja o réu. A princípio, o autor não sabe quão grande é a vantagem informacional da contraparte. Ele se vê diante de uma escolha. Ou faz uma oferta baixa e garante que o réu aceitará o acordo, talvez deixando de obter um acordo melhor ou faz uma oferta alta, correndo o risco de sua oferta não ser aceita, o que implica incorrer em custos. É justamente esta dúvida, causada pela assimetria de informação, que causa a inexistência de muitos acordos que seriam possíveis.[46] Quando realizados, tais acordos são feitos por valores inferiores aos que prevaleceriam no caso de julgamento. Os modelos apontam também para o fato de que quanto maior o valor da causa, menor a chance de acordo e obviamente, quanto melhor a estimativa sobre quão informada é a contraparte, maiores as chances de acordo.[47]

Alternativamente, o réu pode ter menos informação do que o autor. Por exemplo, há litigantes contumazes que, não obstante estejam frequentemente nos tribunais, são incapazes de conhecer seus consumidores por não possuírem um sistema gerencial de informações adequado. Na ausência deste, torna-se impossível conhecer

---

44 Estima-se que nos Estados Unidos apenas 4% dos processos são efetivamente julgados. Nas cortes federais, o índice é menor: 1%. Fonte: Judicial Business of the United States Courts. Annual Report, 2017. Disponível em: < http://www.uscourts.gov/statistics-reports/statistical-tables-federal-judiciary-december-2017>. Acesso em 05.07.2018.

45 Kathryn Spier apresenta o modelo básico de litigância, com simetria de informações e possibilidade de acordo, trazendo as mesmas hipóteses fixadas no decorrer deste texto, supondo ainda que os custos da litigância apenas são incorridos no julgamento. A autora demonstra que a parte que tivesse a possibilidade de fazer a última oferta teria a primazia em apropriar a economia gerada pelos custos não incorridos. Sendo a escolha de quem faz o último lance randômica, a autora conclui que nesse caso há forte incentivo à repartição da economia de custos. SPIER, Kathryn. Litigation. In: POLINSKY, A.Mitchell; SHAVELL, Steven. **Handbook of Law and Economics**, vol. 1. 1ª ed. Amsterdam: North Holland, 2007, p. 269-270.

46 Na hipótese do modelo, a parte menos informada faz a oferta.

47 P'NG, I.P.L. Behavior in Suit, Settlement and trial. **The Bell Journal of Economics**, vol. 14, n. 2, Outono 1983, p. 539-550. BEBCHUK, Lucian Arye. **The RAND Journal of Economics**, vol. 15, n. 3, Outono 1984, p. 404-415. Os modelos apontam para a mesma conclusão. O modelo de P'NG vê o valor proposto para o acordo como surgindo da negociação-o autor tem um insight com relação a uma "theory of bargaining"-, ao passo que no modelo de BEBCHUK, o valor oferecido para acordo é exógeno.

adequadamente a contraparte no litígio, o que inibe qualquer possibilidade de oferta de acordo razoável, sob pena de aceitar demandas frívolas.[48]

Kathryn Spier faz duas observações sobre os modelos que merecem menção. A primeira é que a seleção de casos que vão a julgamento depende claramente de quem é a parte bem informada, já que esta detém maior conhecimento sobre o resultado do julgamento. A segunda é que, havendo custos, em não havendo acordo, é possível que o autor, racionalmente, retire o processo, dada a maior informação da outra parte.[49]

Em outro trabalho, Kathryn Spier flexibiliza a hipótese de que a oferta para acordo é única e feita antes do julgamento. A conclusão é interessante já que, mesmo considerando a possibilidade de uma sequência de ofertas pelo autor, parte menos informada, se os custos são incorridos no julgamento, a estratégia ótima para o autor ainda é fazer sua melhor oferta no último momento disponível para tal. O réu sempre esperaria que o autor, até o julgamento, melhorasse sua oferta. A autora comenta que isso explica o grande número de acordos de última hora feitos nos Estados Unidos. O resultado, portanto, não diverge muito da restritiva hipótese de apenas uma oferta de acordo.[50]

Ainda no tocante à informações assimétricas, é importante mencionar a observação de Steven Shavell. Em havendo acurácia, os agentes têm incentivos para revelarem suas informações, já que há custos associados à litigância e à própria instrução.[51]

Não obstante, Steven Shavell revela que a informação assimétrica pode prevalecer já que em muitas situações a informação, ainda que revelada, não é crível, suscitando comportamento defensivo e dificultando o acordo. É o caso do autor que sofreu dano mas tem dificuldade de prová-lo, necessitando de providências que apenas o réu pode tomar. A questão levanta a importância da inversão do ônus da prova, contemplada nos arts 6º, VIII do CDC e 373, §1º do CPC.

A outra hipótese levantada pelo autor não se aplica ao processo civil brasileiro. Trata-se da retenção voluntária de informação até o momento do julgamento. O modelo processual exige pedido certo, determinado ou determinável, bem como a causa de pedir, devendo o réu apresentar toda a sua defesa de pronto (princípio da concentração). O sistema de preclusões inviabiliza a hipótese apresentada. Ademais,

---

48 Essa percepção pode explicar o fato de os repeat players ignorarem, na maioria das vezes, a possibilidade de acordo nos JEC´s. Na verdade, pode ser um sintoma de que não possuem um conhecimento apurado de suas práticas e de seus clientes. Agem com base em informações assimétricas.

49 SPIER, Kathryn. Litigation. In: POLINSKY, A.Mitchell; SHAVELL, Steven. **Handbook of Law and Economics**, vol. 1. 1ª ed. Amsterdam: North Holland, 2007, p. 273-274.

50 SPIER, Kathryn .The dynamics of pretrial negotiation. **Review of Economic Studies**, vol. 59, p. 93–108

51 SHAVELL, Steven. **Foundations of Economic Analysis of Law**. Cambridge: University Press, 2004, p. 425-426.

o princípio da boa fé processual, norma fundamental do processo civil, escrita no art. 5º do CPC, proíbe o uso de tal estratégia de forma deliberada.[52]

Um último tópico merece análise antes de passarmos a discutir as opções de políticas que poderiam melhorar a eficiência dos JEC´s. Trata-se das demandas frívolas.

É sabido que na ausência de restrições e em situações de linearidade a maximização da função utilidade ocorra no infinito. Quão abstrato possa parecer, essa frase apenas revela um fato intuitivo: se não há restrições e há linearidade, o indivíduo sempre vai preferir o mais ao menos, logo o máximo a ser alcançado é o infinito.[53]

A relação com o processo civil desta constatação matemática está no fato de que pensando linearmente e sem quaisquer restrições, a atuação de um ser racional é sempre buscar a máxima utilidade associada. Essa velha certeza é o que justifica as demandas frívolas. Na ausência de custos e restrições, os *"free riders"* aparecem e apresentam tantas causas quanto julgarem possíveis a fim de extraírem um valor positivo.

Por certo que esta constatação é incapaz de revelar toda a dinâmica das demandas frívolas.

Há, de fato, outros aspectos que interagem com o comportamento esperado de um *"free rider"* e motivam as demandas frívolas.

Rosenberg e Shavell construíram um modelo para analisar a existência e a prevalência de demandas frívolas, no qual a inovação é que autores com demandas frívolas, ou seja, com baixa probabilidade de ganho na causa, seriam capazes de obter acordos favoráveis por parte do réu, em virtude de apresentarem custos baixos de litigância e pelo fato de o réu incorrer em custos razoáveis para se defender destas demandas.[54]

O modelo, a princípio, parece não se adequar à realidade brasileira, visto que os *repeat players* que atuam nos JEC´s não incidem em custos de defesa significativos. Na verdade, possuem contratos com escritórios de advocacia, geralmente um custo fixo, já que atuem ou não os advogados do escritório em demandas, a despesa será incorrida. Não obstante, o modelo também prevê que, caso as questões dos processos dos diversos autores sejam relacionadas, os custos extras da defesa seriam diluídos por esta grande quantidade de autores, o que é capaz de explicar o porquê de os *repeat*

---

52 Marco Antônio Rodrigues defende a possibilidade de alteração objetiva da demanda ainda que após o saneamento, com base na presença de boa fé e no princípio do acesso à justiça, desde que não haja quebra na unidade probatória e que seja demonstrada a sua necessidade pelo demandante. RODRIGUES, Marco Antonio dos Santos. **A modificação do pedido e da causa de pedir no processo civil**. Rio de Janeiro: GZ Editora, 2013, p. 207 e ss.

53 Pensemos em uma função y=3x. É uma função linear. A maximização de seu valor acontecerá no infinito. Qualquer número que pensemos, sempre será possível imaginar um maior que trará um valor maior para a variável y. Logo, a maximização ocorre no infinito.

54 ROSENBERG, David; SHAVELL, Steve. A Model in which suits are brought for their nuisance value. **International Review of Law and Economics**, vol.5, Junho 1985, p. 3-13.

players normalmente oferecerem valores baixos de acordo. Os baixos custos associados geram tal resultado.

Não possuindo sistemas de controle gerencial efetivos, muitos *repeat players* são incapazes de verificar se a demanda é ou não frívola, não obstante saibam que há uma percentagem, comumente alta de tais processos. Sendo assim, por estarem diante de informação assimétrica, agem como indica o modelo: ou ofertam valores baixos de acordo ou simplesmente não fazem oferta.

A relevância da informação assimétrica para a litigância frívola é ressaltada por Lucian Bebchuk.[55] Em seu modelo, o autor mostra que quanto mais o réu, que possui um custo de litígio específico elevado, considera o autor um legítimo litigante, maior a chance não apenas de acordo mas sobre um montante maior. A maior probabilidade atribuída, conjugada ao custo elevado de, por exemplo, produzir provas capazes de negar, impedir, modificar ou extinguir o direito do autor, fazem com que o réu esteja disposto a aceitar negociar e pagar valores a autores que podem ser demandantes frívolos.

Avery Katz faz oportuna observação em seu modelo. O problema das demandas frívolas é encarado não a partir dos incentivos do réu para oferecer um acordo, dada a sua estrutura de custos, mas a partir de uma interação entre os litigantes.[56]

A litigância frívola passa a ser determinada de forma endógena, com base na taxa de retorno que ela oferece. Sendo assim, caso não houvesse demandas frívolas, o custo de defesa do réu levaria a que acordos fossem fechados em valores elevados. Tal fato atrairia os *"free riders"* , fazendo o nível da rentabilidade se reduzir. Simetricamente, se todas as demandas fossem frívolas, não haveria acordo ou o valor seria extremamente baixo, fazendo com que o nível de litigância frívola caísse.

Ademais, Avery Katz mostra que há custos sociais relacionados à demanda frívola. Eles resultam não apenas dos recursos que envolvem o ajuizamento da demanda mas também do fato de que a presença de demandas frívolas impede que algumas demandas legítimas sejam encerradas por acordo.

Analisados o modelo básico de litigância e seus refinamentos mais importantes, a partir de construções mais sofisticadas, surge o momento de analisarmos as opções de política disponíveis para solucionar ou mitigar as dificuldades mencionadas no âmbito dos JEC´s.

---

55 BEBCHUK, Lucian. Suing Solely to Extract a Settlement Offer. **Journal of Legal Studies**, 17, Junho 1988, p. 437-50.

56 KATZ, Avery. The effect of frivolous lawsuit on the settlement of litigation. **International Review of Law and Economics**, n. 10, 1990, p. 3-27.

4.4. Políticas disponíveis

a título de recordação, mencionamos que os problemas mais agudos dos JEC´s são: a existência de um grande número de demandas frívolas; a existência de *repeat players*, com processos que apresentam questões semelhantes em escala expressiva; o baixo número de acordos para encerrar os litígios; a inexistência da celeridade pretendida pelos legisladores constitucional e ordinário na solução de litígios simples e o custo social da litigância excessiva.

Os processos nos JEC´s, em primeira instância, são gratuitos, independendo do pagamento de custas. Como visto, no entanto, a sociedade é obrigada a arcar com os custos da litigância excessiva. O processo apresenta um custo social. Sendo assim, o processo não é gratuito ou pelo menos cabe a pergunta: gratuito para quem?

Reza a lenda que os economistas reduzem tudo a um gráfico de demanda e oferta. A crença, no entanto, tem um amparo científico.

Paul Samuelson e William Nordhaus definiram que a Economia estuda a maneira pela qual a sociedade usa recursos escassos para produzir bens e serviços, distribuindo-os pelos integrantes dessa sociedade.[57]

Sendo assim, um gráfico de demanda e oferta é capaz de, singelamente, exprimir a noção de escassez expressa no pensamento dos economistas. A determinação da quantidade e do preço que surge do confronto das curvas de demanda e oferta são capazes de trazer reflexões interessantes acerca do equilíbrio de um determinado mercado.

Pensemos nos JEC´s como o mercado em que se demanda, produz e equilibra a mercadoria "serviço de justiça". Não parece estranho imaginar que o comportamento dos autores e dos réus em suas atividades diárias determina a curva de demanda pelo serviço de justiça, ao passo que a curva de oferta é dada pelo estoque de capital jurídico, físico e humano alocado nos JEC´s pelo Poder Judiciário.

Se assim for, a curva de oferta será inelástica no curto prazo. Isso significa dizer que ela será razoavelmente vertical, fato explicado pelo fato de que é impossível aumentar a capacidade de resolver litígios e prover justiça de imediato, tudo o mais constante. Em outras palavras: a produção destes serviços de justiça é restrita aos estoques de capital jurídico, físico e humano alocados na atividade e tais alterações sujeitam-se a prazos mais longos. Uma demanda maior, nestas condições, apenas faria aumentar o custo (preço) do serviço, pois não é possível enfrentar a maior demanda com mais oferta.

Cabe então atuar, no curto prazo, sobre a curva de demanda, promovendo políticas capazes de influenciar o comportamento das partes, autores e réus, permitindo que um equilíbrio mais eficiente e com menor custo social seja alcançado. O mesmo pode ser feito com relação à curva de oferta, objetivando aumentar a capacidade de os JEC´s solucionarem os litígios apresentados.

57 SAMUELSON, Paul A.; NORDHAUS, William D. **Economia**. 19ª ed. São Paulo: Bookman, 2012.

Em resumo, trata-se da concepção matemática do chamado princípio da operosidade, enunciado por Paulo Cesar Pinheiro Carneiro. O autor explica que quaisquer pessoas que participam da atividade jurisdicional, direta ou indiretamente, devem atuar da forma mais laboriosa e produtiva possível, a partir de compromissos éticos e da utilização eficiente dos instrumentos e institutos processuais, a fim de que o acesso à justiça seja assegurado.[58]

As soluções imaginadas neste texto adotam o princípio da operosidade como vetor. A solução para o acesso à justiça, como bem retratada no princípio, deve partir de esforços conjugados, nunca de uma ação individual.

A primeira providência cabível a longo prazo, talvez a mais óbvia, é investir maciçamente no conhecimento pleno das demandas submetidas, o que pode ser feito por meio de técnicas estatísticas. Conhecer detalhadamente o problema é parte importante da solução.

A seguir, investir em sistemas de informática, aí compreendidas as soluções de inteligência artificial capazes de promover solução on-line de litígios. A técnica é relativamente barata e poderia servir de palco para a redução das informações assimétricas existentes entre os litigantes que, como visto, parece ser decisiva em muitos casos. Permitiria também o aumento da produtividade dos auxiliares de justiça e traria mais facilidade para que o juiz gerisse não apenas as atividades da vara, mas também pudesse aplicar técnicas de gestão processual. Ademais, o uso da inteligência artificial pautada em precedentes vinculantes e em jurisprudência íntegra, estável e coerente evitaria, certamente, que inúmeras ações fossem ajuizadas, havendo a possibilidade de acordo imediato, dado o reforço que tal sistema promoveria na segurança jurídica para os envolvidos, sobretudo na dimensão previsibilidade.[59]

Ao mencionar os acordos, é impossível não pensar na adoção do sistema multiportas pelo CPC.[60] Claramente, tal diretriz impacta também os processos de competência dos JEC´s. A grande novidade deste modelo não é o ímpeto negocial para a solução de litígios, fato já previsto na própria Constituição Federal, em seu art.98, I, para os JEC´s.

---

58 CARNEIRO, Paulo Cezar Pinheiro. **Acesso à Justiça:** Juizados Especiais Cíveis e Ação Civil Pública. 2ª ed. rev. e atual. Rio de Janeiro: Forense, 2007, p. 63-65.

59 A ideia de *case management* é bem discutida em: RESNIK, Judith. Managerial judges. **Harvard Law Review**, vol. 96, n. 2, Dezembro 1982. A importância da consistência metodológica na construção dos precedentes é analisada, com aplicações no campo tributário por: CAMPOS, Carlos Alexandre de Azevedo. Interpretação do sistema constitucional tributário. In: QUEIROZ, Luís Cesar Souza de; ABRAHAM, Marcus e CAMPOS, Carlos Alexandre de Azevedo (orgs.). **Estado fiscal e Tributação**. Rio de Janeiro: LMJ Mundo Jurídico,2015, p. 87-126. A noção de segurança jurídica é bem discutida em: ÁVILA, Humberto. **Segurança jurídica:** entre permanência, mudança e realização no direito tributário. 2ª ed. São Paulo: Malheiros, 2012.

60 LESSA NETO, João Luiz. O novo CPC adotou o modelo multiportas!!! E agora?! **Revista de Processo**, n. 244, Junho de 2015, p. 427-441.

A originalidade é o direcionamento dos conflitos para o meio mais adequado de resolução de conflitos. Há litígios que não justificam a movimentação da máquina administrativa do Poder Judiciário. Isto porque tais casos poderiam ser resolvidos de forma mais célere, adequada e econômica, aumentando o bem-estar social, haja vista a diminuição dos custos sociais da litigância já enunciados ao longo deste artigo.[61] Aliás, esta é a essência, a *ratio* expressa na Resolução 125/2010 do CNJ.

João Luiz Lessa Neto demonstra que é árduo o caminho para a devida implementação de um modelo multiportas.[62] O autor mostra que há obstáculos estruturais, educacionais e culturais a serem superados.

Não obstante a correção da argumentação deste autor, é possível, no curto prazo, promover reformas significativas no sentido da promoção de acordos. Além do uso da inteligência artificial, é importante pensar em uma reforma administrativa do Poder Judiciário.[63]

É fato que o advento do processo eletrônico reduziu em muito a necessidade de servidores nos cartórios das varas. Este é ou deveria ser o impacto da alteração de um padrão tecnológico. Sendo assim, surge a possibilidade de aproveitar a experiência de muitos destes servidores, capacitando-os para a condução de atividades de mediação e conciliação, aumentando a chance de os conflitos serem resolvidos sem processo.[64]

Como já estudado, há muitos incentivos sociais, sobretudo na atual condição do Poder Judiciário no Brasil, para que os litígios sejam resolvidos na esfera da negociação. Tal método é mais barato, adequado e célere, contribuindo para a construção de um diálogo entre os integrantes da sociedade.

Neste sentido, é possível pensar na criação de regra jurídica que aplique multa para a parte que poderia ter aceito um acordo que lhe era vantajoso, mas que preferiu continuar com o litígio, exatamente por atuar como *"free rider"*, buscando um "extra".

---

61 Gustavo Quintanilha de Menezes demonstra que a adoção de filtros pré-processuais legítimos são hábeis a aumentar o diálogo entre as partes antes de a questão ser judicializada efetivamente, o que não apenas aumenta as chances de acordo, como também aprofunda o contraditório, proporcionando uma melhor instrução da questão e como consequência uma decisão mais célere e de mais qualidade. MENEZES, Gustavo Quintanilha Telles de. **A fase pré-processual:** o ônus de preparação da demanda e os filtros legítimos à postura das ações judiciais. Dissertação (Mestrado em Direito). Universidade do Estado do Rio de Janeiro, 2012.

62 LESSA NETO, João Luiz. O novo CPC adotou o modelo multiportas!!! E agora?! **Revista de Processo**, n. 244, Junho de 2015, p. 430-437. O autor mostra a necessidade de investimento em estrutura física, da restruturação das grades curriculares, bem como de iniciativas que alterem a concepção clássica de que a única solução correta para um litígio é a adjudicatória.

63 Esta medida dinamizaria não apenas os acordos mas também promoveria uma mudança no estoque de capital humano dos tribunais, tornando-os mais flexíveis e aptos a enfrentar os litígios.

64 Do ponto de vista de custos, a medida seria neutra pois os "novos mediadores e conciliadores" já são servidores. Eventualmente, um esquema de compensação financeira pode ser adotado com base em metas de taxa de sucesso na resolução dos conflitos.

A multa é criada justamente para inibir tais comportamentos.[65] Ela diminuiria o valor a ser recebido pelo autor ou aumentaria o montante a ser pago pelo réu, após o julgamento, em caso de recusa de acordo mais benéfico.

Pensando que a acurácia tem um custo associado e no efeito que a padronização poderia ter em termos de previsibilidade para os agentes, pode ser interessante a adoção de tabelas que fazem a correspondência entre algumas categorias de ilícito e o valor consignado em caso de provimento. É bem possível que, junto a outras medidas aqui discutidas, tais tabelas aumentem a chance de ocorrência de acordos, já que oferecem previsibilidade e balizamento para as decisões, reforçando a segurança jurídica.[66] A prática forense atual nos JEC´s revela uma razoável dispersão nos valores consignados, sobretudo na categoria dano moral, o que incentiva a parte a agir como *"free rider"*.[67]-[68]

É importante mencionar mais uma vez o valor dos precedentes. A utilização das ferramentas até então mencionadas fica prejudicada na ausência de um sistema de precedentes robusto e de uma jurisprudência íntegra, estável e coerente. Estas características são importantes porque contribuem para inibir o ilícito, fixam razões de decidir aplicáveis de forma équa, além de contribuir para a concretização de valores sociais e a própria construção legal futura.[69]

A questão das demandas frívolas pode ser mitigada pela adoção de certas medidas, segundo teóricos da análise econômica do direito.[70]

A primeira medida analisada é a imposição de depósitos antecipados, devolvidos em caso de provimento da medida pleiteada pelo autor. Esta medida é inaplicável no Brasil por ser frontalmente contrária ao comando universal de acesso à justiça, destinado ao legislador e ao operador do direito.

---

65 SHAVELL, Steven. The fundamental divergence between the private and the social motive to use the legal system. **Journal of Legal Studies**, vol. 26, Junho 1997, p. 604. Ademais, a *Rule 68 of the Federal Rules of Civil Procedure* emprega raciocínio semelhante ao determinar que, se o autor rejeitar um valor para acordo e o juiz determinar um valor inferior, o autor será responsabilizado pelas custas do seu adversário após a realização da oferta.

66 O conceito de segurança jurídica é esmiuçado por Humberto Ávila. ÁVILA, Humberto. **Segurança jurídica:** entre permanência, mudança e realização do direito tributário. 2ª ed. São Paulo: Malheiros, 2012, p. 255-285.

67 SHAVELL, Steven. . **Foundations of Economic Analysis of Law**. Cambridge: University Press, 2004, p. 454.

68 O fato pode ser uma constatação empírica dos vieses cognitivos que surgem quando os operadores do direito são obrigados a associar valores morais a valores pecuniários e a realizara transposição de categorias jurídicas. SUNSTEIN, Cass et alii. Predictably Incoherent Judgments. **Stanford Law Review**. V. 1, Issue 6, Junho 2002, p. 1153-1216

69 SHAVELL, Steven. The fundamental divergence between the private and the social motive to use the legal system. **Journal of Legal Studies**, vol. 26, Junho 1997, p. 595-596.

70 POLINSKY, A. Mitchell; RUBINFELD, Daniel. Sanctioning frivolous Suits: an economic analysis. **Georgetown Law Review**, vol. 82, p. 401-403. KATZ, Avery. The Effects of frivolous lawsuits on the settlement of litigation. **International Review of Law and Economics**, vol. 10, 1990, p. 16-20.

A razão fundamental é que ela seria contraproducente em muitos casos em que a demanda é legítima, já que autores realmente vitimados, porém descapitalizados poderiam ser impedidos de obterem a tutela de seus direitos.

Ademais, em muitos casos, é impossível determinar a frivolidade de uma determinada demanda. Como os casos grosseiros já são filtrados pelos arts.330 e 332 do CPC, que tratam, respectivamente, dos requisitos para o indeferimento da inicial e a improcedência liminar do pedido, a adoção do depósito antecipado violaria os princípios da razoabilidade e da proporcionalidade, levando á sua rejeição enquanto medida útil.[71]

A segunda medida proposta é a adoção de justa causa e de elementos probatórios mínimos. Avery Katz demonstra que estes instrumentos reduzem o número de demandas frívolas, ao passo que aumentam o número de acordos. Entretanto, aumentam os custos dos casos nos quais acordos são realizados no decorrer do processo e dos que vão a julgamento.[72] Dentro deste espírito, é possível pensar na adoção de providências administrativas antes de que se possa acessar a justiça. A questão é controversa. Aqui se defende, como Fredie Didier Jr., que os direitos fundamentais podem sofrer restrições na lei, desde que estas sejam pautadas por critérios de proporcionalidade e razoabilidade.[73-74]

O outro instrumento comumente pensado para evitar as demandas frívolas é a aplicação de multa.[75] A *Rule 11 of the Federal Rules of Civil Procedure* talvez seja a regra jurídica mais conhecida, cujo objetivo seja justamente deter a litigância frívola,

---

71 No âmbito dos JEC´s descabe completamente a adoção de depósitos prévios. A medida afronta o objetivo do instituto, já explicado nas primeiras seções deste trabalho.

72 KATZ, Avery. The Effects of frivolous lawsuits on the settlement of litigation. **International Review of Law and Economics**, vol. 10, 1990, p. 16-17. O autor demonstra ainda que os efeitos, do ponto de vista macro, são neutros sobre a compensação dos autores e sobre os efeitos de prevenção do direito aplicado. No âmbito dos JEC´s tais aumentos de custo se dariam na forma de mais tempo para elaborar uma petição clara e capaz de demonstrar ou requerer as provas necessárias, haja vista a gratuidade prevista na lei. Gustavo Menezes também propõe medidas pré-processuais para assegurar uma melhor cognição, um contraditório mais profundo e decisão de mais qualidade e mais célere, ou seja, mais eficiente. MENEZES, Gustavo Quintanilha Telles de. **A fase pré-processual:** o ônus de preparação da demanda e os filtros legítimos à postura das ações judiciais. Dissertação (Mestrado em Direito). Universidade do Estado do Rio de Janeiro, 2012.

73 DIDIER JR, Fredie. **Curso de direito processual civil:** introdução ao direito processual civil, parte geral e processo de conhecimento. v. 1. 18ª ed. Salvador: Juspodium, 2017, p. 181.

74 O STF já julgou questão semelhante no RE 631.240, Rel. Min. Luís Roberto Barroso, em 27.08.2014. Na ocasião, ficou decidido que é necessário prévio requerimento administrativo antes de o segurado da Previdência Social recorrer à justiça para obter a concessão do benefício. A medida pode ser interessante para os JEC´s, sobretudo se os dados demonstrarem que muitas questões poderiam ser solucionadas a partir de medidas administrativas direcionadas aos fornecedores de serviços ou às agências reguladoras.

75 POLINSKY, A. Mitchell; RUBINFELD, Daniel. Sanctioning frivolous Suits: an economic analysis. **Georgetown Law Review**, vol. 82, Dezembro 1993, p. 401-402.

através da imposição de sanção de natureza pecuniária, que incidirá tanto sobre a parte como sobre o advogado ou a sociedade de advogados que violarem a regra, a partir de peça jurídica específica escrita pela parte que se sente lesada.

A.Mitchell Polinsky e Daniel Rubinfeld apresentam um modelo no qual, além das hipóteses tradicionais já comentadas anteriormente, há litigantes legítimos e frívolos que ajuízam ações, as quais irão a julgamento, sendo que, para tanto, os autores e réus incorrem em custos. Não obstante a existência de custas processuais no modelo, sua conclusão final é utilíssima para entender o desenho adequado para uma sanção que objetiva enfrentar a litigância frívola.

Os autores verificam que as sanções não devem ser aplicadas universalmente, sendo desejáveis em situações nas quais seja maior o custo de litigância para as partes, o que no âmbito dos JEC´s compreendem as despesas associadas a honorários advocatícios contratuais e despesas gerais.

Ademais, os autores concluem também que, não obstante o efeito que a sanção possa ter sobre quem pretende ajuizar uma ação, o resultado final é positivo pelos benefícios trazidos aos litigantes legítimos que obtém sucesso nas suas causas. Pensando nos JEC´s, o autor legítimo teria seu processo julgado de forma mais célere e o bem-estar social aumentaria, principalmente pela redução dos custos sociais do processo de demandas frívolas.[76]

Entretanto, a conclusão mais importante do modelo é que o valor atribuído às sanções pecuniárias deve ser fixado de forma a não apenas compensar a parte prejudicada pela demanda frívola, mas também de maneira a deter tais demandas. Logo, o valor da sanção não deve ser usado apenas para compensar a parte prejudicada, devendo ser maior, de forma a inibir ações frívolas e irresponsáveis, devendo este valor em excesso ser destinado ao Estado.

A lei 9.099/1995 que regula os Juizados Especiais Cíveis, em seu art.55, prevê que a sentença de 1º grau não condenará o vencido em custas e honorários, porém não elimina a possibilidade de imposição de sanções por litigância de má fé.

A litigância de má fé é definida no art. 80 do CPC, o qual elenca 7 condutas que caracterizam a litigância de má fé. O art. 81 do CPC define que o juiz condenará, de ofício ou a requerimento da parte, o litigante de má fé a pagar multa, fixada entre 1 e 10% do valor corrigido da causa, bem como indenizar os honorários pagos, em favor da parte prejudicada. O §2º do dispositivo determina que, em sendo irrisório o valor da causa, a multa poderá ser fixada em até 10 vezes o valor do salário mínimo.

---

76 É oportuna a observação de William Schwarzer sobre a aplicação da Rule 11 nas cortes americanas. O autor diz que o enquadramento da conduta frívola na moldura legal depende da interpretação do juiz, tipicamente subjetiva, levando a pronunciamentos diversos pelas cortes. SCHWARZER, William. Rule 11 revisited. **Harvard Law Review**, vol. 101, Março 1988, p. 1015-1017. A observação feita conduz-nos a pensar mais uma vez na importância de uma jurisprudência íntegra, estável e coerente capaz de oferecer parâmetros básicos que devem ser observados. Denota também a importância de que as demandas sejam bem instruídas, já que a prova é fundamental para a consecução do direito nas cortes.

O art. 77, incs.IV e VI c/c §2º do CPC definem os atos atentatórios à dignidade da justiça, que consistem no cumprimento inexato ou na criação de embaraços para as decisões judiciais, finais ou provisórias, bem como nas inovações ilegais do estado de fato de bem ou direito litigioso, sendo possível a aplicação de multa no valor de até 20% do valor da causa, destinada ao Estado.

A moldura legal disposta no ordenamento jurídico brasileiro para lidar com a questão da litigância de má fé deve ser aprimorada, considerados os termos propostos por Polinsky e Rubinfeld, não obstante a atual já seja pouquíssimo utilizada, tanto na Justiça Comum como nos JEC´s.

O ideal no caso brasileiro, seguindo a orientação da conclusão dos autores acima, seria considerar que alguns dos incisos do art.80 pudessem também ser considerados atos atentatórios à dignidade da justiça, ensejando a aplicação de multa, em benefício do Estado, não obstante os poderes conferidos ao juiz pelo art.139, sobretudo os incs. I a III, todos do CPC, possam ser interpretados para penalizar a parte que apresenta comportamento frívolo, frontalmente contrário às normas fundamentais do processo. Alternativamente, poder-se-ia aumentar a multa por litigância de má fé, destinando a parcela adicional ao Estado.

O fato importante a perceber é que as demandas frívolas ou o comportamento irresponsável de devedores e litigantes contumazes são nocivas para o bem-estar da sociedade, pelos enormes custos socias que acarretam. Neste sentido, impor a multa em valor que não apenas indenize a parte contrária pelo prejuízo sofrido, mas também ressarça parte ou a totalidade dos custos do Estado, além de inibir demandas frívolas, ajuda a aumentar o nível de prevenção, fato desejável para qualquer ordenamento jurídico.[77] Tal medida não afronta o acesso à justiça, antes o disciplina, favorecendo aqueles que litigam de boa-fé, norma fundamental do processo.

Antes de avançar em outra análise, cabe ilustrar a jurisprudência produzida no STJ a respeito da litigância de má fé. No Resp 1.628.065-MG, ficou decidido que o dano processual não é pressuposto para a aplicação da multa por litigância de má fé prevista no art. 81 do CPC (ou art. 18 do Código anterior).[78] A Corte Especial do Tribunal da Cidadania, no EREsp 1.133.262-ES, decidiu que a indenização prevista no art.81 do CPC também independe da necessidade de comprovação do dano, visto que este decorre de um ato processual ilícito, ou seja, se configura *in re ipsa*.[79]

Na visão do STJ, reconhecida a litigância de má fé, a multa e a indenização podem ser impostos sem necessidade de demonstração do dano sofrido pela parte adversa. É

77 SHAVELL, Steven. The fundamental divergence between the private and the social motive to use the legal system. **Journal of Legal Studies**, vol. 26, Junho 1997, p. 593.

78 Rel. Min. Nancy Andrighi, Rel.p/ acórdão Min. Paulo de Tarso Sanseverino, julgado em 21.02.2017.

79 Rel. Min. Luis Felipe Salomão, julgado em 03.06.2015. Cabe dizer que pelo art. 927, CPC esta decisão deve ser observada por juízes e tribunais, posto que proferida após a vigência do CPC, em 16.03.2015.

correto o argumento do STJ no sentido de que a demonstração do prejuízo poderia ser de difícil realização, comprometendo a eficácia do dispositivo. Ademais, cabe acrescentar que a boa fé processual é norma fundamental do processo, implicando nos deveres de lealdade, respeito e transparência, sem contar que o processo não pode ser visto como *locus* para atos de má fé, principalmente pelos custos sociais gerados. Cabe aos tribunais conceder eficácia prática a tais entendimentos, aplicando-os no cotidiano forense.

Como já debatido neste texto, a divergência entre custos privados e sociais de litigar oferece uma explicação razoável para o número excessivo de litígios observados em uma sociedade. Neste sentido, a proibição de tratamento de determinadas questões na esfera judicial é uma medida comumente avaliada na doutrina.[80]

A ideia básica é que o incentivo privado pode ser grande, mas o social pequeno, sem que sequer o processo sirva para influenciar o comportamento das pessoas no sentido de que estas estejam mais determinadas a cumprir a lei. O efeito-prevenção é quase nenhum, os custos sociais elevados, logo, socialmente falando, o processo não se justifica.

Interessante é a experiência relatada por Steven Shavell, realizada na Nova Zelândia, nos anos 70. Determinou-se que qualquer ação referente a danos pessoais, incluindo os que resultam de acidentes de trânsito, não seria aceita, devendo qualquer compensação ser obtida através de seguros. Surpreendentemente, a experiência corroborou a tese sustentada pela doutrina, de que nestes casos o incentivo privado é tão menor que o social que o processo não se justifica, havendo outras maneiras, de natureza administrativa, capazes de resolver a questão de forma mais eficiente. A comprovação foi extraída do fato de que a taxa de acidentes no trânsito não aumentou, haja vista a incapacidade do processo nestes casos para agir como instrumento de prevenção. Para cumprir com o objetivo da compensação de danos, a experiência revelou haver maneiras mais eficientes.

Conquanto no Brasil, por força das determinações contidas nos arts. 5º,incs. X e XXXV da Constituição Federal que asseguram, respectivamente, o direito às indenizações por dano material e moral e o acesso amplo ao Poder Judiciário, a lição doutrinária e a experiência alienígena não possam ser exatamente replicadas, restringindo-se a judicialização para certas categorias de litígios, elas não deixam de trazer reflexões importantes, principalmente se pensarmos na adoção de medidas administrativas tais como seguros obrigatórios para determinados eventos, instrumentos mais aptos à resolução de determinados litígios como já visto. Possivelmente a obrigatoriedade de tais mecanismos seja importante para evitar que toda e qualquer questão seja judicializada.

---

80 SHAVELL, Steven. **Economic Analysis of Law**, 2004, p. 83-86. SHAVELL, Steven. The fundamental divergence between the private and the social motive to use the legal system. **Journal of Legal Studies**, vol. 26, Junho 1997, p. 588-592. KAPLOW, Louis. Private versus social costs in bringing suit. **Journal of Legal Studies**, vol. 15, Junho 1986, p. 381-382.

A análise dos problemas dos JEC´s identificou que a litigância serial por parte de alguns *players* é uma característica marcante no estágio atual da "justiça gratuita". Além disso, a experiência forense revela que a maioria destes *players* operam em setores regulados, sujeitos, portanto, a contratos de concessão, permissão ou autorização, com sua atividade fiscalizada e regulada pelas agências reguladoras.

A questão a averiguar é se realmente a judicialização da questão no varejo é a única resposta a ser dada a estes problemas, tanto do ponto de vista da prevenção como da compensação pelas falhas na prestação de serviços.

Desta forma, é imperativo pensar que as agências reguladoras devem atuar como um filtro efetivo na solução destes problemas.[81] Dada a sua maior *expertise* nos aspectos técnicos que envolvem o setor, na estrutura de custos do setor e nos objetivos estratégico-institucionais que envolvem o setor, elas teriam uma maior capacidade de forçar a adequação destes *players* aos termos dos contratos realizados com os usuários, evitando a quantidade absurda de processos verificada nos dias atuais.

A imposição de multas, a proibição de adesão de novos usuários, a imposição de cláusulas de investimento mínimo por parte destes agentes nos contratos realizados com o Poder Público, a fiscalização efetiva da qualidade mínima dos serviços prestados com previsão automática de penalidades pecuniárias e/ou administrativas em caso de descumprimento, entre outras, são medidas idôneas a evitar a profusão de processos, que discutem, na maioria das vezes, questões de pequeno valor, mas de grande relevância para a parte, não obstante a duvidosa relação custo/benefício para a sociedade. A adoção frequente e implacável de tais providências pelas agências reguladoras é uma forma eficiente de enfrentar a divergência entre os custos privados e sociais do processo, alcançando os resultados almejados. Por certo que a fiscalização exercida em termos estritos também contribuiria para uma redução da assimetria de informações entre os administrados, concessionários e consumidores.[82]

---

81 Alexandre Aragão faz uma apurada descrição sintética do funcionamento das agências reguladoras, principalmente no que toca aos aspectos regulatórios e ao seu poder normativo, citando, inclusive, o problema associado à "teoria da captura". ARAGÃO, Alexandre Santos de. **Curso de direito administrativo**. 2ª ed. Rio de Janeiro: Forense, 2013, p. 212-227.

82 A militância diária nos JEC´s indica serem bastante comuns as ações a respeito de falta de funcionamento de sinais de telefonia celulares e TV´s a cabo, tarifas indevidamente cobradas por bancos, cobranças indevidas de operadoras de *utilities* em geral, danos causados por serviços falhos prestados, entre outros, que poderiam ser tratados de forma bastante eficiente no âmbito administrativo pelas agências reguladoras. Obviamente, algumas destas questões, pela especificidade do setor ou pelas peculiaridades do momento econômico-financeiro do país, em adquirindo uma relevância grande, a partir do exame da proporção do número de casos em relação à base total, poderiam ser tratadas no âmbito judicial, porém não nos moldes do processo individual e sim, como um processo estrutural, no qual a participação das agências reguladoras seria importante, já que elas cumprem papel importante na fiscalização do marco regulatório e dispõe de poder normativo. Para uma descrição interessante do apelo e das possibilidades dos processos estruturais: ARENHART, Sérgio Cruz. Processos estruturais no direito brasileiro: reflexões a partir do caso da ACP do carvão. **Revista de Processo Comparado**, vol. 2, jul-dez 2015, p. 221 e ss.

Ainda pensando na litigância de massa que envolve os repeat players, é interessante notar que a jurisprudência brasileira, sobretudo nos JEC´s, se estabeleceu no sentido de evitar o incremento do número destes processos pela imposição de "tetos" informais às questões que envolvem o dano moral.[83] O objetivo é evitar a litigância frívola, inibindo que os agentes (autores) se comportem como *free riders* e segue diretrizes implementadas no direito alienígena, com suporte da doutrina.[84]

Contudo, é necessário reconhecer que a prescrição não funcionou completamente. O número de processos associados *a repeat players* ainda apresentam trajetória crescente e a jurisprudência firmada não foi capaz de afastar a trajetória explosiva do número de demandas.

Surge então a necessidade de se pensar na questão também do lado do réu. Como a jurisprudência referendou a fixação de danos morais em patamares baixos e uma parcela significativa dos usuários decide não ajuizar a demanda, pela pouca atratividade em termos de taxa de retorno, pode ser compensador para os *repeat players* não se comprometerem com um nível de excelência dos serviços, mantendo o seu *compliance* com as normas em nível mínimo, já que auferirá com esta conduta ganhos maiores.

Justamente para evitar esse tipo de comportamento é que se criou a teoria dos danos punitivos.[85]-[86] Como visto, a fixação em níveis elevados atrai a litigância frívola, o que levou a doutrina a imaginar fórmulas para lidar com a questão.

---

83 Há boa doutrina que defende que a pecuniarização do dano moral é incapaz de reparar certos danos sofridos, levando em certa medida à precificação dos direitos da personalidade e a um tom utilitarista na discussão dos danos sofridos. SCHREIBER, Anderson. Reparação não- pecuniária dos danos morais. In: MARTINS, Guilherme Magalhães (org.). **Temas de responsabilidade civil**. Rio de Janeiro: Lumen Juris, 2012, p. 1-20. A visão do autor é compatível com a resistência à concessão de valores elevados a título de danos morais.

84 MANZER, Nancy L. 1986 Tort Reform Legislation: A systematic evaluation of caps on damages and limitations on joint and several liability. **Cornell Law Review**, vol. 73, Issue 3, 1988, p. 628-652. "Common Sense"Legislation: The birth of neoclassical tort reform. **Harvard Law Review** vol.109, Maio 1996, p. 1765-1782. SHAVELL, Steven. The fundamental divergence between the private and the social motive to use the legal system. **Journal of Legal Studies**, vol. 26, Junho 1997, p. 576.

85 SPIER, Kathryn E. A note on the divergence between the private and the social motive to settle under a negligence rule. **Journal of Legal Studies**, vol. 26, p. 620. Importante menção deve ser feita ao artigo de Gary Becker que demonstra que a melhor forma de forçar os agentes a cumprirem as regras legais é por meio da aplicação da multa mais alta possível quando conjugada a uma baixa probabilidade de detecção do ilícito. Assim sendo, é possível atingir o nível adequado de cumprimento das leis regulando o valor da multa em face do nível do orçamento público destinado à fiscalização. BECKER, Gary S. Crime and Punishment: An economic approach. **Journal of Political Economy**, vol. 76, 1968, p. 169-217. No caso em tela não se trata de multa propriamente, mas sim em fixar valores altos de indenização a título de dano moral com o objetivo de forçar os agentes a aderirem a um padrão de conduta aceitável.

86 Na prática forense, os danos punitivos são usualmente chamados de danos morais punitivos. Não obstante, é útil fazer o registro de que danos morais e danos punitivos são institutos diversos. Ainda

Os professores A. Mitchell Polinsky e Yeon-Koo Che criaram um modelo no qual a fixação de danos punitivos em valores elevados levava os potenciais réus a ajustarem suas condutas, minimizando os custos sociais, criando também um incentivo para que acordos fossem realizados, sob a condição de que os danos punitivos destinados aos autores fossem fração pequena do montante total, sendo a maior parte destinada ao Estado.[87]

Marcel Kahan e Bruce Tuckman criam um modelo que leva em consideração não apenas a decisão de ajuizar a ação ou não, como fazem Polinsky e Che, mas consideram também a mecânica que envolve a atuação das partes, sobretudo a relação destas com seus advogados. Concluem, afinal, que se não há dificuldade em o autor controlar o comportamento de seu advogado para que este se comporte de forma a otimizar a utilidade do cliente, minimizando os chamados problemas de agência, o resultado alcançado é o mesmo descrito por Polinsky e Che. Kathryn Spier observa ainda que Kahan e Tuckman mostram que a adoção de tais medidas pode levar a uma desproporção entre o valor pago ao Estado (o modelo considera a aplicação de multas para inibir o mau comportamento) e ao autor, diminuindo os incentivos deste para ajuizar ações, comprometendo, portanto, o grau de precaução tomado pelo réu, já que a redução brusca das ações faria com que a perda esperada em caso de descumprimento se reduza muito.[88]

A doutrina civilista brasileira diverge com relação ao tema.

Há autores que defendem o caráter punitivo dos danos morais como, por exemplo, Carlos Alberto Bittar, que defende que a imposição de sanções ao lesante é importante para desestimular a prática de atos ilícitos que afetam a personalidade humana, o que acontece pela atribuição de pesadas indenizações.[89] No mesmo sentido, Nelson Rosenvald, para quem a responsabilidade civil tem função de reparação, prevenção e também de punição.[90] Em sentido contrário, além do já citado Anderson Schereiber,

---

que vinculados ao tema da responsabilidade civil, aquele trata das indenizações por ofensas aos direitos da personalidade, ao passo que o último possui uma função pedagógica, buscando inibir condutas ofensivas ao ordenamento.

87 POLINSKY, A. Mitchell; CHE, Yeon-Koo.Decoupling liability:optimal incentives for care and litigation. **The RAND Journal of Economics**, vol. 22, n. 4, Winter 1991, p. 562-570. Kathryn Spier reporta que os estados de Indiana e Iowa adotaram tal medida. SPIER, Kathryn. Litigation. In: POLINSKY, A.Mitchell; SHAVELL, Steven. **Handbook of Law and Economics**, vol. 1. 1ª ed. Amsterdam: North Holland, 2007, p. 328.

88 KAHAN, Marcel; TUCKMAN, Bruce. Special Levies on Punitive Damages: Decoupling, Agency Problems and Litigation Expenditures. **International Review of Law and Economics**, vol. 15, p. 175-185. SPIER, Kathryn. Litigation. In: POLINSKY, A.Mitchell; SHAVELL, Steven. **Handbook of Law and Economics**, vol. 1. 1ª ed. Amsterdam: North Holland, 2007, p. 328.

89 BITTAR, Carlos Alberto. **Reparação civil por danos morais**. 4ª ed., ver., aum. e mod. Por Eduardo C.B. Bittar. São Paulo: Saraiva, 2015, p. 282.

90 ROSENVALD, Nelson. **As funções da responsabilidade civil:** a reparação e a pena civil. São Paulo: Atlas, 2013, p. 19.

Maria Celina Bodin de Moraes mostra-se contrária à ideia por ela embutir um risco de mercantilização de direitos da personalidade, fato que pode atrair mais problemas que soluções, principalmente se considerarmos a ausência de parâmetros para a fixação destes danos na legislação.[91]

Outra providência usualmente pensada para enfrentar o problema da litigância excessiva e induzir o nível adequado de precaução por parte dos agentes é a imposição de tributos, de forma a aumentar os custos da litigância, inibindo demandas frívolas, reforçando o maior compromisso em relação ao cumprimento espontâneo das obrigações, bem como promovendo incentivo para que eventuais litígios sejam acordados, dado que, como visto anteriormente, quanto maiores os custos processuais, maiores as chances de acordo.[92]

Não obstante, mesmo no plano teórico da análise econômica, a tributação deve ser vista com reservas já que ainda que contemple a remuneração dos custos que o Estado tem com o processo e os possíveis custos do réu, a consideração do nível ótimo envolve saber o seu impacto no comportamento dos agentes, na disposição destes em cumprir a lei, questões difíceis de mensurar, ainda que se disponha de dados. Logo, a tributação dificilmente compreenderia todas as externalidades envolvidas.[93]

Pensando na lógica do ordenamento jurídico, a medida seria difícil de implementar nos JEC´s, já que o legislador constituinte, ao prever sua instituição, buscou justamente fornecer um instrumento a mais para a concretização de direitos, facilitando o acesso à justiça. Ademais, o legislador ordinário, respeitando os desígnios do legislador constitucional, facultou a gratuidade nas custas nos processos de 1º grau. Além disso, buscar o aumento dos custos do processo, de forma universal, focando tão somente na litigância excessiva não parece ser a solução mais adequada, sobretudo se pensarmos na finalidade dos JEC´s, verdadeiro instrumento de acesso à justiça.

Finalmente, é importante mencionar dois instrumentos do direito processual coletivo que são capazes de amenizar o alto grau de litigância observado nos JEC´s.

Inicia-se pelas ações coletivas, implementadas a partir do microssistema formado pelo Código de Defesa do Consumidor, a lei 8.078/1990, pela Lei de Ação Civil

---

91 BODIN DE MORAES, Maria Celina. **Dano moral:** conceito, função, valoração. Revista Forense, v. 107, n. 413, jan/jun 2011, p. 363.

92 SHAVELL, Steven. The fundamental divergence between the private and the social motive to use the legal system. **Journal of Legal Studies**, vol. 26, Junho 1997, p. 586-588.

93 A ADI 1.444, Relatoria do Min. Sydnei Sanches, julgada em 12/02/2003, estabeleceu que as custas e emolumentos judiciais tem natureza jurídica de taxas. Sendo assim, a base de cálculo deve levar em conta a despesa do Estado, já que a justificação das taxas está centrada na ideia de equivalência, aproximando o valor a ser pago ao valor da atividade prestada pelo Estado. SCHOUERI, Luís Eduardo. **Direito Tributário**. 7ª ed. São Paulo: Saraiva, 2017, p. 192-195. Desta forma, qualquer valor cobrado acima do aqui referido não se justificaria pela lógica da equivalência que norteia as taxas.

Pública, a Lei 7.347/1985 e pela Lei de Ação Popular, a Lei 4.717/1965.[94] Com este arcabouço legal, é possível tratar de forma molecular o que antes era tratado de forma atomizada. Surge, assim, a possibilidade de que através de uma ação, partindo-se do pressuposto de existência de representação adequada e de um legitimado, uma solução ampla, capaz de abranger inúmeros agentes, seja gerada. A ênfase no tratamento coletivo de questões que se repetem frequentemente deve ser um norte a orientar o legislador na busca de soluções para o excesso de litigância.[95]

O outro, introduzido pelo CPC atual, é o IRDR, o incidente para resolução de demandas repetitivas. Inspirado no Musterverfahren alemão, tal instituto objetiva tratar questões comuns a muitos processos, de natureza material ou processual, mas sempre de direito, de forma abrangente. A solução ditada no incidente, que fixa uma tese jurídica sobre a questão comum, é aplicada nos outros processos nos quais ela aparece, sejam eles contemporâneos ou futuros. É nítido que se trata de uma forma eficiente de se abordar o problema de questões que se repetem em inúmeros processos, sendo óbvia a sua utilidade para inúmeras questões tratadas nos JEC´s.[96]- [97]

---

94 Rodolfo de Camargo Mancuso defende que há outros diplomas legais, que regulam situações específicas da vida civil, que também compõe tal microssistema por aderirem à mesma lógica. A título de exemplo, entre outros, a Lei 7.913/1989 (trata de investidores no mercado mobiliário) e a Lei 11.105/2005 (trata da biossegurança). MANCUSO, Rodolfo de Camargo. **Jurisdição coletiva e coisa julgada:** teoria geral das ações coletivas. 3ª ed. rev.,atual. e ampl. São Paulo: Revista dos Tribunais, 2012, p. 61.

95 Infelizmente, essa não tem sido a orientação do legislador que procurou diminuir, ao longo do tempo, a efetividade das ações coletivas. A MP 2180-35/2001, por exemplo, restringiu o uso de ação civil pública em causas que envolvam tributos, contribuições previdenciárias, FGTS ou outros fundos institucionais. Ademais, a Lei 9494/1997 determinou que a coisa julgada nestas ações fica restrita aos limites da competência territorial do órgão prolator, claramente confundindo conceitos processuais básicos, mas prejudicando o alcance do instituto. Ademais, a Lei 10.259/2001, que trata dos Juizados Especiais Federais, expressamente , determina que o julgamento de demandas envolvendo direitos difusos, coletivos ou individuais homogêneos não se incluem na competência destes juizados Também criticando a ação do legislador: MANCUSO, Rodolfo de Camargo. **Jurisdição coletiva e coisa julgada:** teoria geral das ações coletivas. 3ª ed. rev.,atual. e ampl. São Paulo: Revista dos Tribunais, 2012, p. 216 e 238.

96 Aluisio Gonçalves de Castro Mendes entende que não há razões para excluir o IRDR do âmbito dos JEC´s, sobretudo nas matérias de sua competência exclusiva, devendo o julgamento ocorrer nas Turmas Recursais. Caso haja competência concorrente com os Tribunais de Justiça e os Tribunais Regionais Federais, suspende-se a tramitação dos processos nos JEC´s e aplica-se a tese definida no julgamento do IRDR pelo respectivo tribunal. MENDES, Aluisio Gonçalves de Castro. **Incidente de Resolução de Demandas Repetitivas:** sistematização, análise e interpretação do novo instituto processual. Rio de Janeiro: Forense, 2017, p. 164-167.

97 Para uma descrição ampla e exauriente do instituto, além do autor supra citado, ver também: TEMER, Sofia. **Incidente de Resolução de Demandas Repetitivas**. 3ª ed.,rev.,ampl. e atual. Salvador: Juspodivm, 2018.

O legislador ordinário está ciente do alcance do trato coletivo das questões repetitivas ou comuns. O art.139, X do CPC ordena que o juiz oficie o Ministério Público e a Defensoria Pública ou outros legitimados para a ação coletiva, quando se deparar com diversas demandas individuais repetitivas, para que a propositura de ação coletiva seja considerada.

Desta forma, bem aplicados, tais institutos do direito processual coletivo podem ser bastante úteis na diminuição de litigância nos JEC´s por reforçarem, evidentemente, o capital jurídico dos tribunais e a crença das partes em uma jurisprudência íntegra, estável e coerente.

5. Conclusão

Os Juizados Especiais são fruto de um movimento global de acesso à justiça, tendo adquirido especial importância no Brasil após a Constituição Federal de 1988, já que esta destinou alguns de seus dispositivos à tarefa de ordenar os princípios básicos de organização e funcionamento deste importante instituto.

O movimento do legislador constitucional ordinário foi importante para que a enorme demanda por justiça e pela concretização de direitos estampados na Constituição Federal pudesse ser atendida.

Não obstante, passados 30 anos da promulgação da Constituição Federal, os JEC´s já não se mostram tão funcionais.

As causas são várias, desde a dificuldade em identificar quais são de fato as demandas, o que poderia propiciar o desenho de uma estratégia efetiva, até a ocorrência de uma litigância frívola e da presença de litigantes contumazes, os chamados *repeat players*.

Ainda que o cenário atual não seja o ideal, a situação é plenamente contornável de forma que é possível dotar os JEC´s de eficiência e celeridade na prestação da tutela jurisdicional, desde que algumas medidas sejam adotadas.

O entendimento de quais são as demandas frequentes é vital e, a exemplo do que aconteceu no exterior, pode fornecer valiosos dados para a definição de uma estratégia. Além disso, a atuação das agências reguladoras, a necessidade de comprovação de elementos probatórios mínimos na apresentação da demanda, a adoção de uma postura mais inflexível dos juízes no tocante à litigância de má fé, a adoção de medidas administrativas, incluindo uma reforma na própria organização dos tribunais, a construção e observância de uma jurisprudência íntegra, estável e coerente, bem como a ênfase no consensualismo são propostas capazes de melhorar a funcionalidade dos JEC´s.

Enfim, é preciso reconhecer que o processo nos JEC´s em primeira instância é gratuito para as partes, mas não para a sociedade como um todo. Existe o chamado custo social do processo. O processo não é grátis verdadeiramente.

Desta forma, a adoção de medidas que visem simplesmente o mero aumento de custos para as partes não é o melhor caminho para a redução da litigância. Como visto, deve-se agir não apenas na curva de demanda por serviços de justiça, mas também na curva de oferta. Medidas em ambos os lados são importantes para que o objetivo traçado pelo legislador constitucional para os JEC´s como instrumento de acesso à justiça seja de fato alcançado.

6. Referências bibliográficas

ARAGÃO, Alexandre Santos de. **Curso de direito administrativo.** 2ª ed. Rio de Janeiro:Forense, 2013.

ARENHART, Sérgio Cruz. Processos estruturais no direito brasileiro: reflexões a partir do caso da ACP do carvão. **Revista de Processo Comparado**, vol. 2, jul-dez 2015.

ÁVILA, Humberto. **Segurança jurídica:** entre permanência, mudança e realização no direito tributário. 2ª ed. São Paulo: Malheiros, 2012.

BARROSO, Luís Roberto. **Neoconstitucionalismo e constitucionalização do Direito**: O triunfo tardio do Direito Constitucional no Brasil. Disponível em:

< https://www.conjur.com.br/2006-abr-26/triunfo_tardio_direito_constitucional_brasil>. Acesso em 06.09.2018.

BEBCHUK, Lucian Arye. Litigation and settlement under imperfect information. **The RAND Journal of Economics**, vol.15, n. 3, Outono 1984.

_______. Suing Solely to Extract a Settlement Offer. **Journal of Legal Studies,** 17, Junho 1988.

BECKER, Gary S. Crime and Punishment: An economic approach. **Journal of Political Economy**, vol. 76, 1968.

BITTAR, Carlos Alberto. **Reparação civil por danos morais.** 4ª ed., ver., aum. E mod. Por Eduardo C.B. Bittar. São Paulo: Saraiva, 2015.

BODIN DE MORAES, Maria Celina. **Dano moral**: conceito, função, valoração. Revista Forense, v. 107, n. 413, jan/jun 2011.

CABRAL, Antonio do Passo. Per um nuovo concetto di giuridizione. In: BRIGUGLIO, Antonio et alii. (Org.) **Studi in onore di Nicola Picardi**. Pacini, 2016.

CÂMARA, Alexandre Freitas. **Juizados Especiais Cíveis Estaduais, Federais e da Fazenda Pública: uma abordagem crítica**. 6ª edição. Rio de Janeiro: Lumen Juris, 2010.

CAMPOS, Carlos Alexandre de Azevedo. Interpretação do sistema constitucional tributário. In: QUEIROZ, Luís Cesar Souza de; ABRAHAM, Marcus e CAMPOS, Carlos Alexandre de Azevedo (orgs.). **Estado fiscal e Tributação.** Rio de Janeiro: LMJ Mundo Jurídico, 2015.

CAPPELLETTI, Mauro. **Processo, ideologias e sociedade**. Trad e notas do Prof. Elício de Creci Sobrinho. Porto Alegre: Sergio Antonio Fabris, 2008.

_______. e GARTH, Bryant. **Acesso à justiça**. 1ª ed. Porto Alegre: Sergio Antonio Fabris, 1998.

CARNEIRO, Paulo Cezar Pinheiro. **Acesso à Justiça:** Juizados Especiais Cíveis e Ação Civil Pública. 2ª ed. rev. e atual. Rio de Janeiro: Forense, 2007.

CHIARLONI, Sergio. Funzione nomofilattica e valore del precedente. In: Wambier, Teresa Arruda Alvim (coord.). **Direito jurisprudencial**. São Paulo: Revista dos Tribunais, 2012.

CLÉVE, Clemerson Merlin. A teoria constitucional e o direito alternativo. In: CARVALHO FILHO, Carlos Henrique. **Uma vida dedicada ao direito**. São Paulo: Revista dos Tribunais, 1995.

"COMMON SENSE "LEGISLATION : The birth of neoclassical tort reform. **Harvard Law Review** vol. 109, 1996.

DIDIER JR, Fredie. **Curso de direito processual civil:** introdução ao direito processual civil, parte geral e processo de conhecimento. v. 1. 18ª ed. Salvador: Juspodium, 2017.

DINAMARCO, Cândido Rangel. **A instrumentalidade do processo**. 6ª ed. São Paulo: Malheiros, 1998.

FISS, Owen M. The Forms of Justice. **Harvard Law Review,** número 93, vol. 1, 1979, p. 14.

JOLLS,Christine; SUNSTEIN, Cass R.;THALER, Richard H. A Behavioral Approach to Law and Economics. **Stanford Law Review**, v. 50, Maio 1998.

Judicial Business of the United States Courts. Annual Report, 2017. Disponível em: < http://www.uscourts.gov/statistics-reports/statistical-tables-federal-judiciary-december-2017>. Acesso em 05.07.2018.

KAHAN, Marcel; TUCKMAN, Bruce. Special Levies on Punitive Damages: Decoupling, Agency Problems and Litigation Expenditures. **International Review of Law and Economics**, vol. 15.

KAHNEMAN, Daniel. Judgment under uncertainty. **Science, New Series**. V.185, n. 4157, Setembro 1974.

KAPLOW, Louis. Private versus social costs in bringing suit. **Journal of Legal Studies**, vol. 15, Junho 1986.

KATZ, Avery. The effect of frivolous lawsuit on the settlement of litigation. **International Review of Law and Economics**, n. 10, 1990.

LANDES, William M.; POSNER, Richard A. Legal Precedent: A Theoretical and Empirical Analysis. **Journal of Law and Economics**, vol. 19, 1976.

LESSA NETO, João Luiz. O novo CPC adotou o modelo multiportas!!! E agora?! **Revista de Processo**, n.244, Junho de 2015.

MANCUSO, Rodolfo de Camargo. **Jurisdição coletiva e coisa julgada:** teoria geral das ações coletivas. 3ª ed. rev.,atual. e ampl. São Paulo: Revista dos Tribunais, 2012.

MANZER, Nancy L. 1986 Tort Reform Legislation: A systematic evaluation of caps on damages and limitations on joint and several liability. **Cornell Law Review**, vol. 73,Issue 3, 1988.

MARINONI, Luiz Guilherme. Comentários aos arts.926 e 927. In: WAMBIER, Teresa Arruda Alvim; DIDIER JR, Fredie; DANTAS, Bruno. **Breves comentários ao novo código de processo civil**. São Paulo: Revista dos Tribunais, 2015.

MENDES, Aluisio Gonçalves de Castro. **Ações coletivas no direito comparado e nacional**. São Paulo: Revista dos Tribunais, 2014.

_______. **Incidente de Resolução de Demandas Repetitivas**: sistematização, análise e interpretação do novo instituto processual. Rio de Janeiro: Forense, 2017.

MENELL, Peter. A Note on private versus social incentives to sue. **Journal of Legal Studies**, vol. 12, Janeiro 1983.

MENEZES, Gustavo Quintanilha Telles de. **A fase pré-processual:** o ônus de preparação da demanda e os filtros legítimos à postura das ações judiciais. Dissertação (Mestrado em Direito). Universidade do Estado do Rio de Janeiro, 2012.

MITIDIERO, Daniel. **Colaboração no processo civil:** pressupostos sociais, lógicos e éticos. 3ª ed. rev.,atual. e ampl. São Paulo: Revista dos Tribunais, 2015.

NERY JR., Nelson; ANDRADE NERY, Rosa Maria de. **Comentários ao Código de Processo Civil**. São Paulo: Revista dos Tribunais, 2015.

PINDYCK, Robert S.; RUBINFELD, Daniel L. **Microeconomia**, 5ª ed. São Paulo: Prentice Hall, 2002.

P'NG, I.P.L. Behavior in Suit, Settlement and trial. **The Bell Journal of Economics**, vol. 14, n. 2, Outono 1983.

POLINSKY, A.MITCHELL. **An introduction to law and economics**. 4ª ed. New York: Wolters Kluwer, 2011.

_______. CHE, Yeon-Koo.Decoupling liability:optimal incentives for care and litigation. **RAND Journal of Economics**, vol. 22, n. 4, Winter 1991.

_______. RUBINFELD, Daniel. Sanctioning frivolous Suits: an economic analysis. **Georgetown Law Review**, vol.82, Dezembro 1993.

RESNIK, Judith. Managerial judges. **Harvard Law Review**, vol. 96, n. 2, 1982.

RODRIGUES, Marco Antonio dos Santos. **A modificação do pedido e da causa de pedir no processo civil.** Rio de Janeiro: GZ Editora, 2013.

ROSENBERG, David; SHAVELL, Steve. A Model in which suits are brought for their nuisance value. **International Review of Law and Economics**, vol. 5, Junho 1985.

ROSE-ACKERMAN, Susan; GEISTFELD, Mark. The divergence between social and private incentives to sue: a comment on Shavell, Menell and Kaplow. **Journal of Legal Studies**, vol. 16, 1987.

ROSENVALD, Nelson. **As funções da responsabilidade civil: a reparação e a pena civil**. São Paulo: Atlas, 2013.

SAMUELSON, Paul A.; NORDHAUS, William D. **Economia**. 19ª ed. São Paulo: Bookman, 2012.

SARMENTO, Daniel. O Neoconstitucionalismo no Brasil-Riscos e possibilidades. In: SARMENTO, Daniel. **Filosofia e teoria constitucional contemporânea**. Rio de Janeiro: Lumen Juris, 2009.

SCHOUERI, Luís Eduardo. **Direito tributário.** 7ª ed. São Paulo: Saraiva, 2017.

SCHREIBER, Anderson. Reparação não- pecuniária dos danos morais. In: MARTINS, Guilherme Magalhães (org.). **Temas de responsabilidade civil.** Rio de Janeiro: Lumen Juris, 2012.

SCHWARZER, William. Rule 11 revisited. **Harvard Law Review**, vol. 101, Março 1988.

SHAVELL, Steven. **Economic Analysis of Law**, 2004.

_______. **Foundations of Economic Analysis of Law**. Cambridge: Harvard University Press, 2004.

_______. The fundamental divergence between the private and the social motive to use the legal system. **Journal of Legal Studies**, vol. 26, Junho 1997.

SPIER, Kathryn E. A note on the divergence between the private and the social motive to settle under a negligence rule. **Journal of Legal Studies**, vol. 26, 1997.

_______. Litigation. In: POLINSKY, A.Mitchell; SHAVELL, Steven. **Handbook of Law and Economics**, vol. 1. 1ª ed. Amsterdam: North Holland, 2007.

_______. Settlement bargaining and the design of damage awards. **Journal of Law, Economics & Organization** vol. 10, Abril 1994.

_______. The dynamics of pretrial negotiation. **Review of Economic Studies**, vol. 59.

SUNSTEIN, Cass et alii. Predictably Incoherent Judgments. **Stanford Law Review**. V. 1, Issue 6, Junho 2002.

TEMER, Sofia. **Incidente de Resolução de Demandas Repetitivas**. 3ª ed.,rev.,ampl. e atual. Salvador: Juspodivm, 2018.

TUCCI, José Rogério Cruz e. O regime do precedente judicial no novo CPC. In: DIDIER JR, Fredie et al (Coords.) **Precedentes**. Salvador: Juspodium, 2015.

WAMBIER, Teresa Arruda Alvim et al. **Primeiros comentários ao novo código de processo civil**, artigo por artigo. São Paulo: Revista dos Tribunais, 2015.

ZANETI JR., Hermes. **O valor vinculante dos precedentes:** teoria dos precedentes normativos formalmente vinculantes. 3ª ed. rev.,ampl., atual. Salvador: Juspodium, 2017.

OS LIMITES DA CONTRAPOSIÇÃO DA TEORIA DO DIREITO COMO INTEGRIDADE AO PRAGMATISMO JURÍDICO

Amanda de Lima Vieira

Introdução

No cenário jurídico contemporâneo, o processo assume dupla função: efetivação dos comandos constitucionais e garantia de participação no (e de controle do) ato de poder. Neste artigo, direcionado para o estudo da segunda função mencionada, a atividade interpretativa e de construção do ato decisório será abordada diante de duas concepções do Direito: o pragmatismo e o Direito como integridade.[1]

Inicia-se um estudo do pragmatismo e, com base no destaque realizado por Richard Posner em sua obra *Para além do direito*, realiza-se a necessária distinção entre pragmatismo jurídico e realismo jurídico, possibilitando melhor compreensão de ambos os conceitos.

O pragmatismo é então abordado tanto em sua perspectiva filosófica, quanto jurídica. Com destaque para a compreensão instrumental da regras jurídicas, significando uma abertura para sua contestabilidade, revisibilidade e mutabilidade, a atuação pragmatista atribui ao Direito elevada indeterminação e elevados graus de discricionariedade em sua interpretação.[2]

No contraponto à concepção de pragmatismo jurídico, é apresentada a Teoria do Direito como integridade, desenvolvida pelo jusfilósofo norte-americano Ronald Dworkin. Reconhecendo o Direito como atividade interpretativa, afirma que a interpretação jurídica é a ferramenta de conhecimento que deve ser empregada na busca pela melhor decisão possível para cada caso.

No entanto, essa construção decisória não deve ser produto de atitudes solipsistas-voluntaristas ou permeada por arbitrariedades interpretativas. Para tanto, Dworkin recorre à integridade e à coerência, que manifestam-se como elementos de igualdade no cenário decisório, destinando tratamento equânime a todos os casos,

---

1 PEDRON, Flávio Quinaud. *Em busca da legitimidade do direito contemporâneo*: uma análise reconstrutiva das teorias jurídicas de Ronald Dworkin, Jürgen Habermas e Klaus Günther. Belo Horizonte: Flávio Barbosa Quinaud Pedron Editor, 2013. p. 38.

2 STRECK, Lênio Luiz. *Dicionário de hermenêutica*: quarenta temas da teoria do direito à luz da crítica hermenêutica do direito. Belo Horizonte: Letramento: Casa do Direito, 2017. p. 224.

negando legitimidade à manifestações jurisdicionais motivadas por convicções do tipo "seguindo minha consciência, decido de outro modo".[3]

Por meio da metáfora do romance em cadeia, o jusfilósofo enfatiza o dever de vinculação do julgador a casos passados e seu comprometimento com as singularidades da demanda a ser decidida, corroborando o caráter autônomo do Direito como sistema normativo para solução de controvérsias.

A teoria do Direito como integridade apresenta diversos pontos de contato como uma decorrência do Estado de Direito contemporâneo, aqui denominado Estado Constitucional Democrático. No entanto, somente o temas da segurança jurídica, em seus aspectos de previsibilidade e estabilidade, serão objetos de investigação neste trabalho.

Na sequência, contextualiza-se e define-se o contexto contemporâneo da pós-modernidade, de todos os fenômenos hipercomplexos dela decorrentes e seus impactos no *mundus iuris*.

Dessa maneira, conclui-se que diante da insuficiência teórica para tratar adequada e legitimamente demandas disruptivas, é necessária da construção de novos institutos para a realização desta tarefa.

1. O pragmatismo

Na etimologia do termo pragmatismo encontra-se a base de sua conceituação. Decorrente do grego "pragma", que significa uma ocorrência, um evento, algo prático com efeitos relevantes,[4] o pragmatismo é definido como uma abordagem prática e instrumental que tem por objeto de investigação aquilo que funciona e é útil.

Importa destacar que não há nenhum antiintelectualismo no pragmatismo, mas sim uma relação necessária entre ação e pensamento. O pensamento se submete aos princípios e necessidades da ação. Os princípios pragmaticistas levam em conta a questão de como o pensamento se formula tendo em vista os resultados esperados. Ou seja, pensamento pragmático é aquele que controla as variáveis, o funcionamento e a marcha do pensamento tendo em vista o resultado esperado.[5]

Apresenta uma visão prospectiva e valoriza o passado somente quando o sentido de continuidade colaborar com a solução de questões presentes e futuras.[6]

---

3 Ibidem. p. 34 e 35.

4 Ibidem. p. 223.

5 FAVARETTO, Celso. Entrevista concedida em 2009. Disponível em: <https://www.youtube.com/watch?v=s7GZIjlWevE> Acesso em: 25.07.2019.

6 POSNER, Richard A. *Para além do direito*. Trad. Evandro Ferreira e Silva. São Paulo: Editora WMF Martins Fontes, 2009. p. 4.

1.1. Pragmatismo jurídico x Realismo jurídico

O termo realismo jurídico passou a ser utilizado para descrever a teoria e prática de resistência ao formalismo excessivo presente nas cortes norte-americanas após a Guerra Civil.[7] A jurisprudência mecanicista da escola de exegese foi rechaçada, bem como as propriedades formais das normas, como univocidade, coerência e completude, pretensamente garantidoras da segurança jurídica. E mais, o realismo passou a afirmar que o Direito não se limita a um conjunto de normas, que deveria, portanto "voltar-se para descoberta da realidade social [..], sem preocupações axiológicas (realismo escandinavo) ou para apuração de fundo psicológico das decisões judiciais (realismo norte-americano)".[8]

Os principais representantes do realismo norte-americano são Oliver Wendell Holmes (1809-1894), Roscoe Pound (1870-1964) e Benjamin N. Cardozo (1870-1938). Para esses autores, o Direito real é aquele constituído pelas normas aplicadas na prática pelos tribunais. Leis, doutrina e precedentes são apenas fatores que influenciam na construção do ato decisório.

Ao definir qual norma aplicar e, consequentemente, incorporar na sentença, o juiz a torna jurídica. Desta forma, a realidade jurídica constitui-se na conduta do magistrado, motivo pelo qual torna-se fundamental o estudo do comportamento daquele que declara o que é o Direito.[9]

O realismo norte-americano recebeu influência de duas correntes doutrinárias, que resultam na descrição do Direito como uma instituição social destinada a satisfazer as necessidades da sociedade, quais sejam:

> 1) *analitical jurisprundence*, que pretende, após reduzir o Direito ao estabelecido pelos juízes, a sistematização e classificação das decisões judiciais; e 2) *sociological jurisprudence*, que entende ser a tarefa da doutrina a consideração social do Direito, a partir da análise dos efeitos das decisões judiciais (Roscoe Pound), pretendendo ver o Direito como instrumento de progresso e melhoria social.[10]

Nesse contexto, Cardozo afirma que o Direito não pode ser concebido apartado da averiguação da realidade social subjacente, devendo-se levar em conta no ato de decidir a conveniência social. Na escolha das decisões alternativas, o juiz deve sopesar os interesses conflitantes, empenhando-se para conciliar a segurança jurídica e a observância aos precedentes com a realização de justiça e de bem-estar social e necessidade de progresso.

---

7 EINSENBERG, José. Pragmatismo jurídico. op. cit. p. 656.

8 FERREIRA, Fernando Galvão de Andrea. Realismo jurídico. In: BARRETO, Vicente de Paulo. *Dicionário de Filosofia do Direito*. op. cit. p. 700.

9 Ibidem.

10 Ibidem. p. 701.

Já para Holmes, o Direito não existe, sendo apenas "previsão das decisões futuras dos tribunais, objetivando-se descrever os comportamentos ou as práticas reais que contribuem para a elaboração das regras jurídicas".[11] Ou, em suas palavras, "resulta daquilo que o juiz tomou em seu café da manhã".[12]

Talvez esse concepção seja o fundamento do predomínio no pensamento jurídico norte-americano da indispensabilidade de investigação das ideias que influenciam o Direito. Nesta lógica, somente desta maneira é possível prever como os tribunais decidirão. Trata-se de uma análise mais voltada para a experiência prática que para a ciência. Ou, dito de outra forma por Holmes, "a vida do Direito não tem sido afetada pela lógica [no sentido de ciência], mas pela experiência [no sentido de vivência/ocorrência]".[13]

Talvez seja esse um dos pontos de distinção entre pragmatismo e realismo:[14] o pragmatismo "interessa-se por aquilo que funciona e é útil, e não por aquilo que 'realmente' é".[15] E para uma melhor compreensão deste conceito, passa-se a abordagem do pragmatismo na sequência.

---

11 Ibidem.

12 PEDRON, Flávio Quinaud. *Em busca da legitimidade do direito contemporâneo*: op. cit. p. 32 e 33. Prossegue o autor: "Interessante notar que essa afirmação de que o magistrado é livre totalmente para decidir, indiferentemente do que pensam seus demais pares, ou mesmo os teóricos jurídicos, ainda encontra acolhimento no Brasil, haja vista o voto do Min. Humberto Gomes de Barros, do STJ, no AgReg em RESP nº 279.889-AL: '*Não me importa o que pensam os doutrinadores*. Enquanto for Ministro do Superior Tribunal de Justiça, assumo a autoridade da minha jurisdição. O pensamento daqueles que não são Ministros deste Tribunal importa como orientação. A eles, porém, não me submeto. Interessa conhecer a doutrina de Barbosa Moreira ou Athos Carneiro. Decido, porém, conforme minha consciência. Precisamos estabelecer nossa autonomia intelectual, para que este Tribunal seja respeitado. É preciso consolidar o entendimento de que os Srs. Ministros Francisco Peçanha Martins e Humberto Gomes de Barros decidem assim, porque penam assim. E o STJ decide assim, porque a maioria de seus integrantes pensa como esse Ministros. Esse é o pensamento do Superior Tribunal de Justiça, e a doutrina que se amolde a ele. É fundamental expressarmos o que somos. *Ninguém nos dá lições*. Não somos aprendizes de ninguém. Quando viemos para este Tribunal, corajosamente assumimos a declaração de que temos notável saber jurídico – uma imposição da Constituição Federal. Pode não ser verdade. Em relação a mim, certamente, não é, mas, para efeitos constitucionais, minha investidura obriga-me a pensar que assim seja' (*grifos nossos*)".

13 Ibidem.

14 Richard Posner enfatiza a diferenciação entre realismo e pragmatismo presente na teoria econômica do Direito: "O movimento da teoria econômica do direito pouco deve ao realismo jurídico [...] E nenhum dos pensadores do direito e da economia que desde a faculdade de direito foram as principais fontes de orientação de meu próprio pensamento como acadêmico e como juiz [..] pode ser visto como um produto, parcial, ou total, do realismo jurídico". POSNER, Richard A. *Para além do direito*. op. cit. p. 3.

15 Ibidem. p. 4.

1.2. Pragmatismo filosófico

A expressão pragmatismo refere-se a uma corrente filosófica surgida na segunda metade do século XIX e início do século XX. Tem suas origens no Clube Metafísico, composto pelos principais expoentes deste pensamento: William James (1842-1910), Charles Peirce – quem deu o nome ao pragmatismo (1839-1914) e John Dewey (1859-1952).

Inicialmente denominada por Pierce como pragmaticismo, essa teoria tinha como eixo principal a tentativa de estruturar uma filosofia sem fundamentos ontológicos *a priori*, desconsiderando a metafísica como estrutura central. Para os membros do Clube Metafísico,

> o pragmatismo era uma perspectiva moral prescritiva que buscava, no uso da razão prática, soluções adequadas ao contexto e às consequências. [...] crenças [seriam] regras para a ação, e é somente da perspectiva de como estas crenças servem para agir no mundo que elas devem ser avaliadas pelo seu mérito e valor de verdade.[16]

O pensamento voltado para a relação entre reflexão e ação está presente desde os gregos. No entanto, somente a partir do século XVII a reflexão filosófica passa abrigar cada vez mais a experimentação científica. As transformações do saber, que vêm com Galileu e Newton, por exemplo, configuraram o pensamento científico e filosófico. A experimentação torna-se o centro das ciências, até mesmo aquelas altamente teóricas. O movimento de valorização da experimentação no pensamento intelectual foi significativo no empirismo inglês, que produziu uma flexibilização do racionalismo francês cartesiano, que via no ato de pensar, um ato puro, sem experiência.

A associação da experiência e da ação com o pensamento se explicita de maneira mais particularizada na filosofia norte-americana, tanto na formulação de sistemas, na forma de interpretar o mundo, quanto na proposição de modelos de pensamento voltados para a transformação concreta da realidade (pensamento como construção). Essa relação decorre da característica da sociedade norte-americana de formulação e fomento de uma civilização técnica, prática e pragmática, voltada para efeitos e necessidades determinados, que levasse à construção de uma nação.

Assim, a experiência torna-se o ponto central do pragmatismo moderno, segundo o qual o pensamento não pode se formular, organizar ou produzir efeitos sem estar ligado diretamente ao desenvolvimento das pessoas ou da sociedade. Experiência, então, deve estar relacionada a pessoas ou a coisas, ser sistematicamente organizada e produzir efeitos, esperados ou não. Ter experiência, portanto, é mergulhar na relação entre pensamento e ação.[17]

---

16 EINSENBERG, José. Pragmatismo jurídico. In: BARRETO, Vicente de Paulo. *Dicionário de Filosofia do Direito*. São Leopoldo: Editora UNISINOS, 2009. p. 656.

17 FAVARETTO, Celso. Entrevista concedida em 2009. Disponível em: <https://www.youtube.com/watch?v=s7GZIjlWevE> Acesso em: 25.07.2019.

O pragmatismo passa a se contrapor ao idealismo e evidencia o valor da essência das coisas e não desliga a utopia ou ideal de seus efeitos concretos. É um chamado para a concretude, para a eficácia que passa a impregnar o pensamento, a filosofia e os sistemas morais de toda a modernidade mais recente.[18]

1.3. Pragmatismo jurídico e Análise Econômica do Direito

Os reflexos do pragmatismo no Direito, também conhecido como Empirismo Jurídico, são encontrados na busca pela substituição dos critérios racionalistas de análise por procedimentos empíricos e utilitaristas. Sob essa lógica, **o Direito deveria ser compreendido por meio de uma metodologia experimental e não por padrões imutáveis.**[19]

A ideia central do pragmatismo jurídico é que as regras jurídicas devem ser compreendidas por seu caráter instrumental, com consequente contestabilidade, revisabilidade e mutabilidade, podendo seu eixo ser estabelecido em três elementos complementares:

> (a) a desconfiança de instrumentos metafísicos de justificação ética; (b) a insistência de que a validade de proposições seja testada pelas suas consequências; e (c) a insistência para que projetos éticos, políticos e jurídicos sejam julgados e avaliados em sua conformidade com necessidades humanas e sociais, e não por critérios supostamente objetivos ou impessoais.[20]

Desta maneira, são definidas as principais características do pragmatismo jurídico: o consequencialismo e o contextualismo. Por consequencialismo entende-se a radicação do direito na prática no conhecimento advindo desta e da preocupação com resultados. O contextualismo é definido pela avaliação dessas práticas e de seu conhecimento a partir da experiência passada e dos resultados positivos produzidos em situações problemáticas.[21]

A análise pragmática do Direito considera impraticáveis quaisquer normas cujos graus de abstração e generalidade são excessivos, tendo em vista estas serem direcionadas para solução de problemas práticos e particulares. Por isso, "[a]titudes teóricas para com o Direito devem ser heurísticas em sua intenção e probabilísticas em seu conteúdo".[22]

Atualmente, o pragmatismo é identificado sob várias nuances, dentre as quais a Análise Econômica do Direito, que apresenta como uma das principais características a concentração quase que exclusiva no exame das consequências das normas jurídicas.

---

18 Ibidem.

19 STRECK, Lênio Luiz. *Dicionário de hermenêutica.* op. cit. p. 223.

20 EINSENBERG, José. Pragmatismo jurídico. op. cit. p. 656.

21 Ibidem.

22 Ibidem. p. 657.

Neste paradigma, a importância das leis e das decisões judiciais não está em possuírem um valor em si, e sim nos efeitos produzidos naqueles que pretendem atingir, intencionalmente ou não. Desta maneira, busca-se identificar quais normas são desejáveis, por meio de uma análise de sua eficiência.[23] A Teoria Econômica do Direito pressupõe que mecanismos de averiguação dos fatos são imprescindíveis para a correta aplicação da lei. As circunstâncias para a qual a lei foi criada devem sempre ser levadas em consideração.[24]

A proposta da Análise Econômica do Direito é expandir o método científico para o universo jurídico, assim como ocorreu em diversas áreas do conhecimento. O grande avanço para o Direito estaria relacionado à criação de leis gerais sobre relação de causa e efeito no que diz respeito ao comportamento humano – complexo e imprevisível, uma vez que

> [o] poder da ciência reside precisamente em sua capacidade de vencer a complexidade aparente dos fenômenos descritos pelo observador, firme na ideia de que os erros de descrição geradores dessa complexidade podem ser combatidos com rigor metodológico.[25]

Deste modo, a análise econômica busca a inauguração de um novo paradigma no Direito, no qual os postulados da ciência são observados, sendo, inclusive, mais correto qualificar essa vertente como "análise *científica* do Direto".[26] A heterogeneidade de recursos utilizados pelo Direito é uma característica marcante do pragmatismo, especialmente na produção de resoluções que levam em conta questões para além do Direito (moral, política ou economia) para disputas que devem ser formatadas em termos apolíticos e abstratos.

Em seus julgamentos, o juiz pragmatista cria o Direito que melhor atenderá as necessidades humanas e sociais, por meio das consequências resultantes de suas decisões ajustando as categorias do direito para que possam adequar-se à realidade prática de outros segmentos da sociedade que não o jurídico. Em sua atividade interpretativa, o magistrado pragmatista deve considerar dentre as possíveis soluções para determinado caso aquelas que terão as melhores consequências, levando-se em consideração tudo aquilo que é ou deveria ser importante para os juristas.[27]

A cautela de observância às decisões anteriores é uma delas, por conterem importantes lições que devem orientar os julgamentos do presente. Porém, o pragmatista entende que não é possível decidir determinada questão adotando posturas de

23 FUX, Luiz. BODART, Bruno. *Processo civil e análise econômica*. Rio de Janeiro: Forense, 2019. p. 2.

24 POSNER, Richard A. *A economia da justiça*. Trad. Evandro Ferreira e Silva. São Paulo: Editora WMF Martins Fontes, 2010. p. 91.

25 FUX, Luiz. BODART, Bruno. *Processo civil e análise econômica*. op. cit. p. 2 e 3.

26 Ibidem. p. 4.

27 POSNER, Richard A. *Para além do direito*. op. cit. p. 422.

oposição a mudanças e paralisação do desenvolvimento do Direito. Muito menos encontrar-se-ia a resposta jurisdicional em algum episódio passado.[28]

De acordo com a mudança de cenário social e político, deve haver, dentro dos limites legal e constitucionalmente impostos, a adaptação das fontes normativas à nova realidade. Posner chega a afirmar que os juízes devem idealizar fins e desenvolver uma percepção de como as transformações sociais afetam os meios adequados para atingi-los. Para tanto, o pragmatismo requer dos operadores do Direito a adoção de um ponto de vista "experimental, secular, sediado em um contexto histórico particular, instrumental e progressivo, isto é, voltado para o futuro".[29]

Desta maneira a ênfase na práxis, no olhar prospectivo e nos resultados, confere ao pragmatista um viés empírico, que o leva à busca por conhecimento sobre o funcionamento, as propriedades e os efeitos presumíveis de distintos planos de ação. Nesse sentido, pode-se afirmar que uma das principais colaborações do pragmatismo para o Direito é "aproximar o direito acadêmico da ciência social e o jogo dos juízes do jogo científico".[30]

Todavia, as ciências extrajurídicas, como a economia, sociologia, política, demografia, possuem um ponto de fragilidade caracterizado por estas não apresentarem os mesmos atributos de previsibilidade e estabilidade exigidos pelo sistema jurídico contemporâneo.[31]

2. O direito como integridade

O traço fundamental da Teoria de Ronald Dworkin é a defesa da integridade como ideal para nortear as práticas jurídico-políticas de uma sociedade comprometida em dar às atividades do Legislativo e do Judiciário a melhor orientação e leitura possíveis. Nesse sentido, o autor afirma que o raciocínio jurídico é o exercício de um tipo de interpretação denominada construtiva, levando o Direito a constituir-se na melhor justificativa possível das práticas jurídicas.[32]

---

28 Ibidem. p. 425.

29 Ibidem. p. 422 e 425.

30 Ibidem. p. 417.

31 No entanto, segundo Posner, não parece ser essa a questão para qual se volta atenção no cenário pragmático: Nesse sentido, Posner afirma que [a]A falta de fundamentação não perturba a nós pragmatistas. Não questionamos se a abordagem econômica do direito funda-se adequadamente na ética de Kant, Rawls, Bentham, Mill, Hayek ou Nozick e nem se cada uma dessa éticas possui fundamentos satisfatórios, mas sim, se é a melhor abordagem a ser seguida pelo atual sistema jurídico dos Estados Unidos, em vista do que sabemos sobre os mercados, (e a cada dia, aprendemos mais sobre estes a partir das transformações econômicas e políticas por que passam os países estrangeiros), bem como sobre o legislativo americano, os juízes americanos e os valores do povo americano". Ibidem. p. 426 e 427.

32 PEDRON, Flávio Quinaud. Apontamentos sobre a interpretação Construtiva do direito em Ronald Dworkin: um estudo a partir do julgamento da Adpf n. 132. In: *Revista de Direito da Faculdade Guanambi.* Ano 2, vol. 2, n. 1. Jan-Jun 2016. Disponível em: <http://revistas.faculdadeguanambi.edu.br/index.php/Revistadedireito/article/download/58/13>. Acesso em: 30.07.2019.

No conjunto de sua obra, Ronald Dworkin descreve o Direito como uma atividade interpretativa com pretensão de ruptura com o juspositivismo – no tocante ao uso da discricionariedade para tratar casos não previstos em uma regra jurídica – e superação do pragmatismo judicial – refutando o entendimento de que os juízes devem sempre buscar decisões que sejam melhores para o futuro da comunidade, estando desobrigados de observar qualquer coerência com o passado.

Para o autor, a concepção do direito erigida sobre o princípio interpretativo da integridade deixa muito menos espaço para argumentos práticos, afastando a influência do pensamento pragmatista na atividade jurisdicional.

Sobre a tarefa interpretativa, Dworkin afirma que esta jamais estará à disposição do intérprete e lança a Teoria do Direito como integridade com o objetivo de impor a responsabilidade política do julgador (em busca da isonomia) e a interpretação do Direito como um romance em cadeia (vinculando o juiz a casos passados e exigindo dele uma interpretação de acordo com a realidade apresentada).[33]

A dimensão interpretativa do fenômeno jurídico assegura que sempre será possível apontar a resposta mais adequada para cada caso. Para tanto, o aplicador do Direito deve assumir uma postura ativa e construtiva, caracterizada pelo esforço de interpretar o sistema de princípios como um todo coerente e harmônico dotado de integridade.[34]

De acordo com a teoria de Dworkin, não seria razoável para os destinatários da decisão judicial que seus casos fossem tratados como mais um e que a decisão não tenha sido fruto do raciocínio mais elaborado e comprometido do julgador, sendo apenas uma decisão possível. Ou ainda que o caso poderia ter um desfecho completamente diferente se fosse apreciado por um outro juiz. Diante disso,

> [t]oda sua teoria da integridade tentará enfrentar esses desafios: como uma decisão pode ser correta ao não tratar um caso como "mais um da série", ao mesmo tempo em que a decisão possa se justificar, interna e externamente ao processo como única correta para resolver aquele caso [...].[35]

Desta maneira, rejeitam-se arbitrariedades interpretativas e atitudes solipsistas-voluntaristas,[36] garantindo que as decisões proferidas sejam íntegras em relação à legislação e coerentes com as decisões anteriores que trataram do mesmo tema.

Assim, a virtude da integridade garante a todos o direito (que apresenta uma das subdivisões daquilo que o jurista norte-americano designa por Dignidade Humana) de serem tratados com igual respeito e consideração. Desse modo, é imposto ao Estado

---

33 STRECK, Lenio. *Dicionário de hermenêutica.* op. cit. p. 34.

34 BINENBOJM, Gustavo. *A nova jurisdição constitucional*: legitimidade democrática e instrumentos de realização. 4ª ed. rev., ampl. e atual. Rio de Janeiro: Renovar, 2014. p. 85.

35 THEODORO JUNIOR, Humberto. et al. *Novo CPC*: fundamentos e sistematização. 3ª ed. rev., atual. e ampl. Rio de Janeiro: Forense. 2016. p. 73.

36 STRECK, Lenio. *Dicionário de hermenêutica.* op. cit. p. 34.

o dever de levar a sério os casos submetidos à sua jurisdição.[37] Primeiramente, o respeito à integridade exige que as decisões judiciais sejam fundamentadas **somente em princípios, excluídos acordos e políticas de sua estrutura**; em segundo lugar, a integridade tem aplicação vertical, ou seja, o juiz deve assegurar que a decisão seja coerente com todo o ordenamento jurídico; e, em terceiro, o juiz deve observar coerência entre as fundamentações das decisões nas quais opera.[38]

Importante esclarecer a distinção realizada pelo jusfilósofo entre princípio jurídico – *principles* – e princípio moral, social ou político – *policies*. *Principles* seriam padrões a serem observados por uma exigência de caráter moral, deduzidos de mandamentos morais universais. *Policies* seriam as normas que ditam as diretrizes atinentes aos interesses coletivos, e determinam objetivos a serem atingidos. Em geral, versam sobre melhoria de algum aspecto econômico, político ou da comunidade.

O Autor enfatiza essa diferença:

> Os argumentos de princípio tentam justificar uma decisão política que beneficia alguma pessoa ou algum grupo mostrando que eles têm direito ao benefício. Os argumentos de política tentam justificar uma decisão mostrando que, apesar do fato de que os beneficiados não têm direito ao benefício, sua concessão favorecerá um objetivo coletivo da comunidade política.[39]

O Direito como integridade garante a todos os cidadãos direito de exigir do Estado decisões que, além de íntegras em relação ao ordenamento jurídico, sejam coerentes com seu passado institucional.[40]

2.1. *Integridade e coerência*

A integridade estabelece um norte para a atividade do julgador, que deve produzir decisões, com a colaboração efetiva das partes, em consonância com as regras existentes e que sejam coerentes com as decisões anteriores que versem sobre a mesma matéria. Segundo o autor:

> Qualquer um que participe da criação do direito deve preocupar-se com a coerência de estratégia. Ele deve cuidar para que as novas regras que estabelece se ajustem suficientemente

---

37 NUNES, Dierle, PEDRON, Flavio. BAHIA, Alexandre. Precedentes no novo CPC: é possível uma decisão correta? Disponível em: <http://justificando.cartacapital.com.br>. Acesso em: 24.07.2019.

38 DWORKIN, Ronald. *O direito da liberdade*: A leitura moral da Constituição norte-americana. Trad. Marcelo Brandão Cipolla. São Paulo: Martins Fontes, 2006. p. 133.

39 Ibidem. p. 452.

40 Idem. *Levando os direitos a sério*. Trad. Nelson Boeira. 2ª ed. São Paulo: Martins Fontes, 2007. p. 197.

> bem às regras estabelecidas por outros, ou que venham a ser estabelecidas no futuro, de tal modo que todo conjunto de regras funcione em conjunto e torne a situação melhor [...].[41]

Em sua obra *O Império do direito*, Dworkin destaca que o direito como completude supõe que "as pessoas têm direito a uma extensão coerente, e **fundada em princípios**, das decisões políticas do passado, mesmo quando os juízes divergem profundamente sobre seu significado".[42]

Dworkin afirma que o jurista que discorda de forma fundamentada sobre determinada decisão anterior, por considera-la pobre enquanto interpretação construtiva da prática jurídica, não rejeita o direito como integridade. Pelo contrário, une-se à sua causa[43]. O objetivo da integridade não seria, portanto, a uniformidade, e sim, atuar como "um princípio"[44] através do qual é imposto aos juízes o dever de se esforçarem ao máximo para demonstrarem que suas decisões se baseiam em princípios.

Da integridade decorre a exigência "**que o Estado aja segundo um conjunto único e coerente de princípios**",[45] e que a atividade jurisdicional observe a história institucional e a ela mantenha-se coerente. (Sem grifo no original). Esse raciocínio é melhor explicado pela metáfora do *Romance em Cadeia*.

2.2. O romance em cadeia

Ronald Dworkin equipara a atividade do julgador à de um romancista que deve observar os "capítulos" escritos anteriormente àquele que é de sua tarefa, devendo assegurar que sua produção possua uma coerência com o que já foi produzido. O julgador, assim como o romancista, não deve "criar novos capítulos" desconexos, sem qualquer ligação, sob pena de se tornar a sua tarefa descontextualizada e anacrônica, afastando-se, assim, da integridade do Direito, o principal ponto da teoria dworkiniana.

Conforme já mencionado, a integridade se traduz na exigência de que os juízes decidam em conformidade com o ordenamento jurídico, de forma a impedir decisões arbitrárias e discricionárias. No entanto, o julgador deve também ser guiado pelas decisões anteriores. Além de íntegras, as decisões precisam ser coerentes. Daí, advém a concepção do romance em cadeia, explanada por Dworkin da seguinte forma:

---

41 Idem. *O império de direito*. Trad. Jeferson Luiz Camargo. 3ª ed. rev. São Paulo: Martins Fontes, 2014. p. 163.

42 Ibidem. p. 164.

43 Idem. *O império de direito*. op. cit. p. 287.

44 Idem. *O direito da liberdade*. op. cit. p. 134.

45 Idem. *O império do Direito*. op. cit. p. 202.

> Suponha que um grupo de romancistas seja contratado para um determinado projeto e que jogue dados para definir a ordem do jogo. O número mais baixo escreve o capítulo de abertura de um romance, que ele depois manda para o número seguinte, o qual acrescenta um capítulo, com a compreensão de que está acrescendo um capítulo a esse romance, não começando outro, e, manda os dois capítulos para o seguinte, e assim por diante. Ora, cada romancista, a não ser o primeiro, tem a dupla responsabilidade de interpretar e criar, pois precisa ler tudo o que foi feito antes para estabelecer, no sentido interpretativista, o que é o romance criado até então.[46]

A tarefa dos juízes, de acordo com o pensamento do filósofo de Oxford, equivale a esse exercício literário. Cada juiz será como um romancista na cadeia de autores, de modo que deverá conhecer o conteúdo produzido no passado, objetivando a compreensão daquilo que os juízes fizeram coletivamente. Sempre, ao proferir uma decisão, o juiz deverá se considerar como parte de um complexo empreendimento em cadeia, no qual os atos decisórios e práticas do passado representarão dimensões de ajuste à tarefa de "continuação dessa história no futuro por meio do que ele faz no presente. Ele deverá interpretar o que aconteceu no passado, porque será responsável por levar a diante o dever que tem em mãos e não partir em uma nova direção".[47]

Para Dworkin, o dever do juiz restringe-se à interpretação da história jurídica que encontra, sem inventar uma história melhor, e é essencial que cada aspecto de sua abordagem de interpretação inclua alguma concepção de integridade e coerência do Direito, para que haja um *fit* entre sua interpretação e o Direito anterior,[48] de modo que sua atividade interpretativa, ao mesmo tempo, se adapte aos fatos anteriores, e os justifique até onde for possível.[49]

Ou seja, o julgador deverá agir balizado pela história institucional em que está inserido, e bem assim, preservar as condições para que os próximos julgadores continuem o seu trabalho de aperfeiçoamento da decisão:

> O Direito, sejam regras, princípios, súmulas ou precedentes, não é tomado como um dado, mas como um ponto de partida sobre o qual o magistrado não pode "fugir" mas que, ao mesmo, tempo, tem claro que não há sentidos dados previamente e sim que o sentido é (re) construído quando da aplicação daqueles ao caso. A interpretação do Direito não se dá como um caso isolado, mas como uma construção que vem antes daquele caso e que continuará após o mesmo. Por isso que as particularidades do caso devem guiar a (re)tomada do Direito, ao mesmo tempo em que este, ao ser solucionado, servirá de norte para outros que virão.[50]

---

46 DWORKIN, Ronald. *Uma questão de princípio*. op. cit. p. 235 e 236.

47 PEDRON, Flávio Quinaud. *Algumas considerações sobre a interpretação de Robert Alexy sobre a tese da única resposta correta de Ronald Dworkin*. In: **Âmbito Jurídico**, Rio Grande, VII, n. 19, nov. 2004. Disponível em: <http://www.ambito-juridico.com.br>. Acesso em: 26.07.2019.

48 DWORKIN, Ronald. *Uma questão de princípio*. op. cit. p. 240 e 241.

49 Idem. *O império do Direito*. op. cit. p. 286.

50 NUNES, Dierle; PEDRON, Flavio Quinaud; BAHIA, Alexandre. *Precedentes no novo CPC*: é possível uma decisão correta? Disponível em: <http://justificando.cartacapital.com.br>. Acesso em: 28.07.2019.

Por tudo isso, fica evidenciada a relevância da teoria da integridade e da lógica do romance em cadeia para o alcance da resposta correta. Adequada e conformada com a Constituição, essa resposta tem um grau de abrangência e fundamentação que impede a existência de decisões discricionárias ou solipsistas, sobretudo, porque exige que a decisão seja concretamente justificada, e guarde sinergia com a coerência e a integridade na tarefa de reconstrução do Direito.

Eis o que afirma Francisco Motta:

> Uma teoria democraticamente adequada de decisão jurídica deve ter sua legitimidade confirmada de dois modos: por um lado, deve ser produto de um *procedimento* constitucionalmente adequado, por meio do qual se garanta aos interessados aquilo que Dworkin trata por *participação moral[...]*; por outro, a decisão deve estar fundamentada numa interpretação que, dirigida à integridade, honre a *responsabilidade* enquanto virtude.[51]

E assim, a integridade e a coerência asseguram previsibilidade e estabilidade ao ordenamento jurídico, características inerentes ao Estado Constitucional Democrático.

3. O Estado Constitucional Democrático

O direito ao processo e à processualidade são instrumentos para efetivar direitos e assegurar o controle sobre manifestações de poder, por meio dos limites e balizas estabelecidos pelas normas constitucionais, que ganham status de fundamentalidade (maior importância) no Estado Constitucional Democrático. Tratam-se de instrumentos "[...] contra o exercício ilegítimo dos poderes públicos e privados em todos os campos [...], com o escopo de controle dos provimentos dos agentes políticos e de garantia à legitimidade discursiva e democrática das decisões".[52]

O constitucionalismo democrático, que teve início no século XX a partir de Weimar, não limita o papel da Constituições a um instrumento civilizatório de divisão (limitação) de poder. Esse movimento, além de utilizar a lei para promoção dos direitos, tem como principal objetivo assegurar a existência e efetividade de determinados princípios constitucionais fundamentais.[53]

Com isso passou-se de um controle formal para substancial da normatividade, a partir de vetores axiológicos traduzidos em principio e garantias fundamentais que

---

51 MOTTA, Francisco José Borges. *Ronald Dworkin e a decisão jurídica*. Salvador: Juspodium, 2017. p. 258.

52 NUNES, Dierle José Coelho. *Processo Jurisdicional Democrático*: uma análise crítica das reformas processuais. 1ª ed. 4. reimpr. Curitiba: Juruá, 2012. p. 209.

53 ABBOUD, Georges. *Processo constitucional brasileiro*. São Paulo: Editora Revista dos Tribunais, 2016. p. 108 e 109.

exigirão estrita observância dos procedimentos (procedimentalismo habermasiano)[54] de formação de conteúdos deliberativos e decisórios, inclusive os jurisdicionais. Sobre esse aspecto, Motta e Hommerding afirmam que a

> procedimentalidade é a balizadora das decisões. O processo é percebido como uma garantia contra o exercício ilegítimo de poderes públicos e privados em todos os campos (jurisdicional, administrativo, legislativo), com o fim de controlar os provimentos dos agentes políticos e garantir a legitimidade discursiva e democrática das decisões.[55]

Ao mesmo tempo em que as normas constitucionais tornam-se efetivas, as exigências democráticas de participação nos processos decisórios e de dever de consideração por parte dos agentes públicos vai resultar no dever de *accountability* como contrapartida legitimadora dos enunciados resolutivos.[56]

Com isso, uma releitura atualizada das principais teorias da decisão vai colocar como ponto central a necessidade de justificação das decisões, com a observância dos parâmetros racionais previamente estabelecidos no ordenamento jurídico (leis, jurisprudência, precedentes), de modo a conferir segurança jurídica à sociedade.

3.1. A previsibilidade e a estabilidade: o papel da decisão judicial no aprimoramento democrático

A segurança jurídica é um dos elementos fundamentais da democracia contemporânea (Democrático de Direito) e pode ser traduzida pela previsibilidade e estabilidade dos pronunciamentos do Estado.

Isso significa, por um lado, que as decisões deverão estar baseadas no ordenamento jurídico, de modo a conferir-lhes a previsibilidade necessária para que o cidadão possa pautar a sua vida em regras conhecidas. Por outro lado, a segurança jurídica vai implicar em elevado grau de estabilidade no sistema jurídico, na medida em que os enunciados normativos gerais e individuais são produzidos sem subjetivismos, mas assentados nas interpretações normativas realizadas pelo dos tribunais.

Em sentido contrário, a insegurança jurídica, também conhecida no cenário nacional como jurisprudência lotérica, é consequência de um mecanismo solipsista de decidir, típico de um paradigma discricionário em que são admitidas diversas soluções para uma mesma questão jurídica, ainda que discrepantes entre si. Na realidade,

---

54 HABERMAS, Jürgen. *Direito e Democracia*: entre facticidade e validade. vol. II. Trad. Flávio Beno Siebeneichler. Rio de Janeiro: Tempo brasileiro, 2003. p. 174.

55 MOTTA, Francisco José Borges; HOMMERDING, Adalberto Narciso. O que é um modelo democrático de processo? In: *Revista do Ministério Público do RS*. n. 73. Disponível em: <http://www.amprs.com.br/public/arquivos/revista_artigo>. Acesso em: 29.07.2019.

56 STRECK, Lenio Luiz. *Verdade e consenso*: constituição, hermenêutica e teorias discursivas. 5ª ed. rev., mod. e ampl. São Paulo: Saraiva, 2014.

> não há nenhum ganho democrático em se possuir Constituição e legislação consagradoras de direitos se as questões jurídicas puderem ser solucionadas em parâmetros discricionários que são necessariamente não jurídicos, isto porque são pautados na vontade e na subjetividade do julgador.[57]

Nesse contexto, fica evidente a importância da observância dos critérios de integridade e coerência, como única maneira de garantir a vinculação dos decisores às normas legais e à jurisprudência, a partir de uma leitura constitucional, o que contribui para o aprimoramento democrático.

3.2. A construção do ato decisório nas hipóteses disruptivas

A pós-modernidade é o termo utilizado para designar um contexto sócio-histórico particular, marcado pela transição, bem como

> [...] para designar um estado atual de coisas, um processo de modificações que se projeta sobre as diversas dimensões da experiência contemporânea de mundo (valores, hábitos, ações grupais, necessidades coletivas, concepções, regras sociais, modos de organização institucional...) [...].[58]

Não correspondendo apenas a um movimento intelectual ou a um conjunto de críticas à modernidade, a pós-modernidade configura-se permanentemente a partir da mudança dos valores, dos costumes, dos hábitos. Passou a ser reconhecida a partir de uma tomada de consciência das mudanças ocorridas e dos rumos tomados pela filosofia, sociologia e cultura contemporâneas.[59]

A afetação na dimensão cultural gera, obviamente, um choque de culturas entre o novo e o velho. E qualquer distorção em relação ao modo pelo qual a cultura é feita traduz-se em soluções ou crises, em modificações, em alterações, em inovações ou retrocessos, repercutindo diretamente no universo jurídico, "tendo em vista que todo o cerne das questões jurídicas está implantado no cerne das questões culturais".[60]

Nesse contexto atual, em meio a incontáveis transformações socioculturais, o Direito passa a ser concebido como um "processo em transformação, permeável às novas demandas e adaptado aos novos atores sociais".[61] Ocorre que as mudanças sociais acontecem em uma velocidade muito superior em relação às mudanças nor-

---

57 ABBOUD, Georges. *Processo constitucional brasileiro*. op. cit. p. 746.

58 BITTAR, Eduardo C. B. *O direito na pós-modernidade*. 3ª ed. mod. e atual. São Paulo: Atlas, 2014. p. 84 e 85.

59 Ibidem. p. 89.

60 Ibidem. p. 90 e 91.

61 Ibidem. p. 92.

mativas e, por esse motivo, o abismo entre normas jurídicas e factualidade tende a aumentar cada vez mais.

As modernas formas de relacionamento induzidas pela era tecnológica e os novos produtos e serviços dela advindos não encontram paralelo nas decisões dos tribunais e normas jurídicas. Como exemplo, podem ser citados os conflitos decorrentes de aplicativos como UBER e AIRBNB.

Desta maneira, com base no raciocínio construído ao longo deste artigo, pode-se afirmar que as decisões discricionárias – tomadas ao arrepio da Teoria do Direito como integridade – são desprovidas de legitimidade por não observarem os critérios de previsibilidade e estabilidade inerentes ao Estado Constitucional Democrático. No entanto, como conferir legitimidade ao ato decisório construído nas hipóteses disruptivas nas quais não se pode recorrer à integridade e coerência?

Conclusão

Pode-se afirmar que não há conduta humana que não esteja submetida à determinada estrutura teórica, que por sua vez não esteja sob influência de determinado campo filosófico, ainda de disto não se tenha consciência.

No limiar disruptivo do momento atual, em que fenômenos hipercomplexos e sem precedentes surgem recorrentemente nos variados setores da sociedade, as teorias existentes se mostram insuficientes para o equacionamento dos *disagreements* decorrentes das novas relações interpessoais que não encontram paralelo no ordenamento jurídico mas que reclamam respostas adequadas à solução das controvérsias e que não se constituam em obstáculo ao desenvolvimento socioeconômico e tecnológico.

Nesse sentido, exige-se uma nova propedêutica para uma adequada conformação teórica para a presente quadra da história, em que se busca atender aos imperativos constitucionais e democrático de legitimidade decisória pela efetiva participação e o desenvolvimento da sociedade.

Referências

ABBOUD, Georges. *Processo constitucional brasileiro*. São Paulo: Editora Revista dos Tribunais, 2016.

_______. CARNIO, Henrique Garbellini; OLIVEIRA, Rafael Tomaz. *Introdução ao direito*: teoria, filosofia e sociologia do direito. 4ª ed. rev., atual. e ampl. São Paulo: Thomson Reuters Brasil, 2019.

BARRETO, Vicente de Paulo. *Dicionário de Filosofia do Direito*. São Leopoldo: Editora UNISINOS, 2009.

BINENBOJM, Gustavo. *A nova jurisdição constitucional*: legitimidade democrática e instrumentos de realização. 4ª ed. rev., ampl. e atual. Rio de Janeiro: Renovar, 2014.

BITTAR, Eduardo C. B. *O direito na pós-modernidade*. 3ª ed. mod. e atual. São Paulo: Atlas, 2014.

DWORKIN, Ronald. *Levando os direitos a sério*. Trad. Nelson Boeira. 2ª ed. São Paulo: Martins Fontes, 2007.

_______. *O direito da liberdade*: A leitura moral da Constituição norte-americana. Trad. Marcelo Brandão Cipolla. São Paulo: Martins Fontes, 2006.

_______. *O império de direito*. Trad. Jeferson Luiz Camargo. 3ª ed. rev. São Paulo: Martins Fontes, 2014.

EINSENBERG, José. Pragmatismo jurídico. In: BARRETO, Vicente de Paulo. *Dicionário de Filosofia do Direito*. São Leopoldo: Editora UNISINOS, 2009.

FAVARETTO, Celso. Entrevista concedida em 2009. Disponível em: <https://www.youtube.com/watch?v=s7GZIjlWevE> Acesso em: 25.07.2019.

FERREIRA, Fernando Galvão de Andrea. Realismo jurídico. In: BARRETO, Vicente de Paulo. *Dicionário de Filosofia do Direito*. São Leopoldo: Editora UNISINOS, 2009.

FUX, Luiz. BODART, Bruno. *Processo civil e análise econômica*. Rio de Janeiro: Forense, 2019.

PEDRON, Flávio Quinaud. *Em busca da legitimidade do direito contemporâneo*: uma análise reconstrutiva das teorias jurídicas de Ronald Dworkin, Jürgen Habermas e Klaus Günther. Belo Horizonte: Flávio Barbosa Quinaud Pedron Editor, 2013.

_______. *Algumas considerações sobre a interpretação de Robert Alexy sobre a tese da única resposta correta de Ronald Dworkin.* In: **Âmbito Jurídico**, Rio Grande, VII, n. 19, nov. 2004. Disponível em: <http://www.ambito-juridico.com.br>. Acesso em: 26.07.2019.

PEDRON, Flávio Quinaud. Apontamentos sobre a interpretação Construtiva do direito em Ronald Dworkin: um estudo a partir do julgamento da Adpf n. 132. In: *Revista de Direito da Faculdade Guanambi.* Ano 2, vol. 2, n. 1. Jan-Jun 2016. Disponível em: <http://revistas.faculdadeguanambi.edu.br/index.php/Revistadedireito/article/download/58/13>. Acesso em: 30.07.2019.

POSNER, Richard A. *Para além do direito*. Trad. Evandro Ferreira e Silva. São Paulo: Editora WMF Martins Fontes, 2009.

_______. *A economia da justiça*. Trad. Evandro Ferreira e Silva. São Paulo: Editora WMF Martins Fontes, 2010.

NUNES, Dierle José Coelho. *Processo Jurisdicional Democrático.*: uma análise crítica das reformas processuais. 1ª ed. 4. reimpr. Curitiba: Juruá, 2012.

_______. BAHIA, Alexandre. *Processo, jurisdição e processualismo constitucional democrático na américa latina*: alguns apontamentos. Disponível em: https://pos.direito.ufmg.br/rbep/index.php/rbep/article/viewFile/118/114. Acesso em: 26.06.2019.

______. ______. PEDRON, Flavio. *Precedentes no novo CPC*: é possível uma decisão correta? Disponível em: <http://justificando.cartacapital.com.br>. Acesso em: 24.07.2019.

MOTTA, Francisco José Borges. *Ronald Dworkin e a decisão jurídica*. Salvador: Juspodium, 2017.

_______. HOMMERDING, Adalberto Narciso. O que é um modelo democrático de processo? In: *Revista do Ministério Público do RS*. n. 73. Disponível em: <http://www.amprs.com.br/public/arquivos/revista_artigo>. Acesso em: 29.07.2019.

STRECK, Lênio Luiz. *Dicionário de hermenêutica*: quarenta temas da teoria do direito à luz da crítica hermenêutica do direito. Belo Horizonte: Letramento: Casa do Direito, 2017.

A INFLUÊNCIA DA COMMON LAW E A NECESSÁRIA MODERNIZAÇÃO DE NOSSO PROCESSO PENAL

Anderson de Paiva Gabriel
Felipe Carvalho Gonçalves da Silva
Rafael Estrela Nóbrega

1. Introdução

O processo é produto da cultura[1] de um povo, refletindo, em certo aspecto, o ambiente social, econômico, político e cultural do qual emerge. Assim, torna-se vital visualizarmos o processo sob a ótica do Estado e do contexto histórico e social em que se encontra inserido, uma vez que as ideias dominantes sobre o papel do processo influenciam sobremaneira seu desenvolvimento e a tomada de decisões sobre seus rumos.

Com o advento da Constituição 1988, denominada Constituição Cidadã, as normas processuais sofreram imediata releitura, em um processo de filtragem constitucional. A expansão da força normativa da Constituição, bem como o fortalecimento da nova dogmática de interpretação constitucional, culminou em sensíveis mudanças no panorama processual, ocorrendo a chamada constitucionalização do processo e uma busca por conciliar a concretização das garantias fundamentais como a efetividade da tutela jurisdicional.[2]

A constitucionalização do ordenamento jurídico é um movimento não tão recente, mas que está a cada dia mais inserido nos textos normativos. Isso porque, a Constituição Federal do Brasil é um texto complexo que abarca não só disposições organizacionais dos Poderes e do funcionamento dos Estados, mas também, e principalmente, um extenso rol de direitos e garantias fundamentais, que tem sido aplicado e reconhecido como indispensável no âmbito tanto do Processo Civil, quanto do

1 TARUFFO, Michele. Cultura e processo. *Rivista Trimestrale di Diritto e Procedura Civile*, Milão: Giuffrè, v. 63, n. 1, p. 63-92, 2009.

2 RODRIGUES, Marco Antonio dos Santos. *A modificação do pedido e da causa de pedir no processo civil*. 1ª ed. , Rio de Janeiro. LMJ Mundo Jurídico, 2014. p. 118. CAMBI, Eduardo. Neoconstitucionalismo e neoprocessualismo. *Panóptica*, v. 2, n. 2, p. 1-44, 2007; LOURENÇO, Haroldo. O neoprocessualismo, o formalismo-valorativo e suas influências no novo CPC. *Revista da EMERJ*, Rio de Janeiro, v. 14, n. 56, out./dez. 2011. p. 89.

Processo Penal.[3] As normas jurídicas como um todo devem ser interpretadas de modo a se amoldarem aos princípios e valores constitucionais[4]. Para Dinamarco, a disciplina do direito processual constitucional consiste em ter a Constituição como parâmetro do processo, seja na análise do mesmo e seus institutos, bem como na relação entre os textos, examinando a influência que cada texto importa no outro, além de garantir, através do processo, as medidas previstas na Constituição.[5]

Assim, tanto o processo civil quanto o penal sofreram uma progressiva reinterpretação que se espraiou pelos primeiros vinte anos de nossa Carta Magna, como forma de compatibilizá-los ao Estado democrático de direito e legitimar sua aplicação. No entanto, o descompasso entre a arcaica legislação e os novos tempos e anseios, agravadas por sucessivas reformas pontuais, desfiguraram os Códigos, tornando-os um emaranhado de normas de diferentes gerações e ideologias, culminando na recente promulgação do CPC/15 e na tramitação do PL 8045/2010, referente a um novo CPP.

Aliás, há de se gizar que o CPP atual possui em seu seio, inclusive, conflito de ideologias. Com efeito, o Código nasceu durante a Era Vargas, atravessou o populismo de João Goulart, a ditadura militar e a redemocratização, permanecendo vigente até os dias de hoje. Lamenta-se, portanto, que na esfera do processo penal, ainda façamos uso de um código nascido em 1941, o que, em um paralelo científico, se equipararia ao Código de Processo Civil de 1939, embora este já tivesse sido suplantado em 1973. O Código de Processo Penal é diploma antigo, de estrutura obsoleta. Foi redigido por Francisco Campos, mentor da Constituição de 1937 e do Ato Institucional nº 1 durante do golpe militar de 1964[6]. É bem verdade que nos últimos anos o Processo Penal

---

3 "A ideia de constitucionalização do Direito aqui explorada está associada a um efeito expansivo das normas constitucionais, cujo conteúdo material e axiológico se irradia, com força normativa, por todo o sistema jurídico. Os valores, os fins públicos e os comportamentos contemplados nos princípios e regras da Constituição passam a condicionar a validade e o sentido de todas as normas do direito infraconstitucional. Como intuitivo, a constitucionalização repercute sobre a atuação dos três Poderes, inclusive e notadamente nas suas relações com os particulares. Porém, repercute também nas relações entre particulares, limitando sua autonomia da vontade em nome da proteção de valores constitucionais e de direitos fundamentais" BARROSO, Luis Roberto. *A americanização do direito constitucional e seus paradoxos: teoria e jurisprudência constitucional no mundo contemporâneo*. Disponível em < http://revistas.unibrasil.com.br/cadernosdireito/index.php/direito/article/view/459>, visualizado em 18/12/2017.

4 TROCKER, Nicolò. *Processo civile e costituzione*. Milano: Giuffrè, 1974. p. 142.

5 E ainda acrescenta o autor, "A tutela constitucional do processo é feita mediante os princípios e garantias que, vindos da Constituição, ditam padrões políticos para a vida daquele. Trata-se de imperativos cuja observância é penhor da fidelidade do sistema processual à ordem político-constitucional do país.
Em sentido vetorialmente inverso da tutela constitucional do processo, apresenta-se o sistema processual como fator de efetividade das normas ditadas no plano constitucional, que ele promove de modo direto e de modo indireto." DINAMARCO, Candido Rangel, *Instituições de Direito Processual Civil.* São Paulo: Malheiros, 2004, p. 188-189.

6 MALAN, Diogo; MIRZA, Flávio Mirza (orgs.). *Setenta anos do código de processo penal brasileiro*: balanço e perspectivas de reforma. 1ª ed. Rio de Janeiro: Lumen Juris, 2011. p. VII.

sofreu algumas modificações, especialmente no tocante ao exercício dos direitos ao contraditório e à ampla defesa, de igual maneira reflexos do neoconstitucionalismo. Sem embargo, é preciso avançar muito mais.

No âmbito cível, três grandes problemas afligiam o processo brasileiro[7]: o formalismo excessivo, a litigância desenfreada[8] (o CNJ constatou que de cada dois brasileiros, um litiga[9]) e a prodigalidade recursal. Nesse cenário, veio a lume o Código de Processo Civil de 2015 (Lei 13.105/15), buscando conciliar as garantias constitucionais, dentre as quais sobressaem o contraditório participativo e a duração razoável, com a economia processual, a isonomia e a segurança jurídica.

Em relação à litigância desenfreada, cumpre destacar que o transcorrer do tempo pareceu se alterar com o desenvolvimento tecnológico e a globalização (como se os ponteiros do relógio se movessem mais rápido que séculos atrás), de forma que as relações passaram a se constituir e se modificar numa velocidade em que os procedimentos estatais não conseguiram acompanhar. Vivemos, com efeito, tempos de litígios de massa, e o dinamismo da vida contemporânea passou a demandar urgência na resposta estatal, incorrendo em descompasso com o formato milenar do processo.

Nesse sentido, o debate sobre o papel do Estado na resolução dos conflitos abrange uma preocupação com a celeridade e a efetividade, já que a prestação jurisdicional tardia nada mais é do que uma injustiça travestida de justiça.

Essa linha de ideias tem plena aplicabilidade no processo penal. Aliás, com ainda mais propriedade. Não podemos esquecer do caráter instrumental do processo, ressaltando-se que o direito penal busca tutelar os bens jurídicos mais importantes para nossa sociedade e, com tal mister, o processo penal envolve diretamente a liberdade.

Considerando o encarceramento ou a implícita ameaça deste ocorrer, não há dúvidas de que a duração razoável do processo, ainda que não fosse uma garantia constitucional, se imporia com muito mais razão no processo penal (o que abrange o inquérito policial ou qualquer outro procedimento investigativo).

Portanto, a preocupação do novo Código com a referida garantia deve inspirar também a reinterpretação do processo penal. Nesse diapasão, as soluções encampadas pelo CPC/2015 deverão ser observadas também no processo penal, o que abarca a promoção da solução consensual do processo, o estímulo ao emprego da mediação,

---

7 Consoante assentou o ministro do Supremo Tribunal Federal, Luiz Fux, Presidente da Comissão responsável pela criação do anteprojeto do novo CPC, na palestra "O Código de Processo Civil Democrático", proferida na Escola da Magistratura do Estado do Rio de Janeiro no dia 02/03/2015.

8 Justiça em números 2016 - Infográficos: ano-base 2015/Conselho Nacional de Justiça - Brasília: CNJ, 2016. Disponível em: http://www.cnj.jus.br/files/conteudo/arquivo/2016/10/50af097ee373472788dd6c94036e22ab.pdf, último acesso em 28/01/2017.

9 Justiça em números 2016: ano-base 2015/Conselho Nacional de Justiça - Brasília: CNJ, 2016. Disponível em: http://www.cnj.jus.br/files/conteudo/arquivo/2016/10/b8f46be3dbbff344931a933579915488.pdf, último acesso em 28/01/2017.

o dever de cooperação, as convenções processuais, a preocupação com a ordem cronológica dos processos, o respeito aos precedentes etc... Há, portanto, de se buscar uma tutela jurisdicional efetiva e em tempo razoável.

Como bem salientado na Resolução nº 118/2014 do CNMP:

> *O acesso à Justiça é direito e garantia fundamental da sociedade e do indivíduo e abrange o acesso ao Judiciário, mas vai além para incorporar, também, o direito de acesso a outros mecanismos e meios autocompositivos de resolução dos conflitos e controvérsias. A adoção de mecanismos de autocomposição pacífica dos conflitos, controvérsias e problemas é uma tendência mundial, decorrente da evolução da cultura de participação, do diálogo e do consenso.*

Nessa linha de ideias[10], a Constituição Federal assegurou a todos, no âmbito judicial e administrativo, a razoável duração do processo (EC nº 45/2004), impondo, ainda, à administração pública direta e indireta de qualquer dos Poderes e, portanto, ao Judiciário e Ministério Público, a obediência ao princípio da eficiência (EC nº 19/1998).

Em outro giro, por óbvio, as referidas normas também devem nortear o legislador, atentando-se para o PL 8045/2010, em tramitação no Congresso.

2. A influência da *Common Law* e a Antropofagia Processual Brasileira

Um dos grandes desafios do Direito nos países que adotam precipuamente a sistemática do *civil law,* como o Brasil, é fazer com que a legislação acompanhe a realidade social, dada a necessidade de fundamentação analítica das decisões judiciais. Ocorre que, a burocracia na tramitação pela qual passam os projetos de lei faz com que os mesmos permaneçam na Casa de discussão por anos, quando não décadas. Não é incomum que ao passar a vigorar, uma norma já seja introduzida no cenário normativo necessitando de atualização. Em virtude disso, o ordenamento jurídico brasileiro sobrevive com tentativas de readequação de normas antigas e já ultrapassadas através de emendas, ou leis especiais que visam atualizar a normatização apenas de temas específicos.

Curioso notar que o CPC/2015 revela um hibridismo vanguardista entre a *civil law*, derivado do sistema romano-germânico e no qual nosso direito possui raízes mais profundas, e *a common law*, oriunda do direito anglo-saxão e cuja influência se fez notar com mais força em nossa CRFB/88 e em nosso modelo de controle de constitucionalidade, o que deve vir a se repetir com o NCPP.

Barbosa Moreira, referindo-se ao CPC/1973, afirmava que:

> *[...] é possível concluir com segurança que, nos alicerces e na estrutura básica, o processo civil brasileiro é fruto genuíno do sistema jurídico romano-germânico. Filia-se, pois, à família a que tradicionalmente se vem aplicando a denominação inglesa de civil law, em oposição à*

10 HESSE, Konrad. *A força normativa da constituição*. Tradução de Gilmar Ferreira Mendes. Porto Alegre: Sergio Antonio Fabris, 1991.

> *de common law, pela qual se designa o direito dos países anglo-saxônicos e daqueles que o assimilaram em razão de vicissitudes históricas.*[11]

Destacava, ainda:

> *Isolados, contudo, até pouco tempo atrás, eram os casos de institutos processuais oriundos de outros sistemas jurídicos que não o dominante no continente europeu. Correlatamente, a doutrina brasileira só costumava abeberar-se na produção científica da Europa continental, com manifesta preferência pela italiana. Para tanto contribuíram vários fatores: entre eles, de modo compreensível, a facilidade de acesso resultante da afinidade linguística, mas também a marca duradoura do justo prestígio firmado em nosso país pelo grande mestre peninsular Enrico Tullio Liebmanm cuja presença no Brasil, por vários anos, foi poderoso catalisador dos estudos processuais entre nós.*[12]

No entanto, o próprio mestre assentava que a paisagem começava a se modificar, com a crescente curiosidade por institutos norte-americanos, acentuando a influência da globalização[13] [14].

Por outro lado, defendia que não estava ocorrendo um progressivo deslocamento do processo civil brasileiro para a órbita do *common law,* em razão do distanciamento de notas essenciais do sistema processual brasileiro e do norte-americano, como por exemplo a forte inclinação dos americanos pelos meios conciliatório (ADR - *alternative dispute resolution*) [15].

---

11 BARBOSA MOREIRA, José Carlos. O processo civil brasileiro entre dois mundos. In: *Revista Forense*, v. 359. Rio de Janeiro, 2002, p.124.

12 Ibidem, p.125.

13 Idem: "A paisagem começou a modificar-se há cerca de três décadas, com crescente curiosidade em relação a institutos norte-americanos, sobretudo, de início, na área de proteção de interesses supraindividuais, onde passaram a atrair certa atenção figuras como a da *class action*. Seja como for, é indubitável que o peso do universo anglo-saxônico tem aumentado no direito brasileiro, talvez mais noutros campos, agora diretamente alcançados pelas vagas da globalização econômica, mas também no terreno do processo civil. Vejamos alguns exemplos: a) No plano dos princípios, ponto que chama a atenção é a presença inédita até 1988 em texto constitucional, da fórmula "devido processo legal", tradução quase literal da expressão *due processo of law*, de antiga linhagem anglo-saxônica. Viu-se ela inserida no art. 5º, LIV, da vigente Carta da República, onde, do ponto de vista processual, funciona como norma de encerramento, a incidir em casos não cobertos por disposições consagradoras de garantias específicas, como a do contraditório e ampla defesa (LV), a do juiz natural (LIII), a publicidade dos atos do processo (LX) e outras - garantias que, por sinal, não se podem propriamente considerar peculiares ao mundo de common law[...]".

14 HILL, Flávia Pereira. *O direito processual transnacional como forma de acesso à justiça no século XXI*: Os reflexos e desafios da sociedade contemporânea para o direito processual civil e a concepção de um título executivo transnacional. 1ª ed. , Rio de Janeiro. LMJ Mundo Jurídico, 2013. p. 45-52.

15 Ibidem, p.9: "[...] leva-nos à consideração de outro ponto em que os dois sistemas diferem claramente em seu funcionamento concreto, a saber a forte inclinação dos norte-americanos a fazer uso dos meios conciliatórios – ou, em termos mais genéricos, dos expedientes que se costumam

O questionamento ensejou célebre artigo, cuja conclusão é de imperiosa transcrição:

> *Em última análise, o que sugere a realidade é que o processo civil brasileiro e o norte-americano se inserem – para empregar expressão vaga, mas talvez insubstituível – em culturas jurídicas distintas. Não significa isso que não possamos servir-nos dos frutos da experiência dos Estados Unidos, tão interessante por mais de um prisma: já o temos feito, e estamos por fazê-lo de novo, se vingarem as propostas da reforma constitucional. Significa, entretanto, a meu ver, que, como até aqui, as importações se limitarão em regra à periferia do sistema, sem penetrar-lhe o âmago. Transplantes mais profundos correrão provavelmente o risco da rejeição. Para o bem e para o mal, o ordenamento pátrio é – e continuará a ser – um rebento da família romano-germânica, e, portanto, de civil law.*[16]

Quinze anos se passaram desde o predito alerta. Não ousamos discordar de Barbosa Moreira, mas a promulgação e vigência do CPC/2015 deram azo a um novo tempo. É indubitável que nascemos na família *civil law* e não podemos negar ou esquecer nossas origens. Todavia, apesar da inegável influência familiar no desenvolvimento de um indivíduo, bem como das tradições culturais em que foi criado, chega um momento em que todo ser humano tende a se tornar independente de seus pais, com personalidade própria.

O novo Código de Processo Civil consubstancia a nossa maturidade jurídica, representando o advento de nossa maioridade. Não se trata de um diploma que simplesmente reproduz a legislação de outro país, seja da família da *civil law* ou da *common law*, mas que acolhe os ensinamentos e a experiência de cada uma delas, transmutando-os em institutos próprios, numa singularidade peculiar à nossa realidade.

Esses influxos cruzados de institutos pertencentes às duas grandes famílias, fomentado pelo fenômeno da globalização, revela a necessidade de modernização dos sistemas, adaptando-se aquilo que for mais coerente com o ordenamento que se pretende enxertar.

---

reunir sob a denominação de *alternative dispute resolution* (*ADR*, na conhecida abreviação). Embora os Estados Unidos tenham a fama de ser uma nação litigiosa, vale-se o seu povo com crescente intensidade de negociação, da mediação, da arbitragem e de diversas formas de combinação entre essas figuras, florescendo no país uma quantidade surpreendente, para nós, de órgãos e instituições, que se encarregam de exercer extrajudicialmente tais atividades. Enquanto isso, no Brasil, setores doutrinários atuantes conseguem, sim, que o legislador se mova no sentido de prestigiar os métodos alternativos, mas até agora nem a doutrina, nem as leis vêm obtendo êxito em desviar para esse canal um volume de litígios comparável, nem mesmo de longe, à torrente dos que deságuam na Justiça".

16 BARBOSA MOREIRA, José Carlos. O processo civil brasileiro entre dois mundos. *Revista Forense*, Rio de Janeiro, v. 359. p. 123-130, 2002.

Um dos exemplos que consubstanciam nossa maturidade jurídica e esse hibridismo jurisdicional brasileiro[17] é o incidente de resolução de demandas repetitivas[18]. Trata-se de procedimento, previsto pelo novel diploma, que será aplicável quando houver efetiva repetição de processos que contenham controvérsia sobre a mesma questão de direito com risco de ofensa à isonomia e à segurança jurídica.

Há grande celeuma doutrinária quanto a origem do instituto no direito comparado, permeando tal discussão a referência aos termos "causa-piloto" e "procedimento modelo", conforme se faça a alusão a *Group Litigation Order* inglesa e o *Pilotverfharen* austríaco (causa-piloto) ou ao *Musterverfahren* alemão (procedimento-modelo) [19].

A despeito das fontes de inspiração, a nova ferramenta processual é genuinamente brasileira[20], e dela deve ser extraído o máximo proveito, em homenagem ao Princípio da Operosidade. Afinal, para que se assegure o efetivo acesso à justiça, é indispensável a *"utilização dos instrumentos e dos institutos de forma a obter a melhor produtividade possível, ou seja, utilização técnica a serviço dos fins idealizados"*[21]. Registre-se a existência de doutrina que advoga a sua aplicação ao Direito Penal e

---

17 HASELOF, Fabíola Utizig. Jurisdições Mistas - Um Novo Conceito de Jurisdição. 1ª ed. Belo Horizonte: Editora Fórum, 2018.

18 CAPÍTULO VIII
DO INCIDENTE DE RESOLUÇÃO DE DEMANDAS REPETITIVAS
Art. 976. É cabível a instauração do incidente de resolução de demandas repetitivas quando houver, simultaneamente:
I - efetiva repetição de processos que contenham controvérsia sobre a mesma questão unicamente de direito;
II - risco de ofensa à isonomia e à segurança jurídica.
§ 1º A desistência ou o abandono do processo não impede o exame de mérito do incidente.
§ 2º Se não for o requerente, o Ministério Público intervirá obrigatoriamente no incidente e deverá assumir sua titularidade em caso de desistência ou de abandono.
§ 3º A inadmissão do incidente de resolução de demandas repetitivas por ausência de qualquer de seus pressupostos de admissibilidade não impede que, uma vez satisfeito o requisito, seja o incidente novamente suscitado.
§ 4º É incabível o incidente de resolução de demandas repetitivas quando um dos tribunais superiores, no âmbito de sua respectiva competência, já tiver afetado recurso para definição de tese sobre questão de direito material ou processual repetitiva.
§ 5º Não serão exigidas custas processuais no incidente de resolução de demandas repetitivas.

19 TEMER, Sofia. *Incidente de resolução de demandas repetitivas*. 1.ed., Salvador: Juspodivm. 2016, p.65-79. Aluísio Mendes tem estudo aprofundado sobre estes institutos. (MENDES, Aluisio Gonçalves de Castro. *Ações coletivas e meios de resolução coletiva de conflitos no direito comparado e nacional*. 4ª ed. rev., atual. e ampl. São Paulo: Revista dos Tribunais, 2014). Sobre o *Musterverfaren*: (CABRAL, Antonio do Passo. *Il procedimento-modelo (Musterverfahen) tedesco e gli istrumenti di risoluzione di processi ripetitivi*. *Revista de Direito Comparado*, vol. 1, jan./jun. 2015, p. 45-67).

20 MENDES, Aluisio Gonçalves de Castro. *Incidente de demandas repetitivas*: sistematização, análise e interpretação do novo instituto processual. Rio de Janeiro: Forense, 2017. p. 2-3.

21 CARNEIRO, Paulo Cezar Pinheiro. *Acesso à justiça*: juizados especiais e a ação civil pública – uma nova sistematização da teoria geral do processo. 2ª ed. , Rio de Janeiro: Editora Forense, 2000. p. 62.

Processual Penal[22], o que vai ao encontro da ideia de máximo aproveitamento das ferramentas processuais.

Podemos, aqui, traçar um paralelo com o movimento modernista que marcou nossa literatura, em especial, o "Manifesto Antropófago"[23] ou "Antropofágico". Trata-se de um manifesto literário escrito por Oswald de Andrade e publicado em maio de 1928, que tinha por objetivo repensar a dependência cultural brasileira[24]. Propunha, basicamente, a devoração da cultura estrangeira e das técnicas importadas e sua reelaboração com autonomia, transformando o produto importado em exportável.

O nome do manifesto recuperava uma crença indígena: os índios antropófagos comiam o inimigo em um ritual[25], como forma de assimilar suas qualidades[26]. Ao devorar um inimigo temido, os tupinambás acreditavam que incorporavam sua bravura e habilidades em combate. Assim, pela mesma razão, não comiam a carne daqueles que consideravam covardes, nem de animais como a preguiça, por acreditar que isso os tornaria piores na batalha.

No Manifesto Antropofágico, Oswald de Andrade fez uso de teorias de diversos autores e pensadores mundiais, como Freud, Marx, Breton, Francis Picabia, Rousseau, Montaigne e Hermann Keyserling, retomando características dos primórdios da formação cultural brasileira, quais sejam: a combinação das culturas primitivas (indígena e africana) e da cultura latina, formada pela colonização europeia.[27]

---

22 MENDES, Aluisio Gonçalves de Castro; PINHO, Humberto Dalla Bernardina de; SILVA, Felipe Carvalho Gonçalves da; VARGAS, Daniel Vianna. O incidente de resolução de demandas repetitivas (IRDR) no porcesso penal. Reflexões iniciais. In: *Revista de Processo*, vol. 279 maio de 2018, p. 283-312.

23 LIMA, Bruna Della Torre de Carvalho. *Vanguarda do Atraso ou Atraso da Vanguarda?* Oswald de Andrade e os teimosos destinos do Brasil. Dissertação (Mestrado em Antropologia Social). Faculdade de Filosofia, Letras e Ciências Humanas. Departamento de Antropologia da Universidade de São Paulo, 2012. Disponível em: http://www.teses.usp.br/teses/disponiveis/8/8134/tde-11032013-122116/pt-br.php, último acesso em 22/01/2017.

24 O manifesto foi publicado na primeira edição da Revista de Antropofagia, meio de comunicação responsável pela difusão do movimento antropofágico brasileiro. A linguagem do manifesto era majoritariamente metafórica, contendo fragmentos poéticos bem-humorados e tornou-se a fonte teórica principal do movimento: "Só a ANTROPOFAGIA nos une. Socialmente. Economicamente. Filosoficamente. Única lei do mundo. Expressão mascarada de todos os individualismos, de todos os coletivismos. De todas as religiões. De todos os tratados de paz. *Tupi, or not tupi that is the question.*" Disponível em: http://www.ufrgs.br/cdrom/oandrade/oandrade.pdf, acesso em 28 jan.2017.

25 A antropofagia praticada pelos índios tupis, em especial os tupinambás, assustava os portugueses que colonizaram o Brasil, mas era restrita aos prisioneiros de guerra e considerada uma honraria tanto para o prisioneiro quanto para seus algozes, ensejando o eterno ciclo de vingança tribal próprio da cultura tupinambá. CLASTRES, Pierre. *Arqueologia da violência – pesquisas de antropologia política.* São Paulo, 2004.

26 GUARACY, Thales. *A conquista do Brasil.* São Paulo: Planeta, 2015, p. 35-57.

27 FREYRE, Gilberto. *Casa Grande e Senzala: formação da família brasileira sob o regime da economia patriarcal.* São Paulo: Editora Global, 2006.

Havia, ainda, a preocupação de que houvesse efetiva absorção cultural e não mera utilização de elementos importados, de modo que a cultura brasileira não se tornasse um amontoado de fragmentos de culturas exteriores.

Nesse diapasão, o Manifesto Antropofágico foi um marco no Modernismo brasileiro, pois propôs a alteração da forma com que o brasileiro encarava o influxo de elementos culturais do mundo, ensejando a ascendência de uma identidade nacional e o orgulho da produção cultural própria.

O novel Código, em verdade, também busca assimilar as melhores qualidades de cada uma das tradições, exsurgindo em seu bojo institutos próprios e que almejam ser adequados a nossa realidade, tornando-se passível de verdadeira "exportação", ou seja, de se tornar um referencial para outros países acatarem ao criarem novos diplomas.

Resgata-se, assim, como metáfora, a crença cultural tupinambá, que através da antropofagia ritualística buscava incorporar as qualidades dos inimigos das mais variadas etnias. Pois bem, também nós, com o CPC/2015, buscamos abarcar as virtudes do modelo europeu e do modelo americano, criando um diploma próprio e vanguardista, com espírito único.

Assim, ousamos qualificar o Código de Processo Civil/2015 como um diploma processual antropófago, por se tratar de um Código genuinamente brasileiro, que traz em seu espírito as ideias provenientes tanto da cultura jurídica romano-germânica quanto da anglo-saxã, isto é, tanto da *civil law* quanto da *common law*, mas sem que se trate de uma simples importação.

Oportuno ressaltar que, tratando das diferenças do *common law* (Americano e Inglês) e do sistema Continental (Romano Germânico), verifica-se que mesmo dentro de cada país é possível encontrarmos modelos híbridos – servindo realmente os modelos puros mais para fins acadêmicos e de pesquisa do que propriamente para refletir a realidade dos sistemas processuais.[28]

A nossa maturidade jurídica inaugura uma nova era e nos permite uma concepção brasileira de processo e justiça.

3. A contribuição ao Processo brasileiro da Análise Econômica do Direito e sua vertente Comportamental

A Análise Econômica do Direito (AED), desenvolvida precipuamente nos EUA e sob o signo da *Common Law*, tem natureza transdisciplinar e abrange conhecimentos

---

28 DAMASKA, Mirjan. *I volti della giustizia e del potere: analisi comparatistica del processo*. Edizione originale: The faces of justice and State Authority. Tradução de Andrea Giussani (capitoli III, IV e V) e Fabio Rota (capitoli I, II e VI). Bologna: Società editrice il Mulino, 2002. p. 41.

de Direito e de Economia, consistindo em um método de análise do Direito. Por meio da utilização de ferramentas da Ciência Econômica, busca-se uma compreensão mais ampla dos institutos jurídicos e de suas consequências sociais.[29]

Ferramentas advindas da ciência econômica num mundo de recursos escassos e desejos ilimitados, são utilizadas por operadores do direito na busca de uma melhor eficiência ao sistema de justiça.[30]

Em que pese a existência de trabalhos doutrinários de importante relevância e conteúdo, o desenvolvimento da AED no Brasil ainda é embrionário.

Merecem destaque os seguintes ensinamentos de Erik Navarro Wolkart sobre o tema:

> *O advento da análise econômica do direito tem relação direta com o realismo norte americano. O realismo foi uma reação contra o formalismo do commow law, rejeitando a ideia de que o direito pode ser inteiramente captado por uma teoria descritiva e prescritiva baseada em um complexo de princípios, aplicados dedutivamente pelo juiz a qualquer conjunto de fatos, independentemente das consequências em casos particulares.*[31]

Segundo a análise econômica do Direito, instrumentos da economia devem ser utilizados para a resolução de problemas jurídicos. Há um entrelaçamento entre a aplicação a aplicação de preceitos normativos e conceitos econômicos com o fim de buscar a máxima efetividade, mediante a análise dos custos e os benefícios para todas as partes envolvidas na relação. Assim, a solução mais justa deverá conter uma apre-

---

29 "Se a AED tem um fundador, esse papel cabe a Ronald Coase. Coase emigrou para os EUA em 1951, mas pode-se dizer que as primeiras faíscas da AED surgiram como uma não imaginada consequência de uma pesquisa por ele empreendida em 1937 na London School of Economics, cujo resultado é o famoso artigo "The Nature of the Firm". WOLKART, Erik Navarro. *Análise Econômica do Processo Civil como a economia, o direito, e a psicologia podem vencer a tragédia da justiça.* 1ª ed. São Paulo: Thompson Reuters Brasil, 2019. p. 101. Sobre a relevância da AED no sistema jurídico norte americano, cite-se a lição de Eric Jasper Hadmann: "Em alguns ramos do direito nos Estados Unidos da América, a AED é dominante (como direito societário e comercial), em outros é a principal corrente de pensamento (como responsabilidade civil, contratos e direito das coisas) e seus expoentes foram até mesmo nomeados Juízes Federais (é o caso dos professores Richard Posner, Frank Easterbrook, Ralph Winter e Robert Bork). Entretanto, a AED não se restringe àquelas regras jurídicas com ligação óbvia com a ciência econômica, pois tem a pretensão de ser aplicável a todas as áreas do direito e de políticas públicas, inclusive o direito penal, civil e de família. *(*JASPER, Eric Hadmann. A filosofia da análise econômica do direito – AED. *Revista Tributária e de Finanças Públicas,* vol. 92, maio/jun. de 2010, p. 2, versão on-line*).*

30 "Law and economics` can be defined as the application of economic theory – primarily microeconomics and the basic concepts of welfare economics – to examine the formation, structure, processes, and economic impact of law and legal institutions". In: MEDINA, Steven G.: MERCURO, Nicholas. *Economics and the law:* from Posner to Post-Modernism and Beyond. 2ª ed. Princeton: Princeton University Press, 2006. P. 01.

31 WOLKART, Erik Navarro. *Análise Econômica do Processo Civil como a economia, o direito, e a psicologia podem vencer a tragédia da justiça.* 1ª ed. São Paulo: Thompson Reuters Brasil, 2019. p. 130.

ciação sobre o uso mais eficiente de determinado bem[32]. Deve-se buscar, pois, uma eficiência alocativa[33].

Luiz Fux e Bruno Bodart explicam com percuciência:

> *A abordagem do Direito sob o prisma econômico pode assumir três diferentes aspectos. O primeiro, denominado heurístico, preocupa-se com a identificação da racionalidade que informa a existência de diferentes institutos jurídicos e lhes confere a coesão. Afinal, por que existem os direitos de propriedade, as regras de responsabilidade civil, as normas que regem os contratos ou a proteção à liberdade de expressão? O segundo aspecto, chamado descritivo, é voltado à determinação dos efeitos das normas jurídicas na sociedade, ou seja, investiga as consequências decorrentes das normas legais em análise. Por exemplo, considerando a lógica subjacente às regras de responsabilidade civil, quais alterações na sociedade são observadas ante a adoção da regra de responsabilidade objetiva, em comparação com a exigência de demonstração de culpa? Esses dois primeiros aspectos são por vezes reunidos sob a expressão "análise econômica do Direito positiva". Finalmente, o último aspecto é o de cunho normativo, que busca definir quais normas jurídicas são desejáveis, comparando sua eficiência a partir das conclusões obtidas nos dois aspectos anteriores da análise*[34].

Vale transcrever, ainda, o seguinte apontamento de Giovanna Mayer, que bem traduz o que pretende a AED:

> *Na AED, por exemplo, há um abrandamento do método clássico de análise jurídica, o qual parte da premissa de que as relações em que há atos ilícitos ou com abuso de direito ensejam uma reparação (art. 927 do Código Civil), de modo que a relação posta sob análise do operador é uma relação de ganha-perde. Segundo a AED, é necessário examinar os custos e os benefícios para todas as partes envolvidas na relação para só então decidir qual a solução mais justa, que deverá conter uma apreciação sobre o uso mais eficiente de determinado bem.*
>
> *(...)*
>
> *Mas tal raciocínio – o de que toda questão indenizatória deve envolver a ponderação de custo-benefício – não se aplica apenas ao direito de propriedade e responsabilidade civil. No direito penal há o princípio da dúvida em favor do réu (in dubio pro reo), segundo o qual, havendo qualquer dúvida sobre a materialidade e autoria do crime, o juiz deve julgar em favor do réu, absolvendo-o ou subsumindo a sua conduta em tipo penal mais brando. Além de não ser justo, sancionar a conduta de alguém sem haver a certeza de que esse indivíduo cometeu um crime não é eficiente. Abstraindo a questão da justiça e da moral, quais os ganhos para a sociedade em condenar alguém contra quem não se tem certeza se cometeu ou não um*

---

32 MAYER, Giovanna. As decisões do STF e do STJ entre a integridade e a análise econômica do Direito. Disponível em: http://www.revistadoutrina.trf4.jus.br/index.htm?http://www.revistadoutrina.trf4.jus.br/artigos/edicao038/giovanna_mayer.html. Acesso em 08 de julho de 2019.

33 ZYLBERSZTAJN, Decio; SZTAJN, Rachel. *Direito & Economia*: análise econômica do direito e das organizações. 1ª ed. , Editora Campus. p. 2

34 FUX, Luiz; BODART, Bruno. Processo civil e análise econômica. 1ª ed., Rio de Janeiro: Forense, 2019. p. 2

> *crime? Perdas para o indivíduo, para sua família e para a própria sociedade e a Justiça, as quais terão seu respeito e a força institucional diminuídos ao julgar mal*[35].

Como bem adverte Robert Cooter, os Juízes e legisladores devem considerar a eficiência para a formulação de políticas porquanto é melhor atingir objetivos a um custo menor, evitando-se desperdício de dinheiro[36]. Cabe relembrar que o princípio da eficiência tem sede normativa no artigo 37 da Constituição da República Federativa do Brasil.

A Análise econômica do Direto tem suas bases fincadas na doutrina utilitarista. O utilitarismo, termo que foi utilizado pela primeira vez na carta de Jeremy Bentham[37] para George Wilson em 1781 e posto em uso corrente na filosofia por John Stuart Mill na obra Utilitarismo, de 1861[38], rejeita o egoísmo, opondo-se a que o indivíduo deva perseguir os seus próprios interesses, mesmo às custas dos outros, e se opõe também a qualquer teoria ética que considere ações ou tipos de atos como certos ou errados independentemente das consequências que eles possam ter. Assim, difere radicalmente das teorias éticas que fazem o caráter de bom ou mal de uma ação depender do motivo do agente porque, de acordo com o utilitarismo, é possível que uma coisa boa venha a resultar de uma má motivação no indivíduo. A conduta é boa se promova o máximo de bem-estar possível, o bem-estar coletivo.

Recentemente, o Decreto-lei 4657/42 sofreu alteração pela Lei nº 13.655/2018, tendo o ordenamento jurídico pátrio passado a considerar as consequências práticas das decisões administrativas, judiciais e das controladorias como norte a ser seguido quando se considerarem também valores jurídicos abstratos[39]. Não se trata propriamente de AED, mas é possível perceber a importância do consequencialismo, retrato de uma nova leitura do Direito.

A psicologia[40] também influenciou a Análise Econômica do Direito, desempenhando o pape de investigadora das limitações da racionalidade humana e as suas consequências comportamentais[41], bem como a influência que determinados incen-

---

35 MAYER, Giovanna. As decisões do STF e do STJ entre a integridade e a análise econômica do Direito. Disponível em: http://www.revistadoutrina.trf4.jus.br/index.htm?http://www.revistadoutrina.trf4.jus.br/artigos/edicao038/giovanna_mayer.html. Acesso em 08 de julho de 2019.

36 COOTER, Robert, *An Introduction to Law and Economics, Law and Economics.* Boston: Pearson, 6th ed. p. 4.

37 BENTHAM, Jeremy. Principles Of Morals And Legislation. Londom: Prometheus Books, 1990.

38 MACIEL, Willyans. Utilitarismo. Disponível em: <https://www.infoescola.com/filosofia/utilitarismo/>. Acesso em 14 de outubro de 2018.

39 Art. 20. Nas esferas administrativa, controladora e judicial, não se decidirá com base em valores jurídicos abstratos sem que sejam consideradas as consequências práticas da decisão. (Incluído pela Lei nº 13.655, de 2018)

40 KAHNEMAN, Daniel. Thinking fast and slow. Kindle Edition, Location 39-52.

41 CALABRESI, Guido. The future of law and economics. New Heaven: Yale University Press, 2016. p 3-4

tivos podem acarretar. Nasce, por meio deste relacionamento, a Análise Econômica Comportamental do Direito, ou, *Behavioral Law & Economics (BL&E)*[42].

No tocante ao processo penal, a introdução da colaboração premiada no ordenamento jurídico (artigo 4º da Lei 12.850/13) como mecanismo de combate à criminalidade organizada objetiva justamente a construção de um sistema eficiente, conforme reconheceu o Ministro Luiz Fux no julgamento da Ação Penal 470[43].

No tocante ao desenvolvimento de atividade econômica, a AEC exsurge clara no julgamento da ADPF 449/DF, noticiado no informativo de jurisprudência do STF nº 939:

> *A proibição ou restrição da atividade de transporte privado individual por motorista cadastrado em aplicativo é inconstitucional, por violação aos princípios da livre iniciativa e da livre concorrência.*
>
> *No exercício de sua competência para regulamentação e fiscalização do transporte privado individual de passageiros, os municípios e o Distrito Federal não podem contrariar os parâmetros fixados pelo legislador federal [Constituição Federal de 1988 (CF/1988), art. 22, XI (1)].*
>
> *Ao fixar essa tese de repercussão geral (Tema 967), o Plenário concluiu julgamento conjunto de arguição de descumprimento de preceito fundamental (ADPF) e de recurso extraordinário (RE) nos quais questionados atos normativos que proíbem o uso de carros particulares para o transporte remunerado individual de pessoas (Informativo 926).*
>
> *O Colegiado julgou procedente o pedido formulado na ADPF, para assentar a inconstitucionalidade, in totum, da Lei 10.553/2016 do município de Fortaleza, que vedou a utilização de carros cadastrados ou não em aplicativos. Além disso, a Corte negou provimento ao RE, para manter o acórdão que declarou a inconstitucionalidade da Lei 16.279/2015 do município de São Paulo, que proibiu o uso de veículos cadastrados em aplicativos.*
>
> *Preliminarmente, o Tribunal, por maioria, conheceu da ADPF. Considerou que a revogação da Lei 10.553/2016 por outra lei local não retira o interesse de agir no feito. Isso porque persiste a utilidade da prestação jurisdicional com o intuito de estabelecer, com caráter erga omnes e vinculante, o regime aplicável às relações jurídicas estabelecidas durante a vigência da norma impugnada, bem como no que diz respeito a leis de idêntico teor aprovadas em outros municípios. Trata-se da solução mais consentânea com o princípio da eficiência processual e o imperativo aproveitamento dos atos já praticados de maneira socialmente proveitosa.*

---

42 JOLLS, Christine; SUNSTEIN, Cass R; THALES, Richard. A Behavioral Approach to Law and Economics. Stanford Law Review, 1997-1998. P. 1471-1550.

43 "Em legítima atividade de sopesamento, decidiu o legislador por abrandar ou mesmo eliminar o apenamento de delinquentes que colaborem para o atingimento de determinadas finalidades, dentre elas a identificação dos demais envolvidos no esquema criminoso e a recuperação total ou parcial do produto do crime. Nestes casos, a benesse ao infrator se justifica pela sua indispensável ajuda no desbaratamento da engenharia delitiva, contribuindo para prevenir e reprimir um dano social consideravelmente maior do que aquele que causou. Ao contrário do que se possa imaginar à primeira vista, os efeitos favoráveis da delação premiada não se restringem aos resultados obtidos em uma determinada persecução penal. São eles muito mais abrangentes, e apenas podem ser corretamente dimensionados com o recurso à análise econômica do direito". Disponível em: http://www.stf.jus.br/arquivo/cms/noticiaNoticiaStf/anexo/AP470mLFitem6.pdf, último acesso em 30/07/2019.

Vencidos, no ponto, a ministra Rosa Weber e o ministro Marco Aurélio, que declararam o prejuízo da ação por perda de objeto.

No mérito, prevaleceram os votos do ministro Luiz Fux, relator da ADPF, e do ministro Roberto Barroso, relator do RE.

O ministro Luiz Fux entendeu que o motorista particular, em sua atividade laboral, é protegido pela liberdade fundamental prevista no art. 5º, XIII, da CF (2) e se submete apenas à regulação proporcionalmente definida em lei federal. O art. 3º, VIII, da Lei 12.965/2014 (Marco Civil da Internet) (3) e a Lei 12.587/2012 garantem a operação, por aplicativo, de serviços remunerados de transporte de passageiros.

A liberdade de iniciativa, garantida pelos arts. 1º, IV, e 170 (4) da CF, consubstancia cláusula de proteção destacada, no ordenamento pátrio, como fundamento da República. Por isso, não pode ser amesquinhada para afastar ou restringir injustificadamente o controle judicial dos atos normativos que afrontem as liberdades econômicas básicas.

Nessa linha, o constitucionalismo moderno se fundamenta na necessidade de restrição do poder estatal sobre o funcionamento da economia de mercado. Sobrepõe o rule of law a iniciativas autoritárias destinadas a concentrar privilégios, a impor o monopólio dos meios de produção ou a estabelecer salários, preços e padrões arbitrários de qualidade, todos a gerar ambiente hostil à competição, à inovação, ao progresso e à distribuição de riquezas.

O processo político por meio do qual as regulações são editadas é frequentemente capturado por grupos de poder interessados em obter proveitos superiores aos que seriam possíveis em um ambiente de livre competição. Um recurso político comumente utilizado por esses grupos é o poder estatal de controle de entrada de novos competidores em um dado mercado, a fim de concentrar benefícios em prol de poucos e dispensar prejuízos por toda sociedade.

Assim, o exercício de atividades econômicas e profissionais por particulares deve ser protegido da coerção arbitrária por parte do Estado. Compete ao Poder Judiciário, à luz do sistema de freios e contrapesos, invalidar atos normativos que estabeleçam restrições desproporcionais à livre iniciativa e à liberdade profissional, na linha do que decidido no RE 414.426 e no RE 411.961.

Eventuais restrições devem ser informadas por parâmetros constitucionalmente legítimos e adequar-se ao teste da proporcionalidade, com o ônus de justificação regulatória baseada em elementos empíricos que demonstrem os requisitos dessa intervenção estatal no domínio econômico.

As normas que proíbem o uso de carros particulares, cadastrados ou não em aplicativos, para o transporte remunerado individual de pessoas, configuram limitação desproporcional às liberdades de iniciativa e de profissão, o que provoca restrição oligopolista do mercado em benefício de certo grupo e em detrimento da coletividade.

A proibição legal do livre exercício profissional do transporte individual remunerado afronta ainda o princípio da busca pelo pleno emprego, que está consagrado como princípio setorial no art. 170, VIII, da CF, na medida em que impede a abertura do mercado a novos entrantes eventualmente interessados em migrar para a atividade.

A Constituição impõe ao regulador, mesmo na tarefa de ordenação das cidades, a opção pela medida sem restrições injustificáveis às liberdades fundamentais de iniciativa e de exercício profissional. A necessidade de aperfeiçoar o uso das vias públicas não autoriza a criação de oligopólio prejudicial a consumidores e a potenciais prestadores de serviço do setor, notadamente quando há alternativas conhecidas para o atingimento da mesma finalidade.

Igualmente, haja vista a evidente fluidez do trânsito gerada pelos aplicativos de transporte, torna-se patente que essa proibição também nega ao cidadão o direito à mobilidade urbana eficiente[44].

44 Disponível em: http://www.stf.jus.br//arquivo/informativo/documento/informativo939.htm. Acesso em 30 de julho de 2019.

4. A Necessária Modernização de nosso Processo Penal e a Superação de uma Concepção Nefelibata à Luz do CPC/15, da Análise Econômica do Processo e da Influência da Common Law

Se o nosso Código de Processo Civil anterior (Lei nº 5.869, de 11 de janeiro de 1973) havia se tornado um *Frankenstein*[45], violado em sua essência e desprovido de um espírito, em razão da CRFB/88 e de diversas reformas, o CPP (Decreto-Lei nº 3.689, de 3 de outubro de 1941) é uma verdadeira *Quimera*[46] (criatura mitológica com cabeça e corpo de leão, com duas cabeças anexas, uma de cabra e outra de dragão, cauda de serpente e asas)[47].

A analogia se faz necessária, pois ainda havia alguma harmonia no CPC/1973, enquanto o Código de Processo Penal afronta a razoabilidade, consistindo num diploma oriundo da década de 40, em que vigorava a "Polaca", e que ainda atravessou uma ditadura militar e a redemocratização, como já salientado no início deste artigo.

O CPC/2015, incorporando a devida constitucionalização do processo em seu bojo, bem como ao estabelecer as normas fundamentais e uma perspectiva contemporânea de processo, faz renascer o processo civil, mas também lança luz sobre o processo penal, conferindo-lhe uma sobrevida democrática até que seja editado um novo código[48].

É imperioso mencionar que tal atuação constitucional deve ser aplicada com a mesma força no âmbito do processo penal que está ainda mais defasado, tendo em vista que o Código de Processo Penal data de 1941, quando ainda nem se especulava na elaboração de uma Constituição Cidadã.

> Com efeito, muita coisa mudou entre o Código de 1941 e a Constituição de 1988; a alteração foi de estrutura, foi subjacente, o que provoca uma ruptura de grande monta que deita raízes profundas na estrutura jurídico-política. Urge, pois, que se faça uma reforma radical

---

45 Trata-se de figura literária consagrada na cultura mundial, alicerçando-se na obra de Mary Wollstonecraft Shelley (1797-1851), mais conhecida por Mary Shelley, escritora britânica. No Brasil, pode ser encontrada a tradução na seguinte obra: SHELLEY, Mary. GOETTEMS, Doris (tradutor). *Frankenstein*. Ed. Landmark, 2016.

46 BULFINCH, Thomas. *O Livro de Ouro da Mitologia – Histórias de Deuses e Heróis*. 12ª edição. Rio de Janeiro: Ediouro, 2000, pp. 152-155. A figura mítica faz parte da mitologia greco-romana, integrando a história do herói Belerofonte, que junto com o cavalo alado denominado Pégaso, conseguiu derrotá-la. Segue trecho da obra citada, narrando de forma sucinta o mito: "A quimera era um monstro horripilante, que expelia fogo pela boca e pelas narinas. A parte anterior de seu corpo era uma combinação de leão e cabra e a parte posterior, a de um dragão.."

47 GABRIEL, Anderson Paiva. Os Códigos de Processo Penal/41 e Processo Civil/2015: Uma quimera à Luz de um Manifesto Antropofágico In: Direito Processual contemporâneo – Estudos em homenagem a Humberto Dalla Bernardina de Pinho. 1ª ed. Rio de Janeiro : GZ, 2018, p. 23-70.

48 GABRIEL, Anderson Paiva. O contraditório participativo no processo penal: uma análise da fase pré-processual à luz do Código de Processo Civil de 2015 e da Constituição. Rio de Janeiro: Gramma, 2017. p. 15-21.

> no Código de Processo Penal brasileiro, de forma que aquela diretriz constitucional se imponha plenamente. As reformas parciais que têm sido feitas não superam o descompasso, na medida em que disposições legais, produzidas de acordo com uma concepção superada, não convivem adequadamente com novas disposições, orientadas por outros princípios.[49]

Por tal razão, devemos gizar que o CPC/2015 atrai a invocação do "diálogo das fontes"[50], permitindo que diversos de seus dispositivos tenham seu campo de aplicação espraiado para outros ramos processuais, tornando o contraditório participativo ali previsto, por exemplo, aplicável ao processo penal, e, em especial, a preocupação com a eficiência e a busca pela cooperação e consenso.[51]

Nesse sentido, o diálogo das fontes deve ser norteado pelos valores constitucionais e pelos direitos humanos ou fundamentais, possibilitando influências recíprocas entre diplomas diversos (por exemplo o CPC/2015 e o CPP), bem como a aplicação conjunta de duas normas ao mesmo tempo e ao mesmo caso, seja complementarmente, seja subsidiariamente.

Cabe destacar elucidativo trecho sobre a teoria, proferido em acórdão da relatoria do ministro Napoleão Nunes Maia Filho[52]:

> *O Direito deve ser compreendido, em metáfora às ciências da natureza, como um sistema de vasos comunicantes, ou de diálogo das fontes (Erik Jayme), que permita a sua interpretação de forma holística. Deve-se buscar, sempre, evitar antinomias, ofensivas que são aos princípios da isonomia e da segurança jurídica, bem como ao próprio ideal humano de Justiça.*

---

49 GRANDINETTI CASTANHO DE CARVALHO, Luis Gustavo. *Processo penal e constituição:* princípios constitucionais do processo penal. 6ª ed. Rio de Janeiro: Saraiva. 2014, p. 34-35.

50 MARQUES, Cláudia Lima. O "diálogo das fontes" como método da nova teoria geral do direito: um tributo a Erik Jayme. In: MARQUES, Cláudia Lima. *Diálogo das fontes do conflito à coordenação de normas no direito brasileiro*. São Paulo: Revista dos Tribunais, 2012.

51 A complexidade da matéria pode ser vista no próprio processo legislativo que culminou na lei 13.105/2015. Quando ainda era anteprojeto apresentado ao Senado, o artigo 14 do então PLS 166/2010 assim dispunha: "na ausência de normas que regulem processos penais, eleitorais, administrativos ou trabalhistas, as disposições deste Código lhes serão aplicadas supletivamente". Ao fim, a redação definitiva do dispositivo, renumerado para o artigo 15, restou que "na ausência de normas que regulem processos eleitorais, trabalhistas ou administrativos, as disposições deste Código lhes serão aplicadas supletiva e subsidiariamente". De forma induvidosa, portanto, o legislador, no mínimo, evitou enfrentar a problemática de aplicação subsidiária do CPC ao processo penal. Em uma visão mais crítica, pode ser argumentado, inclusive, que a exclusão do termo "penais" foi uma manifestação firme no sentido de afastar tal aplicabilidade, uma espécie de silêncio eloquente. Entretanto, essa omissão legislativa, intencional ou não, não parece capaz de pôr termo à discussão. Em primeiro lugar, porque o Código de Processo Penal, em seu artigo 3º, coloca que se admite "interpretação extensiva e aplicação analógica, bem como o suplemento dos princípios gerais de direito". Em segundo lugar, há a constatação prática de que, em alguns casos, o recurso à legislação processual cível é inevitável para se possibilitar o andamento do feito. NOBREGA, Rafael Estrela. *Controle jurisdicional da convencionalidade probatória penal.* 1ª ed. Curitiba: Editora CRV. 2018, p. 107.

52 AgRg no REsp 1483780, Relator: Ministro Napoleão Nunes Maia Filho, Órgão Julgador: Primeira Turma, data do julgamento: 23/06/2015, data da Publicação/Fonte DJe 05/08/2015.

Destaque-se que os Tribunais brasileiros acolheram a "teoria do diálogo das fontes"[53], reconhecendo, inclusive, sua aplicação de forma específica no âmbito processual[54].

O direito processual, como um todo, colheria sua legitimidade dos mesmos princípios e regras fundamentais contidos na Constituição Federal, sendo que ela mesma dispensa tratamento único a todos os ramos, na previsão do artigo 22, I (Art. 22. Compete privativamente à União legislar sobre: I - direito [...] processual,)[55].

Como podemos observar, o diálogo se mostra não só possível, como necessário, para um processo penal efetivo e ao mesmo tempo garantista. Imperiosa a leitura do vetusto CPP à luz da Constituição Federal e do vanguardista CPC/2015, já que as normas fundamentais previstas neste propalam justamente os valores previstos na Carta Magna, permitindo uma redemocratização do processo penal[56].

Nesse sentido, logramos aprovar proposição na I Jornada de Direito Processual Civil do Centro de Estudos Judiciários do Conselho da Justiça Federal, realizada nos dias 24 e 25 de agosto de 2017 em Brasília, que se tornou o Enunciado 03: "As dispo-

---

53 REsp 1272827 (repetitivo), Relator: Ministro Mauro Campbell Marques DJe 31/05/2013, REsp 1184765 (repetitivo) Relator: Ministro Luiz Fux DJe 03/12/2010, RMS 49370, relator: Ministro Herman Benjamin, 20/05/2016, AgRg no REsp 1483780, Relator: Ministro Napoleão Nunes Maia Filho. DJe 05/08/2015, REsp 1321614, Relator: Ministro Paulo de Tarso Sanseverino DJe 03/03/2015, AgRg no AREsp 360490, Relator: Ministro Herman Benjamin DJe 07/03/2014, REsp 1216673, Relator: Ministro João Otávio de Noronha DJe 09/06/2011, REsp 1009591, Relatora: Ministra Nancy AndrighiDJe 23/08/2010

54 PROCESSUAL CIVIL. EMBARGOS À EXECUÇÃO FISCAL. EFEITO SUSPENSIVO. LEI 11.382/2006. REFORMAS PROCESSUAIS. INCLUSÃO DO ART. 739-A NO CPC. REFLEXOS NA LEI 6.830/1980. PRECEDENTES. 1. ... 4. Conforme decidiu a 2ª Turma desta E. Corte, no Resp. nº 1.024.128/PR, Rel. Min. Herman Benjamin: "A novel legislação é mais uma etapa da denominada "reforma do CPC", conjunto de medidas que vêm modernizando o ordenamento jurídico para tornar mais célere e eficaz o processo como técnica de composição de lides. Sob esse enfoque, a atribuição de efeito suspensivo aos embargos do devedor deixou de ser decorrência automática de seu simples ajuizamento. Em homenagem aos princípios da boa-fé e da lealdade processual, exige-se que o executado demonstre efetiva vontade de colaborar para a rápida e justa solução do litígio e comprove que o seu direito é bom. Trata-se de nova concepção aplicada à teoria geral do processo de execução, que, por essa ratio, reflete-se na legislação processual esparsa que disciplina microssistemas de execução, desde que as normas do CPC possam ser subsidiariamente utilizadas para o preenchimento de lacunas. Aplicação, no âmbito processual, da teoria do "diálogo das fontes" (DJ. 19/12/2008). 5. Deveras, a aferição pelo Tribunal a quo acerca de serem "relevantes os fundamentos dos embargos, e podendo a execução causar ao executado grave dano de difícil reparação" (fl.88) é insindicável pelo E. STJ, ante o óbice da Súmula 07. 6. Recurso especial não conhecido. (REsp 1065668/SC, Relator: Ministro Luiz Fux, Primeira Turma do STJ, data do Julgamento: 25/08/2009, data da Publicação/ Fonte: DJe 21/09/2009) (grifado).

55 CINTRA, Antonio Carlos de Araújo; GRINOVER, Ada Pellegrini; DINAMARCO, Cândido Rangel. *Teoria geral do processo.* 28ª ed. São Paulo: Malheiros Editores, 2012, p. 57.

56 GABRIEL, Anderson Paiva. O contraditório participativo no processo penal: uma análise da fase pré-processual à luz do Código de Processo Civil de 2015 e da Constituição. Rio de Janeiro: Gramma, 2017. p. 15-21.

sições do CPC, aplicam-se supletiva e subsidiariamente ao Código de Processo Penal, o que não forem incompatíveis com esta Lei".

Em outro giro, contudo, é necessário superar um modelo de processo penal nefelibata. E é aqui que o influxo direto da Common Law e das perspectivas oriundas da Análise Econômica do Processo e da Economia Comportamental se mostram, mais do que nunca, fundamentais.

A busca pela eficiência é um imperativo constitucional, tendo sido imposta à administração pública direta e indireta de qualquer dos Poderes e, portanto, ao Judiciário e Ministério Público. Reitere-se, nesse sentido, que o artigo 8º do CPC/15, norma fundamental de nosso processo e aplicável também no âmbito criminal, determina expressamente aos juízes que, ao aplicar o ordenamento jurídico, deverão atender aos fins sociais e às exigências do bem comum, observando a proporcionalidade e a eficiência.

Assim, a despeito da tradicional doutrina processual penal reiteradamente afirmar que os juízes não têm qualquer compromisso com a segurança pública, ousamos discordar. Trata-se de tese que caracteriza um processo penal nefelibata e que se afasta da realidade, contribuindo para a crise social e explosão da violência que assistimos. A própria Constituição assegura que a segurança pública é dever do Estado, sendo direito e responsabilidade de todos, o que já nos permite inferir que deve consubstanciar uma preocupação de qualquer magistrado, posto ser a função jurisdicional tipicamente estatal.

Assim, o julgador deve proferir suas decisões consciente das consequências sociais e dos reflexos que causarão, seja na seara criminal, cível, constitucional ou administrativa. O Direito jamais pode ignorar a realidade e o mundo fático, sob pena de se tornar uma simples utopia e perder sua conexão com a sociedade, fim último de sua existência.

Virtus in medium est! A virtude está no meio-termo, no equilíbrio garantista que permite assegurar a observância não só dos direitos fundamentais do réu, mas também da vítima e dos demais integrantes da sociedade, conferindo efetividade à prestação jurisdicional e maximizando a paz social, sem ferir o devido processo legal[57].

Conscientes de sua missão ética, e gerindo processos efetivamente justos, os magistrados podem se transformar em instrumento de uma justiça socialmente equilibrada e equitativa, hábil a ampliar o bem-estar social sem descurar das garantias fundamentais individuais.

Ainda com certa tibieza, já podemos observar inúmeros avanços nesse sentido, como o advento da Colaboração Premiada, sem a qual não teríamos avançado no combate ao crime de colarinho branco, e que juntamente com a Transação, introduziram a possibilidade de negociação entre a acusação e defesa em nosso processo

---

57 GABRIEL, Anderson Paiva. O imperioso giro empírico-pragmático da Justiça Criminal brasileira. Artigo publicado no site JOTA, 2019. Disponível em: https://www.jota.info/opiniao-e-analise/colunas/juiz-hermes/o-imperioso-giro-empirico-pragmatico-dajustica-criminal-brasileira-22042019, último acesso em 25/06/19.

penal. Os sistemas de *common law*, ainda que com peculiaridades entre si, caracterizam de forma geral o instituto da *plea guilty* (Inglaterra) ou da *plea bargaining* (EUA). Trata-se de uma verdadeira manifestação do princípio da oportunidade, sem limitações aos sujeitos processuais quanto aos acordos, sendo irrelevantes também os tipos penais violados.[58]

No tocante a Colaboração Premiada e sua relação com a AED, merecem destaque outros excertos do voto do Ministro Luiz Fux no julgamento da Ação Penal 470[59], verdadeiro paradigma no tema:

> *Em sessão pretérita do julgamento desta ação penal, pude ressaltar a elevada nocividade social dos denominados "delitos de poder". Citando a doutrina de Fernando Horacio Molinas (Delitos de "cuello blanco" en Argentina. Buenos Aires: Depalma, 1989. p. 22-23 e 27), destaquei que as manobras adotadas pelos delinquentes, nesta seara, são realizadas utilizando complexas estruturas societárias, que tornam muito difícil a individualização correta dos diversos autores e partícipes.*
>
> *Por óbvio, revelando-se árdua a identificação dos responsáveis pelos crimes e a sua materialidade, tem lugar um ambiente profícuo para a fixação e profusão das quadrilhas especializadas nos crimes de colarinho branco.* ***A certeza da impunidade é o maior combustível da criminalidade.***
>
> *Neste sentido, a pura e simples punição de um delinquente, descoberto, para seu azar, em sua empreitada criminosa, não é suficiente para o atendimento, em plenitude, das finalidades preventiva e repressiva da pena, estas fixadas pelo art. 59 do Código Penal.* ***Ceifar a ponta do iceberg, deixando acobertada sob o oceano a maior parte das condutas socialmente nocivas, faz da persecução penal um mecanismo inócuo, inapto à pacificação social. Há que se concluir, ainda com recurso ao metaforismo, que é preferível deixar intacta a ponta do iceberg e dar cabo da sua imensa magnitude oculta, do que o inverso, assumindo-se necessário optar entre uma solução e outra.***
>
> *O professor de Direito Penal da Universidade Nacional de Montevidéu, Raúl Cervini, define como "cifra negra" ou "campo obscuro da delinquência" a diferença existente entre a criminalidade real (quantidade de delitos cometidos num tempo e lugar determinados) e a criminalidade aparente (criminalidade conhecida pelos órgãos de controle). O autor ressalta que há, acerca de certos delitos, um percentual substancial em que não é aplicado o ordenamento penal, e que, em alguns casos, é praticamente absoluto, circunstância que debilita a própria credibilidade de todo o sistema penal. Obviamente, um Estado de Direito pressupõe a absoluta submissão de todos os seus habitantes à lei, qualquer que seja a posição social que ocupem e a função que desempenhem. Entretanto, na realidade constata-se uma desfiguração desse Estado de Direito, de modo que o risco de ser preso aumenta significativamente em razão inversa à situação socioeconômica, tendo em conta a ocultação e dissimulação dos crimes do colarinho branco (CERVINI, Raul. A cifra negra da criminalidade oculta. Revista dos Tribunais, vol. 678, abr./1992. p. 291 e ss.).*

---

58 GIACOMOLLI, Nereu José. *Legalidade, oportunidade e consenso no processo penal*: na perspectiva das garantias constitucionais (Alemanha – Espanha – Itália – Portugal – Brasil). 1ª ed., Porto Alegre: Livraria do Advogado, 2006, p. 39-40.

59 Disponível em: http://www.stf.jus.br/arquivo/cms/noticiaNoticiaStf/anexo/AP470mLFitem6.pdf, último acesso em 16/09/2018.

> ***São essas as razões que dão supedâneo ao instituto da "delação premiada" no nosso ordenamento. Em legítima atividade de sopesamento, decidiu o legislador por abrandar ou mesmo eliminar o apenamento de delinquentes que colaborem para o atingimento de determinadas finalidades, dentre elas a identificação dos demais envolvidos no esquema criminoso e a recuperação total ou parcial do produto do crime. Nestes casos, a benesse ao infrator se justifica pela sua indispensável ajuda no desbaratamento da engenharia delitiva, contribuindo para prevenir e reprimir um dano social consideravelmente maior do que aquele que causou.***
>
> *Ao contrário do que se possa imaginar à primeira vista, os efeitos favoráveis da delação premiada não se restringem aos resultados obtidos em uma determinada persecução penal. São eles muito mais abrangentes, e apenas podem ser corretamente dimensionados com o recurso à análise econômica do direito.*
>
> ***Robert Cooter e Thomas Ulen, na clássica obra Law and Economics (3ª ed. Addison Wesley Longman, 2000. p. 34 e ss.), explicam que a economia pode ajudar a encontrar a solução mais otimizada em situações nas quais se façam presentes diversos atores, detentores do poder de escolha entre várias alternativas possíveis, e onde a escolha de um influa diretamente na melhor saída para os interesses do outro.***
>
> *Para exemplificar o quadro, os autores fazem menção ao **"dilema do prisioneiro"**: dois coautores de um crime são presos e encarcerados em celas distintas; as provas contra ambos são tênues e as autoridades os interrogam em separado, tentando colocá-los um contra o outro.*
>
> *Caso nenhum dos suspeitos confesse, ambos responderão por um crime menos grave (punidos, v.g., com uma pena de um ano de prisão). Se um delatar o ocorrido e o outro não, o colaborador será agraciado com uma drástica redução de pena (a reprimenda seria, e.g., de seis meses de prisão), enquanto o outro suportaria a sanção do crime mais grave (por exemplo, sete anos de prisão). Caso ambos optem pela confissão, gozarão da respectiva minorante, mas responderão pelo crime mais grave, que realmente cometeram (suponha-se que a pena aplicada seja de cinco anos de prisão).*
>
> *Considerando que um prisioneiro não pode prever qual será a atitude do outro, qual a melhor atitude: confessar ou manter silêncio?*
>
> *A teoria dos jogos pode responder a essa pergunta. Cooter e Ulen demonstram que confessar é a "estratégia dominante" nesta situação, pois sempre significará uma pena menor para o confessor.*
>
> *Sendo essa a estratégia ótima, saem beneficiados os órgãos de persecução penal, que podem saber de fatos criminosos que de outra forma desconheceriam.*
>
> *No campo das organizações criminosas dedicadas aos "crimes do colarinho branco" a solução é idêntica. A mera previsão legal da delação premiada é suficiente para instaurar a mútua desconfiança entre os membros da organização – ou até mesmo para evitar que elas se formem. A potencial traição de um comparsa é fator que desestimula a associatividade entre os que delinquem e fragiliza as quadrilhas existentes. E, ao contrário do que sustentam alguns críticos do instituto, nada há de imoral em trair o crime para ser leal ao direito. – grifo nosso*

No mesmo diapasão, a possibilidade de execução da pena a partir da condenação em 2º grau, conforme orientação que prevalece no STF e que permite a duração razoável dos processos penais e a efetividade da Justiça Criminal. Aliás, fundamental salientar que esta foi reiterada no julgamento do HC 152.752[60], no qual a defesa do ex-presidente Luiz Inácio Lula da Silva buscava impedir a execução provisória da pena diante da confirmação pelo Tribunal Regional Federal da 4ª Região (TRF-4) de sua condenação pelos crimes de corrupção passiva e lavagem de dinheiro. Com efeito, com lastro nos votos dos Ministros Luiz Fux[61] e Luís

---

60 Consoante trechos da notícia publicada no próprio site do STF (http://www.stf.jus.br/portal/cms/verNoticiaDetalhe.asp?idConteudo=374437): *"A maioria dos ministros seguiu o voto do relator, ministro Edson Fachin, no sentido da ausência de ilegalidade, abusividade ou teratologia na decisão do Superior Tribunal de Justiça (STJ) que aplicou ao caso a atual jurisprudência do STF, que permite o início do cumprimento a pena após confirmação da condenação em segunda instância. O ministro Alexandre de Moraes acompanhou o relator. Segundo seu voto, em quase 30 anos desde a edição da Constituição Federal de 1988, apenas durante sete anos, entre 2009 e 2016, o STF teve entendimento contrário à prisão em segunda instância. "Não há nenhuma ilegalidade ou abuso de poder que permitiria a concessão do habeas corpus", afirmou. "A decisão do STJ, ao acompanhar e aplicar a decisão do Supremo, agiu com total acerto. A presunção de inocência, todos sabemos, é uma presunção relativa". Seguindo os fundamentos do relator, o ministro Roberto Barroso destacou os efeitos negativos trazidos pela posição contrária, adotada pelo STF entre 2009 até 2016, sobre o tema da prisão provisória, que, a seu ver, incentivou a interposição infindável de recursos protelatórios para gerar prescrição, impôs a seletividade do sistema ao dificultar a punição dos condenados mais ricos e gerou descrédito do sistema de justiça penal junto à sociedade. Barroso citou números segundo os quais a reversão do resultado em favor do réu em recursos interpostos nos tribunais superiores chega a pouco mais de 1% do total. "É ilógico, a meu ver, moldar o sistema com relação à exceção e não à regra", afirmou. Também para o ministro Luiz Fux, a presunção de inocência prevista no artigo 5º, inciso LVII, da Constituição Federal não impede a execução provisória da pena. **"A presunção de inocência cessa a partir do momento em que, por decisão judicial, se considera o réu culpado"**, disse. A necessidade de trânsito em julgado para que se possa efetivar uma prisão, segundo Fux, não está contemplada na Constituição. "Interpretar de forma literal o dispositivo, é negar o direito fundamental do Estado de impor a sua ordem penal". A presidente do STF, ministra Cármen Lúcia, manteve a posição que manifestou em 2009, quando o Tribunal mudou seu entendimento para adotar a necessidade de trânsito em julgado para se admitir a execução da pena. Segundo ela, o que se discute nesse tema é a chamada antecipação da execução penal quando já esgotados os recursos ordinários. "O processo penal possui fases, e o que se admite no caso é que haja também uma gradação na forma de execução", observou. O cumprimento da pena após o duplo grau de jurisdição não representa, no seu entendimento, ruptura ou afronta ao princípio da não culpabilidade, uma vez que atende ao desafio de não criar um déficit judicial sem prejudicar as garantias da ampla defesa. "Admitir que a não culpabilidade impossibilita qualquer atuação do Estado pode levar à impunidade", afirmou, observando que se, por um lado, a Constituição Federal assegura direitos fundamentais, por outro garante a efetividade do direito penal e da aplicação da pena de prisão. http://www.stf.jus.br/portal/cms/verNoticiaDetalhe.asp?idConteudo=374437, último acesso em 06/05/2018, e https://veja.abril.com.br/politica/ao-vivo-stf-julga-habeas-corpus-contra-prisao-de-lula/, último acesso em 06/05/2018.*

61 "O princípio da presunção de inocência encontra-se insculpido em um sistema unitário, devendo harmonizar-se com outras normas e garantias também previstas na Constituição, cujos conteúdos se delimitam mutuamente. Cumpre, ainda, acrescentar uma análise da história de interpretação do princípio da presunção de inocência na jurisprudência do STF. Ela se divide em três períodos: de 1988 até 2009; de 2009 a 2016; desde 2016 até o momento atual. As sucessivas alterações deveram-se: 1) à influência do garantismo na interpretação ampliativa, em 2009; 2) à influência do

consequencialismo na interpretação restritiva, em 2016. Concluiu-se, a partir das citações que informaram o julgamento do HC 126.292, que para a proteção dos direitos fundamentais do homem e defesa dos valores democráticos, o princípio da presunção de inocência, ou de não-culpabilidade, demanda, tão somente, que sejam produzidas provas da culpa do acusado, como condição para sua condenação, não significando, portanto, que alguém, somente por ser presumido inocente, não possa ser submetido à privação de liberdade. Mais ainda: verificou-se, naquele julgamento, que na maioria dos países democráticos, o título condenatório constitui fundamento suficiente para o encarceramento, dotado de força legitimadora *per se*, sem submetê-lo a fundamentos cautelares característicos da prisão que antecede o julgamento de mérito. O salutar amadurecimento institucional do país recomenda a interpretação da presunção de inocência sem sobrepô-lo a todos os demais princípios e direitos fundamentais inscritos na Lei Maior. De acordo com as lições de PATRÍCIA PERRONE CAMPOS MELLO (*Precedentes: O Desenvolvimento Judicial do Direito no Constitucionalismo Contemporâneo*. Rio de Janeiro: Renovar, 2008, p. 233 e seguintes), o abandono de precedentes jurisprudenciais nos sistemas de *common law* se dá, basicamente, em virtude de incongruência sistêmica ou social. Nesta última hipótese, a possibilidade de *overruling* pode advir de obsolescência decorrente de mutações sociais. *In verbis*: "[...] *A incongruência social alude a uma relação de incompatibilidade entre as normas jurídicas e os standards sociais; corresponde a um vínculo negativo entre as decisões judiciais e as expectativas dos cidadãos. Ela é um dado relevante na revogação de um precedente porque a preservação de um julgado errado, injusto, obsoleto até pode atender aos anseios de estabilidade, regularidade e previsibilidade dos técnicos do direito, mas aviltará o sentimento de segurança do cidadão comum. Este será surpreendido sempre que não houver uma convergência plausível entre determinada solução e aquilo que seu bom senso e seus padrões morais indicam como justo, correto, ou, ao menos, aceitável, à luz de determinados argumentos, porque são tais elementos que ele utiliza, de boa-fé, na decisão sobre suas condutas. Para o leigo, a certeza e a previsibilidade do direito dependem de uma correspondência razoável entre as normas jurídicas e as normas da vida real. Em virtude disso, embora para os operadores do Direito, justiça e segurança jurídica possam constituir valores em tensão, para os jurisdicionados em geral, devem ser minimamente convergentes*". A mesma lógica é aplicável à ordem jurídica brasileira e, com ainda maior razão, ao presente caso. *Permissa venia*, impõe-se considerar que o acórdão prolatado no julgamento do HC 84.079 reproduziu compreensão que, embora adequada aos albores da redemocratização, tornou-se um excesso neste momento histórico de instituições politicamente amadurecidas e submetidas ao filtro constitucional em suas ações, procedimentos e decisões. Já é possível, portanto, revolver temas antes intocáveis, sem que se incorra na pecha de atentar contra uma democracia que – louve-se isto sempre e sempre – já está solidamente instalada. A presunção de inocência não deve ser tida como absoluta, cedendo ante requisitos qualificados como os exigidos para a condenação em segundo grau de jurisdição. Demais disso, é de meridiana clareza que as cobranças da sociedade civil de ética no manejo da coisa pública se acentuaram gravemente. Para o cidadão, hoje é certo que a probidade é condição inafastável para a boa administração pública e, mais do que isso, que a corrupção e a desonestidade são as maiores travas ao desenvolvimento do país. Em outras palavras, ou bem se alinha a interpretação da presunção de inocência com a unidade da Constituição e do âmbito normativo vigente, ou se anulará a força normativa do sistema jurídico, mediante análise puramente formalista, divorciada da realidade social que pretende regular. Não atualizar a compreensão do indigitado princípio, *data máxima venia*, é desrespeitar a sua própria construção histórica, expondo-o ao vilipêndio dos críticos de pouca memória. A verdade é que a jurisprudência do STF nesta matéria gera fenômeno similar ao que os juristas norteamericanos ROBERT POST e REVA SIEGEL (*Roe Rage: Democratic Constitutionalism and Backlash,* disponível no sítio papers.ssrn.com/abstract=990968) identificam como *backlash*, expressão que se traduz como um forte sentimento de um grupo de pessoas em reação a

Roberto Barroso[62] no referido julgamento, apresentamos no XXXIII Congresso Brasileiro

eventos sociais ou políticos. É crescente e consideravelmente disseminada a crítica, no seio da sociedade civil, à resistência do Poder Judiciário na compreensão da presunção de inocência em aparente descaso com a realidade subjacente, de elevada criminalidade, em todas as camadas sociais e, especialmente, nas altas esferas do Poder político. Obviamente, o Supremo Tribunal Federal não pode renunciar à sua condição de instância contramajoritária de proteção dos direitos fundamentais e do regime democrático. No entanto, a própria legitimidade democrática da Constituição e da jurisdição constitucional depende, em alguma medida, de sua responsividade à opinião popular. POST e SIEGEL, debruçados sobre a experiência dos EUA – mas tecendo considerações aplicáveis à realidade brasileira –, sugerem a adesão a um *constitucionalismo democrático*, em que a Corte Constitucional esteja atenta à divergência e à contestação que exsurgem do contexto social quanto às suas decisões. A toda evidência, não se está a defender uma obediência ou submissão irracional às demandas populares ou midiáticas. O que se propõe é um movimento da Corte em direção a compreensões juridicamente fundamentadas na Constituição, voltadas à concretização do que PABLO LUCAS VERDÚ chamara de *sentimento constitucional*, de maneira a fortalecer a própria legitimidade democrática do constitucionalismo. Qual seria, então, o alcance do princípio da presunção de inocência? O que a Constituição garante ao indivíduo, ao afirmar que ninguém será considerado culpado antes do trânsito em julgado da sentença condenatória? Juridicamente, o conceito de "presunção" está associado ao de prova. Cuida-se de dispensar a prova de determinado fato, que se presume verdadeiro com base na sua aparência. A presunção de inocência, portanto, significa que não se exige que alguém prove que é inocente. O acusado, portanto, não pode ser obrigado a provar que é inocente, porque a inocência se presume. Cuida-se, porém, diante da unidade do Direito, de presunção *juris tantum*, ou seja: presume-se que o réu é inocente, mas admite-se prova em contrário. Daí porque parte da significação do princípio em análise liga-o à sua eficácia como regra processual, voltada a "*garantir que o ônus da prova cabe à acusação e não à defesa*" (NUCCI, Guilherme de Souza. *Código de Processo Penal Comentado*. 12ª ed. São Paulo: Editora Revista dos Tribunais, 2012, p. 46. Ou seja: "*para quebrar tal regra* [da presunção de inocência], *torna-se indispensável que o Estado-acusação evidencie, com provas suficientes, ao Estado-juiz a culpa do réu*" (NUCCI, 2012, p. 46). Considera-se a presunção de inocência um "*desdobramento do princípio do devido processo legal, no qual são assegurados o contraditório, a ampla defesa e que ninguém seja privado de sua liberdade sem o devido processo legal (artigo 5º, LIV e LV, da CF/88)*" (SCHMITT, Ricardo Augusto. Prisões provisórias: espécies, natureza e alcance. In: MOREIRA, Rômulo (Org.). *Leituras complementares de processo penal*. Salvador: Editora Jus Podium, 2008, p. 327/342). Por fim, cumpre pontuar argumentos associados à análise econômica do direito, em especial sob o prisma dos incentivos e desestímulos aos comportamentos dos indivíduos. São vários os casos em que a interpretação ampliativa do princípio da presunção de inocência incentivou o comportamento hostil da defesa relativamente ao princípio da razoável duração dos processos e da prestação jurisdicional em tempo oportuno. Essa jurisprudência, somada a uma compreensão também benevolente no que tange à restrição da incidência do princípio da boa-fé processual na seara penal, conduz à injustiça, à ineficácia das normas penais, quando não à ineficiência do ordenamento jurídico como um todo e ao reforço de uma cultura de desrespeito às normas em geral, numa sociedade de absoluta anomia, que deve ser evitada pelo Poder Judiciário, em seu papel de pacificação social." Disponível em http://www.stf.jus.br/portal/cms/verNoticiaDetalhe.asp?idConteudo=374738, último acesso em 14/04/2018.

62 "A esse propósito, como lembrou a Ministra Ellen Gracie em 2009, foi reiterado pelo saudoso Ministro Teori Zavascki em 2016, lembrado por mim e repetido pelo Ministro Gilmar Mendes aqui em plenário no mesmo julgamento, praticamente nenhum país civilizado do mundo exige isso. Em

diversos países a execução da condenação se dá após o 1º grau e no restante se dá em 2º grau. Mais que isso, os principais documentos e convenções de direitos humanos do mundo tampouco exigem o trânsito em julgado. A presunção de inocência é um princípio, e não uma regra absoluta, que se aplique na modalidade tudo ou nada. Por ser um princípio, ela precisa ser ponderada com outros princípios e valores constitucionais. *Princípios*, ao contrário das regras, não descrevem condutas, mas apontam para estados ideais a serem alcançados, como justiça, dignidade humana, eficiência. São mandados de otimização dirigidos ao intérprete, que deve aplicá-los na maior extensão possível, levando em conta outros princípios e a realidade fática. Princípios, portanto, devem ser aplicados, em muitas situações, em harmonia, em concordância prática ou em ponderação com outros princípios e mandamentos constitucionais. Ponderar significa atribuir pesos, fazer concessões reciprocas e, no limite, realizar escolhas sobre qual princípio vai prevalecer numa situação concreta. Quais os princípios em jogo na presente discussão? De um lado, o princípio da inocência ou da não culpabilidade; de outro lado, o da efetividade mínima do sistema penal, que abriga valores importantes como a realização da justiça, a proteção dos direitos fundamentais, o patrimônio público e privado, a probidade administrativa. Quando a investigação começa, o princípio da presunção de inocência tem o seu peso máximo. Com o recebimento da denúncia, este peso diminui. Com a sentença condenatória de 1º grau, diminui ainda mais. Quando da condenação em 2º grau, o equilíbrio se inverte: os outros valores protegidos pelo sistema penal passam a ter mais peso do que a presunção de inocência e, portanto, devem prevalecer. Segundo os dados da Assessoria de Gestão Estratégica do STF, referente ao período de 1º.01.2009 até 19.04.2016, foram apresentados 25.707 recursos extraordinários ou agravos em recursos extraordinários em matéria criminal. Desse total, o percentual de recursos acolhidos foi de 2,93%, abrangendo tanto os recursos providos em favor da defesa quanto da acusação. Quando se vai verificar o percentual de recursos extraordinários acolhidos em favor dos réus, o número cai para 1,12%. Quando se vai examinar o percentual de *absolvições*, ele é de irrisórios 0,035% dos casos. Vale dizer: em mais de 25 mil recursos extraordinários, houve tão somente 9 (nove) casos de absolvição. Os outros casos de provimento se referiam à substituição da pena privativa de liberdade por medida alternativa (o que é relevante, pois afeta a liberdade), mudança de regime, progressão de regime, dosimetria e prescrição. Ao tema da prescrição se voltará mais adiante. Veja-se, então, em resumo: aguardar-se o trânsito em julgado do recurso extraordinário produz impacto de 1,12% em favor da defesa, sendo que apenas 0,035% de absolvições. Subordinar todo o sistema de justiça a índices deprimentes de morosidade e ineficiência para produzir este resultado é uma opção que não passa em nenhum teste de razoabilidade ou de racionalidade. Eu entendo e respeito quem tem o entendimento de que bastaria um caso de reforma para justificar a exigência do trânsito em julgado. Mas por essa lógica, deveríamos fechar todos os aeroportos, porque apesar de todos os esforços, há uma margem mínima de acidentes. O mesmo vale para a indústria automobilística, para a construção civil e quase todas as atividades produtivas. Viver envolve riscos. E tornar a vida infinitamente pior não é capaz de eliminá-los. Segundo pesquisa desenvolvida pela Coordenadoria de Gestão da Informação do STJ, sob a coordenação do Ministro Rogerio Schietti, os números em relação aos recursos especiais perante o Superior Tribunal de Justiça também infirmam a necessidade de se tornar a mudar a jurisprudência firmada nessa matéria. A pesquisa foi realizada, a meu pedido, entre 1º.09.2015 a 31.08.2017, envolvendo as decisões das duas Turmas Criminais do Tribunal (a 5ª e a 6ª). Foram pesquisadas 68.944 decisões proferidas em recursos especiais ou em agravos em recurso especial. Pois bem: o percentual de absolvição em todos estes processos foi de **0,62%.** Em 1,02% dos casos, houve substituição da pena restritiva de liberdade por pena restritiva de direitos. Os outros percentuais foram: prescrição – 0,76%; diminuição da pena – 6,44%; diminuição da pena de multa – 2,32%; e alteração de regime prisional – 4,57%. Veja-se, então: a soma dos percentuais de absolvição e de substituição da pena é de 1,64%, revelando o baixo número de decisões refor-

de Magistrados, realizado entre os dias 24 e 26 de junho de 2018, a seguinte tese: "A concepção atual do princípio da presunção de inocência, ratificada pela recente jurisprudência do STF, bem como o direito fundamental de igualdade substancial (art. 5º, CRFB/88) e a garantia constitucional de adequada individualização da pena (art. 5º, XLVI, CRFB/88), ensejam a reinterpretação da Súmula 444 do STJ, permitindo que condenações criminais, mesmo que em 1º grau, possam ser valoradas na dosimetria de outros processos, afastando-se tão somente a utilização de inquéritos policiais e ações penais deflagradas", oportunidade em que foi debatida e aprovada na plenária, com o endosso e apoio do Fórum Nacional de Juízes Criminais (FONAJUC).

Não pode a magistratura, atenta à criminalidade profissional que assola a pátria, equiparar pessoas que nunca responderam e não respondem a nenhum processo criminal, a outros que registram condenação, ainda que em 1º grau, em sua folha de antecedentes criminais, sob pena de se vilipendiar o direito fundamental de igualdade substancial (art. 5º, CRFB/88) e a garantia constitucional de adequada individualização da pena (art. 5º, XLVI, CRFB/88)[63].

Afinal, se igualdade é tratar os iguais de maneira igual e os desiguais de maneira desigual, na célebre definição de Aristóteles, nada mais injusto que se considerar merecedores de uma mesma pena-base um cidadão que nunca sequer foi parar em uma Delegacia ou Juízo Criminal e outro que já tenha sofrido condenação.

Ora, se é possível executar a pena a partir da condenação em segundo grau, por certo se mostra imperioso reconhecê-la em outro processo a título de antecedentes. No entanto, à luz do entendimento preconizado, já se mostra razoável e adequado que a condenação em 1º grau se mostre suficiente para tal valoração, ainda que não possibilite a execução imediata da pena. Com efeito, o agravamento da pena em virtude de condenação anterior é uma das mais efetivas maneiras de se aplicar o princípio constitucional da individualização das penas, consubstanciando a isonomia na dimensão material e, portanto, Justiça.

Por sua vez, os princípios da obrigatoriedade e da indisponibilidade, acolhidos como dogmas nas ações penais públicas, também necessitam ser revisitados à luz dos princípios constitucionais da eficiência e da duração razoável dos processos. Com efeito, o impacto que a cega adoção daqueles acarreta ao processo penal brasileiro evidencia a necessidade de sua relativização como forma de tornar mais efetivo nosso sistema criminal, modernizando-o.

madas que produzem impacto sobre a liberdade dos condenados. Diante desses dados, é ilógico, com todas as vênias de quem pensa diferentemente, moldar o sistema em função da exceção, e não da regra. Disponível em: https://www.conjur.com.br/dl/anotacoes-manifestacao-oral-barroso.pdf e http://luisrobertobarroso.com.br/votos-e-decisoes/, último acesso em 14/04/2018.

63 GABRIEL, Anderson Paiva. A necessária releitura da Súmula 444 do STJ à luz da concepção atual do princípio da presunção de inocência. Revista do Ministério Público do Estado do Rio de Janeiro, v. 70, p. 19 - 36, 2018.

O pensamento clássico preconizava que os órgãos incumbidos da persecução criminal, estando presentes os permissivos legais, estariam obrigados a atuar, sendo incabível qualquer juízo de conveniência ou oportunidade. Esta obrigatoriedade, também chamado de legalidade processual, afastaria a utilização de critérios de política criminal ou de utilidade social para decidir se atuarão ou não.

Assim, as autoridades policiais são obrigadas a investigar todas as *notitia criminis*, enquanto o *Parquet*, uma vez presentes os indícios de autoria, a prova da materialidade e suporte probatório mínimo,[64] é forçado a realizar a denúncia. Esse princípio impõe, nos crimes de ação penal pública, um dever de atuação aos órgãos oficiais encarregados da investigação (CPP, art. 5°) e da ação penal (CPP, art. 24), sob pena de infração administrativa e até de eventual crime de prevaricação.

Afrânio Silva Jardim, que desenvolveu a ideia da "justa causa", chegou a afirmar em texto com o qual obteve aprovação como livre docente em Direito Processual Penal junto à Faculdade de Direito da UERJ:

> Ora, se o legislador incriminou tal conduta, dando relevância social ao bem jurídico afetado ou posto em risco pelo comportamento do agente, não pode o membro do Ministério Público afirmar que a ação delituosa não tem relevância, que o interesse público ficaria atendido diante de sua inércia, deixando de manifestar em juízo a pretensão punitiva estatal.[65]

Até hoje, muitos manuais de processo penal ainda seguem tal linha[66], argumentando que o princípio da obrigatoriedade está implícito na combinação das normas insculpidas nos arts. 24, 28 e 42 do Código de Processo Penal.

No entanto, Guilherme Madeira Dezem assevera que a experiência internacional revela crescente mitigação do princípio da obrigatoriedade, destacando o exemplo da Alemanha.

Nesse sentido, as lições de Delmas-Marty[67]:

---

64 DIVAN, Gabriel Antinolfi. *Processo penal e política criminal*: uma reconfiguração da justa causa para a ação penal. Porto Alegre: Elegantia Juris, 2015. p. 271.

65 JARDIM, Afrânio Silva. *Ação penal pública: princípio da obrigatoriedade*. Rio de Janeiro: Forense, 2001. p. 51.

66 TOURINHO FILHO, Fernando da Costa. *Código de Processo Penal Comentado*, vol. 1. 2ª ed. São Paulo: Saraiva, 1997. p. 87.

67 Na Inglaterra, em que é a Polícia quem inicia a ação penal, também há discrionariedade: *El Chief Officer y los Officers que actuám en su nombre no pueden ser obligados a perseguir una infracción por el superior jerárquico, por el Gobierno o por los tribunales. El único limite a este poder discrecional es la obligación del Chief Officer de no actuar de maneira irreflexiva.* A Bélgica também estabelece pertencer ao Ministério Público a titularidade da ação penal, acolhendo o princípio da oportunidade: *El principio de oportunidade de persecución de los delitos por el Ministerio Fiscal tiene su fundamento em um principio general, incluso em uma norma consuetudinaria, más que em la misma ley. Es, por lo general, objeto de críticas, pero la Comisión para el Derecho Procesal Penal ha propuesto su reconocimiento legislativo.* No mesmo sentido, na França: *La iniciativa de la*

> *Inseparable del monopólio del Estado, el principio de legalidade (das Legalitätsprinzip, § 152 StPO) o de la obligación de perseguir el delito (der Verfolguns und Anklegezwang) se funda sobre la igualdad absoluta de los ciudadanos ante la ley penal: el Ministerio Fiscal debe perseguir todas las infracciones. Sin embargo, esta regla solamente se aplica hoy a los delitos graves y menos graves de relativa importância. Em efecto, el principio de legalidade, por uma desviación que se relaciona com el desarrollo de la pequena y mediana delincuencia (die Bagatelldelikte), há sido sustituido progressivamente por el de la oportunidade del ejercicio de acción penal (das Opportunitätsprinzip). Así, em diversas áreas, el Ministerio Fiscal puede decidir el sobreseimiento definitivo por oportunidade o bajo condición.*[68]

Por sua vez, Paulo Rangel também já defende que o Ministério Público possa deixar de promover a ação quando não houver interesse público da intervenção estatal na esfera de liberdade do indivíduo ou quando o gasto do estado com o processo for, visivelmente, superior à resposta estatal que se quer alcançar, acarretando despesas aos cofres públicos. Defende o autor, corroborando nossa posição:

> *O Estado, na figura do órgão fiscalizador que é o Ministério Público, não pode ficar à mercê de regras cegas que vedam uma maior atuação diante de casos de maior complexidade ou relevância para ficar atuando em casos de pequena repercussão, sem o menor interesse social e público*[69].

A despeito da doutrina majoritária, José Frederico Marques já sustentava muitas décadas atrás:

> *Além do mais, uma certa mitigação ao princípio da obrigatoriedade se contém no artigo 28 do Código de Processo Penal, como bem demonstrou Euclides Custódio da Silveira. Fala o texto citado em "razões invocadas" para pedir o arquivamento pelo órgão do Ministério Público, - razões que o juiz examinará se são procedentes ou improcedentes. Não esclarecendo a regra legal quais essas razões, nada impede que o Promotor Público invoque motivos de oportunidade que, se forem relevantes, podem ser atendidos ou pelo Juiz, ou pelo chefe do Parquet.* [70]

---

persecución penal de la infracción ante los tribunales se confia al Ministerio Fiscal (art. 31 CPP), que aprecia no sólo la legalidade, sino también la oportunidade del ejercicio de la acción penal. Además del archivo provisional de las actuaciones – classement sans suite – fundado em la legalidade o em la oportunidade, el fiscal puede "previamente a su decisión sobre el ejercicio de la acción penal y com el acuerdo de las partes, recurrir a uma mediación" (art. 41.7 CPP). DELMAS-MARTY, Mireille. Procesos Penales de Europa. Trad. de Pablo Morenilla Allard. Association de Recherches Pénales Européennes (ARPE). Madrid: Editorial EDIJUS, 2000.

---

68 DELMAS-MARTY, Mireille. Procesos Penales de Europa. Trad. de Pablo Morenilla Allard. Association de Recherches Pénales Européennes (ARPE). Madrid: Editorial EDIJUS, 2000. p. 97.

69 RANGEL, Paulo. *Direito processual penal*. 23ª ed. São Paulo: Atlas, 2015. p. 240.

70 MARQUES, José Frederico. *Elementos de Direito Processual Penal*, vol. 1. Campinas: Bookseller, 1997. p. 312.

Alguns anos mais tarde, em 1953, o autor foi ainda mais enérgico a respeito:

> *Muito embora tenhamos sempre sustentado a vigência do princípio da obrigatoriedade da ação penal, no direito brasileiro, curvam-nos à lógica e bom senso dessa argumentação, para reconhecer, assim, que o postulado dominante no processo penal pátrio é o da obrigatoriedade mitigada ou relativa. Se o exame da aplicação hit et nunc, da lei penal levar à conclusão de que o interesse geral será mais bem resguardado sem a persecução penal acusatória, a ação penal pode deixar de ser proposta.*[71]

Informalmente, já há uma relativização da obrigatoriedade investigativa de toda e qualquer *notitia criminis*, tanto em sede policial quanto ministerial, privilegiando-se as investigações de determinados crimes e aquelas em que há maior chance de êxito, o que, *per si*, evidencia a relevância social da positivação da superação desses dogmas.

Milhares de inquéritos são arquivados em nosso país porque a investigação não se realizou a contento. Assim, tendo por base os escassos recursos da polícia e as limitações do *Parquet*, é de uma lógica irrefutável que devem ser priorizados os casos em que efetivamente há interesse público relevante e reflexos sociais palpáveis, pois isso decorre também do princípio da eficiência da Administração Pública[72]. Não há razoabilidade constitucional em se destinar recursos a persecução criminal em um conflito que já está pacificado, em especial sob a égide de uma concepção de Justiça Restaurativa[73] ou Consensual, abandonando outros, por exemplo, em que vicejam o risco à ordem pública e econômica.

De fato, a doutrina já é uníssona em afirmar que o princípio da obrigatoriedade foi mitigado pela norma constitucional insculpida no art. 98, I, da Constituição Federal de 1988, por ter esta possibilitado a transação penal entre Ministério Público e autor do fato nas infrações penais de menor potencial ofensivo. Sustenta-se que prevaleceria a obrigatoriedade mitigada ou discricionariedade regrada, em substituição a obrigatoriedade tradicional, por ser a liberdade ministerial vinculada as hipóteses legais.

Com efeito, o art. 76 da Lei dos Juizados (9.099/95), regulamenta a transação penal e como se pode depreender da simples leitura do dispositivo legal, não obstante a doutrina majoritária defenda que a atuação ministerial é vinculada e despida de

---

71 MARQUES, José Frederico. *Estudos de Direito Processual Penal*. 2ª ed. Campinas: Millennium, 2001. p. 101.

72 DEZEM, Guilherme Madeira. *Curso de processo penal*. São Paulo: Revista dos Tribunais, 2016. p. 88.

73 No sistema europeu, a política de valorização da solução consensual de conflitos entrou na ordem do dia na *European Judicial Area*, desencadeada a partir da edição da Diretiva nº 52, de 21 de maio de 2008, pelo Parlamento Europeu, oriunda da recomendação fundamental lançada em 1998 (98/257/CE) e em 2001 (2001/310/CE), obrigando cada Estado-membro a refletir, inserir ou criar textos legais que contemplem mecanismos de solução amigável dos conflitos, o que gerou uma série de alterações significativas nos ordenamentos nacionais de muitos países-membros.

qualquer liberdade, é translúcido que a valoração de certos conceitos como conduta social, personalidade, motivos e circunstâncias engloba certo subjetivismo.[74]

Por outro lado, a ascensão do princípio da insignificância e os reflexos de seu reconhecimento pela justiça criminal, bem como a possibilidade de relativização da obrigatoriedade à luz da denominada "bagatela imprópria", da prescrição pela pena em perspectiva e da efetiva pacificação de um conflito (dentro de uma concepção de justiça restaurativa), corroboram a posição ora esposada.

Com efeito, a própria jurisprudência já reconheceu ampla aplicabilidade[75] ao princípio da bagatela ou insignificância, tachando de "atípicas" condutas que, embora formalmente típicas e que, assim, atrairiam o chamado princípio da obrigatoriedade levando a deflagração da ação penal pública, passaram a ser compreendidas como "materialmente atípicas" por não configurarem efetiva lesão ao bem jurídico tutelado.

Gize-se que, a despeito dessa concepção, os próprios Tribunais Superiores atrelam o reconhecimento da atipicidade a presença de certos requisitos: (a) mínima ofensividade da conduta do agente; (b) nenhuma periculosidade social da ação; (c) reduzidíssimo grau de reprovabilidade do comportamento; e (d) inexpressividade da lesão jurídica provocada, levando em consideração até a vida pregressa[76] do acusado e a recomendabilidade social da medida[77], razão pela qual sustentamos que, em ver-

---

74 GRINOVER, Ada Pellegrini. *Juizados especiais criminais.* 4ª ed. São Paulo: Revista dos Tribunais, 2002. p. 18.

75 Admite-se o princípio da insignificância no caso de crimes ambientais. Esta é a posição do STF (HC 112563/SC e Inq 3788/DF), e do STJ (AgRg no REsp 1320020/RS).

76 HABEAS CORPUS. PENAL. FURTO. PRINCÍPIO DA INSIGNIFICÂNCIA. INCIDÊNCIA. VALOR DOS BENS SUBTRAÍDOS. INEXPRESSIVIDADE DA LESÃO. CONTUMÁCIA DE INFRAÇÕES PENAIS CUJO BEM JURÍDICO TUTELADO NÃO É O PATRIMÔNIO. DESCONSIDERAÇÃO. ORDEM CONCEDIDA. 1... 4. À luz da teoria da reiteração não cumulativa de condutas de gêneros distintos, a contumácia de infrações penais que não têm o patrimônio como bem jurídico tutelado pela norma penal não pode ser valorada, porque ausente a séria lesão à propriedade alheia (socialmente considerada), como fator impeditivo do princípio da insignificância... (Processo HC 114723 - HC - HABEAS CORPUS – Relator TEORI ZAVASCKI – STF - 2ª Turma, 26.08.2014)

77 Terceira Seção DIREITO PENAL. REITERAÇÃO CRIMINOSA NO CRIME DE DESCAMINHO E PRINCÍPIO DA INSIGNIFICÂNCIA. A reiteração criminosa inviabiliza a aplicação do princípio da insignificância nos crimes de descaminho, ressalvada a possibilidade de, no caso concreto, as instâncias ordinárias verificarem que a medida é socialmente recomendável.... Por fim, não se desconhece a estrutura objetiva do princípio da insignificância. No entanto, preconiza-se a ampliação de sua análise para se incorporar elementos subjetivos que revelem o merecimento do réu. Isso não guarda relação com o direito penal do autor, mas antes com todo o ordenamento jurídico penal, o qual remete à análise de mencionadas particularidades para reconhecer o crime privilegiado, fixar a pena-base, escolher o regime de cumprimento da pena, entre outros. Nesse contexto, ainda que haja um eventual desvirtuamento da teoria da insignificância em sua gênese, faz-se isso com o intuito de assegurar a coerência do ordenamento jurídico pátrio, tornando a incidência do princípio da bagatela um verdadeiro privilégio/benefício, que, portanto, deve ser merecido, não se tratando da mera aplicação de uma teoria, haja vista, não raras vezes, ser necessária a adaptação de teorias à nossa realidade.

dade, há a relativização da obrigatoriedade (no mínimo, há de se reconhecer ser esta a sua face processual) e não efetiva atipicidade (formal).

A doutrina já apontava a teoria da "bagatela imprópria", na qual o fato nasce relevante para o direito penal, mas a aplicação da pena se mostra desnecessária[78]. Em regra, essa demonstração ocorrerá ao longo da instrução processual e sua aplicação se dará na sentença, mas não visualizamos óbice a sua possível constatação ainda na fase inquisitorial, com consequente arquivamento a pedido do Ministério Público, em novo exemplo de relativização da obrigatoriedade.

No mesmo sentido, apesar da jurisprudência ter refutado o reconhecimento da prescrição pela pena em perspectiva, com edição inclusive da Súmula 438 do STJ, a rediscussão do tema é necessária à luz da realidade do 1º grau, como exigência dos princípios da eficiência e da duração razoável, impondo-se uma virada jurisprudencial para que se passe a permitir o arquivamento de inquéritos com lastro em tal teoria, relativizando-se o princípio da obrigatoriedade e indisponibilidade da ação penal (apesar de minoritária, a posição encontra amplo lastro jurisprudencial[79]).

Em outro giro, dependendo do tipo e natureza de litígio que se apresenta, a mediação, por exemplo, pode, sim, ser mais adequada que uma ação penal, pois permite

---

Precedentes citados do STF: HC 120.662-RS, Segunda Turma, DJe 21/8/2014; HC 109.705-PR, Primeira Turma, DJe 28/5/2014. EREsp 1.217.514-RS, Rel. Min. Reynaldo Soares da Fonseca, julgado em 9/12/2015, DJe 16/12/2015 (Informativo n. 575).

---

78 STJ, HC 239.363, Corte Especial do STJ, rel. min. Sebastião Reis Júnior.

79 RECURSO EM SENTIDO ESTRITO. VIOLÊNCIA DOMÉSTICA. LESÃO CORPORAL LEVE. REJEIÇÃO DA DENÚNCIA. INCONFORMISMO MINISTERIAL QUE PERSEGUE O RECEBIMENTO DA DENÚNCIA. 1- Sabe-se que a prescrição pela pena em perspectiva, ou ideal, é uma construção doutrinária que não encontra previsão legal ou guarida na jurisprudência dos Tribunais Superiores. 2- Por outro lado, cabe ressaltar que o princípio informativo do processo é o da utilidade, ou seja, o processo só tem razão de existir enquanto possa atingir eficazmente um objetivo que venha a satisfazer a necessidade daquele que postula. 3- Nessa toada, a rejeição da denúncia no caso ora analisado encontra amparo no princípio da economia processual, vez que é inútil movimentar a máquina judiciária com um processo onde já se sabe de antemão que, após a prolação de um édito condenatório, será impossível a imposição da sanção penal, face à ocorrência da prescrição, restando clara a falta de interesse de agir do Estado... Recurso a que se nega provimento. (0401975-96.2014.8.19.0001 – RSE - Des. Maria Angélica Guimarães Guerra Guedes - Julgamento: 14/02/2017 – 7ª Câmara Criminal)
APELAÇÃO CRIMINAL - ARTIGO 171 C/C ARTIGO 29, TODOS DO CÓDIGO PENAL - PRESCRIÇÃO PELA PENA IDEAL - POSSIBILIDADE IN CASU - DESPROVIMENTO - UNÂNIME... Filio-me ao entendimento do ilustre Ministro Marco Aurélio Belizze, à época Desembargador desta Eg. casa, nos autos do Recurso em Sentido Estrito nº 204/2004, ao afirmar "em que pese o instituto da prescrição pela pena ideal não ser reconhecido expressamente no nosso sistema penal, pode o Juiz, quando do exame do recebimento da denúncia, analisar a viabilidade ou utilidade da instauração da ação penal, sendo possível a rejeição daquela peça por falta de interesse processual, uma das condições da ação, sempre que verificar que, ao final, certamente, será reconhecida a prescrição pela pena aplicada"... (0161739-67.2006.8.19.0001 – Apelação - Des. Elizabeth Gomes Gregory - Julgamento: 16/09/2014 – 7ª Câmara Criminal)

a revelação do drama humano[80] que existe por trás da disputa jurídica, possibilitando o enfrentamento da causa, e não do efeito do conflito, pacificando-o de maneira verdadeiramente efetiva e dispensando o processo penal e, eventual, imposição de sanção.[81]

Esse modelo de Justiça, de cunho restaurativo, objetiva superar o sistema penal tradicional, que se lastreia exclusivamente na ideia de retribuição, tendo cunho punitivista. Sob essa ótica, o crime é uma violação contra o Estado e seu ordenamento. Para a concepção da Justiça Restaurativa,[82] o delito atenta contra pessoas e relacionamentos, e sua superação demanda medidas definidas pela vítima, ofensor e comunidade, que são afetados direta e indiretamente pelo conflito.

Segundo a Resolução ONU nº 2002/2012:[83]

> *[...] a justiça restaurativa evolui como uma resposta ao crime que respeita a dignidade e a igualdade das pessoas, constrói o entendimento e promove harmonia social mediante a restauração das vítimas, ofensores e comunidades, focando o fato de que essa abordagem permite que as pessoas afetadas pelo crime possam compartilhar abertamente seus sentimentos e experiências, bem assim seus desejos sobre como atender suas necessidades [...]*[84].

Assim como o direito penal deve ser visto como a *ultima ratio* no tocante à proteção dos bens jurídicos mais importantes, o processo (judicial) também deve ser visto como o último recurso no tocante ao conflito, ou seja, a jurisdição, que hoje é vista como a principal via (se é que não é vista ainda como a única) estabelecida pelo direito para a resolução de conflitos, deveria se tornar o último instrumento a se lançar mão,

---

80 Pontifica José Renato Nalini, abordando a figura da conciliação: "É, no entanto, extremamente importante a tentativa conciliatória. Bem-sucedida, faz com que se alcance a paz social, que é objetivo fundamental da sociedade brasileira. O acordo reveste aspecto psicológico bastante válido: a convicção das partes de que se acertaram espontaneamente, fazendo prevalecer o bom-senso, o desapego, na luta contra a intransigência e o egoísmo". (*O juiz e o acesso à justiça*. 2ª ed. São Paulo: Revista dos Tribunais, 2000, p. 134).

81 CARNEIRO, Paulo Cezar Pinheiro. *Acesso à Justiça: juizados especiais cíveis e ação civil pública,* Rio de Janeiro: Forense, 2001, p. 76. Para ele, a conciliação, um dos instrumentos que informam a operosidade, é um elemento fundamental para alcançar o efetivo acesso à justiça.

82 ZEHR, Howard. Trocando as lentes: um novo foco sobre o crime e a justiça. Trad. Tônia Van Acker. São Paulo: Palas Athena, 2008. p. 170-171.

83 Disponível em: http://www.un.org/en/ecosoc/docs/2002/resolution%202002-12.pdf, último acesso em 19/07/2017.

84 [...] essa abordagem propicia uma oportunidade para as vítimas obterem reparação, se sentirem mais seguras e poderem superar o problema; permite aos ofensores compreenderem as causas e consequências de seu comportamento e assumir responsabilidade de forma efetiva, bem assim possibilita à comunidade a compreensão das causas subjacentes do crime, para se promover o bem-estar comunitário e a prevenção da criminalidade [...].

preservando-se, assim, o Poder Judiciário de processos que sequer precisariam ter sido iniciados ou que não precisam ser estendidos desnecessariamente[85].

A deflagração da ação penal só pode ser obrigatória quando houver chance de êxito e for socialmente relevante. De fato, é inútil e prejudicial movimentar a máquina estatal, seja por meio do aparato judiciário, ministerial ou policial, dando azo a uma série de custos, para desencadear um processo em que, já se sabe de antemão, restará impossível a imposição da sanção penal.

Hoje, apenas em relação às ações penais privadas, que o projeto de CPP em tramitação pretende extinguir e que já correspondem a um ínfimo percentual, vigoram princípios diametralmente opostos, quais sejam, o da oportunidade e da disponibilidade. Nesse sistema, o titular da ação penal, isto é, o particular, goza de absoluta liberdade para apreciar a conveniência da ação penal.

Todavia, a própria Resolução nº 118/2014 do CNMP reconhece que:

> [...] na área penal também existem amplos espaços para a negociação, sendo exemplo o que preveem os artigos 72 e 89, da Lei nº 9.099/1995 (Dispõe sobre os Juizados Cíveis e Criminais), a possível composição do dano por parte do infrator, como forma de obtenção de benefícios legais, prevista na Lei nº 9.605/1998 (Dispõe sobre as sanções penais e administrativas derivadas de condutas e atividades lesivas ao meio ambiente), a delação premiada inclusa na Lei nº 8.137/1990, artigo 16, parágrafo único, e Lei nº 8.072/1990, artigo 8º, parágrafo único, e a Lei 9.807/1999, e em tantas outras situações, inclusive atinentes à execução penal [...]

Verifica-se, portanto, que os dogmas da obrigatoriedade e indisponibilidade da ação penal pública já atraíram a atenção de muitos autores, havendo robusto lastro para a sua superação. Todavia, a evolução legislativa (a transação, o parcelamento tributário, os acordos de leniência e, finalmente, a colaboração premiada) e jurisprudências recentemente consolidadas (por exemplo, a referente ao princípio da insignificância), bem como a crescente influência da *common law (*com ênfase no mecanismo do *plea bargaining), da AED (*fulcrada na eficiência*)* e da concepção de justiça restaurativa (voltada para pacificação social), passaram a tornar, mais do que possível, e sim imperiosa, virada legislativa e jurisprudencial que permita o aprimoramento da persecução criminal e a construção de uma justiça criminal mais efetiva.

Cumpre destacar que o PL 8045/2010, referente ao novo Código de Processo Penal e em tramitação no Congresso, alinha-se formalmente às nossas propostas, prevendo a possibilidade de negociação entre acusação e defesa no procedimento sumário (voltado para crimes cuja sanção máxima não ultrapasse 8 anos), em transação que se assemelha ao *plea bargaining* americano (já que há confissão e reconhecimento

85 GABRIEL, Anderson de Paiva. *A mediação extrajudicial e a relevância da polícia para solução consensual de conflitos*. Revista de Estudos Jurídicos da Universidade Estadual Paulista, v. 20, p. 305-334, 2017.

jurisdicional da culpa). Nessa hipótese, disciplinada nos art. 297 a 304[86], as partes pugnam ao Juízo pelo julgamento antecipado de mérito e aplicação imediata de pena. E a ideia de implementação de instituto nessa linha parece ganhar novo fôlego com a posse de Sergio Moro como Ministro da Justiça, sendo diversas as notícias reportando que este pretende implementar tal acordo no nosso Sistema de Justiça Criminal[87].

Assim, seria possível a barganha entre Ministério Público e indivíduos antes mesmo da deflagração da ação penal, com o possível consenso excepcionando os princípios da obrigatoriedade e indisponibilidade, a ser homologada pelo Poder Judiciário, de forma a ensejar a abreviação da persecução criminal e consequente redução dos custos financeiros e sociais, tanto para o acusado quanto para a sociedade e justiça criminal.

O crescente volume de processos criminais e a necessidade constitucional de se primar pela eficiência revela que tal proposição se impõe a longo prazo, como forma

---

86 DO PROCEDIMENTO SUMÁRIO

Art. 297. Ressalvados os casos submetidos ao Tribunal do Júri e de violência doméstica contra a mulher, o início da audiência de instrução, cumpridas as disposições do rito ordinário, o Ministério Público e o acusado, por seu defensor, poderão requerer o julgamento antecipado de mérito e a aplicação imediata de pena nos crimes que não estejam submetidos ao procedimento sumaríssimo e cuja sanção máxima cominada não ultrapasse oito anos.

§ 1º O juiz não participará da transação realizada entre as partes.

§ 2º O julgamento antecipado isentará o réu do pagamento das despesas e custas processuais.

Art. 298. O termo da transação penal será apresentado por escrito e assinado pelas partes, e conterá obrigatoriamente:

I - a confissão em relação aos fatos imputados na peça acusatória;

II - o requerimento de que a pena seja aplicada nos termos estabelecidos entre as partes;

III - a declaração expressa das partes dispensando a produção das provas por elas indicadas, se for o caso;

IV - renúncia ao direito de impugnar a sentença homologatória.

Art. 299. Ao homologar a transação, o juiz deverá verificar sua regularidade, legalidade e voluntariedade, podendo para este fim, sigilosamente, ouvir o acusado, na presença de seu defensor.

Art. 300. Tendo como limite a proposta pactuada, o juiz poderá, atendidos os requisitos legais:

I - reconhecer circunstâncias que abrandem a pena;

II - substituir a pena privativa de liberdade por restritivas de direitos;

III - aplicar a suspensão condicional da pena.

Art. 301. A decisão homologatória da transação tem natureza de sentença penal condenatória e produzirá todos os efeitos legais dela decorrentes.

Art. 302. Não sendo a transação homologada, será ela desentranhada dos autos, ficando as partes proibidas de fazer referência aos seus termos e condições, o mesmo se aplicando ao juiz em qualquer ato decisório.

Art. 303. Não havendo transação entre acusação e defesa, o processo prosseguirá na forma do rito ordinário.

Art. 304. O julgamento antecipado não constitui direito público subjetivo do réu.

87 Disponível em: https://noticias.uol.com.br/politica/ultimas-noticias/2019/01/05/moro-acordo-penal-plea-bargain-medida-eua.htm, último acesso em 05/01/2018. https://www.oantagonista.com/brasil/moro-quer-adaptar-acordo-usado-nos-eua-para-desafogar-judiciario, último acesso em 05/01/2018.

de afastar a morosidade do processo tradicional e sepultar a consequente insatisfação da sociedade, em determinadas hipóteses como as derivadas de prisões em flagrante.

Todavia, cumpre gizar que, a despeito dessa necessidade de superação da obrigatoriedade (e de seu corolário, a indisponibilidade), é ainda mais primordial a existência de um mecanismo de controle para que esse aumento da discricionariedade possa efetivamente contribuir para o aprimoramento da persecução criminal e para construção de uma justiça criminal mais efetiva, evitando-se que, ao contrário, acabe por expandir a impunidade ou que fomente injustiças.

O "plea bargaining", embora hoje indispensável para o sistema de justiça criminal americano[88], é objeto de inúmeras críticas na própria nação em que ascendeu ao protagonismo.

Não se pode ignorar que o processo, para seu legítimo desenvolvimento, deve observar uma série de garantias, dentre as quais se destaca o contraditório, e atender a tais exigências é uma necessidade do Estado Democrático de Direito, além de ser a única forma de se obter um processo justo.

Todavia, não vemos óbice ao abreviamento do processo quando houver consenso entre acusação e defesa, sendo plenamente possível que essa abra mão de garantias constitucionais e processuais[89].

Fundamental, contudo, que antes da homologação, o magistrado competente aprecie: 1 – se o acusado se encontra na plenitude de suas faculdades mentais; 2 – se foi devidamente assistido por sua defesa e tem ciência das consequências do ato; 3 - a voluntariedade do ato.

Ademais, deve ser possibilitado ao juiz recusar a homologação quando verificar evidente dissonância entre o quadro probatório coligido, ainda que em sede policial, e a confissão feita no acordo, ou, ainda, à luz da proporcionalidade que deve permear o ajuste entre acusação e defesa[90]. Há necessidade de se averiguar uma dose de razoabilidade entre a proposta do Ministério Público e o fato criminoso praticado pelo acusado. O juiz não deve ser um mero chancelador de acordo penal. Com efeito, a adequada individualização da pena é uma garantia constitucional (art. 5º, XLVI, CRFB/88) e incumbe exclusivamente ao Judiciário, rechaçando-se violações ao princí-

88 FISHER, George. Plea Bargaining´s Triumph: a history of Plea Bargaining in America. Stanford: Stanford University Press. 2003.

89 GABRIEL, Anderson Paiva; LIMA, Larissa Pinho Alencar. O plea bargaining: contribuições para a Justiça Criminal brasileira. Artigo publicado no site JOTA, 2019. Disponível em: https://www.jota.info/opiniao-e-analise/colunas/juiz-hermes/o-plea-bargaining-contribuicoes-para-a-justicacriminal-brasileira-07012019, último acesso em 25/06/19.

90 Essa é a nossa posição também em relação ao instituto da Colaboração Premiada, prevista no art. 4º da Lei 12. 850/13, cabendo ao juiz analisar a proporcionalidade entre os benefícios apontados pelo Ministério Público e a relevância da colaboração proposta pelo investigado, sendo possível não só recusar a homologação como determinar que seja readequada (conforme, inclusive, expressa previsão legal no §8º).

pio da razoabilidade-proporcionalidade, na dupla dimensão de proibição do excesso e de insuficiência.

Por óbvio, a eventual recusa em homologar a proposta por tal razão deve ser devidamente fundamentada, exigindo tal decisão equilíbrio e comedimento por parte do julgador.

Nesse diapasão, cumpre trazer à baila as lições de José dos Santos Carvalho Filho sobre a utilização do princípio da proporcionalidade para o controle do excesso de poder[91]:

> *O princípio da proporcionalidade, que está ainda em evolução e tem sido acatado em alguns ordenamentos jurídicos, guarda alguns pontos que o assemelham ao princípio da razoabilidade e entre eles avulta o de que é objetivo de ambos a outorga ao Judiciário do poder de exercer controle sobre os atos dos demais Poderes. Enquanto o princípio da razoabilidade tem sua origem e desenvolvimento na elaboração jurisprudencial anglo-saxônica, o da proporcionalidade é oriundo da Suíça e da Alemanha, tendo-se estendido posteriormente ao Direito da Áustria, Holanda, Bélgica e outros países europeus.*
>
> *O grande fundamento do princípio da proporcionalidade é o excesso de poder, e o fim a que se destina é exatamente o de conter atos, decisões e condutas de agentes públicos que ultrapassem os limites adequados, com vistas ao objetivo colimado pela Administração, ou até mesmo pelos Poderes representativos do Estado. Significa que o Poder Público, quando intervém nas atividades sob seu controle, deve atuar porque a situação reclama realmente a intervenção, e esta deve processar-se com equilíbrio, sem excessos e proporcionalmente ao fim a ser atingido.*
>
> *Segundo a doutrina alemã, para que a conduta estatal observe o princípio da proporcionalidade, há de revestir-se de tríplice fundamento: (1) adequação, significando que o meio empregado na atuação deve ser compatível com o fim colimado; (2) exigibilidade, porque a conduta deve ter-se por necessária, não havendo outro meio menos gravoso ou oneroso para alcançar o fim público, ou seja, o meio escolhido é o que causa o menor prejuízo possível para os indivíduos; (3) proporcionalidade em sentido estrito, quando as vantagens a serem conquistadas superarem as desvantagens.*
>
> *O princípio, que grassou no Direito Constitucional, hoje incide também no Direito Administrativo como forma de controle da Administração Pública. É necessário, contudo, advertir que, embora o aludido princípio possa servir como instrumento de controle da atividade administrativa, sua aplicação leva em conta, repita-se, o excesso de poder. Não pode, porém, interferir no critério discricionário de escolha do administrador público, quando este tiver à sua disposição mais de uma forma lícita de atuar, oportunidade em que estará exercendo legitimamente seu poder de administração pública.*
>
> *Em consequência, sua aplicação exige equilíbrio e comedimento por parte do julgador, que deverá considerar com acuidade todos os elementos da hipótese sob apreciação; se não o fizer, ele mesmo será o agente violador do princípio que pretende aplicar.*
>
> *Examinada, conquanto em síntese, a fisionomia dos princípios da razoabilidade e da proporcionalidade, chega-se à conclusão de que ambos constituem instrumentos de controle dos atos estatais abusivos, seja qual for a sua natureza. No processo histórico de formação desses*

---

91 CARVALHO FILHO, José dos Santos. Manual de direito. 30ª ed. São Paulo: Atlas, 2016. p. 43/44

postulados, porém, pode afirmar-se que o princípio da razoabilidade nasceu com perfil hermenêutico, voltado primeiramente para a lógica e a interpretação jurídica e só agora adotado para a ponderação de outros princípios, ao passo que o princípio da proporcionalidade já veio a lume com direcionamento objetivo, material, visando desde logo ao balanceamento de valores, como a segurança, a justiça, a liberdade etc. Na verdade, "confluem ambos, pois, rumo ao (super) princípio da ponderação de valores e bens jurídicos, fundante do próprio Estado de Direito Democrático contemporâneo (pluralista, cooperativo, publicamente razoável e tendente ao justo)".

Sepultando qualquer dúvida quanto a aplicabilidade do princípio na seara criminal, as sempre irretocáveis lições do Professor e Ministro do STF Luís Roberto Barroso[92]:

"... o Direito Penal atua como expressão do dever de proteção do Estado aos bens jurídicos constitucionalmente relevantes, como a vida, a dignidade, a integridade das pessoas e a propriedade. A tipificação de delitos e a atribuição de penas também são mecanismos de proteção a direitos fundamentais. Sob essa perspectiva, o Estado pode violar a Constituição por não resguardar adequadamente determinados bens, valores ou direitos, conferindo a eles proteção deficiente, seja pela não tipificação de determinada conduta, seja pela pouca severidade da pena prevista. Nesse caso, a violação do princípio da razoabilidade-proporcionalidade ocorrerá na modalidade da vedação da insuficiência."

Raciocínio análogo se aplica as hipóteses em que o *Parquet* requerer o arquivamento relativizando o princípio da obrigatoriedade, também devendo declinar as razões para tal e submetê-las à apreciação judicial.

A Análise Econômica do Direito e sua vertente Comportamental já nos permitiria ponderar sobre inúmeros outros dogmas do nosso processo penal, com o intuito de superar esse modelo nefelibata que vem vigorando sob os auspícios de parte da doutrina e academia, a exemplo da impossibilidade de pena ser agravada em recurso exclusivo da defesa, o que só contribui para desarrazoada dilação de processos e violação a sua duração razoável, ante a interposição de recursos desprovidos de fundamentação com o fim de protelar o trânsito em julgado.

Todavia, as proposições já assentadas são suficientes para sedimentar a necessidade de desenvolvermos um processo penal efetivo e compromissado com a realidade, que seja capaz de zelar pelos direitos fundamentais de todos, tanto do acusado quanto da vítima e demais cidadãos.

Imperioso, portanto, reconhecermos ser primordial a utilização dos métodos e avaliações preconizados pela Análise Econômica do Direito e sua vertente comportamental na construção de nosso ordenamento jurídico, tanto pelo legislador quanto pelos julgadores, absorvendo também os ensinamentos e as experiências da Common Law, mas sempre os transmutando em institutos próprios, adaptados a nossa pátria e peculiaridades. Na válida alusão ao Manifesto Antropofágico e à advertência de

---

92 BARROSO, Luís Roberto. Curso de Direito Constitucional contemporâneo: os conceitos fundamentais e a construção do novo modelo. 7ª ed. São Paulo: Saraiva, 2018. p. 425.

Barbosa Moreira, devemos assimilar as virtudes do processo de outros povos, deglutindo-as e não transplantando-as, de forma a refutarmos o risco de rejeição e mantermos as nossas raízes e identidade.

Referências Bibliográficas

ALEXY, Robert. *Teoria de los Derechos Fundamentales*. Tradução de Ernesto Garzón Valdés. 3ª Ed. Madrid: Centro de estúdios Políticos y Constitucionales, 2002.

BARBOSA MOREIRA, José Carlos. O processo civil brasileiro entre dois mundos. *Revista Forense*, Rio de Janeiro, v. 359. p. 123-130, 2002.

BARROSO, Luis Roberto. *Voto no julgamento do HC 152.752 pelo STF*. Disponível em: https://www.conjur.com.br/dl/anotacoes-manifestacao-oral-barroso.pdf e http://luisrobertobarroso.com.br/votos-e--decisoes/, último acesso em 14/04/2018.

BARROSO, Luís Roberto. *Curso de Direito Constitucional contemporâneo*: os conceitos fundamentais e a construção do novo modelo. 7ª ed. São Paulo: Saraiva, 2018.

BARROSO, Luis Roberto. *A americanização do direito constitucional e seus paradoxos*: teoria e jurisprudência constitucional no mundo contemporâneo. Disponível em < http://revistas.unibrasil.com.br/cadernosdireito/index.php/direito/article/view/459>, visualizado em 18/12/2017.

BENTHAM, Jeremy. *Principles Of Morals And Legislation*. Londom: Prometheus Books, 1990.

BULFINCH, Thomas. *O Livro de Ouro da Mitologia – Histórias de Deuses e Heróis*. 12ª edição. Rio de Janeiro: Ediouro, 2000.

CABRAL, Antonio do Passo. Il procedimento-modelo (Musterverfahen) tedesco e gli istrumenti di risoluzione di processi ripetitivi. *Revista de Direito Comparado*, vol. 1, jan./jun. 2015.

CALABRESI, Guido. *The future of law and economics*. New Heaven: Yale University Press, 2016.

CAMBI, Eduardo. Neoconstitucionalismo e neoprocessualismo. *Panóptica*, v. 2, n. 2, 2007.

CANOTILHO, José Joaquim Gomes; MOREIRA, Vital. *Fundamentos da Constituição*. Coimbra: Coimbra, 1991.

CARNEIRO, Paulo Cezar Pinheiro. *Acesso à justiça*: juizados especiais e a ação civil pública – uma nova sistematização da teoria geral do processo. 2ª ed. , Rio de Janeiro: Editora Forense, 2000.

CARVALHO FILHO, José dos Santos. *Manual de direito*. 30ª ed. São Paulo: Atlas, 2016.

CINTRA, Antonio Carlos de Araújo; GRINOVER, Ada Pellegrini; DINAMARCO, Cândido Rangel. *Teoria geral do processo*. 28ª ed. São Paulo: Malheiros Editores, 2012.

CLASTRES, Pierre. *Arqueologia da violência – pesquisas de antropologia política*. São Paulo, 2004.

COOTER, Robert, *An Introduction to Law and Economics, Law and Economics*. Boston: Pearson, 6th ed.

COOTER, Robert; ULEN, Thomas. *Law & Economics*. 6º. Ed. Boston: Addison-Wesley, 2012.

DAMASKA, Mirjan. *I volti della giustizia e del potere: analisi comparatistica del processo.* Edizione originale: The faces of justice and State Authority. Tradução de Andrea Giussani (capitoli III, IV e V) e Fabio Rota (capitoli I, II e VI). Bologna: Società editrice il Mulino, 2002.

DELMAS-MARTY, Mireille. *Procesos Penales de Europa*. Trad. de Pablo Morenilla Allard. Association de Recherches Pénales Européennes (ARPE). Madrid: Editorial EDIJUS, 2000.

DEZEM, Guilherme Madeira. *Curso de processo penal*. São Paulo: Revista dos Tribunais, 2016.

DINAMARCO, Candido Rangel. *Instituições de Direito Processual Civil*. São Paulo: Malheiros, 2004.

DIVAN, Gabriel Antinolfi. *Processo penal e política criminal*: uma reconfiguração da justa causa para a ação penal. Porto Alegre: Elegantia Juris, 2015.

FISHER, George. *Plea Bargaining´s Triumph*: a history of Plea Bargaining in America. Stanford: Stanford University Press. 2003.

FREYRE, Gilberto. *Casa Grande e Senzala*: formação da família brasileira sob o regime da economia patriarcal. São Paulo: Editora Global, 2006.

FUX, Luiz. *Voto no julgamento do HC 152.752 pelo STF*. Disponível em http://www.stf.jus.br/portal/cms/verNoticiaDetalhe.asp?idConteudo=374738, último acesso em 14/04/2018.

FUX, Luiz; BODART, Bruno. Processo civil e análise econômica. 1ª ed., Rio de Janeiro: Forense, 2019.

GABRIEL, Anderson de Paiva. *O contraditório participativo no processo penal*: uma análise da fase pré-processual à luz do Código de Processo Civil de 2015 e da Constituição. Rio de Janeiro: Gramma, 2017.

GABRIEL, Anderson de Paiva. *A mediação extrajudicial e a relevância da polícia para solução consensual de conflitos*. Revista de Estudos Jurídicos da Universidade Estadual Paulista, v. 20, 2017.

GABRIEL, Anderson Paiva. *A necessária releitura da Súmula 444 do STJ à luz da concepção atual do princípio da presunção de inocência*. Revista do Ministério Público do Estado do Rio de Janeiro, v.70, p.19 - 36, 2018.

GABRIEL, Anderson Paiva. *O imperioso giro empírico-pragmático da Justiça Criminal brasileira.* Artigo publicado no site JOTA, 2019. Disponível em: https://www.jota.info/opiniao-e-analise/colunas/juiz-hermes/o-imperioso-giro-empirico-pragmatico-dajustica-criminal-brasileira-22042019, último acesso em 25/06/19.

GABRIEL, Anderson Paiva; LIMA, Larissa Pinho Alencar. *O plea bargaining: contribuições para a Justiça Criminal brasileira*. Artigo publicado no site JOTA, 2019. Disponível em: https://www.jota.info/opiniao-e-analise/colunas/juiz-hermes/o-plea-bargaining-contribuicoes-para-a-justicacriminal-brasileira-07012019, último acesso em 25/06/19.

GABRIEL, Anderson Paiva. *Os Códigos de Processo Penal/41 e Processo Civil/2015: Uma quimera à Luz de um Manifesto Antropofágico* In: Direito Processual contemporâneo - Estudos em homenagem a Humberto Dalla Bernardina de Pinho.1ª ed. Rio de Janeiro : GZ, 2018, p. 23-70.

GIACOMOLLI, Nereu José. *Legalidade, oportunidade e consenso no processo penal*: na perspectiva das garantias constitucionais (Alemanha – Espanha – Itália – Portugal – Brasil). 1ª ed., Porto Alegre: Livraria do Advogado, 2006.

GRINOVER, Ada Pellegrini. *Juizados especiais criminais.* 4ª ed. São Paulo: Revista dos Tribunais, 2002.

GUARACY, Thales. *A conquista do Brasil.* São Paulo: Planeta, 2015.

HASELOF, Fabíola Utizig. Jurisdições Mistas - Um Novo Conceito de Jurisdição. 1ª ed. Belo Horizonte: Editora Fórum, 2018.

HESSE, Konrad. *A força normativa da constituição*. Tradução de Gilmar Ferreira Mendes. Porto Alegre: Sergio Antonio Fabris, 1991.

HILL, Flávia Pereira. *O direito processual transnacional como forma de acesso à justiça no século XXI*: Os reflexos e desafios da sociedade contemporânea para o direito processual civil e a concepção de um título executivo transnacional. 1ª ed. , Rio de Janeiro. LMJ Mundo Jurídico, 2013.

JARDIM, Afrânio Silva. *Ação penal pública*: princípio da obrigatoriedade. Rio de Janeiro: Forense, 2001.

JASPER, Eric Hadmann. A filosofia da análise econômica do direito – AED. *Revista Tributária e de Finanças Públicas*, vol. 92, maio/jun. de 2010, versão on-line.

JOLLS, Christine; SUNSTEIN, Cass R; THALES, Richard. *A Behavioral Approach to Law and Economics.* Stanford Law Review, 1997-1998.

KAHNEMAN, Daniel. *Judgment under Uncertainty*: Heuristics and Biases.

KAHNEMAN, Daniel. *Thinking fast and slow*. Kindle Edition, Location.

LIMA, Bruna Della Torre de Carvalho. *Vanguarda do Atraso ou Atraso da Vanguarda?* Oswald de Andrade e os teimosos destinos do Brasil. Dissertação (Mestrado em Antropologia Social). Faculdade de Filosofia, Letras e Ciências Humanas. Departamento de Antropologia da Universidade de São Paulo, 2012. Disponível em: http://www.teses.usp.br/teses/disponiveis/8/8134/tde-11032013-122116/pt--br.php, último acesso em 22/01/2017.

LOURENÇO, Haroldo. O neoprocessualismo, o formalismo-valorativo e suas influências no novo CPC. *Revista da EMERJ*, Rio de Janeiro, v. 14, n. 56, out./dez. 2011.

MALAN, Diogo; MIRZA, Flávio Mirza (orgs.). *Setenta anos do código de processo penal brasileiro*: balanço e perspectivas de reforma. 1ª ed. Rio de Janeiro: Lumen Juris, 2011.

MARQUES, Cláudia Lima. O "diálogo das fontes" como método da nova teoria geral do direito: um tributo a Erik Jayme. In: MARQUES, Cláudia Lima. *Diálogo das fontes do conflito à coordenação de normas no direito brasileiro*. São Paulo: Revista dos Tribunais, 2012.

MARQUES, José Frederico. *Elementos de Direito Processual Penal*, vol. 1. Campinas: Boolkseller, 1997. MARQUES, José Frederico. *Estudos de Direito Processual Penal*. 2ª ed. Campinas: Millennium, 2001.

MAYER, Giovanna. *As decisões do STF e do STJ entre a integridade e a análise econômica do Direito.* Disponível em: http://www.revistadoutrina.trf4.jus.br/index.htm?http://www.revistadoutrina.trf4.jus.br/artigos/edicao038/giovanna_mayer.html. Acesso em 08 de julho de 2019.

MEDINA, Steven G.: MERCURO, Nicholas. *Economics and the law*: from Posner to Post-Modernism and Beyond. 2ª ed. Princeton: Princeton University Press, 2006.

MELLO, Patrícia Perrone Campos. *Precedentes*: O Desenvolvimento Judicial do Direito no Constitucionalismo Contemporâneo. Rio de Janeiro: Renovar, 2008, p. 233 e seguintes.

MENDES, Aluisio Gonçalves de Castro. *Ações coletivas e meios de resolução coletiva de conflitos no direito comparado e nacional*. 4ª ed. rev., atual. e ampl. São Paulo: Revista dos Tribunais, 2014.

MENDES, Aluisio Gonçalves de Castro. *Incidente de demandas repetitivas*: sistematização, análise e interpretação do novo instituto processual. Rio de Janeiro: Forense, 2017. p. 2-3.

MENDES, Aluisio Gonçalves de Castro; PINHO, Humberto Dalla Bernardina de; SILVA, Felipe Carvalho Gonçalves da; VARGAS, Daniel Vianna. O incidente de resolução de demandas repetitivas (IRDR) no porcesso penal. Reflexões iniciais. In: *Revista de Processo*, vol. 279 maio de 2018, p. 283-312.

NOBREGA, Rafael Estrela. Controle jurisdicional da convencionalidade probatória penal. 1ª ed. Curitiba: Editora CRV. 2018.

POST, Robert; SIEGEL, Eva. Roe Rage: Democratic Constitutionalism and Backlash, disponível em: papers.ssrn.com/abstract=990968.

POSNER, RICHARD A. *Economic analysis of law*. 8th ed. New York, Aspen Publishers, 2011.

RANGEL, Paulo. *Direito processual penal*. 23ª ed. São Paulo: Atlas, 2015.

RODRIGUES, Marco Antonio dos Santos. *A modificação do pedido e da causa de pedir no processo civil*. 1ª ed. , Rio de Janeiro. LMJ Mundo Jurídico, 2014.

SHAVELL, Steven. *Foundations of Economic Analysis of Law*. Cambridge: Harvard University Press, 2004.

SCHMITT, Ricardo Augusto. Prisões provisórias: espécies, natureza e alcance. In: MOREIRA, Rômulo (Org.). *Leituras complementares de processo penal*. Salvador: Editora Jus Podium, 2008.

SUNSTEIN, Cass; KAHNEMAN, Daniel; SCHKADE, David; RITOV, Ilana. "Predictably Incoherent Judgments". In: *Stanford Law Review*, Vol. 54, Issue 6 (June 2002).

TARUFFO, Michele. Cultura e processo. *Rivista Trimestrale di Diritto e Procedura Civile*, Milão: Giuffrè, v. 63, n. 1, 2009.

TEMER, Sofia. *Incidente de resolução de demandas repetitivas*. 1. ed., Salvador: Juspodivm. 2016.

TIMM, Luciano Benetti. *Direito e Economia desmistificado* - Resistência absoluta de alguns juristas à estatística parece novamente um agir estratégico ou ideológico. Disponível em: https://www.jota.info/opiniao-e-analise/colunas/coluna-da-abde/direito-e-economia-desmistificado-11092018, último acesso em 16/09/2018.

TOURINHO FILHO, Fernando da Costa. *Código de Processo Penal Comentado*, vol. 1. 2ª ed. São Paulo: Saraiva, 1997.

TROCKER, Nicolò. *Processo civile e costituzione*. Milano: Giuffrè, 1974.

WOLKART, Erik Navarro. *Análise Econômica do Processo Civil como a economia, o direito, e a psicologia podem vencer a tragédia da justiça*. 1ª ed. São Paulo: Thompson Reuters Brasil, 2019.

ZYLBERSZTAJN, Decio; SZTAJN, Rachel. *Direito & Economia*: análise econômica do direito e das organizações. 1ª ed., Editora Campus.

O PRAGMATISMO COMO PARADIGMA JURISDICIONAL CONTEMPORÂNEO

Anderson de Paiva Gabriel

1. O Pragmatismo

O Pragmatismo surgiu nos Estados Unidos, no fim do século XIX, ao longo das reuniões do autodenominado "Metaphysical Club" (Clube Metafísico), composto por um grupo de alunos e professores da Universidade de Harvard (Cambridge, EUA), dentre os quais merecem destaque: Charles Sanders Peirce (que era químico e matemático, mas alcançou renome como filósofo), William James (médico), John Dewey (psicólogo e também filósofo), Francis Ellingwood Abbot (teólogo), John Fiske Green (historiador), Chauncey Wright (matemático), Joseph Warner (jurista), Nicholas St. John Green (jurista) e Oliver Wendell Holmes (jurista, que integrou a Suprema Corte americana entre 1902 e 1932, tornando-se inclusive "Chief Justice of the United States")[1].

A despeito de serem ligados a diferentes cursos de pós-graduação e de segmentos variados do conhecimento, uniram-se por comungar de inquietações e angústias filosóficas comuns, centradas na premissa de que "as consequências ou efeitos de significado prático, que presumivelmente podemos atribuir ao objeto de nossas representações, constituem a totalidade de nossa compreensão deste objeto"[2].

---

1 MENAND, Louis. The Metaphysical Club: A Story of Ideas in America (2001), New York: Farrar, Straus, and Giroux. p. 226, 274.

2 MARÇAL, Antonio Cota. Pragmatismo e Direito: qual Pragmatismo e o quê interessa no Pragmatismo? Revista Eletrônica do Curso de Direito – PUC Minas Serro, n.º 3, junho de 2010. p. 68-102. Disponível em: http://periodicos.pucminas.br/index.php/DireitoSerro/article/view/1998/2181, último acesso em 10/11/2018. p.69-70: "Esta formulação pode ser lida no parágrafo 402, do volume 5 dos *Collected Papers,* mas, nas *"Lectures on Pragmatism"*, de 1903, Peirce retoma a formulação original do texto francês de *"How to Make Our Ideas Clear"*, publicada no número 7, em janeiro de 1879, páginas 39-57, da *Revue Philosophique* e que é a seguinte*: Considérer quels sont les effets practiques que nous pensons pouvoir être produits par l'objet de notre conception. La conception de tous ces effets est la conception complète de l'objet [p. 48]. A continuação desta passagem é bastante esclarecedora da centralidade da chamada máxima pragmatista, o que justifica sua reprodução aqui. Ei-la: Pour développer le sens d'une pensée, il faut donc simplement déterminer quelles habitudes elle produit, car le sens d'une chose consiste simplement dans les habitudes qu'elle implique. Le caractère d'une habitude dépend de la façon dont elle peut nous faire agir non pas seulement dans telle circonstance probable, mais dans toute circonstance possible, si improbable qu'elle puisse être. Ce qu'est une habitude dépend de ces deux points: quand et comment elle fait agir. Pour le premier point: quand? Tout stimulant à l'action dérive d'une perception; pour le second point: comment? le but de toute action est d'amener au résultat sensible. Nous atteignons ainsi*

Assim, verifica-se a evidente ironia insculpida na nomenclatura "Metaphysical Club", já que os integrantes se insurgiam justamente contra as crenças metafísicas e a supostas verdades *a priori* ou absolutas, refutando concepções nefelibatas e debates que se limitassem a um plano abstrato.

Com efeito, para um pragmático, a relevância ou significado de uma teoria só pode ser compreendido e adequadamente percebida à luz das alterações ou consequências que ela possa produzir no mundo fático. Assim, essa orientação intelectual revela o entendimento de que a produção acadêmica não deve se desvincular por completo da realidade sob pena de se tornar estéril ou utópica e, portanto, inútil.

Antonio Cota Marçal descreve algumas fases do pensamento pragmático:

> *1ª Fase*
>
> *"Na última década do século XIX o Pragmatismo norte-americano marcou presença no espaço acadêmico europeu e, na primeira metade do século XX, tornou-se a filosofia dominante nos Estados Unidos da América, graças à atuação de William James e de John Dewey [1859-1952] e, a seguir, também de George Herbert Mead [1863-1931] e de Jane Addams [1860-1935].*
>
> *Estes autores aplicaram a chamada 'máxima pragmatista' peirceana às ações e às práticas objeto da psicologia, da religião, da sociologia política, da educação e da antropologia social... Nessa fase o princípio do Pragmatismo ganhou concretude. Esta concretude significa que, segundo o novo método de pensar, realidade e pensamento, conhecimento e ação constituem aspectos de uma e a mesma unidade prática e social, devendo por isso, segundo os pragmatistas, todo esforço filosófico e científico partir da consideração e explicitação das ações e das práticas sociais. Se o pensado, o intencionado e o objeto das crenças e convicções estão sempre relacionados com o agir, então as ações próprias e as alheias são o elemento incontornável para se compreender e efetivar racionalmente fins e objetivos no âmbito social.*
>
> *2ª Fase*
>
> *A segunda geração de pragmatistas foi integrada, entre outros, por Charles William Morris [1901-1979], Clarence Irwing Lewis [1883-1964] e Willard Van Orman Quine [1908-2000]. Estes autores aprofundaram os novos recursos lógicos e linguísticos disponíveis e trabalharam de tal modo as mediações entre Empirismo e Racionalismo e entre fatos e juízos de valor, que tornaram possível a virada pragmatista da Filosofia Analítica da Linguagem. O Pragmatismo tornou-se, então, interlocutor respeitado para Gilbert Ryle, Peter Strawson e para a Filosofia Analítica em geral. Já na década de sessenta, filósofos europeus como Apel e Habermas, entre outros, se serviram de teses dos pragmatistas das primeiras gerações (Peirce, Dewey e Mead) para atualizar Kant e fundamentar incursões em áreas como Ética, Filosofia da Ciência, Política e Direito.*
>
> *3ª Fase*
>
> *Uma terceira geração de pragmatistas, representada principalmente por Richard Rorty [1931-2007], Hilary Putnam [1926], Richard Poirier [1925-2009], Richard Bernstein [1932], Cornel West [1953], Richard Posner [1939], atuou em um momento em que o princípio pragmatista e a análise lógica da linguagem não mais se distinguiam.*

---

le tangible et le practique comme base de toute différence de pensée, si subtile qu'elle puisse être [p.47] (PEIRCE, 1973).

> *Neste contexto, a partir da década de 1970, situaram-se e situam-se simpatizantes do Pragmatismo e expectadores críticos como Donald Davidson, Nicholas Rescher, John McDowell, Susan Haack, Ruth Milikan, J. McDermott, Joseph Margolis, entre muitos outros.*
>
> *Nas duas últimas décadas do século XX e em decorrência das discussões protagonizadas por Richard Rorty e Hilary Putnam em torno de pragmatismo pósmodernista versus realismo pragmático, o esgotamento e a superação da Filosofia Analítica culminaram com o ressurgimento e a reformulação do Pragmatismo em novas bases.*
>
> *Neopragmatismo*
>
> *Para o Pragmatismo redescoberto ou simplesmente Neopragmatismo, a ação, as práticas sociais, as crenças, as intenções e suas raízes na experiência voltaram a ser assumidas como ponto de partida da fundamentação racional do agir científico e da reflexão filosófica. Robert B. Brandom (1950), Robert Pippin (1948), Terry Pinkard, Pirmin Stekeler-Weithofer (1952), Michael Quante (1962), Sebastian Rödl (1967), Jaroslav Peregrin e Sebastian Krell, entre outros, seriam atualmente os principais representantes desta linha de pensamento e mesmo se autodenominam neopragmatistas.*
>
> *Esta fase se caracteriza por uma apropriação maior de elementos da Lógica e da Filosofia da Linguagem, bem como pela explicitação e pelo aprofundamento de conexões com a Filosofia Européia Clássica, com o Racionalismo dos séculos XVII e XVIII e mais especialmente com o Idealismo Alemão. Estas interconexões haviam sido rejeitadas pela Filosofia Analítica ou não haviam sido ainda suficientemente exploradas. Leibniz, Spinoza, Kant, Hegel, Frege e também Heidegger e Wittgenstein foram relidos e confrontados com novos parâmetros. Igualmente Carnap, Quine, Sellars, Davidson, bem como Peirce, James e Dewey foram retomados criticamente[3].*

Como se pode perceber, o pragmatismo, enquanto sistema filosófico, guarda inúmeras convergências com outras linhas de pensamento, conforme assenta Thammy Progrebinschi:

> *...o pragmatismo indubitavelmente também apresenta similaridades com outros sistemas de pensamento desenvolvidos ao longo do século XIX, como é o caso do marxismo, do positivismo e do darwinismo.*
>
> *Há ainda quem tente traçar as origens do pragmatismo no romantismo alemão, em Nietzsche, no pensamento anglo-saxão e, ainda mais remotamente, no ceticismo e no empirismo da Antiguidade clássica.*
>
> *Esta grande variedade de influências e semelhanças que o pragmatismo supostamente compartilha com outras formas de pensamento talvez explique por que não seja possível se falar em um único e homogêneo pragmatismo, mas sim em múltiplos pragmatismos – ou, ainda, em um pragmatismo multifário.*
>
> *Com efeito, desde a sua criação, no âmbito do Clube Metafísico, o pragmatismo é o resultado da contribuição de autores com formação e atuação em diferentes áreas do pensamento. O resultado disso, conforme acreditamos, foi a elaboração de uma teoria que, tanto em sua gê-*

---

3 MARÇAL, Antonio Cota. Pragmatismo e Direito: qual Pragmatismo e o quê interessa no Pragmatismo? Revista Eletrônica do Curso de Direito – PUC Minas Serro, nº 3, junho de 2010. p. 68-102. Disponível em: http://periodicos.pucminas.br/index.php/DireitoSerro/article/view/1998/2181, último acesso em 10/11/2018. p. 69-70

nese histórica como em sua essência teórica, expressa um inegável pluralismo e uma infinita capacidade de se harmonizar com outras e distintas formas de pensamento[4].

Apesar da existência de diversas vertentes, o pensamento pragmático indubitavelmente apresenta um núcleo comum, fundamentado em três principais alicerces: 1 – o antifundacionalismo; 2 – o contextualismo; e, 3 – o consequencialismo. Por tal razão, destaque-se que William James, um dos pais do pragmatismo, já salientava que este "não tem dogmas, não tem doutrinas, só tem um método"[5].

1.1. Antifundacionalismo

O antifundacionalismo consiste na constante rejeição de dogmas, teses abstratas, entidades transcendentais e verdades apriorísticas, refutando-se a ideia de certeza por meio da valorização do dinamismo do pensamento e permanente evolução dos conceitos. Com efeito, nenhuma questão deve ser sepultada e se aspira por um permanente reexame à luz de críticas constantes, como verdadeiro método científico. No ponto, aproxima-se ao empirismo, em oposição ao racionalismo, ensejando que todo e qualquer raciocínio seja ininterruptamente alimentado por evidências, que podem corroborá-lo ou esmorecê-lo e levar a sua superação.

O pragmatismo impõe como premissa de vida a incerteza, primando pela constante análise das diferenças que a adoção de determinada concepção como verdadeira pode proporcionar no mundo fático, e é à luz dessas consequências práticas que se deve verificar a sua validade e eventual necessidade de superação e mudança.

Thammy Progrebinschi sintetiza a visão dos pragmatistas clássicos (John Dewey, Charles Sanders Peirce e William James) a respeito do tema:

> *De acordo com Dewey, os homens historicamente se acostumaram a cultivar tudo aquilo que supostamente poderia lhes trazer a sensação de certeza. Mas apenas a sensação, pois a certeza absoluta é inalcançável... A filosofa precisa, portanto, passar por uma mudança profunda e modificar sua atitude depreciativa no que concerne à idéia de prática. É preciso que a filosofia olhe para a prática como o único meio pelo qual tudo o que for julgado como admirável e louvável possa ser mantido na existência experimentável e concreta.*
>
> *O antifundacionalismo de Dewey se manifesta, portanto, em sua recusa incessante em torno da certeza e da segurança, não apenas em um nível filosófico, mas enquanto prática de vida. Dewey rejeita todos os tipos de dogmas, valores supremos, autoridades últimas, dualismos, e deseja substituí-los pela incerteza e imprevisibilidade da experiência humana, constantemente mutável e dinâmica. É a prática, a ação prática dos homens, que deve servir de fundamento para a filosofia, fundamento este que nem pode ser denominado como tal, assentado que está nas ideias de variação, de mutação e de incerteza.*

---

4 POGREBINSCHI, Thamy. Pragmatismo: teoria social e política. Rio de Janeiro: Relume Dumará, 2005. p. 14-15.

5 JAMES, William. "What Pragmatism Means". In: Pragmatism and Other Writings, p. 28.

Segundo Peirce, o pragmatismo é essencialmente um método de comparar concepções entre si a fim de saber qual delas tem capacidade de modificar a conduta prática dos sujeitos e, neste sentido, faz parte da lógica, e não da psicologia... A realidade, portanto, se constitui paulatinamente através de um processo investigatório, consolidando o que Habermas chama de conceito lógico-semântico de realidade de Peirce. O pragmatismo antifundacionalista de Peirce implica também um falibilismo – como ele próprio denomina, ressalte-se – na medida em que ele afirma que as conclusões da ciência são sempre tentativas, experimentais. Assim, a racionalidade do método pragmatista não depende da certeza de suas conclusões, mas de seu caráter autocorretivo. Ou seja, é através da aplicação contínua da investigação que a ciência, por exemplo, pode detectar e corrigir seus próprios erros e, possivelmente, conduzir à verdade.

De acordo com James, o pragmatismo pode ser compreendido como um método. Não se trata, todavia, de um método qualquer, mas sim de um "método com atitude". O método pragmatista, portanto, é essencialmente um meio de resolver disputas metafísicas, de colocar um fim em questões tidas como intermináveis e inconclusivas. Resolver uma contenda metafísica através do método pragmatista implica interpretar cada um dos conceitos metafísicos traçando suas respectivas consequências práticas...

Para o pragmatista, se nenhuma diferença prática pode ser observada é porque as alternativas significam praticamente a mesma coisa e, por conseguinte, qualquer disputa em torno delas é vã.

Ou seja, para o pragmatismo, não existem respostas capazes de fazer cessar a investigação – não há uma verdade final a ser atingida –, a qual deve prosseguir incessantemente, alimentada a cada momento pelas no vãs informações, respostas parciais, semiverdades, que são geradas neste processo de relacionar a realidade com a experiência.

O pragmatismo desestabiliza todas as teorias existentes, as flexibiliza, as torna maleáveis e as coloca em operação ao serem confrontadas com a experiência de cada participante do processo investigatório, bem como com a realidade de cada momento no qual a investigação esteja sendo processada... por conseguinte, nenhum conceito é passível de oferecer seu significado final, pois ele pode ser modificado incessantemente e é nisso que consiste a sua realidade e a sua verdade. Portanto, nenhum conceito pode funcionar como ponto de partida de uma teoria, e tampouco como ponto de chegada. Em sua rejeição das abstrações, o método pragmatista consiste na "atitude de fugir das coisas primeiras (first things), princípios, categorias, supostas necessidades; e buscar as coisas últimas, frutos, conseqüências, fatos[6].

1.2. Contextualismo

Qualquer investigação ou processo, quiçá uma conclusão ou decisão, deve se dar devidamente embebida pelo contexto em que se realiza. Qualquer compreensão está intrinsecamente mergulhada na cultura em que se dá, refletindo, em certo aspecto, o ambiente social, econômico, político e cultural da qual emerge, e é por tal razão que nenhum fato pode ser adequadamente percebido com a ignorância do contexto em que se deu.

Ainda que no cenário atual, a globalização e a tecnologia tenham proporcionado relativa uniformização cultural, ao menos no mundo ocidental, verifica-se que mesmo essas tendências e as novas dinâmicas, incluindo as disruptivas, não poderiam ser compreendidas dissociadas do tempo, espaço e sociedade contemporâneos.

---

6 POGREBINSCHI, Thamy. Pragmatismo: teoria social e política. Rio de Janeiro: Relume Dumará, 2005. p. 26-37.

Nesse sentido, a compreensão histórica de determinado evento exige que se mergulhe no cenário social e econômico em que ele ocorreu, sendo um crasso equívoco tentar interpretá-lo, por exemplo, sob a perspectiva e pensamento hodiernos e não à luz de seu tempo e da realidade em que se deu.

André Leclerc abordou a relevância do contexto para a compreensão de qualquer simples enunciação:

> *Meu objetivo é muito simples: destacar um princípio que aparece pela primeira vez na obra de Charles S. Peirce, e mostrar a atualidade desse princípio na filosofia da linguagem contemporânea, particularmente na corrente chamada hoje de "contextualismo". Podemos chamar o princípio em questão de "Princípio da Determinação do Sentido": (PDS): A raiz de qualquer distinção no pensamento e no sentido das expressões linguísticas se encontra nos seus efeitos sensíveis, em nossas práticas e atividades. Depois de Peirce, sempre sem mencioná-lo, vários filósofos – o Wittgenstein das Investigações, Austin e sua "context-sensitive semantics", John Searle e sua teoria do Background, Robert Brandom e sua tese de que a semântica deve responder à pragmática (e não o contrário), e finalmente Charles Travis e François Recanati –, adotam uma postura muito semelhante à de Peirce na teoria do significado para as línguas naturais. O conteúdo de uma enunciação, "o que é dito" num contexto determinado, é sempre fixado por fatores contextuais, pelo conhecimento amplamente compartilhado de regularidades naturais e sociais, de maneiras-padrão de fazer ou padrões de correção, por nossas ações e atividades, nossas intenções e expectativas. Sem esse conhecimento, sem a capacidade de reconhecer as intenções e expectativas dos locutores, o sentido de nossas palavras ficaria solto e só geraria mal-entendidos*[7].

As ideias dominantes em determinado momento influenciam sobremaneira a realidade social e mesmo o desenvolvimento e a tomada de decisões sobre seus rumos. Assim, torna-se imperioso visualizarmos qualquer questão sob a ótica do Estado e do contexto histórico e social em que se encontra inserido.

John Dewey relacionava as crenças e a reflexão filosófica:

> *Em qualquer período existe um corpo de crenças, bem como instituições e práticas associadas a elas. Nestas crenças estão implícitas vastas interpretações da vida e do mundo. Estas interpretações possuem conseqüências, freqüentemente de profunda importância. Em seu uso corrente, todavia, as implicações de origem, natureza e conseqüências não são examinadas e formuladas. Estas crenças e as práticas a elas associadas expressam atitudes e respostas que operaram sob condições de pressão direta e, muitas vezes, acidental. Elas constituem, conforme me parece, o material primário imediato de reflexão filosófica. O objetivo desta última é criticar este material, clarificá-lo, organizá-lo, testar sua coerência interna e tornar explícitas as suas consequências*[8].

---

7 LECLERC, André. Contextualismo, Pragmatismo e Determinação do Sentido. Cognitio, São Paulo, v. 11, nº 1, p. 48-57, jan./jun. 2010.

8 DEWEY, John. "Context and Thought". In: *The Essential Dewey*, volume I, p. 214.

Progrebinschi aborda o tema com maestria, razão pela qual é imperiosa a transcrição de alguns excertos:

> *O contextualismo consiste talvez em uma das características do pragmatismo que mais encontra reflexos no âmbito da história da filosofia. Trata-se de insistir na importância de que as investigações filosóficas estejam atentas ao papel do contexto em seu desenvolvimento. Em outras palavras, trata-se de reivindicar consideração às crenças políticas, religiosas, científicas, enfim, à cultura da sociedade e às relações que mantém com as instituições e práticas sociais. A este corpo de crenças, o pragmatismo chama de experiência. E a experiência é o conceito-chave para que se possa compreender a idéia de contexto; aliás, em termos gerais, pode-se dizer que a experiência é o mais abrangente dos contextos.*
>
> *Associado ao conceito de experiência está outro de extrema relevância para o pragmatismo, qual seja o conceito de prática. A prática é o principal elemento constitutivo da experiência; além de ser um conceito presente no seio do antifundacionalismo e do consequencialismo pragmatista, como vimos, o é também – e principalmente – de seu contextualismo.*
>
> *A prática, que o pragmatismo quer sobrepor à teoria, remete diretamente à formulação do conceito pragmatista de ação, o qual, ao lado das crenças, é vital para que se compreenda a idéia pragmatista de contextualismo.*
>
> *Ainda, no centro desta idéia, vale dizer, no centro do contextualismo pragmatista, está o conceito de investigação e, mais especificamente, o conceito de 'comunidade de investigação'.*
>
> *A este conceito, o pragmatismo alia algumas de suas principais idéias contextualistas: a ênfase nos fatos (o método pragmatista, experimental em sua essência, se baseia, sobretudo, nos fatos inquestionáveis da experiência cotidiana e no que pode ser deduzido deles), a relevância da concretude, a importância do social (para o pragmatismo, o pensamento está sempre incrustado em um contexto de prática social), o papel da comunidade, a idéia de adaptação...*
>
> *De acordo com Dewey, o contexto é algo tão evidente, tão inescapavelmente presente, que isso até dificulta que nos tornemos conscientes do seu papel. Vale dizer, o contexto está tão arraigado às nossas vidas, especialmente às nossas práticas comunicativas, que o tomamos como dado, ignorando-o de certa forma. O contexto está especialmente impregnado nos hábitos de fala, na sintaxe e no vocabulário, em tudo o que falamos e ouvimos. Mas, consoante Dewey, assim como o significado dos atos lingüísticos, das proposições e das sentenças, todo e qualquer significado está inerentemente embebido pela idéia de contexto. Disto deriva o fato de que o contexto é essencial para o pensamento como um todo, e não apenas para a lógica ou a filosofia...*
>
> *A ênfase contextualista do pragmatismo clama, portanto, que os textos filosóficos sejam estudados a partir dos seus contextos específicos, ressaltando-se a relação entre as ideias filosóficas e a vida social, bem como com a cultura da sociedade na qual tais ideias desenvolveram- se*[9].

1.3. Consequencialismo

O último e talvez mais característico pilar do pragmatismo é o consequencialismo. Peirce cunhou, ainda no fim do Século XIX, a máxima pragmática que já apontamos

---

9 POGREBINSCHI, Thamy. Pragmatismo: teoria social e política. Rio de Janeiro: Relume Dumará, 2005. p. 49-37.

no início desse texto, asseverando que "as consequências ou efeitos de significado prático, que presumivelmente podemos atribuir ao objeto de nossas representações, constituem a totalidade de nossa compreensão deste objeto"[10].

No mesmo diapasão, William James também consagrou referido axioma:

> *...para se obter uma clareza perfeita em nossos pensamentos sobre um objeto, precisamos apenas considerar quais efeitos práticos concebíveis o objeto pode acarretar – quais sensações podemos esperar dele, e quais reações devemos preparar. Nossa concepção destes efeitos, seja imediata ou remota, é então a totalidade da nossa concepção do objeto, na medida em que aquela concepção tenha um significado positivo*[11].

Com efeito, o pragmatismo almeja facilitar a compreensão de ideias e conceitos, por meio de sua efetividade e utilidade. Assim, consiste em um verdadeiro método de pensamento.

Debates muitas vezes obscuros podem ser iluminados à luz do pragmatismo e, em especial, com a realização do "teste consequencialista". Qual a distinção prática entre o acolhimento de uma posição ou de outra? Quais as consequências que a adoção desta ou daquela colocação acarretaria? Se nenhuma alteração será produzida na realidade, evidencia-se que a querela é inútil, isto é, estéril. Em outro giro, sendo produzidas consequências, essas devem ser dimensionadas e aferidas, dando azo à provável resolução da contenda por meio da análise dos benefícios e eventuais desvantagens ocasionados.

Primordial reconhecer, portanto, que o pensamento pragmático examina o presente com o olhar voltado para o futuro, o que não significa que ignore o passado. Pelo contrário, este é fundamental para adequada compreensão do contexto, como já salientado, apenas não torna a análise sua refém. O agir prático típico do pragmático importa que as consequências que possam vir a ser produzidas informem as ações presentes.

Progrebinschi explana o consequencialismo com perfeição:

> *A ênfase contextualista do pragmatismo clama, portanto, que os textos filosóficos sejam estudados a partir dos seus contextos específicos, ressaltando-se a relação entre as ideias filosóficas e a vida social, bem como com a cultura da sociedade na qual tais ideias desenvolveram- se"*
>
> *O conseqüencialismo, ou instrumentalismo, representa a característica talvez mais conhecida do pragmatismo. Trata-se da insistência de olhar para o futuro, e não para o passado. A referência ao passado não é um dever para o pragmatista, ela deve ser feita apenas quando for metodologicamente interessante ao próprio estabelecimento do futuro. É para o futuro*

---

10 PEIRCE, Charles Sanders. *The Essential Peirce, Volume I (1867 – 1893)*. Editado por Nathan Houser e Christian Kloesel. Bloomington, Indiana University Press, 1992. "How to Make Our Ideas Clear". In: The Essential Peirce. Selected Philosophical Writings, volume I, p. 132.

11 JAMES, William. *Pragmatism and Other* Writings. Editado por Giles Gunn. New York, Penguin Books, 2000. "What Pragmatism Means". In: *Pragmatism and Other Writings*, p. 25.

que o pragmatista olha e é para lá que ele se direciona. Disto decorre que tanto a teoria da significação, como a teoria da verdade, levadas a cabo pelo pragmatismo, caracterizam-se pela submissão permanente ao 'teste' conseqüencialista: o significado de uma proposição, bem como a sua verdade, apenas podem ser conhecidos se forem verificados a partir do teste de suas conseqüências.

É aqui que entra em jogo a famosa questão pragmatista, aquela que não cessa sua indagação: quais as diferenças que as conseqüências disto ou daquilo podem acarretar?

É, portanto, antecipando conseqüências futuras que se produz conhecimento no âmbito do pragmatismo. E estas conseqüências futuras devem ser permanentemente antecipadas para que se possa conhecer qual delas é melhor, a mais satisfatória, a mais útil e a mais benéfica...

Na origem deste instrumentalismo que se centrava na idéia de que o significado apenas se conhece através do propósito (purpose), está, certamente, a influência do darwinismo no pragmatismo. Para Peirce, a mente consiste em um mecanismo prático, tendo em vista que é instrumental para a sobrevivência do homem. Assim como o significado se adapta ao seu propósito, o sujeito se adapta ao seu fim, e a mente, por sua vez, constitui-se em um mecanismo adaptativo para enfrentar o ambiente externo...

Seja para solucionar uma contenda metafísica, seja para resolver um problema corriqueiro, a pergunta que o pragmatista deve se colocar será sempre a mesma: "Quais diferenças práticas são concebíveis entre um e outro caso?" E a resposta que ele busca obter tem por finalidade identificar qual dos dois objetos em questão, sejam eles quais forem, é melhor para aquele que se faz a pergunta. "De acordo com os princípios pragmáticos, nós não podemos rejeitar nenhuma hipótese se dela decorrem conseqüências úteis para a vida". Ou seja, o que está em jogo é analisar – ou comparar – concepções, a fim de determinar quais efeitos práticos positivos elas podem trazer no futuro.

Deste modo, o pragmatismo, em princípio, não rejeita terminantemente nenhuma concepção, bem como não adota nenhuma outra em caráter terminativo. As concepções só são adotadas na medida em que são boas – ou úteis – para o pragmatista, naquele momento – pois, em um momento futuro, elas podem deixar de ser. Assim se entende que, pragmaticamente, por mais que o pragmatismo tenda, por exemplo, a se alinhar com concepções particularistas e rejeitar aquelas de caráter universalista, esta relação pode se inverter em um determinado momento, se assim for útil ao pragmatista...

Mais do que um pretenso relativismo, o que este exemplo do posicionamento pragmatista de James indica é um vigoroso conseqüencialismo. Todas as hipóteses devem ser testadas, e o devem ser instrumentalmente – isto é, a partir da dedução de suas conseqüências. Se estas não se mostrarem úteis ao pragmatista, devem ser descartadas, pois é a sua utilidade que faz com que se tornem significativas e reais. Quanto àquelas hipóteses cujas conseqüências se mostrem úteis aos olhos do pragmatista, serão tão significativas quanto a utilidade que delas se revelar...

A teoria pragmática da verdade pretende deste modo representar fielmente o método da ciência, o qual, de acordo com Dewey:

a) considera todas as proposições como provisórias ou hipotéticas até que sejam submetidas a testes experimentais;

b) empenha-se para organizar estas proposições em termos que indiquem os procedimentos necessários para testar a elas mesmas; e

c) nunca esquece que mesmo proposições asseguradas consistem em nada mais do que sumários de investigações e testes anteriores e, por conseguinte, estão sujeitas a revisões que venham a ser requeridas por novas investigações.

Já o segundo passo que deve ser dado pela crítica pragmatista ao conceito de verdade idealista e/ou realista, segundo Dewey, consiste em reconhecer que com a mudança proposta pelo pragmatismo as proposições ganham uma perspectiva de futuro, uma referência futura, ao passo que a noção tradicional de verdade, ao contrário, faz com que as proposições se refiram sempre a condições antecedentes. Tanto para o idealista como para o realista a verdade é uma propriedade que já existe previamente nas proposições, tornando-se por isso irrelevante para eles conhecer o que se faz com a proposição, o que deriva do seu uso, as diferenças que ela acarreta na experiência futura, entre outras coisas cruciais ao pragmatismo...

Para Dewey, portanto, é da natureza das proposições serem hipotéticas e tentativas. Elas apenas serão verdadeiras se este for o resultado do processo de investigação que busca aferir a sua verdade. Em outras palavras, as proposições só podem ser tidas como verdadeiras se as conseqüências futuras do processo de investigação de sua verdade assim indicarem.

Para o pragmatismo, afinal, uma vez que todas as proposições contêm intrinsecamente e necessariamente uma referência ao futuro, sua verdade ou falsidade depende do sucesso ou da derrota de sua finalidade. Por conseguinte, o maior rompimento do pragmatismo com o idealismo e o realismo – cada qual, todavia, com as suas peculiaridades – consiste em mostrar que o conceito de verdade não pode ser dado em si mesmo, tampouco o pode ser aprioristicamente, isto é, ele não pode estar voltado para trás, referir-se a um significado prévio, antecedente.

Assim, o terceiro passo da teoria pragmatista deve ser, segundo Dewey, considerar o modo peculiar através do qual uma proposição cumpre a sua missão, exerce a sua finalidade. E o que está em jogo aqui é exatamente a idéia de finalidade, ou seja, de se alcançar um fim determinado. Neste sentido, Dewey afirma que o conceito pragmatista de verdade é responsivo, pois ele responde a alguma coisa, a alguma necessidade, a um fim desejável. E, ao mesmo tempo, este conceito pode ser constantemente corrigido, uma vez que sua constituição decorre de um processo permanente de investigação, de verificação do seu significado. Por conseguinte, ser um conceito verdadeiro significa ter sido verificado proveitosamente sob as condições de teste. E se estas condições se modificarem, se complexificarem, por exemplo, aquilo que já era verdade deverá passar por uma revisão, podendo, talvez, sob as novas condições, deixar de sê-lo.

A definição de verdade por meio de referência às consequências futuras leva Dewey a caracterizar as proposições como aquilo que deve ser utilizado de um certo modo a fim de alcançar fins que são desejáveis, ou ainda evitar aqueles indesejáveis.

É o teste das possíveis conseqüências de uma proposição, isto é, sua capacidade de produzir ou não tais consequências sob as condições do teste que constituirão, no futuro, a verdade[12].

2. O Pragmatismo e o Direito

Oliver Wendell Holmes Jr., um dos primeiros pragmatistas, explica o surgimento do Direito, nos seguintes termos:

Os costumes, crenças ou necessidades de um período anterior estabelecem uma regra ou uma fórmula. No decorrer do tempo, os costumes, crenças ou necessidades desaparecem, mas as regras permanecem. A razão, que deu origem às regras, é esquecida, e mentes ingênuas se dedicam a investigar como essas regras devem ser entendidas. Alguns fundamentos

---

12 POGREBINSCHI, Thamy. Pragmatismo: teoria social e política. Rio de Janeiro: Relume Dumará, 2005. p. 26-48.

políticos são pensados na medida em que parecem explicar e reconciliar as regras postas com o estado de coisas atual; e, então, as regras se adaptam às novas razões que foram encontradas para elas e entram numa nova carreira. A velha forma recebe um novo conteúdo, e, com o tempo, a própria forma se modifica para se ajustar ao significado que recebeu.[13].

(...)

A vida do direito não tem sido lógica: tem sido experiência. As necessidades sentidas em todas as épocas, as teorias morais e políticas que prevalecem, as intuições de políticas públicas, claras ou inconscientes, e até mesmo os preconceitos que os juízes compartilham com os cidadãos, e com os quais julgam as demandas que lhes são apresentadas, têm importância muito maior do que silogismos na determinação das regras pelas quais os homens devem ser governados.

O direito incorpora a história do desenvolvimento de uma nação através dos séculos e não pode ser tratado como se compreendesse tão somente axiomas e corolários de livros de matemática. De modo a se saber o que é o direito, deve-se saber o que ele tem sido e qual a tendência que há de se transformar. Deve-se consultar alternativamente a história e as teorias jurídicas existentes. Mas, o trabalho mais difícil será entender a combinação desses elementos na construção de novos produtos em cada fase de desenvolvimento do direito. A substância do direito, em qualquer momento considerado, corresponde aproximadamente ao que é entendido como conveniente no momento; mas a forma, a estrutura e o grau de eficiência do direito, que são estatuídos para a realização de certos resultados desejados, dependem muito de seu passado. (...) Usarei a história de nosso direito, na medida em que for necessária, para explicar um conceito jurídico ou interpretar uma regra. Ao usar a história do direito, há dois erros que devem ser igualmente evitados por escritores e leitores. O primeiro erro é supor que o direito sempre possuiu certo conteúdo ou forma em virtude de ideais que parecem muito familiares e naturais para nós. Muitas coisas que tomamos como fundamentadas tiveram que ser conquistas com muita luta ou com muito esforço intelectual no passado. O segundo erro é o oposto do primeiro e consiste em atribuir um valor exagerado à história. Começamos com o homem no estágio atual de seu desenvolvimento. Pode ser presumido que os primeiros bárbaros, cujas práticas devem ser consideradas, possuíam muitos de nossos sentimentos e paixões[14].

---

13 HOLMES, Oliver Wendell. The Common Law. New York: Dover Publications, 1991. p. 5. No original, em inglês: *"The customs, beliefs, or needs of a primitive time establish a rule or a formula. In the course of centuries the custom, belief, or necessity disappears, but the rule remains. The reason which gave rise to the rule has been forgotten, and ingenious minds set themselves to inquire how it is to be accounted for. Some ground of policy is thought of, which seems to explain it and to reconcile it with the present state of things; and then the rule adapts itself to the new reasons which have been found for it, and enters on a new career. The old form receives a new content, and in time even the form modifies itself to fit the meaning which it has received".*

14 HOLMES, Oliver Wendell. The Common Law. New York: Dover Publications, 1991. p. 1-2. No original, em inglês: *"The life of the law has not been logic: it has been experience. The felt necessities of the time, the prevalent moral and political theories, intuitions of public policy avowed or unconscious, even the prejudices which judges share with their fellow-men, have had a good deal more to do than the syllogism in determining the rules by which men should be governed. The law embodies the story of a nation's development through many centuries, and it cannot be dealt with as if it contained only the axioms and corollaries of a book of mathematics. In order to know what it is, we must know what it has been, and what it tends to become. We must alternately consult history and existing theories of legislation. But the most difficult labor will be to understand the combination of*

Comungamos do apontamento feito por Matheus de Mendonça Gonçalves Leite:

> *Percebe-se, então, que o direito é uma normatividade que emerge de práticas sociais (hábitos), de modo a direcionar as diferentes atividades humanas sobre o melhor modo de intervenção nas circunstâncias contingentes e mutáveis em que se desenvolve a vida humana, para a resolução de problemas sociais e a satisfação das necessidades humanas.*
>
> *Isso significa que o direito não pode ser conhecido pelo método a priori, de dedução lógica a partir de princípios absolutos, eternos e imutáveis obtidos pela contemplação intelectual de formas abstratas ou pela universalização de máximas pela aplicação de conceitos morais possuídos pela pessoa racional, que governam a conduta correta independentemente de qualquer dado da experiência sensível. Pois, o direito se originou dos hábitos adotados pelos agentes para a resolução de certos problemas e satisfação de determinadas necessidades humanas....*
>
> *O direito só pode ser conhecido por meio da experiência dos sucessivos arranjos sociais destinados a criar, de modo inteligente, a condições necessárias para o florescimento de subjetividades, por meio da resolução dos problemas existenciais e da satisfação das necessidades humanas. Os arranjos sociais são concebidos mediante um cálculo que, ao considerar as variáveis das contingências existenciais e históricas da condição humana, concebe um modo de ação que se mostra apropriada para a resolução dos problemas existenciais e para a satisfação das necessidades humanas.*
>
> *O direito se caracteriza, então, por ser um sistema constituído por normas de ação, instituições sociais e práticas intencionais, concebidas historicamente por seres inteligentes, para adaptarem a realidade em que vivem, de modo a resolverem certos problemas e a realizarem, na maior medida do possível, os inúmeros bens e ideais humanos, que são sentidas individualmente como verdadeiras necessidades que impulsionam as pessoas a agiram em busca de sua realização.*
>
> *Contudo, ao se verificar uma transformação nos bens e ideais humanos e/ou nas circunstâncias individuais, sociais, científicas, geográficas, econômicas, políticas e outras que condicionam a existência social humana, há uma perturbação da ordem social que emerge da adoção de certos hábitos, que passam a ser inadequados para a satisfação das novas necessidades humanas, e, por isso, o surgimento de novos hábitos é sentido como uma necessidade impostergável. Esses novos hábitos originaram uma nova ordem social, que será mantida enquanto se mostrar apropriada para orientação das ações humanas na resolução de problemas e satisfação de necessidades.*
>
> *O direito precisa, também, se readaptar aos novos bens e ideais humanos e às novas circunstâncias, por meio da preservação de alguns institutos jurídicos, que são mantidos enquanto*

---

the two into new products at every stage. The substance of the law at any given time pretty nearly corresponds, so far as it goes, with what is then understood to be convenient; but its form and machinery, and the degree to which it is able to work out desired results, depend very much upon its past. (...) I shall use the history of our law so far as it is necessary to explain a conception or to interpret a rule, but no further. In doing so there are two errors equally to be avoided both by writer and reader. One is that of supposing, because an idea seems very familiar and natural to us, that it has always been so. Many things which we take for granted have had to be laboriously fought out or thought out in past times. The other mistake is the opposite one of asking too much of history. We start with man full grown. It may be assumed that the earliest barbarian whose practices are to be considered, had a good many of the same feelings and passions as ourselves".

a experiência mostrar que continuam adequados para a satisfação das finalidades sociais a que serve o direito, e da transformação e/ou extinção de outros institutos jurídicos, que são modificados e/ou extintos na medida em que a experiência mostre que se tornaram inadequados para a satisfação das finalidades sociais a que serve a ordem jurídica.

A capacidade adaptativa do direito depende da adoção de um método científico, que permita a observação das consequências práticas produzidas por um modo de regulação social das atividades humanas. E, ao formular uma hipótese científica sobre o funcionamento do universo e as consequências práticas, que provavelmente serão produzidas, por ações sociais destinadas a resolver certos problemas e satisfazer determinadas necessidades humanas, o método científico deve ser capaz, também, de produzir dados empíricos sobre as consequências práticas efetivamente produzidas pelas ações adotadas e de conceber hipoteticamente ações alternativas que possam, concebivelmente, evitar certos efeitos indesejáveis que forem constatados.

O desenvolvimento do direito depende, portanto, da adoção de um modo de proceder científico, que viabilize a identificação dos erros e fracassos na satisfação das necessidades humanas que justificam o direito. O método científico deve reorientar as atividades humanas para, nas circunstâncias contingentes da existência humana, resolver os problemas vitais e satisfazer as necessidades humanas, por meio da reconstrução científica do significado dos institutos jurídicos.

...

O direito precisa, então, adotar o modo de proceder das ciências bem-sucedidas para testar a verdade do modelo de organização jurídica da convivência humana e das necessidades vitais a serem satisfeitas por intermédio do direito. Nesse método, as proposições jurídicas serão fundamentas a partir da observação das consequências práticas produzidas pela atuação das instituições jurídicas, práticas argumentativas e normas jurídicas. E, na medida em que se constate os sucessos e fracassos da regulação jurídica da convivência humana num mundo contingente e mutável, o direito deve manter institutos jurídicos bem-sucedidos e modificar, adaptar ou extinguir os institutos jurídicos que falharem na resolução dos problemas práticos e na satisfação das necessidades vitais humanas[15].

Imperioso reconhecer, portanto, o caráter científico do Direito, constituindo, em verdade, ciência social aplicada. Nesse sentido, o pragmatismo pode contribuir sobremaneira para o seu desenvolvimento, sendo o método mais adequado para dimensionar de forma adequada a permanente evolução a que o Direito deve observar para regular as complexas relações jurídicas que envolvem o tecido social, maximizando a sua efetividade enquanto instrumento destinado a possibilitar a Justiça e harmonia.

Cumpre trazer à baila a reflexão de Antonio Cota Marçal sobre a relação entre o Pragmatismo e o Direito:

Apesar dos trabalhos empreendidos por Holmes, Dewey e Mead, repensar cientificamente o Direito a partir do ponto de vista pragmatista tem sido um esforço incidental por parte dos

15 LEITE, Matheus de Mendonça Gonçalves. A atitude científica e o modo de proceder científico na perspectiva do pragmatismo clássico e os reflexos na compreensão científica do direito. Revista de Direito Privado (São Paulo), v. 15, p. 27-72, 2014.

Teóricos e Filósofos do Direito. A fusão entre a análise da linguagem e a assunção do agir e das práticas sociais como elementos significativos do ponto de vista teorético, no entanto, abrem novas perspectivas para se repensar cientificamente a construção, a fundamentação e a legitimação do Direito, enquanto alternativa à tradicional idealização transcendentalizadora, de inspiração religiosa e/ou metafísica.

O Direito brasileiro, em seu ordenamento e em suas práticas, devido a sua formação histórica (origens não iluministas portuguesas, forma autoritária de sua construção de cima para baixo, forte influência da dogmática cristã em seu conteúdo, centralismo e autoritarismo político exceto em poucos e curtos períodos de vivência democrática desde a proclamação da República) e em razão da tendência conservadora e imobilista de uma sociedade até pouco tempo predominantemente agrária e fechada em si mesma, não acompanhou o processo moderno de conformação da vida e do próprio Direito aos padrões científicos vigentes. Constata-se que as práticas sociais e institucionais do Direito brasileiro e de seus agentes, bem como aquelas dos profissionais autônomos do Direito, prescindem ainda de uma efetiva autocompreensão científica do Direito, enquanto ciência social aplicada. E, para o Pragmatismo, as práticas sociais são o que interessa quando se trata de construir, desenvolver e repensar intersubjetivamente a realidade...

Circunstâncias históricas e posicionamentos ideológicos tornaram mais conveniente para o Direito cultivar o passado e suas crenças e deixar que outras disciplinas cuidassem cientificamente da realidade em processo permanente de gestação e mudança. Neste contexto, o Direito se autocompreendeu como uma ciência formal, que trabalha relações entre conceitos e procede dedutivamente em sua aplicação, em vez de efetivamente constituir-se como uma Ciência Social Aplicada.

Entende-se por 'ciência social aplicada' aquela constituída racionalmente em um processo discursivo e experiencial, que se aprofunda graças a revisões e reconstruções críticas tanto de fundamentações teóricas quanto de decisões práticas. O diferencial do Direito assim concebido – como ciência e como prática social – é que todos os integrantes da comunidade jurídica, de modos diferentes, embora todos relevantes, participam de sua construção e desenvolvimento. Enquanto produto da iniciativa e do acordo de vontades, o Direito não é primariamente a obra ou a instituição de um poder ou de uma autoridade extrínsecos e transcendentes àqueles que o constituem ou instauraram.

É sim e permanece criação compartilhada e consensuada de regras vinculantes a partir do exercício livre da racionalidade por parte de todos e de cada um dos sujeitos e titulares de direitos daquela comunidade política que se organiza juridicamente.

Assim concebido, o Direito se constrói permanentemente sobre os fatos da vida e na ação aí desenvolvida pelos autores e destinatários de um determinado sistema jurídico. É, no entanto, sobre o que é objeto das demais ciências que o Direito se constitui com a pretensão de dizer e fazer valer o bom correto ou o justo. Este, o bom correto, não está definido e delimitado uma vez por todas, mas pressupõe a verdade e a objetividade construídas pelas demais disciplinas científicas e que são sempre aproximadas e passíveis de correção. O Direito, considerado como teoria e prática, não paira em algum lugar ou dimensão diversos daqueles em que se desenrolam os fatos da vida: é em cima e a propósito de tais fatos, de seus processos e impasses que o Direito se estrutura. Não é demais lembrar que o objeto próprio do Direito não é a verdade acerca de coisas e fatos da vida em sociedade, mas de sua correção. "Correção" é aquela específica correlação entre um feito ou seu resultado (instituto, instituição, ação, estado de coisas, estados mentais ou relação da vida enquanto manifestação da subjetividade racional e livre), a norma legitimamente instituída (que estabelece as condições de efetivação do objetivado pelos envolvidos) e a finalidade a ser efetivada (o objetivo dos indivíduos agentes)[16].

De fato, há de se gizar que o Direito jamais pode se desconectar da realidade, sob pena de se tornar mera utopia. No ponto, salta aos olhos a relevância do contextualismo e do consequencialismo que norteiam o pensamento pragmático e que devem permear tanto as proposições legislativas quanto as decisões judiciais.

Aliás, o Brasil tem progredido muito nesse sentido. Com efeito, o nosso ordenamento jurídico recentemente incorporou de forma expressa essas premissas, uma vez que a Lei de Introdução às normas do Direito Brasileiro (DL 4.657/42) foi alterada

---

16 MARÇAL, Antonio Cota. Pragmatismo e Direito: qual Pragmatismo e o quê interessa no Pragmatismo? Revista Eletrônica do Curso de Direito – PUC Minas Serro, nº 3, junho de 2010. p. 68-102. Disponível em: http://periodicos.pucminas.br/index.php/DireitoSerro/article/view/1998/2181, último acesso em 10/11/2018. Gize-se, ainda, as lições de Antonio Cota Marçal sobre o método abdutivo, típico do pragmatismo, e sua contribuição para o Direito: " *Trata-se de um raciocínio a partir de pressuposições, que são plausíveis e ou prováveis, na medida em que lastreadas na observação e na experiência dos fatos. Está em jogo o exercício do pensamento discursivo hipotético e que consiste, basicamente, em substituir conceitos obscuros (obscuros porque dogmáticos e acriticamente recebidos prontos, porque representações de conteúdos imaginários ou inteiramente subjetivos, como os transcendentalizados de fora para dentro e os ideológicos) por conceitos mais claros (e mais claros porque inferencialmente construídos a partir de fatos, de enunciados propositivos e descritivos e que podem ser substituídos se a experiência e a prática não lhes derem sustentação), dispondo-os em uma correlação hipotética.É inevitável a referência à abdução, embora não explicitamente mencionada nos textos antes trabalhados, mas já sugerida por Peirce em 1867, sob a denominação de hipótese (Peirce, Collected Papers, 2, 461-516). Com o raciocínio abdutivo Peirce pretendeu estar desenvolvendo uma nova modalidade de raciocínio ao lado do dedutivo e do indutivo. Enquanto no raciocínio dedutivo se passa do geral para o particular (sem produção de novo conhecimento) e no raciocínio indutivo se passa do caso concreto à regra ou lei universal (produzindo novo conhecimento), no raciocínio abdutivo ou hipotético, em função da pressuposição de um enunciado geral, se passa de um caso concreto à especificação e confirmação de uma hipótese explicativa. A abdução, pois, associa a inferência, ao introduzir hipóteses com base na experiência, à dedução, na medida em que da hipótese são deduzidas consequências, cuja verdade material pode ser indutivamente verificada. Além de introduzir a hipótese, a abdução faz a avaliação da hipótese. Deste modo, um conceito abstrato, uma situação, um conteúdo formal, um preceito abstrato ou um dado comando relativo ao agir prático podem ser explicitados e avaliados na medida em que figuram, por exemplo, no antecedente de um enunciado condicional, do qual se deriva um consequente enquanto efeito ou resultado determinado.... Os raciocínios hipotéticos, expressão do pensamento discursivo inferencial, são constituídos por enunciados condicionais. Estes funcionam como fórmulas linguísticas abertas à multiplicidade da experiência e, como tais, postos no domínio público, condições estas que possibilitam explicitar e determinar o sentido de intenções e crenças traduzidas em ações e comportamentos, bem como o significado de símbolos, sinais, instituições e sistemas. Na medida em que esta participação na produção, interpretação e aplicação da norma legal se efetivar universalmente (abranger todos os envolvidos enquanto autores e destinatários da lei), for livre (o que pressupõe que as funções do Estado sejam assumidas como tais e não disputadas como poderes e que o aparato do Estado se torne de fato instrumento da realização dos fins dos cidadãos) e esclarecida, estará sendo construída a real e adequada normatividade do Direito.*

por meio da Lei nº 13.655, promulgada em 2018, passando a preconizar de maneira categórica todos os alicerces do pragmatismo (antifundacionalismo, contextualismo e consequencialismo):

> *Art. 20. Nas esferas administrativa, controladora e judicial,* ***não se decidirá com base em valores jurídicos abstratos sem que sejam consideradas as consequências práticas da decisão.***
>
> *Parágrafo único. A motivação demonstrará a necessidade e a adequação da medida imposta ou da invalidação de ato, contrato, ajuste, processo ou norma administrativa, inclusive em face das possíveis alternativas.*
>
> *Art. 21.* ***A decisão*** *que, nas esferas administrativa, controladora ou judicial, decretar a invalidação de ato, contrato, ajuste, processo ou norma administrativa* ***deverá indicar de modo expresso suas consequências jurídicas e administrativas****.*
>
> *Parágrafo único. A decisão a que se refere o caput deste artigo deverá, quando for o caso, indicar as condições para que a regularização ocorra de modo proporcional e equânime e sem prejuízo aos interesses gerais, não se podendo impor aos sujeitos atingidos ônus ou perdas que, em função das peculiaridades do caso, sejam anormais ou excessivos.*
>
> ....
>
> *Art. 23. A decisão administrativa, controladora ou judicial que estabelecer interpretação ou orientação nova sobre norma de conteúdo indeterminado, impondo novo dever ou novo condicionamento de direito, deverá prever regime de transição quando indispensável para que o novo dever ou condicionamento de direito seja cumprido de modo proporcional, equânime e eficiente e sem prejuízo aos interesses gerais.*
>
> *Art. 24. A revisão, nas esferas administrativa, controladora ou judicial, quanto à validade de ato, contrato, ajuste, processo ou norma administrativa cuja produção já se houver completado* ***levará em conta as orientações gerais da época****, sendo vedado que, com base em mudança posterior de orientação geral, se declarem inválidas situações plenamente constituídas.*
>
> *Parágrafo único. Consideram-se orientações gerais as interpretações e especificações contidas em atos públicos de caráter geral ou em jurisprudência judicial ou administrativa majoritária, e ainda as adotadas por prática administrativa reiterada e de amplo conhecimento público.- grifo nosso*

Em relação ao consequencialismo, merece destaque a Análise Econômica do Direito (AED), que foi desenvolvida precipuamente nos EUA e sob o signo da *Common Law*, tendo caráter pragmático e natureza transdisciplinar. Consiste em um método de análise jurídica que abarca conhecimentos de Direito e de Economia, e por meio da utilização de ferramentas da Ciência Econômica, busca uma compreensão mais ampla dos institutos jurídicos e de suas consequências sociais.

Merecem destaque os seguintes apontamentos de Luciano Benetti Timm sobre o tema:

> *A AED, em grosseira síntese, tem fundamentalmente dois diferentes métodos. O positivo – que trabalha com a realidade comportamental e a sua descrição conforme algum método científico – e o normativo – que vai além das descrições empíricas comportamentais e passa a fazer julgamentos propositivos/interpretativos. A AED positiva, então, esforça-se em mostrar*

como as normas jurídicas evoluíram de modo a agregar eficiência à sociedade, diminuindo custo das transações e estimulando as relações econômicas, assim como para predizer o comportamento de partes, juízes, advogados, promotores. Nesse sentido, tratar-se-ia de estudar os mecanismos de interação social (como o mercado) a fim de, compreendendo seu funcionamento, descrevê-los corretamente (a partir das instituições vigentes). Não há como negar a utilidade dessa ferramenta teórica ao jurista.

Já a AED normativa emitirá opiniões sobre a adequação ou não de determinadas regras jurídicas, tangenciando a prescrição (política normativa). Aqui também nos parece útil uma ferramenta de mensuração de consequências a partir de pesquisas empíricas, em que a realidade e os dados sejam levados a sério.

No campo da AED positiva, por exemplo, serão pesquisados os comportamentos estratégicos das partes, seus advogados e juízes. Por exemplo, qual o possível impacto de uma reforma trabalhista que limita (para não dizer moraliza) a concessão do benefício da gratuidade da justiça aos litigantes e estabelece algumas regras para sucumbência. Ou, qual o efeito esperado do cumprimento da pena após segundo grau de jurisdição? Ou então, qual o possível efeito da utilização de mecanismos de objetivação da responsabilidade civil

...Outro ponto em comum do método da AED – talvez com a exceção dos austríacos – é o consequencialismo, que significa a necessidade de levar conta as possíveis consequências dos atos decisórios ao se ponderar atos com relevância jurídica (como a elaboração de contratos ou uma decisão judicial). Muitos críticos, normalmente adeptos de uma filosofia moral kantiana, costumam condenar esse raciocínio denominado de "utilitarista". Entretanto, pesquisas de neurociência tem demonstrado que o cérebro humano é sim capaz de tomar decisões consequenciais e, mais do que isso, muitas vezes elas são desejáveis em casos difíceis, assim como aprovada em alguns casos pela maioria das pessoas pesquisadas. Pena que o Poder Judiciário brasileiro tenha sido tão carente nesse método ao julgar temas difíceis como planos de saúde, acesso a medicamentos, previdência, entre outros...

É verdade que economistas vêm exagerando na matemática, tornando sua ciência quase esoterismo. Por outro lado, a resistência absoluta de alguns juristas à estatística parece novamente um agir estratégico ou ideológico. É mais fácil se esconder no terreno fértil da retórica, da penumbra, do "caso difícil" do que na "dureza" dos dados[17]*.*

Robert Cooter, um dos grandes precursors da AED, salienta que:

Além de uma teoria científica do comportamento, a economia fornece um padrão normativo útil para avaliação de leis e políticas. As leis não são apenas argumentos técnicos misteriosos; elas são instrumentos para se atingir metas sociais importantes. A fim de conhecer os efeitos das leis sobre esses objetivos, juízes e legisladores devem fazer uso de um método de avaliação que permita verificar os impactos legais sobre valores sociais importantes. Economistas predizem os efeitos das políticas com lastro em sua eficiência. A eficiência é sempre relevante

---

17 TIMM, Luciano Benetti. Direito e Economia desmistificado – Resistência absoluta de alguns juristas à estatística parece novamente um agir estratégico ou ideológico. Disponível em: https://www.jota.info/opiniao-e-analise/colunas/coluna-da-abde/direito-e-economia-desmistificado-11092018, último acesso em 16/09/2018.

> *para a formulação de políticas porque é sempre melhor alcançar determinado objetivo a um custo menor do que com maior custo. As autoridades públicas nunca defendem o desperdício de dinheiro*[18].

Cumpre registrar que os alicerces filosóficos da AED repousam na doutrina utilitarista preconizada por, entre outros, David Hume[19] e Jeremy Bentham[20], e que, mais recentemente, essa perspectiva econômica do direito foi impactada também pela psicologia[21], perscrutando-se as limitações da racionalidade humana e as suas consequências comportamentais[22], bem como a influência que determinados incentivos podem acarretar. Surgiu, assim, a Análise Econômica Comportamental do Direito, também conhecida como *Behavioral Law & Economics* (BL&E)[23].

Nesse diapasão, verifica-se a ascensão da eficiência, já consagrada como princípio constitucional, como norte para interpretação de institutos e princípios jurídicos, bem como para tomada de decisões e realização de reformas legislativas. Gize-se, ainda, o relevo da Teoria dos Jogos na Economia Comportamental, contribuindo para que se logre maximizar a cooperação e, por consequência, o bem-estar social.

Em nosso ordenamento jurídico, também já é possível observar a influência dessa Escola acadêmica. Compulsando o Código de Processo Civil, esta resta translúcida ante a redação de inúmeros dispositivos, tais como os artigos 3º, 5º e 6º, só para nos atermos às normas fundamentais[24], sendo todos voltados para o fomento da cooperação, consenso e boa-fé, incentivando comportamentos positivos. Em outro giro, gize-se que o artigo 8º, também norma fundamental de nosso processo, determina expressamente aos juízes que, ao aplicar o ordenamento jurídico, deverão atender aos fins sociais e às exigências do bem comum, observando a proporcionalidade e a eficiência, que revela o nítido traço pragmático adicionado ao nosso processo.

---

18 COOTER, Robert, *An Introduction to Law and Economics, Law and Economics.* Boston: Pearson, 6th ed. p. 4. Tradução livre: "In addition to a scientific theory of behavior, economics provides a useful normative standard for evaluating law and policy. Laws are not just arcane, technical arguments; they are instruments for achieving important social goals. In order to know the effects of laws on those goals, judges and other lawmakers must have a method of evaluating laws' effects on important social values. Economics predicts the effects of policies on efficiency.8 Efficiency is always relevant to policymaking because it is always better to achieve any given policy at lower cost than at higher cost. Public officials never advocate wasting money".

19 HUME, David. Tratado da Naturza Humana. 2 ed. São Paulo: UNESP, 2009.

20 BENTHAM, Jeremy. Principles Of Morals And Legislation. Londom: Prometheus Books, 1990.

21 KAHNEMAN, Daniel. Thinking fast and slow. Kindle Edition, Location 39-52.

22 CALABRESI, Guido. The future of law and economics. New Heaven: Yale University Press, 2016. p. 3-4

23 JOLLS, Christine; SUNSTEIN, Cass R; THALES, Richard. A Behavioral Approach to Law and Economics. Stanford Law Review, 1997-1998. P. 1471-1550.

24 Poderiamos citar, ainda, os seguintes artigos do CPC/15: 77, 80, 81, 90, 278, 334, §8º.

No mesmo diapasão, no âmbito do processo penal, não podemos deixar de destacar a colaboração premiada (artigo 4º da Lei 12.850/13), lastreada justamente na concepção supracitada. Aliás, tal fato já foi reconhecido no paradigmático voto proferido pelo Ministro do STF Luiz Fux no julgamento da Ação Penal 470:

> ***A certeza da impunidade é o maior combustível da criminalidade.***
>
> *Neste sentido, a pura e simples punição de um delinquente, descoberto, para seu azar, em sua empreitada criminosa, não é suficiente para o atendimento, em plenitude, das finalidades preventiva e repressiva da pena, estas fixadas pelo art. 59 do Código Penal.* ***Ceifar a ponta do iceberg, deixando acobertada sob o oceano a maior parte das condutas socialmente nocivas, faz da persecução penal um mecanismo inócuo, inapto à pacificação social. Há que se concluir, ainda com recurso ao metaforismo, que é preferível deixar intacta a ponta do iceberg e dar cabo da sua imensa magnitude oculta, do que o inverso, assumindo-se necessário optar entre uma solução e outra.***
>
> *O professor de Direito Penal da Universidade Nacional de Montevidéu, Raúl Cervini, define como "cifra negra" ou "campo obscuro da delinquência" a diferença existente entre a criminalidade real (quantidade de delitos cometidos num tempo e lugar determinados) e a criminalidade aparente (criminalidade conhecida pelos órgãos de controle). O autor ressalta que há, acerca de certos delitos, um percentual substancial em que não é aplicado o ordenamento penal, e que, em alguns casos, é praticamente absoluto, circunstância que debilita a própria credibilidade de todo o sistema penal. Obviamente, um Estado de Direito pressupõe a absoluta submissão de todos os seus habitantes à lei, qualquer que seja a posição social que ocupem e a função que desempenhem. Entretanto, na realidade constata-se uma desfiguração desse Estado de Direito, de modo que o risco de ser preso aumenta significativamente em razão inversa à situação socioeconômica, tendo em conta a ocultação e dissimulação dos crimes do colarinho branco (CERVINI, Raul. A cifra negra da criminalidade oculta. Revista dos Tribunais, vol. 678, abr./1992. p. 291 e ss.).*
>
> ***São essas as razões que dão supedâneo ao instituto da "delação premiada" no nosso ordenamento. Em legítima atividade de sopesamento, decidiu o legislador por abrandar ou mesmo eliminar o apenamento de delinquentes que colaborem para o atingimento de determinadas finalidades, dentre elas a identificação dos demais envolvidos no esquema criminoso e a recuperação total ou parcial do produto do crime. Nestes casos, a benesse ao infrator se justifica pela sua indispensável ajuda no desbaratamento da engenharia delitiva, contribuindo para prevenir e reprimir um dano social consideravelmente maior do que aquele que causou.***
>
> *Ao contrário do que se possa imaginar à primeira vista, os efeitos favoráveis da delação premiada não se restringem aos resultados obtidos em uma determinada persecução penal. São eles muito mais abrangentes, e apenas podem ser corretamente dimensionados com o recurso à análise econômica do direito.*
>
> ***Robert Cooter e Thomas Ulen, na clássica obra Law and Economics (3ª ed. Addison Wesley Longman, 2000. p. 34 e ss.), explicam que a economia pode ajudar a encontrar a solução mais otimizada em situações nas quais se façam presentes diversos atores, detentores do poder de escolha entre várias alternativas possíveis, e onde a escolha de um influa diretamente na melhor saída para os interesses do outro.***
>
> *Para exemplificar o quadro, os autores fazem menção ao* ***"dilema do prisioneiro"****: dois coautores de um crime são presos e encarcerados em celas distintas; as provas contra ambos são tênues e as autoridades os interrogam em separado, tentando colocá-los um contra o outro.*
>
> *Caso nenhum dos suspeitos confesse, ambos responderão por um crime menos grave (punidos, v.g., com uma pena de um ano de prisão). Se um delatar o ocorrido e o outro não, o cola-*

> *borador será agraciado com uma drástica redução de pena (a reprimenda seria, e.g., de seis meses de prisão), enquanto o outro suportaria a sanção do crime mais grave (por exemplo, sete anos de prisão). Caso ambos optem pela confissão, gozarão da respectiva minorante, mas responderão pelo crime mais grave, que realmente cometeram (suponha-se que a pena aplicada seja de cinco anos de prisão).*
>
> *Considerando que um prisioneiro não pode prever qual será a atitude do outro, qual a melhor atitude: confessar ou manter silêncio?*
>
> ***A teoria dos jogos pode responder a essa pergunta. Cooter e Ulen demonstram que confessar é a "estratégia dominante" nesta situação, pois sempre significará uma pena menor para o confessor.***
>
> ***Sendo essa a estratégia ótima, saem beneficiados os órgãos de persecução penal, que podem saber de fatos criminosos que de outra forma desconheceriam.***
>
> ***No campo das organizações criminosas dedicadas aos "crimes do colarinho branco" a solução é idêntica****. A mera previsão legal da delação premiada é suficiente para instaurar a mútua desconfiança entre os membros da organização – ou até mesmo para evitar que elas se formem. A potencial traição de um comparsa é fator que desestimula a associatividade entre os que delinquem e fragiliza as quadrilhas existentes. E, ao contrário do que sustentam alguns críticos do instituto, nada há de imoral em trair o crime para ser leal ao direito.* [25]

O pensamento pragmático também foi o fio condutor da decisão proferida em 26/11/2018, também pelo Ministro do Supremo Tribunal Federal Luiz Fux, a respeito do Auxílio-Moradia (AO 1773/DF), oportunidade em que restou sepultada qualquer dúvida quanto a sua importância na judicatura contemporânea:

> *Destarte, a abordagem delineada limitou-se à análise dos aspectos estritamente jurídicos. Assim é que toda a narrativa e argumentação se desenvolveram por intermédio de uma lógica técnica que impõe a necessária conclusão de que o auxílio-moradia é devido a magistrados e membros do MP.*
>
> ***Entretanto, o Direito é, por essência, multidisciplinar e não se pode desprezar o contexto em que as decisões judiciais são tomadas, especialmente as que acarretam impacto orçamentário.***
>
> *Com efeito, em um Estado Democrático de Direito, há de se ter em foco a justa equalização das situações sub judice,* ***não podendo o Judiciário se afastar completamente do cenário econômico e da realidade orçamentária.***
>
> ***No contexto atual, surge um fato novo de amazônica repercussão****. O impacto orçamentário do projeto de lei de revisão do subsídio de Ministro do Supremo Tribunal Federal aprovado pelo Congresso Nacional e recentemente sancionado pelo Presidente da República não pode ser desprezado e merece uma análise detida, na medida em que a nova lei repercute intensa e diretamente nos recursos públicos destinados ao pagamento de despesas com pessoal.*
>
> *As recentes Leis nº 13.752/2018 e nº 13.753/2018 aprovaram uma recomposição das perdas inflacionárias em um total de 16,38%, purgando, ainda que parcialmente, os efeitos*

25 Disponível em http://www.stf.jus.br/portal/cms/verNoticiaDetalhe.asp?idConteudo=220033, último acesso em 12/11/2018.

deletérios do prolongado congelamento dos subsídios pagos aos membros do Supremo Tribunal Federal e ao Procurador-Geral da República. Tais normas têm, como consectário do sistema de vinculação ao teto constitucional, ocasionado um efeito cascata sobre os subsídios do Poder Judiciário e do Ministério Público e, ademais, incrementado as despesas com pessoal em todos os entes da federação, na medida em que elevaram o limite remuneratório máximo dos membros e servidores das carreiras jurídicas vinculados ao teto constitucional.

Portanto, o enfrentamento de tema tão sensível como o dos presentes autos, em que se examina a licitude do regime remuneratório das carreiras da Magistratura e do MP, e em que a repercussão econômica é vultosa para os cofres de todos os entes da federação, ***não pode desprender-se dos impactos orçamentários resultantes tanto da tutela antecipada deferida quanto do recém-aprovado reajuste dos subsídios, sobretudo no contexto de grave crise econômica que acomete o país.***

Em cenários como esse, o Poder Judiciário deve, sempre que possível, proferir decisões ou modificar as já existentes para que produzam um resultado prático razoável e de viável cumprimento. É que, em uma abordagem pragmática e multidisciplinar, a atuação do juiz, como agente político dotado da missão de resolver conflitos intersubjetivos, deve ser informada por três axiomas: o antifundacionalismo, o contextualismo e o consequencialismo.

Primeiro, o Direito não é um fim em si mesmo, mas um processo dinâmico com finalidades sociais. *Destarte, as decisões judiciais devem ser avaliadas relativamente à sua potencialidade de resolver e pacificar conflitos reais, fortalecendo relações jurídicas outrora estremecidas, maximizando a normatividade do ordenamento jurídico e promovendo o bem-estar social, sem que o magistrado possa se descuidar dos limites de sua própria função.*

Segundo, o exercício da jurisdição é contextual. *A Constituição é um documento vivo, em constante processo de significação e de ressignificação, cujo conteúdo se concretiza a partir das valorações atribuídas pela cultura política a que ela pretende ser responsiva. Por sua vez, tais valorações são mutáveis, consoante as circunstâncias políticas, sociais e econômicas, o que repercute diretamente no modo como o juiz traduz os conflitos do plano prático para o plano jurídico, e vice-versa.*

Terceiro, decisões judiciais geram impactos macrossistêmicos que repercutem em um ambiente político e econômico altamente disfuncional e fragmentado, promovendo incentivos e desincentivos variados aos atores sociais e às instituições, tanto em relação àquilo que se vê, como àquilo que não se enxerga. *As eventuais respostas dos players aos comandos judiciais se consubstanciam em elemento de convicção essencial para o alcance do ponto ótimo da intervenção judicial no mundo fenomênico, em cada caso concreto.*

Após consagrar a abordagem pragmática e destacar cada um de seus pilares, o Ministro e também ilustre Professor Titular de Processo da renomada UERJ, prosseguiu destacando a necessidade de que a construção da decisão mais justa e adequada perpasse a análise da repercussão econômica e social que será acarretada, com o escopo de influenciar positivamente a construção da realidade, sempre à luz dos valores constitucionais. Por ser um dos maiores marcos do pragmatismo na jurisprudência, senão o maior, primordial transcrever mais um lapidar excerto que corrobora a tese esposada nesse artigo:

A partir dessa visão, o pragmatismo revoluciona o modo como se problematizam as funções institucionais dos magistrados, bem como a relação entre prática judicial e filosofia deontológica. Cada vez mais, Cortes constitucionais têm adotado explicitamente o discurso consequencial para resolver conflitos, especialmente em contextos de crise política e econômica. ***Antes um ideário distante, o pragmatismo tornou-se common place na prática adjudicativa.***

Compreendido como estimativa de resultados ou juízo prognóstico, o consequencialismo não se confunde com o utilitarismo nem menoscaba reflexões de ordem moral ou positivista. *Pressupõe, apenas, que o juiz considere os estados de coisas consequencialmente decorrentes de cada exegese que a norma contemple.*

Na síntese do juiz norte-americano Frank Easterbrook, as decisões judiciais não se despirão do risco de enviarem sinais errados "a menos que os juízes apreciem as consequências das regras legais para o comportamento futuro" (EASTERBROOK, Frank. The Supreme Court 1983 Term. Harvard Law Review, Cambridge, nº 4, p. 10-11, 1984-1985).

Dentro do marco do consequencialismo, a decisão mais adequada a determinado caso concreto é aquela que, dentro dos limites semânticos da norma, ***promova os corretos e necessários incentivos ao aperfeiçoamento das instituições democráticas, e que se importe com a repercussão dos impactos da decisão judicial no mundo social.***

Sob essa perspectiva, há espaço para algum pragmatismo jurídico, com espeque no abalizado magistério de Richard Posner, impondo, bem por isso, ao magistrado o dever de examinar as ***consequências imediatas e sistêmicas*** *que o seu pronunciamento irá produzir na realidade social (POSNER, Richard. Law, Pragmatism and Democracy. Cambridge: Harvard University Press, 2003, p. 60-64). Com efeito, parte-se de uma premissa de que, ao exercer seu poder de decisão nos casos concretos com os quais se depara, as Cortes Constitucionais alocam recursos escassos, já que "em razão do juízo consequencialista, juízes são comprometidos com os resultados de suas ações" (MAGALHÃES, Andréa.* ***Jurisprudência da crise: uma perspectiva pragmática****. Rio de Janeiro: Lumen Juris, 2017, p. 190).*

Nesse mesmo sentido e com as mesmas preocupações, a recente Lei nº 13.655, de 25 de abril de 2018, que alterou profundamente a Lei de Introdução às Normas do Direito Brasileiro, predica que as decisões da Administração Pública, dos Tribunais de Contas e as do ***Poder Judiciário*** *devem considerar as suas consequências práticas, verbis:*

Art. 20 – Nas esferas administrativa, controladora e judicial, não se decidirá com base em valores jurídicos abstratos sem que sejam consideradas as consequências práticas da decisão.

Aplicando-se tais premissas à hipótese vertente, é de se reconhecer, diante do quadro de crise profunda pelo qual o Estado brasileiro está passando e a recomposição dos subsídios, a impossibilidade prática do pagamento do auxílio-moradia nos moldes em que inicialmente fora deferido aos magistrados e às carreiras jurídicas que, por simetria, percebem a parcela indenizatória em conjunto com a majoração do subsídio resultante do recente reajuste sancionado (Leis nº 13.752/2018 e nº 13.753/2018), terminando por acarretar impactos orçamentários insustentáveis.

Portanto, numa análise pragmática, não há como escapar da impossibilidade, no momento, das carreiras jurídicas afetadas pelo recente reajuste verem tutelado o pagamento do auxílio-moradia nos moldes assegurados pela liminar deferida e em acúmulo com a recomposição salarial. No atual estado das coisas, impõe-se ao Poder Judiciário o estabelecimento de parâmetros que assegurem o ajuste fiscal das contas públicas.

Nesses termos, a inviabilidade orçamentária verificada no atual contexto impõe que seja conferido tratamento isonômico a todos os atingidos, visando a impedir o pagamento da parcela referente ao auxílio-moradia a todos os agentes, ***sem exceções****, que recebem a parcela em decorrência do art. 65, II, da Lei Complementar 35/1979 (i.e., todos os membros do Poder Judiciário), ou como resultado da simetria entre as carreiras jurídicas (i.e., todos os membros do Ministério Público, da Defensoria Pública, do Tribunal de Contas ou de carreiras que estejam pagando o referido auxílio com fundamento na liminar deferida nestes autos).*

O que se impõe é, assim, a efetivação do princípio da isonomia na forma mais completa possível do direito ao citado benefício em relação a todos os beneficiários. Outrossim, não estender a decisão proferida por esta Corte em nível nacional, sem exceções, geraria um insustentável cenário de incongruência jurídica, de sorte que eventual tratamento diverso implicaria violação frontal à garantia constitucional da isonomia.

De fato, o equilíbrio e a ordem nas contas estatais são imprescindíveis para assegurar a continuidade de serviços públicos dignos a gerações futuras, sem desprezar a imperiosa necessidade de observância do princípio eficiência e da economicidade que impõem a modificação do resultado destas ações originárias como medida indispensável à satisfação dos interesses sociais.

Trata-se de medida inevitável, mas absolutamente razoável e proporcional no presente contexto, convolando sensata resposta normativa e institucional às demandas de uma excepcional conjuntura que, por seu decisivo ingrediente fiscal, impede o recebimento do auxílio-moradia pelos referidos servidores.

Importante ressaltar, sob pena de injustiça com situações dissintônicas, a existência de uma enorme gama de servidores públicos que recebem o denominado auxílio-moradia, mas com fundamento no Estatuto dos Servidores Públicos Federais (Lei 8.112/1990), que em nada serão afetados com o presente decisum. – grifo e destaque nosso.

No mesmo diapasão, essa perspectiva empírico-pragmática também foi consagrada na manifestação oral do Ministro Luís Roberto Barroso[26], também renomado Professor da UERJ, no julgamento do HC 152.752, ao analisar a presunção de inocência e reiterar a possibilidade de execução da pena a partir da condenação em 2º grau, permitindo a duração razoável dos processos penais e a efetividade da Justiça Criminal:

A esse propósito, como lembrou a Ministra Ellen Gracie em 2009, foi reiterado pelo saudoso Ministro Teori Zavascki em 2016, lembrado por mim e repetido pelo Ministro Gilmar Mendes aqui em plenário no mesmo julgamento, praticamente nenhum país civilizado do mundo exige isso. Em diversos países a execução da condenação se dá após o 1º grau e no restante se dá em 2º grau. Mais que isso, os principais documentos e convenções de direitos humanos do mundo tampouco exigem o trânsito em julgado[27].

---

26 BARROSO, Luis Roberto. Voto no julgamento do HC 152.752 pelo STF. Disponível em: https://www.conjur.com.br/dl/anotacoes-manifestacao-oral-barroso.pdf e http://luisrobertobarroso.com.br/votos-e-decisoes/, último acesso em 14/04/2018.

27 **Declaração Universal dos Direitos Humanos** (Art. 11° – 1. Toda a pessoa acusada de um ato delituoso presume-se inocente até que a sua culpabilidade fique legalmente provada no decurso de um processo público em que todas as garantias necessárias de defesa lhe sejam asseguradas); **Convenção para a Proteção dos Direitos do Homem e das Liberdades Fundamentais** (Art. 6° – Direito a um processo equitativo – 2. Qualquer pessoa acusada de uma infracção presume-se inocente enquanto a sua culpabilidade não tiver sido legalmente provada); **Carta dos Direitos Fundamentais da União Europeia** (Art. 48 – Presunção de inocência e direitos de defesa – 1. Todo o arguido se presume inocente enquanto não tiver sido legalmente provada a sua culpa); **Carta Africana dos Direitos do Homem e dos Povos** (Art. 7º – 1. Toda a pessoa tem direito a que a sua causa seja apreciada. Esse direito compreende: b) O direito de presunção de inocência, até que a sua culpabilidade seja estabelecida por um tribunal competente); **Declaração Islâmica dos Direitos Humanos**

A presunção de inocência é um princípio, e não uma regra absoluta, que se aplique na modalidade tudo ou nada. Por ser um princípio, ela precisa ser ponderada com outros princípios e valores constitucionais. Princípios, ao contrário das regras, não descrevem condutas, mas apontam para estados ideais a serem alcançados, como justiça, dignidade humana, eficiência. São mandados de otimização dirigidos ao intérprete, que deve aplicá-los na maior extensão possível, levando em conta outros princípios e a realidade fática. Princípios, portanto, devem ser aplicados, em muitas situações, em harmonia, em concordância prática ou em ponderação com outros princípios e mandamentos constitucionais. Ponderar significa atribuir pesos, fazer concessões reciprocas e, no limite, realizar escolhas sobre qual princípio vai prevalecer numa situação concreta.

Quais os princípios em jogo na presente discussão? De um lado, o princípio da inocência ou da não culpabilidade; de outro lado, o da efetividade mínima do sistema penal, que abriga valores importantes como a realização da justiça, a proteção dos direitos fundamentais, o patrimônio público e privado, a probidade administrativa.

Quando a investigação começa, o princípio da presunção de inocência tem o seu peso máximo. Com o recebimento da denúncia, este peso diminui. Com a sentença condenatória de 1º grau, diminui ainda mais. Quando da condenação em 2º grau, o equilíbrio se inverte: os outros valores protegidos pelo sistema penal passam a ter mais peso do que a presunção de inocência e, portanto, devem prevalecer.

Segundo os dados da Assessoria de Gestão Estratégica do STF, referente ao período de 1º.01.2009 até 19.04.2016, foram apresentados 25.707 recursos extraordinários ou agravos em recursos extraordinários em matéria criminal. Desse total, o percentual de recursos acolhidos foi de 2,93%, abrangendo tanto os recursos providos em favor da defesa quanto da acusação. Quando se vai verificar o percentual de recursos extraordinários acolhidos em favor dos réus, o número cai para 1,12%. Quando se vai examinar o percentual de absolvições, ele é de irrisórios 0,035% dos casos. Vale dizer: em mais de 25 mil recursos extraordinários, houve tão somente 9 (nove) casos de absolvição. Os outros casos de provimento se referiam à substituição da pena privativa de liberdade por medida alternativa (o que é relevante, pois afeta a liberdade), mudança de regime, progressão de regime, dosimetria e prescrição. Ao tema da prescrição se voltará mais adiante.

Veja-se, então, em resumo: ***aguardar-se o trânsito em julgado do recurso extraordinário produz impacto de 1,12% em favor da defesa, sendo que apenas 0,035% de absolvições. Subordinar todo o sistema de justiça a índices deprimentes de morosidade e ineficiência para produzir este resultado é uma opção que não passa em nenhum teste de razoabilidade ou de racionalidade****.*

Eu entendo e respeito quem tem o entendimento de que bastaria um caso de reforma para justificar a exigência do trânsito em julgado. Mas por essa lógica, deveríamos fechar todos os aeroportos, porque apesar de todos os esforços, há uma margem mínima de acidentes. O mesmo vale para a indústria automobilística, para a construção civil e quase todas as atividades produtivas. Viver envolve riscos. E tornar a vida infinitamente pior não é capaz de eliminá-los.

(V – Direito a Julgamento Justo – Ninguém será considerado culpado de ofensa e sujeito à punição, exceto após a prova de sua culpa perante um tribunal jurídico independente); **Pacto Internacional dos Direitos Civis e Políticos** (Art.14 – §2. Toda pessoa acusada de um delito terá direito a que se presuma sua inocência enquanto não for legalmente comprovada sua culpa); **Convenção Americana Sobre Direitos Humanos – Pacto de San José da Costa Rica** (Art. 8º – Garantias judiciais – 2. Toda pessoa acusada de delito tem direito a que se presuma sua inocência enquanto não se comprove legalmente sua culpa).

> *Segundo pesquisa desenvolvida pela Coordenadoria de Gestão da Informação do STJ, sob a coordenação do Ministro Rogerio Schietti, os números em relação aos recursos especiais perante o Superior Tribunal de Justiça também infirmam a necessidade de se tornar a mudar a jurisprudência firmada nessa matéria. A pesquisa foi realizada, a meu pedido, entre 1º.09.2015 a 31.08.2017, envolvendo as decisões das duas Turmas Criminais do Tribunal (a 5ª e a 6ª). Foram pesquisadas 68.944 decisões proferidas em recursos especiais ou em agravos em recurso especial.*
>
> *Pois bem: o percentual de absolvição em todos estes processos foi de* ***0,62%.*** *Em 1,02% dos casos, houve substituição da pena restritiva de liberdade por pena restritiva de direitos. Os outros percentuais foram: prescrição – 0,76%; diminuição da pena – 6,44%; diminuição da pena de multa – 2,32%; e alteração de regime prisional – 4,57%.*
>
> ***Veja-se, então: a soma dos percentuais de absolvição e de substituição da pena é de 1,64%, revelando o baixo número de decisões reformadas que produzem impacto sobre a liberdade dos condenados. Diante desses dados, é ilógico, com todas as vênias de quem pensa diferentemente, moldar o sistema em função da exceção, e não da regra[28].*** *– grifo e destaque nosso.*

Nesse mesmo julgamento (HC 152.752), outra não foi a linha seguida pelo Ministro Luiz Fux em seu voto[29], robustamente lastreado no pragmatismo e na Análise Econômica do Direito:

> *O princípio da presunção de inocência encontra-se insculpido em um sistema unitário, devendo harmonizar-se com outras normas e garantias também previstas na Constituição, cujos conteúdos se delimitam mutuamente.*
>
> *Cumpre, ainda, acrescentar uma análise da história de interpretação do princípio da presunção de inocência na jurisprudência do STF. Ela se divide em três períodos: de 1988 até 2009; de 2009 a 2016; desde 2016 até o momento atual. As sucessivas alterações deveram-se: 1) à influência do garantismo na interpretação ampliativa, em 2009; 2) à influência do consequencialismo na interpretação restritiva, em 2016.*
>
> *Concluiu-se, a partir das citações que informaram o julgamento do HC 126.292, que para a proteção dos direitos fundamentais do homem e defesa dos valores democráticos, o princípio da presunção de inocência, ou de não-culpabilidade, demanda, tão somente, que sejam produzidas provas da culpa do acusado, como condição para sua condenação, não significando, portanto, que alguém, somente por ser presumido inocente, não possa ser submetido à privação de liberdade.*
>
> *Mais ainda: verificou-se, naquele julgamento, que na maioria dos países democráticos, o título condenatório constitui fundamento suficiente para o encarceramento, dotado de força legitimadora per se, sem submetê-lo a fundamentos cautelares característicos da prisão que antecede o julgamento de mérito.*
>
> *O salutar amadurecimento institucional do país recomenda a interpretação da presunção de inocência sem sobrepô-lo a todos os demais princípios e direitos fundamentais inscritos na Lei Maior.*

---

28 BARROSO, Luis Roberto. Voto no julgamento do HC 152.752 pelo STF. Disponível em: https://www.conjur.com.br/dl/anotacoes-manifestacao-oral-barroso.pdf e http://luisrobertobarroso.com.br/votos-e-decisoes/, último acesso em 14/04/2018.

29 FUX, Luiz. Voto no julgamento do HC 152.752 pelo STF. Disponível em http://www.stf.jus.br/portal/cms/verNoticiaDetalhe.asp?idConteudo=374738, último acesso em 14/04/2018.

De acordo com as lições de PATRÍCIA PERRONE CAMPOS MELLO (Precedentes: O Desenvolvimento Judicial do Direito no Constitucionalismo Contemporâneo. Rio de Janeiro: Renovar, 2008, p. 233 e seguintes), ***o abandono de precedentes jurisprudenciais nos sistemas de common law se dá, basicamente, em virtude de incongruência sistêmica ou social. Nesta última hipótese, a possibilidade de overruling pode advir de obsolescência decorrente de mutações sociais.*** *In verbis:*

"[...] A incongruência social alude a uma relação de incompatibilidade entre as normas jurídicas e os standards sociais; corresponde a um vínculo negativo entre as decisões judiciais e as expectativas dos cidadãos. Ela é um dado relevante na revogação de um precedente porque a preservação de um julgado errado, injusto, obsoleto até pode atender aos anseios de estabilidade, regularidade e previsibilidade dos técnicos do direito, mas aviltará o sentimento de segurança do cidadão comum. Este será surpreendido sempre que não houver uma convergência plausível entre determinada solução e aquilo que seu bom senso e seus padrões morais indicam como justo, correto, ou, ao menos, aceitável, à luz de determinados argumentos, porque são tais elementos que ele utiliza, de boa-fé, na decisão sobre suas condutas. Para o leigo, a certeza e a previsibilidade do direito dependem de uma correspondência razoável entre as normas jurídicas e as normas da vida real. Em virtude disso, embora para os operadores do Direito, justiça e segurança jurídica possam constituir valores em tensão, para os jurisdicionados em geral, devem ser minimamente convergentes".

A mesma lógica é aplicável à ordem jurídica brasileira e, com ainda maior razão, ao presente caso. ***Permissa venia, impõe-se considerar que o acórdão prolatado no julgamento do HC 84.079 reproduziu compreensão que, embora adequada aos albores da redemocratização, tornou-se um excesso neste momento histórico de instituições politicamente amadurecidas e submetidas ao filtro constitucional em suas ações, procedimentos e decisões.***

Já é possível, portanto, revolver temas antes intocáveis, sem que se incorra na pecha de atentar contra uma democracia que – louve-se isto sempre e sempre – já está solidamente instalada. *A presunção de inocência não deve ser tida como absoluta, cedendo ante requisitos qualificados como os exigidos para a condenação em segundo grau de jurisdição.*

Demais disso, é de meridiana clareza que as cobranças da sociedade civil de ética no manejo da coisa pública se acentuaram gravemente. Para o cidadão, hoje é certo que a probidade é condição inafastável para a boa administração pública e, mais do que isso, que a corrupção e a desonestidade são as maiores travas ao desenvolvimento do país.

Em outras palavras, ou bem se alinha a interpretação da presunção de inocência com a unidade da Constituição e do âmbito normativo vigente, ou se anulará a força normativa do sistema jurídico, mediante análise puramente formalista, divorciada da realidade social que pretende regular.

Não atualizar a compreensão do indigitado princípio, data máxima venia, é desrespeitar a sua própria construção histórica, expondo-o ao vilipêndio dos críticos de pouca memória.

A verdade é que a jurisprudência do STF nesta matéria gera fenômeno similar ao *que os juristas norteamericanos ROBERT POST e REVA SIEGEL (Roe Rage: Democratic Constitutionalism and Backlash, disponível no sítio papers.ssrn.com/abstract=990968) identificam como* ***backlash, expressão que se traduz como um forte sentimento de um grupo de pessoas em reação a eventos sociais ou políticos. É crescente e consideravelmente disseminada a crítica, no seio da sociedade civil, à resistência do Poder Judiciário na compreensão da presunção de inocência em aparente descaso com a realidade subjacente, de elevada criminalidade, em todas as camadas sociais e, especialmente, nas altas esferas do Poder político.***

Obviamente, o Supremo Tribunal Federal não pode renunciar à sua condição de instância contramajoritária de proteção dos direitos fundamentais e do regime democrático. No en-

tanto, a própria legitimidade democrática da Constituição e da jurisdição constitucional depende, em alguma medida, de sua responsividade à opinião popular.

POST e SIEGEL, debruçados sobre a experiência dos EUA – mas tecendo considerações aplicáveis à realidade brasileira –, sugerem a adesão a um constitucionalismo democrático, em que a Corte Constitucional esteja atenta à divergência e à contestação que exsurgem do contexto social quanto às suas decisões.

A toda evidência, não se está a defender uma obediência ou submissão irracional às demandas populares ou midiáticas. O que se propõe é um movimento da Corte em direção a compreensões juridicamente fundamentadas na Constituição, voltadas à concretização do que PABLO LUCAS VERDÚ chamara de sentimento constitucional, de maneira a fortalecer a própria legitimidade democrática do constitucionalismo.

Qual seria, então, o alcance do princípio da presunção de inocência? O que a Constituição garante ao indivíduo, ao afirmar que ninguém será considerado culpado antes do trânsito em julgado da sentença condenatória?

Juridicamente, o conceito de "presunção" está associado ao de prova. Cuida-se de dispensar a prova de determinado fato, que se presume verdadeiro com base na sua aparência. A presunção de inocência, portanto, significa que não se exige que alguém prove que é inocente. O acusado, portanto, não pode ser obrigado a provar que é inocente, porque a inocência se presume. Cuida-se, porém, diante da unidade do Direito, de presunção juris tantum, ou seja: presume-se que o réu é inocente, mas admite-se prova em contrário.

Daí porque parte da significação do princípio em análise liga-o à sua eficácia como regra processual, voltada a "garantir que o ônus da prova cabe à acusação e não à defesa" (NUCCI, Guilherme de Souza. Código de Processo Penal Comentado. 12ª ed. São Paulo: Editora Revista dos Tribunais, 2012, p. 46. Ou seja: "para quebrar tal regra [da presunção de inocência], torna-se indispensável que o Estado-acusação evidencie, com provas suficientes, ao Estado-juiz a culpa do réu" (NUCCI, 2012, p. 46).

Considera-se a presunção de inocência um "desdobramento do princípio do devido processo legal, no qual são assegurados o contraditório, a ampla defesa e que ninguém seja privado de sua liberdade sem o devido processo legal (artigo 5º, LIV e LV, da CF/88)" (SCHMITT, Ricardo Augusto. Prisões provisórias: espécies, natureza e alcance. In: MOREIRA, Rômulo (Org.). Leituras complementares de processo penal. Salvador: Editora Jus Podium, 2008, p. 327/342).

Por fim, cumpre pontuar argumentos associados à análise econômica do direito, em especial sob o prisma dos incentivos e desestímulos aos comportamentos dos indivíduos.

São vários os casos em que a interpretação ampliativa do princípio da presunção de inocência incentivou o comportamento hostil da defesa relativamente ao princípio da razoável duração dos processos e da prestação jurisdicional em tempo oportuno.

Essa jurisprudência, somada a uma compreensão também benevolente no que tange à restrição da incidência do princípio da boa-fé processual na seara penal, conduz à injustiça, à ineficácia das normas penais, quando não à ineficiência do ordenamento jurídico como um todo e ao reforço de uma cultura de desrespeito às normas em geral, numa sociedade de absoluta anomia, que deve ser evitada pelo Poder Judiciário, em seu papel de pacificação social[30]***.*** *- grifo nosso*

30 FUX, Luiz. Voto no julgamento do HC 152.752 pelo STF. Disponível em http://www.stf.jus.br/portal/cms/verNoticiaDetalhe.asp?idConteudo=374738, último acesso em 14/04/2018.

Outro campo em que o pragmatismo encontra fértil campo é o dos direitos sociais. Cláudio Pereira de Souza Neto assevera que "Os direitos sociais só são judicialmente exigíveis quando a prestação requerida for passível de universalização entre os que não podem arcar com os seus custos com recursos próprios sem tornar inviável a garantia de outras necessidades básicas"[31].

No âmbito do Direito à Saúde, por exemplo, as demandas pleiteando fornecimento de remédios tem se multiplicado, a ponto de comprometer o orçamento de alguns entes e, por consequência, a saúde de todos, além de inviabilizar investimentos em outras áreas[32].

De fato, tais pleitos não violam o Princípio da Separação dos Poderes, já que uma das tarefas primordiais do Poder Judiciário é contribuir para a efetivação dos direitos fundamentais, garantindo, inclusive, a implementação de políticas públicas[33].

Nesse sentido, o Direito à Saúde foi consagrado pela Constituição Federal de 1988 como direito fundamental do cidadão, corolário do Direito à Vida, bem maior do ser humano, ressaltando-se o disposto no art. 196 da Carta Magna e a criação de um Sistema Único de Saúde (SUS), tendo como uma de suas diretrizes o "atendimento integral" da população (art. 198, II, da CF/88).

Ademais, a Lei nº 8.080/90 prevê que o Poder Público deverá fornecer assistência integral, inclusive farmacêutica[34]. No entanto, a racionalização do sistema de saúde e do fornecimento de medicamentos é tão imperativa que se não for realizada pode fazer com que sucumba, inviabilizando o fornecimento de remédios básicos a número

31 NETO, Cláudio Pereira de Souza. A justiciabilidade dos direitos sociais: críticas e parâmetros. In: Cláudio Pereira de Souza Neto e Daniel Sarmento [coords.], Direitos sociais: fundamentos, judicialização e direitos sociais em espécie, 2008.

32 TCU, Relatório sistêmico de fiscalização da saúde, Acórdão 693/2014-Plenário, Processo TC 032.624/2013-1, sessão de 26.03.2014. No relatório, foi apontado que "o aumento de demandas judiciais – com o objetivo de garantir o fornecimento de medicamentos e a realização de cirurgias e procedimentos – tem trazido preocupação aos gestores da saúde, nas três esferas administrativas, pois, muitas vezes, essa interferência despreza fluxos e protocolos existentes, impõe a realização de tratamentos extremamente onerosos, e resultam em inversão de prioridades nos gastos com medicamentos, com grave impacto na programação anual de saúde. Na esfera federal, os gastos com medicamentos e insumos para cumprimento de decisões judiciais passaram de R$ 2,5 milhões em 2005 para R$ 266 milhões no ano de 2011".

33 STF. 1ª Turma. ARE 947.823 AgR, Rel. Min. Edson Fachin, julgado em 28/6/2016: "É firme o entendimento deste Tribunal de que o Poder Judiciário pode, sem que fique configurada violação ao princípio da separação dos Poderes, determinar a implementação de políticas públicas nas questões relativas ao direito constitucional à saúde." STJ. 2ª Turma. REsp 1.488.639/SE, Rel. Min. Herman Benjamin, DJe 16/12/2014: "Seria distorção pensar que o princípio da separação dos poderes, originalmente concebido com o escopo de garantia dos direitos fundamentais, pudesse ser utilizado justamente como óbice à realização dos direitos sociais, igualmente relevantes".

34 Art. 6º Estão incluídas ainda no campo de atuação do Sistema Único de Saúde (SUS): I – a execução de ações: (...) d) de assistência terapêutica integral, inclusive farmacêutica;

expressivo de pessoas ao mesmo tempo em que são entregues medicamentos caríssimos e de última geração, por vezes importados, a uns poucos.

Infelizmente, devemos reconhecer os recursos são limitados e o que a Constituição assegura, e aliás, o que ela pode assegurar, é o direito a um tratamento médico adequado e não o direito ao melhor tratamento. Ainda que corresponda ao nosso anseio, quicá ao de alguém acometido por uma doença, lamentavelmente não bastaria o desejo do legislador, em criar um dispositivo legal ou mesmo constitucional, nem o de um julgador, ainda que Ministro do STF, de proferir uma decisão, que fizesse surgir recursos capazes de proporcionar os melhores médicos, remédios e tratamentos a todo e qualquer cidadão brasileiro que necessitasse.

Assim, com o intuito de concretizar a melhor prestação de saúde possível, nos resta o pragmatismo, impondo-se limites a concessão de medicamentos de alto custo.

Ficamos com o sombrio diagnóstico traçado pelo Ministro Barroso em seu voto no julgamento do RE 566.471/RN:

> *O sistema apresenta sintomas graves de que pode morrer da cura, vítima do excesso de ambição, da falta de critérios e de voluntarismos diversos. Por um lado, proliferam decisões extravagantes ou emocionais, que condenam a Administração ao custeio de tratamentos irrazoáveis – seja porque inacessíveis, seja porque destituídos de essencialidade –, bem como de medicamentos experimentais ou de eficácia duvidosa, associados a terapias alternativas...*
>
> *Tais excessos e inconsistências não são apenas problemáticos em si. Eles põem em risco a própria continuidade das políticas de saúde pública, desorganizando a atividade administrativa e impedindo a alocação racional dos escassos recursos públicos. No limite, o casuísmo da jurisprudência brasileira pode impedir que políticas coletivas, dirigidas à promoção da saúde pública, sejam devidamente implementadas. Trata-se de hipótese típica em que o excesso de judicialização das decisões políticas pode levar à não realização prática da Constituição Federal. Em muitos casos, o que se revela é a concessão de privilégios a alguns jurisdicionados em detrimento da generalidade da cidadania, que continua dependente das políticas universalistas levadas a cabo pelo Poder Executivo.*
>
> *Cabe insistir: a interferência judicial desordenada traz consequências graves. Como bem identificou Eduardo Mendonça, elas incluem: (i) a desorganização administrativa, porque os recursos precisam ser desviados do seu orçamento e de sua execução natural para o cumprimento das ordens judiciais; (ii) a ineficiência alocativa, porque as compras para cumprir decisões judiciais se dão em pequena escala, sem o benefício das compras de atacado; e (iii) a seletividade, porque as soluções providas em decisões judiciais beneficiam apenas as partes na ação, sem que sejam universalizadas. Como consequência, prossegue o autor, "a jurisprudência dominante tem dado margem à perturbadora coexistência entre a notória precariedade da rede pública de saúde e tratamentos milionários custeados por determinação judicial".*
>
> *A prestação de assistência farmacêutica pela via judicial deve considerar a maior complexidade que o tema vem ganhando nos dias atuais. Isso se dá em razão de três fatores: (i) o aumento exponencial de gastos (incluindo recursos humanos e materiais) para permitir a aquisição, o gerenciamento e a distribuição de medicamentos, (ii) o aumento exponencial da demanda da população por medicamentos, e (iii) o desenvolvimento acelerado da indústria farmacêutica, com a crescente oferta de novos produtos no mercado.*

Todos esses fatores atuam no sentido do crescimento da pressão por medicamentos e, assim, tornam cada vez mais premente a necessidade de planejamento e racionalização dos gastos, à luz da escassez de recursos. Para que se tenha uma ideia, os gastos do Ministério da Saúde com medicamentos e insumos para cumprimento de decisões judiciais passaram de cerca de R$ 2,5 milhões em 2005 para R$ 266 milhões em 2011, o equivalente a um aumento de mais de 10.000%2. Já em 2014, o valor despendido pelo Ministério da Saúde com determinações judiciais chegou a R$ 843 milhões3. Essa preocupação é ainda mais evidente no caso dos remédios de elevado custo unitário ou que representem maior impacto financeiro. Não há sistema de saúde que possa resistir a um modelo em que todos os remédios, independentemente de seu custo e impacto financeiro, possam ser disponibilizados pelo Estado a todas as pessoas.

Coloca-se, então, uma discussão fundamental travada no campo da saúde: a justiça na distribuição de recursos sanitários entre os indivíduos. Não há dúvida de que a saúde é um dos direitos mais valiosos aos seres humanos. Igualmente, é evidente que a prestação da assistência de saúde não pode depender unicamente da capacidade do indivíduo de custeá-la, sobretudo em uma sociedade com extrema desigualdade e concentração de riquezas, como a brasileira. Porém, parece claro que não é possível nem razoável que o Estado ofereça a todos os seus cidadãos todos e quaisquer medicamentos que solicitem. Ou, nas palavras de Ronald Dworkin, "[n]ão podemos oferecer a todos a assistência médica que os mais ricos dentre nós podem comprar para si". Daí a necessidade de estabelecer critérios e limites para a distribuição desses bens e para racionalizar a sua prestação.....

O juiz, por vocação e treinamento, normalmente estará preparado para realizar a justiça do caso concreto, i.e., a micro-justiça. Nem sempre ele dispõe das informações, do tempo e mesmo do conhecimento específico para instituir políticas públicas e avaliar o impacto de determinadas decisões que digam respeito a questões técnicas e extrajurídicas complexas. E mais, quando decide o caso concreto, o juiz fatalmente ignora outras necessidades relevantes e a imposição inexorável de gerenciar recursos escassos para o atendimento de demandas ilimitadas, i.e., a macro-justiça.

Por tudo isso, não tenho dúvida de que, em regra, juízes e tribunais devem ser autocontidos e deferentes aos outros Poderes em questões técnicas complexas ou que envolvam a formulação e a implementação de políticas públicas. Nesses casos, muitas vezes faltam ao Poder Judiciário a capacidade institucional e a expertise para decidir e avaliar o efeito sistêmico de suas decisões. A judicialização jamais deverá substituir a política, nem pode ser o meio ordinário de se resolverem as questões de alocação de recursos, em princípio, reservadas à Administração Pública[35].

Seguindo essa inescapável linha, o STJ (1ª Seção. REsp 1.657.156-RJ, Rel. Min. Benedito Gonçalves, julgado em 25/04/2018), em recurso repetitivo, estabeleceu que a concessão judicial de qualquer medicamento ou tratamento deve se dar de forma excepcional e exige a presença cumulativa dos seguintes requisitos: (I) comprovação, por meio de laudo médico fundamentado e circunstanciado expedido por médico que assiste o paciente, da imprescindibilidade ou necessidade do medicamento, assim como da ineficácia, para o tratamento da moléstia, dos fármacos fornecidos pelo SUS;

35 STF. RE 566.471/RN. Voto do Ministro Luís Roberto Barroso. Disponível em http://www.luisrobertobarroso.com.br/wp-content/uploads/2016/10/RE-566471-Medicamentos-de-alto-custo-versa%C-C%83o-final.pdf, último acesso em 10/10/2018.

(II) incapacidade financeira de arcar com o custo do medicamento prescrito; e (III) existência de registro na ANVISA do medicamento[36].

Há de se acolher, *in totum*, a pragmática argumentação esposada pelo Ministro e Professor Barroso:

> *Cada cidadão brasileiro faz jus, sem discriminação ou privilégio, ao máximo de justiça em matéria de saúde que o país possa pagar. Não se devem ter ilusões nesta matéria: há limites. Nenhum país do mundo oferece todo o tipo de medicamento e todo o tipo de tratamento a todas as pessoas. Há escolhas trágicas a serem feitas, trágicas, mas inexoráveis.... Não se deve cometer o equívoco de supor que a ponderação que se faz nessa matéria envolve o direito à saúde e à vida, de um lado, e a separação de Poderes e regras orçamentárias, de outro lado. Se fosse assim as soluções seriam mais fáceis. Como os recursos são limitados e precisam ser distribuídos entre fins alternativos, a ponderação termina sendo entre vida e saúde de uns versus vida e saúde de outros. A vida e a saúde de quem tem condições de ir a juízo não têm valor maior do que a dos muitos que são invisíveis para o sistema de justiça...*[37]
>
> *Alguém poderia supor, a um primeiro lance de vista, que se está diante de uma colisão de valores ou de interesses que contrapõe, de um lado, o direito à vida e à saúde e, de outro, a separação de poderes, os princípios orçamentários e a reserva do possível. A realidade, contudo, é mais dramática. O que está em jogo, na complexa ponderação aqui analisada, é o direito à vida e à saúde de uns versus o direito à vida e à saúde de outros. Não há solução juridicamente fácil nem moralmente simples nessa questão*[38].

No mesmo diapasão, há de se refletir e ponderar a respeito das demandas pleiteando ao Poder Judiciário que determine, por exemplo, a imediata realização de cirurgias. Com o intuito de organizar o Sistema de Saúde foi criado, para tal fim, o SISREG (Sistema de Centrais de Regulação), no qual são cadastrados a luz de critérios médicos aqueles que necessitam de determinado procedimento. Se por um lado, o acesso à justiça é constitucionalmente assegurado, por outro, não se mostra justo que este possibilite a "violação da fila", o que importaria em evidente injustiça com aqueles que não se valeram de tutela jurisdicional. Ademais, cumpre ressaltar que o Poder Judiciário, ao analisar demandas desse gênero, defronta-se com uma "visão de túnel", desconhecendo a situação médica dos demais pacientes que aguardam, na fila, a realização de cirurgias do mesmo gênero. Inclusive, cumpre destacar que as condições

---

36 STJ. 1ª Seção. REsp 1.657.156-RJ, Rel. Min. Benedito Gonçalves, julgado em 25/04/2018. Disponível em https://ww2.stj.jus.br/processo/revista/documento/mediado/?componente=ATC&sequencial=82869018&num_registro=201700256297&data=20180504&tipo=5&formato=PDF, último acesso em 10/10/2018.

37 STF. RE 566.471/RN. Voto do Ministro Luís Roberto Barroso. Disponível em http://www.luisrobertobarroso.com.br/wp-content/uploads/2016/10/RE-566471-Medicamentos-de-alto-custo-versa%C-C%83o-final.pdf, último acesso em 10/10/2018.

38 BARROSO, Luis Roberto . Da falta de efetividade à judicialização excessiva: direito à saúde, fornecimento gratuito de medicamentos e parâmetros para a atuação judicial. Revista Interesse Público, ano IX, nº 46, 2007.

clínicas são dinâmicas, podendo oscilar muito em pouco tempo. Portanto, incumbiria a quem domina a expertise técnica e é capaz de avaliar os riscos, *in casu*, os médicos, estabelecerem a priorização dos tratamentos e cirurgias pertinentes.

3. Conclusão

Curioso notar como a célebre obra de Thomas Kuhn (que também foi aluno de Harvard) sobre o progresso científico, publicada em 1962[39] e que imediatamente alcançou renome no meio científico, assemelha-se ao que é preconizado pelo método pragmático.

Nesse sentido, Sertório de Amorim e Silva Neto expõe o conceito de paradigma científico preconizado por Kuhn e o processo por meio do qual se dá a sua superação:

> *Para Kuhn, o conhecimento científico é definido basicamente pela adoção de um paradigma, e um paradigma nada mais é do que uma estrutura mental – composta por teorias, experiências, métodos e instrumentos – que serve para o pensamento organizar, de determinado modo, a realidade e os seus eventos. Essa estrutura, que comporta fatores também psicológicos e filosóficos, é assumida e partilhada pelo conjunto dos membros da comunidade científica e, por causa disso, necessariamente, emerge dali uma unidade social fundada numa visão de mundo consensual: "Um paradigma é aquilo que os membros de uma comunidade partilham e, inversamente, uma comunidade científica consiste em homens que partilham um paradigma".*
>
> *Essa concepção esboça a atividade científica como prática largamente dogmática, baseada na aceitação irrefletida, não-crítica, de um paradigma, e exigindo do cientista um modo de operar apoiado basicamente no hábito, na simples repetição de procedimentos transmitidos pela tradição. Tratar-se-ia, aparentemente, de uma concepção pouco lisonjeira e bastante restritiva de ciência, contudo, para Kuhn, o fato é a impossibilidade de, na maioria das vezes, se fazer ciência de outro modo.*
>
> *Mas esse mesmo almejado realismo obriga Kuhn a reconhecer ainda uma faceta progressista e dinâmica da ciência: o câmbio de paradigmas. A história da ciência revelaria igualmente ocasiões pontuais em que os cientistas se desesperam, ao verificar na sua pratica ordinária, anomalias crônicas no paradigma vigente. Tomados pelo clima de insegurança, eles põem em curso o processo extraordinário de substituição do paradigma deficiente por outro supostamente mais apto, que passará a orientar uma nova prática ordinária. Tal aspecto progressista acha-se entre os temas cardeais da epistemologia kuhniana e é a chave da sua afinidade com a epistemologia de Popper. Segundo comparação do próprio Kuhn (1979; p. 6): "Ambos... enfatizamos o processo revolucionário pelo qual uma teoria mais antiga é rejeitada e substituída por uma nova teoria, incompatível com a anterior". Os paradigmas não são, por conseguinte, estruturas fixas e imutáveis; depois de repetidos insucessos na resolução de quebra-cabeças, são freqüentemente desacreditados e substituídos"*[40].

---

39 KUHN, Thomas S. A estrutura das revoluções científicas. Tradução de Beatriz Vianna Doeira e Nelson Boeira. 9 ed. São Paulo: Perspectiva, 2006.

40 NETO, Sertório de Amorim e Silva. O que é um paradigma? Revista de Ciências Humanas, Florianópolis, Volume 45, Número 2, p. 345-354, Outubro de 2011.

Em síntese, o processo de ascensão e superação dos paradigmas científicos abrangeria as seguintes fases: 1ª Fase – a pré paradigmática, na qual coexistem diversas correntes e ao longo se busca demonstrar o acerto de uma e impor a sua primazia; 2ª Fase – paradigmática ou de ciência normal, na qual uma tese alcança consenso e se torna referência, sendo aceita e compartilhada por toda a comunidade científica; 3ª Fase – a anomalia, na qual as regras do esquema hegemônico se mantêm, ainda que seja questionada ou posta em eventuais xeques, que vão progressivamente crescendo e pondo em dúvida a tese que até então era uníssona; 4ª Fase – a crise, na qual os questionamentos passam a prevalecer e novas teses passam a ser desenvolvidas com o intuito de superar as dúvidas suscitadas, disputando o tratamento do tema com o paradigma vigente; 5ª Fase – a ciência revolucionária, na qual o paradigma anterior é dado por superado e reinicia-se a disputa entre as variadas correntes, típica da fase pré-paradigmática, e que culminará com a ascensão de um novo paradigma[41].

Ante o quadro coligido, acreditamos que vivemos uma fase pré-paradigmática no Direito, que culminará justamente com a ascensão do pragmatismo como paradigma jurisdicional.

E por tal razão, é necessário mais compromisso com a realidade e menos dogmatismo no âmbito jurídico.

A complexidade e dinamismo do mundo contemporâneo acarretaram uma judicialização ampla, fazendo irromper no meio jurídico todo tipo de controvérsias e dando azo a uma multiplicação exponencial de processos.

Todavia, a sociedade não se satisfaz mais com o regular e formal acesso à Justiça, demandando que se proporcione uma tutela procedimental e substancialmente justa[42] a quem quer que necessite, apta a conciliar a concretização das garantias fundamentais e dos valores constitucionais com a efetividade da tutela jurisdicional.

Jane Reis Gonçalves Pereira[43], ao analisar a natural expansão da atuação do Poder Judiciário na produção jurídica, destaca que:

> A teoria da interpretação constitucional passou por intensa evolução a partir da segunda metade do século XX. Diversos fatores históricos impulsionaram uma participação mais ativa do Poder Judiciário no processo de produção jurídica, tornando anacrônica a hermenêutica jurídica tradicional, a qual concebia a interpretação das leis como mera revelação da vontade legislativa.

---

41 KUHN, Thomas S. A estrutura das revoluções científicas. Tradução de Beatriz Vianna Doeira e Nelson Boeira. 9 ed. São Paulo: Perspectiva, 2006.

42 GRECO, Leonardo. Garantias Fundamentais do Processo: O Processo Justo. *Revista Jurídica*, ano 51, nº 305, São Paulo: Notadez, 2003, p.61; O princípio do contraditório. In: *Estudos de direito processual*. GRECO, Leonardo (Coord). Campos dos Goytacazes: Faculdade de Direito de Campos, 2005; A busca da verdade e a paridade de armas na jurisdição administrativa. In: Revista do Centro de Estudos Judiciários da Justiça Federal – CEJ, n° 35, outubro-dezembro de 2006, Brasília, pp.20-27.

43 PEREIRA, Jane Reis Gonçalves. *Interpretação Constitucional e Direitos Fundamentais*. Rio de Janeiro: Renovar, 2006, pp.499-500.

> Na atualidade, o Direito tem sido entendido como uma obra coletiva, iniciada pelo constituinte, mediada pelo legislador e concluída pelo juiz, que, conciliando as normas jurídicas com a realidade, confere soluções aos problemas concretos[...]
>
> A interpretação constitucional compreende um processo de construção. Porém, adotar essa tese não implica afirmar que a atividade criativa do intérprete seja ilimitada ou desprovida de parâmetros. Esta permanece vinculada à Constituição, à experiência jurídica e às regras de linguagem. É também imprescindível que a interpretação seja dotada de coerência, objetividade e capacidade de persuasão...

Nesse cenário, deve emergir uma nova consciência jurisdicional, calcada primordialmente no pragmatismo. A busca pela eficiência é um imperativo constitucional, tendo sido imposta à administração pública direta e indireta de qualquer dos Poderes e, portanto, ao Judiciário e também ao Ministério Público.

E é aqui que o influxo direto da *Common Law* e das perspectivas oriundas da Análise Econômica do Direito e da Economia Comportamental se mostram, mais do que nunca, fundamentais.

Na esfera criminal, por exemplo, é necessário superar um modelo de processo penal utópico, substituindo-o por um efetivo e compromissado com a realidade, que seja capaz de zelar pelos direitos fundamentais de todos. *Virtus in medium est*! A virtude está no meio-termo, no equilíbrio garantista que permite assegurar a observância não só dos direitos fundamentais do réu, mas também da vítima e dos demais integrantes da sociedade, conferindo efetividade à prestação jurisdicional e maximizando a paz social, sem ferir o devido processo legal.

Aliás, a despeito da tradicional doutrina processual penal reiteradamente afirmar que os juízes não têm qualquer compromisso com a segurança pública, ousamos discordar. Trata-se de tese que caracteriza um processo penal nefelibata, distanciando o mundo jurídico do fático, e contribuindo para a crise social e explosão da violência que vivenciamos. Com efeito, a própria Constituição assegura que a segurança pública é dever do Estado, sendo direito e responsabilidade de todos.

Essa espécie de ponderação, de cunho prático, contudo, é aplicável a todos os campos do Direito, permitindo uma compreensão mais adequada dos fatos e de suas consequências práticas, bem como o exame da validade dos contornos jurídicos e eventual necessidade de superação e mudança.

Nesse diapasão, o pensamento pragmático deve se tornar o paradigma jurisdicional contemporâneo, sendo seus pilares, isto é, o antifundacionalismo, o contextualismo e consequencialismo, alicerces também da atividade judicante. Em outro giro, ferramentas como a Análise Econômica do Direito e a Economia Comportamental devem iluminar a relação entre as consequências imediatas e as de longo prazo, bem como nortear as reflexões no âmbito da micro e macro Justiça, fomentando o aprimoramento e o progresso do Direito Brasileiro.

Reitere-se, nesse sentido, que além das disposições insculpidas na Lei de Introdução ao Direito Brasileiro, o artigo 8º do CPC/15, norma fundamental de nosso processo e aplicável também no âmbito criminal[44], determina expressamente aos juízes que, ao aplicar o ordenamento jurídico, deverão atender aos fins sociais e às exigências do bem comum, observando a proporcionalidade e a eficiência.

Conscientes de sua missão ética, e gerindo processos efetivamente justos, os magistrados podem se transformar em instrumento de uma justiça socialmente equilibrada e equitativa, hábil a ampliar o bem-estar social sem descurar das garantias fundamentais individuais.

Para tal, os julgadores devem proferir suas decisões conscientes do contexto em que se dão, bem como das consequências sociais e dos reflexos que causarão, seja na seara criminal, cível, empresarial, constitucional ou administrativa.

O Direito jamais pode ignorar a realidade e o mundo fático, sob pena de se tornar uma simples utopia e perder sua conexão com a sociedade, fim último de sua existência.

Referências Bibliográficas

ALEXY, Robert. *Teoria de los Derechos Fundamentales*. Tradução de Ernesto Garzón Valdés. 3.ª Ed. Madrid: Centro de estúdios Políticos y Constitucionales, 2002, p. 159.

BARROSO, Luis Roberto . Da falta de efetividade à judicialização excessiva: direito à saúde, fornecimento gratuito de medicamentos e parâmetros para a atuação judicial. Revista Interesse Público, ano IX, nº 46, 2007.BARROSO, Luis Roberto. *Voto no julgamento do HC 152.752 pelo STF*. Disponível em: https://www.conjur.com.br/dl/anotacoes-manifestacao-oral-barroso.pdf e http://luisrobertobarroso.com.br/votos-e-decisoes/, último acesso em 14/04/2018.

BENTHAM, Jeremy. Principles Of Morals And Legislation. Londom: Prometheus Books, 1990.

CALABRESI, Guido. The future of law and economics. New Heaven: Yale University Press, 2016. P. 3-4

CANOTILHO, José Joaquim Gomes; MOREIRA, Vital. *Fundamentos da Constituição*. Coimbra: Coimbra, 1991, p. 136.

CALVET DE MAGALHÃES, Theresa. Origens do Pragmaticismo: O antifundacionalismo de C. S. Peirce e a sua defesa da filosofia crítica do senso comum. Cognitio (PUCSP), São Paulo, v. 7, nº 1, p. 49-76, 2006.

COOTER, Robert, An Introduction to Law and Economics, Law and Economics. Boston: Pearson, 6th ed, p. 1-69.

COOTER, Robert; ULEN, Thomas. Law & Economics. 6o. Ed. Boston: Addison-Wesley, 2012. P 3.

---

44 Destaque-se o Enunciado 03 da I Jornada de Processo Penal, aprovado após proposição feita por nós, na I Jornada de Processo Civil: "As disposições do CPC aplicam-se supletiva e subsidiariamente ao Código de Processo Penal, no que não forem incompatíveis com esta Lei". Disponível em: https://www.cjf.jus.br/cjf/noticias/2017/setembro/cej-divulga-enunciados-da-i-jornada-de-direito-processual-civil, último acesso em 10/10/2018.

DEWEY, John. "Context and Thought". In: The Essential Dewey, volume I, p. 214.

DICKSTEIN, Morris (ed.). **The Revival of Pragmatism**: New Essays on Social Thought, Law, and Culture. Durham: Duke University Press, 1998.

FUX, Luiz. *Voto no julgamento do HC 152.752 pelo STF*. Disponível em http://www.stf.jus.br/portal/cms/verNoticiaDetalhe.asp?idConteudo=374738, último acesso em 14/04/2018.

GAROUPA, Nuno. A análise econômica do direito como instrumento de reforço da independência do Judiciário. Revista de Direito Bancário e do Mercado de Capitais | vol. 37/2007 | p. 81 – 87 | Jul – Set / 2007.

GRECO, Leonardo. Garantias Fundamentais do Processo: O Processo Justo. Revista Jurídica, ano 51, nº 305, São Paulo: Notadez, 2003, p.61; O princípio do contraditório. In: Estudos de direito processual. GRECO, Leonardo (Coord). Campos dos Goytacazes: Faculdade de Direito de Campos, 2005; A busca da verdade e a paridade de armas na jurisdição administrativa. In: Revista do Centro de Estudos Judiciários da Justiça Federal – CEJ, n° 35, outubro-dezembro de 2006, Brasília, pp.20-27.

HOLMES, Oliver Wendell. The Common Law. New York: Dover Publications, 1991.

HUME, David. Tratado da Naturza Humana. 2 ed. São Paulo: UNESP, 2009.

JAMES, William. Pragmatism and Other Writings. Editado por Giles Gunn. New York, Penguin Books, 2000. "What Pragmatism Means". In: Pragmatism and Other Writings, p. 25.

JAMES, William. "What Pragmatism Means". In: Pragmatism and Other Writings, p. 28.

JASPER, Eric Hadmann. A filosofia da Análise Econômica do Direito. Revista Tributaria e de Finanças Públicas, v. Ano 18, p. 98-128, 2010.

JOLLS, Christine; SUNSTEIN, Cass R; THALES, Richard. A Behavioral Approach to Law and Economics. Stanford Law Review, 1997-1998. P. 1471-1550.

KAHNEMAN, Daniel. Judgment under Uncertainty: Heuristics and Biases.

KAHNEMAN, Daniel. Thinking fast and slow. Kindle Edition, Location 39-52.

KUHN, Thomas S. A estrutura das revoluções científicas. Tradução de Beatriz Vianna Doeira e Nelson Boeira. 9 ed. São Paulo: Perspectiva, 2006.

LECLERC, André. Contextualismo, Pragmatismo e Determinação do Sentido. Cognitio, São Paulo, v. 11, nº 1, p. 48-57, jan./jun. 2010.

LEITE, Matheus de Mendonça Gonçalves. A atitude científica e o modo de proceder científico na perspectiva do pragmatismo clássico e os reflexos na compreensão científica do direito. Revista de Direito Privado (São Paulo), v. 15, p. 27-72, 2014.

MAGALHÃES, Theresa Calvet de. Origens do pragmaticismo: o anti-fundacionalismo de C. S. Peirce e a sua defesa da filosofia crítica do senso comum. Disponível em: http://www.cspeirce.com/menu/library/aboutcsp/calvet/origins.pdf, acesso 31/10/2013.

MARÇAL, Antonio Cota. Pragmatismo e Direito: qual Pragmatismo e o quê interessa no Pragmatismo? Revista Eletrônica do Curso de Direito – PUC Minas Serro, n.º 3, junho de 2010. p. 68-102. Disponível em: http://periodicos.pucminas.br/index.php/DireitoSerro/article/view/1998/2181, último acesso em 10/11/2018.

MARGOLIS, Joseph. Pragmatism's Advantage: American and European Philosophy at the End of the Twentieth Century. Stanford: Stanford University Press, 2010.

MELLO, Patrícia Perrone Campos. *Precedentes: O Desenvolvimento Judicial do Direito no Constitucionalismo Contemporâneo*. Rio de Janeiro: Renovar, 2008, p. 233 e seguintes.

NETO, Cláudio Pereira de Souza. A justiciabilidade dos direitos sociais: críticas e parâmetros. In: Cláudio Pereira de Souza Neto e Daniel Sarmento [coords.], Direitos sociais: fundamentos, judicialização e direitos sociais em espécie, 2008.

NETO, Sertório de Amorim e Silva. O que é um paradigma? Revista de Ciências Humanas, Florianópolis, Volume 45, Número 2, p. 345-354, Outubro de 2011.

PEIRCE, Charles S. **Collected Papers**. Charles Hartshorne e Paul Weiss (editores). 3. Ed. Cambridge: Harvard University Press, 1974. Vol. 2 and 5.

PEREIRA, Jane Reis Gonçalves. Interpretação Constitucional e Direitos Fundamentais. Rio de Janeiro: Renovar, 2006, pp.499-500.

POSNER, Richard A. Economic analysis of law. 8th ed. New York, Aspen Publishers, 2011. P. 29-36

POSNER, Richard A. Law, Pragmatism, and Democracy. Cambridge: Harvard University Press, 2003.

POGREBINSCHI, Thamy. Pragmatismo: teoria social e política. Rio de Janeiro: Relume Dumará, 2005.

POST, Robert; SIEGEL, Eva. Roe Rage. *Democratic Constitutionalism and Backlash,* disponível no sítio papers.ssrn.com/abstract=990968

MARÇAL, Antonio Cota. Pragmatismo e Direito: qual Pragmatismo e o quê interessa no Pragmatismo? Revista Eletrônica do Curso de Direito – PUC Minas Serro, nº *3, junho de 2010. p. 68-102. Disponível em:* http://periodicos.pucminas.br/index.php/DireitoSerro/article/view/1998/2181, último acesso em 10/11/2018.

MENAND, Louis. Pragmatism: A Reader. New York: Vintage Books, 1997.

MENAND, Louis. The Metaphysical Club: A Story of Ideas in America. New York: Farrar, Straus and Giroux, 2001.

MESA, Juliana Acosta Lópes de. The conditions of freedom and their metaphysical implications for the philosophies of Aritotle and Peirce. COGNITIO-ESTUDOS: Revista Eletrônica de Filosofia, ISSN 1809-8428, São P. H. S. S.: CEP/PUC-SP, vol. 9, nº. 2, julhodezembro, 2012, p. 185-195.

NIGRO, Rachel Barros. A virada linguistico-pragmática e o pós-positivismo. Direito, Estado e Sociedade (Impresso), v. 34, p. 170-211, 2009.

NÓBREGA, Flavianne Fernanda Bitencourt. Por uma Metodologia do Direito de base Pragmatista: O Raciocínio Abdutivo no Direito. Anais do XV Encontro Preparatório para o Congresso Nacional do CONPEDI. Florianópolis: Fundação Boiteux, 2006. p. 145-147.

PEIRCE, Charles Sanders. The Essential Peirce, Volume I (1867 – 1893). Editado por Nathan Houser e Christian Kloesel. Bloomington, Indiana University Press, 1992. "How to Make Our Ideas Clear". In: The Essential Peirce. Selected Philosophical Writings, volume I, p. 132.

POGREBINSCHI, Thamy. Pragmatismo: teoria social e política. Rio de Janeiro: Relume Dumará, 2005. p. 14-15.

REGO, George Browne; ALMEIDA, Leonardo Monteiro Crespo. Pragmatismo jurídico e decisão judicial. Pensar, Fortaleza, v. 20, nº 2, p. 404-429, maio/ago. 2015.

RORTY, Richard. Philosophy and the mirror of nature. New Jersey: Princeton University Press, 1979.

RORTY, Richard. Verdade e Progresso. Tradução de Denise R. Sales. Barueri: Manole, 2005.

SALAMA, Bruno Meyerhof. A História do Declínio e Queda do Eficientismo na Obra de Richard Posner. Revista do Instituto do Direito Brasileiro, v. 1, p. 435, 2012.

SALAMA, Bruno Meyerhof. O que a Justiça tem a Ver com a Eficiência?. Digesto Econômico, v. 14, p. 13-13, 2009.

SALAMA, Bruno Meyerhof. O que é pesquisa em Direito e Economia?. Cadernos Direito GV, v. 5, p. 4-58, 2008.

SCHMITT, Ricardo Augusto. Prisões provisórias: espécies, natureza e alcance. In: MOREIRA, Rômulo (Org.). *Leituras complementares de processo penal*. Salvador: Editora Jus Podium, 2008, p. 327/342).

SILVA FILHO, Waldomiro José da. Pragmatismo e crítica da subjetividade: Peirce contra o — espírito do cartesianismo . Síntese – Revista de Filosofia, v. 29, nº 95, 2002, pp. 397-424.

SHAVELL, Steven. Foundations of Economic Analysis of Law. Cambridge: Harvard University Press, 2004. p. 1-6 e 593-660.

SUNSTEIN, Cass; KAHNEMAN, Daniel; SCHKADE, David; RITOV, Ilana. "Predictably Incoherent Judgments". In: Stanford Law Review, Vol. 54, Issue 6 (June 2002), pp. 1153-1216.

TCU, Relatório sistêmico de fiscalização da saúde, Acórdão 693/2014-Plenário, Processo TC 032.624/2013-1, sessão de 26.03.2014.

TIMM, Luciano Benetti. Direito e Economia desmistificado – Resistência absoluta de alguns juristas à estatística parece novamente um agir estratégico ou ideológico. Disponível em: https://www.jota.info/opiniao-e-analise/colunas/coluna-da-abde/direito-e-economia-desmistificado-11092018, último acesso em 16/09/2018.

TIMM, Luciano Benetti; TRINDADE, Manoel Gustavo Neubarth. As recentes alterações legislativas sobre recursos aos Tribunais Superiores: a repercussão geral e os processos repetitivos sob a ótica da law and economics. *Revista de Processo*, São Paulo, v. 34, nº 178, dez. 2009, pp.153-179, p.155.

WAAL, Cornelis de. Sobre pragmatismo. São P. H. S. S.: edições Loyola, 2007.

WOLKART, Erik Navarro. *Análise econômica e comportamental do processo civil: como promover a cooperação para enfrentar a tragédia da Justiça no processo civil brasileiro.* Tese de Doutorado, Universidade do Estado do Rio de Janeiro, 2018.

A IMPORTÂNCIA DE UMA JURISPRUDÊNCIA ESTÁVEL SOB A ÓTICA DA ANÁLISE ECONÔMICA DO PROCESSO

Carla Campos Amorelli de Freitas

SUMÁRIO: **1.** Considerações Iniciais. **2.** A Função de um Sistema Recursal Eficaz. **3.** A Uniformização da Jurisprudência como Fonte do Direito, Pilar da Segurança Jurídica e de um Poder Judiciário Eficiente. **4.** Considerações Finais. Referências Bibliográficas.

1. Considerações Iniciais

O presente artigo traz algumas reflexões sobre o sistema de precedentes vinculantes instituído pelo Código de Processo Civil de 2015, a sua importância e os efeitos esperados à luz da análise econômica do processo. O tema é abrangente e objeto de inúmeros debates doutrinários, razão pela qual o objetivo do presente trabalho não é conceituar ou se debruçar sobre a teoria dos precedentes, mas tecer considerações sobre a importância da uniformização jurisprudencial para a estabilidade das relações sociais, em observância a segurança jurídica.

Para tal é abordado inicialmente o papel dos Tribunais, no que tange à função de cortes recusais, por meio de uma análise da função do duplo grau de jurisdição em consonância com uma jurisdição eficaz e eficiente.

Posteriormente, se adentra as questões atinentes a adoção do sistema de precedentes vinculantes pelo Código de Processo Civil de 2015 e a sua conformação frente a releitura do princípio da motivação das decisões judiciais.

2. A Função de um Sistema Recursal Eficaz

A temática dos recursos é apreciada de maneira indissociável ao direito ao duplo grau de jurisdição, assim entendido como o direito a dupla análise de uma questão submetida ao Poder Judiciário.[1]

A priori, o princípio do duplo grau de jurisdição repousaria na ideia de justiça qualificada mediante a possibilidade da revisão das decisões judiciais a eliminar eventuais vícios e, ainda, sob a perspectiva de não albergar eventual arbitrariedade da atividade judicial.

No Brasil, o direito ao duplo grau de jurisdição seria um consectário lógico da previsão constitucional da competência dos tribunais para julgar causas a título de competência originária e recursal.

---

1 A abordagem do presente artigo não pretende trazer a baila maiores considerações ao princípio do duplo grau de jurisdição, abrangendo o debate sobre seu status de princípio constitucional e de direito fundamental. Sendo certo que o próprio ordenamento jurídico traz inúmeras exceções, inclusive a nível constitucional, à sua aplicação, o que leva a crer que cabe ao legislador infraconstitucional conformar o seu exercício.

José Joaquim Gomes Canotilho assevera, em relação a constituição portuguesa, que:

> "A constituição prevê vários graus de jurisdição. Isso não significa a existência necessária e obrigatória, em todos os feitos submetidos a decisão jurisdicional, de um duplo grau de jurisdição. Por duplo grau de jurisdição (cfr.supra) entende-se no seu sentido mais restrito, a possibilidade de obter o reexame de uma decisão jurisdicional, em sede de mérito, por um outro juiz pertencente a um grau de jurisdição superior ("instância de segundo grau")"[2]

Diante desta premissa, em que se baseia o sistema recursal, é importante tecer alguns parâmetros para que ocorra o seu exercício regular e legítimo, sem que o acesso às instâncias superiores se torne manobra processual contra a efetividade das decisões jurisdicionais e de instabilidade das relações sociais.

O recurso para ser legítimo e benéfico socialmente deve ser utilizado como instrumento para correção de erros e, desde que e, somente se, seu custo social for menor do que o dano social causado, podendo o estado estabelecer taxas para o seu manejo desde que não atinja economicamente as partes[3], isto é, desde que o fator econômico não se torne um fator determinante de obstáculo ao acesso à justiça.

A criação de taxas como pressuposto de admissibilidade dos recursos deve ter como fundamento desestimular meras contestações em razão de insatisfação da parte sucumbente perante uma decisão judicial desfavorável, em que pese aparentemente correta.[4]

A função primordial do duplo grau de jurisdição deve ser atrelada a reparação de um dano social significativo causado por um erro cometido na primeira instância, sempre observada a relação direta entre o gasto para o manejo do recurso e a redução esperada dos efeitos do dano causado, caso haja sua reversão pela via recursal.

Em outras palavras, o custo do recurso não pode se sobrepor aos efeitos positivos da reforma da decisão da instância antecedente. Os custos devem ser interpretados como a soma dos custos sociais de um julgamento – os custos do processo em primeira instância mais aqueles esperados do grau recursal – não só das partes, mas a própria despesa do erário pela movimentação da máquina judiciária, adicionado ao prejuízo social decorrente de sentenças equivocadas.[5]

Se torna imprescindível diferenciar a parte insatisfeita por ter sido atingida por um erro judicial, o qual pode ser entendido como um erro de fato, um equívoco na aplicação da regra legal ou, ainda, na submissão dos fatos à hipótese normativa, e

---

2 CANOTILHO, J.J. Gomes. Direito Constitucional e teoria da constituição. 7ª ed. Coimbra: Almeidina, p.667.

3 SHAVELL, Steven. *The Appeals Process as a Means of Error Correction.* In: 24J. Legal Studies 379-426. 1995.

4 SHAVELL, Steven. Op. Cit. p.382.

5 Sob a análise de Steven Shavell, os custos sociais do julgamento devem ser compreendidos incluindo a perda de tempo e as despesas com advogados gastos pelas partes, assim como os custos de operar um sistema judiciário suportado pelo poder público.

aquela meramente descontente com um resultado desfavorável a fim de avaliar a legitimidade do manejo do instrumento de revisão.

Sendo certo que, um modelo ideal, em que haja um alto investimento em juízes de primeira instância extremamente capacitados para o exercício da função, majorando os índices de acertos das sentenças, não é capaz de desqualificar a necessidade de um sistema recursal. Não importa a quantidade de acertos de um tribunal, ainda assim é necessário corrigir eventuais erros cometidos pelo Poder Judiciário – o que se dará inexoravelmente pelo duplo grau de jurisdição.[6]

A revisão de uma decisão pode ocorrer através de um modelo básico, em que o Estado prevê os pressupostos de admissibilidade de um recurso – pressupondo a ocorrência de um vício[7] e ainda, a existência de taxa ou eventual subsidio para sua interposição ou, se pautar na utilização de testes aleatórios como técnica de revisão de decisões. Ocorre que, os testes aleatórios apresentam uma problemática crucial, sob a ótica da necessidade da correção de erros, visto que sob este método as imperfeições oriundas da primeira instância nem sempre serão reconsideradas, já que a reanálise das decisões ocorreria à própria sorte enquanto sob um modelo básico de sistema recursal os erros serão reconsiderados e as decisões corretas serão mantidas.

Não há como pressupor que as partes terão certeza sobre a ocorrência de um vício na decisão, assim como não é socialmente recomendável impossibilitar a interposição de recursos quando a parte fraqueja na identificação do possível erro. Aqui a legitimidade de um sistema recursal deve residir na crença daquela sobre a existência do erro e, caberá ao estado se utilizar da adequada implantação de taxas e subsídios para induzir ou coibir a prática.

A ideia de decisão acertada deve estar atrelada, além de outros parâmetros, a atenção do juiz de primeira instância aos entendimentos firmados pelas cortes superiores em julgados preexistentes sobre o tema, bem como, das cortes imediatamente inferiores àquelas com competência de revisão.

Os magistrados de primeira instância devem desempenhar um papel crucial na análise dos fatos e provas trazidos pelas partes ao processo e com base nas evidências apresentadas proferirem uma decisão de julgamento conjugando os fatos provados à uma determinada interpretação legal para a resolução do caso[8].

---

6 SHAVELL, Steven. Ob.cit. pg.393. Segundo autor, economicamente, se torna mais favorável investir na precisão das decisões recursais, visto que só haveria investimento na hipótese de erro. Enquanto investir na primeira instância significa um maior gasto, pois o investimento se daria em todos os casos.

7 Aqui há a premissa de que os litigantes conseguem detectar a ocorrência do erro, segundo o autor SHAVELL, Steven. Ob.cit.

8 DAUGHETY, Andrew; REINGANUM, Jennifer. *The Appealing Judgments.* In: 31 Rand Journal of Economics. Pgs. 502-525. 2000. Segundo o autor, os tribunais de julgamento – primeira instância- não recebem recursos suficientes para pesquisa legal extensa, mas devotam a maior parte do seu tempo à documentação e as evidências apresentadas nos autos.

Enquanto as cortes recursais devem se dedicar a avaliação dos assuntos legais, utilizando as considerações fáticas previamente firmadas pelo órgão jurisdicional antecedente.

A lógica para reversão de um julgamento deve se fundar, aprioristicamente, em estimar e utilizar a interpretação conferida a lei pela Suprema Corte com a finalidade de se obter uma jurisprudência estável.

Os tribunais recursais, quando ainda não firmado um posicionamento específico da Suprema Corte, deverão se aproximar da interpretação a ser firmada por esta, tida como a interpretação correta da lei. Não é por outra razão que, as cortes recursais não estão adstritas as informações trazidas pelo recorrente, diversamente, deverão utilizar de todo o aparato especializado disponível para pesquisa daquele determinado caso e sobre seus aspectos legais.

Diante da previsão da interpretação legal a ser utilizada pelas cortes de revisão – que buscam adequar suas decisões às da Corte Suprema ou das Cortes Superiores - em razão de casos analisados previamente ou por suas tendências, as partes podem se valer de determinadas premissas para sua tomada de decisão sobre os riscos e benefícios do manejo de um recurso.

No ordenamento jurídico pátrio, o Poder Judiciário é estruturado, no âmbito da justiça comum, em seu ápice com o Supremo Tribunal Federal e o Superior Tribunal de Justiça[9], órgãos de cúpula do Poder Judiciário, os quais possuem diferentes funções, mas convergem em determinado momento para a função basilar de corte de uniformização da jurisprudência. Em sede de recurso extraordinário e de recurso especial, o constituinte previu, respectivamente, às citadas Cortes, a função de outorgar a adequada interpretação ao direito constitucional e ao direito infraconstitucional (lei federal).

O sucumbente ao estudar os posicionamentos previamente firmados ou, ainda, a tendência de entendimento dessas cortes, pode estabelecer economicamente quais os gastos efetivos empregados naquele processo e suas reais chances de êxito. A decisão de recorrer acaba se baseando na crença e na expectativa da provável resposta da instância revisora sobre o recurso apresentado.

As decisões das cortes recursais, que retratam a interpretação da lei, devem participar do processo de tomada de decisão da parte que optar por recorrer, visto que são fontes a serem utilizadas através de um raciocínio dedutivo.

Conjugando ambas teorias sobre o modelo recursal, a possibilidade de realização de acordos antes da fase recursal ou durante é muito alta, visto que as partes possuem consciência da existência de determinado vício que pode levar a reversão do julgado ou possuem previsibilidade da decisão que será proferida pela instância revisora, em

---

9 Ao Superior Tribunal de Justiça incumbe entre outras previstas no artigo 105 da Constituição da República, a função de delinear a interpretação da lei federal. Enquanto ao Supremo Tribunal Federal, órgão de cúpula do Poder Judiciário, é devido o exercício do controle de constitucionalidade das leis e de interpretação constitucional das normas jurídicas, nos ditames do artigo 102 da Constituição da República.

razão da estabilidade das decisões, o que permite uma maior adesão a utilização dos métodos não adversarias no decorrer do litigio.

Assim, a parte poderá fazer uma análise de risco sobre a mera opção de recorrer e o real benefício que terá com a efetiva reversão da decisão ou ainda com a probabilidade de seu recurso ser desprovido frente ao posicionamento adotado como padrão pelas cortes revisoras.

3. A Uniformização da Jurisprudência como Fonte do Direito, Pilar da Segurança Jurídica e de um Poder Judiciário Eficiente

O Código de Processo Civil de 2015 prestigiou um sistema de uniformização de jurisprudência de forma a categorizar a referida direção no artigo 926 sob a previsão de que *"os tribunais devem uniformizar sua jurisprudência e mantê-la estável, íntegra e coerente".*

Neste sentido, orienta o legislador nos parágrafos do citado artigo, que os Tribunais editem enunciados de súmulas que reflitam a sua jurisprudência dominante e ao fazê-lo se atenham as circunstâncias fáticas dos casos precedentes que motivaram a criação dos respectivos enunciados.

De forma coerente, o legislador elencou os padrões decisórios de observância obrigatória pelos juízes e tribunais, no artigo 927, do Código de Processo Civil e pontuou a necessidade da observância da fundamentação, nos moldes do artigo 489, §1°, e do princípio do contraditório sob a ótica do poder de influência, nas decisões motivadas nos precedentes ali elencados.

Sob o prisma da análise econômica do processo, o sistema de precedentes obrigatórios se torna sinônimo de um sistema jurídico confiável e estável, garantindo a estabilidade às relações, através da possibilidade de estabelecer linhas gerais e segurança sobre direitos; diminuição de erros judiciários e redução de litígios[10].

Partindo-se da premissa de que os precedentes são as razões determinantes contidas em uma decisão, que podem ser de certa forma universalizadas, o princípio da motivação se torna de suma importância e de necessária ressignificação a fim de que decisões judiciais não se tornem arbitrárias e sua uniformização seja encarada como mera padronização decisória sem qualquer justificativa plausível.

O dever de motivação possui uma dupla faceta, pois é dirigido à parte sucumbente, que precisa ter ciência das razões que levaram a formação da convicção do Julgador, não só para que possa cumprir o comando normativo do *decisum*, bem como, para que possa impugná-las de forma específica ou, ainda, conformar-se com os contra argumentos apresentados pelo julgador.[11]

---

10 FUX, Luiz; BODART, Bruno. Notas sobre o princípio da motivação e a uniformização da jurisprudência no novo Código de Processo Civil à luz da análise econômica do Direito. In: revista de Processo, v.269, jun.2017, pp.421-432.

11 DE FREITAS, Carla Campos Amorelli; BARREIROS, Cassio Rodrigues. Protagonismo Judicial e Sua Legitimidade Num Estado Democrático de Direito. In: XXVII Encontro do CONPEDI SALVADOR, 2018.

Piero Calamandrei aponta que a motivação, além de assumir um papel psicológico, também coloca as partes em condições de verificar se, nas razões expostas, há possibilidade de revisar algum dos defeitos que possibilitam a utilização dos meios de impugnação. O aspecto psicológico age como persuasão da parte sucumbente de que aquela condenação foi o necessário ponto de chegada de um mediato raciocínio, no lugar da arbitrariedade.[12]

José Joaquim Gomes Canotilho apresenta três razões fundamentais para a exigência de fundamentação das decisões judiciais:

> "(1) controlo da administração da justiça; (2) exclusão do carácter voluntarístico e subjectivo do exercício da atividade jurisdicional e abertura do conhecimento da racionalidade e coerência argumentativa dos juízes; (3) melhor estruturação dos eventuais recursos, permitindo às partes em juízo um recorte mais preciso e rigoroso dos vícios das decisões judiciais recorridas."[13]

Por outro lado, a fundamentação é de suma importância para que a instância superior possa analisar os motivos formadores da convicção do Magistrado, a fim de poder exercer sua função de órgão revisor.

Há que se falar sobre seu aspecto político, cujo objetivo é demonstrar a imparcialidade do Julgador, bem como, a lisura do julgamento com a finalidade de legitimar politicamente a decisão judicial e permitir seu controle por toda a coletividade.

Ao Poder Judiciário cabe a tarefa de resgatar a razão pública através de sua atividade interpretativa, não possibilitando fundamentar suas decisões em convicções intimas e valores pessoais. John Rawls pontua que os juízes não podem invocar sua própria moralidade particular, nem os ideais e virtudes da moralidade em geral.[14]

Ao negar efetividade ao artigo 93, IX da Constituição da República o julgador aniquila ainda o princípio do contraditório, visto que as razões invocadas pelas partes necessitam ser analisadas e debatidas através da apresentação das razões motivadoras do *decisum*, a fim de se obtenha um processo civil justo e democrático, em consonância com os ditames constitucionais.

O Código de Processo Civil de 2015[15] ao regulamentar o artigo 93, IX da

---

Disponível em: https://www.conpedi.org.br/publicacoes/0ds65m46/ggs4l47h/92xH7eLq215j-DiwH.pdf

---

12 CALAMANDREI, Piero. Processo e Democracia: conferências realizadas na Faculdade de Direito Autônoma no México. Tradução Mauro Fonseca Andrade. 2.ed.rev. Porto Alegre: Livraria do Advogado Editora, 2018.

13 CANOTILHO, J.J. Gomes. Ob.cit. pg. 667.

14 RAWLS, John. O Liberalismo Político. 2ª ed. São Paulo: Ática, 2000

15 Art. 489. São elementos essenciais da sentença:
I - o relatório, que conterá os nomes das partes, a identificação do caso, com a suma do pedido e da contestação, e o registro das principais ocorrências havidas no andamento do processo;
II - os fundamentos, em que o juiz analisará as questões de fato e de direito;

Constituição da República acenou para a concepção de fundamentação exauriente em contraponto à fundamentação suficiente – adotada até então pelos Tribunais Pátrios.

O Estado não pode chancelar a conduta do Magistrado que, sob o manto da justificativa de motivação concisa, aniquila o seu real sentido e nega eficácia a todo processo de democratização do direito e da supremacia material e axiológica da Constituição.

O artigo 489, §1º do Código de Processo Civil ao equiparar a fundamentação deficiente à sua ausência atentou para o real sentido do artigo 93, IX da Constituição da República e ao Estado Democrático do Direito, restringindo a margem interpretativa dos Tribunais.

A decisão eivada de vício por deficiência na fundamentação sofrerá com sua invalidação e deverá ser objeto de embargos de declaração, nos moldes do artigo 1022, parágrafo único, II do Código de Processo Civil.

O Supremo Tribunal Federal, em recente julgado, fixou entendimento no sentido de que não viola a exigência constitucional da motivação das decisões o acórdão de segunda instância que adota os fundamentos contidos na sentença de primeiro grau como razão de decidir.[16] De igual modo, reconhece a legitimidade dos atos decisórios que adotam, como suas razões de decidir, a manifestação de um dos sujeitos processuais – como a do Ministério Público em seu parecer, a conhecida fundamentação *per relationem*[17].

O artigo 489, §1º, V do Código de Processo Civil trouxe a previsão de que a decisão que se limitar a invocar precedente ou enunciado de súmula, sem identificar

III - o dispositivo, em que o juiz resolverá as questões principais que as partes lhe submeterem.

§ 1º Não se considera fundamentada qualquer decisão judicial, seja ela interlocutória, sentença ou acórdão, que:

I - se limitar à indicação, à reprodução ou à paráfrase de ato normativo, sem explicar sua relação com a causa ou a questão decidida;

II - empregar conceitos jurídicos indeterminados, sem explicar o motivo concreto de sua incidência no caso;

III - invocar motivos que se prestariam a justificar qualquer outra decisão;

IV - não enfrentar todos os argumentos deduzidos no processo capazes de, em tese, infirmar a conclusão adotada pelo julgador;

V - se limitar a invocar precedente ou enunciado de súmula, sem identificar seus fundamentos determinantes nem demonstrar que o caso sob julgamento se ajusta àqueles fundamentos;

VI - deixar de seguir enunciado de súmula, jurisprudência ou precedente invocado pela parte, sem demonstrar a existência de distinção no caso em julgamento ou a superação do entendimento.

16 STF, ARE 1107224 Agr/SP, Relator: Ministro Ricardo Lewandowski, Segunda Turma, julgamento em: 28.09.2018.

17 STF, RHC 149357Agr/ES, Relator: Ministro Celso de Mello, Segunda Turma, julgamento em 14.12.2018; RHC 138648 AgRg/SC, Ministro Roberto Barroso, Primeira Turma, julgamento em: 22.10.2018.

seus fundamentos determinantes nem demonstrar que o caso em análise de ajusta àqueles fundamentos possuirá grave vício de fundamentação. Nesta hipótese, será considerada fundamentada a decisão que aplica o entendimento firmado no caso paradigma quando o Magistrado correlacionar os fundamentos determinantes do caso antecessor – precedente – e as circunstâncias do caso em análise a fim de alcançar aquela conclusão.

A simples referência ao precedente ou ao enunciado de súmula não se mostra suficiente para justificar sua aplicação ao caso concreto. Exige-se mais, exige-se uma real comparação entre as situações em análise.

Atendendo a um sistema de observância obrigatória dos precedentes, o inciso VI do artigo 489, §1º do Código de Processo Civil traz a obrigatoriedade de ser justificada a não aplicação do artigo 927. Isto é, somente é legítima a não aplicação de um dos padrões decisórios de observância obrigatória quando o Julgador apresenta razões que distingam o caso apreciado do caso paradigma ou, ainda, razões que demonstrem a superação daquele posicionamento seja por alteração do entendimento do Tribunal seja por legislação superveniente incompatível com o mesmo.[18]

É de suma importância que o sistema de precedentes obrigatórios seja não só observado, mas, principalmente encampado pela Magistratura a fim de que seja plenamente eficaz e produza os efeitos socialmente desejáveis. Sob as lições de Richard Posner[19], os precedentes compõem o estoque de capital jurídico de uma sociedade e através deste estoque os indivíduos podem criar parâmetros de como determinado conflito seria resolvido pelo Poder Judiciário.

Pode-se imaginar que o capital jurídico de uma sociedade é composto por normas jurídicas - oriundas ou não pelo poder legislativo – e na forma como essas normas são aplicadas pelos Magistrados aos conflitos existentes no seio social.

Uma decisão judicial, é mais do que a solução para um caso concreto, é uma fonte do direito, uma vez que carrega o real sentido do ato normativo abstrato. A norma jurídica teria origem pelo exercício da atividade interpretativa, através da valoração realizada pelo intérprete – Magistrado - sobre o texto legal e a escolha do sentido adotado.

Quanto maior o capital jurídico de uma sociedade e a sua preservação, isto é, quanto mais presente a segurança jurídica, maior será a estabilidade das relações sociais, visto que poderão ser previstos pelos indivíduos vastos cenários sobre determinados resultados perante eventuais conflitos frente ao Poder Judiciário. Nesta lógica,

---

18 Sobre a revisão de enunciado de súmula vinculante, confira-se: STF, Informativo 800, PSV/13-DF. 24.09.2019. "A Corte asseverou que, para admitir-se a revisão ou o cancelamento de súmula vinculante, seria necessário demonstrar: a) a evidente superação da jurisprudência do STF no trato da matéria; b) a alteração legislativa quanto ao tema; ou, ainda, c) a modificação substantiva de contexto político, econômico ou social."

19 POSNER, Richard A. Economic Analysis of Law. 9. ed. New York: Wolters Kluwer, 2014.

poderá haver um planejamento a longo prazo para redução de riscos, desestímulo a comportamentos oportunistas, bem como, a previsão de gastos e custos perante um processo judicial e até um estímulo a utilização dos métodos não adversariais de resolução de conflitos.

A credibilidade do Poder Judiciário reside no auto respeito às suas decisões e na excepcionalidade da utilização das técnicas de distinção – *distinguishing* - e de superação – *overruling* – as quais são destinadas a preservação da própria coerência do sistema e não como forma de burlar um sistema de precedentes obrigatórios.

Não é por outra razão que o legislador previu no artigo 927, §§ 3º, 4ºe 5º do Código de Processo Civil a realização de audiências públicas e oitiva de entidades especializadas que possam colaborar para a rediscussão da tese; a possibilidade de modulação de efeitos em atenção a segurança jurídica e a legitima expectativa dos jurisdicionados e ainda uma motivação adequada e específica para o ato que modifica uma orientação jurisprudencial.

4. Considerações Finais

O sistema de precedentes vinculantes inaugurado pelo Código de Processo Civil de 2015 é de suma importância frente ao histórico pátrio, típico do sistema *civil law*, de culto às leis em detrimento ao reconhecimento da necessidade de observância das decisões judiciais em casos similares por outros órgãos judiciais e pelos próprios órgãos prolatores da decisão, através da atribuição de força meramente persuasiva a jurisprudência, o que acabou por validar e albergar a instabilidade jurídica que passou a ser vivida no Brasil.

A ausência de coerência entre as decisões judiciais exaradas por diferentes órgãos ou ainda no seio de uma mesma Corte reflete frontalmente na imprevisibilidade das relações entre os indivíduos, que por muitas vezes, se utilizam do processo como meio para tentar a própria sorte.

Diante de um conflito, ao não possuir parâmetros sólidos de resolução previamente apresentados, o jurisdicionado passa a se valer de meras especulações acerca das diversas soluções apresentadas pelo Poder Judiciário a casos semelhantes e opta por utilizar do processo para tentar uma solução que lhe é favorável.

De igual forma, as orientações decisórias são capazes de guiar o comportamento social em determinado sentido, sob a segurança de que há uma direção a ser seguida, prevenindo litígios e ainda, em sua ocorrência, direcionando para a resolução extrajudicial diante da previsibilidade de um resultado (x) para aquela questão e dos gastos oriundos de um processo judicial *versus* a chance de êxito.

Numa perspectiva ainda maior estimula o investimento econômico no país, visto que os investidores não ficam à deriva, expostos às impressões pessoais de cada julgador, a uma jurisprudência instável e surpreendente a cada momento.

Diante deste cenário, passou a ser necessária um maior rigor na observância do dever de motivação das decisões judiciais a fim de demonstrar o raciocínio perpetrado pelo julgador e suas razões determinantes para a tomada de decisão em um determinado sentido, como forma de legitimar o *decisum* perante a sociedade, atentando para as peculiaridades de cada caso e possibilitar sua aplicação para casos futuros.

Importante consignar que, a existência do sistema recursal no ordenamento jurídico gera um aprimoramento da prestação jurisdicional, estimulando a precisão das decisões proferidas na primeira instância ao induzir os juízes, que não querem ter suas decisões revertidas pelo tribunal, a se esforçarem para uma decisão acertada.

Num sistema de instância única, não se vislumbra a necessidade de um esforço positivo do Magistrado, visto que suas decisões jamais seriam revertidas. No entanto, não se pode admitir em um sistema processual cooperativo e eficiente a utilização da via recursal como forma de postergar a efetividade da prestação jurisdicional. As cortes recursais não devem servir de órgãos meramente revisores de decisões, devem priorizar sua função de adequar a interpretação da lei.

A reforma somente dever ocorrer diante de casos em que há um distanciamento acerca da interpretação legal, prezando-se pela estabilidade das decisões.

Referências Bibliográficas

BRASIL. Código de Processo Civil de 2015. Disponível em: https://www.planalto.gov.br/ccivil_03/_ato2015-2018/2015/lei/l13105.htm

CALAMANDREI, Piero. Processo e Democracia: conferências realizadas na Faculdade de Direito Autônoma no México. Tradução Mauro Fonseca Andrade. 2ª ed.rev. Porto Alegre: Livraria do Advogado Editora, 2018.

CANOTILHO, J.J. Gomes. Direito Constitucional e teoria da constituição. 7ª ed. Coimbra: Almeidina.

DAUGHETY, Andrew; REINGANUM, Jennifer. The Appealing Judgments. In: 31 Rand Journal of Economics. pp. 502-525. 2000.

DE FREITAS, Carla Campos Amorelli; BARREIROS, Cassio Rodrigues. Protagonismo Judicial e Sua Legitimidade Num Estado Democrático de Direito. In: XXVII Encontro do CONPEDI SALVADOR, 2018. Disponível em: https://www.conpedi.org.br/publicacoes/0ds65m46/ggs4l47h/92xH7eLq215jDiwH.pdf

FUX, Luiz; BODART, Bruno. Notas sobre o princípio da motivação e a uniformização da jurisprudência no novo Código de Processo Civil à luz da análise econômica do Direito. In: revista de Processo, v.269, jun.2017, pp. 421-432.

HEISE, Michael; WELLS, Martin T. "Revisiting Eisenberg and Plaintiff Sucess: State Court Civil Trial and Appellate Outcomes". In: Journal of Empirical Legal Studies, volume 13, Issue 3, 2016.

POSNER, Richard A. Economic Analysis of Law. 9ª ed. New York: Wolters Kluwer, 2014.

RAWLS, John. O Liberalismo Político. 2ª ed. São Paulo: Ática, 2000.

SHAVELL, Steven. The Appeals Process as a Means of Error Correction. In: 24J. Legal Studies 379-426. 1995.

DA AÇÃO DE PRODUÇÃO ANTECIPADA DE PROVAS, SEM O REQUISITO DA URGÊNCIA: DO CORRETO ACERTAMENTO DOS FATOS, COMO CONDIÇÃO PARA UM PROCESSO MAIS EFICIENTE

Carla Teresa Bonfadini de Sá

1. Introdução

O processo civil contemporâneo enfrenta problemas complexos, que demandam o emprego de uma abordagem interdisciplinar e pragmática para a aferição de sua eficiência. Neste ponto, é precisamente a Economia que pode fornecer o instrumental adequado para a análise da eficiência das normas, e os seus efeitos sobre os indivíduos, explicitando o processo de tomada de decisões, a partir de modelos da realidade.

Destarte, é possível conceber uma complementariedade entre o Direito e a Economia: o Direito ocupa-se das regras de conduta, fornecendo a estrutura normativa para assegurar a previsibilidade e segurança das atividades econômicas, ao passo que a Economia estuda os processos decisórios em um ambiente de recursos limitados[1], de forma a alcançar a maximização do bem estar social, além de inserir como objeto de estudo os efeitos das decisões e das normas, sob o parâmetro da análise custo/benefício.

Sob a ótica metodológica, cuida-se de uma guinada empírico-pragmática, que desloca o foco da análise para as consequência (consequencialismo), privilegiando estudos empíricos, modelos racionais da ciência econômica[2] na análise dos institutos jurídicos. Parte-se da premissa de que os homens, seres racionais, respondem a incentivos, e que o escopo maior é a maximização do bem estar social.

---

1 "As conceived in this book, economic is the Science of rational choice in a world- our world- in which resources are limited in relation to human wants. The task of economic, s define is to explore the implication of assuming that man is a rational maximizer of his ends, his satisfactions-what we shall call his self-interest. POSNER, Richard. Economic analysis of Law. 6ª edição. New York: Aspen Publisher, 2003. p. 3.

2 José Vicente Santos de Mendonça faz alusão ao uma virada, a uma mudança de paradigma, ao tratar da aplicação da análise econômica do direito ao Direito administrativo. Confira-se DE MENDONÇA, José Vicente Santos. "A verdadeira mudança de paradigma do direito administrativo: do estilo tradicional ao novo estilo". Revista de Direito Administrativo. Rio de Janeiro: 2014 JAN/ABRIL. v 265. p. 180/190.

Campo fértil para a aplicação do método da ciência econômica é o do Direito Probatório, vez que o acertamento dos fatos, ao promover o esclarecimento dos elementos essenciais de uma demanda, corrige o desnível de informações entre os litigantes, conduzindo a uma propensão maior ao acordo, e, portanto, à pacificação social, fim maior da jurisdição[3].

Neste particular, uma das principais novidades do CPC/2015 foi a previsão da possibilidade de se propor a ação de produção antecipada de provas, sem o requisito da urgência, como modo de assegurar o direito autônomo à prova em casos, nos quais havia a necessidade de apuração de determinados fatos, para aferição da necessidade ou não de propositura de ação.

A par da urgência, foram previstos mais outros dois fundamentos para a produção de provas antecipada: (a) como elemento facilitador da solução extrajudicial de um litígio (art. 381, II do CPC) e (b) como subsídio para a definição da viabilidade de uma possível ação (art. 381, IIIdo CPC).

Defendeu-se uma mudança de paradigma quanto aos destinatários da prova, que não seriam apenas o juiz, abarcando também as próprias partes, desejosas de apurar fatos para verificar a melhor solução a ser adotada[4].

Com esta modificação, os primeiros a valorarem as provas serão as partes, porquanto no processo de produção antecipada de provas apenas há a reunião das provas, sem a valoração judicial, que será efetuada pelo juiz apenas no caso de propositura de outra demanda.

O objetivo geral do presente trabalho reside em aferir o modo de estimular o compartilhamento de informações entre as partes, de sorte a obter um acervo probatório mais amplo, delineando com maior precisão o prognóstico de um futuro conflito, para decidir se vale a pena litigar.

A metodologia utilizada será a da análise econômica do Direito, método de trabalho, apto a aferir de modo pragmático a eficiência das normas processuais, para alcançar o ideal da pacificação social, por meio da solução dos litígios[5]. Será avaliado de

---

3 A visão moderna de acesso à justiça inclui a solução pelos meios alternativos de solução do conflito, desde que asseguradas a imparcialidade e a independência do terceiro condutor do tratamento do conflito, dada a releitura do princípio da inafastabilidade da jurisdição conforme defendido por Humberto Dalla Bernardina de Pinho. PINHO, Humberto Dalla Bernardina de. *Jurisdição e Pacificação: limites e possibilidades do uso dos meios consensuais de resolução de conflitos na tutela dos direitos transindividuais e pluri-individuais*. Rio de Janeiro: editora CRV, 2016. p 84.

4 YARSHELL, Flavio Luiz. *Antecipação da prova sem o requisito da urgência e do direito autônomo à prova* .1ª edição. São Paulo :Malheiros, 2009. p. 211.

5 "A análise econômica do direito possui tanto aspectos positivos (isto é descritivos), quanto normativo. Seu objetivo é prever o comportamento dos grupos que participam do sistema jurídico, além de explicar a estrutura doutrinal, procedimental e institucional do sistema. Mas também busca aperfeiçoar o sistema, ao assinalar as consequências involuntárias ou indesejáveis das leis vigentes ou dos projetos de lei e propor reformas práticas. POSNER, Richard, As *Fronteiras da Teoria do Direito*. 1a edição, São Paulo : Martins Fontes, 2011.p 08.

modo específico se a mudança de disciplina da produção antecipada de provas altera o sistema de incentivos, de modo a estimular o compartilhamento de informações entre as partes, promovendo, dessa forma, maior eficiência.

Tendo em vista que o CPC/2015 inspira-se na ideia de que cada processo deve auferir o maior rendimento possível,[6] e que os litígios sejam reduzidos por meio da autocomposição, existe espaço propício para o uso das lentes da Economia para analisar as normas jurídicas[7], a fim de diagnosticar como os agentes têm se comportado, elaborando, outrossim, os possíveis prognósticos.

Desse modo, o plano de trabalho será dividido em três partes. A primeira cuidará da análise econômica da Discovery no Direito Norte Americano, e dos incentivos ao compartilhamento de informações, fazendo-se uma incursão à análise do comportamento estratégico, em ambiente de interação, com na teoria dos jogos no tópico 2.2. Em seguida, far-se-á uma abordagem econômica da produção antecipada de provas, em sua nova roupagem (art.381 II e III do CPC), e das formas de estimular o comportamento cooperativo das partes. Por fim, será apresentada uma síntese conclusiva.

2. Uma Abordagem Econômica da Discovery no Direito Norte-americano

2.1. Objetivos da Discovery

Richard Posner entende que a estrutura doutrinária e econômica do Direito ProbatórioNorte Americanopossui uma implícita e intuitiva lógica econômica. Um processo conduzido pelas partes, sob a supervisão de um juiz passivo (*adversarial system*) seria essencial para uma investigação probatória mais efetiva, apesar de significar em alguns casos duplicidade de atividade.[8] O engajamento dos advogados das partes na atividade probatória, em razão do interesse direto no êxito de seus clientes, também explicaria a maior eficácia do sistema adversarial de colheita de provas.[9]

---

6 Segundo consta na exposição de motivos :" Sendo ineficiente o sistema processual, todo o ordenamento passa a carecer de real efetividade." Consta ainda que há a necessidade de conferir o maior rendimento possível a cada processo, na mesma linha da satisfação do princípio da eficiência. Disponível em https://www2.senado.leg.br/bdsf/bitstream/handle/id/512422/001041135.pdf Acesso em 02/09/2018 Confira-se, a este propósito FUX, Luiz. O novo Processo Civil. Disponível em https://juslaboris.tst.jus.br/bitstream/handle/20.500.12178/79452/009_fux.pdf?sequence=1 Acesso em 01/08/2018.

7 Tiago Araújo assinala a utilidade do uso da metodologia da economia para analisar problemas jurídicos do seguinte modo :"Assim, em adição aos méritos que a interpretação econômica do Direito possa trazer para gerar novas explicações e iluminar pontos antes não compreendidos em sua totalidade, a adesão à AED de maneira ampla gera uma externalidade positiva: reabilita-se o caráter científico do Direito, abalado pelas críticas ao positivismo jurídico. ARAÚJO, Thiago Cardoso. *A análise econômica do Direito no Brasil*.1ª edição. Rio de Janeiro: Lumen Iuris, 2016. p 13.

8 POSNER, Richard A. *Economic analysis of Law*. 6ª edição. New York: Aspen Publisher, 2002 p. 615

9 POSNER, Richard A. An economic approch to the law of evidence. University of Chicago Law School Disponível em https://chicagounbound.uchicago.edu/cgi/viewcontent.cgi?article=1044&context=law_and_economics.

Conquanto haja diferenças sensíveis entre o procedimento judicial norte-americano destinado à colheita de elementos probatórios, mediante a troca de informações entre as partes-a Discovery[10] e a disclosure - e o de produção antecipada de provas do Direito brasileiro, oportuna se faz a menção à abordagem econômica realizada pela Doutrina Norte-americana, de sorte a obter subsídios para a aferição da eficiência do modelo probatório brasileiro de colheita de provas no terceiro tópico.

Embora o objetivo da Discovery[11]e da disclosure (revelação voluntária de informações, por interesse da parte ou em cumprimento a dever legal) previstas nas Rules 26 a 31 das *Federal Rule sof Civil Procedure* seja a preparação do caso para o *trial* (julgamento), em sua grande maioria, resulta na celebração de acordo, em virtude dos altos custos envolvidos.

No processo civil norte-americano há duas fases[12]: a primeira consiste na fase de preparação do caso para o julgamento (*trial*), mediante a revelação de informações, elementos probatórios e a produção de provas pelas partes (*Discovery* e *disclosure)*; e a segunda é a do *trial,* o julgamento após a audiência de instrução e julgamento na presença de um juiz e do júri[13].

---

10 Consta no glossário do livro de Neil Andrews o seguinte conceito de Discovery , aplicável ao Direito Norte Americano e inglês: Trata-se da atividade consistente em as partes exibirem, uma a outra, as provas e as informações de que dispõem e que usariam em um futuro eventual trial" ANDREWS, Neil. *O moderno Processo Civil. Formas judiciais e alternativas de resolução dos conflitos na Inglaterra.* 2 ed. São Paulo: RT. p. 21.

11 Na Rule 26 das Federal Rules of Civil Procedure dos EUA consta o escopo da Discovery 4 :(b) Discovery scope. (1) *Scope in General.* Unless otherwise limited by court order, the scope of discovery is as follows: Parties may obtain discovery regarding any nonprivileged matter that is relevant to any party's claim or defense and proportional to the needs of the case, considering the importance of the issues at stake in the action, the amount in controversy, the parties' relative access to relevant information, the parties' resources, the importance of the discovery in resolving the issues, and whether the burden or expense of the proposed discovery outweighs its likely benefit. Information within this scope of discovery need not be admissible in evidence to be discoverable. Disponível em http://www.uscourts.gov/sites/default/files/civil-rules-procedure-dec2017_0.pdf Acesso em 01/10/2018.

12 A estrutura bifásica do procedimento judicial norte-americano é elogiada, pela maior eficiência por José Aurélio de Araújo: "*A experiência do direito comparado tem mostrado que o processo organizado em duas fases possibilita a melhor compreensão dos contornos do litígio e facilita a definição do que se quer ver provado, maximizando a atividade na fase instrutória e afastando-se do ir e vir que a atual fragmentação possibilita.* ARAÚJO, José Aurélio. Capítulo VI. Procedimento probatório extrajudicial. A reforma do Direito Probatório no Processo Civil Brasileiro-Anteprojeto do Grupo de Pesquisa Observatório das reformas processuais . Revista de Direito Processual da UERJ. Vol XIII. Disponível em www.redp.uerj.com Acesso em 02/10/2018.

13 CAMBI, Eduardo, PITTA, Rafael Gomiero. Discovery no Processo Civil Norte-Americano e a efetividade da justiça brasileira. *Revista de Processo*. vol. 245. Julho, 2015.

Realizando uma análise da Discovery, dentro de uma abordagem econômica, Robert Cooter e Daniel Rubinfeld[14] apontam os seguintes objetivos daquele processo de colheita de provas: i) aumento da probabilidade de acordo; ii)aumento da justiça e precisão dos acordos; iii) aprimoramento da precisão dos julgamentos judiciais; iv) filtragem de ações; v) redução dos custos de transação da resolução de disputas.

As disputas judiciais nasceriam das diferentes expectativas subjetivas das partes, com base nas informações privadas que possuem. Sob tal ótica, os julgamentos judiciais ocorrem quando as partes são relativamente otimistas em relação ao resultado, indicando que pelo menos uma das partes está mal informada. Ao promover o compartilhamento das informações e a descoberta de novos fatos, a Discovery corrige a percepção subjetiva da parte quanto ao resultado de um futuro processo judicial.

Dessa forma, o fornecimento de informações seria apto para corrigir o falso otimismo de uma das partes, criando um incentivo para a celebração do acordo. Observe-se que, neste caso, nem mesmo seria necessária uma regra, obrigando o compartilhamento das informações, pois existe um natural estímulo para corrigir o otimismo da parte adversária. Como acentuam Robert Cooter e Thomas Ullen "bad news are free"[15].

Por outro lado, a revelação de informações que tornam a outra parte mais otimista poderia, em princípio, reduzir a probabilidade de acordo. No entanto, mesmo neste caso, pode haver a celebração de acordo, bastando um ajuste da proposta pela parte adversa. Fatos desconhecidos das partes, descobertos por acaso, podem alterar a distribuição de expectativas, aumentando a probabilidade de acordo. Consequentemente, a Discovery aumentaria a possibilidade de celebração de acordos, reduzindo os julgamentos judiciais, por meio da organização de um processo da troca de informações entre as partes.

Quanto ao objetivo de filtrar as demandas, resta claro que a troca de informações, ao promover a reconstituição dos fatos relevantes do litígio, permite que se faça um prognóstico do que seria o resultado do *trial* e a aferição da viabilidade jurídica e econômica de prosseguir para o julgamento judicial. Partindo-seda premissa de que as pessoas são racionais, não haverá propositura de ação para perseguir proveito econômico inferior aos custos da ação judicial.

---

14 COOTER, Robert et al. The Journal of Legal Studies vol (jan 1994), p 435-463 An economic model of legal discovery Economic analysis of civil procedure. vol. 23, n. 1. Disponível em http://www.jstor.org/stable/724329 acesso em 01/09/2018. Em interessante metáfora ligado ao mundo animal afirma que se os animais tivessem um procedimento de Discovery, o ritual de combate seria precedido por um processo de troca de informações acerca da altura e peso dos adversários, para um possível prognóstico e preparação para o combate."

15 COOTER Robert, ULLEN Thomas. Law & Economics Economics. 6ª ediçao. Boston: Pearson education, 2016. Disponível em https://scholarship.law.berkeley.edu/cgi/viewcontent.cgi?article=1001&context=books.Acesso em 02/09/2018.

O terceiro escopo do Discovery é aumentar a precisão dos julgamentos, aprimorando o nível de informações disponíveis para o julgamento judicial, que é o fim inerente a qualquer procedimento probatório. Considerando que na maior parte dos casos a Discovery conduz à celebração de acordos, poder-se-ia falar também em acordos mais precisos, dada a possibilidade de reconstituição dos fatos mais apurada.

O quinto objetivo de redução de custos de transação é, em verdade, condição imprescindível para a celebração de acordos, dentro de uma concepção econômica.

Os custos de transação são as despesas envolvidas na negociação entre as partes.

Segundo o teorema de Coase[16], a alocação inicial de recursos é irrelevante, se definidos os direitos de propriedade e ausentes custos de transação, vez que neste caso a negociação entre as partes promoveria a alocação eficiente de recursos, corrigindo eventual falha na alocação inicial. Nessa perspectiva, as leis não poderiam interferir na modificação da alocação de recursos, exceto para reduzir os custos de transação, condição imprescindível para estimular o acordo entre as partes. Na linha do pensamento econômico liberal, defende-se que o mercado se autorregularia, ou seja, as partes, ao negociarem direitos, corrigiriam eventual falha na alocação inicial, promovendo-se, desta forma, a eficiência.

Portanto, nessa linha de entendimento, ao se recolher provas dos fatos relevantes de um futuro litígio, haveria a redução dos custos para a celebração de um acordo, gerando as condições necessárias à composição amigável.

Assim, após se enumerar os objetivos do processo de colheita de provas conhecido como a Discovery norte americana, resta analisar, à **luz da teoria dos jogos**, a troca de informações entre as partes para uma eficiente apuração dos fatos.

2.2. Modelos de litigância e estímulos à troca de informações: uma análise à luz da teoria dos jogos

2.2.1. Teoria dos jogos: elementos básicos

Quanto à dinâmica da troca de informações dentro de um contexto de produção de provas e os possíveis estímulos à cooperação, pode-se utilizara teoria dos jogos,[17]

---

16 COASE, Ronald "O problema do custo social" The latin America and Caribbean journal of Legal Studies. Vol 3, 2008. Trata-se da tradução do artigo clássico de Robert Coase publicado pela primeira vez no *Journal of Law and Economics* em outubro de 1960.

17 Raldall Picker define a teoria dos jogos como um conjunto de ferramentas e linguagem destinada a descrever e prever comportamentos estratégicos, consoante o seguinte trecho, a seguir :A definition might be useful; as a roughcut, try: *game theoryis a set of tools and a language for describingandpredictingstrategicbehavior*. I will discuss in a bit what these tools are and how to apply them, but I want to focus first on the core concept in the definition, strategic behavior. Strategic settings are situations in which one person would like to take into account how a second person will behave in making a decision, and the second person would like to do likewise.. PICKER, Randal C *An introduction to game theory and the law*. Disponível em https://chicagounbound.uchicago.edu/cgi/viewcontent.cgi?article=1049&context=law_and_economics. Acesso em 10/10/2018.

ferramenta destinada a prever o comportamento estratégico dos litigantes, na medida em que estuda as decisões tomadas por agentes em ambientes de interação, como os jogos, nos quais a decisão de um indivíduo afeta a dos outros.

Nesse aspecto, razão assiste a Ejan Mackaay e Stephanie Rousseau[18], ao assinalarem que o nome mais adequado seria teoria das interações estratégicas, e não teoria dos jogos.

Esse modo de análise e previsão de comportamentos pode ser útil para a visualização e resolução de problemas jurídicos, pois estes revelam uma situação de jogo, em que há decisões dentro de um ambiente de interação, com interdependência das atuações dos agentes.

Há casos em que os jogadores não se comunicam para coordenar estratégias comuns, seja pela absoluta impossibilidade- como no caso do dilema do prisioneiro-, seja pela ausência do interesse em se comunicar, por defenderem interesses divergentes.

Assim, elabora-se um modelo (versão simplificada da realidade) com três elementos básicos: jogadores, estratégias (opções dentro dos diversos cursos de ação disponíveis) e recompensas (*payoffs*).

O exemplo mais conhecido e didático da aplicação da teoria dos jogos é o dilema do prisioneiro, em que dois criminosos, comparsas, são presos pela prática de um crime grave.

O órgão de acusação, com base na constatação de inexistência de provas suficientes para a condenação de ambos à pena máxima do crime mais grave de 8(oito)anos de reclusão, deduz que o melhor modo de amealhar elementos probatórios é tentar convencê-los a confessar, delatando o outro companheiro de empreitada criminosa.

Nesse desiderato, é apresentada a cada prisioneiro, sem que o outro saiba, a proposta de redução substancial da pena, para 1 (um) ano de reclusão, caso haja a confissão do crime e esclarecimento de detalhes da prática do delito mais grave, com a delação do outro prisioneiro. Em princípio, a pena máxima do crime mais grave seria de 8(oito) anos de prisão.

Se somente um dos prisioneiros aceita a proposta de delação, confessa o crime e fornece provas suficientes à comprovação do crime mais grave praticado pelo seu companheiro, o delator terá a pena reduzida para um ano, e o outro responderá pelo crime mais grave, com pena de 8 (oito) anos de reclusão.

Caso os dois prisioneiros realizem a delação, o benefício da redução da pena ainda restará aplicável, porém a condenação será de 4(quatro) anos de reclusão, con-

18 Relativamente à denominação da teoria, afirmam Ejan Mackkay e Sthéphane Rousseau: *"Cerca de 30 anos depois, nova e possante ferramenta veio para facilitar o estudo : a teoria dos jogos. O nome não é muito feliz. A teoria dos jogos não tem nada de realmente lúdico. É mais uma teoria de interações entre seres humanos e deveria ser denominada- menos elegantemente- de teorias das interações estratégicas.* MACKAAY, Ejan et al. *Análise Econômica do Direito*. 2a edição. São Paulo: Atlas, 2015. p. 43.

siderando as provas da prática do crime mais grave. Quando nenhum dos prisioneiros delata, os indícios probatórios até então existentes permitiriam a condenação pelo crime menos grave de 2(dois) anos de pena privativa de liberdade.

Quanto aos elementos do jogo, necessários à elaboração de uma matriz, há no caso em apreço duas estratégias disponíveis-delatar e não delatar- para os dois prisioneiros, identificados como jogadores 1 e 2, bem como as recompensas (*payoffs*) associadas à cada estratégia, representadas pelo tempo de pena privativa de liberdade.

Parte-se da premissa de que cada prisioneiro almeja minimizar o tempo gasto na prisão, razão pela qual os *payoffs* associados às estratégias de delatar e não delatar são as penas de prisão de 1(um), 2 (dois), 4 (quatro) e 8 (oito)anos, representadas em número negativos, por ser a pena uma consequência desfavorável.

Supõe-se, ainda, que haveria uma indiferença em relação ao tempo que o outro prisioneiro gastaria na prisão, inexistindo um meio de saber da escolha do outro, ante a colocação em celas separadas, o que impossibilitaria o acordo para a adoção de uma estratégia comum. A matriz com o jogo do dilema do prisioneiro segue abaixo.

Jogador 2 (prisioneiro 2)
Delatar Não delatar
Jogador 1 **Delatar**(-4,-4) (-1, -8)
(prisioneiro 1) **Não delatar**(-8,-1) (-2,-2)

Observe-se que, na matriz acima, as estratégias do jogador 1(prisioneiro 1) de delatar e não delatar encontram-se na horizontal(linhas da tabela), enquanto as estratégias do jogador 2 (prisioneiro 2) estão identificadas na vertical, correspondendo às colunas. Nos pares de *payoffs*, as recompensas do prisioneiro 1 são sempre as primeiras, e as do jogador 2 ou prisioneiro 2 posicionam-se sempre em segundo lugar.

Em uma primeira mirada, é possível constatar que o máximo benefício seria obtido, em termos de menor punição aplicada, sem levar em conta o comportamento do outro prisioneiro, quando se adotar a estratégia de confessar/delatar. Na nomenclatura da teoria dos jogos, a estratégia de obter sempre o maior benefício possível, qualquer que seja a escolha do outro jogador, é denominada como estratégia estritamente dominante.

A tendência natural é que cada parte, como agente racional, busque, por meio de estratégias estritamente dominantes, obter as maiores recompensas (*payoffs*) possíveis para si, dentro do ambiente de jogo.

Do mesmo modo, também é possível identificar que a estratégia de não delatar é estritamente dominada pela de delatar, pois aquela sempre conduzirá ao pior resultado, no caso da matriz em questão, com *payoff* mais desfavorável, representado pelas penas privativas de liberdade mais elevadas.

Pode-se indagar: haveria a possibilidade de se considerar um melhor resultado mútuo, um ponto ótimo, em que a recompensa obtida seja a melhor possível para ambos?

Neste caso, a combinação de estratégias apta a conduzir ao resultado ótimo, o mais eficiente possível para todos os jogadores – os prisioneiros – sem prejudicar em demasia um dos dois co-autores de um mesmo crime, consistiria em ambos não aceitarem a proposta de delação. Nesta estratégia, o resultado será apenas a condenação dos dois prisioneiros à pena privativa de liberdade do crime menos grave, de dois anos de reclusão.

Ao analisar a matriz em tela, este resultado seria aquele representado pelos pares de *payoffs*(-2, -2). Esta é a combinação de estratégias conhecida como equilíbrio de Nash, definida como aquela que é a melhor possível, considerando as condutas dos outros jogadores, visando à obtenção de benefícios mútuos.

No exemplo do dilema do prisioneiro, em vista da impossibilidade de comunicação para a coordenação de estratégias de ganhos mútuos, dificilmente se alcançará o equilíbrio de Nash. Em regra, o comportamento estratégico dos jogadores conduz a um resultado sub ótimo, ou seja, as escolhas racionais feitas não levam a um proveito eficiente para todos.

No jogo em questão, as informações básicas são conhecidas, tais como as estratégias disponíveis e a recompensa associada à cada estratégia, desconhecendo-se apenas a opção a ser feita pelo outro jogador, ante a falta de comunicação entre os prisioneiros isolados em celas separadas.

Embora no caso mais simples do dilema do prisioneiro haja um único equilíbrio de Nash, existem jogos, nos quais há mais de um equilíbrio de Nash, ou mesmo nenhum.

Dessa forma, a questão que se coloca é a seguinte: qual seria o modo mais eficiente de elaborar leis que sejam aptas a ajustar os comportamentos na direção de uma atuação cooperativa, para atingir um "equilíbrio de Nash"?

Os estudos do prêmio Nobel de Economia de 2015, Thomas Schelling, conduziram à formulação da Teoria do Ponto Focal, segundo a qual os agentes poderiam coordenar as suas atividades em torno de um "ponto", alcançando-se um equilíbrio benéfico para os participantes do jogo.

Segundo Ronaldo Fiani, o *"ponto focal é um elemento que se destaca de um contexto, e que permite aos jogadores coordenarem suas decisões em torno de um ou mais equilíbrios de Nash*[19]*"*. A compreensão deste conceito pode ser alcançada de modo mais efetivo, com a apresentação de exemplos.

O primeiro exemplo[20] é o da divulgação de informações por um respeitado colunista especializado em negócios de empresas de alta tecnologia, em revista lida por empresários e funcionários do referido setor, no sentido da existência de uma nova ferramenta tecnológica. Nesta hipótese, a informação poderia induzir a coordenação de duas ou mais empresas – um grupo pequeno de empresas- no sentido de se arti-

19 FIANI, Ronaldo. Teoria dos jogos. 3a edição Rio de janeiro: Elsevier, 2009. p. 106/107.

20 Op citada. p. 107.

cularem para a produção de componentes diferentes ligados à essa nova ferramenta. Portanto, haveria a combinação de estratégias de alguns agentes em prol de um escopo benéfico a todos.

Uma condição imprescindível, contudo, para a efetividade do ponto focal, como elemento de convergência, para a obtenção de uma solução cooperativa, é o compartilhamento da informação, ou seja, o ponto focal deve ser do conhecimento de todos os participantes e apto a gerar a coordenação espontânea, com o propósito de se obter uma solução ótima. Por essa razão, essa combinação de estratégias pressupõe o acordo de um pequeno grupo de agentes.

Outro exemplo, extraído da cartilha "Repensando o setor de combustíveis: medidas pró-concorrência", elaborada pelo CADE em maio/2018,[21] que condensa medidas destinadas ao fomento da concorrência no setor de combustíveis, refere-se ao efeito anticoncorrencial, advindo da publicação de uma tabela com preços médios ponderados ao consumidor pelo CONFAZ, como razoáveis em cada região, para a substituição tributária no ICMS, que na prática, transforma-se em um ponto focal, em torno do qual as empresas do setor de combustíveis se coordenariam, para a adoção de um preço único, dentro de um cartel. Conquanto a ideia da tabela tenha sidoa de otimizar o trabalho da Secretaria da Receita Federal, ao reduzir os custos administrativos, na prática, conduz a um resultado anticoncorrencial no mercado, ao induzir os agentes ao acerto de um preço comum entre as empresas do setor, formando-se um cartel. Inexistiria, pois, estímulo à fixação do preço abaixo do valor constante da tabela do CONFAZ.

Destarte, o ponto focal pode ser uma informação, uma regra legal, que induza os agentes a cooperarem entre si, para a obtenção de um objetivo comum. O ideal é que as leis estimulem comportamentos lícitos e cooperativos, que resultem em bem estar social, a partir de regras (regras legais ou mesmo precedentes judiciais) que se tornem pontos focais para a articulação dessa estratégias de coordenação, visando ao alcance de uma solução cooperativa. Partindo dessa ideia, pode-se pensar na obtenção da colheita de informações, no bojo de um processo, que se torne ponto de convergência para uma atuação cooperativa.

A grande dificuldade reside, contudo, nas interações entre as partes, quando há assimetria de informações, caso em que a lei deve criar estímulos, visando à revelação dos dados privados que a parte informada deseja omitir.

---

21 Na Cartilha de medidas para estimular a concorrência no setor de combustíveis elaborada pelo CADE de maio/2018 consta o seguinte :"*Com efeito a substituição tributária via tabela do Conselho Nacional Fazendário-CONFAZ-calcula o preço médio ponderado ao consumidor final(PMPF) dos combustíveis foi pensado para facilitar o trabalho da Receita, e supostamente reduzir custos administrativos. (...) Em primeiro lugar, tal tabela serve como uma sinalização aos agentes do mercados sobre qual é o preço razoável dada região. Serve, portanto, como ponto focal : fenômeno já conhecido ha muito tempo da teoria econômica , referida por Shelling. Ou seja, a tabela de preços desincentiva os agentes a precificarem mais baixo.*" "Repensando o setor de combustíveis: medidas pró-concorrência. Contribuições do CADE Disponível em http://www.cade.gov.br/acesso-a-informacao/publicacoes-institucionais/contribuicoes-do-cade/contribuicoes-do-cade_medidas-28maio2018-final.pdf p. 26/27. Acesso em 01/09/2018

Em alguns casos, no âmbito do processo judicial, a parte que detém informações relevantes não está disposta a fornecê-las, e inexiste um meio de obrigá-la a fazê-lo, pois não há como verificar a informação. Em outras palavras, há indícios de que a parte detém certos elementos probatórios e deseja sonegá-los. A solução de impor coativamente o fornecimento de informações ou de aplicar o efeito da presunção desfavorável, mediante a valoração da conduta da parte só podem ser aplicadas quando se sabe com certeza que a parte efetivamente detém documentos e dados que pretende ocultar. Quando não se tem essa certeza, não haveria como extrair da omissão tal inferência.

Ao analisarem a troca de informações entre as partes em um jogo de informações incompletas e assimétricas, Douglas Baird, Robert Gertner e Randal Piecker[22] asseveram que a teoria de jogos pode ser utilizada como ferramenta para lançar novas luzes sobre este problema, dentro de um jogo sequencial de informações incompletas.

Para concluir como seria a atuação estratégica dos agentes em um jogo de informações assimétricas, utiliza-se o raciocínio de probabilidade, ou seja, são realizados prognósticos pelos agentes, com base na probabilidade de um evento ocorrer, dada a ocorrência de um evento anterior, o que conduz à utilização do teorema de Bayes.

Desse modo, nos jogos sequenciais de informação incompleta, utiliza-se o teorema de Bayes, fórmula matemática elaborada por Thomas Bayes, que calcula a probabilidade de um evento ocorrer, considerando que outro evento já ocorreu. Trata-se, pois, de uma "probabilidade condicional".

Nestes casos, os Douglas Baird, Robert Gertner e Randal Piecker afirmam que poderiam ser obtidas inferências, com base na conduta da parte que não apresenta a prova, em um **jogo de sinalização (*signaling* games)**, de emissão de sinais e em um jogo de seleção adversa (*screnning games*).

De fato, em um ambiente de assimetria de informações, os indivíduos tendem a adivinhar os interesses, e o padrão de comportamento da outra parte, com base em simples ações, que sinalizam as reais intenções. E com base nestas inferências, poderiam realizar prognósticos, a fim de orientar a atuação estratégica, em um jogo com informações incompletas.

Um exemplo simples citado pelos referidos autores[23]é o de proprietário de um imóvel situado na área rural no Estado do Texas procurado por um geólogo de uma empresa de exploração de petróleo interessado na aquisição da fazenda. Apesar de não possuir as informações de que dispõe o geólogo, nem tampouco conhecimentos técnicos, o fazendeiro desconfiará do motivo do interesse do geólogo na fazenda, podendo extrair da conduta deste, bem como das circunstâncias, a informação sonegada.[24] Desse modo, teria condições o fazendeiro de inferir, com base nas regras ordi-

---

22 BAIRD, Douglas et al. Game Theory and the law. 1a ed. Cambridge: Harvard press ed, 1994. p.80

23 BAIRD, Douglas et al. Game Theory and the law. 1a ed. Cambridge: Harvard press ed, 1994. p.80

24 Op cit p.81

nárias da experiência, que o imóvel de sua propriedade, situado no Estado do Texas, muito provavelmente possuía riquezas minerais que atraíram o interesse da empresa petrolífera.

Eric Posner, no texto que trabalha a ideia de Direito e normas sociais, cita a influência do modo como o vendedor secomporta, com base nos sinais emitidos, no estabelecimento do valor do preço final do veículo a ser adquirido pelo comprador[25]. Haveria um equilíbrio diferenciador quando a parte menos informada conseguisse extrair inferências, a partir do comportamento da outra parte para orientar a sua atuação.

Em um jogo de sinalização, a parte que detém informação privada pode emitir sinais de seu real interesse, que captado pela parte contrária pode conduzir a um acordo. Isso ocorre, de modo geral, quando a informação é benéfica ao jogador informado.

Além do jogo de sinalização, há também o **jogo de seleção adversa (*screening games*)**, em que o jogador desinformado joga antes do informado, e age de modo a obter informações do jogador informado.

Em resumo, os jogos de sinalização ocorrem quando a parte informada emite sinais, a partir de suas ações, que podem ser captadas pelo outro jogador (destinatário), ao passo que os jogos de seleção adversa ou triagem, filtragem (*screening games*) têm lugar quando o jogador desinformado joga antes do participante informado, escolhendo ações que conduzam o jogador detentor de informações privadas a revelar de algum modo as suas informações, ainda que por meio de sinais[26].

A fim de traçar a distinção de estratégia dos *signaling games* (jogos de sinalização) e dos *screening games* (jogos de seleção adversa, filtragem ou triagem), alguns exemplos podem ser apresentados.

Pode-se citar o processo de seleção para emprego, em que os candidatos podem ser laboriosos ou preguiçosos, e a empresa que está recrutando desconhece o perfil de cada candidato ao posto de trabalho oferecido. Nesta hipótese, o potencial empregador poderá extrair inferências acerca do perfil laborioso ou preguiçoso dos candidatos, a partir do modo de preenchimento dos requerimentos de inscrição no processo seletivo e do comportamento adotado durante a entrevista (jogo de sinalização)[27].

De modo similar, o futuro empregador pode realizar uma seleção adversa, ou seja, uma triagem (*screening games*), com base na elaboração de um esboço de contrato de trabalho ou descrição das tarefas no anúncio do processo seletivo, com o propósito de atrair somente os candidatos com perfil de empregados laboriosos, excluindo o interesse dos preguiçosos.[28]

---

25 POSNER, Eric.Símbolos, sinais e normas sociais na política e no Direito. Disponível em http://www.scielo.br/pdf/rdgv/v4n1/a11v4n1.pdf Acesso em 20/09/2018.

26 BAIRD, Douglas et al. Game Theory and the law. 1a ed. Cambridge: Harvard Press ed, 1994. p.123

27 Op citada p. 125.

28 Op citada p. 123.

Nos contratos de seguro, os consumidores que optam por apólices com franquia mais baixa e menor indenização, em caso de ocorrência do sinistro, seriam aqueles que acreditam possuir menos risco de utilização do seguro, enquanto os que celebram contratos com maior cobertura securitária e indenização seriamos que teriam maior risco de sofrer sinistro. Nessa perspectiva, as empresas de seguro, com base na elaboração de diferentes tipos de apólice, com valores diversos, conseguem filtrar, selecionar os contratantes que são de alto e de baixo risco pelo tipo de contrato.

No âmbito do processo judicial Kate Spier[29] cita o exemplo de um autor desinformado que oferece uma proposta de acordo do tipo "pegar ou largar"(*take-it-or-leave--it settlement offer)* antes de iniciar a fase do *trial,* que será bem dispendiosa, como modo de selecionar, descobrir o tipo de réu, pois se este rejeitar, será possível concluir que detém provas aptas a obter êxito no *trial*, ao passo que a aceitação significa que o seu prognóstico quanto ao resultado de um futuro julgamento é desfavorável. A rejeição da proposta pode servir de estímulo para o autor desistir de prosseguir com a ação até o *trial*, firme na crença de que as informações privadas do réu podem levar à improcedência do pedido[30].

Invertendo a situação do exemplo, pode-se pensar no caso de um autor informado e um réu desinformado. A fim de realizar uma seleção adversa *(screening*), o réu apresenta uma proposta de acordo do tipo "pegar ou largar" (*take it or leave* it) antes da fase do *trial,* o que permite aferir se o autor tem um prognóstico positivo ou não acerca do resultado do julgamento. A partir de tais condutas, o litigante tentará obter as informações de que não dispõe, o que pode ser reforçado por normas acerca da distribuição dos custos do processo, e sanções pelo descumprimento dos deveres de colaboração na busca da prova.

Digna de registro é a interferência das regras de alteração dos custos do processo na probabilidade de acordos na probabilidade dos acordos celebrados. Neste sentido, Kate Spier[31] entende que a atribuição dos ônus financeiros à parte mais otimista por ato do juiz aumenta a probabilidade de acordo, ao desestimulá-la a prosseguir até o *trial,* por força dos elevados gastos.

Com o propósito de assegurar o dever de cooperação, possibilitando que a Discovery e a Disclosure atinjam seus escopos, há as sanções previstas às partes e aos seus advogados pelos atos desleais, nos termos da Rule 37 das Federal Rules of Civil Procedure.

Feitas estas considerações sobre a dinâmica das interações entre as partes dentro de um ambiente de jogo, e no processo, à luz dos estudos da Análise Econômica do Direito, passa-se a analisar em que medida a mudança da disciplina da produção

---

29 SPIER, Kate "Litigation and civil procedure" In SHAVELL, Steve, POLISNKY, Mitchell *Handbook of law and Economics."*vol I Elsevier, 2007. p. 274.

30 Op citada p. 274.

31 SPIER, Kate. Pretrial Bargaining and the Design of Fee-Shifting Rules. RAND Journal of Economics,-Vol.25 (1994), p 197-214.

antecipada de prova (art. 381, I e II do CPC) teria aprimorado a eficiência do processo civil, enquanto instrumento de pacificação social.

3. Da ProduÇão Antecipada de Provas no Direito brasileiro: uma Mudança, em prol de uma maior Eficiência

há muito tempo a doutrina clamava por uma mudança no perfil da ação de produção antecipada de provas, de modo a permitir o seu ajuizamento, sem o requisito da urgência, e desvinculada de um futuro processo judicial (ação principal)[32].

Em muitos casos, o escopo na ação de produção antecipada de provas, inserida como ação de natureza cautelar no CPC/1973, era apenas o de obter maiores esclarecimentos sobre determinados fatos, sem a visão clara, ante o quadro de ignorância, de ser o requerente detentor ou não de algum direito a ser perseguido em uma futuraação judicial[33].

Desse modo, era difícil ao demandante comprovar o requisito da urgência, e apontar uma futura demanda a ser ajuizada (ação principal), ante a ausência de informações sobre os fatos relevantes.

Inexistia, pois, um meio idôneo para tutelar o direito à prova, desvinculado do requisito da urgência, quando versasse sobre meios probatórios não contemplados nas ações probatórias típicas previstas no CPC/1973.

Em boa hora, o CPC/2015 acolheu tal reclamo, de forma a ampliar as hipóteses de admissibilidade da ação probatória de produção antecipada da prova, a fim de tutelar não apenas o direito à produção de provas, quando há risco fundado de perecimento do meio de prova, mas também para assegurar o direito autônomo à prova, fulcrado no art. 5º XXXV da Constituição da República, compreendido como aquele voltado a provocar a atuação estatal com o propósito de buscar, obter, produzir providências de instrução, sem invocar a declaração do direito material, para o esclarecimento de fatos relevantes[34] referentes a uma demanda futura e eventual.

Atualmente são três as hipóteses de admissibilidade da ação de produção antecipada de provas: i) existência de fundado receio de que venha a tornar-se impossível ou muito difícil a verificação de certos fatos, na pendencia da ação (inc I do art. 381 do CPC); ii) a prova a ser produzida seja suscetível de viabilizar a autocomposição ou outro meio adequado de produção de conflito (inc II do art. 381); iii) o prévio conhecimento dos fatos possa justificar ou evitar o ajuizamento da ação (inc III do art. 381 do CPC).

---

32 YARSHELL, Flávio Luiz. Antecipação da prova sem o requisito da urgência e do direito autônomo à prova. 1ª edição. São Paulo: Malheiros, 2009.

33 YARSHELL, Flávio Luiz. Antecipação da prova sem o requisito da urgência e do direito autônomo à prova. 1ª edição. São Paulo: Malheiros, 2009.

34 YARSHELL, Flavio. *Breves Comentários ao Novo Código de Processo Civil*. 1ª ed. São Paulo: RT, 2015. p. 1042

Parcela substancial da doutrina defende a natureza de jurisdição voluntária da produção antecipada de provas[35], embora, na maior parte das vezes, esteja relacionada a um conflito de interesses eventual. Aliás, a própria produção de provas pode revelar uma situação de conflito de interesses, quando há a resistência do réu no acesso às fontes de prova, caso em que inequivocamente ostenta natureza contenciosa.

Nesse ponto, conquanto o art. 382 § 4º do CPC preveja a ausência de defesa, tal dispositivo deve ser lido em conformidade com a Constituição da República(art. 5º LIV, LV),[36]de forma a autorizar a defesa do réu, restrita à arguição de incompetência, à discussão acerca do direito à produção de provas- legitimidade e interesse do autor da demanda-, ao modo de produção das provas, bem como a oposição de possíveis privilégios, exceções ao dever de colaboração na produção da prova-como, por exemplo, aqueles previstos nos arts 388, I, 403, III, art. 379, todos do CPC.

Ressalte-se, ainda, o caráter dúplice da ação probatória autônoma, pois o art. 382, § 4º do CPC permite a ampliação do objeto do processo pelo réu, por meio de formulação de pedido de produção de provas, como um pedido contraposto, desde que relacionado aos mesmos fatos indicados na petição inicial, o que é justificável à luz do princípio da ampla defesa. A prova produzida servirá tanto ao autor, quanto ao réu, podendo, inclusive, favorecer os interesses do demandado, ao esclarecer os fatos descritos na petição inicial.

Em princípio, não poderia ser ampliada a discussão acerca da matéria fática, segundo a interpretação estrita do art. 382, § 4º do CPC.

Todavia, é perfeitamente possível que surjam questões conexas, a partir do esclarecimento dos fatos e das próprias alegações do réu, com base nas informações de que dispõe, a justificar uma ampliação dos fatos debatidos no processo, porém condicionada à existência de um liame forte com aqueles alegados na exordial.

Acentua Flávio Yarshell que seria ilógica a vedação desta extensão, visto que a simples conexão entre os fatos e o objeto da prova já autorizaria a reunião de proces-

---

35 Segundo Fredie Didier Jr: "O processo de produção antecipada de prova é de jurisdição voluntária. Não é processo cautelar-não há sequer a necessidade de alegar urgência. A circunstância de poder haver conflito não o desnatura : é da essência da jurisdição voluntária a existência de uma litigiosidade potencial. JR, Didier, Fredie. Produção Antecipada de provas. In: *Direito Probatório*. Coord JOBIM, Marco Félix et al. 1ª ed. Salvador: Juspodivm, 2015. p 495. Eduardo Talamini faz as seguintes considerações acerca da natureza da prova, §afirmando poder se enquadrar nos processos de jurisdição voluntária, mas normalmente encerra um conflito: 'Mas a produção antecipada de prova nem sequer se trata de simples "jurisdição voluntária". Por um lado, ela normalmente se insere no contexto de um conflito, ainda que não tenha por escopo diretamente o resolver. Por outro, pode estabelecer-se um conflito específico relativamente à própria produção da prova (por exemplo, o demandado resiste, não permitindo acesso às fontes probatórias). TALAMINI, Eduardo. Produção antecipada de prova no Código de Processo Civil de 2015. *Revista de Processo*. Vol 260, ano 2016. Out 2016 p. 75-101.

36 YARSHELL, Flavio. *Breves Comentários ao Novo Código de Processo Civil*. 1ª ed. São Paulo: RT, 2015. p. 1042.

sos (art. 55, § 1º do CPC), por racionalidade e economia[37], não se justificando a exigência de outra ação probatória autônoma, a ser ajuizada pelo réu com este propósito. Com o intuito de evitar a demora excessiva do processo, há outra restrição prevista: a de que a excessiva demora na produção da prova relacionada a fato descrito na exordial autorizaria o indeferimento pelo juízo(art. 382,§ 4º do CPC) do pedido de provas formulado pelo réu.

Tendo em vista que a urgência não é mais imprescindível para a propositura da referida ação, qualquer meio de prova pode ser antecipado. Destaque-se que inexiste no atual CPC a previsão da ação exibição de documentos em caráter preparatório, somente de modo incidental, quando pendente a ação judicial, nos termos do art 396 do CPC. Portanto, nesses casos, é possível a utilização da produção antecipada de provas para a obtenção de documentos[38].

O CPC unificou o procedimento das ações de antecipação de prova e de justificação, o que já era salutar, ante a ausência de uma diferença substancial entre ambas.

Sob a ótica da análise econômica do direito, a vantagem da previsão de uma ação de produção de provas autônoma consiste, sobretudo, na possibilidade de alinhamento de comportamentos cooperativos para a obtenção de uma solução consensual, ao corrigir os desníveis de informação.

O conhecimento da teoria dos jogos, como método de trabalho aplicado ao estudo do comportamento estratégico em ambientes de competição, com interações recíprocas, pode auxiliar o legislador na elaboração das leis, e orientar as próprias partes na condução de um processo que resulte em um ponto ótimo de benefícios mútuos (equilíbrio de Nash), conforme exposto no tópico anterior.

Nessa perspectiva, o compartilhamento das informações pode corrigir o viés de otimismo na parte refratária ao acordo, convencendo-a de que a melhor solução é a composição amigável. Corrige-se, pois, a assimetria de informações, principal causa da ausência de acordos[39]

Evita-se, outrossim, que haja a adoção de estratégias estritamente dominantes pelas partes, como em um ambiente de jogos de competição, pois a ação probatória autônoma propicia a obtenção de ganhos mútuos, mediante um processo menos custoso, apenas para o esclarecimento de fatos, com grande probabilidade de desembocar em um acordo sobre as questões de direito material apuradas.

---

37 YARSHELL, Flavio. *Breves Comentários ao Novo Código de Processo Civil*. 1ª ed. São Paulo: RT, 2015. p. 1039

38 TALAMINI, Eduardo. Produção antecipada de prova no Código de Processo Civil de 2015. *Revista de Processo*. vol 260, ano 2016. Out 2016 p. 75-101.

39 *"Assymetric information is a leading explanation of bilateral bargaining failure that results in a costly dispute, such as trial or strike.Institutions that facilitate the transfere of information between the parties to the dispute have the potential to reduce the dispute rates and the associated costs.* reduces FARMER Amy, PECORINO, Paul. Civil Litigation with mandatory discovery and voluntary transmition of private information. ***The jornal of legal studies***. Vol. 34, jan. 2005.

Algumas informações surgidas no curso da instrução poderiam até mesmo gerar uma convergência de interesses, servindo como um ponto focal a ensejar a coordenação em prol de um resultado ótimo para ambas as partes, dentro de um jogo de cooperação, e não de competição. A presença de precedentes vinculantes[40] sobre a matéria em debate poderia servir como ponto focal, para que as partes organizem a atividade instrutória para esclarecimentos de questões de fato necessárias a aplicação do precedente no caso em exame, por meio de um acordo. A comunicação entre as partes também propicia a ação coordenada das partes para um fim comum.

Como bem acentua Flavio Yarshell, na ação de produção antecipada de provas sem o requisito da urgência, rompe-se a tradicional ligação entre prova e julgamento estatal para valorizar o nexo entre a prova e a avaliação das partes quanto à probabilidade de êxito de futura demanda[41]. Portanto, pede-se ao Estado, apenas a intervenção para a produção e registro das provas, sem a valoração destas pelo Poder Judiciário.

A cooperação na busca da prova é mais fácil, quando ainda não resta perfeitamente delineado o litígio, podendo se falar em uma conjugação de esforços para a melhor instrução do processo, bem como uma disposição maior para adotar soluções aptas a reduzir o custo do processo, tal como a celebração de negócio jurídico processual para a escolha consensual do perito, e para a limitação dos meios de prova[42].

Muitas vezes, o ideal para as partes é o esclarecimento de alguns fatos, por meio somente de provas documentais, cuja produção é menos custosa, o que é perfeitamente possível, mormente em um processo dirigido primordialmente à valoração pelas próprias partes. Nessa perspectiva, um acordo sobre as questões processuais concernentes ao modo como ocorrerá a colheita das provas é possível, não obstante possam existir interesses antagônicos quanto às questões de direito material discutidas[43].

Embora a obtenção de informações possa também aumentar o otimismo da parte que entende possuir chance de êxito em uma futura demanda, permite, por outro

---

40 Vitor de Paula Ramos destaca a necessidade dos precedentes, sob o argumento da calculabilidade nos resultados das demandas, para que haja estímulos concretos para a realização de acordos RAMOS, Vítor de Paula. O Procedimento de produção de provas sem o requisito da urgência no Novo CPC: a teoria dos jogos e a impossibilidade de acordos sem calculabilidade. *Revista de Processo* vol 263/jan2017 p. 313-332.

41 YARSHELL, Flávio Luiz. *Antecipação da prova sem o requisito da urgência e do direito autônomo à prova.* 1ª edição. São Paulo :Malheiros, 2009. p. 211.

42 Neste ponto, Antonio Cabral :"E, sobretudo nos acordos processuais celebrados antes do surgimento do conflito, a convencionalidade pode gerar mecanismos de incentivos para os comportamentos individuais. Ao assumirem obrigações, a regularem o procedimento, as partes estão indiretamente delineando estímulos que favorecem a observância de suas obrigações legais." CABRAL, Antonio do Passo. *Convenções processuais.*1ª edição. Salvador: Juspodivm, 2016. p. 189.

43 YARSHELL, Flavio. *Breves Comentários ao Novo Código de Processo Civil.* 1ª ed. São Paulo: RT, 2015. p. 1032.

lado, que, a partir do cálculo dos custos e do natural desgaste psicológico com o litígio, o contendor otimista decida aceitar acordo.

Nessa diretriz, uma proposta de acordo bem elaborada, evidenciando a ausência de uma relação custo/benefício favorável em futura ação judicial pode ser capaz de dissuadir a parte otimista, mormente pelo fato de poder fruir o bem da vida de forma mais célere em virtude do acordo.

Em suma, o correto acertamento dos fatos, por meio da ação probatória autônoma viabiliza a celebração de um acordo sobre bases mais realistas, permitindo àquele que tem razão a fruição do bem da vida de forma mais rápida e efetiva, a depender das condições do acordo entabulado.

No entanto, alguns cuidados devem ser adotados para evitar abusos, vedando-se uma indevida *fishing expedition*, uma prospecção com o intuito de investigar fatos outros além dos necessários, configurando invasão indevida na esfera jurídica da parte contrária.

Nessa toada, há a necessidade de um controle de admissibilidade apurado por parte do juiz, tendo em mente a controvérsia que seria objeto de um futuro processo ou o direito que seria objeto de autocomposição para indeferir as provas postuladas, sem justificativa plausível. Por essa razão, a despeito de não se vincular a um outro processo, inexistindo o ônus de indicar na exordial a futura demanda a ser ajuizada, há a necessidade de aferir a legitimidade do autor, bem como a necessidade e utilidade do provimento de antecipação da produção da prova[44], com base nas razões apresentadas na exordial, a justificar a pertinência da antecipação da prova relativamente aos fatos descritos (art. 382 caput do CPC).

Não obstante haja uma maior propensão à cooperação entre as partes, não se deve abrir mão dos meios de coibir a conduta desleal da parte que resiste ao fornecimento de informações, guardando os trunfos para obter vantagem em um futuro processo judicial.

Neste aspecto, o estudo de Douglas Baird, Robert Gertner e Randal Piecker acerca do ambiente de jogos, quando uma parte possui uma informação privada que não pretende compartilhar com a outra, pode ajudar a esclarecer qual o sistema de incentivos que pode ser desenvolvido para estimular a apresentação de provas desfavoráveis aos seus interesses. Em outros casos, por meio de inferências, poderia o outro contendor atuar com base em prognósticos, tentar investigar as informações que a outra parte possui, e valer-se destas projeções para um atuar mais estratégico, induzindo a parte informada, como em um jogo de seleção adversa (*screening games),* a revelar as informações privadas.

Por essa razão, as normas devem estimular o comportamento cooperativo, prevendo desvantagens ao contendor desleal, seja por meio de sanções pecuniárias, seja

44 TALAMINI, Eduardo. Produção antecipada de prova no Código de Processo Civil. Revista de Processo. . vol 260, ano 2016, p 75-101.

por meio da presunção desfavorável aos seus interesses, no caso de omissão de informações, documentos relevantes para o deslinde da futura controvérsia, desde que tais inferências possam ser construídas no caso concreto, à luz de bons indícios, aplicando-se as regras ordinárias da experiência. A possibilidade de presunção desfavorável, em razão da negativa aos deveres de cooperação, somente poderá ser firmada no futuro processo, porquanto inexiste qualquer tipo de valoração judicial nas ações probatórias autônoma[45].

4. Da Conclusão

A compreensão do modo como as partes interagem no processo, analogamente a uma situação de jogo, lança novas luzes para analisar o ambiente processual, a fim de fomentar a adoção de condutas cooperativas no âmbito da atividade instrutória.

Sob a perspectiva da análise econômica do Direito, pode-se concluir que a ampliação do espectro de admissibilidade da ação de produção antecipada de provas no CPC/2015, outrora restrita aos casos de urgência, promoveu maior eficiência ao processo civil, ao tutelar o direito autônomo à prova, visando ao esclarecimento de fatos, e com isso, alcançar a redução de assimetria de informações entre as partes.

Tal correção do desnível de informações entre as partes permite o alinhamento dos interesses, de modo a possibilitar a realização de acordos, e a reduzir o número de demandas judiciais, por meio da aferição da inviabilidade econômica e jurídica da propositura de uma futura ação judicial. Mesmo nos casos em que não há acordo, o procedimento de produção de provas tem o mérito de promover a preparação adequada da futura ação.

Sob essa ótica, a concepção do processo como um jogo competitivo cede lugar ao perfil de um jogo cooperativo, de ações coordenadas, em que todos ganham, em certo sentido, pois mesmo aquele que não teria razão em uma futura demanda consegue reduzir os futuros prejuízos. Para tanto, é preciso aperfeiçoar e aplicar os mecanismos que estimulem as partes a colocar "as cartas na mesa", como aplicação de multas e a valoração para firmar presunção desfavorável em um futuro processo.

---

45 TALAMINI, Eduardo.Produção antecipada de prova no Código de Processo Civil de 2015. *Revista de Processo*. vol 260, ano 2016. Out 2016 p. 75-101. SA, Carla Teresa Bonfadini de. *A valoração da conduta processual das partes no campo probatório: um estímulo à adoção de condutas processuais cooperativas*.1ª edição. Rio de Janeiro: Gramma, 2018.

5. Bibliografia

ANDREWS, Neil. O moderno Processo Civil: formas judiciais e alternativas de resolução de conflitos na Inglaterra. 2ª edição. São Paulo: Revista dos Tribunais, 2012.

ARAÚJO, Thiago Cardoso. *Análise Econômica do Direito no Brasil* : Uma leitura à luz da teoria dos sistemas.1ª edição. Rio de Janeiro: Lumen Iuris, 2017.

BAIRD, Douglas G. et alii. Game Theory and the Law. Harvard University Press, 1994.

CABRAL, Antonio do Passo. Convenções processuais.1ª edição. Salvador: Juspodivm, 2016.

CAMBI, Eduardo, PITTA, Rafael Gomiero. Discovery no Processo Civil Norte-Americano e a efetividade da justiça brasileira. Revista de Processo. vol 245. Julho, 2015.

COASE, Ronald "O problema do custo social" The latin America and Caribbean journal of Legal Studies. Vol. 3, 2008.

COOTER, Robert, RUBINFELD, Daniel An economic model of legal discovery The Journal of Legal Studies (jan 1994), p 435-461 Disponível em http://www.jstor.org/stable/724329 acesso em 01/09/2018.

_______________, ULLEN Thomas. *Law & Economics*. 6ª edição. Boston: Pearson education, 2016. Disponível em https://scholarship.law.berkeley.edu/cgi/viewcontent.cgi?article=1001&context=books.Acesso em 02/09/2018.

DIDIER JR, Fredie. Produção antecipada da provain : Direito Probatório. coord JOBIM, Marco Félix et al. 1ª ed. Salvador :Juspodivm, 2015 p. 493-504.

FARMER Amy, PECORINO, Paul. Civil Litigation with mandatory discovery and voluntary transmition of private information. **The journal of legal studies. Vol 34, jan 2005.**

FIANI, Ronaldo. *Teoria dos jogos*. 3ª edição Rio de janeiro: Elsevier, 2009.

FUX, Luiz. *O novo processo. civil*. Disponível em Acesso em https://juslaboris.tst.jus.br/bitstream/handle/20.500.12178/79452/009_fux.pdf?sequence=1.

MACKAAY, Ejan, ROUSSEAU, Stephanie. *Análise Econômica do Direito*. 2a edição. São Paulo: Atlas, 2015.

MENDONÇA, José Vicente Santos de. "A verdadeira mudança de paradigma do direito administrativo: do estilo tradicional ao novo estilo". Revista de Direito Administrativo. Rio de Janeiro: 2014 JAN/ABRIL. v 265. p. 180/190.

PICKER, Randal C *An introduction to game theory and the law*. Disponível em https://chicagounbound.uchicago.edu/cgi/viewcontent.cgi?article=1049&context=law_and_economics. Acesso em 10/10/2018.

PINHO, Humberto Dalla Bernardina de. *Jurisdição e Pacificação: limites e possibilidades do uso dos meios consensuais de resolução de conflitos na tutela dos direitos transindividuais e pluri-individuais*. 1ª edição Rio de Janeiro: ed CRV, 2016.

POSNER, Eric. Símbolos, sinais e normas sociais na política e no Direito. Disponível em http://www.scielo.br/pdf/rdgv/v4n1/a11v4n1.pdf Acesso em 20/09/2018.

POSNER, Richard A. Economics Analysis of law. 6ª edição. New York: Aspen Publisher: 2002.

________________. An economic approach of Law of Evidence. Disponível em https://chicagounbound.uchicago.edu/cgi/viewcontent.cgi?article=1044&context=law_and_economics.

________________. As *Fronteiras da teoria do Direito*. 1ª edição. São Paulo: Martins Fontes, 2011.

POSNER, Eric. Símbolos, sinais e normas sociais na política e no Direito. Disponível em http://www.scielo.br/pdf/rdgv/v4n1/a11v4n1.pdf Acesso em 20/09/2018.

RAMOS, Vítor de Paula. O Procedimento de produção de provas sem o requisito da urgência no Novo CPC: a teoria dos jogos e a impossibilidade de acordos sem calculabilidade. *Revista de Processo* vol 263/jan2017 p. 313-332.

SHAVELL, Steve, POLISNKY, Mitchell *Handbook of law and Economics."* vol I Elsevier, 2007. p. 274.

SPIER, Kate. Fee Shifting Rules."RANDJournalofEconomics,Vol. 25 1994. P. 197-2.

TALAMINI, Eduardo. Produção antecipada de prova no Código de Processo Civil de 2015. Revista de Processo. Vol 260, ano 2016. Out 2016 p. 75-101.

YARSHELL, Flávio Luiz. Antecipação da prova sem o requisito da urgência e do direito autônomo à prova .1ª edição. São Paulo: Malheiros, 2009.

A EFICIÊNCIA ECONÔMICA DA GARANTIA COMO CONDIÇÃO DE EXIGIBILIDADE DOS EMBARGOS À EXECUÇÃO FISCAL

Claudio Luiz de Miranda Bastos Filho

I. Introdução

O Novo Código de Processo Civil – CPC (Lei nº 13.105, de 16 de março de 2015) estabelece, em seu artigo 914, a previsão de que o executado, independentemente de penhora, depósito ou caução[1], poderá se opor à execução por meio de embargos, que serão distribuídos por dependência, autuados em apartado e instruídos com cópias das peças processuais relevantes, que poderão ser declaradas autênticas pelo próprio advogado, sob sua responsabilidade pessoal.

Entretanto, no que diz respeito especificamente à execução fiscal, o legislador não se preocupou em expressamente alterar o dispositivo contido no artigo 16, parágrafo primeiro, da Lei de Execuções Fiscais – LEF (Lei nº 6.830, de 22 de setembro de 1980), que estabelece a regra geral de inadmissibilidade de embargos do executado antes de garantida a execução.

Vislumbra-se, assim, um conflito direto entre o CPC (regra geral e posterior), que dispensa a garantia como requisito de admissibilidade dos embargos à execução, e a LEF (regra especial e anterior), que exige a garantia para a apresentação de embargos à execução fiscal.

Tal conflito não advém do Novo CPC, tendo sido inaugurado com a edição da Lei nº 11.382/06, que alterou a regra então vigente no ordenamento jurídico-processual brasileiro para que o executado pudesse se opor à execução por meio de embargos independentemente da apresentação de penhora, depósito ou caução, consoante redação a partir de então atribuída ao artigo 736 do antigo Código de Processo Civil.

Instado a se manifestar sobre o tema, o Superior Tribunal de Justiça – STJ ancorou-se, à época, na especificidade do dispositivo contido na LEF e na prevalência do crédito público sobre o de natureza privada para fins de manter em vigor o aludido artigo 16, parágrafo primeiro, da LEF, preservando a garantia do juízo como condição de admissibilidade dos embargos à execução fiscal.

---

1 Na forma do artigo 919, parágrafo primeiro, do CPC, a garantia torna-se indispensável apenas para a concessão de efeito suspensivo aos embargos à execução, excepcionando a regra geral de não atribuição desse efeito, mediante requerimento fundamentado da parte embargante, a ser apreciado pelo juízo competente.

O presente artigo pretende explorar tal questão e, sobretudo, o conflito entre as normas em vigor, à luz dos preceitos da análise econômica do direito e da eficiência econômica dos institutos envolvidos, a fim de investigar, de maneira mais profunda, os aspectos positivos e negativos para cada interpretação possível.

Assim, se propõe o estudo, à luz da legislação atual e da aplicação analógica ou adaptada de normas anteriores e de entendimentos doutrinários e jurisprudenciais, dos contornos do regime jurídico e da exigibilidade de garantia para apresentação de embargos à execução fiscal, considerando os impactos dessa exigência para a eficiência econômica do instituto no Direito nacional.

Não se pretende esgotar o tema, mas sim desenvolver uma análise crítica de seu histórico e de sua compreensão na atualidade, a fim de delimitar os pontos mais relevantes sob a perspectiva da segurança jurídica e da análise econômica do direito.

O presente trabalho adota o método dedutivo e a pesquisa para sua elaboração é de cunho predominantemente bibliográfica, de caráter jurídico-teórico e exploratório. Envolverá a análise de legislação, além de estudos doutrinários e exame de artigos em periódicos.

Propõe-se, portanto, trazer à reflexão abordagens interdisciplinares (direito processual e fiscal *vis-à-vis* análise econômica do direito) com enfoque na análise econômica da exigibilidade da oferta de garantia para apresentação de embargos à execução fiscal no Direito brasileiro, coordenando-se as diretrizes jurídicas à luz de seus impactos na ordem econômica.

Feitos esses esclarecimentos iniciais, passar-se-á à análise doutrinária do tema e, em seguida, dos princípios e conceitos mais relevantes a incidir sobre a sua atual disciplina.

II. A garantia como condição de admissibilidade dos embargos à execução fiscal

inicialmente, cumpre ressaltar, conforme já se antecipou na introdução deste trabalho, que a Lei nº 11.382, de 2006 alterou a redação do art. 736 do CPC de 1973 para estabelecer que o "executado, independentemente de penhora, depósito ou caução, poderá opor-se à execução por meio de embargos".

Dessa forma, inaugurou-se a discussão a respeito da potencial distinção entre os regimes atribuíveis à garantia como condição de exigibilidade para embargar execuções a depender de sua natureza (fiscal, ou não), à luz do que há décadas dispõe o já citado artigo 16, parágrafo primeiro, da LEF.

O tema foi objeto de apreciação, em regime de recurso representativo de controvérsia, no Recurso Especial nº 1.272.827 – PE, de 22 de maio de 2013, no âmbito do qual a Primeira Seção do Superior Tribunal de Justiça – STJ estabeleceu que, apesar das alterações decorrentes da Lei nº 11.382, de 2006, permaneceria válido e eficaz o regime especial fixado pela LEF, exigindo-se garantia para a oposição de embargos à execução fiscal.

A esse respeito, destacam-se a seguir os principais trechos da ementa do aludido recurso especial, que evidenciam os mais relevantes fundamentos que sustentaram tal posição[2]:

> PROCESSUAL CIVIL. TRIBUTÁRIO. RECURSO REPRESENTATIVO DA CONTROVÉRSIA. ART. 543-C, DO CPC. APLICABILIDADE DO ART. 739-A, §1º, DO CPC ÀS EXECUÇÕES FISCAIS. NECESSIDADE DE GARANTIA DA EXECUÇÃO E ANÁLISE DO JUIZ A RESPEITO DA RELEVÂNCIA DA ARGUMENTAÇÃO (FUMUS BONI JURIS) E DA OCORRÊNCIA DE GRAVE DANO DE DIFÍCIL OU INCERTA REPARAÇÃO (PERICULUM IN MORA) PARA A CONCESSÃO DE EFEITO SUSPENSIVO AOS EMBARGOS DO DEVEDOR OPOSTOS EM EXECUÇÃO FISCAL.
>
> [...]
>
> 6. Em atenção ao princípio da especialidade da LEF, mantido com a reforma do CPC/73, a nova redação do art. 736, do CPC dada pela Lei nº 11.382/2006 – artigo que dispensa a garantia como condicionante dos embargos – não se aplica às execuções fiscais diante da presença de dispositivo específico, qual seja o art. 16, §1º da Lei nº 6.830/80, que exige expressamente a garantia para a apresentação dos embargos à execução fiscal. 7. Muito embora por fundamentos variados – ora fazendo uso da interpretação sistemática da LEF e do CPC/73, ora trilhando o inovador caminho da teoria do "Diálogo das Fontes", ora utilizando-se de interpretação histórica dos dispositivos (o que se faz agora) – essa conclusão tem sido a alcançada pela jurisprudência predominante, conforme ressoam os seguintes precedentes de ambas as Turmas deste Superior Tribunal de Justiça. Pela Primeira Turma: AgRg no Ag 1381229 / PR, Primeira Turma, Rel. Min. Arnaldo Esteves Lima, julgado em 15.12.2011; AgRg no REsp 1.225.406 / PR, Primeira Turma, Rel. Min. Hamilton Carvalhido, julgado em 15.02.2011; AgRg no REsp 1.150.534 / MG, Primeira Turma, Rel. Min. Benedito Gonçalves, julgado em 16.11.2010; AgRg no Ag 1.337.891 / SC, Primeira Turma, Rel. Min. Luiz Fux, julgado em 16.11.2010; AgRg no REsp 1.103.465 / RS, Primeira Turma, Rel. Min. Francisco Falcão, julgado em 07.05.2009. Pela Segunda Turma: AgRg nos EDcl no Ag nº 1.389.866/PR, Segunda Turma, Rei. Min. Humberto Martins, DJe de 21.9.2011; REsp, nº 1.195.977/RS, Segunda Turma, Rei. Min. Mauro Campbell Marques, julgado em 17/08/2010; AgRg no Ag nº 1.180.395/AL, Segunda Turma, Rei. Min. Castro Meira, DJe 26.2.2010; REsp, n, 1.127.353/SC, Segunda Turma, Rei. Min. Eliana Calmon, DJe 20.11.2009; REsp, 1.024.128/PR, Segunda Turma, Rei. Min. Herman Benjamin, DJe de 19.12.2008. 8. Superada a linha jurisprudencial em sentido contrário inaugurada pelo REsp. nº 1.178.883 – MG, Primeira Turma, Rel. Min. Teori Albino Zavascki, julgado em 20.10.2011 e seguida pelo AgRg no REsp 1.283.416 / AL, Primeira Turma, Rel. Min. Napoleão Nunes Maia Filho, julgado em 02.02.2012; e pelo REsp 1.291.923 / PR, Primeira Turma, Rel. Min. Benedito Gonçalves, julgado em 01.12.2011. 9. Recurso especial provido. Acórdão submetido ao regime do art. 543-C, do CPC, e da Resolução STJ nº 8/2008.

Vislumbra-se, assim, que, apesar da relevância do tema, o aludido precedente judicial tinha por enfoque primordial tratar da questão pertinente à atribuição (e aos requisitos para a atribuição) de efeito suspensivo aos embargos à execução fiscal, dedicando menor espaço para a pertinente e aprofundada discussão a respeito da exigibilidade da garantia para apresentação desses mesmos embargos.

---

2 BRASIL. STJ. Primeira Seção. REsp nº 1.272.827/PE. Rel. Ministro Mauro Campbell Marques. Data de Julgamento: 22 maio 2013. Data de Publicação: 31 maio 2013.

Nas palavras da doutrina especializada, aqui representada por Antônio Augusto Tibúrcio[3]:

> Essa afirmativa consta sintetizada da ementa do precedente, mas não estava inserida, de fato, no objeto do recurso, que tratava do efeito suspensivo em sede de embargos à execução fiscal. O acórdão recorrido havia atribuído automaticamente efeito suspensivo a embargos opostos após a penhora. O que estava efetivamente em discussão, e sujeitou-se ao contraditório, era o regime do efeito suspensivo dos embargos – se automático ou não. Como é evidente, as manifestações no processo foram sobre a questão do efeito suspensivo, apenas tendo poucas menções meramente acessórias e secundárias sobre a necessidade de garantia. É inadmissível que a discussão seja encerrada antes mesmo de ter começado. Portanto, a manifestação da Corte a respeito da subsistência da prévia garantia para que sejam admissíveis embargos à execução fiscal não foi precedida do debate necessário para lhe conferir legitimidade e estabilidade. Nem mesmo na afetação daquele recurso, ao regime do art. 543-C do CPC de 1973, então vigente, a Corte antecipou a possibilidade de julgar a matéria. Assim, a tese fixada sobre a questão consiste em um *obter dictum*, cuja eficácia é meramente persuasiva e fraca em comparação com a *ratio decidendi*, como se sabe.

Com efeito, o aludido precedente judicial dedicou poucos parágrafos à matéria aqui em debate, motivo pelo qual optou-se por reproduzi-los em sua íntegra neste artigo, consoante exposto a seguir:

> Em outra ponta, sempre com respeito aos que pensam de forma diversa, é de se afastar a aplicação nas execuções fiscais do art. 736, do CPC, na redação dada pela Lei nº 11.382/2006, que exime o executado de garantir o juízo para opor-se à execução por meio de embargos. Isto porque a LEF não é silente no ponto, pois seu art. 16, §1º registra expressamente que "Não são admissíveis embargos do executado antes de garantida a execução". O raciocínio aqui é perfeitamente compatível com os princípios da valoração do crédito público, primazia do crédito público sobre o privado e aplicação apenas subsidiária do CPC/73. Não coaduno com o raciocínio de que as reformas feitas no CPC/73 pela Lei nº 11.382/2006 sejam um "pacote fechado" que deve ser integralmente aplicado às execuções fiscais. De ver que a própria exposição de motivos desta reconhece a "relativa autonomia" do executivo fiscal com a Lei nº 6.830/80. Sendo assim, em obediência aos princípios orientadores de ambas as leis, é necessário confrontar norma com norma para verificar aquelas que são compatíveis com a LEF e com os princípios de sua elaboração, notadamente, a valorização da cobrança do crédito público sobre o privado. À toda evidência, essas constatações já foram feitas sem maiores turbulências por este Superior Tribunal de Justiça em vários precedentes que, embora por fundamentos variados – ora fazendo uso da mera interpretação sistemática da LEF e do CPC/73, ora trilhando o inovador caminho da teoria do "Diálogo das Fontes", ora utilizando-se de interpretação histórica dos dispositivos (o que se faz agora) – chegaram sempre à mesma conclusão de que os embargos à execução fiscal somente são admitidos depois de garantidos e não possuem, em regra, efeito suspensivo, a teor do art. 739-A e parágrafos do CPC/73, na letra da Lei nº 11.382/2006.

3 TIBÚRCIO, Antonio Augusto. A desnecessidade de garantia como condição de admissibilidade dos embargos à execução fiscal: o conflito entre o art. 16, §1º, da LEF e o art. 914, do CPC de 2015, à luz da Constituição. In: BUENO, Cássio Scarpinella; RODRIGUES, Marco Antônio (Coord.). **Coleção Repercussões do Novo CPC**: Processo Tributário. Salvador: JusPodivm, 2016. v. 16, p. 67-102.

Assim, extrai-se que o entendimento de que a garantia permanece como condição de exigibilidade para embargos à execução fiscal decorrem da especificidade da LEF e da preservação dos princípios que teriam orientado a edição desse diploma normativo, notadamente (i) a valorização e primazia do crédito público sobre o crédito privado, (ii) a preservação da norma processual como regra geral, não especial e de sua aplicação apenas em caráter subsidiário com relação à execução fiscal, (iii) a ausência de omissão da LEF sobre o tema, com a previsão expressa do dever do executado de garantir o juízo para apresentar seus embargos à execução fiscal e (iv) a possibilidade de aplicação parcial das normas processuais à execução fiscal, incluindo-se as regras a respeito do efeito suspensivo, sem a necessidade de afastar a exigibilidade da garantia para apresentação dos embargos.

Não obstante tenham sido proferidas novas decisões a respeito do tema, o aludido precedente judicial e, principalmente, os argumentos ventilados no parágrafo acima, vêm sendo utilizados pelos tribunais nacionais para decidir a questão, sem que se debata de maneira mais aprofundada sobre os impactos desse entendimento para a execução fiscal e suas partes.

Apesar disso, em paralelo ao entendimento preponderante retratado acima, percebe-se o advento de decisões recentes no sentido de afastar a exigência da garantia do juízo para a oposição de embargos à execução fiscal em que o devedor seja hipossuficiente comprovadamente, o que se fundamenta, sobretudo, na aplicação concreta do princípio constitucional do acesso à justiça[4].

4 Sobre o tema, destaca-se o recente julgamento do Recurso Especial nº 1.487.772, cuja ementa é reproduzida a seguir: "PROCESSUAL CIVIL. EXECUÇÃO FISCAL. EMBARGOS DO DEVEDOR. EXECUTADO. BENEFÍCIO DA JUSTIÇA GRATUITA. PATRIMÔNIO. INEXISTÊNCIA. HIPOSSUFICIÊNCIA. EXAME. GARANTIA DO JUÍZO. AFASTAMENTO. POSSIBILIDADE. 1. "Aos recursos interpostos com fundamento no CPC/1973 (relativos a decisões publicadas até 17 de março de 2016) devem ser exigidos os requisitos de admissibilidade na forma nele prevista, com as interpretações dadas, até então, pela jurisprudência do Superior Tribunal de Justiça" (Enunciado Administrativo nº 2 – STJ). 2. Os embargos são o meio de defesa do executado contra a cobrança da dívida tributária ou não tributária da Fazenda Pública, mas que "não serão admissíveis ... antes de garantida a execução" (art. 16, § 1º, da Lei nº 6.830/80). 3. No julgamento do recurso especial nº 1.272.827/PE, Rel. Min. Mauro Campbell Marques, submetido ao rito dos recursos repetitivos, a Primeira Seção sedimentou orientação segunda a qual, "em atenção ao princípio da especialidade da LEF, mantido com a reforma do CPC/73, a nova redação do art. 736 do CPC dada pela Lei nº 11.382/2006 – artigo que dispensa a garantia como condicionante dos embargos – não se aplica às execuções fiscais diante da presença de dispositivo específico, qual seja o art. 16, § 1º, da Lei nº 6.830/80, que exige expressamente a garantia para a apresentação dos embargos à execução fiscal." 4. A Constituição Federal de 1988, por sua vez, resguarda a todos os cidadãos o direito de acesso ao Poder Judiciário, ao contraditório e à ampla defesa (art. 5º, CF/88), tendo esta Corte Superior, com base em tais princípios constitucionais, mitigado a obrigatoriedade de garantia integral do crédito executado para o recebimento dos embargos à execução fiscal, restando o tema, *mutatis mutandis*, também definido na Primeira Seção, no julgamento do REsp 1.127.815/SP, na sistemática dos recursos repetitivos. 5. Nessa linha de interpretação, deve ser afastada a exigência da garantia do juízo para a oposição de embargos à execução fiscal, caso comprovado inequivocadamente que o devedor não possui patrimônio

Constata-se, assim, que a situação atual se organiza a partir de peculiaridades próprias, a seguir resumidas: (i) em se tratando de créditos considerados "privados", a execução pauta-se nas regras contidas no atual CPC, dispensando-se a necessidade de garantia para apresentação de embargos à execução; e (ii) em sendo o crédito "público", de natureza tributária ou não, os embargos à execução fiscal dependerão de prévia garantia, salvo se demonstrada a hipossuficiência do devedor.

Com a devida vênia ao entendimento preponderante, indaga-se se a situação estampada acima coaduna-se com os princípios da segurança jurídica e da eficiência econômica, basilares da análise econômica do direito, ou se, na realidade, fazem prevalecer um cenário de desigualdade e de insegurança jurídica, o qual, em matérias pertinentes a créditos e sua execução, podem ocasionar o aumento dos riscos e dos custos de transação envolvidos na recuperação dos créditos em questão e, por conseguinte, da sua própria inadimplência.

Isto posto, promove-se, a partir do capítulo a seguir, o exame do tema com base nos postulados da análise econômica do direito, a fim de que, após tal exame, sejam propostos comentários colaborativos acerca da pertinência ou da necessidade de ajustes no sistema atualmente em vigor.

III. A análise econômica do direito e seus reflexos sobre a cobrança de créditos inadimplidos

Nas brilhantes palavras de Ronald Harry Coase[5], a ciência econômica se baseia na análise das escolhas humanas possíveis para determinada situação, examinando-se

para garantia do crédito exequendo. 6. Nada impede que, no curso do processo de embargos à execução, a Fazenda Nacional diligencie à procura de bens de propriedade do embargante aptos à penhora, garantindo- se posteriormente a execução. 7. Na hipótese dos autos, o executado é beneficiário da assistência judiciária gratuita e os embargos por ele opostos não foram recebidos, culminando com a extinção do processo sem julgamento de mérito, ao fundamento de inexistência de segurança do juízo. 8. Num raciocínio sistemático da legislação federal aplicada, pelo simples fato do executado ser amparado pela gratuidade judicial, não há previsão expressa autorizando a oposição dos embargos sem a garantia do juízo. 9. *In casu*, a controvérsia deve ser resolvida não sob esse ângulo (do executado ser beneficiário, ou não, da justiça gratuita), mas sim, pelo lado da sua hipossuficiência, pois, adotando-se tese contrária, "tal implicaria em garantir o direito de defesa ao "rico", que dispõe de patrimônio suficiente para segurar o Juízo, e negar o direito de defesa ao "pobre". 10. Não tendo a hipossuficiência do executado sido enfrentada pelas instâncias ordinárias, premissa fática indispensável para a solução do litígio, é de rigor a devolução dos autos à origem para que defina tal circunstância, mostrando-se necessária a investigação da existência de bens ou direitos penhoráveis, ainda que sejam insuficientes à garantia do débito e, por óbvio, com observância das limitações legais. 11. Recurso especial provido, em parte, para cassar o acórdão recorrido" (BRASIL. STJ, Primeira Turma. REsp nº 1.487.772/SE. Relator: Ministro Gurgel de Faria. Data de Julgamento: 28 maio 2019. Data de Publicação: 12 jun. 2019).

5 COASE, R. H. **The Firm, The Market and The Law.** Chicago: University of Chicago Press, 1988.

o comportamento humano a partir da inevitável relação entre fins desejados e meios escassos, porém com usos alternativos, para alcançar os aludidos fins.

Dessa forma, por se tratar de algo intrínseco à natureza humana, para além do estudo econômico propriamente dito, os primados dessa análise se espalham por outras áreas do conhecimento, como é o caso da ciência jurídica, como elucida o aludido professor[6]:

> If the theories which have been developed in economics (or at any rate in micro-economics) constitute for the most part a way of analyzing the determinants of choice (and I think its true), it is easy to see that they should be applicable to other human choices such as those that are made in law or politics. In this sense economists have no subject matter. What has been developed is an approach divorced (or which can be divorced) from subject matter.

Nessa linha, vislumbra-se o desenrolar da análise econômica do direito (AED), que se fundamenta na percepção lógica, porém essencial, de que, qualquer que seja a razão, ao existirem diversas opções, o ser humano tende a decidir por aquela que apresenta menor custo relativo (aqui não considerado o preço do ponto de vista econômico, mas sim o custo em sentido amplo em se seguir com aquela decisão). Desse modo, a edição e a aplicação da norma jurídica devem se sujeitar à AED como forma de trazer à realidade os institutos projetados, a partir da análise das decisões e dos custos potencialmente envolvidos.

Pressupõe-se, assim, a verificação do direito "na prática", por meio da revisão do "formalismo jurídico", em que o direito decorre de teorias descritivas e prescritivas baseadas em normas jurídicas teóricas e aplicáveis dedutivamente pelo Poder Judiciário aos fatos ordinários, sem atentar para as consequências trazidas para casos particulares. Trata-se, portanto, de tema diretamente relacionado ao chamado realismo norte-americano, considerado o berço fundamental da AED.

A AED carrega em seu âmago combinação aparentemente contraditória, mas verdadeiramente complementar, entre o realismo e o formalismo. Se, de um lado, a tomada de decisão deve se pautar nas suas consequências para as partes no caso concreto, de outro, o julgador (ser racional que visa maximizar seu próprio bem-estar) deduzirá as normas e as interpretará a partir do axioma da racionalidade do homem, desenvolvendo modelos técnicos e constituindo um novo formalismo, mais real do que o anterior, mas ainda assim carregado de aspectos teóricos.

Nas brilhantes palavras de Erik Navarro Wolkart[7]:

> [...] A AED é, por assim dizer, um método que permite formular previsões sobre como determinada norma afetará o comportamento humano.

---

6 COASE, R. H. **The Firm, The Market and The Law.** Chicago: University of Chicago Press, 1988, p. 3

7 WOLKART, Erik Navarro. **Análise Econômica do Processo Civil:** Como a economia, o direito e a psicologia podem vencer a tragédia da justiça. São Paulo: Revista dos Tribunais, 2019, p. 136.

> Assumindo que todo comportamento humano é sempre uma resposta a incentivos, a existência de uma determinada norma, provida de sanção ou recompensa, há de influenciar o comportamento de alguma forma. Sendo certo que a ciência econômica é dotada de teorias matematicamente fundamentadas e vale-se de métodos empíricos voltados para a descrição e previsão do comportamento humano diante dos mais variados tipos de incentivos, é razoável que o Direito aproprie-se dessas virtudes para buscar com mais eficiência os seus próprios objetivos.
>
> No Estado Democrático de Direito, os objetivos da norma e as normas em si são definidos pela sociedade por intermédio de seus representantes. As ferramentas de análise econômica do Direito têm a função de testar a eficiência dessas normas na busca daqueles objetivos ou, ainda, de propor desenhos normativos mais adequados para que seus valores e direitos socialmente desejados sejam efetivamente implementados.

Dessa forma, a AED e, mais precisamente, a análise econômica do processo devem partir do exame e da aplicação dos princípios e valores estampados na Constituição Federal e no Código de Processo Civil – CPC, construindo-se decisões e desenhos mais eficientes para a concretização desses elementos.

A pretensão deste breve artigo não é a de explicitar as origens, o histórico (no Brasil ou no exterior) ou a base teórica essencial da AED[8], mas sim de, a partir dos mais relevantes conceitos já estabilizados sobre o tema, destacar os reflexos da AED no processo civil e fiscal, sobretudo na temática pertinente à exigibilidade, ou não, de garantia para fins de apresentação de embargos à execução fiscal.

Dentre as inúmeras premissas econômicas e filosóficas gerais da AED, o presente trabalho se debruça sobre o critério normativo da função do bem-estar social, de forma que, a partir de suas matrizes comportamentais e do exame da sua aplicabilidade principiológica à ciência processual, produzam-se resultados envolvendo o exame da garantia como requisito de admissibilidade de embargos à execução fiscal.

III.1.1. O atual estágio da garantia como requisito de admissibilidade dos embargos à execução fiscal vis a vis o princípio da eficiência econômica

A eficiência econômica foi alçada a princípio constitucional por intermédio da Emenda Constitucional nº 19/1998, que a introduziu no *caput* do artigo 37 da Constituição Federal como princípio a ser obedecido pela administração pública direta e indireta de qualquer dos Poderes da União, dos Estados, do Distrito Federal e dos Municípios.

Além disso, o brilhante novo CPC a estampa como princípio relevante da ordem jurídico-processual brasileira, ao estabelecer, em seu artigo 8º, que "Ao aplicar o ordenamento jurídico, o juiz atenderá aos fins sociais e às exigências do bem comum,

---

8 Caso o leitor possua interesse em aprofundar tais temas, recomenda-se o estudo das seguintes obras: COASE, R. H. op. cit; ARAÚJO, Thiago Cardoso. **Análise Econômica do Direito no Brasil:** Uma Leitura à Luz da Teoria dos Sistemas. Rio de Janeiro: Lumen Juris, 2017; WOLKART, Erik Navarro, op. cit.

resguardando e promovendo a dignidade da pessoa humana e observando a proporcionalidade, a razoabilidade, a legalidade, a publicidade e a eficiência".

Do ponto de vista da AED, a fixação de apenas uma definição para eficiência é tão central quanto polêmica. Dessa forma, não se pretende neste artigo "inventar a roda", mas, tão somente, aderir ao conceito sintetizado por Erik Navarro Wolkart, a partir de detalhada análise das discussões ocorridas nas esferas jurídicas e econômicas, compreendendo-a como a "soma das utilidades individuais acrescidas em cada pessoa atingida pela norma, medidas assim pelo aumento do bem-estar individual e social, ou seja, pelo ganho utilitário marginal, produzido pela norma"[9].

Por conseguinte, sob o viés da AED e da eficiência, a posição atual da jurisprudência nacional a respeito da garantia como requisito de admissibilidade dos embargos à execução fiscal deve ser examinada a partir dos ganhos e das perdas decorrentes dessa posição para as partes envolvidas, a fim de que se conclua pela pertinência ou pela necessidade de adequação do entendimento prevalecente.

Como ponto de partida para a verificação dessa relação "custo X benefício", examina-se a capacidade desse entendimento de concretizar os princípios constitucionais e processuais existentes.

Considerando a existência do já mencionado conflito normativo entre a LEF e o NCPC quanto ao tema, tal análise inicia-se a partir do exame dos princípios constitucionais que instruem a interpretação normativa. Nessa linha, na ausência de critérios tradicionais para a resolução do conflito normativo, deve-se perquirir e, ao final, adotar o entendimento que melhor promova a dignidade da pessoa humana e seus direitos fundamentais, com os menores custos de transação possíveis.

Como já se antecipou neste artigo, tal linha interpretativa já tem sido adotada pela jurisprudência nacional para afastar a exigibilidade da garantia para apresentação de embargos à execução fiscal por parte daqueles que sejam comprovadamente hipossuficientes, a fim de assegurar o respeito ao direito fundamental de acessar à justiça.

Entretanto, apesar do raciocínio ser perfeito para o caso específico daqueles que se mostrem comprovadamente hipossuficientes, faltam elementos a justificar a sua não aplicação a todos os devedores, independentemente de possuírem meios suficientes, ou não, para garantir o juízo. Isso porque, o acesso formal à justiça, de forma desobstruída, e a busca da solução materialmente justa para a controvérsia configuram-se como direitos essenciais de todos os cidadãos.

Dessa forma, a decisão por privar ou, conforme o caso, dificultar tal acesso em embargos à execução fiscal, deve se pautar no juízo ponderado das utilidades individuais acrescidas em cada pessoa atingida pela norma, medidas assim pelo aumento do bem-estar individual e social, ou seja, pelo ganho utilitário marginal daí decorrente e não apenas com base na realidade econômica do embargante.

9 WOLKART, Erik Navarro, op. cit., p. 138.

Diante do conflito entre o artigo 16, parágrafo primeiro, da LEF e o artigo 914, do CPC, a melhor saída deveria ser escolhida com base na apuração da eficiência da decisão a ser tomada, à luz dos princípios processuais e da distribuição de utilidades entre as partes envolvidas.

Apesar da hipossuficiência do embargante ser critério razoável para ampliação do acesso à justiça independentemente de entraves econômicos, não se propõe a examinar, de forma geral, a eficiência da preservação, ou não, dessa condição de exigibilidade para os embargos, deixando de lado, portanto, a essencial ponderação dos custos e benefícios envolvidos.

Parte-se, assim, para o exame do tema à luz dos princípios processuais estampados no novo CPC, com relação aos quais a decisão de aplicar o artigo 16, parágrafo primeiro, da LEF e exigir a garantia como requisito de exigibilidade dos embargos à execução fiscal também tem dificuldades de se justificar de forma plena.

Com efeito, tal posição cria relevante obstáculo para a apresentação de embargos à execução fiscal, dando origem a custos adicionais de transação para que o contribuinte exponha seus argumentos em face da execução que lhe é direcionada.

Considerando que, em qualquer caso, ofertada ou não a garantia, permanece para o exequente a possibilidade de buscar bens do devedor para fazer frente à execução em curso, em um exame da relação "custo X benefício" envolvida, a necessidade da garantia (e a subsequente majoração dos mencionados custos de transação) se justificaria para evitar (i) a potencial morosidade do processo (visto que a apresentação da defesa poderia dificultar a rápida excussão do crédito cobrado) ou (ii) a ausência de boa-fé do contribuinte (que poderia se defender ainda que não tivesse fundamentos, apenas para se aproveitar da oportunidade e "sem custos" que o fizessem refletir sobre essa decisão, diante da desnecessidade de ofertar garantias).

Tal assertiva resta mais clara quando examinada a "contrario senso": em sendo a execução célere ou diante de argumentos incontestáveis do embargante para afastá-la em definitivo, haveria necessidade de estabelecer-se a garantia como requisito de admissibilidade para os embargos à execução fiscal? Nos parece que não.

Entretanto, as premissas ventiladas acima, que justificariam tal posição, não resistem ao exame ponderado das utilidades e externalidades negativas que a exigibilidade de garantia causa no ordenamento jurídico brasileiro.

Verifica-se que tal perspectiva não endereça a aplicação de relevantes princípios processuais, destacando-se o direito à duração razoável do processo (art. 4º, do CPC c/c art. 5º, LXXVIII, da CF), o dever geral de atuar de boa-fé no processo (art. 5º, do CPC) e o dever geral de cooperação entre as partes envolvidas (art. 6º, do CPC).

Adicionalmente, é de suma relevância a cooperação entre as partes no processo brasileiro, sendo enxergada como pressuposto do modelo cooperativo de justiça e absorvendo os já aludidos princípios de boa-fé e cooperação processual. Busca-se, assim, reposicionar o protagonismo das partes em litígio, permitindo-se o diálogo, através do contraditório. Nas palavras de Fredie Didier Junior[10]:

> O modelo cooperativo parte da ideia de que o Estado tem como dever primordial propiciar condições para a organização de uma sociedade livre, justa e solidária (art. 3º, I, da CF/1988), fundado que está na dignidade da pessoa humana (art. 1º, III, da CF/1988). Indivíduo, sociedade civil e Estado acabam por ocupar assim posições coordenadas – o que dá lugar a uma relação de cooperação. O direito aplicável é um direito orientado por parâmetros de racionalidade oriundos da lógica argumentativa. O contraditório recupera um papel de destaque na construção da organização do processo, gravando todos os seus participantes (art. 7º, 9º, 10 e 489, p. 1º, IV do CPC/2015). *Com o redimensionamento do papel do juiz e das partes a partir da necessidade de equilibrada participação, o juiz tem seu papel redesenhado, assumindo uma dupla posição: paritário no diálogo e assimétrico na decisão* (art. 9º, 10, 139 e 489, p 1º, IV do CPC/2015). A condução do processo civil a partir daí é gravada por deveres cooperativos – esclarecimento, diálogo, prevenção e auxílio. A boa-fé subjetiva e a boa-fé objetiva têm que ser observadas por todos os seus participantes (art. 5º do CPC/2015). A verdade provável é um objetivo cujo alcance permite a prolação de decisões justas (art. 300 e 369 do CPC/2015) sendo, portanto, tarefa conjunta do juiz e das partes (art. 369 e370, do CPC/2015), na medida de seus interesses, persegui-la.

Entretanto, a exigência de garantia para o exercício do contraditório, como requisito de admissibilidade dos embargos à execução fiscal, pode afrontar tal modelo cooperativo de justiça, ao configurar um cenário em que as partes assumem posições distintas e desconformes na lide.

Com efeito, promove-se a disparidade entre as partes envolvidas no processo, à medida que (i) tal exigência não se aplica à execução "não fiscal", diferenciando o credor comum e colocando-o em posição desconforme na lide e (ii) o próprio Estado, caso se encontre na posição de devedor, não precisará de garantia para embargar à execução em que figure como executado. Denota-se, assim, a violação à paridade de tratamento em relação ao exercício de direitos e faculdades processuais, aos meios de defesa, aos ônus, aos deveres e à aplicação de sanções processuais, ao arrepio do que trata o art. 7º, CPC e sem aparentes utilidades para compensar.

Sob a perspectiva da AED, tais restrições se justificariam à medida que representassem efetivas utilidades, proporcionalmente superiores às desvantagens advindas dessa construção. Entretanto, a análise do tema sob um viés crítico permite concluir que não é exatamente isso o que tem acontecido.

Em se tratando de um Estado Democrático de Direito, que se organiza sob o regime do livre mercado e da liberdade econômica e de empreendedorismo, como é o caso do Brasil, a categorização do crédito como "público" ou "privado" a partir da configuração de seu polo ativo (ou seja, de quem é o credor) possui mais vertentes teóricas e ideológicas do que práticas e econômicas.

---

10 DIDIER JUNIOR, Fredie. **Curso de Direito Processual Civil:** Introdução ao Direito Processual Civil, Parte Geral e Processo de Conhecimento. Salvador: JusPodivm, 2017. v. 1, p. 98.

De início, indaga-se a razão pela qual a primazia estaria concentrada no polo ativo, ao invés do polo passivo da relação creditícia. Considerando a organização do Estado brasileiro, à luz dos princípios informadores da ordem econômica constitucional (art. 170, CF), constata-se que a ordem econômica, fundada na valorização do trabalho e na livre iniciativa, tem por fim assegurar a todos existência digna, conforme os ditames da justiça social, observados os princípios da soberania nacional, da propriedade privada, da função social da propriedade, da livre concorrência, da defesa do consumidor e do meio ambiente, da redução das desigualdades regionais e sociais, da busca do pleno emprego e do tratamento favorecido para as empresas de pequeno porte, assegurando-se a todos o livre exercício de qualquer atividade econômica, salvo nos casos previstos em lei.

Tais elementos, que consubstanciam a função socioeconômica da empresa, são, via de regra, explorados pela iniciativa privada (consoante art. 172, da CF), do que se enaltece a relevância da manutenção da fonte produtiva.

A exigibilidade da garantia para a apresentação de embargos à execução fiscal, como exceção à regra geral, confere primazia ao crédito público em detrimento a potenciais outras obrigações do particular, de modo que, diante do cenário finito de suas possibilidades, pode levá-lo a reduzir investimentos vinculados à preservação da fonte produtiva ou, até mesmo, a deixar de pagar (ou de garantir) dívidas igualmente relevantes que lhe estejam sendo cobrados (como, por exemplo, débitos de natureza trabalhista).

Ademais, a utilidade dessa exigência é contestável, à medida que não condiciona o exercício do direito aos embargos à fundamentação jurídica ou prática da peça de defesa ou a estímulos para a resolução adequada e célere da controvérsia, mas sim à formalidade que confere indiscriminado tratamento favorecido a uma espécie de credor.

Dessa forma, se, de um lado, devedores abastados e com patrimônio para ofertar em garantia (com ou sem razão) terão plena capacidade de apresentar seus embargos à execução fiscal, de outro, cidadãos com menos recursos (ainda que não sejam hipossuficientes) terão tal caminho obstruído para acesso à justiça no caso concreto.

Aplica-se, assim, ao raciocínio sob exame a perspectiva da "tragédia dos comuns", muito difundida em termos da AED, no sentido de que o indivíduo (seja ele o devedor abastado ou o credor público) internaliza os benefícios decorrentes da utilização dessa vantagem (benefício marginal alto) e coletiviza os malefícios (custo marginal baixo), estando presentes incentivos inderrogáveis para o uso excessivo desse bem ("free-rider problem") e ocasionando a potencial destruição do bem comum ("tragedy of commons").

A exigência de garantia para que uma parte possa ter acesso ao contraditório na execução fiscal desequilibra o comportamento cooperativo e constitui cenário propício para a ocorrência da "tragédia do bem comum", passível de compreensão matemática através da teoria dos jogos.

Assim como na tradicional teoria dos jogos, o comportamento não cooperativo na execução fiscal tem por efeito gerar para as partes envolvidas resultado muito pior do que a mútua cooperação poderia resultar, eis que (i) não há incentivos para o contraditório, (ii) a decisão do fisco de cobrar é estritamente dominante em relação à decisão de optar por quais créditos cobrar (e como cobrá-los), (iii) o Poder Judiciário permanece sobrecarregado com inúmeras ações judiciais, o que, ao contrário do que se buscava, impactará no acesso à justiça, formal e material, pelas partes envolvidas e (iv) em muitos casos, não se proverá justiça para a situação concreta.

Considerando o comportamento racional das partes envolvidas, o incentivo à adoção da posição "mais egoísta" prevalece (para o credor, propor indiscriminadas cobranças e, para o devedor com recursos, embargar sempre a execução), de modo que a duração razoável do processo, a mútua cooperação e a busca pela eficiência não se apresentam como resultados previsíveis ou estáveis.

Como cada lado busca maximizar seu bem-estar, e como cada um sabe que o outro pensará da mesma forma, o resultado estável, dados os incentivos existentes, acaba sendo a postulação indiscriminada de execuções fiscais pelo credor e a busca, pelo devedor, de garantia para ofertar seus embargos, independentemente da efetiva análise a respeito da existência, do cabimento ou do valor do crédito em disputa ou da cooperação entre as partes para alcançar resultado justo, célere e menos custoso para o sistema judiciário brasileiro.

Configura-se, desse modo, um "equilíbrio de Nash", à medida que tal situação desfavorável (interminável execução de crédito fiscal imperfeito e embargos com fundamento incompleto ou questionável, porém garantido), caso se consolide, não suscita, na prática, arrependimento de qualquer das partes com relação à escolha adotada no caso concreto.

A análise crítica do tema permite concluir que tal equilíbrio não é eficiente, à medida que provoca a difusão de execuções fiscais, a mais longa duração dos processos existentes, o menor acesso à justiça material e o formal, a inibição ao contraditório e o desincentivo à cooperação processual.

O resultado mais eficiente é instável e não configura um equilíbrio, ainda que os recentes precedentes judiciais o estejam amenizando[11], propondo-se na subse-

---

11 A assertiva é exemplificada pela excelente decisão proferida no âmbito do Recurso Especial nº 1127815, cuja ementa é reproduzida a seguir: "TRIBUTÁRIO. PROCESSUAL CIVIL. RECURSO ESPECIAL REPRESENTATIVO DE CONTROVÉRSIA. ART. 543-C, DO CPC. EMBARGOS À EXECUÇÃO FISCAL. DETERMINAÇÃO DE REFORÇO DE PENHORA PELO JUIZ EX OFFICIO. IMPOSSIBILIDADE. EXISTÊNCIA DE REQUERIMENTO PELA FAZENDA EXEQUENTE, IN ASU. INSUFICIÊNCIA DA PENHORA. ADMISSIBILIDADE DOS EMBARGOS. VIOLAÇÃO DO ART. 535 DO CPC NÃO CONFIGURADA. 1. O reforço da penhora não pode ser deferido ex officio, a teor dos artigos 15, II, da LEF e 685 do CPC. (Precedentes: REsp 958.383/PR, Rel. Ministro LUIZ FUX, PRIMEIRA TURMA, julgado em 18/11/2008, DJe 17/12/2008; REsp 413.274/SC, Rel. Ministro JOÃO OTÁVIO DE NORONHA, SEGUNDA TURMA, julgado em 01.06.2006, DJ 03.08.2006; REsp 394.523/SC, Rel. Ministro JOÃO OTÁVIO DE NORONHA, SEGUNDA TURMA, julgado em 06.04.2006, DJ 25.05.2006; REsp 475.693/RS, Rel. Ministro LUIZ FUX, PRIMEIRA TURMA, julgado em 25.02.2003, DJ 24.03.2003; REsp nº 396.292/SC, Rel. Ministro GARCIA VIEIRA, DJ de 03.06.2002; REsp nº 53.652/SP, Rel. Ministro CESAR ASFOR ROCHA, DJ de 06.02.1995; REsp nº 53.844/SP, Rel. Ministro HÉLIO MOSIMANN, DJ de 12.12.1994) 2. O artigo 15,

da Lei nº 6.830/80, dispõe que: Art. 15 – Em qualquer fase do processo, será deferida pelo Juiz: I – ao executado, a substituição da penhora por depósito em dinheiro ou fiança bancária; e II – à Fazenda Pública, a substituição dos bens penhorados por outros, independentemente da ordem enumerada no artigo 11, bem como o reforço da penhora insuficiente. (grifo nosso) 3. A seu turno, o art. 685 do CPC prevê, verbis: «Art. 685. Após a avaliação, poderá mandar o juiz, a requerimento do interessado e ouvida a parte contrária: I – reduzir a penhora aos bens suficientes, ou transferi-la para outros, que bastem à execução, se o valor dos penhorados for consideravelmente superior ao crédito do exeqüente e acessórios; II – ampliar a penhora, ou transferi-la para outros bens mais valiosos, se o valor dos penhorados for inferior ao referido crédito. 4. Destarte, consoante a dicção dos artigos 15, II, da LEF e 685 do CPC, não é facultada ao Juízo a determinação de substituição ou reforço da penhora, ao fundamento de insuficiência do bem constrito. 5. É que o princípio do dispositivo, que vigora no Processo Civil, pressupõe que as atividades que o juiz pode engendrar ex officio não inibem a iniciativa da parte de requere-las, não sendo verdadeira a recíproca. Em conseqüência, por influxo desse princípio, nas atividades que exigem a iniciativa da parte, o juiz não pode agir sem provocação. 6. In casu, verifica-se que o Juízo singular não determinou o reforço da penhora ex officio, mas motivado por requerimento expresso da Fazenda Estadual nas alegações preliminares da impugnação aos embargos à execução (fls. e-STJ 309), litteris: "Antes de refutar os argumentos que embasam os embargos à execução opostos, cumpre ressaltar que o Juízo não está garantido, ante a patente insuficiência da penhora. Isto porque o valor do bem penhorado (R$ 15.000,00) é nitidamente inferior ao valor do débito (R$ 77.033,42), conforme se depreende dos anexos extratos. Por outro lado, a ausência de depositário nomeado também configura irregularidade que obsta o recebimento dos embargos à execução, vez que a constrição é imperativa a autorizar a oposição daqueles. E, se o auto de penhora não está regular, não se pode considerar o Juízo garantido. Assim, os Embargos à execução não deveriam ter sido recebidos, com fundamento no artigo 16, § 1º da Lei 6.830/80. Entretanto, considerando a atual fase processual, requer a ampliação da penhora, até o limite do débito atualizado, bem como a nomeação de depositário, sob pena de rejeição dos Embargos à Execução com base no dispositivo legal indicado." 7. Outrossim, em face do auto de penhora e avaliação (fls. e-STJ 226), bem como da ocorrência de intimação do executado acerca da penhora efetivada, ressoa inequívoco o preenchimento dos requisitos do art. 685 do CPC, a legitimar a decisão de ampliação da penhora. O voto condutor do aresto recorrido consignou que: "A execução teve seu trâmite normal até a fase de embargos, onde a MMª Juíza a quo verificou que a penhora não havia se aperfeiçoado diante da ausência de nomeação de depositário, bem como a divergência entre o montante do débito e o valor do bem penhorado, determinando a regularização da penhora efetivada e a intimação dos executados para reforço da penhora, sob pena de rejeição dos embargos. Como o executado foi intimado da penhora e recusou o encargo de fiel depositário, uma vez ter alienado o imóvel há mais de 5 (cinco) anos, circunstância que impossibilitou qualquer reforço da penhora -, outra alternativa não restou senão a co-responsabilização dos sócios." 8. O art. 667 do CPC é inaplicável ao caso sub judice, o qual não versa sobre segunda penhora, mas mera e simplesmente sobre reforço da primeira penhora, obviamente insuficiente, ante a divergência entre o valor do bem constrito – cerca de R$ 15.000,00 – e o do crédito exequendo – em torno de R$ 77.000,00. É cediço que somente se procede a uma segunda penhora se a primeira for anulada; se executados os bens; o produto da alienação não bastar para o pagamento do credor; se o exequente desistir da primeira penhora, por serem litigiosos os bens, ou por estarem penhorados, arrestados ou onerados, nos termos do art. 656 do CPC, sendo certo que o caso sub examine não se amolda a qualquer dessas hipóteses. 9. A insuficiência de penhora não é causa bastante para determinar a extinção dos embargos do devedor, cumprindo ao magistrado, antes da decisão terminativa, conceder ao executado prazo para proceder ao reforço, à luz da sua capacidade econômica e da garantia pétrea do acesso à justiça. (Precedentes: REsp 973.810/RS, Rel. Minis-

ção a seguir sugestões que poderiam colaborar para o enfrentamento desse desequilíbrio.

---

tra ELIANA CALMON, SEGUNDA TURMA, julgado em 28/10/2008, DJe 17/11/2008; REsp 739.137/CE, Rel. Ministra DENISE ARRUDA, PRIMEIRA TURMA, julgado em 23/10/2007, DJ 22/11/2007; AgRg no Ag 635829/PR, Rel. Ministro CASTRO MEIRA, DJ 18/04/2005; REsp 758266/MG, Rel. Ministro TEORI ALBINO ZAVASCKI, DJ 22/08/2005) 10. In casu, contrariamente ao alegado pelos recorrentes, o Juízo singular não procedeu à extinção da ação de embargos à execução; ao revés, fundamentando o decisum nos princípios da economia processual e da instrumentalidade das formas, determinou, a requerimento da exequente, o reforço da penhora e a regularização de atos processuais, tão logo verificada a ausência de nomeação do depositário, bem assim a divergência entre o montante do débito e o valor do bem penhorado (fls e-STJ 349/350). 11. O pleito de imediato prosseguimento dos embargos, à revelia da referida decisão judicial, não merece acolhimento, haja vista que, conquanto a insuficiência patrimonial do devedor seja justificativa plausível à apreciação dos embargos à execução sem que o executado proceda ao reforço da penhora, deve ser a mesma comprovada inequivocamente. Nesse sentido, in verbis: "Caso o devedor não disponha de patrimônio suficiente para a garantia integral do crédito exequendo, cabe-lhe comprovar inequivocamente tal situação. Neste caso, dever-se-á admitir os embargos, excepcionalmente, sob pena de se violar o princípio da isonomia sem um critério de discrímen sustentável, eis que dar seguimento à execução, realizando os atos de alienação do patrimônio penhorado e que era insuficiente para garantir toda a dívida, negando ao devedor a via dos embargos, implicaria restrição dos seus direitos apenas em razão da sua situação de insuficiência patrimonial. Em palavras simples, poder-se-ia dizer que tal implicaria em garantir o direito de defesa ao "rico", que dispõe de patrimônio suficiente para segurar o Juízo, e negar o direito de defesa ao "pobre", cujo patrimônio insuficiente passaria a ser de pronto alienado para a satisfação parcial do crédito. Não trato da hipótese de inexistência de patrimônio penhorável pois, em tal situação, sequer haveria como prosseguir com a execução, que restaria completamente frustrada." (Leandro Paulsen, in Direito Processual Tributário, Processo Administrativo Fiscal e Execução Fiscal à luz da Doutrina e da Jurisprudência, Ed. Livraria do Advogado, 5ª ed.; p. 333/334) 12. À míngua de menção, nas instâncias ordinárias acerca da comprovação de insuficiência patrimonial a justificar a recusa dos recorrentes à ampliação da penhora determinada pelo Juízo da execução, impõe-se-lhes a regularização dos atos processuais tendentes ao prosseguimento dos embargos à execução, máxime em face do consignado no acórdão recorrido (fls. e-STJ 433), litteris: "(...) Outrossim, a execução fiscal tem por objetivo a cobrança de ICMS declarado e não pago; ao que consta, o agravado, além de ter sido sócio fundador da empresa executada, ficou à testa do negócio, de modo que evidentemente teve proveito decorrente do não repasse do valor correspondente ao tributo aos cofres públicos. E, além do mais, dissolvida irregularmente a empresa, foram seus sócios incluídos na lide e penhorados bens de sua propriedade. A pretensão da agravada encontra fundamento nos artigos 135, inciso III, do Código Tributário Nacional e 4º, inciso V, da Lei de Execução Fiscal. E, em tese, cabível é a responsabilização dos sócios pelas obrigações fiscais da empresa resultantes de atos praticados com infração da lei, considerando-se como tal a dissolução irregular da sociedade sem o pagamento dos impostos devidos, hipótese que é a dos autos." 13. O art. 535 do CPC resta incólume se o Tribunal de origem, embora sucintamente, pronuncia-se de forma clara e suficiente sobre a questão posta nos autos. Ademais, o magistrado não está obrigado a rebater, um a um, os argumentos trazidos pela parte, desde que os fundamentos utilizados tenham sido suficientes para embasar a decisão. 14. Recurso a que se nega provimento. Acórdão submetido ao regime do art. 543-C do CPC e da Resolução STJ 08/2008 (BRASIL. STJ. Primeira Seção. REsp nº 1.127.815/SP. Relator: Ministro Luiz Fux. Data de Julgamento: 24 nov. 2010. Data de Publicação: 14 dez. 2010).

III.1.2. A busca da Eficiente Adequação da Matéria em Tela

A análise empreendida acima alcança a conclusão de que, no cenário atual, a exigência de garantia para a apresentação de embargos à execução fiscal é medida que não incentiva o comportamento cooperativo das partes no processo, dificulta o acesso à justiça e não se traduz em utilidades aptas a contrapor seus aspectos negativos, sob o viés da AED.

O enfrentamento do tema, sob a perspectiva da eficiência econômica, da segurança jurídica e do acesso à justiça, não seria novidade, posto que vem sendo implementado há anos pelos principais Tribunais brasileiros. E, é justamente se baseando em precedente judicial anterior que este trabalho propõe o enfrentamento do tema.

Com efeito, como já se antecipou, no âmbito do Recurso Especial nº 1127815/SP, de Relatoria do Ministro Luiz Fux, a primeira seção do STJ apreciou, em regime de recurso repetitivo, caso com contornos semelhantes ao conteúdo da presente discussão, desenvolvendo, pelo brilhante voto de seu Relator, linha de raciocínio aplicável de forma ampla ao tema, a permitir a sua revisitação a partir dos postulados da eficiência econômica e da AED.

Naquela oportunidade, a controvérsia restringia-se a duas questões: (i) a possibilidade de determinação de ofício do reforço da penhora pelo juízo competente e (ii) a possibilidade de rejeição liminar ou de extinção dos embargos à execução fiscal em que constatada a insuficiência da garantia do juízo. E é justamente o entendimento sobre essa segunda questão que desponta como alternativa interessante para o tema deste artigo, à luz da AED.

Com efeito, o voto do Ministro Relator foi preciso ao dispor que "não se deve obstar a admissibilidade ou apreciação dos embargos à execução pelo simples fato de que o valor do bem constrito é inferior ao valor exequendo, devendo o juiz proceder a intimação do devedor para reforçar a penhora"[12]. Em seguida, apresenta o inevitável desfecho de que como "os embargos do devedor na execução fiscal pouco diferem dos embargos na execução por quantia certa, regulada pelo CPC, há de ser aplicada subsidiariamente a lei processual à Lei de Execuções Fiscais, naquilo que não contrariar"[13].

Avança o aludido voto no sentido de que a garantia é indispensável para a apresentação dos embargos à execução fiscal, salvo se comprovada a hipossuficiência do devedor, de forma que, no caso concreto, ao embargante deveria ter sido dada a oportunidade de complementar a garantia ou de demonstrar sua incapacidade de fazê-lo, para que se prosseguisse com a execução e a apreciação dos embargos.

Com relação a esse aspecto final e com a devida vênia, este artigo se propõe a, seguindo seu espírito, alongar a excelente conclusão do julgador para que, em sede de execução fiscal, sejam aplicáveis, quando cabíveis, as normas contidas nos artigos 916

12 FUX, Luiz. Voto do Ministro Luiz Fux, Relator no REsp 1.127.815/SP.

13 FUX, Luiz. Voto do Ministro Luiz Fux, Relator no REsp 1.127.815/SP.

e seguintes e do art. 3º, §3º, todos do CPC, com vistas a permitir o prévio diálogo e a potencial construção de uma saída amigável para a causa.

Explica-se: ao invés do "tudo ou nada", inerente ao fato de que o executado, para embargar a execução fiscal, necessita desde logo apresentar bens em garantia, estimular-se-ia a adoção de postura cooperativa no processo. Dessa forma, estariam abertas as seguintes alternativas para o executado: (i) concordar com a cobrança, usufruindo das benesses daí decorrentes na legislação processual geral (como é o caso daquelas previstas no artigo 916, CPC) e permitindo a solução célere e eficiente do processo, (ii) sentar à mesa com o exequente, com o propósito de, nos limites da possibilidade de um acordo para o pagamento de créditos dessa natureza, expor os eventuais excessos ou equívocos da execução, alcançando um meio termo razoável ou demonstrando ao juízo a necessidade de ajuste ou total rejeição ao pleito executório[14], ou (iii) passados alguns dias e caso tais alternativas não sejam bem sucedidas, embargar à execução, devendo, apenas nesse caso e desde que possua condições econômicas para tanto, garantir o juízo.

Com essas alterações procedimentais, busca-se, sem que isso represente o descumprimento das normas em vigor ou a dilaceração da jurisprudência dominante sobre o tema, a quebra do negativo "equilíbrio de Nash" tratado na seção anterior deste artigo, fomentando-se a composição e ofertando-se meios para evitar a morosidade das execuções fiscais e a apresentação de embargos com fundamento incompleto ou questionável, ainda que garantidos.

Combater-se-ia assim a ineficiência atual que provoca a difusão de execuções fiscais nem sempre bem fundamentadas, a mais longa duração dos processos existentes, o menor acesso à justiça pelas partes envolvidas, a inibição ao contraditório e o desincentivo à cooperação processual.

Tal proposta de solução, ainda que não definitiva, pode contribuir para um cenário mais favorável, com predomínio da boa-fé processual, do comportamento cooperativo no processo e, sobretudo, com a maior eficiência e celeridade das execuções fiscais, deixando de sobrecarregar o Poder Judiciário e permitindo a redução dos custos de transação envolvidos na recuperação de créditos fiscais. Em um cenário subsequente, as premissas de AED tratadas neste artigo poderão ser melhor aprofundadas e debatidas, por doutrina e jurisprudência, a fim de que se tornem aplicáveis à própria atividade legislativa, procedendo-se a reforma do artigo 16, parágrafo primeiro, da LEF (assim como ocorreu com a execução em geral nas últimas décadas), para que a admissibilidade de embargos à execução fiscal esteja pautada em elementos que propiciem a eficiência econômica e a segurança jurídica para todas as partes envolvidas.

---

14 Cite-se, por exemplo, a demonstração pelo executado de que o valor da execução contempla créditos prescritos ou, até mesmo, valores já pagos, evitando o indevido e custoso prolongamento do debate processual sobre temas que podem ser suscitados e resolvidos, de imediato, a partir da cooperação entre as partes.

IV. Conclusão

O artigo 914 CPC prevê que o executado, independentemente de garantia, poderá se opor à execução por meio de embargos, salvo nos casos em que requeira, fundamentadamente, efeito suspensivo. Entretanto, no que diz respeito à execução fiscal, não foi alterado o dispositivo contido no artigo 16, parágrafo primeiro, da LEF, permanecendo a regra geral de inadmissibilidade de embargos do executado antes de garantida a execução fiscal.

Vislumbra-se, assim, um conflito direto entre o CPC (regra geral e posterior), que dispensa a garantia como requisito de admissibilidade dos embargos à execução, e a LEF (regra especial e anterior), que exige a garantia para a apresentação de embargos à execução fiscal.

O tema foi objeto de apreciação pela jurisprudência nacional, prevalecendo o entendimento de que, apesar das alterações posteriores, permaneceria válido e eficaz o regime especial fixado pela LEF, exigindo-se a garantia para a oposição de embargos à execução fiscal.

Tal posicionamento fundamenta-se na especificidade da LEF e na preservação dos princípios que teriam orientado a edição desse diploma normativo, notadamente (i) a valorização e primazia do crédito público sobre o crédito privado, (ii) a preservação da norma processual como regra geral, não especial e de sua aplicação apenas em caráter subsidiário com relação à execução fiscal, (iii) a ausência de omissão da LEF sobre o tema, com a previsão expressa do dever do executado de garantir o juízo para apresentar seus embargos à execução fiscal e (iv) a possibilidade de aplicação parcial das normas processuais à execução fiscal, incluindo-se as regras a respeito do efeito suspensivo, sem a necessidade de afastar a exigibilidade da garantia para apresentação dos embargos.

Entretanto, tal entendimento parece não se coadunar com as melhores diretrizes de AED e da busca da eficiência na execução fiscal.

Sob o viés da AED e da eficiência, a posição atual da jurisprudência nacional a respeito da garantia como requisito de admissibilidade dos embargos à execução fiscal deve ser examinada a partir dos ganhos e das perdas decorrentes dessa posição para as partes envolvidas em processos dessa natureza, a fim de que se conclua pela pertinência ou pela necessidade de adequação do entendimento prevalecente.

Tal exigência afronta o modelo cooperativo de justiça, ao configurar um cenário em que as partes assumem posições distintas e desconformes na lide. Assim como na tradicional teoria dos jogos, o comportamento não cooperativo na execução fiscal tem por efeito gerar para as partes envolvidas resultado pior do que a mútua cooperação poderia resultar, eis que (i) não há incentivos para o contraditório, (ii) a decisão de cobrar é estritamente dominante em relação à de optar por quais créditos cobrar (e como cobrá-los), (iii) o Poder Judiciário permanece sobrecarregado com inúmeras ações judiciais e (iv) em muitos casos, não se proverá justiça para a situação concreta.

Configura-se, desse modo, um "equilíbrio de Nash", à medida que tal situação desfavorável (interminável execução de crédito fiscal imperfeito e embargos com fundamento incompleto ou questionável, porém garantido) não suscita, na prática, arrependimento de qualquer das partes com relação à escolha adotada no caso concreto.

A análise crítica do tema permite concluir que tal equilíbrio não é eficiente, à medida que provoca a difusão de execuções fiscais, a mais longa duração dos processos existentes, o menor acesso à justiça material e o formal, a inibição ao contraditório e o desincentivo à cooperação processual.

Propõe-se, portanto, a releitura do tema, a partir da jurisprudência prevalecente no STJ, de modo que, em sede de execução fiscal, sejam aplicáveis, quando cabíveis, as normas contidas nos artigos 916 e seguintes e do art. 3º, §3º, todos do CPC, com vistas a permitir o prévio diálogo e a potencial construção de uma saída amigável para a causa.

Dessa forma, estariam abertas novas alternativas para o executado: (i) concordar com a cobrança, usufruindo das benesses daí decorrentes na legislação processual geral e permitindo a solução célere e eficiente do processo, (ii) sentar à mesa com o exequente, com o propósito de, nos limites da possibilidade de um acordo envolvendo créditos dessa natureza, expor os eventuais excessos ou equívocos da execução ou (iii) caso tais alternativas não sejam bem sucedidas, embargar à execução, devendo, apenas nesse caso e desde que possua condições econômicas para tanto, garantir o juízo.

Tal proposta de solução, ainda que não definitiva, contribui para um cenário mais favorável, com predomínio da boa-fé processual, do comportamento cooperativo no processo e, sobretudo, com a maior eficiência e celeridade das execuções fiscais, permitindo a redução dos custos de transação envolvidos na recuperação de créditos fiscais.

Por fim, em um cenário subsequente, as premissas de AED tratadas neste artigo poderão ser melhor aprofundadas e debatidas, por doutrina e jurisprudência, a fim de que se tornem aplicáveis à própria atividade legislativa, procedendo-se a reforma do artigo 16, parágrafo primeiro, da LEF (assim como ocorreu com a execução em geral nas últimas décadas), para que a admissibilidade de embargos à execução fiscal esteja pautada em elementos que propiciem a eficiência econômica e a segurança jurídica para todas as partes envolvidas.

V. Referências

ARAÚJO, Thiago Cardoso. **Análise Econômica do Direito no Brasil**: Uma Leitura à Luz da Teoria dos Sistemas. Rio de Janeiro: Lumen Juris, 2017.

BRASIL. STJ. Primeira Seção. REsp nº 1.127.815/SP. Relator: Ministro Luiz Fux. Data de Julgamento: 24 nov. 2010. Data de Publicação: 14 dez. 2010.

BRASIL. STJ. Primeira Seção. REsp nº 1.272.827/PE. Rel. Ministro Mauro Campbell Marques. Data de Julgamento: 22 maio 2013. Data de Publicação: 31 maio 2013.

BRASIL. STJ, Primeira Turma. REsp nº 1.487.772/SE. Relator: Ministro Gurgel de Faria. Data de Julgamento: 28 maio 2019. Data de Publicação: 12 jun. 2019.

COASE, R.H. **The Firm, The Market and The Law.** Chicago: University of Chicago Press, 1988, p. 3.

DIDIER JUNIOR, Fredie. **Curso de Direito Processual Civil:** Introdução ao Direito Processual Civil, Parte Geral e Processo de Conhecimento. Salvador: JusPodivm, 2017. v. 1.

TIBÚRCIO, Antonio Augusto. A desnecessidade de garantia como condição de admissibilidade dos embargos à execução fiscal: o conflito entre o art. 16, §1º, da LEF e o art. 914, do CPC de 2015, à luz da Constituição. In: BUENO, Cássio Scarpinella; RODRIGUES, Marco Antônio (Coord.). **Coleção Repercussões do Novo CPC:** Processo Tributário. Salvador: JusPodivm, 2016. v. 16, p. 67-102.

WOLKART, Erik Navarro. **Análise Econômica do Processo Civil**: Como a economia, o direito e a psicologia podem vencer a tragédia da justiça. São Paulo: Revista dos Tribunais, 2019, p. 136.

ANÁLISE ECONÔMICA DA EXECUÇÃO NO DIREITO PROCESSUAL CIVIL BRASILEIRO

Daniel Vianna Vargas

1. Introdução

A busca pela efetividade foi e continua sendo um dos pontos mais pesquisados no Direito Processual Civil nas últimas décadas[1], tendo alguns estudos outorgado enormes contribuições de índole teórico-dogmática, operando consequências legiferantes robustas.

Após as reformas do CPC/1973 ocorridas nos anos 2000 em relação ao processo de execução e que tiveram sua consagração e formato atual com o advento do CPC/2015, muito se avançou em termos de organização e racionalidade da execução.

No trabalho, pretende-se discutir a configuração atual da execução sob o prisma da análise econômica do direito, ponderando-se os custos sociais decorrentes da movimentação da máquina judiciária e a propositura irrestrita de execuções de pouca ou nenhuma viabilidade, compreendida em termos de satisfatividade da pretensão executiva.

Analisar-se-á, de forma correlata, se ainda se justifica a intervenção do Judiciário em atividade exclusivamente executiva/administrativa, de busca patrimonial entre particulares, sem qualquer exercício de clássica função jurisdicional típica, perquirindo-se a possibilidade de descentralização de atos executivos, sem risco de ofensa ao devido processo legal e à inafastabilidade da Jurisdição.

Nesse passo, propor-se-á interpretação operacional e sistemática do art. 5º, inciso LIV da CR/1988 contextualizando-o com o princípio da eficiência[2], naquilo que

---

1 "A efetividade e o garantismo processual. A efetividade e o garantismo marcaram o direito processual civil da 2ª. metade do Século XX. O Estado Democrático de Direito, que emergiu em todo o Ocidente após o término da 2ª. Guerra Mundial, é um sistema político fundado na eficácia concreta e na intangibilidade dos direitos fundamentais. No Brasil, esse novo paradigma nas relações entre o Estado e os cidadãos foi atingido com o advento da Constituição de 1988, a partir da qual expandiu-se e consolidou-se uma nova consciência jurídica, calcada primordialmente na efetividade dos direitos e garantias fundamentais constitucionalmente assegurados". (GRECO, Leonardo. *Novas perspectivas da efetividade e do garantismo processual).*

2 "Numa noção mais elementar, *eficácia* consiste na aptidão para produzir efeitos, enquanto a *eficiência* mede a relação entre os meios empregados e os resultados alcançados. Já a *efetividade,* para Natalino Irti, é suscetível do desenvolvimento histórico, constituindo o atributo empírico das

se pretende denominar de acesso racionalizado à justiça, com um recorte, conforme assinalado, na execução.

O ordenamento processual civil tradicional – de caráter eminentemente científico e individualista – não se mostra dotado do instrumental necessário[3] para lidar com um panorama econômico e social no qual o devedor não encontra problemas de ordem legal, moral ou ética para – através do processo – postergar a satisfação do direito de crédito.

O raciocínio parte da premissa de que existem litigantes legítimos e, noutro prisma, ações executivas inúteis ou frívolas que, caso não antevistas ou extintas precocemente geram movimentação estéril da máquina judiciária aumentando os valores despendidos de forma global pelo Estado, incrementando os custos sociais decorrentes. Cuida-se de panorama injustificável e inviável na presente quadra, valendo registrar que "a substância do direito, em qualquer momento considerado, corresponde aproximadamente ao que é entendido como conveniente no momento"[4].

normas jurídicas" (CUNHA, Leonardo Carneiro da. *A previsão do princípio da eficiência no projeto do novo código de processo civil brasileiro.* Revista de processo | vol. 233/2014 | p. 65 - 84 | jul / 2014. Dtr\2014\3352).

3 "Para que o processo alcance o máximo de eficácia, suas regras e rito devem adequar-se, simultaneamente, aos sujeitos, ao objeto e ao fim a que se destina. (LACERDA, Galeno. Comentário ao Código de Processo Civil, 7ª ed. Rio de Janeiro: Forense, 1998, p. 25).

4 "A vida do direito não tem sido lógica: tem sido experiência. As necessidades sentidas em todas as épocas, as teorias morais e políticas que prevalecem, as intuições de políticas públicas, claras ou inconscientes, e até mesmo os preconceitos que os juízes compartilham com os cidadãos, e com os quais julgam as demandas que lhes são apresentadas, têm importância muito maior do que silogismos na determinação das regras pelas quais os homens devem ser governados. O direito incorpora a história do desenvolvimento de uma nação através dos séculos e não pode ser tratado como se compreendesse tão somente axiomas e corolários de livros de matemática. De modo a se saber o que é o direito, deve-se saber o que ele tem sido e qual a tendência que há de se transformar. Deve-se consultar alternativamente a história e as teorias jurídicas existentes. Mas, o trabalho mais difícil será entender a combinação desses elementos na construção de novos produtos em cada fase de desenvolvimento do direito. A substância do direito, em qualquer momento considerado, corresponde aproximadamente ao que é entendido como conveniente no momento; mas a forma, a estrutura e o grau de eficiência do direito, que são estatuídos para a realização de certos resultados desejados, dependem muito de seu passado. (...) Usarei a história de nosso direito, na medida em que for necessária, para explicar um conceito jurídico ou interpretar uma regra. Ao usar a história do direito, há dois erros que devem ser igualmente evitados por escritores e leitores. O primeiro erro é supor que o direito sempre possuiu certo conteúdo ou forma em virtude de ideais que parecem muito familiares e naturais para nós. Muitas coisas que tomamos como fundamentadas tiveram que ser conquistas com muita luta ou com muito esforço intelectual no passado. O segundo erro é o oposto do primeiro e consiste em atribuir um valor exagerado à história. Começamos com o homem no estágio atual de seu desenvolvimento. Pode ser presumido que os primeiros bárbaros, cujas práticas devem ser consideradas, possuíam muitos de nossos sentimentos e paixões." *Tradução livre*. (HOLMES, Oliver Wendell (1896). *The Common Law*. New York: Dover Publications, 1991.

Avançando nessa linha específica de entendimento, importante que os instrumentos processuais tenham a capacidade de alcançar a plena efetividade desses direitos, de *lege lata* ou de *lege ferenda*. A concretização dos direitos materiais deve ser a principal preocupação, sendo que os meios para se atinja essa concretização devem ser adequados à natureza do direito material que se pretende realizar.

Todavia, na conjuntura atual, havendo necessidade cada vez maior do emprego adequado dos escassos meios à disposição para o bem-estar social, o direito deve se adaptar, ressignificando conceitos e estruturas, inclusive no que diz respeito ao acesso à execução[5].

É possível visualizar inclusive eficácia exoprocessual desse entendimento, um efeito pedagógico-dissuasório, fomentando a introdução de noções da análise econômica do Direito como forma de mitigação do demandismo no Judiciário nacional[6], possibilitando a avaliação de custo-benefício na propositura de execuções frívolas ou mesmo sua manutenção[7] quando constatada sua inservibilidade ao escopo natural – a satisfação do credor.

Como apontado por Shavell, em sede de análise econômica do direito, não se pode levar em conta somente o custo do autor/credor em ajuizar determinada demanda, uma vez que o custo social inclui igualmente as despesas legais do réu/executado e de toda a máquina judiciária. É natural que o autor não leve em consideração

---

5 No sentido do conceito econômico de eficiência, uma abordagem mais ampla deveria abranger, em primeiro lugar, todas as características e efeitos vantajosos e prejudiciais, atuais ou futuros, que um determinado procedimento possa ter para as partes, mas também deve englobar o público em geral, inclusive os servidores do Judiciário. As vantagens e desvantagens, então, devem ser pesadas e convertidas em uma medida (uma "moeda") uniforme. Nesta comparação, deveria ser ainda esclarecido se e de que forma uma compensação interpessoal potencial poderia ser considerada. (KERN, Christoph A. *O processo civil dos eua e da alemanha numa análise comparativa.* Revista de Processo | vol. 227/2014 | p. 249 - 271 | Jan / 2014. DTR\2013\12507).

6 "Repise-se que a segurança jurídica quanto ao entendimento dos Tribunais pauta não apenas a atuação dos órgãos hierarquicamente inferiores, mas também o comportamento extraprocessual de pessoas envolvidas em controvérsias cuja solução já foi pacificada pela jurisprudência. A disposição das partes a resolver suas disputas por um acordo, à luz da teoria dos atores racionais, resulta da multiplicação da probabilidade de vitória pelo proveito (ou prejuízo, no caso do potencial réu) esperado com o valor fixado em condenação por eventual sentença judicial, subtraindo-se disso o custo de litigar em juízo. Nos Estados Unidos, onde a higidez dos precedentes é valorizada, apenas 2% (dois por cento) das causas de acidentes automotivos, 4% (quatro por cento) de todas as causas cíveis nas Cortes estaduais e menos de 2% (dois por cento) das causas cíveis federais são resolvidas por ato jurisdicional de mérito." (FUX, Luiz; BODART, Bruno. Notas sobre o princípio da motivação e a uniformização da jurisprudência no novo Código de Processo Civil à luz da análise econômica do Direito. **Revista de Processo**. v. 269, jul./2017. Acesso eletrônico.).

7 Importante a disposição do art. 833-B, 6 do CPC Português no sentido da extinção da execução quando constatada a inexistência de bens penhoráveis.

os demais custos e, portanto, sua atitude de demandar ainda que sem qualquer perspectiva de sucesso, sugere uma tendência ao litígio excessivo, ao demandismo[8].

Cuida-se de buscar a efetividade não só como escopo jurídico, na realização do direito material, mas como meio de se alcançar os escopos sociais da jurisdição[9], resguardando o Judiciário para as hipóteses viáveis de satisfação do direito[10], numa releitura da *ultima ratio* da Jurisdição civil.

A contextualização processual da análise econômica do direito e do acesso à justiça racionalizado, através de uma abordagem epistemológica, especificamente por meio da dissuasão de ações executivas frívolas, pode ser um parâmetro na busca pela exigência constitucional de eficiência da prestação jurisdicional.

Ressalte-se, por fundamental, que a linha argumentativa defendida no presente trabalho, forçosamente, passa ao largo das frequentes e longevas discussões sobre a dualidade eficiência *vs* justiça[11], uma vez que o enfoque é exclusivo na exe-

---

8 How do the incentives of private parties to bring suit relate to what would be "socially appropriate" given the costs of using the legal system? This question will be considered in the present paper, employing a simple model according to which suit involves legal expenses and the prospect of suit may encourage potential defendants to take actions that reduce the likelihood that they cause monetary losses for potential plaintiffs. To explain the answer to the question that will be presented in the model, let us compare, on the one hand, the private and the social costs of suit, and, on the other, the private and the social benefits of suit. The first of these comparisons is unambiguous in the model, for to a potential plaintiff the cost of bringing suit involves only his own legal expenses, whereas the social cost includes the defendant's legal expenses as well. Thus the private cost of suit is less than the social cost, suggesting a tendency toward excessive litigation, other things being equal. (SHAVELL, Steven, *The social versus the private incentive to bring suit in a costly legal system*. University of Chicago. 11 J. Legal Stud. 333 1982).

9 "Buscando impedir a erosão da legitimidade do Estado e do Poder Judiciário e incentivar a confiança da população nos seus mecanismos, imperativa se torna a consecução da propalada efetividade do processo. Efetividade e instrumentalidade unem-se não só no que tange aos escopos jurídicos do processo, de tutela eficaz do direito material, mas também em relação à realização dos escopos sociais da jurisdição. Com efeito, somente um processo efetivo pacifica os conflitos; somente um processo efetivo educa a sociedade, por meio da criação do superego cultural; somente um processo efetivo legitima o Poder Judiciário como o guardião do homem e justifica a perda de parte de sua liberdade na formação do Estado". (CABRAL, Antônio do Passo. *O processo como superego social: um estudo sobre os fins sociais da jurisdição*. Revista de Processo: 115/2004).

10 "Estudos de diversos doutrinadores ao redor do globo (no Brasil, cita-se, de modo especial, Araken de Assis e Leonardo Greco) tentam descobrir quais seriam as causas para que a execução civil não consiga alcançar o seu objetivo de assegurar a satisfação da obrigação estipulada entre as partes ou imposta por sentença (seja judicial, seja arbitral). (SANTOS, Guilherme Luis Quaresma Batista. *Teoria geral da execução e o CPC de 2015, in:* (MACÊDO, Lucas Buril, *As eficácias das decisões judiciais e o cumprimento de sentença no CPC/2015,* In: Coleção NOVO CPC, v. 5, Execução (MACÊDO, Lucas Buril de; PEIXOTO, Ravi; FREIRE, Alexandre (org.). Salvador: Editora Jus Podivm2015, p. 30).

11 "If efficiency is the fundamental problem of economists, justice is the guiding beacon of law professor. Consider a discussion of this very question of per se and rule of reason in antitrust policy bu Justice Antonin Scalia. Justice Scalia was a professor of law at the University of Chicago Law Scholl and

cução. Justifica-se o excurso com base na compreensão de atividade notadamente administrativa do Poder Judiciário na busca, apreensão e expropriação de bens patrimoniais para satisfazer o direito de crédito outrora reconhecido. Assim sendo, não se ocupou no texto de refutar os argumentos contrários às escolas pragmatistas e consequencialistas[12].

Noutro prisma, não se vislumbra risco de violação ao princípio fundamental do acesso à Justiça ou do devido processo legal, seja pela análise proposta em termos de interesse de agir executivo como pressuposto de admissibilidade, seja pela possibilidade de adoção do rito específico de execução por quantia certa contra devedor insolvável[13].

2. Análise Econômica do Direito

Na busca pela superação do positivismo, diversas teorias foram construídas tendo por base teses voluntaristas, deixando de lado a "razão" e elevando a "vontade" como fundamento para a libertação do julgador das estruturas formalistas que o conceitualismo do século XIX deixara como legado[14]. As principais correntes podem ser defini-

is familiar with economics as onetime editor of Regulation, so one expects his views to represent the most intelligent and learned as well as an authoritative pole of legal academia. Needless to say Justice Scalia touches on many facets os the problem of rules versus attention to the circumstances of a case – if brevity is the soul of wit, it is also the implacable enemy of legal writing. Scalia places much weight on 'the appearance of equal treatment'. 'The Equal Protection the Constitution'. He touches on many points in the essay – including values such as predictability that are also relevant to this discussion of efficiency. But the bedrock on which the verdict for rules rests is justice. Justice Scalia believes in justice. Justice Scalia believes in justice. (STIGLER, George J.. *Law or Economics?* The University of Chicago and The University of Chicago Law Scholl, The Journal of Law & Economics, vol. 35, n. 2 (oct, 1992), pp. 455-468).

12 Pragmatism is at one level a philosophical position, just as scientific realism, transcendental idealism, existentialism, utilitarianism, and logical positivism are. It is the level well illustrated by a recently published book in which Richard Rorty and his critics go at each other hammer and tongs over such questions as whether language reflects reality, whether free will is compatible with a scientific outlook, and whether such questions are even meaningful.' It is not the level at which this paper is pitched. My concern is with an issue in "applied" pragmatism, although after listening to Professor Grey's talk at the conference about the independence of legal from philosophical pragmatism I realize that this term may be inapt. I shall take up that issue at the end. The "applied" issue that is my subject till then is whether adjudication-particularly appellate adjudication-can or should be pragmatic. (POSNER, Richard. *Pragmatic adjudication.* University of Chicago Law School Chicago Unbound, Journal Articles, 1996).

13 MOREIRA, José Carlos Barbosa. *O novo processo civil brasileiro,* 22ª ed. Rio de Janeiro: Forense, 2002, p. 265-266.

14 "Todos sabem que o século XIX foi o século da razão. A razão que foi "aprisionada" na lei. Daí três tipos de positivismo: o francês (exegetismo), o alemão (jurisprudência dos conceitos) e o inglês (jurisprudência analítica). A esses três tipos de positivismo houve reações das mais variadas (análise

das como movimento do Direito Livre – nome adotado na França –, Realismo Jurídico em suas versões norte-americana e escandinava, além da já citada Jurisprudência dos Interesses, na Alemanha.

Com base em tais teorias, ressurge através de uma nova roupagem, um antigo problema: ao se reconhecer atividade de criação do Direito pelo Judiciário – seja pelas decisões nos casos concretos, seja pela jurisprudência ou utilização de precedentes – é necessário que se forneçam critérios para o controle dessa atividade.[15]

Quanto ao chamado Realismo Jurídico, em sua vertente norte-americana consubstanciada no *judge made law*, a doutrina ou corrente surgiu no Século XIX e teve como fundamento o contraponto ao formalismo representado pela estrita legalidade. O juiz – numa óptica elástica – decidiria por critérios exclusivamente de ordem pessoal, interpretando e aplicando a norma jurídica (*deductive hermeneutics*) com base em sua formação ideológica, religiosa, seu humor, seus preconceitos etc.

Dessa forma, os tribunais possuem um espaço amplo nos limites interpretativos dos textos legais, inclusive efetuando correções morais ou praticando decisões contrárias ao sentido semântico do texto, com a justificativa de suprir a omissão legislativa. Os julgadores explicitariam as *policy considerations* que suas sentenças utilizavam como *obiter dictum* para trazer tais questões à discussão.

Uma vertente de entendimento de cunho mais racional, trilhou caminho mais objetivo para a compreensão do fenômeno jurídico, valendo-se da interdisciplinaridade com outras ciências, com objetivo de aproximar o direito à realidade social. O movimento gerou diversas escola de pensamento jurídico, com cariz pragmático, sendo a Análise Econômica do Direito inserida nesse contexto, procedendo-se a avaliações mais verticais das prováveis consequências[16] de uma

presente em *Hermenêutica jurídica em crise*). Aqui, é importante destacar uma delas: o Movimento do Direito Livre, do início do século XX. Fundada por Hermann Kantorowicz (1906, *A luta pela ciência do Direito*), essa doutrina defende, dentro do contexto da época, a plena liberdade do juiz no momento de decidir os litígios, podendo, até mesmo, confrontar com o que reza a lei. O juiz não estaria lançando mão apenas do seu poder decisório, mas, mais do que isso, a sua função de legislador, seu poder legiferante para encontrar aquilo que ele, juiz, percebe como "o justo". Dizia-se do Movimento do Direito Livre: Movimento do Direito Livre... da Lei!" (STRECK, Lenio Luiz. *As várias faces da discricionariedade no Direito civil brasileiro*: o "reaparecimento" do movimento do Direito livre em terrae brasilis. Revista de Direito civil contemporâneo| vol. 8/2016 | p. 37 - 48 | jul - set / 2016 Dtr\2016\23931).

15 "a decisão jurídica já não será vista como como determinada exclusivamente pelo sistema das normas positivas e então o problema que surge é o da necessidade de se arbitrar controles que garantam a correção e racionalidade do produto da eleição dos métodos; em outros termos: a racionalidade da decisão". GARCIA AMADO, Juan Antonio. *Teorias de la tópica jurídica.* Madrid: Civitas, 1988.

16 "Se a avaliação da adequação de determinada norma está intimamente ligada às suas reais consequências sobre a sociedade (consequencialismo), a juseconomia se apresenta como uma interes-

decisão judicial tanto na seara jurídica, quanto social, política, econômica e institucional.

A Análise Econômica do Direito (AED) é uma corrente de pensamento que busca utilizar os instrumentais teóricos e práticos, analíticos e empíricos da metodologia econômica – microeconomia e economia do bem-estar social – a todas as áreas do direito, buscando compreender de forma racional o ordenamento jurídico, assim como explicar e prever as implicações fáticas da sua aplicação.

Diante do conceito exposto, infere-se que a Análise Econômica do Direito exige a consciência de que a aplicação do ordenamento jurídico irá variar conforme o contexto e deve ser avaliado de acordo com o potencial de alcançar os objetivos da norma.

Partindo-se da premissa teleológica de que a aplicação da norma jurídica é uma forma de alocação de recursos, a AED tem por objetivo uma compreensão do ordenamento de forma que a aplicação da norma deve ser operada de forma a reduzir os custos para que a lei alcance sua finalidade.

O emprego das matrizes teóricas e ferramentas práticas extraídas das ciências econômicas e afins possibilita a expansão da compreensão e alcance do direito, fomentando seu desenvolvimento e aperfeiçoando os mecanismos de interpretação e aplicação das normas jurídicas, numa visão pragmática e consequencialista. Note-se que a Lei de Introdução às Normas de Direito Brasileiro, encampou parte dessa teoria[17], em sua recente modificação através da Lei 13.655, de 2018.

A análise econômica do direito, principalmente quando cuidamos da execução civil, permite a utilização de dados empíricos para o controle de validade das propostas, com uma análise racional do comportamento das partes envolvidas no processo, possibilitando, ainda, a mensuração do bem-estar social envolvido na utilização do sistema judiciário[18].

---

sante alternativa para este tipo de investigação. Primeiro, porque oferece um arcabouço teórico abrangente, claramente superior à intuição e ao senso comum, capaz de iluminar questões em todas as searas jurídicas, inclusive em áreas normalmente não associadas como suscetíveis a este tipo de análise. Segundo, porque é um método de análise robusto o suficiente para o levantamento e teste de hipóteses sobre o impacto de uma determinada norma (estrutura de incentivos) sobre o comportamento humano, o que lhe atribui um caráter empírico ausente no paradigma jurídico atual. E terceiro, porque é flexível o suficiente para adaptar-se a situações fáticas específicas (adaptabilidade) e incorporar contribuições de outras searas (inter e transdisciplinaridade), o que contribui para uma compreensão mais holística do mundo e para o desenvolvimento de soluções mais eficazes para problemas sociais em um mundo complexo e não ergódigo". (IVO, Gico Jr. *Metodologia e epistemologia da análise econômica do direito.* Revista de direito bancário e do mercado de capitais | vol. 47 | p. 25 | jan / 2010 Dtr\2010\279).

---

17 Art. 20. Nas esferas administrativa, controladora e judicial, não se decidirá com base em valores jurídicos abstratos sem que sejam consideradas as consequências práticas da decisão. (Incluído pela Lei nº 13.655, de 2018).

18 First, emphasis is generally placed on the use of stylized models and on empirical tests of theory. Second, in descriptive analysis, the view that actors are ratiortal is given much greater weight than

3. A Execução no Processo Civil Contemporâneo e os Principais Entraves à sua Efetividade

José Lebre de Freitas, em estudo sobre a ação executiva na Europa, aponta que a busca por uma satisfação em tempo razoável do direito do credor através da ação executiva é uma derivação do *direito à jurisdição ou de acesso à Justiça*, consagrado no art. 6 da Convenção Europeia dos Direitos do Homem e no art. 10 da Declaração Universal dos Direitos do Homem, advertindo que a "agressão patrimonial que a execução representa seja feita dentro de limites garantísticos"[19].

O mesmo estudo esclarece que, com exceção de medidas compulsórias e condenações em emissão de declaração de vontade, é característica de toda execução a apreensão de bens para satisfação do crédito[20].

Para análise dos sistemas processuais executivos, usualmente, utiliza-se como critério as nuances do procedimento do processo executivo, inseridos nesse ponto as formas de penhora e expropriação e mecanismos de descoberta dos bens patrimoniais do devedor.

O que nos importa no presente texto é verificar o acesso à execução pelo prisma da análise econômica do direito, discutindo a necessidade de aparelhamento da execução pelo credor com a indispensável demonstração de sua utilidade, consubstanciada na existência de bens passíveis de apreensão e expropriação para satisfação do crédito representado no título executivo.

Leonardo Greco já pontuava que é "preciso enfrentar o problema das execuções inúteis", definindo-as como "aquelas que o credor instaura sem nenhuma perspectiva de efetivamente obter o pagamento do seu crédito porque desconhece a existência de bens do devedor sobre os quais possa incidir a penhora"[21].

Com base na alocação racional de recursos públicos, o acesso à Justiça através da pretensão executiva deve ser analisado com a adequada distribuição dos ônus decorrentes de sua ineficácia, sendo imprescindível ponderar acerca do grau de intervenção do juiz no processo executivo.

Em termos de direito comparado, é importante notar que em vários ordenamentos o juiz somente intervém em caso de litígio, sendo dignos de realce os sistemas sueco, francês, português, alemão e austríacos, dentre outros.

---

by other types of analysts. And third, in normative analysis, the measure of social welfare is made explicit, whereas other analysts are often unclear about the criterion they are studying or leave it implicit. (SHAVELL, Steven, KAPLOW, Louis. Economics analysis of law. Harvard Law School and National Bureau of Economic Research).

19 FREITAS, José Lebre, *Os paradigmas da ação executiva na Europa*. In: REPRO vol. 201/2011.

20 Idem.

21 GRECO, Leonardo. *Novas perspectivas da efetividade e do garantismo processual*. O novo Código de Processo Civil (SOUZA, Marcia Cristina; RODRIGUES, Walter dos Santos. Org.), Elsevier.

Na Suécia a execução fica ao cargo do Serviço Público de Cobrança Forçada, organismo administrativo, fora do Judiciário. França, Bélgica, Luxemburgo, Holanda, Grécia e Portugal operam com os chamados *agentes de execução*, profissionais liberais que desempenham os atos de natureza executiva – apreensão e expropriação. Com a mesma finalidade, digna de nota a figura do direito inglês dos *High Court Enforcement Officers*.

Leonardo Greco, em projeto de pesquisa em programa de Pós-Graduação, há mais de vinte anos, apontou os principais motivos para a ineficácia do processo executivo, naquilo que denominou de "crise da execução", apontando "o excesso de processos, o seu custo elevado e a sua exagerada morosidade, bem como a inadequação dos procedimentos à satisfação dos créditos correspondentes".[22]

No final de 2017, existia um acervo de processos pendentes de baixa no Poder Judiciário nacional de 80,1 milhões de processos, sendo que mais da metade desses processos (53%) se referia à fase de execução[23]. Extrai-se do mesmo relatório que as execuções que ingressam no Judiciário representam metade dos processos de conhecimento, aquelas se mantêm no acervo por muito mais tempo, o que significa que não chegam ao seu resultado esperado, qual seja: a satisfação do crédito e o reconhecimento da extinção da obrigação pelo pagamento. Cuida-se de denominada taxa de congestionamento do Poder Judiciário, representando grande parte dos processos pendentes.

O impacto da execução nos segmentos da Justiça Estadual e Federal é extremamente relevante, correspondendo, respectivamente, a 55%, 50%, e 44% do acervo total de cada ramo, chegando a 60% do acervo no caso do Tribunal de Justiça do Estado do Rio de Janeiro, assim como no TRF2 e TJSP[24].

Não é difícil concluir que o acesso ilimitado à máquina judiciária para a busca e apreensão de patrimônio em execuções inúteis leva a uma sobrecarga do sistema, gerando ineficiência, morosidade e descrédito, com um custo social extremamente acentuado em termos de material humano e recursos despendidos.

4. Análise Econômica da Execução

Diante do que foi revelado no presente trabalho e firmado como premissa, um dos aspectos da análise econômica do direito pode ser identificado no estudo das chamadas ações frívolas e seu impacto no sistema judiciário; por outro lado, ainda como introito, inferiu-se que o acesso à Justiça na contemporaneidade deve ganhar nova significação, diante da constatação empírica decorrente da falta de recursos e os cus-

---

22 GRECO, Leonardo. *A execução e a efetividade do processo*. REPRO Doutrinas Essenciais de Processo Civil. vol. 8, p. 315-364, out. 2011.

23 Conselho Nacional de Justiça, Relatório CNJ em números, disponível em: http://www.cnj.jus.br/files/conteudo/arquivo/2018/09/8d9faee7812d35a58cee3d92d2df2f25.pdf, acesso em 03/02/2019.

24 Idem.

tos sociais gerados por uma movimentação estéril do Estado na busca por pretensões individuais sem chance de efetividade.

Nesses termos, sob o prisma da análise econômica do Direito, verificar-se-á os custos sociais[25] da exigência de demonstração da viabilidade da ação executiva pelo credor como forma de atenção ao acesso à Justiça racionalizado e ao princípio da eficiência do Poder Judiciário.

O processual civil contemporâneo, ao alocar o direito de ação no quadro dos direitos fundamentais, traz consigo a compreensão de que o direito de ação é "o direito de utilizar o processo para poder obter a tutela do direito material"[26], com a utilização das técnicas processuais idôneas para a sua obtenção.

Conforme preconizado pelo art. 4º do CPC/2015, a atividade satisfativa deve ser reconhecida como ínsita ao direito de ação, naquilo que já se denominou de processo sincrético.

Nessa linha de entendimento, não deve haver distinção ontológica ou estrutural entre os requisitos de admissibilidade para as fases cognitiva e executiva, uma vez que ambas se inserem no contexto do direito de ação. Ao se entender que o "interesse de agir" é a "necessidade de se postular em juízo em busca de uma determinada utilidade"[27], o interesse de agir executivo deve ser entendido como a necessidade de se buscar a intervenção judicial para busca e apreensão de patrimônio, somente sendo reputada útil se houver patrimônio conhecido, levando-se em consideração que "executar é satisfazer"[28].

Registre-se, por oportuno, que o art. 785 do CPC/2015 reforça o princípio da disponibilidade da ação de execução, admitindo a propositura de processo de conhecimento mesmo na hipótese em que o credor já possua título executivo. Ao ingressar com a ação de conhecimento, deverá demonstrar a utilidade da pretensão, sob pena de carência acionária, ou seja, deverá esclarecer na petição inicial que sua ação de cobrança é necessária e útil. Não parecer haver razão, portanto, para afastar-se a exigência de demonstração do interesse de agir ao optar pelo processo executivo.

Em não se tratando de cumprimento voluntário e, portanto, cuidando de compulsoriedade, a execução somente deveria ter cabimento em sendo possível a sa-

---

25 Respeitadas as garantias mínimas do processo justo, sem as quais não se pode crer na efetividade dessa tutela, nem em processo de qualidade, o exercício da função jurisdicional deve ser célere e econômico, evitando-se o retardamento ou a frustração da sua efetivação em razão de obstáculos que em nada servem aos próprios jurisdicionados ou à própria efetividade daquela tutela. (GRECO, Leonardo. *Novas perspectivas da efetividade e do garantismo processual.* In: Processo Civil – estudos em homenagem ao Professor Doutor Carlos Alberto Alvaro de Oliveira, São Paulo: Atlas, 2012, pp. 273- 308.

26 MARINONI, Luiz Guilherme; ARENHART, Sérgio Cruz. Execução 5ª ed. São Paulo: Editora Revista dos Tribunais, 2013, p. 58.

27 BUENO, Cassio Scarpinella. Manual de Direito Processual Civil. 2ª ed. São Paulo: Editora Saraiva, 2016, p. 114.

28 FUX, Luiz. *Curso de Direito Processual Civil,* 1. Ed. Rio de Janeiro: Forense, 2001, p. 980.

tisfação, com intromissão patrimonial e expropriação[29]. Não havendo patrimônio, a execução não se mostra útil. O interesse de agir passa pela demonstração da utilidade da execução.

Diante da realidade do tempo de duração dos processos, não se está defendendo a exigência da demonstração da viabilidade da fase satisfativa no momento da propositura da ação de conhecimento, *v.g.*, uma vez que a situação patrimonial do devedor poderá modificar-se no iter processual. O que se pretende é a demonstração da utilidade da fase executiva ou do próprio processo de execução no momento de sua deflagração. "A execução forçada dirige-se ao cumprimento de uma prestação. Essa relação entre direito material e processo é fundamental para a compreensão do fenômeno executivo"[30].

Percuciente registrar que somente ao credor é conferida a iniciativa para o início da execução, não podendo sua vontade ser substituída pelo juiz. Logo, voluntariedade, disposição e interesse são indissociáveis nesse aspecto.

Diante da atual roupagem constitucional do princípio da efetividade, entende-se que este engloba o direito fundamental à tutela executiva, consistente na "exigência de um sistema completo de tutela executiva, no qual existam meios executivos capazes de proporcionar pronta e integral satisfação a qualquer direito merecedor da tutela executiva"[31]. Entretanto, os meios executivos se destinam a uma única finalidade, que é garantir a satisfação do credor.

Pelo princípio da máxima utilidade da execução, o credor deverá ter a possibilidade de se colocar ao final do procedimento em "situação mais próxima da inocorrência da transgressão do crédito"[32]. Somente se alcança esse patamar com a existência de patrimônio passível de expropriação.

Nas palavras de Ovídio Baptista, para quem o direito é uma ordem normativa carente de realizabilidade prática "nossa compreensão do que seja a satisfação de um

---

29 "Com a atividade de certificação concluída, na fase de conhecimento, dá-se a oportunidade para cumprimento espontâneo e, permanecendo o inadimplemento, a obrigação reconhecida pela atividade jurisdicional acaba por carecer de atividade executiva para sua tutela integral. O procedimento de cumprimento de sentença é, pela perspectiva da tutela dos direitos, integrativo da decisão judicial, de modo a completá-la quando sua eficácia não for suficiente para satisfazer o direito substancial e houver resistência da parte contrária." (MACÊDO, Lucas Buril, *As eficácias das decisões judiciais e o cumprimento de sentença no CPC/2015,* In: Coleção NOVO CPC, v. 5, Execução (MACÊDO, Lucas Buril de; PEIXOTO, Ravi; FREIRE, Alexandre (org.). Salvador: Editora Jus Podivm2015, p. 347).

30 (DIDIER JR., Fredie; CUNHA, Leonardo Carneiro da; BRAGA, Paula Sarno; OLIVEIRA, Rafael Alexandria de. *Curso de Direito Processual Civil. Execução.* Salvador: Editora Jus Podivm, 7ª ed., 2017, p. 81.

31 GUERRA, Marcelo Lima. *Direitos fundamentais e a proteção do credor na execução civil.* São Paulo: RT, 2002, p. 102.

32 THAMAY, Rennan Faria Kruger; RODRIGUES, Rafael Ribeiro, *Primeiras reflexões sobre a execução de título executivo extrajudicial do CPC/73 ao CPC/2015.* In: Coleção NOVO CPC, v. 5, Execução (MACÊDO, Lucas Buril de; PEIXOTO, Ravi; FREIRE, Alexandre (org.). Salvador: Editora Jus Podivm2015, p. 368.

direito corresponde rigorosamente ao entendimento do senso comum, para o qual satisfazer um direito é realiza-lo no plano social"[33].

A análise econômica da execução, portanto, deve operar ressignificando o interesse de agir executivo, sendo necessário à parte demonstrar para o ingresso no Judiciário a viabilidade de sua pretensão, a utilidade da atividade judicial.

Afastado o romantismo do acesso ilimitado à Justiça[34], o entendimento ora exposto serve com exacerbada propriedade ao lidarmos com a Fazenda Pública como credora. Não existe razão para afastar a exigência de demonstração da viabilidade da execução desse personagem em particular, com todo o instrumental à sua disposição para busca de patrimônio e consequente expropriação. Em adição o fato de que a robustez do estoque de execuções infrutíferas deve-se notadamente àquelas deflagradas pelo Estado[35].

Cuidando-se de atividade notadamente dissociada do conceito clássico de jurisdição por parte do Judiciário, impõe-se a análise crítica do princípio da eficiência insculpido no art. 37 da Constituição da República, não sendo desarrazoado sustentar inclusive ofensa à isonomia pela alocação de recursos públicos para a busca de direito patrimonial disponível de cunho individual.

Conclusões extraídas dos estudos de economia apontam que o cidadão quando realiza escolhas, opta pela alternativa a qual ele atribui mais utilidade, agindo dessa

---

33 SILVA, Ovídio Baptista da. *Curso de processo civil.* Vol. 3. São Paulo: Revista dos Tribunais. 998, p. 29-30.

34 "O Direito está em crise. A ciência transita da metodologia tradicional para o Direito novo. O método tradicional, escolástico, dogmático e formalista busca a ciência ideologicamente neutra (avalorativa). Já o Direito novo concebe o direito como fenômeno social, vê a ciência jurídica como sociovalorativa (não-formal), ciência de problemas práticos (e não simplificações conceituais abstratas), ciência de resultados concretos (e não deduções apriorísticas), ciência, enfim, de decisões criativas (e não decisões automáticas)". (PORTANOVA, Rui. *Motivações ideológicas da sentença.* Porto Alegre: Livraria do Advogado, 2000, p. 20).

35 "O processamento da execução fiscal é um ritual ao qual poucas ações sobrevivem. Apenas três quintos dos processos de execução fiscal vencem a etapa de citação (sendo que em 36,9% dos casos não há citação válida, e em 43,5% o devedor não é encontrado). Destes, a penhora de bens ocorre em apenas um quarto dos casos (ou seja, 15% do total), mas somente uma sexta parte das penhoras resulta em leilão. Contudo, dos 2,6% do total de processos que chega a leilão, em apenas 0,2% o resultado satisfaz o crédito. A adjudicação extingue a ação em 0,3% dos casos. A defesa é pouco utilizada e é baixo seu acolhimento: a objeção de pré-executividade ocorre em 4,4% dos casos e os embargos à execução em 6,4%, sendo seu índice de acolhimento, respectivamente, de 7,4% e 20,2%. Observe-se que, do total de processos da amostra deste estudo, a procedência destes mecanismos de defesa foi reconhecida em apenas 1,3% dos casos. Ainda de acordo com o IPEA, no ano de 2008, a Advocacia-Geral da União ajuizou 21.186 execuções, média de 58 novos feitos por dia. Estatisticamente, todavia, em apenas 106 delas a União será satisfeita" (VITORELLI, Edilson. *Atipicidade dos meios de execução no processo coletivo: em busca de resultados sociais significativos* Non-typical enforcement methods: searching socially significant resultsRevista de Processo | vol. 275/2018 | p. 273 - 310 | Jan / 2018 DTR\2018\7924.

forma de maneira racional. Aplicando-se o conceito – que advém da Teoria da Escolha Racional – ao tema discutido nesse trabalho, mostra-se racional a escolha pela via executiva que possa alcançar seu desiderato, sua efetividade, qual seja, a satisfação do direito de crédito. A execução que não se mostra viável, uma vez que não atingirá seu resultado útil, não pode ser creditada a uma escolha racional. Da mesma forma, podem ser aplicadas as conclusões decorrentes da Teoria dos Jogos ao dilema proposto[36].

Avançando no raciocínio, essa escolha não pode ser livre pelo credor, como se houvesse um "direito de petição executivo". Mostra-se inarredável a exigência de demonstração do interesse de agir – utilidade – na deflagração do módulo executivo.

Segundo o relatório "Justiça em Números 2018", do CNJ, a fase de execução tem duração média próxima a cinco anos, enquanto a fase de conhecimento dura menos de dois anos. O dado empírico que constata a existência de uma fase processual que dura quase meia década, na qual – em tese – não existe atividade jurisdicional em acepção estrita – leva à conclusão invariável do desacerto do sistema judicial nesse particular. Conforme Luis Guilherme Marinoni, "A época dos 'sonhos dogmáticos acabou, a dignidade política do direito processual foi ressaltada, e agora os institutos processuais precisam ser lapidados com base nos novos 'caminhos' que surgiram"[37].

Não há que se falar em acesso à justiça sem a análise econômica das consequências dessa interpretação. "A norma material pré-estabeleceu o alcance das normas do processo, deixando nítido seu campo de atuação ao reconhecimento nada mais que de figuras delimitadoras dos papéis dos atores sociais[38]". A norma de direito material que confere o direito fundamental à tutela executiva deve ser interpretada adequadamente, significando o direito à tutela efetiva, que somente pode ser alcançada através da intromissão patrimonial, quando existente e demonstrada previamente pelo credor.

---

36 Strategic behavior arises when two or more individuals interact and each individual's decision turns on what that individual expects the others to do. Legal scholars have long recognized the need to take account of strategic behavior. Too often, however, they have not taken advantage of the formal tools of game theory to analyze strategic behavior, other than to invoke a simple game such as the prisoner's dilemma as a metaphor for a collective action problem. This alone may not help us significantly. It may not matter much whether we call something a collective action problem or a multiperson prisoner's dilemma. This failure to make better use of game theory is unfortunate, given that modern game theory is sufficiently powerful to offer insights into how legal rules affect the way people behave. The challenge is one of applying its highly technical tools, many of which have been developed only in the last decade, to a new environment. (BAIRD, Douglas G.; GERTNER, Robert H.; PICKER, Randal C.. *Game theory and the law.* Cambridge, Massachusetts, and London, England: Harvard University Press, 1994).

37 MARINONI, Luis Guilherme. *Novas linhas do Processo Civil*. São Paulo: Revista dos Tribunais, 1993, p. 132.

38 PEREIRA FILHO, Benedito Cerezzo, A evolução da tutela executiva da obrigação de pagar quantia certa: do CPC/73 ao de 2015. In: Coleção NOVO CPC, v. 5, Execução (MACÊDO, Lucas Buril de; PEIXOTO, Ravi; FREIRE, Alexandre (org.). Salvador: Editora Jus Podivm2015, p. 406.

Noutra perspectiva, levando-se em conta a natureza administrativa da atividade executiva, a descentralização dos atos de busca e expropriação patrimonial é medida urgente na busca por eficiência, sendo obviamente esses atos as principais causas do tempo estéril gasto na fase e no processo executivo.

Ao exigir-se da parte credora a demonstração da viabilidade da execução, comunga-se essa prática com sua escolha racional, uma vez que exigirá do credor sua participação no processo de análise de custo-benefício da alocação de recursos numa atividade que pode se mostrar inviável[39].

Trata-se de atitude cooperativa e colaborativa que deve ser exigida de todos aqueles que participam do processo, ainda que na fase pré-processual. O credor deve colaborar para a tutela executiva efetiva demonstrando *prima facie* a existência de patrimônio expropriável do devedor[40]. O benefício para os jurisdicionados enquanto ente coletivo é relevante. Permite-se a alocação de recursos materiais e humanos em um número menor de demandas que efetivamente podem alcançar a satisfação do direito perseguido, levando-se em conta que o custo global do Judiciário aumenta exponencialmente diante da existência de ações frívolas ou inúteis que, em se tratando de execução, representam sua maioria[41].

Por fim, ainda como eficácia exoprocessual, entende-se que o receio de ser acionado judicialmente por meio de uma execução – levando ao crescimento do cum-

---

39 "Pela leitura dos dispositivos (art. 4º e 6º do CPC/2015), verifica-se que o NCPC trouxe, para dentro do Código, a interpretação constitucional de que o acesso à justiça compreende, também, a saída da justiça em tempo razoável, impondo a máxima efetividade do processo como princípio de justiça a ser cumprido pelo Poder judiciário. É, pois, norma fundamental de direito processual civil, o princípio, agora descrito no Código, de que a tutela efetiva em tempo razoável é norte a ser alcançado pelo processo. Nos dispositivos citados anteriormente, o princípio da efetividade da justiça, no qual se insere a tutela executiva, está associado aos princípios da duração razoável do processo e da cooperação entre os seus sujeitos, aqui incluídos os parciais e imparciais. (ABELHA, Marcelo. *Manual de Execução Civil.* 5ª ed. Rio de Janeiro: Forense, 2015. pp. 53).

40 "O art. 6º do CPC o consagrou expressamente: 'Todos os sujeitos do processo deve cooperar entre si para que se obtenha, em tempo razoável, decisão de mérito justa e efetiva'. A dicção do dispositivo revela que se exige cooperação também para que se alcancem resultados efetivos (DIDIER JR., Fredie; CUNHA, Leonardo Carneiro da; BRAGA, Paula Sarno; OLIVEIRA, Rafael Alexandria de. *Curso de Direito Processual Civil. Execução.* Salvador: Editora Jus Podivm, 7ª ed., 2017, p. 81).

41 Negative-expected-value (NEV) suits are ones in which the expected litigation costs exceed the expected judgment. This article offers a new theory for the credibility and success of plaintiffs with NEV suits. The theory is based on recognizing that litigation costs are generally not incurred all at once but rather over time; this divisibility of the litigation process is shown to play a crucial strategic role. The analysis identifies the conditions under which a plaintiff with an NEV suit will have a credible threat and succeed in extracting a settlement. It is demonstrated that plaintiffs have credible threats in a much wider set of cases- including in numerous small-stakes cases-than has been suggested by prior economic analysis of the subject. (BEBCHUK, Lucian Arye. *A new theory concerning the Credibility and success Of threats to sue. The Journal of Legal Studies, Vol. 25, No. 1 (Jan., 1996), pp. 1-25, Published by: The University of Chicago Press for The University of Chicago Law School, Stable URL: http://www.jstor.org/stable/724519).*

primento voluntário das obrigações – será majorado de forma saliente, ao ter-se em conta que somente execuções viáveis serão admitidas.

5. Considerações Finais

O direito processual civil contemporâneo exige análise pragmática diante da realidade social delineada na atual quadra da história, devendo ser objeto de preocupação de todos aqueles que lidam com o sistema judiciário, inclusive na edição de normas jurídicas, formação de padrões decisórios vinculativos e interpretações legais, os custos sociais decorrentes da utilização desse sistema.

Essa realidade impõe a ressignificação do acesso à Justiça, não sendo legítimo num Estado Democrático de Direito que exige isonomia de tratamento, a utilização de mecanismos que gerem a movimentação estéril do Judiciário, causando letargia em seu funcionamento e aumento dos custos decorrentes, revelando inevitavelmente a ineficiência do sistema.

Após a compreensão dos escopos jurídicos e sociais do processo, a configuração do interesse de agir executivo é conclusão inafastável, diante da verdade extraída do número de execuções civis inúteis que abarrotam o estoque de processos no país.

O desfecho único da execução é revelado pela satisfação do direito do credor. Por via de consequência, a demonstração da viabilidade da execução é dever inerente ao direito fundamental à tutela executiva efetiva, sendo uma consequência dos estudos acerca da análise econômica do direito e da adequada compreensão do acesso à Justiça racionalizado.

Velar pela eficiência do processo e do Judiciário é um vetor a ser seguido de forma vinculante por imposição constitucional. O comportamento de todos aqueles que participam do processo deve se pautar pela cooperação, inclusive na fase pré-processual, exigindo atitude colaborativa para a busca da tutela efetiva.

Pretendeu-se trabalhar no presente texto com a atual situação da execução civil no Judiciário nacional, utilizando-se conceitos da análise econômica do direito para fomentar o debate acerca da exigência de demonstração da viabilidade da execução – interesse de agir executivo –, mitigando o demandismo e os custos sociais decorrentes da utilização estéril do sistema, pontuando algumas premissas teóricas e ferramentas práticas utilizadas no direito comparado, elaborando-se uma releitura de institutos e conceitos, sempre na busca pelos escopos sociais do processo.

6. Referências Bibliográficas

ABELHA, Marcelo. *Manual de Execução Civil.* 5ª ed. Rio de Janeiro: Forense, 2015. pp. 53.

BAIRD, Douglas G.; GERTNER, Robert H.; PICKER, Randal C.. *Game theory and the law.* Cambridge, Massachusetts, and London, England: Harvard University Press, 1994.

BEBCHUK, Lucian Arye. *A new theory concerning the Credibility and success Of threats to sue.* The Journal of Legal Studies, Vol. 25, No. 1 (Jan., 1996), pp. 1-25, Published by: The University of Chicago Press for The University of Chicago Law School, Stable URL: http://www.jstor.org/stable/724519.

BUENO, Cassio Scarpinella. Manual de Direito Processual Civil. 2ª ed. São Paulo: Editora Saraiva, 2016, p. 114.

CABRAL, Antônio do Passo. *O processo como superego social: um estudo sobre os fins sociais da jurisdição.* Revista de Processo: 115/2004.

CUNHA, Leonardo Carneiro da. *A previsão do princípio da eficiência no projeto do novo código de processo civil brasileiro.* Revista de processo | vol. 233/2014 | p. 65 - 84 | jul / 2014. Dtr\2014\3352.

DIDIER JR., Fredie; CUNHA, Leonardo Carneiro da; BRAGA, Paula Sarno; OLIVEIRA, Rafael Alexandria de. *Curso de Direito Processual Civil. Execução.* Salvador: Editora Jus Podivm, 7ª ed., 2017, p. 81.

FREITAS, José Lebre, *Os paradigmas da ação executiva na Europa.* In: REPRO vol. 201/2011.

FUX, Luiz. *Curso de Direito Processual Civil,* 1. Ed. Rio de Janeiro: Forense, 2001, p. 980.

FUX, Luiz; BODART, Bruno. Notas sobre o princípio da motivação e a uniformização da jurisprudência no novo Código de Processo Civil à luz da análise econômica do Direito. **Revista de Processo**. v. 269, jul./2017. Acesso eletrônico.

GARCIA AMADO, Juan Antonio. *Teorias de la tópica jurídica.* Madrid: Civitas, 1988.

GRECO, Leonardo. *Novas perspectivas da efetividade e do garantismo processual.* O novo Código de Processo Civil (SOUZA, Marcia Cristina; RODRIGUES, Walter dos Santos. Org.), Elsevier.

GRECO, Leonardo. *A execução e a efetividade do processo.* REPRO Doutrinas Essenciais de Processo Civil. vol. 8, p. 315-364, out. 2011.HARNAY, S., & MARCIANO, A. (2009). POSNER, ECONOMICS AND THE LAW: FROM "LAW AND ECONOMICS" TO AN ECONOMIC ANALYSIS OF LAW. *Journal of the History of Economic Thought, 31*(2), 215-232. doi:10.1017/S1053837209090208.

HOLMES, Oliver Wendell (1896). *The Common Law.* New York: Dover Publications, 1991.

IVO, Gico Jr. *Metodologia e epistemologia da análise econômica do direito.* Revista de direito bancário e do mercado de capitais | vol. 47 | p. 25 | jan / 2010 Dtr\2010\279.

KERN, Christoph A. *O processo civil dos eua e da alemanha numa análise comparativa.* Revista de Processo | vol. 227/2014 | p. 249 - 271 | Jan / 2014. DTR\2013\12507.

LACERDA, Galeno. Comentário ao Código de Processo Civil, 7ª ed. Rio de Janeiro: Forense, 1998, p. 25.

MACÊDO, Lucas Buril de; PEIXOTO, Ravi; FREIRE, Alexandre (org.). Salvador: Editora Jus Podivm2015, p. 347.

MARINONI, Luis Guilherme. *Novas linhas do Processo Civil.* São Paulo: Revista dos Tribunais, 1993, p. 132.

MARINONI, Luiz Guilherme; ARENHART, Sérgio Cruz. Execução 5ª ed. São Paulo: Editora Revista dos Tribunais, 2013, p. 58.

MOREIRA, José Carlos Barbosa. *O novo processo civil brasileiro,* 22ª ed. Rio de Janeiro: Forense, 2002, p. 265-266.

PEREIRA FILHO, Benedito Cerezzo, A evolução da tutela executiva da obrigação de pagar quantia certa: do CPC/73 ao de 2015. In: Coleção NOVO CPC, v. 5, Execução (MACÊDO, Lucas Buril de; PEIXOTO, Ravi; FREIRE, Alexandre (org.). Salvador: Editora Jus Podivm2015, p. 406.

PORTANOVA, Rui. *Motivações ideológicas da sentença.* Porto Alegre: Livraria do Advogado, 2000, p. 20.

POSNER, Richard. *Pragmatic adjudication.* University of Chicago Law School Chicago Unbound, Journal Articles, 1996.

SANTOS, Guilherme Luis Quaresma Batista. *Teoria geral da execução e o CPC de 2015, in:* (MACÊDO, Lucas Buril, *As eficácias das decisões judiciais e o cumprimento de sentença no CPC/2015,* In: Coleção NOVO CPC, v. 5, Execução (MACÊDO, Lucas Buril de; PEIXOTO, Ravi; FREIRE, Alexandre (org.). Salvador: Editora Jus Podivm2015, p. 30.

SHAVELL, Steven, *The social versus the private incentive to bring suit in a costly legal system.* University of Chicago. 11 J. Legal Stud. 333 1982.

SHAVELL, Steven, KAPLOW, Louis. Economics analysis of law. Harvard Law School and National Bureau of Economic Research.

STIGLER, George J. *Law or Economics?* The University of Chicago and The University of Chicago Law Scholl, The Journal of Law & Economics, vol. 35, nº 2 (oct, 1992), pp. 455-468.

STRECK, Lenio Luiz. *As várias faces da discricionariedade no Direito civil brasileiro*: o "reaparecimento" do movimento do Direito livre em terrae brasilis. Revista de Direito civil contemporâneo| vol. 8/2016 | p. 37 - 48 | jul - set / 2016 Dtr\2016\23931.

THAMAY, Rennan Faria Kruger; RODRIGUES, Rafael Ribeiro, *Primeiras reflexões sobre a execução de título executivo extrajudicial do CPC/73 ao CPC/2015.* In: Coleção NOVO CPC, v. 5, Execução (MACÊDO, Lucas Buril de; PEIXOTO, Ravi; FREIRE, Alexandre (org.). Salvador: Editora Jus Podivm2015, p. 368.

ANÁLISE ECONÔMICA DO DIREITO E ACORDOS NOS JUIZADOS ESPECIAIS CÍVEIS

Fábio Costa Soares

1. Introdução

Os juizados especiais cíveis da Justiça estadual (lei nº 9099, de 26 de setembro de 1995) foram criados a partir da experiência dos juizados especiais de pequenas causas (lei nº 7.244, de 7 de novembro de 1984), que tiveram inspiração nos conselhos de conciliação e arbitramento no Rio Grande do Sul e nos juizados informais de conciliação paulistas[1].

Os juizados especiais cíveis têm previsão na Constituição de 1988[2] e após a sua implantação e expansão recebem grande parte da demanda no 1º grau de jurisdição, com normas orientadas pela oralidade, simplicidade, informalidade, economia processual e celeridade, para superar algumas barreiras identificadas para o acesso à Justiça[3], como as relativas às demandas com reduzido valor econômico, ao tempo ex-

1 Cf. DINAMARCO, Cândido Rangel. Manual dos juizados cíveis. 2ª ed. São Paulo: Malheiros Editores, 2001, p. 19.

2 Constituição da República Federativa do Brasil de 1988: Art. 98. A União, no Distrito Federal e nos Territórios, e os Estados criarão: I - juizados especiais, providos por juízes togados, ou togados e leigos, competentes para a conciliação, o julgamento e a execução de causas cíveis de menor complexidade e infrações penais de menor potencial ofensivo, mediante os procedimentos oral e sumaríssimo, permitidos, nas hipóteses previstas em lei, a transação e o julgamento de recursos por turmas de juízes de primeiro grau;

3 Sobre a evolução do significado da garantia de acesso à justiça e acesso à ordem jurídica justa: WATANABE, Kazuo. Acesso à Justiça e Sociedade Moderna. In: Participação e Processo. Coordenação de Ada Pellegrini Grinover, Cândido Rangel Dinamarco, Kazuo Watanabe. São Paulo: Editora Revista dos Tribunais, 1988; CARNEIRO, Paulo Cezar Pinheiro. Acesso à Justiça – Juizados Especiais Cíveis e Ação Civil Pública. 2ª ed. Rio de Janeiro: ed. Forense, 2000, pp.03-54); Humberto Dalla, destacando a necessidade de ressignificação da tutela jurisdicional contemporânea e que o acesso hoje é direcionado ao sistema jurisdicional multiportas para ser qualificado, sustenta que se trata de "atribuir eficácia horizontal ao direito fundamental à tutela jurisdicional, que agora deve ser compreendida a partir de cinco predicados: acessível, instrumental, efetiva, adequada e pacificadora" (PINHO, Humberto Dalla Bernardina de. Jurisdição e Pacificação. Limites e Possibilidades do uso dos Meios Consensuais de Resolução de Conflitos na Tutela dos Direitos Transindividuais e Pluri-individuais. Curitiba: CRV, 2017, p. 265).

cessivo para atendimento das demandas de menor complexidade fática e à representação das partes em juízo por profissionais habilitados[4].

A solução consensual dos conflitos direcionados aos juizados especiais cíveis é estimulada pela Constituição de 1988 (artigo 98, inciso I), pela lei º 9.099/95 (artigo 2º) e pelo Código de Processo Civil (artigo 3º, parágrafo 3º)[5]. Este breve estudo objetiva examinar como os postulados da análise econômica do direito (AED) podem auxiliar na avaliação dos resultados esperados pelas normas que preconizam a solução consensual e a compreensão da questão relativa à celebração dos acordos pelas partes no âmbito dos Juizados Especiais Cíveis.

2. A análise econômica do direito

A concepção do direito como neutro e isolado dos demais ramos do conhecimento[6], fortalecida no século XIX, passou a ser fortemente criticada a partir da primeira metade do século XX, com reação ao formalismo e análise do direito a partir de perspectivas externas ao sistema jurídico, que motivaram sua abordagem com uma ótica interdisciplinar[7].

---

4 Conforme estudo de Mauro Cappelletti e Bryant Garth, os obstáculos para o acesso à justiça podem ser assim sintetizados: (1) custas judiciais, pequenas causas e tempo de duração do processo; (2)recursos financeiros das partes, aptidão para reconhecer um direito e propor uma ação ou apresentar sua defesa, existência dos litigantes habituais e eventuais; (3) problemas especiais relacionados aos interesses difusos, de natureza transindividual. Alertam ainda que um estudo sério do acesso à justiça não pode negligenciar o inter-relacionamento entre as barreiras existentes. (CAPPELLETTI, Mauro e GARTH, Bryant: *Acesso à Justiça*, trad. Ellen Gracie Northfleet. Porto Alegre: Fabris, 1988, pp. 15-29). Assim, "há diversos óbices para o efetivo acesso à Justiça. Questões de ordem econômica, burocrática ou geográfica complicam ou, até mesmo, inviabilizam o acesso ao bem jurídico que o direito material, em tese, lhe garante" (PINHO, Humberto Dalla Bernardina de. Jurisdição...cit., pp. 261-262).

5 "O legislador enfatizou, em diversas passagens do Código de Processo Civil de 2015, a possibilidade de as partes colocarem fim ao conflito pela via da mediação, ou da conciliação, independentemente da fase em que se encontrar o processo – evidenciando, inclusive, superioridade das soluções consensuais em relação àquelas impostas pelo Estado-julgador" (FUX, Rodrigo. Acesso à Justiça e suas novas facetas. In DINAMARCO, Cândido Rangel; FUX, Luiz; MENDES, Aluisio Gonçalves de Castro; PINHO, Humberto Dalla Bernardina de. Estudos de Direito Processual em Homenagem a Paulo Cezar Pinheiro Carneiro. 1ª ed. Rio de Janeiro: LMJ Mundo Jurídico, GZ Editora, 2019, p. 969).

6 A postura dos economistas do século XIX e da primeira metade do século XX também era isolada no seu ramo do conhecimento, o que levou Posner a afirmar que "(...) os economistas do século XIX, assim como aqueles da primeira metade do século XX, não demonstravam praticamente nenhum interesse por fenômenos sociais como o crime, a litigiosidade, o núcleo doméstico, a discriminação, os acidentes e normas jurídicas. (Uma importante exceção a isso é o interesse que A.C Pigou e Frank Knight demonstraram pelas externalidades. Os acidentes que envolvem estranhos são um tipo de externalidade e foram superficialmente abordados por Pigou)" (POSNER, Richard A. Fronteiras da teoria do direito. Tradução Evandro Ferreira e Silva, Jefferson Luiz Camargo, Paulo Salles e Pedro Sette Câmara; revisão de tradução e texto final Evandro Ferreira e Silva. São Paulo: Editora WMF Martins Fontes, 2011, p. 38).

7 "O mais importante campo interdisciplinar dos estudos jurídicos é a análise econômica do direito, ou, em sua definição mais comumente conhecida, 'teoria econômica do direito'" (POSNER, Richard A. Fronteiras...cit, p. 3).

O isolamento do direito das demais áreas do conhecimento científico e o formalismo excessivo impossibilitavam a normatização e o tratamento adequado e eficiente dos fatos sociais e conflitos existentes na sociedade em transformação. O direito sofre influências de natureza histórica, cultural e econômica na sua formulação e aplicação, buscando nos fatos sociais e econômicos elementos para a sua elaboração. Para ser eficiente e, assim, produzir os resultados esperados, o sistema jurídico deve ser capaz de se adaptar à realidade social[8], através da produção das normas jurídicas adequadas[9] à complexidade dos fatos sociais[10] e aos valores da sociedade consagrados no sistema jurídico através das Constituições e da incorporação das Declarações de Direitos pelos Estados nacionais.

As normas jurídicas devem ser adequadas à realidade[11] dos fatos sociais e capazes de efetivamente estimular e moldar comportamentos. Na hipótese da necessidade de intervenção judicial, as normas devem ser aplicadas para promover a transformação social pretendida e tutelar o valor escolhido para preservação, com o menor custo para alcançar o resultado esperado, o que se traduz em efetividade e evita desperdício de recursos.

O direito deve estar sintonizado às necessidades reais das pessoas, o que não significa rejeição da teoria[12] jurídica, sendo aquela sintonia uma das características

---

8 Como destaca Marinoni, "na verdade, a idade dos sonhos dogmáticos acabou. A nossa modernidade está na consciência de que o processo, como o direito em geral, é um instrumento da vida real, e como tal deve ser tratado e vivido" (MARINONI, Luiz Guilherme. Novas linhas do processo civil. 4ª ed. São Paulo: Malheiros, 2000, p. 19).

9 Perlingieri afirma que "é preciso de todo modo ter consciência e escolher, pelo menos como linha de tendência, a contínua, constante adequação da realidade social e econômico-política à realidade jurídica e vice-versa" (PERLINGIERI, Pietro. Perfis do direito civil. Introdução ao direito civil constitucional. Trad. de Maria Cristina de Cicco. Rio de Janeiro: Renovar, 1999, p. 31).

10 Afinal, "a vida é mais rica e mais complexa que qualquer representação conceptual" (BARBOSA MOREIRA, José Carlos. Miradas sobre o processo civil contemporâneo. In: Temas de Direito Processual. Sexta série. São Paulo: Saraiva, 1997, p. 57).

11 No âmbito do direito processual, a crise do formalismo jurídico impulsionou a doutrina no sentido da efetividade do processo, afirmando o Min. do Supremo Tribunal Federal Luiz Fux que "o pressuposto da 'efetividade' representa, sem dúvida, a atual ótica do processo, historicamente da mesma importância da época em que o processo era analisado sob a ótica da 'relação jurídica'. São dois marcos referentes a duas épocas de franca evolução da ciência processual" (FUX, Luiz. Tutela de Segurança e Tutela da Evidência Fundamentos da Tutela Antecipada. São Paulo: Saraiva, 1996, p. 51). O pressuposto da efetividade do processo é concebido na terceira fase evolutiva do direito processual, denominada instrumentalidade substancial e que a diferencia da fase puramente formal e dogmática, que afastou o processo da realidade social: "[...] falar em instrumentalidade do processo ou em sua efetividade significa, no contexto, falar dele como de algo posto à disposição das pessoas com vistas a fazê-las mais felizes (ou menos infelizes), mediante a eliminação dos conflitos que as envolvem, com decisões justas" (DINAMARCO, Cândido Rangel. A Instrumentalidade do Processo. 9ª ed. São Paulo: Malheiros Editores, 2001, p. 303).

12 "Fatos e teorias não são opostos. São dois elementos que se unem na ciência, inclusive na boa ciência social" (POSNER, Richard A. Para além do direito. Tradução Evandro Ferreira e Silva. São Paulo: Editora WMF Martins Fontes, 2009, p. 20). Como afirmou Barbosa Moreira, "renegar a técnica

da abordagem pragmática[13] do direito. A correspondência entre norma e realidade é importante fator de legitimidade do direito e o seu relativismo histórico e cultural exige a sua aproximação cada vez maior com a realidade social, sob pena de ostentar natureza simbólica.

A força da relação entre direito e economia a partir do século XX pode ser identificada nos ordenamentos jurídicos a partir de diversas normas inseridas nas Constituições sociais sobre a atividade econômica. Na Constituição da República Federativa do Brasil de 1988, apenas para citar algumas normas, destaca-se a *livre inciativa* como um dos fundamentos do Estado brasileiro (artigo 1º, IV), o desenvolvimento nacional, a erradicação da pobreza e da marginalização e a redução das desigualdades sociais e regionais entre os seus objetivos (artigo 3º, II e III), além da dedicação de um Título à *Ordem Econômica e Financeira*, dispondo sobre princípios gerais da atividade econômica, política urbana, política agrícola e fundiária, reforma agrária e sistema financeiro nacional (artigos 170 a 193). A Constituição também consagra expressamente a eficiência, no artigo 37, *caput*, entre os princípios da administração pública.

A análise econômica do direito (AED), considerado o desenvolvimento mais significativo do pensamento jurídico nos Estados Unidos desde o esgotamento do realismo jurídico e que também existe na Europa[14], é método através do qual são utilizados postulados e teorias da economia para auxiliar a análise dos fatos sociais nos quais se baseiam a elaboração das normas jurídicas e a posterior tomada de decisões, políticas, administrativas ou judiciais.

---

decididamente não é o melhor caminho para fazer avançar a nossa ciência, nem para converter o avanço científico em fermento da justiça" (BARBOSA MOREIRA, José Carlos. Efetividade do Processo e Técnica Processual. In Temas de Direito Processual, Sexta Série. São Paulo: Saraiva, 1997, p. 23).

13 "Não há um conceito canônico de pragmatismo. Defino-o, para começar, como uma abordagem prática e instrumental e não essencialista: interessa-se por aquilo que funciona e é útil, e não por aquilo que realmente é. Portanto, *olha para a frente* e valoriza a continuidade com o passado somente na medida em que essa continuidade seja capaz de ajudar-nos a lidar com os problemas do presente e do futuro. (...). Interessa-se pelos 'fatos' e, portanto, deseja estar bem informado sobre o funcionamento, as propriedades e os efeitos prováveis de diferentes planos de ação. Ao mesmo tempo, guarda *ceticismo* diante de qualquer afirmação de confiança na obtenção da verdade final sobre qualquer coisa" (POSNER, Richard A. Para..., cit., p. 4-5).

14 "The economic analysis of law, as it now exists not only in the United States but also in Europe, which has its own flourishing law and economics association, has both positive (that is, descriptive) and normative aspects (...). Economic analysis of law is generally considered the most significant development in legal thought in the United States since legal realism petered out a half century ago" (POSNER, Richard A. Values and Consequences: An Introduction to Economic Analysis of Law. Coase-Sandor Institute for Law & Economics Working Paper No. 53, 1998, p. 2. Disponível em<htps://chicagounbound.uchicago.edu/cgi/viewcontent.cgi?article=1607&context=law_and_economics> Acesso em 20 jul.2019).

Possibilita uma compreensão mais ampla[15] do direito, auxiliando na consideração dos fatos que estimulem e justifiquem a criação de determinadas normas jurídicas e fornecendo base teórica para avaliação das consequências da criação de determinada norma jurídica, ou das decisões judiciais interpretativas dos vários sentidos possíveis daquelas normas, possibilitando a sua aplicação com base na interpretação mais consentânea com os interesses individuais e da sociedade e o seu necessário equilíbrio[16]. A análise econômica do direito pode auxiliar no exame do comportamento das partes no processo e propiciar que as partes, a partir da análise econômica, assumam determinados comportamentos e tomem as suas decisões no curso do processo entre a solução consensual, ou o julgamento.

Para resolver problemas no interior do sistema jurídico e atuar com eficiência, é preciso olhar para as consequências prováveis da criação e da aplicação da norma jurídica, com visão prospectiva, consciente de que as decisões judiciais não produzem impactos apenas no nível das relações entre as partes envolvidas, mas também geram consequências em sentido mais amplo em diversos setores da sociedade. No plano jurisdicional, com a consideração de sobre as consequências, ou resultados prováveis, inclusive no comportamento das pessoas que estejam na mesma posição de destinatárias das normas jurídicas aplicadas no processo, a decisão proferida deve ser adequada não apenas à resolução do conflito objeto do processo, concedendo a tutela jurisdicional à parte titular do direito material, mas também adequada e compatível com a proteção dos demais valores e interesses eleitos pela ordem jurídica como merecedores de proteção, o que significa agir, na linguagem econômica, com alocação eficiente de recursos[17].

---

15 "Precisamos da ajuda da teoria do direito, sobretudo, para responder as questões fundamentais sobre o sistema jurídico, pois o conhecimento *sobre* o sistema, em contraposição à habilidade de manobrar *no interior* do sistema, é precisamente o que as técnicas analíticas convencionais do jurista, ou do professor de direito não oferecem". (POSNER, Richard A. Para..., cit., p. XXVII).

16 "Com efeito, a análise econômica pode auxiliar estrategicamente o comportamento dos litigantes em um dado processo, eis que fornece projeções de riscos, custos e benefícios eventuais, que moldam os respectivos comportamentos" (GALDINO, Flávio. Introdução à Análise Econômica do Processo Civil (I) – Os Métodos Alternativos de Solução de Controvérsias. Quaestio Iuris. Vol. 01, nº 01, Rio de Janeiro, 2005, p.170. Disponível em https://www.e-publicacoes.uerj.br/index.php/quaestioiuris/article/download/11755/9202 acesso em 25 jul.2019).

17 Nesta linha, merece destacar a visão de Klaus Mathis, professor na Universidade de Lucerne, na Suíça, evidenciando que a doutrina daquele País da tradição *civil law* também se dedica aos estudos da relação entre direito e economia: "One difference between the traditional legal method and the economic method is whether the case is considered from a *retrospective* or a *prospective* point of view. From a lawyer's perspective, it is usual to assess a concrete case that has already occurred (the retrospective view). As far as the impacts of the judicial decision are concerned, the primary focus is then on the immediate micro-level real consequences. Macro-level real consequences are less commonly addressed. From the economic perspective, however, the macro-level real consequences are of greatest interest, with specific regard to the judgement's precedent effect on the future behaviour of all addresses of the norm (the prospective view). The evaluation criterion in

Considerando que as normas jurídicas são elaboradas a partir dos fatos sociais e as decisões judiciais projetam seus efeitos sobre a realidade fática, interferindo na vida das pessoas diretamente vinculadas e abrangidas pela decisão e também sobre a sociedade, assume grande relevo o conhecimento de metodologias que possibilitem a avaliação adequada da realidade fática para a elaboração da norma e para identificar as possíveis e prováveis consequências da sua aplicação[18].

A análise econômica do direito propicia a visão do sistema jurídico em seu sentido mais amplo, com o exame de características inerentes a cada etapa de todo o percurso desde a elaboração até a aplicação das normas jurídicas e as consequências decorrentes da sua aplicação, através da utilização de modelos, conceitos e premissas da economia, que auxiliam o legislador, o administrador e o juiz a exercerem as suas funções com a máxima eficiência e efetividade, avaliando a adequação das normas para alcançar determinados resultados e verificando se, na vida real, estes resultados estão sendo alcançados.

A análise econômica do direito possibilita estabelecer uma ligação entre os valores incorporados nas normas jurídicas e as consequências[19] da aplicação daquelas normas na vida das pessoas e, portanto, na sociedade. No caso da aparente colisão entre valores em diferentes normas jurídicas, comumente verificada diante nos casos difíceis onde se apresenta mais de uma solução possível de ser adotada pelo intérprete e aplicador da norma, a avaliação dos efeitos prováveis decorrentes da prevalência de algum daqueles valores incorporados nas normas poderá indicar a norma jurídica que deverá ser aplicada e, assim, o valor a prevalecer em determinado caso concreto[20].

---

this case is *allocative efficiency*" (MATHIS, Klaus. Consequentialism in Law. Disponível em <https://www.unilu.ch/fileadmin/fakultaeten/rf/mathis/Dok/5_Mathis_Consequentialism_in_Law.pdf > acesso em 20 jul.2019. p.6).

18 "(...)os juristas ainda não possuem qualquer instrumental analítico robusto para descrever a realidade sobre a qual exercem juízos de valor ou para prever as prováveis consequências de decisões jurídico-políticas que são seu objeto de análise tradicional. Em síntese, o direito não possui uma teoria sobre o comportamento humano. É exatamente nesse sentido que a Análise econômica do direito – AED é mais útil ao direito, na medida em que oferece um instrumental teórico maduro que auxilia a compreensão dos fatos sociais e, principalmente, como os agentes sociais responderão a potenciais alterações em suas estruturas de incentivos" (GICO Jr., Ivo T. Metodologia e Epistemologia da Análise econômica do direito. Economic Analysis of Law Review, V. 1, nº 1, Jan-Jun, 2010, p. 8. Disponível em <https://revistas.unifacs.br/index.php/redu/article/download/2794/2034> Acesso em 20 jul.2019).

19 Como destaca Posner, "(...) o trabalho do economista no que se refere às políticas e práticas acerca do interesse público, tanto as vigentes quanto aquelas que se propõem, consiste essencialmente em advertir-nos sobre as consequências que os não economistas tendem a negligenciar e que frequentemente, embora nem sempre, são adversas ou no mínimo onerosas". (POSNER, Richard A. Para..., cit, p. 33).

20 "De forma geral, os juseconomistas estão preocupados em tentar responder duas perguntas básicas: (i) quais as conseqüências de um dado arcabouço jurídico, isto é, de uma dada regra; e (ii) que

A necessidade de avaliar e ponderar as consequências das decisões judiciais foi destacada por Ronald Coase, quando sustentou ser desejável que os tribunais pudessem compreender as consequências das suas decisões e, na medida em que isto seja possível sem criar incerteza sobre a posição legal, considerar estas consequências ao tomar suas decisões[21]. A análise econômica do direito é, portanto, método auxiliar da criação e do exame do sistema jurídico e da eficiência das suas normas, possibilitando decisões racionais, que possibilitem a maior eficiência na alocação dos recursos disponíveis.

Mas, não se pretende substituir o direito pela economia, que é uma ciência instrumental[22]. A economia não escolherá, nem decidirá os valores que devam prevalecer[23], ou as metas da sociedade ou das pessoas, mas indicará, através das premissas da metodologia econômica, caminhos a serem seguidos pelo intérprete para encontrar a solução que represente a melhor eficiência na alocação dos recursos disponíveis e satisfação dos interesses a partir das normas do ordenamento jurídico, muitos interesses sem conteúdo traduzido e reduzido ao aspecto pecuniário[24],

---

regra jurídica deveria ser adotada. A maioria de nós concordaria que a resposta à primeira indagação independe da resposta à segunda, mas que o inverso não é verdadeiro, isto é, para sabermos como seria a regra ideal, precisamos saber quais as conseqüências dela decorrentes. A primeira parte da investigação refere-se à AED positiva (o que é) enquanto a segunda à AED normativa (o que deve ser)" (GICO Jr., Ivo T. Metodologia..., cit. p. 18).

---

21 No artigo sobre o problema dos custos sociais, onde destaca a necessidade de consideração dos custos das transações de mercado, Coase, agraciado com o Prêmio Nobel de Economia em 1991, destaca: "It would therefore seem desirable that the courts should understand the economic consequences of their decisions and should, insofar as this is possible without creating too much uncertainty about the legal position itself, take these consequences into account when making their decisions" (COASE, Ronald H. The problem of social cost. The Journal Of Law and Economics, volume III, october, 1960, p. 19).

22 "Longe de ser reducionista, como pensam seus detratores, a economia é uma ciência instrumental por excelência. Seu propósito não é reduzir o comportamento humano a algum tipo de inclinação biológica ou à faculdade da razão, nem muito menos provar que, nas profundezas de cada um, existe um detestável "homenzinho econômico; mas, sim, elaborar e testar modelos de comportamento humano com o objetivo de prever e (quando cabível) controlar esse comportamento. A economia imagina o indivíduo não como 'homem econômico', mas como pragmatista; como alguém que baseia suas decisões não em custos irrecuperáveis – estes, ele os trata como águas passadas ('não chore sobre o leite derramado') – mas nos custos e benefícios vinculados a linhas alternativas de ação que permanecem em aberto" (POSNER, Richard A. Para..., cit, p. 16).

23 "Mesmo quando realizando uma análise normativa, a AED é incapaz de dizer o que é justo, o que é certo ou errado. Essas categorias encontram-se no mundo dos valores e são, portanto, questões subjetivas" (GICO Jr., Ivo T. Metodologia..., cit. p. 27).

24 "As pessoas sem conhecimento de economia tendem a associar economia a dinheiro, capitalismo e egoísmo, a uma concepção redutivista e irrealista das motivações e do comportamento do homem, bem como a um espantoso aparato matemático e uma queda por conclusões cínicas, pessimistas e conservadoras. (...) A ciência da economia, porém, não consiste em nada disso. É, em vez disso, algo extremamente simples, ainda que a simplicidade seja enganadora" (POSNER, Richard A. Fronteiras..., cit., p. 9).

haja vista que os interesses da pessoa e da sociedade não são todos traduzidos em dinheiro[25].

Assim, diante da natureza instrumental[26] da economia, a consideração de aspectos econômicos na criação, interpretação e aplicação do direito deve ser feita com observância dos valores constitucionais. A Constituição é o fundamento de validade de todas as normas jurídicas e das atividades de interpretação e de aplicação daquelas normas e a economia não pode prevalecer sobre o direito, porque toda atividade particular e estatal é desenvolvida no Estado de Direito[27], subordinada às normas jurídicas elaboradas a partir da Constituição e dos valores considerados, registrados e protegidos pelo constituinte. Os critérios e teorias econômicas, assim como as leis e as decisões judiciais, são elaborados no Estado de Direito e subordinados à Constituição, que ocupa o centro dos ordenamentos jurídicos, com normas que disciplinam e limitam o poder econômico, para preservação dos valores que conferem a feição ao Estado nacional.

A análise econômica do direto é feita com base em postulados do método econômico[28], como a escassez de recursos[29], que deve ser sempre considerada e jamais ignorada, porque tanto os recursos naturais, como os recursos econômicos são fini-

---

25 "O indivíduo concebido pela economia não está comprometido com nenhuma meta restrita e egoísta, tal como a maximização da riqueza pecuniária. Não há nada na ciência econômica que determine quais devem ser as metas do indivíduo. Porém, quaisquer que sejam estas (algumas delas, ou mesmo todas, podem ser altruístas), presume-se que ele venha a persegui-las com as atenções voltadas para o futuro, comparando as oportunidades que se lhe apresentarem no momento em que for necessário fazer uma escolha" (POSNER, Richard A. Para..., cit, p. 16).

26 "A Análise Econômica do Direito nada mais é que a aplicação do instrumental analítico e empírico da economia, em especial da microeconomia e da economia do bem-estar social, para se tentar compreender, explicar e prever as implicações fáticas do ordenamento jurídico, bem como da lógica (racionalidade) do próprio ordenamento jurídico. Em outras palavras, a AED é a utilização da abordagem econômica para tentar compreender o direito no mundo e o mundo no direito" (GICO Jr., Ivo. Metodologia..., cit. p. 17).

27 As críticas dirigidas à análise econômica do direito motivaram um dos seus maiores expoentes a afirmar expressamente: "Não gostaria, contudo, que, a partir do título deste livro ou de minha depreciação do formalismo jurídico, o leitor deduzisse, como o fez Fred Rodell, que desejo substituir o estado de direito pelo império dos economistas ou de quaisquer outros especialistas. O estado de direito, no sentido de um sistema de controle social que funciona de acordo com normas de desprendimento e previsibilidade, é um bem público de enorme valor. Juntamente com a economia de mercado e o sistema político democrático, ao qual na verdade dá sustentação, caracteriza-se como um pressuposto do liberalismo moderno" (POSNER, Richard A. Para..., cit, p. 21).

28 Cf. GICO Jr., Ivo T. Metodologia..., cit. pp. 20-23.

29 "Antes de ser uma inimiga, ou um mero artifício ideológico para denegação de direitos, a compreensão da escassez de recursos – ao lado da correta compreensão dos custos dos direitos – através de análises de custo-benefício, significa um meio de converter o Direito em um poderoso instrumento de transformação social, representando também, até mesmo, uma justificativa para o próprio Direito" (GALDINO, Flávio. Introdução à teoria dos custos dos direitos. Direitos não nascem em árvores. Rio de Janeiro: Lumen Juris, 2005, p. 252).

tos e devem satisfazer diversos interesses e finalidades. O custo de oportunidade e a conduta racional maximizadora dos agentes econômicos, que implica na avaliação da estrutura incentivos e do custo e do benefício para tomada de decisão, são importantes critérios para a análise econômica do direito, considerando que as pessoas são movidas por incentivos[30] para atingir determinado resultado, embora nem sempre pecuniários. O contexto da tomada de decisão também é relevante ponto a ser considerado, considerando mercados onde exista maior liberdade de decisão e outros onde há restrição à liberdade[31], tendo como objetivo atingir o equilíbrio entre os interesses das partes envolvidas.

3. Acordos nos Juizados Especiais Cíveis

O Relatório *Justiça em Números*[32] elaborado pelo CNJ em 2018, tendo como base os dados relativos ao ano de 2017, revela que aquele ano encerrou com 12,1% de sentenças homologatórias de acordos, superando os anos de 2016 (11,9%) e 2015 (11,1%). Estes dados representam o percentual de acordo global no Poder Judiciário nacional, existindo alguma variação entre os diversos ramos da Justiça e entre os tribunais. O índice de 12,1% demonstra o ainda elevado grau de litigiosidade no país, refletindo mentalidade pouco inclinada à resolução dos conflitos de forma consensual[33], haja vista que em 87,90% dos casos levados à apreciação do Judiciário não foram encerrados através da composição do conflito por vontade das próprias partes, embora

---

30 "A economia moderna se fundamenta basicamente no estudo dos incentivos para as condutas humanas. O direito, por sua vez, pode ser considerado como uma técnica institucional de controle do comportamento humano pelo uso da força estatal (em contraposição ao uso de pressão social ou moral). Sendo assim, a Análise Econômica do direito nada mais é do que a utilização do ferramental teórico econômico para estudar os incentivos gerados pelo ordenamento jurídico" (GICO JR., Ivo T. A Tragédia do Judiciário: Subinvestimento em capital jurídico e sobreutilização do Judiciário. Tese de doutorado, UnB, 2012, p. 6. Disponível em <http://repositorio.unb.br/bitstream/10482/13529/1/2012_IvoTeixeiraGicoJunior.pdf.> Acesso em 07 jul. 2019.

31 "Se pessoas respondem a incentivos, então, do ponto de vista de uma ética conseqüencialista, as regras de nossa sociedade devem levar em consideração a estrutura de incentivos dos agentes afetados e a possibilidade de que eles mudem de conduta caso essas regras sejam alteradas. Em especial, deve-se levar em consideração que essa mudança de conduta pode gerar efeitos indesejáveis ou não previstos. Uma das funções da juseconomia é auxiliar na identificação desses possíveis efeitos" (GICO Jr., Ivo. Metodologia..., cit. p. 23).

32 Disponível em: http://www.cnj.jus.br/files/conteudo/arquivo/2018/09/8d9faee7812d35a58cee3d92d2df2f25.pdf.PP.137/141. Acesso em 19 jul.2019.

33 "Em países como o Brasil, a via judiciária reina na preferência dos indivíduos para resolver seus impasses. Por isso, a sociedade manteve-se distante, observando com desconfiança a utilização dos meios adequados de resolução de conflitos, já que a opção por esses métodos era arriscada, insegura, sem garantias. Ademais, não se tinha, ainda, a real percepção da relevância da 'adequação das ferramentas' para a efetividade do processo" (PINHO, Humberto Dalla Bernardina de. Jurisdição...cit., p. 252).

neste elevado percentual seja possível encontrar processos extintos por alguma das causas que impossibilitaram o exame do mérito.

No sistema de justiça norte-americano, apenas 2% das ações de acidentes de trânsito e 4% das ações civis chegam a fase do julgamento (*trial*). As demais, são decididas antes da fase do julgamento, ou abandonadas[34]. Mesmo sem indicar percentual específico de processos encerrados por acordo, é possível constatar, pelo reduzidíssimo número de processos levados à fase de julgamento, que o percentual de acordo naquele sistema é muito superior ao do nosso país.

Através da análise econômica do direito, é possível identificar alguns aspectos relacionados aos acordos, que podem explicar o reduzido índice de conciliação[35] no sistema brasileiro e nos juizados especiais cíveis, onde uma das partes, ou ambas têm pouco incentivo para adotar a prática de transacionar. Apesar de existirem diversas normas jurídicas no ordenamento jurídico brasileiro que reconhecem o inconteste valor e importância da solução consensual de conflitos, existem razões que impedem que os acordos efetivamente sejam feitos.

3.1. A zona de acordo

A transação entre as partes será obtida quando ocorrer convergência de vontades[36], considerando que cada parte adotará no processo o comportamento que, na visão delas, melhor atenda os seus interesses. Entretanto, mesmo que as pessoas sejam movidas por estímulos para satisfação de interesses, considerando que nas ações em curso nos juizados especiais cíveis as demandas têm, em regra, conteúdo patrimonial, existe um valor, ou um preço pelo qual ambas as partes concluirão um acordo e o primeiro desafio para a conclusão do acordo é a descoberta deste preço. Nesta linha, se o valor mínimo do ganho esperado pelo autor for superior ao valor máximo que o réu

---

34 "Few cases actually go to trial. One study found that only 2 percent of automobile accident claims are tried, and another that only 4 percent of all civil cases in state courts are tried. Of course many cases are decided before trial, or even abandoned" (POSNER, Richard. A. Economics Analysis of Law. Ninth Edition. New York: Wolters Kluwer Law & Business, 2014, p. 779).

35 "Convém destacar, pela sua praticidade e importância, como um dos instrumentos que informam a operosidade, o instituto da conciliação. Ele é um elemento fundamental para alcançar o efetivo acesso à justiça" (CARNEIRO, Paulo Cezar Pinheiro. Acesso..., cit., p. 76).

36 "A maioria das análises econômicas consiste em delinear as consequências do pressuposto de que as pessoas são racionais em suas interações sociais" (POSNER, Richard A. Fronteiras..., cit., p. 8). Ainda: "a economia, realista que é em relação a meios e fins, não depende da idéia de que os seres humanos são calculadores incansáveis e infalíveis. (...) As decisões de compra irracionais tendem a ser aleatórias e, portanto, a anularem-se umas às outras, fazendo com que o comportamento médio do mercado seja determinado pela minoria de compradores (ou compras) racionais (POSNER, Richard A. Para..., cit., p. 17)".

pretenda pagar para encerrar o processo, a transação não ocorrerá e o processo será incluído naquele elevado percentual com acordos frustrados[37].

O valor mínimo que o autor espera receber e o valor máximo que o réu está disposto a pagar para que o acordo seja celebrado não são fixos e rígidos, existindo margem para negociação. Entre os valores mínimo e máximo que atendam os interesses do autor e do réu, respectivamente, existe uma zona de acordo (*settlement range*[38]), revelada pela sobreposição de parte da faixa entre os valores mínimos e máximos dos valores considerados pelas partes para a transação. Assim, se o autor comparece na audiência de conciliação, ou na audiência de instrução e julgamento, pensando em aceitar proposta de pagamento de quantia entre R$2.000,00 e R$4.000,00 e o réu com disposição para acordo mediante pagamento entre R$1.000,00 e R$3.000,00, a zona de possibilidade de acordo estará entre R$2.000,00 e R$3.000,00. Nesta faixa, poderá ocorrer a transação entre as partes.

A faixa de acordo, embora necessária, isoladamente considerada é insuficiente para que a transação ocorra[39], porque outros fatores influenciarão a decisão das partes sobre o acordo. No sistema brasileiro, com o reduzidíssimo percentual de acordos no universo das ações em curso, percebe-se que existem fortes razões que afastam as partes do caminho da transação. Entretanto, o reconhecimento desta zona de acordo auxilia na compreensão de um dos motivos da recusa das partes, num determinado caso concreto, aceitarem o acordo, não sendo possível a transação se as partes se mantiverem firmes e irredutíveis na fixação dos valores mínimos e máximos das suas faixas correspondentes, ou até mesmo se ocorrer o apego a um valor único para a transação.

A percepção deste interesse econômico das partes no resultado do processo é fator relevante a ser considerado, para que seja identificada a viabilidade do acordo e estimulada da melhor forma o consentimento das partes na transação, através de concessões recíprocas, porque muitas vezes a faixa de acordo de cada uma das partes é por elas estabelecida com grande afastamento da realidade do processo e da posição da demanda no contexto dos demais litígios.

No caso concreto, por variadas razões, entre elas a deficiência de informações sobre fatos e circunstâncias do litígio, é possível que a faixa de acordo da parte autora tenha grande amplitude, com elevado distanciamento entre o valor mínimo e o valor máximo esperado. Esta variação gera, na prática, grande dificuldade para encontrar um valor que seja aceito por ambas as partes, embora a dificuldade provocada pela

---

37 "Hence settlement negotiations will fail, and litigation ensue, if the minimum price that the plaintiff is willing to accept in compromise of his claim is greater than the maximum price the defendant is willing to pay in satisfaction of that claim" (POSNER, Richard. A. Economics...cit., p. 779).

38 Cf. POSNER, Richard. A. Economics...cit., p. 779.

39 "Although the existence of an area of overlap between the parties' maximum terms or reservation prices – a settlement range, in other words – is a necessary condition for a settlement, it is not a sufficient condition" (POSNER, Richard. A. Economics..., cit., p. 779).

ampliada zona de acordo possa ser compensada por alguns fatores, porque ela conteria mais pontos benéficos para as partes e menores custos para a transação, embora também pudesse conduzir ao maior dispêndio de tempo para que as partes chegassem ao acordo[40] e, quando mais tempo gasto, maiores os custos para as partes e para a sociedade com a tentativa de acordo.

Com a consciência da existência da zona de acordo e buscando identificá-la no caso concreto, tendo ou não sido feita alguma proposta de acordo pelas partes, durante a audiência aquele que a preside deve estimular as partes ao consenso que resultará na transação. Entretanto, apesar do sistema processual brasileiro dispor que o juiz e todos os demais que atuam no processo têm o dever[41] estimular as partes ao acordo, a conduta daquele que preside a audiência pode não ser suficiente. Existem outros fatores que impedem, ou dificultam a transação e que precisam ser considerados, para que possam, de alguma forma, ser enfrentados e vencidos em cada caso concreto.

3.2. Expectativas das partes e acesso a informações

As partes, quando litigam em juízo, têm a sua consciência formada sobre a viabilidade do direito objeto do processo e este fator pode moldar o seu comportamento na fase de conciliação, ainda que aquela consciência seja decorrente de equivocado juízo de valor sobre a viabilidade e os riscos da demanda. No caso da expectativa de julgamento desfavorável para o autor, este tenderá a ter comportamento mais flexível diante da proposta de acordo, o mesmo ocorrendo com o réu, quando este avaliar que a defesa terá pouca viabilidade. As avaliações das partes sobre as ofertas de acordo e a sua efetiva realização dependem deste exame de viabilidade do acolhimento das suas teses. Isto não afasta o exame do custo envolvido para sustentar as expectativas de resultado favorável durante todo o curso do processo, até o transito em julgado da sentença, ou do acórdão, o que será objeto de exame adiante.

Assim, existe uma relação direta entre o nível de expectativa da parte sobre o resultado do processo e a sua vontade para o acordo, de forma que uma maior expectativa de vitória, ou de ganho implicará numa menor tendência à aceitação de propostas de acordo que se afastem do resultado do processo, projetado como provável, ainda que equivocadamente. E, quando ambas as partes têm expectativas otimistas sobre o resultado favorável do processo, mesmo quando uma delas tenha avaliado de forma

40 Cf. POSNER, Richard. A. Economics...cit., p. 780.

41 CPC, Art. 3º. Não se excluirá da apreciação jurisdicional ameaça ou lesão a direito. § 3º A conciliação, a mediação e outros métodos de solução consensual de conflitos deverão ser estimulados por juízes, advogados, defensores públicos e membros do Ministério Público, inclusive no curso do processo judicial.

equivocada a viabilidade da sua pretensão e a expectativa de ganho no processo, o litígio persistirá e o acordo não será obtido[42].

Entretanto, as partes podem não estar certas sobre o resultado esperado da demanda, haja vista que ter consciência formada sobre o resultado do processo e ter expectativas sobre um julgamento amplamente favorável, ou mais favorável do que o acordo, não significa que isto ocorrerá ao final do processo. Muitas vezes, a consciência formada pela parte decorre de uma percepção equivocada da realidade e dos pressupostos de existência do direito que afirma ser titular e que teria sido lesado, ou ameaçado de lesão, enquanto outras vezes a percepção de sucesso da demanda decorre da avaliação insuficiente sobre as provas de que dispõe, ou da ausência delas e das suas consequências para o resultado do julgamento no processo.

Assim, a partir da diferença de informações entre as partes, as expectativas de cada parte sobre o resultado do processo podem variar e dependem de vários fatores para que o resultado esperado coincida, ou se aproxime do julgamento. Mas, independentemente do acerto, ou do equívoco da avaliação feita pela parte sobre o resultado do processo, quando esta avaliação é divergente entre as partes, será mais difícil a transação[43], porque a divergência pode significar, por exemplo, que ambas as partes têm razões para supor que a sua tese, ou sua pretensão será acolhida e a da outra parte será rejeitada.

A desigualdade de informações entre as partes sobre dados relevantes para o julgamento da causa é um dos fatores que poderá gerar uma diferença entre as valorações sobre o resultado do processo e, assim, influenciar a vontade das partes na escolha entre o acordo e o litígio[44]. A carência de informações poderá gerar comportamentos diferentes da parte e favorecer, ou dificultar a proposta de acordo, dependendo de outras circunstâncias.

No caso da parte que detiver menos informações ter maior aversão ao risco, poderá apresentar maior disposição para a celebração do acordo, diante da impossibilidade de formular juízo de maior expectativa no resultado favorável da demanda e

---

42 Analisando a questão no Sistema norte-americano, Posner afirma: "In general, then, litigation will occur only if both parties are optimist about their outcome of the litigation" (POSNER, Richard. A. Economics...cit., p. 781).

43 "Settlement might appear to be especially unlikely if the parties, by virtue of having different information about the strength of their respective cases, do not agree on the likely outcome of the litigation"(POSNER, Richard. A. Economics...cit., p. 780).

44 "Na verdade, normalmente, os litígios somente existem porque os litigantes possuem informações incompletas. Se ambos *(rectius:* todos) os litigantes dispusessem sempre de todas as informações necessárias às análises de riscos, custos e benefícios, teriam condições de prever com excelente grau de acerto as soluções dos litígios, evitando-os. Mas, as informações não são dominadas de modo completo pelos litigantes. Assim, de posse das informações disponíveis, o litigante poderá, por exemplo, efetuar estudos probabilísticos quanto às suas possibilidades de êxito ou insucesso" (GALDINO, Flávio. Introdução..., cit., p. 177).

projetar o risco de insucesso, haja vista que a parte deverá adotar, em regra, comportamento racional que maximize a satisfação dos seus interesses. Mas, se a parte não tiver consciência sobre a carência de informações para que se comporte de acordo com a aversão aos riscos do litígio, a falta de informações poderá impedir que a parte avalie adequadamente os riscos do litígio e formule um juízo de valor, ou uma opinião de maior expectativa de sucesso na demanda, o que poderá levar a uma avaliação de custo benefício no sentido de que a proposta de acordo apresentada não é vantajosa para satisfação dos seus interesses, em comparação com o resultado que espera obter com o julgamento favorável. E, quando o resultado obtido com o julgamento diverge da expectativa da parte, avaliada num contexto de carência de informações, a frustração será inevitável.

Por outro lado, a parte que contar com maiores informações estará em melhores condições para desenvolver maior expectativa de resultado favorável e menores riscos de rejeição da sua tese e da sua pretensão, podendo apresentar menor disposição para a transação. Entretanto, o maior acesso à informação, ao invés de fortalecer a opção da parte pelo julgamento, poderá estimular a escolha pela transação, quando aquelas informações amplas indicarem menor chance de obter julgamento favorável pela possibilidade de não acolhimento das suas teses, ou quando possibilitar avaliar adequadamente o custo do litígio e este se revelar superior ao custo do acordo.

Assim, a divergência entre as informações provoca disparidade entre as expectativas das partes sobre o resultado do processo[45] e, assim, cria ambiente desfavorável à transação. Nesta linha, para que a previsão de resultado do processo se aproxime da realidade e possa influenciar adequadamente o comportamento das partes no processo, com a avaliação sobre a possibilidade de transação a partir da análise dos riscos e da relação custo-benefício vinculada aos seus interesses, o conhecimento amplo dos fatos relevantes para o julgamento da causa é necessário para que a parte formule o seu juízo de viabilidade e de riscos da demanda e avalie com maior consciência e racionalidade[46] a possibilidade de acordo. Assim, é importante para viabilização da transação que as partes tenham amplo conhecimento sobre os fatos relevantes para o julgamento da causa, desde que não protegidos por algum tipo de sigilo previsto em norma jurídica, ou por interesse empresarial[47].

---

45 "One reason is that each party will have private information, that is, information not available to the other party, concerning some facts of the case, such as his own care or his own injury." (POSNER, Richard. A. Economics...cit., p. 781).

46 "Com efeito, partindo-se da premissa de que as pessoas comportam-se de modo racional, alguém que se saiba perdedor em algum litígio, somente ingressaria nele se adotasse comportamento irracional. Mas, como diz o verso popular, "ninguém joga para perder ..." Dessa forma, sob o aspecto que se pretende enfocar, o insucesso decorre do domínio incompleto das informações relativas ao caso e ao comportamento do adversário" (GALDINO, Flávio. Introdução..., cit., p. 179).

47 No direito norte-americano, o acesso às informações é feito através da *disclosure* e da *discovery* (Rules 26-37, *Federal Rules Civil of Procedure- FRCP*).

Entretanto, se por um lado a diferença de conhecimento entre as partes sobre fatos relevantes da causa é fator de desequilíbrio das expectativas sobre o resultado do processo, é possível que o acesso das partes ao mesmo nível de conhecimento, por si só, não seja suficiente para a transação.

Apesar do amplo acesso aos fatos, as partes podem também divergir nas suas expectativas sobre o resultado do processo em razão de avaliações diversas sobre a natureza do direito e o julgamento de mérito a partir daqueles fatos conhecidos e provados no processo. E neste ponto, o desequilíbrio entre as expectativas das partes pode também resultar da avaliação excessivamente otimista da viabilidade da sua tese, que pode ser motivada pelo desconhecimento de questões de direito e das decisões existentes sobre casos semelhantes e sobre outros casos, que podem balizar a decisão daquele caso concreto. E, o diferente grau de aversão ao risco[48] entre as partes também influencia na divergência entre os comportamentos sobre as expectativas de resultado do processo, pois cada parte se comporta de acordo com a sua aversão, ou capacidade maior de enfrentar os riscos da demanda. A parte que sentir maior aversão ao risco terá maior propensão à celebração do acordo e evitar a incerteza do resultado do processo em todo o caminho a ser percorrido até a decisão definitiva. Assim, se ambas desejam evitar o risco da demanda, maior será a probabilidade de transação, optando pela certeza do acordo, ao invés da incerteza do litígio.

3.3. Custos. Aspectos pecuniários e tempo de duração do processo

No curso do processo, as partes precisam fazer escolhas, entre elas aceitar o acordo, ou aguardar o julgamento. E, no Brasil, o reduzido índice de aproximadamente 12% de acordos revela que a maioria das partes escolhe a segunda opção, aguardando o julgamento do litígio.

As escolhas são feitas pelas partes, ou agentes econômicos, de forma racional e a partir das suas preferências, considerando que o comportamento racional é considerado a partir da média de comportamentos[49] entre os indivíduos. A racionalidade é conceito técnico, a partir da teoria econômica sobre os meios utilizados pelas pessoas para alcançar os fins pretendidos. As pessoas têm preferências[50] que as conduzem à

---

48 "If both are risk averse, the likelihood of litigation will be reduced. Settlement is a certain outcome, litigation its uncertain equivalent. The risk averse prefer certainty, so will accept somewhat less favorable (on a strict expected-value basis) settlement terms rather than litigate" (POSNER, Richard. A. *Economics*...cit., p. 782).

49 "É importante salientar que a hipótese é que os indivíduos se comportam como se fossem racionais e não que eles efetivamente são racionais. A teoria econômica não pressupõe que internamente cada agente esteja conscientemente realizando contas o tempo todo e ponderando custos e benefícios de cada ato de suas vidas, apenas que na média eles se comportam como se estivem" (GICO Jr., Ivo T. Metodologia..., cit. p. 26).

50 "Além disso, as preferências são consideradas completas, transitivas e estáveis. Ter preferências completas significa que não importam as escolhas disponíveis às pessoas, elas serão capazes de

tomada de decisões, embora as preferências não tenham necessariamente conteúdo pecuniário, atribuindo uma utilidade[51] para cada escolha possível e para ordenar aquelas utilidades, decidindo a partir de uma análise marginal[52] relativa ao custo para desenvolvimento de uma atividade, de forma que continuará adotando determinado comportamento enquanto continuar obtendo benefícios.

Para fazer a sua escolha racional no processo, cada parte deverá, a partir das suas preferências, avaliar o *custo* para que seja obtido o *benefício* esperado[53], analisando a margem de proveito, ou de ganho que poderá ser obtido. Assim, se para obter o benefício decorrente do resultado esperado do julgamento os custos forem elevados, será maior a probabilidade de acordo. Na avaliação dos custos, são consideradas não apenas os custos internos (taxa judiciária, custas processuais, honorários advocatícios da parte contrária em caso de derrota) e externos (despesas com deslocamentos, alimentação, redução da remuneração em razão do tempo dedicado ao comparecimento de atos do processo, no caso de profissionais liberais), mas os custos não pecuniários, haja vista que o preço a ser pago para alcançar determinado resultado não é apenas aquele expresso em moeda corrente.

---

decidir, ou seja, entre a opção A e a opção B, o agente sempre será capaz de optar por A, por B ou ser indiferente a qualquer uma delas. (...) Transitividade é uma questão de coerência e significa que se o agente prefere A a B e B a C, então, ele deve preferir A a C, do contrário, jamais seria capaz de realizar uma escolha, ficaria trocando de opção eternamente. Por fim, as preferências são consideradas estáveis para que a teoria não se torne uma tautologia. A estabilidade das preferências impõe que se as pessoas mudaram de comportamento, então, é porque alguma coisa ao seu redor mudou e não suas preferências. Se as preferências não fossem estáveis, todo comportamento observado seria explicável recorrendo-se à mudança de preferências e a teoria perderia seu poder explicativo. Explicaria qualquer coisa e, por isso, não explicaria nada" (GICO Jr., Ivo T. Metodologia..., cit. p. 25).

---

51 "Toda vez que tiver de escolher entre duas opções, o indivíduo escolherá aquela que mais lhe traz utilidade, isto é, os agentes são racionais maximizadores de utilidade. Note-se que utilidade aqui é um termo técnico que significa qualquer satisfação que o indivíduo extraia de uma dada escolha, não se restringindo a questões materiais, muito menos monetárias. Um indivíduo pode extrair utilidade tanto do consumo de uma pizza, quanto de ver um quadro de Portinari, de realizar trabalho voluntário ou de tocar em uma banda amadora" (GICO Jr., Ivo T. Metodologia..., cit. pp. 25-26).

52 "(...)as pessoas decidem na margem, isto é, as pessoas incorrerão nos custos de desenvolver certa atividade (perda de utilidade) enquanto a unidade adicional da atividade desenvolvida trouxer mais benefício (ganho de utilidade) do que custou desenvolvê-la, é o que chamamos de análise marginal. De forma mais clara, uma pessoa será racional quando continuar desenvolvendo uma atividade enquanto ela ganhar com isso" (GICO Jr., Ivo T. Metodologia..., cit. p. 26).

53 "Com efeito, no processo judicial, respeitados limites éticos e procedimentais, as pessoas atuam como maximizadoras dos seus interesses pessoais. A premissa, então, é a de que as pessoas efetuam cálculos de custo e benefício para decidirem se farão acordos, se distribuirão ações em busca dos direitos que pensam ou afirmam possuir, se recorrerão em face de decisões que lhes sejam desfavoráveis etc." (GALDINO, Flávio. Introdução..., cit., p. 176).

Assim, a parte deverá considerar o custo de oportunidade para fazer a escolha racional entre conciliar e prosseguir com o litígio[54]. Os custos decorrentes do litígio desempenham importante fator na formação da vontade da parte para celebração do acordo[55]. Mesmo quando as partes têm consciência da viabilidade da tese de direito e boas expectativas sobre o resultado favorável do processo, os custos envolvidos na defesa do direito do autor, ou na resistência do réu à pretensão da parte autora podem criar maior propensão da parte ao acordo.

Nos juizados especiais cíveis, existe uma desproporção de custos entre as partes do processo. O autor pode demandar sem contratação de advogados nas causas até 20 salários mínimos e, nas causas com valor entre 20 e 40 salários mínimos, a parte autora poderá contar com a assistência jurídica integral e gratuita da defensoria pública (artigo 9º da lei nº 9099/95 e artigo 5º, LXXIV da Constituição de 1988). O acesso aos juizados especiais cíveis, no primeiro grau de jurisdição, é gratuito e independe do pagamento de custas, taxas ou despesas (artigo 54 da lei nº 9.099/95). No caso de improcedência do pedido, a sentença não condenará o autor vencido em custas e honorários, salvo no caso de litigância de má-fé e, mesmo no caso de interposição de recurso, somente haverá condenação em custas e honorários ao recorrente vencido, ou seja, quando o recurso não for provido (artigo 55, da lei nº 9.099/95).

Portanto, no procedimento dos juizados especiais cíveis, o autor demanda sem qualquer custo financeiro interno, ligado diretamente ao ato de propositura da ação, considerando que não são recolhidas taxas, custas e não existe previsão de verba de sucumbência no primeiro grau de jurisdição, ressalvados os casos de litigância de má-fé. O custo financeiro dos honorários contratuais do advogado eventualmente contratado pela parte que propõe a ação no juizado especial cível pode ser postergado para o final do processo, com pagamento apenas em caso de êxito decorrente do resultado favorável do processo.

Por outro lado, com relação às ações em curso nos juizados especiais cíveis sobre relações jurídicas de consumo, o réu terá maior custo para se defender em juízo, não apenas com o envio e remuneração de prepostos às audiências, mas com a contra-

---

54 "Toda escolha pressupõe um custo, um *trade off*, que é exatamente a segunda alocação factível mais interessante para o recurso, mas que foi preterida. A esse custo chamamos de custo de oportunidade. Assim, por exemplo, se decidimos comprar caças para fortalecer nossa Aeronáutica, abdicamos de outra alocação que esses recursos poderiam ter (e.g. construir escolas). Se você opta por ler este artigo, deixa de realizar outras atividades como estar com seus filhos, passear com sua namorada ou assistir televisão. A utilidade que cada um gozaria com uma dessas atividades é o seu custo de oportunidade, i.e., o preço implícito ou explícito que se paga pelo bem. Note que dizer que algo tem um custo não implicar afirmar que tem valor pecuniário" (GICO Jr., Ivo T. Metodologia..., cit., p. 21).

55 A lei nº 9.099/95 menciona expressamente os riscos e as consequências do litígio, ao dispor no artigo 21 que "aberta a sessão, o Juiz togado ou leigo esclarecerá as partes presentes sobre as vantagens da conciliação, mostrando-lhes os riscos e as consequências do litígio, especialmente quanto ao disposto no § 3º do art. 3º desta Lei".

ção de advogados para elaboração das defesas e participação nas audiências do processo. Ademais, se interpuser recurso contra a condenação e obtiver êxito, não haverá condenação da parte autor recorrida no pagamento de custas e honorários advocatícios.

Neste contexto, o procedimento dos juizados especiais cíveis não cria incentivo algum, sob a perspectiva do custo econômico interno do processo, para que a parte autora celebre acordo. Com os custos baixos para o autor demandar nos juizados especiais cíveis e, portanto, sem uma estrutura de incentivos para a celebração do acordo, o comportamento das partes dificilmente será modificado, haja vista que elas agem em resposta a incentivos[56]. A estrutura de custos internos do processo no sistema do juizado especial cível responde por grande parcela do reduzido índice de acordo nesta seara, que somadas a uma expectativa de ganho elevado da parte autora com o resultado do processo, ainda que a partir de informações incompletas, ou equivocadas para formular seu juízo de valor sobre a viabilidade e sucesso no julgamento, dificultam a celebração do acordo.

O tempo de duração dos processos, que também é considerado pela parte autora na avaliação sobre a proposta de acordo, poderá ter pouca influência nos procedimentos dos juizados especiais cíveis, considerando o menor tempo de duração dos processos naquele sistema, que é informado pelo princípio da celeridade.

Nos juizados especiais cíveis, o tempo de duração dos processos parece não ter força para estimular comportamentos das partes na direção da transação, embora em alguns juizados com maior tempo de julgamento dos processos as partes possam ter maior estímulo para celebração de acordos.

Assim, apenas nos juizados especiais marcados por eventual morosidade no julgamento dos processos, as partes poderão ter o incentivo dos custos externos dos processos ao longo do tempo para a celebração do acordo. O tempo e os custos dele decorrentes, não apenas no sentido econômico, mas também com relação aos valores imateriais a ele ligados, são importantes fatores para estímulo à transação. Mas, num cenário fático onde o tempo não tem impacto significativo nos custos, pelo menos uma das partes, que tem acesso amplo a um sistema de justiça com reduzidos custos financeiros, não terá incentivo a aceitar a proposta de acordo em alternativa ao julgamento revestido da autoridade judicial.

56 "Como escolhas devem ser realizadas, os agentes econômicos ponderam os custos e os benefícios de cada alternativa, adotando a conduta que, dadas as suas condições e circunstâncias, lhes traz mais bem-estar. Dizemos, então, que a conduta dos agentes econômicos é racional maximizadora. Mais sobre isso adiante. A grande implicação desse postulado para a juseconomia é que se os agentes econômicos ponderam custos e benefícios na hora de decidir, então, uma alteração em sua estrutura de incentivos poderá levá-los a adotar outra conduta, a realizar outra escolha. Em resumo, pessoas respondem a incentivos" (GICO Jr., Ivo T. Metodologia..., cit., p. 21).

3.4. A divergência de opiniões entre partes e advogados

A divergência entre as opiniões das partes e dos seus advogados também é fator que reduz o índice de acordo nos juizados especiais cíveis. Apesar da parte ser a pessoa titular do direito material, em regra de conteúdo patrimonial e disponível, não são incomuns casos em que advogados manifestam posição contrária à celebração do acordo.

A norma do parágrafo 3º, do artigo 3º do CPC dispõe sobre o dever de estímulo das partes à conciliação e aos métodos consensuais de solução de conflitos. É claro que, quando o advogado diverge da parte a quem assiste sobre a escolha da via consensual, é porque tem o entendimento de que o julgamento será o melhor caminho para satisfazer a pretensão e o interesse da parte. E a parte, sem condições de avaliar juridicamente a real viabilidade da pretensão, se não for suportar custos elevados externos ao processo, com o seu prosseguimento, recusará a conciliação confiando no julgamento como o caminho mais adequado para obter o resultado pretendido.

O problema é que os operadores do direito também podem fazer uma avaliação equivocada sobre a viabilidade do sucesso da demanda, não apenas por exame insuficiente das questões de fato e de direito em ambiente de assimetria de informações, ou da eventual falta de conhecimento sobre questões de fato e de direito relevantes, mas também por razões que não lhes são imputáveis, como a instabilidade da jurisprudência, geradora de insegurança jurídica e a omissão, consciente ou inconsciente, de informações que devem ser transmitidas pela parte assistida.

O fortalecimento do sistema de precedentes[57] é necessário para a criação de jurisprudência estável, íntegra e coerente[58], que possa ser conhecida e utilizada para avaliação dos riscos do litígio e maior previsibilidade do resultado do processo, evitando que opiniões que se afastem de precedentes sobre determinada questão de direito, gerem expectativa de sucesso que poderá ser frustrada no julgamento. É preciso que todos os operadores do direito cultivem a mentalidade de observância dos precedentes.

Existe uma cultura de litigância, não apenas pelos autores, mas também pelos réus, que precisa ser enfrentada com a adoção de medidas que propiciem a modificação desta cultura e, consequentemente, possibilite o aumento do índice de acordos e estimulem comportamentos que evitem o surgimento dos litígios.

---

57 Aluisio Mendes afirma que "o aspecto cultural é o primordial, sob o ponto de vista do papel e do funcionamento do sistema de precedentes. Nesta seara, a cultura brasileira é marcada pelo paradoxo. Se, por um lado, almeja a segurança jurídica, a igualdade e a previsibilidade, por outro, é fortemente marcada pelo desejo de mudanças, decorrente de um sentimento de insatisfação com o *status quo*" (MENDES, Aluisio Gonçalves de Castro. Incidente de Resolução de Demandas Repetitivas: sistematização, análise, e interpretação do novo instituto processual. Rio de Janeiro: Forense, 2017, p. 88).

58 CPC, art. 926. Os tribunais devem uniformizar sua jurisprudência e mantê-la estável, íntegra e coerente.

Muitas empresas são demandadas nos juizados especiais cíveis porque não assumem o custo de investir adequadamente na qualificação dos seus propostos para tratamento adequado dos conflitos com os consumidores e, quando a ação é proposta, comparecem nas audiências sem apresentar documentos e informações adequadas sobre os fatos relativos aos contratos celebrados com os consumidores e sobre os fatos relatados.

As empresas fornecedoras de produtos e serviços devem manter estrutura para solução consensual dos conflitos, conforme norma do artigo 4º, inciso V da lei nº 8.078, de 11 de setembro de 1990[59], assumindo os custos da sua atividade. Neste contexto, dificulta a solução consensual o fato de muitas empresas enviarem para as audiências prepostos e advogados sem estarem munidos de apurações e informações necessárias sobre o caso concreto, o que impossibilita o intercâmbio de informações entre as partes, necessário para que sejam avaliadas adequadamente as probabilidades de resultado do julgamento e os riscos decorrentes do custo da demanda para ambas as partes.

3.5. A capacidade econômica do réu pessoa jurídica

Muitas ações em curso nos juizados especiais cíveis têm como objeto relações jurídicas de consumo e, portanto, os réus são empresas, em regra, com grande capacidade econômica. Este fato elimina um dos riscos do litígio para o autor, que é a frustração da execução da sentença condenatória por insolvência do devedor, ou por ausência de localização de bens para satisfação do crédito reconhecido. Com a inexistência daquele risco para interferir no comportamento da parte autora, é preciso que algum incentivo não relacionado ao risco de insolvência do réu seja concedido, para que as partes celebrem o acordo.

A capacidade econômica da empresa ré nos processos dos juizados especiais cíveis, ao invés de incentivar a parte autora a celebrar o acordo, funciona como incentivo à insistência na demanda e opção pelo julgamento do processo, diante da expectativa de ganhos mais elevados com o julgamento favorável a partir das expectativas da parte e da ausência de custo relevante na hipótese de não acolhimento da demanda.

No sistema criado, onde inexistem custos financeiros relevantes para o autor que propõe ação no juizado especial cível e sanções para o caso de julgamentos desfavoráveis em primeiro grau de jurisdição, onde o tempo de julgamento dos processos não é elevado e a maioria dos réus tem capacidade financeira para que o direito re-

59 Art. 4º A Política Nacional das Relações de Consumo tem por objetivo o atendimento das necessidades dos consumidores, o respeito à sua dignidade, saúde e segurança, a proteção de seus interesses econômicos, a melhoria da sua qualidade de vida, bem como a transparência e harmonia das relações de consumo, atendidos os seguintes princípios: V - incentivo à criação pelos fornecedores de meios eficientes de controle de qualidade e segurança de produtos e serviços, assim como de mecanismos alternativos de solução de conflitos de consumo.

conhecido na sentença seja satisfeito, as partes demandantes terão pouco estímulo para a celebração de acordos e o seu índice permanecerá em percentual reduzido do universo de ações propostas.

Neste contexto, para que seja aumentado o índice de conciliação nos juizados especiais cíveis, principalmente naquelas demandas com maior probabilidade de êxito no julgamento, é preciso que as empresas reclamadas apresentem propostas de acordo com conteúdo que incentive a parte autora escolher a solução consensual e evitar o julgamento, interferindo efetivamente na estrutura de incentivos do comportamento das partes.

A apresentação de propostas adequadas às expectativas da parte autora no caso concreto, que serão comparadas com o resultado esperado do processo, poderá estimular o comportamento da parte no sentido da opção pela transação. Propostas irreais e sem qualquer pertinência com os dados do caso concreto não serão suficientes para estimular comportamento da parte autora no sentido da transação, que poderá optar pelo julgamento ao invés da conciliação, apesar das vantagens decorrentes da solução consensual dos conflitos[60], mormente diante dos custos reduzidos para demandar e da ausência de consequência pecuniária em caso de improcedência.

E, para que os demandados apresentem propostas de acordo mais adequadas e próximas da realidade e do resultado provável do processo, é preciso que também sejam estimuladas, ou incentivadas a adotar este comportamento, o que pode ser feito através do fortalecimento do sistema de precedentes judicias para propiciar maior previsibilidade das decisões judiciais e da modificação do sistema de ônus sucumbenciais, considerando que a ausência de condenação no pagamento de custas e honorários na sentença de procedência é fator que incentiva a parte ré a não antecipar o pagamento de valores através de acordos.

4. Considerações finais

A solução consensual dos conflitos direcionados aos juizados especiais cíveis é estimulada pela Constituição de 1988, pela lei º 9.099/95 e pelo Código de Processo

60 "O modelo de solução consensual dos litígios permite que os jurisdicionados passem de coadjuvantes a protagonistas na resolução dos seus conflitos, sendo auxiliados pelo mediador, ou pelo conciliador. Inúmeras são as vantagens desse novo modelo, dentre as quais podemos nomear o empoderamento dos jurisdicionados, com maior consciência de seus direitos e de como defendê-los, a maior propensão dos jurisdicionados a cumprir espontaneamente com os acordos por eles entabulados e, *last but no least*, a redução do volume de litígios a serem solucionados pelo Poder Judiciário, permitindo, como consequência, que os magistrados possam se debruçar, com maior vagar, no julgamento das ações judiciais que venham a prosseguir" (HILL, Flávia Pereira. Mediação nos cartórios extrajudiciais: desafios e perspectivas. In DINAMARCO, Cândido Rangel; FUX, Luiz; MENDES, Aluisio Gonçalves de Castro; PINHO, Humberto Dalla Bernardina de. Estudos de Direito Processual em Homenagem a Paulo Cezar Pinheiro Carneiro. 1ª ed. Rio de Janeiro: LMJ Mundo Jurídico, GZ Editora, 2019, pp. 374-375).

Civil. A análise econômica do direito pode auxiliar na avaliação dos resultados esperados pelas normas que preconizam a solução consensual e a compreensão da questão relativa à celebração dos acordos pelas partes no âmbito dos juizados especiais cíveis, sendo possível identificar alguns aspectos relacionados aos acordos, que podem explicar o reduzido índice de conciliação e, a partir deste conhecimento, serem estudadas medidas para estimular modificações nos comportamentos das partes. A existência de uma zona de acordo decorre da faixa entre os valores mínimo e máximo que atendam os interesses do autor e do réu e é identificada pela sobreposição de parte da faixa entre os valores mínimos e máximos considerados pelas partes para a transação. A diversidade de expectativas de cada uma das partes no resultado do processo, a disparidade de informações para o exame da relação custo-benefício para escolha entre aceitação do acordo e o prosseguimento da demanda, as orientações recebidas dos advogados e a capacidade econômica dos réus pessoas jurídicas revelam diversas questões que interferem no índice de acordos nos juizados especiais cíveis. A ampliação dos acordos nos juizados especiais depende de mudanças mais amplas na cultura e comportamento das partes e operadores do direito, através de medidas que modifiquem a estrutura de incentivos das partes envolvidas e do fortalecimento do sistema de precedentes.

5. Referências bibliográficas

BARBOSA MOREIRA, José Carlos. Efetividade do Processo e Técnica Processual. In Temas de Direito Processual, Sexta Série. São Paulo: Saraiva, 1997.

__________. Miradas sobre o processo civil contemporâneo. In: Temas de Direito Processual. Sexta série. São Paulo: Saraiva, 1997.

CAPPELLETTI, Mauro e GARTH, Bryant: Acesso à Justiça, trad. Ellen Gracie Northfleet. Porto Alegre: Fabris, 1988.

CARNEIRO, Paulo Cezar Pinheiro Acesso à Justiça – Juizados Especiais Cíveis e Ação Civil Pública. 2ª ed. Rio de Janeiro: Forense, 2000.

COASE, Ronald H. The Problem of Social Cost. The Journal Of Law and Economics, volume III, October, 1960.

DINAMARCO, Cândido Rangel. A Instrumentalidade do Processo. 9ª ed. São Paulo: Malheiros Editores, 2001.

FUX, Luiz. Tutela de Segurança e Tutela da Evidência Fundamentos da Tutela Antecipada. São Paulo: Saraiva, 1996.

FUX, Rodrigo. Acesso à Justiça e suas novas facetas. In DINAMARCO, Cândido Rangel; FUX, Luiz; MENDES, Aluisio Gonçalves de Castro; PINHO, Humberto Dalla Bernardina de. Estudos de Direito Processual em Homenagem a Paulo Cezar Pinheiro Carneiro. 1ª ed. Rio de Janeiro: LMJ Mundo Jurídico, GZ Editora, 2019.

GALDINO, Flávio. Introdução à teoria dos custos dos direitos. Direitos não nascem em árvores. Rio de Janeiro: Lumen Juris, 2005.

_________. Introdução à Análise Econômica do Processo Civil (I) – Os Métodos Alternativos de Solução de Controvérsias. Quaestio Iuris. Vol. 01, nº 01, Rio de Janeiro, 2005, pp.169-201. Disponível em https://www.e-publicacoes.uerj.br/index.php/quaestioiuris/article/download/11755/9202 acesso em 25 jul.2019.

GICO Jr, Ivo T. A Tragédia do Judiciário: subinvestimento em capital jurídico e sobreutilização do Judiciário. Tese Doutorado, 2012. Disponível em <http://repositorio.unb.br/bitstream/10482/13529/1/2012_IvoTeixeiraGicoJunior.pdf> Acesso em 07 jul. 2019.

_________. Metodologia e Epistemologia da Análise econômica do direito. Economic Analysis of Law Review, V. 1, nº 1, p. 7-32, Jan-Jun, 2010. Disponível em <https://revistas.unifacs.br/index.php/redu/article/download/2794/2034> Acesso em 20 jul.2019.

HILL, Flávia Pereira. Mediação nos cartórios extrajudiciais: desafios e perspectivas. In DINAMARCO, Cândido Rangel; FUX, Luiz; MENDES, Aluisio Gonçalves de Castro; PINHO, Humberto Dalla Bernardina de. Estudos de Direito Processual em Homenagem a Paulo Cezar Pinheiro Carneiro. 1ª ed. Rio de Janeiro: LMJ Mundo Jurídico, GZ Editora, 2019.

MARINONI, Luiz Guilherme. Novas linhas do processo civil. 4ª ed. São Paulo: Malheiros, 2000.

MENDES, Aluisio Gonçalves de Castro. Incidente de Resolução de Demandas Repetitivas: sistematização, análise, e interpretação do novo instituto processual. Rio de Janeiro: Forense, 2017.

MATHIS, Klaus. Consequentialism in Law. Disponível em <https://www.unilu.ch/fileadmin/fakultaeten/rf/mathis/Dok/5_Mathis_Consequentialism_in_Law.pdf > acesso em 20 jul.2019.

PERLINGIERI, Pietro. Perfis do direito civil. Introdução ao direito civil constitucional. Trad. de Maria Cristina de Cicco. Rio de Janeiro: Renovar, 1999.

PINHO, Humberto Dalla Bernardina de. Jurisdição e Pacificação. Limites e Possibilidades do uso dos Meios Consensuais de Resolução de Conflitos na Tutela dos Direitos Transindividuais e Pluri-individuais. Curitiba: CRV, 2017.

POSNER, Richard A. Para além do direito. Tradução Evandro Ferreira e Silva. São Paulo: Editora WMF Martins Fontes, 2009.

_________. Economics Analysis of Law. Ninth Edition. New York: Wolters Kluwer Law & Business, 2014.

_________. Values and Consequences: An Introduction to Economic Analysis of Law. Coase-Sandor Institute for Law & Economics Working Paper No. 53, 1998. Disponível em <https://chicagounbound.uchicago.edu/cgi/viewcontent.cgi?article=1607&context=law_and_economics> Acesso em 20 jul.2019.

_________. Fronteiras da teoria do direito. Tradução Evandro Ferreira e Silva, Jefferson Luiz Camargo, Paulo Salles e Pedro Sette Câmara; revisão de tradução e texto final Evandro Ferreira e Silva. São Paulo: Editora WMF Martins Fontes, 2011.

WATANABE, Kazuo. Acesso à Justiça e Sociedade Moderna. In: Participação e Processo. Coordenação de Ada Pellegrini Grinover, Cândido Rangel Dinamarco, Kazuo Watanabe. São Paulo: Editora Revista dos Tribunais, 1988.

COLABORAÇÃO PREMIADA E *PLEA BARGAINING*: UMA OPORTUNIDADE IMPERDÍVEL? NOTAS DE ANÁLISE ECONOMICA DOS IMPACTOS NO CUSTO DO CRIME

Fabíola Utzig Haselof

1. O custo do crime

Ao explicar o declínio da criminalidade nos Estados Unidos entre 1990 e 2001, Robert Cooter citou o estudo feito pelo economista Steven Levitt, que apontou quatro fatores[1] aos quais atribuiu a magnífica redução de aproximadamente 30% do índice

---

1 COOTER, Robert, ULEN, Thomas, *Introduction to Law and Economics,* 5th (2007) Available at: http://works.bepress.com/robert_cooter/56/, 20/12/2018. Os quatro fatores aos quais Levitt atribui o declínio das taxas de criminalidade nos Estados Unidos entre 1991 e 2001 são: 1) aumento do número de policiais; 2) aumento da população carcerária; 3) recuo da epidemia de crack; 4) legalização do aborto ao final da década de 70. Observe-se que os dois primeiros fatores estão diretamente relacionados ao aumento do custo da prática do crime, pelo aumento da probabilidade de ser preso e de cumprir pena de prisão. "1. Increases in the Number of Police – The number of police can have an importante deterring effect on crime. Thomas Marvell and Carlisle Moody estimated in the mid-1990s that the elasticity of crime with respect to the number of police is -0.30.83 That is, a 10-percent increase in the number of police would cause a 3-percent decrease in crime. Levitt somewhat later found elasticities of crime with 0.50.84 respect to the number of police to be in the range of –0.43 to – (Note how much larger both of these estimates are than the elasticity of crime with respect to incarceration.) The total number of police officers in the United States increased by 50,000 to 60,000 during the 1990s, an increase of 14 percent. If we use an elasticity measure of –0.40, then we can attribute 5–6 percent of the decline in crime during our period to the increase in the number of police. That is, this factor alone explains between one-fifth and one-tenth of the overall decline. 2. The Rising Prison Population – We have already seen that the U.S. prison population quadrupled between 1980 and 2002. Slightly more than half that increase occurred during the 1990s. There is good evidence that the elasticity of crime with respect to expected punishment ranges between -0.10 and -0.40. (The evidence suggests a figure in the higher end of the range for violent crime and something toward the lower end of the range for property crime.) Assume an elasticity of -0.30 for violent crime with respect to expected punishment and -0.20 for property crime. Then, increases in expected punishment "can account for a reduction in crime of approximately 12 percent for the first two categories and 8 percent for property crime, or about one-third of the observed decline in crime." P. 564-565.

de criminalidade, sendo que dois deles estão diretamente relacionados ao que pode ser considerado fatores que representam um aumento do custo do crime para o criminoso[2], reduzindo, como consequência, a expectativa do benefício que pode ser alcançado com a prática criminosa. O custo e o benefício do crime são fatores ponderados pelo criminoso e o resultado desta equação será relevante na decisão de cometer ou não o crime. Haverá estímulo para a prática do crime quando os benefícios superarem os custos e haverá desestímulo quando os custos representarem um risco potencial que esvazie a utilidade do benefício esperado.

Essa análise do custo e do benefício[3] de determinada ação faz parte do comportamento até intuitivo que adotamos nas escolhas que fazemos na vida. Como seres racionais, investimos naquilo que nos trará benefícios ou cujo risco, proporcionalmente ao benefício, seja remoto ou vantajoso. Isso ocorre como desdobramento de outra caraterística inata do ser humano que é maximização dos resultados, ou melhor, da utilidade[4] que um resultado pode representar para nós. Os seres racionais buscam obter o benefício máximo da utilidade de suas ações. Somos, por natureza, maximizadores da utilidade das nossas ações. O criminoso, como qualquer ser humano, também é um maximizador.

O criminoso também calcula a utilidade que terá com a pratica do crime. Se planeja roubar uma quantia, ele calcula, em primeiro lugar, a vantagem direta que terá e a compara com a possibilidade de ser pego. O indivíduo fará a ponderação da vantagem (benefício do crime) com as consequências (custo do crime). Se for pego, se a autoria do crime for descoberta, o indivíduo possivelmente perderá o prestígio que

2 BECKER, Gary Stanley, The Cost of Crime, *in Crime and Punishment: an Economic Approach,* https://www.nber.org/chapters/c3625.pdf, 30-12-2018.

3 Cesare BECCARIA (1738-1794) foi o primeiro a estabelecer a relação entre o custo e o benefício do crime como fundamental para desestimular o comportamento criminoso, no sentido de que o mal da pena deve exceder o benefício do crime, na sua obra *Dos Delitos e Das Penas* (1764). Essa ideia origina a análise do custo e benefício do crime, que é essencial à análise econômica do direito. In POSNER, Richard R., *A Economia da Justiça,* p. 36. É justamente na segunda metade do século XVIII que se pontuam os antecedentes históricos da análise econômica do direito, especialmente pelos escritos de David HUME, Adam FERGUSON e Adam SMITH.

4 Jeremy BENTHAM (1748-1832), um dos fundadores do utilitarismo e do pensamento da análise econômica do direito, ao desenvolver a teoria da utilidade, explicitou o que Beccaria havia vislumbrado, no sentido de que a pena é o modo de impor custos à atividade criminosa e impactar os incentivos de uma conduta que se pretende evitar, desestimulando-a. Possivelmente a característica mais relevante na obra de Bentham seja a crença na capacidade do ser humano como maximizador da própria utilidade, tanto a maximização do bem-estar quanto do sofrimento. Na obra *Introduction to the principles of morals and legislation,* Bentham descreve como as penas devem alterar os incentivos para o criminoso, quando pondera o custo e benefício do crime: *"Rule 1. The first objetct, it has been seen, is to prevent, in as far as it is worth while, all sorts of offenses; therefore, the value of the punishment must not less in any case than what is sufficient to outweigh that of the profit of the offense (...)".* Para Richard Posner, Bentham lançou as bases da moderna análise econômica dos crimes e das penas, ob. cit., p..51.

possui no seu meio social, na sua família, pode ser abandonado pelo cônjuge e filhos, pode perder seu emprego e ter enorme dificuldade para se restabelecer no mercado de trabalho, pode ser processado, ter de pagar uma multa, e até pode ter de cumprir pena no presídio.

No modelo da análise econômica do direito (AED, EAL, *Law and Economics* ou L&E) o criminoso vai investir no crime sempre que os benefícios superem os custos. Qual é o valor esperado antes de pensar nos custos? Agora calcule os custos. Duas variáveis fundamentais estarão sempre presentes: as chances de ser pego e a pena se ser cumprida. E cada uma dessas variáveis terá repercussão sobre a outra, com o objetivo de equilibrar a equação do custo e benefício do crime. Em um sistema no qual as chances de ser pego são menores, por exemplo, em uma localidade onde somente 10% dos crimes são descobertos, as penas precisam ser maiores, para equilibrar a equação do custo *x* benefício, fazendo com que aumente o custo do crime, pois, caso contrário, o benefício se torna muito vantajoso, diante do baixo índice de punibilidade combinado com a aplicação de uma pena baixa. Portanto, no sistema em que as chances de ser punido são menores, as penas precisam ser mais elevadas do que no sistema onde o percentual de punição é maior. Até porque se o percentual de punição é alto e as penas forem altas, as cadeias ficarão superlotadas por muito tempo.

Caso isso ocorra, é possível que a despesa causada com a manutenção dos presídios lotados (e necessidade de mais investimentos para construção de outros) sacrifique demais o orçamento público e não seja compensatório com o benefício proporcionado aos cidadãos que estão livres, trabalham, pagam impostos, e arcam com as despesas estatais na manutenção e construção desses presídios. Sabemos que os recursos públicos são limitados. Portanto, maiores investimentos em algum setor necessariamente impactam investimentos em outros setores, que terão seus orçamentos reduzidos como consequência da escolha de prioridades. A escolha de prioridades, portanto, deve sempre considerar a maximização da utilidade de determinada escolha para a sociedade na qual inserida. Até que ponto é vantajoso para uma sociedade arcar com a despesa de manter um criminoso encarcerado? Até quanto o Estado deve gastar para concluir pela absolvição ou condenação de um acusado? Qual a medida em que o investimento estatal no sistema criminal perde sua utilidade (porque o benefício não supera o custo) e se transforma em desperdício de recursos?

Vê-se que o custo do crime pode ser analisado tanto do ponto de vista do criminoso, no momento em que tomará a decisão de cometer ou não o crime, quanto do ponto de vista do Estado, no momento em que desenvolverá sua política pública criminal para induzir mediante estímulo determinadas condutas, reprimir, punir e prevenir a criminalidade sob o ponto de vista da maximização do resultado de controle e redução dos índices de criminalidade com o menor custo social possível, ou seja, sacrificando na menor medida outras prioridades que trariam melhores benefícios ou utilidades a essa sociedade. Encontrar o ponto exato da maximização de uma utilidade está diretamente relacionado à noção de eficiência.

É preciso haver um equilíbrio, que normalmente é encontrado quando podemos afirmar com base científica que não é mais possível aumentar determinada utilidade sem que como consequência ocorra um prejuízo. Apresentar a medida mais exata para alcançar este equilíbrio é a proposta da análise econômica do direito[5]. Nas palavras de Richard Posner, a análise econômica do direito é o estudo do direito observado com base científica, com teorias coerentes e hipóteses precisas deduzidas dessas teorias, e testes empíricos das hipóteses[6]. Em outras palavras, podemos dizer que a análise econômica do direito é a análise da escolha racional no sentido de eficiência. Como a economia é a ciência da escolha racional em um mundo no qual os bens são escassos, estaremos sempre trabalhando com o fato de o homem, um ser racional, que pode fazer escolhas, prever e projetar o futuro, e, por outro lado, existe uma limitação de recursos que necessita ser ponderada. A combinação de eficiência com justiça são elementos que devem ser considerados fundamentais e indissociáveis da análise econômica do direito.

O melhor equilíbrio entre a relação de custo e benefício se traduz na maximização do resultado, ou seja, na identificação do resultado mais eficiente com o menor custo. Sabemos que a eficiência, que é um objetivo perseguido pelo Estado, é alcançada mediante a obtenção do melhor resultado com o menor custo de investimento de recursos, de tempo, de estrutura, possível. Portanto, a eficiência, mediante maximização da utilidade do resultado e redução dos custos, é um objetivo que é facilitado pelo emprego das ferramentas disponibilizadas pela análise econômica do direito. O Estado precisa ser um maximizador do interesse público.

No presente estudo, objetivamos apresentar algumas reflexões sobre institutos novos no Brasil e com potencial de magnífico impacto no custo de crime, que são a colaboração premiada e o *plea bargaining.* O *plea bargaining* envolve diretamente a pessoa que praticou crime e também consiste em relevante instituto de racionalização de recursos, portanto, maximizador de utilidades[7]. Faremos algumas observações sobre a experiência da aplicação do instituto do *plea bargaining* no sistema do *common law*, especialmente os Estados Unidos[8], ponderando o custo e o benefício que a apli-

5 A eficiência de Pareto, obtida quando não conseguimos melhorar a situação de qualquer dos envolvidos sem que alguém fique prejudicado, e principalmente a eficiência de Kaldor-Hicks, quando determinada decisão, apesar de gerar perdedores (prejudicados), por outro lado, o prejuízo é menor que o ganho gerado, são exemplos de ferramentas úteis que a AED apresenta para definição de políticas públicas e realocação de recursos.

6 "To me the most interesting aspect of the law and economics movement has been its aspiration to place the study of law on a scientific basis, with coherent theory, precise hypotheses deduced from the theory, and empirical tests of the hypothe ses." POSNER, Richard, *Essays in Law and Economics,* Michael Faure & Roger Van Der Bergh Eds., 1989.

7 O *plea bargaining* está em vias de ser implementado no Brasil. Atualmente temos a Lei nº 12.850/2013, que institui a colaboração premiada.

8 Nos Estados Unidos, muitos de seus Estados tinham o *civil law* na origem antes se tornarem colônia inglesa. New York tinha o direito holandês (New Netherlands), assim como o Texas e a Califórnia

cação dos métodos alternativos ao processo podem proporcionar. A limitação deste trabalho não permite a amplitude e aprofundamento na comparação de sistemas, dentro dos quais também existe enorme variação, sendo um tema que pode ser considerado inesgotável. Entretanto, a abordagem de alguns aspectos marcantes podem ser úteis para destacar as diferenças existentes e ajudar a enxergar com maior clareza o modelo que pretendemos implantar no Brasil. Relativamente à colaboração premiada, serão feitas considerações sobre a trajetória legislativa que culminou no advento da Lei nº 12.850/2013, que pavimentou o caminho para este importante momento para o Brasil de combate à corrupção sistêmica, emblematicamente viabilizado pela deflagração e condução da Operação Lava-Jato[9].

Relativamente à figura do *whistleblower*, consiste, basicamente, no cidadão que presta um serviço publico ao denunciar práticas ilegais de que tem conhecimento, por exemplo, no desempenho do seu trabalho, e recebe recompensa por isso. O caso mais emblemático ocorreu em 2012, a partir da iniciativa de um executivo do banco suíço UBS, à época o maior banco do mundo, que denunciou à Receita Federal dos Estados Unidos (IRS) as práticas do seu empregador que, mediante uso de offshores, viabilizava transações secretas e ilegais e que impediram os cofres públicos de arrecadarem tributos. Essa colaboração permitiu a arrecadação de 13.7 bilhões de dólares aos cofres públicos e rendeu ao *whistleblower* Bradley Birkenfeld a recompensa de 104 milhões de dólares, pagos no âmbito do programa *(whistlerblower program)*. Essa, que foi a maior recompensa paga a um informante particular, provocou uma revolução nas práticas bancárias e também revolucionou o proprio instituto do *whistleblower* ou infomante, como vem sendo chamado no Brasil[10]. Dada a magnífica relação de custo *x* benefício[11] que propicia, pois revoluciona as próprias práticas corporativas, será ob-

---

tinham o direito espanhol. O Estado da Louisiana até hoje mantém o direito francês que marca sua prévia colonização e atualmente o combina com o common law, sendo um exemplo típico de jurisdição mista. Por isso os Estados Unidos são excelente referencial de uma trajetória possível para o modelo brasileiro. HASELOF, Fabíola Utzig. *Jurisdições Mistas:* um novo conceito de jurisdição. Belo Horizonte: Fórum, 2018.

---

9 Iniciada no Brasil, em 17 de março de 2014, a partir de investigações da Polícia Federal, Procuradoria da República e conduzida pela Justiça Federal de Curitiba, trata-se da mais relevante operação brasileira em razão do numero inédito de poderosos processados e muitos presos, incluindo parlamentares, grandes empreiteiros, ministros de Estado, um ex-Presidente da República e ex-Governadores do Estado do Rio de Janeiro. É inédita também em razão do volume de ativos desviados que foram recuperados e repatriados, estando ainda em andamento e com desdobramentos tanto no âmbito nacional quanto internacional.

10 O Projeto de Lei que introduz a figura do whistleblower no sistema brasileiro prevê a possibilidade de pagamento de recompensa de até 5% do valor recuperado a partir das informações (proposta de adendos ao art. 4º da Lei nº 13.608/2018, feitas no Projeto de Lei Anticrime)

11 Nos Estados Unidos, no período de 1986 a 2016 o governo recuperou mediante uso dos seus meios institucionais (policiais, promotores, auditores e demais agentes públicos da estrutura burocrática) 15.347 bilhões de dólares, ao passo que, no mesmo período, mediante ajuda dos *whistleblowers*

jeto de estudo específico, em novo artigo. Neste estudo, o enfoque fica centrado na colaboração premiada e no *plea bargaining.*

2. O *Plea bargaining:* definição e perspectivas no modelo brasileiro

O *plea bargaining* consiste, basicamente, em um acordo no qual são feitas concessões oficiais como diminuição de pena ou desconsideração de algum crime em troca da confissão do acusado. Tais concessões, feitas pelo Estado em benefício do acusado que reconhece sua culpa, podem estar relacionadas à sentença proferida pelo juiz ou negociada pelo promotor, à acusação, que pode desconsiderar algumas condutas, ou a outras circunstâncias variáveis[12]. Portanto, é um método de solução do conflito alternativo ao processo (*trial-avoidance devices*) no qual se oferta uma sentença mais leve e se evita a tramitação completa do processo, desde que o acusado reconheça de pronto sua culpa[13].

A tramitação processual, com suas fases de acusação, defesa, instrução probatória, oitiva de testemunhas e do réu, como ocorre no sistema brasileiro, é algo extremamente raro no sistema judiciário criminal dos Estados Unidos da América. Segundo dados apurados pela Suprema Corte norte-americana, em 2012, 97% das condenações no âmbito federal e 94% das condenações em âmbito estadual resultaram de confissão de culpa (*guilty pleas*)[14]. Ou aproximadamente 95% das condenações nos Estados Unidos são baseadas na confissão de culpa pelo instituto do *plea bargaining*[15].

Responder se isso é algo bom ou ruim é algo complexo e mais complexo ainda é determinar em que medida os estímulos proporcionados por dado ordenamento jurídico para o reconhecimento de culpa podem ser considerados eficientes no sentido de representarem economia de recursos públicos e ao mesmo tempo se traduzirem em uma solução de Justiça para o acusado, para a vítima e para a sociedade.

---

foram recuperados 37.685 bilhões (KOHN, Stephen Martin, The New Whistlerblower's Handbook, US: Lyons Press, 2017, p.introduction XIII).

12 ALSCHULER, Albert, *Plea Bargaining and Its History,* https://chicagounbound.uchicago.edu/cgi/viewcontent.cgi?article=2005&context=journal_articles, 20-12-2018, p. 3.

13 Idem.

14 Missouri v. Frye, 132 S. Ct. 1399, 1407 (2012) (citing DEP'T OF JUSTICE, BUREAU OF JUSTICE STATISTICS, SOURCEBOOK OF CRIMINAL JUSTICE STATISTICS ONLINE, Table 5.22.2009, http://www.albany.edu/sourcebook/pdf/t5222009.pdf; SEAN ROSENMERKEL ET AL., DEP'T OF JUSTICE, BUREAU OF JUSTICE STATISTICS, FELONY SENTENCES IN STATE COURTS, 2006- STATISTICAL TABLES 1 (Dec. 2009), http://www.bjs.gov/content/pub/pdf/fssc06st.pdf, last updated Nov. 22, 2010). In ALSCHULER, Albert, *Nearly Perfect System to Convicting an Innocent,* https://ssrn.com/abstract=2911206, 30-12-2018.

15 U.S. Department of Justice, Bureau of Justice Statistics, *Compendium of Federal Justice Statistics,2001*, 2 (2003) ("the proportion of convicted defendants who plead guilty increased from 87% during 1990 to 95% during 2001"); U.S. Department of Justice, Bureau of Justice Statistics, *State Court Sentencing of Convicted Felons, 2000*, 43 (2003) (95% of felony convictions in State courts were achieved through guilty plea).

Sem dúvida alguma o sistema de justiça criminal norte-americano é mais eficiente que o sistema de justiça criminal brasileiro: funciona rapidamente, não gera o volume de despesas que seria necessário para colocar tem tramitação todos os casos, e os índices de punição, ou seja, de resposta estatal aos crimes comunicados, é alto, produzindo o efeito preventivo de elevar o custo do crime pela maior probabilidade de punição.

Todos esses fatores se traduzem em eficiência. Entretanto, o sistema norteamericano, apesar de possuir os mais altos índices de admissão de culpa em troca de penas mais leves, também ocupa o segundo lugar no mundo na lista de encarceramento relativamente ao número de habitantes, que é de 698 encarcerados para cada 100.000 habitantes, superado somente pela República de Seicheles, que encarcera 799 para cada 100.000[16].

A questão que se coloca atualmente no debate da política jurídico criminal norteamericana é se seria possível que, ao invés de reduzir o que os contribuintes pagam para manutenção do sistema criminal, seria possível que o *plea bargaining* estivesse gerando uma despesa ainda maior em razão da larga difusão alcançada pelo seu uso?[17] Em outras palavras, seria possível que o sistema punitivo tenha se tornado tão prático e econômico a ponto de que seu uso tenha sido estimulado demais, até em hipóteses em que não justificam seu uso ou a despesa gerada? Caso tal hipótese possa ser confirmada, possivelmente haveria um problema de eficiência e de interesse da análise econômica do direito, pois a maximização da utilidade está em alcançar o maior benefício com o menor custo. Possivelmente haveria, também, um problema relacionado à realização da justiça.

3. Eficiência é sinônimo ou parâmetro para aferir justiça?

Quando surge o pensamento da análise econômica do direito nos Estados Unidos[18], ele surge no primeiro momento com a ideia de substituição de direitos

16 ROY WALMSLEY, WORLD PRISON POPULATION LIST 1 (11th ed. 2015) :"The countries with the highest prison population rate – that is, the number of prisoners per 100,000 of the national population – are Seychelles (799 per 100,000), followed by the United States (698), St. Kitts & Nevis (607), Turkmenistan (583), U.S. Virgin Islands (542), Cuba (510), El Salvador (492), Guam – U.S.A. (469), Thailand (461), Belize (449), Russian Federation (445), Rwanda (434) and British Virgin Islands (425)."; http://www.prisonstudies.org/

17 "How odd it is that the nation most dependent on plea bargaining is also the nation that imprisons the highest proportion of its population apart from Seychelles. Could it be that, by reducing the cost of imposing criminal punishment, plea bargaining has given us more of it? Is it possible that, rather than reducing what taxpayers must pay for criminal justice, plea bargaining has caused them to pay much more?" ALSCHULER, Albert, *Nearly Perfect System to Convicting an Innocent,* https://ssrn.com/abstract=2911206, 30-12-2018, p. 925, NR 25.

18 O marco da análise científica do Direito com base em estudos empíricos e ferramentas da economia é sempre pontuado pela publicação do artigo de Ronald Coase, em 1960, nos Estados Unidos, intitulado *O Problema do Custo Social (The Problem of Social Cost),* na Revista The Journal of Law and Economics, da Universidade de Chicago.

(ou de justiça) por eficiência (maximização de riqueza). Durante algum tempo, Richard Posner[19] e Ronald Dworkin[20] debateram sobre eficiência e justiça. Coube a Guido Calabresi, da Escola de Yale, pontuar que justiça é diferente de eficiência e de distribuição de riqueza, portanto, como resultado, somente cria confusão falar em substituir justiça por eficiência, concluindo que tanto riqueza quanto eficiência e sua distribuição são, no mínimo, ingredientes da justiça[21]. Atualmente a análise econômica do direito evoluiu na calibragem desses dois objetivos.

Na sua trajetória, a análise econômica do direito recebeu influência do utilitarismo[22], mas que foi sendo suaviazado pela percepção de que a eficiência como critério de maximização de riqueza não constituiria um valor que isoladamente pudesse constituir fundamento de validade do direito. Nos dias de hoje não se concebe, nem do ponto de vista econômico da escola mais radical[23], uma noção sistema jurídico eficiente que seja descolado da noção de sistema jurídico justo. Mas, o que é fazer Justiça?[24]

---

19 *The Economic Analysis of Law (1977); Utilitarianism, Economics, and Legal Theory,* 8 J. LEGAL STUD. 103 (1979); *The Economics of Justice (1981)*

20 *Why Efficiency?* HOFSTRA L. REV. 563, 568-70 (1980); Unpublished Comments at 14 (1979) (commenting on Posner, *The Value of Wealth: A Comment on Dworkin and Kronman, 9* J. LEGAL STUD. 243 (1980)) (*Hofstra Law Review); Is Wealth A Value?,* 9 J. LEcAL STUD. 191 (1980).

21 CALABRESI, Guido, *An Exchange: About Law and Economics: A Letter to Ronald Dworkin* (1980), *pg.558:* "Justice language *is* different from efficiency and, I think, wealth distributional language. As a result it only confuses things to talk about trading justice for efficiency. This is consistent with the assertion that both wealth-efficiency and its distribution are, in your terms, at least ingredients of justice." https://digitalcommons.law.yale.edu/cgi/viewcontent.cgi?referer=&httpsredir=1&article=3053&context=fss_papers, 01-2019.

22 As idéias de Jeremy Bentham, aperfeiçoadas por Jonh Stuart Mill, fundamentais para a análise econômica do direito, tanto do ponto de vista inidividual (maximização da felicidade ou prazer) quanto social (o bem-estar social é a medida de qualidade de uma política pública), são abordadas na obra de Guido Calabresi, *The Future of Law & Economics, 2016, p. 1-15.*

23 Assim considerada a Escola de Chicago, e o trabalho de Richard Posner, e que tem seu contraponto na Escola de New Haven (Yale), especialmente nas ideias de Guido Calabresi, que clama pela ponderação da eficiência com critérios de igualdade, redistribuição e justiça.

24 A indagação é uma referência à obra do jurista e filósofo austríaco Hans Kelsen (1881-1973), que dedicou sua vida a responder a essa pergunta nas obras *O Problema da Justiça* (1998), *A Ilusão da Justiça* (2000) e *O Que é Justiça?* (lançada originariamente em 1957 e no Brasil no ano 2000) , para ao final concluir que talvez não seja possível responder o que é Justiça, mas o fundamental é não deixar de perguntar. Merece referência também a obra do filósofo e professor da Universidade de Harvard John B. Rawls (1921-2002), *Uma Teoria da Justiça* (Theory of Justice, 1971), bem como a obra do também filósofo e professor da Universidade de Harvard Michael J. Sandel, *Justiça. O que é fazer a coisa certa?* (2009).

4. É errado condenar um inocente?

A resposta intuitiva é afirmativa, sim, é errado condenar um inocente, pois isso demonstraria que o sistema falhou ao estabelecer mecanismos que garantissem a condenação dos culpados e a absolvição dos inocentes. Entretanto, a resposta pode não ser tão intuitiva em um sistema no qual o instituto do *plea bargaining* responde por mais de 90% das condenações criminais, como ocorre nos Estados Unidos, de onde surge a ideia de que talvez seja melhor uma pessoa inocente cumprindo uma pena leve do que uma pessoa inocente cumprindo pena na prisão [25]. E mais, quando for oferecido um acordo vantajoso a um acusado inocente, ele deve ter garantido o direito de aceita-lo, caso isso lhe pareça mais conveniente e vantajoso. Portanto, para essa linha de pensamento, condenar um inocente não seria algo errado quando o inocente deseja que isso aconteça[26].

Essa ideia de aceitar a condenação de um inocente como desdobramento decorrente do funcionamento normal do sistema de justiça criminal de um país é lançada aqui com o objetivo de ilustrar o pensamento que ocupa o debate atual norte-americano e as questões que surgem em um sistema que, se pode dizer tudo, menos que não seja eficiente, e que está várias décadas a nossa frente na questão da experiência em aplicação do *plea bargaining.*

No julgamento do emblemático caso *North Carolina vs. Alford*[27], no qual um acusado que se declarava inocente passou a se declarar culpado, a Suprema Corte dos Estados Unidos estabeleceu a autonomia do acusado inocente de afirmar sua culpa, considerando que um indivíduo acusado de crime pode voluntariamente e compreensivelmente consentir com a imposição de pena de prisão, no caso, mesmo que não queira ou não possa admitir sua participação nos atos que tipificam o crime[28].

Embora o caso *Alford*[29] seja um caso muito polêmico, ele nos ajuda a refletir sobre o quanto sentimos ferido nosso sentimento de justiça por uma sentença condena-

---

25 "It is better to be an innocent person on probation than an innocent person in prison. When an innocent defendant has been offered a beneficial deal, he should be permitted to take it. With friends who would block a wrongly accused defendant from entering an agreement that would reduce his expected sentence, he does not need enemies. Convicting the innocent is not wrongful when the innocent want it to happen." ALSCHULER, Albert, *Nearly Perfect System to Convicting an Innocent,* https://ssrn.com/abstract=2911206, 30-12-2018, p. 922.

26 Idem.

27 400 U.S. 25 (1970).

28 400 U.S. 25 (1970) at 37: "An individual accused of crime may voluntarily, knowingly, and understandingly consent to the imposition of a prison sentence even if he is unwilling or unable to admit his participation in the acts constituting the crime."

29 O caso Alford foi um caso de homicídio. Aparentemente não havia evidências da participação de determinado co-autor, que passou a declarar sua culpa para que outro acusado pudesse sair do corredor da morte. John H. Blume & Rebecca K. Helm, *The Unexonerated: Factually Innocent Defendants Who Plead Guilty*, 100 CORNELL L. REV. 157, 160 (2014), pp.176–79.

tória que se baseia em uma declaração de culpa que sabemos que possivelmente não existe, mas que pode ter sido declarada por opção racional do próprio acusado, que, ao ponderar os custos e benefícios, pode ter dúvidas sobre seu sucesso em conseguir provar sua inocência. Sabemos que não existe um sistema perfeito. Mas, até que ponto podemos admitir como vantajoso que o sistema dê um empurrãozinho para o acusado inocente afirmar sua culpa e cumprir uma pena, ainda que mais leve[30]? Em uma combinação de racionalidade, eficiência e justiça, qual seria a medida ideal? A questão é central no debate sobre o sistema norte-americano, que atingiu alto índice de eficiência, mas busca mecanismos para não sacrificar a justiça, sendo um dos caminhos cogitados a limitação da discricionariedade da acusação[31].

É necessário encontrar o ponto de equilíbrio entre a visão romântica de um sistema de justiça sem falhas e que consome muitos recursos para alcançar esse inatingível ideal e um sistema que funcione de forma eficiente e se aproxime o máximo possível da realização da justiça.

5. É correto estimular a confissão?

Criar incentivos para que um culpado reconheça sua culpa, poupando o Estado e sociedade de continuarem sendo prejudicados pela atuação do criminoso, possivelmente é o modelo mais maximizador da utilidade do sistema criminal que um

30 Tomas W. Church, *In Defense of "Bargain Justice"*, 13 L. & Soc'y Rev. 509 (1979); Conrad G. Brunk, *The Problem of Voluntariness Coercion in the Negotiated Plea*, 13 L. & Soc'y Rev. 527 (1979); Kenneth Kipnis, *Plea Bargaining: A Critic's Rejoinder*, 13 L. & Soc'y Rev. 555 (1979); Frank H. Easterbrook, *Criminal Procedure as a Market System*, 12 J. Legal Stud. 289 (1983); Stephen J. Schulhofer, *Criminal Justice Discretion as a Regulatory System*, 17 J. Legal Stud. 43 (1988); Robert E. Scott & William J. Stuntz, *Plea Bargaining as Contract*, 101 Yale L.J. 1909 (1992); Stephen J Schulhofer, *Plea Bargaining as Disaster*, 101 Yale L.J. 1979 (1992); Ronald Wright & Marc Miller *The Screening/Bargaining Tradeoff*, 55 Stan. L. Rev. 29 (2002); Albert W. Alschuler, *Straining at Gnats and Swallowing Camels: The Selective Morality of Professor Bibas*, 88 Cornell L. Rev. 1412 (2003).

31 "By restricting the prosecutor's ability to offer a significantly reduced sentence as part of a plea bargain, the Guidelines induce the selection of stronger cases in which the defendant is more likely to be guilty.(...) To see how the Sentencing Guidelines reduce the number of innocent defendants accepting a plea bargain, divide the universe of cases into two sub groups: cases with a high (≥3/4) probability of conviction (H cases), and cases with a low (<3/4) probability of conviction (L cases). The plea bargain sanction would have to be lower in the L cases, often lower than three-quarters of the sentence that the defendant would have received at trial, if convicted. Under the Guidelines, however, such a plea bargain would be unenforceable. Accordingly, the prosecutor would have to choose between trying L cases and substituting L cases with H cases. As demonstrated below, the rule adopted by the Sentencing Guidelines leads to the selection of fewer L cases, and to a smaller overall number of cases. As long as the probability of conviction is positively correlated with the probability of guilt, this implies a reduced number of innocent defendants that accept plea bargains." BAR-GILL, Oren, GAZAL-AYAL, Oren. *Plea Bargains Only for the Guilty*. Journal of Law and Economics 49, 2006, p.4.

país pode alcançar. Um sistema que cria incentivos para que o culpado insista em afirmar sua inocência, com chances de ser beneficiado, e, muitas vezes, persista na prática criminosa, certamente não é um sistema racional, não é um sistema eficiente e, sem qualquer sombra de dúvida, não é um sistema justo. Se o modo como convencionamos realizar a justiça é dar a cada um a resposta estatal prevista na lei, é um desdobramento natural que o inocente seja absolvido e o culpado cumpra sua pena.

Tanto mais eficiente é um sistema criminal quanto mais estímulos conseguir criar para induzir os comportamentos que vão estancar a prática criminosa, restituir às vítimas, à sociedade, ao erário público, o que foi apropriado pelo crime e punir os autores, especialmente os líderes, que possuem maior responsabilidade e representam maior periculosidade social. Um sistema jurídico criminal que, de qualquer forma, cria empecilhos para a desarticulação de um esquema criminoso, para a recuperação de ativos, para punição dos culpados, é um modelo subdesenvolvido ou desenvolvido com propósitos equivocados de beneficiar criminosos em detrimento do interesse público que justifica a própria existência do Estado e do sistema de política criminal de Justiça.

6. O *plea bargaining* no modelo acusatório (*common law)* e no modelo inquisitório (*civil law)*

O *plea bargaining* normalmente vem relacionado ao sistema acusatório. Essa associação ao sistema acusatório ou adversarial (ou de partes) normalmente é feita porque o *plea bargaining* vai atribuir às partes – e não ao juiz – um poder maior na condução do procedimento, pois as negociações ocorrem entre a promotoria e a defesa, sem participação do juiz. Observese também que o *plea bargaining* vai reunir no promotor de justiça, que é uma das partes, várias atribuições relevantíssimas no processo, que são a investigação, a colheita de provas, a acusação, e, ainda, o estabelecimento das diretrizes da pena a ser cumprida, que corresponde à sentença que é dada pelo juiz quando o caso vai a julgamento.

Não obstante essa associação possa ser feita com o modelo acusatório, típico do common law, o *plea bargaining* tem sido largamente empregado em sistemas do *civil law*, no qual predomina o modelo inquisitório. Países que adotam como prevalente a tradição do *civil law* como Alemanha, Itália, Rússia, Argentina, Chile, Colômbia, Espanha e Portugal, dentre outros, incorporaram aos seus sistemas o *plea bargaining*. Outros países como África do Sul, que é uma jurisdição mista, também incorporou o *plea bargaining*.

Vê-se que, embora o *plea bargaining* tenha surgido nos sistemas que adotam *common law*, é imprecisa sua associação ao modelo acusatório, pois é um instituto que está amplamente difundido em sistemas que adotam o *civil law* e mais inclinados ao modelo inquisitório, especialmente por razões culturais que reforçam o papel o juiz nesses sistemas.

7. *Plea bargaining* como método que visa a dar conta do volume de casos

Uma visão que parece bastante realista, porque encontra suporte em dados empíricos, rejeita a ideia de que o *plea bargaining* possa ser vinculado ao *common law* ou ao *civil law*. Diversamente, é um instituto que surge em ambos os sistemas com o objetivo de resolver o enorme volume de casos sem sobrecarregar o Poder Judiciário. Em outras palavras, é um método de solução dos conflitos que surge a partir da necessidade de que exista uma resposta do Estado aos crimes cometidos associada à limitação da estrutura do Poder Judiciário, que entraria em colapso de precisasse processar todos os casos que chegam ao seu conhecimento.

Portanto, de um lado, temos a necessidade de o Estado desempenhar o papel que lhe cabe, aplicando a lei mediante imposição do cumprimento de pena aos criminosos, fazendo com que os aspectos punitivos e preventivos da pena sejam materializados. De outro lado, temos a limitação da estrutura estatal, que não conseguiria tramitar, desenvolvendo a fase instrutória e estabelecendo o contraditório em todos os crimes apurados, pois, para que isso ocorra, para a movimentação da engrenagem judicial, existe um custo considerável com investimento de recursos orçamentários, estruturais e humanos, recursos esses que são limitados e finitos.

Os recursos que são finitos precisam ser utilizados com racionalidade, pois, caso contrário, haverá o risco de o recurso se tornar cada vez mais escasso, em prejuízo dos seus beneficiários. O serviço judiciário, a prestação jurisdicional pelo Poder Judiciário, também podem ser considerados um bem de uso coletivo, pois ninguém pode ser excluído do seu acesso, e um recurso público finito, dada a limitação da sua estrutura, que, caso fique sobrecarregada, comprometerá o seu regular funcionamento[32]. O orçamento público, utilizado para investimento na movimentação da estrutura do Poder Judiciário, também é um recurso limitado e finito, assim como o número de profissionais, juízes, promotores, defensores, advogados, serventuários da justiça. O tempo também necessita ser utilizado com racionalidade, pois chegará o momento em que a demora excessiva poderá comprometer a utilidade do processo judicial.

Podemos concluir que a ampla difusão do *plea bargaining* está muito mais relacionada à questão da racionalidade no investimento de recursos finitos. O Estado necessita encontrar mecanismos para obter o melhor benefício possível (maximização do resultado) com o menor custo de investimento. A título de exemplo estima-se que, nos Estados Unidos, nos casos punidos com pena de morte, o custo do processo alcance uma média de US$ 2.000.000,00 (dois milhões de dólares)[33].

---

32 GICO Jr., Ivo. *A tragédia do Judiciário: Subinvestimento em capital jurídico e sobreutilização do Judiciário.* Tese de Doutorado, UnB, 2012

33 COOTER, Robert, ULEN, Thomas, *The Social Costs of Capital Punishment in* Introduction to Law and Economics, 5th (2007) Available at: http://works.bepress.com/robert_cooter/56/, acesso em 20/12/2018, p. 550.

É com o intuito de racionalizar a atuação do Estado na aplicação da lei e combate à criminalidade que o *plea bargaining* é adotado tanto em países de tradição do *common law* quanto do *civil law*. Obviamente, essa adoção não se dá de maneira uniforme, pois os respectivos modelos de processo acusatório e inquisitório imporão diferenças marcantes na disciplina do *plea bargaining* em um e outro sistema.

No Brasil, estamos atravessando o que pode ser considerado um *turning point*, ou seja, um momento decisivo que se apresenta como divisor de águas, no qual temos nossa base na tradição do *civil law*, como herança das nossas raízes romano-germânicas, e o encaminhamento que espontaneamente passamos a adotar mediante opções legislativas para o sistema do *common law*. São tão evidentes e profundas as alterações feitas no nosso sistema, que nos transformamos em uma verdadeira mistura do *civil law* com o *common law*, de modo que atualmente nos assemelhamos mais a uma jurisdição mista[34].

Essa possibilidade de transitarmos entre um e outro sistema nos abre a oportunidade de escolhermos o que existe de melhor para moldarmos um sistema aprimorado, que combine da melhor forma todas as ferramentas que estão à nossa disposição, utilizando da forma mais racional possível os nossos recursos e maximizando nossos resultados. O primeiro passo é conhecer um pouco mais o mecanismo de funcionamento de ambos os sistemas e as tensões que ocorrem na prática.

Aproveitando a experiência de outros países que já adotam o instituto do *plea bargaining*, podemos avançar no nosso ponto de partida. Embora cada sistema tenha suas particularidades, não precisamos encaminhar nossa trajetória em um sentido que previsivelmente terá um resultado indesejável e podemos facilitar nossa experiência a partir da experiência alheia.

8. O modelo norte-americano atingiu a máxima eficiência?

Tanto nos Estados Unidos quanto na Itália o *plea bargaining* se apresenta como método que objetiva acomodar a eficiência ao sistema criminal de um lado e a busca pela realização da justiça de outro. Reduz incrivelmente o tempo de resposta do sistema criminal. Sem dúvida, a sistemática adotada nos Estados Unidos é mais racional do ponto de vista da economia de recursos. Por outro lado, relativamente à distribuição da justiça, surgem muitos questionamentos no sistema estadunidense:

1 – Por violação do direito dos acusados ao julgamento pelo juiz, em razão da exigência de duplo consentimento do juiz e do promotor para que, renunciando ao julgamento pelo júri, possa ser julgado pelo trial judge[35];

---

34 HASELOF, Fabíola Utzig. *Jurisdições Mistas:* um novo conceito de jurisdição. Belo Horizonte: Fórum, 2018.

35 A Suprema Corte dos Estados Unidos, com base no julgamento do caso *Singer vs. United States 380 US 24, 34 (1965),* entende que não viola direito constitucional a exigência de duplo consentimento, do Juiz e do Promotor, para que possa ser julgado pelo Trial Judge. Ou seja, foi reconhecida a cons-

2 – Pela distorção dos papéis desempenhados por juízes e promotores, e especialmente pela ampla discricionariedade atribuída aos promotores;

3 – Pelo fato de impor uma condenação muito leve, permitindo que, ao admitir a culpa, sejam condenados a uma punição mais suave do que a provavelmente aplicada se fossem julgados. Relativamente a este ponto, devemos enfatizar, em primeiro lugar, que é necessário haver um estímulo, no caso, a pena mais branda. Em segundo lugar, existe um importante viés econômico, pois, ao admitir culpa desde o início, o acusado contribui com a economia de recursos públicos que deixam de ser gastos com a movimentação da máquina judiciária, o que retorna ao acusado em forma de benefício;

4 – As vítimas[36] não sentem que os crimes contra elas cometidos tenham recebido a adequada resposta estatal, o que parece ser um aspecto bastante relevante e delicado, e que, pela sua importância, deve ser ponderado na equação do custo do crime, não no aspecto social, mas individual da pessoa do ofendido, vítima do crime e seus familiares;

5 – As penas brandas fazem com que os inocentes se sintam compelidos a se declarar culpados[37], pois, além dos custos com a defesa (financeiros, emocionais, temporais), caso não consigam provar sua inocência, correm o risco de cumprir uma pena ainda maior[38];

---

titucionalidade de uma regra do CPP que diz que, se o Acusado renunciar ao direito de ser julgado pelo Juri, o Juiz e o Promotor devem ambos consentir que o caso seja submetido ao trial Judge. Então essa exigência de duplo consentimento pode ser um empecilho e, caso não ocorra o consentimento, o acusado somente tem duas opções: se declarar culpado ou ir a julgamento pelo júri. Em casos de crimes de alta repulsa social, isso pode estimular que o acusado se declare culpado, para que não tenha que se submeter ao julgamento pelo júri popular.

36 Nos Estados Unidos, na década de 80, houve uma tendência da legislação criminal de focar nos direitos das vítimas, dos quais são exemplos: Victim and Witness Protection Act of 1982, 96 Stat. 1248 (1982), *codified in* various sections of Title 18, U.S.C. [hereinafter cited as VWPA of 1982]; Bill of Rights for Victims and Witnesses of Violent Crime Act, ILL. REV. STAT. ch. 38 §§ 1401 *et seq.* (Smith-Hurd supp. 1985); Victim's and Witness's Bill of Rights, S.C. CODE ANN. §§ 16-3-1510 *et seq.* (1985). No artigo *Victim Participation in Plea Bargains,* a autora Sarah N. WELLING sustenta que garantir o direito da vítima de ser ouvida pelo trial judge antes que ele decida se aceita o plea bargain seria suficiente para assegurar os interesses envolvidos. Seria garantido um direito à vítima (ser ouvida), porém limitado, ou seja, não poderia recorrer, por exemplo, da decisão judicial que aceita o plea bargain.

37 "A major concern with plea bargains is that innocent defendants will be induced to plead guilty." BAR-GILL, Oren, GAZAL-AYAL, Oren. *Plea Bargains Only for the Guilty*. Journal of Law and Economics 49, 2006, p. 2.

38 Existe uma percepção de que os acusados que optam por levar seu caso a julgamento e perdem, acabam recebendo uma pena maior que a cogitada pelos congressistas ou promotor para o caso. ALSCHULER, Albert, *Nearly Perfect System to Convicting an Innocent,* https://ssrn.com/abstract=2911206, 30-12-2018, p. 925.

6 – As penas brandas têm efeito na equação do custo *x* benefício do crime, atuando como fator que provocará redução dos custos do crime, portanto, contribuindo como aspecto redutor dos custos e consequentemente maximizador dos benefícios da atividade criminosa. Portanto, as penas mais brandas devem ser calibradas com o aumento do índice de punibilidade, para equilibrar a equação, de modo a não tornar o resultado estimulante da prática criminosa.

Tais efeitos, nos Estados Unidos, tem gerado uma tendência de buscar restringir a discricionariedade do promotor nas propostas de acordo[39]. Na Itália, por outro lado, o instituto é mais novo, foi disciplinado na década de 80, iniciando em 1981, e especialmente com o Código de Processo Penal de 1989, e por enquanto ainda estão em movimento de expandir os mecanismos alternativos ao processo.

No Brasil a confissão de culpa vai surgindo gradualmente, em situações pontuais, sendo a mais ampla delas o advento da Lei nº 12.850/2013, que institui a colaboração premiada, à qual dedicaremos alguns itens específicos devido à sua revolucionária relevância no sistema criminal brasileiro, especialmente no combate às organizações criminosas.

9. A colaboração premiada no sistema brasileiro

Atualmente em vigor no Brasil temos o que consideramos o instrumento legal possivelmente mais revolucionário no combate à criminalidade organizada, que é a Lei nº 12.850/2013, que disciplina a colaboração premiada, prevendo que o juiz poderá, a requerimento das partes, conceder o perdão judicial, reduzir em até 2/3 (dois terços) a pena privativa de liberdade ou substituí-la por restritiva de direitos daquele que tenha colaborado efetiva e voluntariamente com a investigação e com o processo criminal, desde que dessa colaboração advenha um ou mais dos resultados especificados no seu art. 4º.

O gérmen da colaboração premiada é normalmente situado na Lei nº 8.072/90, conhecida como lei dos crimes hediondos, embora as Ordenações Filipinas, que estiveram vigor entre nós até 1603, previssem disciplina para premiar com perdão criminosos delatores, no título "Como se perdoará aos malfeitores, que derem outros à prisão." Passados quase 400 anos, surge a lei dos crimes hediondos, promovendo alteração nos artigos do Código Penal que tratavam do crime de extorsão mediante sequestro (art. 159) e do então crime de quadrilha ou bando (art. 288). Em ambos os

---

39 "By restricting the permissible sentence reduction in a plea bargain the law can preclude plea bargains in cases where the probability of conviction is low (L cases). The prosecutor will therefore be forced to – (1) select fewer L cases and proceed to trial with these cases; or (2) select more cases with a higher probability of conviction (H cases) that can be concluded via a less-costly plea bargain. As long as the probability of conviction is positively correlated with the probability of guilt, this selection-of-cases effect implies a reduced number of innocent defendants that accept plea bargains." BAR-GILL, Oren, GAZAL-AYAL, Oren. Plea Bargains Only for the Guilty. Journal of Law and Economics 49, 2006, p. 2.

casos, oferecia-se a redução da pena de um a dois terços ao coautor que denunciasse o crime às autoridades, desde que houvesse o resultado libertação do sequestrado ou desmantelamento da quadrilha[40].

Em 1995, surge a Lei nº 9.034/1995, conhecida como lei das organizações criminosas, mas atualmente revogada pela Lei nº 12.850/2013. A Lei nº 9.034/1995 previu redução de um a dois terços da pena aplicada aos crimes praticados em organização criminosa quando a colaboração espontânea do agente levasse ao esclarecimento de infrações penais e sua autoria[41]. Houve, portanto, um alargamento do objeto das informações, não se exigindo mais o resultado desmantelamento, mas esclarecimento de aspectos relacionados aos crimes e sua autoria.

No mesmo ano, sobreveio a Lei nº 9080/1995, que modificou as leis dos crimes contra o Sistema Financeiro Nacional (Lei nº 7.492/1986) e dos crimes contra a ordem tributária (Lei nº 8.137/1990), que passaram a prever redução um a dois terços das penas no caso de crimes cometidos em que o coautor ou partícipe, mediante confissão espontânea, revelasse à autoridade policial ou judicial toda a trama delituosa.

Posteriormente, em 1998, adveio a Lei nº 9.613/1998, conhecida como lei de lavagem ou ocultação de dinheiro ou ativos, hoje parcialmente revogada. Essa lei foi bastante criticada porque previa que a pena "*será* reduzida de um a dois terços e *começará* a ser cumprida em regime aberto, podendo o juiz deixar de aplicá-la ou substituí-la por pena restritiva de direitos, se o autor, co-autor ou partícipe colaborar espontaneamente com as autoridades, prestando esclarecimentos que conduzam à apuração das infrações penais e de sua autoria ou à localização dos bens, direitos ou valores objeto do crime." (art. 1º, §5º). O tempo verbal no imperativo, especialmente determinando o início do cumprimento da pena em regime aberto, tornava sua aplicação inadequada em muitos casos de crimes graves, o que passou a dificultar sua aplicação. Somente em 2012, a Lei nº 12.683, alterou a redação do art. 1º, §5º, da Lei nº 9.613/1998, prevendo que a pena *poderá* ser reduzida e ser cumprida em regime aberto ou semiaberto[42].

---

40 LEI Nº 8.072, DE 25 DE JULHO DE 1990, Art. 7º. Ao art. 159 do Código Penal fica acrescido o seguinte parágrafo: "Art. 159. Extorsão mediante SEQUESTRO: § 4º Se o crime é cometido por quadrilha ou bando, o co-autor que denunciá-lo à autoridade, facilitando a libertação do sequestrado, terá sua pena reduzida de um a dois terços." Art. 8º Será de três a seis anos de reclusão a pena prevista no art. 288 do Código Penal, quando se tratar de crimes hediondos, prática da tortura, tráfico ilícito de entorpecentes e drogas afins ou terrorismo. Parágrafo único. O participante e o associado que denunciar à autoridade o bando ou quadrilha, possibilitando seu desmantelamento, terá a pena reduzida de um a dois terços.

41 LEI Nº 9.034, DE 3 DE MAIO DE 1995, Art. 6º Nos crimes praticados em organização criminosa, a pena será reduzida de um a dois terços, quando a colaboração espontânea do agente levar ao esclarecimento de infrações penais e sua autoria.

42 LEI Nº 9.613, DE 3 DE MARÇO DE 1998, Art. 1º, § 5º A pena será reduzida de um a dois terços e começará a ser cumprida em regime aberto, podendo o juiz deixar de aplicá-la ou substituí-la por pena restritiva de direitos, se o autor, co-autor ou partícipe colaborar espontaneamente com as

Em 1999, adveio a Lei nº 9.807, que tratava da proteção a vítimas e testemunhas e acusados ou condenados que tenham voluntariamente prestado efetiva colaboração à investigação e ao processo criminal, estabelecendo que o juiz, de ofício ou a requerimento das partes, poderá conceder perdão judicial desde que o réu fosse primário, sua colaboração fosse efetiva e voluntária, e que tivesse alcançado um dos resultados especificados no seu art. 13. Caso não fosse primário, poderia obter redução de um a dois terços da pena se, de forma voluntária, prestasse colaboração na identificação dos coautores, localização da vítima com vida e recuperação ainda que parcial do produto do crime[43].

Em 12 de março de 2004, adveio o Decreto nº 5.015, que internalizou a Convenção das Nações Unidas contra o Crime Organizado Transnacional, conhecida como Convenção de Palermo, no nosso ordenamento jurídico, autorizando, dentre as medidas a serem adotadas pelos Estados Parte para intensificar a cooperação no combate à criminalidade transnacional, medidas que estimulassem o fornecimento de informações úteis para investigação e produção de provas, bem como para auxiliar na privação de ativos (recursos e produto do crime) de grupos criminosos, como redução da pena ou imunidade.

Em 2013, com a Lei nº 12.850, a colaboração premiada foi detalhadamente disciplinada, e a jurisprudência brasileira, especialmente do Supremo Tribunal Federal, tem sido chamada com bastante frequência a interpretar seus dispositivos, com destaque para a declaração de constitucionalidade da regra que autoriza a celebração do acordo de colaboração pelo delegado de polícia e a regra da vinculação do juiz aos termos do acordo homologado, ressalvadas situações excepcionais nas quais os termos do acordo se revelem inapropriados.

---

autoridades, prestando esclarecimentos que conduzam à apuração das infrações penais e de sua autoria ou à localização dos bens, direitos ou valores objeto do crime (redação originária). Art. 1º, § 5o A pena poderá ser reduzida de um a dois terços e ser cumprida em regime aberto ou semiaberto, facultando-se ao juiz deixar de aplicá-la ou substituí-la, a qualquer tempo, por pena restritiva de direitos, se o autor, coautor ou partícipe colaborar espontaneamente com as autoridades, prestando esclarecimentos que conduzam à apuração das infrações penais, à identificação dos autores, coautores e partícipes, ou à localização dos bens, direitos ou valores objeto do crime. (Redação dada pela Lei nº 12.683, de 2012)

43 Art. 13. Poderá o juiz, de ofício ou a requerimento das partes, conceder o perdão judicial e a consequente extinção da punibilidade ao acusado que, sendo primário, tenha colaborado efetiva e voluntariamente com a investigação e o processo criminal, desde que dessa colaboração tenha resultado: I – a identificação dos demais co-autores ou partícipes da ação criminosa; II – a localização da vítima com a sua integridade física preservada; III – a recuperação total ou parcial do produto do crime. Parágrafo único. A concessão do perdão judicial levará em conta a personalidade do beneficiado e a natureza, circunstâncias, gravidade e repercussão social do fato criminoso. Art. 14. O indiciado ou acusado que colaborar voluntariamente com a investigação policial e o processo criminal na identificação dos demais co-autores ou partícipes do crime, na localização da vítima com vida e na recuperação total ou parcial do produto do crime, no caso de condenação, terá pena reduzida de um a dois terços.

Do ponto de vista da análise econômica do direito, a colaboração premiada é um instrumento que viabiliza racionalizar o uso da estrutura estatal, especialmente no combate à criminalidade mais sofisticada e, portanto, que demanda maior investimento de recursos orçamentários, estruturais e temporais, em troca do abrandamento das penas mediante leniência estatal como contrapartida à colaboração que favoreça a condenação especialmente de líderes, coautores, recuperação de ativos e desmantelamento da organização criminosa.

O tratamento leniente deve ser concedido quando vantajoso para o Estado, no sentido econômico da expressão, de custo de leniência que seja compensado pelo benefício de mais rápido e eficazmente impedir a continuidade das atividades da organização criminosa e obter provas para condenação dos líderes e demais coautores. O estímulo para os envolvidos é a possibilidade de redução considerável da pena, podendo, inclusive, obter perdão judicial ou imunidade se cumpridos alguns requisitos, desde que apresente informações amparadas em provas, e, no caso da imunidade, a lei exige que seja o primeiro a prestar efetiva colaboração, não podendo ser líder da organização criminosa.

10. Teoria dos Jogos

A teoria dos jogos (*game theory*)[44] aplicada ao processo penal analisa o comportamento estratégico[45] das opções de colaborar ou permanecer em silêncio a partir do dilema dos prisioneiros que durante as investigações podem colaborar, obtendo benefício maior e aumentando a pena dos coautores, ou podem permanecer silentes, e correrem o risco de terem sua pena aumentada pela colaboração do seu comparsa no crime. Em um exemplo bem simplificado, se os prisioneiros A e B permanecerem em silêncio, ambos cumprem 6 meses de prisão; Se A permanecer silente e B colaborar, A cumpre 10 anos, e B sai livre; Se B permanecer silente e A colaborar, o quadro se inverte, B cumpre 10 anos e A sai livre; Se ambos colaborarem, ambos cumprem 5

44 A teoria dos jogos pode ser entendida como o meio formal de modelagem da interação estratégica. Essa teoria foi desenvolvida por John von Neumann e por Oskar Morgenstern, na obra *Theory of Games and Economic Behavior*, 1944. Para que se caracterize um jogo, devem estar presentes três elementos: os jogadores; as estratégias de cada jogador; os denominados *payoffs*, que são os ganhos ou retornos de cada jogador para cada estratégia. ULEN, Thomas; COOTER, Robert. Direito & Economia. Porto Alegre: Bookman, 5ª Ed., 2010, p. 56; BAIRD, Douglas G., GERTNER, Robert H., PICKER, Randal C., *Game Theory and The Law,* US: Harvard University Press, 1998; RAUHUT, Heiko, *Game Theory, Contribution to "The Oxford Handbook on Offender Decision Making", https://www.suz.uzh.ch/dam/jcr:ce4217d7-c808-40a1-ac1a-82cc3c5bf6b7/Rauhut_GameTheory_OxfordHandbook.pdf,* 20-12-2018.

45 "Strategic behavior arises when two or more individuals interact and each *individual's* decision turns on what that individual expects the others to do. Legal scholars have long recognized the need to take account of strategic behavior." BAIRD, Douglas G., GERTNER, Robert H., PICKER, Randal C., *Game Theory and The Law,* US: Harvard University Press, 1998, p. 7.

anos. O aspecto mais importante do dilema dos prisioneiros está no fato de que um prisioneiro não sabe qual será a atitude do outro.

Portanto, não falta estímulo para colaborar com o esclarecimento do crime (delatar), pois em qualquer situação de jogos simultâneos, ou seja, quando não é possível saber o que fará a outra parte, como é o caso da colaboração premiada, a delação será sempre vantajosa para o delator. A pedra de toque nos jogos dos prisioneiros é o fato de um não saber a conduta que o outro irá adotar, eliminando qualquer estratégia que não seja aquela que representa vantagem independente da ação do outro jogador. E, segundo a teoria dos jogos, a única estratégia dominante neste caso é colaborar.

Em outras palavras, nos chamados jogos simultâneos, que não precisam necessariamente ocorrer ao mesmo tempo, como se pode equivocadamente imaginar, mas que significa decisões que precisam ser tomadas sem que seja possível no mesmo momento saber qual será a decisão da outra parte, a melhor estratégia (estritamente dominante) é que sua decisão seja boa independente do que faça o outro jogador. Portanto, em qualquer hipótese, colaborar com a Justiça (delatar) será a melhor opção individualmente considerada, pois pode sair livre se o outro jogador ficar silente ou pode ter a mesma pena do outro jogador que também colaborar. Se ambos ficarem silentes, ambos pegam uma pena menor (mas ninguém sai livre) e se ambos colaborarem ambos pegam uma pena média.

Portanto, a matriz dos ganhos pode ser resumida no fato de que cada jogador possui um incentivo para trair o acordo criminoso e ser beneficiado às custas do outro jogador, independente do que este faça, e quando ambos delatam, ambos ficam em situação pior do que se tivessem ficados silentes, mas nenhum obtém vantagem superior às custas do outro. A maior discrepância de tratamento ocorrerá entre o jogador que colaborar e ficará livre ou pegará a menor pena e o jogador que ficar silente e pegará a maior pena. Por isso afirmamos que não falta estímulo para colaborar, pois, partindo da premissa da racionalidade do homem, nenhum ser racional gostará de desempenhar o papel do segundo jogador, que fica silente e é prejudicado por seu comparsa no crime e que passa a colaborar com as investigações. Como estratégia de jogo estritamente dominante, a colaboração premiada é uma oportunidade imperdível.

A teoria dos jogos se encarrega da análise da estratégia dessa decisão, que depende de muitas variáveis e circunstâncias, mas apenas mencionada neste trabalho em razão da influência que o instituto da colaboração premiada, novo no sistema brasileiro, passará a exercer na economia, ciência política e sociologia, como já ocorre nos países que estão com experiência mais adiantada que a nossa.

É uma noção importante que seja compreendida para que possamos melhor entender o que está detrás da resistência a este instrumento altamente eficiente no combate à criminalidade organizada e crimes do colarinho branco, especialmente aqueles que envolvem desvios de verbas públicas, nos quais os criminosos são diretamente beneficiados e desenvolvem uma engrenagem capaz de retroalimentar o esquema criminoso, que se torna cada vez mais forte e sofisticado, e, por outro lado, as vítimas estão na difusas na sociedade. Não existe uma vítima diretamente prejudicada que tenha um estímulo para procurar as autoridades e detalhar como ocorreu o crime. São crimes nos quais a própria pratica criminosa e o benefício que traz para os agentes funciona como estímulo à sua continuidade, perpetuação e fortalecimento. Portanto, sendo esse um comportamento altamente nocivo aos interesses republicanos de uma sociedade, é necessário que sejam criados estímulos compatíveis no sentido oposto. O estímulo para o esclarecimento dos fatos, então, é criado pela lei que incentiva o acordo de colaboração premiada.

O momento, portanto, é propício para analisar sistemas que já vem aplicando a confissão de culpa em troca de benefícios e antecipar as questões e tensões que surgiram naqueles sistemas, como o fito de tentar desenvolver um modelo que encontre um atalho nos problemas que já são conhecidos em outros sistemas e que, portanto, não precisamos enfrenta-los novamente, e também que possa ser bem adaptado à nossa realidade, estrutura e aspirações de racionalidade econômica, eficiência e justiça.

11. Conclusões Preliminares

Por que existe tanta resistência à colaboração premiada? Pensamos que seja em razão da mudança de paradigma que esse instituto provocou no sistema criminal brasileiro ao romper com o modelo no qual o processo criminal era servil aos interesses dos criminosos e seus defensores, em detrimento das vítimas do crime e do interesse público estatal, interesse social, na desarticulação de esquemas criminosos, recuperação de ativos e punição dos culpados, especialmente os líderes de organizações criminosas, que representam maior periculosidade social.

A economia é a ciência da escolha racional em um contexto no qual os bens são escassos[46]. As melhores escolhas serão as capazes de maximizar os benefícios esperados. Portanto, a análise econômica do direito, partindo dessas três premissas (o homem é um ser racional, podendo fazer escolhas e projetar o futuro; os bens são escassos; as melhores escolhas necessariamente maximizam o benefício do resultado), subsidia o ser racional de ferramentas que vão ajudar a definir os comportamentos que se objetiva estimular, de modo a obter o máximo benefício com o menor custo social possível.

Para combater a criminalidade, é necessário criar medidas que impactem negativamente o custo do crime, criando estímulos para colaboração de integrantes de

46 "A escassez leva, precisamente, à criação de instituições para enfrentá-la. Tais instituições visam, especialmente, a permitir que cada um se sirva do bem escasso segundo suas necessidades (não desperdiçar) ou adapte suas necessidades à escassez, e estimulam o espírito empreendedor a fim de descobrir novas fontes de aprovisionamento, ou outras formas de exploração dos recursos conhecidos. As duas forças são complementares. (...) Uma coisa se torna escassa quando não há mais quantidade suficiente para que todos que a desejam possam obtê-la à vontade: é preciso escolher entre diferentes usos, ou, o que dá na mesma, regular o uso." MACKAAY, Ejan, ROUSSEAU, Stéphane, *Analise Economica do Direito,* Tradução Rachel Sztajn, 2ª Edição. São Paulo: Atlas, 2015, p. 28-29.

organizações criminosas, para aumentar os índices punibilidade estatal, para facilitar a recuperação de ativos relacionados à atividade criminosa e evitar sacrificar ainda mais a sociedade com as despesas na tramitação processual.

A colaboração premiada, introduzida no nosso sistema pela Lei nº 12.850/2013, e a possibilidade de introdução do *plea bargaining* ou solução negociada[47], bem como da figura do *whistleblower* ou informante, são institutos que promovem uma guinada revolucionária no sistema criminal brasileiro. A experiência de países que já adotam o *plea bargaining* há muitas décadas, especialmente os Estados Unidos, berço da *Law & Economics*, é extremamente útil no sentido de identificar os problemas atualmente enfrentados, pois nos permite corrigir de pronto e ajustar uma trajetória mais promissora.

O modelo do *plea bargaining* adotado nos Estados Unidos é considerado eficiente, porém, a ampla discricionariedade atribuída ao promotor de justiça neste sistema gera uma alavancagem do promotor em face do acusado, originando muitas críticas de violação de direitos. Já o modelo adotado em países vinculados ao *civil law* e ao correspondente sistema inquisitório, aparentemente, equilibra melhor as forças dos *players* ao prever maior interferência do Poder Judiciário, embora isso possa impactar em alguma medida a economia de tempo e recursos. O essencial é que ambos os modelos possuem vantagens e desvantagens e que não se concebe uma noção de eficiência desvinculada da ideia de realização de justiça. Portanto, a possibilidade de transitar entre um e outro sistema nos permite buscar a combinação com melhor impacto na relação custo *x* benefício do crime.

As nossas raízes não nos definem e não precisamos ficar apegados a um modelo. Em um mundo onde as jurisdições contemporâneas se caracterizam pela combinação de sistemas, parece algo ultrapassado e desnecessário fazer uma opção explícita pelo sistema acusatório[48]. Observe-se, a título de exemplo, que atualmente estamos debatendo sobre condições e os limites máximo de pena para admissão do *plea bargaing* ou solução negociada[49]. Sobre esses limites, há quem afirme que o limite máximo da pena deve ser mais para alto, pois isso possibilitaria que o instituto fosse aplicado em um maior número de casos. Argumentam que, caso o limite máximo seja uma pena baixa, isso restringiria o uso do plea bargaining, e seria contraditório com a idéia

---

47 A expressão solução negociada é boa. O *plea bargaining* não deve ser traduzido como transação penal, pois esta expressão é utilizada em referência ao instituto previsto na Lei 9.099/95, no qual não se exige admissão de culpa, portanto, não se confunde com o plea bargaining, no qual a admissão de culpa é pressuposto essencial.

48 Como previsto no art. 4º do Projeto de Lei de Reforma do Código de Processo Penal (PL 8.045/2010)

49 No Projeto de Lei Anticrime apresentado pelo Ministério da Justiça, a possibilidade da solução negociada (plea bargaining), mediante adendo ao art. 28 do Código Penal, surge nos crimes praticados sem violencia ou grave ameaça e com pena máxima não superior a quatro anos. O art. 283 do PL nº 8.045/2010, ao instituir o *plea bargaining,* prevê que poderá ser proposta nos crimes cuja sanção máxima cominada não ultrapasse 8 anos (*caput*) e tem como requisito que a pena privativa de liberdade seja aplicada no mínimo previsto (§1º, II).

de ampliar o seu uso. Contudo, é preciso ter presente que os fatores limitadores da intenção de larga ampliação do uso do instituto, por outro lado, limitam também a discricionariedade da acusação. Essa limitação passa a ser considerada importante na experiência norte-americana, pois se considera que é justamente a sua ausência que tem ensejado os maiores problemas relacionados à realização da justiça naquele sistema.

Portanto, pensamos que é bom haver um limite não muito alto, e que isso não restringe a aplicação do instituto. Isso porque mediante consentimento do juiz seria possível aplicar o *plea bargaining* aos crimes com pena máxima superior ao fixado na previsão legal, e, também mediante concordância do juiz, a pena poderia ser aplicada acima do mínimo previsto. Em outras palavras, a lei estabeleceria os limites seguros para solução negociada, o que não impediria a aplicação mais ampla do instituto mediante consentimento do juiz, dada a vantajosa relação entre custo e benefício. A limitação da discricionariedade promotoria e a participação do juiz hipóteses mais sensíveis equilibra melhor as forças e possivelmente essa combinação produz um sistema aprimorado ou maximizador do benefício esperado. Esse adendo que permite, de forma equilibrada, ampliar a utilização do *plea bargaining* independente da pena abstratamente prevista, pode vir tanto mediante emenda legislativa quanto mediante precedente, pois a partir do advento do Código Fux os precedentes são fonte formal de direito.

A análise econômica do direito nos fornece as ferramentas para projetar e avaliar um modelo de escolha racional e economicamente eficiente, no qual a lei passa a criar incentivos para estimular condutas maximizadoras de resultados de eficiência e de justiça, com impacto no aumento do custo do crime, reduzindo, em consequência, o benefício esperado com a atividade criminosa. O momento vivido pelo Brasil nunca foi tão propício à guinada que podemos dar, criando um sistema de justiça criminal que cumpra o propósito de servir para desestimular a prática de crimes. Uma oportunidade imperdível.

12. Referências bibliográficas

ALSCHULER, Albert, *Plea Bargaining and Its History,* disponível em: https://chicagounbound.uchicago.edu/cgi/viewcontent.cgi?article=2005&context=journal_articles, acesso em: 20-12-2018.

ALSCHULER, Albert, *Nearly Perfect System to Convicting an Innocent,* disponível em: https://ssrn.com/abstract=2911206, acesso em: 30-12-2018.

BAR-GILL, Oren, GAZAL-AYAL, Oren. *Plea Bargains Only for the Guilty*. Journal of Law and Economics 49, 2006, p. 353-364, disponível em: https://papers.ssrn.com/sol3/papers.cfm?abstract_id=560401, acesso em: jan-2019.

BECKER, Gary Stanley, The Cost of Crime, *in Crime and Punishment: an Economic Approach,* disponível em: https://www.nber.org/chapters/c3625.pdf, acesso em: 30-12-2018

CALABRESI, Guido, *An Exchange: About Law and Economics: A Letter to Ronald Dworkin* (1980), disponível em: https://digitalcommons.law.yale.edu/cgi/viewcontent.cgi?referer=&httpsredir=1&article=3053&context=fss_papers, acesso em: 01-2019.

CALABRESI, Guido. *The Future of Law & Economics.* New Heaven, CT: Yale University, 2016.

CHEESMAN, Samantha Joy, *Comparative Prespectives on Plea Bargaining in Germany and the U.S.A,* disponível em: *https://publishup.uni-potsdam.de/opus4-ubp/frontdoor/deliver/index/docId/7457/file/S113-151_aiup02.pdf*, acesso em: 20-12-2018.

COOTER, Robert, ULEN, Thomas, *Introduction to Law and Economics,* 5th (2007) disponível em: http://works.bepress.com/robert_cooter/56/, acesso em: 20-12-2018.

FISHER, George. *Plea Bargaining's Triumph.* 109 Yale Law Journal, March, 2000.

FUX, Rodrigo. *A Evolução da Análise Econômica do Direito no Brasil.* Revista J&C, edição 219, novembro 2018 disponível em: https://www.editorajc.com.br/a-evolucao-da-analise-economica-do-direito-no--brasil/, acesso em: 07-01-2019.

GABRIEL, Anderson de Paiva; LIMA, Larissa Pinho de Alencar. *O plea bargaining: contribuições para a Justiça Criminal brasileira. https://www.jota.info/paywall?redirect_to=//www.jota.info/opiniao--e-analise/colunas/juiz-hermes/o-plea-bargaining-contribuicoes-para-a-justica-criminal-brasileira-07012019, acesso em* 17-02-2019.

HASELOF, Fabíola Utzig. *Jurisdições Mistas: um novo conceito de jurisdição*. Belo Horizonte: Fórum, 2018.

HEUMANN, Milton. *Plea Bargaining Revisited: Understandings of Negotiated Justice in the Twenty-First Century,* Criminal Law Bulletin, Vol. 49, Issue 6, 2013.

KAPLOW, Louis and SHAVELL, Steven. *Economic Analysis of Law*. Handbook of Public Economics, Volume 3, Alan J. Auerbach and Martin Feldstein editors, Elsevier, New York, 2002.

KLEIN, Susan R. *Monitoring the Plea Process,* Duquesne Law Review 51 Duq. L. Rev. 559, 2013.

KOHN, Stephen Martin, *The New Whistlerblower's Handbook*, US: Lyons Press, 2017.

LANDES, William M. 1971. An Economics Anlaysis of the Courts. Journal of Law and Economics.

MACKAAY, Ejan, ROUSSEAU, Stéphane, *Analise Economica do Direito,* Tradução Rachel Sztajn, 2ª Edição. São Paulo: Atlas, 2015.

POSNER, Richard, *Essays in Law and Economics,* Michael Faure & Roger Van Der Bergh Eds., 1989.

POSNER, Richard A., *A Economia da Justiça*, Tradução Evandro Ferreira e Silva. São Paulo: Martins Fontes, 2010.

POSNER, Richard A., *Economic Analysis of Law*, 8ª Ed. New York: Aspen, 2011.

RAUHUT, Heiko, *Game Theory, Contribution to "The Oxford Handbook on Offender Decision Making",* disponívle em: *https://www.suz.uzh.ch/dam/jcr:ce4217d7-c808-40a1-ac1a-82cc3c5bf6b7/Rauhut_GameTheory_OxfordHandbook.pdf, acesso em: jan-2018.*

SHAVELL, Steven. *Foundations of Economic Analysis of Law*. Cambridge: Harvard University Press, 2004

___. *Economic Analysis of Law*, 2004.

ULEN, Thomas; COOTER, Robert. Direito & Economia. Porto Alegre: Bookman, 5ª Ed., 2010.

VAN CLEAVE, Rachel A., *An offer you can't refuse? Punishment without trial in Italy and the United States,* Emory International Law Review, Vol. 11, No. 419, 1997, disponível em: https://papers.ssrn.com/sol3/papers.cfm?abstract_id=2083784, acesso em: 20-12-2018.

WELLING, Sarah N. *Victim Participation in Plea Bargains,* 65 Washington University Law Quarterly 301, 1987

O USO DA INTELIGÊNCIA ARTIFICIAL PELO JUDICIÁRIO BRASILEIRO SOB A PERSPECTIVA DA ANÁLISE ECONÔMICA DO DIREITO

Flórency Rodrigues

1. Introdução

Diante dos problemas envolvendo a efetividade do princípio do Acesso à Justiça e da consequente ineficiência na prestação jurisdicional decorrente, principalmente, do congestionamento do judiciário e da ausência de real pacificação dos conflitos, mostrou-se necessária a criação de mecanismos para reverter esse quadro.

Nesse sentido, surgem diversos institutos no Código de Processo Civil de 2015 que visam o combate à litigiosidade em massa, bem como conferem força à jurisprudência e, por conseguinte, maior previsibilidade ao ordenamento jurídico, em promoção aos princípios do Acesso à Justiça, isonomia, celeridade e segurança jurídica.

A busca pela otimização das relações sociais e pacificação dos conflitos também são tendências do processo civil contemporâneo. Materializado no estímulo às soluções consensuais, que permeiam todo o código e deixam claro que houve uma ruptura com a visão clássica de que o judiciário é o único caminho para solucionar controvérsias.

Nota-se, portanto, que o uso dos meios consensuais de solução de conflitos não viola, mas sim concretiza o princípio do Acesso à justiça. E esse alargamento de possibilidades de resolução de conflitos deixou evidente a implantação do Sistema Multiportas[1] no Brasil. Somado a isso, ainda houve a edição de leis especiais sobre soluções consensuais, a saber: Lei nº 13.140/15 (Marco Legal de Mediação) e da Lei nº 13.129/15 sobre procedimentos de Arbitragem. Tudo isso faz parte da ressignificação do conceito de Acesso à Justiça.

1 *"O modelo multiportas é essencialmente democrático e participativo. Ele parte da noção de empoderamento e de que o cidadão deve ser o principal ator da solução de seu conflito. No processo civil tradicional a parte é um sujeito passivo, que não se manifesta ou atua no processo. De modo geral, apenas fala através de seu advogado, por petições escritas. No modelo multiportas ela tem a chance de falar diretamente, de expor suas preocupações, objetivos e interesses, para que possa diretamente construir a solução de seu conflito. Adotar este modelo é uma alteração na própria lógica tradicional de atuação do Poder Judiciário perante a sociedade."* LESSA NETO, João Luiz. O novo CPC adotou o modelo multiportas!!! E agora?!, in Revista de Processo, vol. 244, Jun/2015, São Paulo: Revista dos Tribunais, p. 439.

Essa visão contemporânea de Acesso à justiça está, justamente, atrelada à pacificação dos conflitos e à garantia de efetividade da prestação jurisdicional de forma mais adequada e justa.[2] Desse modo, o instrumento mais adequado será aquele que possibilitar a resolução do conflito de forma mais efetiva, célere e pacificadora.

Seguindo o movimento de concretização do princípio do Acesso à justiça, essa visão contemporânea do processo civil encontra-se em harmonia com os propósitos da Análise Econômica do Direito.

A escola da Análise Econômica do Direito visa promover o supracitado princípio, a partir da busca por formas de alcance de uma prestação jurisdicional célere, eficaz e de qualidade. Não impede o ingresso em juízo, mas sim apresenta mecanismos que evitam que as partes transformem o poder judiciário em mero órgão consultivo.

Desse modo, permite a diminuição de demandas frívolas, da prodigalidade recursal, valoriza a força da jurisprudência[3] e estimula a pacificação dos conflitos através dos meios alternativos de solução de controvérsias.

Coadunam com esse ideário de efetividade da prestação jurisdicional os avanços tecnológicos. Isso porque trazem a possibilidade da utilização de novas ferramentas que podem propiciar maior agilidade e precisão na prática do direito.

Diante disso, pretende-se, no âmbito do presente trabalho, realizar uma Análise Econômica do uso da Inteligência Artificial pelos Tribunais pátrios como forma de garantir maior efetividade na prestação jurisdicional e, consequentemente, promover, em maior escala, os princípios e as garantias fundamentais.

2. Breves considerações sobre Inteligência Artificial e Análise Econômica do Direito

Com o avanço das tecnologias, o estudo da Inteligência Artificial ganhou maior destaque no cenário mundial e vem galgando cada dia mais espaço no Brasil. Isso porque os impactos decorrentes da possibilidade de alteração substancial nas relações humanas devem afetar diversas áreas da sociedade, sobretudo os campos da economia e da ética.

Por essa razão, o mundo jurídico não pode estar alheio à essa movimentação. Ao revés, os cientistas jurídicos devem estar atentos as novas possibilidades provenientes desses avanços tecnológicos.

---

2 PINHO, Humberto Dalla Bernardina de. *Jurisdição e Pacificação*: limites e possibilidades do uso dos meios consensuais de resolução de conflitos na tutela dos direitos transindividuais e pluri-individuais, Curitiba: CRV, 2017, p. 262.

3 *"A análise econômica do direito compreende a jurisprudência como um arcabouço informativo destinado a diminuir a possibilidade de erros judiciários, reduzindo ônus ligados a limitações de tempo e de expertise dos aplicadores do direito. Outro benefício gerado por uma jurisprudência íntegra é o ambiente de segurança jurídica proporcionado aos agentes econômicos."* FUX, Luiz. BODART, Bruno. Processo Civil e Análise Econômica. Rio de Janeiro, Forense, 2019. P. 199/200.

As vantagens e desvantagens do uso de ferramentas de Inteligência Artificial serão apontadas no capítulo seguinte. Dessa maneira, torna-se imprescindível tecer, primeiramente, breves considerações acerca de sua conceituação.

Entendido como um ramo da ciência da computação, o conceito de Inteligência Artificial ainda é considerado complexo e carece de consenso no campo científico, em que pese o estudo acerca dessa temática vir de longa data, iniciado por volta da década de 50.

John McCarthy é considerado um dos precursores do tema, bem como um dos primeiros estudiosos a utilizar o termo *"Inteligência Artificial"*, durante uma conferência de especialistas da área, em Darmouth College, em 1956.

Nessa oportunidade, os cientistas já apontavam para a necessidade de descoberta de um modo de fazer máquinas usarem linguagem, formarem abstrações e conceitos, resolverem problemas reservados a seres humanos e de aperfeiçoarem a si próprias[4].

McCarthy define *"Inteligência Artificial"* como *"a ciência e a engenharia de fazer máquinas inteligentes, especialmente programas de computador inteligentes"*[5].

Essa concepção dialoga com a visão de Stuart Russel e Peter Norvig. Isso porque, os referidos autores consideram que essa ciência possibilita o desenvolvimento de dispositivos artificiais capazes de pensar e agir como ser humano, assim como imitar o comportamento humano e, sobretudo, tomar decisões de forma autônoma.[6]

Nesse sentido, tal autonomia seria decorrente do uso de algoritmos, ou seja, cálculos matemáticos que filtram tanto as informações inicialmente inseridas nessas máquinas, quanto novos dados coletados. Fato que remete à ideia de possibilidade de auto aprimoramento das máquinas, denominado *Machine Learning*.

Considerada como uma das áreas de maior estudo no campo da Inteligência Artificial, o *Machine Learning* (em livre tradução – aprendizado por máquinas), consiste na possibilidade de o próprio sistema realizar o aprimoramento de suas atividades e resultados, a partir de mudanças no sistema de reconhecimento,

4 *"An attempt will be made to find how to make machines use language, form abstractions and concepts, solve kinds of problems now reserved for humans, and improve themselves."* J. McCarthy, M. L. Minsky, N. Rochester e C.E. Shannon. A Proposal for the Dartmouth Summer Research Project on Artificial Intelligence (em inglês) – Dartmouth College Summer AI Conference (1956) – texto completo disponível em: http://www-formal.stanford.edu/jmc/history/dartmouth/dartmouth.html – Acesso em 20 de Jul de 2019.

5 Tradução livre do autor. No original, em inglês: *"It is the science and engineering of making intelligent machines, especially intelligent computer programs. It is related to the similar task of using computers to understand human intelligence, but AI does not have to confine itself to methods that are biologically observable"*. McCARTHY, John. What is Artificial Intelligence? Stanford University, Revised Nov. 2007. Não paginado. Disponível em: http://jmc.stanford.edu/artificial-intelligence/what-is-ai/index.html – Acesso em 20 de Jul de 2019.

6 Russell, Stuart; Norvig, Peter (2003). Artificial Intelligence. A Modern Approach (em inglês) 2ª ed. Upper Saddle River, New Jersey: Prentice Hall. p. 1-2.

diagnóstico, planejamento e de controle, com base nos dados que possui e que vão sendo atualizados.

Segundo, Harry Surden seria a capacidade funcional que essas máquinas inteligentes possuem de alterar e/ou melhorar seu comportamento a partir da experiência[7].

Diante de tantas inovações, resta evidente a importância do estudo da Inteligência Artificial pelo mundo jurídico. No entanto, em que momento a Inteligência Artificial dialoga com a Análise Econômica do Direito?

Para responder a essa questão é preciso entender como funciona e o que propõe o estudo da Análise Econômica do Direito.[8]

Basicamente, pode-se dizer que eficiência é a palavra-chave para a concepção da ideia central da Análise Econômica do Direito.[9]

Como preconizado por Steven Shavel,[10] a escola da Análise Econômica do Direito visa a eficiência do processo e do direito. Portanto, vislumbra o processo como um instrumento eficiente de prestação jurisdicional.

---

7 FUX, Luiz. "Ensaio sobre o reflexo da Inteligência Artificial no Direito" palestra ministrada nos EUA – disponível em: https://www.conjur.com.br/dl/palestra-fux-inteligencia-artificial.pdf; https://www.conjur.com.br/2019-mar-14/fux-mostra-beneficios-questionamentos-inteligencia-artificial – Acesso em: 20 de Jul de 2019. Apud. SURDEN, Harry. Machine Learning and Law. Washington Law Review, v. 89, 2014, p. 89.

8 *"Antes de aprofundar a análise econômica do Direito propriamente dita, é pertinente conceituar o que se entende por Economia. A Economia é o estudo da alocação de recursos escassos em seu uso mais eficiente, considerando o comportamento de diferentes agentes na busca pela maximização do atendimento de suas preferências pessoais. (...) À luz do conceito ora apresentado, não é difícil deduzir o motivo pelo qual a análise do Direito é de fundamental importância para a Economia. Toda determinação imposta pelas fontes do Direito influencia a forma como os indivíduos se comportam na busca pelos seus interesses. A alteração dos mandamentos legais gera modificações, intencionais ou não, na forma como recursos são alocados na sociedade. Essas mudanças decorrentes da configuração do ordenamento jurídico podem constituir um resultado socialmente indesejado ou que não confere a melhor satisfação possível ao interesse dos envolvidos. Uma das principais características da análise econômica do Direito, portanto, é concentrar o exame das normas jurídicas exclusivamente nas suas consequências. Leis e decisões judiciais são importantes não por possuírem um valor em si, mas pelos efeitos causados em relação ao grupo que pretendem atingir – ou que atingem não intencionalmente. Sob a análise econômica, o Direito é uma política pública, sendo que o raciocínio analítico teórico e a pesquisa empírica são utilizados para torná-la mais eficiente no cumprimento dos objetivos eleitos pela sociedade.* FUX, Luiz. BODART, Bruno. Processo Civil e Análise Econômica. Rio de Janeiro, Forense, Op.Cit.

9 COOTER, Robert, *An Introduction to Law and Economics, Law and Economics.* Boston: Pearson, 6th ed, p. 1-69.

10 SHAVELL, Steven. Foundations of Economic Analysis of Law. Cambridge: Harvard University Press, 2004. p. 1-6 e 593-660.

A partir da associação[11] dos estudos do direito, da economia, da psicologia e das ciências políticas, o operador do direito se torna capaz de verificar o impacto das decisões judiciais, bem como de identificar os modelos de sistemas e estruturas mais eficientes para gestão das demandas judiciais.[12] Tudo isso com vistas a conceder o provimento jurisdicional e promover, em maior medida, o princípio da economia processual, que é tão caro ao sistema jurídico brasileiro.

Assim, o que se propõe[13], em síntese, é a análise dos elementos econômicos que informam a litigância civil,[14] o comportamento das partes[15], a estrutura e funcionamento do sistema judiciário, além dos impactos políticos e econômicos da atividade jurisdicional, a partir de uma investigação crítica dos institutos de Direito Processual Civil sob a perspectiva da Análise Econômica do Direito.

Vale destacar que tal gestão inclui, mas não se limita ao uso de ferramentas de Inteligência Artificial no contencioso judicial, de mecanismos de autocomposição para pacificação de conflitos, de gestão dos recursos e de identificação de demandas frívolas.

Desse modo, em conjunto com a Análise Econômica do Direito, a inteligência Artificial deve ser vista como uma ferramenta auxiliar no combate à litigiosidade em

---

11 *"A análise econômica do Direito vai além da mera interseção entre a Economia e o campo jurídico. Cuida-se, na realidade, da expansão do método científico, hoje amplamente adotado no estudo da Economia, para o desenvolvimento do pensamento jurídico, ainda fortemente influenciado pela dogmática e pelo método exegético. A ciência se distingue por basear a investigação do mundo exterior em proposições universalmente reconhecidas cuja associação invariável é traduzida em leis gerais.6 A veracidade dessas leis pode ser deduzida logicamente a partir de teorias, as quais, por sua vez, podem ser provadas e testadas. O grande desafio das ciências sociais é obter leis gerais sobre relações de causa e efeito no que diz respeito ao comportamento humano, aparentemente complexo e imprevisível. Contudo, a dinâmica dos fenômenos sociais também apresenta regularidades e relações causais que podem ser capturados mediante cuidadosa observação, acompanhada de constante reinquirição baseada na análise de evidências empíricas. O poder da ciência reside precisamente na sua capacidade de vencer a complexidade aparente dos fenômenos descritos pelo observador, firme na ideia de que os erros de descrição geradores dessa complexidade podem ser combatidos com rigor metodológico."* FUX, Luiz. BODART, Bruno. Processo Civil e Análise Econômica. Rio de Janeiro, Forense, Op. Cit.

12 CADIET, Loïc. *"Complessità e riforme del processo civile francese"*. *In*: *Rivista Trimestrale di Diritto e Procedura Civile*. Dic. 2008, LXII, nº 4, p. 1317.

13 *A análise econômica do Direito é uma linha que propõe transportar o método científico para o estudo das mais diversas expressões do comportamento humano que sejam relevantes para questões jurídicas.*

14 POLINSKY, A. Mitchell. *An Introduction to Law and Economics*. 4ª ed. New York: Wolters Kluwer, 2011. p. 135-146. *"propõe-se analisar quando a litigância civil é socialmente benéfica e quando impacta negativamente a comunidade. Além disso, examina-se qual o papel das regras processuais quanto à sua influência sobre o problema da litigância. A questão relativa aos métodos alternativos de resolução de controvérsias será analisada no capítulo seguinte"* Op. cit. P.51

15 Christine Jolls, Cass R. Sunstein and Richard H. Thaler, A Behavioral Approach to Law and Economics, 50 Stanford Law Review, 1998. P. 1471-1489.

massa, à diminuição do congestionamento no judiciário, bem como da onerosidade dos processos.

Ressalte-se que o uso de ferramentas de automatização de tarefas repetitivas no dia-a-dia forense pode significar um marco de otimização e aprimoramento do judiciário brasileiro. E, por conseguinte, culminar na ampliação da eficiência do processo e efetividade da prestação jurisdicional, que é, justamente, o foco da Análise Econômica do Direito.

Nesse sentido, o processo civil contemporâneo demanda que o juiz atue como gestor do processo. Não por outra razão, o Código de Processo Civil de 2015 prevê regras de julgamento cronológico de processos e está permeado por instrumentos que visam o pragmatismo judicial tratado na Análise Econômica do Direito.

Dessa forma, pretende-se garantir a diminuição de erros judiciários, assim como conferir maior previsibilidade[16] e segurança jurídica às decisões, tendo em vista a força que o código atribuí à jurisprudência.

Ultrapassada essa breve etapa de conceituação, no capítulo seguinte serão apontadas algumas das vantagens e desvantagens da utilização das ferramentas de Inteligência Artificial no direito.

3. Vantagens e desvantagens do uso da Inteligência Artificial no direito

É latente que o uso de novas tecnologias como a Inteligência Artificial propiciam ao sistema jurídico brasileiro inúmeras vantagens. Por outro lado, como toda e qualquer nova situação fática, levanta o debate acerca de como funcionará sua a regulamentação, se os institutos já existentes poderão ser aplicados e quais serão as implicações nas garantias fundamentais dos cidadãos.

A Inteligência Artificial já está sendo aplicada ao direito. Assim, foram definidas pela *International Business Machines* (IBM), as seguintes categorias relativas a essas aplicações: *(i) a previsão de resultados de litígios; (ii) elaboração de documentos; (iii) pesquisa jurídica e revisão de contratos; (iv) identificação de padrões em decisões judiciais; (v) identificação de propriedade intelectual em portfólios e; (vi) faturamento automático de honorários.*[17]

---

16 Nesse sentido *"a tecnologia pode ser importante aliada na eliminação de otimismos ou pessimismos excessivos. O uso de big data tem sido cada vez mais explorado para prever o resultado de eventuais ações judiciais, com base em informações de casos anteriores. Nos Estados Unidos, oferecem serviços desse tipo a Lex Machina[64] e a Ravel Law.[65] Haveria grande benefício para as partes mais necessitadas com a expansão de facilidades como essas para serviços públicos de assistência judiciária."* Op. Cit. P. 100.

17 FUX, Luiz. "Ensaio sobre o reflexo da Inteligência Artificial no Direito" palestra ministrada nos EUA – disponível em: https://www.conjur.com.br/dl/palestra-fux-inteligencia-artificial.pdf; https://www.conjur.com.br/2019-mar-14/fux-mostra-beneficios-questionamentos-inteligencia-artificial – Acesso em: 20 de Jul de 2019. Apud. ROSS. Artificial Intelligence (AI) for the practice of law: An introduction. Disponível em: rossintelligence.com/ai-introduction-law/. Acesso em: 13 de fevereiro de 2019.

Como as aplicações da Inteligência Artificial em âmbito dos tribunais pátrios serão abordadas em capítulo próprio, neste capítulo, destacam-se as diversas experiências no cenário internacional.[18]

Nos EUA, a IBM desenvolveu o ROSS e o Watson.[19] Geralmente essas tecnologias de computação cognitiva são utilizadas por escritórios de advocacia em pesquisas de decisões judiciais, para previsão de resultados, análise de documentos e na elaboração de contratos.

Além disso, realizam o monitoramento de decisões em todo o mundo, propiciam maior agilidade e precisão na prestação dos serviços jurídicos.

Entre os sistemas que realizam atividades inerentes a contratos, destacam-se a empresa *Kyra Systems*,[20] o sistema *LawGeex*[21] e o *Ebrevia*.[22] Já no campo de soluções alternativas de conflitos por meio de plataformas online, vale mencionar o site *Wevorce*,[23] que realiza o divórcio entre as partes, definindo não só o resultado, como também aspectos financeiros e de planejamento de guarda dos filhos.

No que tange às desvantagens do uso da Inteligência Artificial, como bem apontado pelo Min. Luiz Fux[24], em que pese a possibilidade da utilização de ferramentas de automatização de tarefas repetitivas proporcionarem maior agilidade e precisão na prática do direito, surgem diversos questionamentos éticos no que toca, especialmente, a tomada de decisão por máquinas, sem a intervenção humana e os resultados por elas produzidos.

Assim, Fux destaca como questionamentos de ordem ético-jurídica, que ainda carecem de solução, as seguintes áreas do direito:

> (i) a responsabilidade civil por atos autônomos de máquinas; (ii) a proteção de Direitos Autorais e a produção de obras por máquinas; (iii) a noção de devido processo legal e de isonomia perante possíveis vieses algorítmicos; (iv) o direito à privacidade e a utilização de dados pessoais por sistemas de Inteligência Artificial.[25]

---

18 Op. Cit.

19 NUNES, Dierle. MARQUES, Ana Luiza Pinto Coelho. Inteligência Artificial e Direito Processual: Vieses algorítmicos e os riscos de atribuição de função decisória às Máquinas. In Revista de Processo. Vol. 285/2018. P. 421/447. Nov/2018.

20 Op. Cit.

21 Idem.

22 Idem.

23 Idem.

24 FUX, Luiz. "Ensaio sobre o reflexo da Inteligência Artificial no Direito" palestra ministrada nos EUA – disponível em: https://www.conjur.com.br/dl/palestra-fux-inteligencia-artificial.pdf; https://www.conjur.com.br/2019-mar-14/fux-mostra-beneficios-questionamentos-inteligencia-artificial – Acesso em: 20 de Jul de 2019.

25 Idem.

No mesmo sentido, Gustavo Tepedino ressalta como principais desafios a serem enfrentados pelo direito (i) a imputação do dever de indenizar, diante da dificuldade de identificação dos responsáveis pelos atos praticados pelos robôs; e (ii) a grande potencialidade dessas máquinas produzirem resultados discriminatórios, tendo em vista que estão em busca de soluções estatisticamente mais acertadas e o fazem a partir *"dos hábitos culturais reiterados, reações e elementos cognitivos incorporados pelos usuários".* [26]

Essas preocupações apontam para a necessidade de atenção ao enviesamento dos resultados obtidos, decorrentes da qualidade dos dados inseridos no sistema[27]. Isso porque, os indivíduos que fornecem esses dados compõem a sociedade que, infelizmente, ainda é permeada por desigualdades sociais e pensamentos discriminatórios.[28]

Os vieses algorítmicos ocorrem justamente quando as máquinas passam a refletir esses valores negativos implícitos no comportamento humano dos indivíduos que as programaram.[29]

Muito embora a ideia inicial do uso dessas ferramentas não seja prejudicar, mas sim alcançar a produção de resultados cada vez mais acertados e eficientes, a ausência de acompanhamento dos resultados e da revisão dos algoritmos, pode acabar por violar direitos e garantias fundamentais, fato que deve ser impedido.

---

26 *"no que tange à identificação dos responsáveis pelos atos praticados por robôs, à imputação do dever de indenizar. Além disso, ao contrário do que ocorre nas relações intersubjetivas, no caso da inteligência artificial há uma aparente neutralidade da máquina, que dificulta a identificação da fonte da lesão a direitos humanos, tornando ainda mais complexa a intervenção equalizadora. Tome-se de exemplo o ocorrido com gigante multinacional do setor de alimentação que, para coibir preconceitos, entregou o recrutamento de pessoal à inteligência artificial. A experiência em pouco tempo fracassou. O robô apreendeu os hábitos culturais reiterados, reações e elementos cognitivos incorporados pelos usuários. Por isso mesmo, na busca das soluções estatisticamente mais acertadas, o sistema acabou por reproduzir exatamente os mesmos preconceitos e soluções discriminatórias, com resultados semelhantes aos que, pela lei das probabilidades, seriam adotados pelos agentes econômicos destinatários."* TEPEDINO, Gustavo. As tecnologias e a renovação do Direito Civil. 12/06/2019 – Disponível em: https://www.oabrj.org.br/colunistas/gustavo-tepedino/as-tecnologias-renovacao-direito-civil?fbclid=IwAR0JaOHgzIUvMEDitk1SlTRZXrsxLIT54UyT8koEW-vEfwKnkQGMJmgvm9fYA- Acesso em 20 de Jul de 2019.

27 Complementa o Min. Luiz Fux: *"Dessa forma, ao programa-las, é necessário considerar (i) quais valores e pressupostos estamos inserindo nos programas, (ii) quais mecanismos serão incorporados a eles a fim de não enviesar os resultados obtidos, bem como (iii) qual a natureza dos dados manipulados por tal processo, por exemplo. Nesse sentido, é que, nos últimos anos, muito se tem discutido a respeito da necessidade de regulação de novas tecnologias."* FUX, Luiz. "Ensaio sobre o reflexo da Inteligência Artificial no Direito" palestra ministrada nos EUA – disponível em: https://www.conjur.com.br/dl/palestra-fux-inteligencia-artificial.pdf; https://www.conjur.com.br/2019-mar-14/fux-mostra-beneficios-questionamentos-inteligencia-artificial – Acesso em: 20 de Jul de 2019.

28 NUNES, Dierle. MARQUES, Ana Luiza Pinto Coelho. Inteligência Artificial e Direito Processual: Vieses algorítmicos e os riscos de atribuição de função decisória às Máquinas. In Revista de Processo. Vol. 285/2018. P. 421/447. Nov/2018.

29 Idem

Outro problema está relacionado à potencial violação do devido processo, em razão da ausência de transparência dos algoritmos que pode constituir mecanismo de segregação ou erro, decorrente da pretensa imparcialidade da matemática.[30]

Verifica-se, ainda, inconsistências e riscos de discriminação na previsão de comportamentos, quando ausentes dados específicos sobre os resultados visados.[31]

Mais delicada ainda é a questão relacionada à atribuição da função decisória dos magistrados às máquinas. Situação que deve ser rechaçada, diante da grande probabilidade de alcance de efeitos danosos, sobretudo em razão da dificuldade de impugnação e discussão da fundamentação, decorrente do desconhecimento do funcionamento dos algoritmos pelos operadores do direito.[32]

Assim, recomenda-se a utilização responsável das novas tecnologias, sobretudo das ferramentas de Inteligência Artificial. Além disso, a busca pela eficiência deve estar atrelada à análise dos impactos sociais, de modo que, ainda que em nome da celeridade e eficiência, não se pode abandonar a preservação de direitos e garantias fundamentais aos cidadãos.

---

30 *"Saliente-se que o fato de os algoritmos serem constituídos por informações selecionadas, por si só, não se constitui em um problema. Contudo, trata-se de um dado normalmente ignorado e que, quando aliado à falta de transparência dos algoritmos, bem como a sua possibilidade de crescimento exponencial, pode constituir um mecanismo perigoso de segregação ou erro, amparado pela pretensa imparcialidade da matemática.19 Sobre a questão da opacidade dos algoritmos, cumpre destacar a opinião de Cathy O'Neil, matemática e autora do livro Weapons of math destruction, segundo a qual a ausência de transparência dos modelos torna seu funcionamento invisível para todos, salvo matemáticos e cientistas computacionais. Desse modo, mesmo quando equivocados, o veredito dos algoritmos se torna imune a discordâncias e reclamações, perpetuando por vezes as desigualdades e contribuindo, inclusive, para o seu crescimento, por meio do feedback loop.20 Numa abordagem jurídica, coloca-se em pauta em que medida a ausência de accountability macula (ou não) o devido processo constitucional e a necessidade de fundamentação adequada das respostas oferecidas pelos algoritmos"* Idem P. 3.

31 *Certo que não se pode precisar cientificamente quais características e indicadores fazem com que um indivíduo seja mais ou menos propenso à reincidência. Assim, para que o algoritmo chegue a tal resultado, são utilizadas correlações entre dados, como a existência de parentes ou vizinhos condenados, o desempenho escolar, a convivência com usuários de drogas, entre outros, e a probabilidade de reincidência, o que carece de confirmação científica e acarreta resultados discriminatórios.* Idem.

32 *"atribuir-lhes (aos algotimos) a função de tomar decisões, atuando de forma equivalente a um juíz, pode significar a ampliação ainda maior de desigualdades que permeiam nosso sistema Judiciário, respaldando-o, ademais, com um decisionismo tecnológico. Isso porque, por mais enviesadas que sejam as decisões proferidas por juízes, sempre se tem certo grau de acesso aos motivos (mesmo errados, subjetivos ou enviesados) que os levaram a adotar determinada posição, pois, ainda que decidam consciente ou inconscientemente por razões implícitas, suas decisões devem ser fundamentadas. Assim, em todos os casos, os afetados podem impugná-las e discuti-las. Por sua vez, os resultados alcançados por sistemas de inteligência artificial, conforme abordado anteriormente, são indiscutíveis por aqueles que desconhecem o algoritmo e seu funcionamento, como é o caso de advogados, juízes e membros do Ministério Público."* Idem P. 9.

4. Análise econômica do uso da Inteligência Artificial pelos Tribunais Brasileiros

O problema do congestionamento do judiciário brasileiro é de notório conhecimento. Os levantamentos de dados realizados pelo Conselho Nacional de Justiça – CNJ, para edição dos relatórios anuais *Justiça em Números*, apontam para a sobrecarga do Poder Judiciário como um todo.

De acordo como relatório *Justiça em Números* de 2018[33] (ano-base 2017), o Poder Judiciário finalizou o ano de 2017 com 80,1 milhões de processos em tramitação, aguardando alguma solução definitiva. Em toda série histórica, o ano de 2017 foi o de menor crescimento do estoque, com variação de 0,3%, ou seja, um incremento de 244 mil casos em relação ao saldo de 2016.

Em 2017, ingressaram 29,1 milhões de processos e foram baixados 31 milhões. Em média, a cada grupo de 100.000 habitantes, 12.519 ingressaram com uma ação judicial no ano de 2017.

Houve decréscimo dos casos novos na ordem de 1% com relação ao ano de 2016, e aumento dos casos solucionados em 5,2%. Foi também o primeiro ano em que o volume de baixados superou o patamar de 30 milhões de casos solucionados. Apesar disso, o estoque não reduziu e o crescimento acumulado no período 2009-2017 foi de 31,9%, ou seja, acréscimo de 19,4 milhões de processos.

O relatório aponta, ainda, que mesmo que não houvesse ingresso de novas demandas e fosse mantida a produtividade dos magistrados e dos servidores, seriam necessários aproximadamente 2 anos e 7 meses de trabalho para zerar o estoque.

Esse indicado é denominado *"tempo de giro do acervo"*. Na Justiça Estadual é de 2 anos e 11 meses, na Justiça Federal é de 2 anos e 10 meses, na Justiça do Trabalho é de 1 ano e 2 meses, na Justiça Militar Estadual é de 8 meses e nos Tribunais Superiores é de 1 ano.

Nesse diapasão, alguns os Tribunais vislumbraram nas novas tecnologias uma oportunidade de combater a litigiosidade em massa e *"desafogar"* o judiciário. E, consequentemente, propiciar aos jurisdicionados o alcance de uma justiça de maior qualidade, acabando por promover, ainda, os princípios da celeridade, economia processual, duração razoável do processo e, sobretudo, Acesso à Justiça.

Nesse sentido, mais do que a busca pela celeridade, o uso de ferramentas de automatização decorrentes de Inteligência Artificial[34] visa garantir maior eficiência na

---

33 Relatório *Justiça em Números* 2018 (ano-baase 2017) – disponível em: https://www.cnj.jus.br/files/conteudo/arquivo/2018/09/8d9faee7812d35a58cee3d92d2df2f25.pdf – Acesso em 20 de jul de 2019

34 *Tendo em vista que os custos da litigância são absolutamente centrais no estudo do acesso à justiça, iniciativas que reduzam esses custos inequivocamente contribuem para a maior eficiência do sistema jurisdicional. Nos Estados Unidos, uma organização sem fins lucrativos (Legal Service Corporation, LSC) tem recebido dinheiro público para investimentos em projetos de tecnologia voltados à facilitação do acesso à justiça para os mais necessitados (Technology Initiative Grants, TIG). Um*

prestação jurisdicional, nomeadamente o alcance da tutela pacificadora, adequada e proteção ao bem jurídico em disputa em maior escala.

Isso porque, como apontado no capítulo anterior, a automatização de tarefas repetitivas otimiza o dia-a-dia forense e, portanto, permite que tanto os magistrados quanto os demais profissionais que atuam nos tribunais se dediquem a situações que demandem maior análise, em razão da sua complexidade.

Não por outra razão, as cortes superiores e diversos tribunais brasileiros passaram a incorporar ferramentas de Inteligência Artificial aos seus sistemas. A exemplo disso, destacamos as experiências do Supremo Tribunal Federal (STF) e do Superior Tribunal de Justiça (STJ), bem como dos tribunais estaduais de Minas Gerais (TJMG), Pernambuco (TJPE), Rio Grande do Norte (TJRN) e Rondônia (TJRO).

A Universidade de Brasília (UNB) desenvolveu o VICTOR para auxiliar o Supremo Tribunal Federal – STF, um projeto de *Machine Learning* que objetiva separar e classificar as peças processuais e identificar os principais temas de repercussão geral fixados pela Corte.

O impacto na economia processual e na diminuição do número de recursos será extremamente significativo.[35] O sistema leva apenas 5 segundos para separar as principais peças do processo, enquanto um servidor levaria, em média, 30 minutos. Estima-se que a redução do número de Res alcance 1/8 do número de recursos que chegam ao Supremo e que sejam solucionados, em média, 10 mil processos por ano.

---

desses projetos é a utilização de inteligência artificial para a elaboração de peças jurídicas de forma automática, por meio de softwares como o HotDocs. Portais na internetcomo a LawHelp Interactive e o Access to Justice Author (A2J Author) permitem aos usuários criar documentos de forma gratuita, sem a intervenção de um advogado, prontos para apresentação perante o Judiciário.[53] *Muito embora entidades profissionais levantem objeções em relação à qualidade do serviço prestado por meio dessas tecnologias, especialistas apontam que em diversas áreas, como despejos, divórcios e ações de cobrança, a inteligência artificial pode prestar um serviço equiparável a um advogado médio.*[5] *Avanços na utilização da inteligência artificial como mecanismo de acesso ao Judiciário dependerão diretamente da superação de óbices corporativos à incorporação de tecnologias na praxe forense. Nos Estados Unidos, importantes plataformas on-line de serviços jurídicos, como o LegalZoom, já foram consideradas pelo conselho profissional de alguns Estados como exercício não autorizado da profissão (unauthorized practice of law).* FUX, Luiz. BODART, Bruno. Processo Civil e Análise Econômica. Rio de Janeiro, Forense, Op.Cit. P. *63-64.*

---

35 *é alarmante o número de temas aguardando resolução pelo Supremo Tribunal Federal pelo sistema de julgamento de recursos repetitivos. Em 2019, o número de temas com repercussão geral reconhecida e pendentes de julgamento era de 314 (trezentos e quatorze). Em contrapartida, o número de temas de repercussão geral cujo mérito foi julgado em 2018 foi de 22 (vinte e dois).*[21] *Com essa produtividade anual, caso a Corte parasse de reconhecer novos temas para a formação de precedentes em recursos extraordinários, levaria ainda mais de 14 (quatorze) anos para eliminar o estoque atual. Urge, portanto, que a metodologia de admissão de recursos para julgamento pelo Supremo Tribunal Federal seja revista, considerando o altíssimo custo de oportunidade da Corte para a produção de novos precedentes e modificação dos antigos.* Idem P..201.

Vale ressaltar que o VICTOR não decide ou julga os recursos, mas tão somente auxilia os servidores na identificação e seleção daqueles relacionados aos temas com repercussão geral.

Já para o Superior Tribunal de Justiça – STJ,[36] foi desenvolvido o Projeto Corpus927[37] pela ENFAM. O objetivo do sistema é consolidar em um só local as decisões vinculantes do STF e do STJ, bem como a jurisprudência do STJ.

No que se refere aos Tribunais Estaduais, o Tribunal de Justiça de Minas Gerais – TJ/MG possui as ferramentas RADAR e ÁGIL[38], que são capazes de ler processos e separar aqueles de caráter repetitivo. Ao realizar essa identificação, o sistema sugere um padrão de voto, que então é revisado por um relator.

Baseada nos índices do processo e dos temas cadastrados pelo TJMG, a ferramenta realiza uma busca em todo o acervo do segundo grau e alerta o desembargador sobre a similaridade ou não deste processo com os demais em trâmite no Tribunal de Justiça.

O gabinete terá acesso à lista dos processos similares e poderá decidir se julgará individualmente ou sobrestará este processo. Após a indexação, o processo é distribuído e encaminhado ao juiz natural da ação ou gabinetes na 2ª Instância.

Em novembro de 2018, depois de um ano e meio de testes, a ferramenta RADAR foi aplicada durante a sessão da 8ª Câmara Cível do Tribunal. Na oportunidade, possibilitou o julgamento de 280 processos similares em apenas um segundo.

Na tentativa de diminuir o acervo de processo de execução fiscal, que representam 53% das ações em trâmite perante o Tribunal de Justiça de Pernambuco, foi desenvolvido o sistema ELIS que promove a triagem dos processos ajuizados eletronicamente e confere os dados, classifica e verifica a existência de prescrição e competência.

Ainda com relações à execução fiscal, o Tribunal de Justiça do Rio Grande do Norte, em parceria com a UFRN, desenvolveu o POTI, um sistema que tem auxiliado a diminuir o número de ações judiciais. O POTI (i) promove automaticamente a penhora de valores nas contas bancárias de devedores; (ii) atualiza o valor da execução fiscal; (iii) transfere o montante para as contas oficiais indicadas; e (iv) caso não haja dinheiro na conta, o POTI já está programado para realizar novas buscas em períodos consecutivos de 15, 30 e 60 dias.

---

36 Notícias Site STJ – Disponível em: https://stj.jusbrasil.com.br/noticias/592319286/stj-e-enfam-lancam-corpus927-sistema-para-agrupar-e-ordenar-a-jurisprudencia-dos-tribunais – Acesso em 20 jul de 2019.

37 Site STJ – Disponível em: http://corpus927.enfam.jus.br/ – Acesso em 20 jul de 2019.

38 Notícia Site TJMG – Disponível em: http://www.tjmg.jus.br/portal-tjmg/noticias/seminario-debate-uso-da-tecnologia-no-direito-e-tecnologia.htm#.XT4RYOhKhPY; http://www.tjmg.jus.br/portal-tjmg/noticias/tjmg-utiliza-inteligencia-artificial-em-julgamento-virtual.htm#.XT4QLuhKhPb ;http://www.tjmg.jus.br/portal-tjmg/justica-em-questao/programa-481.htm#.XT4Yz-hKhPZ ; http://www.tjmg.jus.br/portal-tjmg/hotsites/balanco-180-dias/julgamento-virtual-1.htm#.XT4R-cOhKhPY – Acesso em 20 jul de 2019.

A ferramenta é considerada um sucesso pelo Tribunal. Tanto assim o é, que setor que cuidava das penhoras na comarca de Natal foi extinto e na 6ª Vara de Execução Fiscal e Tributária da Comarca de Natal, não há pedidos pendentes de penhora.

Em razão do êxito do POTI, estão em fase de testes mais duas novas ferramentas de Inteligência Artificial, JERIMUM e CLARA. A primeira terá como objetivo a classificação e rotulação dos processos. Já a segunda, realizará a leitura dos documentos e fará sugestões de tarefas e recomendações de decisões, que poderá ser confirmada ou não por um servidor.

O Tribunal de Justiça de Rondônia – TJRO criou um núcleo de Inteligência Artificial e desenvolveu uma ferramenta inovadora, denominada SINAPSES.[39] O sistema possui a capacidade de armazenar dados para prever determinado fenômeno, ou seja, por meio de mecanismos de predição, após segundos de pesquisa em centenas de julgados, aponta o próximo movimento processual adequado ao caso. O Tribunal espera uma diminuição de 60% no tempo médio do trâmite das ações. O que promoverá em maior medida, a celeridade e a economia processual.

A partir da análise econômica dos resultados apresentados, constata-se que o uso de ciência da computação, por meio das ferramentas de Inteligência Artificial promovem os princípios da celeridade, econômica processual, duração razoável do processo, acesso à justiça e, sobretudo, garantem as partes uma prestação jurisdicional extremamente eficaz.

Os impactos para a economia, diminuição morosidade e do congestionamento processual também restam evidenciados.

Nesse sentido, vale reiterar que o uso das máquinas para realização de tarefas repetitivas, possibilita que os magistrados e os servidores teriam maior disponibilidade para se dedicar a atividades mais complexas e que, normalmente, demandam maior atenção. O que culmina produção de decisões de maior qualidade técnica e evitam a interposição de recursos.

5. Considerações finais

No presente trabalho buscou-se apresentar uma Análise Econômica do uso da Inteligência Artificial pelos Tribunais pátrios como forma de garantia de efetividade na prestação jurisdicional e promoção dos princípios e garantias fundamentais.

Foram apresentadas algumas das vantagens e desvantagens da aplicação dessas ferramentas ao direito, com destaque as preocupações e controvérsias que surgiram em torno dessa temática.

---

39 FUX, Luiz. "Ensaio sobre o reflexo da Inteligência Artificial no Direito" palestra ministrada nos EUA – disponível em: https://www.conjur.com.br/dl/palestra-fux-inteligencia-artificial.pdf; https://www.conjur.com.br/2019-mar-14/fux-mostra-beneficios-questionamentos-inteligencia-artificial – Acesso em: 20 de Jul de 2019

A partir da Análise Econômica a inteligência Artificial, conclui-se que essa ciência pode ser vista como uma ferramenta auxiliar no combate à litigiosidade em massa, à diminuição do congestionamento no judiciário, bem como de redução na morosidade processual e nos custos do processo.

Conclui-se que são inúmeros os benefícios que o uso das novas tecnologias, sobretudo a Inteligência Artificial, podem trazer ao direito, incluindo, mas não se limitando as formas de gestão processual.

Vale destacar que o uso de ferramentas de automatização de tarefas repetitivas aponta, de fato, para a possibilidade de otimização, bem como aprimoramento do judiciário brasileiro. E, portanto, para o alcance de maior efetividade na prestação jurisdicional.

A possibilidade de previsão de resultados dos litígios, filtragem, classificação e separação de documentos pelas máquinas podem propiciar a prestação jurisdicional de maior qualidade. Isso porque, os magistrados e os servidores teriam maior disponibilidade para se dedicar a atividades mais complexas e que, normalmente, demandam maior atenção.

Não obstante os pontos positivos apresentados, diversas questões ético-jurídicas ainda carecem de resposta e regulamentação. Portanto, recomenda-se parcimônia e cautela nesses aspectos para preservação de direitos das partes envolvidas.

Além disso, considera-se temerária a atribuição da função decisória dos magistrados às máquinas, assim como a busca desenfreada pela eficiência e celeridade, sem a devida preocupação com aos vieses algorítmicos e eventuais enviesamentos dos resultados decorrentes dos dados inseridos nos sistemas e do auto aprimoramento das máquinas.

Diante do exposto, defende-se o uso responsável das ferramentas de Inteligência Artificial. De maneira que a busca pela eficiência e celeridade encontre limites na preservação dos direitos e garantias fundamentais aos cidadãos, e esteja atrelada à análise dos impactos sociais, para alcance de uma prestação jurisdicional adequada e que não viole direitos provenientes de qualquer natureza jurídica, tampouco garantias fundamentais.

6. Referências bibliográficas

CADIET, Loïc. *"Complessità e riforme del processo civile francese"*. *In*: *Rivista Trimestrale di Diritto e Procedura Civile*. Dic. 2008, LXII, n. 4, p. 1317

COOTER, Robert, *An Introduction to Law and Economics, Law and Economics.* Boston: Pearson, 6th ed, p. 1-69.

Christine Jolls, Cass R. Sunstein and Richard H. Thaler, A Behavioral Approach to Law and Economics, 50 Stanford Law Review, 1998. p. 1471-1489.

FUX, Luiz. BODART, Bruno. Processo Civil e Análise Econômica. Rio de Janeiro, Forense, 2019.

FUX, Luiz. "Ensaio sobre o reflexo da Inteligência Artificial no Direito" palestra ministrada nos EUA – disponível em: https://www.conjur.com.br/dl/palestra-fux-inteligencia-artificial.pdf; https://www.conjur.com.br/2019-mar-14/fux-mostra-beneficios-questionamentos-inteligencia-artificial.

LESSA NETO, João Luiz. O novo CPC adotou o modelo multiportas!!! E agora?!, in Revista de Processo, vol. 244, Jun/2015, São Paulo: Revista dos Tribunais, p. 439.

McCARTHY, John. What is Artificial Intelligence? Stanford University, Revised Nov. 2007. Não paginado. Disponível em: http://jmc.stanford.edu/artificial-intelligence/what-is-ai/index.html – Acesso em 20 de Jul de 2019.

McCARTHY, John. M. L. Minsky, N. Rochester e C.E. Shannon. A Proposal for the Dartmouth Summer Research Project on Artificial Intelligence (em inglês) – Dartmouth College Summer AI Conference (1956) – texto completo disponível em: http://www-formal.stanford.edu/jmc/history/dartmouth/dartmouth.html – Acesso em 20 de Jul de 2019.

NUNES, Dierle. MARQUES, Ana Luiza Pinto Coelho. Inteligência Artificial e Direito Processual: Vieses algorítmicos e os riscos de atribuição de função decisória às Máquinas. In Revista de Processo. Vol. 285/2018. P. 421/447. Nov/2018.

PINHO, Humberto Dalla Bernardina de. *Jurisdição e Pacificação*: limites e possibilidades do uso dos meios consensuais de resolução de conflitos na tutela dos direitos transindividuais e pluri-individuais, Curitiba: CRV, 2017, p. 262.

POLINSKY, A. Mitchell. *An Introduction to Law and Economics*. 4ª ed. New York: Wolters Kluwer, 2011. p. 135-146.

Relatório *Justiça em Números* 2018 (ano-baase 2017) – disponível em: https://www.cnj.jus.br/files/conteudo/arquivo/2018/09/8d9faee7812d35a58cee3d92d2df2f25.pdf – Acesso em 20 de jul de 2019

RUSSELL, S.J.; NORVIG, P. Artificial Intelligence: A Modern Approach. New Jersey: Prentice Hall, 2009 (3ª Ed.).

SHAVELL, Steven. Foundations of Economic Analysis of Law. Cambridge: Harvard University Press, 2004. p. 1-6 e 593-660.

SUPERIOR TRIBUNAL DE JUSTIÇA – Disponível em: https://stj.jusbrasil.com.br/noticias/592319286/stj-e-enfam-lancam-corpus927-sistema-para-agrupar-e-ordenar-a-jurisprudencia-dos-tribunais – Acesso em 20 jul de 2019.

SUPERIOR TRIBUNAL DE JUSTIÇA – Disponível em: http://corpus927.enfam.jus.br/ – Acesso em 20 jul de 2019.

TEPEDINO, Gustavo. As tecnologias e a renovação do Direito Civil. 12/06/2019 – Disponível em: https://www.oabrj.org.br/colunistas/gustavo-tepedino/as-tecnologias-renovacao-direito-civil?fbclid=IwAR0JaOHgzlUvMEDitk1SlTRZXrsxLIT54UyT8koEWvEfwKnkQGMJmgvm9fYA – Acesso em 20 de Jul de 2019.

TRIBUNAL DE JUSTIÇA DE MINAS GERAIS – Disponível em: http://www.tjmg.jus.br/portal-tjmg/noticias/seminario-debate-uso-da-tecnologia-no-direito-e-tecnologia.htm#.XT4RYOhKhPY- Acesso em 20 jul de 2019.

TRIBUNAL DE JUSTIÇA DE MINAS GERAIS – Disponível em: http://www.tjmg.jus.br/portal-tjmg/noticias/tjmg-utiliza-inteligencia-artificial-em-julgamento-virtual.htm#.XT4QLuhKhPb – Acesso em 20 jul de 2019.

TRIBUNAL DE JUSTIÇA DE MINAS GERAIS – Disponível em: http://www.tjmg.jus.br/portal-tjmg/justica-em-questao/programa-481.htm#.XT4Yz-hKhPZ – Acesso em 20 jul de 2019.

TRIBUNAL DE JUSTIÇA DE MINAS GERAIS – Disponível em: http://www.tjmg.jus.br/portal-tjmg/hotsites/balanco-180-dias/julgamento-virtual-1.htm#.XT4RcOhKhPY – Acesso em 20 jul de 2019.

A COMPETÊNCIA NOS PROCESSOS ESTRUTURAIS

Heitor de Andrade mendes

SUMÁRIO: Introdução. **1.** Processos estruturais. **2.** O juiz competente e o juiz adequado. **3.** Conclusão.

Introdução

A distribuição de competências faz parte do cotidiano da vida em sociedade e é imprescindível ao convívio entre os indivíduos, nas esferas privada e pública[1].

No Brasil, a fim de se verificar qual é o órgão jurisdicional competente para julgar determinada demanda, é necessária a conjugação de normas constitucionais e infraconstitucionais, na medida em que o tema está disciplinado na própria Constituição da República, de forma geral, e na legislação infraconstitucional, de maneira pormenorizada.

Objetivamente, tal análise parte das regras inseridas na Constituição da República (que discrimina a competência de certos órgãos, a saber, Justiça do Trabalho, Justiça Eleitoral, Justiça Militar e Justiça federal); em seguida, a investigação passa à legislação ordinária (que distribui a competência de acordo com vários critérios, quais sejam: em razão da matéria, da pessoa, da função, do valor da causa e do local ou território); por fim, fala-se da competência do juízo ou de foro, que é perquirida por meio de análise das leis de organização judiciária[2].

Respeitados os parâmetros constitucionais, o legislador pode, em tese, criar as normas de competência com um certo grau de discricionariedade. Desse modo, por exemplo, os parlamentares do Estado de São Paulo, podem entender, durante o processo legislativo para criação ou alteração do correspondente Código de Organização Judiciária, que certos assuntos cíveis serão de competência dessa ou daquela vara. Trata-se, como se disse, de uma opção que, respeitada a moldura constitucional, pode ser tomada segundo critérios de conveniência e oportunidade.

É necessário, contudo, que a interpretação das regras de competência seja a mais apropriada ao alcance da efetividade que se espera do processo – desde que obedecidos os limites semânticos, evidentemente.

Com efeito, além de aptas a balizar o exercício do poder jurisdicional, tais regras devem ser efetivas, ou melhor, aptas a promover a efetividade que se espera do processo, por meio da entrega concreta do melhor resultado constitucionalmente possível.

---

1 CABRAL, Antonio do Passo. *Juiz natural e eficiência processual: flexibilização, delegação e coordenação de competências no processo civil.* Universidade do Estado do Rio de Janeiro: tese apresentada ao concurso de Professor titular de Processo Civil, 2017, p. 25.

2 Ibid., p. 26.

Tal observação ganha especial destaque nos chamados "processos estruturais", na medida em que, considerada a sua complexidade, a resolução efetiva das questões a eles subjacente impõe a adoção de medidas estruturantes, preferencialmente pelo juízo idôneo a desenvolver a cognição mais ampla possível.

Juízos de valor realizados de modo superficial, sem o estudo profundo do contexto em que a causa de pedir se insere podem levar a resultados diversos daqueles a que se chegaria se o contexto fosse amplamente conhecido. Ou seja, o desconhecimento preciso dos fatos relevantes do processo pode levar a julgamentos preconceituosos, intuitivos, orientados por em princípios heurísticos e, portanto, aptos a gerar erro graves, sob os pontos de vista social, político, econômico etc.

1. Processo estruturais

O arcabouço normativo no qual se insere o direito processual brasileiro é voltado, basicamente, para a resolução de litígios caracterizados por uma relação bilateral, no bojo da qual o autor (individual ou coletivo) formula pedidos em face do réu (individual ou coletivo).

Nesse sentido, conceitos como "lide", "relação jurídica processual" e "ação" exemplificam a noção, arraigada em nossa cultura jurídica, de que o processo deve se orientar por dois extremos e que ao magistrado compete, observados os limites estabelecidos pelas partes, atribuir a cada uma delas um resultado que se contrapõe, necessariamente, àquele alcançado pelo seu opositor. Ou seja, se uma das partes ganha, a outra deve perder. Bem assim, inúmeros institutos processuais, tais como a causa de pedir, a demanda, a definição do objeto da prova e os limites da coisa julgada material são norteados por essa estrutura simplista – o que engloba, inclusive, os processos coletivos.[3]

Contudo, o processo tradicional é incapaz de enfrentar e solucionar satisfatoriamente determinadas questões de ordem constitucional, cujos características não se amoldam à sistemática elementar e binária anteriormente aludida.

Trata-se dos chamados "litígios estruturais", que são decorrentes do modo "como uma estrutura burocrática, usualmente, de natureza pública, opera. O funcionamento da estrutura é que causa, permite ou perpetua a violação que dá origem ao litígio coletivo. Assim, se a violação for apenas removida, o problema poderá ser resolvido de modo aparente, sem resultados empiricamente significativos, ou momentaneamente, voltando a se repetir no futuro"[4]. Na hipótese, a vida em sociedade é afetada de dife-

---

3 ARENHART, Sergio Cruz. Decisões estruturais no direito processual civil brasileiro. Revista de Processo, vol. 225/2013, p. 389.

4 VITORELLI, Edilson. Levando os conceitos a sério: processo estrutural, processo coletivo, processo estratégico e suas diferenças. Revista de Processo, vol. 284/2018, p.333. Esclarece o autor, ademais, que as expressões "processo coletivo", "litígio coletivo", "processo estrutural" e "litígio estrutural" não se confundem. Por ora, basta mencionar que o litígio coletivo é "o conflito de inte-

rentes modos pela atuação de organizações de grande escala, em franca oposição a valores constitucionais, que só podem ser eficazmente protegidos por meio da consecução de mudanças básicas nas estruturas de tais organizações, públicas ou privadas[5].

Os litígios estruturais, ademais, são policêntricos, ou seja, envolvem questões subsidiários, entrelaçadas umas às outras, a ponto de a solução empregada a cada uma delas sujeitar-se às demais[6].

A título de exemplo, podem ser citadas, especificamente na esfera pública[7], demandas que visam à condenação medicamentos, à construção de creches, à restrição do número de presos em determinada unidade prisional etc. Em todas essas hipóteses, o julgamento dos pedidos não é suficiente para a solução efetiva do problema tratado no processo; pelo contrário, é possível que a decisão a ser proferida em tais processos gere mais prejuízos do que benefícios.

Ora, ao determinar a entrega de medicamentos – ou mesmo de dinheiro -, por exemplo, o magistrado acaba por realizar uma desalocação de verbas públicas e, consequentemente, pode gerar um dano ao sistema como um todo[8].

---

resses que se instala envolvendo um grupo de pessoas, mais ou menos amplo, sendo que essas pessoas são tratadas pela parte contrária como um conjunto, sem que haja relevância significativa em qualquer de suas características estritamente pessoais". Por outro lado, os processos coletivos são contingenciais, isto é, existirão ou não, a depender das normas processuais de cada país. Aliás, é possível, mesmo em ordenamentos que preveem mecanismos de tutela coletiva, que litígios coletivos sejam tratados de maneira individualizada – o que, no Brasil, sói ocorrer nas demandas que, individualmente, visam à obtenção de medicamentos, a despeito na natureza coletiva do litígio, porquanto a saúde pública é um serviço destinado a todos.

---

5 FISS, Owen M. The Supreme Court, 1978 Term-Foreword: The Forms of Justice. Harvard Law Review, v. 93, n. 1, 1979, p. 2.

6 FLETCHER, William. The discretionary Constitution: institutional remedies and judicial legitimacy. The Yale Law Journal, v. 91, n. 4, 1982. p. 645.

7 Conquanto sejam mais usualmente identificados no funcionamento de entes públicos, os litígios estruturais também podem ser observados em atividades privadas. GARRETT, Brandon L. Structural Reform Prosecution. Virgina Law Review, v. 93, p. 853-957, 2007.

8 Embora controvertido sob o ponto de vista acadêmico, o controle jurisdicional de políticas públicas é amplamente admitido pela jurisprudência. No REsp 1657156/RJ, por exemplo, o Superior Tribunal de Justiça fixou a tese segundo a qual: "a concessão dos medicamentos não incorporados em atos normativos do SUS exige a presença cumulativa dos seguintes requisitos: (i) Comprovação, por meio de laudo médico fundamentado e circunstanciado expedido por médico que assiste o paciente, da imprescindibilidade ou necessidade do medicamento, assim como da ineficácia, para o tratamento da moléstia, dos fármacos fornecidos pelo SUS; (ii) incapacidade financeira de arcar com o custo do medicamento prescrito; (iii) existência de registro na ANVISA do medicamento." Diante de tal realidade, cabe ao direito processual o fornecimento de ferramentas hábeis a um otimizado enfrentamento do tema. No mesmo sentido é a orientação do STF, consoante se depreende da seguinte ementa: "Agravo regimental em recurso extraordinário. 2. Violação ao princípio da separação de poderes. Decisão do Poder Judiciário que determina a adoção de medidas de efe-

Justamente em razão da natureza estrutural do problema subjacente às demandas sobre políticas públicas, aduz a doutrina que o eficaz enfrentamento de tais questões exige dois cuidados. Assim, (i) é imperiosa a análise do assunto de forma global, isto é, a atividade cognitiva deve ser ampliada, de modo que, além dos fatos da causa, eventuais impactos do processo também sejam considerados pelo juiz. Ademais, (ii) deve ser dada primazia ao enfretamento da questão por intermédio de uma ação coletiva, o que facilita a "macroanálise" do tema, por meio da consideração de fatores orçamentários e de implementação de outras políticas públicas, que, embora dotadas de igual ou superior dignidade, podem ser obstadas pelo resultado do processo.[9]

2. O juiz competente e o juiz adequado

Nesse sentido, a especificidade dos processos estruturais recomenda que ocorra uma ampliação da atividade cognitiva. Tal ampliação, contudo, nem sempre poderá ser eficazmente realizada pelo órgão jurisdicional ordinariamente incumbido de apreciar a demanda, mesmo que se trate de uma ação coletiva. Com efeito, embora inegavelmente mais amplas do que as demandas individuais, as ações coletivas podem ser insuficientes e inaptas à consecução do melhor resultado possível.

A título ilustrativo, figure-se um seguinte exemplo: o Ministério Público do Estado do Rio de Janeiro ajuizou três ações civis públicas, com requerimento liminar, na Comarca de Japeri, onde existem três unidades prisionais, a fim que o número de detentos fosse limitado à capacidade de cada uma das respectivas unidades.[10]

---

tivação de direitos constitucionalmente protegidos. Inocorrência. Precedentes. 3. Entendimento das instâncias ordinárias pelo fornecimento de medicamentos. Necessidade de reexame do acervo probatório. Súmula 279 do STF. Precedentes. 4. Direito à saúde. Solidariedade entre os entes da federação. Tema 793 da sistemática da repercussão geral (RE-RG 855.178, Rel. Min. Luiz Fux, DJe 16.3.2015). 5. Eficácia erga omnes da decisão proferida em ação civil pública. Matéria infraconstitucional. 6. Ausência de argumentos capazes de infirmar a decisão agravada. 7. Agravo regimental a que se nega provimento". (RE 1047362 AgR, Relator(a): Min. GILMAR MENDES, Segunda Turma, julgado em 29/06/2018, PROCESSO ELETRÔNICO DJe-153 DIVULG 31-07-2018 PUBLIC 01-08-2018)

---

9 RODRIGUES, Marco Antonio dos Santos. Aspectos processuais do controle das políticas públicas. In: CÂMARA, A. F.; PIRES, A. R.; MARÇAL, T. B. (Org.). *Estudos de direito administrativo em homenagem ao professor Jessé Torres Pereira Junior.* Belo Horizonte: Fórum, 2016, p. 262.

10 Aliás, tamanha a gravidade do problema, que é nacional, o STF reconheceu, há não muito tempo, o chamado "estado de coisas inconstitucional". Segundo a Corte, "presente quadro de violação massiva e persistente de direitos fundamentais, decorrente de falhas estruturais e falência de políticas públicas e cuja modificação depende de medidas abrangentes de natureza normativa, administrativa e orçamentária, deve o sistema penitenciário nacional ser caraterizado como 'estado de coisas inconstitucional'". (ADPF 347 MC, Relator(a): Min. MARCO AURÉLIO, Tribunal Pleno, julgado em 09/09/2015, PROCESSO ELETRÔNICO DJe-031 DIVULG 18-02-2016 PUBLIC 19-02-2016)

Considerados os parâmetros tradicionais, pode ser afirmado que a causa de pedir de cada demanda é a superlotação existente na unidade à qual o processo se refere. É inequívoco, entretanto, que tais ações, conquanto coletivas, não têm aptidão para resolver o problema a elas subjacente, que é estrutural, ou seja, diz respeito ao sistema penitenciário como um todo. Logo, o enfrentamento da questão posta nos autos não prescinde de sérias consequências sobre todo o sistema.

Ora, na hipótese de improcedência dos pedidos, o problema estrutural simplesmente não será solucionado. Por outro lado, em caso de procedência, duas possibilidades se afiguram possíveis: (i) a decisão é descumprida, sob o argumento de que as consequências de sua execução podem ser mais graves do que a desobediência ou (ii) é cumprida, o número de detentos é radicalmente limitado e as outras unidades do sistema fatalmente poderão ser prejudicadas ao receber ainda mais presos, sem consideração das particularidades inerentes às aludidas unidades que herdarem tais detentos.

Assim, o tratamento do tema por meio de ações coletivas não é o bastante para que se dimensione corretamente o assunto. A fim de se atingir tal desiderato, também é necessário que a competência seja conferida ao juízo cuja visão mais abrangente tenha do tema.

Com efeito, juízos de valor que indivíduos – o que inclui magistrados – realizam sem considerações aprofundadas sobre o contexto em que a causa de pedir se insere podem levar a resultados diversos daqueles a que se chegaria se o contexto fosse amplamente conhecido.[11] Sem a exata noção dos fatos, os julgamentos podem ser feitos de forma preconceituosa, intuitiva, com base em princípios heurísticos[12], capazes de ocasionar erros gravíssimos.

Evidentemente, desde que constitucionais, os limites semânticos das regras de competência não podem ser superados. Logo, a atribuição da competência ao juízo com a visão mais ampla sobre o objeto do processo muitas vezes não dependerá propriamente do aplicador da lei, mas do próprio Poder Legislativo, a quem compete criá-la. Sem prejuízo, especificamente na seara dos processos coletivos, as regras de competência muitas vezes são dotadas de textura muito aberta, o que confere maior liberdade ao intérprete. Nesse sentido é o artigo 93 da Lei nº 8.078/90, cujos incisos I e II tratam da competência para processar e julgar demandas coletivas nas hipóteses de dano "local", "regional" e "nacional" – conceitos cujo significado será dado pelo intérprete.

Nesse cenário, o que ora se defende é que, considerados os respectivos limites semânticos, a necessária ampliação da cognição depende, essencialmente, de que as regras de competência sejam interpretadas em favor do juízo que mais elementos possuir para julgar a demanda coletiva.

---

11 SUNSTEIN, Cass; KAHNEMAN, Daniel; SCHKADE, David; RITOV, Ilana. "Predictably Incoherent Judgments". In: Stanford Law Review, Vol. 54, Issue 6 (June 2002), pp. 1153-1216.

12 KAHNEMAN, Daniel. Judgment under Uncertainty: Heuristics and Biases. Disponível em: http://www.its.caltech.edu/~camerer/Ec101/JudgementUncertainty.pdf Acesso em 25/02/2019

Especificamente no que tange ao exemplo citado, conforme visto, parte da jurisprudência entende que ações civis públicas ajuizadas com o escopo de restringir o número de detentos em determinadas unidades prisionais devem ser ajuizadas no foro em que está situado o mencionado estabelecimento[13]. Isso porque o artigo 2º da Lei nº 7347/85 dispõe que o juízo do foro do local onde ocorrer o dano é competente para julgar ações civis públicas.

Contudo, na esteira do que se afirmou, a adoção pura e simples de tal entendimento parte de uma perspectiva "míope" – já que completamente desalinhado do contexto em que a questão está inserida – e, portanto, pode levar a um resultado catastrófico.

De fato, ao interpretar o artigo 66 da Lei nº 7.210/84, que discrimina os atos de competência do juízo da execução penal, a jurisprudência aduz que alguns têm natureza jurisdicional e outros administrativa. Dentre os de natureza administrativa estaria justamente a interdição, total ou parcial, de estabelecimentos prisionais.[14]

Logo, de acordo com essa lógica, estabelecimentos prisionais poderiam ter a lotação restringida por meio administrativo, sob determinação do juízo da execução penal, ou jurisdicional, no bojo de uma ação civil pública – que, consoante o julgado mencionado, seria de competência do juízo do local onde efetivamente estivesse situado o aludido estabelecimento.

Igualmente digno de nota é o entendimento segundo o qual, assentada a premissa de que a natureza da decisão de interdição é administrativa, a ação civil pública – que se desenvolve por meio de um processo jurisdicional, obviamente – não seria instrumento hábil à pretensão de restrição, parcial ou total, do número de detentos[15].

---

13 Decidiu a Sétima Câmara Cível do Tribunal de Justiça do Estado do Rio de Janeiro que "não se deve confundir as medidas administrativas de competência da Vara de Execução Penal com o direito vindicado na ação Civil Pública, que tutela direito difuso e, portanto, impõe a aplicação do artigo 2º da Lei nº 7.347/85, segundo o qual a ação deve ser proposta no local do dano". (TJ/RJ, AI nº 5573-29.2014.8.19.000)

14 É o que se depreende do seguinte julgado: "RECURSO ADMINISTRATIVO NO PROCEDIMENTO DE CONTROLE ADMINISTRATIVO – INTERDIÇÃO DE ESTABELECIMENTOS PRISIONAIS – NATUREZA JURÍDICA – COMPETÊNCIA – ENFOQUE MACRO DO PROBLEMA PRISIONAL – IMPROVIMENTO I. A decisão que decreta a interdição de estabelecimentos prisionais é de natureza administrativa e não jurisdicional, não sendo desafiável por meio do recurso de agravo em execução (art. 197 da LEP), consoante entendimento do STJ (MC n° 5220/MG e RMS n° 4059/RS). Analogia com a natureza jurídica da decisão que transfere presos, igualmente consubstanciadora de ato administrativo" (STF: HC n° 64347/SP e HC n° 67221/PR; STJ: CC n° 40326/RJ).

15 É o que se depreende da seguinte ementa: Área do Direito: Constitucional; Civil; Processual; Administrativo Ação Civil Pública – Interdição de cadeia e remoção de presos – Inadequação da via eleita – Providências administrativas de competência do Juízo da Execução Penal ou do corregedor do presídio ou, no âmbito estadual, do Juiz Corregedor Geral dos presídios. TJSP – Ap c/ Rev 372.304-5/5-00 – 10ª Câmara de Direito Privado – j. 4/9/2006 – v.u. – julgado por Reinaldo Miluzzi. Embora o referido julgado não se oriente, ao mesmo expressamente, nesse sentido, a impressão que se tem é que a inadmissão da propositura de uma ação civil pública para tratar de tão caro

O fato, contudo, é que, salvo melhor juízo, os mencionados entendimentos se afiguram inadequados.

Com efeito, a possibilidade de que o juízo da execução realize a interdição de uma unidade prisional no bojo de um procedimento administrativo não infirma a de que o mesmo juízo seja competente para o processar e julgar uma ação civil pública destinada à mesma finalidade. Pelo contrário, o artigo 66, VIII da Lei nº 7.210/84 se limita a prescrever que compete ao aludido órgão interditar, no todo ou em parte, estabelecimentos prisionais que estejam funcionando em condições inadequadas[16].

Ora, se o legislador não distingue, não cabe ao intérprete fazê-lo, seja quanto à natureza do ato praticado pelo juízo da execução, seja mesmo quanto ao cabimento da ação civil pública para análise do tema.

Ao adotar tais entendimentos, a jurisprudência interpreta restritivamente o disposto no artigo 66, VIII da LEP, inclusive para impedir o acesso à jurisdição, em franca oposição ao artigo, 5º, XXXV da Constituição da República.

Dito isso, não há fundamento legal que impeça a propositura de ação civil pública na hipótese, tampouco que subtraia do juízo de execução penal a competência para processar e julgar a demanda.

Por outro lado, não se pode negar que o já mencionado artigo 2º da LACP expressamente dispõe que as demandas por tal diploma tratadas são de competência do juízo do "local do dano". Tal dispositivo, por sua vez, se alinha ao artigo 93, I da Lei nº 8.078/90, que, todavia, limita a incidência da norma às hipóteses de dano com abrangência "meramente local".

Sob a estrita ótica dos contornos tradicionais da demanda, o dano tratado realmente parece, ao menos à luz de uma análise superficial, ter abrangência meramente local, já que concernente à superlotação de determinada unidade prisional inserida especificamente naquela comarca.

---

tema se justifica justamente pela natureza da questão. Em outros termos, conquanto a jurisprudência não aborde o assunto, a negação do acesso à justiça parece uma "defesa" contra os danos que poderiam advir do tratamento de tão complexo tema por meio dos institutos tradicionais e das consequências que isso poderia causar. Assim, alguns julgados simplesmente preferem não admitira a ação civil pública, sob o argumento de que a problemática só pode ser enfrentada no bojo de um procedimento administrativo.

16 Nossa jurisprudência tem julgados nesse sentido. Embora sem tratar especificamente da disposição do artigo 2º da Lei nº 7347/85: TJRS – AgIn 70066683400 – 1.ª Câmara Cível – j. 24/11/2015 – julgado por Irineu Mariani – Área do Direito: Penal AGRAVO DE INSTRUMENTO. AÇÃO CIVIL PÚBLICA. SUPERLOTAÇÃO DE PRESÍDIO. INTERDIÇÃO PARCIAL. LIMINAR. 1. Considerando que não envolve a realização de obras, e sim o problema da superlotação, a competência na origem é do juízo das execuções penais (LEP, art. 65, VIII); por decorrência, no Tribunal é de uma das Câmaras Criminais. 2. Competência declinada a uma das Câmaras Criminais.

Todavia, conforme já assentado, trata-se de um litígio estrutural, que, nessa qualidade, envolve não apenas o problema diretamente tratado no processo, mas toda uma estrutura a ele inerente e que pode ser inequivocamente abalada pela decisão do caso concreto. Ora, além de se caracterizarem por envolver vários interesses concorrentes, litígios estruturais também são marcados por afetar a esfera jurídica de inúmeros terceiros.

Analisada a questão sob esse prisma, parece claro que a abrangência do dano é muito maior do que a estabelecida no processo, isto é, envolver todo o sistema prisional estadual e, portanto, não há que se falar em dano local. Tal visão, que confere contornos amplos à causa de pedir – fora dos limites tradicionais, portanto – leva em conta a natureza estrutural do problema, sob pena de que se chegue a resultados absurdos, totalmente desalinhados do contexto em que a decisão irá se inserir.

Logo, deve ser aplicado à hipótese o artigo 93, I da Lei nº 8.078/90, segundo o qual, em se tratando de dano regional, a competência é do foro da Capital do Estado.

A essa premissa, vale dizer, de que o foro da Capital do Estado é competente, deve ser acrescida a regra que atribui ao juízo da execução penal a competência para julgamento de demandas que versem sobre a interdição de estabelecimentos prisionais.

Logo, se o juízo da execução penal for na capital, como no Rio de Janeiro, por exemplo, a ele competirá o julgamento da correspondente ação civil pública, na medida em que ostenta, na espécie, a chamada "competência adequada"[17]. Não sendo essa a hipótese, os limites semânticos das aludidas regras de competência não permitirão que a ele se atribua tal competência, que, de todo modo, será de um juízo da capital, já que o dano tem natureza "regional".

3. Conclusão

Consoante demonstrado, os processos estruturais são dotados de peculiaridades que impõem a adoção de uma análise particular dos institutos processuais, a fim de que se chegue à melhor solução possível.

Assim, a causa de pedir deve ser observada de modo abrangente, inclusive para, quando os limites semânticos admitirem, atribuir à competência ao juízo cuja cognição tiver a maior aptidão de amplitude possível.

Ora, julgamentos balizados por dados incompletos, de modo descontextualizado, são potencialmente distintos daqueles a que se chegaria num cenário de aprofundado conhecimento do problema estrutural sob análise. Em suma, a insuficiência da

---

17 A competência adequada normalmente é relacionada às hipóteses de concorrência de competências e a possibilidade que o órgão jurisdicional teria de controlar a própria competência. Nesse sentido, DIDIDER. Jr., Fredie; ZENETTI Jr., Hermes. Curso de Direito Processual Civil. 9ª ed. Salvador: Editora Juspudivm, 2014, v. 4, p. 105. Na presente hipótese, contudo, a expressão é utilizada pra nominar o juízo que mais instrumentos têm para bem resolver a questão estrutural.

cognição tende a fundamentar julgamentos orientados por preconceitos, princípios heurísticos etc.

Essa visão tem especial relevo no cenário das ações coletivas, haja vista a vagueza de alguns conceitos – como "dano local", "regional" etc. -, que, em conjunto com uma interpretação mais abrangente da causa de pedir, conferem maior liberdade ao intérprete.

Referências

ARENHART, Sergio Cruz. Decisões estruturais no direito processual civil brasileiro. Revista de Processo, vol. 225/2013.

BOBBIO, Norberto. Teoria do Ordenamento Jurídico. Brasília: Editora UNB, 1999.

CABRAL, Antonio do Passo. *Juiz natural e eficiência processual: flexibilização, delegação e coordenação de competências no processo civil*. Universidade do Estado do Rio de Janeiro: tese apresentada ao concurso de Professor titular de Processo Civil, 2017.

DIDIER Jr., Fredie. Curso de Direito Processual Civil. 20ª ed. Salvador: Editora Juspudivm, 2018, v. 1.

FISS, Owen M. The Supreme Court, 1978 Term-Foreword: The Forms of Justice. Harvard Law Review, v. 93, n. 1, 1979.

FLETCHER, William. The discretionary Constitution: institutional remedies and judicial legitimacy. The Yale Law Journal, v. 91, n. 4, 1982.

GARRETT, Brandon L. Structural Reform Prosecution. Virgina Law Review, v. 93, p. 853-957, 2007.

KAHNEMAN, Daniel. Judgment under Uncertainty: Heuristics and Biases. Disponível em: http://www.its.caltech.edu/~camerer/Ec101/JudgementUncertainty.pdf Acesso em 25/02/2019

VENTURI, Elton. A competência jurisdicional na tutela coletiva. In: GRINOVER, Ada Pelegrini; MENDES, Aluisio Gonçalves de Castro; WATANABE, Kazuo. Direito processual coletivo e o Anteprojeto de Código Brasileiro de Processos Coletivos. São Paulo: Ed. RT, 2007

VITORELLI, Edilson. Levando os conceitos a sério: processo estrutural, processo coletivo, processo estratégico e suas diferenças. Revista de Processo, vol. 284/2018.

RODRIGUES, Marco Antonio dos Santos. Aspectos processuais do controle das políticas públicas. In: CÂMARA, A. F.; PIRES, A. R.; MARÇAL, T. B. (Org.). *Estudos de direito administrativo em homenagem ao professor Jessé Torres Pereira Junior*. Belo Horizonte: Fórum, 2016.

SUNSTEIN, Cass; KAHNEMAN, Daniel; SCHKADE, David; RITOV, Ilana. "Predictably Incoherent Judgments". In: Stanford Law Review, Vol. 54, Issue 6 (June 2002), pp. 1153-1216.

DIREITO PROCESSUAL E A ANÁLISE ECONÔMICA: UM ESTUDO SOBRE OS INCENTIVOS PRIVADOS DA LITIGÂNCIA E O SISTEMA DE PRECEDENTES VINCULANTES

Isabel de Albuquerque Maranhão Milman

1. Introdução

O direito e sua função conformadora de comportamento sociais exercem inegável interferência nos incentivos e estratégias dos agentes econômicos. Por sua vez, a economia, através de suas teorias comportamentais, tem indiscutível valor para o estudo do fenômeno jurídico e, em especial, para o processo, enquanto instrumento da jurisdição estatal voltado à proteção dos bens e direitos que exsurgem do ordenamento jurídico. Inolvidável, portanto, a relação entre o direito e a economia.

Ao trabalhar com os conceitos de racionalidade e eficiência, a análise econômica oferece uma nova forma de compreensão do processo civil, mais bem equipada para mensurar e assimilar as consequências sociais da aplicação das leis e da função desempenhada pelos tribunais. Isso contribui para o desenvolvimento normativo de modelos formais que sejam mais aderentes à sempre crescente demanda social por meios mais efetivos de justiça.

Com efeito, a análise econômica do processo nos ajuda a entender o mecanismo da litigância e as formas de contê-la (ou estimulá-la), de acordo com os interesses sociais de cada sistema ou país, por meio do estudo do comportamento dos diversos atores processuais e de seus distintos incentivos para demandarem em juízo.

É incontroverso que a explosão de litigiosidade experimentada no último século transformou o papel da jurisdição. Tal explosão tem inúmeras e conhecidas causas, entre elas a ampliação dos meios de acesso à Justiça, a crescente incapacidade do Estado em atender às demandas de concretização dos direitos sociais assegurados no segundo pós-guerra (entre nós, assentados entre as garantias fundamentais asseguradas pela Constituição de 1988)[1] e o surgimento de uma sociedade de consumo de massa.

Marc Galanter (1981, p. 13), ao discorrer sobre a atuação dos tribunais estatais, afirma que a relevância social do papel das cortes de justiça não reside unicamente na solução dos conflitos que lhes são trazidos à decisão, mas, com maior intensidade e amplitude, através da disseminação de informações, na enunciação de normas e

---

1 "Se já sabemos que o Poder Público e os bancos são os maiores litigantes brasileiros seria mais que imperativo ampliar-se os órgãos e instrumentos de sua fiscalização. As agências reguladoras deveriam ser reestruturadas e, em especial, os diálogos institucionais entre os poderes constituídos deveriam ser fomentados e aprimorados. Na verdade, tanto uns como outros acabam por transferir para o Judiciário questões de relacionamento com os cidadãos ou os clientes (respectivamente), se desonerando do custo de manutenção de serviços de atendimento, e, logo, onerando o Judiciário." (NUNES, 2015)

procedimentos que irradiem seus efeitos de modo a adequar e condicionar a atuação futura dos indivíduos. Pontua, com firmeza, que "courts produce not only decisions, but messages."[2]

Sob esse aspecto, os efeitos sociais produzidos pelos tribunais, por meio da comunicação de suas decisões e difusão de informações, seria, na visão de Galanter, muito mais importantes do que os efeitos diretos das decisões – as quais, segundo o autor, seriam relativamente poucas, considerando-se o espectro total de disputas ainda não judicializadas que eclodem a cada segundo na sociedade contemporânea – proferidas nos casos concretos que são chamados a resolver. No mesmo sentido, Owen Fiss (1979, p. 44) afirma que "the function of adjudication is to give meaning to public values, not merely to resolve disputes."[3]

Assim, na sociedade contemporânea, a atuação dos tribunais e o direito por eles emanado são de superlativa importância na conformação de condutas e nas escolhas realizadas pelos indivíduos e pelas instituições públicas e privadas.

Superou-se a ideia de que a jurisdição seria uma atividade eminentemente retrospectiva, de reação à lesão de direitos. O papel assumido pelo Estado nos dias atuais não é apenas o de certificação e imposição de sanções aos transgressores da norma, mas, em larga medida, o de indutor de condutas, exercendo atuação verdadeiramente prospectiva (*future-oriented approach*) (CABRAL, 2016).

Nesse contexto, especial relevância assume, sob o ponto de vista dos incentivos privados à litigância, a questão da previsibilidade da aplicação do direito pelos tribunais e de sua intrínseca relação com um sistema de precedentes judiciais vinculantes, um dos pilares que sustentam a reforma processual consagrada pela edição do novo Código de Processo Civil.

2. Incentivos privados à litigância à luz da análise econômica

A análise econômica do direito processual trabalha com o conceito dos incentivos (públicos e privados) gerados pelo ordenamento jurídico para a litigância, partindo do pressuposto de que os indivíduos são maximizadores racionais de seus próprios interesses e utilidades – isto é, de que suas escolhas estão vinculadas ao maior proveito individual que possam obter delas (GALDINO, 2005, p. 240). E por proveito individual devemos entender a satisfação de um interesse particular, ainda que não monetariamente exprimível.

Não se desconhecem as críticas direcionadas a essa visão egoísta e individualista do homem e de seu processo de tomada de decisões, acusada de distorcer ou injus-

2 "Cortes produzem não apenas decisões, mas mensagens." (tradução livre)

3 "A função da adjudicação é dar sentido a valores públicos, e não simplesmente resolver disputas." (tradução livre)

tamente reduzir a complexidade do próprio fenômeno humano e da sua dimensão moral. Não há dúvida de que "o homem muitas vezes norteia seus comportamentos com fundamento em outros valores, diversos de seu próprio bem-estar." (GALDINO, 2005, p. 245).

No entanto, certo é que, na maior parte das vezes, os indivíduos (e as instituições) atuam como sujeitos racionais, procurando privilegiar seu ganho pessoal (de que natureza for), especialmente quando diante de um ambiente de escassez de recursos. A sábia máxima popular: farinha é pouca, meu pirão primeiro. E disso decorre a grave distorção, que é foco amplo de estudo da análise econômica, entre os incentivos privados e os incentivos socialmente relevantes da litigância, cuja abordagem, entretanto, foge aos escopos deste trabalho.[4]

Sob o ponto de vista dos sujeitos privados, a decisão de deflagrar uma ação judicial, na visão estritamente utilitarista da economia, dependeria, basicamente, de duas ordens de fatores: o custo e as chances de êxito. Assim, simplificadamente, quando os custos financeiros (valores a serem despendidos) para o ajuizamento de uma demanda são menores do que os benefícios que o indivíduo espera receber com o resultado adjudicado, decide-se pela instauração do litígio. Aliado a isso, quando, pela análise das probabilidades de vitória, as chances de sucesso da ação judicial são maiores que as expectativas de derrota, a propositura da ação torna-se certa.

No Brasil, diferentemente do que ocorre na vasta maioria dos países do mundo ocidental (SORABJI, 2014), os custos da litigância não se apresentam como um fator preponderante de desincentivo ao uso da máquina judiciária.

Aqui, impera um sistema judicial amplamente acessível, cujo ingresso é franqueado a todos, e que é fortemente subsidiado pelo Estado, seja através da cobrança de custas incidentes sobre a utilização dos serviços judiciários que não são minimamente suficientes para o pagamento do custo de manutenção de todo o aparato utilizado na prestação do serviço; seja através da quase irrestrita concessão de assistência judiciária àqueles que se utilizam dos serviços judiciários, e que engloba não apenas o deferimento do benefício de gratuidade de justiça aos litigantes que não podem arcar

4 Em resumo, Steven Shavell (2004, p. 387-470) argumenta que existe uma divergência entre os custos pessoais e sociais da litigância que podem explicar o nível excessivo de litigiosidade em uma determinada sociedade. Quando um indivíduo contempla ajuizar uma demanda judicial, ele apenas leva em conta seus custos pessoais, desconsiderando os custos que serão incorridos pela parte contrária e pelo Estado. Por conta disso, na maior parte dos casos, uma demanda judicial poderá ser ajuizada, mesmo quando os custos sociais recomendariam o contrário. Os custos privados da litigância são muito menores do que os custos sociais, que abrangem não apenas as despesas incorridas pela parte adversa, mas também todas aquelas desembolsadas pelo Poder Público com a manutenção do aparato judiciário. De outro modo, os benefícios privados serão sempre (na sua maioria) financeiros, enquanto, para a sociedade, o benefício da litigância se relaciona com os efeitos de desestímulos de condutas, compensação das vítimas e o estabelecimento de precedentes (evolução da lei).

com as despesas processuais, mas também o custeio de uma estrutura estatal voltada para a defesa dos interesses dos mais pobres, via Defensorias Públicas.[5]

Por essa razão, no sistema judicial brasileiro, diante da eclosão de um conflito de interesses e da dúvida entre levá-lo ou não à solução adjudicada do Estado, os custos do processo, muitas vezes, sequer entram na equação destinada a avaliar as vantagens ou desvantagens do litígio; para isso importam apenas as chances de êxito da demanda a ser ajuizada. E, sob esse aspecto, a assimetria de informações de que são dotados os sujeitos em disputa, que é reforçada pela imprevisibilidade da resposta judicial ao conflito em estado latente, passa a ser fator preponderante para o estímulo da litigância.

Na ausência de atuação consistente dos tribunais, as partes são autorizadas a livremente aferirem suas probabilidades de êxito, circunstância na qual o descompasso de informações de que dispõem sobre o litígio exerce peso determinante para a decisão de instaurá-lo.[6] Nesse contexto, os sujeitos são estimulados a confiarem apenas em seus conhecimentos pessoais e parciais, forjados muitas vezes em análises superficiais, incompletas e intuitivas – crenças, percepções e vieses psicológicos[7] – sobre a realidade do conflito de interesses que vivenciam, para determinarem suas chances de vitória. Mais do que isso, em razão da imprevisibilidade da aplicação da lei pelos tribunais, as partes são incentivadas a ajuizarem demandas pelo fato de que o sistema permite que elas tentem suas chances em juízo.

5 "Subsidiar a litigância é justamente o que o Brasil vem fazendo nos últimos anos, quando (a) criou os juizados especiais de pequenas causas nos quais não é necessário um advogado e não há custas processuais; (b) criou a defensoria pública (advogados públicos pagos pelo contribuinte); (c) criou a assistência judiciária gratuita – AJG (possibilidade de alguém não ter de pagar custas processuais, mesmo na justiça comum, nem honorários de sucumbência); (d) manteve o sistema de custas processuais abaixo do custo social de cada processo; etc. Tudo isso significa que é o contribuinte quem arca com parte dos custos de cada processo e não a parte litigante, o que claramente é um subsídio ao litígio e à parte da sociedade que litiga." (TEIXEIRA JUNIOR, 2012, p. 36)

6 "In practice, the parties are unlikely to have the same beliefs about the probability that the plaintiff will prevail at trial. Their disagreements often are attributable to the different sources of information that they rely on. For example, the defendant's superior knowledge about his own conduct ordinarily would lead him to assess the chance of his being found negligent differently from the plaintiff. (Similarly, the plaintiff may have a different estimate than the defendant of the probability that she will be found contributorily negligent.)" (POLINSKY, 2011, p. 138).

7 A isso dá-se o nome de heurística, que são processos cognitivos intuitivos e não racionais, utilizados de forma muitas vezes inconsciente, voltados à tomada de decisões, quando não dispomos de todas as informações relevantes para que as escolhas sejam feitas de forma segura. O tema foi tratado por Amos Tversky e Daniel Kahnemn no artigo *Judgement under uncertainty:* heuristics and biases, no qual afirmam que "people rely on a limited number of heuristics principles which reduce the complex task of assessing probabilities and predicting values to simpler judgmental operations. In general, these heuristics are quite useful, but sometimes they lead to severe and systematic errors." (1982, p. 1124).

Aos olhos dos litigantes, seres parciais e excessivamente otimistas, que tendem a supervalorizar a importância de suas pretensões[8], a inconstância dos tribunais na aplicação do direito serve de combustível para o ajuizamento de toda sorte de demandas, ainda que frívolas, na esperança de encontrar um juiz que compartilhe de seu entendimento e lhe dê razão, como se a jurisdição pudesse ser uma atividade personalizada, e não resultado de um organismo institucional coerente.

Nesse sentido, a ausência de previsibilidade da aplicação do direito pelos tribunais favorece a litigância excessiva. Um sistema de precedentes vinculantes, ao contrário, desestimula o ajuizamento de demandas quando já há entendimento consolidado em determinado sentido, pois os indivíduos têm a clareza de suas reais chances em juízo e podem decidir com racionalidade pelo ajuizamento ou não de determinada ação. A análise entre o custo do litígio e a possibilidade de vitória é feita de forma racional e, com isso, o ímpeto dos litigantes é reduzido.

Portanto, à luz da análise econômica, uma jurisprudência consistente, consolidada em um sistema de precedentes vinculantes, que seja capaz de obstar uma atuação judicial excessivamente casuística e personalizada, por meio de respostas uniformes às questões que são trazidas à solução do Estado-juiz, é aspecto fundamental para o estabelecimento de um padrão aceitável de litigância.

Por isso, o novo Código de Processo representa inegável avanço na tratativa do problema da explosão de litigiosidade, especialmente para o tema da litigância de massa ou seriada, muito incentivada, como visto, pela inconstância de nossos tribunais na aplicação das leis. Para tanto, o código estabelece um sistema de precedentes obrigatórios, formalmente vinculantes, e impõe a todos os tribunais pátrios o dever de uniformizar a sua jurisprudência e mantê-la estável, íntegra e coerente (art. 926).

3. O novo CPC e a consagração de um sistema de precedentes

O Código de Processo Civil em vigor teve a grande virtude de introduzir formalmente em nosso ordenamento processual um sistema de precedentes obrigatórios. Trata-se, sem dúvida, de um avanço, mas não quer dizer que a nova codificação tenha provocado inovação revolucionária. Mesmo antes da vigência do novo código, já havia, no sistema processual brasileiro, claras referências à doutrina dos precedentes e à noção de sua vinculatividade. Como lembra Antonio do Passo Cabral, é possível

8 "A teoria econômica sugere que o litígio é o resultado da incapacidade de as partes alcançarem um acordo e essa incapacidade decorre de estimativas distintas de autor e réu sobre as chances de sucesso de cada um e, portanto, resulta de uma incapacidade em se concordar com o retorno esperado do litígio. Esse fenômeno é especialmente forte na presença de um viés de otimismo natural das pessoas que as leva ao exagero da avaliação da probabilidade subjetiva de ganhar, um superdesconto das propostas de acordo oferecidas pela parte contrária e a decorrente dificuldade de conciliação." (TEIXEIRA JUNIOR, op. cit., p. 35)

> [...] identificar a evolução histórica dos mecanismos de vinculação da jurisprudência, desde as primeiras disposições acerca da eficácia erga omnes das decisões do STF em controle abstrato da constitucionalidade, passando pela criação de recursos e incidentes específicos para a uniformização da jurisprudência, culminando com as reformas do Código de Processo Civil e da Constituição da República das últimas décadas. (CABRAL, 2013, p. 14-15)

Com efeito, no final da década de 90, alterações promovidas na legislação processual tiveram o condão de ampliar o papel da jurisprudência dos tribunais superiores. Assim, a partir da Emenda Constitucional n° 45/2004, nosso sistema passou a contar com o mecanismo da súmula vinculante (art. 103-A da CF/88) e, dois anos depois, com as chamadas "súmulas impeditivas de recurso" (art. 518, parágrafo 1º do CPC revogado), com base nas quais poderia ser inadmitido liminarmente recurso de apelação que veiculasse entendimento com elas divergente.

Acerca da Emenda Constitucional n° 45/2004, Hermes Zaneti Jr. (2017, p. 200) afirmou se tratar da "recepção constitucional tardia da jurisprudência através dos precedentes", que, no entanto, já eram uma realidade crescente na prática judiciária, fruto de reformas processuais pontuais, que priorizaram a ampliação do papel da jurisprudência através de instrumentos de vinculação mais direta das instâncias inferiores às decisões dos tribunais superiores.

Dessa forma, observando o trajeto histórico-evolutivo do direito processual brasileiro, "não há como negar o aumento da força dos precedentes no direito brasileiro, mesmo que se admita que as decisões dos tribunais superiores sempre tenham funcionado como um ponto de referência para os demais julgamentos." (PEIXOTO, 2015, p. 335)

Esse movimento evolutivo veio a ser chancelado pelo advento do Código de Processo Civil de 2015, que estabeleceu, em seus artigos 926, 927 e 928, um regime de tratamento normativo para os precedentes judiciais, prevendo, expressamente, um rol de precedentes de vinculação obrigatória. Trata-se, com efeito, de um esforço do legislador processual para atribuir, *de lege lata*, maior eficácia às decisões dos tribunais, especialmente os superiores, para além dos casos particulares resolvidos, de modo a que seus efeitos possam ser irradiados pelo sistema processual, pautando a atuação dos juízes das instâncias inferiores. Afinal, "essa é a função e a razão de ser dos tribunais superiores: proferir decisões que moldem o ordenamento jurídico, objetivamente considerado. A função paradigmática que devem desempenhar é inerente ao sistema."[9]

E tal esforço não foi sem fundamento. Embora, como visto, a jurisprudência sempre tenha desempenhado papel importante em nosso sistema processual, servindo de estoque de material jurídico dotado de inegáveis efeitos persuasivos, não teve ela força suficiente para incutir na prática judiciária, e em especial nas mentes dos ope-

9 Exposição de Motivos do Anteprojeto do Novo Código de Processo Civil.

radores do direito, o senso de uniformidade e coerência que deve ser esperado da atuação judicial, e que é tão natural entre os países do *common law*.

Nesses países, as decisões judiciais proferidas pelos tribunais têm um peso conformador de decisões futuras, que é pressuposto de todo o sistema processual e não depende de regra escrita que assim o determine de modo expresso. Os juízes as levam em consideração, porque assim sempre foi, *stare decisis*.[10]

Aqui, ao contrário, nem mesmo uma decisão proclamada pelo Supremo Tribunal Federal tinha, antes do advento do novo Código, a garantia de que produziria efeitos vinculantes sobre o modo de decidir casos futuros, quer pelas instâncias inferiores, quer pela própria Corte Suprema. Era sempre preciso contar com que o juiz (ou tribunal) do caso futuro comungasse do mesmo entendimento resultante do julgamento do caso anterior. Ou seja, tal como já afirmado, uma jurisdição personalizada e absolutamente imprevisível.

Sobre o ponto, Luiz Guilherme Marinoni (2014, p. 105), em estudo que precedeu a vigência do Novo Código de Processo Civil, em tom crítico, afirmou:

> Considerando-se a atual realidade da prática judiciária brasileira, percebe-se que se aceita com naturalidade a ideia de juízes e tribunais proferirem deciões diferentes em casos iguais. Não há surpresa sequer quando um mesmo órgão jurisdicional decide casos iguais de modo diverso num curto período de tempo. Aliás, sequer os juízes ficam constrangidos quando, em face da massa de trabalho que lhes é reservada, proferem decisões absolutamente contraditórias. Por esse motivo se tornou lugar-comum falar na propositura da ação como "aposta lotérica". Não é preciso dizer que isso é fator de deslegitimação da "justiça". Nessa situação, do mesmo modo que a função judicial é desacreditada, o papel do advogado é desprestigiado. Pior: coloca-se em dúvida a imparcialidade do juiz e a ética do exercício da advocacia.

Por isso, não se pode desmerecer o avanço representado pelo novo Código de Processo Civil no esforço para tornar a atuação dos tribunais mais racional e eficiente, por meio de um sistema de precedentes formalmente vinculantes que seja capaz de ultrapassar a resistência, inclusive cultural[11], a que as decisões emanadas pelo Poder

---

10 "Quando se pensa como o sistema do common law nasceu, é-se inclinado a responder que eles sempre foram como são hoje. É o que J.H. Baker constata quando relata que 'em 1470, um sergent-at-law sustentou que o common law existe desde a criação do mundo (...) não é improvável que ele acreditasse literalmente no que dizia.' Aliás, 'isso não consiste num total absurdo, pois o sistema inglês representa um ininterrupto desenvolvimento desde os tempos pré-históricos: não houve nenhum ato consciente de criação ou adaptação." (WAMBIER, 2009, p. 121).

11 "A frouxidão do Poder Judiciário – enquanto instituição – também descende da forma pela qual o brasileiro, desde as origens de sua formação cultural, inseriu-se no espaço público. O personalismo e o patrimonialismo inviabilizaram o associativismo, a coesão social e instituições fortes – em que, por exemplo, o juiz pudesse se ver como alguém que simplesmente colabora para a adequada distribuição da justiça no país e não como um indivíduo que tem liberdade para fazer o que quer.

Judiciário sejam compreendidas como resultado do trabalho de uma instituição coesa e harmoniosa, e não fruto do acaso e de entendimentos particulares, muitas vezes isolados, de cada um de seus membros, em prol de um ambiente jurídico de maior previsibilidade e segurança[12], sem o qual nenhum progresso socioeconômico é possível.[13]

4. Precedentes: conceito e formação

Existe razoável consenso na doutrina de que por precedentes devemos entender as razões determinantes e universalizáveis de uma decisão judicial, passíveis de serem replicadas no julgamento de casos futuros, também chamadas, por expressões emprestadas do *common law*, de *ratio decidendi* ou *holding*. Precedentes consistem, precisamente, na tese jurídica (norma) extraída da decisão judicial, que regulará casos similares futuros ou, como sintetiza Daniel Mitidiero (2012, p. 71), "abstrações realizadas a partir da fundamentação da decisão judicial."

Por isso, questões acidentais ou acessórias ao tema central da disputa, ainda que enunciadas e debatidas no julgamento, não fazem parte do precedente e não terão como efeito vincular a solução dos processos vindouros. Podem ter como efeito, no entanto, servir de argumentos persuasivos para outros casos, mas sem força vinculante. O mesmo deve ser dito em relação aos votos divergentes da maioria, cuja argumentação formou o precedente. O dissenso consta da decisão, porém não integra o precedente judicial; pode, contudo, sinalizar comunicativamente no sentido de que o precedente encontra resistência e fomentar a manutenção da discussão nos ambientes doutrinários e judiciais.

O personalismo e o patrimonialismo, depois que ingressaram no processo de formação da cultura brasileira, nunca deixaram de estar presentes, na exata medida em que uma cultura não se desliga das suas raízes, embora comportamentos decorrentes de seus elementos formadores possam variar com o passar do tempo." (MARINONI, 2014, p. 91)

12 "Para que os homens – especialmente os que investem trabalho e dinheiro em atividades regulamentadas pelo Estado – possam se desenvolver, é preciso que eles possam depositar confiança nos atos estatais – administrativos, legislativos e judiciais. O dispêndio de energia e o investimento são inversamente proporcionais à falta de confiança nos atos estatais. Não só o empresário, mas também o 'homem comum', para ter tranquilidade para viver, necessita de garantias de que o Estado não irá surpreendê-lo." (Ibid., p. 108).

13 "No exercício de garantidor último das barganhas sociais, o Judiciário aplica e cria regras jurídicas que informam aos agentes econômicos como determinadas questões serão resolvidas, caso surjam conflitos e os Tribunais venham a ser invocados para resolvê-los. Esse conjunto de regras, que podem ter origem legislativa ou judicial, mas que, em última instância, dependem sempre da atividade adjudicatória, é chamado de capital jurídico. Quanto maior o capital jurídico de uma sociedade, mais segurança sobre o resultado provável de conflitos e, portanto, mais preparados estarão seus integrantes para elaborar planejamentos de longo prazo e para cooperar. O acúmulo ótimo de capital jurídico seria, então, uma condição necessária para o desenvolvimento econômico." (TEIXEIRA JUNIOR, op. cit. p. 44)

Precedentes são, assim como a jurisprudência e as súmulas, parte da ordem jurídica, e hoje, não há dúvida, devem ser considerados fontes formais do direito, pela concepção contemporânea de que a atividade jurisdicional não é de mera aplicação da lei positivada, mas de interpretação da regra legal e criação do direito no caso concreto.

Ao enunciar a solução para a lide, o juiz exerce verdadeira atividade criativa, aproximando a lei em abstrato da controvérsia de direito material instaurada, e desse processo silogístico resulta a norma jurídica que regulará aquele conflito em particular. Nesse sentido, o artigo 8º do Novo Código de Processo Civil determina que o juiz aplique, nos casos a que for chamado a decidir, o ordenamento jurídico em toda a sua inteireza, e não mais apenas a lei; em sutil, porém relevantíssima, mudança de paradigma.

Portanto, os precedentes veiculam verdadeiras normas jurídicas, "malgrado construída, mediante raciocínio indutivo, a partir de uma situação concreta." (DIDIER, 2015, p. 443)

A formação de um precedente judicial – assim como as normas legisladas – exige um procedimento mais rigoroso, à medida que se presta a regular situações futuras de pessoas estranhas ao conflito no qual foi proferida a decisão paradigmática da qual foi extraída a tese jurídica a ser replicada. Por isso,

> espera-se dos julgadores uma efetiva participação na discussão das questões que permeiam o raciocínio decisório do colegiado, uma vez que a decisão a ser tomada, mais do que resolver o caso, constituirá critério para o julgamento dos casos futuros, o que atribui uma outra dimensão de responsabilidade aos partícipes da Corte. Quem firma um precedente não apenas deixa registrado como se comportará o futuro, mas adquire uma grande responsabilidade em relação aos casos que estão por vir. (MARINONI, 2017, p. 362)

Assim, no direito processual brasileiro, precedentes são fruto de decisões dos tribunais, tanto os superiores, quanto os tribunais locais, unânimes ou majoritários em que haja consenso quanto aos fundamentos determinantes da decisão. Para isso, não basta que o dispositivo da decisão evidencie a maioria ou unanimidade, é preciso que os votos sejam concordantes quanto aos fundamentos determinantes para o resultado. Do contrário, não será possível extrair da decisão judicial a *ratio decidendi*.[14]

Além disso, um precedente, para regular casos futuros, deve esclarecer as circunstâncias concretas sobre as quais a resolução da questão de direito opera, situando a questão jurídica em um específico contexto, indispensável para compreender

---

14 É na *ratio decidendi* que se encontra a norma jurídica que será usada para reger situações futuras, enquadradas nos contornos fáticos e jurídicos do caso paradigma. Daí a sua importância para o sistema de precedentes, o que justifica a imposição de um superlativo dever de motivação do órgão jurisdicional, que seja reflexo de um contraditório amplo e participativo, conforme, aliás, previsão expressa do artigo 489, parágrafo 1º, e artigo 927, parágrafo 1º do Código de Processo Civil de 2015.

como o texto da lei foi interpretado. Só assim será possível enquadrar o caso futuro que veicule questão idêntica ou semelhante na moldura fático-jurídica do caso paradigmático (MARINONI, 2017, p. 371).

Com efeito, "é preciso – e exigível – que a decisão judicial identifique exatamente as questões de fato que se reputaram como essenciais ao deslinde da causa e delineie, também de forma explícita, a tese jurídica adotada para a sua análise e para se chegar à conclusão exposta na parte dispositiva." (DIDIER, 2015, p. 471).

Portanto, o delineamento das circunstâncias do caso concreto – ou seja, o enquadramento das circunstâncias fáticas/concretas em uma categoria jurídica – é imprescindível para que seja possível analisar a extensão da aplicabilidade do precedente (MARINONI, 2017, p. 371). A regra extraída do precedente será replicada nos casos futuros que se enquadrem na mesma categoria fática do paradigma, conferindo, sem dúvida, isonomia no tratamento dos casos e previsibilidade aos resultados adjudicados.

5. Isonomia e segurança jurídica

O fundamento base para o estabelecimento de um sistema de precedentes vinculantes é a noção de que casos iguais devem ser decididos da mesma forma, isto é, a isonomia dos jurisdicionados perante as decisões judiciais, e não apenas a lei. "É inútil a lei ser a mesma para todos, se os tribunais podem interpretá-la de modos diferentes e surpreender jurisdicionados." (WAMBIER; VASCONCELOS; WAMBIER, 2014, p. 22)

O sentimento de decepção com o resultado da atuação judicial e a insatisfação social são incrivelmente ampliados em virtude da percepção da inconstância na aplicação do direito pelos tribunais, o que leva inexoravelmente ao descrédito do Judiciário enquanto instituição responsável pela administração da justiça, e, em última análise, impede a pacificação social.

De fato, a atuação reticente e recalcitrante dos tribunais quanto à interpretação dos textos legais contribui para que os indivíduos não se conformem com as soluções adjudicadas pelas instâncias inferiores, fomentando sempre mais o uso quase compulsivo de todo o repertório recursal previsto no sistema processual, como tentativa de emplacarem suas versões do litígio diante das instâncias superiores.

Ao lado da igualdade, o sistema de precedentes se legitima pela aptidão para garantir segurança jurídica, diante da noção de que as decisões judiciais são fontes criadoras do direito e condicionam a atuação dos indivíduos, gerando confiança e expectativas legítimas nos jurisdicionados sobre o modo como devem adotar comportamentos e pautar suas escolhas.

> A previsibilidade, além de evitar surpresas, permite ter confiança nos direitos. Sabe-se, dessa forma, que a opção por uma conduta não só não acarretará algo imprevisto, como também se tem a garantia de que, diante de determinada situação, decorrerá um direito que não poderá ser contestado e, assim, poderá ser plenamente exercido. (MARINONI, 2014, p. 110)

Decisões contraditórias acerca de uma mesma matéria retiram da atuação judicial previsibilidade e geram instabilidade social. Esta se reflete no desincentivo ao fomento de qualquer atividade produtiva e aos investimentos econômicos – que, no caso do Brasil, são de importância vital para o seu desenvolvimento –, ao mesmo tempo que estimula sobremaneira a litigância de massa, comprometendo diretamente a eficiência do Judiciário.[15]

Isso não significa, entretanto, que o direito enunciado pelos tribunais não deva evoluir ou que a existência de um sistema de precedentes vinculantes possa produzir o engessamento do direito. Muito pelo contrário,

> [...] o sistema de precedentes oportuniza o desenvolvimento do direito de um modo bastante positivo e sofisticado. Não há qualquer relação de paralelismo entre definir o sentido do direito e obstaculizar o seu desenvolvimento; ao contrário, o poder de atribuir sentido ao direito traz em si o de desenvolvê-lo. (MARINONI, 2014, p. 103)

Assim, a doutrina sinaliza para uma ressignificação do princípio da segurança jurídica, que não deve representar entrave absoluto ao aprimoramento e desenvolvimento do direito (pela valorização extremada da imutabilidade de situações já decididas), possibilitando a superação de teses jurídicas ultrapassadas, em descompasso com a realidade do ordenamento vigente e da sociedade.

Fala-se, assim, em segurança jurídica não como imutabilidade, mas como continuidade. Antonio do Passo Cabral sustenta que

> [...] a continuidade jurídica significa mudança com consistência, assegurando estabilidade e permanência sem impedir a alteração das posições jurídicas estáveis. Portanto, a continuidade revela uma forma de não bloquear totalmente as mudanças e simultaneamente preservar a segurança. (CABRAL, 2013, p. 26)

Trata-se, como afirma o autor, de proteger a confiança daqueles que pautaram suas condutas na expectativa de manutenção do regramento (fruto dos precedentes) consolidado, de modo a prevenir que mudanças posteriores e abruptas possam impactar negativamente a sua esfera jurídica.

No mesmo sentido, Lucas Buril de Macêdo, defendendo que a noção clássica de segurança jurídica associada à imutabilidade de determinadas situações jurídicas já não se mostra suficiente, afirma que "a segurança está ligada à continuidade, e não à imutabilidade, à possibilidade de antever razoavelmente as consequências jurídicas por uma linha aplicativa coerente." (MACÊDO, 2017, p. 98).

---

15 "The cost savings associated with a system of stare decisis extend beyond those incurred in litigation. Increased certainty not only discourages litigation; it also enables more efficient planning in reliance on precedent." (LEE, 2000, p. 652).

Com efeito, para Daniel Mitidiero,

> [...] a possibilidade de superação do precedente coloca em evidência a necessidade de proteção da confiança daqueles que o tinham em consideração para fazer as suas escolhas socioeconômicas e da mantença da igualdade de todos perante a ordem jurídica. É que a mudança do precedente não pode causar surpresa injusta (unfair suprise) nem ocasionar um tratamento não isonômico entre pessoas que se encontram temporalmente em situações idênticas ou semelhantes. (MITIDIERO, 2012, p. 74)

Sob esse aspecto, as noções de segurança-continuidade e de proteção da confiança impõem "deveres aos tribunais de permanência e duração da jurisprudência, reclamando também métodos e técnicas de preservação da segurança jurídica na mudança de entendimento estável" (CABRAL, 2013, p. 30), ou seja, métodos que possam garantir a preservação de situações jurídicas nascidas sob a égide do entendimento jurisprudencial obsoleto, mas, ao mesmo tempo, permitir o avanço no tratamento do tema pelos tribunais para os casos futuros. Daí a importância das técnicas de distinção (*distinguishing*) e superação de precedentes (*overruling*).

A distinção é, segundo Fredie Didier (2015, p. 491), técnica de confronto, interpretação e aplicação do precedente, por meio da qual o julgador, verificando haver distinção entre o caso concreto e o paradigma, decide afastar a aplicação do precedente na hipótese, julgando livremente o caso (*restrictive distinguishing*); ou, apesar das diferenças existentes entre os casos em confronto, decide por aplicar o precedente à solução da causa, mediante uma interpretação extensiva da *ratio decidendi* (*ampliative distinguishing*).

Importante observar que, tanto num caso como no outro, há a preservação do precedente, que permanece hígido, quer pela sua não incidência (por se tratar de hipótese diversa da que deu origem ao precedente), quer pela sua incidência (ainda que o caso concreto não encontre fidelidade nos contornos do paradigma). Trata-se, pois, de técnica que fala a favor da isonomia na aplicação dos precedentes e, via de consequência, da segurança jurídica.

O *overruling*, por sua vez, é técnica de superação do precedente, por meio da qual "um precedente perde sua força vinculante e é substituído (overruled) por outro precedente." (DIDIER, 2015, p. 494). Dessa forma, a superação pode, se realizada sem a observância de determinados parâmetros de salvaguarda da previsibilidade e confiança, representar grave risco à segurança jurídica, à medida que reduz o valor do precedente a zero.

Para que isso não aconteça, impõe-se, além de um maior ônus argumentativo na decisão de superação, que serve como desestímulo para o abandono do precedente, a modulação da eficácia da nova norma jurídica decorrente da superação do precedente (*prospective overruling*). Sobre o ponto, Fredie Didier afirma que

> [...] se a alteração jurisprudencial puder afetar a estabilidade das relações jurídicas formadas e construídas sob a égide de um velho posicionamento (princípio da segurança jurídica), é perfeitamente possível que o tribunal adote para o caso concreto, bem assim para aqueles

> pendentes de julgamento que se relacionem a fatos pretéritos, o entendimento já consolidado, anunciando, porém, para as situações vindouras a mudança paradigmática. Tudo no intuito de respeitar as legítimas expectativas que o posicionamento reiterado do tribunal haja incutido no espírito dos jurisdicionados. (2015, p. 503)

Nesse sentido, as regras estabelecidas pelo artigo 927, parágrafos 2º e 4º do Código de Processo Civil de 2015 militam em favor da conjugação dos valores de segurança jurídica e do desenvolvimento do direito enunciado pelos tribunais, disciplinando hipóteses em que a modulação temporal dos efeitos das decisões de superação de precedentes deve ser estabelecida para a tutela da confiança daqueles que pautaram suas condutas com base na regra revogada.

Ao lado do *prospective overruling*, que representa mecanismo conformador da eficácia temporal da decisão de superação de precedentes vinculantes à luz da segurança jurídica e previsibilidade da atuação judicial, a doutrina chama a atenção para outros modelos, como as técnicas de sinalização e do julgamento-alerta.

A técnica do julgamento-alerta consiste no anúncio público de uma possível revisão, no futuro, de entendimento jurisprudencial consolidado, sem força vinculante, mas ainda assim capaz de assegurar o respeito à segurança jurídica e à tutela da confiança, por meio da comunicação adequada aos destinatários do regramento questionado, que passam a estar cientes de que o mesmo poderá vir a ser alterado. (CABRAL, 2013, p. 34).

Diferentemente da técnica da modulação temporal, que se aplica quando já houve a superação do precedente, a técnica do julgamento-alerta tem caráter claramente preventivo, no sentido de que se aplica antes da alteração da tese jurídica propriamente dita, como uma sinalização de uma possível mudança no entendimento do órgão jurisdicional.

Além dela, há, ainda, a técnica da sinalização, pela qual o órgão jurisdicional, reconhecendo a necessidade de superação do precedente, deixa de fazê-lo no caso sob julgamento, mas sinaliza que, para os próximos casos, o entendimento será superado.

O ponto comum entre todos esses instrumentos é a compreensão de que a evolução do direito e o necessário ajuste de entendimentos jurisprudenciais ultrapassados não podem representar fatores de desigualdade, insegurança jurídica e quebra de confiança. Isso é fundamental para o desenvolvimento de um ambiente jurídico-processual previsível, que viabilize "a racionalidade dos projetos de vida, inclusive econômicos" (MARINONI, 2014, p. 113), por meio de um sistema judicial racional e eficiente.

6. Relevância do sistema de precedentes para a gestão eficiente do sistema judicial

Como vimos, o estabelecimento de um sistema de precedentes vinculantes representa mecanismo capaz de assegurar isonomia entre os jurisdicionados envolvidos em litígios similares, por criar as condições para que os mesmos recebam idêntica solução judicial, resultante da aplicação de uma mesma tese jurídica, reforçando a previsibilidade da atuação do Poder Judiciário e a segurança jurídica geral.

Além disso, um sistema de precedentes permite uma gestão mais eficiente dos processos em curso, evitando o desperdício de atividade jurisdicional repetitiva, uma vez que todos os processos que veiculem aquela idêntica questão serão decididos de modo uniforme, através de uma única tese jurídica, que será replicada sem a necessidade de nova argumentação das partes e cognição judicial sobre o tema decidido com força vinculante.

Com efeito, a tese resultante do julgamento do caso paradigmático é aplicada pelos demais órgãos judiciais de forma automática, sem a reabertura de atividade cognitiva. Com isso, reduzem-se os custos e o tempo necessário para o julgamento dos casos futuros, pois as partes e o juiz não precisarão perder energia com aquele estrato da discussão já consolidado pelo precedente judicial. (CABRAL; CRAMER, 2016, p. 1435).

Nesse sentido, a sistemática de respeito aos precedentes introduzida pelo novo Código de Processo Civil irradia seus efeitos para todo o sistema processual, funcionando como fator de racionalização e aceleração do julgamento dos processos similares já em curso e também de casos vindouros, servindo de base, por exemplo, para a sentença de improcedência liminar do pedido (art. 332, CPC/15), para autorizar a concessão da tutela da evidência (art. 311, inc. II, CPC/15), para obstar a remessa necessária (art. 496, § 4°, CPC/15) e para autorizar a prolação de decisões monocráticas pelos relatores de recursos e conflitos de competência (arts. 932, inc. IV e V, e 955, § único, inc. I, CPC/15).

Portanto, o respeito aos precedentes gera, como consequência, a abreviação da marcha dos litígios, contribuindo para a operosidade do gerenciamento do volume de processos repetitivos e, em última análise, para a concretização do princípio constitucional da razoável duração do processo.

Mas não é só. Um sistema de precedentes vinculantes produz ainda o efeito de "desmotivar a propositura de ações que se fundem em argumentos contrários àqueles acolhidos pelo tribunal no julgamento do caso paradigma." (PINHO; RODRIGUES, 2016, p. 417). E, sob esse aspecto, tem especial relevância para o estudo dos incentivos privados sobre a litigância, de que se ocupa amplamente a análise econômica do direito processual.

Como antes mencionado, a assimetria de informações que é inerente à própria parcialidade dos sujeitos envolvidos em um conflito de interesses é aprofundada pela imprevisibilidade do direito enunciado pelos tribunais, resultante de um sistema judicial casuístico e demasiadamente personalizado, o que impede que as partes possam conhecer realmente seus direitos e racionalmente decidir pelo ajuizamento de um litígio. Da mesma forma, essa discrepância de informações distancia as expectativas das partes em conflito e dificulta a composição amigável das disputas, gerando, inexoravelmente, um ambiente propício à litigância.[16]

---

16 "If the parties agree about the plaintiff's probability of prevailing at trial, there always exists a range of out-of-court settlements that can make both of them better off; the size of this range is determined by the sum of their litigation costs." (POLINSKY, 2011, p. 137).

Um sistema de precedentes vinculantes, por oferecer uma resposta jurisdicional consistente e coerente às demandas judiciais, especialmente para aquelas demandas seriadas ou repetitivas, é capaz de neutralizar ou, ao menos, mitigar a assimetria de informações de que dispõem as partes em situação de conflito, permitindo um reajuste racional de suas expectativas com relação ao resultado do litígio que se revela iminente. Com isso, os incentivos das partes para a instauração da ação judicial são reduzidos, com sensíveis reflexos no volume de processos judiciais. Trata-se de um mecanismo eficiente de contenção da litigância, que é a base dos sistemas judiciais americano e inglês, que revelam níveis de litigância muito menores do que o experimentado entre nós.[17]

Isso não quer dizer que seja a solução definitiva para todos os problemas que afligem o nosso Judiciário. Para tanto, seria preciso um debate sério e responsável sobre o tipo de justiça estatal que a sociedade brasileira deseja e está disposta a pagar, considerando-se o alto custo financeiro que o Judiciário representa para a nação[18] e o nosso déficit de desenvolvimento econômico e social. Tudo isso certamente requer repensar a noção de irrestrito acesso à justiça que, hoje em dia, nossa cultura jurídica tão veementemente defende.

Enquanto isso não acontece, o novo Código de Processo Civil dá a sua contribuição para a abordagem do problema, instituindo um sistema de precedentes obrigatórios, que, se bem posto em prática, representará inequívoco progresso na tratativa dos temas do excesso de litigância e da sobrecarga e ineficiência do Judiciário.

7. Considerações finais

A entrada em vigor de uma nova codificação, assim como o estabelecimento de qualquer nova instituição social, é um momento fundamental e decisivo para definir o sentido de sua trajetória.

As ciências políticas, notadamente o institucionalismo histórico, apropriando-se do conceito econômico de *path dependence* (dependência da trajetória), costumam defender que as escolhas realizadas no momento de constituição das instituições têm

---

17 Importante observar, entretanto, que, nos sistemas anglo-americanos, o elevado custo dos processos judiciais é fator fundamental para explicar os menores níveis de litigância – realidade bem distinta da que vivenciamos no Brasil, onde os serviços judiciários são subsidiados e gratuitos para a grande maioria da população.

18 De acordo com o relatório nacional do CNJ para o ano de 2017, o orçamento do Poder Judiciário, aprovado pelas leis orçamentárias da União e dos Estados, totalizou R$ 93 bilhões, sendo R$ 45 bilhões no Orçamento Geral da União, que inclui o Tribunal de Justiça do Distrito Federal e dos Territórios, e R$ 48 bilhões nos orçamentos estaduais. Esses montantes corresponderam, respectivamente, a 1,81% do Orçamento Fiscal e da Seguridade Social da União e a 5,72% dos orçamentos estaduais, e significaram, em relação ao produto interno bruto, 0,67% para o Judiciário da União e 0,73% para o Judiciário dos Estados.

a propensão de conformar o modo como se dará o seu futuro desenvolvimento.[19] Isso porque as instituições tenderiam a reproduzir, ao longo do tempo, os padrões iniciais de comportamento que foram adotados no momento de sua criação, num mecanismo de reforço daquelas ações ou condutas originalmen tomadas.

É o que as teorias econômicas chamam de dinâmica de retornos crescentes ou *positive feedback*, segundo a qual

> [...] a probabilidade de novos passos na mesma trajetória aumenta a cada passo dado nessa trajetória. Isto ocorre porque os benefícios relativos da ação atual comparados às opções anteriormente possíveis aumentam com o tempo. Colocado de maneira diferente, os custos de transição (exit costs) – de mudar para alguma alternativa previamente plausível – aumentam. (PIERSON, 2015, p. 340).

Dessa forma, "para processos sujeitos a retornos crescentes não é só uma questão do que acontece, mas também de quando acontece. As questões de temporalidade estão no centro da análise." (PIERSON, 2015, p. 338). Daí a importância do momento inicial da vida de uma instituição para a conformação de padrões de conduta que serão posteriormente reproduzidos (reforçados) ao longo do seu desenvolvimento.[20]

Por isso, é fundamental que logo nesses primeiros anos de vigência, o sistema de precedentes vinculante concebido pela nova codificação tenha plena aplicação pelos tribunais. Assim, sinaliza-se, desde logo, para toda a comunidade jurídica, normalmente tão refratária a mudanças[21], a nova ordem de respeito à eficiência e hie-

---

19 "Na interpretação mais ampla, a dependência da trajetória refere-se à relevância causal de estágios anteriores em uma sequência temporal. William Sewell (1996, p. 262-3), por exemplo, sugere que dependência da trajetória denote 'que o que aconteceu em um ponto anterior no tempo afetará os resultados possíveis em uma sequência de eventos que ocorrem em um ponto mais tarde no tempo'. Este uso pode implicar apenas na afirmação solta e não muito útil de que 'a história importa', embora também possa ser apresentada com mais rigor." (PIERSON, 2015, p. 339)

20 Esse fenômeno institucional é bem visualizado através do experimento conhecido como urna de Polya, em homenagem ao estatístico e matemático búlgaro George Polya. Em uma urna, coloca-se inicialmente a mesma quantidade de bolas de duas cores diferentes (por exemplo, 10 bolas azuis e 10 bolas vermelhas). Se, para cada bola retirada, ela tiver que ser devolvida à urna acompanhada de mais uma bola da mesma cor, as primeiras bolas determinarão a prevalência de uma cor em detrimento da outra dentro da urna. Assim, se por acaso, a primeira bola retirada tenha sido azul, ela será devolvida à urna acompanhada de outra bola azul; logo, haverá 11 bolas azuis e 10 vermelhas. Com isso, a probabilidade de que a próxima bola retirada seja azul passa a ser maior e, depois de muitas repetições desse processo, é provável que a urna esteja repleta de bolas azuis. Houve, portanto, um reforço das preferencias iniciais ao longo de todo o processo.

21 "De fato, essas resistências se devem à contínua estabilidade experimentada pela maioria das estruturas jurídicas, as quais, a par da constante mudança do cenário social, persistem em preservar a sua 'identidade'. Com outras palavras, a internalização das inovações jurídicas, especialmente no direito processual civil, passa ser filtrada por meio de critérios dogmáticos de relevância próprios, razão pela qual as novas normas jurídicas tendem a ser interpretadas de acordo com princípios processuais preexistentes, o que sói descaracterizar-lhes o telos (...)." (COSTA, 2005, p. 285).

rarquia, "não a hierarquia caudilhista – que, aliás, sempre funcionou no Brasil –, mas a hierarquia como sinônimo de organização racional, sem a qual a voz institucional efetivamente não pode ser expressa." (MARINONI, 2014, p. 92).

Referências

CABRAL, Antonio do Passo. A técnica do julgamento-alerta na mudança de jurisprudência consolidada. *Revista de Processo*, ano 38, n. 221, jul. 2013.

______. Per um nuovo concetto di giuridizione. In: PANZAROLA, A. *Studi in onore di Nicola Picardi. Pacini Editora*, 2016.

CABRAL, Antonio do Passo; CRAMER, Ronaldo (coord.). *Comentários ao Novo Código de Processo Civil*. 2ª ed. Rio de Janeiro: Forense, 2016.

COSTA, Eduardo José da Fonseca. As noções jurídico-processuais de eficácia, efetividade e eficiência. *Revista dos Tribunais*, vol. 121, ano 30, mar. 2005.

DIDIER, Fredie. *Curso de direito processual civil*. v. 2, 10ª ed. Salvador: *JusPodivm*, 2015.

FISS, Owen M. The forms of justice. *Harvard Law Review*, v. 93, nº 1, nov. 1979.

GALANTER, Marc. Justice in many rooms: courts, private ordering, and indigenous law. *Journal of Legal Pluralism*, v. 19, 1981.

GALDINO, Flavio. *Introdução à teoria dos custos dos direitos*. Rio de Janeiro: Lumen luris, 2005.

LEE, Thomas R. Stare decisis in economic perspective: an economic analysis of the Supreme Court's doctrine of precedent. *North Carolina Law Review*, nº 78, 2000.

MARINONI, Luiz Guilherme. *A ética dos precedentes (justificativa do Novo CPC)*. São Paulo: Revista dos Tribunais, 2014.

______. Julgamento colegiado e precedente. *Revista de Processo,* São Paulo: Revista dos Tribunais, v. 264, ano 42, fev. 2017.

MACÊDO, Lucas Buril de. *Precedentes judiciais e o direito processual civil*. 2ª ed. Salvador: JusPodivm, 2017.

MITIDIERO, Daniel. Fundamentação e precedente: dois discursos a partir da decisão judicial. *Revista de Processo*, nº 206, 2012, p. 61-77.

NUNES, Dierle. Sistema processual brasileiro pouco se preocupa com as causas. *Revista Conjur*, 6 fev. 2015. Disponível em: <http://www.conjur.com.br/2015-fev-06/dierle-nunes-sistema-processual--preocupa-causas>. Acesso em: 01.08.2018.

PEIXOTO, Ravi. O sistema de precedentes desenvolvido pelo CPC/2015: uma análise sobre a adaptabilidade da distinção (distinguishing) e da distinção inconsistente (inconsistent distinguishing). *Revista dos Tribunais*, out. 2015.

PIERSON, Paul. Retornos crescentes, dependência da trajetória (path dependence) e o estudo da política. Tradução de Paula Regina de Jesus Pinsett Pavarina e Camila de Mario. Ideias – Rev. Inst. Filos. Ciênc. Hum. Unicamp, v. 6, nº 2, p.335-392, jul/dez. 2015.

PINHO, Humberto Dalla Bernardina de; RODRIGUES, Roberto de Aragão Ribeiro. O microssistema de formação de precedentes judiciais vinculantes previsto no novo CPC. *Revista de Processo*, v. 41, set. 2016, São Paulo: Revista dos Tribunais, p. 405-435.

POLINSKY, A. Mitchell. *An introduction to Law and Economics*. 4th ed. New York: Wolters Kluwer, 2011.

SHAVELL, Steven. *Foundations of economic analysis of Law*. Cambridge: Harvard University Press, 2004.

SORABJI, John. *The crisis of legal aid and alternative solutions*. IAPL Seoul Conference, 2014.

TEIXEIRA JUNIOR, Ivo Gico. *A tragédia do Judiciário:* subinvestimento em capital jurídico e sobreutilização do Judiciário. 2012. 146 f. Tese (Doutorado em Economia Política) – Programa de Pós-Graduação em Economia (PPG-ECO), UnB, Brasília, 2012. Disponível em: <http://repositorio.unb.br/bitstream/10482/13529/1/2012_IvoTeixeiraGicoJunior.pdf>. Acesso em: 01.06.2018.

TVERSKY, Amos; KAHNEMANN, Daniel. *Judgement under uncertainty:* heuristics and biases. Cambridge: Cambridge University Press, 1982.

WAMBIER, Teresa Arruda Alvim. Estabilidade e adaptabilidade como objetivos no direito: civil law e common law. *Revista de Processo*, v. 172, jun. 2009.

WAMBIER, Luiz Rodrigues; VASCONCELOS, Rita de Cássia Corrêa de; WAMBIER, Teresa Arruda Alvim. Jurisprudência oscilante do STJ: ofensa à segurança jurídica sob o aspecto da previsibilidade das decisões judiciais. In: Isabel Gallotti et al (coord.). *O papel da jurisprudência do STJ*. São Paulo: RT, 2014.

ZANETI JR., Hermes. *O valor vinculante dos precedentes:* teoria dos precedentes normativos formalmente vinculantes. 3ª ed. Salvador: JusPodivm, 2017.

LITIGÂNCIA FRÍVOLA: DOS FATORES DETERMINANTES AOS INSTRUMENTOS DE DISSUASÃO

Jorge Luis da Costa Silva

1. Notas introdutórias

Ao tratar da frivolidade no direito processual, costuma-se falar em demanda frívola, caracterizada pela baixa probabilidade de êxito dos pedidos propostos pelo jurisdicionado, que ao ajuizá-la não se atenta aos custos acarretados ao erário[1]. O fenômeno ocorre quando o litigante propõe a demanda, mesmo com a consciência de que o benefício a ser obtido ao final será muito inferior ao custo de tramitação do feito[2].

Note-se, contudo, que a frivolidade não está presente somente no ato de ajuizamento de uma demanda insignificante. Com efeito, também se verifica comportamento frívolo no ato de resistência infundada ao direito do autor – evidenciada nos casos em que o exercício do direito de defesa não veicula qualquer alegação séria – e no ato de interposição de recursos manifestamente infundados.

Exatamente por se tratar de fenômeno que não se limita ao ato de ajuizamento da demanda, o presente artigo abordará a frivolidade como característica que está associada à própria litigância, manifestando-se tanto no exercício do direito de ação, em sentido estrito[3], quanto no exercício do direito de defesa e do direito de recorrer.

A litigância frívola é tema que ainda carece de maiores aprofundamentos na doutrina brasileira[4], por isso, na parte seguinte (Item II), cuida-se do estabelecimento de

---

1 MARCELLINO JUNIOR, Julio Cesar. *O direito de acesso à justiça e a análise econômica da litigância: A maximização do acesso na busca pela efetividade*. Tese (Doutorado) – Centro de Ciências Jurídicas, Programa de Pós-Graduação em Direito, Universidade Federal de Santa Catarina, Florianópolis, 2014, p. 230.

2 PATRÍCIO, Miguel Carlos Teixeira. *Análise econômica da litigância*. Coimbra: Almedina, 2005, p. 64.

3 Sem olvidar do entendimento de Marco Antonio Rodrigues, no sentido de que "o direito de ação não tem significado meramente formal, correspondendo ao direito à obtenção de uma prestação jurisdicional justa (...) dentro desse direito têm-se, por exemplo, o direito à produção de provas e ainda o direito a recorrer" (RODRIGUES, Marco Antonio. *Manual dos recursos, ação rescisória e reclamação*. 1. ed. São Paulo: Atlas, 2017, p. 17), ao referimo-nos ao direito de ação, em sentido estrito, tratamos apenas da iniciativa que dá início ao processo e delimita o seu objeto (DINAMARCO, Cândido Rangel; LOPES, Bruno Vasconcelos Carrilho. *Teoria geral do novo processo civil*. 2. ed. São Paulo: Malheiros, 2017, p. 120).

4 No mesmo sentido é a observação de João Hagenbeck Parizzi: "No contexto brasileiro se verifica que não há muitos estudos e pesquisas acerca da litigância frívola, tanto é que não há qualquer menção na legislação em relação a este termo, a jurisprudência tampouco demonstra qualquer familiaridade com ele. Por outro lado, a litigância frívola é objeto de muitos estudos em países como Portugal e principalmente nos Estados Unidos" (PARIZZI, João Hagenbeck. *Abuso do direito*

noções relevantes para o estudo que se segue, firmando-se alguns conceitos elementares da análise econômica do processo, a fim de aplicá-los à análise da litigância frívola.

Na terceira parte (Item III), aborda-se os fatores que contribuem – aqui chamados de "fatores determinantes" – para a expansão da litigância frívola no direito brasileiro. Partindo da literatura especializada sobre o tema, pretende-se investigar dois fatores que estimulam a frivolidade na litigância, quais sejam, a jurisprudência instável e a gratuidade de justiça.

Por fim, na parte quatro (Item IV), serão analisados alguns instrumentos de dissuasão da litigância frívola empregados pelo direito brasileiro, dando ênfase nas ferramentas criadas e aprimoradas pelo Código de Processo Civil de 2015, tais como a improcedência liminar do pedido, prevista no art. 332; a possibilidade de concessão de tutela de evidência, quando ficar caracterizado o abuso do direito de defesa, na forma do art. 311, inciso I; os honorários advocatícios recursais, estatuídos no art. 85, § 11; dentre outros mecanismos processuais.

2. Análise econômica do processo e da litigância frívola

2.1. Do paradigma[5] da racionalidade substantiva à racionalidade limitada

Conforme assinala Flavio Galdino, a análise econômica do direito assume como premissa elementar a ideia de que as pessoas são maximizadoras racionais de seus próprios interesses[6]. A partir dessa perspectiva, os atos processuais devem ser interpretados como atos dirigidos à maximização de interesses individuais, egoisticamente considerados.

O que está por trás desse raciocínio é a ideia de *racionalidade dos agentes econômicos*, segundo a qual o indivíduo racional é aquele que tem um objetivo claro e, para alcançá-lo, emprega os meios disponíveis com o menor desperdício possível de recursos[7]. Ocorre que essa perspectiva parte de um modelo ideal, no qual o agente

---

de litigar: Uma interpretação do direito de acesso ao judiciário através do desestímulo econômico dos litigantes habituais. Dissertação (Mestrado em Direito e Políticas Públicas) – Programa de Mestrado e Doutorado em Direito, Centro Universitário de Brasília (UniCEUB), Brasília, 2016, p. 41).

5 WARPECHOWSKI, Ana Cristina Moraes. *Em busca da decisão judicial cível satisfatória*: uma análise econômico-comportamental dos processos decisórios no Brasil pós 1988. Dissertação (Mestrado) - Universidade Federal do Rio Grande do Sul, Faculdade de Direito, Programa de Pós-Graduação em Direito, Porto Alegre, 2018, p. 39.

6 GALDINO, Flavio. Introdução à análise econômica do processo civil (I): Os métodos alternativos de solução de controvérsias, *Quaestio Iuris*, Rio de Janeiro, v. 1, nº 1, 2005, p. 176.

7 ARENHART, Fernando Santos. *Análise econômica da litigância*: Teoria e evidência. (Monografia) – Departamento de Economia da Faculdade de Ciências Econômicas, Universidade Federal do Rio Grande do Sul, Porto Alegre, 2009, p. 30.

seria capaz de tudo prever e com relação a tudo se precaver, pois conseguiria, *a priori*, visualizar todas as hipóteses que poderiam ocorrer em uma relação processual.

Nesse contexto, Ivo Teixeira Gico Junior explica que, ao adotarem esse pressuposto, os economistas neoclássicos supõem que (i) todas as informações necessárias para os agentes maximizarem suas funções utilidades estariam disponíveis a custo zero e (ii) os agentes seriam capazes de processá-las de forma maximizadora[8].

De fato, a disponibilidade da informação é uma premissa fundamental para a análise racional, principalmente sob o prisma econômico[9], todavia é necessário reconhecer que é próprio das relações humanas a incompletude das informações e a incapacidade de processamento do volume informacional disponível[10].

Exatamente por esse paradigma neoclássico da hiper-racionalidade não encontrar substância nas relações humanas, foi desenvolvido o conceito da racionalidade limitada, que admite que o agente é intencionalmente racional, mas apenas consegue sê-lo de modo limitado[11].

Citando o entendimento de Douglas C. North, Ivo Teixeira Gico Junior afirma que a racionalidade limitada significa simultaneamente incapacidade de obter todas as informações e de processar as disponíveis e, por isso, os agentes realizam não opções maximizadoras, mas a melhor opção possível identificada pela sua capacidade limitada de ver o mundo (modelo mental)[12]. Note-se que, ainda assim, tal comportamento pode ser compreendido como maximizador, desde que consideradas essas restrições.

---

8 GICO JUNIOR, Ivo Teixeira. *A tragédia do judiciário*: Subinvestimento em capital jurídico e sobreutilização do Judiciário. Tese (Doutorado) - Faculdade de Economia, Administração, Contabilidade e Ciência da Informação e Documentação. Departamento de Economia, Programa de Pós-Graduação em Economia, Universidade de Brasília, Brasília, 2012, p. 9.

9 GALDINO, Flavio. Introdução à análise econômica do processo civil (I): Os métodos alternativos de solução de controvérsias, *Quaestio Iuris*, Rio de Janeiro, v. 1, nº 1, 2005, p. 177.

10 Confira-se: "a racionalidade do litigante que pondera os riscos e benefícios visando obter a máxima efetividade nas suas ações muitas vezes não se aplica na prática (...) muitas vezes o litigante é desinformado acerca do custo/benefício de se adotar determinado comportamento" (PARIZZI, João Hagenbeck. *Abuso do direito de litigar*: Uma interpretação do direito de acesso ao judiciário através do desestímulo econômico dos litigantes habituais. Dissertação (Mestrado em Direito e Políticas Públicas) – Programa de Mestrado e Doutorado em Direito, Centro Universitário de Brasília (UniCEUB), Brasília, 2016, p. 61).

11 TIMM, Luciano Benetti; MACHADO, Rafael Bicca. Direito, economia e processo civil: Algumas observações por ocasião da aprovação da lei 11.232/2005. *In*: HOFFMAN, Paulo; RIBEIRO, Leonardo Ferres da Silva (Coord.). *Processo de execução civil*: Modificações da Lei 11.232/05. São Paulo: Quartier Latin, 2006, p. 156.

12 GICO JUNIOR, Ivo Teixeira. *A tragédia do judiciário*: Subinvestimento em capital jurídico e sobreutilização do Judiciário. Tese (Doutorado) - Faculdade de Economia, Administração, Contabilidade e Ciência da Informação e Documentação. Departamento de Economia, Programa de Pós-Graduação em Economia, Universidade de Brasília, Brasília, 2012, p. 9.

Feitas tais considerações, resta saber quais são os cálculos racionais, ainda que limitados, feitos pelos agentes econômicos, antes de decidirem pela prática de um ato processual, como, por exemplo, o ajuizamento de uma demanda.

É sobre isso que passamos a tratar.

2.2. O cálculo que precede e orienta a tomada de decisões

A análise econômica do processo parte da premissa de que os sujeitos processuais tomam decisões a partir de cálculos racionais, ainda que intuitivos, sobre os custos e benefícios associados à determinada alternativa que lhes é oferecida[13].

Nessa ordem de ideias, a decisão de ajuizar, ou não, uma ação judicial é sempre precedida de uma ponderação custo-benefício[14]: se os benefícios esperados ("**B**") em caso de sucesso da ação judicial forem maiores do que os custos ("**C**") associados ao seu ajuizamento, então a conclusão racional é pelo ajuizamento da demanda. De outro lado, se os custos ("**C**") forem maiores do que os benefícios esperados ("**B**"), a escolha mais racional do agente será pela não judicialização do conflito. Confira-se o esquema matemático:

> Se $B > C$, o agente racional decidirá pelo ajuizamento da demanda.
>
> Se $B = C$, tem-se um ponto de indiferença, do ponto de vista de escolha
>
> Se $B < C$, o agente racional decidirá pelo não ajuizamento da demanda.

Note-se, contudo, que não basta a mera ponderação entre benefício e custos, sendo relevante considerar a chance de êxito da demanda. Nesse sentido, deve-se calcular o proveito esperado pelo autor ("**PE**"), que é o resultado da multiplicação do benefício que pretende obter ("**B**") pela probabilidade de que sua demanda seja julgada procedente ("**v**"), resultando na seguinte equação:

$$PE = v.B$$

13 Da mesma maneira: "Autores e réus das relações processuais obedecem, em suas formas de agir, a critérios de racionalidade, comuns a diversas áreas do conhecimento. A ponderação entre custos e benefícios no momento de se tomar uma decisão, com vistas à obtenção dos maiores ganhos possíveis, é característica própria do comportamento humano, não sendo diferente no que diz respeito às ações judiciais" (TENENBLAT, Fabio. Limitar o acesso ao poder judiciário para ampliar o acesso à justiça, *Revista do Centro de Estudos Judiciários*, Brasília, Ano XV, nº 52, jan./mar. 2011, p. 26).

14 Confira-se: "o que leva um determinado indivíduo a levar a sua questão em tribunal é sempre o resultado de uma avaliação mais ou menos informada e cautelosa de custos e benefícios inerentes a essa decisão" (PATRÍCIO, Miguel Carlos Teixeira. *Análise econômica da litigância*. Coimbra: Almedina, 2005, p. 14).

Além disso, devem ser considerados os custos relativos ao ajuizamento da demanda. Victor Aguiar de Carvalho sustenta que há custos de quatro diferentes ordens[15]. Vejamos.

O primeiro é o *custo pessoal* ("**Cp**"). Normalmente, está relacionado às circunstâncias pessoais de cada um e refere-se ao consumo de tempo próprio e às despesas nas quais se incorrerá para levar adiante a intenção de postular em juízo. Nesse sentido, os sujeitos com piores condições financeiras provavelmente terão maiores custos pessoais relativos, haja vista que terão de superar maiores dificuldades da vida, como a distância até uma localidade com melhores serviços, o preço do transporte até o local de atendimento, a despesa para reunir ou fotocopiar documentos, a impossibilidade de se ausentar do trabalho ainda que brevemente, dentre outros.

O segundo tipo de custo, conforme ensina Victor Aguiar de Carvalho, é o *custo advocatício* ("**Ca**"), seja em razão da necessidade de contratação de um profissional que detenha capacidade postulatória, seja pelo tempo despendido por aquele que litiga em causa própria. Havendo cláusula de êxito no contrato advocatício, só serão devidos os honorários na hipótese de procedência do pedido; nesse caso, o custo será traduzido por "**v x Ca**".

O terceiro é *custo de antecipação das despesas* ("**Cd**") concernentes ao ajuizamento da demanda e aos atos realizados ou requeridos no curso do processo. Vale observar que, no direito brasileiro, o dever de antecipação das despesas não recai sobre os beneficiários da gratuidade de justiça. Desse modo, essa variável deve ser ponderada pela probabilidade de o autor arcar com os custos relativos às despesas antecipadas ("**g**"), de maneira tal que, caso seja beneficiário da gratuidade de justiça, **g = 0**; caso não seja beneficiário da gratuidade de justiça, **g = (1 – v)**[16].

Por fim, há os *custos de sucumbência* ("**Cs**"), como o pagamento de honorários advocatícios em benefício do patrono da parte vencedora e o ressarcimento do vencedor quanto às despesas que antecipou. Lembre-se que os custos de sucumbência devem ser ponderados pela chance de insucesso da demanda ("**1 - v**"), devendo ser representado por "[**(1 - v) x Cs**]".

Em síntese, o valor esperado ("**VE**") com o ajuizamento da demanda deve ser obtido pela subtração do proveito esperado (**v x B**) dos custos associados. Vejamos alguns modelos de aplicação dessas variáveis[17].

---

15 CARVALHO, Victor Aguiar de. A judicialização da saúde sob o olhar da Análise Econômica do Direito: um exame dos incentivos ao ajuizamento e à solução extrajudicial de conflitos, *Revista Brasileira de Políticas Públicas*, Brasília, v. 8, nº 3, 2018, p. 312.

16 Sendo "v" a probabilidade de êxito da demanda, 1 – v representa a probabilidade de insucesso da demanda, hipótese em que o autor arcaria com as despesas processuais.

17 Equações semelhantes podem ser vistas em: SHAVELL, Steven; ROSENBERG, David. *A model in which suits are brought for their nuisance value*. In: 5 International Review of Law and Economics, pp. 3-13, 1985. No entanto, a aqui apresentada incorpora elementos adicionais da realidade processual brasileira.

Modelo 1. Autor não beneficiário da gratuidade de justiça. Contrato de honorários advocatícios com cláusula de êxito.

$$VE=(v.B)-Cp-(v.Ca)-(g.Cd)-[(1-v).Cs]$$

Partindo desse modelo, imaginemos um cenário hipotético, em que o autor tem a pretensão de ajuizar uma ação indenizatória em face de um indivíduo qualquer, no valor de R$ 20.000,00 (vinte mil reais) ou seja, **B = 20.000**, mas possui baixa expectativa de êxito (30%, ou seja, **v = 0,3**). Considerando sua condição econômica, seus custos pessoais com o ajuizamento da demanda seriam de R$ 200,00 (duzentos reais), equivalente a despesas de deslocamento, cópias e autenticações; então, **Cp = 200**. Os honorários advocatícios ajustados, mediante cláusula de êxito, são de 20% (vinte por cento) sobre o valor da causa; então **Ca = 4.000**. Tendo vista que o autor não é beneficiário da justiça gratuita, há custos de antecipação de despesas de R$ 700,00, logo **Cd = 700**. Por fim, a sucumbência será fixada, provavelmente, em 10% (dez por cento) sobre o valor da causa, ou seja, R$ 2.000,00 (dois mil reais), de modo que **Cs = 2.000**. Aplicando esses valores ao Modelo 1, temos o seguinte:

$$VE=(0,3.20000)-200-(0,3.4000)-[(1-0,3).700]-[(1-0,3).2000]$$
$$VE=6000-200-1200-490-1400$$
$$VE=6000-3290$$
$$VE=2710$$

Nesse cenário, haveria estímulo para que o autor optasse pela via judicial, pois os custos associados ao ajuizamento da demanda seriam inferiores ao proveito esperado pelo autor, gerando um *saldo esperado positivo de R$ 2.710,00*. Resta saber se o cenário seria o mesmo, na hipótese de o pagamento dos honorários não estar condicionado ao sucesso da demanda.

Modelo 2. Autor não beneficiário da gratuidade de justiça. Contrato de honorários advocatícios sem cláusula de êxito.

$$VE=(v.B)-Cp-Ca-(g.Cd)-[(1-V).Cs]$$

Aplicando-se os mesmos valores do exemplo anterior, tem-se o seguinte:

$$VE=(0,3.20000)-200-4000-[(1-0,3).700]-[(1-0,3).2000]$$
$$VE=6000-200-4000-490-1400$$
$$VE=6000-6090$$
$$VE=-\ 90$$

Como se vê, a simples mudança de uma cláusula contratual tem o condão de alterar a relação de custo-benefício para decidir pelo ajuizamento de uma demanda. Assim, no segundo cenário não haveria estímulo para que o autor optasse pela via da resolução litigiosa do conflito, pois os custos associados ao ajuizamento da demanda seriam superiores ao proveito esperado pelo autor, gerando um *saldo esperado negativo de R$ 90,00*.

Nessa toada, verifica-se que a cláusula de êxito nos contratos advocatícios favorece o acesso à justiça dos mais pobres, na medida em que reduz os custos da litigância, mas amplia as possibilidades de litigância frívola[18].

Esse simples teste demonstra que qualquer alteração nas variáveis dessa equação pode alterar profundamente a decisão entre litigar e não litigar. Dentre as variáveis observadas, a mais sensível é, certamente, a probabilidade de êxito da demanda ("**v**"), pois dela dependem diversas outras variáveis. Assim, quanto mais precisa for a análise apriorística a respeito da chance de êxito, tanto maior será a capacidade de projetar os resultados econômicos de eventual litígio.

Nesse contexto, emerge como principal subsídio na definição dessa variável a estabilidade da jurisprudência. Com efeito, ancorados na lição de Richard Posner, Luiz Fux e Bruno Bodart assinalam que a jurisprudência é um estoque de capital que gera incremento produtivo às futuras decisões do Judiciário. Trata-se, segundo os autores, de um acúmulo de conhecimento que produz utilidade por vários anos a potenciais litigantes, em formato de informações sobre suas obrigações jurídicas[19].

Esse acúmulo de conhecimento a respeito do entendimento dos tribunais é o que garante a previsibilidade e a calculabilidade em eventuais litígios. Saber, de antemão, como os tribunais interpretarão determinada controvérsia significa diminuir a zona de imprecisão e, por conseguinte, ampliar a possibilidade de uma tomada de decisão racional.

Além da jurisprudência, existem outros fatores que influenciam – e estimulam – a litigância frívola, que serão objeto do próximo tópico.

---

18 Nesse sentido: "No que concerne aos honorários advocatícios, viu-se que a participação percentual do advogado no valor atribuído à causa (contingent fee) faz com que pessoas de baixa renda possam utilizar essa alternativa para ter acesso à prestação jurisdicional, aumentando, dessa forma, o nível de litigância" (CASTRO, Fábio Avila de. Modelos microeconômicos de análise da litigância, *Revista da Receita Federal*: estudos tributários e aduaneiros, Brasília-DF, v.3, nº 1-2, jan/dez. 2016, p. 133-134).

19 FUX, Luiz; BODART, Bruno. Notas sobre o princípio da motivação e a uniformização da jurisprudência no novo código de processo civil à luz da análise econômica do direito, *Revista de Processo*, São Paulo, v. 269, pp. 421-432, jul./2017.

3. Fatores determinantes da litigância frívola

Pelo que se viu até aqui, é aparentemente ilógico e pouco razoável[20] alguém propor uma demanda judicial em que não obterá qualquer vantagem ou que poderá até mesmo suportar prejuízo, desconsiderando por completo o custo do processo e o ônus que sua iniciativa poderá acarretar aos cofres públicos.

Nesse contexto, Miguel Carlos Teixeira Patrício oferece algumas pistas para tentar explicar esse paradoxo aparente, quais sejam: (i) assimetria informativa; (ii) o fato de que o autor inicia a ação com um custo reduzido, sabendo que irá ser beneficiado com um acordo, a não ser que o réu promova um esforço intenso – e provavelmente mais custoso – para se defender; (iii) as diversas percepções das partes quanto ao resultado do julgamento, o que pode beneficiar o litigante frívolo; e (iv) a possibilidade de ocorrência de erros judiciais na condenação[21].

De forma excepcional, outros aspectos podem condicionar esta espécie de litigância, como: (i) a existência de custos irrecuperáveis (*sunk costs*); (ii) a influência do mercado de advogados; (iii) as demandas ajuizadas para exercer o rancor (*grudge suits*), sendo suficiente a publicidade negativa sobre o réu, ainda que não seja obtido o resultado econômico pretendido; e (iv) a necessidade de verificar qual a possibilidade de uma demanda frívola resultar em ganhos.

Diante de todos esses fatores, interessa-nos, para os propósitos do presente artigo, investigar dois elementos que favorecem a litigância frívola no contexto do direito brasileiro: (i) a multiplicidade de percepções das partes quanto ao resultado do julgamento, em razão jurisprudência lotérica[22]; e (ii) o baixo custo de litigância verificado, especialmente, no caso dos beneficiários da justiça gratuita.

É sobre cada um desses tópicos que passamos a tratar.

3.1. A multiplicidade de percepções das partes quanto ao resultado do julgamento: a instabilidade da jurisprudência

A instabilidade da jurisprudência não é um problema novo, tampouco particular do direito brasileiro. Na terceira edição de *"Elogio dei giudici scritto da um avvocato"*, publicada em 1954, Piero Calamandrei já afirmava que não haveria motivos para se es-

20 Veja-se: "Partindo-se da premissa de que as pessoas comportam-se de modo racional, alguém que se saiba perdedor em algum litígio, somente ingressaria nele se adotasse comportamento irracional. Mas, como diz o verso popular, 'ninguém joga para perder...' (...) o insucesso decorre do domínio incompleto das informações relativas ao caso e ao comportamento do adversário" GALDINO, Flavio. Introdução à análise econômica do processo civil (I): Os métodos alternativos de solução de controvérsias, *Quaestio Iuris*, Rio de Janeiro, v. 1, nº 1, 2005, p. 179).

21 PATRÍCIO, Miguel Carlos Teixeira. *Análise econômica da litigância*. Coimbra: Almedina, 2005, p. 68.

22 Sobre o tema, confira-se: CAMBI, Eduardo. Jurisprudência lotérica, *Revista dos Tribunais*, São Paulo, v. 786, pp. 108-128, abr./2001.

candalizar com que "entre duas turmas [do Tribunal de Cassação] chamadas a decidir em duas causas diferentes a mesma questão de direito, vez por outra se manifestem diversidade de opiniões e, portanto, clamorosas disparidades de jurisprudência"[23]-[24].

Ocorre que essa incerteza jurisprudencial, como bem apontam Luiz Fux e Bruno Bodart, impede que os sujeitos potencialmente litigantes possam prever adequadamente o possível resultado de uma demanda em juízo, impedindo a adequada ponderação custo-benefício[25] e, em última instância, estimulando a litigância.

Para ilustrar o cenário de incerteza, tomemos como exemplo a possibilidade de condenação ao pagamento de indenização a título de danos morais decorrentes da demora no atendimento ao cliente em instituição bancária. Vejamos, pois, um caso concreto para ilustrar o raciocínio.

No Rio de Janeiro, foi ajuizada uma demanda, objetivando a condenação de instituição financeira ao pagamento de indenização compensatória dos danos morais a que deu causa, por ter deixado o autor, em pé, aguardando atendimento na fila do caixa, dentro da agência bancária, por **duas horas e quatro minutos**.

Em sentença, o juiz julgou improcedente o pedido. O autor interpôs apelação, mas o recurso foi desprovido. No julgamento do apelo, a 21ª Câmara Cível do Tribunal de Justiça do Estado do Rio de Janeiro ("TJRJ") consignou que "a só espera por atendimento bancário por tempo superior ao previsto na legislação municipal ou estadual, não dá direito à obtenção de indenização por dano moral, vez que esta espécie de

---

23 CALAMANDREI, Piero. *Eles, os juízes, vistos por um advogado*. Trad. Eduardo Brandão. 2ª ed. São Paulo: Editora WMF Martins Fontes, 2015, p. 101.

24 Ao tratar do assunto, o mestre florentino compartilha uma interessante experiência vivida no Tribunal de Cassação Italiano – que poderia ocorrer em qualquer tribunal brasileiro: "Aconteceu certa vez, por uma curiosa coincidência que mais parecer uma maldosa brincadeira do destino, que na mesma manhã duas turmas cíveis, que julgavam simultaneamente em duas salas contíguas, fossem chamadas a resolver, em dois recursos diferentes a mesma difícil questão relativa ao significado de certo artigo de lei especial sobre aluguéis, e a resolvessem, apesar de os dois casos serem absolutamente semelhantes, de modo diametralmente oposto. O recorrente, que numa das salas perdeu a causa, teria ganhado (com os mesmos argumentos) se tivesse sido julgado na sala ao lado. Quando saiu ao corredor, onde as portas das salas se abrem uma ao lado da outra, estava estupefato com essa diferença, inexplicável para um profano; e, naturalmente, descontava em sem advogado: – Está claro que o senhor errou na defesa... – Não – replicou o advogado –, errei foi de porta" (CALAMANDREI, Piero. *Eles, os juízes, vistos por um advogado*. Trad. Eduardo Brandão. 2ª ed. São Paulo: Editora WMF Martins Fontes, 2015, p. 101-102).

25 Veja-se: "A incerteza jurisprudencial impede que as partes possam prever adequadamente o resultado de uma demanda em juízo, dificultando que cheguem a conclusões semelhantes sobre o custo-benefício do processo judicial e também sobre o âmbito dentro do qual os termos do acordo podem variar sem deixar de gerar proveito para todos os envolvidos. Em suma, é bastante provável que o demandismo e a "cultura de litigância" tão propalados sejam, em parte, um reflexo do descompromisso com a estabilidade da jurisprudência" (FUX, Luiz; BODART, Bruno. Notas sobre o princípio da motivação e a uniformização da jurisprudência no novo código de processo civil à luz da análise econômica do direito, *Revista de Processo*, São Paulo, v. 269, pp. 421-432, jul./2017).

legislação tem natureza administrativa, haja vista dirigir-se à responsabilidade do estabelecimento bancário perante a Administração Pública, que, diante da reclamação do usuário dos serviços ou *ex officio*, deve aplicar-lhe as sanções administrativas pertinentes"[26].

De fato, o entendimento parece estar alinhado ao posicionamento do Superior Tribunal de Justiça (STJ), segundo o qual "*o dano moral decorrente da demora no atendimento ao cliente não surge apenas da violação de legislação que estipula tempo máximo de espera, mas depende da verificação dos fatos que causaram sofrimento além do normal ao consumidor*"[27].

Até aqui, portanto, nada foge ao *script*: decisão judicial do tribunal local coerente com o entendimento do tribunal superior.

Ocorre que, ainda no âmbito do TJRJ, a mesma questão foi submetida ao órgão fracionário vizinho, a 22ª Câmara Cível, que entendeu, na semana anterior ao julgamento supramencionado, que "configura desarrazoada e injustificada a espera por cerca de **duas horas** em fila de banco"[28] e deu provimento ao recurso de apelação da parte autora para majorar a indenização devida pela instituição financeira.

Sublinhe-se que o lapso temporal entre cada um desses julgados é de apenas uma semana e os casos concretos subjacentes possuíam profunda similaridade no que diz respeito ao tempo de espera na fila da instituição bancária. Ainda assim, as soluções foram diametralmente opostas: o litigante da 21ª Câmara Cível aguardou por duas horas e quatro minutos na fila do banco e obteve uma sentença de improcedência do seu pleito indenizatório; enquanto o litigante da 22ª Câmara Cível aguardou por duas horas na fila do banco – quatro minutos a menos, é verdade – e obteve uma

---

26 BRASIL, Tribunal de Justiça do Estado do Rio de Janeiro, Apelação Cível nº 0403642-83.2015.8.19.0001, Vigésima Primeira Câmara Cível, Relatora Desembargadora Denise Levy Tredler, 11 de junho de 2019. No mesmo sentido: "O tempo de espera de cerca de uma hora em fila de banco, em que pese o aborrecimento dele decorrente, não se mostra, por si só, suficiente a configurar a perda do tempo útil, o desvio produtivo do consumidor, não se verificando que lhe tenha causado abalo psíquico capaz de configurar violação ao seu direito da personalidade" (BRASIL, Tribunal de Justiça do Estado do Rio de Janeiro, Apelação Cível nº 0033104-43.2017.8.19.0208, Vigésima Câmara Cível, Relator Juiz Convocado Ricardo Alberto Pereira, 10 de julho de 2019).

27 BRASIL, Superior Tribunal de Justiça, Recurso Especial nº 1.218.497/MT, Terceira Turma, Relator Ministro Sidnei Beneti, 11 de setembro de 2012.

28 BRASIL, Tribunal de Justiça do Estado do Rio de Janeiro, Apelação Cível nº 0038552-40.2016.8.19.0205, Vigésima Segunda Câmara Cível, Relator Desembargador Rogério de Oliveira Souza, 04 de junho de 2019. Da mesma maneira: "Espera por cerca de 2 (duas) horas em fila de banco, com violação à Lei Estadual nº 4.223/03, que determina que o tempo máximo de espera para atendimento bancário é de 20 (vinte) minutos em dias normais. Sentença de procedência. Demora que, no caso específico dos autos, foi excessiva, não podendo ser considerada como mero aborrecimento cotidiano, já que causou ao autor evidente transtorno que ultrapassou a esfera da normalidade" (BRASIL, Tribunal de Justiça do Estado do Rio de Janeiro, Apelação Cível nº 0015573-55.2014.8.19.0205, Vigésima Sétima Câmara Cível, Relatora Desembargadora Mônica Feldman de Mattos, 29 de agosto de 2018).

decisão que condenou a parte ré ao pagamento de R$ 4.400,00 (quatro mil e quatrocentos reais) em seu favor.

Levando em consideração a incerteza que paira sobre o tema, é de se esperar que os clientes das instituições financeiras – que continuam amargando a penosa espera nas filas de bancos – assumam o risco de apostar na loteria jurisprudencial para ver prevalecer seu pedido indenizatório, mesmo sabendo que o entendimento do STJ e de uma parcela do TJRJ é no sentido de que a espera, por si só, não ampara tal pretensão.

Nesse contexto, a pulverização da jurisprudência funciona como estímulo para os sujeitos mais otimistas judicializarem seus conflitos, tendo em vista que sempre haverá alguma chance – normalmente, incerta – de êxito na demanda.

3.2. Ausência de custos de transação: A gratuidade de justiça

Antes de dar início à abordagem do tema, vejamos alguns casos emblemáticos a respeito da litigância sem custos – seja em razão do benefício da justiça gratuita[29] deferido, seja por conta da tramitação perante Juizados Especiais[30].

Caso 1. Em Cascavel, no Estado do Paraná, uma briga entre dois irmãos por causa de um blusão de moletom foi parar na Justiça[31]. Os irmãos vivem na mesma casa. A mulher comprou um blusão de moletom pela internet com seu cartão de crédito, e colocou o nome da mãe como destinatária. No entanto, quando a peça de roupa foi entregue, o irmão da compradora abriu a encomenda e pegou a blusa para ele. O homem não devolveu a peça – que custou R$ 79,99 – para a irmã. O caso, então, foi parar no Poder Judiciário. Em sentença, o pedido foi julgado procedente e o irmão, parte ré, foi condenado a entregar à irmã, parte autora, a blusa de moletom, no prazo de 24 horas, em perfeito estado, ou seu equivalente em dinheiro.

Na sentença, o juiz afirmou estar certo de que os Juizados Especiais são destinados a tentar ajudar as pessoas a resolver pequenas pendências cotidianas e atritos de menor importância, "*mas sempre é possível se surpreender com o que aparece*".

---

29 Consoante lição de José Carlos Barbosa Moreira: "Quando se fala em 'justiça gratuita', pura e simplesmente se alude a um regime em que o custeio de tudo isso é suportado pelo Estado - e, portanto, em última análise, pela coletividade dos contribuintes -, em vez de o ser apenas pelos usuários dos serviços da Justiça, em cada caso concreto. *Gratuidade*, no sentido mais exato da palavra, não existe, nem pode existir, em lugar algum" (BARBOSA MOREIRA, José Carlos. Sobre a multiplicidade de perspectivas no estudo do processo. *In*: *Temas de direito processual civil*: Quarta Série. São Paulo: Editora Saraiva, 2004, p. 16).

30 Art. 55, Lei nº 9.099/1995. A sentença de primeiro grau não condenará o vencido em custas e honorários de advogado, ressalvados os casos de litigância de má-fé. Em segundo grau, o recorrente, vencido, pagará as custas e honorários de advogado, que serão fixados entre dez por cento e vinte por cento do valor de condenação ou, não havendo condenação, do valor corrigido da causa.

31 Os autos do processo foram registrados sob o número 0007571-74.2019.8.16.0021.

Caso 2. Em Curitiba, também no Paraná, um cliente processou um bar por caipirão de vodka pequeno demais[32]. Na inicial, o autor alegou que comprou o caipirão de vodka de 600ml por R$ 29,90. No entanto, ao receber seu pedido, constatou que a bebida era menor que a ofertada no cardápio, problema que não teria sido resolvido mesmo após tentativa do cliente. O autor juntou aos autos diversas fotos em que aparecia com a bebida, além de diversas receitas de caipirão de vodka, incluindo algumas que constavam em vídeos do YouTube. Ele requereu indenização por danos morais em virtude do ocorrido.

Em sentença, o magistrado julgou improcedente o pedido, condenou o autor ao pagamento de 10% do valor da causa em favor da parte requerida, a título de multa por litigância de má-fé, além do pagamento de honorários em 20% do valor da causa. O magistrado ressaltou que *"situações como essa, contribuem para o acionamento desnecessário e o descrédito do Poder Judiciário como instituição, o que deve ser combatido, por isso, é necessário rechaçar com veemência pretensões indenizatórias infundadas, sem qualquer pressuposto da responsabilidade civil, que são imprescindíveis para caracterização do dano"*.

Caso 3. Em Rondônia, após ver frustrada a compra da camisa do time do coração por falta de estoque, um torcedor pediu reparação por dano moral perante o Poder Judiciário[33]. O torcedor tentou realizar a compra de uma camisa do palmeiras versão 2016 na Adidas. No entanto, recebeu a informação da empresa de que o produto não estava mais disponível no estoque e de que não seria cobrado no cartão pela compra. Meses depois, o palmeirense ajuizou ação contra a empresa, alegando que é colecionador das camisas, pedindo a reparação moral. Em sentença, o juiz julgou improcedente os pedidos iniciais.

Caso 4. Em Belém, no Estado do Pará, um cidadão, representado pela Defensoria Pública, acionou o Poder Judiciário para cobrar a quantia de R$ 8,10 (oito reais e dez centavos) do Departamento de Trânsito do Estado do Pará (DETRAN/PA)[34]. O autor alegou que teria desembolsado essa quantia para receber em casa o Certificado de Registro de Veículos do DETRAN, o que não teria acontecido porque a autarquia informou o endereço errado.

Em sentença, o Juiz de Direito da 2ª Vara da Fazenda de Belém extinguiu o processo, determinou seu arquivamento e decidiu deixar nos autos, dentro de um envelope, uma nota de R$ 10,00 (dez reais) para encerrar a questão. Sem prejuízo disso, o magistrado registrou que *"o Poder Judiciário tem questões sérias e urgentes para solucionar, não podendo se ocupar com uma querela sem nenhuma importância como esta"*.

Inconformada, a parte autora interpôs apelação, requerendo os benefícios da justiça gratuita com isenção do preparo recursal, bem como a reforma da sentença

32 Os autos do processo foram registrados sob o número 0002887-11.2019.8.16.0182.

33 Os autos do processo foram registrados sob o número 7003902-71.2019.8.22.0005.

34 Os autos do processo foram registrados sob o número 0003048-19.2013.8.14.0301.

apelada, no sentido de condenar o DETRAN/PA a pagar a importância de R$ 15,54 (quinze reais e cinquenta e quatro centavos), cuja diferença equivaleria à correção monetária dos valores cobrados.

Em contrarrazões, o DETRAN/PA pediu apenas o afastamento da importância de R$ 5,54 (cinco reais e cinquenta e quatro centavos), argumentando que o autor/apelante não teria pleiteado a correção dos valores. A despeito disso, manifestou expressa concordância em pagar a referida quantia (R$ 5,54), a fim de encerrar o processo.

Ante a concordância expressa manifestada pelo ente público demandado, o Tribunal de Justiça do Estado do Pará determinou que o DETRAN/PA efetuasse o pagamento, mediante Requisição de Pequeno Valor (RPV), da importância pleiteada na petição inicial em favor do autor, e julgou prejudicado o recurso de apelação interposto pelo autor.

Existem, pelo menos, dois elementos comuns em todos esses casos: (i) os custos da litigância foram muito reduzidos, em razão da gratuidade de justiça deferida ou da tramitação do feito perante Juizados Especiais; e (ii) o benefício que se pretendia obter era significativamente baixo.

Essas características não aparecem conjuntamente por coincidência, pelo contrário, a ausência de custos de transação para litigância é o que permite – e estimula – a judicialização de demandas cuja pretensão é tão reduzida. Se assim não fosse, provavelmente o litigante não proporia a demanda, mesmo com a consciência de que o benefício a ser obtido ao final seria muito inferior ao custo, por ele suportado, de tramitação do feito.

Diante disso, pergunta-se: afinal, existe relação entre a gratuidade de justiça e a litigância frívola? A resposta é, a toda evidência, positiva.

A partir da equação vista no item 2.2, é possível afirmar, por raciocínio dedutivo, que quanto menor for o custo da litigância, menor poderá ser a probabilidade de êxito para justificar o ajuizamento da demanda; *a contrario sensu*, quando maior for o custa da litigância, maior deverá ser a probabilidade de êxito para justificar o ajuizamento da demanda.

Tratando-se de beneficiário da gratuidade de justiça, os custos de litigar são muitos reduzidos. O *custo de antecipação das despesas* processuais é inexistente, pois o beneficiário da justiça gratuita está dispensado de fazê-lo. O *custo da sucumbência* também é inexistente, porque se restar vencida, a parte será condenada ao pagamento da verba honorária de sucumbência, mas sua exigibilidade ficará suspensa pelo prazo de cinco anos, momento a partir do qual o crédito estará extinto[35]. O *custo de*

35 Art. 98, § 3º, CPC/15. Vencido o beneficiário, as obrigações decorrentes de sua sucumbência ficarão sob condição suspensiva de exigibilidade e somente poderão ser executadas se, nos 5 (cinco) anos subsequentes ao trânsito em julgado da decisão que as certificou, o credor demonstrar que deixou de existir a situação de insuficiência de recursos que justificou a concessão de gratuidade, extinguindo-se, passado esse prazo, tais obrigações do beneficiário.

advogado também é reduzido ou inexistente: reduzido, porque a parte pode firmar contrato de honorários com cláusula de êxito, condicionando o pagamento ao sucesso da demanda; inexistente, porque é possível que a parte se utilize dos serviços da Defensoria Pública. Por fim, os custos pessoais são os únicos que não estão diretamente afetados pelo benefício da gratuidade de justiça, de modo que deverão ser considerados no momento de decidir pelo ajuizamento da demanda.

Essas circunstâncias favorecem o litigante aventureiro, porque os riscos assumidos com o ajuizamento da demanda são próximos de zero. Daí porque Rafael Abreu entende que a gratuidade de justiça desequilibra o jogo do processo, na medida em que exige o comportamento responsável de somente um dos litigantes[36]. Passemos, agora, à análise de mais um modelo.

Modelo 3. Autor beneficiário da gratuidade de justiça. Contrato de honorários advocatícios com cláusula de êxito.

$$VE=(v.B)-Cp-(v.Ca)-(g.Cd)-[(1-V).Cs]$$

Nesse caso, tomemos como exemplo uma ação com pedido indenizatório de R$ 3.000,00 (três mil reais) em face de instituição bancária, tendo como causa de pedir o elevado tempo de espera na fila do banco. Considerando que o entendimento do STJ é desfavorável à pretensão autoral, imaginemos que a chance de êxito é de apenas 20% (vinte por cento). Os custos, como já visto, são todos reduzidos a zero, com exceção dos custos pessoais, aqui fixados em R$ 100,00 (cem reais). Os honorários advocatícios, pactuados com cláusula de êxito, foram fixados em 20% sobre o valor do pedido, isto é, R$ 600,00 (seiscentos reais). Nesse caso, tem-se o seguinte:

$$VE=(0{,}2.3000)-200-(0{,}2.600)-0-0$$
$$VE=600-200-120$$
$$VE=280$$

36 Veja-se: "Um problema bastante grave com relação à gratuidade está nos incentivos que se criam à litigância frívola ou oportunista. Cria-se com isso um problema de igualdade. De um lado, um litigante tomador de risco, que calcula cada passo sabendo das consequências que determinada ação ou inação pode acarretar, em sentido pecuniário. Tem-se a sucumbência funcionando, aqui, como um regulador ético do processo. De outro lado, um litigante "impune", pois sabe que as suas ações não acarretam nenhuma consequência em termos monetários. Perdendo ou ganhando, não deverá arcar com os custos de sua atuação em juízo. Tem-se, nesse caso, exercício de liberdade sem a contrapartida da responsabilidade" (ABREU, Rafael. O problema dos custos do processo e sua regulamentação pelo novo CPC, *Revista de Direito*, Santa Cruz do Sul, n. 5, out./2014, p. 15).

O resultado positivo da equação confirma a premissa acima enunciada: quanto menor for o custo da litigância, menor poderá ser a probabilidade de êxito para justificar o ajuizamento da demanda.

Ao debruçar-se sobre o tema, Fabio Tenenblat constatou que a taxa de insucesso[37] entre as demandas ajuizadas por pessoas beneficiárias da gratuidade de justiça é maior do que aquela verificada entre as demandas ajuizadas por pessoas sem o benefício da justiça gratuita. Confira-se:

Tabela 1: Número e percentual de sentenças em ações de pessoas físicas com e sem gratuidade de justiça e de pessoas jurídicas por resultado[38]

	Procedência	Procedência parcial	Improcedência	Sem mérito	Totais (100%)
Pessoa jurídica	76 (24,51%)	74 (23,87%)	92 (29,67%)	68 (21,94%)	310
Pessoa física sem gratuidade	105 (23,02%)	116 (25,44%)	161 (35,31%)	74 (16,23%)	456
Pessoa física com gratuidade	87 (11,34%)	143 (18,64%)	358 (46,68%)	179 (23,33%)	767

Analisando os dados, verifica-se que 70% (setenta por cento) das ações ajuizadas por pessoas físicas com gratuidade de justiça são malsucedidas. O índice cai para cerca de 50% (cinquenta por cento), quando se trata de pessoa física sem gratuidade de justiça. Nesse contexto, Tenenblat sustenta que esses dados constituem forte indicativo do grau de frivolidade e inconsistência das ações com gratuidade propostas na Justiça Federal. Muitas são, segundo o autor, "verdadeiras apostas gratuitas, nas quais os autores não têm nada a perder"[39].

Na linha desse raciocínio, é oportuno mencionar a experiência da Lei nº 13.467/2017, sancionada em julho de 2017, e que entrou em vigor em 11 de novembro de 2017, trazendo mudanças na Consolidação das Leis do Trabalho ("CLT"). Entre outras inovações, a referida Lei alterou o art. 789 da CLT para estabelecer a cobrança de custas para o acesso à Justiça do Trabalho (ressalvados os casos de concessão de gratuidade de justiça à parte que comprovar insuficiência de recursos para o pagamento das custas do processo); e acrescentou o art. 791-A à CLT para estipular a fixação de honorários de advogado sucumbenciais.

Após a mudança, houve sensível mudança no número de reclamações trabalhistas ajuizadas. Segundo a Coordenadoria de Estatística do Tribunal Superior do Trabalho ("TST"), entre janeiro e setembro de 2017, as Varas do Trabalho receberam 2.013.241

---

37 Referimo-nos ao percentual de sentença definitiva de improcedência ou sentença terminativa.

38 TENENBLAT, Fabio. Limitar o acesso ao poder judiciário para ampliar o acesso à justiça, *Revista do Centro de Estudos Judiciários*, Brasília, Ano XV, nº 52, jan./mar. 2011, p. 32.

39 TENENBLAT, Fabio. Limitar o acesso ao poder judiciário para ampliar o acesso à justiça, *Revista do Centro de Estudos Judiciários*, Brasília, Ano XV, nº 52, jan./mar. 2011, p. 32.

reclamações trabalhistas. No mesmo período de 2018, o número caiu para 1.287.208 reclamações trabalhistas, uma queda de 36% no ajuizamento de reclamações.

Feitas tais considerações, é necessário pontuar que qualquer modificação legislativa[40] tendente a reduzir o escopo da gratuidade de justiça ou aumentar as custas judiciais exige muita cautela, porque a barreira econômica não pode constituir um obstáculo ao acesso à justiça[41]. Nesse viés, cabe registrar que as críticas devem ser dirigidas ao exercício abusivo do direito de ação, sobretudo quando isso se dá sob o manto da gratuidade de justiça.

4. Instrumentos de dissuasão da litigância frívola no Código de Processo Civil de 2015

Se, de um lado da balança, existem fatores que influenciam a litigância frívola, do outro lado, tem-se mecanismos processuais de dissuasão desse perfil de litigância. Com o advento do Código de Processo Civil de 2015, vários desses instrumentos foram aprimorados e tantos outros foram criados.

Certamente, a proposta mais inovadora e estrutural do novo Código é a criação de um sistema de precedentes. Dessa maneira, o artigo 926 estabelece o dever institucional de os tribunais uniformizarem sua jurisprudência e mantê-la estável, íntegra e coerente. A seu turno, o artigo 927 determina a observância obrigatória de juízes e tribunais às decisões do Supremo Tribunal Federal em controle concentrado de constitucionalidade; aos enunciados de súmula vinculante; aos acórdãos em incidente de assunção de competência ou de resolução de demandas repetitivas e em julgamento de recursos extraordinário e especial repetitivos; aos enunciados das súmulas do Supremo Tribunal Federal em matéria constitucional e do Superior Tribunal de Justiça em matéria infraconstitucional; e à orientação do plenário ou do órgão especial aos quais estiverem vinculados. A iniciativa visa a cumprir a promessa constitucional de tratamento isonômico dos indivíduos e de segurança jurídica nas relações sociais.

---

40 Em artigo publicado no Portal Migalhas, foi registrada uma proposta de reformulação das custas no âmbito dos juizados especiais: "Acreditamos que o ideal seria uma alteração legislativa que responsabilizasse o autor pelos custos do processo sempre que perdedor na sua demanda. Poderiam existir diversos modelos para isso, mas sugerimos aquele em que o autor não precisaria pagar custas no início da demanda, ao protocolar a petição inicial. Mas, na hipótese de improcedência, a sentença já o condenaria nos encargos da sucumbência. Como em tudo na vida, o autor avaliaria o risco de sua iniciativa antes do ingresso do processo nos juizados especiais, na perspectiva de que, acaso vencido, será responsabilizado pelas custas processuais e honorários advocatícios" (ROQUE, Andre Vasconcelos; DELLORE, Luiz; OLIVEIRA JR. Zulmar Duarte de; MACHADO, Marcelo Pacheco. *Acesso à Justiça x demandismo*: Repensando a gratuidade nos Juizados Especiais, Migalhas, 1º de julho de 2019).

41 Sobre o tema, veja-se: CAPPELLETTI, Mauro; GARTH, Bryant. *Acesso à justiça*. Porto Alegre: Fabris, 1988, pp. 15-18).

Nesse viés, o novo diploma aprimorou ferramentas que integram o sistema de precedentes e contribuem para a dissuasão da litigância frívola, a começar pela improcedência liminar do pedido, prevista no artigo 332[42]. Vale dizer que a possibilidade de o juiz julgar liminarmente improcedente o pedido autoral não é uma novidade trazida pelo Código Fux. Com efeito, em 2006, a Lei nº 11.277 alterou o Código de Processo Civil de 1973, incluindo o art. 285-A[43] em seu texto. O dispositivo trouxe a possibilidade de julgamento imediato pela improcedência, que antes apenas era possível nos casos de prescrição e decadência.

Na vigência do CPC/15, o rol foi sensivelmente ampliado, incorporando a noção de precedentes obrigatórios no direito brasileiro. Desse modo, as demandas que contrariam entendimento pacificados pelos tribunais e dotados de efeitos vinculativos devem ser extintas, com resolução do mérito, antes mesmo da citação da parte ré. Note-se que tais demandas são, na verdade, demandas frívolas, haja vista a baixa probabilidade de êxito dos pedidos propostos pelo jurisdicionado. Dessa maneira, a improcedência liminar do pedido funciona como importante mecanismo de manutenção da coerência do sistema de precedentes e de dissuasão das demandas frívolas.

Previsão semelhante foi consagrada no artigo 932, inciso IV do CPC/15, segundo o qual incumbe ao relator negar provimento ao recurso que for contrário a (i) súmula do Supremo Tribunal Federal, do Superior Tribunal de Justiça ou do próprio tribunal; (ii) acórdão proferido pelo Supremo Tribunal Federal ou pelo Superior Tribunal de Justiça em julgamento de recursos repetitivos; ou (iii) entendimento firmado em incidente de

---

42 Art. 332, CPC/15. Nas causas que dispensem a fase instrutória, o juiz, independentemente da citação do réu, julgará liminarmente improcedente o pedido que contrariar:
I - enunciado de súmula do Supremo Tribunal Federal ou do Superior Tribunal de Justiça;
II - acórdão proferido pelo Supremo Tribunal Federal ou pelo Superior Tribunal de Justiça em julgamento de recursos repetitivos;
III - entendimento firmado em incidente de resolução de demandas repetitivas ou de assunção de competência;
IV - enunciado de súmula de tribunal de justiça sobre direito local.
§ 1º O juiz também poderá julgar liminarmente improcedente o pedido se verificar, desde logo, a ocorrência de decadência ou de prescrição.
§ 2º Não interposta a apelação, o réu será intimado do trânsito em julgado da sentença, nos termos do art. 241.
§ 3º Interposta a apelação, o juiz poderá retratar-se em 5 (cinco) dias.
§ 4º Se houver retratação, o juiz determinará o prosseguimento do processo, com a citação do réu, e, se não houver retratação, determinará a citação do réu para apresentar contrarrazões, no prazo de 15 (quinze) dias.

43 Art. 285-A, CPC/73. Quando a matéria controvertida for unicamente de direito e no juízo já houver sido proferida sentença de total improcedência em outros casos idênticos, poderá ser dispensada a citação e proferida sentença, reproduzindo-se o teor da anteriormente prolatada.
§ 1º Se o autor apelar, é facultado ao juiz decidir, no prazo de 5 (cinco) dias, não manter a sentença e determinar o prosseguimento da ação.
§ 2º Caso seja mantida a sentença, será ordenada a citação do réu para responder ao recurso.

resolução de demandas repetitivas ou de assunção de competência. Cuida-se de previsão que desestimula – que extingue prematuramente – a iniciativa recursal frívola.

Outra ferramenta igualmente importante é a possibilidade de concessão da tutela de evidência, independentemente da demonstração de perigo de dano ou de risco ao resultado útil do processo, quando ficar caracterizado o abuso do direito de defesa ou o manifesto propósito protelatório da parte, prevista no artigo 311, inciso I do CPC/15.

Trata-se de previsão que desencoraja a frivolidade no exercício do direito de defesa, pois reduz a zero os benefícios econômicos que o réu frívolo poderia ter ao apresentar contestação sem fundamentação séria.

Registre-se que essa previsão do direito brasileiro encontra forte inspiração no *référé* do direito francês. O instituto francês tem âmbito de aplicação ainda mais amplo, pois, além das situações de urgências, admite-se sua aplicação nos casos em que não há contestação séria do direito do autor. Com isso, foram formuladas três espécies do référé francês: (i) o *référé* tradicional, baseado na urgência; (ii) o *référé* em cujo âmbito a urgência é presumida, não havendo necessidade de demonstração no caso concreto; e (iii) o modelo de *référé* em que a urgência é dispensada, que configuram os assim chamados *référé provision* e *référé injonction*.

A terceira espécie – e mais recente – trata precisamente dos casos em que o direito do autor não é seriamente contestado. Trata-se de medida que tem o escopo de evitar o abuso do direito de defesa, pautado em comportamento de má-fé, e o comportamento protelatório do réu em relação ao cumprimento das obrigações exigidas[44].

Outro mecanismo relevante para dissuadir a prodigalidade recursal são os honorários advocatícios recursais, previstos no artigo 85, § 11[45] do CPC/15. De acordo com o entendimento firmado pelo Pleno do Supremo Tribunal Federal ("STF"), no julgamento da Ação Originária nº 2063, os honorários recursais surgiram com o objetivo não só de remunerar o advogado vencedor pelo trabalho realizado, independentemente de apresentação de contrarrazões, como para evitar a interposição de recursos protelatórios[46].

Levando em consideração o intuito de dissuadir o recurso protelatório, parece inadequada a previsão de que os honorários recursais ficarão limitados aos percen-

---

44 THEODORO JÚNIOR, Humberto; ANDRADE, Érico. A autonomização e a estabilização da tutela de urgência no projeto de CPC. *Revista de Processo*, São Paulo, v. 206, pp. 13-59, abr./2012.

45 Art. 85, § 11, CPC/15. O tribunal, ao julgar recurso, majorará os honorários fixados anteriormente levando em conta o trabalho adicional realizado em grau recursal, observando, conforme o caso, o disposto nos §§ 2º a 6º, sendo vedado ao tribunal, no cômputo geral da fixação de honorários devidos ao advogado do vencedor, ultrapassar os respectivos limites estabelecidos nos §§ 2º e 3º para a fase de conhecimento.

46 BRASIL, Supremo Tribunal Federal, Agravo Regimental na Ação Originária nº 2063, Tribunal Pleno, Relator: Ministro Marco Aurélio, Relatório para acórdão: Ministro Luiz Fux, 18 de maio de 2017.

tuais estabelecidos nos §§ 2º e 3º do artigo 85 para a fase de conhecimento. Isso porque, nas hipóteses em que o juízo de primeiro grau fixar os honorários no percentual máximo, não haverá qualquer instrumento que desencoraje a interposição do recurso[47].

É pertinente ressaltar que as transformações jurídicas não se operam automaticamente com a simples mudança legislativa, sendo necessário uma mudança de comportamento dos sujeitos processuais, sobretudo daqueles que protagonizam a cena do Poder Judiciário brasileiro.

Nesse viés, cabe registrar uma importante iniciativa de dissuasão da litigância frívola capitaneada pela Procuradoria-Geral da Fazenda Nacional ("PGFN") e pelo STJ, que formalizaram acordo para viabilizar a redução do número de recursos em processos de execução fiscal considerados de "baixa recuperabilidade". Pelo acordo, a PGFN apresentará petição ao STJ informando a desistência da União nos processos envolvendo créditos de "baixa recuperabilidade" inscritos na Dívida Ativa da União, classificados pela Procuradoria com rating "C" ou "D", na forma da Portaria MF nº 293 de 12 de junho de 2017. Com a iniciativa, a estimativa é de que aproximadamente 3 mil processos envolvendo a Fazenda Nacional deixem de tramitar no STJ[48].

A iniciativa inspira esperança naqueles que acreditam que a análise econômica do processo civil pode contribuir para a utilização mais eficiente dos recursos do Poder Judiciário e a ampliação do acesso responsável à Justiça.

---

47 No mesmo sentido: "Aqui, no entanto, o projeto sofreu algumas modificações significativas em relação ao inicialmente apresentado no Senado, que, na prática esvaziaram significativamente o instituto. Na versão atual, ainda que tenha sido estabelecida tal previsão, a sucumbência recursal, em nenhuma hipótese, poderá ultrapassar o limite estabelecido no processo de conhecimento para a condenação em honorários. Nos termos do § 11 do art. 85"o tribunal, ao julgar o recurso, de ofício, majorará os honorários fixados anteriormente levando em conta o trabalho adicional realizado em grau recursal, observando, conforme o caso, o disposto nos §§ 2º a 6º. É vedado ao tribunal, no cômputo geral da fixação de honorários devidos ao advogado do vencedor, ultrapassar os respectivos *limites estabelecidos nos §§ 2º e 3º* para a fase de *conhecimento*" (grifou-se). Por exemplo, se uma parte sucumbente sofrer, em primeira instância, condenação sucumbencial em vinte por cento sobre o valor da condenação principal (limite máximo previsto para o caso, conforme visto acima), caso ela interponha recurso de apelação, tal condenação não poderá agravada pelo tribunal ad quem. Na prática isso quer dizer que, quanto mais a condenação em honorários de sucumbência em percentuais próximos do limite máximo, maiores serão os incentivos para que as partes apresentem recursos, especialmente na hipótese de a interposição do recurso, por si só, independentemente do seu provimento, representar um ganho puro (isto é, quando as partes têm incentivos para protelar o andamento do processo, independentemente de terem decisões favoráveis nas fases subsequentes do procedimento) (FREIRE, Alexandre; MARQUES, Leonardo Albuquerque. Os honorários de sucumbência no projeto do novo CPC (relatório-geral de atividades apresentado pelo Deputado Federal Paulo Teixeira - PT), *Revista de Processo*, São Paulo, v. 232, pp. 413-421, jun./2014).

48 Confira-se: RACANICCI, Jamile. Fazenda desistirá de 3 mil recursos no STJ, Jota, 31 de maio de 2019. Disponível em: <https://www.jota.info/tributos-e-empresas/tributario/stj-fazenda-creditos-irrecuperaveis-31052019>. Acesso em julho de 2019.

5. Considerações Finais

Neste breve estudo, buscou-se apresentar noções introdutórias da litigância frívola no direito brasileiro, a partir das premissas conceituais e metodológicas da análise econômico do direito.

O que se pretendeu demonstrar é que, quando se fala em litigância frívola, não há apenas prejuízo financeiro para o Poder Judiciário. Há mais do que isso: o excesso de demandas gera inviabilização parcial do acesso à justiça àqueles que realmente têm pretensões sérias, pois demandas não frívolas têm sua apreciação prejudicada.

No atual contexto do Judiciário, em que os recursos – humanos, financeiros e tecnológicos – e o tempo são escassos, dedica-los a litígios frívolas é, em última instância, uma forma velada de denegação do acesso à justiça. Dessa maneira, o provocante título do artigo de Fabio Tenenblat ("Limitar o acesso ao poder judiciário para ampliar o acesso à justiça") é o norte a partir do qual o presente estudo se orientou. Entendemos, portanto, que o acesso à justiça qualificado não deve ser verificado pelas condições de entrada no sistema, mas sim pelas condições de saída.

A partir do exposto, foi possível constatar que o fenômeno da litigância frívola atinge não só o ato de ajuizamento irresponsável de demandas com baixa probabilidade de êxito, mas também o exercício abusivo do direito de defesa e do direito de recorrer. Viu-se que um dos principais fatores que explica a explosão de frivolidade no processo civil é a redução dos custos e a imprecisão informacional, decorrente da instabilidade da jurisprudência.

Por fim, registrou-se que o Código de Processo Civil trouxe uma caixa de ferramentas capaz de dissuadir esse perfil de litigância, tendo como proposta mais inovadora e estrutural a construção de um sistema de precedentes vinculantes, cuja operacionalização requer uma mudança cultural dos operadores do Direito.

Referências Bibliográficas

ABREU, Rafael. O problema dos custos do processo e sua regulamentação pelo novo CPC, *Revista de Direito*, Santa Cruz do Sul, n. 5, out./2014.

ARENHART, Fernando Santos. *Análise econômica da litigância*: Teoria e evidência. (Monografia) – Departamento de Economia da Faculdade de Ciências Econômicas, Universidade Federal do Rio Grande do Sul, Porto Alegre, 2009.

BARBOSA MOREIRA, José Carlos. Sobre a multiplicidade de perspectivas no estudo do processo. *In*: *Temas de direito processual civil*: Quarta Série. São Paulo: Editora Saraiva, 2004.

BRASIL, Superior Tribunal de Justiça, Recurso Especial nº 1.218.497/MT, Terceira Turma, Relator Ministro Sidnei Beneti, 11 de setembro de 2012.

______, Supremo Tribunal Federal, Agravo Regimental na Ação Originária nº 2063, Tribunal Pleno, Relator: Ministro Marco Aurélio, Relatório para acórdão: Ministro Luiz Fux, 18 de maio de 2017.

______, Tribunal de Justiça do Estado do Rio de Janeiro, Apelação Cível nº 0033104-43.2017.8.19.0208, Vigésima Câmara Cível, Relator Juiz Convocado Ricardo Alberto Pereira, 10 de julho de 2019.

______, Tribunal de Justiça do Estado do Rio de Janeiro, Apelação Cível nº 0403642-83.2015.8.19.0001, Vigésima Primeira Câmara Cível, Relatora Desembargadora Denise Levy Tredler, 11 de junho de 2019.

______, Tribunal de Justiça do Estado do Rio de Janeiro, Apelação Cível nº 0038552-40.2016.8.19.0205, Vigésima Segunda Câmara Cível, Relator Desembargador Rogério de Oliveira Souza, 04 de junho de 2019.

______, Tribunal de Justiça do Estado do Rio de Janeiro, Apelação Cível nº 0015573-55.2014.8.19.0205, Vigésima Sétima Câmara Cível, Relatora Desembargadora Mônica Feldman de Mattos, 29 de agosto de 2018.

CALAMANDREI, Piero. *Eles, os juízes, vistos por um advogado*. Trad. Eduardo Brandão. 2ª ed. São Paulo: Editora WMF Martins Fontes, 2015.

CAMBI, Eduardo. Jurisprudência lotérica, *Revista dos Tribunais*, São Paulo, v. 786, pp. 108-128, abr./2001.

CAPPELLETTI, Mauro; GARTH, Bryant. *Acesso à justiça*. Porto Alegre: Fabris, 1988.

CARVALHO, Victor Aguiar de. A judicialização da saúde sob o olhar da Análise Econômica do Direito: um exame dos incentivos ao ajuizamento e à solução extrajudicial de conflitos, *Revista Brasileira de Políticas Públicas*, Brasília, v. 8, nº 3, pp. 307-326, 2018.

CASTRO, Fábio Avila de. Modelos microeconômicos de análise da litigância, *Revista da Receita Federal*: estudos tributários e aduaneiros, Brasília-DF, v. 3, nº 1-2, p. 114-138, jan/dez. 2016.

DINAMARCO, Cândido Rangel; LOPES, Bruno Vasconcelos Carrilho. *Teoria geral do novo processo civil*. 2ª ed. São Paulo: Malheiros, 2017.

FREIRE, Alexandre; MARQUES, Leonardo Albuquerque. Os honorários de sucumbência no projeto do novo CPC (relatório-geral de atividades apresentado pelo Deputado Federal Paulo Teixeira - PT), *Revista de Processo*, São Paulo, v. 232, pp. 413-421, jun./2014.

FUX, Luiz; BODART, Bruno. Notas sobre o princípio da motivação e a uniformização da jurisprudência no novo código de processo civil à luz da análise econômica do direito, *Revista de Processo*, São Paulo, v. 269, pp. 421-432, jul./2017.

GALDINO, Flavio. Introdução à análise econômica do processo civil (I): Os métodos alternativos de solução de controvérsias, *Quaestio Iuris*, Rio de Janeiro, v. 1, nº 1, 2005.

GICO JUNIOR, Ivo Teixeira. *A tragédia do judiciário*: Subinvestimento em capital jurídico e sobreutilização do Judiciário. Tese (Doutorado) - Faculdade de Economia, Administração, Contabilidade e Ciência da Informação e Documentação. Departamento de Economia, Programa de Pós-Graduação em Economia, Universidade de Brasília, Brasília, 2012.

THEODORO JÚNIOR, Humberto; ANDRADE, Érico. A autonomização e a estabilização da tutela de urgência no projeto de CPC. *Revista de Processo*, São Paulo, v. 206, pp. 13-59, abr./2012.

MARCELLINO JUNIOR, Julio Cesar. *O direito de acesso à justiça e a análise econômica da litigância: A maximização do acesso na busca pela efetividade*. Tese (Doutorado) – Centro de Ciências Jurídicas, Programa de Pós-Graduação em Direito, Universidade Federal de Santa Catarina, Florianópolis, 2014.

PARIZZI, João Hagenbeck. *Abuso do direito de litigar: Uma interpretação do direito de acesso ao judiciário através do desestímulo econômico dos litigantes habituais*. Dissertação (Mestrado em Direito e Políticas Públicas) – Programa de Mestrado e Doutorado em Direito, Centro Universitário de Brasília (UniCEUB), Brasília, 2016.

PATRÍCIO, Miguel Carlos Teixeira. *Análise econômica da litigância*. Coimbra: Almedina, 2005.

RACANICCI, Jamile. *Fazenda desistirá de 3 mil recursos no STJ*, Jota, 31 de maio de 2019. Disponível em: <https://www.jota.info/tributos-e-empresas/tributario/stj-fazenda-creditos-irrecuperaveis-31052019>. Acesso em julho de 2019.

RODRIGUES, Marco Antonio. *Manual dos recursos, ação rescisória e reclamação*. 1ª ed. São Paulo: Atlas, 2017.

ROQUE, Andre Vasconcelos; DELLORE, Luiz; OLIVEIRA JR. Zulmar Duarte de; MACHADO, Marcelo Pacheco. *Acesso à Justiça x demandismo*: Repensando a gratuidade nos Juizados Especiais, Migalhas, 1º de julho de 2019.

SHAVELL, Steven; ROSENBERG, David. *A model in which suits are brought for their nuisance value*. In: 5 International Review of Law and Economics, pp. 3-13, 1985.

TENENBLAT, Fabio. Limitar o acesso ao poder judiciário para ampliar o acesso à justiça, *Revista do Centro de Estudos Judiciários*, Brasília, Ano XV, nº 52, jan./mar. 2011

TIMM, Luciano Benetti; MACHADO, Rafael Bicca. Direito, economia e processo civil: Algumas observações por ocasião da aprovação da lei 11.232/2005. *In*: HOFFMAN, Paulo; RIBEIRO, Leonardo Ferres da Silva (Coord.). *Processo de execução civil*: Modificações da Lei nº 11.232/05. São Paulo: Quartier Latin, 2006.

WARPECHOWSKI, Ana Cristina Moraes. *Em busca da decisão judicial cível satisfatória*: uma análise econômico-comportamental dos processos decisórios no Brasil pós 1988. Dissertação (Mestrado) - Universidade Federal do Rio Grande do Sul, Faculdade de Direito, Programa de Pós-Graduação em Direito, Porto Alegre, 2018.

A FIXAÇÃO DE TESES JURÍDICAS À LUZ DA ANÁLISE ECONÔMICA DO DIREITO

José Roberto Sotero de Mello Porto

1. Introdução

Dentre os temas que mais vêm recebendo protagonismo acadêmico e científico, nesta novel etapa do estudo processual – a teoria constitucional do processo[1] –, estão, seguramente, o tratamento das questões repetitivas mediante a fixação de teses jurídicas e a análise econômica do processo. No presente trabalho, se buscará demonstrar que ambos dialogam intimamente, concretizando as orientações da já assentada doutrina do *common law* no cenário brasileiro.

Com efeito, a motivação da criação da sistemática de "julgamento por amostragem" – denominação marcadamente pragmática – passou pela redução da carga de trabalho dos tribunais de cúpula (o Supremo Tribunal Federal, pela via inicial da repercussão geral, o Superior Tribunal de Justiça e o Tribunal Superior do Trabalho, pelos recursos repetitivos). Dessa maneira, efetivamente tornou-se viável a persecução de seus objetivos constitucionais[2].

Decididamente, a ausência de entendimentos claros fixados pelos tribunais significa(va), na prática, o estímulo ao ajuizamento de demandas, bem como o anterior descumprimento de padrões lícitos de atuação. Não havendo jurisprudência uniforme (como predica o art. 926), os jurisdicionados se lançam de maneira aventureira, na esperança de obterem provimento favorável a uma tese já fragilizada pela tendência pretoriana.

A esse respeito, Luiz Fux e Bruno Bodart, em estudo comparativo com o panorama norte-americano[3], concluem que o demandismo pátrio decorre, em grande parte,

---

1 CARNEIRO, Paulo Cezar Pinheiro. Comentário ao artigo 1°. In: WAMBIER, Teresa Arruda Alvim *et al.* (coords). *Breves comentários ao novo código de processo civil*. São Paulo: Revista dos Tribunais, 2015. Acesso eletrônico.

2 "O Recurso Especial Repetitivo tem como *ratio essendi* cumprir o desígnio constitucional do Egrégio Superior Tribunal de Justiça, qual o de uniformizar a jurisprudência dos Tribunais do país, e evitar a sobrecarga dos Colegiados com a remessa de impugnações contrárias ao entendimento firmado na impugnação representativa. A submissão dos acórdãos locais ao *decisum* representativo conspira em prol da finalidade constitucional do Recurso Especial, cabível pela alínea *c*, exatamente para pacificar o dissídio jurisprudencial nacional". (Voto do Min. Luiz Fux no julgamento da Questão de Ordem no Agravo de Instrumento n. 1.154.599-SP).

3 "Repise-se que a segurança jurídica quanto ao entendimento dos Tribunais pauta não apenas a atuação dos órgãos hierarquicamente inferiores, mas também o comportamento extraprocessual de pessoas envolvidas em controvérsias cuja solução já foi pacificada pela jurisprudência. A disposição das partes a resolver suas disputas por um acordo, à luz da teoria dos atores racionais, resulta da multiplicação da probabilidade de vitória pelo proveito (ou prejuízo, no caso do potencial réu) esperado com o valor fixado em condenação por eventual sentença judicial, subtraindo-se disso o

da impossibilidade de se desenvolver a análise econômica do direito processual. Desconhecendo, em absoluto, a eventual solução meritória jurisdicional, torna-se impossível avaliar o custo-benefício do processo.

Fundamental, portanto, a aposta do legislador de 2015 no alinhamento do conceito de jurisprudência, no texto da Código. O art. 926 traça duas etapas evolutivas para o atingimento de um conjunto de decisões: a uniformização e a manutenção do acervo de julgados íntegro, estável e coerente.

Cumpre reconhecer que existe uma enorme promiscuidade na utilização dos termos jurisprudência, decisão, precedente e súmula. Sem bem estabelecer os contornos de cada uma dessas figuras, restará impreciso seu uso.

Por decisão, entende-se o produto advindo da atividade jurisdicional de um dos órgãos do Judiciário. Em linhas simples, usar-se-á "decisão" para abarcar qualquer decisão, independentemente de qualquer reflexo específico, consubstanciando-se em conceito genérico.

Já o precedente, em sentido estrito, conforme entendido na common law, é uma decisão ao qual se soma um elemento específico: ganha valor paramétrico para futuras decisões, do mesmo órgão ou não. Por essa razão, diz-se que um precedente não nasce como tal, mas apenas é elevado a esse nível *a posteriori*[4].

A doutrina tem traçado algumas classificações, nesse particular. Pode-se realizar uma divisão entre precedente do *ponto de vista material* (quando há interpretação operativa, isto é, reconstrução da norma pelo interprete, atribuindo-lhe significado não somente literal) e do *ponto de vista formal* (precedentes normativos formalmente vinculantes, *ex lege*)[5].

---

custo de litigar em juízo. Nos Estados Unidos, onde a higidez dos precedentes é valorizada, apenas 2% (dois por cento) das causas de acidentes automotivos, 4% (quatro por cento) de todas as causas cíveis nas Cortes estaduais e menos de 2% (dois por cento) das causas cíveis federais são resolvidas por ato jurisdicional de mérito." (FUX, Luiz; BODART, Bruno. Notas sobre o princípio da motivação e a uniformização da jurisprudência no novo Código de Processo Civil à luz da análise econômica do Direito. *Revista de Processo*. v. 269, jul./2017. Acesso eletrônico.).

---

4 "Não sei se essa mudança cultural nos aproximará ou não do common law, visto que, nesse sistema, os precedentes são resultantes de uma evolução jurisprudencial que se dá numa pirâmide invertida e, como tal, são 'descobertos' e aplicados com as técnicas adequadas. Em nosso sistema, ao revés, a criação do precedente vinculante será deliberada e destinada à aplicação vertical, em ambiente jurídico que desconhece ou não utiliza a técnica de distinção entre ratio decidendi e obiter dicta. É que, entre nós, os precedentes judiciais têm sido utilizados de forma diversa, com caráter marcadamente retórico, quase sempre como argumento de autoridade. É relativamente recente a inserção de precedentes vinculantes em nosso sistema" (CUEVA, Ricardo Villas Boas. Técnica de julgamento dos recursos repetitivos e a constitucionalidade das decisões vinculativas e outras novidades do NCPC. *Revista de Processo*. vol. 257. ano 41. São Paulo: Revista dos Tribunais, jul. 2016. p. 315).

5 Embora, pessoalmente, discorde quanto ao fato de todos os precedentes do artigo 927 serem formalmente vinculantes, transcreve-se o posicionamento de Hermes Zaneti Jr. e Carlos Pereira,

Igualmente, há a distinção entre precedente *declarativo* (no qual ocorre a mera aplicação de norma que já constitui Direito, ou seja, fora anteriormente construída pela interpretação pretoriana em casos anteriores) e precedente *criativo* (em que, naquele julgado, há a criação do Direito onde não existia – o que é possível mesmo na *civil law*, em hipótese de lacuna legal, por exemplo)[6].

Os precedentes são comumente divididos em níveis e vinculação, seja a título de vinculação fraca, média ou forte[7], seja como relativamente obrigatórios, absolutamente obrigatórios e meramente persuasivos.

Por sua vez, jurisprudência é o conjunto de decisões de um determinado órgão ou de um tribunal que revela sua maneira de decidir. Exige, pois, uma atividade reiterada, gerando segurança jurídica. Ou seja: uniforme. Assim, o *caput* do artigo ora

---

com precioso exemplo prático: "Todas as vezes que houver interpretação operativa, abrir-se-á a possibilidade para a formação de um precedente (do ponto de vista material). Essa decisão, desde que se enquadre nas hipóteses qualificadas como vinculantes pelo art. 927 do CPC/2015, será considerada um precedente normativo formalmente vinculante (do ponto de vista formal). Em sentido contrário, quando a norma for simplesmente aplicada, sem qualquer reconstrução do seu conteúdo, é a lei ou o precedente anterior que será aplicado. O mesmo ocorre quando o leading case é aplicado sem alterar seu conteúdo normativo, a nova decisão com base no precedente não é ela mesmo um precedente, mas apenas uma decisão judicial. Para melhor ilustração, exemplificaremos um caso de interpretação operativa. O art. 700 do CPC/2015 prescreve que a ação monitória será ajuizada com base em "prova escrita", um termo vago que impõe ao juiz proferir uma decisão diante desta dúvida interpretativa. O Superior Tribunal de Justiça estabeleceu através de precedentes que o contrato de abertura de conta corrente acompanhado de extrato bancário e o cheque prescrito constituem exemplos de prova escrita, inclusive, sumulando o entendimento para melhor divulgação da decisão (Súmulas 247 e 299). É exatamente nestes casos em que serão consolidados precedentes visando estabelecer o que é e o que não é uma prova escrita". (Por que o poder judiciário não legisla no modelo de precedentes do Código de Processo Civil de 2015?. *Revista de Processo*. vol. 257. ano 41. São Paulo: Revista dos Tribunais, jul. 2016. p. 380).

---

6 "Denomina-se declarativo o precedente que tão somente reconhece e aplica uma norma jurídica já existente, ao passo que o precedente criativo se traduz naquele que cria e aplica uma nova norma jurídica. Assim, entende-se que no primeiro caso (precedente declarativo), a norma é aplicada porque já constitui Direito, enquanto que no segundo (precedente criativo), a norma se transforma em Direito para o futuro, pois é agora aplicada. Vale notar, ainda, que o precedente declarativo, sobretudo, nos sistemas jurídicos onde a imensa maioria das questões já se encontram reguladas por atos do Legislativo ou mesmo por decisões judiciais anteriores, se vê em prática mais comum, restando às decisões judiciais novas apenas declarar dito Direito preexistente. Por outro lado, os precedentes criativos possuem uma importância ímpar, já que procuram criar o Direito onde ele ainda não existia, não obstante serem menos frequentes nos mais variados sistemas jurídicos. Não obstante as particularidades, ambos os precedentes são fontes do Direito, cada qual dentro de suas peculiaridades aplicativas" (GAIO JÚNIOR, Antônio Pereira. Considerações acerca da compreensão do modelo de vinculação às decisões judiciais: os precedentes no novo Código de Processo Civil brasileiro. *Revista de Processo*. vol. 257. ano 41. jul. 2016. p. 352).

7 WAMBIER, Luiz Rodrigues; TALAMINI, Eduardo. *Curso avançado de processo civil*. v. 2. 16ª ed. São Paulo: Editora Revista dos Tribunais, 2016, pp. 697-699.

analisado acaba por ser repetitivo, porque, para se ter uma jurisprudência propriamente dita tem que se ter uma jurisprudência uniforme. Senão, não é jurisprudência, são decisões.

Súmula, por sua vez, consiste em um enunciado, geralmente sintético, que externa uma tese oriunda da jurisprudência de um tribunal. Eventualmente, podemos perceber que essa última parte do conceito não é observada, havendo a edição de verbete sumulado sem um profundo amadurecimento (ao menos, cronológico) da questão no tribunal.

Como dito, esses conceitos são desconsiderados, em regra. O próprio legislador não foi extremamente rigoroso, utilizando "precedente", muitas vezes, como um gênero, do qual seriam espécies a decisão e o precedente em sentido estrito[8]. É o que se pode chamar de precedente *lato sensu*[9].

No Brasil, algumas decisões já são construídas com vistas a influenciar casos futuros, como sucede na fixação de teses em sede de recursos especiais repetitivos, recursos extraordinários com repercussão geral e do incidente de resolução de demandas repetitivas. Tal categoria, batizada de casos repetitivos, pelo artigo 928, imediatamente gera efeitos em um grande número de feitos sobrestados, inaugurando um autêntico precedente à brasileira.

O modelo desenhado é diferente, portanto, do que existe na common law. Mas, não se pode dizer que é reprovável. A bem da verdade, cada país tem uma conjuntura jurisdicional que demandará soluções próprias e o atual estado de contencioso de massa nacional justifica, em alguma medida, a opção do legislador.

É inegável, ainda, que o prestígio das decisões pretéritas dos tribunais por parte da legislação é fenômeno que evolui há muito, revelando-se tendência à objetivação da jurisdição. Tal função, de atribuir sentido estável e seguro ao ordenamento, se coloca, mais do que nunca, em pé de igualdade com a tradicional resolução do caso concreto, aspecto subjetivo da função jurisdicional.

A análise econômica do direito, portanto, deverá assumir como premissa essa realidade peculiar, ensejando a otimização da prestação jurisdicional.

---

8 Na verdade, podemos imaginar que o legislador reformador agiu bem na nova redação do artigo 988, inciso IV, ao retirar o termo "precedente", mudando de "garantir a observância de enunciado de súmula vinculante e de *precedente* proferido em julgamento de casos repetitivos ou em incidente de assunção de competência" para "garantir a observância de acórdão proferido em julgamento de incidente de resolução de demandas repetitivas ou de incidente de assunção de competência" (Redação dada pela Lei nº 13.256, de 2016).

9 Não raras vezes, na prática forense, utiliza-se o termo "precedente" para referir-se a uma mera decisão qualquer, mesmo que isolada e não confirmada. Ou seja, verdadeiro antônimo do termo como entendido na *common law*.

2. A fixação de teses jurídicas entre dois microssistemas

A sistemática do julgamento de questões repetitivas, chamada tutela pluri-individual, ostenta duas finalidades centrais. A primeira e principal é firmar interpretação pretensamente definitiva acerca de uma norma legislada. Funciona, aqui, como instrumento de formação concentrada de precedente, permitida por força do procedimento legal e dos reflexos que a normativa traz para o entendimento adotado. Trata-se de manifestação da função nomofilática[10] dialética[11] dos tribunais de cúpula, mas, com o novo Código de Processo Civil, também das cortes locais.

Como reconhece Humberto Dalla Bernardina de Pinho, a natureza é objetiva, assemelhando-se a função jurisdicional à de criação de norma geral e abstrata[12].

---

10 "A técnica de tutela recursal pluri-individual é mais um capítulo nesse roteiro histórico de fortalecimento da função nomofilática dos recursos dirigidos ao STJ e ao STF, e busca inverter o movimento pendular que conduziu essas cortes à beira da inviabilidade, dado o brutal volume de demandas que analisam a cada ano.
Estou convencido de que a técnica de tutela recursal pluri-individual representa a explicitação do reconhecimento da função nomofilática do recurso-piloto, mediante o fracionamento do exame dos dois interesses que ele veicula, o interesse público, por um lado, e o interesse individual do recorrente, por outro.
Dessa forma, o recurso-piloto, por ser representativo de uma controvérsia jurídica que se repete em múltiplos e idênticos casos, tem a natureza de veículo processual hábil a deflagrar a tutela recursal pluri-individual do STJ e do STF. Por sua vez, a tutela recursal pluri-individual tem natureza jurídica de atividade estatal exercida pelo STF e pelo STJ em atenção à função nomofilática, na qual se busca primariamente dar resposta ao interesse público consistente na definição da questão de direito que subjaz aos múltiplos recursos extraordinários e especiais que repetem idêntica fundamentação jurídica." (DANTAS, Bruno. *Teoria dos Recursos Repetitivos:* tutela pluri-individual nos recursos dirigidos ao STF e ao STJ [arts. 543-B e 543-C do CPC]. São Paulo: Revista dos Tribunais, 2015, p. 121).

11 É precisamente o que sucede com a criação de procedimentos objetivos qualificados de fixação de teses: "Isso, pensamos, é o pressuposto teórico das modernas correntes que falam em *nomofilaquia dialética* ou *tendencial*, de modo a significarem essas expressões a persecução da unidade do *direito*, e não mais da *lei*, mediante a utilização de processos hermenêuticos que auxiliem na investigação da solução mais racional e afinada com preceitos constitucionais. Em outras palavras: utiliza-se um processo dialético para possibilitar ao juiz aferir, entre as múltiplas interpretações possíveis, aquela que melhor equacione a lide." (ALVIM, Teresa Arruda; DANTAS, Bruno. *Recurso especial, recurso extraordinário e a nova função dos tribunais superiores no direito brasileiro*. 3ª ed. São Paulo: Revista dos Tribunais, 2016, p. 309).

12 "Conclui-se, assim, pela natureza objetiva do procedimento, que transcende o interesse originário das partes e cujo resultado aproxima-se à criação de uma norma jurídica de caráter geral pelo Supremo Tribunal Federal ou pelo Superior Tribunal de Justiça, no que concerne à característica da objetivação." (PINHO, Humberto Dalla Bernardina de. *Direito Processual Civil Contemporâneo*. v. 2. São Paulo, Saraiva, 2017, p. 968.).

A segunda vocação da técnica é a gestão dos casos envolvendo as questões repetitivas, que inserta na administração judiciária. Nesse acessório aspecto, tem-se racionalização da atividade jurisdicional sob a ótica global, desobstruindo os tribunais e, sobretudo, assegurando ulteriores julgamentos isonômicos[13].

A propósito, deve-se notar que esta finalidade é, em última análise, permitida por aquela: seria impossível a replicação da tese jurídica para um sem número de processos sem que a mesma fosse estabelecida com clareza, após debate qualificado.

Também merece ser sublinhado que a mera gestão de processos prescinde de previsão legal, podendo ser instituída na prática. Prova disso é a forma como surgiu o *Musterverfahren*, na Alemanha, inicialmente sem previsão legal, gerando enorme economia processual e financeira, e sendo considerado legítimo e constitucional pela Corte Constitucional da República Federativa da Alemanha, em 1979[14].

Enxergando os dois funcionamentos do julgamento de casos repetitivos, Fredie Didier Jr. e Leonardo Carneiro da Cunha os repartem em dois microssistemas: quanto aos casos pendentes, suspensos quando da instauração do incidente de fixação da tese, a técnica estaria inserida no microssistema de gestão e julgamento de casos repetitivos, enquanto, no tocante aos casos futuros, aos quais se aplicará o entendimento adotado, a sistemática faria parte do microssistema de formação concentrada de precedente obrigatório[15].

Há, também, quem pense que as duas espécies de julgamento de casos repetitivos possuam finalidades diversas. Para Marinoni, o Incidente de Resolução de Demandas Repetitivas se volta ao discurso do caso concreto, não visando à formação de precedente, o que se daria por meio dos recursos repetitivos, onde havia discurso

---

13 "Sob uma perspectiva teleológica, o fim colimado pelo art. 543-C, §§ 1º e 2º, não é apenas aquele de desobstruir os tribunais superiores, mas, até mesmo acima disso, homogeneizar as decisões, proporcionando, para situações iguais, igual solução. Em outras palavras, visa-se a assegurar prestação jurisdicional homogênea para processos em que se discute idêntica questão de direito." (WAMBIER, Teresa Arruda Alvim; MEDEIROS, Maria Lúcia Lins Conceição de. Recursos repetitivos: realização integral da finalidade do novo sistema impõe mais do que a paralisação dos recursos especiais que estão no 2º grau. *Revista de Processo*, v. 191, jan. 2011, p. 191).

14 Para minuciosa descrição histórica do procedimento padrão alemão, imperioso ver: MENDES, Aluisio Gonçalves de Castro. *Incidente de resolução de demandas repetitivas:* sistematização, análise e interpretação do novo instituto processual. Rio de Janeiro: Forense, 2017, p. 30-34.

15 DIDIER JR., Fredie; CUNHA, Leonardo Carneiro da. *Curso de direito processual civil*. v. 3. 14ª ed. Salvador: Juspodivm, 2017, p. 674.

do caso jurídico[16]. A disparidade, porém, não existe[17], sendo nítida a intenção de se construir um microssistema a abranger também os tribunais locais e as centenas de juízos a eles subordinados, racionalizando a prestação jurisdicional, ao uniformizá-la.

Existem outros mecanismos, aliás, capazes de potencializar a decisão comum a várias demandas, a exemplo do litisconsórcio e da conexão, inclusive por afinidade (art. 53, §3º). Não se pode olvidar esse aspecto, já que, em se tratando de matéria sem grande potencial de aplicação prospectiva, afigurar-se-á, possivelmente, mais econômica a tramitação conjunta que instauração de incidente próprio e mais custoso.

3. Etapas da técnica fixadora de tese jurídica

A técnica está dividida, em linhas gerais, em duas partes. Na primeira, instaura-se incidente de julgamento da questão repetitiva, em um procedimento objetivado, sem partes, semelhante ao que sucede no controle concentrado de constitucionalidade. A exemplo deste, não se despreza o quadro fático, embora também não se considerem eventuais minúcias de situações subjetivas específicas.

Uma vez fixada a tese, que, aliás, costuma ser sintetizada em texto conciso (a lembrar os enunciados sumulares), o órgão colegiado passa a julgar os casos afetados, aplicando-a. Trata-se de um momento diverso do primeiro, e dele dependente, sendo fundamental para o aperfeiçoamento da dinâmica, vez que os órgãos que posteriormente aplicarão o entendimento terão um parâmetro de incidência da *ratio decidendi* ao caso concreto. Deve o tribunal, portanto, elaborar acórdão didático, bastante analítico[18].

---

16 MARINONI, Luiz Guilherme. O problema do incidente de resolução de demandas repetitivas e dos recursos extraordinário e especial repetitivos. *Revista de Processo*, v. 249, nov. 2015, p. 413. Em outro trabalho, posterior, o mesmo autor parece defender o oposto: "Seria possível imaginar que a técnica dos recursos repetitivos, ao contrário do incidente de resolução de demandas repetitivas, não se destina ao julgamento de questão prejudicial à resolução de demandas repetitivas, mas ao julgamento de questão replicada em diversos recursos, relacionados a demandas idênticas ou a demandas de conteúdos completamente diferentes. Contudo, não é assim. A intenção do legislador foi clara em outorgar ao recurso repetitivo a função de resolução da questão que afeta processos pendentes." (MARINONI, Luiz Guilherme. *Incidente de Resolução de Demandas Repetitivas:* decisão de questão idêntica x precedente. São Paulo: Revista dos Tribunais, 2016. Acesso eletrônico.).

17 Na mesma linha do ora defendido: DIDIER JR., Fredie; CUNHA, Leonardo Carneiro da. *Curso de direito processual civil*. v. 3. 14ª ed. Salvador: Juspodivm, 2017, p. 675.

18 A título de parâmetro, veja-se a ementa do julgamento do REsp 1389750, Rel. Min. Herman Benjamin, 1ª Seção, DJe 17.4.2017, em que se destaca a resolução da tese e a resolução do caso, em momentos distintos: "Administrativo e processual civil. Recurso representativo de controvérsia. Art. 543-C do CPC/1973 (atual 1.036 do CPC/2015) e resolução STJ 8/2008. Ação de repetição de indébito. Tarifa de energia elétrica. Relação contratual. Consumidor e concessionária do serviço público. Interesse da ANEEL. Não ocorrência, em regra. Controvérsia submetida ao rito do art. 543-C do CPC/1973 (atual 1.036 do CPC/2015). 1. Sob o rito do art. 543-C do CPC (atualmente 1036 e seguintes do CPC/2015), foi admitida a seguinte tese controvertida: "questão atinente ao interesse jurídico da ANEEL (Agência

Por fim, havendo tese jurídica estatuída, e já fora da tutela pluri-individual propriamente dita, mas como um reflexo fundamental de sua eficácia, os julgadores dos casos concretos posteriormente ajuizados e que versem sobre a mesma questão jurídica terão um leque de instrumentos para abreviar o curso do processo (eficácia prospectiva ou atemporal da fixação de teses).

Para melhor compreender o funcionamento da tutela pluri-individual, e, ao final, relacioná-la com a análise econômica do direito, cabe um parêntesis referente à natureza jurídica material desses incidentes.

Essas duas vias são delineadas pela doutrina como técnicas de causa piloto ou de causa modelo. Nas causas piloto (caso-piloto), haveria unidade de processo e julgamento, das questões comuns e das não comuns, do caso afetado e, posteriormente, replicação da *ratio decidendi* (grosso modo, a tese jurídica adotada como fundamento) nos demais processos similares. Há, portanto, julgamento do processo afetado como um todo pelo órgão destacado, e não apenas da questão jurídica que motivou o incidente[19].

Por outro lado, no modelo de julgamento de causa modelo (ou procedimento modelo), há cisão cognitiva (cognição judicial segmentada[20]), havendo julgamento apenas de questões comuns, com posterior incorporação em casos particulares. O

Nacional de Energia Elétrica) para figurar no pólo passivo de ação revisional e de repetição de indébito relativa a contrato de fornecimento de energia elétrica celebrado entre usuário do serviço e concessionária do serviço público". *Resolução da tese controvertida*. 2. O Superior Tribunal de Justiça sedimentou a compreensão de que não há, em regra, interesse jurídico da Aneel (Agência Nacional de Energia Elétrica) para figurar como ré ou assistente simples de Ação de Repetição de Indébito relativa a valores cobrados por força de contrato de fornecimento de energia elétrica celebrado entre usuário do serviço e concessionária do serviço público. Nesse sentido: (...). *Resolução do caso concreto*. 3. Na hipótese dos autos, o Tribunal de origem observou o entendimento jurisprudencial do STJ que aqui se consolida, estabelecendo que, na situação específica dos autos, não vislumbrou interesse jurídico da Aneel. 4. Recurso Especial não provido. Acórdão submetido ao regime dos arts. 1.036 e seguintes do CPC/2015." (grifos nossos).

---

19 "(...) de forma que eles não serão julgados isolada e repetitivamente, mas reunidos para que, a partir do julgamento de dois (ou mais) deles, todos sejam resolvidos – técnica das 'causas-piloto'." (THEODORO JÚNIOR, Humberto; NUNES, Dierle; BAHIA, Alexandre Melo Franco; PEDRON, Flávio Quinaud. *Novo CPC – Fundamentos e sistematização*. 3ª ed. Rio de Janeiro: Forense, 2016, p. 435).

20 "Seja nos modelos de direito comparado ora analisados ou no incidente previsto na legislação brasileira projetada, a nota característica das ações-teste consiste na cisão da cognição judicial (também chamada de cognição judicial seguimentada) entre o julgamento das questões comuns a todas as ações repetitivas num primeiro momento e, após a definição destas, a remessa para outro órgão julgador, ao qual competirá o julgamento das demais questões jurídicas e fáticas de cada ação individualmente considerada". (RODRIGUES, Roberto de Aragão Ribeiro. As Ações-Teste na Alemanha, Inglaterra e Legislação Brasileira Projetada. *Revista Eletrônica de Direito Processual*, v. VIII, disponível em http://www.e-publicacoes.uerj.br/index.php/redp).

órgão destacado decide apenas a questão comum, repetitiva, com fixação de tese jurídica, e os demais órgãos, juízes naturais de cada processo versando sobre o tema, a tomam como premissa (questão prejudicial), e finalizam o julgamento[21].

A doutrina tem dado bastante importância à discussão ora proposta. Com relação ao IRDR, por exemplo, é possível apontar a existência de correntes nos dois sentidos. Há quem sustente[22] ser o incidente espécie de causa piloto, em virtude da inserção do parágrafo único do artigo 978, no término do processo legislativo pelo Senado Federal, e quem entenda[23] que a classificação independa do referido dispositivo, vez que seria necessária a existência de processo em trâmite no tribunal para que se instaure o Incidente de Resolução de Demandas Repetitivas.

Por outro lado, Aluisio Gonçalves de Castro Mendes considera que o incidente tem por objeto somente a formulação da tese jurídica, utilizando como argumento o mesmo processo legislativo, reconhecendo que as mudanças propostas na Câmara dos Deputados (que visavam a exigir processo no tribunal como requisito de instauração – indicativo da adoção da técnica do caso piloto) não foram prestigiadas pelo Senado Federal, bem como os dispositivos legais, especialmente o artigo 987, que prevê cabimento de recurso extraordinário ou especial contra "o mérito do incidente, e não do posterior julgamento de processos ou recursos"[24].

Bruno Dantas, em linha similar, ao analisar o instituto, define existir cisão cognitiva, na qual "ao tribunal compete a fixação da tese em abstrato, e ao juízo originário a sua aplicação ao caso concreto"[25]. Complementarmente, ao estudar os recursos repetitivos, concluiu o autor pelo fracionamento da atuação do tribunal: primeiro, fixa a tese jurídica e, depois, somente para os recursos afetados, a

---

21 "(...) trata-se de uma técnica introduzida com a finalidade de auxiliar no dimensionamento da litigiosidade repetitiva mediante uma cisão de cognição por meio do 'procedimento-modelo'ou 'procedimento-padrão", ou seja, um incidente no qual 'são apreciadas somente questões comuns a todos os casos similares, deixando a decisão de cada caso concreto para o juízo do processo originário', que aplicará o padrão decisório em consonância com as peculiaridades fático-probatórias de cada caso (...)."(THEODORO JÚNIOR, Humberto; NUNES, Dierle; BAHIA, Alexandre Melo Franco; PEDRON, Flávio Quinaud. *Novo CPC – Fundamentos e sistematização*. 3ª ed. Rio de Janeiro: Forense, 2016, p. 443).

22 CABRAL, Antonio do Passo. Comentário ao artigo 976. In: CABRAL, Antonio do Passo; CRAMER, Ronaldo (coords.). *Comentários ao novo Código de Processo Civil*. 2 ed. Rio de Janeiro: Forense, 2016, p. 1.437.

23 DIDIER JR., Fredie; CUNHA, Leonardo Carneiro da. *Curso de direito processual civil*. v. 3. 14ª ed. Salvador: Juspodivm, 2017, p. 678-679.

24 MENDES, Aluisio Gonçalves de Castro. *Incidente de Resolução de Demandas Repetitivas*: sistematização, análise e interpretação do novo instituto processual. Rio de Janeiro: Forense, 2017, p. 106.

25 DANTAS, Bruno. Comentário ao artigo 976. In: WAMBIER, Teresa Arruda Alvim *et al.* (coords.). *Breves comentários ao novo Código de Processo Civil*. São Paulo: Revista dos Tribunais, 2015. Acesso eletrônico.

aplica, em exercício de revisão – o que não ocorre com os demais casos sobrestados, em que se aplica a técnica de cassação pura e posterior reenvio[26].

Essencial é perceber que existe técnica que se centra na fixação de entendimento interpretativo consubstanciado em tese sobre questão de direito. Essa é a primordial função, como já defendido, dos incidentes de julgamento de casos repetitivos.

Por tudo isso, a denominação "julgamentos por amostragem" não se afigura a mais recomendável, pois atrelada à noção de causa piloto, ou seja, de que se julgam os processos ou recursos pinçados, presumindo reunirem todos os aspectos contidos nos demais, sobrestados. Ademais, há que se reiterar: o que realmente justifica a técnica, seu fundamento e sua finalidade centrais, é a definição de tese.

Por fim, há de se gizar que todo o funcionamento elucidado *supra* se estende ao Incidente de Assunção de Competência, estampado no art. 947 do Código Fux. A rigor, o diploma previu diferenças textuais entre esse instituto e o IRDR, notadamente (i) a eficácia futura de ambos, vez que as teses fixadas no IAC, por vezes, não estão em pé de igualdade com as formadas nos casos repetitivos, e (ii) a indubitável natureza de causa-piloto do IAC, a seguir a textual orientação do art. 947 e seus parágrafos 1º e 2º[27].

No entanto, existe clara tendência de aproximação entre ambos, em sede doutrinária e, futuramente, também na jurisprudência. Já se admitiu, em enunciado, o uso de tese fixada em Incidente de Assunção de Competência como fundamento para o deferimento da tutela de evidência prevista no art. 311, II[28].

---

26 "Embora, ao que parece, não haja na doutrina nacional quem se tenha pronunciado a respeito, estou convencido de que na técnica dos arts. 543-B e 543-C do CPC há uma forte tendência de mitigação do tradicional juízo de revisão e a consequente adoção de modelo algo assemelhado ao de cassação pura, com posterior reenvio. Explico.
Partindo-se da premissa de que o recurso-piloto transporta à corte superior o interesse público, consistente na definição da questão de direito que se repete em uma multiplicidade de casos idênticos, e também o interesse estritamente individual do recorrente, consistente em reformar o acórdão recorrido e aplicar o direito à espécie, entendo que o enquadramento teórico mais adequado é o que reconhece essa realidade, ou seja, a existência do fracionamento. Segue-se a necessária distinção entre o julgamento da questão de direito e sua aplicação posterior ao caso concreto." (DANTAS, Bruno. *Teoria dos Recursos Repetitivos:* tutela pluri-individual nos recursos dirigidos ao STF e ao STJ (arts. 543-B e 543-C do CPC). São Paulo: Revista dos Tribunais, 2015, p. 123)

27 Art. 947. É admissível a assunção de competência quando o julgamento de recurso, de remessa necessária ou de processo de competência originária envolver relevante questão de direito, com grande repercussão social, sem repetição em múltiplos processos.
§ 1º Ocorrendo a hipótese de assunção de competência, o relator proporá, de ofício ou a requerimento da parte, do Ministério Público ou da Defensoria Pública, que *seja o recurso, a remessa necessária ou o processo de competência originária julgado pelo órgão colegiado* que o regimento indicar.
§ 2º O órgão colegiado *julgará o recurso, a remessa necessária ou o processo de competência* originária se reconhecer interesse público na assunção de competência.

28 O enunciado 135 da II Jornada de Direito Processual Civil do CJF informa ser admissível a concessão de tutela da evidência fundada em tese firmada em incidente de assunção de competência.

É possível vislumbrar, nessa esteira, que a literalidade do art. 1.030, I, b será ampliada, pelos tribunais de cúpula, para passar a abarcar teses fixadas em IAC. A hipótese é bastante real, tendo em vista que o Superior Tribunal de Justiça já possui incidentes dessa natureza admitidos, e, inclusive, tese já fixada, no IAC nº1. Não soa razoável que, ante a similitude de funcionamento entre as técnicas idêntica essência das teses fixadas, persista a literal disparidade de efeitos entre ambas.

4. Análise econômica dos mecanismos fixadores de tese

Exposto o funcionamento dos mecanismos objetos de estudo, cumpre assinalar sua ligação com a visão econômica do direito. Não, porém, sem antes atentar para elementos fundamentais dessa lente de leitura.

Os estudos no *common law* se baseiam, em grande parte, no custo-benefício da demanda. Uma das chaves de compreensão são os fatores estimulantes para o ajuizamento da ação, chamados incentivos. Tais incentivos podem ser privados ou sociais, a depender se levam em conta a ótica do indivíduo (autor da ação) ou da coletividade.

Steven Shavell[29] enuncia dois aspectos que diferenciam as duas categorias: (i) os custos (externalidade negativa), haja vista que os particulares não cogitam, em regra, os custos globais, mas apenas os seus próprios, e (ii) os benefícios (externalidade positiva), já que os particulares tampouco avaliam os benefícios sociais, globais, de um eventual não ajuizamento.

Com efeito, é inegável que os custos privados são, sempre, menores que os custos sociais. Para a parte, o discernimento prévio ao ajuizamento passa pela análise do valor do dano e o dos custos do processo. Em sendo superior o dano, cujo ressarcimento será intentado, o processo se afigurará economicamente recomendável.

Sob a ótica social, no entanto, o custo passa a incluir a prevenção, o que torna o cálculo muito mais complexo, envolvendo os custos de prevenção e a possibilidade (ou probabilidade) de dano mesmo com tal medida preventiva e o dano já ocorrido. A demanda, então, será *socialmente racional* se os gastos totais forem inferiores ao valor disputado. Ademais, se mostrará *socialmente aceitável* se o custo social for inferior à possibilidade de dano remanescente, mesmo após a prevenção, multiplicada pelo dano.

Alguns fatores mais concretos ajudam a enxergar o cenário. Por exemplo, o baixo custo para o autor e o alto custo para o réu tendem a compor demandas socialmente inaceitáveis, algo solucionável por meio de um equilíbrio das despesas sucumbenciais ou até pela sua elevação, para além de multas – mecanismo com forte capacidade (des)estimuladora.

29 SHAVELL, Steven. The fundamental divergence between the private and the social motive to use the legal system. *Journal of Legal Studies*, v. XXVI, jun. 1997, p. 575-612.

O inverso também sucede, levando à não deflagração de demandas socialmente aceitáveis. As causas são as inversas: alto custo para o autor, baixo custo para o réu e perdas totais baixas (baixo valor da causa). Nesse particular, a doutrina reconhece especial vocação das ações coletivas para tutelar os danos moleculares ou agregados, pela via dos direitos individuais homogêneos.

Ocorre, porém, que, aqui, existe, antes, uma permissão legislativa para seu tratamento conjunto do que uma via exclusiva para levar tais direitos à jurisdição[30]. É dizer: os sujeitos de tais direitos individuais podiam e continuam a poder provocar o Judiciário, independentemente do mecanismo do processo coletivo.

O acesso à justiça, portanto, não é o único mote da tutela coletiva dos direitos individuais homogêneos. Sua intenção também está no prestígio da economia processual macroscópica (economia judicial), resolvendo elevado número de problemas de uma só vez e de maneira mais perfeita. Diminui-se a quantidade com elevada qualidade.

Essa conquista irrevogável, pode acarretar, como ônus (se é que se pode considerá-lo assim), o assoberbamento do Poder Judiciário. O julgamento dos casos repetitivos é uma resposta específica do legislador para essa questão[31], revelando-se ferramenta de enorme potencialidade, a ser confirmada na prática[32].

---

30 "Quando se fala, pois, em 'defesa coletiva' ou em 'tutela coletiva' de direitos homogêneos, o que se está qualificando como coletivo não é o direito material tutelado, mas sim o modo de tutelá-lo, o instrumento de sua defesa." (ZAVASCKI, Teori Albino. *Processo coletivo: tutela de direitos coletivos e tutela coletiva de direitos*. 7ª ed. São Paulo: Revista dos Tribunais, 2017. p. 40).

31 "Criaram-se figuras, no novo CPC, para evitar a dispersão excessiva da jurisprudência. Com isso, haverá condições de se atenuar o assoberbamento de trabalho no Poder Judiciário, sem comprometer a qualidade da prestação jurisdicional.

Dentre esses instrumentos, está a complementação e o reforço da eficiência do regime de julgamento de recursos repetitivos, que agora abrange a possibilidade de suspensão do procedimento das demais ações, tanto no juízo de primeiro grau, quanto dos demais recursos extraordinários ou especiais, que estejam tramitando nos tribunais superiores, aguardando julgamento, desatreladamente dos afetados.

Com os mesmos objetivos, criou-se, com inspiração no direito alemão, o já referido incidente de Resolução de Demandas Repetitivas, que consiste na identificação de processos que contenham a mesma questão de direito, que estejam ainda no primeiro grau de jurisdição, para decisão conjunta". (Exposição de Motivos do Código de Processo Civil – Lei 13.150/15. Disponível em: https://www2.senado.leg.br/bdsf/bitstream/handle/id/512422/001041135.pdf?sequence=1).

32 "O incidente é uma das formas pensadas no Projeto para buscar garantir uma tranquilidade para os cidadãos, que terão ciência prévia dos seus direitos e poderão reclamá-los na Justiça, indo ao encontro também dos interesses das próprias empresas e do Judiciário, que esperam, todos, uma ferramenta eficaz para a solução rápida e justa dos conflitos. Espero que o incidente de resolução de demandas repetitivas realmente funcione na prática. Todavia, é inegável que a sua plena concretização dependerá, e muito, da sua compreensão e do seu manejo pelos aplicadores e demais operadores do direito." (CARNEIRO, Paulo Cezar Pinheiro. Breves Notas sobre o Incidente de Resolução de Demandas Repetitivas. Revista Eletrônica de Direito Processual, vol. XIV, Ano 8, jul-dez/2014, p. 489.).

De fato, quando os benefícios individuais são maiores que os sociais, há terreno fértil para a litigiosidade excessiva. A intervenção estatal se torna aceitável, por meio do desencorajamento de demandas frívolas, e a contraposta facilitação do uso dos meios alternativos, a exemplo do que se adotou a título de política judiciária com o advento do Código de 2015, que tornou regra a audiência de conciliação ou de mediação no princípio do procedimento ordinário (art. 334), mas, sobretudo, com a implantação do princípio da preferencial solução consensual dos conflitos (art. 3º e seus parágrafos). Consagrou-se, assim, a faceta positiva da jurisdição, ao revés da mera atuação negativa do Judiciário, ao eleger, dentre os litigantes, quem tem razão[33].

Noutros momentos, a intervenção se destinará ao encorajamento da litigância, reduzindo os custos para o demandante, seja a título de legitimidade ordinária (com oferecimento de assistência jurídica integral e gratuita – entre nós, função típica e exclusiva da Defensoria Pública, como estatui o art. 134 da Constituição Federal), seja pela atuação como substituto processual (a exemplo da tutela coletiva, em especial quando seu objeto forem danos agregados).

Para além da barreira financeira sob a perspectiva de custo-benefício para o litigante autor, a perspectiva ideal da economia do processo passa, igualmente, pela visão global dos custos da demanda, algo bastante divorciado da habitual atuação dos jurisdicionados brasileiros. Aparentemente, uma nova composição das despesas processuais, a envolver essa distinta parcela de custos (sociais, globais) contribuiria para o amadurecimento da comunidade jurídica nacional.

No entanto, o tema demanda tratamento legislativo ou, ao menos, convenção processual específica. Caso contrário, é inegável que o particular não se sente movido a analisar os custos globais da demanda, tanto para evitar o ingresso com o pedido como para provocar a jurisdição com interesse predominantemente social.

A jurisprudência pátria, muito pontualmente, admite a prevalência do interesse coletivo sobre o direito subjetivo e disponível de ação do particular. É a linha da orientação do Superior Tribunal de Justiça quanto à impossibilidade de desis-

---

33 "A função jurisdicional representa o dever Estatal de dirimir conflitos, abarcando as modalidades chiovendiana, de atividade substitutiva, e carneluttiana, de resolução de conflitos. Contudo, na construção clássica, o Judiciário apenas atua na forma negativa, ou seja, dirimindo conflitos com a imposição de vontade do juiz, determinando um vencedor e um vencido. Por isso, o art. 3° do NCPC, ao se referir à apreciação jurisdicional, vai além do Poder Judiciário e da resolução de controvérsias pela substitutividade. O dispositivo passa a permitir outras formas positivas de composição, pautadas no dever de cooperação das partes e envolvendo outros atores. Desse modo, a jurisdição, outrora exclusiva do Poder Judiciário, pode ser exercida por serventias extrajudiciais ou por câmaras comunitárias, centros ou mesmo conciliadores e mediadores extrajudiciais." (PINHO, Humberto Dalla Bernardina de; MELLO PORTO, José Roberto Sotero de. A desjudicialização enquanto ferramenta de acesso à justiça no CPC/15: a nova figura da usucapião por escritura pública. *Revista Eletrônica de Direito Processual*. Ano 10, v. 17, n. 2, p. 322).

tência de recurso especial que ostente interesse público, por decisão fundamentada do relator[34].

34 RECURSO ESPECIAL. AÇÃO DE OBRIGAÇÃO DE FAZER. PLANOS DE SAÚDE. QUESTÃO DE ORDEM. PEDIDO DE DESISTÊNCIA. INDEFERIMENTO. NEGATIVA DE PRESTAÇÃO JURISDICIONAL. AFASTADA. NEGATIVA DE FORNECIMENTO DE MEDICAÇÃO SOB O FUNDAMENTO DE CONSTITUIR TRATAMENTO EXPERIMENTAL. SÚMULA 7/STJ. RESOLUÇÃO NORMATIVA DA ANS. USO FORA DA BULA (OFF LABEL). EXORBITÂNCIA DA AGÊNCIA REGULADORA CONFIGURADA. COMPENSAÇÃO POR DANOS MORAIS. MANTIDA. AGRAVAMENTO DA SAÚDE JÁ DEBILITADA. 1. Ação ajuizada em 18/05/15. Recurso especial interposto em 10/02/17 e concluso ao gabinete em 16/11/17. 2. Ação de obrigação de fazer, ajuizada devido a negativa de fornecimento da medicação Temodal para tratar neoplasia maligna do encéfalo, na qual se requer seja compelida a operadora de plano de saúde a fornecer o tratamento conforme prescrição médica. 3. *Questão de ordem. Pedido de desistência formulado pela recorrente não só após a inclusão do processo em pauta, mas juntado aos autos na véspera da respectiva sessão de julgamento. Inadmissibilidade de manipulação da jurisprudência do STJ sobre planos de saúde. 4. Interpretação conforme à Constituição do art. 998, parágrafo único, do CPC/15. Deve prevalecer como regra o direito da parte à desistência, mas verificada a existência de relevante interesse público, o Relator está autorizado, mediante decisão fundamentada, a promover o julgamento do recurso especial para possibilitar a apreciação da respectiva questão de direito, sem prejuízo de, ao final, conforme o caso, considerar prejudicada a sua aplicação à hipótese específica dos autos. Pedido de desistência indeferido, ante as concretas peculiaridades da hipótese em julgamento.* 5. O propósito recursal consiste em definir se a operadora de plano de saúde está autorizada a negar tratamento prescrito por médico, sob o fundamento de que sua utilização em favor do paciente está fora das indicações descritas na bula/manual registrado na ANVISA (uso off-label). 6. Ausentes os vícios do art. 1.022, do CPC, rejeitam-se os embargos de declaração. 7. O recurso especial não é a via adequada para revisão dos fatos delineados de maneira soberana pelo Tribunal de origem. Incidência da Súmula 7/STJ. 8. A Lei 9.656/98 (Lei dos Planos de Saúde) estabelece que as operadoras de plano de saúde estão autorizadas a negar tratamento clínico ou cirúrgico experimental (art. 10, I). 9. A Agência Nacional de Saúde Suplementar (ANS) editou a Resolução Normativa 338/2013, vigente ao tempo da demanda, disciplinando que é considerado tratamento experimental aquele que não possui as indicações descritas na bula/manual registrado na ANVISA (uso off-label). 10. Quem decide se a situação concreta de enfermidade do paciente está adequada ao tratamento conforme as indicações da bula/manual da ANVISA daquele específico remédio é o profissional médico. 11. Autorizar que a operadora negue a cobertura de tratamento sob a justificativa de que a doença do paciente não está contida nas indicações da bula representa inegável ingerência na ciência médica, em odioso e inaceitável prejuízo do paciente enfermo. 12. O caráter experimental a que faz referência o art. 10, I, da Lei 9.656 diz respeito ao tratamento clínico ou cirúrgico incompatível com as normas de controle sanitário ou, ainda, aquele não reconhecido como eficaz pela comunidade científica. 13. A ingerência da operadora, além de não ter fundamento na Lei 9.656/98, constitui ação iníqua e abusiva na relação contratual, e coloca concretamente o consumidor em desvantagem exagerada (art. 51, IV, do CDC). 14. A recorrida detectou o ressurgimento de um problema oncológico que imaginava ter superado e recebeu recomendação médica de imediato tratamento quimioterápico, com utilização do Temodal, sob pena de comprometimento de sua saúde. Esta delicada situação em que se encontrava evidencia o agravamento de sua condição de dor, de abalo psicológico e com prejuízos à saúde já debilitada, sobretudo diante de seu histórico clínico. Configurado o dano moral passível de compensação. 15. Recurso especial conhecido e não provido, com majoração dos honorários advocatícios recursais. (REsp 1721705-SP, 3ª turma, Rel. Min. Nancy Andrighi, j. 28/08/2018).

Trata-se, de todo modo, de entendimento excepcional, constatando-se a timidez da comunidade jurídica pátria a respeito do provocativo tema. O sistema de precedentes, delineado de forma avançada pela normativa vigente, exige a fluidez inerente à pluralidade de ações, tanto como requisito para a instauração de incidentes uniformizadores como para evitar a fossilização dos padrões decisórios, pela via da distinção e da superação (art. 489, §1º, VI).

Precisamente a respeito dos instrumentos fixadores de teses jurídicas, elencou-se duas espécies de efeitos do julgamento do seu mérito: os efeitos atuais e os futuros.

Os primeiros se referem à imediata aplicação da tese nos casos existentes a versar sobre a questão pacificada. Sob a perspectiva macroeconômica do Judiciário, é potentíssimo o instrumento: a atividade cognitiva dos juízes naturais de cada demanda é abreviada, bastante aplicar o entendimento como premissa, sem necessidade de silogismos mais extensos.

Há autêntico estímulo, ademais, à desistência da demanda frívola (portanto, um desestímulo), com base no cálculo econômico dos custos processuais. O art. 1.040, nos seus parágrafos 1º a 3º[35], permite, a título de exceção, a desistência do pleito independentemente de concordância do réu, se ocorre até a sentença, e isenta o pagamento de custas e honorários sucumbenciais, na hipótese de se manifestar antes da contestação.

Ainda mais relevante, no entanto, é a eficácia prospectiva dos julgamentos que fixam teses jurídicas, que será tomada como razão de decidir por futuros julgadores de ações que sequer existiam ao tempo do incidente.

Esmiuçando a eficácia futura da tese, o legislador enumerou amplo leque de consequências endoprocessuais, autorizando a dispensa da observância da ordem de julgamento (artigo 12, §2°), o julgamento liminar de improcedência (artigo 332, II e III), a dispensa da remessa necessária da sentença neles lastreada (artigo 496, §4°), o julgamento monocrático de recursos pelo relator, negatório ou concessório (artigo 932, IV, *b* e *c* e V, *b* e *c*), bem como nos conflitos de competência (artigo 955, parágrafo único, II).

Outrossim, foi previsto o manejo de reclamação (artigo 988, IV) quando inobservada a tese fixada nos incidentes (artigo 985, §1°, norma geral do microssistema), ou, ainda, quando suceder aplicação indevida ou sua não aplicação (artigo 966, §4°)[36].

---

35 § 1º A parte poderá desistir da ação em curso no primeiro grau de jurisdição, antes de proferida a sentença, se a questão nela discutida for idêntica à resolvida pelo recurso representativo da controvérsia.
§ 2º Se a desistência ocorrer antes de oferecida contestação, a parte ficará isenta do pagamento de custas e de honorários de sucumbência.
§ 3º A desistência apresentada nos termos do § 1º independe de consentimento do réu, ainda que apresentada contestação.

36 O que permite que seja utilizada como instrumento para o *distinguishing* (RODRIGUES, Marco Antonio dos Santos. *Manual dos recursos, ação rescisória e reclamação*. São Paulo: Atlas, 2017, p. 376-377).

Não se pode ignorar, porém, uma segunda relação entre as teses jurídicas e a análise econômica do direito, a incidir no próprio processo de formação da norma.

Louis Kaplow enxerga três estágios de elaboração da norma e de sua aplicação: no primeiro, a lei é promulgada, como regra ou *standard*. Depois, os indivíduos regulam suas condutas de acordo com tal normativa e, por fim, em havendo provocação, a adjudicação determina as implicações legais dos comportamentos adotados, à luz do ordenamento[37].

Os gastos totais desse processo variam a depender do tipo de norma editada. Se há uma regra, o custo para sua criação, na primeira etapa, tende a ser maior, com ampliação de estudos e debate legislativo, buscando alcançar o comando mais preciso possível. Por outro lado, em se tratando de um *standard*, como conceitos jurídicos indeterminados ou cláusulas gerais, o gasto do primeiro momento é menor, enquanto, na última etapa, da adjudicação, o trabalho se mostrará mais denso e custoso[38].

As regras possuem conteúdos mais claros, facilitando, também, a atuação dos atores na segunda etapa, ao passo que os parâmetros de atuação desencadeiam, em geral, maior insegurança jurídica na convivência social[39]. Quanto mais preciso o co-

---

37 "Consider the following setting, which has three stages.9 First, a law is promulgated, either as a rule or as a standard. Second, individuals decide on their actions. Because they may be imperfectly informed about the law's commands, they either act based on their best guesses of what the law requires or they may acquire further information to guide their decisions. Third, after individuals act, an adjudicator determines the legal implications." (KAPLOW, Louis. "Information and the aim of adjudication: truth or consequences?". *In*: Stanford Law Review, Volume 67, Issue 6, 2015, p. 8).

38 "One key set of differences between rules and standards involves differences in information costs at the first and third stages. Rules are more expensive up front because more effort is expended then, and standards are more costly in adjudication because substantive legal content must be determined at that time. The former is advantageous to the extent that there exist economies of scale and scope in information collection and in the activity regulated. This, in turn, relates to the regulated activities' frequency and homogeneity. For activity that is frequent, it is cheaper to figure out the answer once and for all, up front, rather than repeatedly, in adjudication.10 But when particular actions, which may require particularized commands, are rare and highly varied, it may be cheaper to wait and see, so that the expense can be spared in the myriad instances that never arise. A significant caveat in this regard is that there may nevertheless exist significant economies of scope if, despite heterogeneity, there are common elements in the necessary inquiry; then, it may be cheaper to provide content en mass, and thus ex ante, than to make independent, one-off, ex post determinations even if they only need to be made in the subset of possible cases that actually occur." (KAPLOW, Louis. "Information and the aim of adjudication: truth or consequences?". *In*: Stanford Law Review, Volume 67, Issue 6, 2015, p. 9).

39 "Because rules are given content up front, it will tend to be easier—cheaper—for prospective actors to ascertain what the law requires. Under standards, they must predict how an adjudicator would ultimately assess the matter, a more complex and costly endeavor. Hence, all else equal, rules will be cheaper in operation because of this cost advantage at stage two. Note that the magnitude of this advantage will depend, as in the stage-one versus stage-three cost comparison, on the frequency of the activity involved

mando, como uma regra específica, mais simples é a atuação dos sujeitos em suas atividades cotidianas, inclusive as profissionais, antecipando seus custos gerais.

Percebe-se, então, que a fixação de teses jurídicas, no modelo criado pelo legislador brasileiro, se revela como remédio sob medida para o cenário da produção da norma jurídica. Isso porque, no Brasil, pode-se encontrar a melhor equação sob o ponto de vista econômico: a redução dos custos na produção da lei, no primeiro estágio, pela via da edição de conceitos abertos, cujos conteúdo e limite serão, com clareza, determinados pela jurisdição, na terceira etapa mencionada, através de fixação de tese jurídica pela privilegiada via dos incidentes concentrados, tantos nos tribunais locais (pelo Incidente de Resolução de Demandas Repetitivas ou pelo Incidente de Assunção de Competência) como nos de cúpula (pelos recursos repetitivos e pelo IAC).

A múltipla faceta característica desses incidentes, preventiva (IAC) ou repressiva relativa (IRDR e recursos repetitivos), permite, por fim, a redução da insegurança na segunda etapa mencionada, ante a brevidade com que se pode fixar tese jurídica pelo Judiciário pátrio, tendo em vista o prazo máximo desenhado pelo legislador.

5. Conclusão

A temática da análise econômica do direito tende ao protagonismo da ciência jurídica. No Brasil, os estudos são, ainda, promissores, como o é o Código de Processo Civil de 2015. O relacionamento entre ambos perpassa pelo estudo pontual dos institutos processuais à luz da economia jurídica.

No presente trabalho, buscou-se refletir acerca dos instrumentos fixadores de teses jurídicas enquanto mecanismos de otimização econômica do direito processual, o que se revelou significativo em duas frentes.

Primeiramente, é própria do funcionamento da técnica a preocupação com os gastos do processo judicial, aí incluídos (i) os custos internos a processos já existentes, relativos ao seu prolongamento inútil ou às custas sucumbenciais, cujo pagamento por vezes é isentado, e (ii) os custos externos aos processos, mormente o estímulo a demandas socialmente aceitáveis (por assegurarem, em concreto, o consagrado entendimento, em abstrato, efetivando a tese jurídica produto do incidente na relação jurídica processual subjetiva) e o desestímulo a ajuizamentos frívolos (contrários ao parâmetro estatuído).

Em uma segunda visão, agem as teses no equacionamento do processo de formação da norma jurídica, permitindo a redução global dos custos, pela abreviação do

For example, a dry cleaner or an auto repair shop may better know how to properly dispose of possibly hazardous fluids if it can consult a rule that states how to do so than if it must predict what an adjudicator would subsequently deem to be the proper method." (KAPLOW, Louis. "Information and the aim of adjudication: truth or consequences?". *In*: Stanford Law Review, Volume 67, Issue 6, 2015, p. 9).

processo legiferante e pela abreviação do processo judicante. A norma legislada pode ser aberta, produzida em atividade pouco custosa, e ter seu conteúdo final, a norma judicada, produzido em procedimento igualmente economicamente atraente, pela via das teses jurídicas.

6. Referências

ALVIM, Teresa Arruda; DANTAS, Bruno. *Recurso especial, recurso extraordinário e a nova função dos tribunais superiores no direito brasileiro*. 3ª ed. São Paulo: Revista dos Tribunais, 2016.

CABRAL, Antonio do Passo. Comentário ao artigo 976. In: CABRAL, Antonio do Passo; CRAMER, Ronaldo (coords.). *Comentários ao novo Código de Processo Civil*. 2 ed. Rio de Janeiro: Forense, 2016.

CARNEIRO, Paulo Cezar Pinheiro. Breves Notas sobre o Incidente de Resolução de Demandas Repetitivas. *Revista Eletrônica de Direito Processual*, vol. XIV, Ano 8, jul-dez/2014.

______. Comentário ao artigo 1º. In: WAMBIER, Teresa Arruda Alvim *et al.* (coords). *Breves comentários ao novo código de processo civil*. São Paulo: Revista dos Tribunais, 2015.

CUEVA, Ricardo Villas Boas. Técnica de julgamento dos recursos repetitivos e a constitucionalidade das decisões vinculativas e outras novidades do NCPC. *Revista de Processo*. vol. 257. ano 41. São Paulo: Revista dos Tribunais, jul. 2016.

DANTAS, Bruno. *Teoria dos Recursos Repetitivos:* tutela pluri-individual nos recursos dirigidos ao STF e ao STJ (arts. 543-B e 543-C do CPC). São Paulo: Revista dos Tribunais, 2015.

DIDIER JR., Fredie; CUNHA, Leonardo Carneiro da. *Curso de direito processual civil*. v. 3. 14 ed. Salvador: Juspodivm, 2017.

FUX, Luiz; BODART, Bruno. Notas sobre o princípio da motivação e a uniformização da jurisprudência no novo Código de Processo Civil à luz da análise econômica do Direito. *Revista de Processo*. v. 269, jul./2017.

GAIO JÚNIOR, Antônio Pereira. Considerações acerca da compreensão do modelo de vinculação às decisões judiciais: os precedentes no novo Código de Processo Civil brasileiro. *Revista de Processo*. vol. 257. ano 41. jul. 2016.

KAPLOW, Louis. "Information and the aim of adjudication: truth or consequences?". *In*: Stanford Law Review, Volume 67, Issue 6, 2015.

MARINONI, Luiz Guilherme. *Incidente de Resolução de Demandas Repetitivas:* decisão de questão idêntica x precedente. São Paulo: Revista dos Tribunais, 2016.

MENDES, Aluisio Gonçalves de Castro. *Incidente de Resolução de Demandas Repetitivas*: sistematização, análise e interpretação do novo instituto processual. Rio de Janeiro: Forense, 2017.

MELLO PORTO, José Roberto Sotero de. *Teoria Geral dos Casos Repetitivos*. Rio de Janeiro: GZ, 2018.

PINHO, Humberto Dalla Bernardina de. *Direito Processual Civil Contemporâneo*. v. 2. São Paulo, Saraiva, 2017.

______; MELLO PORTO, José Roberto Sotero de. A desjudicialização enquanto ferramenta de acesso à justiça no CPC/15: a nova figura da usucapião por escritura pública. *Revista Eletrônica de Direito Processual*. Ano 10, v. 17, n. 2.

RODRIGUES, Marco Antonio dos Santos. *Manual dos recursos, ação rescisória e reclamação*. São Paulo: Atlas, 2017.

RODRIGUES, Roberto de Aragão Ribeiro. As Ações-Teste na Alemanha, Inglaterra e Legislação Brasileira Projetada. *Revista Eletrônica de Direito Processual*, v. VIII.

SHAVELL, Steven. The fundamental divergence between the private and the social motive to use the legal system. *Journal of Legal Studies*, v. XXVI, jun. 1997.

THEODORO JÚNIOR, Humberto; NUNES, Dierle; BAHIA, Alexandre Melo Franco; PEDRON, Flávio Quinaud. *Novo CPC – Fundamentos e sistematização*. 3ª ed. Rio de Janeiro: Forense, 2016.

WAMBIER, Luiz Rodrigues; TALAMINI, Eduardo. *Curso avançado de processo civil*. v. 2. 16ª ed. São Paulo: Editora Revista dos Tribunais, 2016.

ZANETI JR., Hermes; PEREIRA, Carlos. Por que o poder judiciário não legisla no modelo de precedentes do Código de Processo Civil de 2015?. *Revista de Processo*. vol. 257. ano 41. São Paulo: Revista dos Tribunais, jul. 2016.

ZAVASCKI, Teori Albino. *Processo coletivo: tutela de direitos coletivos e tutela coletiva de direitos*. 7ª ed. São Paulo: Revista dos Tribunais, 2017.

POR UM OUTRO OLHAR: O SISTEMA DE PRECEDENTES JUDICIAIS PELAS LENTES DA ANÁLISE ECONÔMICA DO DIREITO

Ludmilla Camacho Duarte Vidal

Sumário: 1. Considerações iniciais. **2.** Racionalidade jurídica e a função do Poder Judiciário na atuação prospectiva de influência comportamental. **3.** Precedente, bem de capital e estoque de capital jurídico. **4.** O valor social do precedente judicial conforme os estágios de desenvolvimento do ciclo de litigância. **5.** Os papéis do overruling e do distinguishing no ciclo de litigância. **6.** Conclusão. **7.** Referências bibliográficas.

1. Considerações iniciais

O presente artigo objetiva fornecer um outro olhar ao estudo do sistema de precedentes judiciais trazido pelo CPC/2015, desvendando sua contribuição para a formação do que se denomina de «estoque de capital jurídico» de um país, à luz da Análise Econômica do Direito (AED). Trata-se de abordagem interdisciplinar, que se vale de alguns conceitos e premissas econômicas, todavia, voltada para a atividade jurisdicional na concretização de seu escopo principal: a tutela jurisdicional justa, efetiva e tempestiva dos direitos agasalhados pela ordem jurídica vigente.

Antes de a tutela jurisdicional receber a qualificação de justa, efetiva e tempestiva, ela primeiramente precisa se concretizar como tutela. O fato é que, conforme veremos adiante, o serviço de justiça oferecido pelo Estado é finito. Caso não seja utilizado com racionalidade adequada, toda sociedade sofrerá os impactos da ineficiência promovida pelo individualismo e arcará com os custos do fracasso. Com efeito, para que isso não ocorra – o que chamaremos de maximização da coletivização das externalidades negativas, que é proveniente do mau uso do sistema –, o Estado deve confiar energias na produção de estímulos de condutas que possam colaborar, de modo satisfatório, para o equilíbrio e regular funcionamento do Poder Judiciário, visando ao bem-estar (*welfare state*) da sociedade que dele usufrui. Só assim se terá tutela jurisdicional. Só assim poderemos classificá-la como justa, efetiva e tempestiva. De pouco adiantaria aplicar as conclusões extraídas de notáveis estudos sobre o que é justo ou como uma decisão é mais ou menos efetiva e quais seriam os critérios de aferição da duração razoável do processo, por exemplo, se sequer podemos dizer que todos jurisdicionados recebem "tutela", até mesmo porque já nos ensinou Rui Barbosa que justiça atrasada não é justiça, senão injustiça qualificada e manifesta.

Importante destacar que não iremos entrar nas discussões das possíveis interferências da AED na consecução da justiça material,[1] seja na hercúlea tarefa de

1 Por todos, v. CALABRESI, Guido. *The Future of Law and Economics.* New Heaven, CT: Yale University, 2016.

se propor parâmetros para a realização de escolhas trágicas entre as possibilidades moralmente relevantes ou em abordar aspectos relacionados ao utilitarismo e racionalismo econômico ou ainda na análise das consequências práticas ocasionadas pelas decisões. O objetivo que nos cabe é mais singelo e específico: alude à demonstração de como os precedentes judiciais, pelo efeito vinculante que ostentam, possam contribuir – se realmente forem levados à sério pelo Poder Judiciário e pela sociedade – para a gestão dos riscos do processo e ao adequado desenvolvimento do sistema de justiça.

Sem dúvida alguma, o Processo Civil dos novos tempos oferece estrutura ética, principiológica e instrumental propícia para que os seus operadores se valham da Análise Econômica do Direito (AED), desde que, obviamente, atuem com a parcimônia daqueles marinheiros experientes que não subestimam os possíveis riscos de se desafiar alto-mar a barco a vela.

2. Racionalidade jurídica e a função do Poder Judiciário na atuação prospectiva de influência comportamental

O estudo da Análise Econômica do Direito encontrou o seu berço de nascimento e desenvolvimento no Direito norte-americano com o advento dos estudos de Ronald Coase e a elaboração do «teorema de Coase”,[2] o que se diz ser a certidão de nascimento da disciplina.[3] Atualmente, as pesquisas relacionadas com matéria, realizadas por estudiosos consagrados nos Estados Unidos e no mundo,[4] tanto na perspectiva clássica quanto em seu viés comportamental (*Behavioral Law & Economics* – BL&E),[5] são valiosas ao propiciarem um olhar prospectivo à evolução da ciência jurídica, e diga-se de passagem, um olhar interdisciplinar deveras urgente e necessário, o qual tem encontrado terreno fértil no Brasil, e especificamente no Processo Civil, a partir da vigência do CPC/2015. Richard Posner, uma das maiores referências e inspiração na temática, nos ensina que *a Análise Econômica do Direito poderá motivar a reconsideração dos compromissos éticos.*[6] A pergunta que se faz é a seguinte: como incrementar a reconsideração dos compromissos éticos do ordenamento jurídico brasileiro, pela via da AED, e como o Poder Judiciário deve atuar para estimular a adoção de comportamentos eficientes e equilibrados dos sujeitos no âmbito da litigância?

---

2 COASE, Ronald H. The Problem of Social Costs. *Journal of Law and Economics*, v. 3, out. 1960.

3 POSNER, Richard. *Fronteiras da Teoria do Direito.* São Paulo: WMF Martins Fontes, 2011.

4 Por todos, OREN, Gazal-Ayal. Economic Analysis of Law in North America, Europe and Israel. In: *Review of Law & Economics*, v. 3, nº 2, 2007. Disponível em: <http://works.bepress.com/oren_gazal_ayal/5>. Acesso em: 22 out. 2018

5 JOLLS, Christine; SUNSTEIN, Cass R.; THALER, Richard. A Behavioral Approach to Law and Economics. In: *Stanford Law Review*, v. 50, nº 5, 1998.

6 POSNER, Richard. *Fronteiras da Teoria do Direito.* São Paulo: WMF Martins Fontes, 2011.

A indagação é ampla e alberga muitas respostas. Porém, sem duvida alguma, uma delas consiste na análise do tema em vertência: o respeito à integridade e à coerência dos precedentes judiciais em três momentos: (i) em sua formação; (ii) em sua aplicação; (iii) e ainda, em sua atualização, de modo que as decisões judiciais possam acompanhar as exigências e a dinâmica social – o que um economista identificaria como as "demandas de mercado". Na verdade, há muito se reconhece que o Poder Judiciário detém a tarefa de, para além de atuar com a resolução dos conflitos que lhe chegam, deverá produzir regras de conduta com o fito de incentivar/orientar comportamentos humanos.

Desse modo, os cidadãos tendem a estruturar as suas ações conforme a orientação dos incentivos produzidos, porquanto todos passam a deter, simetricamente, a informação de que o Estado reconhece legítima a conduta *x* e rechaça a conduta *y*. É intuitivo compreender que as decisões judiciais produzem efeitos de primeira e segunda ordens[7], conforme identificado por Coase. Além das respostas para o caso presente, a decisão ali empregada cria expectativas normativas nos sujeitos não participantes daquele processo, que podem ser partes em demandas similares ou potenciais partes já em conflito porém sem demanda ajuizada, ou mesmo agentes econômicos ainda em fase de planejamento contratual. Percebe-se, dentro desse fluxo, que a Economia recebe influências do Direito, como o Direito têm buscado inspirações na ciência econômica.[8]

A importância da atuação judicial prospectiva, direcionada *pro futuro,* recebe destaque a partir do momento em que se revela cristalina a necessidade de o Judiciário pensar que, ao se criar um precedente, é necessário levar à sério as repercussões econômicas, sociais e políticas ocasionadas por suas decisões, tendo em vista que em um sistema de precedentes judiciais vinculantes como é o nosso, a decisão que dá origem a um precedente judicial afetará não só aquelas partes em litígio do caso precedente como todas as outras de venham a litigar sobre a mesma matéria e inclusive aquelas que sequer ingressarão em juízo, mas que adotarão comportamentos compatíveis com a orientação produzida pelo Estado. Por isso, o estudo interdisciplinar do Direito é atual e inadiável; e a ciência jurídica, enquanto ciência social aplicada, não é – e não pode ser – um fim em si própria. Estudar as inúmeras contribuições da Análise Econômica do Direito – AED – é verificar como o ente estatal pode agir para induzir condutas humanas de modo mais estratégico e eficiente. É provável que ninguém racionalmente litigue sem que o proveito econômico daquele processo seja igual ou inferior aos seus custos sociais, que engloba não só as custas do processo e os honorários advocatícios contratuais e sucumbenciais como também os

7 COASE, Ronald H. The Lighthouses in Economics. In: *Journal of Law & Economics,* v. 17, nº 2, out. 1974, p.372.

8 GALDINO, Flávio Antônio Esteves. Introdução a análise econômica do processo civil (I) – os métodos alternativos de solução de controvérsias. In: *Quaestio Iuris: Revista do Programa de Pós-Graduação em Direito da UERJ*, Rio de Janeiro, nº 1, dez. 2004, p.192.

riscos ocasionados pela incerteza dos rumos da decisão judicial, além da imprecisão do cálculo do tempo do processo, por exemplo.

Com efeito, quando se opta pelo caminho do processo judicial, as partes atuam em regra como se agentes econômicos fossem, pois realizam o cálculo custo/benefício. Conforme já mencionado, as pessoas não pretendem gastar mais com um processo do que os benefícios que possam extrair dele; também não é menos correto concluir que quanto maior a imprecisão dos elementos desse cálculo, mais se criam estímulos para o aumento da litigiosidade, ou seja, a insegurança gerada pela ausência do precedente judicial alimenta o panorama oposto do ideal, aquilo que pretendemos evitar.

Nesse momento, ao examinarmos a relação entre Direito e Economia, vem em mente as lições de Luhmann e o desenvolvimento da Teoria dos Sistemas por ele prensada.[9] Em apertada síntese, os Sistemas Sociais são múltiplos, autopoiéticos (etimologicamente vem do grego auto "próprio", poiesis "criação": termo criado para se referir à capacidade dos seres vivos produzirem a si próprios), fechados e autorreferenciais. Em suma, significa dizer que se tratam de sistemas formados a partir de uma diferenciação com o ambiente externo estabelecida por um "código binário", o que possibilita a cada sistema estabelecer o que lhe pertence e aquilo que não lhe é próprio. Por exemplo: o sistema do direito opera com o código lícito/ilícito, a ciência opera com o código verdade/não-verdade, a economia opera com o código lucro/prejuízo etc. Cada sistema possui um código que lhe atribuir identidade e funcionamento específico, todos presentes no ambiente. O ambiente seria o conjunto de todos os sistemas e informações desorganizadas, que poderão ser internalizadas por outros sistemas pelo que se denomina de "acoplamento estrutural".[10] Trata-se de um processo sobrecomunicativo entre dois sistemas visando a troca de informações objetivando que essa interferência seja coerente com o código operacional do segundo sistema, o qual receberá a informação emitida conforme a sua própria lógica, ajustando-a ao seu regular funcionamento.

Percebe-se, portanto, que ocorrerá o acoplamento estrutural quando o elemento de um sistema "a" for internalizado, com as adequações que fizerem necessárias, pelo sistema "b", não apenas como uma "perturbação", mas sim enquanto ferramenta para auxiliar o seu funcionamento de maneira mais eficiente e salutar para o desenvolvimento deste. Em seguida explicaremos as implicações práticas disso; contudo, neste presente momento se faz necessário expor um pouco mais sobre as ideias de

9 LUHMANN, Niklas. La restitution du douzième chameau: du sens d'une analyse sociologique du droit. In: *Droit et société,* nº 47, 2001, pp. 15-73. Versão em português: A restituição do décimo segundo camelo: do sentido de uma análise sociológica do Direito. Trad. Dalmir Lopes Jr., Daniele Andréa Manão e Flávio Riche. In: ARNAUD, André Jean; LOPES JR., Dalmir (org.). *Niklas Luhmann: do sistema social à sociologia jurídica.* Rio de Janeiro: Lumen Juris, 2004.

10 LUHMANN, Niklas. A restituição do décimo segundo camelo: do sentido de uma análise sociológica do Direito. Trad. Dalmir Lopes Jr., Daniele Andréa Manão e Flávio Riche. In: ARNAUD, André Jean; LOPES JR., Dalmir (org.). *Niklas Luhmann: do sistema social à sociologia jurídica.* Rio de Janeiro: Lumen Juris, 2004.

Luhmann, trazendo alguns de seus ensinamentos para a interação entre Direito e Economia, no propósito de assim construirmos nossas próprias premissas. Nesse raciocínio, após o acoplamento estrutural, o que nada mais é do que a troca de informações ou de auxilio, com o seu devido ajuste, entre os possíveis sistemas, o código binário permanece preservado, e por isso, a informação originária do outro método de pensamento não desvirtua a lógica do sistema receptivo. Essa constatação é importantíssima para compreender a relação do Direito com a Economia.

É essencial visualizar que os sistemas sociais, quando sofrem o acoplamento estrutural, encontram na sua própria rede discursiva a maneira de tratar daquela irritação do elemento inicialmente estranho e que veio a ser internalizado. Segundo a visão de Luhmann, o acoplamento estrutural e os sistemas acoplados são imprescindíveis tanto para a existência quanto para a evolução dos sistemas, como ocorre com os sistemas jurídico, social e econômico, por exemplo. Fica fácil identificar que a AED é fruto de um processo sobrecomunicativo entre os sistemas do Direito e da Economia, impondo aos operadores enxergar o sistema jurídico com o auxilio das premissas adotadas por agentes econômicos.[11]

Nesse contexto, a AED interage especificamente com o Processo Civil mediante o estímulo da cooperação processual, materializando-se na criação de mecanismos normativos que possam indicar a tomada de posições equilibradas pelas partes, traçando a estratégia de quais devem ser essas condutas estimuladas e como estimulá-las corretamente. Sem dúvida alguma, os precedentes judiciais consistem em um desses mecanismos, o qual encontra expressa acolhida normativa ao se observar, por excelência, o rol do artigo 927 do CPC, onde podemos identificar uma série de decisões formadoras de precedentes judiciais vinculantes. A vinculatividade do precedente é aqui entendida enquanto característica inerente à sua própria natureza. Não há como se falar em precedente judicial sem considerar sua carga vinculante, conquanto se reconheça a existência de opiniões de muito respeito em contrário.[12] De fato, a atenção à "força da jurisprudência" cria vantagens para todos os sujeitos.[13]

Prosseguindo nos trilhos da Teoria dos Sistemas pensada por Niklas Luhmann, os suplementos de uma decisão jurídica são trabalhados a partir da metáfora do décimo segundo camelo, no sentido de se introduzir uma referência externa para completar a ausência da possibilidade de uma decisão. Para trabalhar com esse fenômeno, o

---

11 ARAÚJO, Thiago Cardoso. *Análise Econômica do Direito no Brasil: uma leitura à luz da Teoria dos Sistemas.* Rio de Janeiro: Lumen Juris, 2017, p.84.

12 *V.g.*: CÂMARA, Alexandre Freitas. *O novo processo civil brasileiro.* 2ª ed. São Paulo: Atlas, 2016, p. 427 et seq. Na mesma linha, em recente trabalho, o autor ratifica o entendimento em: Súmula da jurisprudência dominante, separação e modulação de efeitos no Novo Código de Processo Civil. *Revista de Processo*, v. 264, 2017, pp. 281-320.

13 V. obra lapidar: MENDES, Aluisio; NUNES, Dierle Nunes, JAYME, Fernando Gonzaga (Org.) *A Nova Aplicação da Jurisprudência e Precedentes no CPC/2015 – Estudos em Homenagem à professora Teresa Arruda Alvim.* São Paulo: Revista dos Tribunais, 2017.

sociólogo alemão narra a história de um rico beduíno que deixou por testamento a distribuição dos bens aos filhos, Ali, Ahmed e Benjamin. Quando o beduíno faleceu, restou para os herdeiros não mais do que onze camelos. Para o mais velho deixaria metade dos camelos, ao filho do meio um quarto e ao mais novo um sexto.[14]

Todavia, ao analisarmos as frações de cada herdeiro, veremos que a divisão não seria possível para que todos obtivessem camelos inteiros. Diante dessa impossibilidade, a causa foi levada a um juiz, que sabiamente emprestou aos irmãos um de seus camelos para que assim fosse possível a partilha. Com 12 animais, o mais velho recebeu 6 camelos, o do meio ficou com 3 camelos e o mais novo herdou 2 camelos. Perceba-se que o 12º camelo foi importante para possibilitar a partilha, que sem ele não poderia ser concretizada. O interessante é que ao somar os camelos de cada herdeiro, o produto obtido é correspondente aos 11 camelos deixados pelo beduíno, demonstrando não haver maiores problemas na devolução do camelo que não fazia parte da herança.

Essa história é deveras intrigante e revela que o 12º camelo, apesar de não fazer parte do "patrimônio» deixado pelo *de cujos*, cumpriu papel operativo para efetivar a disposição testamentária. E é justamente a interpenetração entre os sistemas jurídico e econômico, por exemplo, que permite uma moderna e promissora abordagem do Direito, do Processo Civil, e especificamente para os fins do estudo proposto, dos precedentes conforme delineado pelo CPC/2015. Assevera Luciano Timm que a mentalidade do operador do Direito deve ser redimensionada.[15] As exigências dos novos tempos nos impõe a compreensão da Análise Econômica do Direito (AED) como *ferramenta adicional* que propicia exames estratégicos dos custos do processo, da redução de seus riscos, dos benefícios das decisões respaldadas em previsibilidade e de suas consequências não só jurídicas. Assim como o 12º camelo, a Análise Economia do Direito Processual não altera a lógica estrutural do Direito nem do Processo, no entanto, traz outras lentes para enxergá-los, visando uma atuação mais próspera por seus operadores.

É nesse cenário que o precedente judicial adquire notória importância, uma vez que no momento em que formado, cria-se segurança jurídica a respeito da postura do Poder Judiciário sobre aquela matéria examinada, orientando uma série de posturas dos cidadãos, seja na esfera judicial, na prática negocial ou até mesmo na análise da viabilidade de investimento em determinado setor que se encontre submetido a determinada questão já enfrentada em decisão formadora precedente judicial, por exemplo. É cediço que o sistema jurídico brasileiro, por sua origem *civil law*, não foi erigido nos moldes do que nos Estados Unidos se conhece por *stare decisis*. Na essência do *common law*, só é possível constatar a formação do precedente judicial no

14 LUHMANN, Niklas. La restitution du douzième chameau: du sens d'une analyse sociologique du droit. In: *Droit et société*, nº 47, 2001, pp. 15-73.

15 TIMM, Luciano Benetti; TRINDADE, Manoel Gustavo Neubarth. As recentes alterações legislativas sobre recursos aos Tribunais Superiores: a repercussão geral e os processos repetitivos sob a ótica da law and economics. *Revista de Processo*, São Paulo, v. 34, nº 178, dez. 2009, pp. 153-179, p. 155.

momento em que a decisão é aplicada a algum caso semelhante futuro; antes disso o que se tem é apenas um comando decisório.

No sistema brasileiro atual isso não ocorre. O momento da formação do precedente é antecipado pelo legislador, dado que ele ocorre quando o próprio comando decisório é tomado. Explica-se: nos moldes do sistema processual civil vigente, mesmo antes da prolação da decisão judicial já se prevê que dali sairá ou não um precedente judicial, porquanto há um rol (exemplificativo), no artigo 927 do CPC/2015, das decisões consideradas como fontes de precedente judicial.

Destarte, em razão de sua natureza, tão importante para a estabilização das relações jurídicas, bem como para a promoção da igualdade em nível satisfatório – igualdade para além do processo: *"treat like cases alike"* [16] –, não se concede aos interessados a opção de escolha sobre a submissão ou não à tese firmada. O precedente se forma e é aplicado sem a escolha das partes. Aliás, o precedente possui efeitos não só ao resultado do julgamento dos casos futuros, no que assegura a aplicação da mesma *ratio decidendi*, como influencia nas próprias *técnicas de julgamentos*, de modo a otimizar a atividade jurisdicional. Por exemplo, a definição da tese no IRDR – precedente para os casos posteriores com questão de direito comum – autoriza, *v. g.*, o julgamento liminar de improcedência (artigo 332, III do CPC), o julgamento monocrático de mérito dos recursos e de conflito de competência (artigo 932, IV "c" do CPC), a inaplicabilidade da remessa necessária quando respaldar a sentença (v. artigo 496, §4º, III do CPC), a presunção de repercussão geral em recurso extraordinário quando a decisão recorrida, proferida pelos tribunais, lhe for contrária (artigo 1.035, §3º, II do CPC), a presunção de omissão para fins de cabimento dos embargos de declaração, considerando omissa a decisão que ignorar o resultado do IRDR (artigo 1.022 do CPC).

Um outro exemplo, que demonstra claramente a abertura da legislação para a análise econômica dos custos do processo após a formação do precedente judicial, é extraído do artigo 1.040 do CPC/2015. Segundo tal dispositivo, a parte poderá desistir, *independentemente da anuência do réu,* da ação em curso perante o primeiro grau de jurisdição, antes de proferida a sentença, se a questão nela discutida for idêntica à resolvida pelo recurso representativo da controvérsia em julgamento repetitivo. O incentivo em estimular a desistência do autor é significativo em razão da formação do precedente vinculante. Nesse rumo, consta no §2º que se a desistência ocorrer antes da contestação, a parte ficará isenta do pagamento de custas e de honorários de sucumbência.

Perceba-se que a formação da tese jurídica, por ser um precedente de propósito que é, interfere no sistema de técnica processual como um todo, autorizando condutas específicas excepcionalmente constadas na lei em reforço à força dos precedentes. Essa confiança depositada faz parte do capital jurídico de um país.

---

16 No Brasil, a expressão é utilizada por Hermes Zaneti Jr. em: Precedentes (treat like cases alike) e o novo código de processo civil: universalização e vinculação horizontal como critérios de racionalidade e a negação da jurisprudência persuasiva como base para uma teoria dogmática dos precedentes no Brasil. In: *Revista de Processo*, vol. 235/2014.

3. Precedente, bem de capital e estoque de capital jurídico

Antes de entender propriamente o estoque de capital jurídico e o papel dos precedentes judiciais ao seu incremento, é necessário compreender o que seria o capital jurídico, já que o estoque de capital ocorre quando o capital jurídico é positivo, constitui bem durável e, por isso, pode ser estocado.

O capital jurídico de um Estado consiste no conjunto de normas jurídicas aplicadas pelo Poder Judiciário. Essas normas jurídicas podem advir da atividade do Poder Legislativo, isto é, normas jurídicas de base legislada, como podem ser criadas pelo Poder Judiciário a partir da interpretação do enunciado normativo, que são os precedentes judiciais.[17] O capital jurídico que gera estoque de capital resulta da segurança jurídica propiciada pela atuação do Judiciário no sentido de que a decisão a respeito de determinada questão de direito será seguida, e casos que apresentem as mesmas características receberão iguais desfechos. Isso gera um ambiente de confiança e prosperidade, já que proporciona previsibilidade ao jurisdicionados, investidores, implicando não só na expectativa de que o Estado atuará daquela forma *x*, como na orientação de que as pessoas agem de modo correto ao observarem o padrão *x* de comportamento em suas relações pessoais e negociais.

Ademais, representa a possibilidade de acordos melhores, já que promove simetria informacional a ambas as partes, reduzindo o grau de [18] muitas vezes exagerado em torno determinada demanda. Com previsibilidade é mais fácil que o sujeito possa estimar com uma precisão razoável os custos totais de eventual processo, pois já tem uma ideia de qual seria o benefício provável do resultado. Desse modo, se o custo social do processo for maior do que o benefício estimado, vale a pena ajuizar a demanda ou investir em uma margem mais ampla de negociação (aumenta o poder de barganha), cálculo que só se torna possível quando há consolidação de entendimento em determinada matéria.

Assim, o capital estocado gera benefícios para o Estado, a partir do desestímulo em se ajuizar demandas frívolas, isto é, com baixa probabilidade de êxito, bem assim na inibição da continuidade pela fase recursal. O estoque de capital jurídico promove um ambiente saudável e estratégico, em que se possa efetivamente calcular os custos do processo, conjugada com as despesas geradas pelo processamento da demanda e os riscos ali existentes, conforme visto no tópico seguinte.

Contudo, o capital jurídico também pode ser insuficiente a ponto de não gerar estoque. A depreciação do capital jurídico ocorre quando não há estabilidade nas decisões judiciais e no posicionamento do Poder Judiciário de forma coerente e íntegra.

---

17 GICO JR., Ivo. *A tragédia do Judiciário: Subinvestimento em capital jurídico e sobreutilização do Judiciário.* Tese de Doutorado, UnB, 2012, p. 27. Disponível em: <http://bibliotecadigital.fgv.br/ojs/index.php/rda/article/viewFile/46462/44453> Acesso em 12 out. 2018.

18 BAR-GILL, Oren. The Evolution and Persistence of Optimism in Litigation. *The Journal of Law, Economics & Organizations,* vol. 22, dez./2005.

Esse ambiente, ao contrário do primeiro, que é o que se espera de um sistema de justiça racionalmente efetivo, é marcado por incertezas e descrédito social e, por isso, o incentivo criado pelo Estado não é a retração da litigância, mas sim a sua expansão. O número de processos cresce em razão da falta de previsibilidade e simetria informacional entre as pessoas. Veja-se que aqui o ciclo é vicioso e o acúmulo de processos implica em um sistema judiciário cada vez menos eficiente. O nível de satisfação institucional é reduzido, os investimentos negociais diminuem, a autocomposição dos conflitos se torna mais difícil e o aumento de demandas cresce de maneira desmedida.[19] Desse modo, é intuitivo perceber que quanto mais precedentes forem formados sobre uma série de situações e de entendimentos resultantes da interpretação de normas jurídicas que veiculem, por exemplo, conceitos jurídicos indeterminados, maior será o estoque de capital produzido, potencializando a sua condição a índices ótimos. [20]

As implicações positivas da geração de um estoque de capital jurídico são múltiplas e de todas as ordens. Os benefícios são para o próprio funcionamento da máquina judiciária, que em razão de um possível desafogamento poderá aprimorar a sua estrutura de funcionamento e traçar metas mais rápidas de julgamento e melhores estratégias de trabalho; os sujeitos se sentem mais seguros e protegidos ao estruturarem seus contratos com parceiros negociais, de modo que as empresas terão menos despesas posteriores com eventual litígio, o que pode atrair mais investimentos e manter o mercado aquecido.

Além disso, as partes já em conflito podem optar pela negociação com uma visão mais realista, sem otimismos ou expectativas muitas vezes ilusórias de chances de êxito, caso incompatíveis com o posicionamento dos Tribunais. As relações pessoais e negociais se tornam mais seguras e, com isso, aumenta o sentimento de bem-estar dos cidadãos,[21] objetivo da própria razão de ser da existência do Estado. Percebe-se que o Poder Judiciário deve primar pelo cumprimento da função prospectiva – prevenção do conflito ou de demandas judiciais –, e não somente retrospectiva – voltada para a resolução dos conflitos já judicializados. Nesse rumo, a missão do Estado incitador,[22] provedor de influências e leal às expectativas legítimas de seus cidadãos,[23] não se restringe ao julgamento dos conflitos instaurados, mas deve se voltar principalmente

---

19 POSNER, Richard A., *Economic Analysis of Law*, 9th Edition, p. 789.

20 GICO JR., Ivo. *A tragédia do Judiciário: Subinvestimento em capital jurídicoe sobreutilização do Judiciário.* Tese de Doutorado, UnB, 2012, p. 26. Disponível em: <http://repositorio.unb.br/bitstream/10482/13529/1/2012_IvoTeixeiraGicoJunior.pdf> Acesso em 12 out. 2018.

21 KAPLOW, Louis; SHAVELL, Steven. Fairness Versus Welfare. In: *Harvard Law Review,* v. 114, nº 4, fev. 2001.

22 ÁVILA, Humberto. *Teoria da segurança jurídica*, 3ª ed. São Paulo: Malheiros, 2014, p. 58.

23 MARTINS-COSTA, Judith. A re-significação do princípio da segurança jurídica na relação entre o Estado e os cidadãos: a segurança como crédito de confiança. *R. CEJ*, Brasília, nº 27, out./dez. 2004, p. 116. Disponível em: <http://www.cjf.jus.br/ojs2/index.php/revcej/article/viewFi- le/641/821>. Acesso em: 20 out. 2018.

para o estímulo a comportamentos que evitem o surgimento dos conflitos ou ao menos lidem com eles de modo mais estratégico.

O sistema de precedentes possui a potencialidade de gerar estoque de capital jurídico justamente por orientarem comportamentos dos indivíduos em sociedade, e por isso, podemos compreender que o CPC/2015 prevê preciosa ferramenta para estimular as partes, advogados e juízes a se comportarem de modo cooperativo. Atuar em cooperação é unir esforços para a consecução de um bem comum, que para o momento presente, se refere ao nosso sistema de justiça.[24] Conforme visto, já virou lugar comum dizer que Judiciário enfrenta grave crise de efetividade, descrédito social e carência de maiores e mais efetivos filtros para lidar com a contenção da litigância.

O que se denominou de a Tragédia do Judiciário,[25] em analogia à Tragédia dos Comum tratada por Garret Hardin, demonstra que os recursos comuns se esgotam quando utilizados de modo excessivo. As externalidades negativas do mau uso do bem são sentidas por toda a coletividade, justamente pelo fato de a utilização desmedida levar a destruição daquele bem comum. A "Tragédia" acontece porque o indivíduo internaliza apenas os benefícios individuais decorrentes do uso do bem, sem cogitar que se seus parceiros na fruição assim o fizer, o custo marginal individual que inicialmente é alto, será inexistente em função da destruição do bem usufruindo desmedidamente por todos. É assim que devemos pensar com relação ao Poder Judiciário.

Em apertada síntese, podemos reconhecer que a Tragédia do Judiciário, na perspectiva brasileira, abarca as seguintes situações: (i) ajuizamento excessivo de demandas e acúmulo de processos; (ii) baixas taxas de acordos[26]; (iii) interposição desenfreada de recursos; (iv) falta de contenção da litigância habitual; (v) falta de coerência e estabilidade da jurisprudência, tanto pelos Tribunais inferiores, quanto pelos próprios Tribunais que firmaram o posicionamento. Para que se possa enfrentar as raízes do problema, se faz necessário que todos os sujeitos passem a adotar posturas cooperativas. O CPC/2015 é claro no sentido de que o estímulo criado pelo Estado a comportamentos adequados atinge um espectro bastante amplo, abrangendo partes, advogados e juiz, tanto antes do conflito, seja no momento de eventual planejamento

---

24 WOLKART, Erik Navarro. *Análise econômica e comportamental do processo civil: como promover a cooperação para enfrentar a tragédia da Justiça no processo civil brasileiro.* Tese de Doutorado, Universidade do Estado do Rio de Janeiro, 2018.

25 No Brasil, v.g.: GICO JR., Ivo. *A tragédia do Judiciário: Subinvestimento em capital jurídicoe sobreutilização do Judiciário.* Tese de Doutorado, UnB, 2012; SANTOS FILHO, Hermílio (Coord.); TIMM, Luciano Benetti (Co-coord.). *Demandas judiciais e a morosidade da Justiça civil: diagnóstico sobre as causas do progressivo aumento das demandas judiciais cíveis no Brasil, em especial das demandas repetitivas, bem como da morosidade da justiça civil: relatório final ajustado.* Porto Alegre: PUCRS, 2011. Disponível em: <http://repositorio.unb.br/bitstream/10482/13529/1/2012_IvoTeixeiraGicoJunior.pdf> Acesso em 12 out. 2018.

26 CONSELHO NACIONAL DE JUSTIÇA. *Justiça em números 2018*. Disponível em: <http://www.cnj.jus.br/ files/conteudo/arquivo/2018/08/44b7368ec6f888b383f6c3de40c32167.pdf>. Acesso em: 12 de out. de 2018.

contratual ou após o conflito porém antes do processo, ou no curso do processo de forma residual. A concentração da atuação preventiva do Estado, se concentra, por certo, nas fases anteriores ao ajuizamento da demanda competente.[27]

Consoante já abordado, pelo fato de o precedente ser um bem de capital, ele compõe o capital jurídico de um país. O primeiro autor que tratou da relação entre decisões judiciais vinculantes e a concepção de estoque de capital foi Buchanan,[28] seguido, alguns anos após, pelo estudo de Landes e Posner.[29] Vimos também que a norma-precedente compõe uma significativa parcela do capital jurídico de uma sociedade, pois faz parte do conjunto de normas jurídicas aplicadas pelo Poder Judiciário. Sobre a natureza do precedente, é necessário tecer algumas considerações.

Quando uma decisão judicial é proferida, tem-se a formação de duas normas jurídicas: i) a norma jurídica individualizada; ii) a norma jurídica geral universalizável, como produto da interpretação judicial do caso concreto, que pode dar origem a um precedente judicial. Deve-se tomar cuidado nesse aspecto, uma vez que nem toda decisão judicial formará precedente. Na verdade, esse apenas existirá quando a decisão produzir efeitos jurídicos normativos para casos futuros. [30] Por exemplo, não será precedente judicial, a decisão que somente aplicar um caso-precedente já existente, ou ainda a decisão que não interpretar alguma regra jurídica ou um princípio universalizável. Da mesma forma, também não será precedente, a decisão que não gerar interpretação do texto legal, limitando-se a mera subsunção, sem qualquer análise mais ampla ou valorativa. [31] Visto isso, o precedente judicial, como norma universalizável – fonte primária do Direito – compõe o capital jurídico, o qual não é consumido unicamente no momento da sua aplicação a casos análogos pelo Poder Judiciário; o seu valor é usufruído de modo contínuo e enquanto aquele for o posicionamento aplicado, o que corresponde ao primeiro momento do ciclo de litigância visto adiante.

Portanto, para a formação do capital jurídico, só vale se o precedente judicial tiver força vinculativa, o que implica na percepção de que o precedente judicial me-

---

27 V. as conclusões de Erik Navarro Wolkart. *Análise econômica e comportamental do processo civil: como promover a cooperação para enfrentar a tragédia da Justiça no processo civil brasileiro.* Tese de Doutorado, Universidade do Estado do Rio de Janeiro, 2018.

28 BUCHANAN, J. M. The Limits of Liberty: *Between Anarchy and Leviathan.* Indianapolis: Liberty Fund. 1975.

29 LANDES, W. M.; POSNER, R. A. Legal precedent: a theoretical and empirical analysis. *NBER Working Paper Series*, ago./1976.

30 ZANETI JR., Hermes. Precedentes *(treat like cases alike)* e o novo código de processo civil: universalização e vinculação horizontal como critérios de racionalidade e a negação da jurisprudência persuasiva como base para uma teoria dogmática dos precedentes no Brasil. R*evista de Processo*, vol. 235/2014.

31 OLIVEIRA, Maria Ângela Jardim de Santa Cruz; GAROUPA, Nuno. *Stare decisis* e *certiorari* chegam ao Brasil – uma abordagem pela análise econômica do direito. *Revista Brasileira de Direito Processual*, Belo Horizonte, v. 21, nº 84, p. 155-201, out./dez. 2013.

ramente persuasivo equivaleria, para todos os efeitos, na falta de posicionamento consolidado a respeito daquela matéria, sem qualquer possibilidade de trazer a previsibilidade recomendável ao sistema jurisdicional. Trata-se de um forte argumento, assim como outros existentes, de que o precedente conforme consta no ordenamento deve ser compreendido enquanto fonte primária do direito de carga vinculativa.

Passado isso, o fato é que, como qualquer bem de capital, o capital jurídico também sofre depreciação com o tempo, muito embora não se possa visualizar a depreciação ou mesmo o consumo no sentido físico de uma norma jurídica. Ela ocorre, na verdade, em razão de mudanças das circunstâncias sociais, econômicas e porquê não políticas de se interpretar a lei, desde que limitada ao seu aspecto semântico. Com efeito, o precedente se deprecia no momento em que a norma criada não se compatibiliza mais com a realidade dos fatos, fazendo com que o Poder Judiciário venha a reconstruir as normas jurídicas de regência do contexto alterado, o que corresponde ao segundo momento do ciclo de litigiosidade. Nessa segunda etapa, ainda que haja expansão de demandas, permite-se que o novo posicionamento se consolide para que o ciclo recomece e assim retorne à fase inicial de contenção e formação do estoque de capital, conforme será demonstrado.

4. O valor social do precedente judicial conforme os estágios de desenvolvimento do ciclo de litigância

Segundo Ivo Gico, os ciclos de litigância correspondem a uma flutuação da atividade litigiosa, a qual consiste em um processo contínuo e, portanto cíclico, de retração e expansão das taxas de litigiosidade.[32] O início do ciclo ocorre em momento de instabilidade, ou seja, de insegurança jurídica pela inexistência de posicionamento consolidado pelo Judiciário, fato que estimula o aumento da litigância e, ato contínuo, promove a depreciação do estoque de capital jurídico. Esse é um cenário em que há completa assimetria informacional ente as partes, baixos índices de acordos, insegurança nos investimentos e o que se convencionou chamar de loteria jurídica (comportamentos anti-cooperativos). Tendo em vista a atuação sempre orientadora do Poder Judiciário, verdadeiro «superego social»,[33] o sinal que ele emite nesse momento do ciclo coincide com o estímulo ao ajuizamento de demandas. Somente após

---

32 GICO JR., Ivo. *A tragédia do Judiciário: Subinvestimento em capital jurídicoe sobreutilização do Judiciário.* Tese de Doutorado, UnB, 2012, p. 38. Disponível em: <http://repositorio.unb.br/bitstream/10482/13529/1/2012_IvoTeixeiraGicoJunior.pdf> Acesso em 12 out. 2018.

33 CARVALHO FILHO, José dos Santos. Entre o guardião de promessas e o superego da sociedade: limites e possibilidades da jurisdição constitucional no Brasil. Disponível em: <https://www2.senado.leg.br/bdsf/bitstream/handle/id/503043/001011324.pdf?sequence=1> Acesso em 03 nov. 2018. CABRAL, Antonio do Passo. O Processo como superego social: um estudo sobre os fins sociais da jurisdição. Disponível em <http://revistadoutrina.trf4.jus.br/index.htm?http://revistadoutrina.trf4.jus.br/artigos/edicao006/antonio_cabral.htm> Acesso em 11 out. 2018.

a formação do precedente é que esse estímulo se transforma em inibição da litigiosidade e fomento de posturas cooperativas relacionadas à maior permeabilidade à autocomposição.

O cenário brasileiro demonstra que o nosso sistema, por desrespeitar os precedentes judiciais, não gera estímulos suficientes para que o ciclo demonstrado complete a primeira fase de expansão para se chegar enfim ao momento de retração de demandas, quando se adquire a estabilidade necessária ao aumento do estoque de capital. O contexto analisado, ao invés de fomentar a evolução do fluxo da litigância, fomenta a sua expansão desordenada, dificultando a principal razão de ser da atividade jurisdicional que é propiciar tutela jurisdicional efetiva e tempestiva.

Nesse contexto, é factível se verificar a ocorrência do fenômeno denominado de coletivização das externalidades negativas – assim como na "Tragédia dos Comuns" –, pois, além dos prejuízos causados às partes em litígio, toda sociedade acaba por arcar com a utilização desmedida da máquina judiciária, seja pela morosidade na resolução dos casos por ocasião do sistema e da conduta anti-cooperativa das próprias partes ou pelo aumento do custo financeiro social em custear a manutenção de um Poder Judiciário pouco eficiente; essas verbas poderiam aprimorar a sua própria estrutura.

A Análise Econômica do Direito Processual chega para demonstrar como orientar os comportamentos dos jurisdicionados de modo eficiente, alcançando uma melhor qualidade do sistema de justiça. No cenário brasileiro, podemos observar o quase silêncio dos Tribunais em aplicar o método da Análise Econômica do Direito em seus acórdãos. Existem alguns votos proferidos pelo Min. Luiz Fux que fogem dessa constatação geral, como, a título de exemplo, na decisão cujo voto condutor foi pela inconstitucionalidade (via ADIs 4.357 e 4.425) do leilão de precatórios autorizado pela Emenda Constitucional n. 62/2009. Além desse voto, mais dois outros provenientes da lavra do Min. Luiz Fux se valeram de premissas da AED no decorrer de sua fundamentação: foram eles a Ação Penal n. 470 (Mensalão), na qual o Ministro se vale das possíveis situações aplicadas no Dilema do Prisioneiro,[34] bem como nas Ações Diretas de Constitucionalidade n. 5.062 e 5.065 sobre a atuação do E-CAD e a gestão coletiva dos Direitos Autorais no Brasil.

Podemos perceber o crescente movimento de que a AED comece a fazer parte do julgamento de casos no Tribunais Superiores, mas não há conhecimento expressivo de que esse movimento permeia, outrossim, os demais Tribunais brasileiros. Esperamos que a utilização do método seja encorajado pelas Cortes de Vértice, afim de que as decisões judiciais como um todo representem um salto mais alto para a evolução do ciclo de litigância apresentado adiante. Na medida em que a Análise Econômica não só do Direito, mas também do Processo, for adquirindo espaços mais amplos nos julgados, maiores serão os estímulos a comportamentos equilibrados pelos sujeitos processuais. Consequentemente, melhor será a qualidade da aplicação do

34 COOTER, Robert; ULEN, Thomas. *Direito & economia*. 5ª ed. Porto Alegre: Ed. Bookman, 2010, p. 68.

precedente, de sua distinção e superação. Ainda que o *distinguishing* e o *overruling* ou *overriding* sejam utilizados adequadamente para obstar a aplicação do precedente judicial, perceberemos a seguir que o estímulo comportamental permanece positivo de modo a não gerar defasagem significativa no capital jurídico. É da natureza dos sistemas de precedentes judiciais o cotejo dos casos, e a argumentação jurídica empreendida na distinção ou na superação/atualização não alteram, senão fortalecem a sua autoridade.

5. Os papéis do *overruling* e do *distinguishing* no ciclo de litigância

O valor social do precedente se altera em principalmente três momentos distintos. O primeiro dele é quando ele se forma. Nessa etapa, identifica-se a norma-precedente que será aplicada para regular os fatos dentro dos limites do texto legal (limites semânticos). Assim, o precedente alude à interpretação de um enunciado normativo e com ele não deve se confundir. Precedente é, pois, produto de interpretação.[35] O segundo momento em que o valor social do precedente se altera se refere ao processo de sua aplicação aos casos análogos que possuam os mesmos motivos jurídicos determinantes. É intuitivo perceber que nesse momento, por todas as razões até aqui abordadas, o valor social do precedente atinge o seu ápice, pois já se tem o posicionamento consolidado sobre determinada matéria, sendo sua consequente aplicação mero desdobramento de sua formação, o que gera previsibilidade sobre a atuação judicial em casos semelhantes (*treat like cases alike*).[36] Aqui, a produção de estoque de capital vivencia índices ótimos, o que não acontece no primeiro e terceiro momento. Esse, por sua vez, coincide com a superação do precedente e sua readequação social, de modo a conformá-lo com as mudanças culturais e necessidade de nova interpretação ao longo dos tempos. Trata-se da virada da razão de decidir consubstanciada no precedente.

Esses três momentos compõe o ciclo de litigância, sendo o terceiro momento coincidente com o fechamento e ao mesmo tempo com a abertura de um novo ciclo. Nos momentos 1 e 3 o capital jurídico gerado provavelmente não chegará em seu nível ótimo em face do período de provável instabilidade jurídica, o que é de todo natural, posto que prévia ao surgimento do precedente ou da sua revisão.

Porém, conforme assinala Ivo Gico, trata-se de uma instabilidade jurídica apenas momentânea, já que os custos de formação ou de atualização do precedente são

---

35 V. ZANETI JR, Hermes. *O valor vinculante dos precedentes.* JusPodivm, Salvador, 2016, p. 65 et seq.

36 PINHO, Humberto Dalla Bernadina de; RODRIGUES, Roberto de Aragão Ribeiro. O microssistema de formação de precedentes judiciais vinculantes previsto no novo CPC. Disponível em: http://www.mpsp.mp.br/portal/page/portal/documentacao_e_divulgacao/doc_biblioteca/ bibli_servicos_produtos/bibli_boletim/bibli_bol_2006/RPro_n.259.16.PDF; PEIXOTO, Ravi. A superação de precedentes (overruling) no Código de Processo Civil de 2015. Disponível em: <http://www.mpsp.mp.br/portal/page/portal/documentacao_e_divulgacao/doc_biblioteca/ bibli_servicos_produtos/bibli_boletim/bibli_bol_2006/RProComp_n.3.07.PDF>. Acesso em 13 out. 2018.

notoriamente inferiores ao custos sociais suportados pela sociedade em razão de sua ausência. Assim, a sua formação gera estoque de capital, que atinge a sua melhor performance durante a aplicação do entendimento firmado, o qual, após certo tempo e de acordo com as "demandas de mercado", recebe atualização pelo mesmo órgão formador do precedente superado. Nessa toada, deve-se perseguir um balanço cadenciado entre a evolução do ciclo até sua terceira etapa, uma vez que quando o precedente não mais se compatibilizar com a dinâmica social, o seu valor desce e com isso o capital jurídico passa a não mais atingir níveis satisfatórios, até que mais tarde a balança possa se inverter. Essa depreciação é esperada, pois como qualquer bem de capital, a defasagem certamente virá com o tempo.[37] Cabe aos Tribunais retomarem o ciclo da litigância ao procederem adequadamente com a sua atualização. Percebe-se que o *overruling* é salutar e necessário para a renovação do ciclo e inclusive para a manutenção da confiança social nos pronunciamentos judiciais. O *overruling* e o *overriding* (superação parcial) traduz a aplicação obrigatória do entendimento consolidado justamente por ele ser encarado como precedente vinculante, e não persuasivo[38] Se assim não o fosse, o *overruling* não seria imprescindível para a virada do entendimento dos Tribunais; bastava a produção de outro em seu lugar sobre aquela matéria de direito.

Partindo do pressuposto de que o *overruling* consiste no elo de renovação do ciclo de litigância, aliado ao fato de que pela sistemática do CPC/2015 a superação somente poderá ser realizada pelo órgão responsável pela sua formação, podemos questionar a opção legislativa em restringir o acesso aos Tribunais Superiores quando o acordão recorrido estiver em consonância com precedente judicial produzido essas Cortes. Ao examinarmos o art. 1.020, I, b do CPC/2015, combinado com o §2º do mesmo dispositivo, se conclui que a existência de precedente judicial do STF e do STJ que corrobore com o acórdão recorrido impede que a irresignação seja manifestada pela via do Agravo em RE ou REsp, mas tão somente por meio do Agravo Interno. O fato é que o Agravo Interno será julgado pelo próprio Tribunal *a quo*, o que impede, pela via dos recursos excepcionais, a provocação dos Tribunais Superiores para alterarem os precedentes por eles formados.

Quanto ao *distinguishing*, não há qualquer dúvida de que poderá ser realizado no bojo Agravo Interno e, inclusive, é esse o propósito da interposição do referido recurso, isto é, demonstrar que o caso em análise não possui os mesmo motivos determinantes da decisão precedente. Será que o caminhou bem o CPC/2015 em negar o *overruling* pela via do Agravo em RE e REsp?

---

37 GICO Jr., Ivo. *A tragédia do Judiciário: Subinvestimento em capital jurídicoe sobreutilização do Judiciário.* Tese de Doutorado, UnB, 2012, p. 38. Disponível em: <http://repositorio.unb.br/bitstream/10482/13529/1/2012_IvoTeixeiraGicoJunior.pdf> Acesso em 12 out. 2018.

38 ZANETI JR., Hermes. Precedentes *(treat like cases alike)* e o novo código de processo civil: universalização e vinculação horizontal como critérios de racionalidade e a negação da jurisprudência persuasiva como base para uma teoria dogmática dos precedentes no Brasil. R*evista de Processo*, vol. 235/2014.

Não se desconhece que o intuito do art. 1.030 é justamente fortalecer a sistemática dos precedentes judiciais traçada pelo CPC/2015, já que por serem vinculantes, somente restará ao jurisdicionado demonstrar distinção, que será realizada perante o próprio Tribunal prolator da decisão recorrida. Todavia, não teria o legislador se olvidado da premissa de que o *overruling* consiste em peça fundamental para o fluxo do ciclo da litigiosidade e ao próprio reforço desse regime delineado pelo Código?

É bem verdade que esse filtro de chegada dos recursos excepcionais ao STF e STJ é relevante sob o ponto de vista tanto do fortalecimento da própria ideia de precedentes como precedentes vinculantes, quanto da tentativa de se colaborar para a diminuição dos processos nos Tribunais Superiores e automaticamente promover a melhor qualidade de seu trabalho. Contudo, compreendemos que futuramente essa restrição pode representar um problema sob pena de engessamento e descompasso da *ratio decidendi* com a evolução do Direito e com os anseios sociais. Uma possível saída para esse entrave está no art. 927, §4º do CPC/2015. Tal norma prevê expressamente a possibilidade de os Tribunais Superiores alterarem a tese fixada de ofício, sem obrigar que tal alteração se dê necessariamente pela admissibilidade de Recurso Especial ou Extraordinário. O procedimento, embora apenas sinalizado pelo Código, abre a existência de regramentos próprios de alteração/superação dos precedentes judiciais – que será regulamentado pelos Regimentos Internos de cada Tribunal –, o que demanda ampla participação social com audiências públicas, além da possibilidade de modulação dos efeitos da decisão, entre outros múltiplos fatores.

6. Conclusão

Há muito se discute sobre a atuação dos sujeitos processuais,[39] sendo que o CPC/2015 consagra no artigo 6º a previsão de que todos devem cooperar *entre si* para que se obtenha, em tempo razoável, decisão de mérito justa e efetiva. As indagações que se fazem são: como concretizar a presente disposição legal mediante a atuação prospectivamente (*pro futuro*) do Estado? Como produzir estímulos corretos para o alcance de um desfecho satisfatório e legitimamente esperado?

Somado à necessidade de efetivação daquilo que é previsto na norma, torna-se urgente otimizar a atuação do judiciário, o qual trabalha atualmente com as evidências do caos. Torna-se imperioso avaliar as formas de se atribuir maior racionalidade à sua performance. No contexto apresentado, a utilização da Análise Econômica do Direito (AED), enquanto método científico capaz de impulsionar condutas humanas pela previsibilidade que o seu estudo proporciona, atua como ferramenta promissora no

---

39 CHIOVENDA, Giuseppe. Le riforme processuali e le correnti del pensiero moderno. In: *Saggi di diritto processuale civile*, vol. I, Roma: Foro Italiano, 1930, p. 391; BARBOSA MOREIRA, José Carlos. Os poderes do juiz na direção e na instrução do processo. In: *Temas de direito processual civil, 4. série*. São Paulo: Saraiva, 1989, pp. 45-46.

enfartamento do problema da má utilização da atividade jurisdicional, principalmente sob o ponto de vista prático.

Conforme elucidado ao longo do texto, aquilo que se denomina de "Tragédia do Judiciário»[40] remonta à "Tragédia dos Comuns", o que segundo Garret Hardin representa o resultado da utilização ilimitada e individualista dos bens comuns pelos cidadãos. Com efeito, a crise que acomete o sistema jurisdicional brasileiro não tem matriz unicamente no acentuado acúmulo de demandas, que hoje gira em torno de 110 milhões.[41] Junto dela, como uma das principais raízes desse problema, advém a falta de segurança jurídica em razão da existência de decisões conflitantes sobre matéria idêntica, o que provoca o consequente descrédito social no Poder Judiciário e a postura pouco cooperativa dos sujeitos processuais antes e ao longo do processo.

O baixíssimo número de acordos é um forte indicador desses problemas, e ele se dá justamente em razão da falta de simetria informacional recebida pelos litigantes, que somado ao otimismo reinante de que podem sair vencedores do "embate judicial" – por não terem o conhecimento de como aquela matéria possivelmente seria enfrentada –, acaba por servir de desestímulo para se buscar um bom acordo.

Nesse contexto, os precedentes judiciais ocupam papel essencial para se atribuir maior segurança jurídica às relações sociais e ao aprimoramento da atuação judicial. Não há como se pensar, por exemplo, em bons níveis de desenvolvimento econômico e social sem um Poder Judiciário minimamente eficiente e que trabalhe severamente em prol da concepção de *Direito como unidade.* No desempenho da função de "superego social", o Estado deve atuar na orientação de comportamentos equilibrados quando legislar, interpretar e posteriormente aplicar as normas jurídicas respeitando as legítimas expectativas dos cidadãos. Trata-se do inescusável dever de coerência e universalização do ente estatal, compromisso inerente ao Estado Democrático de Direito.

Todo o conjunto de normas jurídicas de um ordenamento perfazem o que se conhece por capital jurídico. Quanto maior for o estoque de capital jurídico de uma sociedade, maior será a segurança e a simetria informacional sobre o resultado dos conflitos, e portanto, mais encorajadas estarão as pessoas a adotarem condutas positivas em suas tomadas de decisões a curto, médio e longo prazo. Outrossim, dentro da perspectiva do ciclo de litigância, a falta de segurança jurídica aumenta os riscos e os custos gerais do processo, provoca um baixo estímulo para a realização de

---

40 SANTOS FILHO, Hermílio; TIMM, Luciano Benetti. *Demandas judiciais e a morosidade da Justiça civil: diagnóstico sobre as causas do progressivo aumento das demandas judiciais cíveis no Brasil, em especial das demandas repetitivas, bem como da morosidade da justiça civil: relatório final ajustado.* Porto Alegre: PUCRS, 2011. Disponível em: <https://issuu.com/cnj_oficial/docs/rel__torio_sobre_as_demandas_judici>.

41 CONSELHO NACIONAL DE JUSTIÇA. *Justiça em números 2018*. Disponível em: <http://www.cnj.jus.br/ files/conteudo/arquivo/2018/08/44b7368ec6f888b383f6c3de40c32167.pdf>. Acesso em: 12 de out. de 2018.

acordos e aumenta, por consequência, o número de demandas em trâmite perante o Poder Judiciário.

Nessa situação analisada e coincidente com o cenário brasileiro atual, não se verifica a salutar presença dos movimentos de expansão e retração dos níveis de litigância. Ocorre, em verdade, o não fechamento do ciclo, porquanto sem a formação do estoque de capital jurídico não haverá qualquer retração do número de processos. Isso revela e potencializa toda a escassez de capital jurídico do país, posto que, por via oblíqua, representa um estímulo em se continuar apostando na litigância.

Com o advento do CPC/2015, as normas processuais caminharam bem ao preverem uma série de decorrências práticas da não observância do precedente judicial, como, por exemplo, o ajuizamento da reclamação – que deixou de ser apenas constitucional –, o cabimento de embargos declaratórios em respeito à fundamentação analítica, bem como a nulidade da decisão se o procedente for invocado por alguma das partes e sobre ele não tenha se manifestado o juiz. Ademais, o legislador pretendeu seguir de mãos dadas com a Análise Econômica do Direito ao prever rol taxativo de cabimento do Agravo de Instrumento, representando um desincentivo à recorribilidade. Nesse ponto, parece-nos que a jurisprudência, ao retornar com a recorribilidade "taxativa porém mitigada" das decisões interlocutórias,[42] rechaça uma importante conquista do CPC/2015, ainda que se possa reconhecer que o rol previsto no art. 1.015 é silente em situações importantes, como as decisões de competência e de produção de provas. A irrecorribilidade enquanto regra geral, somada à aplicação dos precedentes obrigatórios e à imposição de honorários sucumbenciais recusais, por exemplo, pareceu uma boa combinação para se tentar conter a interposição de recursos protelatórios.

Ao fim, não podemos concluir sem deixar registrado que a verificação do grau de correspondência entre o estímulo criado e as condutas adotadas só poderão ser comprovadas por meio de pesquisas empíricas, o que por certo não deve somente ficar a cargo dos dados anualmente divulgados pelo CNJ. É preciso ir além. Dessa forma, deixamos um convite encorajador aos trabalhos de campo relacionados ao relevante tema versado nesse artigo. O exame empreendido seria ainda mais palpável se estivesse alinhado com os possíveis dados extraídos de pesquisas empíricas, o que por ora não remonta a parte significativa dos trabalhos acadêmicos do Brasil no âmbito do Direito, e principalmente, no Direito Processual. Esperamos que, com o tempo, essa realidade comece a ser alterada para que a Análise Econômica do Processo ilumine cada vez os trilhos da evolução do sistema de justiça.[43]

---

42 O STJ tem se posicionado pela "taxatividade mitigada", consoante se depreende do REsp 1.696.396 e REsp 1.704.520.

43 O presente trabalho foi realizado com apoio da Coordenação de Aperfeiçoamento de Pessoal de Nível Superior – Brasil (CAPES) – Código de Financiamento 001.

7. Referências Bibliográficas

ARAÚJO, Thiago Cardoso. *Análise Econômica do Direito no Brasil: uma leitura à luz da Teoria dos Sistemas.* Rio de Janeiro: Lumen Juris, 2017.

BAR-GILL, Oren. The Evolution and Persistence of Optimism in Litigation. *The Journal of Law, Economics & Organizations,* vol. 22, dez./2005.

CABRAL, Antonio do Passo. A técnica do julgamento-alerta na mudança de jurisprudência consolidada. *Revista de Processo,* vol. 221/2013.

_____. Per un nuovo concetto di giuridizione. *Revista da Faculdade Mineira de Direito,* vol. 18, 2015, pp. 1-10.

CALABRESI, Guido. *The Future of Law and Economics.* New Heaven, CT: Yale University, 2016.

COASE, Ronald. The Problem of Social Costs. *Journal of Law and Economics*, vol. 3, out. 1960.

COOTER, Robert; ULEN, Thomas. *Direito & economia*. 5ª ed. Porto Alegre: Ed. Bookman, 2010.

DUARTE, Antonio Aurelio Abi-Ramia; BRASIL, Maria Eduarda de Oliveira. *O desafio de uniformizar a jurisprudência e o papel do Código de Processo Civil de 2015 – Novos Desafios.* Disponível em: [http://www.tjrj.jus.br/documents/10136/1186838/O- desafio-de-uniformizar ajurispud%C3%AAncia-e-o--novo-cpc-via+final.pdf].

FÉRES, Marcelo Andrade. Julgamento sumaríssimo dos processos repetitivos: uma análise jurídico-econômica do art. 285-A do Código de Processo Civil. *Revista Dialética de Direito Processual,* São Paulo: Oliveira Rocha, nº 42, set. 2006.

GRECO, Leonardo. O princípio do contraditório. In: *Estudos de direito processual. GRECO, Leonardo (Coord).* Campos dos Goytacazes: Faculdade de Direito de Campos, 2005.

JOLLS, Christine. SUNSTEIN, Cass R; THALES, Richard. A Behavioral Approach to Law and Economics. *Stanford Law Review*, vol. 50, nº 5, 1998.

KAHNEMAN, Daniel; LOVALLO, Dan. Delusions of success. How Optimism Undermines Executives' Decisions. *Harvard Business Review,* vol. 81, nº 7, jul. 2003.

KAPLOW, Louis. Information and the Aim of Adjudication: Truth or Consequences? *Stanford Law Review,* vol. 67, nº 6, 2015.

KAPLOW, Louis; SHAVELL, Steven. Fairness Versus Welfare. *Harvard Law Review*, vol. 114, nº 4, fev. 2001. LANDES, W. M.; POSNER, R. A. Legal precedent: a theoretical and empirical analysis. *NBER Working Paper Series*, ago./1976.

MARTINS-COSTA, Judith. A re-significação do princípio da segurança jurídica na relação entre o Estado e os cidadãos: a segurança como crédito de confiança. *R. CEJ*, Brasília, nº 27, out./dez. 2004, p. 116. Disponível em: <http://www.cjf.jus.br/ojs2/index.php/revcej/article/viewFi- le/641/821>. Acesso em: 20 out. 2018.

MENDES, Aluisio Gonçalves de Castro. *Incidente de resolução de demandas repetitivas : sistematização, análise e interpretação do novo instituto processual.* Rio de Janeiro: Forense, 2017.

_____; NUNES, Dierle Nunes, JAYME, Fernando Gonzaga (Org.) *A Nova Aplicação da Jurisprudência e Precedentes no CPC/2015 – Estudos em Homenagem à professora Teresa Arruda Alvim.* São Paulo: Revista dos Tribunais, 2017.

MITIDIERO, Daniel. Precedentes, jurisprudência e súmulas no novo Código de Processo Civil Brasileiro. *Revista de Processo*, vol. 245/2015.

NUNES, Dierle José Coelho; THEODORO, Humberto Júnior; BAHIA, Alexandre. Breves considerações sobre a politização do Judiciário e sobre a panorama de aplicação no direito brasileiro: Análise da convergência ente o *civil law* e o *common law* e dos problemas da padronização decisória. Revista de Processo, São Paulo, nº 189, pp. 25/27, 2010.

OLIVEIRA, Maria Ângela Jardim de Santa Cruz; GAROUPA, Nuno. *Stare decisis* e *certiorari* chegam ao Brasil – uma abordagem pela análise econômica do direito. *Revista Brasileira de Direito Processual*, Belo Horizonte, v. 21, nº 84, p. 155-201, out./dez. 2013.

PEIXOTO, Ravi. A superação de precedentes (overruling) no Código de Processo Civil de 2015. Disponível em: http://www.mpsp.mp.br/portal/page/portal/documentacao_e_divulgacao/doc_biblioteca/ bibli_servicos_produtos/bibli_boletim/bibli_bol_2006/RProComp_n.3.07.PDF.

PINHO, Humberto Dalla Bernadina de; RODRIGUES, Roberto de Aragão Ribeiro. O microssistema de formação de precedentes judiciais vinculantes previsto no novo CPC. Disponível em: http://www.mpsp.mp.br/portal/page/portal/documentacao_e_divulgacao/doc_biblioteca/ bibli_servicos_produtos/bibli_boletim/bibli_bol_2006/RPro_n.259.16.PDF.

POSNER, Richard A. *Divergent Paths: The Academy and Judiciary.* Cambridge, MA: Harvard University, 2016.

______. *Economic Analysis of Law.* 8ª ed. New York: Aspen, 2011.

______. *Fronteiras da Teoria do Direito.* São Paulo: WMF Martins Fontes, 2011.

SHAVELL, Steven. *Foundations of Economic Analysis of Law.* Cambridge, MA; London: Belknap, 2004.

SOUZA, Artur César de. Análise econômica das decisões judiciais: STF: ADIn 4/DF e ADIn 2.591/DF. *Revista de Processo*, São Paulo, vol. 34/2009.

TIMM, Luciano Benetti; TRINDADE, Manoel Gustavo Neubarth. As recentes alterações legislativas sobre recursos aos Tribunais Superiores: a repercussão geral e os processos repe- titivos sob a ótica da law and economics. *Revista de Processo*, vol. 34/2009.

WOLKART, Erik Navarro. Precedentes no Brasil e Cultura – um caminho tortuso, mas ainda assim, um caminho. *Revista de Processo*, vol. 243/2015.

______. *Análise econômica e comportamental do processo civil: como promover a cooperação para enfrentar a tragédia da Justiça no processo civil brasileiro.* Tese de Doutorado, Universidade do Estado do Rio de Janeiro (UERJ), 2018.

ZANETI JR., Hermes. Precedentes *(treat like cases alike)* e o novo código de processo civil: universalização e vinculação horizontal como critérios de racionalidade e a negação da jurisprudência persuasiva como base para uma teoria dogmática dos precedentes no Brasil. R*evista de Processo*, vol. 235/2014.

______. *O valor vinculante dos precedentes.* JusPodivm, Salvador, 2016.

A ANÁLISE ECONÔMICA DO DIREITO APLICADA ÀS DECISÕES DOS CREDORES EM FINANCIAR (OU NÃO) AS EMPRESAS EM SITUAÇÃO DE CRISE PRESERVAÇÃO DA EMPRESA VS. SEGURANÇA JURÍDICA

Luiz Fux

Introdução

Em tempos de grave crise econômica, muitos agentes econômicos estão recorrendo ao instituto da Recuperação Judicial, disciplinado pela Lei 11.101/05 (LRF), como única forma possível de reorganizarem as suas atividades empresariais e, assim, renegociarem o seu passivo, almejando a preservação das atividades desenvolvidas, bem como a manutenção dos inúmeros empregos gerados.

Porém, segundo dados do Serasa Experian[1], ao longo do período compreendido entre junho de 2005 e abril de 2019, recorreram ao instituto, no país, 11.411 (onze mil, quatrocentas e onze) empresas, das quais apenas 3.496 (duas mil e duzentas e três) – 30,63% – tiveram a Recuperação Judicial concedida. Segundo o último relatório do Doing Business (The World Bank)[2], a taxa de resolução da insolvência, comparado à economias similares à do Brasil, ainda é muito baixa, conforme destacado abaixo:

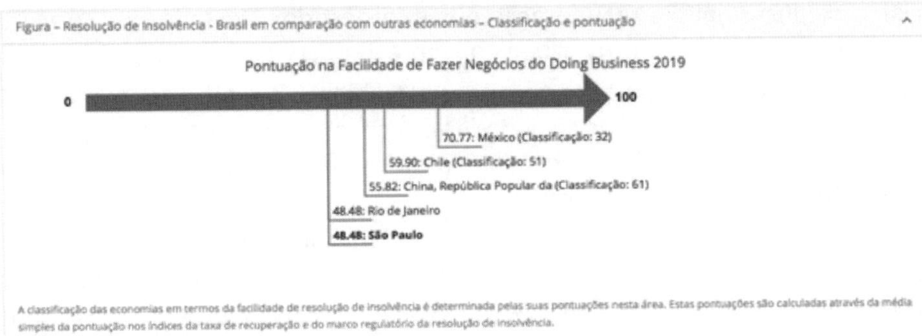

1 Disponível em: https://www.serasaexperian.com.br/amplie-seus-conhecimentos/indicadores-economicos . Acesso: 19/07/19.

2 Disponível em: https://portugues.doingbusiness.org/pt/data/exploreeconomies/brazil#DBri. Acesso em 20.07.2019.

Dentre os mais diversos motivos que podem explicar a referida situação, tem-se que dois deles são, justamente, (i) a restrição natural do mercado em fornecer bens e serviços essenciais à continuação das atividades empresárias; e, o que é mais relevante, (ii) a escassez na oferta de crédito para a sociedade em situação de crise. Tais motivos são explicados, em grande medida, pela falta de incentivos legais que possam garantir algum tipo de privilégio/incentivo aos credores que apostem nas sociedades em crise, sem mencionar as constantes flexibilizações das garantias contratuais autorizadas/perpetradas pelo Poder Judiciário.

Nesse aspecto, o fato de o legislador ter ofertado tratamento diferenciado ao credor colaborador e ao credor investidor da Recuperação apenas e tão somente nas hipóteses de falência da sociedade, pode ser considerado um dos maiores entraves para o problema mencionado.

No atual contexto, não há qualquer proteção a esses credores durante a Recuperação Judicial, a não ser a possibilidade de executarem imediatamente a obrigação inadimplida, posto que o crédito originado de obrigação posterior ao pedido de Recuperação Judicial não se sujeita ao período de suspensão das ações e execuções, na forma do art. 6º, par. 4º, da Lei nº 11.101/05.

Com efeito, considerando o atual cenário, pode até haver pagamentos de credores concursais antes do pagamento do crédito decorrente tanto do financiamento da recuperação, quanto do fornecimento de bens e serviços posterior à data do pedido de Recuperação Judicial.

Assim, cogita-se o cenário diante do qual a devedora deseja que determinado credor continue a fornecer bens ou serviços durante a Recuperação Judicial. Este credor, por sua vez, já sujeito ao ônus da Recuperação Judicial de aguardar o pagamento de seu crédito na forma do PRJ, não tem incentivos para continuar o fornecimento.

Portanto, para que não haja a interrupção do fornecimento e, assim, seja evitada a paralisação de suas atividades, fundamental que a devedora em Recuperação tenha a possibilidade de quitar, antes inclusive da homologação do Plano de Recuperação Judicial, o crédito sujeito à recuperação deste fornecedor. Desta forma, seria minimizado o risco de continuar a prover bens ou a prestar serviços.

Por fim, sendo este o ponto focal deste trabalho, no que toca à oferta de novos recursos financeiros à essas sociedades em crise, é notória a carência e a insegurança das garantias disponíveis/ofertadas para os credores que desejam financiar a Recuperação da sociedade em crise.

De fato, é comum que os bens da sociedade que se socorre do remédio da Recuperação Judicial já estejam totalmente comprometidos antes mesmo do protocolo do pedido, impossibilitando a concessão de novas garantias reais para esses credores. No entanto, mesmo os bens já comprometidos/gravados, muito das vezes, são retidos pelos juízos recuperacionais em prol da preservação da atividade empresária que, conforme será demonstrado, é interpretada de maneira ampla e equivocada.

A concessão de garantias ao credor do financiamento ainda é restrita por força do art. 66, que impede que a devedora aliene ou onere bens ou direitos de seu ativo permanente, ressalvadas as hipóteses em que o juiz reconhece "evidente utilidade" da alienação/oneração, após ouvido o Comitê de Credores/Administrador Judicial.

Nesse cenário, existe a necessidade de se ponderar os princípios da preservação da empresa e da segurança jurídica, sob o viés da análise econômica do direito (teoria consequencialista). Ou seja, a decisão legislativa ou judicial (diante do caso concreto) deverá considerar as consequências geradas no sistema de concessão de créditos, sob pena de gerar desestímulo ao fornecimento de "dinheiro novo" durante a Recuperação Judicial, diante de um cenário de extrema insegurança para o credor que deseja apostar na sociedade empresária em estado de crise econômico-financeira.

Portanto, após 13 anos de experiência com a lei, e mediante constatações da prática, se estabelece as seguintes hipóteses:

> (1) a eficiência dos processos de recuperação judicial no Brasil é muito inferior aos processos análogos de outros países do Mundo, inclusive aqueles com indicadores sociais e econômicos semelhantes ao do Brasil;
>
> (2) o DIP Financing ("dinheiro novo") é utilizado em outros países posto que há extensa demanda da empresa em crise por ativo corrente;
>
> (3) há pouca oferta, no Brasil, pelo DIP *Financing*, em face dos riscos associados à operação, principalmente, os riscos relacionados à flexibilização das garantias ofertadas nessas operações; e
>
> (4) como há pouca oferta, e muito risco, os valores cobrados são extremamente elevados, onerando ainda mais as empresas devedoras, em prejuízo do sucesso da recuperação.

Com relação à metodologia do presente trabalho, apresentar-se-ão as principais escolas consequencialistas, sendo destacada a Análise Econômica do Direito (AED) como fundamental para solucionar o problema proposto, qual seja, a dificuldade das sociedades em situação de crise obterem novos financiamentos.

Ademais, serão expostos os principais conceitos dos princípios da preservação da empresa e da segurança jurídica dos negócios jurídicos, tendo como objetivo provocar uma reflexão crítica a partir da análise consequencialista do privilégio de um ou outro princípio.

1. Argumentos consequencialistas: contextualização, conceito e escolas.

1.1. Contextualização e conceito

Durante toda a história o homem demonstrou que, por mais que possua e em muitas vezes, realmente valorize seus princípios éticos e morais, quase sempre age visando determinados fins (consequências). Isso se dá por ser o homem um animal racional e, dotado de racionalidade, não consegue evitar uma constante análise da consequência de seus atos. A assertiva pode ser comprovada, inclusive, pelo estudo da teologia: por mais que as religiões, em regra, se baseiem em princípios éticos e morais, verifica-se em quase todas elas, a presença de promessas de recompensas ou punições em uma vida pós-terrena, com o claro escopo de incentivar o homem a cumprir suas regras e manter-se fiel aos seus princípios.

Um dos grandes embates da filosofia (e, consequentemente também do direito) contemporânea tem sido travado entre deontologistas e consequencialistas: os primeiros adotam uma ética axiológica, baseada em princípios e valores morais, ao passo que os segundos fundamentam-se em um raciocínio de causa e efeito, de forma que as escolhas dos indivíduos e da sociedade devem levar em conta, ou mesmo serem diretamente guiadas, pelas suas consequências práticas.

No entanto, no universo jurídico, tanto a deontologia, como o consequencialismo representam um contraponto ao formalismo (de caráter positivista e não promovedor de um estudo interdisciplinar), que através de Hans Kelsen, seu intelectual de maior expressão, teve enorme influência nos países de tradição romano-germânica, como por exemplo, o Brasil. Rafael Zanata descortina esse cenário:

> No Brasil, ao contrário dos países anglo-saxões, a superação do formalismo é um fenômeno recente no estudo do direito. Além da tradição coimbra voltada aos aspectos formais do direito e a forte tendência civilista herdada do pensamento jurídico francês, a teoria do direito, a partir de meados do século XX, foi fortemente influenciada pela teoria pura do direito de Kelsen. De fato, somente nos últimos anos é que se ampliou o espectro da ciência jurídica para além dos conceitos estabelecidos pelo positivismo jurídico kelseniano, no qual o direito é um conteúdo ideal normativo (dever ser) que possui validade por si só, independente de postulados éticos, e de relações com a sociologia, política e economia. [3]

O consequencialismo jurídico está fundamentado na lógica de interpretar, avaliar e até mesmo criar normas legais de acordo com o seu possível impacto na sociedade ou com o prévio intuito de atingir determinado resultado.

Hans-Bernd Schäfer e Claus Ott pontificam: "When we evaluate legal norms by the degree to which they hinder the waste of scarce resources, we are evaluating consequences that have their effect upon the whole society". [4]

Analisando o impacto da ética consequencialista no Poder Judiciário, Maurício José Machado Pirozi, assim disserta:

> O consequencialismo, como já se pode notar, é aquele estilo de julgamento do juiz que reflete sobre as consequências metajurídicas, indo além do processo e adentrando no impacto

---

3 ZANATTA, Rafael, A.F. Desmistificando a Law & Economics: a receptividade da disciplina Direito e Economia no Brasil. Revista dos Estudantes de Direito da Universidade de Brasília, 10ª Ed., 2011, p. 3.

4 SCHÄFER, Hans-Bernd; OTT, Claus. *The economic analysis of civil law*. Cheltenham, UK: Edward Elgar, 2004, p. 4.

> social e econômico de suas decisões. Não é que o juiz possa julgar fora da lei, mas dentro de uma margem de abertura que a própria lei confere. Ao juiz torna-se permitido graduar as determinações, considerando as peculiaridades do caso concreto e os efeitos sociais e econômicos da sentença. Assim, nada mais faz do que decidir conforme as exigências do bem comum (art. 5º da Lei de Introdução ao Código Civil). [5]

Já Amartya Sen proclama a relevância dos argumentos consequencialistas para a construção de uma sociedade responsável:

> (...) seria um erro não dar atenção às consequências, mesmo quando se está lidando com objetos intrinsecamente valiosos. O argumento em favor do raciocínio consequencial surge do fato de que as atividades têm consequências. Mesmo atividades que são intrinsecamente valiosas podem ter outras consequências. O valor intrínseco de qualquer atividade não é uma razão adequada para menosprezar seu papel instrumental, e a existência de uma importância instrumental não é uma negação do valor intrínseco de uma atividade. Para chegar a uma avaliação global do status ético de uma atividade é necessário não apenas considerar seu valor intrínseco (se ela o possuir), mas também seu papel instrumental e suas consequências sobre outras coisas, isto é, examinar as diversas consequências intrinsecamente valiosas ou desvaliosas que essa atividade pode ter. [6]

1.2. Principais escolas consequencialistas

Nesse item serão expostas, em breve síntese, as principais escolas do consequencialismo jurídico, com foco na escola da análise econômica do direito, justamente por ter se tornado a mais prestigiada delas.

Adam Smith e Jeremy Bentham tiveram importante papel no desenvolvimento do raciocínio consequencialista. Bentham propôs que, apenas a garantia da propriedade pelo direito possibilitaria um pleno funcionamento e desenvolvimento socioeconômico. Adam Smith, por sua vez, através de seu postulado do livre comportamento interessado, idealizou que, a soma dos interesses individuais de todas as pessoas resultaria no melhor interesse de toda a sociedade, servindo de base teórica para o que seria a economia neoclássica, com uma visão menos intervencionista do direito no mercado.[7]

Bentham foi um dos precursores do utilitarismo, uma das mais célebres escolas do consequencialismo, e que tinha como fundamento o princípio de que, o ser humano sempre toma suas decisões, de forma a maximizar o seu prazer/felicidade e diminuir sua dor. O critério da felicidade representava a única forma de medir o nível

---

5 PIROZI, Maurício José Machado. *Consequencialismo judicial - Uma realidade ante o impacto socioeconômico das sentenças.*Disponível em: https://bd.tjmg.jus.br/jspui/bitstream/tjmg/8541/1/Consequencialismo%20judicial.pdf

6 SEN, Amartya Kumar. *Sobre ética e economia*. Tradução: Laura Teixeira Motta. São Paulo: Companhia das Letras, 2012, p. 91.

7 MENDONÇA, Diogo Naves. Análise econômica da responsabilidade civil: o dano e a sua quantificação. São Paulo: Atlas. 2012, p. 7.

de justiça no utilitarismo benthamiano[8], adotando como premissa fundamental a maximização racional das escolhas pelos indivíduos.[9]

A escola do realismo jurídico norte-americano também pode ser classificada como consequencialista, se caracterizando por ser ainda mais pragmática, cujo alicerce metodológico se concentrava na necessária interação entre o direito e outras disciplinas científicas, tais como a economia, a estatística, a sociologia e a psicologia. A principal função histórica desse realismo jurídico, surgido nas universidades de Columbia e Yale na década de 1920[10], foi fazer um contraponto ao pensamento Kelseniano, eminentemente positivista e dominante no direito romano-germânico da época.[11]

Nesse sentido, Oliver Wendell Holmes Jr. entendia que era impossível conceber uma separação entre direito e economia. Segundo Holmes, o estudo e a aplicação dos princípios da economia possibilitaria aos juristas aprender a "considerar e a pesar os fins legislativos, os meios de alcançá-los e o custo envolvido".[12]

Com efeito, o avanço do pragmatismo e antiformalismo jurídico culminaram na nomeação do economista Aaron Director para a Universidade de Chicago[13]. Diretor, adepto da linha não intervencionista do pensamento econômico, propunha que a economia fosse regulada pelo próprio mercado, assim como já vinha sendo defendido pela Escola Austríaca (Ludwig von Mises e Friedrich von Hayek). A principal inovação da Escola de Chicago, entretanto, foi o desenvolvimento de um centro de pesquisa científica interdisciplinar, promovendo o diálogo e a aproximação de juristas, sociólogos, psicólogos, economistas, etc.[14]

---

8 A base filosófica do utilitarismo benthamiano é a obra de Epicuro ("Carta sobre a felicidade a Meneceu"), datada de aproximadamente 300 a.C. Em trecho da obra: "O prazer é o início e o fim de uma vida feliz. Com efeito, nós o identificamos como o bem primeiro e inerente ao ser humano, em razão dele praticamos toda escolha e toda recusa, e a ele chegamos escolhendo todo bem de acordo com a distinção entre prazer e dor (...) todo prazer constitui um bem por sua própria natureza, não obstante isso, nem todos são escolhidos; do mesmo modo, toda dor é um mal, mas nem todas devem ser evitadas. Convém, portanto, avaliar todos os prazeres e sofrimentos de acordo com o critério dos benefícios e dos danos. Há ocasiões em que utilizamos um bem como se fosse um mal, e ao contrário, um mal como se fosse um bem." (EPICURO. Carta sobre a felicidadeà Meneceu. Tradução Álvaro Lorencini e Enzo Del Carratore. São Paulo: Ed. Unesp, 1999, p. 37, 39[? "-39" ou "e 39"]).

9 BENTHAM, Jeremy. An introduction to the principles of morals and legislation. Kitchener: Batoche Books, 2000, p. 14.

10 LEITER, Brian. American Legal Realism, in: William Edmundson, The Blackwell Guide to Philosophy of Law and Legal Theory. Oxford: Blackwell, 2005.

11 ZANATTA, Rafael, A.F. Desmistificando a Law & Economics: a receptividade da disciplina Direito e Economia no Brasil. Revista dos Estudantes de Direito da Universidade de Brasília, 10ª Ed., 2011, p. 3.

12 HOLMES, Oliver Wendell. The Path of Law. trad. Lauro Frederico Silveira. Revista Discurso Jurídico. Campo Mourão, v. 4, n. 1, jan/jul. 2008, p. 95.

13 PARISI, Francesco. The origins of Law and Economics: essays by the founding fathers. Cheltenham: Edward Elgar Publishing, 2005, p. 353.

14 MERCURO, Nicholas; MEDEMA, Steven. *Economics and the law: from Posner to postmodernism*, Princeton: Princeton University Press, 1997, p. 55.

Nesse ínterim, ressalta-se também o sociologismo jurídico como espécie de escola consequencialista: segundo este ramo do pensamento jurídico, a norma deveria ser interpretada de acordo com a realidade social, ou seja, o intérprete somente estaria a ela submetido, se fosse capaz de exprimir um valor presente naquele determinado momento social. Mais do que isso, a suposta eficácia social poderia justificar, inclusive, o abandono de uma suposta garantia formal, materializada pela norma jurídica.[15]

Pietro Perlingieri critica duramente o sociologismo jurídico:

> Uma coisa é verificar que o jurista, na tentativa de interpretação objetiva da norma, não pode subtrair do condicionamento histórico-ideológico, outra coisa é querer exasperar esse condicionamento no processo hermenêutico, de maneira a recusar a interpretação do dado normativo e propor que seja justamente essa bagagem cultural, histórico-ideológica, a constituir garantia de justiça. (...) Não se nega que a interpretação da norma e a subsunção do fato concreto sejam atos permeáveis a qualquer ideologia, na medida em que é incontestável a impossibilidade de isolar o *homo iuridicus* dos outros aspectos que fazem um homem jurista. O que se contesta é que tal observação legitime a completa superação, por parte do filósofo e do político, do jurista, o qual, ao invés de interpretar a regra, se tornaria o seu depositário.[16]

As referidas escolas serviram de base teórica, sendo fatores determinantes para o surgimento da escola consequencialista mais difundida, qual seja, a análise econômica do direito. O economista inglês Ronald Coase foi o principal responsável pelo desenvolvimento da análise econômica do direito[17].

Na obra *The Problem of Social Cost*[18], considerada por muitos o seu trabalho mais importante, Coase foca os estudos sobre os chamados custos de transação e propõe uma nova forma de abordar os danos. Segundo o autor, os custos corresponderiam à identificação e aproximação dos agentes envolvidos, bem como à negociação entre eles e a consequente operacionalização do que foi resolvido.

Nesse sentido, quando os tais custos de transação forem iguais a zero, a eficiência alocativa dos recursos será alcançada, independentemente de como os direitos são distribuídos pelo Estado.[19]

---

15 PERLINGIERI, Pietro. *O Direito Civil na Legalidade Constitucional*. Tradução de Maria Cristina De Cicco, Rio de Janeiro: Renovar, 2008, p. 99,100.

16 PERLINGIERI, Pietro. *O Direito Civil na Legalidade Constitucional*. Tradução de Maria Cristina De Cicco, Rio de Janeiro: Renovar, 2008, p. 100, 101.

17 ALVAREZ, Alejandro Bugallo. *Análise econômica do direito: contribuições e desmistificações*. Direito, Estado e Sociedade, v. 9, nº 29, jul/dez 2006, p. 52.

18 COASE, Ronald, H. *The Problem of Social Cost*. Journal of Law and Economics, v. 3, 1960.

19 "But the ultimate result (which maximizes the value of production) is independent of the legal position if the pricing system is assumed to work without cost)". COASE, Ronald, H. *The Problem of Social Cost*. Journal of Law and Economics, v. 3, 1960, p. 8.

Todavia, essa é uma situação meramente hipotética, que dificilmente ocorreria na realidade; nos casos da vida real, onde os custos de transação quase nunca são iguais a zero, as partes podem ser levadas (em decorrência desses custos) a optar por soluções que levam a ineficiência econômica. O Estado, nessas situações, deve agir, de modo a facilitar as transações (maximizando a riqueza), e para isso, deve, necessariamente, saber as consequências econômicas de suas decisões, na relação em que intervém.[20]

A principal contribuição do estudo apresentado, entretanto, foi introduzir uma abordagem até então inédita ao estudo dos danos. Ou seja, o foco da análise deveria ser a reciprocidade dos danos e não as causas ou as externalidades[21] geradas pela atividade. Dessa forma, a solução economicamente eficiente não poderia ser apenas responsabilizar aquele que deu origem ao dano (parte lesante), mas, sim, analisar se a responsabilização do agente lesante seria, ou não, mais proveitosa (em termos de ganhos) do que proibi-lo de praticar a sua atividade.[22]

Percebe-se, portanto, que o raciocínio proposto por Ronald Coase fundamentar-se-ia numa análise consequencialista de custo-benefício. Nesse contexto, o Estado (Legislador ou Juiz) deveria, compreendendo que os danos são sempre recíprocos, simplesmente avaliar qual direito/decisão geraria mais ganhos (maximização de riqueza), se tutelado.

Sob esse aspecto, e já adentrando ao escopo do presente artigo, pondera-se que diante da antinomia existente entre a preservação da empresa e a segurança jurídica das garantias prestadas, o Estado deveria avaliar o que poderia gerar mais riquezas para a sociedade, considerando sempre as consequências (estímulos ou desestímulos) geradas a partir da decisão tomada.

---

20 "Of course, if market transactions were costless, all that matters (questions of equity apart) is that the rights of the various parties should be well-defined and the results of legal actions easy to forecast. As we have seen, the situation is quite different when market transactions are so costly as to make it difficult to change the arrangement of rights estabilished by the law. In such cases, the courts directly influence economic activity. It would therefore seem desirable that the courts should understand the economic consequences of their decisions and should, insofar as this is possible without creating too much uncertainty about the legal position itself, take these consequences into account when making their decisions". COASE, Ronald, H. *The Problem of Social Cost.* Journal of Law and Economics, v. 3, 1960, p. 19.

21 *Externalidades* são os custos que decorrem de uma determinada atividade; não apenas aqueles referentes a quem a pratica, mas também os referentes a terceiros afetados.

22 "The problem which we face in dealing with actions which have harmful effects is not simply one of restraining those responsible for them. What has to be decided is whether the gain from preventing the harm is greater than the loss which would be suffered elsewhere as a result of stopping the action which produces the harm". COASE, Ronald, H. *The Problem of Social Cost.* Journal of Law and Economics, v. 3, 1960, p. 27.

1.3. Conceito de Análise Econômica do Direito

A análise econômica do direito pode ser entendida como uma metodologia influenciada diretamente pelo pragmatismo filosófico e por uma lógica consequencialista, já identificada nas escolas do utilitarismo de Benthan, do realismo jurídico norte-americano e também do sociologismo jurídico. Sendo assim, o foco do estudo/análise passa a ser não mais a investigação do fato causador, mas, sim, os resultados que se pretende obter, além dos meios necessários para tanto. Nessa lógica, valoriza-se, acima de tudo a experiência, rejeitando-se dogmas e formalismos jurídicos.[23]

Portanto, considerando a racionalidade individual e aproveitando os conceitos da teoria econômica e da econometria, a análise econômica do direito objetiva maximar riquezas, alocando os recursos da forma mais eficiente possível, de modo a tentar prever o impacto do direito na economia. Assim, as normas ou práticas legais não seriam estranhas ao sistema econômico, mas, sim, variáveis a ele pertencentes. Sendo, assim, possível analisar os efeitos que as alterações nessas variáveis provocam na economia como um todo.[24]

Segundo Robert Cooter e Thomas Ulen, o estudo da economia fornece uma teoria científica que pode prever os efeitos das sanções legais no comportamento dos indivíduos, pois as sanções se assemelham aos preços, de tal modo que, as pessoas reagem àquelas da mesma forma que a esses.[25]

Sob essa perspectiva, o presente trabalho tem como objetivo provocar uma reflexão crítica acerca da ampliação do princípio da preservação da empresa *versus* a necessária segurança jurídica para que eventuais investidores possam aportar novos recursos nas sociedades em Recuperação Judicial. Em uma análise de custos e bene-

---

23 Neste sentido Fabiano Teodoro Rezende Lara: "A Análise Econômica do Direito sofre grande influência intelectual do pragmatismo filosófico. Entende-se que os indivíduos, seus objetivos e ações ocupam a posição central na análise da realidade. Nesse método, supõe-se que não há realidade maior que a experiência e, por isso, toda metafísica e todo formalismo são expulsos da reflexão teórica. Busca-se uma idéia de filosofia e, por conseqüência, de Direito, que vise ao progresso construtivo da sociedade por intermédio da adoção de um método que rejeite os preconceitos e os dogmas, ligando-se aos problemas concretos e ao seu contexto social". REZENDE LARA, Fabiano Teodoro. *A análise econômica do direito como método e disciplina*. E-civitas Revista Científica do Departamento de Ciências Jurídicas, Políticas e Gerenciais do UNI-BH. Belo Horizonte, v.1, nº 1, nov-2008, p. 9, 10. ISSN: 1984-2716. Disponível em: www.unibh.br/revistas/ecivitas.

24 MARISTELLO PORTO, Antônio José. *Análise Econômica do Direito (AED)* – Apostila do curso de graduação em Direito da FGV Direito Rio. Colaborador Guilherme Mello Graça. Segundo semestre de 2013, p. 11.

25 "A economia proporcionou uma teoria científica para prever os efeitos das sanções legais sobre o comportamento. Para os economistas, as sanções se assemelham aos preços, e, presumivelmente, as pessoas reagem às sanções, em grande parte, da mesma maneira que reagem aos preços. As pessoas reagem a preços mais altos consumindo menos do produto mais caro; assim, supostamente, elas reagem a sanções legais mais duras praticando menos da atividade sancionada". COOTER, Robert; ULEN, Thomas. *Direito & Economia*. 5º Ed. Porto Alegre: Bookman, 2010, p. 25.

fícios, o artigo pretende oferecer uma nova forma de interpretar a questão proposta na introdução.

Conforme também esclarecido na introdução deste trabalho, não se pretende vincular, exclusivamente, a baixa taxa de sucesso dos processos de Recuperação Judicial à ampliação do conceito de preservação da empresa e/ou a ausência de segurança jurídica do sistema de garantias existente no ordenamento jurídico brasileiro.

O foco será tão somente demonstrar que o comportamento de qualquer agente racional (credor – investidor) está diretamente influenciado pelas eventuais consequências econômicas que a decisão pode provocar em sua esfera jurídica/econômica.

2. A necessária ponderação dos princípios

2.1. O princípio da Preservação da Empresa – Corolário da Recuperação Judicial

A preocupação com a continuidade da atividade empresarial não é recente, nem exclusiva da Lei nº 11.101/05. Ela decorre do reconhecimento pelo ordenamento jurídico de que a empresa (atividade) é um valor a ser protegido pelo Direito, diante da inquestionável relevância que assume na economia moderna como polo de geração de renda e emprego.

No direito societário há muito tempo existe a noção de que a empresa (atividade), mais do que a própria sociedade empresária, deve ser preservada, o que resultou na construção pela doutrina e jurisprudência do princípio da preservação da empresa.

Com base nesse princípio, tanto a Lei nº 6.404/76, quanto o Código Civil de 2002, na parte relativa às sociedades limitadas, incorporaram diversos institutos resultantes de tal construção doutrinária e jurisprudencial, tais como:

> (i) o dever do acionista controlador da sociedade anônima de exercer o poder de controle de modo que a sociedade realize também a sua função social, o que significa exercê-lo não somente em função de seus interesses pessoais, mas também dos seus empregados e da comunidade onde atua (artigo 116, parágrafo único, da Lei n° 6.404/1976); e
>
> (ii) o reconhecimento da hipótese de resolução do contrato da sociedade limitada em relação a apenas alguns sócios, por meio de sua exclusão por deliberação dos demais, em razão da prática de atos de inegável gravidade, que coloquem em risco a continuidade da empresa (artigos 1.030 e 1.085 do Código Civil de 2002).

Nessa mesma linha evolutiva do direito societário, destaca-se no presente trabalho a Lei 11.101/05, que elegeu a preservação da empresa como valor preponderante a ser perseguido, tanto que prevê a criação do regime legal da Recuperação Judicial ou Extrajudicial da empresa.

A despeito das críticas e dos pontos de fragilidade, é indiscutível que a Lei 11.101/05 trouxe consigo avanços consideráveis, eliminando ineficiências da legislação anterior (Decreto-Lei 7.661/45) e elevando o princípio da preservação da empresa à posição de pilar central.

A essência da Lei nº 11.101/05 é a recuperação e valorização dos ativos da empresa, tendo como preceito a ideia de que eventual recuperação ou falência tem que ser benéfica não só aos credores e à sociedade empresária, mas a todos os *stakeholders* – categoria na qual se incluem investidores, trabalhadores e a coletividade em geral.

Essa nova categoria de interessados surge de um rompimento com a dicotomia até então existente entre os interesses, públicos e privados, associados aos objetivos a serem perseguidos pela empresa[26]. Exsurge, assim, a força do princípio da função social da empresa, cujo fundamento central reside na ideia de que a empresa deve se prestar a atender não apenas aos anseios dos seus acionistas, mas da coletividade em geral.

A busca pela maximização desse valor, aliás, é um dos efeitos desejáveis associados a um regime falimentar eficiente, conforme destaca Oliver Hart[27]:

> "There is a strong argument that a bankruptcy procedure should deliver an ex post efficient outcome, that is, it should maximize the total value (measured in money terms) available to be divided between the debtor, creditors and possibly other interested parties, e.g., workers"

Daí porque dois princípios podem ser apontados como sendo centrais no novo regime do direito falimentar, a saber: (i) a preservação da empresa; e (ii) a ampla participação e a segurança jurídica dos credores.

No que diz respeito ao princípio da preservação da empresa, vale transcrever, a propósito, o artigo 47 da Lei nº 11.101/05, que, tratando da recuperação judicial, manifesta expressamente o objetivo de salvaguardar a unidade produtiva, em razão de sua relevância econômica e social:

> "Art. 47. A recuperação judicial tem por objetivo viabilizar a superação da situação de crise econômico-financeira do devedor, a fim de permitir a manutenção da fonte produtora, do emprego dos trabalhadores e dos interesses dos credores, promovendo, assim, a preservação da empresa, sua função social e o estímulo à atividade econômica."

O artigo 47 da Lei nº 11.101/05 estimula claramente o exercício da função social da empresa, entendendo que há diversos centros de interesses que gravitam em

---

26 Ver FILHO, Calixto Salomão. Sociedade Anônima: Interesse Público e Privado. "Daí parece resultar a crítica à dicotomia proposta entre interesse público e privado. Nenhum deles parece bem traduzir a realidade societária, que exige a compreensão e consideração de interesses individuais e coletivos afetados pela sociedade anônima". p. 18.

27 HART, Oliver. Different approaches to bankrupcty. p. 3.

torno da empresa e que justificam sua preservação[28]. Portanto, o princípio da preservação da empresa foi expressamente declarado no texto legal, deixando claro que o instituto da recuperação de empresas preocupa-se com a reestruturação da empresa com vistas a assegurar sua continuidade no mercado[29].

Nesse sentido, disserta Sheila Christina:

> A positivação do princípio da preservação de empresa no capítulo destinado à recuperação judicial demonstra a atribuição de relevância aos diversos interesses que envolvem a sociedade e que contribuem à formação do denominado e controvertido *interesses social* – o qual, em acepção institucionalista, é identificado exatamente com a preservação da empresa.[30]

A expressão *"interesse social"* utilizada para definir o conceito de preservação da empresa não passa de um conceito jurídico indeterminado, não alcançando, assim, qualquer tipo de unanimidade quanto a sua definição. Trata-se, portanto, de termo extremamente controvertido e que gera, até os dias atuais, grandes divergências na jurisprudência e na doutrina especializada.

Desta forma, Sheila Christina Neder Cerezetti em seu livro *"A Recuperação Judicial de Sociedade por Ações. O princípio da Preservação da Empresa na Lei de Recuperação e Falência"* procurou debater sobre as teorias existentes sobre o tema, indicando como sendo as principais – a teoria contratualista e a teoria institucionalista –, as quais tentar-se-á compreender no decorrer desse capítulo.

Por oportuno e antes de conceituar as teorias em separado, cabe ressaltar que existe um ponto em comum entre as teorias mencionadas, qual seja, a identificação do interesse social com o interesse comum dos acionistas/sócios. Quanto aos interesses identificados nessa relação, nota-se que existem alguns comuns aos acionistas e à sociedade, atendendo ao interesse social. Porém, identifica-se interesses que são próprios e exclusivos dos acionistas, considerados interesses extrassociais que,

---

28 CF CEREZETTI, Sheila Christina Neder. A Recuperação Judicial de Sociedade por ações. O Princípio da Preservação da Empresa na Lei de Recuperação e Falência. Malheiros. São Paulo, 2012. p. 16

29 "[...] infere-se que a função socioeconômica não se confunde com responsabilidade social e, muito menos, com filantropia. E, evidentemente, a função social da empresa encontra-se indissociável de sua função econômica, ou seja, de seu papel como unidade-base do desenvolvimento econômico de uma nação que tenha adotado o regime capitalista, pautado na livre-iniciativa e na propriedade privada.
Por conseguinte, por função socioeconômica pode-se entender a adequação do exercício da empresa ao valor social da livre iniciativa (art. 1º, IV, c/c art. 170, CF), sem que disso resulte qualquer prejuízo à eficiência econômica, a qual, aliás, pode vir a ser seriamente impactada por decisões judiciais contrárias ao sistema legal e que representem grave prejuízo a credores, além de onerar ex ante a concessão de financiamentos à classe empresária, em razão da suposta fragilidade jurídica dos mecanismos contratuais de proteção creditória". MENEZES, Maurício Moreira Mendonça de. O Poder de Controle nas Companhias em Recuperação Judicial. Editora Forense, 2012. p. 141 – 142.

30 CF CEREZETTI, Sheila Christina Neder. A Recuperação Judicial de Sociedade por ações. O Princípio da Preservação da Empresa na Lei de Recuperação e Falência. Malheiros. São Paulo, 2012. p. 206 – 207.

em tese, não poderiam concorrer à formação do interesse social. Desta forma, a divergência surgiria a partir do que deveria significar o denominado interesse comum dos acionistas[31].

Nas palavras de Sheila Christina Neder Cerezetti, a teoria contratualista entende o interesse social como coincidente ao interesse do grupo de acionistas atuais da sociedade, ou seja, a companhia alcançaria seu objetivo ao atingir os interesses imediatos e exclusivos do grupo de acionistas que a compõem no momento analisado. Portanto, segundo esta teoria, o interesse social deve ser entendido como o interesse do grupo de acionistas atuais, ou seja, na maior parte das vezes o crescimento a curto prazo e a capacidade de gerar lucro imediato seriam coincidentes ao interesse social da empresa.

Nesse contexto, o princípio da preservação da empresa deveria ser aplicado tão somente às sociedades com capacidade de atender aos interesses dos acionistas atuais e a curto prazo, não fazendo sentido a preservação de qualquer ente que, em situação de dificuldade econômico-financeira, não apresentasse capacidade de soerguimento econômico imediato, sem considerar o argumento contrário de que a sociedade, independente de qualquer coisa, seria de extrema importância para o Estado e a sociedade em geral.

Diametralmente oposta se apresenta a segunda teoria aqui exposta, onde o interesse social deve também se coadunar com o interesse da sociedade, do Estado e dos acionistas futuros. Portanto, o conceito de interesse social receberia relevância autônoma em relação ao mero interesse comum dos acionistas no momento presente e estático.

Neste sentido é perfeito o entendimento exposto por Sheila Christina Neder Cerezetti ao considerar que o conceito de interesse social inserido no princípio da preservação de empresa dependeria da "identificação de um valor que pudesse ser apurado não apenas a partir da ponderação dos interesses identificados nos sócios já determinados, mas também com base naqueles que a longo prazo poderiam deter participação acionária"[32].

Na Lei nº 6.404/76, o art. 116, parágrafo único, determina que recaem sobre o acionista controlador deveres fiduciários em relação aos demais acionistas da empresa, aos trabalhadores e à comunidade.

Na esteira desse raciocino, chegou-se à conclusão de que o conceito de maximização do valor das ações poderia refletir o conteúdo do interesse social. Isso porque a alta valorização das ações emitidas pela companhia seria considerada característica

31 CF CEREZETTI, Sheila Christina Neder. A Recuperação Judicial de Sociedade por ações. O Princípio da Preservação da Empresa na Lei de Recuperação e Falência. Malheiros. São Paulo, 2012. p. 161.

32 CF CEREZETTI, Sheila Christina Neder. A Recuperação Judicial de Sociedade por ações. O Princípio da Preservação da Empresa na Lei de Recuperação e Falência. Malheiros. São Paulo, 2012. p. 207.

suficiente a atender não apenas aos atuais participantes da sociedade, como também àqueles acionistas que terão parte no capital social futuramente[33].

Sendo assim, o princípio da preservação da empresa faria sentido em toda e qualquer sociedade que fosse minimamente viável, pois segundo a teoria institucionalista "a companhia tem extrema relevância para o Estado e a sociedade, pois ela exerce funções de altíssima importância. Por esse mesmo motivo justifica-se o interesse do Estado, da sociedade e da economia nas sociedades por ações como um todo – interesse, esse, que seria traduzido na sobrevivência e desenvolvimento de empresas eficientes" [34].

Por fim, ainda sobre a teoria institucionalista, cabe ressaltar os interesses dos credores *stricto sensu*, onde, na forma desta teoria, o mero pagamento dos créditos não poderá ser considerado o único propósito a guiar a atuação de todos os credores. Segundo esta teoria, há algumas classes de credores, como os fornecedores, por exemplo – que mais do que o simples pagamento, estes estão interessados no prosseguimento das suas relações econômicas com a sociedade e, portanto, na preservação da empresa[35].

Portanto, o objetivo deste debate sobre as teorias da preservação da empresa seria justamente demonstrar como em nosso ordenamento jurídico, incluindo a Lei 11.101/05, o legislador não se apegou totalmente a nenhuma delas, coexistindo normas que induzem ao entendimento contratualista de que o ente societário visa unicamente o lucro presente e o seu não atingimento poderia inviabilizar a continuação da empresa, assim como existem normas que possuem valores que ultrapassam o interesse em curto prazo dos sócios e acionistas, estabelecendo condutas que visem a preservação da empresa, tendo em vista sua importância para o Estado e para a sociedade como um todo em longo prazo.

A adoção de uma teoria ou outra, sob o ponto de vista consequencialista, influencia diretamente a tomada de decisão dos credores/acionistas antes, durante e após o pedido de Recuperação Judicial, tendo em vista que as consequências econômicas geradas pela norma instituída ou pelo entendimento jurisprudencial de certos institutos jurídicos podem causar graves prejuízos aos potenciais investidores.

Sendo assim, a compreensão da extensão da preservação da empresa e a reafirmação da importância do princípio da segurança jurídica nas relações privadas é fundamental para garantia do equilíbrio jurídico/econômico do país.

---

33 CF CEREZETTI, Sheila Christina Neder. A Recuperação Judicial de Sociedade por ações. O Princípio da Preservação da Empresa na Lei de Recuperação e Falência. Malheiros. São Paulo, 2012. p. 221.

34 CF CEREZETTI, Sheila Christina Neder. A Recuperação Judicial de Sociedade por ações. O Princípio da Preservação da Empresa na Lei de Recuperação e Falência. Malheiros. São Paulo, 2012. p. 225.

35 CF CEREZETTI, Sheila Christina Neder. A Recuperação Judicial de Sociedade por ações. O Princípio da Preservação da Empresa na Lei de Recuperação e Falência. Malheiros. São Paulo, 2012. p. 222.

2.2. O princípio da Segurança Jurídica aplicado aos negócios celebrados entre devedor e credores

Um dos valores fundamentais tutelados pelo Direito é o da segurança jurídica, a qual consiste no conjunto das condições estabelecidas pelo sistema legal que permite às pessoas preverem as consequências de seus atos, ou seja, na certeza que as pessoas têm de que as relações (contratos) por elas firmadas sob o regime de uma norma deverão perdurar, sem risco de ser flexibilizada, ainda que tal norma venha a ser modificada no futuro.

Assim, as leis são feitas e o negócios jurídicos são celebrados, por definição, para vigorar e produzir todos os seus efeitos para o futuro; os atos praticados sob o império de uma lei ou contrato (*pacta sunt servanda*) não podem ser modificados, ou ter seus efeitos alcançados por lei futura ou entendimento jurisprudencial *contralegem*, sob pena de ficar comprometido o valor da segurança jurídica, fundamental para análise de risco do credor interessado em financiar/investir nas sociedades em Recuperação Judicial.

Daí decorrem os princípios de que as leis não têm efeito retroativo e os contratos possuem força obrigatória, onde eventuais alterações legislativas não alcançam relações jurídicas consolidadas sob o regime da lei anterior, assim como os contratos firmados com determinadas condições devem ser respeitados, independente dos fatos ocorridos posteriormente.

Constitui verdadeiro axioma de qualquer sistema jurídico civilizado o da inviolabilidade do passado, que encontra fundamento na própria natureza do ser humano; assim, a nova norma ou situação jurídica de uma das Partes não pode, por definição, alcançar, para alterá-los ou destruí-los, atos, fatos ou direitos deles resultantes praticados e esgotados sob o império da lei ou de contrato anterior: *o que foi feito, feito está para sempre e por não feito não pode ser havido*[36].

Com relação à teoria da aplicação da lei no tempo, e podendo este entendimento ser analogicamente aplicado aos contratos de garantia fiduciária celebrados com sociedades em Recuperação Judicial, sendo estes, portanto, entendidos como leis entre as Partes, distingue-se tradicionalmente três situações de retroatividade, tendo em vista a graduação por intensidade: a máxima; a média; e a mínima[37].

A retroatividade máxima, também chamada restitutória, ocorre quando a lei nova (ou a situação jurídica de uma das partes) ataca a coisa julgada e os fatos consumados; tal ocorreu com decreto baixado por Alexandre III, que, por odiar a usura, mandou os credores restituírem os juros recebidos.

A retroatividade média dá-se quando a lei nova atinge os efeitos pendentes de um ato jurídico verificado antes de sua promulgação, como seria a lei que limitasse a

36 RÁO, Vicente. O Direito e a Vida dos Direitos São Paulo, RT, 3ª ed. Vol. 1, p. 323.

37 MATOS PEIXOTO. Limite temporal da Lei. Revista Jurídica da Faculdade Nacional de Direito da Universidade do Brasil, vol. IX, p. 9 e seguintes.

taxa de juros, mas não aplicasse aos vencidos e não pagos. No caso dos contratos celebrados com garantia fiduciária que, em tese, garantiria a extraconcursalidade dos créditos, muito das vezes, a alteração da situação jurídica do devedor (em Recuperação Judicial) atinge os efeitos da garantia, de modo que, normalmente, os bens alienados fiduciariamente são mantidos na posse do devedor, sendo esses considerados essenciais à preservação da atividade empresária.

A retroatividade é tida como mínima – ou *mitigada* – quando a lei nova (ou situação jurídica do devedor) atinge apenas os efeitos dos atos anteriores produzidos após a data em que ela entrar em vigor ou, nas hipóteses em análise, fora realizado o pedido de Recuperação Judicial. Tal foi o caso do Decreto-lei n° 22.626/33, que reduziu a taxa de juros e se aplicou a partir de sua promulgação, aos contratos existentes, inclusive aos questionados judicialmente.

Nos contratos celebrados por devedores em Recuperação Judicial, as garantias fiduciárias celebradas anteriormente ao pedido de Recuperação Judicial deveriam, em tese, estar protegidas em nome da segurança das relações jurídicas celebradas no passado. Ou seja, o credor realiza, em todo novo negócio jurídico celebrado, uma análise econômica (consequencialista), não sendo justo, por assim dizer, que as regras sejam alteradas em função da alteração da situação jurídica do devedor, salvo nas situações, excepcionais, em que o princípio da preservação da empresa poderia se sobrepor ao princípio da segurança jurídica dos contratos.

Com relação às duas primeiras, não há qualquer dúvida de que a lei retroage (ou situação jurídica do devedor), *age para trás*, alcançando o que já ocorreu no passado.

Quanto à terceira espécie – a da retroatividade mitigada – houve, no passado, autores que sustentavam não ocorrer, em tal caso, retroatividade, mas, sim, aplicação imediata da lei ou situação jurídica; a lei nova ou situação jurídica estaria modificando efeitos futuros de atos ou fatos anteriores, sem ser portanto retroativa, daí decorrendo a sua admissibilidade no sistema jurídico[38].

Porém, conforme demonstrado no já clássico Voto do Ministro Moreira Alves, no julgamento da Ação Direta de Inconstitucionalidade n° 493/91, tal posição é manifestamente equivocada, uma vez que *dúvida* não há de que, se a lei alcançar os efeitos futuros de contratos celebrados anteriormente a ela, será essa lei retroativa porque vai interferir na causa, que é um ato ou fato ocorrido no passado. Nesse caso, a aplicação imediata se faz, mas com efeito retroativo[39].

No Direito Positivo Brasileiro, a questão da aplicação da lei no tempo é objeto de norma constitucional, que figura entre as garantias constitucionais fundamentais dos cidadãos.

Nesse sentido, o art. 5°, XXXVI, da Constituição Federal, que constitui um princípio geral de direito, estabelece expressamente que:

---

38 PLANIOL. Traité Élementaire de Droit Civil. vol. I, Paris, 1906, n° 243.

39 Ação Direta de Inconstitucionalidade n° 493/91.

> "XXXVI – a lei não prejudicará o direito adquirido, o ato jurídico perfeito e a coisa julgada".

Durante algum tempo, sustentou-se que a teoria da irretroatividade da lei deveria fundar-se na distinção entre normas de direito público e normas de direito privado. Assim, prevalecendo na esfera do direito privado o interesse do indivíduo e a autonomia de sua vontade, o respeito à confiança por ele depositada na ordem jurídica impediria a nova lei (ou situação jurídica) de operar retroativamente, quer sobre a relação jurídica, quer sobre os seus efeitos, ainda que verificados sob o império de lei nova.

Por outro lado, como na esfera do direito público predominam os interesses do Estado, o interesse público (leia-se aqui a preservação da empresa) exigiria que a lei nova (ou situação jurídica do devedor) se apoderasse imediatamente das relações e dos fatos anteriores, disciplinando-os em conformidade com o novo regime.

Mais modernamente, porém, superou-se tal distinção entre normas de direito público e de direito privado, consagrando-se o **princípio geral da irretroatividade**, embora com algumas exceções; para chegar-se a tal conclusão, parte-se da premissa de que a lei ou contrato governa todos os fatos produzidos sob o seu império, daí decorrendo que ela também é idônea para governar **todos** os efeitos que destes fatos derivam, quer se manifestem sob a sua vigência, quer após sua revogação[40].

Nesse sentido, na lição clássica de Paul Roubier, criticando a possibilidade de aplicação retroativa de normas de ordem pública, seria impensável conceber os fundamentos de uma ordem jurídica sem nela introduzir-se a noção de irretroatividade das leis ou situações jurídicas; se as leis ou situações jurídicas pudessem modificar negócios jurídicos celebrados no passado e, assim, fossem retroativas, não haveria ordem pública, mas *desordem pública*[41].

O Supremo Tribunal Federal, no julgamento da ADIN n° 493, antes referido, deixou, em trecho da Ementa da decisão, clara sua orientação no sentido de que:

> "O disposto no art. 5°, XXXVI da Constituição Federal se aplica a toda e qualquer lei infraconstitucional, sem qualquer distinção entre lei de direito público e lei de direito privado, ou entre lei de ordem pública e lei dispositiva". (grifamos).

Tratando-se de direitos obrigacionais, como é o caso dos contratos celebrados com potenciais investidores, não há qualquer dúvida de que continuam sujeitos à norma ou situação jurídica sob cuja vigência se verificaram: a) a capacidade das partes; b) a idoneidade da causa obrigacional; c) a validade da obrigação; d) a resolução da obrigação; e) a extinção e anulação da obrigação em relação a terceiros; e f) todos os efeitos, mesmo futuros, que da obrigação resultam[42].

---

40 RÁO, Vicente. O Direito e a Vida dos Direitos São Paulo, RT, 3ª ed. Vol. 1, p. 335.

41 ROUBIER, Paul. Les Conflits de Lois dans les Temps Paris, Sirey, 1933.

42 RÁO, VICENTE. O Direito e a Vida dos Direitos São Paulo, RT, 3ª ed. Vol. 1, p. 351.

A propósito, o Supremo Tribunal Federal já decidiu que:

> "Tratando-se de contrato legitimamente celebrado, as partes têm o direito de vê-lo cumprido, nos termos da lei contemporânea ao seu nascimento, a regular, inclusive, os seus efeitos. Os efeitos do contrato ficam condicionados à lei vigente no momento em que foi firmado pelas partes. Aí, não há que se invocar o efeito imediato da lei nova"[43].

Portanto, o contrato de fornecimento (de crédito ou insumos), constituindo ato jurídico perfeito, com garantia fiduciária, que é aquele que sob o regime da lei e do contrato tornou-se apto a garantir a extraconcursalidade do credor e a produzir todos os seus efeitos, evidentemente não pode ser afetado ou alterado por uma lei nova ou pela situação jurídica do devedor.

Assim, a segurança jurídica é o princípio consagrado em nosso sistema jurídico segundo o qual a lei nova ou regime jurídico do devedor não pode, por definição, atingir as consequências de um ato praticado sob o regime da lei ou contrato anterior; assim, é retroativa, e, portanto, condenável, a lei nova ou situação jurídica que impede as consequências futuras de um ato praticado no passado[44].

Com efeito, nos termos da Lei nº 11.101/05, art. 49, §3º, os créditos garantidos por alienação fiduciária estão excluídos dos efeitos da Recuperação Judicial.

Tais contratos, celebrados com a referida garantia, são atos jurídicos perfeitos. Ao tempo em que foram firmados, constituíam – e ainda constituem – lei de regência a vigente Lei nº 11.101/05, cujo art. 49, §3º, estabelece que os créditos são extraconcursais e, por isso, não se submetem aos efeitos do novo regime jurídico do devedor, qual seja, em Recuperação Judicial.

Assim, sob o ponto de vista consequencialista, os efeitos futuros de tais contratos, que são atos jurídicos perfeitos, submeter-se-iam, por inteiro, à vigente Lei nº 11.101/05, daí decorrendo que, caso a Recuperanda descumpra as suas obrigações, permanece íntegra a possibilidade do credor cobrar imediatamente o crédito e executar a garantia fiduciária, posto que prevista na lei que rege tais negócios jurídicos.

3. Preservação da Empresa vs. Segurança Jurídica – A ponderação de princípios que causam consequências para a Recuperação Judicial

Antes de adentrar no tratamento conferido pela Lei nº 11.101/05 aos créditos submetidos ao regime fiduciário, oportuno esclarecer o conceito de negócio jurídico submetido a tal regime.

---

43 AI 244578, Relator(a): Min. CELSO DE MELLO, julgado em 23/06/1999, publicado em DJ DATA-18-08-99 P-00017 (RTJ 106/317).

44 J. M. OTHON SIDOU. O Direito Legal. Rio de Janeiro, Forense, 1985, p. 228 e seguintes.

Nesse contexto, necessário expor as lições de Melhim Namem Chalhub, que define o instituto da seguinte maneira:

> "entende-se por negócio fiduciário o negócio jurídico inominado pelo qual uma pessoa (fiduciante) transmite a propriedade de uma coisa ou a titularidade de um direito a outra (fiduciário), que se obriga a dar-lhe determinada destinação e, cumprido esse encargo, retransmitir a coisa ou o direito ao fiduciante ou a um beneficiário indicado no pacto fiduciário" [45].

Com relação à cessão de créditos em garantia ao pagamento, em especial, assim a define:

> "por meio da cessão, o cessionário é investido da condição de credor, com todos os poderes inerentes a este, inclusive o de valer-se de todas as ações e execuções a que o credor está legitimado, mas, recebendo o crédito, não pode apropriar-se da totalidade do produto, mas apenas do quantum correspondente ao seu crédito, ou retendo o produto recebido até que o devedor-cedente pague a sua dívida" [46].

A Lei nº 11.101/05 submeteu ao processo de recuperação judicial todos os créditos existentes na data do pedido, com exceção daquele concernente ao crédito titular da posição de proprietário fiduciário de bens móveis ou imóveis (art. 49, §§3º e 4º) – além, evidentemente, dos créditos concedidos após o pedido de recuperação judicial (extraconcursais – *"dinheiro novo"*) -, senão vejamos:

> *Art. 49.* ***Estão sujeitos à recuperação judicial todos os créditos existentes na data do pedido,*** *ainda que não vencidos.*
>
> *§3°****Tratando-se de credor titular da posição de proprietário fiduciário de bens móveis ou imóveis,*** *de arrendador mercantil, de proprietário ou promitente vendedor de imóvel cujos respectivos contratos contenham cláusula de irrevogabilidade ou irretratabilidade, inclusive em incorporações imobiliárias, ou de proprietário em contrato de venda com reserva de domínio,* ***seu crédito não se submeterá aos efeitos da recuperação judicial*** *e prevalecerão os direitos de propriedade sobre a coisa e as condições contratuais, observada a legislação respectiva, não se permitindo, contudo, durante o prazo de suspensão a que se refere o § 4° do art. 6° desta Lei, a venda ou a retirada do estabelecimento do devedor dos bens de capital essenciais a sua atividade empresarial.*
>
> *§ 4°****Não se sujeitará aos efeitos da recuperação judicial a importância a que se refere o inciso II do art. 86*** *desta Lei.*

Significa dizer, na prática, que o credor titular da propriedade fiduciária não estaria sujeito ao concurso de credores, vez que o bem já não é mais de titularidade do

---

45 CHALHUB, Melhim Namem, 1944 – Negócio fiduciário – 4ª ed., rev. e atual. – Rio de Janeiro: Renovar, 2009. p. 32.

46 ________., p. 51.

devedor. Ou seja, reteria este credor o bem que lhe foi dado em garantia com vistas a assegurar o pagamento da dívida, sendo dispensável a restituição ao devedor e, por conseguinte, a habilitação no quadro geral de credores.

Da leitura do dispositivo em comento, surge uma primeira questão: o direito de crédito, proveniente da cessão fiduciária, também estaria abrangido pela exceção, tendo em vista que o dispositivo legal faz referência apenas ao credor titular da posição de proprietário fiduciário de bens móveis ou imóveis?

Prudente esse primeiro questionamento na medida em que a cessão fiduciária de créditos encontra previsão legal no art. 66-B, §3°, da Lei nº 4.278/1965, não havendo previsão expressa de exclusão desses créditos do concurso de credores. E, por se tratar de norma de exceção, não haveria que se falar em extensão com vistas a abranger o direito de crédito. A interpretação, neste caso, deveria ser restritiva.

Nesse sentido, oportuno mencionar entendimento exposado pela Ministra Nancy Andrighi nos autos do Resp n° *1202918/SP, em julgamento datado de 07/03/2013:*

> "Sujeitam-se aos efeitos da recuperação judicial os créditos referentes à cessão fiduciária de títulos, realizada com base no artigo 66-B, §3º, da Lei nº 4.278/1965, pela empresa em recuperação em favor de entidade bancária, visto que a exceção ao regime da recuperação judicial, prevista no artigo 49, §3º, da Lei nº 11.101/2005, alcança apenas a propriedade fiduciária sobre bens, móveis ou imóveis, nunca sobre direitos, hipótese dos autos.
>
> Sujeitam-se aos efeitos da recuperação judicial os créditos referentes à cessão fiduciária de títulos, realizada com base no artigo 66-B, §3º, da Lei nº 4.278/1965, pela empresa em recuperação em favor de entidade bancária, visto que a exceção ao regime da recuperação judicial, prevista no artigo 49, §3º, da Lei nº 11.101/2005, deve ser interpretada de forma restritiva, de sorte que, se fosse a intenção do legislador excluir as cessões fiduciárias de crédito da recuperação judicial, teria feito isso de forma expressa."

Não obstante, a despeito desse argumento de cunho formal, cabe avaliar o tratamento que vem sendo dado pela jurisprudência aos créditos submetidos ao regime fiduciário, caso se entenda estarem efetivamente excluídos do regime concursal.

Ressalte-se, neste ponto, que a jurisprudência, por vezes, parece vacilar quanto ao tratamento conferido aos créditos submetidos ao regime fiduciário, notadamente quando se deparam com a figura da "trava bancária".

De um lado, identificam-se julgados que se mantém fieis à literalidade da regra constante no art. 49, §3°, da Lei n° 11.101/05, considerando excluídos do regime concursal os créditos submetidos ao regime fiduciário, conforme se extrai da leitura do julgado colacionado abaixo:

> 1. Controvérsia acerca de decisão do juízo de origem que liberou, em favor das empresas recuperandas, **trava bancária** oriunda de contratos garantidos por cessão fiduciária de crédito.
>
> 2. Tratando-se de credor titular da posição de proprietário fiduciário de bens móveis ou imóveis, de arrendador mercantil, de proprietário ou promitente vendedor de imóvel cujos respectivos contratos contenham cláusula de irrevogabilidade ou irretratabilidade, inclusive

> em incorporações imobiliárias, ou de proprietário em contrato de venda com reserva de domínio, seu crédito não se submeterá aos efeitos da **recuperação judicial** e prevalecerão os direitos de propriedade sobre a coisa e as condições contratuais, observada a legislação respectiva, não se permitindo, contudo, durante o prazo de suspensão a que se refere o §4º do art.6º desta Lei, a venda ou a retirada do estabelecimento do devedor dos bens de capital essenciais a sua atividade empresarial (art. 49, §3º, da Lei nº 11.101/2005, sem grifos no original).
>
> 3. Possibilidade de o juízo impor restrições temporárias à
>
> propriedade fiduciária de bens de capital, para mantê-los na posse do devedor, em atenção ao princípio da preservação da empresa, conforme previsto no dispositivo legal supracitado.
>
> 4. Impossibilidade, contudo, de se impor restrições à propriedade fiduciária de crédito, por não se tratar de bem de capital, segundo entendimento desta Corte Superior. (SUPERIOR TRIBUNAL DE JUSTIÇA. 3ª Turma. AgInt. no Resp n° 1475258/MS, Min. Relator: Paulo de Tarso Sanseverino, Rel. p/ acórdão Min. Marco Aurélio Belizze, julgado em 07/03/2017).
>
> "Não se submetem aos efeitos da recuperação judicial do devedor os direitos de crédito cedidos por ele fiduciariamente por ele em garantia de obrigação representada por Cédula de Crédito Bancário existente na data do pedido de recuperação (...)". (SUPERIOR TRIBUNAL DE JUSTIÇA. 3ª Turma. REsp n° 1.412.529-SP, Min. Relator: Paulo de Tarso Sanseverino, Rel. p/ acórdão Min. Marco Aurélio Belizze, julgado em 17/12/2015).

Por outro lado, há inúmeros julgados, em especial do Tribunal de Justiça do Estado do Rio de Janeiro, em que a jurisprudência parece inclinada a desconsiderar o regime a que o crédito está submetido em prol da preservação da empresa.

Sustentam esses julgados, em síntese, que a aplicação literal da regra constante no art. 49, §3°, escapa aos objetivos da lei de recuperação de empresas, notadamente em relação ao seu viés recuperacional, sendo necessário, portanto, conciliar os institutos a partir da ponderação dos interesses envolvidos.

É o que se identifica a partir da leitura dos julgados colacionados abaixo, senão vejamos:

> "A questão está em definir se os créditos referentes a cessão fiduciária estão ou não excluídos daqueles destinados à atividade empresarial, para fins de atendimento ao princípio da preservação da empresa submetida a recuperação judicial, com o consequente levantamento da "trava bancária.
>
> Por certo, a preservação da empresa é finalidade do procedimento previsto na Lei 11.101/2005, e representa princípio que o condutor do feito deve levar em consideração para cumprimento de seu mister.
>
> Não obstante, é a própria Lei de Recuperação e Falências que estabelece normas excepcionais, que, desviando-se da preservação da empresa, elegem valores distintos para tutelar.
>
> E assim é no caso da chamada "trava bancária", do caso em exame, pois o art. 49, §3º da Lei nº 11.101/2005 dispõe no sentido de excluir os créditos em questão dos efeitos da recuperação judicial, preservando-se a garantia firmada.
>
> Ocorre, todavia, que a melhor solução para o caso é admitir o levantamento de recursos pelo banco, ainda que em parte, de modo a, de um lado, cumprir a lei de regência e respeitar a garantia, e, de outro, atender o Princípio da Preservação da Empresa, evitando-se inviabilizar o processo de recuperação judicial.

> (...)". (TRIBUNAL DE JUSTIÇA DO ESTADO DO RIO DE JANEIRO. Agravo de Instrumento n° *0059541-03.2016.8.19.0000. Des. Relator: Custódio de Barros Tostes. Julgado em 25/04/2017. 1ª Câmara Cível*) (grifos nosso).
>
> "(...) **Embora o crédito garantido por cessão fiduciária, em regra, não esteja submetido à recuperação judicial, a utilização da trava bancária poderia obstaculizar o êxito da recuperação**". (TRIBUNAL DE JUSTIÇA DO ESTADO DO RIO DE JANEIRO. Agravo de Instrumento n.° 0015932-67.2016.8.19.0000. Des. Relator: Augusto Alves Moreira Junior. Julgado em 14/02/2017. 8ª Câmara Cível). (grifos nosso)
>
> "Crédito fiduciário que, em regra, é excluído da recuperação judicial. Inteligência do §3°, do art. 49, da Lei n° *11.101/05 Necessidade de equacionamento dos interesses em conflito. Direito do credor fiduciário X Princípio da preservação da empresa.* **Essencialidade da medida para preservação do funcionamento da sociedade empresária. Liberação parcial das garantias que não tem o condão de representar a derrocada do agravante, contudo, configura quantia significativa para a sociedade recuperanda, quando somada as liberações dos outros bancos.** Devida e justificável a ingerência limitadora da garantia do credor fiduciário, como forma de atender aos princípios basilares da Lei n° *11.101/05. Precedentes jurisprudenciais. Aplicação do verbete sumular de* n.° 58 do TJERJ. Desprovimento do recurso". (TRIBUNAL DE JUSTIÇA DO ESTADO DO RIO DE JANEIRO. Agravo de Instrumento n° 0055050-84.2015.8.19.0000. Des. Relator: Cláudio de Mello Tavares. Julgado em 24/02/2016. 11ª Câmara Cível) (grifos nosso).

Portanto, a proposta central para reflexão neste trabalho, ainda que sem resposta certa, é a seguinte: o tratamento conferido pela lei aos créditos excluídos do regime concursal, notadamente aqueles sujeitos ao regime fiduciário, deve ser objeto de uma interpretação literal (positivista) ou o dispositivo deverá ser interpretado de forma sistêmica (consequencialista), cotejando-o com os princípios basilares da lei – preservação da empresa versus a necessária segurança jurídica dos negócios jurídicos?

Feitas as considerações gerais acerca do tratamento conferido pela Lei n° 11.101/05 e ressalvado o campo de abrangência do art. 49, §3°, devido ao fato de não fazer expressa referência ao direito de crédito, cumpre-nos trazer elementos que possam nos levar a refletir acerca da assertividade do tratamento jurídico atualmente conferido pela legislação, se considerarmos excluído do concurso de credores.

Não se ignora, evidentemente, o fato de a solução estar em aparente consonância com o instituto da alienação fiduciária como instrumento de garantia, vez que visa a facilitar a recuperação do crédito por parte do credor.

De igual modo, sabido que, com isso, as taxas de juros podem ser menores, dado que são fixadas a partir de uma relação de "risco-retorno". Não se nega isso.

Não se deve desprezar, contudo, os princípios basilares da lei de recuperação de empresa, notadamente os princípios da preservação da empresa, contemplado de maneira expressa no art. 47, da função social e a igualdade preconizada por detrás da regra do concurso de credores. Busca-se preservar a igualdade e, assim, evitar assimetrias e divergências de interesses entre as classes de credores e no próprio êxito da recuperação judicial.

Resta identificar, portanto, qual a interpretação e o tratamento mais consentâneo aos objetivos da lei.

Para tanto, mostra-se imprescindível sopesar os interesses envolvidos, ainda que, com isso, alguns tenham que ser temporariamente sacrificados e outros institutos jurídicos, igualmente relevantes, flexibilizados e/ou moldados à situação das empresas em recuperação.

Por certo, as regras e os institutos devem ser compreendidos de maneira sistêmica, como integrantes de um sistema, e não de forma isolada. Do mesmo modo, necessário que sejam interpretados e assimilados de maneira dinâmica, e não estanque, a fim de acompanhar os anseios e necessidades sociais, sob pena de sua própria ineficácia. Não há, portanto, estruturas sem funções[47].

Ademais, não se pode desconsiderar o momento de grave crise financeira e institucional pelo qual passamos. Não se propõe, evidentemente, um método de interpretação pautado em situações circunstanciais, vez que seria uma alternativa extremamente arriscada e nefasta à segurança jurídica e, por conseguinte, à estabilidade das relações jurídicas e sociais.

Não se pode ignorar, de igual modo, a realidade prática e as dificuldades que se tem deparado nos processos de recuperação de empresas em crise.

A aplicação da regra e a interpretação mais consentânea aos objetivos da norma, porquanto, deve perpassar por uma ponderação dos interesses envolvidos, identificando-se qual(ais) deverá(*ão*) preponderar.

Ressalte-se, ademais, que os princípios são dotados de conteúdo não apenas valorativo, mas também normativo[48], de sorte que não se mostra a técnica eventual sobreposição do princípio da preservação da empresa e da função social face às regras atinentes ao regime jurídico dos créditos fiduciários na recuperação judicial.

Nesse contexto, prudente se utilizar das técnicas de ponderação, pautada no princípio da proporcionalidade e em seus subprincípios[49], a saber:

---

47 BOBBIO, Norberto. Da estrutura à função: novos estudos de teoria do direito. Barueri, SP: Manole, 2007.

48 Cf. AVILA, Humberto Bergmann, Revista de Direito Administrativo, Rio de Janeiro, 215:151-179, jan./mar. 1999. A distinção entre princípios e regras e a redefinição do dever de proporcionalidade. "E possuem um viés normativo em razão de emanarem fundamentos, critérios para justificação de uma ordem. Os princípios, portanto, não possuem uma ordem vinculada estabelecida de maneira direta, senão que apenas fundamentos para que essa seja determinada. Sustentam alguns que os princípios evidenciam uma ideia jurídica geral que direciona o processo normativo de concretização". Transcreve-se, ainda, "A afirmação segundo a qual os princípios, ao contrário das regras, não possuem conseqüências normativas ou possuem uma hipótese de incidência aberta merece maior atenção. Os princípios também possuem uma consequência normativa: a razão (fim, tarefa) à qual o princípio se refere deve ser julgada relevante diante do caso concreto".

49 Cf. AVILA, Humberto Bergmann, Revista de Direito Administrativo, Rio de Janeiro, 215:151-179, jan./mar. 1999. "Não se objetiva, evidentemente, fazer uma ponderação entre princípio e norma, em uma suposta relação de colidência, mas sim compreender como o princípio, como preceito de otimização da regra, pode delimitar o campo de incidência no sentido de conferir maior efetividade aos valores tutelados. Ainda de acordo com Ávila, baseado nas lições de Robert Alexy, o dever de proporcionalidade é implicação do caráter principal das normas".

(i) necessidade, a qual está associada a ideia de que a medida restritiva só se legitima se indispensável para o caso concreto e, ainda assim, não ser possível substituí-la por medida menos gravosa;

(ii) adequação, de sorte que o meio escolhido deve atingir o objetivo perquirido; e (iii) a proporcionalidade em sentido estrito, que corresponde a ideia de que o ato praticado deverá superar a restrição causado a outros valores igualmente tutelados.

Conclusão

A reflexão proposta ao longo deste trabalho tem impacto direito nas políticas de incentivos aos financiamentos das empresas em Recuperação Judicial. De um lado, a preservação da empresa impõe a flexibilização de certas normas de garantia dos credores para atingir os objetivos da Recuperação Judicial. De outro lado, a reiterada e sistemática flexibilização das garantias gera insegurança jurídica e aumenta os riscos para os potenciais credores que seriam fundamentais para as sociedades em crise se recuperarem efetivamente.

Nesse sentido, é preciso esclarecer que a concessão de financiamento constitui meio de atender aos interesses coletivos envolvidos na Recuperação Judicial, quais sejam, da devedora, dos empregados, dos fornecedores, dos financiadores e dos credores em geral, harmonizados pela preservação da empresa.

Para isso, é fundamental que o preço do contrato seja viável para a sociedade devedora, com o aumento da oferta desse crédito que, por sua vez, só virá se forem reduzidos alguns riscos da operação, através:

(1) da análise, pelo Poder Judiciário, das consequências geradas a partir da permissão da flexibilização das garantias ofertadas aos credores em nome de uma irrestrita preservação da atividade empresarial;

(2) da subordinação do pagamento dos credores sujeitos à recuperação judicial ao pagamento do credor do financiamento da recuperação judicial em caso de inadimplemento das obrigações devidas a este último;

(3) do direito do credor ao financiamento da recuperação requerer a convolação da recuperação judicial em falência, em igualdade de condições com os credores sujeitos à recuperação judicial, que podem requerer a convolação em caso de descumprimento da obrigação prevista no Plano de Recuperação Judicial;

(4) da possibilidade do credor do financiamento de satisfazer seu crédito com a compensação com o preço da compra de ativos da devedora cuja alienação estiver prevista no Plano de Recuperação Judicial.

Nesse sentido, além dos riscos mencionados, o credor do financiamento da recuperação deveria ter mecanismos seguros para adquirir certos tipos de garantia como forma de reforçar o fiel cumprimento do contrato de financiamento pela devedora, sem o risco de eventual descumprimento à revelia das Partes.

Com efeito, as possibilidades de financiamento pós-recuperação judicial não deveriam ser mais limitadas à restrição do art. 66, podendo-se onerar certos bens e ativos da devedora, desde que fosse observado um processo prévio de concorrência, em claro atendimento às regras de publicidade, de contraditório, de segurança, e com o intuito de garantir eficiência ao processo de recuperação, haja vista que será escolhida a proposta de financiamento mais adequada aos interesses da devedora em Recuperação Judicial e dos demais credores de preservar a empresa e garantir, no longo prazo, o pagamento dos seus créditos.

Em brevíssima síntese, o mencionado processo de concorrência teria inspiração no sistema norte-americano, sobretudo no bem-sucedido procedimento de "*reorganization*" disciplinado pelo *Chapter 11* do *Bankruptcy Code*. A experiência norte-americana proporciona papel de destaque ao credor do financiamento da recuperação o qual, além dos direitos, poderes e deveres previstos no § 1.107 do Bankruptcy Code, tem a sua disposição a possibilidade de conceder o financiamento mediante a constituição de garantias na forma do § 364.

Tais garantias, como a concessão de garantia sobre bens ou direitos livres da devedora, a concessão de garantia de primeiro grau (*priming secured credit*) sobre bens ou direitos já gravados, e a concessão de garantia sobre bens ou direitos da devedora para o pagamento de eventual crédito concursal do credor do financiamento da recuperação (*cross-collateralization*), são fundamentais para a análise e tomada de decisão dos potenciais credores. Além das garantias, outra medida permitida pele legislação americana é a utilização de parte dos recursos do crédito do financiamento pós-pedido de recuperação judicial para quitar parte de crédito concursal que ele porventura detenha (*roll up*).

Observe-se que algumas dessas medidas afetariam o interesse de outros credores, considerando aqueles que detinham a garantia primária dos bens ou direitos no caso da concessão do *priming secured credit* ou o pagamento antecipado de crédito sujeito à recuperação judicial por meio do mecanismo de *roll up*, o que indica a necessidade de obediência à publicidade, à segurança, ao contraditório e à eficiência, todos inerentes do processo de concorrência, além da submissão à Assembleia Geral de Credores.

Por fim, no tocante ao cenário de falência da devedora, seria fundamental acentuar o privilégio de crédito decorrente de DIP Financing (dinheiro novo), colocando-o em patamar superior ou em "pé de igualdade" com as remunerações devidas ao Administrador Judicial, reunidos, agora, no art. 84, inciso II. Tal tratamento privilegiado ou paritário, além de ser inspirado pelo sistema de insolvência norte-americano, possibilitaria a redução do risco do não recebimento pelo credor do financiamento da recuperação em caso de falência, o que impactará, também, na redução do preço do financiamento.

Chega-se à conclusão, portanto, de que a análise econômica do direito (escola consequencialista), conforme exposto no primeiro capítulo, deve ser utilizada para a tomada de decisão dos juízes no decorrer do processo de Recuperação Judicial e, principalmente, para o desenvolvimento do projeto de alteração da Lei nº 11.101/2005 (PL 10.220/18), com o intuito de criar incentivos para a expansão do DIP Financing (dinheiro novo) no Brasil, tendo em vista que a análise das consequências tanto para os credores, como para o devedor em crise, é fundamental para atingir o equilíbrio do sistema de insolvência, onde a preservação da empresa e a segurança jurídica podem e devem conviver em harmonia, tendo como objetivo maior tornar possível a retomado de desenvolvimento da economia nacional.

Referências

ALVAREZ, Alejandro Bugallo. Análise econômica do direito: contribuições e desmistificações. Direito, Estado e Sociedade, v. 9, nº 29, jul/dez 2006.

AVILA, Humberto Bergmann, Revista de Direito Administrativo, Rio de Janeiro, 215:151-179, jan./mar. 1999.

BENTHAM, Jeremy. An introduction to the principles of morals and legislation. Kitchener: Batoche Books, 2000.

BOBBIO, Norberto. Da estrutura à função: novos estudos de teoria do direito. Barueri, SP: Manole, 2007.

CHALHUB, Melhim Namem, 1944 – Negócio fiduciário – 4ª ed., rev. e atual. – Rio de Janeiro: Renovar, 2009.

CEREZETTI, Sheila Christina Neder. A Recuperação Judicial de Sociedade por ações. O Princípio da Preservação da Empresa na Lei de Recuperação e Falência. Malheiros. São Paulo, 2012.

COASE, Ronald, H. The Problem of Social Cost. Journal of Law and Economics, v. 3, 1960.

COOTER, Robert; ULEN, Thomas. Direito & Economia. 5º Ed. Porto Alegre: Bookman, 2010.

EPICURO. Carta sobre a felicidadeà Meneceu. Tradução Álvaro Lorencini e Enzo Del Carratore. São Paulo: Ed. Unesp, 1999.

FILHO, Calixto Salomão. Sociedade Anônima: Interesse Público e Privado.

HART, Oliver. Different approaches to bankrupcty.

HOLMES, Oliver Wendell. The Path of Law. trad. Lauro Frederico Silveira. Revista Discurso Jurídico. Campo Mourão, v. 4, nº 1, jan/jul. 2008.

J. M. OTHON SIDOU. O Direito Legal. Rio de Janeiro, Forense, 1985, pág. 228 e seguintes.

LEITER, Brian. American Legal Realism, in: William Edmundson, The Blackwell Guide to Philosophy of Law and Legal Theory. Oxford: Blackwell, 2005.

MARISTELLO PORTO, Antônio José. Análise Econômica do Direito (AED) – Apostila do curso de graduação em Direito da FGV Direito Rio. Colaborador Guilherme Mello Graça. Segundo semestre de 2013.

MATOS PEIXOTO Limite temporal da Lei. Revista Jurídica da Faculdade Nacional de Direito da Universidade do Brasil, vol. IX.

MERCURO, Nicholas; MEDEMA, Steven. Economics and the law: from Posner to postmodernism, Princeton: Princeton University Press, 1997.

MENDONÇA, Diogo Naves. Análise econômica da responsabilidade civil: o dano e a sua quantificação. São Paulo: Atlas. 2012.

MENEZES, Maurício Moreira Mendonça de. O Poder de Controle nas Companhias em Recuperação Judicial. Editora Forense, 2012.

MONTEIRO, Washington de Barros. Curso de Direito Civil, 1° volume, São Paulo, Saraiva, 1995.

PARISI, Francesco. The origins of Law and Economics: essays by the founding fathers. Cheltenham: Edward Elgar Publishing, 2005.

PAUL ROUBIER Les Conflits de Lois dans les Temps Paris, Sirey, 1933.

PERLINGIERI, Pietro. O Direito Civil na Legalidade Constitucional. Tradução de Maria Cristina De Cicco, Rio de Janeiro: Renovar, 2008.

PIROZI, Maurício José Machado. Consequencialismo judicial – Uma realidade ante o impacto socioeconômico das sentenças.Disponível em: http://www.ejef.tjmg.jus.br/home/files/publicacoes/artigos/consequencialismo_judicial.pdf.

PLANIOL. Traité Élementaire de Droit Civil. vol. I, Paris, 1906, n° 243.

REZENDE LARA, Fabiano Teodoro. A análise econômica do direito como método e disciplina. E-civitas Revista Científica do Departamento de Ciências Jurídicas, Políticas e Gerenciais do UNI-BH. Belo Horizonte, v.1, nº 1, nov-2008. Disponível em: www.unibh.br/revistas/ecivitas.

SCHÄFER, Hans-Bernd; OTT, Claus. The economic analysis of civil law. Cheltenham, UK: Edward Elgar, 2004.

SEN, Amartya Kumar. Sobre ética e economia. Tradução: Laura Teixeira Motta. São Paulo: Companhia das Letras, 2012.

RÁO, Vicente. O Direito e a Vida dos Direitos São Paulo, RT, 3ª ed. Vol. 1.

ZANATTA, Rafael, A.F. Desmistificando a Law & Economics: a receptividade da disciplina Direito e Economia no Brasil. Revista dos Estudantes de Direito da Universidade de Brasília, 10ª Ed., 2011.

AS SANÇÕES PREMIAIS NO PROCESSO CIVIL E SUA INTERFACE COM A ANÁLISE ECONÔMICA DO DIREITO E A PSICOLOGIA COMPORTAMENTAL

Marcelo Mazzola
Nathalia Ribeiro

Introdução

Em uma sociedade organizada, os indivíduos devem observar e respeitar as normas, cabendo ao Estado fiscalizar o seu cumprimento. É justamente essa previsibilidade normativa que garante a segurança jurídica e viabiliza uma convivência em sociedade.

Nesse compasso, compete ao ente público coibir eventuais desvios de conduta e punir as respectivas transgressões. E uma de suas ferramentas é a sanção, considerada instrumento de coordenação social.

Porém, há muito, o termo "sanção" deixou de significar apenas castigo e/ou pena. Punir é apenas uma forma de disciplinar. Existe, também, uma faceta positiva, premial e retributiva da sanção, capaz de estimular e incentivar padrões de conduta desejáveis em troca de benefícios, recompensas e prêmios.

Existe, atualmente, uma harmônica simbiose entre normas punitivas e premiais, o que, inclusive, já foi reconhecido pelo Superior Tribunal de Justiça[1].

Sob outro prisma, considerando que as sanções contribuem para o processo de tomada de decisões, influenciando o comportamento humano (os homens respondem a incentivos), vale investigar a possível interface das sanções premiais com a Análise Econômica do Direito[2] e a Psicologia Comportamental.

---

1 STJ, REsp 1.579.321, Rel. Min. Paulo de Tarso Sanseverino, Terceira Turma, DJe 21.02.2018. "Desse modo, absolutamente possível a coexistência de sanções negativas, consistentes em consequências gravosas e/ou punitivas oriundas do descumprimento da obrigação, com a estipulação de meios aptos a facilitar o adimplemento, ou mesmo de vantagens (sanções positivas) ao contratante que, ao tempo e modo ajustado, cumpri com o seu dever pactuado."

2 Sobre o tema, ver FUX, Luiz; BODART, Bruno. *Processo civil e análise econômica*. Rio de Janeiro: Forense, 2019.

1. Etimologia e evolução do conceito de sanção ao longo do tempo

A etimologia da palavra sanção revela sua origem ligada ao latim (*sancire*), termo ligado à ideia de tornar algo inviolável por um ato religioso[3], ou de punir o transgressor de uma norma[4].

De um modo geral, a sanção, em sentido jurídico, é utilizada para identificar dois fenômenos. O primeiro se refere a um ato procedimental do processo legislativo, pois, como se sabe, o chefe do Poder Executivo tem o poder de sancionar as leis editadas pelo Poder Legislativo[5]. O segundo corresponde às consequências decorrentes do descumprimento (visão repressiva) ou do adimplemento de alguma norma (visão retributiva).

Como importante de instrumento de coordenação social, as sanções jurídicas prescrevem condutas aos sujeitos de determinada sociedade[6], estabelecendo regras e limites[7], objetivando a harmonia e a paz social[8].

---

3 "A etimologia de 'sanção' permite que compreendamos seu duplo sentido atual: *sancire* deriva por sua vez, de *'sacer'*, que é o sagrado no sentido de 'inviolável', pois foi consagrado a uma deidade (ou divindade); mas *'sacer'* é também aquele que declaramos culpado (*'sacer esto'*) e quem consagramos aos deuses do inferno, adquirindo assim o significado de 'maldito', a quem não podemos mais tocar sem ser maculado. Desta forma o sentido original de *'sancire'* é 'tornar inviolável através de um ato solene de natureza religiosa'. Quando, mais tarde, o elemento religioso se esvai, permanece a ideia de 'tornar inviolável através de ato formal'. Na origem este 'tornar inviolável' era só compreendido no sentido de 'ratificar' ou 'confirmar', que é a fonte da primeira acepção atual de 'sanção'. Mais tarde alastrou-se a ideia de que é a punição prevista para a transgressão que transforma em 'inviolável', um preceito, de onde deriva a segunda acepção atual. Esta origem permite que se compreenda porque este termo era somente empregado em alusão às punições – 'sanções negativas' –, ainda que a ideia de que as recompensas representavam mecanismos úteis para obter a conformidade não fosse estranha ao mundo romano." ARNAUD, André-Jean et al. *Dicionário enciclopédico de teoria e de sociologia do direito*. 2. ed. Rio de Janeiro: Renovar, 1999, p. 703.

4 CARVALHO NETTO, Menelick de. *A sanção no procedimento legislativo*. Belo Horizonte: Del Rey, 1992, p. 23.

5 "*Sanção*. Assim, em relação à *formação da lei*, a sanção é o ato por que o chefe do Executivo *confirma* a lei votada pelo Legislativo, para levar à promulgação e à publicação. Revela-se, pois, o *assentimento*, ou a *aprovação* do Executivo à nova lei, em consequência do que a promulga, para que se torne obrigatória, e a publica, para que se torne do conhecimento público." SILVA, De Plácido. *Vocabulário jurídico*. 7. ed. v. 4. Rio de Janeiro: Forense, 1982, p. 170.

6 LIGERO, Gilberto Notário. *Sanções Processuais por Improbidade na Execução Civil*. Tese apresentada à Banca Examinadora da Pontifícia Universidade Católica de São Paulo, como exigência parcial para obtenção do título de Doutor em Direito. Pontifícia Universidade Católica de São Paulo, 2014, pp. 25-33.

7 "Desde a civilização grega, a lei já tinha por função servir de medida para expressar a racionalidade humana. Onde não há lei como parâmetro para conduta (governo das leis), tem-se o governo dos homens, ou governo dos homens pelos homens, caracterizado pela arbitrariedade". ROSSONI, Igor Bimkowski. *Recursos Extraordinários e Ação Rescisória por ofensa à norma jurídica*. Salvador: JusPodivm, 2019, p. 130

8 "Podemos, pois, dizer, sem maiores indagações, que o Direito corresponde à exigência essencial e inclinável de uma convivência ordenada, pois nenhuma sociedade poderia subsistir sem um míni-

Durante muito tempo, a sanção era sinônimo de punição, refletindo uma consequência negativa decorrente da transgressão da norma.

A história revela que muitos filósofos e juristas não enxergavam a feição premial do Direito, entendendo que a coerção era elemento essencial da própria norma, como é o caso, por exemplo, de Kelsen.[9]

Note-se que, apesar de o filósofo austríaco reconhecer a possibilidade de concessão de prêmios e recompensas, entendia que estes desempenhavam um papel subalterno dentro de um sistema que funciona como ordem de coação.[10]

Em razão disso, há quem afirme que a compreensão de Kelsen acabou deturpando o conceito de sanção.[11]

Porém, a partir das premissas inovadoras de Norberto Bobbio, a sanção deixou de ser considerada efetivamente apenas um castigo ou uma punição.[12]

---

mo de ordem, de direção e solidariedade. É a razão pela qual um grande jurista contemporâneo, Santi Romano, cansado de ver o Direito concebido apenas como regra ou comando, concebeu-o antes como 'realização de convivência ordenada'." REALE, Miguel. *Lições preliminares de direito*. 27. ed. São Paulo: Saraiva, 2010, p. 2.

---

9 "Uma outra característica comum às ordens sociais a que chamamos Direito é que elas são ordens coativas, no sentido de que reagem contra as situações consideradas indesejáveis, por serem socialmente perniciosas – particularmente contra condutas humanas indesejáveis – com um ato de coação, isto é, com um mal – como a privação da vida, da saúde, da liberdade, de bens econômicos e outros –, um mal que é aplicado ao destinatário mesmo contra sua vontade, se necessário empregando até a força física – coativamente, portanto." KELSEN, Hans. *Teoria pura do direito.* Tradução de João Baptista Machado. 6. ed. São Paulo: Martins Fontes, 1999, pp. 28-35).

10 "Dizer que o Direito é uma ordem coativa significa que suas normas estatuem atos de coação atribuíveis à comunidade jurídica. Isto não significa, porém, que em todos os casos da sua efetivação se tenha de empregar a coação física. Tal apenas terá de suceder quando essa efetivação encontre resistência, o que não é normalmente o caso. As modernas ordens jurídicas também contêm, por vezes, normas através das quais são previstas recompensas para determinados serviços, como títulos e condecorações. Estas, porém, não constituem característica comum a todas as ordens sociais a que chamamos Direito nem nota distintiva da função essencial destas ordens sociais. Desempenham apenas um papel inteiramente subalterno dentro destes sistemas que funcionam como ordens de coação." KELSEN, Hans. *Teoria pura do direito.* Tradução de João Baptista Machado. 6. ed. São Paulo: Martins Fontes, 1999, pp. 36-37.

11 Em tom crítico, Álvaro Mello Filho consignou: "Note-se que a ênfase atribuída por Kelsen ao ilícito e à aplicação do ato coativo obteve larga adesão e resultou, com o passar do tempo, em uma deturpação do conceito de sanção, que, na concepção comum, configura-se como a promessa de um mal, pois a grande maioria identifica sanção e pena, talvez pela projeção que o Direito Penal desfruta no plano social, porquanto as consequências atinge os principais bens de que são possuidores o ser humano, tais como a vida, a saúde, propriedade e liberdade." MELLO FILHO, Álvaro. Reabordagem da estrutura da norma jurídica em face da sanção premial. *Revista Forense*, abr./maio/jun./1980.

12 BOBBIO, Norberto. *Da Estrutura à Função. Novos Estudos de Teoria do Direito*. São Paulo: Manole, 2007, pp. 15-24.

Em seus estudos, o jurista italiano destaca a função promocional do Direito, que poderia ser exercida por incentivos e prêmios[13], que funcionariam como "técnicas de encorajamento".[14]

Embora se reconheça a necessidade de penalizar aquele que viola uma norma para manutenção da estabilidade social, percebe-se que o efeito pedagógico da punição não tem o condão, por si só, de incentivar o cumprimento das regras e tampouco de gerar impulsos prospectivos, não exercendo, ainda, função propulsora de mudança social.[15]

Com isso, foram pavimentadas as bases para as chamadas sanções premiais (ou positivas[16]), normas que estimulam os sujeitos a fazerem ou deixarem de fazer algo em troca de um prêmio.

Tratam-se de previsões normativas que têm função afirmativa e se irradiam para o futuro – com a finalidade de evitar que a violação ocorra[17] –, funcionando como catalisadores de condutas benéficas.

---

13 "A função promocional do direito pode ser exercida por dois tipos diferentes de expedientes: os incentivos e os prêmios. Entendo por "incentivos" medidas que servem para facilitar o exercício de uma determinada atividade econômica; por "prêmios", ao contrário, medidas que visam oferecer uma satisfação àqueles que já tenham realizado uma determinada atividade. O incentivo acompanha a atividade em sua formação; o prêmio a segue, ou seja, é atribuído quando a atividade já foi realizada. Ainda que nunca seja fácil diferenciar, no caso concreto, um prêmio de um incentivo." BOBBIO, Norberto. *Da estrutura à função*: Novos estudos de teoria do direito. Tradução de Daniela Beccaccia Versiani. São Paulo: Manole, 2007, pp. 71-72.

14 "Dando seguimento à profunda transformação que em todos os lugares deu origem ao *Welfare State*, os órgãos públicos perseguem os novos fins propostos à ação do Estado mediante novas técnicas de controle social, distintas daquelas tradicionais. [...] Tomando essa observação como ponto de partida, proponho-me a examinar um dos aspectos mais relevantes – e ainda pouco estudado na própria sede da teoria geral do direito – das novas técnicas de controle social, as quais caracterizam a ação do Estado liberal clássico: o emprego cada vez mais difundido das técnicas de encorajamento em acréscimo, ou em substituição, às técnicas tradicionais de desencorajamento." BOBBIO, Norberto. *Da estrutura à função*: Novos estudos de teoria do direito. Tradução de Daniela Beccaccia Versiani. São Paulo: Manole, 2007, p. 2.

15 "Podemos dizer que, atualmente, excogitam-se técnicas mais aperfeiçoadas para obter-se o cumprimento das normas jurídicas, através não de sanções intimidativas, mas sim através de processos que possam influir no sentido da adesão espontânea dos obrigados, como os que propiciam incentivos e vantagens. Assim, ao lado das sanções penais, ternos as sanções premiais que oferecem um benefício ao destinatário, como, por exemplo, um desconto ao contribuinte que paga o tributo antes da data do vencimento." REALE, Miguel. *Lições preliminares de direito*. 27. ed. São Paulo: Saraiva, 2004. p. 75-76.

16 Para Maurício Benevides Filho, "deve-se compreender as sanções positivas como aquelas consequências agradáveis ou aquele bem que o Direito promete a quem se acomoda a certos esquemas de comportamento." BENEVIDES FILHO, Maurício. A *Sanção Premial no Direito*. Brasília: Brasília Jurídica, 1999, p. 93.

17 ÁLVARES DA SILVA, Antônio. *Sanção e direito do trabalho*. Belo Horizonte: RTM, 2014, p. 16.

De um modo geral, os indivíduos costumam receber bem a ideia de prêmios e recompensas, o que, não raro, reflete no comportamento e no respectivo modo de agir.[18]

Basta pensar, por exemplo, na obrigação anual dos contribuintes de pagarem o IPTU, com a possibilidade de se valerem de um desconto percentual, caso o pagamento seja feito antes do vencimento. A sistemática incentiva o contribuinte a antecipar o pagamento (conduta socialmente esperada) em troca de um benefício individual (desconto percentual).

A lógica também se verifica nos descontos concedidos por seguradoras de veículos – no momento de renovação do seguro – aos segurados que não se envolveram em acidentes e nos abonos de pontualidade, comumente inseridos em contratos de locação.[19]

2. As sanções premiais e ordenamento jurídico

No plano do Direito, as sanções premiais estão espraiadas em nosso ordenamento,[20] nas mais diversas áreas, formando um grande cardápio de medidas retributivas.

Como se sabe, a própria Constituição Federal prevê que o Estado pode intervir como agente normativo e regulador da atividade econômica, exercendo funções de fiscalização e incentivo (art. 174[21]), o que permite, por exemplo, os entes públicos regulamentarem a concessão de benefícios e incentivos fiscais (arts. 151, I, 155, XII, "g", 156, § 3º, III).

No plano infraconstitucional, são muitos os exemplos de sanções premiais.

Na esfera penal, além das badaladas delações premiadas (arts. 159, § 4º, do Código Penal; 16 da Lei nº 8.137/90; 8º da Lei nº 8.072/90; 14 da Lei nº 9.807/99; e 4º, §§ 4º e 5º, da Lei nº 12.850/13), vale destacar o artigo 126 da Lei nº 12.433/11 (que alterou a Lei de Execução Penal), o qual prevê a remição de parte do tempo de execução da pena do condenado em razão de estudo ou trabalho.

---

18 SUSTEIN, Cass R. Do people like nudges? Disponível em https://dash.harvard.edu/handle/1/16147874. Acesso em: 21.07.19.

19 Em relação aos contratos de locação, o STJ já reconheceu que "o desconto para pagamento pontual do aluguel – abono ou bônus pontualidade – é, em princípio, liberalidade do locador, em obediência ao princípio da livre contratação, representando um incentivo concedido ao locatário para pagamento do aluguel em data convencionada, precedente à do vencimento normal da obrigação. Referido bônus tem, portanto, o objetivo de induzir o locatário a cumprir corretamente seu encargo de maneira pontual e até antecipada". REsp 832.293/PR, Rel. Min. Raul Araújo, Quarta Turma, DJe 28.10.15.

20 A própria Constituição Federal prevê que o Estado pode intervir como agente normativo e regulador da atividade econômica, exercendo funções de fiscalização e incentivo (art. 174). Outros dispositivos da CF reforçam essa perspectiva, como, por exemplo, os arts. 151, I, 155, XII, "g", 156, § 3º, III, 216, § 3º, e 227, § 3º, VI.

21 Art. 174. Como agente normativo e regulador da atividade econômica, o Estado exercerá, na forma da lei, as funções de fiscalização, incentivo e planejamento, sendo este determinante para o setor público e indicativo para o setor privado.

Já no campo do direito concorrencial, o artigo 86 da Lei nº 12.529/11 (CADE), por exemplo, prevê a possibilidade de celebração de acordo de leniência – para a extinção da ação punitiva da administração pública ou a redução da penalidade aplicável – com pessoas físicas e jurídicas autoras de infração à ordem econômica, desde que colaborem efetivamente com as investigações e o processo administrativo, devendo, ainda, preencher determinados requisitos.

Na seara ambiental, o artigo 41 do Código Florestal (Lei nº 12.651/12), por exemplo, estabelece incentivos, pagamentos e compensações para atos positivos como forma de promoção do desenvolvimento ecologicamente sustentável.

No ramo societário, cabe mencionar o artigo 246, § 2º, da Lei de Sociedades Anônimas[22], que confere prêmio ao acionista que se prontifica a agir em benefício da companhia – e, por extensão, de todos os demais acionistas –, para buscar a reparação de dano social, assumindo pessoalmente os respectivos ônus (custos inerentes à demanda).[23]

No direito administrativo, a atuação por incentivos se verifica principalmente no fomento e na regulação estatais que estabelecem prêmios para os atores econômicos[24] e sociais que atingirem as metas fixadas pela Administração Pública Federal, assim como ocorre, por exemplo, nos contratos de gestão e nos termos de parcerias celebrados, respectivamente, com Organizações Sociais e Organizações da Sociedade Civil de Interesse Público.[25]

No campo do direito imobiliário, vale destacar a possibilidade de o locatário, em algumas situações, deixar de pagar os ônus sucumbenciais, se desocupar o imóvel no prazo fixado.[26]

---

22 Art. 246, §2º da Lei das Sociedades Anônimas: A sociedade controladora, se condenada, além de reparar o dano e arcar com as custas, pagará honorários de advogado de 20% (vinte por cento) e prêmio de 5% (cinco por cento) ao autor da ação, calculados sobre o valor da indenização".

23 ADAMEK, Marcelo Vieira von. *Responsabilidade dos Administradores de S/A e as Ações Correlatas*. São Paulo: Saraiva, 2010, p. 410. No mesmo sentido CRUZ E TUCCI, José Rogério. Questões sobre o rateio do prêmio destinado ao acionista minoritário. Disponível em https://www.conjur.com.br/2019-jun-25/paradoxo-corte-rateio-premio-destinado-acionista-minoritario. Acesso em: 30.07.2019.

OLIVEIRA, Rafael Carvalho Rezende. *Novo perfil da regulação estatal: Administração Pública de resultados e análise de impacto regulatório*. Rio de Janeiro: Forense, 2015, p. 197.

24 Um exemplo relativamente recente é a criação do Selo de Desburocratização e Simplificação, destinado a reconhecer e a estimular projetos, programas e práticas que simplifiquem o funcionamento da administração pública e melhorem o atendimento aos usuários dos serviços públicos (arts. 7º, 8º e 9º da Lei nº 13.726/18).

25 OLIVEIRA, Rafael Carvalho Rezende. *Novo perfil da regulação estatal:* Administração Pública de resultados e análise de impacto regulatório. Rio de Janeiro: Forense, 2015, p. 197.

26 Art. 61 Nas ações fundadas no § 2º do art. 46 e nos incisos III e IV do art. 47, se o locatário, no prazo da contestação, manifestar sua concordância com a desocupação do imóvel, o juiz acolherá o

Na esfera trabalhista, o artigo 5º da Lei 11.770/2008 (que criou o programa Empresa Cidadã) permite que a pessoa jurídica tributada com base no lucro real – que prorrogar a licença maternidade por mais 60 (sessenta) dias –, deduza do imposto devido, em cada período de apuração, o total da remuneração integral da empregada.

No plano do direito falimentar, caso o credor quirografário, na qualidade de fornecedor, continue provendo bens ou serviços normalmente à devedora durante a recuperação judicial, ganhará um *upgrade* em seu crédito, que passará a ser escriturado como crédito com privilégio geral (art. 67, parágrafo único, da Lei nº 11.101/05).[27]

Antes de analisar as sanções premiais no processo civil, tema central deste artigo, vale registrar que o Superior Tribunal de Justiça já reconheceu, em diversas oportunidades, a importância dos instrumentos premiais e sua possibilidade de coexistência com as sanções punitivas.

Nesse particular, vale destacar o seguinte trecho extraído de voto do Ministro Marco Aurélio Bellize:

> A par das medidas diretas que atuam imediatamente no comportamento do indivíduo (proibindo este, materialmente, de violar a norma ou compelindo-o a agir segundo a norma), ganha relevância as medidas indiretas que influenciam psicologicamente o indivíduo a atuar segundo a norma. Assim, o sistema jurídico promocional, para o propósito de impedir um comportamento social indesejado, não se limita a tornar essa conduta mais difícil ou desvantajosa, impondo obstáculos e punições para o descumprimento da norma (técnica do desencorajamento, por meio de sanções negativas). O ordenamento jurídico promocional vai além, vai ao encontro do comportamento social desejado, estimulando a observância da norma, seja por meio da facilitação de seu cumprimento, seja por meio da concessão de benefícios, vantagens e prêmios decorrentes da efetivação da conduta socialmente adequada prevista na norma (técnica do encorajamento, por meio de sanções positivas).[28]

pedido fixando prazo de seis meses para a desocupação, contados da citação, impondo ao vencido a responsabilidade pelas custas e honorários advocatícios de vinte por cento sobre o valor dado à causa. Se a desocupação ocorrer dentro do prazo fixado, o réu ficará isento dessa responsabilidade; caso contrário, será expedido mandado de despejo.

27 LICKS, Gustavo. Reflexões sobre as alterações da Lei nº 11.101/05 para inclusão do financiamento do devedor à luz da Teoria da Análise Econômica do Direito. *Revista da EMERJ*, v.20, nº 2, maio/ago./2018, p. 331

28 REsp nº 1.424.814/SP, Min. Rel. Marco Aurélio Bellizze, Terceira Turma, DJe 10.10.16. No mesmo sentido REsp 1.745.916/PR, Min. Rel. Nancy Andrighi, DJe 22.02.2019.

No âmbito do Supremo Tribunal Federal, as sanções premiais também são citadas em muitas decisões[29], especialmente no campo penal[30] e na área pública[31].

3. As sanções premiais no processo civil

Especificamente no campo do direito processual civil, são muitos os dispositivos que contemplam situações de incentivo, prêmio e recompensa.[32]

Vamos nos ater ao CPC/15.

O art. 85, § 7º, por exemplo, isenta a Fazenda do pagamento de honorários no cumprimento de sentença que enseje expedição de precatório, se não oferecer impugnação.

Já o artigo 90, § 3º prevê que, se as partes alcançarem uma composição amigável antes da sentença, ficam dispensadas de pagamento de eventuais custas finais.

No caso do réu que reconhece a procedência do pedido e, simultaneamente, cumpre a obrigação, os honorários são reduzidos pela metade (art. 90, § 4º).

Na ação monitória, se o réu efetuar o pagamento da dívida no prazo legal e dos honorários advocatícios de 5% (cinco por cento) sobre o valor da causa, ficará eximido das custas processuais (art. 701, caput e § 1º).

---

29 STF, HC 127.483/PR, Rel. Min. Dias Toffoli, Tribunal Pleno, DJe 04.02.2016. "O acordo de colaboração, ao estabelecer as sanções premiais a que fará jus o colaborador, pode dispor sobre questões de caráter patrimonial, como o destino de bens adquiridos com o produto da infração pelo agente colaborador. Os princípios da segurança jurídica e da proteção da confiança tornam indeclinável o dever estatal de honrar o compromisso assumido no acordo de colaboração, concedendo a sanção premial estipulada, legítima contraprestação ao adimplemento da obrigação por parte do colaborador."

30 STF, Agravo Regimental no Inquérito nº 4.405/DF, Rel. Min. Roberto Barroso, Primeira Turma, DJe 05.04.2018. "A fixação de sanções premiais não expressamente previstas na Lei nº 12.850/2013, mas aceitas de modo livre e consciente pelo investigado não geram invalidade do acordo. O princípio da legalidade veda a imposição de penas mais graves do que as previstas em lei, por ser garantia instituída em favor do jurisdicionado em face do Estado. Deste modo, não viola o princípio da legalidade a fixação de pena mais favorável, não havendo falar-se em observância da garantia contra o garantido."

31 STF, ADI 1.923/DF, Rel. Min. Ayres Britto, Rel. para acórdão Min. Luiz Fux, Tribunal Pleno, DJe 17.12.2015. "O marco legal das Organizações Sociais inclina-se para a atividade de fomento público no domínio dos serviços sociais, entendida tal atividade como a disciplina não coercitiva da conduta dos particulares, cujo desempenho em atividades de interesse público é estimulado por sanções premiais, em observância aos princípios da consensualidade e da participação na Administração Pública. A finalidade de fomento, in casu, é posta em prática pela cessão de recursos, bens e pessoal da Administração Pública para as entidades privadas, após a celebração de contrato de gestão, o que viabilizará o direcionamento, pelo Poder Público, da atuação do particular em consonância com o interesse público, através da inserção de metas e de resultados a serem alcançados, sem que isso configure qualquer forma de renúncia aos deveres constitucionais de atuação."

32 Algumas normas já existiam no CPC/73 e foram mantidas, outras já existiam e foram alteradas, e algumas foram trazidas pelo novo diploma processual.

Na execução por título extrajudicial, se o executado efetuar o pagamento do débito no prazo de 3 (três) dias, o valor dos honorários advocatícios será reduzido pela metade (art. 827, § 1º).[33]

Em sede embargos à execução, se o executado reconhecer o crédito do exequente e comprovar o depósito de trinta por cento do valor da execução, acrescido de custas e honorários, poderá parcelar o restante em até 6 (seis) parcelas mensais, acrescidas de correção monetária e juros de mora de um por cento ao mês, independentemente de concordância do exequente (art. 916).

Enxergamos, ainda, uma sanção premial na regra do art. 338, parágrafo único, pois, quando o autor concorda com a alegação de ilegitimidade passiva do réu – ou sobre sua ausência de responsabilidade pelos fatos –, pagará, em troca, apenas de três a cinco por cento do valor da causa a título de honorários sucumbenciais, independentemente de promover a substituição do demandado.

Em razão das limitações editorais, não iremos citar nos alongar e tampouco analisaremos exemplos de sanções premiais no microssistema de resolução consensual dos conflitos.[34]

4. As Sanções Premiais no Processo Civil e sua Interface com a Análise Econômica do Direito e a Psicologia Comportamental

Como visto, as sanções influenciam o comportamento humano e repercutem no processo de tomada de decisão.

Assim, é importante compreender como as sanções direcionam as escolhas[35] e se há uma racionalidade nesse iter decisório.

---

33 REsp 1.745.773/DF, Min. Rel. Luis Felipe Salomão, Quarta Turma, DJe 08.03.2019. "RECURSO ESPECIAL. EXECUÇÃO DE TÍTULO EXTRAJUDICIAL. ART. 827, CAPUT, DO CPC/2015. DESPACHO INICIAL. HONORÁRIOS ADVOCATÍCIOS. FIXAÇÃO NO PERCENTUAL MÍNIMO DE 10%. OBRIGATORIEDADE. 1. No tocante à execução por quantia certa, estabelece o art. 827 do Código de Processo Civil que, 'ao despachar a inicial, o juiz fixará, de plano, os honorários advocatícios de dez por cento, a serem pagos pelo executado'. 2. Malgrado se saiba que, como qualquer norma jurídica, o dispositivo de lei não pode ser interpretado de maneira isolada e distanciada do sistema jurídico que o vincula, a clareza da redação do art. 827 do CPC não permite uma digressão sobre seu conteúdo, devendo o aplicador respeitar a escolha legiferante. 3. A opção do legislador foi a de justamente evitar lides paralelas em torno da rubrica 'honorários de sucumbência', além de tentar imprimir celeridade ao julgamento do processo, *estabelecendo uma espécie de sanção premial ao instigar o devedor a quitar, o quanto antes, o débito exequendo* (§ 1° do art. 827). 4. Na hipótese, o magistrado de piso e o Tribunal de origem, na fase inicial da execução por quantia certa, fixaram os honorários advocatícios em percentual diverso do estabelecido na norma, devendo, portanto, ser reformados. 5. Recurso especial provido."

34 Veja-se, por exemplo, o artigo 29 da Lei de Mediação: Solucionado o conflito pela mediação antes da citação do réu, não serão devidas custas judiciais finais.

35 ALOISIO, Anderson Bellini. *Epistemologia das sanções processuais:* uma análise com enfoque nas *astreintes* e seu impacto na concretização de direitos. Dissertação apresentada como requisito par-

Como se sabe, o comportamento humano é estudado por diversas áreas do conhecimento humano, como, por exemplo, a filosofia, a sociologia, a política, a medicina, entre outras.

Na área do Direito, ganham projeção a Análise Econômica do Direito e a Psicologia Comportamental, duas ciências que estudam o comportamento humano a partir de diferentes visões, mas que, de certo modo, se complementam, com alguns reflexos no estudo das sanções premiais.

4.1. Análise Econômica do Direito

No passado, os economistas focavam seus estudos em questões estritamente econômicas, como inflação, desemprego, poupança, investimento, taxas de juros, comércio exterior, entre outros.

Porém, com o passar do tempo, percebeu-se que a análise econômica também se conecta ao estudo do comportamento humano, na medida em que os indivíduos tomam decisões sopesando os custos e benefícios[36] das opções que lhes são oferecidas, optando por aquela que acreditam ser capaz de lhes proporcionar maior bem-estar ou maior utilidade de acordo com seus interesses pessoais.[37]

Assim, a teoria econômica busca explicar a lógica de tomada de decisões, partindo do pressuposto que os indivíduos fazem escolhas racionais, optando pela alternativa que traz o melhor custo-benefício[38]. Em outras palavras, dentro de um critério de racionalidade, os indivíduos querem maximizar seus benefícios com menor dispêndio de tempo e de custos.

---

cial para a obtenção do título de Mestre em Direito pelo Programa de Pós-Graduação em Direito da Universidade do Vale do Rio dos Sinos – UNISINOS. Orientador: Prof. Darci Ribeiro Guimarães. São Leopoldo, 2015, p. 155-156.

---

36 "Em boa hora, a AED vem ganhando terreno nas discussões acadêmicas e recebendo atenção especial pelos tribunais pátrios, que têm assumido a liderança no emprego de conceitos econômicos – notadamente da microeconomia – como instrumento para interpretação das normas e/ou princípios legais, em inequívoca demonstração da preocupação com incentivos, análise de custo-benefício e consequências agregadas da aplicação direta das leis e das decisões." FUX, Rodrigo. A evolução da Análise Econômica do Direito no Brasil. Disponível em https://www.editorajc.com.br/a-evolucao-da-analise-economica-do-direito-no-brasil/ Acesso em: 30.07.2019.

37 SANDEL, Michael J. *O que o dinheiro não compra*: os limites morais do Mercado. Rio de Janeiro: Civilização Brasileira, 2012, p. 50.

38 "A análise econômica do fenômeno jurídico parte da premissa de que, quando depare com mais de uma opção de atuação, ou mais de uma conduta possível, o homem racional inevitavelmente levará em consideração a relação custo-benefício entre as opções possíveis, de modo a optar pela que melhor atende aos seus interesses. BITTENCOURT, Maurício Vaz Lobo. Princípio da eficiência. In: RIBEIRO, Marcia Carla Pereira; KLEN, Vinicius (Coords.). *O que é a análise econômica do direito*: uma introdução. Belo Horizonte: Fórum, 2011, p. 29.

Partindo dessa premissa, a Análise Econômica do Direito busca prever e antever os possíveis impactos das escolhas individuais, visando a maior eficiência dos recursos alocados.

Para os estudiosos da Análise Econômica do Direito, portanto, é possível prever determinados tipos de comportamento com base na lógica da racionalidade.

No entanto, nem sempre essa sistematização objetiva e racional corresponde à realidade das escolhas individuais, seja porque algumas escolhas humanas não são simplesmente racionais (existem motivações políticas, pessoais, etc.), seja porque a assimetria de informações (desconhecimento de todo o leque de opções e as respectivas consequências) impede a tomada de decisões racionais.

Nesse particular, Amos Tversky e Daniel Kahneman[39-40] ponderam acerca da lógica matemática da teoria econômica, consignando que o comportamento humano é mais influenciado por ganhar e perder do que propriamente por relações diretas de custo-benefício, podendo, inclusive, ser influenciado por questões totalmente irracionais.[41]

Os autores não chegam ao ponto de sustentar que a irracionalidade seja o padrão, mas defendem que a lógica do custo-benefício não deve ser considerada isoladamente (e desconectada de fatores externos). Ou seja, a lógica humana de tomada de decisão *não é uma lógica matemática,* sendo influenciada por razões de toda ordem, inclusive as de cunho irracional.[42]

---

39 KAHNEMAN, Daniel; TVERSKY, Amos. *Prospect Theory*: an analysis of decision under risk. EUA: Econometrica, v. 47, nº 2, 1979.

40 "A partir da década de 1970, as noções de economia comportamental passaram a ser difundidas através da Teoria da Perspectiva (Prospect Theory), defendida por Daniel Kahneman e Amos Tver--sky (...), como alternativa à Teoria da Utilidade Esperada. (...) Pressupõem-se que os indivíduos não são essencialmente racionais maximizadores, isto é, seres egoístas, já que, na maioria das vezes, decidem de forma rápida e intuitiva, baseando-se em heurísticas, isto é, atalhos mentais utilizados para responder intuitivamente perguntas difíceis, bem como em vieses, ou seja, erros sistemáticos e previsíveis decorrentes do raciocínio intuitivo." SOUZA, Danielle Nascimento Nogueira de. *Psicologia Fiscal e Economia Comportamental no Direito Tributário como fonte de redução das práticas evasivas no Brasil*. 2018. 194f. Dissertação de Mestrado em Finanças, Tributação e Desenvolvimento, Universidade do Estado do Rio de Janeiro, pp. 53-57.

41 *"The model offered by Kahnemann and Tversky, called prospect theory, seems to do a good job of explaining many features of observed behavior"*. SUSTEIN, Cass Robert; JOLLS, Christine; THALER, Richard H. *A behavioral approach to law and economics*. 50 Standford Law Review 1471 (1998).

42 "A fim de exemplificar – com elementos que são clássicos na explicação desta teoria – suponha-se que se ofereça a alguém, para que faça uma escolha entre uma maça e uma laranja. Estatisticamente falando, há 50% de chance de que tal pessoa escolha ou a laranja ou a maçã. Na nossa hipótese, a pessoa escolhe a maçã. Pois bem. Ato contínuo, se pede que a mesma pessoa escolha entre a laranja, a maçã e um pêssego. Há estatisticamente, 33% de chance para a escolha de cada uma das frutas mas, no entanto – e este é o ponto – não há lógica de que a laranja seja escolhida pois, entre a maça e a laranja – quando havia 50% de chance para cada uma – esta última (a laranja) já havia sido rejeitada. A lógica – pura e simples – aponta que o sujeito escolha entre a maçã (primeira escolha) e o pêssego (que não havia sido ofertado da primeira vez). Isto faz sentido do ponto de vista lógico, pois entre a maçã e a laranja, já se sabe que quem 'ganha' é a maçã do ponto de vista da

De toda forma, não se pode negar a relevância da lógica da teoria econômica sobre o comportamento humano para explicar grande parte dos processos decisórios.

Dentro dessa sistemática, os prêmios e os benefícios contidos nas sanções premiais podem maximizar a eficiência processual (art. 8º do CPC)[43] e fomentar a racionalização da prestação jurisdicional[44].

Sim, porque, ao estimular e incentivar uma das partes a cumprir determinada obrigação em troca de um prêmio, pode-se abreviar diversas fases processuais e otimizar os resultados almejados. Veja-se, por exemplo, os incentivos existentes na execução e na ação monitória.

Como visto, se o devedor pagar o débito no prazo legal, terá uma redução de 5% (cinco por cento) a título de honorários advocatícios (art. 827, § 1º, do CPC) e, no caso da monitória, não precisará pagar as custas processuais (art. 700, caput e § 1º, do CPC), o que, muitas vezes, pode importar em grande economia financeira.

Para empresas solventes e dependendo do valor do débito, esses benefícios podem realmente influenciar a tomada das decisões. Não se pode olvidar, ainda, que, caso o devedor opte pela sanção premial, cumprindo a obrigação atrelada ao benefício, a consequência prática em muitos casos será a extinção do feito, o que, de um lado, valoriza a eficiência processual e, de outro, prestigia a duração razoável do processo (arts. 4º e 6º do CPC).

---

escolha daquele indivíduo. A dúvida, do ponto de vista de uma lógica estrita, ficaria então, entre a maçã e o pêssego. No entanto, o ser humano, *talvez escolha a laranja*, pelo simples fato de que tenha vontade de, naquele momento fazê-lo! Ou seja, *as escolhas humanas não seguem um padrão puramente lógico-racional."* ALOISIO, Anderson Bellini. *Epistemologia das sanções processuais:* uma análise com enfoque nas *astreintes* e seu impacto na concretização de direitos. Dissertação apresentada como requisito parcial para a obtenção do título de Mestre em Direito pelo Programa de Pós-Graduação em Direito da Universidade do Vale do Rio dos Sinos – UNISINOS. Orientador: Prof. Darci Ribeiro Guimarães; São Leopoldo, 2015, pp. 18-19.

---

43 Para Fredie Didier Jr., "o processo, para ser devido, há de ser eficiente, o que repercute não só na dimensão da administração judiciária, como também na condução eficiente de um determinado processo pelo órgão jurisdicional." DIDIER JR., Fredie. *Curso de direito processual civil:* introdução ao direito processual civil, parte geral e processo de conhecimento. 17. ed., rev., ampl. e atual. Salvador: JusPodvim, 2015, pp. 98-100. Na mesma linha, Alexandre Câmara destaca que "o sistema de prestação de justiça civil será eficiente se for capaz de conduzir à produção dos resultados esperados do processo com o mínimo de dispêndio de tempo e energias." CÂMARA, Alexandre Freitas. O direito à duração razoável do processo: entre eficiência e garantias. *Revista de Processo*. São Paulo: Revista dos Tribunais, nº 223, set./2013, pp. 39-53.

44 Há muito, Barbosa Moreira já defendia que "o processo deve dispor de instrumentos de tutela adequados, na medida do possível, a todos os direitos (e outras disposições jurídicas de vantagem) contemplado no ordenamento, quer resultam expressa previsão normativa, quer se possa interferir no sistema; (...) o resultado do processo há de ser tal que assegure à parte vitoriosa o gozo pleno da específica utilidade a que faz jus segundo o ordenamento", com o mínimo dispêndio de tempo e energia. BARBOSA MOREIRA, José Carlos. Efetividade do processo e técnica processual. *Revista de Processo*. São Paulo: Revista dos Tribunais, nº 77, 1995, pp. 168-176.

Para o Estado, os benefícios das escolhas racionais também são incontáveis, uma vez que a extinção satisfatória de um processo judicial implica em redução dos custos inerentes à máquina judiciária.

Afirma-se, assim, que a adequação entre a Análise Econômica do Direito e a lógica premial pressupõe conjecturar que o investimento em mecanismos premiais seja interessante para o Estado e para ambas as partes.[45]

4.2. Psicologia Comportamental

Diferentemente da racionalidade exacerbada propalada pela Análise Econômica do Direito, a Psicologia Comportamental[46] enxerga uma realidade formada por pessoas que decidem com base em hábitos, experiências pessoais e regras práticas simplificadas.[47]

Nesse contexto, a abordagem psicológica acerca do comportamento humano[48] considera a individualidade da pessoa que está decidindo[49], as suas experiências pessoais e seu condicionamento acerca da questão objeto da decisão.

Ou seja, as experiências pessoais, os hábitos, os interesses, as necessidades, os desejos e as emoções integram o complexo mosaico do processo de tomada de decisão.

---

45 VILELA, Daniela Rodrigues Machado. *O direito premial trabalhista como perspectiva para o futuro do trabalho*. Dissertação apresentada ao Programa de Pós-Graduação em Direito, da Faculdade de Direito, da UFMG como requisito parcial à obtenção do título de Mestre em Direito do Trabalho. Belo Horizonte, 2016.

46 "A disciplina busca seus fundamentos principalmente na área da Psicologia tentando explicar a motivação dos fenômenos que causam um desvio da atitude humana esperada, considerando-se o ser humano como um ser racional". SCALEA, José Augusto; TABAK, Benjamin Miranda. Direito de propriedade intelectual: formas de proteção, seu impacto no desenvolvimento econômico e propostas para sua melhoria. *Revista de Direito Econômico e Socioambiental*, Curitiba, v. 7, nº 2, p. 154- 174, jul./dez. 2016. Disponível em: <https://periodicos.pucpr.br/index.php/direitoeconomico/article/view/5837>. Acesso em: 30.07.2019.

47 ÁVILA, Flávia; BIANCHI, Ana Maria. *Guia de economia comportamental e experimental*. São Paulo: economia comportamental.org., 2015, p. 14. Disponível em: http://www.economiacomportamental.org/guia-economia-comportamental.pdf. Acesso em: 30.07.2019.

48 Como explica Erik Navarro, "os desenvolvimentos da psicologia acabaram colocando em xeque a premissa fundamental da abordagem econômica clássica: a racionalidade do ser humano." WOLKART, Erik Navarro. *Análise econômica e comportamental do processo civil:* como promover a cooperação para enfrentar a tragédia da Justiça no processo civil brasileiro. Tese (Doutorado em Direito Processual) – Centro de Estudos e Pesquisas no Ensino do Direito, Universidade do Estado do Rio de Janeiro, Rio de Janeiro, 2018, p. 387. Com efeito, no processo de tomada de decisões, existem fatores e vieses não detectáveis a nível consciente que concretamente influenciam os indivíduos, como, por exemplo, experiências pessoais, interesses, hábitos, necessidades, ambições, desejos, emoções, etc.

49 "Assim, se o projeto de uma obra está atrasado, não trará o retorno esperado, sendo necessário investir o dobro do inicialmente previsto para a sua conclusão, seria mais racional abandonar o empreendimento e investir em outro negócio, porém os interesses pessoais do responsável, que

Ocorre que esses fatores – que influenciam nas mais diversas escolhas – não são detectáveis a nível consciente. Em outras palavras, há mecanismos emocionais e cognitivos, muitas vezes inconscientes, que estão por trás das escolhas e das decisões das pessoas.

Para os estudiosos da Psicologia Comportamental, partindo da premissa de que o processo de tomada de decisões não se baseia exclusivamente na racionalidade, os indivíduos podem, inclusive, fazer escolhas contrárias aos seus próprios interesses.

Sob outro prisma, a Psicologia Comportamental também reconhece a existência das heurísticas e dos vieses cognitivos, que podem influenciar diretamente na tomada de decisões pelos indivíduos. São os chamados atalhos mentais que, por exemplo, podem levar o indivíduo a prever a frequência de um evento[50] a partir de situações que são lembradas pela mente[51].

Muitas vezes também os indivíduos superestimam a probabilidade de um evento em razão de desejos pessoais, esperando a confirmação de sua pré-compreensão ou, simplesmente, de seu conforto cognitivo.[52]

Significa dizer, portanto, o ato de decidir pode estar viciado por vieses cognitivos e heurísticas que desfazem a premissa da (hiper)racionalidade pressuposta pelo legislador.[53]

---

tem receio de ter uma imagem negativa no mercado, acabam fazendo com que se empenhem esforços fadados ao fracasso, baseando-se, portanto, em um comportamento irracional." SOUZA. Danielle Nascimento Nogueira de. *Psicologia Fiscal e Economia Comportamental no Direito Tributário como fonte de redução das práticas evasivas no Brasil*. 2018. 194f. Dissertação de Mestrado em Finanças, Tributação e Desenvolvimento), Universidade do Estado do Rio de Janeiro, p. 63.

50 Essa forma de heurística pode resultar no viés de confirmação (*confirmation bias*), que trata exatamente do fenômeno de validar resultados em conformidade com aquilo que já se pensava desde o início.

51 "These heuristics are highly economical and usually effective, but they lead to systematic and predictable errors. A better understanding of these heuristics and biases to which they lead could improve judgements and decisions in situations of uncertainty." TVERSKY, Amos; KAHNEMAN, Daniel. *Judgement under uncertainty: heuristics and biases*. Disponível em http://links.jstor.org/sici?sici=-0036-8075%2819740927%293%3A185%3A4157%3C1124%3AJUUHAB%3E2.0.CO%3B2-M. Acesso em: 20.07.2019.

52 "This article described three heuristics that are employed in making judgements under uncertainty: (i) representativeness, which is usually employed when people are asked to judge the probability that an object or event A belongs to class or process B: (ii) availability of instances or scenarios, which is often employed when people are asked to assess the frequency of a class or the plausibility of a particular development; and (iii) adjustment from an anchor which is usually employed in numerical prediction when a relevant value is available." TVERSKY, Amos; KAHNEMAN, Daniel. *Judgement under uncertainty: heuristics and biases*. Disponível em http://links.jstor.org/sici?sici=0036-8075%2819740927%293%3A185%3A4157%3C1124%3AJUUHAB%3E2.0.CO%3B2-M. Acesso em: 20.07.2019.

53 SOUZA. Danielle Nascimento Nogueira de. *Psicologia Fiscal e Economia Comportamental no Direito Tributário como fonte de redução das práticas evasivas no Brasil*. 2018. 194f. Dissertação de Mestrado em Finanças, Tributação e Desenvolvimento, Universidade do Estado do Rio de Janeiro, p. 67.

Isso explica, por exemplo, a razão de um credor não querer fazer um acordo judicial mediante um desconto no valor da execução, por entender que conseguirá, mais ou cedo ou mais tarde, executar todos os valores devidos pelo devedor, não percebendo que muitas vezes a internalização mais rápida do crédito pode lhe trazer maiores benefícios.

Ou seja, por acreditar piamente que não faz sentido transigir se conseguirá receber tudo, o credor age de modo automático, sem levar em consideração a relação custo-benefício. Acontece que, além das imprevisibilidades inerentes às próprias execuções, as crises financeiras, as mudanças no cenário político-econômico, entre outros fatores, podem inviabilizar a própria atividade empresarial do devedor, com risco de frustrar a execução.

Nesse particular, as convenções processuais do artigo 190 do CPC, reforçadas pelas premissas da Teoria dos Jogos[54] e do modelo cooperativo de processo[55], podem incrementar as sanções premiais negociais. Nesse caso, há mais espaço para trabalhar com o aspecto psicológico comportamental dos litigantes.

Por exemplo, em um contrato com obrigações recíprocas, é possível que cada parte resolva indicar desde logo um bem (de baixo valor) para garantir eventual penhora em troca da impenhorabilidade de outros bens[56], de maior valor, inclusive, mas que possuam valor emocional ou alguma carga sentimental para os contratantes.

O mesmo raciocínio se aplica quando o devedor deixa de exercer a faculdade do parcelamento do débito (art. 916 do CPC), por acreditar fielmente que o credor não encontrará seus bens, apesar de todo o leque de medidas executivas atípicas hoje existentes e dos convênios com órgãos públicos que facilitam a localização de tais bens.

---

54 "A Teoria dos Jogos é um instrumento que auxilia a compreensão dos movimentos estratégicos que compõem as relações de interação entre dois ou mais indivíduos, sendo que a partir da dinâmica de um jogo, a referia Teoria apresenta as estratégias presentes no processo de tomada de decisão dos jogadores, que leva em conta os possíveis resultados (payoffs), ponderando-se os comportamentos dos demais players. (...) A Teoria dos jogos analisa o Direito não somente em razão de suas normas, mas precipuamente em razão das possíveis escolhas estratégicas adotadas pelos indivíduos, que as elegem justamente considerando as consequências impostas pelas normas". TIMM, Luciano Benetti; TRINDADE, Manoel Gustavo Neubarth; MACHADO, Rafael Bica. O problema da morosidade e do congestionamento no âmbito do processo civil brasileiro: uma abordagem de law and economics. *Revista de Processo*. São Paulo: Revista dos Tribunais, nº 290, abril/2019, p. 459-460. No mesmo sentido: "*Game theory is therefore a rigorous branch of mathematical logic that underlies real conflicts among (not always rational) humans*". POUNDSTONE, William. Prisoner's dilemma (1992). New York: Anchor Books, 1993, p. 6.

55 MAZZOLA, Marcelo. *Tutela Jurisdicional Colaborativa*: a cooperação como fundamento autônomo de impugnação. Curitiba: CRV, 2017.

56 Enunciado nº 19 do Fórum Permanente de Processualistas Civis: São admissíveis os seguintes negócios processuais, dentre outros: pacto de impenhorabilidade, acordo de ampliação de prazos das partes de qualquer natureza, acordo de rateio de despesas processuais, dispensa consensual de assistente técnico, acordo para retirar o efeito suspensivo de recurso , acordo para não promover

Tudo isso explica porque a lógica racional da Análise Econômica do Direito, apesar de relevantíssima para entender o comportamento humano, não configura um *standard* absoluto, já que muitas vezes os processos decisórios estão impregnados de irracionalidade.

No caso das sanções premiais, da mesma forma, não se pode esperar que a opção das partes – sobretudo no curso do processo judicial – seja guiada unicamente por escolhas racionais (custo-benefício), pois, como visto, existem outros ingredientes que podem influenciar os seus direcionamentos e movimentos.

5. Conclusão

Há muito o termo sanção deixou de ser compreendido apenas como sinônimo de punição. Na verdade, a sanção jurídica é o gênero, do qual são espécie as sanções repressivas (em caso de descumprimento) ou retributivas (na hipótese de adimplemento) da norma.

Como visto, as sanções premiais são normas que estimulam os indivíduos a fazerem ou deixarem de fazer algo em troca de um prêmio.

São muitos os exemplos de sanções premiais nas mais diferentes áreas do ordenamento jurídico, que materializam um grande cardápio de medidas retributivas.

Especificamente no campo do direito processual civil, muitos dispositivos contemplam situações de incentivo, prêmio e recompensa.

Considerando que as sanções contribuem para o processo de tomada de decisões, influenciando o comportamento humano (os homens respondem a incentivos), investigamos a possível interface das sanções premiais com a Análise Econômica do Direito e a Psicologia Comportamental.

Sob o prisma da Análise Econômica do Direito – que parte do pressuposto que os indivíduos fazem escolhas racionais, optando pelo melhor custo-benefício –, as sanções premiais podem maximizar a eficiência processual e contribuir para a racionalização da prestação jurisdicional.

Já sob a ótica da Psicologia Comportamental – que contesta a racionalidade do indivíduo, defendendo que o processo de tomada de decisão é influenciado por experiências pessoais, heurísticas e vieses cognitivos –, é possível incrementar as sanções

---

execução provisória; pacto de mediação ou conciliação extrajudicial prévia obrigatória, inclusive com a correlata previsão de exclusão da audiência de conciliação ou de mediação prevista no art. 334; pacto de exclusão contratual da audiência de conciliação ou de mediação prevista no art. 334; pacto de disponibilização prévia de documentação (pacto de disclosure), inclusive com estipulação de sanção negocial, sem prejuízo de medidas coercitivas, mandamentais, sub-rogatórias ou indutivas; previsão de meios alternativos de comunicação das partes entre si; acordo de produção antecipada de prova; a escolha consensual de depositário-administrador no caso do art. 866; convenção que permita a presença da parte contrária no decorrer da colheita de depoimento pessoal.

premiais, sobretudo por intermédio das convenções processuais, dentro da dinâmica de um modelo cooperativo de processo e das premissas da Teoria dos Jogos.

Em suma, a grande sinergia entre as sanções premiais, a Análise Econômica do Direito e a Psicologia Comportamental, além de contribuir para maior eficiência processual, pode estimular a racionalização da prestação jurisdicional.

6. Referências Bibliográficas

ADAMEK, Marcelo Vieira von. *Responsabilidade dos Administradores de S/A e as Ações Correlatas*. São Paulo, Saraiva, 2010.

ALOISIO, Anderson Bellini. *Epistemologia das sanções processuais:* uma análise com enfoque nas *astreintes* e seu impacto na concretização de direitos. Dissertação apresentada como requisito parcial para a obtenção do título de Mestre em Direito pelo Programa de Pós-Graduação em Direito da Universidade do Vale do Rio dos Sinos – UNISINOS. Orientador: Prof. Darci Ribeiro Guimarães. São Leopoldo, 2015.

ÁLVARES DA SILVA, Antônio. *Sanção e direito do trabalho*. Belo Horizonte: RTM, 2014, p. 16.

ARNAUD, André-Jean et al. *Dicionário enciclopédico de teoria e de sociologia do direito*. 2. ed. Rio de Janeiro: Renovar, 1999.

ÁVILA, Flávia; BIANCHI, Ana Maria. *Guia de economia comportamental e experimental*. São Paulo: economia comportamental.org., 2015.

BARBOSA MOREIRA, José Carlos. Efetividade do processo e técnica processual. *Revista de Processo*. São Paulo: Revista dos Tribunais, nº 77, 1995.

BENEVIDES FILHO, Maurício. A *Sanção Premial no Direito*. Brasília: Brasília Jurídica, 1999.

BITTENCOURT, Maurício Vaz Lobo. Princípio da eficiência. In: RIBEIRO, Marcia Carla Pereira; KLEN, Vinicius (Coords.). *O que é a análise econômica do direito*: uma introdução. Belo Horizonte: Fórum, 2011.

BOBBIO, Norberto. *Da estrutura à função*: Novos estudos de teoria do direito. Tradução de Daniela Beccaccia Versiani. São Paulo: Manole, 2007.

CÂMARA, Alexandre Freitas. O direito à duração razoável do processo: entre eficiência e garantias. *Revista de Processo*. São Paulo: Revista dos Tribunais, nº 223, set./2013.

CARVALHO NETTO, Menelick de. *A sanção no procedimento legislativo*. Belo Horizonte: Del Rey, 1992.

CRUZ E TUCCI, José Rogério. Questões sobre o rateio do prêmio destinado ao acionista minoritário. Disponível em https://www.conjur.com.br/2019-jun-25/paradoxo-corte-rateio-premio-destinado--acionista-minoritario. Acesso em: 30.07.2019.

DIDIER JR., Fredie. *Curso de direito processual civil:* introdução ao direito processual civil, parte geral e processo de conhecimento. 17. ed., rev., ampl. e atual. Salvador: JusPodvim, 2015.

FUX, Luiz; BODART, Bruno. *Processo civil e análise econômica*. Rio de Janeiro: Forense, 2019.

FUX, Rodrigo. A evolução da Análise Econômica do Direito no Brasil. Disponível em https://www.editora-jc.com.br/a-evolucao-da-analise-economica-do-direito-no-brasil/ Acesso em: 30.07.2019.

KAHNEMAN, Daniel; TVERSKY, Amos. *Prospect Theory: an analysis of decision under risk*. EUA: Econometrica, v. 47, nº 2, 1979.

KELSEN, Hans. *Teoria pura do direito*. Tradução de João Baptista Machado. 6. ed. São Paulo: Martins Fontes, 1999.

LICKS, Gustavo. Reflexões sobre as alterações da Lei nº 11.101/05 para inclusão do financiamento do devedor à luz da Teoria da Análise Econômica do Direito. *Revista da EMERJ*, v.20, nº 2, maio/ago./2018.

LIGERO, Gilberto Notário. *Sanções Processuais por Improbidade na Execução Civil*. Tese apresentada à Banca Examinadora da Pontifícia Universidade Católica de São Paulo, como exigência parcial para obtenção do título de Doutor em Direito. Pontifícia Universidade Católica de São Paulo, 2014.

MAZZOLA, Marcelo. *Tutela Jurisdicional Colaborativa*: a cooperação como fundamento autônomo de impugnação. Curitiba: CRV, 2017.

MELLO FILHO, Álvaro. Reabordagem da estrutura da norma jurídica em face da sanção premial. *Revista Forense*, abr./maio/jun./1980.

OLIVEIRA, Rafael Carvalho Rezende. *Novo perfil da regulação estatal:* Administração Pública de resultados e análise de impacto regulatório. Rio de Janeiro: Forense, 2015.

POUNDSTONE, William. *Prisoner's dilemma* (1992). New York: Anchor Books, 1993.

REALE, Miguel. *Lições preliminares de direito*. 27. ed. São Paulo: Saraiva, 2010.

ROSSONI, Igor Bimkowski. *Recursos Extraordinários e Ação Rescisória por ofensa à norma jurídica*. Salvador: JusPodivm, 2019.

SANDEL, Michael J. *O que o dinheiro não compra*: os limites morais do Mercado. Rio de Janeiro: Civilização Brasileira, 2012.

SCALEA, José Augusto; TABAK, Benjamin Miranda. Direito de propriedade intelectual: formas de proteção, seu impacto no desenvolvimento econômico e propostas para sua melhoria. *Revista de Direito Econômico e Socioambiental*, Curitiba, v. 7, nº 2, p. 154- 174, jul./dez. 2016. Disponível em: <https://periodicos.pucpr.br/index.php/direitoeconomico/article/view/5837>. Acesso em: 30.07.2019.

SILVA, De Plácido e. *Vocabulário jurídico*. 7. ed. v. 4. Rio de Janeiro: Forense, 1982.

SOUZA, Danielle Nascimento Nogueira de. *Psicologia Fiscal e Economia Comportamental no Direito Tributário como fonte de redução das práticas evasivas no Brasil*, 2018. 194f. Dissertação de Mestrado em Finanças, Tributação e Desenvolvimento, Universidade do Estado do Rio de Janeiro.

SUSTEIN, Cass Robert. *Do people like nudges?* Disponível em https://dash.harvard.edu/handle/1/16147874. Acesso em: 21.07.2019.

SUSTEIN, Cass Robert; JOLLS, Christine; THALER, Richard H. *A behavioral approach to law and economics*. 50 Standford Law Review 1471 (1998).

TIMM, Luciano Benetti; TRINDADE, Manoel Gustavo Neubarth; MACHADO, Rafael Bica. O problema da morosidade e do congestionamento no âmbito do processo civil brasileiro: uma abordagem de law and economics. *Revista de Processo*. São Paulo: Revista dos Tribunais, nº 290, abril/2019.

TVERSKY, Amos; KAHNEMAN, Daniel. *Judgement under uncertainty: heuristics and biases*. Disponível em http://links.jstor.org/sici?sici=0036-8075%2819740927%293%3A185%3A4157%3C1124%3A-JUUHAB%3E2.0.CO%3B2-M. Acesso em: 30.07.2019.

VILELA, Daniela Rodrigues Machado. *O direito premial trabalhista como perspectiva para o futuro do trabalho*. Dissertação apresentada ao Programa de Pós-Graduação em Direito, da Faculdade de Direito, da UFMG como requisito parcial à obtenção do título de Mestre em Direito do Trabalho. Belo Horizonte, 2016.

WOLKART, Erik Navarro. *Análise econômica e comportamental do processo civil:* como promover a cooperação para enfrentar a tragédia da Justiça no processo civil brasileiro. Tese (Doutorado em Direito Processual) – Centro de Estudos e Pesquisas no Ensino do Direito, Universidade do Estado do Rio de Janeiro, Rio de Janeiro, 2018.

DIREITO FUNDAMENTAL À PRESTAÇÃO JURISDICIONAL EFETIVA NO PROCESSO PENAL

Paulo Wunder

Introdução

Em uma situação de recursos limitados, ou seja, diante de uma perspectiva concreta de condenação, a escolha racional do imputado pela melhor das opções em sua estratégia de defesa leva em consideração a análise das oportunidades que possui, com seus respectivos ônus e bônus.

Nesse panorama, a medida mais eficiente de defesa seria aquela que lhe impõe menores riscos e lhe garante maiores benefícios. O imputado raciocina concretamente com base em dados, como: quanto tempo pode ficar preso, em que condições ficaria preso, a repercussão da prisão sobre sua família, trabalho e patrimônio etc.

Com esse cenário organizado, é natural que o próprio imputado possa fazer uma ponderação de interesses e escolher racionalmente o melhor caminho a seguir na sua defesa, a partir daquilo que entender mais valioso para si, considerando as consequências que irá suportar pela sua decisão.

Como todos esses elementos do processo de escolha são extremamente particulares ao caso concreto, assim como é personalíssima a forma como cada imputado reage e se importa com cada um deles, o consensualismo visa a inserir aquele que irá efetivamente sofrer as consequências dos seus atos na análise pessoal da melhor das alternativas de defesa.

Portanto, a ideia do consensualismo como forma de composição de conflitos criminais, com sentenças condenatórias impondo penas privativas de liberdade fixadas por meio de uma negociação entre as partes, decorre, dentre outras razões, do reconhecimento do direito do imputado na escolha das suas próprias estratégias de defesa.

O Estado, em uma postura deferente à liberdade individual, valorizando a personalidade e preservando a intimidade e a privacidade do imputado, autoriza a autodeterminação da sua própria defesa, haja vista que ninguém melhor do que aquele diretamente atingido para aferir os impactos decorrentes das consequências práticas da sua decisão, desde que devidamente orientado por seu advogado e dentro dos limites da sua disponibilidade.

Ocorre que o processo penal, ainda que por meio de diferentes tipos de procedimentos, é estruturado através de fases formais, as quais seriam fruto de normas cogentes e de interesse público, o que acaba minimizando a participação e, principalmente, a legitimidade e capacidade de escolha do imputado sobre a sua defesa, inclusive por meio de adaptações e distorções dessas regras aparentemente indisponíveis.

Porém, alijar justamente aquele que pode ser o mais atingido pelo resultado adverso do processo penal, sob o falso pretexto de defende-lo de escolhas ruins que ele poderia fazer contra si próprio, é a imposição de uma conformação inadequada com a modernidade e um desestímulo ao exercício da sua personalidade, a qual caracteriza o núcleo essencial da dimensão subjetiva do seu direito fundamental à ampla defesa.

1. Análise econômica e as escolhas consequencialistas

Quem mais se ocupou de estudar a maneira como as pessoas realizam suas escolhas foram os economistas[1]. Dentre eles, talvez a mais importante de todas as contribuições doutrinárias sobre o assunto seja de Jeremy Bentham, que, ao final do século XVIII, defendeu a necessidade de uma reforma do sistema jurídico inglês.

Era necessário promover um novo modelo teórico, político e moral, de base científica, a fim de que as ações políticas visassem efetivamente ao interesse público e apresentassem segurança jurídica[2].

Ao invés de recorrer a teorias religiosas e metafísicas, cuja interpretação invariavelmente protegia os detentores do poder, Bentham, avesso ao conservadorismo, defendeu que o poder público deveria tomar as suas decisões políticas baseadas na busca da maior felicidade ao maior número de pessoas.

---

1 A AED compõe-se principalmente de dois ramos: o primeiro e mais antigo se refere à análise das leis que regulavam as atividades econômicas propriamente ditas, remontando a Adam Smith e aos efeitos econômicos da legislação mercantilista; já o segundo se relaciona com a regulação das atividades não mercadológicas, justamente o que interessa a este estudo.
Muitas foram as influências para a formação da doutrina da AED. Uma delas foi do italiano Cesare Beccaria, em cuja obra "Dos delitos e das penas" (1764) já apontava ideias utilitaristas econômicas, tais como "todo o bem-estar possível para a maioria" (BECCARIA, 1999, p. 16) e "o prazer e o sofrimento são os dois grandes motores dos seres sensíveis" (BECCARIA, 1999, p. 69), além de noções racionais sobre crimes e punições relativas à proporcionalidade, dissuasão e retribuição da pena.

2 Apoiando-se nas ideias de Cesare Beccaria, Bentham criticou a concepção vigente de direitos naturais. Segundo o filósofo inglês, tal noção só favoreceria a uma política institucional que beneficiava a classe elitista e estimulava a desigualdade social. Bentham entendia que, para minorar os efeitos sociais dos abusos do poder público, seria necessária uma intervenção do Estado na economia, de modo a que a interferência do governo evitaria que o mercado atendesse exclusivamente à interesses privados e monopolistas, os quais poderiam estar estimulando a desigualdade social.
Bentham lançou as bases para as reformas no Parlamento britânico, ocorridas na primeira metade do século XIX, que consistiram em modificar a sua composição interna de forma a aumentar a participação democrática e diminuir aas influências da classe elitista que se perpetuava no poder, a fim de que fosse possível ressignificar o papel do governo em políticas públicas de redistribuição de renda.

Bentham reconheceu que os seres humanos agem como maximizadores racionais da própria satisfação em todas as esferas da vida e não apenas na econômica, razão pela qual a Economia não poderia ser vista somente como o estudo de fenômenos econômicos particulares, passando a ser tratada como uma Teoria das Escolhas Racionais.

As pessoas moldam seu comportamento em face dos incentivos e restrições com que se defrontam, embora possam não ter dimensões monetárias. Isso ocorre, pois, "a natureza colocou a humanidade sob o governo de dois mestres soberanos: a dor e o prazer (...). Eles nos governam em tudo o que fazemos, em tudo o que dizemos e em tudo o que pensamos"[3].

Aliás, os economistas creem que as pessoas ajam racionalmente não apenas quando estão diante de transações mercadológicas, mas em todas as outras atividades da vida, como um traço marcante do comportamento social[4].

Mesmo nas atividades não mercadológicas, é possível definir, através da utilização de técnicas econômicas, a pecuniarização dos custos e benefícios não pecuniários. Isso permite uma comparação entre fatores a princípio infungíveis, mas que, a partir do momento em que podem ser de alguma forma transformados em valor, passam a viabilizar a orientação sobre a decisão da escolha mais eficiente àqueles por ela atingidos.

Logo, os processos decisórios dos indivíduos não seriam compartimentados, a ponto de se agir racionalmente quando se realiza uma compra, mas "irracionalmente quando decide cursar uma faculdade de direito, ou quando decide casar-se, sonegar impostos, ter três filhos em vez de dois ou mover uma ação judicial contra alguém"[5].

Dessas críticas, advém a noção econômica do princípio da utilidade, a qual orienta não apenas a pessoa no atingimento dos seus interesses individuais, como também o Estado, na medida em que, por estar atrelado à finalidade pública no desenvolvimento das suas inúmeras atividades, deve pautar toda a sua atuação na busca da satisfação do melhor interesse do cidadão.

---

3 *"Nature has placed mankind under the governance of two sovereign masters, pain and pleasure. It is for them alone to point out what we ought to do, as well as to determine what we shall do. On the one hand the standard of right and wrong, on the other the chain of causes and effects, are fastened to their throne. They govern us in all we do, in all we say, in all we think: every effort we can make to throw off our subjection, will serve but to demonstrate and confirm it. In words a man may pretend to abjure their empire: but in reality, he will remain subject to it all the while. The principle of utility recognizes this subjection, and assumes it for the foundation of that system, the object of which is to rear the fabric of felicity by the hands of reason and of law"* (BENTHAM, 1990, p. 11) (tradução livre).

4 Para a economia, a responsabilidade é uma sanção imposta por danos causados a outros. Uma teoria científica serve justamente para demonstrar os efeitos das sanções legais sobre o comportamento. "Para os economistas, as sanções se assemelham aos preços, e, presumivelmente, as pessoas reagem às sanções, em grande parte, da mesma maneira que reagem aos preços. As pessoas reagem a preços mais altos consumindo menos do produto mais caro; assim, supostamente, elas reagem a sanções legais mais duras praticando menos da atividade sancionada" (COOTER; ULEN, 2010, p. 25).

5 (POSNER, 2010, p. 4).

O legislador precisa absorver o conhecimento da natureza humana para criar leis que maximizem a felicidade do povo, minimizando seu sofrimento. Deve parar de observar fatores que apenas contribuíam para a manutenção do poder e da desigualdade, para começar a analisar o mundo dos fatos e verificar de que forma a sociedade pode se beneficiar mais da ação do Estado[6].

Essa mudança do centro de gravidade do Estado, o qual passa a ver no cidadão a sua base e finalidade, também leva o intérprete do Direito a promover escolhas racionais, seja antevendo os efeitos econômicos das leis e buscando os seus fundamentos de validade na eficiência econômica; sugerindo alterações e aperfeiçoamentos ao ordenamento jurídico, de modo à legislação se compatibilizar ao realismo econômico; ou aplicando as normas no sentido de que as consequências práticas da respectiva decisão tenham maior valor do que os seus conceitos jurídicos abstratos.

Desse modo, considerando que "a economia fornece uma teoria comportamental para prever como as pessoas reagem às leis"[7], os juristas passaram a aferir, através da AED, um padrão normativo útil do ordenamento jurídico e das políticas públicas empregadas, por meio de uma avaliação de custo-benefício em que as

---

6 Após Bentham, o renascimento moderno do interesse na aplicação da economia ao comportamento não mercadológico, dando origem à teoria econômica do direito como a conhecemos atualmente, só começou a adquirir forma entre 1958 e 1973.
Em 1958, começou a ser publicado o *"Journal of Law and Economics"*, editado pela *University of Chicago*, sistematizando estudos de natureza econômica em áreas como a regulamentação governamental, sociedades empresariais, processo legislativo, direito financeiro e tributário e governança.
Logo a seguir, em 1960, Ronald Coase publicou o artigo *"The Problem of Social Cost"*, onde, através do Teorema de Coase, defendeu que o Direito, dentre outras funcionalidades, deveria tentar minimizar os custos de transação entre as partes através do estímulo à negociação e pela criação de remédios judiciais baratos, uma vez que seu objetivo seria a promoção da eficiência econômica com menor custo de intervenção estatal.
Em 1961, Guido Calabresi publicou seu primeiro artigo, *"Some thoughts on risk distribution and the Law of Torts"*. Nele, e posteriormente na obra *"The Costs of Accidents"* (1970), Calabresi defendeu que o principal objetivo das leis sobre responsabilidade civil não seria a sua compensação, mas sim minimizar os custos dos acidentes. A análise entre o custo de se evitar um acidente com os custos causados pelo próprio acidente representa a importância de se investir em métodos preventivos, mais baratos e eficientes.
Em 1968, Gary Becker lançou sua obra *"Crime and Punishment: an Economic Approach"*, na qual revigorou e aperfeiçoou as ideias de Bentham sobre a influência da análise econômica sobre a criminalidade, abordando os delitos como atividades econômicas com efeitos externos que representam benefícios ao autor, mas custos à sociedade, sendo a pena o preço pago pelo responsável.
Já em 1972, Richard Posner, professor de Direito na Universidade de Chicago, publicou o livro *"Economic Analysis of Law"*, voltado a seus alunos e com o objetivo de sistematizar a influência da Economia sobre todos os ramos do Direito. Tal obra impactou as demais faculdades de Direito nos EUA, que passaram a contratar economistas como professores e a incluir cursos sobre o tema em seus currículos, levando a um movimento que vê a AED atualmente como nova Teoria do Direito.
Posteriormente, Posner ainda lançou o *"Journal of Legal Studies"*, que impulsionou a publicação de inúmeros artigos sobre o tema, difundindo a AED também para fora dos EUA.

7 (COOTER; ULEN, 2010, p. 25).

ações devem ser examinadas no sentido de maximizarem seus ganhos e minimizarem suas perdas[8].

Através da AED, os estudos jurídicos passam a ter foco também nos problemas concernentes à economia, emprestando à norma jurídica a racionalidade, com o Direito sendo integrado por elementos como valor, utilidade e, especialmente, a eficiência.

Essa aproximação do universo abstrato, impessoal e genérico do Direito à considerações sobre o seu impacto concreto na vida daqueles diretamente atingidos pelas normas leva Richard Posner a defender uma aplicação pragmática do Direito, a qual ele situa entre o positivismo jurídico estrito[9] e a livre interpretação constitucional.

Através do pragmatismo, as escolhas públicas devem ser embasadas "em fatos e consequências, não em conceitualismos e generalizações"[10]. Ou seja, o modelo de decisão previamente adotado, seja pela lei ou por precedente, precisa se encaixar perfeitamente ao caso concreto.

Caso contrário, deve-se estudar a possibilidade de tomada de outra decisão, capaz de gerar maiores benefícios e menores prejuízos[11]. É claro que a pre-

---

8 Posner aprimora a otimalidade de Pareto e adota o critério Kaldor-Hicks como expressão da maximização da riqueza, de cunho mais flexível quanto à análise da melhora e piora das situações dos envolvidos. Esse critério enuncia que uma distribuição de recursos pode ser considerada eficiente se aqueles que tiverem sua situação melhorada puderem compensar aqueles que tiverem sua situação piorada com a mudança, para que estes fiquem tão bem como antes da alteração (em seu próprio julgamento) e aqueles fiquem em melhor situação (também em seu próprio julgamento). (ver em POSNER, 2014, parte 1).

9 Estudando a relação entre o positivismo de Hans Kelsen com o pragmatismo, Richard Posner abordou que: "não havia um movimento unindo direito e economia na Europa e nenhum reconhecido com tal nos Estados Unidos, quando a primeira edição de *"Pure Theory of Law"* foi publicado em 1934. Apesar de Kelsen estar ensinando nos Estados Unidos em 1960, ano em que a segunda edição foi publicada, quando então o *"Journal of Law and Economics"* começou a ser editado, estava idoso e dificilmente teria se dado conta de um movimento, ainda nascente, referente a um sistema jurídico que lhe teria parecido bem estranho" (POSNER, 2010, p. 206).
Embora Posner acredite que o positivismo de Kelsen não tenha sofrido influências da Análise Econômica do Direito, reconhece que houve uma contaminação inversa, a ponto de declarar que "a filosofia do direito de Kelsen abre espaço para a análise econômica do direito". Inclusive, Posner classifica o positivismo de Kelsen como o "lado jurídico do liberalismo pragmático" (POSNER, 2010, p. 195).
Apesar do positivismo pregar a neutralidade e independência do Direito em relação aos demais ramos do conhecimento, também preconizava o seu caráter científico. Coube à AED analisar justamente o impacto recíproco entre essas ciências, ou seja, o Direito e a Econômica, sem aferições políticas e morais, mas com a objetividade própria dos economistas e tão desejada por Kelsen.

10 (POSNER, 2012, p. 358).

11 Para Posner, "a diferença entre um juiz pragmático e um juiz positivista (no sentido forte, ou seja, aquele que acredita que o direito é um sistema de normas estabelecidas pelo poder legislativo e meramente aplicadas pelos juízes) é que o último ocupa-se essencialmente de assegurar a coerência com as decisões passadas, ao passo que o primeiro só se ocupa de assegurar a coerência com o passado na medida em que a decisão de acordo com os precedentes seja o melhor método para a produção de melhores resultados para o futuro".

visibilidade econômica se relaciona diretamente com a segurança jurídica, a qual recomenda muita cautela ao se ultrapassar um modelo prévio de decisão legitimamente adotada.

Entretanto, na sua aplicação, ou seja, em momento distinto e posterior, deve-se levar em consideração mais do que as questões inseridas naquele contexto de formação do Direito, a fim de as decisões concretas tomadas a partir dessa fonte mantenham a mesma legitimidade anterior da sua criação[12].

Na aplicação da norma, também é preciso o reconhecimento da influência de objetos posteriores e específicos, capazes de alterar a valoração de fatores legais, políticos, empíricos, institucionais, culturais etc[13].

A atividade pragmática de aplicação do Direito busca realizar um levantamento de todos os custos e benefícios das decisões que impactam as partes, inclusive as externas e não pecuniárias[14], para atingir a maximização das suas riquezas, ou melhor,

---

Posner continua explicando que: "O juiz positivista começa e geralmente termina sua atividade com um exame da jurisprudência, da legislação, da regulamentação executiva e dos dispositivos constitucionais – as fontes diante das quais deve curvar-se quando segue o princípio de que os juízes têm o dever de assegurar a coerência de princípios com o que outras autoridades fizeram no passado. Se todas as fontes dizem a mesma coisa, o mais provável é que a decisão do caso em pauta já esteja predeterminada, uma vez que, na ausência de fortes razões em contrário, contrapor-se às fontes seria uma violência do dever om o passado. (...)
O juiz pragmatista tem outras prioridades. Quer encontrar a decisão que melhor atenda às necessidades presentes e futuras. Não tem desinteresse pela jurisprudência, pela legislação etc. Muito pelo contrário. Em primeiro lugar, essas fontes são depósitos de conhecimento e até, às vezes, de sabedoria; por isso mesmo que não tenham valor dispositivo, seria loucura ignorá-las. Em segundo lugar, uma decisão que se afaste abruptamente dos precedentes e, assim, desestabilize o direito pode ter, no saldo, consequências ruins. Os juízes frequentemente têm de escolher entre fazer justiça substantiva no caso sob sua apreciação, de um lado, e manter a segurança jurídica e a previsibilidade do direito, de outro (POSNER, 2012, p. 381-382).

---

12 "Isso significa que o juiz pragmatista encara a jurisprudência, a legislação e o texto constitucional sob dois aspectos: como fontes de informações potencialmente úteis sobre o provável melhor resultado no caso sob exame e como marcos que ele deve ter o cuidado de não obliterar nem obscurecer gratuitamente, pois as pessoas os tomam como pontos de referência. Porém, como vê essas fontes somente como fontes de informação e como restrições parciais à sua liberdade de decisão, ele não depende delas para encontrar o princípio que lhe permite decidir um caso verdadeiramente inusitado" (POSNER, 2012, p. 382).

13 É importante o papel das partes na orientação e demonstração ao magistrado, inclusive através de análises técnicas, sobre os impactos não apenas do fato em si levado a julgamento e suas consequências, mas também de eventuais alternativas de decisões.
Só assim será viável ao magistrado, na motivação de suas decisões, apresentar as possibilidades jurídicas e escolher aquela que for a mais vantajosa para um dos lados, mas como o menor prejuízo à outra parte, avaliando, inclusive, a possibilidade de uma compensação entre os litigantes.

14 "Os juízes devem decidir casos mesmo quando as consequências são incomensuráveis no sentido de que não se podem atribuir peso a elas" (POSNER, 2010b, p. 263).

uma prestação jurisdicional mais eficiente e próxima do desejo daqueles que dela sofrem as consequências.

Inclusive, em recente alteração legislativa, promovida na Lei de Introdução ao Código Civil, agora chamada de Lei de Introdução às Normas do Direito brasileiro, foi previsto, no *caput* do artigo 20, que, "nas esferas administrativa, controladora e judicial, não se decidirá com base em valores jurídicos abstratos sem que sejam consideradas as consequências práticas da decisão"[15].

A norma que se extrai desse dispositivo demonstra a superioridade da análise das consequências práticas da decisão sobre a aferição de valores jurídicos abstratos. Isso significa, por exemplo, que não bastam explicações doutrinárias alegando a indisponibilidade sobre direitos fundamentais se o seu próprio titular discorda do resultado que advém dessa ultrapassada concepção.

Já pelo parágrafo único do mesmo enunciado, nota-se outra norma que evidencia que a decisão judicial mais justa e efetiva será aquela que, dentre as possíveis alternativas ao caso concreto, melhor se adequar à sua realidade.

Em suma, resta clara a importância do reconhecimento de uma abordagem consequencialista do impacto da atividade do Estado. Decidir o caso concreto sem perceber os anseios das partes e a realidade social em que se insere não promove a entrega de uma prestação jurisdicional, cujo resultado seja efetivo naquela circunstância específica.

Todavia, não se trata da "institucionalização de toda e qualquer argumentação consequencialista e, sobretudo, certa funcionalização dos direitos"[16]. Ou seja, nem todas as consequências práticas devem ser levadas em consideração na decisão, apenas aquelas que o intérprete da norma, "no exercício diligente de sua atuação, consiga vislumbrar diante dos fatos e fundamentos de mérito e jurídicos"[17].

1.1. Eficiência e direitos fundamentais

Nesse contexto de análise pragmática do Direito, o processo precisa ser visto como um meio capaz não apenas de promover a entrega da prestação jurisdicional,

---

15 Art. 20 do Decreto-Lei n° 4.657/1942. Nas esferas administrativa, controladora e judicial, não se decidirá com base em valores jurídicos abstratos sem que sejam consideradas as consequências práticas da decisão.
Parágrafo único. A motivação demonstrará a necessidade e a adequação da medida imposta ou da invalidação de ato, contrato, ajuste, processo ou norma administrativa, inclusive em face das possíveis alternativas (ambos incluídos pela Lei nº 13.655, de 2018).

16 (LEAL, 2008, p. 3).

17 Art. 3°, §2°, do Decreto n° 9.830/2019, que regulamenta o disposto nos art. 20 a 30 do Decreto-Lei n° 4.657/1942 (LINDB). Na indicação das consequências práticas da decisão, o decisor apresentará apenas aquelas consequências práticas que, no exercício diligente de sua atuação, consiga vislumbrar diante dos fatos e fundamentos de mérito e jurídicos".

mas também de atingir esse resultado de modo efetivo e através de uma forma cooperativa e justa (arts. 6° e 8 do CPC[18]).

Nota-se, portanto, uma preocupação quanto à eficiência do processo como instrumento de entrega da prestação jurisdicional. Não basta o oferecimento de qualquer processo, pois o direito não é de acesso a qualquer justiça. Não apenas o resultado final pretendido, mas o meio pelo qual ele é perseguido também precisa ser adequado às peculiaridades do caso concreto[19].

Contudo, Barbosa Moreira alertou sobre o risco em se conceder valor exagerado à eficiência, pois "nada importaria senão tornar mais efetivo o processo, e nenhum preço seria excessivo para garantir o acesso a tal meta"[20].

De fato, há um preconceito em relação à eventual conflito causado pela busca da eficiência com a garantia aos direitos fundamentais, como se fossem noções antagônicas a partir de um certo limite prudencial. Porém, essa ideia advém de uma equivocada classificação da eficiência, como se fosse um princípio colidente com outros que se apresentam como direitos fundamentais.

Logo, embora o artigo 37, *caput*, da Constituição Federal chame-a de princípio, é impossível trabalhar a eficiência no processo penal sem um certo rigor na sua determinação conceitual, a fim de que a sua incidência no caso concreto seja coerente à sua natureza jurídica[21].

Humberto Ávila destaca que, além das espécies normativas regra e princípio, ainda existem os postulados normativos aplicativos[22]. Neles, não se examina mais o dever de promoção de um estado de coisas, mas o modo como esse dever precisa ser aplicado.

Os postulados não impõem a promoção de um fim. Ao invés disso, estruturam a aplicação do dever de promoção desse fim[23]". Os postulados também não prescrevem condutas, mas modos de raciocínio e argumentação relativamente às normas que indiretamente determinam esses comportamentos.

Dessa forma, os postulados normativos aplicativos se dirigem ao "(...) modo como esse dever deve ser aplicado"[24], ou seja, à instrumentalização da maneira de in-

---

22 Ricardo Lobo Torres, por exemplo, usa a expressão "princípios de legitimação" (TORRES, 2002, p.432), enquanto Willis Guerra Filho fala em "topos argumentativo" (GUERRA FILHO, 2010, p. 136-153). Já Luís Roberto Barroso as denomina de "princípios específicos ou instrumentais de interpretação constitucional", consistindo em "premissas conceituais, metodológicas ou finalísticas que devem anteceder, no processo intelectual do intérprete, a solução concreta posta" (BARROSO; BARCELLOS, 2010, p. 23).

23 "Os postulados, de um lado, não impõem a promoção de um fim, mas, em vez disso, estruturam a aplicação do dever de promover um fim; de outro, não prescrevem indiretamente comportamentos, mas modos de raciocínio e de argumentação relativamente a normas que indiretamente prescrevem comportamentos. Rigorosamente, portanto, não se podem confundir princípios com postulados (ÁVILA, 2005, p. 9).

24 (ÁVILA, 2004, p. 88).

cidência das respectivas regras e princípios no plano objeto de aplicação. São normas voltadas para a interpretação e definição da forma de aplicação de outras normas: as regras e os princípios.

Por isso, Humberto Ávila os chama de metanormas, ou normas estruturantes de segundo grau, pois situam-se em um âmbito diferente das normas, já que voltadas à interpretação e definição de seu modo de incidência[25].

Os postulados orientam a aplicação das demais normas e estabelecem diretrizes metódicas, mas sem entrar em conflito com essas mesmas normas, pois, "a rigor, violadas são as normas - princípios e regras - que deixaram de ser devidamente aplicadas. (...) Os postulados normativos situam-se num plano distinto daquele das normas cuja aplicação estruturam. A violação deles consiste na não-interpretação de acordo com sua estruturação".

Nesse sentido, os conflitos ocorrem entre regras e princípios, com os postulados em um segundo grau, apenas regulando a forma como essas outras normas são aplicadas. A violação aos postulados significa, na verdade, que a interpretação das normas do caso concreto (regras ou princípios) não foi realizada de maneira a valorizar o respectivo postulado.

Para aferir o descumprimento de um postulado, é importante examinar não apenas quais foram as normas objeto de conflito no caso concreto, mas também a respectiva fundamentação, pois só assim se saberá se foram aplicadas conforme e adequadamente aos postulados que as estruturam.

Ávila cita como exemplos de postulados a proporcionalidade[26], a razoabilidade e a eficiência, pois tais conceitos não entrariam em choque, por exemplo, com a liberdade individual, a dignidade da pessoa humana etc, mas orientam as normas que efetivamente colidem entre si.

Com efeito, adotada a doutrina de Humberto Ávila, pode-se dizer que a eficiência não entra em conflito e não se choca com outras regras ou princípios. Sua aplicação não ocorre no modelo tudo ou nada, como as regras. Ela também não pode ser otimizada ou desvalorizada por ter peso superior ou inferior em oposição a outro prin-

---

25 (ÁVILA, 2004, p. 88).

26 Ávila lembra que o próprio Robert Alexy teve dificuldade ao enquadrar a proporcionalidade como regra ou princípio, limitando-se a afirmar, em nota de rodapé, que as suas máximas parciais (adequação, necessidade e proporcionalidade em sentido estrito) teriam a natureza de regras.
Conforme o próprio Alexy: "(...) a máxima da proporcionalidade é com frequência denominada "princípio da proporcionalidade". Nesse caso, no entanto, não se trata de um princípio no sentido aqui empregado. A adequação, a necessidade e a proporcionalidade em sentido estrito não são sopesadas contra algo. Não se pode dizer que elas às vezes tenham precedência e às vezes não. O que se indaga é, na verdade, se as máximas parciais foram satisfeitas ou não e sua não-satisfação tem como consequência uma ilegalidade. As três máximas parciais devem ser, portanto, consideradas como regras" (ALEXY, 2014, p. 117).

cípio que seja menos ou mais importante na análise das condições fáticas e jurídicas concretas.

Não há como se optar entre ser ou não eficiente, pois tal postulado importa no dever de interpretação do modo pelo qual as normas (regras ou princípios) em conflito são aplicadas. Ou seja, toda norma deve ser interpretada da forma mais eficiente possível, a fim de se atingir o seu real alcance e significado.

Qualquer regra ou princípio, quando incidir na regulação de um caso concreto, deve ser enquadrado da maneira mais eficiente possível, isto é, atribuindo ao máximo o valor que estiver inserido naquela respectiva norma[27].

A constitucionalização do Direito e a efetividade de suas normas não importa apenas na normatização das regras e princípios, ainda que previstos na Carta Magna. É importante que, além de serem aplicados como normas efetivas do sistema jurídico, seja levada em consideração a forma mais eficiente possível para o respectivo comando.

Logo, definida a eficiência como postulado e não princípio, sua aplicação não colide com os direitos fundamentais, justamente porque a eficiência não é um princípio que se opõe aos direitos fundamentais, mas sim um postulado que indica como os direitos fundamentais, que eventualmente colidem entre si, devem ser aplicados em cada caso concreto.

Sendo assim, eficiência e garantismo devem ser interpretados um pelo outro, de forma recíproca, com os conceitos se interferindo mutuamente na busca de concepções que os considerem como definições do alcance e conteúdo de cada um.

Nessa linha, ao negar a antinomia entre eficiência e garantismo, Ada Pellegrini Grinover assevera que: "duas preocupações, aparentemente contraditórias, têm moldado o espírito das reformas mais recentes no processo penal brasileiro. De um lado, relacionada com a maior ênfase às garantias individuais, resultante da superação do modelo político autoritário instaurado no país a partir de 1964; de outro lado, a decorrente da necessidade de uma maior eficiência na repressão da criminalidade, organi-

---

27 De acordo com Humberto Ávila: "Normas não são textos nem o conjunto deles, mas os sentidos construídos a partir da interpretação sistemática de textos normativos. Daí se afirmar que os dispositivos se constituem no objeto da interpretação; e as normas, no seu resultado" (ÁVILA, 2004, p. 22).
Para Daniel Sarmento e Cláudio Pereira de Souza Neto: "(...) os valores constitucionais não são normas jurídicas - embora penetrem profundamente em algumas normas constitucionais (...). Ao serem inseridos nas constituições, expressa ou implicitamente, eles se convertem em princípios ou em regras, de acordo com as características que venham a assumir, saindo do plano puramente axiológico para incorporarem-se à esfera deontológica" (SARMENTO; SOUZA NETO, 2017, p. 391-392).
Idem para Jane Reis Gonçalves Pereira, ao declarar que a inserção dos valores no ordenamento jurídico "relaciona-se ao fato de serem tutelados por normas, não de serem normas" (PEREIRA, 2006, p. 11).

zada e violenta, cujos índices alarmantes intranquilizam a população e exigem pronta resposta por parte do Estado"[28].

Daí Antonio Scarance Fernandes também declarar que "o direito ao procedimento processual penal é, em síntese, direito a um sistema de regras e princípios que permita a atuação eficaz dos órgãos encarregados da persecução penal e que, ao mesmo tempo, assegure a plena efetivação das garantias do devido processo penal"[29].

Doravante, seja pela anteriormente referida dogmática da análise econômica, ou pela aferição da sua estrutura normativa como postulado, pode-se dizer que a eficiência é a forma de interpretação de todo o ordenamento jurídico, inclusive do processo penal. Tanto os direitos fundamentais do imputado, como o *ius puniendi* e o *ius persequendi in judicio* devem ser aplicados com eficiência, sem que um exclua o outro.

Inclusive, se a eficiência se presta a propósitos aparentemente tão antagônicos, já que, ao mesmo tempo, constitui o substrato de interesses díspares da sociedade, do Estado e do imputado, é porque a sua utilização é compatível com a aplicação harmônica de todos os valores envolvidos em um conflito de natureza criminal.

A eficiência deve orientar a atividade do aplicador do Direito, fazendo com que ele extraia de cada dispositivo legal, e, consequentemente, de cada norma, a interpretação que mais promover a sua própria efetividade. É preciso, pois, enxergar a eficiência como um valor coerente com o respeito aos direitos fundamentais[30], pois podem conviver conjuntamente.

1.2. Processo Penal eficiente

A eficiência é a qualidade que deve estar sempre presente na aplicação do ordenamento jurídico e não uma noção externa ao seu significado, como prevê corretamente o atual Código de Processo Civil (arts. 6° c/c 8° do CPC).

Embora não haja referência no CPC à sua influência sobre o processo penal (o artigo 15 do CPC menciona apenas o processo eleitoral, trabalhista e administrativo[31]), o próprio CPP[32],

28 (GRINOVER, 1998, p. 206).

29 (FERNANDES, 2008, p. 13).

30 Jesús-Maria Silva Sánchez reconhece que: "embora provavelmente aceite-se que a eficiência é elemento integrante da noção de justiça, também parece aceitável que apenas com o instrumento da eficiência não é possível um pleno cumprimento de todos os fins do Direito". Em seguida, conclui que o "Direito Penal não pode se fundamentar apenas em considerações de eficiência", bem como que "os direitos fundamentais apareceriam, assim, como limite intransponível das considerações de eficiência" (SÁNCHEZ, 2004, p. 65).

31 Art. 15. Na ausência de normas que regulem processos eleitorais, trabalhistas ou administrativos, as disposições deste Código lhes serão aplicadas supletiva e subsidiariamente.

32 Não há qualquer referência expressa no Código de Processo Penal à eficiência da atividade jurisdicional, o que não causa estranheza, já que esse conceito foi incorporado ao nosso sistema somente após a Carta Magna de 1988. Enquanto isso, o CPP de 1941 seguia modelo institucional compatível

em seu artigo 3°[33], foi expresso em reconhecer a possibilidade de interpretação extensiva, aplicação analógica e suplemento dos princípios gerais de direito[34].

De fato, são muitas as peculiaridades individuais envolvendo processo civil e processo penal e não é o objetivo aqui abordar uma única teoria geral do processo. Porém, apesar de serem diferentes, não podem divergir naquilo que representa o núcleo comum a ambos, o que se refere justamente aos efeitos diretos e indiretos do fenômeno da filtragem das normas constitucionais e a respectiva prevalência dos direitos fundamentais sobre as normas infraconstitucionais.

Por essa razão, "a condensação metodológica e sistemática dos princípios constitucionais do processo toma o nome de direito processual constitucional"[35]. Não se trata de um ramo autônomo do processo, mas sim de uma estrutura única a todas as subdivisões, da qual nenhuma pode se esquivar de cumprir por se dizer supostamente especial.

Isso não significa que sempre que houver uma lacuna normativa no CPP possa se recorrer ao CPC, já que "a aplicação do CPC ao processo penal será sempre residual. Como forma de controle da adequação, a regra da residualidade é negativa, não se

---

com a Constituição de 1937, inspirada nas constituições fascistas da Itália e da Polônia (daí o apelido de "Polaca") e publicada logo após o golpe que instalou o Estado Novo.

Aliás, logo no início da Exposição de Motivos do CPP/1941, o Presidente da sua Comissão de Elaboração, o então Ministro da Justiça Francisco Campos, deixou asseverado: "As nossas vigentes leis de processo penal asseguram aos réus, ainda que colhidos em flagrante ou confundidos pela evidencia das provas, um tão extenso catálogo de garantias e favores, que a repressão se torna, necessariamente, defeituosa e retardatária, decorrendo daí um indireto estímulo à expansão da criminalidade. **Urge que seja abolida a injustificável primazia do interesse do indivíduo sobre o da tutela social. Não se pode continuar a contemporizar com pseudodireitos individuais em prejuízo do bem comum. O indivíduo, principalmente quando vem de se mostrar rebelde à disciplina jurídicopenal da vida em sociedade, não pode invocar, em face do Estado, outras franquias ou imunidades além daquelas que o assegurem contra o exercício do poder público fora da medida reclamada pelo interesse social. Este o critério que presidiu à elaboração do presente projeto de Código**. No seu texto, não são reproduzidas as fórmulas tradicionais de um mal avisado favorecimento legal aos criminosos. O processo penal é aliviado dos excessos de formalismo e joeirado de certos critérios normativos com que, sob o influxo de um mal compreendido individualismo ou de um sentimentalismo mais ou menos equívoco, se transige com a necessidade de uma rigorosa e expedita aplicação da justiça penal". (grifamos)

33 Art. 3°. A lei processual penal admitirá interpretação extensiva e aplicação analógica, bem como o suplemento dos princípios gerais de direito.

34 Conforme Hermes Zaneti Jr: "Aplicação subsidiária, supletiva e residual não são sinônimas. Aplicação subsidiária significa a integração da legislação subsidiária na legislação principal, de modo a preencher os claros e as lacunas da lei principal (...) Aplicação supletiva ou complementar ocorre quando uma lei complementa a outra, dando-lhe um sentido geral. (...) Há, por fim, a aplicação residual, será residual a aplicação do CPC quanto ao respeito à lógica e princípios próprios dos demais sistemas (ZANETI, 2016, p. 461).

35 (CINTRA, GRINOVER, DINAMARCO, 2014, p. 79).

aplica o CPC se o CPP e os princípios e a lógica própria do direito penal e do processo penal não permitirem"[36].

No entanto, o novo CPC é inegavelmente um importante vetor de interpretação atualizada do CPP, tendo em vista não apenas o fato de ter sido promulgado após a CF/88, mas de ter incorporado a noção de supremacia iluminista das normas constitucionais sobre todo o ordenamento jurídico[37], razão pela qual a eficiência "repercute sobre a atuação do Poder Judiciário em duas dimensões: a) Administração Judiciária e b) a gestão de um determinado processo"[38].

Especificamente no ponto que interesse ao presente trabalho, isto é, no dever de cooperação para a busca de uma decisão efetiva e na promoção da eficiência, não há, em ambos os casos, qualquer infração à lógica própria do processo penal.

Ao contrário, da conjugação do dever de cooperação entre as partes com a eficiência do processo penal advém tanto os métodos consensuais de aplicação de sanções penais, como a possibilidade de celebração de negócios jurídicos, que, de alguma forma, promovam ajustes ao procedimento, sendo ambos meios que visam ao alcance da solução jurídica mais adequada ao caso concreto.

Enfim, a eficiência é uma norma constitucional de incidência na atividade jurisdicional e independentemente da sua esfera de atuação. Daí, Richard Posner concluir que a eficiência "caracteriza-se como um conceito de justiça adequado e imputável aos juízes"[39], inclusive àqueles com competência criminal, uma vez que a aplicação eficiente do ordenamento jurídico também promove a potencialização das normas sobre direitos fundamentais.

2. Direito fundamental à prestação jurisdicional efetiva

Etimologicamente[40], eficiência expressa a capacidade de algo em obter um resultado. O foco é a análise do meio utilizado e não do resultado produzido. Diz respeito à boa utilização dos recursos disponíveis naquela determinada ação[41], já que "eficiente

36 (ZANETI, 2016, p. 461-462).

37 De acordo com Anderson de Paiva Gabriel, "o advento do CPC/2015 atrai a invocação do "diálogo das fontes", permitindo que diversos de seus dispositivos tenham seu campo de aplicação espraiado para outros ramos processuais" (GABRIEL, 2017, p. 65).

38 (DIDIER JR, 2013, p. 434).

39 (POSNER, 2010, p. 10).

40 Segundo Antonio Scarance Fernandes, "os vocábulos eficiência, eficácia e efetividade não são próprios do direito, sendo bastante usados nos estudos sobre economia e administração" (FERNANDES, 2008, p. 17).

41 Paulo Modesto classifica a eficiência como: "a exigência jurídica, imposta à administração pública e àqueles que lhe fazem as vezes ou simplesmente recebem recursos públicos vinculados à subvenção ou fomento, de atuação idônea, econômica e satisfatória na realização das finalidades públicas que lhe forem confiadas por lei ou por ato ou contrato de direito público" (MODESTO, 2000, p. 114).

é a atuação que promove os fins do processo de modo satisfatório em termos quantitativos, qualitativos e probalísticos"[42].

Consoante o já mencionado artigo 8° do CPC, o dever de eficiência do juiz se refere à aferição do processo como meio adequado de atingimento das suas finalidades, isto é, de que forma o processo contribuiu como instrumento para a entrega da prestação jurisdicional.

Já eficácia seria uma qualidade ou propriedade de produzir e alcançar os objetivos desejados. O grau de eficácia leva em conta o alcance do objetivo pretendido, ou seja, se as ações permitiram chegar às respostas previstas. Será eficaz o ato que produziu o efeito dele esperado[43].

A efetividade, por sua vez, examina em que medida os resultados foram incorporados de modo permanente à realidade em exame. Será efetivo aquele resultado que realmente produzir uma mudança ou uma manifestação no mundo exterior[44]. A prova terá sido efetiva, por exemplo, se foi usada pelo magistrado na fundamentação da sua convicção, de modo a modular e influenciar na decisão final.

Em outras palavras, "será efetivo o processo que constitua instrumento eficiente de realização do direito material"[45], ou, "efetivo é o processo que realiza o direito

---

42 Didier ainda observa que: "Ou seja, na escolha dos meios a serem empregados para a obtenção dos fins, o órgão jurisdicional deve escolher meios que os promovam de modo minimamente intenso (quantidade – não se pode escolher um meio que promova resultados insignificantes) e certo (probabilidade – não se pode escolher um meio de resultado duvidoso), não sendo lícita a escolha do pior dos meios para isso (qualidade – não se pode escolher um meio que produza muitos efeitos negativos paralelamente ao resultado buscado) (DIDIER JR, 2013, p. 437)".

43 Uma perícia sem resultado seria ineficaz, pois foi inservível àquilo que se pretendia quando da sua realização.

44 Conforme Onofre Batista Jr: "Os doutrinadores, ao conceituarem o princípio da eficiência, acabaram por dar ao vocábulo "eficiência" um conceito amplo, que abrange também o de eficácia. É um "princípio bipotencial", pois é explicado pela "ação instrumental realizada" e pelo "resultado por ela obtido" (BAPTISTA JR, 2012, p. 118).

Segundo Odete Medauar, o vocábulo eficiência: "liga-se à ideia de ação, para produzir resultado de modo rápido e preciso. Associado à Administração Pública, o princípio da eficiência determina que a Administração deve agir, de modo rápido e preciso, para produzir resultados que satisfaçam as necessidades da população. Eficiência contrapõe-se a lentidão, a descaso, a negligência, a omissão – características habituais da Administração Pública brasileira, com raras exceções" (MEDAUAR; 2006, p. 142).

Para Maria Sylvia Di Pietro: "o princípio da eficiência apresenta, na realidade, dois aspectos: pode ser considerado em relação ao modo de atuação do agente público, do qual se espera o melhor desempenho possível de suas atribuições, para lograr os melhores resultados; e em relação ao modo de organizar, estruturar, disciplinar a Administração Pública, também com o mesmo objetivo de alcançar os melhores resultados na prestação do serviço público" (DI PIETRO, 2001, p. 83).

45 (MOREIRA, 2002, p. 181).

afirmado e reconhecido judicialmente"[46]. Decisão efetiva, então, é aquela que não apenas soluciona o litígio, mas que entrega às partes aquilo que pelo menos uma delas esperava.

Deve-se verificar o resultado positivo do ato realizado, pois, de acordo com Luiz Fux, "dentre os inúmeros reclamos da efetividade, destaca-se o que pertine à justiça da decisão, a exigir uma decisão o quanto possível aproximada da realidade"[47].

No âmbito do processo penal, "eficiência é a capacidade de um ato, de um meio de prova, de um meio de investigação, de gerar o efeito que dele se espera"[48]. Considerando-se como objetivo do processo penal a obtenção de um resultado justo, através de um procedimento adequado e por meio de um equilíbrio entre as posições das partes, de modo a que nenhuma delas tenha prevalência sobre a outra, eficiente é o processo que assegure a ambas as partes o uso de suas prerrogativas, conciliando as medidas coercitivas com as garantias processuais, a fim de que se apure a verdade.

Em sentido oposto, ineficiente é o processo penal que não promoveu o devido balanceamento equilibrado entre dois interesses fundamentais: "o de assegurar ao Estado mecanismos para atuar o seu poder punitivo e o de garantir ao indivíduo instrumentos para defender os seus direitos e garantias fundamentais e para preservar a sua liberdade"[49].

Essa noção de processo penal eficiente se compatibiliza com o exercício pleno dos interesses das partes, que, a princípio, poderiam ser antagônicos e inconciliáveis. A busca pelo Estado, do seu poder-dever de punir, pode caminhar em conluio com o interesse do imputado, de se defender plena e efetivamente.

Daí Ada Pellegrini Grinover entender que a eficiência "se desdobra na efetividade do processo penal e na eficácia dos direitos fundamentais"[50], bem como Luiz Fux ressaltar que "o devido processo é o adequado à luz da situação jurídico-material narrada"[51].

---

46 (DIDIER JR, 2013, p. 438).

47 (FUX, 2019, p. 44).

48 (FERNANDES, 2008, p. 25).
Por exemplo, nem toda prova será eficiente, mas apenas aquela que teve a capacidade de alcançar a conclusão acerca daquele objeto ou situação que se investigava.

49 (FERNANDES, 2012, p. 26).

50 (GRINOVER, 1990, p. 134).
Em outra obra, a mesma autora acentua que: "se de um lado as posições de vantagens das partes no processo podem ser vistas como direitos públicos subjetivos, segundo a ótica individualista que privilegia o interesse individual sobre o social; do outro lado, podem ser vistas como garantias, e não apenas das partes mas também do justo processo, segundo a ótica publicista que dá relevância ao interesse geral da justiça da decisão (GRINOVER, 1990b, p. 2).

51 (FUX, 2019, p. 56).

Por outro lado, dessa noção também se extrai que a eficiência do processo penal não está atrelada a certa forma vinculada e especial de tipo de procedimento. Não há uma premissa previamente estabelecida de que, para ser eficiente, o processo deva sempre adotar determinado procedimento.

Ao contrário, a eficiência se amolda à situação real, pois, como lembra Luiz Fux, "ao juízo compete escolher o meio mais eficiente e menos oneroso para a satisfação dos interesses do requerente"[52].

O cumprimento do dever de eficiência impõe que o procedimento usado tenha sido aquele mais adequado ao caso concreto, o que não necessariamente se atrela a um modelo padrão. Dito isso, eficiente será o processo que, naquela determinada situação fática e jurídica, encontrar o melhor equilíbrio entre os interesses das partes, pois nem sempre pode o legislador, prévia, genérica e abstratamente, presumir de antemão o procedimento que seria mais adequado para todos os casos.

Aliás, "o princípio do devido processo legal tem como um de seus fundamentos o processo "justo", que é aquele adequado às necessidades de definição e realização dos direitos lesados". Portanto, o chamado processo legal "varia conforme a natureza da tutela de que se necessita"[53], pois não será sempre o mesmo para todos os litigantes em situações absolutamente peculiares.

Doravante, Grinover afirma que "o que se deve buscar, isto sim, são técnicas que façam do processo um instrumento adequado à realidade subjacente, efetivamente voltado aos fins da jurisdição, que são fins jurídicos (eficaz atuação do direito material), mas também sociais (a pacificação) e políticos (a participação e a justiça)".

Mais a frente, na mesma obra, Grinover ensina que "a eficiência e a efetividade do processo dependem, em última análise, da adequação das formas procedimentais à natureza da controvérsia subjacente. Esta, no processo penal, varia de acordo com a complexidade dos fatos a serem apurados e com a gravidade do delito. (...) Procedimento adequado, neste quadro de eficiência da justiça penal, é, pois, o procedimento aderente à realidade social e consentâneo com a complexidade dos fatos e com a gravidade da infração penal"[54].

Em suma, a regra da inafastabilidade da jurisdição, disposta no artigo 5°, inciso XXXV, da CF/88[55], permite reconhecer que "essa norma garante a todos o direito a uma prestação jurisdicional efetiva". Além de ser um direito fundamental, "o direito à prestação jurisdicional efetiva já foi proclamado como o mais importante dos direitos, exatamente por constituir o direito a fazer valer os próprios direitos"[56].

---

52 (FUX, 2019, p. 46).

53 (FUX, 2019, p. 56).

54 (GRINOVER, 1998, p. 206-214).

55 Art. 5°, XXXV, CRFB/88: A lei não excluirá da apreciação do Poder Judiciário lesão ou ameaça a direito.

56 (MARONINI, 2012, p. 9-12).

Como corolário desse direito fundamental à prestação jurisdicional efetiva, há o direito à pré-ordenação das técnicas adequadas à efetividade da tutela jurisdicional. Assim, do dever de proteção através da prestação da jurisdição efetiva, nasce a necessidade de o Estado apresentar os meios adequados a essa realização.

Isso expressa que o Estado, representado pelo legislador, deve prover a jurisdição de normas que instituam meios adequados para a prestação jurisdicional ampla, ou seja, deve haver um conjunto normativo de técnicas processuais capaz de propiciar a efetiva proteção de cada direito material.

Ao jurisdicionado não foi prometido apenas o direito ao acesso à Justiça, mas sim o direito à uma efetiva prestação jurisdicional, que tenha a capacidade de satisfazer sua pretensão material.

O direito fundamental à efetividade da prestação jurisdicional depende do reconhecimento da importância da adequação do processo ao caso concreto, o que, por sua vez, requer uma congruência entre as atividades do Estado-Legislador com o Estado-Juiz.

Inclusive, tal direito fundamental pode ser extraído do artigo 190 do CPC, ao ser previsto que "é lícito às partes plenamente capazes estipular mudanças no procedimento para ajustá-lo às especificidades da causa e convencionar sobre os ônus, poderes, faculdades e deveres processuais, antes ou durante o processo".

Quanto à sua aplicabilidade ao processo penal, não parece haver nenhum inconveniente, uma vez que ambos os requisitos presentes nesse dispositivo legal podem ser cumpridos por ocasião da jurisdição penal.

Em relação ao primeiro, não há dúvidas que o processo penal versa sobre direitos que admitam autocomposição, caso contrário, não haveria remissão (Estatuto da Criança e do Adolescente), transação e suspensão condicional do processo, muito menos a colaboração premiada.

Já a segunda premissa corresponde à competência do juiz para controlar a validade das convenções processuais, o que não é nenhuma novidade, já que em todos esses referidos acordos no processo penal cabe ao magistrado a sua homologação e verificação tanto da voluntariedade, como da legalidade das condições e benefícios.

Logo, "o juiz tem o dever de interpretar a legislação à luz do direito fundamental à tutela jurisdicional, estando obrigado a extrair da regra processual, sempre com a finalidade de efetivamente tutelar os direitos, a sua máxima potencialidade, desde – e isso nem precisaria ser dito – que não seja violado o direito de defesa"[57].

O direito à efetiva proteção do direito material, do qual são devedores o legislador e os juízes, é um dever do Estado (em sentido amplo) de se comportar de acordo com a especificidade de fato.

57 (MARONINI, 2012, p. 13).

Não apenas os legisladores devem prever um leque mais completo de opções eficientes de processo penal, como também "a resposta do juiz não é apenas uma forma de se dar proteção aos direitos fundamentais, mas sim uma maneira de ser dar tutela efetiva a toda e qualquer situação de direito substancial"[58].

Isto posto, "o importante é que o procedimento seja adequado à necessidade concreta de tutela jurisdicional efetiva. Se não o for, o juiz deve dispor de meios para ajustá-lo a essa necessidade, desde que preserve o equilíbrio entre as partes e não crie situações absolutamente imprevisíveis para as partes"[59].

O oferecimento, pelo Estado, de mais de uma forma de prestação jurisdicional, a ser realizada através de procedimentos extraordinários para situações também especiais, ainda consagra materialmente a regra constitucional de que "todos são iguais perante a lei" (art. 5°, *caput*, CF/88), pois a isonomia somente será respeitada a partir do momento em que se reconhecer a existência de diferenças.

Não basta que a lei consagre formalmente a igualdade, pois o pressuposto para a concretização dessa garantia é a efetivação no mundo real. A igualdade material, baseada na lógica aristotélica de tratar igualmente os iguais e desigualmente os desiguais, na medida em que se desigualam, parte da premissa da existência de diferenciações[60].

A igualdade contempla o dever estatal de reconhecimento da diferença e de necessidade de promoção da igualdade para suprir essa deficiência concreta[61]. Por isso, "(...) se houver uma razão suficiente para o dever de um tratamento desigual, então, o tratamento desigual é obrigatório"[62].

Nesse sentido, a igualdade parte da premissa da necessidade de se encontrar elementos de comparação na relação fática a ser examinada, valorando-se criteriosamente as diferentes circunstâncias especiais concretas. Ora, se nenhum fato é igual a outro, o

---

58 (MARONINI, 2012, p. 13).

59 (GRECO, 2002, p.25).

60 Para Luigi Ferrajoli, "igualdade e diferença não apenas não são antinômicas, mas se implicam mutuamente". Isso porque, ao mesmo tempo em que "a diversidade é um valor de garantia", ou seja, deve-se preservar e reconhecer a existência de "todas as diferentes identidades que fazem de qualquer pessoa um indivíduo diverso dos outros e de qualquer indivíduo uma pessoa como todas as outras", a desigualdade "é um desvalor a combater" (FERRAJOLI, 2014, p. 834-835).

61 Barroso explica que "a Constituição brasileira de 1988 contempla essas três dimensões da igualdade. A igualdade formal vem prevista no art. 5º, *caput*: "todos são iguais perante a lei, sem distinção de qualquer natureza". Já a igualdade como redistribuição decorre de objetivos da República, como "construir uma sociedade livre, justa e solidária" (art. 3°, I) e "erradicar a pobreza e a marginalização e reduzir as desigualdades sociais e regionais" (art. 3°, III). Por fim, a igualdade como reconhecimento tem seu lastro em outros dos objetivos fundamentais do país: "promover o bem de todos, sem preconceitos de origem, raça, sexo, cor, idade e quaisquer outras formas de discriminação" (art. 3°, IV)" (BARROSO; OSÓRIO, 2014, p.3).

62 (ALEXY, 2014, p. 408).

processo penal, que cuida da análise de uma conduta pessoal específica, será justamente o "instrumento que possibilita a diferença na liberdade igual que todos têm"[63].

Se, a pretexto de conceder tratamento igualitário, a prestação jurisdicional fosse prestada única e exclusivamente de uma forma, ou seja, através de somente um tipo de procedimento, o Estado estaria, na verdade, deixando de reconhecer as diferenças entre as pessoas e, assim, cometendo uma arbitrariedade, ao não considerar que as situações pudessem ser desiguais.

Como ressalta Canotilho, "a igualdade designa uma relação entre diversas pessoas e coisas. Reconduz-se, assim, a uma igualdade relacional, pois ela pressupõe uma relação tripolar: o indivíduo *a* é igual ao indivíduo *b*, tendo em conta determinadas características"[64].

As diferenças do caso concreto podem legitimar as respectivas distorções de tratamento normativo, aí incluídos os procedimentos de aplicação do processo penal. Isso leva Marinoni a concluir que "o procedimento que não está de acordo com o princípio da igualdade não é *due processo of law*"[65].

Conclusão

A eficiência "impõe ao órgão jurisdicional o dever de adaptar ou arquitetar (...) regras processuais"[66], evidentemente, dentro de limites à criatividade do magistrado na definição dessas regras que irão tutelar aquele processo penal concretamente.

Os negócios jurídicos no processo penal precisam ser encarados como um espaço legítimo de consensualidade entre as partes, onde "os sujeitos do processo devem cooperar entre si para que se obtenha, em tempo razoável, decisão de mérito justa e efetiva" (art. 6° do CPC).

Ao defender a existência de um direito fundamental a um procedimento, José Carlos Vieira de Andrade esclarece que "a existência de um determinado procedimento, o qual, para além de integrar, no essencial, a dimensão subjetiva do direito, vai colocar naturalmente exigências normativas de segundo grau que estabeleçam os termos específicos desse procedimento"[67].

Um direito fundamental, cuja concretização e exercício dependa de um respectivo procedimento, gera, como consequência, o surgimento do direito fundamental a um procedimento, esse entendido como garantia de efetividade daquele.

---

63 (COSTA, 2001, p. 118).

64 (CANOTILHO, 2003, p. 428).

65 (MARINONI, 2012, p. 20).

66 Didier chega até a defender que esse dever de adaptação pode se tornar o "fundamento para que se permita a adoção, pelo órgão jurisdicional, de técnicas atípicas (porque não previstas em lei) de gestão do processo (...), ou outros acordos processuais com a partes" (DIDIER JR, 2013, p. 439).

67 (ANDRADE, 2017, p. 141).

Tal conclusão foi a mesma atingida por Leonardo Greco, ao declarar que a "tutela jurisdicional efetiva é, portanto, não apenas uma garantia, mas, ela própria, também um direito fundamental, cuja eficácia irrestrita é preciso assegurar, em respeito à própria dignidade humana"[68].

Portanto, as normas relativas a direitos fundamentais impõem que haja uma correspondente organização de procedimentos, especialmente públicos, aptos a assegurar o seu exercício, sob pena de se voltar no tempo antes da Carta Magna de 1988 e admitir-se a existência de direitos fundamentais desprovidos de qualquer efetividade, meramente ideológicos, utópicos e programáticos.

Trata-se de um dever de prestação estatal, seja do legislador, ao criar lei prevendo o rito próprio, ou, subsidiariamente, ao juiz, reconhecendo essa imprescindibilidade do procedimento à salvaguarda de um determinado direito subjetivo, especialmente no seu aspecto nuclear.

Sendo "a única forma ou o único procedimento adequado ao exercício ou à garantia de um direito fundamental", cabe, inclusive ao magistrado, no caso concreto, suprimir lacuna legislativa sobre procedimento de efetivação de um direito fundamental, principalmente quando já houver um *standard* mínimo capaz de evitar um casuísmo decisório.

Nesse sentido, alteradas as características genéricas, abstratas e impessoais previstas na norma processual, seja pela modificação das pessoas ou dos fatos, legitima-se o tratamento diferenciado pelo Estado, através do estabelecimento de diferentes tipos de procedimentos. A não materialização dessas distorções, por meio de novos procedimentos especiais, constitui omissão do Estado, a qual pode ser suprida até pelo aplicador do Direito.

Ora, "(...) se a técnica processual é imprescindível para a efetividade da tutela dos direitos, não se pode supor que, diante da omissão do legislador, o juiz nada possa fazer. Isso por uma razão simples: o direito fundamental à efetividade da tutela jurisdicional não se volta apenas contra o legislador, mas também se dirige contra o Estado-Juiz. Por isso, é absurdo pensar que o juiz deixa de ter dever de tutelar de forma efetiva os direitos somente porque o legislador deixou de editar uma norma processual mais explícita"[69].

Não se pretende dizer que o magistrado possa criar a técnica processual adequada. Todavia, o juiz deve considerar as tutelas prometidas pelo direito material, a realidade social subjacente e especialmente os valores constitucionais, para aplicar a norma (e não um enunciado legal, que, no caso, diante da omissão, pode até inexistir) de forma efetiva.

---

68 (GRECO, 2002, p.1).

69 (MARINONI, 2012, p. 36).

Referências bibliográficas

ALEXY, Robert. **Principais Elementos de uma Teoria da Dupla Natureza do Direito**. Revista de Direito Administrativo. Fundação Getúlio Vargas. volume 253. 2010.

______. **Teoria dos Direitos Fundamentais**. Tradução Virgílio Afonso da Silva. 2ª edição. São Paulo: Editora Malheiros, 2014.

______. **Teoria Discursiva do Direito**. Organização, tradução e estudo introdutório Alexandre Travessoni Gomes Trivisonno. 2ª edição. Rio de Janeiro: Forense Universitária, 2015.

ANDRADE, José Carlos Vieira de. **Os Direitos Fundamentais na Constituição Portuguesa de 1976**. 5ª edição. Coimbra: Almedina, 2017.

ÁVILA, Humberto. **Moralidade, Razoabilidade e Eficiência na atividade administrativa. Revista Eletrônica de Direito do Estado**. Número 4. Outubro/Dezembro, 2005.

______. **Teoria dos Princípios**. 4ª edição. São Paulo: Editora Malheiros, 2006.

BAPTISTA, Onofre Alves Jr. **Princípio Constitucional da Eficiência Administrativa**. 2ª edição. Belo Horizonte: Editora Fórum, 2012.

BARROSO, Luís Roberto; BARCELLOS, Ana Paula de. **O começo da história. A nova interpretação constitucional e o papel dos princípios no Direito brasileiro**. *In*: Interpretação Constitucional. Organizador: Virgílio Afonso da Silva. São Paulo: Editora Malheiros, 2010.

BARROSO, Luís Roberto; OSÓRIO, Aline Rezende Peres. **"Sabe com quem está falando?". Algumas notas sobre o princípio da igualdade no Brasil contemporâneo**. Texto-base da apresentação no "Seminario en Latino América de Teoría Constitucional y Política" – SELA, organizado pela Yale Law School. Rio de Janeiro, 2014. Disponível em: http://www.luisrobertobarroso.com.br. Acesso em 23 de outubro de 2018.

BECCARIA, Cesare. **Dos Delitos e das Penas**. 2ª edição. São Paulo: Martins Fontes, 1999.

BENTHAM, Jeremy. ***The Principles of Morals and Legislation***. New York: Prometheus Books, 1990.

CANOTILHO, J.J. Gomes. **Direito Constitucional e Teoria da Constituição.** 7ª edição. Coimbra: Editora Almedina, 2003.

______. **Métodos de Proteção de Direitos, Liberdades e Garantias**. *In*: Direito Penal Especial, Processo Penal e Direitos Fundamentais. Visão Luso-Brasileira. São Paulo: Quartier Latin, 2006.

CINTRA, Antonio Carlos; GRINOVER, Ada Pellegrini; DINAMARCO, Candido Rangel. **Teoria Geral do Processo**. 30ª edição. São Paulo: Editora Malheiros, 2014.

COOTER, Ulen; ULEN, Thomas. **Direito & Economia**. 5ª edição. Tradução: Luis Marcos Sander e Francisco Araújo da Costa. Porto Alegre: Editora Bookman, 2010.

COSTA, Paula Bajer Fernandes Martins da. **Igualdade no Direito Processual Penal Brasileiro**. São Paulo: Editora Revista dos Tribunais, 2001.

DIDIER, Fredie Jr. **Apontamentos para a concretização do princípio da eficiência no processo**. *In*: Novas tendências do Processo Civil. Estudos sobre o Projeto do Novo CPC. Coordenadores: DIDIER, Fredir Jr et ali. Salvador: Editora Juspodium, 2013.

DI PIETRO, Maria Sylvia Zanella. **Direito Administrativo.** 13ª edição. São Paulo: Editora Atlas, 2001.

FERNANDES, Antonio Scarance. **Reflexões sobre as noções de eficiência e de garantismo no processo penal**. *In*: Sigilo no Processo Penal. Eficiência e garantismo. Coordenação: Antonio Scarance Fernandes, José Raul Gavião de Almeida e Maurício Zanoide de Moraes. São Paulo: Editora Revista dos Tribunais, 2008.

______. **Processo Penal Constitucional**. 7ª edição. São Paulo: Editora Revista dos Tribunais, 2012.

FERRAJOLI, Luigi. **Direito e Razão.** 4ª edição. São Paulo: Editora Revista dos Tribunais, 2013.

FUX, Luiz. **Teoria Geral do Processo Civil**. 3ª edição. Editora Forense: Rio de Janeiro, 2019.

GABRIEL, Anderson de Paiva. **O Contraditório Participativo no Processo Penal. Uma análise da fase pré-processual à luz do Código de Processo Civil de 2015 e da Constituição**. Rio de Janeiro: Gramma Livraria e Editora, 2017.

GRECO, Leonardo. ______. **O Acesso ao Direito e à Justiça**. Revista Jurídica da UNIRONDON. Volume 1. Cuiabá, 2001.

______. **Garantias Fundamentais do Processo: o Processo Justo**. Revista Novos Estudos Jurídicos. Volume 7. Número 14, 2002.

______. **Os atos de disposição processual – Primeiras reflexões**. Revista Eletrônica de Direito Processual. Volume 1, 2007.

______. **Novas Perspectivas da Efetividade e do Garantismo Processual**. *In*: O novo Código de Processo Civil. O projeto do CPC e o desafio das garantias fundamentais. Coordenadores: SOUZA, Marcia Cristina Xavier de; RODRIGUES, Walter dos Santos. Rio de Janeiro: Editora Elsevier, 2012.

GRINOVER, Ada Pellegrini. **Lineamentos gerais do novo processo penal na América Latina**. Revista de Processo. RePro, São Paulo, v. 15, n. 58, 1990.

______. **Novas tendências do direito processual**. Rio de Janeiro: Forense, 1990b.

______. **O Processo em Evolução**. 2ª edição. Rio de Janeiro: Forense Universitária, 1998.

GUERRA FILHO, Willis Santiago. **Princípio da Proporcionalidade e Devido Processo Legal**. *In*: Interpretação Constitucional. Organizador: Virgílio Afonso da Silva. São Paulo: Editora Malheiros, 2010.

LEAL, Fernando. **Propostas para uma abordagem teórico-metodológica do dever constitucional de eficiência**. Revista Eletrônica de Direito Administrativo Econômico. Número 15. Agosto/Outubro, 2008.

MACKAAY, Ejan; ROUSSEAU, Stéphane. **Análise Econômica do Direito**. Tradução: Rachel Sztajn. 2ª edição. São Paulo: Atlas, 2015.

MARINONI, Luiz Guilherme. **O Direito à tutela jurisdicional efetiva na perspectiva da Teoria dos Direitos Fundamentais**. Disponível em http://www.marinoni.adv.br/home/artigos/pagina/7/. Acesso em 26 de fevereiro de 2019. Texto publicado em 05/04/2012.

MEDAUAR, Odete. **Direito Administrativo Moderno**. 7ª edição. São Paulo: Editora Revista dos Tribunais, 2003.

MODESTO, Paulo. **Notas para um debate sobre o princípio da eficiência**. Revista do Serviço Público. Ano 51. Número 2. Abril-Junho 2000.

MOREIRA, José Carlos Barbosa. **Efetividade do Processo e técnica processual**. Revista de Processo. Volume 20. Número 77. Janeiro/Março, 1995.

______. **Por um processo socialmente efetivo**. Revista de Processo. RePro. Volume 27. Número 105. Janeiro/Março 2002.

PEREIRA, Jane Reis Gonçalves. **Interpretação constitucional e direitos fundamentais: uma contribuição ao estudo das restrições aos direitos fundamentais na perspectiva da teoria dos direitos**. Rio de Janeiro: Renovar, 2006.

POSNER, Richard A. **The Bentham Presidential Address. Bentham's Influence on the Law and Economics**. *In: Current Legal Problems. Volume 51. Legal Theory at the End of the Millennium*. Oxford: Oxford University Press, 1998.

______. **Para Além do Direito**. Tradução: Evandro Ferreira e Silva. São Paulo: Martins Fontes, 2009.

______. **A Economia da Justiça**. Tradução: Evandro Ferreira e Silva. São Paulo: Martins Fontes, 2010.

______. **Direito, Pragmatismo e Democracia**. Tradução: Teresa Dias Carneiro. Rio de Janeiro: Forense, 2010B.

______. **Fronteiras da Teoria do Direito**. Tradução: Evandro Ferreira e Silva *et alli*. São Paulo: Martins Fontes, 2011.

______. **A Problemática da Teoria Moral e Jurídica**. Tradução: Marcelo Brandão Cipolla. São Paulo: Martins Fontes, 2012.

RODRIGUES, Eduardo Azeredo. **O princípio da eficiência à luz da Teoria dos Princípios. Aspectos dogmáticos de sua interpretação e aplicação**. Rio de Janeiro: Editora Lumen Juris, 2012.

SÁNCHEZ, Jesús-Maria Silva. **Eficiência e Direito Penal**. Coleção Estudos de Direito Penal. v.11. Barueri: Editora Manole, 2004.

SARMENTO, Daniel; SOUZA NETO, Cláudio Pereira de. **Direito Constitucional. Teoria, história e métodos de trabalho.** 2ª edição. Curitiba: Editora Fórum, 2017.

SHAVELL, Steven. **Foundations of Economics Analysis of Law**. Cambridge: Harvard University Press, 2004.

______. **Economics Analysis of Law**. New York: Foundation Press, 2004.

TORRES, Ricardo Lobo. **A legitimação dos Direitos Humanos e os Princípios da Ponderação e da Razoabilidade**. *In*: Legitimação dos Direitos Humanos. Organizador: Ricardo Lobo Torres. Rio de Janeiro: Renovar, 2002.

ZANETI JR., Hermes. **Aplicação supletiva, subsidiária e residual do CPC ao CPP. Precedentes Normativos formalmente vinculantes no processo penal e sua dupla função. Pro futuro in malam partem (matéria penal) e tempus regit actum (matéria processual penal)**. *In*: Repercussões do Novo CPC. v.13. Processo Penal. Salvador: Editora Juspodium, 2016

BREVES CONSIDERAÇÕES SOBRE A ANÁLISE ECONÔMICA DO PROCESSO TRIBUTÁRIO

Rafael Gaia Pepe

1. Introdução

O Poder Judiciário brasileiro está abarrotado de execuções fiscais. O último estudo "Justiça em Números 2018", divulgado pelo Conselho Nacional de Justiça (CNJ), demonstra que, dos cerca de 80,1 milhões de processos atualmente em trâmite, aproximadamente 39% são execuções fiscais[1]. Ou seja, praticamente dois quintos dos feitos que ocupam os escaninhos dos nossos Tribunais destinam-se à cobrança de créditos inscritos na dívida ativa da União, dos Estados ou dos Municípios.

Dois fatores principais explicam esse fenômeno. O primeiro deles é o modelo exclusivamente judicial de cobrança executiva dos créditos fiscais, adotado no Brasil. Ou seja, diante da resistência do devedor, a constrição patrimonial e a obtenção do respectivo numerário dependem da intervenção do juiz, por intermédio do processo de execução fiscal. Entretanto, os dados empíricos demonstram que essa sistemática tem alcançado resultados decepcionantes. Com efeito, de acordo com um estudo divulgado pela própria Procuradoria-Geral da Fazenda Nacional, a recuperação total de créditos por aquele órgão em 2017 foi de R$ 26,1 bilhões, para um estoque total de R$ 2 trilhões inscritos em dívida ativa (ou seja, um percentual de pouco mais de 1,3%)[2]. Além disso, segundo o CNJ, a taxa de congestionamento das execuções fiscais (ou seja, o número de processos baixados no ano *versus* o número de processos em trâmite naquele mesmo ano) é de 91,7%[3].

Por outro lado, não é possível – ou sequer recomendável – afastar da atividade administrativa toda e qualquer espécie de controle externo. Nesse contexto, o ordenamento jurídico deveria oferecer rotas alternativas para se alcançar um consenso entre Estado e contribuinte. Contudo, uma mistura de atraso cultural, entraves legais e elevada complexidade do sistema tributário brasileiro acarreta a falta de cooperação entre os atores envolvidos na cobrança do crédito público, elevando o nível de litigio-

---

1 CONSELHO NACIONAL DE JUSTIÇA. Justiça em Números 2018. p. 125. Disponível em: <http://www.cnj.jus.br/files/conteudo/arquivo/2018/08/44b7368ec6f888b383f6c3de40c32167.pdf>. Acesso em: 03.10.2018.

2 PROCURADORIA GERAL DA FAZENDA NACIONAL. PGFN em números 2018. Disponível em: <http://www.pgfn.fazenda.gov.br/noticias/arquivos/2018/pgfn_em_numeros_final_2_web.pdf/view>. Acesso em: 03.10.2018.

3 CONSELHO NACIONAL DE JUSTIÇA. Justiça em Números 2018. p. 125. Disponível em: <http://www.cnj.jus.br/files/conteudo/arquivo/2018/08/44b7368ec6f888b383f6c3de40c32167.pdf>. Acesso em: 03.10.2018.

sidade em matéria fiscal. A consequência última é, na verdade, uma demora ainda maior no recebimento das dívidas eventualmente existentes.

O desafio, portanto, é desenvolver um modelo processual que promova uma maior eficiência na atividade arrecadatória, com a redução dos custos associados à cobrança e com o oferecimento de incentivos para o adimplemento pontual das dívidas fiscais. Este artigo utilizará, sem pretensão exaustiva, as premissas da análise econômica do Direito Processual para apontar alguns caminhos possíveis nesse sentido, especialmente: (*i*) a redução da judicialização na arrecadação de créditos fiscais; (*ii*) a incorporação de inovações tecnológicas à rotina dos agentes envolvidos no procedimento de cobrança; e (*iii*) a adoção da consensualidade em matéria tributária.

Para tanto, a Seção 2 deste artigo tratará das premissas da análise econômica do Direito, especialmente no que concerne à sua aplicação ao Direito Processual. Feito isso, na Seção 3 será abordada a forma de pensar o processo tributário hoje, expondo os gargalos que ainda o atingem. Na Seção 4, então, serão apresentadas algumas sugestões para desatar esses nós, com base nos fundamentos da análise econômica do Direito. Por fim, na Conclusão, ficará demonstrado que estamos vivenciando um momento de transição, rumo a um processo tributário mais eficiente.

2. A Análise Econômica do Direito e sua Aplicação ao Direito Processual

A análise econômica do Direito está apoiada em um axioma: as ações humanas são movidas por incentivos[4]. Essa premissa básica, por sua vez, tem como pressuposto a capacidade de escolha racional do homem, ou seja, assume-se que as pessoas tomam decisões conscientes, baseadas na maximização do seu bem-estar. Isso tornaria razoavelmente possível prever as suas condutas futuras[5]. A partir desse prognóstico, a análise econômica do Direito orienta tanto a elaboração de enunciados normativos quanto a sua interpretação e aplicação.

Na regulação da atividade empresarial, essa avaliação dos impactos das normas jurídicas já é comum há muitos anos. Assim, por exemplo, um empresário reestrutura seu negócio sob o ângulo societário, para sofrer o menor impacto possível da carga

---

4 Atribui-se a origem remota dessa ideia a David Hume, que, em seu livro *The Treatise of Human Nature*, afirmava: "*Here then is a proposition, which, I think, may be regarded as certain, that 'tis only from the selfishness and confin'd generosity of men, along with the scanty provision nature has made for his wants, that justice derives its origin*". (HUME, David. **A Treatise of Human Nature**. ISN ETH Zurich, 1739. p. 257. Disponível em: <https://people.rit.edu/wlrgsh/HumeTreatise.pdf>. Acesso em: 26.10.2018).

5 Naturalmente, a figura do "homem racional" não deve ser levada até as últimas consequências, notadamente diante da incompletude das informações disponíveis e da relativa incapacidade de processamento daquelas às quais se tem acesso. Sobre o tema, v. SIMON, Herbert. A Behavioral Model of Rational Choice. **The Quarterly Journal of Economics**, v. 69, nº1, p. 99-118, fev./1955.

tributária. Todavia, em tempos mais recentes, as bases da análise econômica do Direito passaram a ser utilizadas também em outras áreas do conhecimento jurídico não ligadas diretamente ao mercado, como no campo das responsabilidades penal, civil e administrativa[6]. Desta forma, as regras de trânsito devem incutir alguma dose de medo no motorista de sofrer, em caso de descumprimento, uma represália.

Nessa linha, o estudo da análise econômica do Direito busca desenvolver uma teoria científica capaz de (*i*) prever se a lei posta irá mesmo afetar o comportamento humano que ela pretendeu disciplinar; e (*ii*) avaliar a utilidade desse resultado[7]. Assim, no seu aspecto descritivo, a análise econômica do Direito propõe-se a verificar se as normas jurídicas efetivamente atendem à finalidade almejada[8]. Já sob um ângulo prescritivo, a análise econômica do Direito defende que o sistema jurídico seja estruturado para produzir as consequências socialmente desejáveis, com o menor custo possível[9]. Para desempenhar bem essas duas tarefas, a análise econômica do Direito utiliza-se de teorias e métodos próprios, como a teoria dos jogos e a estatística, por exemplo.

Essa abordagem já deixa clara uma premissa fundamental, a de que a aplicação da norma jurídica é uma forma de alocação de recursos, que pode ser realizada de maneira eficiente ou não. Isso quer dizer que, em havendo um ideal, uma ou outra interpretação jurídica gerará mais ou menos custos para que o sistema chegue àquele ponto ótimo – ou ensejará, no limite, caso os custos envolvidos sejam excessivamente altos, que a situação ineficiente perpetue-se no tempo[10]. Observa-se, portanto, que o elemento teleológico da interpretação jurídica é influenciado

---

6 POSNER, Richard. **The Economics of Justice**. p. 04.

7 COOTER, Robert; ULEN, Thomas. **Introduction to Law and Economics**. Fifth Edition. 2007. p. 03-04.

8 KAPLOW, Louis; SHAVELL, Steven. Economic Analysis of Law. In: FELDSTEIN, Martin; AUERBACH, A. J. **Handbook of Public Economics**. North Holland, 2002. v. 3. Chapter 25, p. 1666.

9 KAPLOW, Louis; SHAVELL, Steven. Economic Analysis of Law. In: FELDSTEIN, Martin; AUERBACH, A. J. **Handbook of Public Economics**. North Holland, 2002. v. 3. Chapter 25, p. 1666.

10 Tais custos são denominados "custos de transação", e podem assumir as mais variadas formas. Sobre o tema, alerta Ronald Coase: *"Até aqui, desenvolveu-se o argumento sob a suposição (explícita nas seções III e IV e tácita na seção V) de que não haveria custos para a realização das transações no mercado. Essa é, por óbvio, uma suposição bastante irrealista. Para que alguém realize uma transação, é necessário descobrir quem é a outra parte com a qual essa pessoa deseja negociar, informar às pessoas sobre sua disposição para negociar, bem como sobre as condições sob as quais deseja fazê-lo, conduzir as negociações em direção à barganha, formular o contrato, empreender meios de inspeção para se assegurar que os termos do contrato estão sendo cumpridos, e assim por diante. Tais operações são, geralmente, extremamente custosas. Custosas o suficiente para evitar a ocorrência de transações que seriam levadas a cabo em um mundo em que o sistema de preços funcionasse sem custos"*. (COASE, Ronald. O problema do custo social. Trad. Fancisco Kümmel Alves e Renato Vieira Caovilla. **The Latin American and Caribbean Journal of Legal Studies**, v. 3, nº1, art. 9, p. 12, 2008).

pela análise econômica do Direito, já que o maior ou menor grau de atingimento da finalidade pretendida pela norma depende da sua correta avaliação[11].

Por outro lado, não se pode ignorar que a alocação de recursos mais eficiente também pode ser a mais injusta, sob um ângulo redistributivo. Nesses casos, um peso maior pode contrabalancear as escolhas pautadas exclusivamente em critérios de eficiência[12]. Para além disso, a norma jurídica pode ser utilizada para evitar a produção de externalidades negativas[13], a exemplo do que ocorre com a legislação ambiental, destinada a preservar um bem de uso comum do povo (o meio ambiente). Nesse contexto, a análise econômica do Direito aproxima-se da proporcionalidade em sentido estrito, um dos desdobramentos do princípio (ou postulado) da proporcionalidade[14].

Sob um viés ideológico, a análise econômica do Direito requer uma aproximação do pragmatismo jurídico. Segundo esse ponto de vista, o ato de aplicação do Direito é circunstancial, isto é, varia de acordo com o contexto político, social e econômico; é gerador de incentivos; e deve ser avaliado a partir da sua potencialidade para a solução dos conflitos[15]. Para Richard Posner, essa perspectiva impõe a adoção de um "pragmatismo aplicado", em que o julgador deve manter a sua vinculação aos atos pretéritos (aí compreendidos os precedentes e atos normativos) na exata medida em que eles produzam o melhor resultado possível[16]. De todo modo, a vinculação do pragmatismo à filosofia experimentalista impõe que alguns conceitos mínimos do

---

11 A respeito do elemento teleológico, Carlos Maximiliano, em sua obra "Hermenêutica e Aplicação do Direito", dizia que o "*hermeneuta sempre terá em vista o fim da lei, o resultado que a mesma precisa atingir em sua atuação prática. A norma enfeixa um conjunto de providências, protetoras, julgadas necessárias para satisfazer a certas exigências econômicas e sociais; será interpretada de modo que melhor corresponda àquela finalidade e assegure plenamente a tutela de interesse para a qual foi regida*" (MAXIMILIANO, Carlos. **Hermenêutica e aplicação do direito**. 20. ed. Rio de Janeiro: Forense, 2011. p. 125).

12 Como bem destacado por Guido Calabresi e A. Douglas Melamed, a atribuição de um direito subjetivo não é pautada exclusivamente a eficiência econômica, levando também em consideração critérios de preferência distributiva e considerações de justiça (CALABRESI, Guido; MELAMED, Douglas A. Property Rules, Liability Rules, and Inalienability: One View of the Cathedral. **Harvard Law Review**, v. 85, nº6, p. 1.095, abril/1972).

13 COOTER, Robert; ULEN, Thomas. **Introduction to Law and Economics**. Fifth Edition. 2007. p. 05.

14 Segundo Luís Roberto Barroso, a proporcionalidade em sentido estrito consiste em "*uma verificação da relação custo-benefício da medida, isto é, da ponderação entre os danos causados e os resultados a serem obtidos. Em palavras de Canotilho, trata-se 'de uma questão de 'medida' ou 'desmedida' para se alcançar um fim: pesar as desvantagens dos meios em relação às vantagens do fim'*" (BARROSO, Luís Roberto. **Interpretação e Aplicação da Constituição**: fundamentos de uma dogmática constitucional transformadora. 6. ed. rev., atual. e ampl. São Paulo: Saraiva, 2004. p. 228).

15 FUX, Luiz. Prefácio. In: MAGALHÃES, Andréa. **Jurisprudência da crise:** uma perspectiva pragmática. Rio de Janeiro: Lumen Juris, 2017. p. 1-3.

16 POSNER, Richard. Pragmatic Adjudication. **Cardozo Law Review**, v. 18, p. 4, 1996.

Direito, como a igualdade e a justiça, sejam preenchidos de acordo com as práticas passadas[17].

Essa análise econômica, naturalmente, pode dirigir-se a qualquer um dos ramos do Direito. Assim, por exemplo, é perfeitamente possível investigar se o instituto da recuperação judicial, previsto na Lei nº 11.101/2005, foi desenhado de maneira adequada para propiciar o soerguimento da sociedade empresária em dificuldade financeira, ao mesmo tempo em que preserva os direitos legítimos dos seus credores. De igual modo, pode-se discutir se a alíquota do Imposto sobre Transmissão Causa Mortis ou Doação (ITCMD) é suficiente para captar a utilidade marginal do capital pelas pessoas mais ricas, mas sem suprimir o seu direito de herança garantido constitucionalmente.

Especificamente no âmbito do Direito Processual, observa-se farta bibliografia estrangeira cuidando do assunto[18]. Steven Shavell já abordou a questão dos custos para a interposição de recursos, de modo a induzir as partes a fazê-lo apenas quando o erro na decisão for provável[19]. Esse ponto de vista justifica, por exemplo, a previsão dos honorários recursais no art. 85, §11, do CPC. Avery Katz, por sua vez, tratou do problema das demandas frívolas e dos seus impactos sobre o modelo de litigância civil, aí incluída a celebração de acordos[20].

No Brasil, o princípio da cooperação, previsto no art. 6º do CPC, pode servir como ponto de partida para se desamarrar os nós do processo. Conforme destacado por Erik Wolkart, o princípio da cooperação deve estimular *"a criação de incentivos normativos para que as partes, advogados e juízes comportem-se no processo de modo a facilitar a obtenção de tutelas justas e efetivas, em prazo razoável"*[21]. Ainda de acordo com o autor, a criação desses incentivos *"depende, via de regra, de modificações na estrutura de custas processuais, na lei e na jurisprudência de processo civil, além de alterações administrativas nas cortes de justiça e do uso correto da tecnologia na prevenção e na solução de conflitos"*[22].

---

17 SOLOVE, Daniel. Can Pragmatism Be Radical? Richard Posner and Legal Pragmatism. **Yale Law Journal**, v. 113, p. 702, 2003.

18 A doutrina brasileira, por enquanto, ainda tem tratado do tema de maneira tímida. Merece destaque, nesse cenário, o artigo escrito pelo Professor e Ministro Luiz Fux, em conjunto com o juiz Bruno Bodart, acerca da motivação das decisões e da uniformização da jurisprudência à luz da análise econômica do Direito (FUX, Luiz; BODART, Bruno. Notas sobre o princípio da motivação e a uniformização da jurisprudência no novo Código de Processo Civil à luz da análise econômica do Direito. **Revista de Processo**, v. 269, p. 421-432, jun./2017).

19 SHAVELL, Steven. The Appeals Process as a Means of Error Correction. **Journal of Legal Studies**, v. 24, p. 379-426, jun./1995.

20 KATZ, Avery. The Effect of Frivolous Lawsuits on the Settlement of Litigation. **International Rev. of Law and Econ.**, vol. 10, p. 3-27, 1990.

21 WOLKART, Erik Navarro. **Análise Econômica e comportamental do processo civil**: como promover a cooperação para enfrentar a tragédia da Justiça no processo civil brasileiro. Tese de Doutorado. Universidade do Estado do Rio de Janeiro, 2018. p. 37.

22 Ibid., p. 38.

Especificamente no campo do processo tributário, a análise econômica do Direito pode oferecer novos rumos para a cobrança do crédito fiscal, tornando-a capaz de proporcionar um retorno satisfatório aos cofres públicos, mas sem suprimir as garantias processuais do suposto devedor. Com efeito, hoje, o volume irracional de trabalho transforma a atividade de recuperação do crédito em um calvário tanto para as partes quanto para o juiz. Além disso, o modelo atual de litigância tributária contrapõe as partes de tal maneira que as torna quase inimigas, suprimindo espaços para acordos. É desses males que trata a Seção 3, a seguir.

3. O Processo Tributário de Hoje: a Vida como Ela é

Como já adiantado, o processo de cobrança de débitos tributários concentra-se, em essência, na execução fiscal, disciplinada pela Lei nº 6.830/1980. Esse diploma, também conhecido como Lei de Execuções Fiscais (LEF), disciplina um procedimento iniciado logo após a constituição definitiva do crédito tributário, mediante a inscrição em dívida ativa. Esse ato de inscrição promoveria, em tese, o controle de legalidade do referido crédito, produzindo uma certidão que serve como título executivo extrajudicial (art. 784, IX, do CPC). A partir daí desenvolve-se o rito especial, com algumas variações em relação ao iter previsto no CPC.

Toda e qualquer execução é guiada, essencialmente, por três princípios: (*i*) a plena satisfação do crédito; (*ii*) a preferência para a satisfação na forma específica; e (*iii*) a menor onerosidade possível para o devedor[23]. A atividade executiva, portanto, deve resultar no cumprimento da obrigação pelo devedor, da maneira menos onerosa possível, "*voluntariamente ou através dos meios executivos utilizados nesta espécie de tutela jurisdicional e que visam a conferir à parte o mesmo resultado que ela obteria se houvesse o cumprimento espontâneo da obrigação*"[24]. Note-se que esta última parte é extremamente relevante: trata-se do "postulado da maior coincidência possível", o qual, de acordo com José Carlos Barbosa Moreira, significa que "*o processo funciona tanto melhor quanto mais se aproximar o seu resultado prático daquele a que levaria a atuação espontânea do direito*"[25].

A medida da eficiência da execução consiste, pois, no atendimento do postulado da maior coincidência possível, com o menor custo em contrapartida. Entretanto, os dados revelam que vivemos uma verdadeira "crise da execução"[26]. De acordo com o

---

23 Nesse sentido, GRECO, Leonardo. A reforma do processo de execução. **Revista da EMERJ**, v. 1, nº 1, p. 72, 1998.

24 FUX, Luiz. **O novo processo de execução**: o cumprimento de sentença e a execução extrajudicial. Rio de Janeiro: Forense, 2008. p. 4.

25 BARBOSA MOREIRA, José Carlos. Tendências em matéria de execução de sentenças e ordens judiciais. **Revista de Processo**, v. 41, p. 152, jan-mar/1986.

26 Nesse sentido, cf. GRECO, Leonardo. A crise do processo de execução. In: ____. **Estudos de Direito Processual**. Campos dos Goytacazes: Ed. Faculdade de Direito de Campos, 2005.

Conselho Nacional de Justiça, *"a fase de conhecimento, na qual o juiz tem de vencer a postulação das partes e a dilação probatória para chegar à sentença, é mais célere que a fase de execução, que não envolve atividade de cognição, mas somente de concretização do direito reconhecido na sentença ou no título extrajudicial. (...) Para receber uma sentença, o processo leva, desde a data de ingresso, o triplo de tempo na fase de execução (4 anos e 11 meses) comparada à fase de conhecimento (1 ano e 7 meses)"*[27].

Dentre aqueles que se dedicaram ao estudo dessa crise, destaca-se o trabalho desenvolvido por Leonardo Greco, apontando seis causas para o fenômeno: (*i*) o excesso de processos, impedindo a adequada dedicação do Judiciário à solução dos litígios; (*ii*) o custo e a morosidade da justiça, recaindo o primeiro, em geral, sobre o credor insatisfeito, beneficiando-se o devedor da segunda; (*iii*) a inadequação dos procedimentos executórios, distantes das necessidades práticas e excessivamente limitadores dos poderes do juiz; (*iv*) a ineficácia das coações processuais, inexistindo meios suficientes para intimidar aquele que não tem razão; (*v*) a sociedade de consumo, que estimula o endividamento e banaliza o inadimplemento; e (*vi*) a mudança do comportamento financeiro e do perfil patrimonial das pessoas, que se voltaram para bens dotados de maior volatilidade, evadindo-se mais facilmente da execução[28].

Tais dificuldades podem decorrer de circunstâncias de direito ou de fato, isto é, de razões pretendidas pelo ordenamento jurídico (porque associadas a outro valor ou princípio que se deseja preservar) ou de obstáculos indesejados (oriundos das vicissitudes da vida)[29]. Dentre os limites impostos pelo ordenamento, talvez o exemplo mais emblemático seja a proibição genérica da prisão civil por dívida prevista no art. 5º, LXVII, da Constituição, salvo a do devedor de obrigação alimentícia, conforme decidido pelo Supremo Tribunal Federal no RE 466.343[30]. Também merecem destaque as hipóteses de impenhorabilidade contidas no art. 833 do CPC, que protegem (ou deveriam proteger), *v.g.*, a dignidade da pessoa humana (art. 1º, III, da CF/88), o valor social do trabalho (art. 1º, IV, da CF/88), o pluralismo político (art. 1º, V, da CF/88) e

---

27 CONSELHO NACIONAL DE JUSTIÇA. Justiça em Números 2018. p. 147. Disponível em: <http://www.cnj.jus.br/files/conteudo/arquivo/2018/08/44b7368ec6f888b383f6c3de40c32167.pdf>. Acesso em: 03.10.2018.

28 GRECO, Leonardo. A crise do processo de execução. In: ____. **Estudos de Direito Processual**. Campos dos Goytacazes: Ed. Faculdade de Direito de Campos, 2005. p. 7-8.

29 BARBOSA MOREIRA, José Carlos. Tendências em matéria de execução de sentenças e ordens judiciais. **Revista de Processo**, v. 41, p. 154, jan-mar/1986.

30 O acórdão foi assim ementado: "EMENTA: PRISÃO CIVIL. Depósito. Depositário infiel. Alienação fiduciária. Decretação da medida coercitiva. Inadmissibilidade absoluta. Insubsistência da previsão constitucional e das normas subalternas. Interpretação do art. 5º, inc. LXVII e §§ 1º, 2º e 3º, da CF, à luz do art. 7º, § 7, da Convenção Americana de Direitos Humanos (Pacto de San José da Costa Rica). Recurso improvido. Julgamento conjunto do RE nº 349.703 e dos HCs nº 87.585 e nº 92.566. É ilícita a prisão civil de depositário infiel, qualquer que seja a modalidade do depósito". (RE 466.343, Rel. Min. Cezar Peluso, Plenário, DJe 04.06.2009).

os direitos sociais à educação, à saúde e à moradia (art. 6º, da CF/88). Nessas hipóteses, portanto, o ordenamento deliberadamente abre mão do critério de eficiência em prestígio à justiça.

Há, porém, aqueles óbices não desejados pela lei. Assim, em toda e qualquer execução o devedor pode simplesmente ocultar-se, com a intenção de impedir a sua citação e dificultar o prosseguimento do feito. Em se tratando de obrigações de pagar quantia certa, quase sempre há obstáculos na localização do patrimônio do devedor, decorrentes ou não de fraude à execução, bem como na transformação desses bens em dinheiro a partir da sua alienação forçada[31]. De mais a mais, ainda que seja localizado patrimônio, sempre há o risco depreciação do bem constrito, sendo ele infungível. Essas causas apresentam-se, em maior ou menor grau, em todos os gêneros de execução, aí incluída a execução de título extrajudicial, da qual a execução fiscal é espécie.

Essas dificuldades são refletidas nos números associados especificamente ao executivo fiscal. Desta forma, segundo um estudo realizado em 2011 pelo Instituto de Pesquisa Econômica Aplicada – IPEA, a duração média de uma execução fiscal nas Varas Federais é de oito anos, dois meses e nove dias[32]. Esse estudo oferece uma boa impressão da realidade desoladora das execuções fiscais da União, embora, muito provavelmente, ainda melhor do que o cenário enfrentado pelos Estados: *"Aproximadamente três quintos dos processos de execução fiscal vence a etapa de citação. Destes, 25% conduzem à penhora, mas somente uma sexta parte das penhoras resulta em leilão"*[33]. Em suma, portanto, a execução fiscal, ainda quando é capaz de localizar o devedor, não consegue encontrar o seu patrimônio ou convertê-lo em dinheiro.

Não fosse o suficiente, a execução fiscal ainda possui alguns problemas que lhe são próprios, especialmente no que concerne à garantia do juízo. Assim, por exemplo, quando há êxito parcial no bloqueio *on line* de dinheiro em depósitos ou aplicações financeiras, nos termos dos arts. 11, I, da LEF e 854 do CPC, o credor não raro encontra dificuldades em levantar essa parte da dívida, ao argumento de que o prazo para oposição dos embargos à execução apenas se inicia com a penhora integral do valor devido[34].

---

31 Nessa linha, Araken de Assis, ao discorrer sobre o procedimento da penhora, enfatiza que a localização de bens penhoráveis pelo oficial de justiça (sobre quem recai, em princípio, esse encargo) é de difícil realização prática (ASSIS, Araken de. **Manual da Execução**. 19. ed. rev., atual. e ampl. São Paulo: Revista dos Tribunais, 2017. p. 972).

32 CUNHA, Alexandre dos Santos; SILVA, Paulo Eduardo Alves da (org.). **Gestão e Jurisdição**: o caso da execução fiscal da União. Brasília: Ipea, 2013. v. 9. Anexo A, p. A3.

33 Ibid., p. A2.

34 Embora o Superior Tribunal de Justiça já tenha admitido a possibilidade de recebimento dos embargos à execução sem a garantia integral do executivo fiscal, isto pressuporia a comprovação inequívoca da incapacidade econômica do executado (REsp 1.127.815, Rel. Min. Luiz Fux, Primeira Seção, DJe 24.11.2010). Portanto, permanece, como regra geral, a necessidade de penhora ou depósito da totalidade da dívida exequenda para que sejam admitidos os embargos à execução, nos termos do art. 16 da LEF.

Além disso, a ausência de parâmetros acerca da aceitabilidade, por parte da Fazenda Pública, de bens, seguro ou carta de fiança (admitidos no art. 16, II e III, da LEF), tornam errática a tramitação da execução e geram insegurança ao jurisdicionado (que tem custos de tempo e de dinheiro na contratação de tais garantias).

Por fim, do ponto de vista do executado, o método de cobrança de dívidas fiscais também parece ter caído em desgraça. Por um lado, no que concerne à defesa, aquele mesmo estudo do IPEA constatou que *"em apenas 4,4% dos processos de execução fiscal ocorre algum tipo de objeção de pré-executividade, e somente 6,4% dos devedores opõem embargos à execução"*[35]. Essa situação é agravada pela constatação de que a discussão envolvida nas demandas tributárias depende, muitas vezes, de perícia técnica e é alheia à expertise dos magistrados em geral, tornando imprevisível o desfecho do litígio. Some-se a isso, por outro lado, uma cultura beligerante, alimentada não só pelo ingresso ininterrupto de novas ações no Judiciário, como também pela resistência oferecida com base no dogma da "indisponibilidade do interesse público".

Pois bem. Feitas essas considerações, a Seção 4, a seguir, demonstrará de que forma a análise econômica do Direito poderá justificar a adoção de novos institutos, de modo a imprimir maior eficiência ao processo tributário. Para alcançar esse objetivo, como já adiantado, serão defendidas a redução da judicialização, o investimento em tecnologia e a adoção de uma lógica de consensualidade.

4. Em Busca de um Processo Tributário mais Eficiente

a) Redução da judicialização

Conforme demonstrado acima, o modelo de cobrança centrado na figura do juiz tem se mostrado custoso e ineficiente. Essa constatação – que não é de hoje – impulsionou iniciativas de cobrança extrajudicial como forma de diminuir a demanda pelo serviço judiciário. Este movimento deu origem, por exemplo, à permissão para o protesto das certidões de dívida ativa, nos termos do art. 1º, Parágrafo Único, da Lei nº 9.492/1997, cuja constitucionalidade já foi declarada pelo Supremo Tribunal Federal[36]. Recentemente, a Lei nº 13.606/2018 acrescentou o art. 20-B, §3º, I, à Lei nº 10.522/2002, para permitir a comunicação das inscrições em dívida ativa aos serviços

---

35 Segundo o IPEA, *"somente 4,4% dos executados apresentam objeção de pré-executividade, as quais são julgadas favoravelmente ao devedor em 0,3% dos casos. Já os 6,5% de executados que apresentam embargos obtêm ganho de causa em 1,3% dos casos. Logo, a taxa de sucesso das objeções de pré-executividade é de 7,4%, enquanto a dos embargos é de 20,2%"* (CUNHA, Alexandre dos Santos; SILVA, Paulo Eduardo Alves da (org.). **Gestão e Jurisdição**: o caso da execução fiscal da União. Brasília: Ipea, 2013. v. 9. Anexo A, p. A2).

36 ADI 5.135, Rel. Min. Luís Roberto Barroso, Plenário, DJe. 11.11.2016.

de proteção ao crédito[37]. Ainda mais recentemente, a Procuradoria-Geral da Fazenda Nacional anunciou a pretensão de inaugurar um cadastro positivo de contribuintes[38]. Todas essas figuras buscam, através de uma melhoria nas condições ou de uma redução no custo operacional dos devedores, incentivar o contribuinte a pagar sua dívida sem que haja a necessidade de recorrer a uma execução fiscal.

Isso, porém, não tem se mostrado suficiente para alcançar uma cobrança mais eficiente dos créditos fiscais. Um primeiro ponto que poderia ser revisitado é a efetiva necessidade de participação do magistrado para a validade de todo e qualquer ato executivo. Isso porque a função executiva é, por essência, uma atividade prática, em que o surgimento de alguma questão controvertida é meramente acidental. Como bem destacado por Leonardo Greco, *"o juiz sentenciador não tem vocação para executor. Afinal, a atividade prática a ser desenvolvida na execução pouco ou nada tem em comum com o julgamento de litígios com fundamento em conhecimentos jurídicos"*[39]. Sendo assim, uma questão passível de nova reflexão seria a redução da intervenção do juiz apenas aos casos em que é necessário decidir algum ponto controvertido, desburocratizando o processo de execução.

Esse tipo de estratégia não é novidade em outros ordenamentos. Nos Estados Unidos, por exemplo, *"apesar de a execução iniciar-se por ordem do juiz, os atos executórios são praticados por um funcionário que goza de bastante autonomia, normalmente o* sheriff, *que não apenas efetua a penhora, mas também se encarrega de alienar os bens penhorados em leilão público"*[40]. Quando se trata de uma obrigação mais complexa ou duradora, *"a tendência das cortes, sobretudo estadunidenses, é no sentido de confiar a execução da sentença, ao invés de ao obrigado, a encarregados que operam na qualidade de* officers of the Court *e que têm o dever de desenvolver diretamente ou de controlar o desenvolvimento, por obra de terceiros, das atividades necessárias para promover a execução do que está previsto na sentença"*[41]. Esses encarregados recebem nomes diferentes (*receiver, master, administrator*, etc.), dependendo da função que desempenham[42].

---

37 Permissão semelhante já consta, há cerca de 10 (dez) anos, no art. 3º, II, da Lei estadual nº 5.351/2008, do Estado do Rio de Janeiro (Art. 3º Fica o Poder Executivo autorizado a: (...) II – fornecer às instituições de proteção ao crédito informações a respeito dos créditos tributários e não tributários inscritos em dívida ativa).

38 PROCURADORIA GERAL DA FAZENDA NACIONAL. Inscrições abertas para a audiência pública sobre o Cadastro Fiscal Positivo da PGFN. 19.10.2018. Disponível em: <http://www.pgfn.fazenda.gov.br/noticias/2018/inscricoes-abertas-para-a-audiencia-publica-sobre-o-cadastro-fiscal-positivo-da-pgfn>. Acesso em: 31.10.2018.

39 GRECO, Leonardo. A crise do processo de execução. In: ____. **Estudos de Direito Processual**. Campos dos Goytacazes: Ed. Faculdade de Direito de Campos, 2005. p. 10.

40 GRECO, Leonardo. A crise do processo de execução. In: ____. **Estudos de Direito Processual**. Campos dos Goytacazes: Ed. Faculdade de Direito de Campos, 2005. p. 11.

41 TARUFFO, Michele. A atuação executiva dos direitos: perfis comparados. In: ____. **Processo Civil Comparado**: ensaios. Apres., trad. e org. Daniel Mitidiero. São Paulo: Marcial Pons, 2013. p. 91.

42 Ibid., p. 91-92.

Em Portugal, Marcelo Barbi Gonçalves noticia que o art. 719 do Código de Processo Civil daquele país instituiu a figura do "agente de execução", a quem competiria conduzir o processo executivo, para que "*o juiz passe a intervir apenas nas situações em que exista efetivamente um conflito ou em que a relevância da questão o determine*"[43]. Ao analisar alguns dos principais ordenamentos jurídicos europeus, José Lebre de Freitas demonstra que em boa parte deles é comum a adoção da figura do agente de execução, concluindo que para a cobrança da imensa massa de pequenas dívidas "é desejável um meio processual desconcentrado, em que seja concedida larga autonomia procedimental a agentes de execução, criteriosamente recrutados e devidamente responsabilizados, que, além de reunirem as funções dos actuais avaliador depositário e encarregado da venda, assumirão muitas das actuais tarefas que, sendo hoje dos juízes, podem, sem quebra da função jurisdicional, passar a ser da sua esfera de competência"[44].

No Brasil, defende Leonardo Greco que "*o juiz deve deixar de ser o condutor principal da execução, na qual preponderam atividades práticas e negociais, inteiramente alheias ao seu perfil profissional, facultando a lei processual que a organização judiciária venha a atribuir a determinado auxiliar da justiça, ou até mesmo a um particular, as funções de escolha dos bens a serem penhorados, efetivação da penhora, avaliação e arrematação, bem como a execução das obrigações de fazer materialmente infungíveis, sob a supervisão do juiz, ao qual poderão recorrer quaisquer interessados, pedindo a revisão ou anulação desses atos*"[45]. De fato, deixar a movimentação da execução a cargo de auxiliares da justiça especializados tornaria muito mais célere a prática dos atos destinados à localização, constrição e alienação de bens do executado. Desta maneira, a possibilidade de êxito da execução ficaria evidenciada mais rapidamente, reduzindo os custos associados ao tempo de tramitação, tanto para as partes quanto para o próprio Judiciário.

Especificamente no campo da execução fiscal, é possível avançar ainda mais. Isso porque o Poder Público, diferentemente do que ocorre com o os particulares, pode fazer uso de um aparato administrativo que permite o rastreamento e a eventual comunicação da localização do devedor ou do seu patrimônio. De acordo com o CNJ, o "*executivo fiscal chega a juízo depois que as tentativas de recuperação do crédito tributário se frustraram na via administrativa, provocando sua inscrição na dívida ativa. Dessa forma, o processo judicial acaba por repetir etapas e providências de localização do devedor ou patrimônio capaz de satisfazer o crédito tributário já adotadas, sem*

---

43 GONÇALVES, Marcelo Barbi. Execução fiscal: um retrato da inoperância, o (bom) exemplo português e as alternativas viáveis. **Revista de Processo**, v. 247, p. 457, set/2015.

44 LEBRE DE FREITAS, José. **Os paradigmas da acção executiva**. Disponível em: <http://www.dgpj.mj.pt/sections/informacao-e-eventos/anexos/sections/informacao-e-eventos/anexos/professor-doutor-lebre/downloadFile/file/plf.pdf?nocache=1210676672.22>. Acesso em: 18.12.2017.

45 GRECO, Leonardo. A crise do processo de execução. In: ____. **Estudos de Direito Processual**. Campos dos Goytacazes: Ed. Faculdade de Direito de Campos, 2005. p. 12.

sucesso, pela administração fazendária ou pelo conselho de fiscalização profissional. Acabam chegando ao Judiciário títulos de dívidas antigas e, por consequência, com menor probabilidade de recuperação"[46].

Com o intuito de evitar essa duplicidade desnecessária, o inciso II do §3º do art. 20-B da Lei nº 10.522/2002 previu a possibilidade de a União averbar certidões de dívida ativa nos órgãos de registro, com a finalidade de tornar indisponíveis os bens e direitos dos devedores. Note-se, portanto, que o objetivo dessa lei foi precisamente instituir uma constrição patrimonial independentemente da participação do juiz[47]. Essa providência, aliada à possibilidade de "*condicionar o ajuizamento de execuções fiscais* à *verificação de indícios de bens, direitos ou atividade econômica*", com base em "*critérios de racionalidade, economicidade e eficiência*" (art. 20-C, *caput* e Parágrafo Único, da Lei nº 10.522/2002), evita os custos associados à persecução de dívidas com alta probabilidade de frustração[48].

b) Incorporação de inovações tecnológicas

Não é de hoje a preocupação em se adaptar os institutos processuais ao progresso tecnológico. No final da década de 1980, José Carlos Barbosa Moreira destacava, ao tratar da prova civil, que "*a própria gravação sonora do depoimento em fita magnética, se permitirá ao juiz reouvir o depoente – e aos julgadores de 2º grau, eventual-*

---

46 CONSELHO NACIONAL DE JUSTIÇA. Justiça em Números 2018. p. 125. Disponível em: <http://www.cnj.jus.br/files/conteudo/arquivo/2018/08/44b7368ec6f888b383f6c3de40c32167.pdf>. Acesso em: 03.10.2018.

47 Este dispositivo foi objeto de uma série de ações diretas de inconstitucionalidade perante o Supremo Tribunal Federal, capitaneadas pela ADI nº 5.881, ainda sem decisão de mérito na data em que finalizado este artigo. Alega-se, em síntese, violação ao art. 146, III, *b*, da Constituição, que prevê reserva de lei complementar para tratar de normas gerais de Direito Tributário; aos princípios do devido processo legal, do contraditório, da ampla defesa e da separação dos poderes; e ao direito fundamental de propriedade. Passando ao largo das alegações de inconstitucionalidade formal e material, fato é que medida semelhante já se encontra dentre as competências dos Tribunais de Contas (órgãos cuja natureza administrativa parece estar fora de questão), nos termos do art. 44, §2º, da Lei nº 8.443/1992 (Art. 44. No início ou no curso de qualquer apuração, o Tribunal, de ofício ou a requerimento do Ministério Público, determinará, cautelarmente, o afastamento temporário do responsável, se existirem indícios suficientes de que, prosseguindo no exercício de suas funções, possa retardar ou dificultar a realização de auditoria ou inspeção, causar novos danos ao Erário ou inviabilizar o seu ressarcimento. [...] § 2° Nas mesmas circunstâncias do caput deste artigo e do parágrafo anterior, poderá o Tribunal, sem prejuízo das medidas previstas nos arts. 60 e 61 desta Lei, decretar, por prazo não superior a um ano, a indisponibilidade de bens do responsável, tantos quantos considerados bastantes para garantir o ressarcimento dos danos em apuração).

48 No mesmo sentido, v. FROTA, Phelipe Moreira de Souza. Ajuizamento seletivo e perspectivas para uma Administração Tributária eficiente. **JOTA**, 02.08.2018. Disponível em: <https://www.jota.info/opiniao-e-analise/colunas/pauta-fiscal/ajuizamento-seletivo-e-perspectivas-para-uma-administracao-tributaria-eficiente-02082018>. Acesso em: 30.09.2018.

mente, ouvi-lo –, não ministrará, nem a um nem a outros, a respectiva imagem visual. Só o vídeo tape parece, a esta altura, prometer resultado compensador, enquanto o ilimitável progresso da técnica não nos brinda com invenção mais perfeita"[49].

Atualmente, antes mesmo do art. 193 do CPC em vigor, a Lei nº 11.419/2006 já dispunha a respeito do uso do meio eletrônico para a tramitação de processos, prática de atos e transmissão de petições. O art. 236, §3º, do CPC, por exemplo, admite a prática de atos processuais por videoconferência ou outro recurso que transmita imagens e sons em tempo real. Essa prática pode evitar o desperdício de tempo e dinheiro com a expedição das famigeradas cartas precatórias, especialmente para a oitiva de testemunhas residentes em Comarcas distintas daquela em que se processa o feito, tal como permite o art. 385, §3º, do CPC, em relação ao depoimento pessoal.

No âmbito dos litígios tributários, a utilização de ferramentas eletrônicas tem uma potencialidade ainda maior. Com efeito, basta pensar na otimização do processamento da grande massa de informações disponíveis nos bancos de dados aos quais a Fazenda Pública tem acesso. Valendo-se de soluções de *big data*, o Poder Público pode estabelecer um "ranking" de devedores, criando um índice de probabilidade de recuperação do seu crédito. Esse ganho pode ser escalado ainda mais com o compartilhamento de informações entre as unidades da federação, franqueando-se, mediante a celebração de convênios, o acesso remoto aos sistemas umas das outras, conforme previsto no art. 199 do CTN.

Além disso, considerando o acúmulo de questões repetitivas, a inteligência artificial (AI) pode ter um campo fértil de aplicação no processo tributário. Ela seria útil, por exemplo, na classificação das execuções fiscais por fases, de maneira semelhante ao que o sistema VICTOR tem feito no Supremo Tribunal Federal em relação aos recursos extraordinários[50]. Adicionalmente, a AI poderia replicar providências em processos que se encontram na mesma fase, como a efetivação do bloqueio *online* de dinheiro em depósito ou aplicações financeiras[51]. Por fim, mediante a leitura da petição, a AI pode servir para mapear a existência de precedentes relacionados à matéria,

---

49 BARBOSA MOREIRA, José Carlos. Alguns problemas atuais da prova civil. **Revista de Processo**, nº14, p. 126, jan.-mar./1989.

50 De acordo com notícia divulgada pelo Supremo Tribunal Federal, o sistema VICTOR tem sido utilizado no STF tanto para a separação e classificação das peças processuais, quanto para a identificação de temas de repercussão geral (SUPREMO TRIBUNAL FEDERAL. Projeto VICTOR do STF é apresentado em congresso internacional sobre tecnologia. Disponível em: <http://www.stf.jus.br/portal/cms/verNoticiaDetalhe.asp?idConteudo=390818>. Acesso em: 30.09.2018).

51 Este expediente foi adotado, recentemente, pela 12ª Vara de Fazenda Pública da Comarca da Capital do Estado do Rio de Janeiro (responsável pela cobrança de tributos do município do Rio de Janeiro), conforme amplamente divulgado pelo próprio Tribunal de Justiça estadual (TRIBUNAL DE JUSTIÇA DO ESTADO DO RIO DE JANEIRO. TJRJ adota modelo inovador nas cobranças de tributos municipais: inteligência artificial é nova aliada para reduzir processos de dívida fiscal. Disponível em: <http://www.tjrj.jus.br/noticias/noticia/-/visualizar-conteudo/5111210/5771753>. Acesso em: 30.09.2018).

auxiliando o magistrado a decidir uma determinada questão[52]. Todas essas formas de aproveitamento da tecnologia produzem um ganho quantitativo e qualitativo de produtividade, dada a rapidez e a redução de erros que a máquina propicia, quando comparada aos seres humanos.

c) Adoção de soluções consensuais

A solução consensual é o ápice da eficiência no processo. Isso porque, se houve acordo entre as partes (e presumindo-se a ausência de conluio), é sinal de que os custos de transação não foram altos o suficiente para impedir a melhor alocação possível dos recursos entre os envolvidos no litígio. Além disso, o acordo antecipa o desfecho do processo, reduzindo, por conseguinte, os custos sociais associados à tramitação da demanda – especialmente no que concerne ao congestionamento da máquina judiciária. O art. 90, §3º, do Código de Processo Civil, ainda que timidamente, busca incentivar as partes a transigir antes da sentença, dispensando-as das custas remanescentes, se existirem[53].

---

52 Erik Wolkart enfatiza a importância de se adotar sistemas para localização e classificação dos precedentes: "*Softwares como esse serão fundamentais para que tenhamos um sistema de precedentes mais estável e respeitado. Especificamente no que se refere aos incentivos dos magistrados para o respeito aos precedentes, analisamos na seção 7.4 a função de utilidade de Posner para concluir que o alto grau de desrespeito decorre da prevalência de incentivos nesse sentido. Uma das dificuldades, como vimos, era o custo de transação de buscar o precedente e identificar o legal reasoning. Esse custo cai a praticamente zero com sistemas de machine learning como o Ravellaw. Outra postura cooperativa esperada dos juízes é a correta motivação de suas decisões. Sem entrar no mérito de qual deve ser a extensão dada ao art. 489, § 1º, IV, do CPC/2015, parece-nos que os custos de transação da motivação judicial ficam reduzidos com sistemas como o Ravellaw, que, aliás, em breve incluirá nos mapas toda a legislação estatutária americana a respeito do tema pesquisado. Essa segunda abordagem da segunda fase da aplicação da inteligência artificial no direito inclui a solução automatizada de questões jurídicas (legal question answering) de forma aparentemente inteligente. (...) De toda forma, essas plataformas terão de resolver problemas específicos, como identificar conceitos, avaliar a força de determinada prova, subsumir fatos à lei e à jurisprudência e diferenciar a força dos diversos argumentos. Parte dessas tarefas já são cumpridas por determinadas plataformas (como a Ravellaw, por exemplo) e decisões e petições de casos simples e repetitivos já podem ser elaboradas com o uso da tecnologia atual. Um exemplo é o Ross Intelligence, um sistema de legal question answering baseado no IBM Watson, criado em 2015. O Ross é capaz de responder a perguntas jurídicas, utilizando jurisprudência, extratos de parte de julgados e legislação como fundamentação. Por exemplo, quando perguntado se um empregado que não atingiu as metas de venda predeterminadas pode ser demitido sem prévia notificação, o Ross respondeu citando o caso Regina v. Arthurs, de 1967, juntando partes relevantes da opinion da Corte. O próprio sistema conferiu à sua resposta 94% de assertividade e ainda trouxe um resumo da decisão do precedente*". (WOLKART, Erik Navarro. **Análise Econômica e comportamental do processo civil**: como promover a cooperação para enfrentar a tragédia da Justiça no processo civil brasileiro. Tese de Doutorado. Universidade do Estado do Rio de Janeiro, 2018. p. 718-723 – notas de rodapé suprimidas).

53 Melhor teria sido adotar o modelo italiano, no qual os incentivos para a conciliação são ainda maiores. Veja-se, nesse sentido, o comentário de Bruno Bodart e José Aurélio de Araújo sobre a

Especificamente em litígios tributários, celebrar um acordo envolvendo o direito material pode não ser uma tarefa das mais fáceis. Isso porque, embora o art. 171 do CTN permita a realização desse tipo de avença, é necessária a existência de lei específica para tanto. O Estado do Rio de Janeiro, por exemplo, editou a Lei estadual nº 7.020/2015, que autorizou o Estado a celebrar Termo de Ajustamento de Conduta com sujeito passivo de ICMS que, em decorrência de divergência interpretativa ou erro operacional, tenha deixado de cumprir obrigação objeto de discussão judicial ou administrativa (art. 1º). Assim, se preenchidas as condições legais (art. 3º), o crédito tributário poderá ser adimplido ou parcelado com o desconto previsto na própria Lei estadual (art. 5º). Todavia, note-se que essa Lei possuía eficácia por prazo determinado (art. 4º, prazo esse prorrogado pela Lei estadual nº 7.054/2015), inexistindo uma legislação semelhante de caráter permanente.

Os negócios jurídicos que tem como objeto o próprio processo, por outro lado, podem ter ampla aplicação nas execuções fiscais, nos embargos à execução, nas ações anulatórias e nas ações declaratórias[54]. Com efeito, valendo-se dos arts. 190 e 191 do CPC, a Procuradoria Geral da Fazenda Nacional publicou as Portarias nº 360/2018 e 515/2018, que estabelecem determinadas circunstâncias nas quais seria admissível a celebração de convenções processuais pelos advogados públicos. As hipóteses ali

---

recente reforma empreendida no Processo Civil italiano: "*O princípio da sucumbência é previsto no primeiro parágrafo do artigo 91, cuja nova redação trouxe a regra segundo a qual o acolhimento da demanda em quantia não superior a 'eventual' proposta conciliadora formulada pelo adversário implica a condenação às despesas do processo acumuladas após a formulação da proposta, se não havia justificado motivo para refutá-la. É uma verdadeira sanção processual à parte que refutou a proposta de conciliação, dando origem a um processo 'desnecessário', que não se subordina à discricionariedade do juiz, devendo ser aplicada sempre que surgirem seus pressupostos*" (BODART, Bruno Vinícius da Rós; ARAÚJO, José Aurélio. Alguns apontamentos sobre a Reforma Processual Civil italiana – Sugestões do direito comparado para o anteprojeto do novo CPC brasileiro. In: FUX, Luiz (coord.). **O Novo Processo Civil Brasileiro** – direito em expectativa. Rio de Janeiro: Forense, 2011. p. 36).

---

54 No mesmo sentido, cf. RODRIGUES, Marco Antonio; PEPE, Rafael Gaia Edais. **Tax enforcement through the Courts in Brazil**: ideas, tendencies and perspectives. Mimeografado, 2018. A respeito da distinção entre a indisponibilidade do interesse público e a indisponibilidade do processo, veja-se o comentário de Marco Antonio Rodrigues: "*Uma tradicional barreira levantada á consensualidade envolvendo a Fazenda é a indisponibilidade do interesse público. No entanto, a indisponibilidade do interesse público não representa a indisponibilidade do processo; aquela significa que o interesse público não pode ser objeto de livre disposição pelos agentes, mas não que não seja passível de autocomposição. O processo é apenas um dos meios de promoção dos interesses públicos, e nem sempre o mais eficiente. Além disso, o processo geralmente sequer é o meio mais econômico ao Poder Público, tendo em vista que enquanto se desenvolve o processo judicial, vai ocorrendo a rolagem de valores acessórios a eventual débito ou condenação em jogo, sendo que um acordo evitaria a incidência de tais verbas e um dispêndio maior pela Administração*" (RODRIGUES, Marco Antonio. A advocacia pública na era da consensualidade. **JOTA**, 01.11.2018. Disponível em: <https://www.jota.info/opiniao-e-analise/artigos/a-advocacia-publica-na-era-da-consensualidade-01112018>. Acesso em: 01.11.2018).

previstas envolvem, *e.g.*, os prazos e a ordem de realização dos atos processuais, aí incluída a produção de provas.

Tais convenções são um excelente instrumento para a promoção da eficiência processual. A fixação de um calendário processual, ao vincular as partes e o juiz (art. 191, §1º, do CPC), impede tanto a paralisação desnecessária da execução fiscal – que gera episódios de prescrição intercorrente – quanto a sua tramitação errática. A permissão de que exequente e executado disponham acerca da aceitabilidade de determinada garantia torna mais seguro o desempenho da atividade econômica, afastando do empresário o temor de uma constrição sobre o seu capital de giro da noite para o dia[55]. Por fim, considerando as especificidades técnicas da matéria, um acordo entre as partes a respeito da escolha do perito, nos termos do art. 471 do CPC, também viria em boa hora.

5. Conclusão

A realidade do processo tributário no Brasil é decepcionante. Os dados apresentados demonstram que os mecanismos de cobrança e de defesa disponíveis para o Fisco e para o contribuinte, respectivamente, ficam muito aquém da eficiência desejada. As execuções fiscais que abarrotam o Poder Judiciário são incapazes de satisfazer o crédito público, não havendo incentivos para que os devedores arquem com as suas obrigações rigorosamente na medida em que elas existem. A análise econômica do Direito, no entanto, pode oferecer algumas ideias para maximizar a utilidade do processo tributário.

A análise econômica do Direito integra-se ao elemento teleológico da interpretação e orienta a incidência do princípio da proporcionalidade, exigindo uma postura pragmática do advogado e do juiz. Ao desenvolver uma teoria científica sobre a previsibilidade do comportamento humano a partir dos incentivos oferecidos, a análise econômica do Direito demonstra que a aplicação da norma jurídica é uma forma de alocação de recursos, que pode ser feita de maneira mais ou menos eficiente. No que diz respeito ao Direito Processual, e mais especificamente no campo do processo tributário, a eficiência da execução deve ser medida a partir da sua capacidade de promover o adimplemento da obrigação fiscal.

Diversos fatores, no entanto, impedem que os mecanismos de cobrança alcancem a finalidade para a qual foram originalmente projetados. Alguns desses obstáculos são efetivamente pretendidos pelo ordenamento jurídico, a exemplo das regras sobre impenhorabilidade, que deveriam proteger valores caros à sociedade. Outros,

55 Assim em CARNEIRO, Júlia Silva Araújo; COSTA, Daniela Fernanda Caseiro. PGFN quer celebrar acordos processuais com os contribuintes. **JOTA**, 06.09.2018. Disponível em: <https://www.jota.info/opiniao-e-analise/colunas/pauta-fiscal/pgfn-quer-celebrar-acordos-processuais-com-os-contribuintes-06092018>. Acesso em: 01.10.2018.

porém, são fruto de dificuldades práticas, que vão desde as dificuldades de localização do devedor ou do seu patrimônio, até a falta de parâmetros para a aceitação de garantias pelo Poder Público. Para piorar, a especificidade da matéria tributária e uma cultura beligerante tornam ainda mais inglória a missão de transformar o crédito fiscal em pecúnia.

Com base nas premissas da análise econômica do Direito, três conjuntos de medidas podem ser implementados para corrigir os rumos do processo tributário. Em primeiro lugar está a redução da judicialização, de que são exemplos o protesto de certidões de dívida ativa e a inscrição de contribuintes em cadastros positivo ou negativo de devedores. Nessa linha, observa-se uma tendência em permitir que a constrição patrimonial seja levada a efeito através de procedimentos administrativos, aliando-se ao ajuizamento seletivo de execuções fiscais. Essas providências, de um lado, incentivam o pagamento e, de outro, reservam a participação do magistrado para aquelas situações em que é imprescindível a resolução de uma questão controvertida.

Em segundo lugar, a absorção de novas tecnologias desperta especial interesse no âmbito do processo tributário, muitas vezes caracterizado pela existência de questões repetitivas. Nesses casos, ferramentas de inteligência artificial podem auxiliar o magistrado a replicar determinada providência em feitos que se encontram na mesma fase processual. Além disso, soluções de *big data* podem ajudar, e muito, na organização das informações existentes nos bancos de dados fazendários. Por fim, em terceiro lugar, a adoção de uma lógica consensual, ainda que exclusivamente voltada para a celebração de negócios jurídicos processuais, tem potencial para produzir bons frutos no processo tributário. Nesse sentido, podem as partes acordar, por exemplo, a respeito da escolha de um perito, ou mesmo construir em conjunto um calendário processual.

Como visto, a análise econômica do Direito abre novos horizontes para o processo tributário do futuro. O estudo das soluções propostas, no entanto, deve ser rigoroso e fundado sempre em dados estatísticos. Como já disse Richard Posner, *"o maior perigo do pragmatismo judicial é a preguiça intelectual"*[56].

6. Referências Bibliográficas

ALQUALO, Fernando Pereira; RAKAUSKAS, Sergio Ricardo Caires. A análise econômica do Direito de Richard Posner e a desjudicialização das execuções fiscais como forma de melhor gestão fiscal ao sistema tributário brasileiro. In: POMPEU, Gina Vidal Marcilio; VILLATORE, Marco Antonio Cesar; SCHNEIDER, Yuri. **Direito e Economia**. Florianópolis: CONPEDI, 2015.

ASSIS, Araken de. **Manual da Execução**. 19. ed. rev., atual. e ampl. São Paulo: Revista dos Tribunais, 2017.

BARBOSA MOREIRA, José Carlos. Tendências em matéria de execução de sentenças e ordens judiciais. **Revista de Processo**, v. 41, jan.-mar./1986.

BARBOSA MOREIRA, José Carlos. "Cumprimento" e "execução" de sentença: necessidade de esclarecimentos conceituais. In: ____. **Temas de Direito Processual**. 9. série. São Paulo: Saraiva, 2007.

BARBOSA MOREIRA, José Carlos. Alguns problemas atuais da prova civil. **Revista de Processo**, nº14, jan.-mar./1989.

BARROSO, Luís Roberto. **Interpretação e Aplicação da Constituição**: fundamentos de uma dogmática constitucional transformadora. 6. ed. rev., atual. e ampl. São Paulo: Saraiva, 2004.

BODART, Bruno Vinícius da Rós; ARAÚJO, José Aurélio. Alguns apontamentos sobre a Reforma Processual Civil italiana – Sugestões do direito comparado para o anteprojeto do novo CPC brasileiro. In: FUX, Luiz (coord.). **O Novo Processo Civil Brasileiro** – direito em expectativa. Rio de Janeiro: Forense, 2011.

BRASIL. Superior Tribunal de Justiça. REsp 1.127.815, Rel. Min. Luiz Fux, Primeira Seção, DJe 24.11.2010.

BRASIL. Supremo Tribunal Federal. ADI 5.135, Rel. Min. Luís Roberto Barroso, Plenário, DJe. 11.11.2016.

BRASIL. Supremo Tribunal Federal. RE 466.343, Rel. Min. Cezar Peluso, Plenário, DJe 04.06.2009.

CALABRESI, Guido; MELAMED, Douglas A. Property Rules, Liability Rules, and Inalienability: One View of the Cathedral. **Harvard Law Review**, v. 85, nº6, abril/1972.

CARNEIRO, Júlia Silva Araújo; COSTA, Daniela Fernanda Caseiro. PGFN quer celebrar acordos processuais com os contribuintes. **JOTA**, 06.09.2018. Disponível em: <https://www.jota.info/opiniao-e-analise/colunas/pauta-fiscal/pgfn-quer-celebrar-acordos-processuais-com-os-contribuintes-06092018>. Acesso em: 01.10.2018.

COASE, Ronald. O problema do custo social. Trad. Fancisco Kümmel Alves e Renato Vieira Caovilla. **The Latin American and Caribbean Journal of Legal Studies**, v. 3, nº1, art. 9, 2008.

CONSELHO NACIONAL DE JUSTIÇA. Justiça em Números 2018. Disponível em: <http://www.cnj.jus.br/files/conteudo/arquivo/2018/08/44b7368ec6f888b383f6c3de40c32167.pdf>. Acesso em: 03.10.2018.

COOTER, Robert; ULEN, Thomas. **Introduction to Law and Economics**. Fifth Edition. 2007.

CUNHA, Alexandre dos Santos; SILVA, Paulo Eduardo Alves da (org.). **Gestão e Jurisdição**: o caso da execução fiscal da União. Brasília: Ipea, 2013. v. 9.

FROTA, Phelipe Moreira de Souza. Ajuizamento seletivo e perspectivas para uma Administração Tributária eficiente. **JOTA**, 02.08.2018. Disponível em: <https://www.jota.info/opiniao-e-analise/colunas/pauta-fiscal/ajuizamento-seletivo-e-perspectivas-para-uma-administracao-tributaria-eficiente-02082018>. Acesso em: 30.09.2018.

FUX, Luiz. Prefácio. In: MAGALHÃES, Andréa. **Jurisprudência da crise**: uma perspectiva pragmática. Rio de Janeiro: Lumen Juris, 2017.

FUX, Luiz. **O novo processo de execução**: o cumprimento de sentença e a execução extrajudicial. Rio de Janeiro: Forense, 2008.

FUX, Luiz; BODART, Bruno. Notas sobre o princípio da motivação e a uniformização da jurisprudência no novo Código de Processo Civil à luz da análise econômica do Direito. In: **Revista de Processo**, v. 269, jun./2017.

GONÇALVES, Marcelo Barbi. Execução fiscal: um retrato da inoperância, o (bom) exemplo português e as alternativas viáveis. **Revista de Processo**, v. 247, set./2015.

GRECO, Leonardo. A crise do processo de execução. In: ____. **Estudos de Direito Processual**. Campos dos Goytacazes: Ed. Faculdade de Direito de Campos, 2005.

GRECO, Leonardo. A reforma do processo de execução. **Revista da EMERJ**, v. 1, nº1, 1998.

HUME, David. **A Treatise of Human Nature**. ISN ETH Zurich, 1739. Disponível em: <https://people.rit.edu/wlrgsh/HumeTreatise.pdf>. Acesso em: 26.10.2018.

KATZ, Avery. The Effect of Frivolous Lawsuits on the Settlement of Litigation. **International Rev. of Law and Econ.**, v. 10, 1990.

KAPLOW, Louis; SHAVELL, Steven. Economic Analysis of Law. In: FELDSTEIN, Martin; AUERBACH, A. J. **Handbook of Public Economics**. North Holland, 2002. v. 3..

LEBRE DE FREITAS, José. **Os paradigmas da acção executiva**. Disponível em: <http://www.dgpj.mj.pt/sections/informacao-e-eventos/anexos/sections/informacao-e-eventos/anexos/professor-doutor-lebre/downloadFile/file/plf.pdf?nocache=1210676672.22>. Acesso em: 18.12.2017.

MAXIMILIANO, Carlos. **Hermenêutica e aplicação do direito**. 20. ed. Rio de Janeiro: Forense, 2011.

POSNER, Richard. **The Economics of Justice**.

POSNER, Richard. Pragmatic Adjudication. **Cardozo Law Review**, v. 18, 1996.

PROCURADORIA GERAL DA FAZENDA NACIONAL. PGFN em números 2018. Disponível em: <http://www.pgfn.fazenda.gov.br/noticias/arquivos/2018/pgfn_em_numeros_final_2_web.pdf/view>. Acesso em: 03.10.2018.

PROCURADORIA GERAL DA FAZENDA NACIONAL. Inscrições abertas para a audiência pública sobre o Cadastro Fiscal Positivo da PGFN. 19.10.2018. Disponível em: <http://www.pgfn.fazenda.gov.br/noticias/2018/inscricoes-abertas-para-a-audiencia-publica-sobre-o-cadastro-fiscal-positivo-da-pgfn>. Acesso em: 31.10.2018.

RODRIGUES, Marco Antonio; PEPE, Rafael Gaia Edais. **Tax enforcement through the Courts in Brazil**: ideas, tendencies and perspectives. Mimeografado, 2018.

RODRIGUES, Marco Antonio. A advocacia pública na era da consensualidade. **JOTA**, 01.11.2018. Disponível em: <https://www.jota.info/opiniao-e-analise/artigos/a-advocacia-publica-na-era-da-consensualidade-01112018>. Acesso em: 01.11.2018.

SHAVELL, Steven. The Appeals Process as a Means of Error Correction. **Journal of Legal Studies**, v. 24, jun./1995..

SIMON, Herbert. A Behavioral Model of Rational Choice. **The Quarterly Journal of Economics**, v. 69, nº1, fev./1955.

SOLOVE, Daniel. Can Pragmatism Be Radical? Richard Posner and Legal Pragmatism. **Yale Law Journal**, v. 113, 2003.

SUPREMO TRIBUNAL FEDERAL. Projeto VICTOR do STF é apresentado em congresso internacional sobre tecnologia. Disponível em: <http://www.stf.jus.br/portal/cms/verNoticiaDetalhe.asp?idConteudo=390818>. Acesso em: 30.09.2018.

TARUFFO, Michele. A atuação executiva dos direitos: perfis comparados. In: ____. **Processo Civil Comparado**: ensaios. Apres., trad. e org. Daniel Mitidiero. São Paulo: Marcial Pons, 2013.

TRIBUNAL DE JUSTIÇA DO ESTADO DO RIO DE JANEIRO. TJRJ adota modelo inovador nas cobranças de tributos municipais: inteligência artificial é nova aliada para reduzir processos de dívida fiscal. Disponível em: <http://www.tjrj.jus.br/noticias/noticia/-/visualizar-conteudo/5111210/5771753>. Acesso em: 30.09.2018.

WOLKART, Erik Navarro. **Análise Econômica e comportamental do processo civil**: como promover a cooperação para enfrentar a tragédia da Justiça no processo civil brasileiro. Tese de Doutorado. Universidade do Estado do Rio de Janeiro, 2018.

A ANÁLISE ECONÔMICA DO DIREITO: A SEGURANÇA JURÍDICA COMO INSTRUMENTO PARA O DESENVOLVIMENTO NO BRASIL

Rafael Vasconcellos de Araújo Pereira

"Quando a política penetra no recinto dos Tribunais, a justiça se retira por alguma porta" (François Guizot).

SUMÁRIO: Introdução. **1.** Jusnaturalismo, positivismo e pós-positivismo. **2.** Relações entre Lei e Moralidade. **3.** A análise econômica do Direito como instrumento de segurança jurídica. **4.** Sistema jurídico e Desenvolvimento no Brasil. **5.** Conclusão.

Introdução

Na história do Direito se identificam três grandes pensamentos que alteraram a forma de cria-lo e aplica-lo. Do jusnaturalismo, passou-se ao positivismo, chegando-se ao pós-positivismo. As alterações entre tais correntes filosóficas mundo afora causaram fortes impactos no Direito brasileiro. Mais recentemente, a utilização das premissas dogmáticas pós-positivistas produziu mudanças significativas, cuja análise e reflexão se faz indispensável.

Uma das críticas mais contundentes ao pós-positivismo "à brasileira" é a insegurança jurídica, resultante da discricionariedade sem limites claros auto-outorgada ao Poder Judiciário. A utilização de conceitos jurídicos indeterminados, as cláusulas abertas e a fundamentação baseada na supremacia da Constituição Federal, a partir de expressões genéricas ("razoabilidade", "proporcionalidade", etc.), produz imprevisibilidade e relativiza a necessária racionalidade nas relações sociais e econômicas.

Ao longo da transição entre jusnaturalismo, positivismo e pós-positivismo as relações entre Lei e Moralidade retornaram ao patamar inicial. No jusnaturalismo, a definição do "justo" implicava em juízo de moralidade, misturando-se com o Direito. No positivismo, Hans Kelsen em sua *Teoria Pura do Direito* (1934) defendeu que a Lei deveria estar imune aos ditames da moral e da política, em busca de um Direito objetivo, previsível e racional. No pós-segunda guerra mundial, ganha força o pós-positivismo, partindo-se da premissa da insuficiência da aplicação pura da Lei em defesa dos direitos e garantias fundamentais, exigindo-se juízo de "justiça" sobre a norma legal, cotejando-a com a máxima efetividade da Constituição Federal. Este mesmo juízo de "justiça" vigorou durante o jusnaturalismo e foi superado no positivismo. No pós-positivismo, flexibiliza-se a Lei, permitindo-se ao Juiz a interpretação a partir de critérios relacionados à moral e à política, com força de co-criação do Direito ao caso concreto juntamente com o Legislador. Há quem afirme ser a Lei um mero ponto de partida (MOREIRA, 2008, p. 48), um mero parâmetro no qual o Juiz dá seu primeiro passo. No Brasil, o pós-positivismo teve início obscuro, sem a alteração da Constituição Federal, sendo utilizado como fundamento para flexibilizar a Lei em prol de juízos de "justiça" definidos subjetivamente pelo julgador. Parte da doutrina passou a afirmar estar o Brasil no contexto pós-positivista, olvidando-se de inarredáveis direitos e garantias fundamentais, como a legalidade, a segurança jurídica, além da tripartição de poderes e do processo legislativo. A soberania do Parlamento foi substituída pelo voluntarismo judicial, a partir de uma "reinterpretação" da Constituição Federal por setores da doutrina e do Poder Judiciário.

A análise econômica do Direito muda a lógica argumentativa. Ao trazer ao Direito o raciocínio lógico argumentativo da economia, exige-se mais dos operadores do Direito. É insuficiente a argumentação fundada em juízos subjetivos. O raciocínio jurídico deve se desenvolver com base em dados e informações concretas. As premissas do pensamento jurídico devem ser justificadas na realidade e em fontes confiáveis. A racionalidade e a previsibilidade são fundamentais à segurança jurídica e ao bom desenvolvimento das relações sociais e econômicas (CALDEIRA, p. 517). A partir da incursão dos institutos da economia na argumentação jurídica, as conclusões também se tornam mais previsíveis. É fundamental analisar a relação entre a análise econômica do Direito no contexto pós-positivista e suas relações com a segurança jurídica, especialmente sob o aspecto do *pacta sunt servanda*.

Nesse cenário, o sistema jurídico dotado de segurança jurídica produz impactos nas relações sociais e econômicas. O cumprimento dos contratos traz previsibilidade, gerando uma cadeia de condutas positivas para a sociedade. As instituições[1] incentivam determinados comportamentos e desestimula outros. O comportamento do ser humano se baseia em reforços externos positivos e negativos, de acordo com a psicologia comportamental – Teoria da Escolha Racional (FEREJOHN e PASQUINO). Há uma análise de custo-benefício na tomada de ações. Quando o benefício de determinada ação for superior ao custo da sua não realização, o indivíduo tende a adota-la. Se a tributação é alta e a chance de punição for pequena, o comportamento de sonegação é estimulado. O contrário também é verdadeiro. Quando o descumprimento de um contrato acarreta graves sanções (alto custo) e o benefício é diminuto, o comportamento é direcionado ao seu cumprimento. A teoria institucionalista e a teoria comportamental permitem enxergar os efeitos dessas induções (ou desestímulos) comportamentais e evoluções (ou retrocessos) em um determinado local.

A teoria da escolha racional considera a vida política como uma séria de dilemas de ação coletiva, definidos como situações em que os indivíduos agem para maximizar suas preferências, conscientes do risco que isso possa causar, o que depende das concepções das instituições vigentes em um determinado local (HALL e TAYLOR, 2003).

---

1 Instituições são as manifestações político-sociais representadas nos valores, costumes, normas, códigos morais e depois construções sociais que delineiam e dão sentido ao comportamento dos grupos (JEPPERSON, 1991). Também podem ser entendidas como regras e significados compartilhados que definem as relações sociais (FLIGSTEIN, 2007, p. 64).

Para bem construir sistemas jurídicos que permitam prosseguir no caminho do bem comum, as decisões legislativas e judiciais devem se embasar em dados e informações confiáveis, realçando a importância da análise econômica do Direito. Os impactos dessas decisões também precisam ser acompanhados e monitorados, averiguando se sua finalidade foi atingida.

Após esta Introdução, neste artigo traremos uma breve exposição sobre a diferença entre os sistemas jusnaturalista, positivista e pós-positivista. Em seguida, serão abordadas as relações entre Lei e Moralidade, a partir das ideias de Steven Shavell, desenvolvidas no livro *Foundations of Economic Analysis of Law*. Após, serão identificados os pressupostos pelos quais a análise econômica do Direito pode ser entendida como um instrumento da segurança jurídica. Posteriormente, a relação entre a segurança jurídica e o cumprimento dos contratos será analisada sob o viés do desenvolvimento nacional. Por fim, na conclusão, serão lançadas reflexões sobre a análise econômica do Direito como forma de se restringir o voluntarismo judicial, em respeito à garantia fundamental da segurança jurídica, construindo as bases para o desenvolvimento nacional.

1. Jusnaturalismo, Positivismo e Pós-positivismo

O direito natural (ou jusnaturalismo) é uma teoria dividida em duas fases. Na fase antiga, com início na Cidade-estado Grega a natureza seria a fonte da lei; enquanto que na fase inaugurada com Grócio, a razão seria o princípio último de todas as coisas (BITTAR e ALMEIDA, 2016, p. 308). Para John Locke, as leis naturais estão na natureza, podendo ser conhecidas com o uso da razão (BITTAR e ALMEIDA, 2016, p. 315).

Os gregos propugnavam a existência de um direito (ou justiça) natural. Durante o Direito medieval também se manteve a ideia de existência de um direito natural, decorrente da divindade. Nesse contexto histórico, o exercício do poder político era centralizado na figura do monarca absolutista, sem a tripartição de Poderes. Os representantes do monarca decidiam o que seria "justo" na resolução dos conflitos sociais, segundo critérios subjetivos (PIRES, 2013, p. 41). Eram representantes da divindade na Terra, por isso suas decisões eram legítimas, nos pensamentos de Santo Agostinho e São Tomás de Aquino.

Com o declínio das relações feudais de produção e a ascensão da burguesia, bem como a Reforma Protestante, as guerras ocorridas durante o processo de formação do capitalismo propiciaram uma nova situação social. A partir da Revolução Científica no Século XVII e as Revoluções Francesa e Industrial, ganhou força a necessidade de mais racionalização do Direito, exigindo-se uma concepção objetiva. Fez-se necessária a positivação do Direito em uma base clara, objetiva e previsível. Na obra *A Tirania dos Valores* (1960), Carl Schmitt defendeu que não é possível ordenar o Direito a partir dos valores, por possuírem forte expressão subjetiva. O resultado foi a dicotomia entre o Direito natural e o Direito positivo. Tal dicotomia não tem limites claros, não houve a simples substituição do jusnaturalismo pelo positivismo. Houve o deslocamento da prevalência, eis que o direito natural continua influenciando a elaboração de várias legislações ainda hoje. Como exemplo, a Declaração Universal dos Direitos Humanos e o Direito Ambiental nele se baseia.

A positivação do Direito pretendeu certa neutralidade ao Direito, afastando juízos relativos à moral e à política. As opções morais da sociedade ressonariam no Poder Legislativo que tomaria as decisões políticas de elaboração legislativa. Logo, a Lei seria a fonte de legitimidade do Direito (KELSEN, 2000), eis que resultante da representação popular. Seriam três degraus de um mesmo fenômeno: moral, política e Direito. Cada um com sua fonte de gênese própria, respectivamente: sociedade, legislativo e judiciário. A tripartição dos Poderes é condição necessária à restrição dos poderes do monarca e à boa aplicação do Direito, elaborado pela sociedade, por seus representantes eleitos. Hans Kelsen em seu *Teoria Pura do Direito* defende (1979, p. 71) que:

> "Ordem é um sistema de normas cuja unidade é constituída pelo facto de todas elas terem o mesmo fundamento de validade. E o fundamento de validade de uma norma é – como veremos – uma norma fundamental da qual se retira a validade de todas as normas pertencentes a essa ordem. Uma norma singular é uma norma jurídica enquanto pertence a uma determinada ordem jurídica, e pertence a uma determinada ordem jurídica quando a sua validade se funda na norma fundamental dessa ordem".

Após a segunda guerra mundial, doutrinadores alemães percebem a fragilidade do sistema baseado na legitimidade *per si* da legislação, quando interpretada sem a necessária adequação aos direitos e garantias fundamentais. As atrocidades do nazismo foram cometidas em conformidade com a Lei e em consonância com as decisões do Tribunal Constitucional Federal da Alemanha (*Bundesverfassungsgericht*)[2]. O cumprimento fiel e "neutro" da legislação conduziu à prática de graves crimes contra a humanidade. A rigidez e a ausência de juízo de valor no cumprimento da norma produziram resultados catastróficos. Portanto, indispensável a reorientação na interpretação da norma em conformidade com os direitos e garantias fundamentais. Para garantir a força normativa da Constituição e sua máxima efetividade, a fonte de legitimidade da norma passa a ser sua adequação com os direitos e garantias fundamentais. Com isso, flexibiliza-se a tripartição de Poderes, permitindo ao Poder Judiciário proferir decisões jurídicas, baseado em critérios de moralidade e política. Os princípios passam a ser interpretadas com a mesma carga normativa das regras, recebendo aplicação imediata,

---

2 Há quem equipare a situação do Brasil na mesma situação, referindo-se ao Ato Institucional nº 5/1968 (FERNANDES e BICALHO, 2011, p. 109). Discordamos dessa posição, pois a primeira medida do AI-5/68 foi justamente decretar o "recesso" do Congresso Nacional. Atos totalitários dependem do enfraquecimento do Poder Legislativo, portanto. Os abusos foram praticados pela concentração de poderes no Poder Executivo, ficando "(...) autorizado a legislar em todas as matérias (...)" (AI-5/68, art. 2º, § 1º). No Estado Democrático de Direito, a solução é preservar a tripartição de Poderes e a representação democrática no Poder Legislativo, constante da Constituição Federal de 1988; não enfraquecer tais pilares, como pretendido no pós-positivismo.

de acordo com a *Teoria dos Princípios* de Robert Alexy. Os princípios são as portas de entrada para a axiologia do intérprete.

No Brasil, os pressupostos históricos que justificaram o nascimento do pós-positivismo na Alemanha não se fizeram presentes. Lá, partiu-se da premissa de que o cumprimento fiel, irrestrito e irrefletido da Lei causou atrocidades. No Brasil, pelo contrário, o problema é justamente o não cumprimento das normas legais[3]. Nunca tivemos um legislador tirano[4]. Porém, passou-se a dizer que o sistema jurídico brasileiro se transformou em pós-positivista. Mesmo sem qualquer alteração do texto Constitucional, fundado na tripartição de Poderes (CF, art. 2º, parágrafo único), na segurança jurídica (CF, art. 5º, *caput*) e na garantia fundamental da legalidade (CF, art. 5º, inc. II), parte da doutrina e dos Tribunais adotaram o pós-positivismo[5]. Construiu-se um raciocínio de discutível lógica: deve-se priorizar os direitos e garantias fundamentais, os quais não são acobertados pelos Poderes Executivo e Legislativo em um cenário de "Estado constitucional", cabendo ao Poder Judiciário determinar as medidas necessárias para seu respeito.

A preponderância dos direitos e garantias fundamentais é fato, inclusive inscrito como cláusula pétrea na Constituição Federal de 1988. Também é fato sua baixa efetividade, por falta de ações do Poder Executivo e Legislativo, mas também do Poder Judiciário. Porém, não há solução simplista. Dificuldades burocráticas, orçamentárias, financeiras impedem o imediato cumprimento de tais direitos e garantias. Mesmo com decisão judicial determinando a superação de algumas destas dificuldades, os resultados são incertos. A esse respeito, o Supremo Tribunal Federal aplicou a teoria do estado de coisas inconstitucional quanto aos presídios em 2015[6]; e, em 2017, o Brasil

---

3 Em 2018, o Relatório "Justiça em Números" elaborado pelo Conselho Nacional de Justiça afirma que: "Os dados mostram que, apesar de ingressar no Poder Judiciário duas vezes mais casos em conhecimento do que em execução, no acervo, a execução é 34,6% maior. Na execução, as curvas de processos baixados e novos seguem quase paralelas durante os nove anos da série histórica. (...) Os casos pendentes na fase de execução apresentam aumentos regulares, numa clara tendência de crescimento do estoque". Com a manutenção dos processos de execução ou a extinção por motivos diversos do cumprimento da ordem judicial, os direitos não são satisfeitos, indicando baixa efetividade dos próprios direitos e garantias fundamentais. Embora previstos em Lei, não chegam às ruas, na proporção devida.

4 Diferentemente do percebido em alhures, em que "(...) o legislador, mesmo representando uma suposta maioria, pode ser tão opressor que o pior dos tiranos" (MARMELSTEIN, 2008, p. 10).

5 "O segundo momento importante é o da chegada ao Brasil das teorias jurídicas ditas pós-positivistas. Foram marcos relevantes a publicação da 5º edição do *Curso de Direito Constitucional* de Paulo Bonavides, bem como do livro *A Ordem Econômica na Constituição de 1988*, de Eros Roberto Grau, que divulgaram entre nós a teoria dos princípios de autores como Ronald Dworkin e Robert Alexy (...). Nesse contexto, há uma verdadeira febre de trabalhos sobre teoria dos princípios, ponderação de interesses, teorias da argumentação, proporcionalidade e razoabilidade etc." (SARMENTO, 2013, p. 89)

6 STF, ADPF 347 MC, Relator(a): Min. MARCO AURÉLIO, Tribunal Pleno, julgado em 09/09/2015, PROCESSO ELETRÔNICO DJe-031 DIVULG 18-02-2016 PUBLIC 19-02-2016.

passou pela maior crise do sistema carcerário[7]. Ademais, a omissão de um Poder não habilita outro a substituí-lo, avocando sua competência. Este argumento é falho do ponto de vista lógico. Fosse assim, entender-se-ia legítimo que o Poder Legislativo julgasse as ações judiciais que tramitam nos Tribunais, caso houvesse omissão do Poder Judiciário. Seja pela ausência dos pressupostos que deram origem ao pós-positivismo alemão ou pela falta de previsão constitucional de avocação de competência entre os Poderes, o enfraquecimento da força normativa da legislação não é uma opção constitucional no Brasil.

Contudo, a partir de afirmação de o Brasil ter se transformado em um "Estado constitucional" com o albergue dos ditames pós-positivistas, inúmeras decisões foram proferidas sob esse viés. Muitas delas deram primazia aos princípios, enquanto, de outro lado, geraram incerteza e imprevisibilidade. Há uma verdadeira crise do sistema jurídico brasileiro em que não se tem um marco regulatório sobre as mais diversas questões. Decisões que utilizam conceitos jurídicos indeterminados, cláusulas gerais, princípios genéricos (muitas vezes não explícitos no texto constitucional), subjetivismos e argumentos de autoridade causam erosão no ordenamento jurídico e, por consequência, no desenvolvimento nacional. Há incerteza sobre qual a fonte do Direito, se seria a Lei ou o precedente. Qual será aplicável? Como será interpretado? Há também instabilidade, com a alteração frequente das Leis e dos precedentes.

Nesse contexto, ganha relevo a análise econômica do Direito. A utilização dos métodos da economia trará maior segurança jurídica e previsibilidade às decisões judiciais. Restringe-se as afirmações subjetivas, fundadas em argumentos de autoridade e valoriza-se conclusões embasadas em dados e informações produzidas a partir da pesquisas e estatísticas.

Os recursos são escassos e limitados. Sua ótima alocação depende do conhecimento das necessidades e das possibilidades de se dar efetividade. Entre os usos alternativos e os fins competitivos, a economia estuda como melhor aplica-los (PETER, 2005).

2. Relações entre Lei e Moralidade

A partir da obra de Steven Shavell (*Foundations of Economic Analysis of Law*), é possível extrair inúmeras relações entre a Lei e a Moralidade.

Sistemas jurídicos refletem as noções morais da sociedade, de maneira geral. Embora haja ampla independência, as decisões jurídicas se baseiam na norma positivada. Esta, por sua vez, é elaborada pelo Poder Legislativo, a partir das concepções morais da sociedade.

Há diversas categorias de atos, relacionando a moralidade à legalidade, quais sejam (SHAVELL, 2004):

---

7 http://www.ebc.com.br/especiais/entenda-crise-no-sistema-prisional-brasileiro, acessado em 30/10/2018, às 19h32.

a) atos imorais e ilegais: aqueles que não estão de acordo com a moral social nem com a legalidade. Exemplo: expor risco à vida de outrem, descumprir contratos;

b) imorais legais: aqueles que não ofendem a Lei, porém são moralmente reprováveis. Exemplo: atrasar para um almoço;

c) morais ilegais: aqueles que estão de acordo com a moral social, mas contrariam o ordenamento jurídico. Exemplo: fusões empresariais impróprias;

d) morais legais: aqueles que estão de acordo com a moralidade e a legalidade. Exemplo: cumprimento de um contrato.

Há relação entre a Lei e a Moralidade, existindo uma zona de influência recíproca. Condutas moralmente reprováveis podem ser punidas por Lei. E moralmente desejáveis induzidas pela Lei. Nem toda moral social se transforma em Lei. E nem toda Lei reflete a moral social.

Quanto um determinado comportamento é regulado por Lei, chama a atenção da sanção social, reforçando positivamente a conduta. As regras legais canalizam comportamentos em situações diferentes e desejáveis, alterando crenças e concepções. Existe um dever moral de se fazer o que a lei prevê. Em 1997, começou a vigorar no Distrito Federal a lei da faixa de pedestre. Criou-se uma obrigação jurídica de os carros pararem à vista de um pedestre que pretenda atravessar a faixa. Agentes de trânsito e policiais exerceram forte fiscalização, multando quem a descumprisse. Passados 21 anos, a fiscalização foi bastante reduzida, mas a conduta se manteve. A obrigação jurídica se transformou em uma obrigação moral.

Os comportamentos podem ser controlados pela: a) Lei, via incentivos externos; b) Moralidade, por incentivos internos, ou; c) ambos. Não obstante, há também outros fatores que controlam comportamentos, como a religião e a repreensão social, por exemplo. As escolhas são determinadas de acordo com a variabilidade dos constrangimentos, havendo externalidades internas e externas (FEREJOHN e PASQUALE, 2001, p. 5).

A teoria comportamental aduz que as ações se baseiam em cálculos individuais de custo e benefício (FEREJOHN e PASQUALE, 2001).

Quando a probabilidade de sanção é alta, o sujeito tende a se comportar de maneira a não sofrê-la. A probabilidade de sanção moral é de 100%. Praticar um ato contrário à moral do indivíduo, produzirá o efeito de constrangimento, vergonha, arrependimento todas as vezes que agir desse modo. É um sistema de sanção eficaz e de baixo custo. Já a probabilidade da sanção legal é menor, porque depende do funcionamento das instituições e de informações, o que demanda um alto custo.

Ao invés da elaboração de complexos sistemas institucionais e legais, é mais eficaz o Estado empreender esforços para que determinados comportamentos sejam incorporados à moral. Um bom exemplo disso é a comparação entre a política antitabagismo e a política antidrogas. A primeira foi bem-sucedida, enquanto a segunda é ineficaz. Qual a diferença entre ambas? A política antitabagismo resultou na redução em 33,8% no número de fumantes no período de dez anos (o país que teve a maior redução no mundo)[8], adotando políticas como: aumento da tributação, tabelamento de preço mínimo, conscientização da população. Por outro lado, em 2017 foi divulgado um relatório da Agência da ONU para Drogas e Crime (UNODC) demonstrando o aumento do consumo de drogas no Brasil, exigindo políticas complementares as atualmente adotadas que influenciam a moralidade, internalizando no comportamento dos indivíduos.

Um outro fator a ser considerado na interferência do comportamento dos indivíduos é o benefício social do cumprimento de uma regra. Quando há dificuldade ou falta de clareza em se identificar tal benefício menor será a eficácia do ponto de vista moral. Para induzir o comportamento, o benefício social precisa ser claro e direto.

A regulação legal de um comportamento implica um custo. Quanto maior o custo individual para o descumprimento da regra legal ou moral, maior o incentivo para o indivíduo cumpri-la. Assim como quando os instrumentos para se forçar o desempenho específico foram certos.

Na esfera cível, Shavell observa que geralmente se entende que o valor dos danos pelo descumprimento deve guardar relação com a grau de ilicitude do ato, e com moderação. Sem relação com a necessidade de se forçar o cumprimento. As punições são muito menores do que deveriam ser de acordo com o pensamento econômico convencional. Defende que a sanção seja proporcional à chance de ser pego. Se a chance de ser pego é de um terço, a sanção deve igual a três vezes o mal. A correta retribuição pelo mal causado resultaria em maior grau de dissuasão, reduzindo os investimentos em órgãos de persecução.

No Direito Civil brasileiro se verifica o baixo grau chance de punição ocorrer. Vários fatores são relevantes para o êxito da demanda, tais como ajuizamento da ação, êxito na comprovação dos fatos, vitória na decisão final, início da execução, identificação de patrimônio penhorável, transformação em pagamento. Se esses fatores têm chance remota de ocorrer, o benefício no inadimplemento das obrigações é maior que o custo de adimplemento, induzindo o comportamento no sentido de descumprimento. Os dados comprovam essa afirmação. O relatório do Justiça em Números do CNJ (ano de 2018) demonstram que 86% das execuções em andamento estão congestionadas[9].

Em um sistema jurídico em que o indivíduo sabe que a chance de ser responsabilizado é pequena, a sua conduta tende a ser de inadimplemento de obrigações, salvo quando houver uma intrínseca moralidade. Como não se pode esperar que um comportamento angelical dos cidadãos, cabe ao Estado, pela Lei e pelas suas instituições, forçar determinadas condutas colaborativas ao bem estar social. Deste modo, o importante é o resultado, a ação de cumprimento contratual, seja pela convicção do

---

8 https://noticias.r7.com/saude/brasil-e-exemplo-no-combate-ao-cigarro-mas-aumento-de-precos-reduzira-ainda-mais-o-numero-de-fumantes-30082016, acessado em 15/10/2018, às 8h43.

9 http://www.cnj.jus.br/files/conteudo/arquivo/2018/08/44b7368ec6f888b383f6c3de40c32167.pdf, página 124, acessado em 27/10/2018, às 9h18.

indivíduo ou pela coerção estatal. Cabe ao Estado zelar pela legalidade e segurança jurídica, cumprindo o princípio da inafastabilidade da jurisdição.

Por outro lado, majorar a sanção e a chance de sua aplicação gera um aumento no risco da atividade econômica. Inúmeras exigências e precauções resultam em aumento do custo e, consequentemente, dos produtos e serviços. Quando tais condições são claras e prévias, o empreendedor se organiza e se prepara para exercer sua atividade. Porém, quando a superveniência imprevisível de alterações em tais atividades impacta negativamente o funcionamento do mercado, majorando o risco e consequentemente o custo.

A aplicação da Lei envolve um custo e produz benefício. Há atos de fiscalização e aplicação da Lei que exigem um alto custo e o benefício é reduzido. Por exemplo, imagine o custo de um sistema legal para proibir as pessoas de falarem no cinema. Precisaria de fiscais em praticamente todas as salas de cinema, a chance de punição é reduzida e o benefício menor ainda. A sociedade arcaria com um alto custo de fiscalização e aplicação, e o resultado seria de pouco impacto social.

O custo social e institucional de criminalização de alguns fatos (calúnia e difamação, por exemplo) é alto, por se utilizar de uma estrutura já assoberbada para a investigação de outros crimes, inclusive de maior gravidade (polícia, MP, Judiciário e penitenciária). Recursos que poderiam ser utilizados para busca de fatos

O ideal seria reduzir os custos de fiscalização, arcados por toda a sociedade. Ao invés do custo se concentrar na implementação de sistemas legais e instituições, pode-se atuar na preponderância da intervenção sobre o moral.

A partir da sociedade, a preponderância de grupos de indivíduos amorais favorece a preponderância de regras legais sobre regras morais. Causam graves danos sociais.

As decisões dos indivíduos estão fundadas na maximização de seus interesses (SALAMA, 2008, p. 15). Os sócios buscam lucros. Os ativistas ambientais buscam a preservação do meio ambiente. Os servidores públicos buscam melhores condições de trabalho. Os empregados buscam salários melhores. São equilibrados os custos e benefícios para se chegar a uma ação que maximize a felicidade ou utilidade. Se existe água em um riacho próximo, nenhum animal caminharia quilômetros e enfrentaria os riscos do caminho para beber água em um local distante. A busca pela maximização dos interesses individuais não é um comportamento imoral ou amoral de *per si*. Trata-se da motivação da conduta. A imoralidade ou amoralidade é uma questão de consequência, de qual conduta será praticada. Motivar-se por lucro, pela preservação do ambiente, por melhores condições de trabalho ou salários melhores é legítimo. A questão é: quais condutas serão tomadas a partir de tais motivações? Tais condutas é que podem se enquadrar em imorais ou amorais.

Instituições saudáveis permitem que as condutas sejam orientadas em prol do bem comum, o que pressupõe respeito ao princípio constitucional da segurança jurídica.

3. A Análise Econômica do Direito como Instrumento de Segurança Jurídica

A análise econômica do Direito pretende maior racionalidade ao discurso jurídico (CARDOSO, 2015, p. 293). Em uma sociedade, a existência ou não de segurança jurídica determina como seus cidadãos se comportarão.

O princípio da segurança jurídica tem três dimensões: estabilidade das relações jurídicas, previsibilidade da atuação estatal e redução dos riscos (CANOTILHO, MENDES, SALET e STRECK, 2014, p. 231). São condições básicas para o desenvolvimento (CALDEIRA, 2017, p. 451). Decisões judiciais fundadas em conceitos jurídicos indeterminados, que reinterpretam a Lei sem que os argumentos sejam devidamente demonstrados, fulminam tal princípio.

O Direito deve ser construído a partir de proposições verificáveis em termos empíricos. A análise econômica do Direito é consequencialista (CARDOSO, 2015, p. 297), analisando os impactos das decisões sobre a sociedade. A aplicação eficiente das regras jurídicas está voltada para a máxima satisfação ou bem estar dos agentes e indivíduos. As escolhas públicas devem gerar o maior benefício social, com o menor custo. Parte da premissa de que os recursos da sociedade são escassos; toda escolha tem um custo (trade-off); as decisões dos agentes privados se baseiam na ponderação entre custo e benefício; as pessoas respondem a incentivos; o ótimo de Pareto deve ser considerado, isto é, não há como melhorar a situação de alguém sem prejudicar a de outrem (GICO JR, 2010, p. 22-23 apud CARDOSO, 2015, p. 298). São proposições relevantes para orientar a tomada de decisões.

A argumentação jurídica no contexto pós-positivista no Brasil diminuiu a qualidade técnica, admitindo-se argumentos de autoridade e frases soltas ao acaso, sem correspondência com a realidade.

O pós-positivismo realça o valor "justiça" em detrimento da segurança jurídica. Porém, não se tem claro o que seria essa "justiça". Inúmeras correntes filosóficas ao longo dos últimos 2000 anos discutiram o que seria o justo. Outorgar a cada Juiz o poder de decidir em cada caso concreto o que seria justo é fulminar as garantias fundamentais da segurança jurídica e da legalidade.

Com a análise econômica do Direito, afirmações precisam estar embasadas em dados, informações, pesquisas e estatísticas. Devem considerar a escassez de recursos e as consequências que uma decisão judicial pode ter sobre a economia e as relações sociais.

De maneira salutar, o Novo Código de Processo Civil procurou racionalizar a argumentação jurídica, vedando o uso de conceitos jurídicos indeterminados, sem que se demonstre seu conceito e sua concreta aplicação ao caso em solução (CPC, art. 489, § 1º, inc. III). As afirmações categóricas, fundadas em argumentos de autoridade também não servem como fundamento às decisões judiciais, fulminando-as de nulidade quando utilizados. Com o art. 489, § 1º, o Código de Processo Civil intenciona proteger a garantia fundamental da segurança jurídica.

A análise econômica do Direito exige do Juiz a demonstração da afirmação, nas estatísticas e informações disponíveis a partir de estudos e pesquisas. O princípio do livre convencimento motivado é valorizado, realçando a importância da fundamentação convincente às partes. Restringindo o voluntarismo judicial, a segurança jurídica é respeitada, trazendo previsibilidade, estabilidade e redução dos riscos necessárias ao desenvolvimento.

4. Sistema Jurídico e Desenvolvimento no Brasil

O sistema jurídico-legal de um país influencia toda a sociedade. O comportamento dos indivíduos se baseia no cálculo do custo-benefício sobre as consequências de suas atitudes. Havendo um sistema eficiente de punição, os atos tendem a ser evitados. Deve-se analisar quais são os comportamentos estimulados e os desincentivados em um determinado sistema jurídico.

As escolhas acarretam um custo, não necessariamente financeiro. Há um ponto de equilíbrio nas decisões, trazendo o máximo de eficiência com o menor custo possível, conhecido como ótimo de Pareto. A partir desse ponto, pode-se gerar desequilíbrio, em que qualquer melhora para um lado acarretará um prejuízo ao outro lado.

A experiência (*práxis*) é uma importante força operante no conhecimento e desenvolvimento do Direito. A prática jurídica deve ser considerada na tomada das decisões. De acordo com a Teoria Institucional, as instituições moldam comportamentos, vez que as pessoas tendem a adotar condutas que lhe tragam maiores benefícios e menos custos (teoria comportamental) (SÁ e SOUZA, 2011). O desenvolvimento de um país depende das instituições, estando diretamente relacionada aos efeitos das regras legais. De 1890 a 1891, foram criadas 210 grandes sociedades anônimas em São Paulo, sendo que 42,4% destas resultaram da reorganização formal de negócios que antes não encontravam guarida legal sob a legislação imperial; no Rio Grande do Sul, o número de bancos passou de dois para dez nesse curto período (CALDEIRA, 2017, p. 322). O sistema jurídico busca o bem estar social, moldando os comportamentos. Bons marcos legais destravam a economia (CALDEIRA, 2017, p. 261).

As políticas públicas dependem de recursos para sua consecução. O sistema legal tributário existe justamente para arrecada-los. Quem tem mais, contribui mais. Esse é o princípio da capacidade contributiva, previsto no art. 145, § 1º, da Constituição Federal. Porém, o sistema tributário vigente tributa de maneira oposta. Tributa-se demais quem menos tem condições financeiras, aliviando-se a carga tributária sobre aqueles cujo patrimônio e renda sejam maiores.

No relatório do Projeto de Reforma Tributária, o Relator Deputado Federal Luiz Carlos Hauly aponta grave distorção, em que o Brasil tributa demais o consumo e de menos patrimônio e renda, em comparação aos países da OCDE:

> "Enquanto, na média os países da OCDE recebem 37% de suas receitas da tributação da renda e 25% da do consumo, no Brasil, a tributação sobre bens e serviços responde por 51% da carga tributária, enquanto a sobre a renda representa somente 18%" (relator).

Tributação excessiva sobre o consumo acarreta maior tributação sobre os mais pobres. Citando o Relatório de Observação nº2 dos Indicadores de Iniquidade do Sistema Tributário Nacional, produzido em 2011 pelo Conselho de Desenvolvimento Econômico e Social), o Prof. Abhner Youssif Mota Arabi verifica que em 2004:

> "(...) quem ganhava até 2 salários mínimos mensais comprometia 48,8% de sua renda no pagamento de tributos, enquanto que o peso da carga tributária para as famílias com renda superior a 30 salários mínimos mensais correspondia a 26,3%. Os números que representam tamanha discrepância são ainda mais drásticos quando se considera apenas os tributos indiretos (como são os tributos sobre o consumo): para o primeiro grupo, a carga tributária corresponde a 45,8%, enquanto que para o segundo 16,4%"

Tais números demonstram uma má distribuição da carga tributária, com evidente ofensa ao princípio constitucional da capacidade contributiva. Apenas a análise prática do sistema tributário brasileiro permite tal conclusão. Exige-se a análise dos números, dados e estudos sobre a sua efetividade. Este sistema altamente regressivo pode até ser objeto de discussões acerca da sua própria inconstitucionalidade.

Em tal cenário, o comportamento dos contribuintes tende ser o de escapar à tributação, especialmente aqueles em que o peso arrecadatório recai com mais força sobre seus ombros. Tais condutas podem ser manifestadas de inúmeras formas, como a sonegação, a não abertura de empresas, a informalidade, dentre outros[10].

Pela Curva de Laffer, parte-se do princípio que tanto em zero como em 100% de tributação não ocorre arrecadação. Se a alíquota é zero, nada é arrecadado. Se é 100% também não se arrecada, pois ninguém vai trabalhar de modo que todo o fruto do seu trabalho seja "confiscado" pelo Estado. Logo, a Curva de Laffer demonstra um valor de alíquota específico, um valor médio de equilíbrio em que se obtém o máximo de arrecadação, com melhor tributação possível. A partir do ponto de equilíbrio, quanto maior a carga tributária, maior a tendência de comportamentos que escapem à sua incidência, reduzindo a arrecadação (ARAÚJO, 2016).

Na esfera cível, ocorre semelhante fenômeno. Há instituições que incentivam comportamentos nocivos à sociedade e ao desenvolvimento nacional. Um dos pilares do desenvolvimento é o cumprimento dos contratos. O princípio jurídico do *pacta sunt servanda* é um fundamento básico que fez prosperar inúmeras nações, a partir da previsibilidade e segurança jurídica. Expondo sistematicamente as idéias de Max Weber, Kronman destaca a importância do cumprimento dos contratos para o desenvolvimento, *in verbis:*

---

10 Fenômeno semelhante ocorre com os frequentes parcelamentos tributários, os quais fomentam o inadimplemento tributário, com danos à concorrência e redução da arrecadação, por privilegiar o devedor em detrimento daquele que cumpre regular e pontualmente suas obrigações tributárias (MENDONÇA e ALMEIDA).

> "Ao garantir que os contratos serão executados de acordo com regra fixas conhecidas antecipadamente pelas partes contratantes, a ordem jurídica aumenta significativamente a probabilidade de que, uma vez feitas, as promessas serão mantidas, estimulando, assim, os indivíduos a fazerem promessas e as formas de atividade econômica que dependem delas (principalmente, a troca de mercado). É isso que Weber descreve como o 'mais geral' efeito (positivo) do direito sobre a vida econômica" (KRONMAN, 2009, p. 192)

Porém, a partir da interpretação extensiva da função social do contrato, das cláusulas gerais e dos deveres anexos das obrigações, parte da doutrina e da jurisprudência vêm flexibilizando em demasia o princípio do *pacta sunt servanda.* Inicialmente, sob o argumento da suposta nulidade da cláusula contratual. Depois, valendo-se de argumentos genéricos ("razoabilidade", "proporcionalidade", "função social").

O Brasil é um dos países com o índice mais baixo de cumprimento de contratos, de acordo com o Relatório *Doing Business*, elaborado pelo Banco Mundial[11]. Os contratantes não têm expectativa de que os contratos sejam cumpridos como contratado, nem em quais situações as cláusulas serão flexibilizadas judicialmente, gerando instabilidade e insegurança jurídica.

Na jurisprudência do Superior Tribunal de Justiça dois exemplos demonstram tal flexibilização das cláusulas contratuais. O primeiro, é a Súmula 302 (É abusiva a cláusula contratual de plano de saúde que limita no tempo a internação hospitalar do segurado). O segundo, ter albergado a teoria do adimplemento substancial[12]. São dois exemplos de flexibilização da regra contratual/legal, acatando a pretensão de descumprimento contratual voluntária, incentivando o descumprimento contratual.

Antes da edição da Súmula 302/STJ, os Planos de Saúde previam algumas opções para os segurados, com planos mais baratos em que o tempo de internação hospitalar seria limitado a determinado período (30 dias, por exemplo). Assim como havia opções de contrato com tempo ilimitado de internação, obviamente com o custo mais alto. O Superior Tribunal de Justiça considerou abusiva tal cláusula, independentemente de cada caso concreto. Logo, dispensa a verificação se houve algum tipo de ilegalidade, prejuízo ao contratante ou se haveria algum tipo de má-fé da parte, na contratação do plano. Mesmo quando o segurado tiver condições de ter contratado um plano mais completo e deliberadamente escolhe o mais barato, será decretada a nulidade da cláusula contratual.

---

11 http://portugues.doingbusiness.org/pt/data/exploreeconomies/brazil, acessado em 30/10/2018, às 19:53h.

12 "'O adimplemento substancial constitui um adimplemento tão próximo ao resultado final, que, tendo-se em vista a conduta das partes, exclui-se o direito de resolução, permitindo-se tão somente o pedido de indenização e/ou adimplemento, de vez que a primeira pretensão viria a ferir o princípio da boa-fé (objetiva)'. (REsp 1636692/RJ, Rel. Ministro PAULO DE TARSO SANSEVERINO, TERCEIRA TURMA, julgado em 12/12/2017, DJe 18/12/2017). Veja que o julgamento entende ser um ato de má-fé do credor exigir a execução integral do contrato, livremente pactuado pelas partes e inadimplido injustificadamente pelo devedor!

Com o entendimento de que tal cláusula é abusiva de pleno direito e, portanto, nula, os planos de saúde tiveram que arcar com os custos das decisões judiciais que determinaram o custeio da internação por período superior àquele estabelecido no contrato. *Rectius:* obviamente, tal custo não é assumido pelas empresas operadoras de plano de saúde, mas repassado aos consumidores. O resultado é: planos de saúde mais caros, reajustados em alta proporção, prejudicando os próprios consumidores. Aumenta-se o custo, aumenta-se o risco e a atividade empresarial repassa o custo ao consumidor, a partir da "cortesia" judicial.

Como visto, em um contexto de recursos limitados, benefícios a uma pessoa geram prejuízos à outra. No caso, os prejudicados serão os demais segurados, eis que a despesa ocasionada pelo entendimento jurisprudencial é computada como custo pela empresa. E o valor de cada contrato o considera quando da definição do seu valor. Em outras palavras: o resultado é o aumento do preço dos planos de saúde para todos os demais segurados, inclusive daqueles que optaram por contratar um plano mais completo que os atendesse. A intervenção judicial produz desequilíbrio contratual, imprevisto, gerando prejuízo imediato e riscos mediato sobre o futuro.

Antes da sua edição, os Planos de Saúde previam algumas opções para os segurados, com planos mais baratos em que o tempo de internação hospitalar seria limitado a determinado período (30 dias, por exemplo). Com o entendimento de que tal cláusula é abusiva e, portanto, nula, os planos de saúde tiveram que arcar com os custos das decisões judiciais que determinaram o custeio da internação por período superior àquele estabelecido no contrato. *Rectius:* obviamente, tal custo não é assumido pelas empresas operadoras de plano de saúde, mas repassado aos consumidores. Aumenta-se o custo, aumenta-se o risco e a atividade empresarial repassa o custo ao consumidor.

A aplicação da teoria do adimplemento substancial pela jurisprudência também relativiza a importância do *pacta sunt servanda*. Se o contrato prevê o pagamento de 36 parcelas e foram pagas 30 delas, o credor-prejudicado não terá direito à requerer a resolução do contrato ou a reintegração na posse[13], por exemplo. Tal instituto produz insegurança jurídica, imprevisibilidade, incentivando comportamentos de descumprimento contratual, prejudicando a confiança entre as partes, a economia e o desenvolvimento.

Os requisitos para sua aplicação são: a) a existência de expectativas legítimas geradas pelo comportamento das partes; b) o pagamento faltante há de ser ínfimo em se considerando o total do negócio; c) deve ser possível a conservação da eficácia do negócio sem prejuízo ao direito do credor de pleitear a quantia devida pelos meios or-

13 Num caso julgado pelo Superior Tribunal de Justiça, o credor ajuizou ação de reintegração de posse de 135 carretas, objeto de contrato de "leasing", após o pagamento de 30 das 36 parcelas contratadas. O processo foi extinto, por aplicação da teoria do adimplemento substancial. Vide: STJ, REsp 1200105/AM, Rel. Ministro PAULO DE TARSO SANSEVERINO, TERCEIRA TURMA, julgado em 19/06/2012, DJe 27/06/2012.

dinários (critérios adotados no REsp 76.362/MT, QUARTA TURMA, j. Em 11/12/1995, DJ 01/04/1996, p. 9917; e seguidos pelos precedentes posteriores). Sobram conceitos jurídicos indeterminados "expectativa legítima", "pagamento ínfimo", "prejuízo ao credor". Na indeterminação, a vontade do julgador em cada caso se sobreleva e a imprevisibilidade se exaspera, pela falta de critérios objetivos (CARDOSO, 2015, p. 296). Não há um parâmetro objetivo de como as partes deveriam se comportar para evitar ou aplicar tal teoria. O voluntarismo judicial tem o efeito de erodir a segurança jurídica, na esfera contratual. A exigência integral e literal do contrato é comparada como uma espécie de abuso de direito e, com esse fundamento, o direito do credor de resolução direta do contrato "mostrar-se-ia um exagero, uma iniquidade" (trecho do voto do Ministro Relator do acórdão). O princípio da boa-fé objetiva impõe às partes o dever de cumprir os contratos fielmente ao livremente pactuado. Albergar a pretensão de inadimplemento injustificável pelo mero fato de se ter cumprido parte significativa e, o pior, enquadrar a pretensão do credor que deseja satisfazer seu direito como ato de abuso de direito é minar as bases para o desenvolvimento nacional.

Por outro lado, o próprio Superior Tribunal de Justiça reconheceu o efeito danoso da aplicação desta teoria (com grifos nossos):

> "**A aplicação da teoria do adimplemento substancial**, para obstar a utilização da ação de busca e apreensão, nesse contexto, **é um incentivo ao inadimplemento das últimas parcelas contratuais, com o nítido propósito de desestimular o credor** (...)"[14]

Embora o julgado tenha se restringido à questão da alienação fiduciária em garantia, o efeito danoso é aplicável a qualquer outra situação de sua aplicação.

No Brasil, o pós-positivismo influencia intervenções judicias que desequilibram o mercado, geram distorções, aumentam os custos, causam imprevisibilidade e incentivam o descumprimento dos contratos, fragilizando a Lei. Tudo em nome de uma suposta "justiça" do caso. O que é a justiça senão o mercado equilibrado (concorrência sem privilegiar determinada empresa), com os custos inerentes a atividade, devidamente previstos, contratos respeitados e o império da Lei? Este é o cenário institucional que propicia desenvolvimento e bem estar social.

Alguns Tribunais "têm utilizado critérios mais intuitivos do que argumentos econômicos propriamente ditos. Nessa perspectiva, a utilização dos métodos de avaliação econômica proposta pela AED poderia contribuir para conferir mais racionalidade e previsibilidade às decisões judiciais (...)" (CARDOSO, 2015, p. 304).

---

14 STJ, REsp 1622555/MG, Rel. Ministro MARCO BUZZI, Rel. p/ Acórdão Ministro MARCO AURÉLIO BELLIZZE, SEGUNDA SEÇÃO, julgado em 22/02/2017, DJe 16/03/2017.

5. Conclusão

O desenvolvimento nacional depende da boa qualidade das instituições de um país. As instituições moldam comportamentos, incentivando determinadas condutas e obstaculizando outras. O custo benefício de cada conduta é analisado pelo indivíduo, ajustando-a ao meio em que vive.

O cenário pós-positivista trouxe uma gama de institutos que outorgaram maior poder aos juízes. Ativismo judicial, voluntarismo judicial e dirigismo contratual são novas formas de se aplicar o Direito, relegando ao segundo plano a Lei e o contrato. Com o discurso legitimador de se assegurar direitos e garantias fundamentais, decisões judiciais são proferidas Brasil afora desrespeitando o que se propôs assegurar. Garantias fundamentais como legalidade (CF, art. 5º, inc. II), liberdade (CF, art. 5º c/c art. 170), segurança jurídica (CF, art. 5º), bem como a tripartição de poderes e a necessidade de se assegurar um processo legislativo regular são flexibilizados e, em alguns casos, ignorados, o que nem por emenda constitucional poderia ser feito (CF, art. 60, § 4º, inc. III e IV).

Muitas dessas decisões são proferidas sem base de dados, sem estatísticas, fundamentando-se em conceitos abertos, cujo conteúdo é preenchido ao sabor do quem está interpretando a questão. São intervenções pontuais que tendem a gerar desequilíbrios no mercado e na sociedade. Do mesmo modo, o excesso de proteção tende a gerar desproteção. O Poder Judiciário se autoproclamou legítimo para realizar dirigismos contratuais, procedendo unilateralmente ajustes nas cláusulas livremente definidas pelas partes e mesmo à revelia de ambos os contratantes, sob o discurso de proteger a parte vulnerável. Ocorre que em algumas situações em que esse papel é exercido sem a análise econômica do Direito, o efeito é justamente de piorar ainda mais a situação dos vulneráveis. A mera utilização retórica de princípios produz decisões arbitrárias, "construídas de modo voluntarista, gerando uma jurisprudência capaz de flutuar ao saber das intuições e dos azares – em resumo: pura feitiçaria" (SUNDFELD, 2012, p. 84 *apud* CARDOSO, 2015, p. 311).

O pós-positivismo potencializou o dirigismo contratual e o ativismo judicial aumentando a intervenção judicial sobre a liberdade dos indivíduos. Princípios como a função social do contrato prejudicam o princípio do *pacta sunt servanda*, gerando insegurança jurídica, aumento do risco e consequentemente do custo das relações sociais e econômicas.

A instabilidade jurídica é fator de desordem social e econômica. A falta de estabilidade das regras é uma característica dos Estados autoritários: "Não vale o que está escrito na Constituição, nas leis, no Código Civil nem no Código Penal. Tudo se passa como se a ordem fosse fixada e (re)estabelecida a cada situação, em campos sociais limitados, de acordo com a relação de forças que se estabelecem entre os protagonistas (...)" (COSTA, p. 151) ou ao arrepio das próprias regras pelo exercício da vontade do soberano-absolutista.

A análise econômica do Direito recupera a segurança jurídica e a previsibilidade, ao fundar as decisões judiciais em critérios objetivos. Restringe-se a utilização de conceitos jurídicos indeterminados e o voluntarismo judicial, recuperando a segurança jurídica e previsibilidade na prática dos negócios jurídicos. A preocupação com os impactos na sociedade de uma decisão judicial será fio condutor do julgamento.

Por outro lado, a liberdade desmedida para contratar pode gerar abusos, especialmente em mercados oligopolizados. Um exemplo recente foi a possibilidade de cobrança de bagagem nas viagens aéreas. A Agência Nacional de Aviação Civil editou a Resolução 400/2016, permitindo a cobrança por bagagens. Passados vários meses, o preço médio da passagem se manteve, sem redução[15].

Há uma questão de regra e exceção. A regra do *pacta sunt servanda* foi responsável pelo desenvolvimento da economia capitalista na Inglaterra, como verificado por Max Weber em a *Ética protestante e o espírito do Capitalismo* (1904). A prosperidade de uma nação depende das suas instituições. A teoria institucionalista sustenta que as instituições podem estabelecer sistemas que induzem comportamentos econômicos produtivos, enquanto outras podem atuar em sentido contrário.

Uma carga tributária que não onere o consumo, menos burocracia, respeito aos contratos, proteção aos direitos e garantias fundamentais cria um ambiente de segurança jurídica propício ao desenvolvimento. Intervenções legislativas e judiciais aleatórias nos contratos, frequentes inovações jurídicas, regras contraditórias, flexibilização dos contratos sem um critério pré-determinado emperram o desenvolvimento, por aumentar o risco e o custo da atividade produtiva.

No Relatório *Doing Business* publicado pelo Banco Mundial são analisados o ambiente empresarial de vários países, elaborando-se um ranking. Dentre os critérios, verifica-se o cumprimento dos contratos, analisando-se o custo, o tempo e a qualidade dos processos judiciais. Nesse quesito, na América Latina, o Brasil só está à frente de Antígua e Barbuda e México, sendo superado por países como Belize, Bolívia, Haiti, Venezuela e Jamaica. A execução de contratos no Brasil não é um ponto positivo, definitivamente. A insegurança jurídica e imprevisibilidade são resultados de uma concepção pós-positivista que minam a confiança contratual entre as partes e gera custos adicionados a serem suportados.

A análise econômica do Direito traz luz a esse cenário. Torna previsível a interpretação e aplicação do Direito. Recupera instituições que possam recolocar o Brasil no caminho do desenvolvimento, a partir da segurança jurídica e previsibilidade. As instituições moldam comportamentos, a identidade e as concepções dos indivíduos, como afirmado por HALL e TAYLOR (2003):

> "(...) as instituições fornecem modelos morais e cognitivos que permitem a interpretação e a ação. O indivíduo é concebido como uma entidade profundamente envolvida num mundo de instituições composto de símbolos, de cenários e de protocolos que fornecem filtros de

---

15 https://g1.globo.com/economia/noticia/preco-da-passagem-nao-cai-mesmo-apos-entrada-em-vigor-de-cobranca-por-bagagem-despachada.ghtml, acessado em 11/07/2018, às 17:40h.

> interpretação, aplicáveis à situação ou a si próprio, a partir das quais se define uma linha de ação. Não somente, as instituições fornecem informações úteis de um ponto de vista estratégico como também afetam a identidade, a imagem de si e as preferências que guiam a ação".

Um sistema jurídico voltado ao bem estar social estimulará condutas sociais apropriadas. A segurança jurídica é um pilar fundamental que integra o conjunto de valores de uma sociedade, formando as instituições necessárias à construção de comportamentos sociais que propiciam o desenvolvimento de um país.

"A justiça não existe onde não há liberdade" (Luigi Einaudi).

Bibliografia

ADORNO, Theodor W. *Minima moralia*. Tradução de Artur Morão. Lisboa: Edições 70, s.d.

ALEXY, Robert. Teoria dos Direitos Fundamentais. Tradução de Virgílio Afonso da Silva. São Paulo: Malheiros, 2011.

ALEXY, Robert. Constitucionalismo discursivo. Tradução de Luís Afonso Heck. São Paulo: Livraria do advogafdo, 2015.

ARABI, Abhner Youssif Mota. Desigualdades e tributação: por que precisamos fortalecer as bases diretas de incidência? Disponível em: https://www.migalhas.com.br/MatrizTributaria/112,MI273116,91041-Desigualdades+e+tributacao+por+que+precisamos+fortalecer+as+bases, acessado em 29/10/2018, às 15h16.

ARAÚJO, Guilherme Dourado Aragão Sá. Onde estamos na Curva de Laffer? Análise sobre a otimização da carga tributária brasileira. Brasília: Revista de Direito Internacional Econômico e Tributário – RDIET, v. 11, nº 1, p. 197-226, Jan-Jun, 2016.

BACELLAR, Roberto Portugal. Sustentabilidade do Poder Judiciário e a Mediação na sociedade brasileira *in* GUERRA, Luiz (coordenador). Temas contemporâneos do Direito – Homenagem ao bicentenário do Supremo Tribunal Federal. Brasília: Guerra Editora, 2011.

BARROSO, Luís Roberto. Ano do STF: Judicialização, ativismo e legitimidade democrática. Disponível em: https://www.conjur.com.br/2008-dez-22/judicializacao_ativismo_legitimidade_democratica?imprimir=1, acessado em 17/10/2018, às 15:39h.

BEDAQUE, José Roberto dos Santos. Efetividade do processo e técnica processual. 3ª ed. São Paulo: Malheiros, 2010.

BITTAR, Eduardo C. B. e ALMEIDA, Guilherme Assis de. Curso de Filosofia do Direito. 12ª ed. São Paulo: Atlas, 2016.

CALDEIRA, Jorge. A História da Riqueza no Brasil – cinco séculos de pessoas, costumes e governos. Rio de Janeiro: Estação Brasil, 2017.

CANOTILHO, J. J. Gomes; MENDES, Gilmar Ferreira; SARLET, Ingo Wolfgang; STRECK, Lenio Luiz. Comentários à Constituição do Brasil. São Paulo: Almedina, 2013.

CAPPELLETTI, Mauro. Juízes legisladores? Trad. Carlos Alberto Alvaro de Oliveira. Porto Alegre: Frabris, 1999.

CHIOVENDA, Giuseppe. A ação no sistema dos Direitos (tradução de Hiltomar Martins Oliveira). Belo Horizonte: Lider, 2003.

COSTA, Frederico Lustosa da. Reforma do Estado e Contexto Brasileiro: crítica do paradigma gerencialista. Rio de Janeiro: Editora FGV, 2009.

DIMOULIS, Dimitri. Positivismo Jurídico. São Paulo: Método, 2006.

DINAMARCO, Cândido Rangel. Nova era do Processo Civil. São Paulo: Malheiros, 2009.

FEREJOHN, J; ESKRIDGE, W. Super-statutes. Duke Law Journal, v. 50, nº 5, p. 1215-1276, Mar 2001.

FEREJOHN, John; PASQUINO, Pasquela. A Teoria da Escolha Racional na Ciência Política: Conceitos de racionalidade em teoria política. Revista Brasileira de Ciências Sociais, Vol. 16, nº 45.

FERNANDES, Bernardo Gonçalves. Curso de Direito Constitucional. Salvador: Juspodivm, 2014, 6ª edição.

FERNANDES, Bernardo Gonçalves e PEDRON, Flávio Quinaud. O Poder Judiciário e(m) Crise. Rio de Janeiro: Lumen Juris, 2008.

FERNANDES, Ricardo Vieira de Carvalho e BICALHO, Guilherme Pereira Dolabella. Do positivismo ao pós-positivismo – o atual paradigma jusfilosófico constitucional. Revista de Informação Legislativa: Brasília, a. 48, nº 189, jan/mar, 2011.

FERRAZ JR., Tércio Sampaio – Introdução ao Estudo do Direito: Técnica, Decisão, Dominação. 4. ed. São Paulo: Atlas, 2003.

FLIGSTEIN, N. Habilidade social e a teoria dos campos. São Paulo: RAE. Vol 47, nº 2, Abr/Jun, 2007.

HÄBERLE, Peter. Hemenêutica Constitucional – A sociedade aberta dos intérpretes da Constituição (trad. Gilmar Ferreira Mendes). Porto Alegre: Sergio Antonio Fabris Editor, 997.

HALL, Peter A. e TAYLOR, Rosemary C. R. As três versões do neo-institucionalismo. São Paulo: Lua Nova – Revista de Cultura e Política, nº 58, 2003.

HAULY, Luiz Carlos. Principais linhas da Proposta de Reforma Tributária. Disponível em: http://www2.camara.leg.br/atividade-legislativa/comissoes/comissoes-temporarias/especiais/55a-legislatura/reforma-tributaria/documentos/outros-documentos/resumo-hauly, acessado em 269/10/2018, às 14h50.

JEPPERSON, R.L., Institutions, institutional effects, and institutionalism. The new institutionalism in organizational analysis, 1991.

Justiça em Números 2018: ano-base 2017/Conselho Nacional de Justiça – Brasília: CNJ, 2018.

KELSEN, Hans. Teoria Pura do Direito. Coimbra: Arménio Amado, 1979.

KRONMAN, Anthony. Max Weber. Tradução: John Milton. Rio de Janeiro: Elsevier, 2009.

LANDES, W.; POSNER, R. The independente judiciary as an interest group perspective. *Journal of Law and Economics*, v. 18, p. 875-902, 1975.

LUHMANN, Niklas. Legitimação pelo procedimento. Brasília: Editora UNB, 1980.

MATIAS-PEREIRA, José. Curso de Administração Pública – Foco nas instituições e ações governamentais. 3ªed. São Paulo: Atlas, 2010.

MARMELSTEIN, George. Curso de Direitos Fundamentais. São Paulo: Atlas, 2008.

MASCARO, Alysson Leandro Barbate – Filosofia do Direito; 1ª ed. São Paulo: Atlas, 2010.

MENDONÇA, Maria Lírida Calou de Araújo e; ALMEIDA, Saulo Nunes de Carvalho. A problemática da corriqueira política de refinanciamento das dívidas tributárias por um prisma da análise econômica do Direito. Disponível em: http://www.publicadireito.com.br/artigos/?cod=30aaf34d6afd4b11, acessado em 29/10/2018, às 15h36.

MENDES, Gilmar Ferreira. Direitos fundamentais e controle de constitucionalidade. São Paulo: Saraiva, 2004.

MORAES, Denise Maria Rodríguez. O Supremo Tribunal Federal e a eficácia vinculante de suas decisões *in* FUX, Luiz (coord.). Processo Constitucional. Rio de Janeiro: Forense, 2013.

MOREIRA, Eduardo Ribeiro. Neoconstitucionalismo: A Invasão da Constituição. 7ª Obra da Coleção Professor Gilmar Mendes. São Paulo: Editora Método, 2008.

PETER, Lafayete Josué. Princípios constitucionais da ordem econômica. São Paulo: Revista dos Tribunais, 2005.

PIRES, Thiago Magalhães. Pós-positivismo sem trauma: o possível e o indesejável no reencontro do Direito com a Moral *in* As novas faces do Ativismo Judicial. Org: FELLET, André Luiz Fernandes *et all.* Salvador: Editora Juspodivm, 2013.

RADBRUCH, Gustav. Arbitrariedad Legal y Derecho Supralegal. Buenos Aires: Abeledo-Perrot, 1962.

RAMOS, Elival da Silva. Ativismo judicial: parâmetros dogmáticos. São Paulo: Saraiva, 2010.

REALE, Miguel. Questões de Direito Público. São Paulo: Saraiva, 1997.

REALE, Miguel. Teoria do direito e do Estado. São Paulo: Saraiva, 2000.

SÁ, Vinicius Claudino de e SOUZA, renato Santos de Souza. O desenvolvimento na perspectiva institucional: Algumas reflexões sobre o processo de legitimação junto à sociedade. Anais do I Circuito de Debates Acadêmicos. IPEA, Code 2011.

SALAMA, Bruno Meyerhof. O que é pesquisa em direito e economia. In: Cadernos direitoGV, v. 5, nº 2, estudo nº 22, 2008, disponível em: http://bibliotecadigital.fgv.br/dspace/bitstream/handle/10438/2811/caderno%2520direito%252022.pdf?sequence=1&isAllowed=y, acessado em 27/10/2018, às 9h24.

SARMENTO, Daniel. O Neoconstitucionalismo no Brasil: riscos e possibilidades *in* As novas faces do Ativismo Judicial. Org: FELLET, André Luiz Fernandes *et all.* Salvador: Editora Juspodivm, 2013.

SHAVELL, Steven. Foundations of Economic Analysis of Law. Cambridge: Harvard University Press, 2004.

SILVA, Ovídio A. Baptista da. Processo e ideologia: o paradigma racionalista. Rio de Janeiro: Forense, 2004.

ANÁLISE ECONÔMICA E SOCIAL DO DIREITO: O PRAGMATISMO JURÍDICO APLICADO AO DIREITO DO TRABALHO

Roberta Ferme Sivolella

Introdução

Se é verdade que a sociedade é o produto complexo dos diversos fatos sociais que a compõem[1], pode-se dizer, por outro lado, que o fator econômico tem sido elemento de propulsão de intensas modificações no sistema jurídico mundial. Não se pode negar, por outro lado, que há uma relação de "causa e efeito" recíproca e mais intensa entre os marcadores econômicos vigentes, e as relações abarcadas pelo ramo do Direito que estuda o dispêndio e aproveitamento da força de trabalho e suas nuances.

Não por acaso, a regulamentação das relações de trabalho, em análise de sua maior flexibilidade ou maior rigidez, apresenta movimento pendular e cíclico, ora tendendo para uma maior normatização e fiscalização pelo Estado, ora tendendo para uma maior flexibilização e liberdade do estabelecimento de suas cláusulas entre as partes do contrato. O ápice do dito "movimento pendular", em cada um de seus extremos lados, em geral, culmina em repercussão tão direta e intensa na economia e momento político de determinada realidade social, que acaba por impulsionar novo movimento em sentido diametralmente oposto.[2]

Nesse contexto, a doutrina da análise econômica do direito, ao tentar "explicar e prever o comportamento dos grupos que participam do sistema jurídico, além de

---

1 Segundo DUKHEIM,

(...) *à medida* que o meio social se torna mais complexo e mais instável, as tradições e as crenças adquiridas desmoronam-se, tornam-se algo de mais indeterminado e flexível, e as faculdades de reflexão desenvolvem-se, mas estas mesmas faculdades são indispensáveis às sociedades e aos indivíduos, para que se adaptem a um meio mais móvel e mais complexo. À medida que os homens são obrigados a produzir um trabalho mais intenso, os produtos deste trabalho tornam-se mais numerosos e de qualidade superior, mas estes produtos, melhores e mais abundantes, são necessários para compensar as energias despendidas por este trabalho mais considerável (...) O fato da vida social é o progresso, e este, por outro lado, depende de um fator exclusivamente psíquico, a saber, a tendência que leva o homem a desenvolver cada vez mais sua natureza". DURKHEIM, Émile. *"As regras do método sociológico*. Trad. Pedro Nassetti. São Paulo: Martin Claret, 2011, p. 110.

2 Exemplo de tal premissa é a Revolução Industrial, para a qual o baixo custo da mão de obra e a maximização de sua exploração vieram a encaixar-se com a necessidade de investimento financeiro focado no desenvolvimento tecnológico. Tal exploração, contudo, foi tão exacerbada que culminou em intensa crise social, injetando estímulo à origem de movimentos revolucionários e criando sistema de enfoque destacado à regulamentação de direito dos trabalhadores. (HOBSBAWN, Eric J.- *A Era das Revoluções*: A Revolução Francesa". São Paulo: Paz e Terra, 2008. Cap. 3, p. 83-113).

explicar a estrutura doutrinária, procedimental e institucional do sistema"[3] mediante o isso de ferramentas próprias da economia na interpretação das normas jurídicas, se amolda à necessidade premente de se compreender o motivo e racionalidade das escolhas jurídicas realizadas na seara trabalhista, com vias a examinar os efeitos sociais advindos de tal atividade.

Calcada em fundamentos que recebem influência do realismo jurídico – ou jurisprudência sociológica – que deu azo à teoria do pragmatismo jurídico em seu viés contextualista (que implica que toda e qualquer proposição seja julgada a partir de sua conformidade com as necessidades humanas e sociais), consequencialista (que requer que toda e qualquer proposição seja testada por meio da antecipação de suas conseqüências e resultados possíveis) e anti-fundacionalista (que rejeita quaisquer espécies de entidades metafísicas, conceitos abstratos, categorias apriorísticas, princípios perpétuos, instâncias últimas, entes transcendentais e dogmas, entre outros tipos de fundações possíveis ao pensamento)[4], a análise econômica do direito, tale qual a doutrina que a informa, busca estruturar uma técnica decisória com ênfase nas consequências desejáveis ou indesejáveis que a decisão ou sua omissão têm ou potencialmente teriam, a fim de identificar os argumentos que justificam a adoção ou a rejeição de uma decisão[5], segundo sua maior ou menor razoabilidade[6].

Partindo de tais conceitos, a dicotomia entre o elemento econômico e e elemento social e profunda discrepância entre os sujeitos da relação trabalhista fazem surgir

---

3 POSNER, Richard. *Fronteiras da Teoria do Direito*. Tradução de Evandro Ferreira e Silva, Jefferson Luiz Camargo, Paulo Salles e Pedro Sette-Câmara. São Paulo: WMF Martins Fontes, 2011. p. 8.

4 Conforme ***Pogrebinschi, _ Thamy.*** O que é o pragmatismo jurídico? Disponível em: http://www.soc.puc-rio.br/cedes/PDF/paginateoria/pragmatismo.pdf. Acesso em 02/06/19.

5 Se remetem a tal técnica decisória, dentre outros autores, ***Pogrebinschi,_ Thamy.*** Idem; **BARCELLOS, Ana Paula de**. A eficácia jurídica dos princípios constitucionais: o princípio da dignidade da pessoa humana. 3ª ed. Rio de Janeiro: Renovar, 2011; **BRANDÃO, Rodrigo**. Supremacia judicial versus diálogos constitucionais: a quem cabe a última palavra sobre o sentido da Constituição?. Rio de Janeiro: Lumen Juris, 2012; **DIAS, Jean Carlos**. O controle judicial de políticas públicas. Coleção Gilmar Ferreira Mendes v. 4. São Paulo: Método, 2007; **GRINOVER, Ada Pellegrini Grinover; WATANABE, Kazuo** (Coords.). O controle jurisdicional de políticas públicas. Rio de Janeiro: Forense, 2011; **MANCUSO, Rodolfo Carmargo.** Acesso à justiça: condicionantes legítimas e ilegítimas. São Paulo: Editora Revista dos Tribunais, 2011; **SARLET, Ingo Wolfgang; TIMM, Luciano Benetti (**Orgs.). Direitos fundamentais: orçamento e "reserva do possível". 2ª ed. Porto Alegre: Livraria do Advogado, 2010;.

6 Segundo POSNER, o consequencialismo adviria do utilitarismo; o pragmatismo coloca ênfase na consequência, mas não a tem como um fim em si mesmo, sendo sinônimo de razoabilidade.:"(...) Assim, apesar da ênfase que coloca sobre as consequências, o pragmatismo jurídico não é uma forma de *consequencialismo*, o conjunto de doutrinas filosóficas (o mais proeminente utilitarismo), que avalia ações de acordo com o valor de suas conseqüências: a melhor ação é a que tem as melhores consequências.". No original: *"(...) So despite the emphasis it places on consequences, legal pragmatism is not a form of* consequencialism*, the set of philosophical doctrines (most prominently utilitarism) that evaluates actions according to the value of their consequences: the best action is the one with the best consequences. (...)"*. (POSNER, Richard A. Legal Pragmatism. **Metaphilosophy**, vol.25, nos.1/2, jan. 2004.).

a necessidade de exame mais atento acerca da construção de uma teoria da análise econômica voltada para tais peculiaridades. O presente artigo se destina a tentar estruturar tal raciocínio jurídico, com base no estudo dos elementos que permeiam a análise econômico-pragmática do direito em âmbito mundial, acrescidos do fator *social* voltado aos marcadores particulares afetos à realidade do direito do trabalho brasileiro.

I. A Balança Desregulada da Economia: Crise Econômica e Pragmatismo Mundial

No plano internacional, espraia-se com velocidade de aceitação a doutrina da chamada análise CBA (Costs and Benefits Analisys), na qual a análise de custo-efetividade, é expressa em termos monetários e é ajustada pelo valor do dinheiro no tempo, em critérios para a revisão judicial de atos administrativos que levam em conta marcadores como, por exemplo, o VSL, ou "valor de uma vida estatística", em que o custo da vida humana é expresso em valores monetários para se aferir a viabilidade econômica e jurídica de determinada norma. Sob tal enfoque, MASUR e POSNER (2017)[7] analisam normas de impacto ambiental, como o caso do amianto, que no Brasil foi julgado pelo STF, também com análise custo-benefício, por meio da ADI 3356, ainda que não utilizando o critério do marcador financeiro de vidas[8]

O conceito da *razoabilidade* como meio de aplicação do critério "costs and benefits" possui relevante papel como marcador a resolver o impasse gerado no pragmatismo jurídico pela crítica de JOHN DEWEY à ausência de análise empírica acerca dos resultados pretendidos e efeitos causados com menor prejuízo social[9], assim como pela crítica de DANIEL J. SOLOVE & MICHAEL SULLIVAN ao pragmatismo clássico, sob a premissa de que há valor em se esclarecer o conflito, e não apenas resolve-lo no

7 MASUR, Jonathan e POSNER, "Cost-Benefit Analysis and the Judicial Role," University of Chicago Public Law & Legal Theory Paper Series, No. 614 (2017).

8 A utilização do sistema de exame de custos e benefícios se verifica no seguinte trecho do aresto, que se fundamentou, inclusive, na normativa internacional:
"A Convenção nº 162 da Organização Internacional do Trabalho, de junho de 1986, prevê, dentre seus princípios gerais, a necessidade de revisão da legislação nacional sempre que o desenvolvimento técnico e o progresso no conhecimento científico o requeiram (art. 3º, § 2). **A convenção também determina a substituição do amianto por material menos danoso, ou mesmo seu efetivo banimento, sempre que isso se revelar necessário e for tecnicamente viável (art. 10).** Portanto, o Brasil assumiu o compromisso internacional de revisar sua legislação e de substituir, quando tecnicamente viável, a utilização do amianto crisotila" - grifamos. (ADI 3356, Relator(a): Min. EROS GRAU, Relator(a) p/ Acórdão: Min. DIAS TOFFOLI, Tribunal Pleno, julgado em 30/11/2017, PROCESSO ELETRÔNICO DJe-019 DIVULG 31-01-2019 PUBLIC 01-02-2019)

9 DEWEY, John, EXPERIENCE AND NATURE 9 Chicago: Open Court Publishing, 2a ed, 1925, p. 27-28 ("Empirical method finds and points to the operation of choice as it does to any other event. Thus it protects us from conversion of eventual functions into antecedent existence: a conversion that may be said to be *the* philosophic fallacy, whether it be performed in behalf of mathematical subsistences, esthetic essences, the purely physical order of nature, or God.")

caso concreto, reconhecendo-se os diversos pontos de vista da comunidade para se compreender qual a consequência social mais desejável quando da adoção de determinada interpretação jurídica.

Tal perspectiva vem a se amoldar, ainda, à problemática contraposta à noção clássica de *eficiência econômica* como vetor representativo da conclusão de benefício oriundo determinada escolha pública. Isso porque a ideia do sociólogo Pareto (a "melhoria de Pareto" e o "ótimo de Pareto"[10]) entendia que determinada mudança socioeconômica seria considerada *eficiente* não só quando as consequências produzidas pela escolha realizada se mostrasse superior ao *status quo ante*, mas que também representasse a ausência de qualquer perda para todos os atores socioeconômicos envolvidos. Seria o ponto de equilíbrio nas decisões individuais, fora o que seria impossível melhorar a situação de um agente sem piorar a situação de outro. Esse resultado almejado, contudo, não se amoldava à justificativa de critério de avaliação do bem-estar social no modelo de Estado "Well-Fare State" durante o século XX[11], já que não resolvia alguns problemas advindos da aplicação do método, representando para alguns autores, em verdade, objetivo individualista de livre mercado ligado ao liberalismo econômico[12].

Dentre os problemas apresentados pela doutrina ao método de Pareto[13], ressaltamos, aqui, a possibilidade de supressão da justiça distributiva que acarreta, já que permite a manutenção de um sistema de desigualdade, desde que a consequência

---

10 PARETO, Vilfredo. **Manuale di economia política**. Milano: EGEA, 2006.

11 Conforme SCHUMPETER, Joseph. Vilfredo Pareto, 1848-1923. **Quarterly Journal of Economics**, 1948, e POSNER, R. A. *Economic Analysis of Law*. 7th ed. New York: Aspen Publishers, 2007.

12 Conforme BOBBIO, Norberto. **Liberalismo e Democrazia**. Milano: Simonelli Editore, 2006. Essa visão se mostra consentânea ao posicionamento de POSNER, que, contraditoriamente, apesar de defender a utilização do critério de Pareto como medidor do bem-estar social, sustenta, tal como SCHUMPETER, a existência de uma "democracia elitista" ou "democracia de interesses", na qual os líderes de elite representam o povo como líderes naturais , enquanto a maior parte da população permanece alheia a esta politica, sob a ótica da existência de "lobos e ovelhas" natos. Em análise crítica a tal posicionamento, vide SULLIVAN, Michael Sullivan & SOLOVE, Daniel J **Can Pragmatism Be Radical?** *Cambridge: Harvard University Press*, 2003, p.687, 741.

13 NETO e BOLZAN DE MORAIS apontam três principais críticas ao método de Pareto, a saber: "**a) a crítica da impossibilidade:** pela impossibilidade real de informação e, ainda, pela incoerência da unanimidade em um específico estado de coisas – sem falar no caráter paradoxal e contraditório em que se coloca o requisito fundamental da teoria, a percepção individual subjetiva e incomparável de bem-estar, com a necessidade de uma percepção unânime ao alcance de uma determinada situação –, que vem fortalecida pela existência comprometedora de uma pluralidade de situações do mundo real; **b) a crítica do respeito/negação/suplantação do direito individual ao veto:** pelo caráter obrigatório de atingir o consenso e a unanimidade, isto é, em uma dada situação, mesmo esta sendo eficiente, não existe nenhuma possibilidade real de coerção à aceitação de todos sem que tal coerção à aceitação não negue o direito individual ao veto. Noutras palavras: ou o direito individual ao veto, se respeitado, impossibilita e descaracteriza a eficiência; ou, a eficiência se sobrepõe ao direito individual ao veto; ou, ainda, como auge disso tudo, a eficiência se enraíza numa

não altere esse quadro para pior (ou em prejuízo de algum dos agentes). Assim, uma aplicação do "ótimo de Pareto" mais consentânea a um critério de Justiça social demandaria, segundo BRUE[14], que houvesse, além de uma alocação técnica ideal de recursos e uma quantidade ideal de produção, uma *distribuição ideal e isonômica de bens entre os consumidores*, situação que não se coaduna com a realidade dos modelos de Estado vigentes.

Essa dissociação entre o modelo ideal e a realidade, bem como a ausência de perspectiva de mudança dos problemas sociais vigentes, foram detectadas pelas críticas ao método de Pareto e acabaram por enaltecer o critério de Kaldor-Hicks[15], segundo o qual se reconhece a possibilidade de prejuízo a parte dos agentes envolvidos, desde que haja o maior benefício, e mediante compensações sociais[16] de modo a revelar a *maximização do bem-estar social*[17]. Trata-se de uma nova ótica da sinergia entre o Direito e a economia, que, apesar de buscar a eficiência, encontra limites determina-

falácia normativa à vista de suplantar o direito individual pelo consenso10; **c) a crítica da manutenção do status quo e da supressão da justiça distributiva".** NETO, Alfredo Copetti e BOLZAN DE MORAIS, José Luis. **O segundo movimento *Law and Economics*, a eficiência e o consenso do modelo neoclássico ordenalista subjetivista a partir de Richard Posner: ruptura ou (re)aproximação ao (Estado de) Direito contemporâneo.** In:Constituição, Economia e Desenvolvimento: Revista da Academia Brasileira de Direito Constitucional. Curitiba, 2011, n. 4, Jan-Jun. p. 56-76. p. 63-64.
A fim de aprofundar o tema, ver também: CALSAMIGLIA, Albert. Eficiencia y Derecho. In: **Doxa**, N°4, 1987, p. 273 ("Sin embargo, ha sido objeto de muchas criticas por tres razones fundamentales. En primer lugar porque se concede a cada uno de los indivíduos de la sociedad el derecho de veto a cualquier medida o decisión social. En efecto, una definición alternativa, pero equivalente, del óptimo de Pareto sería la siguiente: una situación es óptimo de Pareto si dada cualquier otra alternativa siempre haya alguien que la veta. La consecuencia es que típicamente hay muchas situaciones distintas que son – todas ellas – óptimo de Pareto. En segundo lugar porque no se pone en cuestión el punto de partida y por tanto se conserva el statu quo. En tercer lugar porque es escasamente sensible a los problemas de justicia distributiva. Una sociedad ideal que asignara todos los recursos a X y ninguno a Y es tan óptimo de Pareto como otra sociedad en la cual a cada uno se le asignara el 50 por ciento. Una sociedad en la cual se asignaran el 30 por ciento a cada uno de ellos y tirara el resto no cumple las condiciones del óptimo de Pareto. Pero en este último caso existe la posibilidad de llegar a un acuerdo en que todos mejoren y sea por unanimidad" , e COLEMAN, Jules. **Markets, Morals, and the Law**. 2ª ed. New York: Oxford University Press, 2005.

14 BRUE, Stanley L., HISTORIA DO PENSAMENTO ECONOMICO. trad. Luciana Penteado Miquelino 6ªed. São Paulo: Thomsom Pioneira, 2005.

15 Sobre os métodos de Pareto e Kaldor Hocks, vide ZERBE Jr., Richard (2001), *Economic Efficiency in Law and Economics*. Cheltenham: Edward Elgar. E Bromley, Daniel (1997), "Rethinking Markets", *American Journal of Agricultural Economics*, 79(5), 1383–1393.

16 Sobre o tema da compensação social segundo o critério de Kaldor Hicks, vide de BOTELHO, Martinho Martins, **EFICIÊNCIA E O EFEITO KALDOR-HICKS: A QUESTÃO DA COMPENSAÇÃO SOCIAL** In: Revista de Direito, Economia e Desenvolvimento Sustentável , **Brasília | v. 2 | n. 1 | p. 27 – 45 | Jan/Jun. 2016.**

17 Mesmo Posner indica a eficiência econômica sob este prisma, conceituando o objetivo do direito na ótica da Análise Econômica do Direito como analisar as normas legais de modo a promover a eficiência, o que implica a maximização do bem-estar social. POSNER, R. A. *Economic Analysis of Law*. 7th ed. New York: Aspen Publishers, 2007.

dos pelo Estado (o Mínimo Ético Legal-MEL) segundo o que se denomina de Princípio da Eficiência Econômico Social (PEES)[18].

Num contexto de Estado Constitucional Democrático de Direito, os limites estatais podem ser considerados, em seu MEL, como as normas de conteúdo pétreo que traduzem as garantias aos direitos sociais fundamentais. Somente por meio de tal interpretação, enfim, a realidade econômica encontra sua *validade constitucional*, sob pena de, a par de provocar crescimento acelerado e diversificação das estruturas de produção, não conseguir proporcionar, de forma homogênea, uma distribuição acessível aos benefícios do desenvolvimento, engendrando o que alguns autores denominam de "desenvolvimento perverso" ou "maligno"[19].E a justificativa teórica se encontra dentro da própria ciência econômica, já que o "princípio da economicidade"[20] é entendido como a necessidade de valoração das decisões tomadas em âmbito econômico, a fim de se verificar se estas conjugam a diretriz da "maior vantagem" político-econômica, com o escopo do *justo ou ético*, segundo os interesses individuais *e sociais* a que está ligada.[21]

A denominada "ordem econômica constitucional", segundo a análise econômica do direito, assim, demanda ações dos agentes econômicos que amoldem a livre-iniciativa de modo a direcioná-la a adotar medidas que, além de transcender a interesses individuais, os compatibilizem com os interesses sociais e auxiliem a concretizá-los, sob pena de, não o fazendo, além de macular o Estado Constitucional vigente, gerar prejuízos futuros à própria economia, mascarando os efetivos resultados da analise de custos e benefícios aplicada, e fazendo com que, a médio prazo, "pelo emprego ineficiente de recursos e criação de indicadores mercadológicos falsos, verifique-se o caos econômico e social"[22].

A diversidade, amplitude e, sobretudo, a importância dos custos sociais decorrentes da atividade económica empresarial no quadro do capitalismo contemporâneo

18 GONÇALVES, Everton das Neves e STELZER, Joana. Princípio da Eficiência Econômico-Social no Direito Brasileiro: a tomada de decisão normativo-judicial. In*:* **Seqüência (Florianópolis), n. 68, p. 261-290, jun. 2014**

19 Em obra anterior, citamos o seguinte exemplo de desenvolvimento perverso, que acaba trazendo revezes á própria economia: "Tal situação ocorre, por exemplo, quando o nível salarial médio da população não tem o viés de acompanhar a modernização e o custo do desenvolvimento produtivo, ou seja, quando não observado que o desenvolvimento implica o direito a um grau razoável de igualdade entre os cidadãos, mormente no que tange à repartição do rendimento e ao acesso às condições básicas de desenvolvimento social" SIVOLELLA, Roberta Ferme. *A dispensa coletiva e o direito fundamental á proteção ao emprego: a dignidade da pessoa humana na sociedade "econômica" moderna. Rio de janeiro: Ltr, 2014, p. 83.*

20 COLE, Daniel H; GROSSMAN, Peter Z. **Principles of law and economics.** 2 ed. New York:Wolters Kluwer, 2011.

21 Segundo PIGOU, o custo social não o custo social não se justifica pelo ganho privado Pigou, Arthur C. (1932), *The Economics of Welfare*. London: Macmillan and Co. [ed. orig.: 1920]. Versão eletrónica, consultada a 15.01.12, em http://www.econlib.org/library/NPDBooks/Pigou/pgEWCover.html. No mesmo sentido, NUNES, Antonio José A. *"Uma leitura crítica da actual crise do capitalismo.* Coimbra: Coimbra Editora, 2011, p. 63-71.

22 GONÇALVES, Everton das Neves e STELZER, Joana. Op. Cit. P. 273,

tornam a avaliação dos custos e benefícios, em termos do valor que traduzem para a sociedade ("value to society") [23],.mais dificultosa e imprecisa[24]. Trata-se, segundo KAPP, do problema central da teoria econômica, demandando a construção de uma **teoria do valor social segundo** critérios objetivos sobre o que é necessário e essencial à vida e à sobrevivência humanas, gerando uma nova contabilidade social[25].

Assim é que consideramos que o marcador social é essencial para que, em uma análise econômica de custos e benefícios, se alcance uma ponderação desprovida de desacertos e, portanto, no tocante à atividade interpretativa das normas jurídicas, esteja de fato afinada com a *racionalidade material* que deve envolver tal atividade, já que se trata do aspecto substancial e necessário a conferir *validade* jurídica à norma interpretada. Está ligada, assim, a uma "ética material dos valores", segundo a qual há valores intrínsecos à pessoa, valores *humanos*, dos quais se derivam conteúdos chamados éticos, existentes *a priori* e de forma objetiva, independendo de lei formal para a sua existência. Ou seja, os valores éticos (fundamentais) que embasam o custo social existem em si mesmos, têm conteúdo "apriorístico" e não estão ligados direta e obrigatoriamente à razão [26]. A ausência da consideração do marcador social em sua plena abrangência, portanto, pode levar a resultados distorcidos e, como já visto, não desejados[27] quando,

---

23 Conforme expressão de CLARK, John M. (2009), Preface to Social Economics: Economic Theory and Social Problems, Moses Abramovitz; Eli Ginzberg (eds.). New York: Routledge, 2017. [ed. orig.: 1936]. Clark, John M. (2009), *Preface to Social Economics: Economic Theory and Social Problems, in* Moses Abramovitz; Eli Ginzberg (orgs.). New Brunswick: Transaction Publishers [ed. orig.: 1936].

24 Patel, Raj (2011), *The Value of Nothing: How to Reshape Market Society and Redefine Democracy*. London: Portobello Books Ltd.

25 Kapp, K. William (1978), *The Social Costs of Business Enterprise*. Nottinghan: Spokesman [ed. orig.: 1963].

26 SCHELER, Max. *Ética* – Nuevo Ensayo de Fundamentación de un Materialismo Ético. Buenos Aires: Revista de Occidente Argentina, t.1, 1948, p. 159-216. A visão, aliás, já fora objeto dos utilitaristas, que, por intermédio da doutrina iniciada por Jeremy Bentham e desenvolvida por John Stuart Mill, consideram a sociedade como formada por seus indivíduos e suas relações interpessoais, pelo que, embora não possam ser negados os direitos individuais, estes devem ser relativizados em determinados momentos, em prol do bem comum. O interesse supremo da ética seria, assim, o bem-estar e a prosperidade da sociedade como um todo, não atingível, assim, quando extirpados os direitos de determinados grupos da sociedade em detrimento de interesses puramente financeiros e individuais. Sobre a temática, vide SOLOMON, Roberto. *" Ética e excelência*: cooperação e integridade dos negócios. Trad. Maria Luisa X. de A. Borges. Rio de Janeiro: Civilização Brasileira, 2006, p. 153-157.

27 Tais efeitos não desejados, ou efeitos *residuais* ou *secundários,* são denominados externalidades por parte da doutrina (Fernandes, Abel Costa, *Economia pública – Eficiência económica e teoria das escolhas colectivas*. 2ª ed. Lisboa: Edições Sílabo, 2011), como falhas de mercado capazes de legitimar ações corretivas por parte do Estado (como o caso de regulamentações administrativas e taxação, segundo PIGOU, op. cit). Contrariamente a tal ideia, contudo, está o denominado "teorema de Coase", em que o autor de mesmo nome defende que ,quando os custos de transação estão zerados, é indiferente a adjudicação de direitos, refutando a ideia da existência de danos *externos*, já que todos seriam, em última instância, responsáveis pela existência e resolução do problema (COASE, Ronald H. The Problem of social cost. **The Journal of Law and Economics**, Chicago: Chicago

ao avaliar seus custos e benefícios privados, os agentes o ignoram. A problemática ganha contornos de relevância em se tratando da interpretação de normas jurídicas, em que o argumento pragmático de cunho econômico não pode prevalecer de maneira absoluta como fundamento da escolha realizada[28]. Tal premissa será essencial para a compreensão sobre o norte a ser dado na escolha jurídica em relações cujo custo social seja intrínseco a sua natureza, como é o caso das relações trabalhistas. Essa perspectiva é de suma importância para a análise econômica voltada à interpretação do direito do trabalho, formando o que denominamos, aqui, de análise econômica *e social* do direito.

II. Vulnerabilidade e Marcadores da Isonomia: As Peculiaridades do Direito Material e Processual do Trabalho

Há grande dicotomia que permeia a relação de trabalho, díspar entre seus sujeitos em sua essência. Aqui, o elemento *vulnerabilidade* tem presença presumida das relações no âmbito do direito do trabalho, em virtude da hipossuficiência que decorre da subordinação jurídica/estrutural, como elemento ínsito à própria existência da relação empregatícia.

A hipossuficiência, por muitas vezes utilizada como sinônimo da vulnerabilidade, corresponde, em verdade, à vulnerabilidade em sentido estrito, sob o viés econômico. A vulnerabilidade em sentido mais amplo pode ser analisada sob o aspecto (i) *processual,* ou (ii) *material.* No campo *processual*, a conceituação e a amplitude da vulnerabilidade, como característica que, ao mesmo tempo, impõe e fixa os limites dos poderes do Juiz na condução do processo, se reveste de extrema relevância na seara trabalhista, eis que nesse âmbito, o exercício do direito de ação se dá, normalmente, quando uma das partes (a dita hipossuficiente e, portanto, vulnerável) se encontra

University Press, 1960, v. 3, p. 1-44). Discorrendo sobre a questão das externalidades e as diferentes visões dos autores mencionados, vide também e GONÇALVES, Everton das Neves e STELZER, Joana. Princípio da Eficiência Econômico-Social no Direito Brasileiro: a tomada de decisão normativo-judicial. In*:* Seqüência (Florianópolis), n. 68, p. 261-290, jun. 2014, **e** NEVES, Vitor, Custos sociais: Onde para o mercado?, *Revista Crítica de Ciências Sociais*, 95 | 2011, 55-68.

28 Segundo FÁBIO MARTINS DE ANDRADE, no âmbito jurisdicional, o argumento pragmático ou consequencialista de cunho econômico não pode prevalecer como fundamento das decisões judiciais (ANDRADE, Fábio Martins de. **Modulação em matéria tributária**: o argumento pragmático ou consequencialista de cunho econômico e as decisões do STF. São Paulo: Quartier Latin, 2011). Abordando também a problemática da desconsideração do custo social nas escolhas jurisdicionais, vide CAMERER, C.; TALLEY, E. Experimental Law and Economics. In: M. POLINSKY; *Handbook of Law and Economics*, Amsterdam: SHAVELL (Ed.)., 2007. p. 1621-50; KOROBKIN, R.; ULEN, T. Law and behavioral science: removing the rationality assumption from law and economics. *California Law Review*, n. 88, p. 1051-1144, 2000; COOTER, R. D.; ULEN, T. S. *Direito e economia*. 5ª ed. Porto Alegre: Bookman, 2010; Jolls, Christine and Sunstein, Cass R. and Thaler, Richard H., A Behavioral Approach to Law and Economics (January 1, 1998). 50 Stanford Law Rev. 1471 (1998). Disponível em https://ssrn.com/abstract=2292029. Acesso em 31/05/19.

em situação de desemprego. Eis o aspecto *material* da vulnerabilidade na relação de trabalho que, além de presumidamente existente em toda e qualquer relação trabalhista pela própria sujeição daquele que detém a força de trabalho ao dono dos meios de produção, se mostra em caráter mais exacerbado quando alijado o trabalhador do mercado de trabalho[29]

Sobre o aspecto econômico da vulnerabilidade, a doutrina destaca a grande limitação material e concreta ao exercício do direito de ação, salientando que

> "O desequilíbrio entre as partes pode ser, também, por outro lado, um fator decisivo para que a pessoa lesada deixe de buscar individualmente proteção judicial ou, então, para a própria correlação de forças na relação processual. A tendência é que o causador da lesão disponha de mais recursos materiais e humanos e, portanto, em tese se apresente mais bem preparado para o embate, provido que está para a contratação de profissionais de qualidade e para a produção de provas que lhe sejam favoráveis- desigualdade que se mostra mais gritante quando o lesado não dispõe de recursos próprios para custear sua defesa, tendo em vista as limitações materiais dos órgãos encarregados da assistência jurídica gratuita."[30]

Além da vulnerabilidade econômica, a doutrina também cita os fatores de desinformação pessoal, óbice geográfico, debilidade de saúde, vulnerabilidade organizacional (p.ex, ausência de acesso digital) e dificuldade no emprego da técnica jurídica, ainda que em caráter provisório[31], como elementos a serem considerados para valorar o grau de disparidade ou prejuízo de um dos agentes em determinada relação analisada sob o enfoque do PEES (Princípio da Eficiência Econômico Social).

Sob o enfoque do MEL (ou mínimo ético legal), também se verifica intensa carga de presença nas situações que envolvem escolhas públicas ou jurídicas no âmbito das questões trabalhistas. Isto porque o elemento do interesse social tem presença marcante mesmo nos direitos individuais de natureza trabalhista, os chamados direitos

---

29 A vulnerabilidade em sentido amplo remete a qualquer condição que crie, incremente ou amplie a ausência de paridade de armas entre os litigantes, dificultando ou impedindo o uso de remédios processuais cabíveis na busca do direito perseguido em Juízo. Sobre o tema, vide SIVOLELLA, Roberta F. AS CONVENÇÕES PROCESSUAIS E A VULNERABILIDADE NO PROCESSO DO TRABALHO: UMA QUESTÃO DE PRINCÍPIO E DE DIÁLOGO DAS FONTES. In: Teoria do Diálogo das Fontes no Processo do Trabalho. São Paulo: Ltr, 2017. Pp. 115-128.

30 MENDES, Aluísio Gonçalves de Castro. Ações coletivas e meios de resolução coletiva de conflitos no direito comparado e nacional. São Paulo: Revista dos Tribunais, 2014. p. 36-37.

31 Sobre o tema, vide TARTUCE, Fernanda. *Igualdade e Vulnerabilidade no Processo Civil*. São Paulo: Método, 2012. A autora explica que a "vulnerabilidade processual é a suscetibilidade do litigante que o impede de praticar atos processuais em razão de uma limitação pessoal involuntária; a impossibilidade de atuar pode decorrer de fatores de saúde e/ou de ordem econômica, informacional, técnica ou organizacional de caráter permanente ou provisório". *Op. cit.*, p. 184.

sociais ou direitos fundamentais do trabalho, sob a perspectiva do catálogo aberto de direitos fundamentais da Constituição de 1988 trazido por INGO SARLET[32].

Alguns fatores, contudo, serviram para reamoldar tal premissa, atribuindo-lhe maior carga casuística. As novas relações de trabalho, calcadas em meio informatizado e "know-how", muitas vezes à distância; o grande e rápido acesso à informação, democratizado em muitos segmentos, mesmo os menos validos; a ampliação da competência da Justiça do Trabalho por meio da EC 45/04 para abarcar as relações de trabalho lato sensu, nas quais a subordinação jurídica não se mostra elemento premente para a sua consubstanciação, tudo indica um novo modelo das relações sociais a ser observado. Afinal,

> "(...) não pode o Direito isolar-se do ambiente em que vigora, deixar de atender às outras manifestações da vida social e econômica. (...) As mudanças econômicas e sociais constituem o fundo e a razão de ser de toda a evolução jurídica; e o direito é feito para traduzir em disposições positivas e imperativas toda a evolução do igualitarismo".[33]

Nesse contexto, e diante de um cenário de alterações significativas no mundo jurídico, social e político em escala mundial, importantes alterações foram realizadas nos sistemas jurídicos trabalhistas de vários países, em opções de escolha calcadas em marcadores de custo e benefício essencialmente economicistas.

Iniciadas com a chamada "grande crise econômica" de 2008, as reformas trabalhistas calcadas na denominada flexibilização de direitos se espraiaram por diversos países, sobretudo na Europa, em situação que perdura até os dias atuais. Como exemplo, podemos citar a Espanha (Ley 36/2011 e Real Decreto Ley 3/2012); a Itália (onde uma série de leis denominadas "Job Acts" vem sendo aprovadas desde 2012, e submetidas a referendos para sua adequação- Leis nºs.92/2012, 78 e 183/2014, e Decretos- Lei n. 22, 23, 80, 81, 148, 149. 150 e 151/2015/2015; 185/2016 e 81/2017); Portugal(com a aprovação de diversas leis integrantes do denominado "pacote de austeridades", trazendo restrições de direitos trabalhistas entre 2011 e 2015, afetando inclusive o setor público); França (iniciando uma série de alterações e supressões de artigos do *Code du Travail,* em especial a Lei n°2012-387, de 22/03/2012, Lei n°2013-504 de 14/06/13, e, recentemente, sob os primeiros anúncios da chamada "reforma Macrón" que estava por vir, a Lei 2016-1088); e Alemanha (em continuidade às denominadas "Leis Hartz" de 2002/2003, a Lei 92/2012 e, posteriormente, leis com importantes alterações previdenciárias em 2007 e 2014). No continente americano, medidas semelhantes foram realizadas também no México e no Chile, tomando por base as reformas europeias.

---

32 SARLET, Ingo. **A eficácia dos direitos fundamentais: uma teoria geral dos direitos fundamentais na perspectiva constitucional**. 11ª ed. rev. e atual. Porto Alegre: Livraria do Advogado Editora, 2012. p. 63.

33 MAXIMILIANO, Carlos. *Hermenêutica e aplicação do direito.* 16ª ed. Rio de Janeiro: Forense, 1997, p. 157-9.

No Brasil, sob a justificativa de adequar a legislação às novas formas de trabalho e à tecnologia que o mercado atual, além de corrigir supostos excessos de protecionismo atribuídos ao Judiciário Trabalhista e atingir a segurança jurídica necessária para atrair investimentos capazes de minorar a crise econômica vigente, a denominada reforma trabalhista, alterou por meio da Lei 13.467/17 grande número de dispositivos da Consolidação das Leis do Trabalho, em clara opção do legislador em flexibilizar e desregulamentar grande parte das relações de trabalho, em análise de custos e benefícios que privilegiou a aplicação da autonomia da vontade de maneira quase irrestrita, e a necessidade de estímulo ao mercado econômico interno. O parecer da Comissão Especial instituída para analisar o Projeto de Lei 6787/16, datado de 12/04/17[34] expressamente indicou os marcadores de avaliação de custo-benefício utilizados, que se pautaram em assertivas como a ausência de descumprimento reiterado da legislação trabalhista e previdenciária[35], conclusão acerca de maiores benefícios advindos da retirada do cômputo das horas *in itinere* da jornada de trabalho, com a perspectiva futura de compensação social advinda da maior concessão do benefício pelos empregadores a partir de sua ausência de previsão legal[36], e fortalecimento da estrutura sindical brasileira com o fim da compulsoriedade da contribuição sindical[37]. Com base em marcadores semelhantes, o Poder Executivo editou uma série de medidas provisórias

---

34 Disponível em *https://www.camara.gov.br/proposicoesWeb/fichadetramitacao?idProposicao=2122076*.

35 Sobre a redação dos artigos 47 e 47-A da CLT proposta pela Lei 13.467/17, assim indicou o relatório: "Estamos de acordo com a iniciativa do Poder Executivo em majorar o valor da multa pelo descumprimento da regra de anotação do registro de trabalhadores nas empresas. Acreditamos que tal medida contribuirá para reduzir a informalidade no mercado de trabalho e protegerá os trabalhadores contra a violação de um direito que básico que lhe é devido. De fato, o valor extremamente reduzido que é cobrado atualmente serve como um estímulo à falta de registro, gerando um prejuízo também pela ausência de recolhimento da contribuição previdenciária e do FGTS incidentes sobre a remuneração do empregado. **Temos que observar, todavia, que essa prática não é a regra entre os empregadores, que se esforçam, em sua grande maioria, para cumprir toda a legislação trabalhista e previdenciária**."- grifo nosso. Disponível em *https://www.camara.gov.br/proposicoesWeb/fichadetramitacao?idProposicao=2122076*.

36 Sobre a redação do artigo 58 da CLT proposta pela Lei 13.467/17, assim indicou o relatório: "A nossa intenção é a de estabelecer que esse tempo, chamado de hora *in itinere*, por não ser tempo à disposição do empregador, não integrará a jornada de trabalho. Essa medida, inclusive, mostrou-se prejudicial ao empregado ao longo do tempo, pois fez com que os empregadores suprimissem esse benefício aos seus empregados. **Acreditamos que, a partir da aprovação do dispositivo, esse benefício volte a ser concedido**."- grifo nosso. Disponível em *https://www.camara.gov.br/proposicoesWeb/fichadetramitacao?idProposicao=2122076*.

37 Sobre a redação dos artigos 545 a 602 da CLT proposta pela Lei 13.467/17, assim indicou o relatório: "Temos uma firme convicção de que o fortalecimento da estrutura sindical brasileira passa pelo fim da contribuição sindical impositiva, que acaba por estimular a criação de sindicatos sem qualquer representatividade, apenas com a finalidade de arrecadar esse 'tributo'".

e Portarias desde o início de 2019 (como exemplo, MP 870/19[38], a MP 873/2019[39], a Portaria 604/2019[40] e a MP 881/2019, denominada "MP da liberdade econômica[41]").

A falta de indicação clara dos dados empíricos em que baseou suas conclusões, bem como a ausência de clareza acerca do vetor constitucional de direito social privilegiado para a verificação da adequação ao resultado esperado do maior benefício social, trazem à tona a necessidade de maior aprofundamento sobre o tema da análise econômica e social aplicada ao direito do trabalho, a qual, no Brasil, demanda a

---

38 Em janeiro de 2019, por meio da Medida Provisória 870/2019, o governo federal extinguiu o Ministério do Trabalho, com a redistribuição das atribuições da pasta entre outros ministérios de viés não social. Nessa toada, o Conselho Curador do Fundo de Garantia do Tempo de Serviço (FGTS) e o Conselho Deliberativo do Fundo de Amparo aos Trabalhadores (Codefat), que administra o seguro desemprego e o abono salarial, entre outras atribuições, passaram ao âmbito da Secretaria Especial de Fazenda, ficando a área de qualificação profissional a cargo da Secretaria Especial de Produtividade, e a concessão de registros sindicais com o Ministério da Justiça. A medida ensejou a Ação por Descumprimento de Preceito Fundamental 561, em que o Ministro Dias Toffoli, por meio de despacho publicado no DJe de 31/01/2019, negou seguimento à ação, por considerar a ilegitimidade da associação autora. O tema foi motivo de diversas notícias veiculadas à época, como em http://agenciabrasil.ebc.com.br/justica/noticia/2019-01/toffoli-rejeita-acao-contra-extincao-do-ministerio-do-trabalho.

39 A MP 873/19 alterou a forma de arrecadação referente aos empregadores da iniciativa privada e da Administração Pública, que não mais possuem a obrigação de desconto, excluindo-se a previsão de encargos e cominações penais em caso de atraso ou ausência de repasse de tais contribuições aos sindicatos; e inclusive dita a forma do recolhimento das contribuições, que deveriam ser realizadas exclusivamente por boleto bancário ou equivalente eletrônico, encaminhado obrigatoriamente à residência do empregado que tenha autorizado previamente a cobrança, ou, na hipótese de impossibilidade de recebimento, à sede da empresa, com a cominação de penalidades. A referida Medida Provisória expirou em 28/06/19, não tendo sido convertida em lei. Sobre o tema, vide SIVOLELLA, Roberta Ferme. **A medida provisória 873/19: a urgência e relevância de se aferir sua (in)constitucionalidade**. In: "Financiamento Sindical no Brasil: reflexões sociojurídicas e o curioso caso da MP 873/2019". Belo Horizonte: RTM, 2019.

40 A Portaria 604/2019 ampliou para 78 o número de atividades com autorização para o trabalho em domingos e feriados. **Diário Oficial da União,** 19/06/2019, Edição: 117, Seção: 1, Página: 28.

41 A Medida Provisória 881/19, dita MP da "liberdade econômica", apresentou disposições de relativização de regras relativas à jornada de trabalho, com maior flexibilização na aplicação de multas a infratores da inspeção trabalhista e tornou facultativa a instituição da Comissão Interna de Prevenção de Acidentes (CIPA). No início de julho de 2019 foi encaminhada a proposta de conversão da dita medida, por meio do Projeto de Lei 17/2019, com restrição das hipóteses de responsabilidade solidária do grupo econômico, sendo a regra a responsabilidade subsidiária; autorização do trabalho em domingos e feriados de maneira irrestrita, dispensado o pagamento em dobro em caso de folga compensatória em outro dia; previsão de regência do direito civil aos contratos firmados com assistência de advogados escolhidos pelas partes contratantes, quando o salário for maior a 30 salários mínimos; chancela da submissão da fiscalização do trabalho ao Ministério da Economia; dentre outras inúmeras alterações ao texto da CLT que acabaram transformando a dita medida do governo em uma nova "minirreforma trabalhista". A comissão mista destinada a analisar a MP 881/2019 aprovou o relatório final apresentado em reunião realizada em 11/07/19. Conforme notícia veiculada em https://www12.senado.leg.br/noticias/materias/2019/07/11/aprovada-mp-da-liberdade-economica-com-regras-trabalhistas-e-fim-do-esocial .Acesso em 12/07/19.

construção de critérios adequados aos seus marcadores sociais, pautados por intensa desigualdade social e características culturais que tendem a não reconhecer a existência de diversidade e da própria vulnerabilidade em seu seio social[42]. Trata-se, assim, de integrar a noção de *mutualidade* aos marcadores econômicos, a fim de que, garantindo-se a ausência de distorção na análise de custo e beneficio, afaste-se o resultado da "má reciprocidade", que não se coaduna com as noções de justiça e de equivalência[43].

As cobranças sociais (ou a *expectativa social sobre os benefícios a serem alcançados*), nesse contexto, apresentam-se com extrema dubiedade. Se, por um lado, a economia cobra urgência em se garantir a saúde econômica do país- e sem a qual não há fonte geradora de empregos-, há a consciência da necessidade inafastável de se garantir a proteção alcançada por meio de grandes conquistas sociais, referentes à proteção ao emprego. Esse último elemento garante, em última análise, o produto contraprestativo que vai viabilizar não só a subsistência do trabalhador e sua família, como direito fundamental[44], mas também servirá como combustível a movimentar o aparato econômico, em intensa relação de causa e efeito. A finalidade concreta de minorar o abismo econômico entre as partes e manter a isonomia frente à velocidade da mutação e fragmentação das relações[45] impõe contornos mais desafiadores à aplicação da análise econômica e social do direito às escolhas de caráter trabalhista.

---

42 Sobre a análise da redistribuição e o reconhecimento no conceito da igualdade, vide FRASER, Nancy, Da redistribuição ao reconhecimento cadernos de campo, São Paulo, n. 14/15, p. 231-239, 2006, *verbis*: *"Insistirei em distinguir analiticamente injustiça econômica e injustiça cultural, em que pese seu mútuo entrelaçamento. O remédio para a injustiça econômica é alguma espécie de reestruturação político-econômica. Pode envolver redistribuição de renda, reorganização da divisão do trabalho, controles democráticos do investimento ou a transformação de outras estruturas econômicas básicas. Embora esses vários remédios difiram significativamente entre si, doravante vou me referir a todo esse grupo pelo termo genérico "redistribuição". O remédio para a injustiça cultural, em contraste, é alguma espécie de mudança cultural ou simbólica. Pode envolver a revalorização das identidades desrespeitadas e dos produtos culturais dos grupos difamados. Pode envolver, também, o reconhecimento e a valorização positiva da diversidade cultural. Mais radicalmente ainda, pode envolver uma transformação abrangente dos padrões sociais de representação, interpretação e comunicação, de modo a transformar o sentido do eu de todas as pessoas. Embora esses remédios difiram significativamente entre si, doravante vou me referir a todo esse grupo pelo termo genérico 'reconhecimento'".*

43 A má-reciprocidade pode ocorrer caso não observado o marcador de custo social, já que "no mercado não há obrigação de retribuir porque não há exigência; o pagamento coloca um fim às obrigações mútuas dos atores da troca", ou, em outras palavras, "o mercado, pode-se dizer, é a reciprocidade sem mutualidade" RICOEUR, Paul. ([2004] 2010), "A luta pelo reconhecimento e a economia do dom". Trad. Cláudio Reichert do Nascimento e Noeli Dutra Rossatto. *Ethic@ – Revista Internacional de Filosofia da Moral*, 9 (2): 357-367. *Apud* FONTES, Paulo V. A LUTA PELO RECONHECIMENTO E O PARADIGMA DA DÁDIVA. REVISTA BRASILEIRA DE CIÊNCIAS SOCIAIS – VOL. 33 N° 97/2008. O autor ainda analisa a sobreposição do valor da pessoa à letra fria da lei.

44 Sobre o tema, vide o artigo "O direito fundamental à proteção ao emprego". In: SIVOLELLA, Roberta Ferme. Revista Trabalhista de Direito e Processo, nº 43, p.36-53. Ed. Ltr, 2013.

45 Cf. FLORES, Joaquín Herrera. *A (re) invenção dos direitos humanos*. Florianópolis: Fundação Boiteux, 2009, p. 77-78).

Um primeiro problema que emerge desse panorama é a linha tênue entre a *flexibilização* (assim entendido o termo como o ato de *"causar transformações nas regras existentes, atenuando a influência do Estado, diminuindo o custo social da mão de obra, mitigando certas regras que não ofendem a dignidade do ser humano, mas revelando 'standart minimun' indispensável"*[46]) e a *desregulamentação (* em que a supressão criação de normas supressivas se dá sem a garantia do chamado "mínimo indispensável"), o que bem expressa os efeitos da já citada *repercussão social* das decisões cunho trabalhista, traduzindo-se em desafio cotidiano na aferição do custo social envolvido e real apuração dos benefícios advindos.

Por outro lado, o grande aumento da taxa de litigiosidade como consequência da crise econômica e o paradoxo entre esse dado como reflexo do acesso à justiça e, ao mesmo tempo, como elemento que inviabiliza a consecução do processo efetivo e eficaz, é problema grave atualmente enfrentado pelos Tribunais, e que incita a reflexão. Não por acaso, no campo do controle concentrado, os temas trabalhistas viraram questão de ordem, levando ao Supremo Tribunal Federal a análise acerca do acerto da opção do legislador e do gestor público no exame do vetor constitucional ponderado. As mais de 40 ações discutindo a constitucionalidade de preceitos da Lei 13.467/17 tornam premente a necessidade de se tornar claros os parâmetros e marcadores utilizados para se avaliar os custos sociais e benefícios efetivamente advindos das políticas públicas escolhidas em matéria trabalhista, bem como, no campo da interpretação das normas jurídicas, as repercussões sociais advindas das decisões proferidas neste campo.

Ainda que se recorra à doutrina tradicional da análise econômica do direito, a teoria estrangeira já reconheceu a essencialidade da identificação de dados empíricos claros e marcadores amplos analisados[47]. Mesmo em análise sistemática do direi-

---

46 CREPALDI, Donizete J. O princípio de proteção e a flexibilização das leis do trabalho. São Paulo: LTr, 2001, p. 203.

47 MASUER e POSNER analisam o *judicial review* americano, e criticam no caso envolvendo "Business Round Table", ou a inclusão de acionistas dissidentes no processo deliberativo, elencando as seguintes falhas (ou externalidades) na análise econômica realizada: (i) não houve correta estimativa e quantificação nos custos que resultam quando as empresas opõem-se aos candidatos a acionistas em disputas eleitorais e não declararam, em alternativa, que esses custos não poderiam ser estimados; (ii) foram utilizados dados empíricos insuficientes para a conclusão de que a regra analisada, ao aumentar a probabilidade de os dissidentes se sentarem nos conselhos corporativos, iria melhorar o desempenho das corporações.; (iii) foram desconsiderados os custos da regra, já que a interpretação dada iria aumentar os conflitos em eleições societárias judicializadas; (iv) foi desconsiderado o risco da interpretação conferida à regra analisada, na medida em que permitiria que acionistas com interesses especiais – sindicatos e fundos de pensão – usassem seu poder de voto para alcançar objetivos não relacionados ao valor do acionista, como salários mais altos; (v) não houve estimativa adequada sobre o efeito de aumento dos concursos eleitorais e da frequência de nomeações relativas aos dissidentes; e (vi) foram ignoradas as circunstâncias especiais de investimento de empresas, que estariam sujeitas a requisitos regulamentares independentes que poderiam reduzir os benefícios da indicação de acionistas.MASUER , Jonathan e POSNER, Eric.

to[48], verifica-se que a exegese acima exposta encontra respaldo inclusive no campo do denominado Direito econômico, sob o conceito de que nenhum agente, em determinado mercado competitivo, pode maximizar resultados diante da estratégia de outro agente. Trata-se do chamado "Equilíbrio de Nash[49]", que prega o equilíbrio entre as medidas utilizadas pelos diversos nichos competitivos, traduzindo o foco do direito econômico como o estudo das "relações jurídicas oriundas da intervenção do Estado no controle e condução da utilização racional dos fatores de produção por parte de seus detentores" e que "visa, com a condução da política econômica, alcançar e realizar os interesses coletivos e transindividuais objetivados pelo Estado".[50] Em outras palavras: se o direito econômico como ciência que envolve em sua maior parte princípios ligados à propriedade e à liberdade individual se preocupa com o equilíbrio e com a contenção de interesses em proporções desmedidas sobrepondo-se a outros, com mais razão no Direito do Trabalho, cujo estudo se depara, de forma cotidiana, com princípios ligados à direitos sociais de cunho constitucional. Ainda, em se considerando o ramo econômico compreendido em si mesmo, não se pode perder de vista que o princípio da liberdade de iniciativa compreende duas vertentes que não se excluem, mas, ao contrário, devem se apresentar em coexistência para o bom andamento do sistema: a liberdade *de acesso ao mercado* e a liberdade de *permanência neste mercado.*[51] Privilegiar uma e em detrimento da outra constitui antinomia que se opõe à unidade do Estado Constitucional e à indivisibilidade dos direitos fundamentais, além de comprometer a saúde da própria estrutura econômica pelos efeitos, ainda que em médio prazo, que possam advir.

"Cost-Benefit Analysis and the Judicial Role," University of Chicago Public Law & Legal Theory Paper Series, No. 614 (2017).

---

48 Conforme BASTOS, Celso Ribeiro. *Curso de Direito Econômico.* 16ª ed. São Paulo: Celso Bastos Editores, 2004, p. 65: "(...) a divisão do Direito em áreas é sempre relativa. (...) as divisões do direito em áreas se dão para melhor compreensão e funcionamento do próprio sistema jurídico, que não perde a sua unidade por essa divisão em ramos. Esta última ocorre justamente para definir as competências e a aplicação de princípios específicos daquela área. É comum a solução de um caso depender da aplicação de uma norma e um ou mais princípios. Os princípios dão o sentido final da regra".

49 NASH JR, John. **The bargain problem**. In: Econometrica. Vol. 18, Issue 2 New York: The Econometric Society, 1950. pp. 155-162. Disponível em https://www.jstor.org/stable/1907266?seq=1#page_scan_tab_contents. Acesso em 13/05/19.

50 SAMUELSON, Paul A.; NORDHAUS, William D. *Economia*. Rio de janeiro: Mcgraw-Hill, 1999. , p. 199.

51 Segundo Petter, "Estas duas liberdades implicam, por sua vez, numa infinidade de condicionantes constatáveis na cena econômica e numa adequação institucional pertinente, e podem se desdobrar em outras tantas liberdades. De outra parte, constitui um fenômeno marcante do moderno constitucionalismo a aparente o da aparente contradição que se estabelece entre seus princípios, razão advinda do pluralismo e da complexidade que marcam as sociedades atuais, que acabam por introduzir na ossatura constitucional valores que se colocam em oposição, situações antinômicas a serem devidamente solvidas pelo exegeta, pena de ofensa à coerência sistêmica e a unidade que singulariza o sistema jurídico". (PETTER, Josué Lafayete. *Princípios Constitucionais da Ordem Econômica*. São Paulo: Revista dos Tribunais, 2005, p. 133).

IV. O Pragmatismo Social: Análise do *Feedback Social Negativo*

No plano interno, a relevância dada ao aspecto econômico em julgados do Supremo em matéria trabalhista, bem como a evolução da construção de precedentes trabalhistas nos últimos anos deixam evidente a importância do estudo e aplicação da análise econômica e social do direito do trabalho, em observância ao MEL e ao PEES, aqui já mencionados.

No âmbito da repercussão geral, o julgamento do Tema 246 do STF (responsabilidade subsidiária da Administração Pública decorrente de terceirização) revelou a utilização de marcadores econômicos da análise constitucional, conforme se observa já na ementa do julgado[52]. O referido Tema, cujo mérito foi julgado em acórdão publicado em 12/09/17, foi alvo de três embargos declaratórios, visando aclarar o alcance da tese fixada nos seguintes termos: "O inadimplemento dos encargos trabalhistas dos empregados do contratado não transfere automaticamente ao Poder Público contratante a responsabilidade pelo seu pagamento, seja em caráter solidário ou subsidiário, nos termos do art. 71, § 1º, da Lei nº 8.666/93".

No mesmo diapasão, também podem ser citados os Temas 725 e 739, ambos julgados no segundo semestre de 2018, sendo que o primeiro, julgado em conjunto com a ADPF 324[53], elevou a status de preceito fundamental a liberdade econômica, em ponderação de valores que, aparentemente, privilegiou a liberdade de mercado como marcador do custo social envolvido, partindo da premissa da saúde da empresa e da geração de empregos. O Tema 725, ao fixar a tese nos sentido de que "**é lícita** a terceirização ou qualquer outra forma de divisão do trabalho entre pessoas jurídicas distintas, independentemente do objeto social das empresas envolvidas, mantida a responsabilidade subsidiária da empresa contratante", acabou por reafirmar o novo regramento da terceirização vigente a partir da Lei 13.467/17, que já havia abarcado em seu teor tais marcadores sócio-econômicos, a situações que antecederam a reforma trabalhista. O Tema 739 do STF, por sua vez, aplicou o entendimento firmado no

---

52 EMENTA: **TERCEIRIZAÇÃO COMO MECANISMO ESSENCIAL PARA A PRESERVAÇÃO DE POSTOS DE TRABALHO E ATENDIMENTO DAS DEMANDAS DOS CIDADÃOS. HISTÓRICO CIENTÍFICO. LITERATURA: ECONOMIA E ADMINISTRAÇÃO. INEXISTÊNCIA DE PRECARIZAÇÃO DO TRABALHO HUMANO.** (...) sendo também comum a mutação constante do objeto social das empresas **para atender a necessidades da sociedade, como revelam as mais valiosas empresas do mundo**. É que a **doutrina no campo econômico é uníssona no sentido de que as "Firmas mudaram o escopo de suas atividades, tipicamente reconcentrando em seus negócios principais e terceirizando muitas das atividades que previamente consideravam como centrais" (ROBERTS, John.** The Modern Firm: Organizational Design for Performance and Growth. Oxford: Oxford University Press, 2007).(...) – grifo nosso. (RE 960.731, Rel. Min. Luiz Fux, DJe 12/09/17)

53 Na sessão plenária de 29/08/19, por maioria e nos termos do voto do Relator, o STF julgou procedente o pedido formulado na ADPF e firmou a seguinte tese: 1. É lícita a terceirização de toda e qualquer atividade, meio ou fim, não se configurando relação de emprego entre a contratante e o empregado da contratada. 2. Na terceirização, compete à contratante: i) verificar a idoneidade e a capacidade econômica da terceirizada; e ii) responder subsidiariamente pelo descumprimento das normas trabalhistas, bem como por obrigações previdenciárias, na forma do art. 31 da Lei 8.212/1993, vencidos os Ministros Edson Fachin, Rosa Weber, Ricardo Lewandowski e Marco Aurélio.

Tema 725 e na ADPF 324, para analisar a violação da reserva de plenário pelo Tribunal Superior do Trabalho[54]. Cabe ressaltar, aqui, que tais Temas de repercussão geral afetos à terceirização indicam violação ao artigo 5º, II da CF/88, expressando evolução no entendimento anteriormente assentado, no sentido de que o apontamento de violação ao princípio da legalidade indica, via de regra, violação reflexa à Constituição[55], para reconhecer a grande repercussão social da matéria a ensejar a necessidade de pronunciamento do Supremo nesses casos.

Não há que se olvidar, contudo, que, mesmo para os pragmáticos com viés economicista como o já citado POSNER, o exame da existência de vulnerabilidade deve ser utilizado como marcador de avaliação para o *judicial review* e a análise de *hard cases, a fim de se aferir a repercussão social de determinada norma ou decisão.* Exemplo claro, mesmo no caso da já citada análise de custos e benefícios (CBA), é o raciocínio utilizado para validar contratos da chamada "barriga de aluguel" Segundo uma doutrina pragmática, duas perguntas deveriam ser feitas. A primeira é se as mulheres que concordam em funcionar como "barrigas de aluguel" tipicamente ou pelo menos freqüentemente experimentam arrependimento intenso quando o momento chega a entregar o bebê recém-nascido ao pai e sua esposa. A segunda é se os contratos de maternidade substituta são tipicamente ou frequentemente exploradores, no sentido de que a mãe substituta é uma mulher pobre que entra no contrato por desespero ou extrema necessidade econômica. Se as respostas para ambas as perguntas forem "não", então, o Poder Judiciário poderia validar tais contratos[56].

Tanto assim que, mesmo nos julgamentos já citados em que privilegiado o aspecto econômico na aferição dos custos sociais envolvidos, ainda se pode perceber a inafastabilidade dos direitos fundamentais do trabalho, como cláusulas pétreas constitucionais irrenunciáveis, e verdadeiros indicadores do Mínimo Ético Legal a ser considerado. Foi o que ocorreu, por exemplo, no julgamento da ADPF 324 e do Tema de repercussão geral 725, ocorridos em conjunto e, em cuja sessão televisionada ao vivo, pôde ser compreendida a afirmação de que "direitos básicos não podem ser afastados – piso salarial, segurança no trabalho, férias, fundo de garantia. Tudo isso são direitos fundamentais assegurados e não estão em discussão aqui"- Ministro Luis Roberto Barroso, 30/08/18[57].

A análise dos direitos afetos à estabilidade da gestante e da proibição do seu trabalho em ambiente insalubre também merece destaque. Especialmente em razão

54 No Tema 739 do STF, foi fixada a seguinte tese: "É nula a decisão de órgão fracionário que se recusa a aplicar o art. 94, II, da Lei 9.472/1997, sem observar a cláusula de reserva de Plenário (CF, art. 97), observado o artigo 949 do CPC."ARE-RG 791932, Rel. Min. Alexandre de Moraes, DJe 06/03/19.

55 Trata-se da Súmula 636 do STF: *Não cabe recurso extraordinário por contrariedade ao princípio constitucional da legalidade, quando a sua verificação pressuponha rever a interpretação dada a normas infraconstitucionais pela decisão recorrida.*

56 MASUER , Jonathan e POSNER, Eric. "Cost-Benefit Analysis and the Judicial Role," University of Chicago Public Law & Legal Theory Paper Series, No. 614 (2017)

57 Disponível em https://g1.globo.com/politica/noticia/2018/08/30/maioria-do-stf-vota-a-favor-de--autorizar-terceirizacao-da-atividades-fim.ghtml

dos fundamentos manejados pelo Supremo Tribunal Federal e a axiologia proposta, tanto para o mérito como para o rito processual abreviado escolhido. No caso da ADI 5938, apenas com um voto vencido, e a partir de importantes fundamentos de supremacia dos valores constitucionais de proteção à maternidade, infância e família, o Supremo Tribunal reconheceu inconstitucionalidade do art. 394-A da CLT na expressão "quando apresentar atestado de saúde, emitido por médico de confiança da mulher, que recomende o afastamento", contida nos incisos II e III do art. 394-A da Consolidação das Leis do Trabalho (CLT), inseridos pelo art. 1º da Lei 13.467/2017. Na prática, retoma-se a orientação do antigo texto da CLT. Assim, a gestante deverá ser afastada de locais insalubres, independentemente de atestado médico, de modo a ser realocada em outro serviço ou ambiente.

A sinalização do reconhecimento pelo Supremo de direitos constitucionais fundamentais e, portanto, irrenunciáveis ao alvedrio do legislador ordinário é importante ponto a ser ressaltado, pois indicam importante e inafastável marcador de custo social a ser considerado como parâmetro ao Princípio da Eficiência Econômico Social (PEES). No caso citado, o Ministro Alexandre de Moraes ressaltou que "a *proteção a maternidade* e a *integral proteção à criança*" constituem direitos irrenunciáveis, não podendo, portanto, "ser afastados pelo desconhecimento, impossibilidade ou a própria negligência da gestante ou lactante em juntar um atestado médico, sob pena de prejudicá-la e prejudicar o recém-nascido". O entendimento, aliás, se coaduna com o que o Supremo já havia considerado em análise de custo social, ao fixar a tese no tema de repercussão geral número 497, em que reconhecido o requisito biológico da gravidez pré-existente à dispensa arbitrária como única condição para a aquisição da estabilidade provisória ("A incidência da estabilidade prevista no art. 10, inc. II, do ADCT somente exige a anterioridade da gravidez à dispensa sem justa causa").

No tocante ao rito eleito para a ADI 5938, tal e qual ocorreu com todas as outras ações de controle concentrado que analisam a constitucionalidade de dispositivos da Lei 13.467/17[58], foi observado o art. 12 da Lei 9.868/1999. Em tais casos, o Plenário

58 No caso da ADI 5766, relativa à gratuidade de justiça e cobrança de honorários sucumbenciais do beneficiário da assistência judiciária gratuita, muito embora o relator, Ministro Roberto Barroso, não tenha determinado expressamente a aplicação do rito abreviado para a ação de controle concentrado citada, concedeu a abertura de prazo para manifestações com posterior inclusão do processo em pauta para julgamento do mérito, iniciado em maio de 2018, antes da análise da cautelar requerida Assim, acabou por aplicar, na prática, a observância do *iter* procedimental previsto no art. 12 da Lei 9.868/99. Interessante observar que, no último caso citado, o Ministro Barroso acatou o ingresso de entidades que fizeram o requerimento de ingresso na lide após o pedido de pauta, excepcionalmente, "tendo em vista a importância de assegurar que o debate abranja os múltiplos pontos de vista que a questão suscita". A fundamentação utilizada pelo Ministro do Supremo bem expressa a motivação similar para a determinação do rito abreviado em todos os demais casos citados envolvendo dispositivos da reforma trabalhista: a relevância social da matéria, face aos importantes marcadores de custo social trazidos, e, mais importante, a necessidade de se suprir com a manifestação do Supremo a ausência de um diálogo social abrangente em todos os seus "Múltiplos pontos de vista".

da Corte analisa diretamente o mérito, sem a prévia análise da liminar. No caso mencionado, o Ministro Alexandre de Moraes considerou a adoção do rito em comento diante da *relevância da matéria constitucional suscitada* "e de seu especial significado para a ordem social e a segurança jurídica".

Outra questão importante para a problemática da valoração dos custos sociais, também levantada pela doutrina do CBA (*Costs and Benefits Analysis*), é se considerar que, em uma ciscunstância global atual marcada pela bipolarização e pela intensa influência ideológica nos padrões políticos mundiais, os valores atribuídos aos marcadores sociais podem ser diversos, dependendo do perfil do avaliador, em se tratando das escolhas de gestão política. Segundo MASUER e POSNER[59] os objetivos do CBA é determinar se um investimento (ou decisão) é sólido, averiguando se – e em quanto – seus benefícios superam seus custos, e fornecer uma base para comparar investimentos (ou decisões), comparando o custo total esperado de cada opção com o total de benefícios esperados, sendo critérios objetivos e pautados em *expertise* do gestor público. Contudo, tais fatores podem apresentar carga subjetiva, ante ao caráter político que envolve as escolhas em âmbito administrativo, gerando distorções no resultado da analise econômica e social realizada. Na esfera judicial, muito embora parte dos pragmatistas indiquem a existência de certa visão política na análise realizada[60], a ausência de tal interferência não só como possível mas desejável, de modo a evitar, por exemplo, interferência entre os Poderes, e preservar a autonomia do Direito e do Judiciário em relação à política. A independência do Judiciário, bem como a vinculação do Direito posto à dogmática jurídica, é colocada como característica que se põe a guarnecer a autonomia mencionada[61].

---

59 MASUER , Jonathan e POSNER, Eric. Idem, 2017. Os autores citam caso de CBA ocorrido na época do governo Reagan, em que a influência da escolha política alterou o resultado dos marcadores sociais analisados.

60 Muito embora **RICHARD POSNER** rejeite a ideia de ligação entre a análise judicial, a democracia e a política("o direito é uma atividade, mais do que um conceito ou um grupo de conceitos" – POSNER, Richard. Law, Pragmatism and Democracy, Cambridge: Harvard University Press, 2005), há intensa crítica a tal posicionamento:

"Although Posner contends that ***there is no connection between Deweyan democratic theory and pragmatism****, he is mistaken. Of course, pragmatists have reached very different,* ***sometimes mutually exclusive, political views****. But the fact that pragmatists can arrive at different political conclusions does not imply that pragmatism is completely neutral as to which conclusions one might reach"*- grifo nosso. SULLIVAN, Michael and SOLOVE, Daniel J. **Can Pragmatism Be Radical? Richard Posner and Legal Pragmatism**. *Cambridge: Harvard University Press*, 2003.

61 BARROSO, Luis Roberto. **Curso de Direito Constitucional Contemporâneo**. Saraiva: São Paulo, 2017. Ao analisar a relação entre o Direito e a Política, BARROSO ressalta que, no plano da *criação do Direito,* não há como se admitir tal divisão. Contudo, no plano da *aplicação do Direito,* tal separação seria tida como necessária. O autor conclui, de toda a sorte, que o que se vê no modelo real é a existência de laços inevitáveis entre as duas ciências, considerando-se a lei e sua interpretação como atos de vontade. Destarte, o Direito e a política acabariam por se cruzar, em algum momento, e até mesmo se chocar, colocando em aparente conflito a segurança jurídica e a justiça, de um lado, e a soberania popular e a legitimidade democrática, de outro.

A existência de subjetivismo nas avaliações de custo-benefício quando da interpretação das normas jurídicas, bem como a ausência de análise aprofundada do custo social e do MEL, podem resultar em distorções graves, conforme aqui já mencionado. Dentre tais situações, tem-se o que denominamos de *feedback social negativo.* Vale dizer que, ainda que, em uma análise superficial haja aparente benefício econômico imediato, devem ser avaliados os efeitos ocasionados em médio e curto prazo. Isto porque é evidente a relação de causa e efeito ínsita entre o poder de consumo hábil a aquecer a economia e o nível de desemprego que retira tal poder de consumo e a confiabilidade em investimentos de longo prazo.

Sob a concepção atual, o trabalhador assume, nas relações de política econômica do trabalho, posições em relação aos fatores de geração de emprego ou de desemprego, situando-se no centro do mercado de trabalho e, portanto, acaba se vendo em dupla subordinação: ao dono do meio de produção e às leis de mercado. Ao mesmo tempo, se expressa em termos "globais" como sujeito de compromissos sociais por meio de sua forma de trabalho, cujos efeitos excedem os limites do contrato de trabalho e projetam-se em todo o quadro social.[62]

Por outro lado, a urgência de resolução de intensa crise econômica- capaz de repercutir na diminuição de postos de trabalho- é importante marcador a se considerar, muito embora não possa ser o único, tampouco resultar em ponderação de valores constitucionais equivocada. A autonomia da vontade, um argumento fortemente utilizado pelos veículos midiáticos como chamariz a uma rápida recomposição de recursos individuais (embora efêmera), também é marcador importante, mas que não o pode ser privilegiado de maneira absoluta quando observado que há vício de vontade de qualquer ordem, seja pela vulnerabilidade intensa e efetivamente constatada de um dos sujeitos da relação de trabalho, seja pela ocultação à parte que abriu mão de determinada cláusula social acerca dos reais direitos envolvidos, e de todas as consequências de sua escolha.

Muito embora o aplicador da análise de custos e benefícios encontre grandes dificuldades na valoração dos marcadores sociais utilizados para legitimar a sua escolha, tanto pela dicotomia dos valores envolvidos e, principalmente no último caso, pela existência de suposta escolha social pelos agentes detentores dos direitos envolvidos[63], ain-

---

62 ALBINO DE SOUZA, Washington Peluso. *"Direito Econômico do Trabalho*. Disponível em: <http://www.trt3.jus.br/escola/download/revista/rev_54/Washington_Souza.pdf>. Acesso em: 25/3/2019.

63 Em artigo veiculado em 13/07/19, FÁBIO ZANINI, sob o título "O dilema de Toritama", bem delineia a dificuldade da análise econômica e social do direito em relações que envolvem direitos, a priori, irrenunciáveis, mas que contam com a suposta escolha do agente titular do direito em renuncia-lo. No artigo em comento, o jornalista conta a história de uma cidade no interior de Pernambuco, em que as pessoas trabalhariam em sistema de jornada de 15 horas por dia, sem descanso ou folgas garantidas, com exceção do carnaval, em regime que é comparado ao da Revolução Industrial. Nada obstante, o autor descreve que, questionados sobre se preferem as garantias do emprego formal registrado, todos respondem pela negativa, contando a cidade com taxa de desemprego zero. O artigo se inicia e termina com questionamentos perturbadores a qualquer pragmático na análise do custo social e do Mínimo Ético Legal: "Devemos proteger as pessoas de sua própria am-

da que de efeitos negativos para a coletividade, deve ter em mente que a necessidade de se equacionara garantia da isonomia como direito fundamental é urgência para a obtenção não só de uma análise econômica e social do direito eficaz, mas também da extensão de eficácia para a análise das relações trabalhistas em seu aspecto material.

Nada obstante as mudanças sociais e os efeitos observados sobre a mitigação da vulnerabilidade, não há como se afastar por completo a hipossuficiência como característica ínsita à relação jurídica trabalhista. A desconsideração desse aspecto é capaz de gerar distorções e discriminação[64], ante a generalização de suposta igualdade em um mercado que não possui tal característica, resultando mecanismo de *feedback social negativo* que produz efeitos diametralmente opostos aos pretendidos e mascaram a efetiva realidade de repercussão social e econômica de determinada opção jurídica.

Dados empíricos de fontes fidedignas, bem como a amplitude de marcadores considerados devem fazer parte deste *neopragmatismo social*[65]. Os efeitos econômicos das denominadas reformas trabalhistas ao redor do mundo, por exemplo, em países que disseminaram a cultura da contratação temporária como meio de minorar os custos empresariais, apresentam em alguns marcadores indicação de desaquecimento da economia em médio prazo, ante a incerteza e diminuição de poder aquisitivo gerados por tais espécies de contratos precários[66]. Por outro lado, países

bição e de um modo de vida insalubre?", e "Mas que direito temos nós, figuras bem-intencionadas, de interferir no livre arbítrio de quem quer apenas ganhar dinheiro?". A questão, aqui, nos parece anteceder ao momento focado no artigo jornalístico. Os agentes que fizeram a opção social pelo não-direito tem a plena noção de todas as garantias envolvidas, e que estão abrindo mão? Sabem quais as repercussões das escolhas de renúncias realizadas? E, por fim mas não mais importante, teriam a chance real de escolha de outra situação no caso concreto? Disponível em https://www1.folha.uol.com.br/colunas/fabiozanini/2019/07/o-dilema-de-toritama.shtml. Acesso em 14/07/19.

64 Nos dizeres de MAURÍCIO GODINHO DELGADO, a"discriminação define-se como a conduta pela qual se nega a alguém, em função de fator injustamente desqualificante tratamento incompatível com o padrão jurídico assentado para a situação concreta vivenciada." DELGADO, Mauricio Godinho. *Princípios Constitucionais do Trabalho e Princípios de Direito Individual e Coletivo do Trabalho*. 5ª ed. São Paulo: LTr, 2017.

65 Sobre o uso da expressão, vide POGREBINSCHI, Thamy Será o neopragmatismo pragmatista? Interpelando Richard Rorty Novos estud. – CEBRAP no.74 São Paulo Mar. 2006, p. 125-138. Disponível em http://www.scielo.br/scielo.php?script=sci_arttext&pid=S0101-33002006000100008. Acesso em 30/06/19.

66 É o caso da Espanha, onde, com a larga implementação de contratos temporários em substituição aos contratos por tempo indeterminado, depois de inicial aquecimento da economia, houve recrudescimento econômico e precarização. Como resultado, influência negativa na produtividade, qualidade do produto e consumo. "El 2016 termina con 18,3 millones de contratos temporales, la cifra más elevada de la serie histórica. La temporalidad ha experimentado una tendencia al alza durante los últimos cuatro años, aumentando un 8% en 2015 y un 7% durante el 2016. Además, el 93% de los contratos firmados durante el mes de diciembre del pasado año fueron temporales, por lo que el crecimiento económico se está traduciendo en una alta temporalidad". TODOLI, Adrián. *Aprender de la crisis, apostar en la calidad*. Disponível em http://www.eldiario.es/cv/arguments/Aprender-crisis-apostar-alidad_6_603049714.html

que anteriormente apostaram na precarização por meio da *uberização*, verificam maior benefício no retorno à concessão de garantias trabalhistas[67], em indicadores que, ainda que nao pautem exclusivamente as escolhas fundamentadas em análise de cstos e benefícios, podem ser levadas em conta para a ponderação do custo social e PEES.

No Brasil, ausência de significação dos índices de desemprego[68] pode ser dado consequencialista a ser examinado quanto à análise de custos e benefícios atinente à flexibilização de direitos. No campo dos acidentes de trabalho, altos índices de mortes e lesões não mortais decorrentes de acidentes de trabalho, e dos custos de seguridade decorrentes de tais afastamentos e infortúnios[69] demandariam, *a piori*, medidas tendentes a aumentar a fiscalização, por exemplo[70], e indicariam ponto de atenção

67 EUA: precarização e efeitos econômicos provocam alteração na legislação da uberização na Califórnia https://www.vox.com/policy-and-politics/2019/5/30/18642535/california-ab5-misclassify-employees-contractors

68 BRASIL: 134 milhões de desempregados no 1o trimestre de 2019https://www.valor.com.br/brasil/6232765/brasil-tem-134-milhoes-de-desempregados-no-1-trimestre-indica-ibge

69 Conforme dados da Organização Internacional do Trabalho, "Cada día mueren personas a causa de accidentes laborales o enfermedades relacionadas con el trabajo – más de 2,78 millones de muertes por año. Además, anualmente ocurren unos 374 millones de lesiones relacionadas con el trabajo no mortales, que resultan en más de 4 días de absentismo laboral. El coste de esta adversidad diaria es enorme y la carga económica de las malas prácticas de seguridad y salud se estima en un 3,94 por ciento del Producto Interior Bruto global de cada año". Disponível em https://ilo.org/global/topics/safety-and-health-at-work/lang--es/index.htm.

70 Segundo notícia veiculada em maio de 2019, disponível em https://www.valor.com.br/politica/6251967/bolsonaro-anuncia-reducao-de-90-de-normas-de-seguranca-no-trabalho, "o presidente Jair Bolsonaro anunciou pelas redes sociais, nesta segunda-feira, que fará uma redução de 90% nas Normas Regulamentadoras (NRs) de segurança e saúde no trabalho. Conforme um texto divulgado pelo presidente, "há custos absurdos [para as empresas] em função de uma normatização absolutamente bizantina, anacrônica e hostil" nesse segmento. No material divulgado por Bolsonaro, há frases entre aspas de declarações contra as NRs, mas que não são atribuídas a ninguém. Entre outras coisas sem autoria identificada, é dito que "existem quase 5.000 documentos infralegais, portarias, instruções normativas, decretos da década de 1940 que ainda são utilizados para nossa fiscalização, de forma arbitrária". Mais adiante, o texto diz que "um pequeno empresário chega a ser submetido a 6,8 mil regras distintas de fiscalização". A informação segundo a qual busca-se uma redução de 90% dessas regras aparece nesse contexto. O texto diz ainda que, segundo o secretário especial de Previdência, Rogério Marinho, "a modernização das NRS faz parte de um processo que tem a integridade fiscal como espinha dorsal, rumo à retomada do crescimento". A partir daí, há uma defesa da reforma da Previdência, do equilíbrio fiscal e do aumento do investimento público". Acesso em 16/05/19.

na questão da terceirização[71] e da taxa de litigiosidade[72], denotando a importância da análise econômica e social aplicada, em acompanhamento de resultados constante, a fim de garantir a identidade dos benefícios apurados com aqueles almejados.

Conclusão

A obtenção de equilíbrio na identificação e valoração precisa dos custos sociais envolvidos na análise econômica e social das escolhas afetas às relações de trabalho bem revela a dicotomia entre o Direito e a Economia, ciências tão interdependentes e, ao mesmo tempo, complementares, e é a grande problemática para se equalizar a análise de custos e benefícios dentro da ótica interpretativa das normas jurídicas trabalhistas.

Ainda que sob forte influência da economia (e dela interdependente), não se pode olvidar o caráter de forte envolvimento de direitos sociais fundamentais que permeia as relações levadas ao jugo da Justiça do Trabalho, não por acaso, chamada de Justiça Social. Esta, com efeito, somente se manifesta em sua plenitude quando representa, por meio das ações voltadas à coletividade, a expressão fidedigna dos custos sociais em amplitude, em observância ao Mínimo Ético Legal.

Ao privilegiar somente um dos valores envolvidos quando da análise pragmática realizada, ao não observar as necessidades de cada um de seus atores e ponderá-las, ou, enfim, ao não considerar toda a complexidade de valores que permeiam o desenvolvimento social e os quais têm a sua garantia como indispensável à manutenção do próprio sistema moderno de produção, acaba-se por produzir distorção que, em seus resultados, se volta contra a própria economia a que se visa a guarnecer.

---

71 Em estudo realizado pela CUT (Central Única de Trabalhadores) e o DIEESE (Departamento Intersindical de Estatísticas e Estudos Socioeconômicos) em 2014 verificou-se que, no ano de 2011, das 79 mortes ocorridas no setor elétrico brasileiro, 61 foram de trabalhadores de empresas terceirizadas e, entre 2005 e 2012, 14 trabalhadores empregados da grande empresa do ramo do petróleo morreram em acidentes no exercício de suas profissões, enquanto, no mesmo período, faleceram 85 terceirizadosDados constantes do estudo "Terceirização e Desenvolvimento – Uma conta que não fecha". Disponível em http://www.cut.org.br/system/uploads/ck/files/Dossie-Terceirizacao-e--Desenvolvimento.pdf

72 O relatório "Justiça em Números 2018", divulgado pelo Conselho Nacional de Justiça, apontou 80,1 milhões como sendo o número de processos tramitando na Justiça brasileira em 2017, representando acréscimo de 244 mil casos pendentes em relação a 2016, e 30 milhões os processos solucionados no respectivo ano-base de 2017. Apontou, ainda, que apesar do grande número de processos solucionados em 2017 e da reforma trabalhista havida no mesmo ano, o número de casos novos aumentou em 1,4% na Justiça do Trabalho, representando a ordem de 4.321.842 novos processos. Apesar de se verificar, historicamente, um número de processos baixados igual ou superior ao número de casos novos, o estoque não reduziu, sendo que o crescimento acumulado no período 2009-2017 foi de 31,9%, ou seja, acréscimo de 19,4 milhões de processos. Dados disponíveis em www.cnj.jus.br/files/conteudo/arquivo/2018/09/8d9faee7812d35a58cee3d92d2df2f25.pdf. Acesso em 15/06/19, às 18:30.

A utilização de parâmetros claros e objetivos, a fim de facilitar a identificação dos marcadores e parâmetros utilizados para a escolha administrativa ou jurídica realizada, também é ponto essencial para se garantir uma justa análise calcada na validade material, social e constitucional da decisão, à luz do Princípio da Eficiência Econômico-Social[73].

Sob este prisma, a *análise econômica e social do direito* (assim como o *neopragmatismo social)*, deve estar atenta à realidade cambiante e volátil desses tempos líquidos[74], mas sem esquecer a "contradição entre aparência e essência do sistema"[75], instigante elemento de propulsão da atividade interpretativa, mas que não pode mascarar os verdadeiros marcadores do equilíbrio social almejado.

Referências Bibliográficas

ALBINO DE SOUZA, Washington Peluso. **Direito Econômico do Trabalho**. Belo Horizonte: Fundação brasileira de direito econômico, 1985. Disponível em: <http://www.trt3.jus.br/escola/download/revista/rev_54/Washington_Souza.pdf>. Acesso em: 25/3/2019.

ANDRADE, Fábio Martins de. **Modulação em matéria tributária**: o argumento pragmático ou consequencialista de cunho econômico e as decisões do STF. São Paulo: Quartier Latin, 2011

ATIENZA, Manuel. Argumentacion Juridica y Estado Constitucional. In: Novos Estudos Jurídicos. v. 9. n.1. jan/abr. 2004.

BARCELLOS, Ana Paula de. **A eficácia jurídica dos princípios constitucionais: o princípio da dignidade da pessoa humana.** 3. ed. Rio de Janeiro: Renovar, 2011

BARROSO, Luis Roberto. **Curso de Direito Constitucional Contemporâneo**. Saraiva: São Paulo, 2017.

BASTOS, Celso Ribeiro. **Curso de Direito Econômico.**16. ed. São Paulo: Celso Bastos Editores, 2004, p. 65:

BAUMAN, Zygmunt. Tempos líquidos. Rio de Janeiro: Jorge Zahar Ed., 2007.

BRANDÃO, Rodrigo. **Supremacia judicial versus diálogos constitucionais: a quem cabe a última palavra sobre o sentido da Constituição?.** Rio de Janeiro: Lumen Juris, 2012

BOBBIO, Norberto. **Liberalismo e Democrazia**. Milano: Simonelli Editore, 2006.

---

73 ATIENZA, no âmbito da teoria da argumentação, afirma que o Estado Constitucional pressupõe não só a distribuição de formal de poder, mas a existência de certos conteúdos que limitam e condicionam a produção, a interpretação e a aplicação do Direito. Seria necessária não só a referência à autoridade (competência) e a procedimentos (validade formal), mas também a expressão de um controle quanto ao conteúdo material do Direito, demandando o incremento da tarefa justificativa dos órgãos públicos e uma maior demanda por argumentação jurídica. ATIENZA, Manuel. Argumentacion Juridica y Estado Constitucional. In: Novos Estudos Jurídicos. v. 9. n.1. jan/abr. 2004. p.11

74 BAUMAN, Zygmunt. Tempos líquidos. Rio de Janeiro: Jorge Zahar Ed., 2007.

75 TEIXEIRA, Francisco José Soares. TEIXEIRA, Francisco José Soares. Economia e Política n'O Capital. In: *Direito e Marxismo.* BELLO, Enzo (Org.). Rio de Janeiro: Lumen Juris, 2010, p. 263.

BOTELHO, Martinho Martins, **Eficiência e o efeito Kaldor-Hicks: a questão da compensação social.** In: Revista de Direito, Economia e Desenvolvimento Sustentável, Brasília | v. 2 | n. 1 | p. 27 – 45 | Jan/ Jun. 2016.

BRUE, Stanley L., **História do Pensamento Econômico.** trad. Luciana Penteado Miquelino. 6ªed. São Paulo: Thomsom Pioneira, 2005.

CALSAMIGLIA, **Albert. Eficiencia y Derecho**. In: Doxa, N°4, 1987, p. 273.

CAMERER, C.; TALLEY, E. **Experimental Law and Economics.** In: M. POLINSKY; *Handbook of Law and Economics*, Amsterdam: SHAVELL (Ed.). 2007. p. 1621-50.

CAMPBELL, Alexia Fernández. **California is cracking down on the gig economy: the state Assembly just passed a bill that could give Uber and Lyft drivers basic labor protections for the first time**. In: Vox Media. New York, 2019; Disponível em https://www.vox.com/policy-and-politics/2019/5/30/18642535/california-ab5-misclassify-employees-contractors. Acesso em 20/06/19.

CLARK, John M. (2009), **Preface to Social Economics: Economic Theory and Social Problems,** Moses Abramovitz; Eli Ginzberg (eds.). New York: Routledge, 2017 [ed. orig.: 1936].

COASE, Ronald H. **The Problem of social cost**. In: The Journal of Law and Economics, Chicago: Chicago University Press, 1960, v. 3, p. 1-44.

COLE, Daniel H; GROSSMAN, Peter Z. **Principles of law and economics**. 2· ed. New York:Wolters Kluwer, 2011.

COLEMAN, Jules. **Markets, Morals, and the Law**. 2. ed. New York: Oxford University Press, 2005.

CONSELHO NACIONAL DE JUSTIÇA. **Justiça em números.** Brasília, 2018. Dados disponíveis em www.cnj.jus.br/files/conteudo/arquivo/2018/09/8d9faee7812d35a58cee3d92d2df2f25.pdf. Acesso em 15/06/19, às 18:30.

COOTER, R. D.; ULEN, T. S. **Direito e economia.** 5. ed. Porto Alegre: Bookman, 2010.

CREPALDI, Donizete J. **O princípio de proteção e a flexibilização das leis do trabalho**. São Paulo: LTr, 2001.

DELGADO, Mauricio Godinho. **Princípios Constitucionais do Trabalho e Princípios de Direito Individual e Coletivo do Trabalho.** 5ª ed. São Paulo: LTr, 2017.

DEWEY, John **Experience and nature**. Chicago: Open Court Publishing, 2a ed, 1925.

DIAS, Jean Carlos. **O controle judicial de políticas públicas**. Coleção Gilmar Ferreira Mendes v. 4. São Paulo: Método, 2007.

DURKHEIM, Émile. **As regras do método sociológico**. Trad. Pedro Nassetti. São Paulo: Martin Claret, 2011.

FERNANDES, Abel Costa, **Economia pública – Eficiência económica e teoria das escolhas colectivas.** 2ª ed. Lisboa: Edições Sílabo , 2011.

FLORES, Joaquín Herrera. **A (re) invenção dos direitos humanos.** Florianópolis: Fundação Boiteux, 2009.

FRASER, Nancy, **Da redistribuição ao reconhecimento**. In: Cadernos de campo, São Paulo, n. 14/15, p. 231-239, 2006. Disponível em https://www.google.com/url?sa=t&rct=j&q=&esrc=s&source=web&cd=1&ved=2ahUKEwjN_ciy89rjAhWzErkGHb36DOIQFjAAegQIBRAC&url=https%3A%2F%2Fwww.revistas.usp.br%2Fcadernosdecampo%2Farticle%2Fdownload%2F50109%2F54229&usg=AOvVaw1MeEAvER3zM76DYqx2bpFg.

GONÇALVES, Everton das Neves e STELZER, Joana. **Princípio da Eficiência Econômico-Social no Direito Brasileiro: a tomada de decisão normativo-judicial**. In*:* Seqüência (Florianópolis), n. 68, p. 261-290, jun. 2014.

GRINOVER, Ada Pellegrini Grinover; WATANABE, Kazuo (Coords.). **O controle jurisdicional de políticas públicas**. Rio de Janeiro: Forense, 2011.

HOBSBAWN, Eric J.- **A Era das Revoluções: A Revolução Francesa.** São Paulo: Paz e Terra, 2008. Cap. 3, p. 83-113.

JOLLS, Christine and Sunstein, Cass R. and Thaler, Richard H., **A Behavioral Approach to Law and Economics** (January 1, 1998) California: Stanford Law Rev. 1471 (1998). Disponível em https://ssrn.com/abstract=2292029. Acesso em 31/05/19.

KAPP, K. William (1978), **The Social Costs of Business Enterprise.** Nottinghan: Spokesman [ed. orig.: 1963].

KOROBKIN, R.; ULEN, T. **Law and behavioral science: removing the rationality assumption from law and economics**. Califormia: *California Law Review*, 2000, n. 88, p. 1051-1144.

MANCUSO, Rodolfo Carmargo. **Acesso à justiça: condicionantes legítimas e ilegítimas**. São Paulo: Editora Revista dos Tribunais, 2011.

MASUER , Jonathan e POSNER, Eric. **Cost-Benefit Analysis and the Judicial Role**, University of Chicago Public Law & Legal Theory Paper Series, No. 614 (2017)

MAXIMILIANO, Carlos. **Hermenêutica e aplicação do direito.** 16. ed. Rio de Janeiro: Forense, 1997.

MENDES, Aluísio Gonçalves de Castro. **Ações coletivas e meios de resolução coletiva de conflitos no direito comparado e nacional**. São Paulo: Revista dos Tribunais, 2014.

NASH JR, John . **The bargain problem**. In: Econometrica. Vol. 18, Issue 2 New York: The Econometric Society, 1950. pp. 155-162. Disponível em https://www.jstor.org/stable/1907266?seq=1#page_scan_tab_contents. Acesso em 13/05/19.

NETO, Alfredo Copetti e BOLZAN DE MORAIS, José Luis. **O segundo movimento *Law and Economics*, a eficiência e o consenso do modelo neoclássico ordenalista subjetivista a partir de Richard Posner: ruptura ou (re)aproximação ao (Estado de) Direito contemporâneo.** In:Constituição, Economia e Desenvolvimento: Revista da Academia Brasileira de Direito Constitucional. Curitiba, 2011, n. 4, Jan-Jun. p. 56-76. p. 63-64.

NEVES, Vitor, **Custos sociais: Onde para o mercado?,** *Revista Crítica de Ciências Sociais*, 95 | 2011, 55-68.

NUNES, Antonio José A. **Uma leitura crítica da actual crise do capitalismo.** Coimbra: Coimbra Editora, 2011, p. 63-71.

OLIVEIRA, Mariana e BARBIÉRI, Luiz Felipe. STF decide que é constitucional emprego de terceirizados em atividade-fim da empresa. O Globo, caderno Política: Brasília, 2018. https://g1.globo.com/politica/noticia/2018/08/30/maioria-do-stf-vota-a-favor-de-autorizar-terceirizacao-da-atividades-fim.ghtml.

ORGANIZAÇÃO INTERNACIONAL DO TRABALHO. Seguridad y salud en el trabajo. Disponível em https://ilo.org/global/topics/safety-and-health-at-work/lang--es/index.htm.

PARETO, Vilfredo. **Manuale di economia política**. Milano: EGEA, 2006.

PATEL, Raj (2011), **The Value of Nothing: How to Reshape Market Society and Redefine Democracy**. London: Portobello Books Ltd.

PETTER, Josué Lafayete. **Princípios Constitucionais da Ordem Econômica**. São Paulo: Revista dos Tribunais, 2005.

PIGOU, Arthur C. (1932), **The Economics of Welfare**. London: Macmillan and Co. [ed. orig.: 1920]. Versão eletrónica, consultada a 15.01.12, em http://www.econlib.org/library/NPDBooks/Pigou/pgEWCover.html.

POGREBINSCHI, Thamy. **Será o neopragmatismo pragmatista?** Interpelando Richard Rorty Novos estud. – CEBRAP no.74 São Paulo Mar. 2006, p. 125-138. Disponível em http://www.scielo.br/scielo.php?script=sci_arttext&pid=S0101-33002006000100008. Acesso em 12/05/19.

______________. O que é o pragmatismo jurídico? Disponível em: http://www.soc.puc-rio.br/cedes/PDF/paginateoria/pragmatismo.pdf. Acesso em 02/06/19.

POSNER, Richard. **Fronteiras da Teoria do Direito**. Tradução de Evandro Ferreira e Silva, Jefferson Luiz Camargo, Paulo Salles e Pedro Sette-Câmara. São Paulo: WMF Martins Fontes, 2011

______________. Legal Pragmatism. **Metaphilosophy**, vol.25, nos.1/2, jan. 2004.

______________. Law, Pragmatism and Democracy, Cambridge: Harvard University Press, 2005.

______________. **Economic Analysis of Law.** 7th ed. New York: Aspen Publishers, 2007.

PUPER, Fábio e KRUGER, Ana. Bolsonaro anuncia redução de 90% das normas de segurança no trabalho. São Paulo e Brasíia: Valor Econômico, 2019. https://www.valor.com.br/politica/6251967/bolsonaro--anuncia-reducao-de-90-de-normas-de-seguranca-no-trabalho, Acesso em 16/05/19.

RICHTER, André. Toffoli rejeita ação contra extinção do Ministério do Trabalho. EBC: Brasília, 2019. Disponível em http://agenciabrasil.ebc.com.br/justica/noticia/2019-01/toffoli-rejeita-acao-contra-extincao-do-ministerio-do-trabalho.

RICOEUR, Paul. ([2004] 2010), "A luta pelo reconhecimento e a economia do dom". Trad. Cláudio Reichert do Nascimento e Noeli Dutra Rossatto. **Ethic@ – Revista Internacional de Filosofia da Moral,** 9 (2): 357-367. *Apud* FONTES, Paulo V. A luta pelo reconhecimento e o paradigma da dádiva. In: Revista Brasileira de Ciências Sociais- V. 33 N° 97/2008.

SAMUELSON, Paul A.; NORDHAUS, William D**. Economia**. Rio de janeiro: Mcgraw-Hill, 1999.

SARLET, Ingo. **A eficácia dos direitos fundamentais: uma teoria geral dos direitos fundamentais na perspectiva constitucional**. 11ª ed. rev. e atual. Porto Alegre: Livraria do Advogado Editora, 2012.

SARLET, Ingo Wolfgang; TIMM, Luciano Benetti (Orgs.). **Direitos fundamentais: orçamento e "reserva do possível".** 2. ed.. Porto Alegre: Livraria do Advogado, 2010.

SCHELER, Max. *Ética* – **Nuevo Ensayo de Fundamentación de un Materialismo Ético**. Buenos Aires: Revista de Occidente Argentina, t. 1, 1948, p. 159-216.

SCHUMPETER, Joseph. Vilfredo Pareto, 1848-1923. **Quarterly Journal of Economics**, 1948.

SECRETARIA. NACIONAL DE RELAÇÕES DE TRABALHO E DEPARTAMENTO INTERSINDICAL DE ESTATÍSTICA E ESTUDOS SOCIOECONÔMICOS. **Terceirização e Desenvolvimento – *Uma conta que não fecha*.** São Paulo: Central Única dos Trabalhadores, 2014. Disponível em http://www.cut.org.br/system/uploads/ck/files/Dossie-Terceirizacao-e-Desenvolvimento.pdf

SIVOLELLA, Roberta Ferme. **O direito fundamental à proteção ao emprego.** In: Revista Trabalhista de Direito e Processo, nº 43, p.36-53. Ed. Ltr, 2013.

______________. **A medida provisória 873/19: a urgência e relevância de se aferir sua (in)constitucionalidade**. In: "Financiamento Sindical no Brasil: reflexões sociojurídicas e o curioso caso da MP 873/2019". Belo Horizonte: RTM, 2019.

______________. As convenções processuais e a vulnerabilidade no processo do trabalho: uma questão de princípio e de diálogo das fontes. In: Teoria do Diálogo das Fontes no Processo do Trabalho. São Paulo: Ltr, 2017. Pp. 115-128.

______________. **A dispensa coletiva e o direito fundamental á proteção ao emprego: a dignidade da pessoa humana na sociedade "econômica" moderna.** Rio de janeiro: Ltr, 2014, p. 83.

SOLOMON, Roberto. *Ética e excelência*: cooperação e integridade dos negócios. Trad. Maria Luisa X. de A. Borges. Rio de Janeiro: Civilização Brasileira, 2006, p. 153-157.

SULLIVAN, Michael Sullivan & SOLOVE, Daniel J. **Can Pragmatism Be Radical? Richard Posner and Legal Pragmatism**. Cambridge: Harvard University Press, 2003, p.687, 741.

TARTUCE, Fernanda. **Igualdade e Vulnerabilidade no Processo Civil**. São Paulo: Método, 2012.

TEIXEIRA, Francisco José Soares. **Economia e Política n'O Capital.** In: *Direito e Marxismo.* BELLO, Enzo (Org.). Rio de Janeiro: Lumen Juris, 2010, p. 263.

TODOLI, Adrián. **Aprender de la crisis, apostar en la calidad**. Disponível em http://www.eldiario.es/cv/arguments/Aprender-crisis-apostar-alidad_6_603049714.html. Acesso em 10/05/19.

VILLAS BÔAS, Bruno. **Brasil: 134 milhões de desempregados no 1o trimestre de 2019.** In: Rio de Janeiro: Valor Econômico, 2019. Disponível em https://www.valor.com.br/brasil/6232765/brasil-tem-134-milhoes-de-desempregados-no-1-trimestre-indica-ibge. Acesso em 20/06/19.

ZANINI, Fábio. O dilema de Toritama: devemos proteger as pessoas de sua própria ambição e de um modo de vida insalubre? São Paulo: Folha de São Paulo, 2019. Disponível em https://www1.folha.uol.com.br/colunas/fabiozanini/2019/07/o-dilema-de-toritama.shtml. Acesso em 14/07/19.

ZERBE JR.., Richard (2001), **Economic Efficiency in Law and Economics.** Cheltenham: Edward Elgar. E Bromley, Daniel (1997), "Rethinking Markets", *American Journal of Agricultural Economics*, 79(5), 1383–1393.

ANÁLISE ECONÔMICA DO DIREITO NO BRASIL: POR QUE NÃO BEBER DESSA FONTE?

Rodrigo Fux

A busca pela eficiência do sistema jurisdicional sempre foi uma preocupação dos estudiosos e aplicadores do direito processual. Se, à época do *Projeto de Florença* de Mauro Cappelletti e Bryant Garth[1], o foco de luz era com o acesso à Justiça, com o passar do tempo, as angústias se voltaram ao problema da efetividade da tutela jurisdicional e da ausência de realização do direito material subjacente à contenda. No Brasil, foram empreendidas 64 reformas no Código de Processo Civil de 1973[2] até que o legislador entendeu por bem a edição de um novo códice, capaz de atender aos reclamos da sociedade. Com os olhos voltados aos preceitos constitucionais contemporâneos e em linha com a jurisprudência hodierna, em 2015 foi promulgado o Novo Código de Processo Civil, absorvendo inúmeros apontamentos da academia jurídica e institutos de alhures cujo resultado revelava considerável contribuição nessa importante luta pela efetividade.

Efetividade e eficiência são conceitos muito similares no mundo real. Apesar do preciosismo em suas definições estritas, ambas significam produzir corretamente e alcançar os objetivos traçados, utilizando os recursos da melhor forma possível, com menos desperdício de tempo e dinheiro. Sob esse prisma, exsurge nos tempos modernos a possibilidade de uma interdisciplinaridade entre Economia e Direito, que deságua, para os fins deste artigo, no estudo da cognominada Análise Econômica do

---

1 Em 1978, Mauro Cappelletti e Bryant Garth concentraram esforços em um estudo comparativo acerca da situação do Poder Judiciário ao redor do mundo, identificando seus principais problemas e obstáculos, e propondo soluções baseadas nas alternativas encontradas. O estudo, que ficou conhecido como Movimento de Acesso à Justiça, partiu do pressuposto de que o sistema jurídico – entendido como sistema pelo qual os indivíduos podem reivindicar seus direitos – deve ser igualmente acessível a todos (acesso à Justiça em sentido formal), assim como, produzir resultados que sejam individual e socialmente justos (acesso à Justiça em sentido material). Assim, concluiu ser imprescindível a atuação positiva do Estado para garantir aos litigantes a mais completa "igualdade de armas". Metodologicamente, o movimento pode ser fracionado em três "ondas" – as Ondas Renovatórias do Direito Processual –, sendo a primeira, responsável por soluções aos problemas de assistência judiciária; a segunda, atinente à questão da representação jurídica para os interesses ditos difusos; e a terceira, cunhada pelos autores de "o enfoque do acesso à Justiça" por sua abrangência, avança em proposições de reforma que incluem a advocacia judicial ou extrajudicial, centra sua atenção no conjunto geral de instituições e mecanismos para processar e mesmo prevenir disputas, incluindo-se nesse relevante rol os métodos alterativos de solução de conflito e demandas daqueles cidadãos sem condições de representação (tal como ocorre nos juizados especiais). No Brasil, apenas parte do relatório foi publicado, tendo sido intitulado de "Acesso à Justiça". Para melhor compreensão, ver: CAPPELLETTI, Mauro; GARTH, Bryant. *Acesso à Justiça*. Tradução de Ellen Gracie Northfleet. Porto Alegre: Sergio Antonio Fabris Editor, 2002.

2 BRASIL. *Ato do Presidente nº 379, de 2009*. Brasília: Senado Federal, 2009.

Direito (ou "Law and Economics", como originalmente concebida nos Estados Unidos da América).

A Análise Econômica do Direito ("AED") nada mais é que uma escola de pensamento que busca, a partir da aplicação de ferramentas da microeconomia, auxiliar e propor desenhos normativos mais adequados e eficientes para que valores e direitos socialmente desejados sejam efetivamente implementados.

Segundo Ivo Gico Jr., "*a Análise Econômica do Direito nada mais é que a aplicação do instrumental analítico e empírico da economia, em especial da microeconomia e da economia do bem-estar social, para se tentar compreender, explicar e prever as implicações fáticas do ordenamento jurídico, bem como da lógica (racionalidade) do próprio ordenamento jurídico. Em outras palavras, a AED é a utilização da abordagem econômica para tentar compreender o direito no mundo e o mundo no direito*[3]".

Portanto, não propomos a Análise Econômica do Direito como uma panaceia, tampouco defendemos uma importação míope do utilitarismo de Jeremy Bentham[4]. O que entendemos, com bastante efusividade, é que essa perspectiva econômica sobre o direito é indiscutivelmente um dos vetores do futuro[5]; o qual que deve ser encarado a partir das lições e experiências do passado. A AED é apenas mais uma ferramenta ao dispor dos operadores do Direito (seja magistrado, advogado, defensor, promotor, etc) na construção do seu raciocínio[6]. Uma espécie de ponderação de princípios, valores e normas do caso concreto, incrementada por dados empíricos, e noções de contextualismo e consequencialismo[7].

---

3 GICO JR., Ivo. *Metodologia e Epistemologia da Análise Econômica do Direito.* Economic Analysis Of Law Review, V. 1, Nº 1, 2010, p.11. Disponível em https://nedep.files.wordpress.com/2011/07/ivo-gico-jr-metodologia-e-epistemologia-da-aed.pdf. Acesso em 10/05/2019.

4 Assim como Cass Sunstein, entendemos a AED "*as a method for putting 'on screen' important social facts that might otherwise escape private and public attention*" (SUNSTEIN, Cass R. *Cognition and Cost-Benefit Analysis. In*: ADLER, Matthew D. POSNER, Eric A. (Org.). *Cost-Benefit Analysis: Legal, Economic and Philosophical Perspectives*. Chicago: The University of Chicago Press, 2001, p. 224).

5 Há muito Norberto Bobbio sustentou que "*a ciência jurídica não é mais uma ilha, mas uma região entre outras de um vasto continente*" (BOBBIO, Norberto. *Dalla Struttura alla Funzione: Nuovi Studi di Teoria del Diritto*. Milão: Edizioni di Comunità, 1977, p. 56).

6 Em nossa visão, a Análise Econômica do Direito pode ser utilizada como um elemento da "*caixa de ferramentas*" que é o Direito, que pode irrigar as discussões jurídicas com "*argumentos para resolver casos práticos, ao modo do que as ferramentas fazem*" (RIBEIRO, Leonardo Coelho. *O Direito Administrativo como "Caixa de Ferramentas" – Uma Nova Abordagem da Ação Pública*. São Paulo: Malheiros, 2016, pp. 69/70).

7 Na mesma direção que Bruno Meyerhof Salama, nos afastamos tanto da "*visão do Direito e Economia como um conjunto de receitas de bolo (que é ridícula) quanto da visão de que a discussão sobre eficiência seja irrelevante para o Direito (que é míope, porque a construção normativa não pode estar isolada de suas consequências práticas)*", razão pela acreditamos, honestamente, que a Análise Econômico do Direito "*serve, antes de tudo, para iluminar problemas jurídicos e para apontar implicações das diversas possíveis escolhas normativas.*" (SALAMA, Bruno Meyerhof. *O que é Direito e Economia. In*: TIMM, Luciano Benetti (Org.). *Direito & Economia*. Porto Alegre: Livraria do Advogado, 2008, p. 50).

É lógico que, até pela sua gênese (como veremos adiante), essa escola de pensamento utiliza conceitos da microeconomia e visa à maximização do bem-estar diante da escassez de recursos, mas isso não significa dizer que nos descolamos do Direito e ignoramos os valores morais da sociedade e a *ratio essendi* dos institutos jurídicos. Nossa proposta é justamente uma análise completa, que perpassa por todos os caminhos.

Pois bem.

O campo mais fértil no mundo para o estudo e aplicação da AED indiscutivelmente encontra-se nos Estados Unidos da América. No Reino Unido e nos demais sistemas da família da *common law*, a AED acaba por ser igualmente estudada. Nos países de língua latina, entretanto, o interesse é mais tardio e tímido, supostamente por serem do sistema da *civil law*.

Com fundamentos que remontam aos pensadores do iluminismo escocês, notadamente David Hume, Adam Ferguson e Adam Smith, todos da segunda metade do século XVIII, a AED é apresentada ao mundo meados da década de 60, a partir de Ronald Coase, no artigo "The Problem of Social Costs"[8], que desenvolveu de maneira inovadora a temática de "custos de transação".

Por meio do cunhado *Teorema de Coase*, cujo enfoque era voltado à discussão acerca da alocação eficiente de recursos, o autor sustentava que se os agentes afetados pudessem negociar livremente, com custos de transação inexistentes ou mínimos, estes transacionariam de modo a aumentar a riqueza geral e corrigir as externalidades ou ineficiências econômicas[9].

Sua proposta era bastante provocativa: tudo deveria gravitar em torno da análise dos custos para a realização das transações. As atividades que possuíssem um custo de transação menor que as relações de mercado automaticamente se sobreporiam como solução[10].

A partir de uma perspectiva liberal, Coase sustentava que a intervenção estatal não necessariamente geraria um resultado eficiente na resolução de conflitos, em razão do aumento exponencial dos custos de transação inerentes à atuação pública, tais quais, as despesas para aplicação das leis e tributos, além da eminente morosidade no acionamento do maquinário do judiciário.

8 COASE, Ronald H. *The Problem of Social Cost*. Journal of Law and Economics, Vol. 3, 1960. pp. 1-44;

9 *"It is always possible to modify by transactions on the market the initial legal delimitation of rights. And, of course, if such market transactions are costless, such a rearrangement of rights will always take place if it ouldlead to an increase in the value of production."* COASE, Ronald. *The problem of social costs.* Journal of Law and Economics, Vol. 3, 1690. p. 15

10 *"The main reason why it is profitable to establish a firm would seem to be that there is a cost of using the price mechanism [...] The cost of negotiating and concluding a separate contract for each exchange must also be taken into account. [...] For these series of contracts is substituted one [...] A firm, therefore, consists of the system of relationships which comes into existence when the direction of resources is dependent on an entrepreneur."* (COASE, Ronald H. *The nature of the firm.* Economics, New Series, Vol. 4, No. 16, 1937, pp. 386-405).

Em clara resposta à abordagem pigouviana[11], o Coase defendia a necessidade de valorização dos métodos alternativos de resolução de conflitos como opções viáveis à superinflação do sistema judiciário. Ainda dentro dessa linha de raciocínio, era imprescindível o desenvolvimento de ambientes com mínimos custos transacionais, de modo a facilitar e estimular a alocação eficiente de recursos, reduzindo os incentivos para o demandismo individual[12].

Essa nova forma de pensamento, voltada à implementação de ferramentas econômicas à análise e solução de problemas típicos das relações sociais, colaborou para o surgimento da geração da Escola de Chicago, liderada por Richard Posner e Gary Stanley Becker que, em suma, buscavam estimular o papel da troca eficiente de mercado, sem grandes entusiasmos com relação aos aspectos redistributivos e igualitários[13].

A obra mais importante de Posner[14], *Economic Analisys of Law*, representou um marco no movimento de estudos da AED por ser a primeira obra sistemática envolvendo a análise de diversos institutos de todas as áreas do direito norte-americano, sob a ótica da análise econômica do Direito. *Economic Analysis of Law* é, antes de tudo, uma tentativa de descrição do fenômeno jurídico no tempo – tarefa tipicamente desempenhada pela Sociologia Jurídica e pela História do Direito – e explorada por Posner pelo filtro da microeconomia.

11 Arthur Cecil Pigou foi um economista inglês. Aluno e sucessor de Alfred Marshall na cátedra de economia política da Universidade de Cambridge, desafiou doutrinas econômicas vigentes e a tradição neoclássica em relação à substituição da ação industrial privada pelo estado, por meio da qual apoiava a intervenção estatal no campo das chamadas *nuisance*, as interferências perniciosas que o desenvolvimento de uma atividade implicava em outras. Caso paradigma: Sparks from engines.

12 WOLKART, Erik Navarro. *Análise econômica e comportamental do processo civil: como promover a cooperação para enfrentar a tragédia da Justiça no processo civil brasileiro.* 2018. Tese (Doutorado em Direito Processual) – Centro de Estudos e Pesquisas no Ensino do Direito, Universidade do Estado do Rio de Janeiro, Rio de Janeiro. pp. 114-118.

13 *"[A]lgumas vezes [justiça] significa eficiência. Nós veremos, entre outros exemplos, que quando pessoas declaram ser injusto condenar uma pessoa sem submetê-la a juízo, desapropriar sem uma compensação justa, ou não obrigar um motorista negligente a se responsabilizar por danos a vítimas de sua negligência, isto não significa nada mais que um desperdício de recursos (...). Podemos não nos surpreender ao saber que, num mundo de recursos escassos, o desperdício deve ser considerado como imoral."* (POSNER, Richard A. *A economia da justiça*. Trad. de Evandro Ferreira e Silva, São Paulo, Martins Fontes, 2010, Prefácio à edição brasileira. 2010, pp. 34-35).

14 Outras obras importantes de Posner produzidas neste período incluem: "Taxation by Regulation", *The Bell Journal of Economics*, vol. 2, n. 1 (1971), pp. 22-50; "The Appropriate Scope of Regulation in the Cable Television Industry", *The Bell Journal of Economics*, vol. 3, n. 1, (1972), pp. 98-129; The Behavior of Administrative Agencies, 1 J. Leg. Studies 305 (1972); "Theories of Economic Regulation", *The Bell Journal of Economics & Management Science*, n. 02, v. 05 1974, pp. 335-358. E ainda: "Antitrust: Cases, Economic Notes, and Other Materials", St. Paul Minnesota: West, 1974 (com Frank H. Easterbrook), e "Legal Precedent: A Theoretical and Empirical Analysis". *The Journal of Law and Economics* v. 19, pp. 249-307 (com William M. Landes).

O referido autor, tendo como premissa básica o sistema judicial enquanto sistema promotor da evolução do direito em direção à eficiência, dedicou grande parte de seus estudos para desenvolver um critério de eficiência que superasse os conceitos clássicos utilizados pelos economistas, dentre outros, o critério de *superioridade de Pareto*[15] e o critério de *Kaldor-Hicks*[16].

O critério de eficiência de Posner sofreu mutações com o tempo, pautando-se inicialmente na maximização da riqueza não só como sinônimo de eficiência, mas principalmente como princípio moral norteador de uma justiça distributiva. Posteriormente, o critério de eficiência de Posner passou a ser mensurado pela "compensação *ex ante*", como uma forma de potencializar as alocações eficientes de recursos nas relações sociais sem desconsiderar o critério kantiano de autonomia e consenso dos indivíduos[17].

Entretanto, em meados da década de 90, Posner modificou drasticamente sua posição e passou a tratar a maximização da riqueza não mais como um princípio ético, mas sim como mais um entre outros valores a serem considerados nas alocações promovidas pela lei ou pela jurisprudência.

Ao longo de sua abrangente obra[18], Posner buscou aplicar um método dedutivo de *análise econômica positiva do direito*[19] para explicar qualquer instituto jurídico

---

15 O critério de superioridade de Pareto determina que uma forma de alocação de recursos é mais eficiente com relação às demais se puder melhorar a situação de pelo menos um indivíduo sem prejudicar a de ninguém.

16 O critério de Kaldor-Hicks considera eficiente uma nova alocação que maximize a riqueza, ainda que ela tenha prejudicado terceiros, desde que esse aumento seja suficiente para compensar as perdas individuais: "*It is only as a result of this consequential change in the distribution of income that there can be any loss of satisfactions to certain individuals, and hence any need to compare the gains of some with the losses of others. But it is always possible for the Government to ensure that the previous income-distribution should be maintained intact: by compensating the "landlords" for any loss of income and by providing the funds for such compensation by an extra tax on those whose incomes have been augmented. In this way, everybody is left as well off as before in his capacity as an income recipient; while everybody is better off than before in his capacity as a consumer. For there still remains the benefit of lower corn prices as a result of the repeal of the duty.*" (KALDOR, NICHOLAS. *WelfarePropositions of Economics and Interpersonal Comparisons of Utility*. The Economic Journal, Vol. 49, No. 195 (Sep., 1939), pp. 549-552)

17 SALAMA, Bruno Meyerhof. *A História do Declínio e Queda do Eficientismo na Obra de Richard Posner*. In: LIMA, Maria Lúcia L. (Org.). *Trinta Anos do Brasil: diálogos entre Direito e Economia*. São Paulo: Editora Saraiva, 2012. Disponível em https://works.bepress.com/bruno_meyerhof_salama/35/. Acesso em 22.04.2019.

18 Em seu *curriculum vitae*, Posner conta com mais de 38 livros e 300 artigos publicados, além das 2.200 *opinions* disponibilizadas ao longo do exercício de sua carreira de Juiz Federal. Vide: Richard Posner, Curriculum Vitae, disponível em: http://www.law.uchicago.edu/files/cv/rposner-jan-2015.pdf, acesso em 23.04.2019.

19 Richard A. Posner propôs a divisão da AED em três diferentes aspectos: heurístico; descritivo e normativo. O primeiro preocupa-se com a identificação da racionalidade que permeia a existência de diferentes institutos jurídicos. O segundo aspecto é voltado à perspectiva consequencialista

através da utilização das leis básicas de mercado e de formação de preços, demonstrando a existência de uma racionalidade econômica por detrás das decisões judiciais. Sob esse prisma, Posner propôs o sistema de análise de custos e benefícios como uma forma de estímulo ou desincentivo a determinadas condutas, de tal maneira que a função do direito em uma perspectiva econômica seria realizar a modulação dos incentivos a partir da precificação dos custos de determinado comportamento, sempre visando aumentar a quantidade social de riqueza nas relações sociais.

Nesse mesmo caminho, Gary Stanley Becker foi um grande – se não o maior – entusiasta acerca da aplicação de teorias e métodos empíricos da ciência econômica às normas e institutos jurídicos, bem como às relações sociais[20]. O economista estadunidense defendeu veementemente que a proposta de modelos de comportamento racional voltados à maximização de satisfações era aplicável a qualquer comportamento social, laureado por isso com o Prêmio Nobel de Economia em 1992.

Destaca-se, nesse ponto, o entendimento da reconhecida Escola de Chicago sobre o tema por meio de três características principais: (i) a visão de que o ser humano é racional, isto é, age sempre em atenção à finalidade de maximizar sua satisfação; (ii) esse padrão comportamental se dá mesmo em áreas não diretamente ligadas ao mercado, funcionando as regras legais de forma análogas aos preços, isto é, como incentivos ou desestímulos à determinada conduta; e (iii) a absorção de critérios econômicos na aplicação do Direito poderia levar a cenários eficientes, conforme apontado pelo vanguardista Ronald Coase[21].

Rompendo um pouco com essa visão, surge Guido Calabresi, representante da parcela dissidente da investigação jus-econômica que buscava enfatizar a importância das preocupações distributivas nas trocas de mercado e relações sociais[22]. Essa nova corrente tinha como objeto de análise exatamente as falhas do mercado, reivindicando modelos mais interventivos condizentes com a realidade das relações sociais e natureza do ser humano.

---

das normas jurídicas na sociedade, ou seja, investiga os efeitos decorrentes das normas legais em análise. O último aspecto busca determinar quais normas jurídicas são desejáveis, comparando sua eficiência a partir das conclusões obtidas nos dois aspectos anteriores da análise. (POSNER, Richard A.*Frontiers of Legal Theory*. Cambridge: Harvard University Press, 2004, pps. 4-5).

---

20 BECKER, Gary. *The economic approach to human behavior*, The University of Chicago Press, Chicago and London,1976, pps. 57-68.

21 ARAÚJO, Thiago Cardoso. *Análise econômica do direito no Brasil: uma leitura à luz da teoria dos sistemas*. Rio de Janeiro: Lumen Juris, 2017, p. 69.

22 CALABRESI, Guido. *The Pointless of Pareto: Carrying Coase Further*. In: PARISI, Francesco; ROWLEY, Charles K. (Eds.). *The Origins of Law and Economics: Essays by the Founding Fathers*. Cheltenham, UK; Northamptom, MA: Edward Elgar, 2005, p. 168-198.

A partir de um estudo voltado à análise econômica da responsabilidade civil[23], Calabresi enfatizou a limitação analítica do critério de eficiência e da presunção de zero custos de transações nas relações sociais, abordados anteriormente por Coase e demais doutrinadores. O autor dedicou grande parte do seu trabalho para construir a ideia de justiça como um filtro para a eficiência[24], de modo a reconhecer que determinadas atividades poderiam ser proibidas por serem indesejadas ou consideradas injustas pela sociedade, independentemente de serem modelos extremamente eficientes economicamente.

Seguindo nessa digressão sobre a evolução da AED, a década de 80 foi o divisor de águas para a formalização deste segmento do Direito como ciência e como objeto de profundas investigações acadêmicas nas mais renomadas faculdades dos Estados Unidos da América. Nesse ponto, Steven Shavell, Louis Kaplow, Lucien Bebchuk e Kathryn Spier, todos da Escola de Direito de Harvard, assumem distinta notoriedade.

Não há como contestar o pioneirismo de Shavell e Kaplow[25] na introdução da *social welfare function* como instrumento de análise normativa. Os autores aduziram que o processo racional de tomada de decisões deveria se pautar unicamente no conceito de bem-estar social, renegando não só qualquer alusão aos ideais de justiça e equidade, bem como à aproximação do Direito à noção de superioridade moral.

Shavell e Kaplow colaboraram demasiadamente para a evolução da AED sob o enfoque processual, especificamente na ordenação de técnicas e modelos – como, por exemplo, a ascensão da *teoria dos jogos*[26]– que apontam para os incentivos presentes no binômio acordo/ajuizamento da ação, na ponderação acerca de interpo-

---

23 CALABRESI, Guido. *'The Cost of Accidents: A Legal and Economic Analisys"*. New Haven, CT: Yale University, 1970.

24 *"A justiça deve funcionar como um veto ou uma limitação acerca do que pode ser feito para se atingir a redução de custos, um teste final que todo sistema legal de responsabilidade civil deve passar."* (CALABRESI, 1970, *Op. Cit.* pp. 220).

25 Para maiores esclarecimentos, veja: SHAVELL, Steven, *The fundamental divergence between the private and the social motive to use the legal system.* vol. XXVI, Journal of Legal Studies, Chicago University Press, June 1997; SHAVELL, Steven *The Appeals Process and Adjudicator Incentives,* in Journal of Legal Studies, vol. 35, Chicago University Press, January 2006; KAPLOW, Louis. *Private versus Social Costs in Bringing Suit.* The Journal of Legal Studies, Vol. 15, No. 2 (Jun., 1986), pp. 371-385.

26 *"A teoria dos jogos (games theory) tal como todos os demais modelos econômicos se traduz em uma forma de simplificação da realidade social, com o intuito de mostrar as forças básicas de uma determinada interação social. A multiplicidade de tipos de jogos e os casos envolvidos ainda não encontraram uma adequada e suficiente demonstração de sua aplicação ao direito, o que não significa que não se trate de um campo propício para imensas inovações e soluções criativas."* (SILVEIRA, Paulo Antônio Caliendo Velloso da. *Direito tributário e análise econômica do Direito: uma visão crítica.* 1ª Ed. Rio de Janeiro: Editora Elsevier, 2009.)

sição de recursos e nas (des)vantagens de um protagonismo do magistrado em um sistema probatório mais preciso[27].

Nos dias atuais, Shavell é indiscutivelmente uma das maiores referências no tema ora em análise, tendo contribuído para o surgimento e a consolidação da análise econômica comportamental do direito (*Behavioral Law and Economics*), segmento da AED que busca se apropriar das mais recentes descobertas nos diversos campos da neurociência e psicologia. A *Behavioral Law and Economics* leva em consideração as limitações da racionalidade humana (denominados na doutrina da AED de "vieses cognitivos"), bem como os estudos acerca do modo dual de funcionamento do cérebro (*dual process brain*)[28], para promover uma necessária adaptação de todos os modelos teóricos prescritos pela economia tradicional.

Se decantarmos os ensinamentos dos doutrinadores (clássicos e modernos) da AED, conseguimos extrair três grandes palavras de ordem: racionalidade, eficiência e equilíbrio. A primeira se consolida em razão da incessante análise de fenômenos coletivos a partir de escolhas individuais racionais. A segunda se justifica, pois visa à maximização dessas escolhas individuais, derivadas de incentivos e desincentivos, em prol do bem-estar social. A terceira, não menos importante, é justamente a união entre conceitos da Economia e do Direito em prol de uma estabilidade, que deriva dos incentivos sociais e desse referido bem-estar social almejado.

Essa interdisciplinaridade entre Direito e Economia no direito brasileiro, embora conhecida e de inegável importância, nunca recebeu a devida atenção dos intérpretes. A verdade é que historicamente a AED sofreu grande resistência no Brasil, seja pela falta de compreensão acerca dos seus conceitos-chaves, seja pela ideia equivocada de que apenas nos países da *common law* essa ciência poderia ser adotada, ou mesmo pela simplista concepção de que as decisões judiciais não deveriam ser submissas aos fatores econômicos.

Essa mentalidade vem paulatinamente mudando e estamos evoluindo para o bem de todos. O argumento de manifesta diferença entre os sistemas da *civil law* e da

---

27 WOLKART, Erik Navarro. *Análise econômica do processo civil: como a economia, o direito e a psicologia podem vencer a tragédia da justiça*. São Paulo: Editora Thomson Reuters Brasil, 2019, pps. 109-111.

28 Por razões evolutivas, nosso cérebro desenvolveu-se com dois sistemas de funcionamento do pensamento que atuam de forma paralela e complementar: o sistema intuitivo, chamado de sistema ascendente, e o sistema reflexivo, denominado sistema descendente. O sistema ascendente é rápido, eficiente, automático, inconsciente e pouco preciso. Foi moldado para oferecer uma avaliação contínua dos problemas que um organismo deve resolver para sobreviver. Já o sistema descendente é reflexivo, meticuloso, detalhista e lento. Ele procura sempre a precisão, buscando o maior número de dados para fazer uma pergunta ou dar uma resposta. Cada um desses sistemas funciona a partir de específicas estruturas cerebrais, mas atuam de modo conjugado, de forma que mesmo o sistema descendente atua influenciado por informações rapidamente oferecidas pelo sistema ascendente. (OLLS, Christine; SUNSTEIN, Cass R; THALES, Richard. *A Behavioral Approach to Law and Economics.* Stanford Law Review, 1997-1998. pp. 1471-1550.)

common law não é mais empecilho para absorção responsável de institutos jurídicos de alhures pelo Direito brasileiro (com suas óbvias adaptações necessárias), incluindo-se, nesse tocante, a principiologia subjacente à AED.

Como dito no início deste artigo, o Novo Código de Processo Civil é prova viva disso, ao passo que introjetou num sistema genuinamente romano-germânico grande influência do direito anglo-saxão em sua elaboração, por meio da importação e adaptação de técnicas e institutos há muito utilizados nos países de sistema do *common law*, como por exemplo, a obrigatoriedade do respeito aos precedentes[29].

Em boa hora, a AED vem ganhando terreno nas discussões acadêmicas[30] e recebendo atenção especial pelos tribunais pátrios, que têm assumido a liderança no emprego de conceitos econômicos – notadamente da microeconomia – como instrumento para interpretação das normas e/ou princípios legais, em inequívoca demonstração da preocupação com incentivos, análise de custo-benefício e consequências agregadas da aplicação direta das leis e das decisões.

Nos últimos anos, viu-se a crescente discussão acerca do tema na academia jurídica[31] em congressos pelo Brasil afora e até mesmo nas universidades[32], a exemplo do que ocorre no programa de pós-graduação *stricto sensu* em Direito da Universidade do Estado do Rio de Janeiro – UERJ, em disciplina específica cunhada de Análise Econômica do Direito Processual, lecionada pelo Professor e Ministro do Supremo Tribunal Federal Luiz Fux. A Escola da Magistratura do Estado do Rio de Janeiro – EMERJ seguiu pelo mesmo caminho e vem editando regulares cursos específicos sobre a AED para formação e aprimoramento dos magistrados[33].

---

29 De acordo com os ensinamentos de Richard Posner: "*A jurisprudência é um estoque de capital que gera incremento produtivo às futuras decisões do Judiciário. A heurística derivada da aplicação de precedentes simplifica a tarefa do julgador, poupando recursos na solução dos casos*" (POSNER, Richard A. *Economic Analysis of Law*. 9ª. Ed. New York: Wolters Kluwer, 2014. p.759; FUX, Luiz; BODART, Bruno. "*Notas sobre o princípio da motivação e a uniformização da jurisprudência no novo Código de Processo Civil à luz da análise econômica do Direito*." In: Revista de Processo, v. 269, jun. 2017, pp. 421-432.)

30 Alguns marcos são indicadores da ascensão do movimento. Institucionalmente, em 2001 teve início a aproximação entre a Faculdade de Economia e Administração da USP – FEA e a Faculdade de Direito daquela universidade – Largo de São Francisco, que deram origem à coletânea a ser mencionada e a criação, ainda em 2004, do Instituto de Direito e Economia do Rio Grande do Sul.

31 Com merecida notoriedade ao professor Luciano Benetti Timm e aos congressos organizamos pela Associação Brasileira de Direito e Economia – ABDE.

32 A Fundação Getúlio Vargas – FGV e o Centro Universitário de Brasília – UniCEUB também têm fomentado o estudo da Análise Econômica do Direito, com especial destaque ao professor Ivo Gico Jr, que leciona em ambas as instituições de ensino.

33 Disponível em: http://www.emerj.tjrj.jus.br/paginas/noticias_todas/aula-inaugural-do-curso_A-Analise-Economica-do-Direito-Processual_para-magistrados-e-proferida-pelo-ministro-Fux.html. (Acesso em 17.04.2019).

No âmbito dos Tribunais, a AED vem ganhando cada vez mais corpo. Perante o Supremo Tribunal Federal, vejamos alguns exemplos emblemáticos de utilização da Análise Econômica do Direito nos denominados *hard cases*.

Já em 03/10/2012, na famosa Ação Penal n° 470 (vulgo "Escândalo do Mensalão"), o Ministro Luiz Fux analisou o instituto da delação premiada sob a ótica da teoria dos jogos e da Análise Econômica do Direito, determinando que os efeitos favoráveis daquele instituto não se restringem aos resultados obtidos em uma determinada persecução penal. Na ADI n° 5956 (discussão acerca da Medida Provisória 832/2018, que estabeleceu a política de preços mínimos do transporte rodoviário de cargas), o Ministro Luiz Fux adotou uma perspectiva consequencialista em decisão de tutela provisória, reconhecendo que a imposição de sanções derivadas do aludido tabelamento de fretes tem gerado grave impacto na economia nacional, o que se revelava particularmente preocupante ante o cenário de crise econômica atravessado pelo país. Mesmo tendo proferido a decisão em um sentido, seguindo algumas diretrizes acadêmicas da Escola de Harvard, o Ministro fomenta incessantemente o diálogo entre os litigantes, combatendo a assimetria de informação, de modo a contribuir para uma solução conciliatória do caso. Por sua vez, na ADI n° 5.766 (discussão acerca de determinados dispositivos da Consolidação das Leis Trabalhistas, inseridos pela Lei 13.467/2017), o Ministro Luis Roberto Barroso reconheceu a possibilidade de importação Análise Econômica do Direito pelo ordenamento jurídico brasileiro a partir do emprego de conceitos da microeconomia e da adoção do consequencialismo judicial. O ministro citou vários dados sobre o volume de processos e gastos judiciais no Brasil em comparação com outros países, comprovando a excessividade da carga suportada, entendendo que não há desproporcionalidade nas regras questionadas, uma vez que a limitação tem como objetivo restringir a judicialização excessiva das relações de trabalho.

O Superior Tribunal de Justiça também não ignora a utilização da AED na construção de seus julgados. Nesse ponto, convém destacar o elucidativo debate sobre a aplicabilidade da Análise Econômica do Direito e a possibilidade de importação crítica desta ciência pelo ordenamento jurídico brasileiro nos relevos do Ministro Luis Felipe Salomão, quando do julgamento do REsp 1.163.283/RS (discussão sobre a Aplicabilidade das disposições da Lei n. 10.931/2004 aos contratos de financiamento imobiliário do Sistema de Financiamento Habitacional, especificamente quanto aos requisitos da petição inicial da ação de revisão de cláusulas contratuais, constantes do art. 50 da Lei n. 10.931/2004).

Em seu brilhante voto, o eminente Ministro reconheceu as consequências do contrato sob um prisma da análise econômica da função social dos contratos, não apenas às implicações legais tão conhecidas pelos operadores do direito, mas às consequências de mercado, ao impacto do cumprimento dos contratos no mercado, ao impacto da solidez das instituições nas transações. Pontificou o Ministro: "*a análise econômica do direito não pretende, por óbvio, esclarecem seus estudiosos, submeter as normas jurídicas à economia, mesmo porque o Direito não existe para atender exclusivamente aos anseios econômicos. Por outro lado, visa à aproximação das normas jurídicas à realidade econômica, por meio do conhecimento de institutos econômicos e do funcionamento dos mercados*"[34]-[35].

Como se vê, o uso do raciocínio econômico pelos tribunais brasileiros não é uma importação de algo pronto e acabado, construído de acordo com as particularidades de outra sociedade. Muito pelo contrário, é o resultado de uma profunda busca pela transformação e aprimoramento do próprio ordenamento jurídico brasileiro, à luz da nossa realidade e dos nossos clamores por uma justiça eficiente.

A partir de um viés neoconstitucional[36], a AED pode influenciar positivamente a aplicação do Direito não apenas quando a lei suscita conceitos econômicos, como é frequente nos casos de Direito Antitruste e Financeiro, mas também quando os princípios e/ou normas exigem uma previsão das prováveis consequências em caso de ponderação de valores (há tantos e tantos anos discutida e aplicada no Direito).

Tais técnicas de balanceamento[37] decorrentes do pragmatismo e consequencialismo judicial não eram novidades e já vinham sendo aplicadas pelos Tribunais e de-

---

34 STJ, REsp 1.163.283/RS, Relator Ministro Luis Felipe Salomão, 4ª T., j. em 07.04.2015.

35 Além do mencionado aresto, em profícuo voto subscrito pelo eminente Ministro Ricardo Villas Bôas Cueva, o STJ avaliou o uso de garantias fidejussórias em fase de cumprimento de sentença *vis-à-vis* a AED, *verbis*: "*De fato, no cumprimento de sentença, a fiança bancária e o seguro garantia judicial são as opções mais eficientes sob o prisma da análise econômica do direito, visto que reduzem os efeitos prejudiciais da penhora ao desonerar os ativos de sociedades empresárias submetidas ao processo de execução, além de assegurar, com eficiência equiparada ao dinheiro, que o exequente receberá a soma pretendida quando obter êxito ao final da demanda.*" (STJ, REsp 1.691.748/PR, Relator Ministro Ricardo Villas Bôas Cueva, 3ª T., j. em 07.11.2017)

36 "*O neoconstitucionalismo ou novo direito constitucional, na acepção aqui desenvolvida, identifica um conjunto amplo de transformações ocorridas no Estado e no direito constitucional, em meio às quais podem ser assinalados, (i) como marco histórico, a formação do Estado constitucional de direito, cuja consolidação se deu ao longo das décadas finais do século XX; (ii) como marco filosófico, o pós-positivismo, com a centralidade dos direitos fundamentais e a reaproximação entre Direito e ética; e (iii) como marco teórico, o conjunto de mudanças que incluem a força normativa da Constituição, a expansão da jurisdição constitucional e o desenvolvimento de uma nova dogmática da interpretação constitucional. Desse conjunto de fenômenos resultou um processo extenso e profundo de constitucionalização do Direito*" (BARROSO, Luis Roberto. *Neoconstitucionalismo e constitucionalização do Direito*. Rio de Janeiro: Revista de Direito Administrativo, v. 240,2005, p. 5,).

37 "*O modo de aplicação da regra não está totalmente condicionado pela descrição do comportamento, mas que depende do sopesamento de circunstâncias e de argumentos. E a exceção pode não estar prevista no ordenamento jurídico, situação em que o aplicador avaliará a importância das razões contrárias à aplicação da regra, sopesando os argumentos favoráveis e os argumentos contrários à criação de uma exceção diante do caso concreto. (...) Como os dispositivos hipoteticamente construídos são resultados de generalizações feitas pelo legislador, mesmo a mais precisa formulação é potencialmente imprecisa, na medida em que podem surgir situações inicialmente não previstas. Nessa hipótese o aplicador deve analisar a finalidade da regra, e somente a partir de uma ponderação de todas as circunstâncias do caso pode decidir que elemento de fato tem prioridade para definir a finalidade normativa.* (ÁVILA, Humberto. *Teoria dos Princípios*. São Paulo: Malheiros, 2003. p. 46, 48)

mais operadores do Direito, em maior e menos escala, especialmente no que tange ao Direito Constitucional e ao Direito Administrativo. Agora, com as alterações perpetradas pela Lei nº 13.655/18 à Lei de Introdução às Normas do Direito Brasileiro (DL 4.657/42), toda e qualquer questão jurídica apreciada pelos tribunais deverá perpassar pelo escrutínio não só contextualista, como também consequencialista da decisão, à luz do comando expresso contido nos artigos 20 a 24[38] do aludido regramento.

No caso da AED, pontificam seus doutrinadores que cabe ao aplicador do Direito, independentemente do cargo que ocupe ou ramo do direito aplicado, ter uma visão consequencialista[39], de modo a considerar qual interpretação melhor consagra a *ratio assendi* da lei e qual meio legítimo para rápida obtenção de um resultado que atenda igualmente aos parâmetros de justiça e eficiência de cada um dos institutos.

---

38 *Art. 20. Nas esferas administrativa, controladora e judicial, não se decidirá com base em valores jurídicos abstratos sem que sejam consideradas as consequências práticas da decisão.*
Parágrafo único. A motivação demonstrará a necessidade e a adequação da medida imposta ou da invalidação de ato, contrato, ajuste, processo ou norma administrativa, inclusive em face das possíveis alternativas.
Art. 21. A decisão que, nas esferas administrativa, controladora ou judicial, decretar a invalidação de ato, contrato, ajuste, processo ou norma administrativa deverá indicar de modo expresso suas consequências jurídicas e administrativas.
Parágrafo único. A decisão a que se refere o caput deste artigo deverá, quando for o caso, indicar as condições para que a regularização ocorra de modo proporcional e equânime e sem prejuízo aos interesses gerais, não se podendo impor aos sujeitos atingidos ônus ou perdas que, em função das peculiaridades do caso, sejam anormais ou excessivos.
Art. 23. A decisão administrativa, controladora ou judicial que estabelecer interpretação ou orientação nova sobre norma de conteúdo indeterminado, impondo novo dever ou novo condicionamento de direito, deverá prever regime de transição quando indispensável para que o novo dever ou condicionamento de direito seja cumprido de modo proporcional, equânime e eficiente e sem prejuízo aos interesses gerais.
Art. 24. A revisão, nas esferas administrativa, controladora ou judicial, quanto à validade de ato, contrato, ajuste, processo ou norma administrativa cuja produção já se houver completado levará em conta as orientações gerais da época, sendo vedado que, com base em mudança posterior de orientação geral, se declarem inválidas situações plenamente constituídas.
Parágrafo único. Consideram-se orientações gerais as interpretações e especificações contidas em atos públicos de caráter geral ou em jurisprudência judicial ou administrativa majoritária, e ainda as adotadas por prática administrativa reiterada e de amplo conhecimento público.

39 Segundo Luciano Benetti Timm: "*outro ponto em comum do método da AED – talvez com a exceção dos austríacos – é o consequencialismo, que significa a necessidade de levar conta as possíveis consequências dos atos decisórios ao se ponderar atos com relevância jurídica (como a elaboração de contratos ou uma decisão judicial). Muitos críticos, normalmente adeptos de uma filosofia moral kantiana, costumam condenar esse raciocínio denominado de "utilitarista". Entretanto, pesquisas de neurociência tem demonstrado que o cérebro humano é sim capaz de tomar decisões consequenciais e, mais do que isso, muitas vezes elas são desejáveis em casos difíceis, assim como aprovada em alguns casos pela maioria das pessoas pesquisadas...*" TIMM, Luciano Benetti. Direito e Economia desmistificado - Resistência absoluta de alguns juristas à estatística parece novamente um agir estratégico ou ideológico. Disponível em: https://www.jota.info/opiniao-e-analise/colunas/coluna-da-abde/direito-e-economia-desmistificado-11092018. Acesso em acesso em 11/05/2019.

Afinal, na busca dos fins últimos da lei, o operador do Direito deve, sob a ótica do Princípio da Eficiência (*caput*, artigo 37 da CF), fazer com que as finalidades legais atendam à realidade prática da sociedade. Deve-se buscar uma convergência entre a lógica do subsistema jurídico e as dos demais subsistemas sociais, em especial o econômico. Não se trata de subjugar o Direito, mas apenas de prestigiar seus objetivos maiores em detrimento à observância pura e simples de suas regras, cuja aplicação pode, em alguns casos concretos, se revelar antiética ou ineficiente.

Não é difícil imaginar que – ultrapassadas todas as possibilidades hermenêuticas, analógicas e de redução teleológica – uma regra jurídica em tese aplicável e constitucional tenha sua aplicação em dado caso concreto afastada por violar os princípios constitucionais da eficiência e da economicidade. Reitera-se que o Princípio da Eficiência de forma alguma foi instituído e incluído na seara constitucional com o intuito de esvaziar o Princípio da Legalidade, mas sim embebê-lo de uma nova lógica, determinando a insurgência de uma legalidade finalística e material – dos resultados práticos alcançados – e, não mais uma legalidade meramente formal e abstrata.

Ao nosso ver (e, pelo visto, também na visão do legislador pátrio), a Análise Econômica do Direito, para além da moldura do processo civil, é uma inquestionável ferramenta que pode e deve ser empregada sob um prisma plural, pois tem total aderência a todos os ramos do Direito (penal, civil, administrativo, tributário e etc)[40], na

---

40 A legislação pátria possui diversos institutos com perfeito encaixe aos preceitos da AED. *Ad exemplum*, no tocante ao incentivo à celebração dos acordos, podemos verificar (i) o artigo 11, § 5º, da Lei 6.385/1976, que prevê o Termo de Compromisso, no âmbito da Comissão de Valores Mobiliários – CVM; (ii) Os Termo de Ajustamento de Conduta ou Termo de Ajuste de Conduta (TAC), criados pelo art. 113 do Código de Defesa do Consumidor - CDC (Lei n. 8.078/90) e consagrados no art. 5º, § 6º, da Lei da Ação Civil Pública (Lei n. 7.347/85, com as alterações da Lei n. 8.078/90), (iii) o artigo 46 da Lei Estadual 5.427/2009, que dispõe sobre os acordos terminativos de processos administrativos no âmbito do Estado do Rio de Janeiro; e (iv) dos artigos 85 e 86 da Lei 12.529/2011, que estabelecem o Termo do Compromisso de Cessação de Prática e o Acordo de Leniência no âmbito do CADE. Nesse contexto, não podemos deixar de mencionar o artigo 16 da Lei 12.846, de 1º de agosto de 2013, conhecida por Lei Anticorrupção, que prevê o Acordo de Leniência em razão da responsabilização pela prática de atos contra a administração pública, nacional ou estrangeira. No âmbito tributário, há dois marcos legais muito interessantes. O primeiro deles diz respeito ao REFIS instituído por meio da Lei n.º 9.964 (convertida da Medida Provisória n.º 2.004-6 de 10 de março de 2000). Na Exposição de Motivos, o objetivo do programa era não só a arrecadação de tributos federais, mas o de criar condições para o crescimento das empresas e, consequentemente, do país. Além disso, o programa resgataria a cidadania do contribuinte e permitiria o seu crescimento, com tranquilidade e transparência para planejar o seu futuro, com ganhos notórios para toda a sociedade. Tempos depois, sobreveio a Lei n.º 13.254 de 13 de janeiro de 2016, que instituiu o Regime Especial de Regularização Cambial e Tributária (RERCT) ou "Repatriação". Na Exposição de Motivos do projeto, fixou como justificativa, de um lado, a regularização apenas as divisas com origem lícita, mediante anistia em relação aos crimes de evasão de divisas e sonegação fiscal. E, do outro, o Brasil esperava a injeção de 100 a 150 bilhões de reais no país, aquecendo a economia e permitindo o aumento do investimento nacional, tendo como consequências indiretas a melhoria do sistema de controle interno e de trocas de informações entre o Brasil e outros países.

medida em que propõe a otimização eficiente do sistema com os instrumentos previstos no ordenamento jurídico em prol de algo maior e melhor para a sociedade como um todo.

A sociedade atravessa uma quadra que clama por uma reinterpretação do sistema jurídico, permitindo o uso de instrumentos para além do Direito (tal como é a Economia), com o objetivo precípuo de atender aos escopos jurídicos, políticos, sociais e econômicos da jurisdição. Na visão de Robert Cooter[41], em uma de suas elucidativas lições sobre Análise Econômica do Direito, a eficiência do sistema é fundamental para se alcançar objetivos sociais a um baixo custo (de tempo e de dinheiro).

No âmbito do processo civil, o acesso irrestrito ao Poder Judiciário pelo cidadão a partir da promulgação da Constituição de 1988 e as cada vez mais complexas relações sociais implicaram na propositura de um número infindável de demandas sem efetivo termo, tornando o processo sob a égide do Código de Processo Civil de 1973 um instrumento de pouca efetividade encartando a afirmação de há muito disseminada por Rui Barbosa de que "Justiça retardada é justiça denegada".

Em atenção a essa generalizada insatisfação, foram promovidas uma série de reformas legislativas com vistas à adequação da legislação processual, especialmente com relação à Lei n.º 5.869/1973, às finalidades do Estado e às novas demandas da sociedade. Com efeito, as modificações tiveram por objetivo conferir eficiência às garantias processuais outorgadas aos litigantes pela Constituição da República, acentuadamente quanto à aceleração da tutela jurisdicional, por meio das Leis n.º 8.952/94, 8.950/94, 8.951/94, 8.952/94 e 8.953/94, e à superação do exacerbado rigor formal do procedimento[42].

Trata-se de um movimento em prol da simplificação do processo civil, através da crescente aniquilação dos entraves burocráticos da lei, de forma a torná-lo mais acessível e de permitir que o juiz firme seus olhos no cerne da questão posta em juízo,

---

Mais recentemente, em 2015, foi promulgada a Lei nº 13.129/2015, que reformou a Lei nº 9.307/96, autorizando expressamente arbitragens com o Poder Público visando uma maior eficiência na resolução dos conflitos. No mesmo ano, a Lei nº 13.140/2015, que regulamentou a mediação de direitos disponíveis e de direitos indisponíveis transacionáveis, inclusive no bojo de ações de improbidade (artigo 36).

E, por fim, diante da notoriedade que assumira no Brasil, os Acordos de Delação Premiada (*rectius*: colaboração premiada), previstos na Lei de Organizações Criminosas (Lei 12.850/2013) que, a despeito das existentes críticas, sua utilização está mais do que difundida e defendida em nosso país.

---

41 "In addition to a scientific theory of behavior, economics provides a useful normative standard for evaluating law and policy. Laws are not just arcane, technical arguments; they are instruments for achieving important social goals. In order to know the effects of laws on those goals, judges and other lawmakers must have a method of evaluating laws' effects on important social values. Economics predicts the effects of policies on efficiency.8 Efficiency is always relevant to policymaking because it is always better to achieve any given policy at lower cost than at higher cost. Public officials never advocate wasting money". COOTER, Robert, *An Introduction to Law and Economics, Law and Economics.* Boston: Pearson, 6th ed. p. 4.

42 DINAMARCO, Cândido Rangel. *Nova Era do Processo Civil*. 4ª. São Paulo: Malheiros Editores, 2013, p. 20.

qual seja, o mérito da causa[43] – que, ao fim e ao cabo, é o que pacifica socialmente a discussão, ainda que uma das partes não se satisfaça com o resultado[44].

Essas lições já eram observadas pelo grande mestre multidisciplinar José Carlos Barbosa Moreira que, ao discorrer sobre a evolução e as tendências do direito processual, aduziu: "*toma-se consciência cada vez mais clara da função instrumental do processo e da necessidade de fazê-lo desempenhar de maneira efetiva o papel que lhe toca. Pois a melancólica verdade é que o extraordinário progresso científico de tantas décadas não pôde impedir que se fosse dramaticamente avolumando, a ponto de atingir níveis alarmantes, a insatisfação por assim dizer universal, com o mecanismo da justiça civil*"[45].

Uma das mais marcantes reformas, verdadeiro *teaser* para o novo Código de Processo Civil, foi a Emenda Constitucional n.º 45/2004, que determinou não só a inclusão do inciso LXXVIII[46] ao art. 5º, positivando como garantia fundamental o princípio da duração razoável do processo, como também a consagração da chamada "súmula vinculante", o que atribuiu um grande peso aos precedentes jurisprudenciais, característica típica dos ordenamentos da *common law*.

Em boa hora, os membros da Comissão de Juristas designada pelo Senado Federal para elaborar o Anteprojeto do Novo Código de Processo Civil incorporaram aos trabalhos fundamental premissa metodológica, qual seja, a de que "*sendo ineficiente o sistema processual, todo o ordenamento jurídico passa a carecer de real efetividade. De fato, as normas de direito material se transformam em pura ilusão, sem a garantia de sua correlata realização, no mundo empírico, por meio do processo.*" [47]

Tal esforço legislativo, materializado na Exposição de Motivos do Novo Código de Processo Civil, foi uma clara homenagem ao Princípio da Eficiência, positivado na nossa Carta Magna desde 1998, através da Emenda Constitucional n.º 19, por meio do qual buscou-se tornar o processo mais célere e efetivo. A partir de uma análise minuciosa do novo códex verifica-se de imediato a inserção de diversos instrumentos voltados ao combate à litigiosidade desenfreada.

O legislador estabeleceu a possibilidade de realização de audiência de conciliação e de mediação antes da apresentação da resposta pelo réu, que será citado

43 Segundo se depreeende da Exposição de Motivos do Anteprojeto do NCPC. BRASIL. Anteprojeto do Novo Código de Processo Civil. Brasília: Senado Federal, 2010. Disponível em: http://www.senado.gov.br/senado/novocpc/pdf/Anteprojeto.pdf. Acesso em 21 de maio de 2015.

44 Nesse espeque é que o Novo Código de Processo Civil autoriza o juiz a adentrar o mérito da causa, quando puder decidir favoravelmente à parte quem aproveite a decretação de nulidade (art. 282, § 2º, NCPC).

45 BARBOSA MOREIRA, José Carlos. Tendências Contemporâneas do Direito Processual Civil. Temas de Direito Processual – 3ª Série. São Paulo: Saraiva, 1984, p. 3.

46 CRFB: Art. 5º "LXXVIII - a todos, no âmbito judicial e administrativo, são assegurados a razoável duração do processo e os meios que garantam a celeridade de sua tramitação".

47 Disponível em: https://www2.senado.leg.br/bdsf/bitstream/handle/id/512422/001041135.pdf. Acesso em 02/01/2017.

apenas para participar da audiência[48-49]. Assim, somente se frustrada a tentativa de autocomposição, terá início o prazo para o oferecimento da contestação pelo réu, nos termos do artigo 335, inciso I, do NCPC[50].

Da mesma forma, merece atenção o espaço adquirido pela arbitragem no Novo Código de Processo Civil, que, em atenção ao disposto no artigo 5º, inciso XXXV, da Constituição da República, referenda possibilidade de as partes optarem por buscar a solução do conflito por meio da instauração de procedimento arbitral[51], regulada pela Lei 9.307/1996.

Outra relevantíssima inovação do NCPC, com manifesta influência do sistema anglo-saxão[52], consiste na instauração de *"um sistema amplo de precedentes vinculantes, prevendo-se a possibilidade de produção de julgados com tal eficácia não apenas pelos tribunais superiores, mas igualmente pelos tribunais de segundo grau"*[53].

No afã de construir um sistema processual garantidor da duração razoável do processo e com vistas à otimização da efetiva prestação da tutela jurisdicional[54], o

---

48 NCPC: "Art. 334. Se a petição inicial preencher os requisitos essenciais e não for o caso de improcedência liminar do pedido, o juiz designará audiência de conciliação ou de mediação com antecedência mínima de 30 (trinta) dias, devendo ser citado o réu com pelo menos 20 (vinte) dias de antecedência".

49 "O NCPC aposta em *meios alternativos* de resolução de controvérsias, por considera-los mais adequados, rápidos, baratos e eficientes. Tais meios evitam a imposição de uma decisão pelo Estado-Juiz, favorecem o bom-senso das partes e contribuem para a pacificação social. O NCPC não exclui da apreciação do Poder Judiciário ameaças ou lesões a direitos (art. 5º, XXXV, da CF/1988), mas estimula, sempre que possível, a solução consensual de conflitos, inclusive no curso do processo judicial (art. 3º, § 3º, do NCPC), porque a atividade substitutiva da jurisdição deve ser compreendida como subsidiária à resolução dos litígios pelas próprias partes neles envolvidas". (CAMBI, Eduardo. Da Audiência de Conciliação ou de Mediação. *In*: WAMBIER, Teresa Arruda Alvim; DIDIER JR., Fredie; TALAMINI, Eduardo; DANTAS, Bruno. (Org.). *Breves Comentários ao Novo Código de Processo Civil*. 3ª ed. São Paulo: Editora Revista dos Tribunais, 2016, p. 971).

50 NCPC: "Art. 335. O réu poderá oferecer contestação, por petição, no prazo de 15 (quinze) dias, cujo termo inicial será a data:
I - da audiência de conciliação ou de mediação, ou da última sessão de conciliação, quando qualquer parte não comparecer ou, comparecendo, não houver autocomposição".

51 NCPC: "Art. 3 º Não se excluirá da apreciação jurisdicional ameaça ou lesão a direito.
§ 1º É permitida a arbitragem, na forma da lei".NCPC: "Art. 42. As causas cíveis serão processadas e decididas pelo juiz nos limites de sua competência, ressalvado às partes o direito de instituir juízo arbitral, na forma da lei".

52 "Assim como ocorre no sistema da *common law*, no qual os julgamentos só se tornam precedentes no momento em que passam a concretamente servir como fundamento de decisão de outros julgamentos. Conforme vem apontando a melhor doutrina, no Brasil foi adotado outra técnica na formação dos precedentes, já que o Novo Código de Processo Civil prevê de forma expressa e específica quais são os julgamentos que serão considerados precedentes". (NEVES, Daniel Amorim Assumpção. *Manual de Direito Processual Civil*. 8ª Ed. Rio de Janeiro: Editora Juspodivm, 2016, p. 1.312).

53 MELLO, Patrícia Perrone Campos Mello. BARROSO, Luis Roberto. *Trabalhando com uma Nova Lógica: a Ascensão dos Precedentes no Direito Brasileiro,* p. 11. Disponível em: https://www.conjur.com.br/dl/artigo-trabalhando-logica-ascensao.pdf. Acesso em 23.04.2019.

54 Enunciado n. 323 do Fórum Permanente de Processualistas Civis (FPPC): "A formação dos precedentes observará os princípios da legalidade, da segurança jurídica, da proteção da confiança e da isonomia".

NCPC carreou para o ordenamento jurídico brasileiro o instituto dos precedentes judiciais[55], bem como o incidente de resolução de demandas repetitivas, com mercê de consagrar os princípios constitucionais da isonomia, segurança jurídica e principalmente, da eficiência.

Nota-se que os esforços no Brasil têm sido direcionados, em sua grande maioria, para a análise do congestionamento e da consequente morosidade do sistema judicial civil, ou, então para as reformas legislativas que vêm sendo efetivadas para tentar eludir o surgimento das indesejáveis consequências, sem, contudo, reconhecer que o abarrotamento e a consequente ineficiência do Poder Judiciário são decorrentes de elementos tanto internos quanto externos ao sistema judicial.

Falta à dogmática jurídica uma hermenêutica para além da normatividade, uma vez que esta, demasiadamente voltada às normas e princípios, fixa molduras em sua aplicação que, por vezes, distanciam-se da realidade das relações humanas. Além do estudo das já reconhecidas e reiteradas análises formais e materiais (o direito como norma e instituição), é imprescindível, portanto, ter em vista o aspecto do estudo do direito como fenômeno social.

Deve-se buscar uma teoria do comportamento humano frente aos incentivos que são irradiados pela legislação e pela própria jurisdição. Isto é, o reconhecimento dos seres humanos enquanto indivíduos racionais que agem estrategicamente, visando maximizar seus benefícios individuais através de cada ato decisório individual, de acordo com as informações disponíveis no instante de cada decisão tomada.

Por óbvio, o presente artigo não busca desmerecer os grandes avanços obtidos em razão das reformas legislativas supracitadas. Merecem o devido destaque a substancial redução do número de recursos junto aos Tribunais Superiores a partir da adoção das técnicas de valorização de precedentes, bem como da instituição do IRDR.

Dentre os diversos fatores que concorrem para a ineficiência do Judiciário brasileiro e para a morosidade na tramitação das ações, destaca-se o imenso número de processos, o que se configura aparentemente como um paradoxo: o acesso à justiça e ao Judiciário deve ser o mais amplo possível, afim de que os direitos fundamentais proclamados se tornem efetivos; ao mesmo tempo, deve haver redução no número de ações, para que o Judiciário possa cumprir de forma satisfatória suas atribuições constitucionais.

A partir de uma análise dos dados empíricos disponibilizados pela Pesquisa "Justiça em Números 2018" do Conselho Nacional de Justiça - CNJ[56], verifica-se que

55 "Precedente é qualquer julgamento que venha a ser utilizado como fundamento de um outro julgamento que venha a ser posteriormente proferido. Dessa forma, sempre que um órgão jurisdicional se valer de uma decisão previamente proferida para fundamentar sua decisão, empregando-a como base de tal julgamento, a decisão anteriormente prolatada será considerada um precedente. (...) Jurisprudência, por sua vez, é o resultado de um conjunto de decisões judiciais no mesmo sentido sobre uma mesma matéria proferidas pelos tribunais. É formada por precedentes, vinculantes e persuasivos, desde que venham sendo utilizados como razões do decidir em outros processos, e de meras decisões". (NEVES, Daniel Amorim Assumpção. *Op. cit.*, 2016, pp. 1.297-1.298).

56 Principal fonte das estatísticas do Poder Judiciário Brasileiro que, em suma, divulga a realidade dos tribunais brasileiros, com muitos detalhamentos da estrutura e litigiosidade. Disponível em:

apenas no ano de 2017, o Poder Judiciário contou com o ingresso de 29,1 milhões de novos processos, tendo finalizado o ano com 80,1 milhões de processos em tramitação aguardando solução definitiva – 3,2 milhões a mais de processos que no ano de 2015[57].

Ademais, os estudos do CNJ apontam que o tempo médio de um processo de conhecimento gira em torno de 5 (cinco) anos, ao passo que o de um processo de execução demora em torno de 4,3 anos. Em paralelo, apesar de o novo Código de Processo Civil tornar obrigatória a realização de audiência prévia de conciliação e mediação, verifica-se que o índice de conciliação apresenta lenta e infeliz evolução. Em 2017, apenas 12% (doze por cento) dos processos foram solucionados via conciliação.

Percebe-se que a inclinação cultural dos brasileiros de sempre buscar a solução do conflito pela via judicial se mantém inobstante a ampliação das possibilidades de autocomposição antes e durante o processo (incluindo os casos que envolvem o Poder Público)[58] pelo NCPC. O congestionamento da Justiça e o tempo do processo, por si só, não configuram incentivos suficientes para alterar esse comportamento.

De todo modo, o que se percebe em muitos casos é que a via judicial é eleita justamente porque o indivíduo a percebe tão ou menos onerosa quanto os outros meios de resolução de conflitos, vez que o custo judicial é por ele externalizado à coletividade[59]. No ano de 2017, as despesas totais do Poder Judiciário somaram R$ 90,8 bilhões, equivalentes a 1,4% do Produto Interno Bruto (PIB) brasileiro. De outro lado, aqueles que efetivamente utilizam o Poder Judiciário pagaram à título de custas, emolumentos e eventuais taxas o montante aproximado de R$ 9,8 bilhões, ou seja, apenas, 10,8% da despesa total.

Note-se que essa tendência histórica de aumento nos litígios – cuja parcela é composta de demandas frívolas e predatórias – resulta, dentre outras variáveis, de uma carência no sistema jurídico de instrumentos amplificadores de riscos associados à litigância e de desincentivos ao ingresso de demandas que têm baixo risco de êxito. Institutos jurídicos como a "Gratuidade de Justiça", custas processuais e até honorários sucumbenciais produzem acentuados efeitos sobre a percepção do indivíduo acerca dos custos e benefícios da atividade jurisdicional, afetando diretamente o comportamento dos (potenciais) litigantes.

Não se trata de excluir o acesso à justiça e aos meios inerentes à busca da tutela jurisdicional efetiva. Busca-se apenas que os operadores do direito, a partir do empre-

http://www.cnj.jus.br/files/conteudo/arquivo/2018/09/8d9faee7812d35a58cee3d92d2df2f25.pdf. (Acesso em 23.04.2019)

57 http://www.cnj.jus.br/files/conteudo/arquivo/2016/10/b8f46be3dbbff344931a933579915488.pdf. (Acesso em 04.06.2019)

58 De acordo com os dados do CNJ, o Poder Público é demandado em torno de 35,08% de todos os processos.

59 WOLKART, Erik Navarro. *Análise econômica do processo civil: como a economia, o direito e a psicologia podem vencer a tragédia da justiça*. São Paulo: Editora Thomson Reuters Brasil, 2019, pp. 91/93

go de uma lógica de "preços"[60] inerentes às possíveis alternativas de ação das partes, promovam a internalização das consequências negativas da litigância desenfreada.

A partir do emprego de uma racionalidade instrumental e pragmática, seria possível o desenvolvimento de normas processuais e de sua interpretação pelos tribunais que possam criar incentivos mais eficientes para o comportamento cooperativo de todos os operadores do direito, diminuindo-se não só a sobreutilização da máquina do Judiciário, bem como estimulando os processos pendentes a terminar mais rapidamente[61].

Essa breve exposição, sem por óbvio exaurir um tema de tamanha riqueza de detalhes, teve apenas a pretensão de demonstrar que o intuito da AED não é estabelecer uma relação de dependência ou sujeição entre Direito e Economia. A proposta é fornecer aos intérpretes do Direito mais uma perspectiva na avaliação das relações sociais. Mais além, visa também abrir os olhos dos interessados no sentido de que é possível inferir, a partir de uma avaliação de custos individuais e a comparação destes com os custos sociais[62], se o Estado está, na verdade, fornecendo incentivos errados aos operadores do Direito, máxime diante do atual cenário de explosão de litigiosidade e dificuldade do Estado de otimizar o aparelho judiciário.

Trata-se de uma nova era que propõe a reinterpretação do sistema jurídico brasileiro mediante o uso de instrumentos próprios da economia, voltados à obtenção de escolhas racionais, para que se compreenda os efeitos e as consequências indesejáveis ou involuntárias decorrentes dessas escolhas. É uma análise mais completa da questão jurídica, desde a gênese do problema até o consequencialismo da resolução do litígio (para o sujeito diretamente envolvido e para própria sociedade em geral).

Em resumo, o sistema jurídico pátrio vem absorvendo e colocando esse novo método de pensamento ao dispor do intérprete. A Análise Econômico do Direito já é uma realidade a quem possa interessar. Essa escola de pensamento pode e deve ser interpretada sob um prisma plural, em conjunto com os mecanismos já existentes, visando à construção de ambiente de litigância saudável. Nessa nova era, a AED pode se desmembrar em diferentes caminhos, aptos a gerar diversos frutos nos mais variados ramos do Direito, contribuindo de forma pujante à evolução da sociedade civil e amadurecimento da nossa democracia.

Não se trata de uma adoção acrítica de tendências estrangeiras em sua integralidade só para termos algum método tupiniquim de hermenêutica, mas sim adicionar mais uma deslumbrante tonalidade à rica paleta de cores já existente no Direito brasileiro.

---

60 O termo preço aqui é o do jargão econômico, que abrange quaisquer custos ou ônus, não necessariamente financeiros, imputados aos agentes que escolhem realizar determinada ação.

61 GOULART, Bianca Bez. Litigar ou celebrar um acordo? Uma decisão de interseção entre o direito, a economia e a psicologia. Dissertação de Mestrado, apresentada ao Programa de Pós-Graduação em Direito da UFSC. 2018.

62 SHAVELL, Steven. *Foundations of Economic Analysis of Law*. Cambridge; London: Belknap, 2004, p. 39.

REFERÊNCIAS BIBLIOGRÁFICA

ARAÚJO, Thiago Cardoso. *Análise econômica do direito no Brasil: uma leitura à luz da teoria dos sistemas*. Rio de Janeiro: Lumen Juris, 2017.

ÁVILA, Humberto. *Teoria dos Princípios*. São Paulo: Malheiros, 2003.

BARBOSA MOREIRA, José Carlos. Tendências Contemporâneas do Direito Processual Civil. Temas de Direito Processual – 3ª Série. São Paulo: Saraiva, 1984.

BARROSO, Luis Roberto. *Neoconstitucionalismo e constitucionalização do Direito*. Rio de Janeiro: Revista de Direito Administrativo, v. 240, 2005.

BOBBIO, Norberto. *Dalla Struttura alla Funzione: Nuovi Studi di Teoria del Diritto*. Milão: Edizioni di Comunità, 1977.

BRASIL. Conselho Nacional de Justiça. Relatório Justiça em números 2019: ano-base 2017. Brasília: CNJ, 2016. Disponível em: < http://www.cnj.jus.br/files/conteudo/arquivo/2018/08/44b7368ec6f888b-383f6c3de40c32167.pdf> Acesso em: 23.04.2019.

______. Superior Tribunal de Justiça. REsp 1.163.283/RS, da 3ª Turma. Relator Ministro Luis Felipe Salomão. Brasília: Diário de Justiça Eletrônico, 04 de maio de 2015. Disponível em: <http://www.stj.jus.br/portal/site/STJ>. Acesso em 23.04.2019.

______. Superior Tribunal de Justiça. REsp 1.691.748/PR, da 3ª Turma. Relator Ministro Ricardo Villas Bôas Cueva Brasília: Diário de Justiça Eletrônico, 17 de novembro de 2017. Disponível em: <http://www.stj.jus.br/portal/site/STJ>. Acesso em 23.04.2019.

CALABRESI, Guido. *The Cost of Accidents: A Legal and Economic Analisys*. New Haven, CT: Yale University, 1970.

____________, Guido. *The Future of Law and Economics*. New Heaven, CT: Yale University, 2016.

____________, Guido. *The Pointless of Pareto: Carrying Coase Further*. In: PARISI, Francesco;ROWLEY, Charles K. (Eds.). The Origins of Law and Economics: Essays by the Founding Fathers. Cheltenham, UK; Northamptom, MA: Edward Elgar, 2005, COASE, Ronald. *The Problem of Social Cost*, vol. 3, Journal of Law and Economics 1690.

CAMBI, Eduardo. Da Audiência de Conciliação ou de Mediação. *In*: WAMBIER, Teresa Arruda Alvim; DIDIER JR., Fredie; TALAMINI, Eduardo; DANTAS, Bruno. (Org.). *Breves Comentários ao Novo Código de Processo Civil*. 3ª ed. São Paulo: Editora Revista dos Tribunais, 2016.

COASE, Ronald H. *The nature of the firm*. Economics, new series, v. 4, n. 16, p. 386-405, nov.1937.

_______, Ronald H. *The Lighthouses in Economics*. Journal of Law & Economics, v. 17, n. 2, p. 357-376, out. 1974.

DE MEZA, David. Coase Theorem. In: NEWMAN, Peter (Ed.). *The New Palgrave Dictionary of Economics and the Law*. New York, Stockton Press, 1998. v. 1.

DINAMARCO, Cândido Rangel. *Nova Era do Processo Civil*. 4ª. São Paulo: Malheiros Editores, 2013.

FUX, Luiz; BODART, Bruno. *Notas sobre o princípio da motivação e a uniformização da jurisprudência no novo Código de Processo Civil à luz da análise econômica do Direito*. Rio de Janeiro: Revista de Processo, v. 269, jun. 2017.

GOULART, Bianca Bez. Litigar ou celebrar um acordo? Uma decisão de interseção entre o direito, a economia e a psicologia. Dissertação de Mestrado, apresentada ao Programa de Pós-Graduação em Direito da UFSC. 2018.

GICO JR., Ivo. Metodologia e Epistemologia da Análise Econômica do Direito. Economic Analysis Of Law Review, V. 1, Nº 1, 2010, p.11. Disponível em https://nedep.files.wordpress.com/2011/07/ivo-gico-jr-metodologia-e-epistemologia-da-aed.pdf. Acesso em: 10/05/2019.

KALDOR, Nicholas. *Welfare Propositions of Economics and Interpersonal Comparisons of Utility*. The Economic Journal, Vol. 49, Sep., 1939.

KAPLOW, Louis. *Private versus Social Costs in Bringing Suit*. Cambridge: The Journal of Legal Studies, Vol. 15, Nº 2, 1986.

MELLO, Patrícia Perrone Campos Mello. BARROSO, Luis Roberto. *Trabalhando com uma Nova Lógica: a Ascensão dos Precedentes no Direito Brasileiro*. Disponível em: <https://www.conjur.com.br/dl/artigo--trabalhando-logica-ascensao.pdf.> Acesso em: 23.04.2019.

NEVES, Daniel Amorim Assumpção. *Manual de Direito Processual Civil*. 8ª Ed. Rio de Janeiro: Editora Juspodivm., 2016.

OLLS, Christine; SUNSTEIN, Cass R; THALES, Richard. *A Behavioral Approach to Law and Economics*. Stanford Law Review, 1997-1998.

POSNER, Richard A. *Economic Analysis of Law*. 9ª. ed. New York: Wolters Kluwer, 2014.

RIBEIRO, Leonardo Coelho. *O Direito Administrativo como "Caixa de Ferramentas" – Uma Nova Abordagem da Ação Pública*. São Paulo: Malheiros, 2016.

SALAMA, Bruno Meyerhof. *A História do declínio e queda do eficientismo na obra de Richard Posner*. In: LIMA, Maria Lúcia L. M. Pádua (Org.). *Trinta anos de Brasil: diálogos entre direito e economia*. São Paulo: Saraiva, 2012. Disponível em: <https://works.bepress.com/bruno_meyerhof_salama/35>. Acesso em: 10 ago. 2017.

__________, Bruno Meyerhof. *O que é Direito e Economia*. *In*: TIMM, Luciano Benetti (Org.). *Direito & Economia*. Porto Alegre: Livraria do Advogado, 2008.

SHAVELL, Steven, *The fundamental divergence between the private and the social motive to use the legal system*. vol. XXVI, Journal of Legal Studies, Chicago: 1997.

__________, Steven *The Appeals Process and Adjudicator Incentives,* in Journal of Legal Studies, vol. 35, Chicago University Press, January 2006.

__________, Steven. *Foundations of Economic Analysis of Law*. Cambridge; London: Belknap, 2004.

SUNSTEIN, Cass R. *Cognition and Cost-Benefit Analysis*. *In*: ADLER, Matthew D. POSNER, Eric A. (Org.). *Cost-Benefit Analysis: Legal, Economic and Philosophical Perspectives*. Chicaco: The University of Chicaco Press, 2001.

WOLKART, Erik Navarro. *Análise econômica e comportamental do processo civil: como promover a cooperação para enfrentar a tragédia da Justiça no processo civil brasileiro*. 2018. Tese (Doutorado em Direito Processual) – Centro de Estudos e Pesquisas no Ensino do Direito, Universidade do Estado do Rio de Janeiro, Rio de Janeiro. pps. 114-118.

___________, Erik Navarro. *Análise econômica do processo civil: como a economia, o direito e a psicologia podem vencer a tragédia da justiça*. São Paulo: Editora Thomson Reuters Brasil, 2019.

O ARTIGO 20 DA LEI DE INTRODUÇÃO ÀS NORMAS DO DIREITO BRASILEIRO E A PONDERAÇÃO DE CONSEQUÊNCIAS NA DECISÃO JUDICIAL

Sonia Leal Martins

Introdução

A Lei nº 13.655/2018 trouxe uma série de inovações na tentativa de evitar que a prática de atividades de desenvolvimento do estado promova condutas que violem o princípio da segurança jurídica[1]. Além disso, como está dito na ementa da referida Lei, esta trouxe disposições sobre eficiência na criação e na aplicação do direito público. Para tanto, incluiu dez novos artigos no Decreto-Lei nº 4.657/1942, conhecido como a Lei de Introdução às Normas do Direito Brasileiro (LINDB).

Dentre os artigos acrescentados, destaca-se o artigo 20, objeto de estudo desse trabalho:

> Art. 20. Nas esferas administrativa, controladora e judicial, não se decidirá com base em valores jurídicos abstratos sem que sejam consideradas as consequências práticas da decisão.
>
> Parágrafo único. A motivação demonstrará a necessidade e a adequação da medida imposta ou da invalidação de ato, contrato, ajuste, processo ou norma administrativa, inclusive em face das possíveis alternativas.

Pode-se depreender do referido dispositivo que a intenção do legislador é condicionar o uso de "valores jurídicos abstratos" nas decisões à existência de motivação específica que demonstre a análise das "consequências práticas da decisão". Nesse sentido, a não observância do conteúdo normativo do dispositivo em comento, teria como consequência lógica, a nulidade da decisão[2].

O presente estudo tem como objetivo analisar as transformações introduzidas pelo art. 20 da LINDB no que tange à ponderação de consequências na decisão judicial. Para tanto, será dividido em três partes, demonstrando na primeira a finali-

---

1 No mesmo sentido, JUSTEN FILHO, Marçal. Art. 20 da LINDB – Dever de transparência, concretude e proporcionalidade nas decisões públicas. *Revista de Direito Administrativo*. Rio de Janeiro: FGV--Rio, Edição Especial: Direito Público na Lei de Introdução às Normas de Direito Brasileiro – LINDB (Lei nº 13.655/2018), novembro/2018, p. 38.

2 Embora o art. 20 da LINDB não tenha previsto a nulidade da decisão em caso da inobservância do seu conteúdo, tal consequência é presumida tendo em vista o dever de fundamentação adequada previsto no art. 489, §1°do CPC. Nesse sentido, MENDONÇA, José Vicente Santos de. Dois futuros (e meio) para o projeto de lei do Carlos Ari. In: MENDONÇA, José Vicente Santos de; LEAL, Fernando (Coord.). *Transformações do Direito Administrativo*: consequencialismo e estratégias regulatórias. Rio de Janeiro, UERJ/FGV-Rio, 2017, p. 32.

dade e a estrutura normativa do referido dispositivo. Na segunda parte, serão feitas considerações quanto ao dever de motivação das decisões previsto nos artigos 93, IX da Constituição Federal e no art. 489, §1º do CPC. Por fim, na terceira, pretende-se analisar o dever de considerar as consequências práticas da decisão, trazendo breves considerações sobre o pragmatismo jurídico, sobre o consequencialismo, bem como uma análise sobre os desafios a serem enfrentados na efetivação do art. 20 da LINDB.

1. A finalidade e a estrutura normativa do art. 20 da LINDB

Como já mencionado, as mudanças introduzidas na LINDB têm como finalidade a redução de condutas que provoquem insegurança jurídica nas atividades estatais, bem como a promoção da eficiência na criação e aplicação do direito público. Nesse sentido, tais mudanças têm aplicação nas esferas administrativa, controladora e judicial. O presente estudo se restringirá à aplicação do art. 20 da lei em comento no que tange à esfera judicial, mais especificamente na produção das decisões judiciais.

Apoiando-se nas lições de Carlos Ari Sundfeld que esteve envolvido na criação do Projeto de Lei que deu origem às modificações na LINDB, "vive-se hoje um ambiente de 'geleia geral' no direito público brasileiro, em que princípios vagos podem justificar qualquer decisão".[3] Nesse diapasão, o legislador procurou "conferir mais segurança jurídica, estabilidade e previsibilidade ao direito público".[4]

Com muita propriedade, Carlos Ari Sundfeld nos ensina:

> O profissional do Direito, ao construir soluções para os casos, tem um dever analítico. Não bastam boas intenções, não basta intuição, não basta invocar e elogiar princípios; é preciso respeitar o espaço de cada instituição, comparar normas e opções, estudar causas e consequências, ponderar as vantagens e desvantagens. Do contrário, viveremos no mundo da arbitrariedade, não do Direito.[5]

---

3 SUNDFELD, Carlos Ari. Princípio é preguiça. *Direito administrativo para céticos*. 2ª ed. São Paulo: Malheiros, 2014, p. 205. No mesmo sentido, Luis Fernando Schuartz argumenta que "não só florescem descontroladamente as decisões baseadas diretamente em princípios constitucionais e em atribuições opacas de pesos a valores e interesses supostamente em conflito; além disso, não é visível uma reação proporcional dos juristas no sentido da contenção, pela dogmática jurídica, deste movimento expansionista. SCHUARTZ, Luis Fernando. Consequencialismo jurídico, racionalidade decisória e malandragem. *In*: MACEDO JR., Ronaldo Porto; BARBIERI, Catarina Helena Cortada (Org.). *Direito e Interpretação*: racionalidades e instituições. São Paulo: Saraiva, 2011, p. 155.

4 SUNDFELD, Carlos Ari; JURKSAITIS, Guilherme Jardim. Uma lei para dar mais segurança jurídica ao direito público e ao controle. *In*: MENDONÇA, José Vicente Santos de; LEAL, Fernando (Coord.). *Transformações do Direito Administrativo*: consequencialismo e estratégias regulatórias. Rio de Janeiro, UERJ/FGV-Rio, 2017, p. 22

5 SUNDFELD, Carlos Ari. Princípio... *cit.*, p. 206.

O art. 20 da LINDB, portanto, veio ao encontro de uma tendência já observada no ordenamento pátrio, tendo em vista a obrigatoriedade de observância da fundamentação adequada das decisões, assunto que será abordado em momento oportuno. Nesse diapasão, o comando normativo do referido dispositivo estabelece a obrigatoriedade de análise das consequências práticas[6] quando o julgador se basear em "valores jurídicos abstratos", devendo "expor o caminho que o seu raciocínio percorreu para chegar à percepção sobre tais consequências e para escolher, dentre as opções possíveis, a que lhe pareceu necessária e adequada ao caso".[7] Desta feita, o propósito da referida norma é estabelecer um "freio na argumentação retórica, discurso que se vale de lugares comuns (*topois*) e fórmulas consagradas pelo uso".[8]

Considerando que o juiz não decide com base em valores, mas com base em normas, sejam elas princípios ou regras, o termo "valores jurídicos abstratos" deve ser entendido como princípios normativos que carecem de densificação diante do caso concreto, tendo em vista que não possuem um sentido unívoco.[9]

Um princípio muito aberto, não unívoco, pode, à medida em que vai sendo direcionado para um certo sentido, tornar-se fechado. Em outros termos, "a indeterminação não decorre diretamente das palavras (...) mas do fato de não haver, no ambiente

---

6 Segundo Marçal Justen Filho, a atividade de aplicação do direito pode basear-se em duas concepções, quais sejam, a concepção mecanicista e a concepção realista. A primeira considera que todas as soluções a serem concretamente adotadas já estão previstas nas normas jurídicas abstratas (mesmo que implicitamente), sendo, portanto, um enfoque idealista. Já a segunda, reconhece que a dinâmica da realidade inviabiliza a antecipação de todas as soluções para o caso concreto, sendo que a norma geral apenas produz balizas que delimitam a autonomia do julgador. Trata-se de uma concepção mais adequada que envolve a necessidade de escolhas a serem feitas pelo juiz tendo em vista a adequação posterior da norma à realidade do mundo fático. JUSTEN FILHO, Marçal. Art. 20 da LINDB – Dever de transparência... *cit.*, p.16.

7 DIDIER, Fredie Souza; OLIVEIRA, Rafael Alexandria. Dever judicial de considerar as consequências práticas da decisão: interpretando o art. 20 da Lei de Introdução às Normas do Direito Brasileiro. *A&C – Revista de Direito Administrativo & Constitucional*, Belo Horizonte, ano 19, nº 75, p. 144, jan./mar. 2019. DOI: 10.21056/aec.v20i75.1068.

8 SOUZA, Luiz Sérgio Fernandes de. As recentes alterações da LINDB e suas implicações. *Revista Jurídica ESMP-SP*, v.14, 2018, p. 126.

9 DIDIER, Fredie Souza; OLIVEIRA, Rafael Alexandria. Dever judicial... cit., p. 146. Os autores justificam tratar-se de princípios jurídicos menos densificados tendo em vista que é exatamente nessa seara que ocorrem, com mais frequência, fatores de preocupação e de insegurança. Além disso, não se trata de regra pois não teria sentido exigir análise das consequências práticas da decisão que tenha como base uma regra, já que esta já descreve as consequências jurídicas vinculadas ao fato, delimitando o campo de interpretação do juiz. Por fim, os autores ressaltam que seria inviável que o legislador exigisse que se faça prognose das consequências práticas da decisão quando esta tiver por base qualquer conceito vago, dada a grande quantidade existente no ordenamento pátrio. Nesse diapasão, de um modo geral, para conceitos indeterminados como "erro grosseiro", "verdade" e "interesse público" já existe regra no que tange à motivação adequada no art. 489, §1°, II, do CPC.

do Direito, prática e consenso anteriores em torno de seu sentido".[10] Assim, a inserção no ordenamento de uma norma que exija uma maior fundamentação e análise das consequências práticas da decisão, tende a inibir o uso indiscriminado de princípios vagos, o que irá contribuir para que se alcance a finalidade preponderante da norma em comento, qual seja, dificultar a prática de atos e decisões no direito público que violem o princípio da segurança jurídica, viabilizando uma maior estabilidade do processo decisório[11].

Fernando Leal, de forma assertiva, assevera que "sem mecanismos para domesticar essas incertezas, sobra subjetividade. Com isso, o processo decisório nas esferas judicial, controladora e administrativa torna-se instável e imprevisível".[12]

Importante ressaltar que a norma não proíbe o uso dos conceitos jurídicos indeterminados, até porque, um sistema não é considerado bom ou mal pelo uso frequente de princípios. Para Marçal Justen Filho, "talvez nem seja viável (nem desejável) ampliar a concretude da disciplina jurídica[13]". O que se deve evitar é o uso indiscriminado dos conceitos vagos pelos "espertos" e "preguiçosos".[14]

---

10 SUNDFELD, Carlos Ari. Princípio... *cit.*, p. 212.

11 No mesmo sentido, Marçal Justen Filho leciona que "verifica-se uma tendência à proliferação de normas superiores dotadas de elevado grau de abstração e generalidade. Se o conjunto das normas de hierarquia mais elevada é caracterizado pela preponderância de soluções abstratas e gerais, amplia-se a quantidade de soluções, que podem até ser contraditórias entre si. Isso tende a tornar imprevisível a decisão concreta que será efetivamente adotada para o caso concreto". JUSTEN FILHO, Marçal. Art. 20 da LINDB – Dever de transparência... *cit.*, p.17.

12 LEAL, Fernando. Inclinações pragmáticas no direito administrativo: nova agenda, novos problemas. O caso do PL 349/15. *Revista de Direito Administrativo*. Rio de Janeiro: FGV-Rio, Edição Especial: Direito Público na Lei de Introdução às Normas de Direito Brasileiro – LINDB (Lei nº 13.655/2018), novembro/2018, p. 25.

13 JUSTEN FILHO, Marçal. Art. 20 da LINDB – Dever de transparência... *cit.*, p.25.

14 SUNDFELD, Carlos Ari. Princípio... cit., p. 215. O autor assevera ainda que o uso inadequado dos conceitos indeterminados proporciona brechas indevidas para que o oportunista que tenha como objetivo, por exemplo, protelar o pagamento de dívidas, invoque tão somente o princípio do acesso à jurisdição para que lhe seja concedida liminar suspendendo o débito até o final do processo, argumentado que o indeferimento da medida viola o seu direito à Justiça. Trata-se de um argumento cômodo que oculta a fragilidade da sua pretensão. No mesmo sentido, Marçal Justen Filho leciona que "(...) a invocação a fórmulas genéricas apresenta uma dimensão retórica, destinada a impedir a crítica e a ocultar a solução arbitrária adotada. Assim, suponha-se o caso de desapropriação de imóvel de propriedade de um inimigo político, adotada como solução para retaliar a oposição no cenário político. Essa conduta é antijurídica e seria objeto de imediata invalidação, se os motivos reais fossem trazidos a público. Uma prática imaginável para impedir o reconhecimento da invalidade do ato consiste em invocar o "interesse público" na desapropriação e afirmar que os interesses do particular não podem ser invocados para impugnar os atos administrativos – que se presumem como legítimos e orientados a promover o bem de todos". JUSTEN FILHO, Marçal. Art. 20 da LINDB – Dever de transparência... *cit.*, p.23.

Por fim, o art. 20 da LINDB traz outra inovação ao exigir a análise das "consequências práticas da decisão". Trata-se da inauguração, em termos dogmáticos, do "postulado hermenêutico do pragmatismo".[15] Esse postulado pode ser entendido como o dever do julgador de considerar as consequências práticas quando estiver diante de situação que requeira a aplicação de norma cujo conteúdo seja indeterminado e que, portanto, tenha mais de um sentido possível. Esse assunto será melhor detalhado em momento oportuno.

2. O reforço do dever de motivação das decisões

O Art. 20 da LINDB em seu parágrafo único traz regra que diz respeito ao dever específico de motivação. Nesse sentido, além de considerar as consequências práticas da decisão nos casos em que estiver diante da necessidade de aplicação de valores jurídicos abstratos, precisa demonstrar o caminho percorrido na análise das consequências, devendo demonstrar quais os caminhos e sentidos possíveis a serem extraídos da norma a ser aplicada ao caso concreto.[16] Além disso, "é preciso também que o julgador justifique a solução dada à luz da proporcionalidade (necessidade e adequação) e das possíveis alternativas decisórias".[17]

Marçal Justen Filho admite que a aplicação de valores abstratos ocorre em todo o processo decisório, sendo inevitável recorrer em alguma medida ao uso de princípios não unívocos. Assevera que o problema não está na aplicação desses valores, mas sim na falta de exposição clara e evidente do processo de concretização dos mesmo.[18]

Nesse sentido, a norma em comento vem ao encontro do dever de motivação das decisões, já normatizado no ordenamento pátrio pelo art. 93, IX, da Constituição Federal, segundo o qual "todos os julgamentos dos órgãos do poder Judiciário serão públicos, e fundamentadas todas as decisões, sob pena de nulidade".

Cumpre ressaltar o importante papel que a motivação adequada cumpre no sentido de reforçar a legitimação das decisões. Nesse diapasão, contribui para a pacificação social, tendo em vista que quanto maior a exposição dos motivos da decisão e o caminho percorrido para se chegar à escolha adotada, maior será o convencimento

15 DIDIER, Fredie Souza; OLIVEIRA, Rafael Alexandria. Dever judicial... *cit.*, p. 150.

16 Nesse sentido, Fredie Didier e Rafael Alexandria Oliveira lecionam: "depois de apurar o princípio normativo que regula o caso e seus possíveis sentidos, e depois de considerar as consequências práticas decorrentes da adoção desses possíveis sentidos, cabe ao julgador adotar a solução que, em comparação com as outras soluções possíveis para o caso, demonstre ser a medida *necessária* e *adequada* – ou, em outras palavras, a medida mais proporcional. Isso vale para qualquer solução a que se chegue: imposição de prestação (fazer, não fazer ou pagar quantia), tutela declaratória ou tutela constitutiva (como a invalidação de ato jurídico, por exemplo)". DIDIER, Fredie Souza; OLIVEIRA, Rafael Alexandria. Dever judicial... *cit.*, p. 151.

17 DIDIER, Fredie Souza; OLIVEIRA, Rafael Alexandria. Dever judicial... *cit.*, p. 151.

18 JUSTEN FILHO, Marçal. Art. 20 da LINDB – Dever de transparência... *cit.*, p. 27.

das partes. O professor e Ministro do Supremo Tribunal Federal, Luiz Fux, juntamente com Bruno Vinícius da Rós Bodart trazem importante ensinamento nesse sentido:

> A fundamentação do *decisum* é ponto crucial da concepção democrática do processo, tanto que insculpida na Carta Magna como garantia fundamental (art. 93, IX). Com efeito, a legitimidade democrática do Judiciário reside no fato de que, em juízo, a solução justa é encontrada pelo Estado-Juiz em conjunto com as partes. Há, assim, ativa participação e influência dos cidadãos na formação da jurisprudência. (...) Toda a carga legitimadora do sistema jurisdicional depende da adequada fundamentação dos provimentos judiciais, como garantia de que a participação democrática será sempre a base da conclusão adotada pelos magistrados.[19]

Os autores supracitados destacam ainda a importância da motivação das decisões no que tange ao custo-benefício dos litígios, tendo em vista que "se a prestação jurisdicional não resultar de um refletido e racional processo conducente à conclusão adotada, é melhor resolver os litígios por métodos menos onerosos e lentos".[20]

Além do comando constitucional quanto à exigência da motivação das decisões, tem-se ainda o artigo 489, §1º, inciso II do CPC de 2015 que impõe o dever de motivação específica quando o julgador estiver diante da necessidade de emprego de conceitos jurídicos indeterminados. Nesse diapasão, o art. 20 da LINDB pode ser considerado como um reforço[21] a esse dever geral de motivação, podendo ser até mesmo tratado como uma regra específica de fundamentação, tendo em vista que exige do julgador a consideração das consequências práticas da decisão, além da demonstração clara dos caminhos percorridos para justificar a escolha adotada. [22]

Nessa esteira, quando o julgador estiver diante de um caso que necessite da aplicação de valores jurídicos abstratos, que conforme já explicitado, não possuem

---

19 LUIZ, Fux; BODART, Bruno Vinícius da Rós. Notas sobre o princípio da motivação e uniformização da jurisprudência no novo código de Processo Civil à luz da Análise Econômica do Direito. Disponível em < https://papers.ssrn.com/sol3/papers.cfm?abstract_id=2982136> Acesso em: 19 jul. 2019.

20 LUIZ, Fux; BODART, Bruno Vinícius da Rós. Notas sobre o princípio... *cit.*, p. 3

21 Marçal Justen Filho também considera o art. 20 da LINDB como um reforço ao dever de motivação e defende que tal dispositivo "(...) deve ser interpretado de modo integrado com o art. 489, §1º, do CPC/2015. O elenco desse último dispositivo apresenta grande utilidade porque indica manifestações diversas da insuficiência de decisões. Deve-se reputar que os defeitos referidos no dito art. 489, §1º, do CPC/2015 também são reprováveis quando verificados em decisões proferidas nas esferas judicial, administrativa e controladora. Esse entendimento não se funda propriamente em que as normas do CPC/2015 regulem toda e qualquer decisão estatal não legislativa, mas porque o art. 20 da LINDB assim o faz. E o art. 20 da LINDB impõe exigências que são violadas nas hipóteses referidas no elenco do art. 489, §1º, do CPC/2015. JUSTEN FILHO, Marçal. Art. 20 da LINDB – Dever de transparência... *cit.*, p. 37.

22 Fredie Souza Didier e Rafael Alexandria Oliveira consideram que o art. 20 da LINDB funciona como uma espécie de parágrafo do art. 489 do CPC tendo em vista que, semelhante aos §§ 2º e 3º, estabelece mais um postulado normativo (análise das consequências práticas da decisão). Além disso, o seu desatendimento pode ser considerado omissão de fundamentação prevista no §1º. DIDIER, Fredie Souza; OLIVEIRA, Rafael Alexandria. Dever judicial... *cit.*, p. 152.

uma única solução, deverá avaliar as demais alternativas com base em um juízo de proporcionalidade.

Marçal Justen Filho assevera que a decisão será inválida quando ofender o princípio da proporcionalidade, ainda que possa ser considerada compatível com normas jurídicas gerais. O referido autor traz como exemplo de decisão inválida aquela que "adotar uma solução de maior potencial restritivo do que outra, que também seria comportada pelo conjunto das normas aplicáveis ao caso". [23]

3. O Dever de Considerar as Consequências Práticas da Decisão

3.1. Breves considerações sobre o Pragmatismo Jurídico e suas características fundamentais: contextualismo; antifundacionalismo e consequencialismo

O *caput* do art. 20 da LINDB traz como norma o dever de considerar as "consequências práticas da decisão". Tal comando tem íntima relação com o que se denomina de "pragmatismo jurídico"[24], que pode ser sintetizado como sendo uma teoria "que atribui às consequências práticas das decisões judiciais um peso decisivo na atuação dos juízes". [25]

---

23 JUSTEN FILHO, Marçal. Art. 20 da LINDB – Dever de transparência... *cit.*, p. 33.

24 Conforme leciona Thamy Pogrebinschi, o pragmatismo jurídico tem sua origem baseada na escola teórica do Realismo Jurídico, também conhecido como Jurisprudência Sociológica que consistiu em um movimento surgido nos Estados Unidos no início do século XX. Tal movimento era preponderante e tinha uma concepção instrumental do direito, sendo este visto como um fato, dissociado da metafísica e de visões idealistas. Seus principais defensores eram Roscoe Pound, e os juízes em atividade na época, Benjamin Cardozo e Oliver Wendell Homes. Na década de oitenta, os ideais do Realismo Jurídico foram retomados sob a denominação de pragmatismo jurídico, tendo como principais defensores diversos juízes da Suprema Corte norte-americana, entre eles Brandeis, Frankfurter, Jackson, Douglas, Brennan, Powell, Stevens White e Breyer. POGREBINSCHI,Thamy. O que é o Pragmatismo Jurídico? *Boletim CEDES – Centro de Estudos Direito e Sociedade.* Disponível em: < http://www.cis.puc-rio.br/cis/cedes/> Acesso em 21 jul. 2019. Nesse sentido, o "realismo jurídico" surgiu como uma forte resistência ao "formalismo" do direito norte-americano, onde seus defensores entendiam que os juízes não criavam o direito, mas sim, o declaravam, pois era preexistente. Nesse sentido, segundo Thaís Nunes de Arruda, os juízes "deveriam apenas alargar as regras previamente declaradas e princípios e aplicá-los a situações novas, ou tornar as regras explícitas tiradas das normas imanentes da comunidade aplicáveis ao caso concreto. Para tanto, os juízes inventariam e utilizariam ficções jurídicas para manter a aparência de continuidade do direito, contornando as regras ou consequências indesejáveis". Mais adiante, no mesmo trabalho, a autora consignou que "o realismo jurídico procurou constituir uma ciência empírica, que descreve a realidade com proposições verificáveis, elegendo as decisões jurídicas como os fatos que servem de base para as afirmações científicas". ARRUDA, Thaís Nunes. *Como os Juízes decidem os casos difíceis?* A guinada pragmática de Richard Posner e a crítica de Ronald Dworkin. Dissertação (Mestrado) – Faculdade de Direito, Universidade de São Paulo, 2011, p. 43-44.

25 ARGUELHES, Diego Werneck; LEAL, Fernando. Pragmatismo como [Meta] Teoria Normativa da Decisão Judicial: Caracterização, estratégias e implicações. *In*: SARMENTO, Daniel (Coord.). *Filosofia e Teoria Constitucional Contemporânea.* Rio de Janeiro: Lumen Juris, 2009. p. 173.

Cumpre ressaltar que o pragmatismo jurídico é uma teoria controversa tendo como principal representante, o Juiz norte-americano, Richard Posner, e como seu principal crítico, Ronald Dworkin. Embora o aprofundamento sobre essa controvérsia não seja escopo desse trabalho, faz-se pertinente, de forma resumida, assinalar que, para Posner "o objeto da análise pragmática é afastar a discussão das questões semânticas e metafísicas e aproximá-las das questões factuais e empíricas"[26]. Nesse sentido, Posner critica a concepção moral presente nas obras de Dworkin, ao asseverar que "a filosofia moral não tem nada a oferecer aos juízes e aos estudiosos do direito no que se refere à atividade ou à formulação de doutrinas jusfilosóficas ou jurídicas".[27] Já Dworkin entende como inconcebível a concepção de que os julgadores não estão preocupados com a moral e com a história no momento de julgar, mas sim com o contexto político. Para ele, mesmo as grandes questões históricas decididas pela Suprema Corte norte-americana, trata-se, na verdade, de questões morais e não políticas.[28] Nesse diapasão, Dworkin critica o pragmatismo, taxando-o como uma "concepção cética" [29] do direito, tendo em vista que se baseia apenas "na justiça, na eficiência ou em alguma outra virtude contemporânea da própria decisão" [30], negando o valor dos precedentes judiciais.[31]

Neil Maccormick traz uma posição intermediária ao defender que é indesejável um sistema que se baseie apenas em consequências, pois o futuro, incerto, inviabiliza a justificativa racional da decisão, haja vista que as cadeias de consequências podem ser tornar infinitas. Entretanto, defende que nos casos em houver a possibilidade de soluções distintas, a consideração das consequências deve fazer parte do processo decisório.[32] Este parece ser o cenário escolhido pelo legislador ao estabelecer no *caput*

26 POSNER, Richard Allen. *Problemas de Filosofia do Direito*. Tradução Jefferson Luiz Camargo. São Paulo: Martins Fontes, 2007, p. 520.

27 POSNER, Richard A. *A Problemática da Teoria Moral e Jurídica*. Trad. Marcelo Brandão Cipolla. São Paulo: Martins Fontes, 2012, p. 9

28 POGREBINSCHI,Thamy. Dworkin Pragmatismo Jurídico. *Boletim CEDES – Centro de Estudos Direito e Sociedade.* Disponível em: <http://www.cis.puc-rio.br/cis/cedes/PDF/paginateoria/Dworkin%20 Pragmatismo.pdf>. Acesso em 22 jul. 2019.

29 DWORKIN, Ronald. *O império do direito*. 3ª ed. Tradução de Jeferson Luiz Camargo. São Paulo; Martins Fontes, 2014, p. 119. Posner defende que, embora "cético e relativista, o pragmatismo rejeita o ceticismo e o relativismo como dogmas ou posturas 'filosóficas'. POSNER, Richard A. *Para além do direito*. Tradução de Evandro Ferreira e Silva. São Paulo: Martins Fontes, 2009, p. 7.

30 DWORKIN, Ronald. *O império... cit.*, p. 185.

31 Para Posner, os precedentes servem como uma diretriz, não como um dever. Nesse sentido, "a atitude pragmática é *ativista* (voltada para o progresso e a "capacidade de execução") e rejeita tanto o conselho conservador segundo o qual tudo o que já existe é melhor quanto o conselho fatalista de que todas as consequências são imprevistas. O pragmatista crê no progresso sem fingir-se capaz de defini-lo e acredita na possibilidade de alcançá-lo através da ação humana calculada". POSNER, Richard A. *Para além do direito... cit.*, p. 4.

32 MACCORMICK, Neil. Retórica e Estado de Direito: uma teoria da argumentação jurídica. Tradução Conrado Hubner Mendes. Rio de Janeiro, Elsevier, 2008, p. 136.

do art. 20 da LINDB que as consequências práticas da decisão devem ser analisadas quando baseadas em valores jurídicos abstratos.

Andréa Magalhães pontua que há diversos tipos de pragmatismos, quais sejam, filosófico, jurídico, cotidiano, legal, adjudicativo e metateórico, havendo quem o compare ainda com o consequencialismo ou o utilitarismo. Quanto aos dois últimos, a autora traz uma diferenciação entre eles, sendo o consequencialismo um instrumento utilizado pelo julgador pragmático com o objetivo de analisar as alternativas disponíveis, sem, contudo, estabelecer qualquer critério de escolha. Já o utilitarismo é um critério de escolha onde o julgador deverá escolher a alternativa que maximize o bem-estar.[33]

Conforme bem sintetizado por Thamy Pogrebinschi,[34] a matriz pragmatista é constituída por três elementos, sendo eles, o antifundacionalismo, o contextualismo e o consequencialismo.

O antifundacionalismo rejeita a perspectiva de "verdades absolutas".[35] Nesse sentido, "os conceitos advindos da experiência servem como hipóteses a serem confirmadas na prática".[36] Assim, o pensamento está sempre aberto, sujeito à verificação. Nesse diapasão, "nega-se a existência de conceitos filosóficos como 'verdade', 'realidade', bem como se apregoa a postura de crítica incessante enquanto método de pensamento".[37]

O contextualismo, por sua vez, tem a preocupação com a realidade vivida no momento da investigação filosófica. Assim, procura "reivindicar consideração às crenças políticas, religiosas, científicas, enfim, à cultura da sociedade e às relações que mantém com as instituições e práticas sociais".[38] Tendo em vista que o contexto é mutável "o empreendimento pragmatista está sempre aberto a modificações e correções".[39]

Por fim, o consequencialismo tem por objetivo a antecipação da realidade por meio de prognoses a fim de responder ao questionamento sobre quais as consequências que cada cenário pode acarretar[40]. Tendo em vista que o legislador ao formular

---

33 MAGALHÃES, Andréa. *Jurisprudência da Crise*: uma perspectiva pragmática. Rio de Janeiro: Lumen Juris, 2017, p. 17.

34 POGREBINSCHI, Thamy. *Pragmatismo*: teoria política e social. Rio de Janeiro: Relume Dumará, 2005

35 Posner defende que "para o pragmatista, mesmo que alcançássemos a verdade absoluta, jamais saberíamos que a alcançamos. Por isso, ele é *antidogmático*. Quer manter vivo o debate e aberta a investigação". POSNER, Richard A. *Para além do direito... cit.*, p. 7.

36 VALLE, Vanice Regina Lírio do (Org.). *Ativismo jurisdicional e o Supremo Tribunal Federal*: laboratório de análise jurisprudencial do STF. Curitiba: Juruá, 2009, pp. 109-110

37 NASCIMENTO, Roberta Simões. O consequencialismo econômico nas decisões do Supremo Tribunal Federal em matéria tributária: um estudo crítico. Dissertação (Mestrado) – Faculdade de Direito da Universidade de Brasília. 2013. p. 89.

38 POGREBINSCHI, Thamy. *Pragmatismo*: teoria... *cit.*, p. 49.

39 MAGALHÃES, Andréa. *Jurisprudência da Crise... cit.*, p. 12.

40 POGREBINSCHI, Thamy. *Pragmatismo*: teoria... *cit.*, p. 39.

o art. 20 da LINDB baseou-se no consequencialismo, este será objeto de estudo mais detalhado no próximo item.

Há quem defenda ser o pragmatismo apenas um método, pelo qual, por meio de um "programa para mais trabalho"[41] faz-se uma análise sobre a realidade sujeita a constantes modificações. Nesse sentido, é bastante comum a associação entre o pragmatismo jurídico e o pragmatismo filosófico. Entretanto, Posner argumenta que sua concepção de pragmatismo jurídico não se resume a uma mera aplicação do pragmatismo filosófico. Embora incorpore ao pragmatismo jurídico as características do pragmatismo filosófico (antifundacionalismo, contextualismo e consequencialismo), preocupa-se em classificar o pragmatismo jurídico como sendo apenas uma "atitude pragmática" ou um "temperamento pragmático", sendo marcado por uma rejeição a abstrações e conceitualismos, típicos do pragmatismo filosófico. Em outras palavras, o pragmatismo jurídico baseia suas ações e julgamentos em fatos e consequências.[42]

Considerando as características do pragmatismo, José Vicente de Mendonça leciona que "se não existem fundações que justifiquem ou validem conceitos ou teorias, deve-se apreciá-las a partir de suas consequências, as quais só adquirem sentido dentro do contexto no qual estão inseridas". [43] Nesse sentido, o que o referido autor assevera, vem ao encontro do que o legislador pretendeu ao estabelecer no art. 20 da LINDB a necessidade de considerar as consequências práticas da decisão quando esta for baseada em valores jurídicos abstratos.

3.2. O Consequencialismo Normatizado pelo art. 20 da LINDB

De acordo com o tópico anterior, o pragmatismo possui como elementos característicos o antifundacionalismo, o contextualismo e o consequencionalismo. Este último, por ser a característica mais marcante do pragmatismo, será mais detalhado neste tópico.

O art. 20 da LINDB, como já analisado, trouxe como novidade o dever de considerar as consequências práticas da decisão em um cenário em que o julgador tiver a possibilidade de várias soluções distintas para o caso concreto. Nesse sentido, Fredie Souza Didier e Rafael Alexandria Oliveira consideram, de forma acertada, que "o pragmatismo jurídico é construção doutrinária que passa, agora, a ter o *status* de norma jurídica". [44]

Luis Fernando Schuartz propõe uma classificação preliminar do fenômeno do consequencialismo jurídico voltado para a realidade brasileira. Nesse sentido, atribui ao termo "consequencialismo jurídico" um sentido bastante amplo, ou seja:

---

41 JAMES, William. *Pragmatismo*. Trad. Jorge Caetano da Silva. São Paulo: Martin Claret, 2005, p. 48

42 POSNER, Richard. *Law, Pragmatism and Democracy*. Cambridge: Harvard University Press, 2003, p. 3

43 MENDONÇA, José Vicente. Direito Constitucional Econômico: A intervenção do Estado na economia à luz da razão pública e do pragmatismo. Belo Horizonte: Fórum, 2010, p. 38.

44 DIDIER, Fredie Souza; OLIVEIRA, Rafael Alexandria. Dever judicial... *cit.*, p. 153.

> (...) qualquer programa teórico que se proponha a condicionar, ou qualquer atitude que condicione explícita ou implicitamente a adequação *jurídica* de uma determinada decisão judicante à valoração das consequências associadas à mesma e às suas alternativas (...). Assim, será tratada como consequencialista tanto a posição que reserva à valoração das consequências da decisão um papel *residual* no referido juízo de adequação (quando, *e.g.*, entender-se que a consideração das consequências *somente* deva entrar em cena se as técnicas jurídicas convencionais supostamente não forem capazes de reduzir o conjunto das decisões juridicamente adequadas a um único elemento, *i.e.* a uma única decisão correta), quanto aquela que admite, *ao lado* da análise consequencialista e com um peso maior ou menor no processo decisório, formas diferentes de argumentação (*e.g.*, a que se ocupa em medir a "distância" da decisão ou de suas premissas daquilo que supostamente seria exigido pela interpretação gramatical de um dispositivo legal ou de um precedente paradigmático).[45]

Nesse diapasão, Luis Fernando Schuartz denomina como consequencialismo "forte" aquele em que a ponderação de consequências é prioritária ou exclusiva na formulação do juízo de uma determinada decisão. *A contrário sensu*, quando a ponderação de consequências só é admitida diante da ausência de instrumentos capazes de atribuir à causa uma única solução, ter-se-á o que se denomina de consequencialismo "fraco".[46]

Com base nessa classificação, sustenta-se que o consequencialismo normatizado no art. 20 da LINDB é um consequencialismo "residual" ou "fraco", haja vista o fato de que o legislador não exige a análise das consequências de toda e qualquer decisão (apenas nos casos em que exista a possibilidade de diversas soluções distintas em face da aplicação de valores jurídicos abstratos), tampouco determinou a preponderância[47] do consequencialismo.

Um ponto que merece destaque é a análise sobre quais os tipos de consequências são legítimos a integrarem a justificação das decisões. Neil Maccormick defende que o papel do consequencialismo nas decisões judiciais não pode ficar restrito aos resultados particulares, devendo ser consideradas como relevantes aquelas que têm potencial de universalização da decisão, aptas a fornecerem um padrão de conduta para os casos análogos.[48]

No mesmo sentido, Posner argumenta que as consequências que importam, são tanto as de longo, quanto de curto prazo; tanto as sistêmicas, quanto as individuais:

---

45 SCHUARTZ, Luis Fernando. Consequencialismo jurídico... *cit.*, p. 131.

46 SCHUARTZ, Luis Fernando. Consequencialismo jurídico... *cit.*, p. 131.

47 No mesmo sentido, Marçal Justen Filho leciona: "O art. 20 não impôs a preponderância de uma concepção consequencialista do direito. Não estabeleceu que a avaliação dos efeitos determinará a solução a ser adotada, independentemente das regras jurídicas aplicadas. O dispositivo restringe-se a exigir, de modo específico, que a autoridade estatal tome em consideração as consequências práticas da decisão adotada, inclusive para efeito de avaliação da proporcionalidade da decisão a ser adotada. JUSTEN FILHO, Marçal. Art. 20 da LINDB – Dever de transparência... *cit.*, p. 38.

48 MACCORMICK, Neil. Retórica e Estado de Direito... *cit.*, p. 120 e 133.

> A menção da preocupação com os perigos sistêmicos deve ajudar a demolir a falácia de que o pragmatismo jurídico é a aplicação de uma equivocada justiça substantiva às ações judiciais particulares. As consequências importantes para o pragmatista são tanto as de longo quanto as de curto prazo; são tanto as sistêmicas quanto as individuais; a importância tanto da estabilidade e da previsibilidade quanto da justiça às partes individuais; a importância tanto de preservar a linguagem como um método confiável de comunicação quanto de interpretar as leis e as cláusulas constitucionais com flexibilidade para fazer com que respondam inteligentemente a circunstâncias não vislumbradas por seus idealizadores."[49]

Nesse diapasão, Maccormick e Posner, embora não tenham demonstrado de forma clara quais consequências devem ser consideradas, ambos defenderam posicionamentos semelhantes no sentido de que o juiz deve olhar para além das consequências específicas do caso concreto, de modo a dar enfoque também para as consequências sistêmicas.[50]

3.3. *Os desafios para a estrita observância do art. 20 da LINDB*

Como já mencionado, uma das características do pragmatismo jurídico e, por conseguinte, do consequencialismo, é a preocupação com o futuro. Nesse sentido, "o juiz pragmático não se vê envolvido por qualquer *dever* de consistência com o passado"[51], sendo esta, por sinal, uma das principais críticas de Dworkin ao pragmatismo jurídico de Posner. Para este, o juiz pragmático deve assegurar a consistência com o passado somente nos casos em que seja necessária tal conduta a fim de que se obtenha os melhores resultados para o futuro.[52] Nessa esteira, Diego Werneck Arguelhes e Fernando Leal fazem o seguinte questionamento: "como relacionar algum tipo de deferência à coerência do sistema com uma teoria de decisão jurídica que se afirma, em princípio, descompromissada com o passado"?[53]

Esse pode ser apontado como um primeiro desafio que, aparentemente, pode representar um obstáculo ao cumprimento da norma prevista no art. 20 da LINDB, tendo em vista o sistema de vinculação de precedentes normatizado pelo art. 927 do Código de Processo Civil de 2015.[54] Trata-se de um conflito aparente, pois, como já

---

50 Ressalta-se que o termo "sistêmico" fora utilizado somente por Richard Posner

51 ARGUELHES, Diego Werneck; LEAL, Fernando. Pragmatismo como [Meta] ... *cit.*, p. 173.

52 POSNER, Richard A. *Pragmatic Adjudication*. 18 Cardozo Law Review 1 (1996). Disponível em: < https://chicagounbound.uchicago.edu/cgi/viewcontent.cgi?referer=https://www.google.com/&httpsredir=1&article=2818&context=journal_articles> Acesso em 24 jul. 2019.

53 ARGUELHES, Diego Werneck; LEAL, Fernando. Pragmatismo como [Meta] ... *cit.*, p. 197.

54 Assim determina o art. 927 do Código de Processo Civil de 2015: "Os juízes e os tribunais observarão: I – as decisões do Supremo Tribunal Federal em controle concentrado de constitucionalidade; II – os enunciados de súmula vinculante; III – os acórdãos em incidente de assunção de competência ou de resolução de demandas repetitivas e em julgamento de recursos extraordinário e especial repetitivos; IV – os enunciados das súmulas do Supremo Tribunal Federal em matéria constitucional e do Superior Tribunal de Justiça em matéria infraconstitucional; V – a orientação do plenário

mencionado, o art. 20 da LINDB refere-se a um consequencialismo "residual" ou "fraco", tendo em vista que a obrigatoriedade da consideração das consequências práticas da decisão só terá lugar quando o juiz estiver diante de um caso que admita várias soluções distintas. Havendo um precedente vinculante, o juiz só terá um caminho a seguir, qual seja, a observância desse precedente, nos termos do já mencionado art. 927 do Código de Processo Civil. Nesse sentido, não há que se falar em decisão com base em valores jurídicos abstratos[55] quando o caso concreto for análogo a um precedente vinculante.[56]

Outro risco decorrente do pragmatismo jurídico pode ser conferido nas lições de Fredie Souza Didier e Rafael Alexandria Oliveira:

> O risco desse tipo de atividade é que ela transforma a consequência prática no protagonista do processo decisório, permitindo, numa espécie de contramão lógica, que o sentido do

ou do órgão especial aos quais estiverem vinculados. § 1º Os juízes e os tribunais observarão o disposto no art. 10 e no art. 489, § 1º quando decidirem com fundamento neste artigo. § 2º A alteração de tese jurídica adotada em enunciado de súmula ou em julgamento de casos repetitivos poderá ser precedida de audiências públicas e da participação de pessoas, órgãos ou entidades que possam contribuir para a rediscussão da tese. § 3º Na hipótese de alteração de jurisprudência dominante do Supremo Tribunal Federal e dos tribunais superiores ou daquela oriunda de julgamento de casos repetitivos, pode haver modulação dos efeitos da alteração no interesse social e no da segurança jurídica. § 4º A modificação de enunciado de súmula, de jurisprudência pacificada ou de tese adotada em julgamento de casos repetitivos observará a necessidade de fundamentação adequada e específica, considerando os princípios da segurança jurídica, da proteção da confiança e da isonomia. § 5º Os tribunais darão publicidade a seus precedentes, organizando-os por questão jurídica decidida e divulgando-os, preferencialmente, na rede mundial de computadores".

55 Diego Werneck Arguelhes e Fernando Leal defendem a desnecessidade de propostas pragmáticas de decisão quando for possível extrair a resposta diretamente de norma preexistente: "(...) Na verdade, se considerarmos que em certos problemas a resposta para uma questão jurídica qualquer pode ser diretamente extraída do tecido normativo- especialmente quando o material jurídico preexistente é composto por diversos princípios e comandos vagos -, parecem desnecessárias considerações mais profundas a respeito de propostas pragmáticas de decisão". ARGUELHES, Diego Werneck; LEAL, Fernando. Pragmatismo como [Meta] ... *cit.*, p. 205.

56 Cumpre destacar que se o órgão julgador do caso concreto for competente para superar o precedente "*overruling*', nada obsta que, nos termos do §2º do art. 927 do CPC/2015, assim proceda, devendo apresentar um ônus argumentativo capaz de justificar a alteração do entendimento. Nesse sentido, superado o precedente, abre-se a possibilidade de haver julgamento com base em valores jurídicos abstratos e, por conseguinte, haverá a necessidade de consideração das consequências práticas da decisão. Nesse sentido Diego Werneck Arguelhes e Fernando Leal lecionam: "(...) decisões que afastam regras incidentes ou que revogam precedentes, por exemplo, são plenamente admissíveis, desde que o aplicador demonstre que a nova solução que dá ao problema é a que melhor se reconduz ao sistema preexistente. Basta que ele leve a sério a carga de argumentação que deve sobrepujar, pois, em favor da aplicação da regra e do precedente incidentes haverá sempre outras razões, como as de eles trazerem certeza, equidade, eficiência, estabilidade e o fato de serem ferramentas para a distribuição do poder em um Estado democrático de direito (...)". ARGUELHES, Diego Werneck; LEAL, Fernando. Pragmatismo como [Meta] ... *cit.*, p. 206.

> texto normativo seja construído em razão da consequência considerada ótima pelo julgador. Isso pode conferir ao magistrado uma (sensação de) liberdade incompatível com os postulados de coerência e integridade do direito, já que pode estimulá-lo a querer dissociar-se das normas existentes (legislação) e da forma como elas vêm sendo aplicadas (precedentes) para proferir uma decisão que considere apenas uma utilidade à própria decisão.[57]

O risco de ocorrer a "sensação de liberdade" por parte do julgador não pode ser ignorado. Com base nisso, o legislador estabeleceu no parágrafo único do art. 20 da LINDB o dever de motivação quanto à necessidade e adequação da medida imposta ou da invalidação de ato, contrato, ajuste processo ou norma administrativa, devendo demonstrar também as consequências das demais alternativas afastadas.

Nesse sentido, a suposta "sensação de liberdade" é mitigada em um sistema baseado no dever de motivação das decisões. Isso porque, quanto às consequências, não basta que o juiz apenas as indique. Ele deverá explicar racionalmente o caminho percorrido até a conclusão final sobre a escolha feita. Essa explicação racional envolve um mínimo lastro probatório a partir dos autos do processo podendo, também, realizar prognoses com base em amostragem ou probabilidade[58] capazes de demonstrar a plausibilidade das consequências aventadas.

Ainda quanto ao dever de motivação, o legislador estabeleceu a obrigatoriedade da avaliação das consequências com base no critério da proporcionalidade. A escolha do juiz deve ser justificada no sentido da necessidade e adequação da medida aplicada, bem como da inadequação das possíveis medidas que foram afastadas. Nesse sentido, o enfrentamento das possíveis consequências de forma detalhada e satisfatória viabiliza o alcance do desejado efeito pacificador da decisão e, consequentemente, a sua legitimidade estará menos sujeita a contestações.[59]

Fredie Souza Didier e Rafael Alexandria Oliveira advertem quanto à necessidade de a decisão estar em conformidade com o Direito:

---

57 DIDIER, Fredie Souza; OLIVEIRA, Rafael Alexandria. Dever judicial... *cit.*, p. 154.

58 Nesse sentido, Fredie Souza Didier e Rafael Alexandria Oliveira entendem ser necessário "exigir que as prognoses tenham fundamento no lastro probatório constante dos autos. As consequências que importam ao pragmatismo são as consequências reais, não as hipotéticas. Não há espaço para que o julgador cogite consequências que não estejam minimamente demonstradas nos autos como possíveis a partir daquele estado de fato. Pode adotar os meios atípicos de prova de probabilidade como forma de inferir que uma dada consequência é plausível, mas não pode prescindir de, ao menos, constatar os indícios a partir dos quais ela se revela". DIDIER, Fredie Souza; OLIVEIRA, Rafael Alexandria. Dever judicial... *cit.*, p. 155.

59 Nesse sentido, Fernando Leal: "Em um cenário de elevada carência argumentativa, obrigar tomadores de decisão a, ao lado de princípios vagos, considerar mais um elemento de justificação pode contribuir para o aumento da qualidade da fundamentação das suas decisões. Se decisões são tomadas exclusivamente com base em padrões vagos, exigir do juiz que pense nos efeitos das alternativas decisórias que lhe são apresentadas e incorpore em seu julgamento essas reflexões deixara os resultados menos sujeitos a críticas sobre um possível déficit de justificação. Pelo menos em termos *quantitativos*. Recorrer a um princípio vago e discorrer sobre as suas consequências de alternativas de decisão parece, assim, melhor do que simplesmente mencionar um princípio". LEAL, Fernando. Inclinações pragmáticas ... *cit.*, p. 27.

> O postulado do pragmatismo não se sobrepõe aos outros postulados previstos no CPC – a saber: razoabilidade, proporcionalidade, integridade, coerência, ponderação e boa-fé. Eles convivem e não é possível que a aplicação de um afaste completamente o outro.
>
> O pragmatismo, portanto, está limitado, dentre outras coisas, pela integridade, que assegura unidade ao Direito. O julgador não é livre para construir uma solução de acordo com o que reputar ser a consequência mais apropriada ao caso; a solução do caso deve estar necessariamente dentro do Direito, isto é, não pode violar norma jurídica. O juiz não pode, por exemplo, invocando o princípio da força obrigatória dos contratos, impor que um dos contratantes devolva ao outro a quantia que dele recebeu como pagamento para que cometesse ato ilícito (art. 883, Código Civil) – ainda que a devolução da quantia seja a melhor consequência possível para o caso concreto.[60]

Nesse sentido, o próprio ordenamento funciona como controle das decisões judiciais sendo indispensável que estas sejam prolatadas em conformidade com o ordenamento jurídico.

Outro ponto a ser destacado no que se refere aos possíveis desafios na observância do art. 20 da LINDB diz respeito à identificação de quais seriam as consequências relevantes a serem avaliadas. Nesse sentido, Fredie Souza Didier e Rafael Alexandria Oliveira asseveram, de forma acertada, que não se exige a avalição de todas as consequências possíveis, apenas aquelas postas no debate judicial em que tenha sido objeto de efetivo contraditório.[61] Desnecessário dizer que, ao apontar as consequências possíveis, o juiz deve viabilizar a prévia manifestação das partes, sob pena de violação ao princípio do contraditório e da não surpresa, previstos nos arts. 9° e 10 do CPC/2015.

Nesse sentido, o juiz deve basear-se nos autos do processo e no contexto político, social e econômico, não sendo exigida avaliação de consequências impossíveis de serem previstas no momento da decisão. [62]

Por fim, a avaliação efetiva das consequências práticas da decisão deve ser acompanhada de pesquisas empíricas e dados estatísticos capazes de evidenciar uma consistência argumentativa.[63] Nesse sentido, as dificuldades técnicas talvez seja um dos maiores desafios na busca da efetividade do art. 20 da LINDB. Importa ressaltar que o Supremo Tribunal Federal já vem aplicando o consequencialismo em diversos casos. Em recente estudo, Marco Antonio Loschiavo Leme de Barros e Maíra Martinelli Rizzardi analisaram os argumentos consequencialistas na ADPF 165, ADI's 3.237, 3.649 e 3.430 e RE 631.240. Os autores chegaram à conclusão de que embora o Supremo

---

60 DIDIER, Fredie Souza; OLIVEIRA, Rafael Alexandria. Dever judicial... *cit.*, p. 156.

61 DIDIER, Fredie Souza; OLIVEIRA, Rafael Alexandria. Dever judicial... *cit.*, p. 154.

62 JUSTEN FILHO, Marçal. Art. 20 da LINDB – Dever de transparência... *cit.*, p. 30.

63 José Vicente Santos de Mendonça analisando o futuro do art. 20 da LINDB, argumenta que o cenário do consequencialismo genérico é o mais fácil de ocorrer tendo em vista que mantém o poder das autoridades julgadoras além de superar os entraves técnicos no que tange à uma argumentação consequencialista embasada em dados empíricos. MENDONÇA, José Vicente Santos de. Dois futuros (e meio)... *cit.*, p. 33.

Tribunal Federal tenha utilizado um consequencialismo retórico[64], desacompanhado de evidências empíricas, no julgamento do RE 631.240 que tratava da (des)necessidade de prévio requerimento administrativo junto ao INSS nas demandas previdenciárias, pode-se observar um estudo minucioso em que o relator procurou embasar o processo com leis previdenciárias, jurisprudências de Tribunais Superiores, dados estatísticos sobre atendimentos nos postos do INSS, levantamento estatístico sobre o volume de processos judiciais com fins previdenciários, dados empíricos que elucidam a taxa de congestionamento no Tribunais no que tange às demandas previdenciárias, entre outros[65].

Nesse diapasão, muito antes da edição do art. 20 da LINDB, o argumento consequencialista já era uma tendência na Corte Suprema[66], o que evidencia uma inclinação ao pragmatismo. O art. 20 da LINDB veio para formalizar em definitivo a adoção do pragmatismo jurídico. José Vicente Santos de Mendonça adverte que talvez, o art. 20 da LINDB não tenha plena efetividade, entretanto, sugere que ocorrerá uma mudança de cultura com "inclinações pragmáticas que testam caminhos". Assim, a tendência é de que o cenário de retórica das consequências dará lugar a uma mudança no mundo das decisões em que "o juiz que buscar 'consequências práticas' para fundamentar seu decisionismo está sendo *educado* e *constrangido* por uma nova gramática". [67]

Como já mencionado, quanto mais o juiz buscar demonstrar de forma exaustiva a consistência argumentativa de sua escolha dentre outras possíveis, menos sujeita à

---

64 No mesmo sentido, José Vicente Santos de Mendonça: "Nota-se que, em algumas decisões, o STF, por exemplo, vem flertando com certo consequencialismo genérico. Na famosa decisão do habeas corpus 124306, o voto que alcançou a maioria da Primeira Turma, do ministro Luis Roberto Barroso, considerou as consequências práticas de se manter a proibição do aborto até o terceiro mês de gravidez. MENDONÇA, José Vicente Santos de. Dois futuros (e meio)... *cit.*, p. 33.

65 BARROS, Marco Antonio Loschiavo Leme de; RIZZARD, Maira Martinelli. O Supremo Tribunal Federal e a argumentação consequencialista. *Direito e Justiça:* Reflexões Sociojurídicas. nº 15, 2015, p.121. Disponível em <http://srvapp2s.urisan.tche.br/seer/index.php/direito_e_justica/article/view/1620/744> Acesso em 29 jul. 2019.

66 No RE 693456/RJ que discutiu a possibilidade de desconto dos dias não trabalhados durante o movimento grevista, o Ministro Luiz Fux argumentou em seu voto que a prática demonstra que o desconto de dias parados tem como consequência a desejável inibição do movimento paredista desenfreado: "E, por último, Senhora Presidente, eu leio aqui a cláusula constitucional que, por incrível que pareça, cria, sim, uma condicionante, porque ela submete o empregado a um exame de conveniência e oportunidade de deflagrar a greve, ciente de que os salários não serão pagos. O que diz a Constituição Federal: "Art. 9º. É assegurado o direito de greve, competindo aos trabalhadores decidir sobre a oportunidade de exercê-lo" (...). Ora, por que a Constituição asseguraria um direito constitucional, de eminência fundamental, e submeteria esse direito ao critério de oportunidade de exercê-lo ao trabalhador? Porque o trabalhador já tem ciência prévia de que a greve implica suspensão do contrato de trabalho e corte dos salários. E é assim que a práxis demonstra que se inibem esses movimentos. E, como nós estamos antevendo um momento muito difícil e, a fortiori, também, movimentos paredistas, essa solução do Supremo Tribunal Federal, no meu modo de ver, é a que melhor resolve esta questão relativa à greve nos serviços públicos e está de acordo com o projeto de lei tramitando no Congresso Nacional".

67 MENDONÇA, José Vicente Santos de. Dois futuros (e meio)... *cit.*, p. 34.

contestação estará a sua decisão. Para tanto, faz-se necessário munir o processo de dados empíricos, estatísticos e prognósticos capazes de demonstrar um sólido arcabouço de dados e argumentos que sustentem a decisão.

Conclusão

Visando dar maior segurança jurídica e eficiência na criação e na aplicação do direito público, a Lei 13.655/2018 introduziu dez novos artigos na LINDB, entre eles, o art. 20, cuja finalidade é estancar a proliferação de decisões baseadas em conceitos jurídicos indeterminados de forma arbitrária. Nesse sentido, o dispositivo não obsta a aplicação de princípios vagos, apenas condiciona o seu uso à consideração das consequências práticas da decisão.

Já o parágrafo único do art. 20 da LINDB representa uma espécie de controle, já que reforça a observância do dever de motivação. Assim sendo, não basta apontar quais as consequências possíveis, é preciso demonstrar de forma clara quais os caminhos percorridos para se chegar na solução escolhida, além de demonstrar o porquê as demais soluções possíveis não eram plausíveis. Nesse diapasão, quando o julgador estiver diante de um caso que comporte várias soluções distintas, tendo em vista a aplicação valores jurídicos abstratos, o juiz deverá avaliar todas as alternativas com base no princípio da proporcionalidade. Assim, a tendência é uma maior efetividade da decisão, além da sua legitimidade estar menos sujeita à contestação.

O *caput* do art. 20 da LINDB tem íntima relação com o que se chama de pragmatismo jurídico, que pode ser sintetizado como sendo uma teoria que se preocupa em viabilizar a valoração das consequências práticas da decisão.

O pragmatismo jurídico tem como características o antifundacionalismo, o contextualismo e o consequencialismo. A primeira rejeita a ideia de "verdades absolutas", estando sempre aberta a críticas, sujeitas à verificação. A segunda, tem a preocupação com a realidade vivida no momento da investigação filosófica, considerando aspectos políticos, religiosos, científicos e culturais. Por fim, a terceira característica tem por objetivo a antecipação da realidade por meio de prognoses a fim de identificar qual a melhor solução para o caso concreto.

O consequencialismo pode ser considerado "forte" quando a ponderação de consequências é prioritária ou exclusiva na formulação do juízo de determinada decisão. Já a classificação de "fraco" será dada quando o consequencialismo for residual, ou seja, quando não for preponderante ou quando o legislador não exigir a consideração de toda e qualquer consequência. Com base nessas considerações, conclui-se que o consequencialismo normatizado pelo art. 20 da LINDB pode ser classificado como "fraco", tendo em vista que o legislador só obriga a observância do dever de considerar as consequências práticas da decisão quando o juiz aplicar valores jurídicos abstratos em suas decisões.

A estrita observância do art. 20 da LINDB dependerá da superação de alguns desafios. O primeiro diz respeito ao questionamento quanto a possível incompatibilidade da teoria do pragmatismo jurídico com o sistema de vinculação de precedentes normatizado pelo art. 927 do CPC/2015. Isso porque, o pragmatismo jurídico tem como objetivo um olhar prospectivo, devendo o juiz assegurar a consistência com o passado somente nos casos em tal conduta viabilize a obtenção de um melhor resultado. Nesse sentido, defende-se nesse trabalho tratar-se de um aparente conflito, tendo em vista que havendo precedente vinculante, somente haverá uma solução para o caso concreto já que o juiz não poderá decidir de maneira divergente do precedente. Nesse caso, não há que se falar em consideração das consequências práticas da decisão, pois a consequência já estará prevista e normatizada pelo precedente vinculante.

Outro desafio apontado diz respeito ao risco de ocorrência de uma "sensação de liberdade" por parte do juiz. Com base nisso, o próprio art. 20 da LINDB em seu parágrafo único prevê uma espécie de controle ao reforçar a observância do dever de motivação com base em um juízo de proporcionalidade. Assim, em um sistema jurídico como o nosso em que impera o dever de motivação das decisões, o risco de ocorrência dessa liberdade é mitigado, devendo o juiz demonstrar de forma clara os caminhos percorridos para se chegar na solução escolhida, bem como os motivos que levaram ao afastamento das demais alternativas possíveis.

Quanto ao questionamento de quais seriam as consequências relevantes a serem consideradas, é imperioso que o juiz se atente aos autos do processo e viabilize a manifestação das partes previamente, de forma a atender aos princípios do contraditório efetivo e da não surpresa.

A avaliação das consequências práticas da decisão deve ser acompanhada de dados empíricos e estatísticos capazes de demonstrar a consistência argumentativa. Nesse sentido, a dificuldade técnica no levantamento de tais elementos pode ser a maior dificuldade a ser enfrentada pelos dos juízes na efetividade do art. 20 da LINDB.

Por fim, conclui-se que, apesar de o consequencialismo já ser uma realidade no direito brasileiro antes mesmo da entrada em vigor do art. 20 da LINDB, em especial nas decisões do Supremo Tribunal Federal, a sua normatização inaugura formalmente a adoção do pragmatismo jurídico pelo ordenamento pátrio.

Referências Bibliográficas

ARGUELHES, Diego Werneck; LEAL, Fernando. Pragmatismo como [Meta] Teoria Normativa da Decisão Judicial: Caracterização, estratégias e implicações. *In*: SARMENTO, Daniel (Coord.). *Filosofia e Teoria Constitucional Contemporânea*. Rio de Janeiro: Lumen Juris, 2009. p. 171-211.

ARRUDA, Thaís Nunes. *Como os Juízes decidem os casos difíceis?* A guinada pragmática de Richard Posner e a crítica de Ronald Dworkin. Dissertação (Mestrado) – Faculdade de Direito, Universidade de São Paulo, 2011.

BARROS, Marco Antonio Loschiavo Leme de; RIZZARD, Maira Martinelli. O Supremo Tribunal Federal e a argumentação consequencialista. *Direito e Justiça:* Reflexões Sociojurídicas. nº 15, 2015, p. 101-122. Disponível em < http://srvapp2s.urisan.tche.br/seer/index.php/direito_e_justica/article/view/1620/744> Acesso em 29 jul. 2019.

DIDIER, Fredie Souza; OLIVEIRA, Rafael Alexandria. Dever judicial de considerar as consequências práticas da decisão: interpretando o art. 20 da Lei de Introdução às Normas do Direito Brasileiro. *A&C – Revista de Direito Administrativo & Constitucional*, Belo Horizonte, ano 19, nº 75, p. 143-160, jan./mar. 2019. DOI: 10.21056/aec.v20i75.1068.

DWORKIN, Ronald. *O império do direito*. 3ª ed. Tradução de Jeferson Luiz Camargo. São Paulo; Martins Fontes, 2014.

JAMES, William. *Pragmatismo.* Trad. Jorge Caetano da Silva. São Paulo: Martin Claret, 2005.

JUSTEN FILHO, Marçal. Art. 20 da LINDB – Dever de transparência, concretude e proporcionalidade nas decisões públicas. *Revista de Direito Administrativo*. Rio de Janeiro: FGV-Rio, Edição Especial: Direito Público na Lei de Introdução às Normas de Direito Brasileiro – LINDB (Lei nº 13.655/2018), novembro/2018, p. 13-41.

LEAL, Fernando. Inclinações pragmáticas no direito administrativo: nova agenda, novos problemas. O caso do PL 349/15. *Revista de Direito Administrativo*. Rio de Janeiro: FGV-Rio, Edição Especial: Direito Público na Lei de Introdução às Normas de Direito Brasileiro – LINDB (Lei nº 13.655/2018), novembro/2018, p. 25-30.

LUIZ, Fux; BODART, Bruno Vinícius da Rós. Notas sobre o princípio da motivação e uniformização da jurisprudência no novo código de Processo Civil à luz da Análise Econômica do Direito. Disponível em < https://papers.ssrn.com/sol3/papers.cfm?abstract_id=2982136> Acesso em: 19 jul. 2019.

MACCORMICK, Neil. *Retórica e Estado de Direito*: uma teoria da argumentação jurídica. Tradução Conrado Hubner Mendes. Rio de Janeiro, Elsevier, 2008.

MAGALHÃES, Andréa. *Jurisprudência da Crise*: uma perspectiva pragmática. Rio de Janeiro: Lumen Juris, 2017.

MENDONÇA, José Vicente Santos de. *Direito Constitucional Econômico*: A intervenção do Estado na economia à luz da razão pública e do pragmatismo. Belo Horizonte: Fórum, 2010.

___. Dois futuros (e meio) para o projeto de lei do Carlos Ari. In: MENDONÇA, José Vicente Santos de; LEAL, Fernando (Coord.). *Transformações do Direito Administrativo*: consequencialismo e estratégias regulatórias. Rio de Janeiro, UERJ/FGV-Rio, 2017, p. 31-34.

NASCIMENTO, Roberta Simões. O consequencialismo econômico nas decisões do Supremo Tribunal Federal em matéria tributária: um estudo crítico. Dissertação (Mestrado) – Faculdade de Direito da Universidade de Brasília. 2013.

POGREBINSCHI, Thamy. *Pragmatismo*: teoria política e social. Rio de Janeiro: Relume Dumará, 2005.

POGREBINSCHI,Thamy. Dworkin Pragmatismo Jurídico. *Boletim CEDES – Centro de Estudos Direito e Sociedade.* Disponível em: <http://www.cis.puc-rio.br/cis/cedes/PDF/paginateoria/Dworkin%20 Pragmatismo.pdf>. Acesso em 22 jul. 2019.

POGREBINSCHI,Thamy. O que é o Pragmatismo Jurídico? *Boletim CEDES – Centro de Estudos Direito e Sociedade.* Disponível em: < http://www.cis.puc-rio.br/cis/cedes/> Acesso em 21 jul. 2019.

POSNER, Richard A. *Pragmatic Adjudication*. 18 Cardozo Law Review 1 (1996). Disponível em: < https:// chicagounbound.uchicago.edu/cgi/viewcontent.cgi?referer=https://www.google.com/&httpsredir=1 &article=2818&context=journal_articles> Acesso em 24 jul. 2019.

___. *Law, Pragmatism and Democracy*. Cambridge: Harvard University Press, 2003.

___. *Problemas de Filosofia do Direito*. Tradução Jefferson Luiz Camargo. São Paulo: Martins Fontes, 2007.

___. *A Problemática da Teoria Moral e Jurídica*. Trad. Marcelo Brandão Cipolla. São Paulo: Martins Fontes, 2012.

SCHUARTZ, Luis Fernando. Consequencialismo jurídico, racionalidade decisória e malandragem. *In*: MACEDO JR., Ronaldo Porto; BARBIERI, Catarina Helena Cortada (Org.). *Direito e Interpretação*: racionalidades e instituições. São Paulo: Saraiva, 2011.

SOUZA, Luiz Sérgio Fernandes de. As recentes alterações da LINDB e suas implicações. *Revista Jurídica ESMP-SP*, v.14, 2018, p. 126.

SUNDFELD, Carlos Ari. Princípio é preguiça. *Direito administrativo para céticos*. 2ª ed. São Paulo: Malheiros, 2014.

___. JURKSAITIS, Guilherme Jardim. Uma lei para dar mais segurança jurídica ao direito público e ao controle. *In*: MENDONÇA, José Vicente Santos de; LEAL, Fernando (Coord.). *Transformações do Direito Administrativo*: consequencialismo e estratégias regulatórias. Rio de Janeiro, UERJ/FGV-Rio, 2017, p. 21-24.

VALLE, Vanice Regina Lírio do (Org.). *Ativismo jurisdicional e o Supremo Tribunal Federal*: laboratório de análise jurisprudencial do STF. Curitiba: Juruá, 2009.

APONTAMENTOS SOBRE A BUSCA POR UM SISTEMA PROBATÓRIO EFICIENTE: ANÁLISE ECONÔMICA DA PRODUÇÃO ANTECIPADA DE PROVAS NO DIREITO BRASILEIRO

Tatiana Machado Alves

1. Introdução

O princípio da eficiência é reconhecido como um importante vetor axiológico do processo civil brasileiro. Além da sua previsão expressa na Constituição Federal de 1988 (CF/88),[1] ele encontra-se elencado dentre as "normas fundamentais do processo civil" no Código de Processo Civil de 2015 (CPC/2015),[2] reforçando o seu papel na interpretação e aplicação dos institutos processuais. Não obstante, ainda são poucos os trabalhos doutrinários dedicados à análise da relação entre o princípio da eficiência e o processo civil.

A carência é ainda maior no ramo do direito probatório. Na pesquisa para este artigo encontramos apenas um trabalho acadêmico empregando o princípio da eficiência como parâmetro para a análise da instrução probatória no processo civil brasileiro, e, ainda assim, com foco na produção extrajudicial de prova oral.[3] De modo geral, a produção doutrinária até então dá atenção especial aos institutos da competência, dos recursos, da execução, da coisa julgada, e dos custos do processo.[4]

Partindo dessa constatação, surge o questionamento: seria a eficiência irrelevante para a análise do sistema probatório brasileiro? É certo que o nosso processo civil adota uma concepção bastante ampla do escopo do direito à produção de provas,

---

1 O princípio da eficiência não constava do texto original da CF/88, tendo sido incluído no art. 37, *caput*, por meio da Emenda Constitucional nº 19/1998. SOBRE O PRINCÍPIO DA EFICIENCIA NA CF, XXX.

2 O art. 8º do CPC/2015 prevê que o juiz deverá observar, dentre outros, o princípio da eficiência na aplicação do ordenamento jurídico. A reprodução no diploma processual de princípios e garantias processuais que já se encontravam previstos na Constituição Federal de 1988, embora desnecessária sob a ótica da normatividade, reitera a importância dessas normas. DOUTRINA SOBRE.

3 MÜLLER, Julio Guilherme. *Negócios processuais e desjudicialização da produção da prova*: análise econômica e jurídica. São Paulo: Revista dos Tribunais, 2017.

4 O tratamento legislativo dispensado à matéria também é parco. O termo "eficiência" está presente no CPC/2015 apenas uma vez – no próprio art. 8º. O adjetivo "eficiente" também possui somente uma menção, no art. 867 (referente à penhora de frutos e rendimentos de coisa móvel ou imóvel).

entendido como um componente essencial do direito de ação e do direito à ampla defesa (enquanto "direito de se defender provando"), admitindo poucas limitações ao seu exercício. Será, então, que, por força dessas garantias fundamentais, a produção de provas no processo não pode ser interpretada com base na eficiência?

Antes de avançar nessa questão é preciso refutar a associação exclusiva que muitas vezes é feita entre o princípio da eficiência e os aspectos de custo e duração do processo. Processo eficiente não é necessariamente sinônimo de processo célere e barato. A eficiência está presente quando o processo se desenvolve com o menor dispêndio de recursos e de tempo possível *para se alcançar o resultado almejado*[5] – qual seja, a entrega da prestação jurisdicional adequada, tempestiva e efetiva através de decisões de qualidade (i.e. fundamentadas, uniformes e corretas). Para isso, a eficiência no processo demanda, por uma parte, a alocação dos (escassos) recursos disponíveis de maneira proporcional às necessidades da causa,[6] e, por outra, a previsão de institutos processuais que criem um ambiente favorável para a realização dos objetivos acima citados.

Um desses institutos é o da produção antecipada de provas, previsto nos artigos 381 a 383 do CPC/2015. A ordem natural no processo civil brasileiro é que as provas sejam produzidas com as primeiras manifestações das partes (petição inicial, para o autor, e contestação, para o réu) e/ou após a fase postulatória, quando, tendo sido definido o objeto da demanda, podemos determinar com acuidade as provas que precisam ser produzidas para esclarecer as questões de fato controversas. Todavia, em certas situações, as particularidades do conflito podem requerer uma inversão dessa ordem natural para que a prova seja produzida até mesmo antes do ajuizamento da ação.

Na base da produção antecipada de provas estão os princípios da adequação,[7] da efetividade, e da eficiência. Em relação a este, a possibilidade de antecipar a produção de determinada(s) prova(s) possui o potencial, em tese, de promover a eficiência na resolução do conflito ao evitar o ajuizamento de uma ação ou otimizar o desenvolvimento de um processo judicial que venha a ser iniciado após a produção antecipada da(s) prova(s).

Ao lado desse potencial de promoção da eficiência, há que se investigar também se a forma como este instituto é previsto, interpretado e aplicado no direito brasileiro é, em si, eficiente. Afinal, o papel exercido pelos diferentes institutos processuais na promoção da eficiência no processo civil de forma sistêmica demanda que eles próprios sejam eficientes, atendendo a seus próprios propósitos.

---

5 As preocupações com a celeridade e com o custo da Justiça não devem ser, portanto, fins em si mesmo.

6 Partindo do reconhecimento de que nenhum sistema de justiça – incluindo o brasileiro – possui recursos ilimitados, a eficiência demanda que os recursos de fato disponíveis sejam alocados da melhor forma.

7 O procedimento deve ser adequado ao caso concreto, o que pode, por vezes, exigir alterações nas ordens das fases do processo.

Nesse contexto, o presente artigo propõe-se a investigar a eficiência do sistema brasileiro de produção antecipada de provas por meio da *análise econômica do direito* (AED).

Enquanto método de estudo e aplicação do direito envolvendo a aplicação de princípios econômicos, a AED possui tanto um aspecto *descritivo*, que busca entender e explicar, à luz das normas já existentes, como os atores jurídicos se comportam, como um aspecto *normativo*, voltado para a melhoria da eficiência do sistema mediante o estudo das consequências das normas. Nesta dimensão, a AED possibilita a propositura de alternativas mais eficientes às normas que produzem resultados tido como indesejados.

Como premissa para a aplicação da AED na análise de um instituto jurídico é preciso definir qual o conceito de eficiência que será adotado, diante da polissemia deste termo. Somente será possível concluir se um determinado instituto é eficiente se soubermos quais parâmetros estamos usando para aferir essa característica. Neste artigo, filiamo-nos à corrente que define a eficiência como uma função de bem-estar social (*welfare*), adotando como marcos teóricos o artigo de Steven Shavell e Louis Kaplow, "*Fairness Versus Welfare*", posteriormente convertido em livro, e a tese de doutorado de Erik Navarro Wolkart, "xxxx".

O conceito foi considerado o mais adequado para a nossa análise por dois motivos. Primeiro porque, diferentemente do conceito de eficiência como "maximização de riqueza", a função de bem-estar social permite que levemos em consideração outros critérios, materiais e imateriais, para determinar se um instituto é ou não eficiente. Isso se torna particularmente importante quando estamos tratando de direito probatório, em que há outros aspectos a serem observados que não apenas os econômicos.

Segundo porque impede que princípios de justiça (*fairness*) sejam utilizados de forma independente para justificar um instituto, mesmo que à custa do bem-estar social. Isso representa o "outro lado da moeda" na análise do direito probatório. Se não podemos avaliar a eficiência de um instituto dessa seara apenas sob o aspecto econômico, tampouco podemos nos afastar do critério de bem-estar social com base em princípios de justiça aplicados de forma independente.

Com este pano de fundo, iniciamos o artigo pela análise do tratamento dado pelo CPC/2015 à produção antecipada de provas, ampliada no novo diploma legal para abarcar as hipóteses de antecipação sem urgência. A partir da exposição das características gerais da nova configuração desse instituto, buscamos averiguar se houve uma aproximação do sistema de *discovery* norte-americano, como vem sendo especulado por alguns autores, e se as mudanças introduzidas representaram uma boa escolha legislativa.

Em seguida, investigaremos que outras alternativas podem ser implementadas no sistema probatório brasileiro para que haja uma melhoria em termos de eficiência. O nosso objetivo não é trazer soluções milagrosas para problemas complexos, mas identificar pontos fracos do sistema atual como forma de fomentar o debate acadêmico. Embora apresentemos algumas medidas que poderiam ser adotadas para enfrentar – ou, pelo menos, amenizar – os problemas apontados, reconhecemos que ainda há muito espaço para desenvolvimento desse tema.

2. A antecipação de provas sem urgência no CPC/2015

Uma das inovações do CPC/2015 foi a ampliação das hipóteses de cabimento da produção antecipada de provas, até então limitadas à impossibilidade de produção em audiência e ao risco de perecimento da prova durante o processo (artigos 847 e 849 do Código de Processo Civil de 1973 – CPC/1973). Agora, as partes podem também buscar a antecipação quando "a prova a ser produzida [for] suscetível de *viabilizar a autocomposição* ou outro meio adequado de solução de conflito", ou "o prévio conhecimento dos fatos possa *justificar ou evitar o ajuizamento de ação*" (artigo 381, incisos II e III, do CPC/2015, respectivamente, grifos nossos).

Ambas as hipóteses se fundamentam no reconhecimento, por parte do legislador, de que nem sempre as partes possuem todas as informações necessárias para avaliar a sua posição. Seja para reduzir a assimetria de informações para uma negociação,[8] seja para esclarecer os fatos nos quais pretende futuramente basear a sua pretensão (ou, por que não, a sua defesa), o sujeito interessado possui no CPC/2015 um instrumento para buscar as provas necessárias.

A possibilidade de formulação de requerimento de produção de prova desvinculado da finalidade de comprovação de alegações fáticas sobre as quais se baseiam pretensões e defesas já aduzidas baseia-se na noção de *autonomia do direito à prova*. Esta compreende a ideia de que os sujeitos possuem um interesse jurídico em investigar fatos sem que essa atividade resulte necessariamente no ajuizamento de uma ação judicial. Pelo contrário: na base da nova sistemática da produção antecipada de provas está a ideia de que essa investigação pode evitar a propositura de demandas desnecessárias quando, a partir do esclarecimento dos fatos, as partes chegam a um acordo que põe fim ao conflito, ou a parte requerente desiste do ajuizamento da demanda principal.

O fato de a produção antecipada de provas no CPC/2015 representar um direito autônomo à prova não significa, todavia, que o requerente esteja dispensado da demonstração de interesse processual na sua realização. O art. 382 é claro nesse ponto ao estabelecer que devem ser apresentadas "as razões que justificam a necessidade de antecipação da prova" como forma de fundamentar o requerimento.

---

8 O termo "negociação" está empregado aqui de forma ampla, significando a atividade de zzzz. Não se refere apenas à negociação em sentido estrito, isto é, enquanto um meio específico de solução de conflitos extrajudicial, mas também à atividade de negociação realizada no âmbito de qualquer meio adequado de solução de conflitos (ou seja, em uma mediação, em uma conciliação, em uma arbitragem, ou, até mesmo, em um processo judicial).

Um questionamento que se coloca em relação à antecipação *sem urgência* é se ela será admissível mesmo quando o requerente já possuir elementos probatórios relativos aos fatos, mas estiver buscando obter provas adicionais para melhor esclarece-los. Colocada a pergunta de outra forma: poderia o juiz indeferir o pedido de produção antecipada quando entender que o requerente já possui elementos probatórios suficientes para deduzir uma pretensão em juízo?

Por um lado, se a finalidade do art. 381, inciso III, do diploma processual é possibilitar o esclarecimento dos fatos, e o requerente demonstra que, não obstante as provas que já possui, ainda há pontos fáticos a serem elucidados, não seria adequado permitir que o juiz impedisse o exercício desse direito apenas por já existirem provas em posse do requerente.

Nesse sentido, quando aquele dispositivo legal fala em "prévio conhecimento dos fatos [para] *justificar* [...] o ajuizamento de ação", não se deve entender essa justificação apenas sob o aspecto jurídico de demonstração do interesse de agir. A nosso ver, mesmo quando o sujeito possuir provas suficientes para formular a sua pretensão em juízo, ele pode ter um interesse legítimo em buscar conhecer mais os fatos para, por exemplo, justificar sob o aspecto econômico e/ou pessoal o ajuizamento da ação.

Esse entendimento pode ser corroborado pelo art. 382, parágrafo 3º, primeira parte, do CPC/2015. Isso porque, se é possível requerer a produção antecipada de mais de uma prova no mesmo procedimento, deve-se também admitir (ao menos em tese) a antecipação da prova quando o requerente possuir previamente elementos de prova a respeito daquele fato.

Por outro lado, o direito autônomo à prova não pode se impor sobre outros princípios e garantias fundamentais do processo. Há que se admitir, portanto, que o juiz possa indeferir o requerimento de antecipação quando essa atentar contra outros valores do sistema. Nessa linha, a parte final do citado art. 382, parágrafo 3º, estabelece que a produção conjunta de provas em um mesmo procedimento de antecipação não poderá "acarretar excessiva demora". A garantia da duração razoável do processo exerce, assim, um papel conformador do exercício do direito autônomo à prova, evitando abusos.

Não há, todavia, por que restringir à duração razoável do processo. Outros princípios e garantias processuais deveriam ser igualmente prestigiados na avaliação do cabimento da antecipação – tal como o princípio da *eficiência*. Afinal, conforme será visto em maiores detalhes no item 2.2, a produção antecipada de provas pode gerar um aumento no custo da resolução da disputa, além de dar margem para abusos por aqueles que objetivam, através dela, descobrir um fundamento para o ajuizamento de uma ação (a denominada *"fishing expedition"*) ou mesmo causar transtornos à parte adversa como forma de tentar forçar um acordo.

Assim, o magistrado pode e deve controlar a admissibilidade dos requerimentos de produção antecipada com vistas a assegurar que ela somente será realizada quando necessária para alcançar os propósitos do art. 381 do CPC/2015, especialmente nas hipóteses de antecipação sem urgência (incisos II e III).

É importante pontuar que não enxergamos nesse juízo de admissibilidade uma violação do direito de ação e/ou do princípio da inafastabilidade da jurisdição. Isso somente aconteceria se a prova cuja produção se requer for de fato essencial para justificar o próprio interesse de agir, de modo que a negativa de antecipação impediria o acesso à Justiça. Fora dessa situação, e quando não estiverem configuradas as hipóteses dos incisos do art. 381, a negativa de antecipação não impede que a parte deduza a sua pretensão em juízo, nem que a prova buscada seja futuramente produzida no bojo da ação.

Sem embargo, diante da importância do direito à prova como componente do devido processo legal e do direito de ação, bem como da limitação à cognição do magistrado nesse procedimento de antecipação, a possibilidade acima defendida deve revestir-se de caráter excepcional.

*2.1. Comparação com o **discovery** norte-americano*

Alguns autores vêm indagando se a alteração legislativa do procedimento de produção antecipada de provas teria aproximado o sistema brasileiro do *discovery* norte-americano. EXPLICAR POR QUE DIZEM ISSO.

O *discovery* apareceu no direito norte-americano em 1938, através de uma alteração das *Federal Rules of Civil Procedures*, aplicadas na justiça federal daquele país, e que foi posteriormente copiada por legislações estaduais. Em sua configuração atual,[9] o *discovery* permite que as partes obtenham acesso a informações relevantes para as suas pretensões ou defesas, desde que tais informações não sejam privilegiadas e que o requerimento de *discovery* seja proporcional às necessidades do caso.[10]

O *discovery* possui três finalidades principais: preservar informações relevantes que podem não estar disponível no momento da audiência de instrução e julgamento (*trial*); definir as questões verdadeiramente controversas entre as partes; e possibilitar a obtenção de informações que irão levar a provas admissíveis a respeito das questões controversas.

Uma característica importante do *discovery* nos Estados Unidos diz respeito ao papel assumido pelas partes na condução deste procedimento de produção de provas. As partes possuem o dever de *cooperar entre si* para regulamentar a forma de re-

9 Desde 1938, as *Federal Rules of Civil Procedures* passaram por algumas emendas visando ao melhoramento do *discovery*.

10 "[...] proportional to the needs of the case, considering the importance of the issues at stake in the action, the amount in controversy, the parties' relative access to relevant information, the parties' resources, the importance of the discovery in resolving the issues, and whether the burden or expense of the proposed discovery outweighs its likely benefit". (Rule 26 (b) (1))

alização do *discovery*, mediante a realização de uma reunião (*"conference"*) para, dentre outros tópicos, discutir questões a respeito da preservação de informações sujeitas ao *discovery* e desenvolver uma proposta de plano de *discovery* (*Rule* 27 (f) (2) das *Federal Rules of Civil Procedure*). Os advogados constituídos e as partes não-representadas "são conjuntamente responsáveis organizar a reunião e por tentar, de boa-fé, acordar uma proposta de plano de *discovery*, e por submeter à corte, dentro de 14 dias após a reunião, um relatório escrito resumindo o plano". Com isso, a responsabilidade primária pelo delineamento da forma de realização do *discovery* cabe às partes e a seus advogados, somente ocorrendo intervenção judicial quando não forem capazes de chegar a um acordo, ou quando for necessário conter abusos.

Além disso, as partes assumem a responsabilidade primária pela própria produção das provas. É o que ocorre, por exemplo, com as chamadas *oral depositions*, conduzidas pelos advogados das partes, que podem questionar qualquer pessoa em relação a informações relevantes para uma pretensão ou defesa.

Há grande preocupação no direito norte-americano em relação aos elevados custos e dispêndio de tempo envolvidos no *discovery*. Por esse motivo, as normas pertinentes das *Federal Rules of Civil Procedure* já passaram por diversas alterações desde a incorporação do instituto em 1938, buscando torna-lo mais eficiente. Tais alterações resultaram, por um lado, na limitação legislativa do escopo do *discovery* – que antes abarcava toda informação relevante para o *objeto da ação*, e a partir de 2000 passou a englobar apenas as informações relevantes para a *pretensão* ou para a *defensa* das partes –, e, por outro lado, no aumento dos poderes do juiz de limitar, ainda mais, em função das necessidades do caso concreto, o escopo do *discovery*.

Outra alteração relevante foi a introdução, no início da década de 90, do dever de *disclosure*, realizado de forma voluntária pelas partes. Segundo a *Rule* 26 (a) das *Federal Rules of Civil Procedure*, as partes detêm o dever de, na fase inicial do processo, fornecer certas informações e identificar documentos que podem vir a usar para fundamentar as suas alegações. Em um segundo momento, previamente à realização da audiência de instrução e julgamento (*trial*), as partes também têm o dever de informar as provas que pretendem ou podem usar na audiência. Isso previne a ocorrência de surpresas durante a audiência, impedindo que as partes guardem "cartas na manga" para pegar seu adversário desprevenido.

A doutrina norte-americana aponta que tanto a existência do direito de *discovery* e do dever de *disclosure*, como a previsão de poderes judiciais de limitar o exercício desse direito, podem estimular a celebração de acordos, reduzir os custos das disputas judiciais, e evitar que os casos tenham que ir a julgamento (*trial*).

Ao forçar as partes a compartilharem as informações e documentos em seu poder, o *discovery* e o *discovery* reduzem a assimetria de informações, aproximando as expectativas das partes quanto ao resultado provável do processo. Com isso, as chances de acordo aumento, e a probabilidade de que o caso vá a julgamento diminui, evitando, com isso, a ocorrência de custos pelo prolongamento da disputa.

Não obstante as suas vantagens, esses mecanismos não podem ser empregados de forma indiscriminada, sob pena de gerar abusos. Por esse motivo, a atribuição de poderes ao juiz para limitar o *discovery* pode evitar que, ao invés de estimular os acordos e reduzir os custos do processo, o instituto produza o efeito contrário.

Feita essa breve explicação, não concordamos que a ampliação das hipóteses de cabimento da produção antecipada de provas no direito brasileiro representa uma aproximação do *discovery* norte-americano. Primeiro porque a produção antecipada continua sendo um procedimento judicial cuja condução cabe primariamente ao magistrado; diferentemente do *discovery*, no qual a responsabilidade pela produção das provas fica nas mãos das partes, com intervenção judicial somente quando necessário para dirimir conflitos e evitar abusos. Embora o CPC/2015 forneça uma base normativa para que as partes, de forma similar ao que acontece no direito norte-americano, sejam instadas a cooperar na condução da instrução, essa ainda não é a regra no processo civil brasileiro.

Um segundo ponto que diferencia a produção antecipada de provas do *discovery* de modo geral é o momento da sua realização. Enquanto aquela visa à produção de provas *antes* da propositura da demanda principal, o *discovery* tem lugar no âmbito de uma ação já ajuizada. Ainda que o direito norte-americano seja mais flexível do que o brasileiro em relação à estabilização da demanda, admitindo aditamentos inclusive durante e após a audiência de instrução e julgamento (*trial*), não é correto dizer que o *discovery* seria um procedimento antecipado de produção de provas por conta disso. Tampouco poder-se-ia atribuir ao *discovery* essa natureza por ser um dos objetivos do instituto preservar provas que não estariam disponíveis no *trial*. Embora isso represente, em certa medida, uma antecipação da prova que, *a priori*, deveria ser produzida em audiência, tal antecipação ainda estará ocorrendo no bojo de uma demanda já proposta – diferente, portanto, da produção antecipada de provas do art. 381 e ss. do CPC/2015.

Nota-se, inclusive, que não é pacífica no direito norte-americano a possibilidade de se buscar o *discovery* antes do ajuizamento da ação principal fora da hipótese de preservação da prova testemunhal (prevista na *Rule* 27 das *Federal Rules of Civil Procedure*). O diploma processual federal norte-americano não prevê expressamente a possibilidade de se requerer um *discovery* antecipado com o objetivo de apenas esclarecer fatos. Essa hipótese é prevista apenas em alguns diplomas processuais estaduais, como, por exemplo, nas *Civil Practice Law and Rules* (CPLR) nova-iorquinas, que estabelecem, no §3102 (c), que "antes de iniciada uma ação, revelação [*disclosure*] para auxiliar no ajuizamento de uma ação, para preservar informação ou para auxiliar em arbitragem pode ser obtida, mas apenas por orden judicial". A doutrina norte-americana observa, todavia, que a grande maioria das cortes "concorda que o *discovery* não pode ser usado como um meio para se determinar se uma ação viável existe".

Nesse ponto, portanto, o *discovery* difere da produção antecipada de provas, especialmente do inciso III do art. 381 do CPC/2015. Afinal, ao estabelecer que esse mecanismo pode ser utilizado com vistas a "justificar ou evitar o ajuizamento de ação", o diploma processual brasileiro permite que as partes busquem, através da investigação dos fatos, determinar se uma ação viável existe.

2.2. Análise econômica da produção antecipada de provas brasileira

A ampliação do cabimento da antecipação da produção probatória assenta-se na premissa de que as novas hipóteses previstas trariam benefícios para o processo civil brasileiro. O objetivo neste item será investigar, à luz da análise econômica do direito processual, se tal ampliação teria sido de fato uma boa escolha legislativa, tornando a resolução de conflitos mais eficiente, bem como as formas mais eficientes de se concretizar os objetivos buscados por esse instituto. Para tanto, analisaremos, em sequência, as vantagens e desvantagens trazidas pelo novo sistema.

A primeira vantagem em se antecipar a produção de provas é permitir a redução da *assimetria de informações* entre as partes e, com isso, facilitar a negociação. Na maioria das negociações é comum que cada uma das partes tenha acesso a determinadas informações que não estão disponíveis à outra parte – como, por exemplo, os seus interesses, as suas melhores alternativas a um acordo negociado (*Best Alternative To a Negotiated Agreement* – BATNA), a sua reserva de valor, as suas preferências de risco e tempo, etc. Quando tratamos de uma negociação relativa a uma lide, essa lista pode ser acrescida das informações que cada parte possui a respeito do seu comportamento e dos fatos que levaram ao conflito. Tomemos por exemplo uma situação clássica de responsabilização por dano extracontratual; a parte que alega ter sofrido um dano pode possuir informações mais precisas a respeito da extensão do dano sofrido que não estão, *a priori*, disponíveis para a parte que supostamente causou o dano. Esta, por sua vez, pode ter acesso a documentos e informações sobre a natureza do seu comportamento – se doloso ou culposo.

A assimetria de informações entre as partes pode ter um impacto significativo nas tratativas de negociação, na medida em que pode gerar um vácuo entre as expectativas de cada uma delas sobre as suas próprias chances de sucesso em uma eventual ação judicial. Nessas situações, a antecipação da prova que seria futuramente produzida em um processo é capaz de reduzir ou até eliminar esse vácuo, aproximando as percepções das partes a respeito do caso e, consequentemente, aumentando as chances de obtenção de um acordo negociado.[11]

---

11 Isso não ocorre quando as diferentes perspectivas das partes a respeito de suas chances de sucesso em um futuro processo são fundadas em um otimismo excessivo – o denominado "modelo otimista", em oposição ao "modelo de informação privada" (Baird...). Nesse sentido, a jurisprudência possui o potencial de exercer um importante papel em desencorajar o otimismo excessivo. Quando os tribunais adotam um posicionamento uniforme, claro e coerente a respeito da forma de interpretação dos fatos e do direito, as partes têm melhores condições de avaliar as suas chances de sucesso. Nesse cenário, é pouco provável que haja uma diferença de perspectivas fundadas em uma subjetiva avaliação de sucesso – i.e. em um otimismo excessivo. Por outro lado, se a jurisprudência

A segunda vantagem da antecipação sem urgência reside em seu potencial de reduzir os custos do litígio caso (i) ocorra a autocomposição; (ii) o ajuizamento da ação seja evitado; ou (iii) a ação posteriormente ajuizada desenvolva-se de forma mais célere por conta da produção antecipada de provas.

Em contrapartida, a antecipação será *desvantajosa* quando o ajuizamento de uma ação não for evitado (seja porque não ocorreu a autocomposição ou porque o requerente decidiu propor a demanda) e as provas produzidas antecipadamente forem pouco ou nada úteis à ação por conta da falta de informação sobre o que seria relevante para o caso.

Dessa forma, a primeira desvantagem do novo sistema diz respeito ao seu potencial de elevar os custos da resolução da disputa em certas situações. Não se pode olvidar, afinal, que as partes muitas vezes não têm como saber quais meios de provas serão necessários antes da fase postulatória, ou mesmo como a prova deve ser produzida. Somente após a apresentação pelo autor e pelo réu de todas as alegações fáticas nas quais embasam, respectivamente, os seus pedidos e as suas defesas é possível determinar, com precisão, as provas que são necessárias para provar tais alegações fáticas (em adição às provas já apresentadas durante a fase postulatória).

Imagine, por exemplo, um requerimento de produção antecipada de prova pericial. Muitas vezes, somente é possível definir o escopo desse meio de prova após a fase postulatória, quando o juiz e as partes conseguem então identificar quais são os pontos controversos a respeito dos quais a manifestação do perito é necessária. Assim, a antecipação pode resultar na realização de uma perícia muito mais ampla ou sobre pontos diversos dos que precisariam ser elucidados, demandando a sua repetição na ação porventura ajuizada.

A segunda desvantagem da nova configuração da produção antecipada consistiria no risco de utilização desse mecanismo como forma de coagir a parte adversa a aceitar um acordo para evitar ter que compartilhar documentos e informações privadas e/ou os custos do procedimento.

Por fim, a terceiro desvantagem das novas hipóteses de produção antecipada de provas é representada pelo risco da prática de *fishing expedition*.

Conforme abordado no item 2.1, *supra*, é relativamente pacífico nos Estados Unidos que a *discovery*, especialmente nas raras situações em que ela é prévia a uma ação, não pode ser empregada para determinar se um caso existe, mas somente já está claro que há uma ação viável. Veda-se, portanto, a prática de *fishing expedition*, consistente nos esforços especulativos empreendidos por uma parte para tentar descobrir *qualquer informação* capaz de suportar sua pretensão ou defesa.

---

não é clara e varia frequentemente, mesmo após o compartilhamento das informações privadas, é altamente provável que uma ou ambas as partes continuem acreditando em suas chances de sucesso por razões de cunho subjetivo.

O inciso III do art. 381 do CPC/2015 em especial pode apresentar esse mesmo risco ao permitir a antecipação da prova sobre fatos que possam justificar o ajuizamento de ação. Esse dispositivo, ao menos à primeira vista, parecer dar margem para que se utilize do procedimento de produção antecipada para se descobrir se uma ação é viável.

Os pontos que levantamos acima não significam que a antecipação da prova *sem* urgência seja ruim para o sistema processual. Entretanto, não podemos ignorar os riscos e as desvantagens trazidos pela forma como o instituto está previsto em nome apenas do "direito autônomo à prova".

Nessa medida, há formas de implementação que podem ser adotadas para minimizar os riscos e enaltecer os propósitos buscados pelo CPC/2015. A já citada possibilidade de limitação da produção antecipada pelo juiz com base no princípio da proporcionalidade – isto é, quando os custos a serem incorridos pela antecipação superaram os benefícios pretendidos – representa uma forma de minimizar o risco de elevação dos custos e de evitar abusos.

Outra opção para tornar o procedimento mais eficiente é exigir o estrito cumprimento do art. 382 do CPC/2015, no que estabelece que o requerente deve mencionar "com previsão os fatos sobre os quais a prova há de recair". Essa identificação dos fatos não apenas auxilia na determinação do escopo da prova a ser produzida, mas também permite que o magistrado exerça melhor controle sobre os objetivos perseguidos pelo requerente (isto é, se ele possui um interesse legítimo, ou se está apenas buscando coagir o seu adversário ou realizar uma *fishing expedition*).

3. O futuro do sistema brasileiro de produção de provas

Com o crescimento do interesse pela análise econômica do direito, espera-se que os estudos de direito processual sejam cada vez mais informados por perspectivas voltadas para a eficiência do sistema.

Nessa linha, buscamos, neste item, identificar alguns pontos do sistema de produção de provas brasileiro que podem ser melhorados para tornar o processo civil mais eficiente em termos de instrução. Aqui não nos limitamos apenas à produção antecipada de provas, mas levamos em consideração que outras medidas podem ser adotadas para atender às mesmas finalidades das hipóteses de antecipação do CPC/2015, quais sejam: promover a negociação entre as partes e otimizar o esclarecimento dos fatos.

O primeiro ponto consiste na necessidade de, mesmo no procedimento de produção antecipada, as partes ainda precisarem saber exatamente quais documentos e informações podem pedir da parte adversa. Não existe, no processo civil brasileiro, um dever das partes de informar quais documentos relevantes para a causa possuem.

Correlatamente, o segundo ponto está na falta de incentivos à exibição voluntária e na dificuldade de controle. É bem verdade que o CPC/2015 avançou em relação ao Código anterior, na medida em que passou a permitir, em adição à presunção de veracidade em desfavor da parte que recusa a exibição do documento, a adoção de medidas indutivas, coercitivas, mandamentais ou sub-rogatórias para que o documento seja exibido (art. 400, parágrafo único). Todavia, esse sistema ainda depende, em primeiro lugar, de uma determinação judicial ordenando a parte à exibição, e, em segundo lugar, de os custos decorrentes da ocultação superarem aqueles advindos da exibição.

Sabemos, afinal, que há um custo na exibição de documento pelas partes – tanto os intrínsecos da produção do documento (que não necessariamente estará facilmente disponível), como os gerados pelo seu impacto na posição da parte no processo. Às vezes, o documento cuja exibição se requer contém informações ainda mais prejudiciais ao seu detentor do que estimado pela parte requerente. A parte detentora somente irá apresentar o documento, cumprindo com a determinação judicial, se os custos impostos pela sua eventual recusa superarem os custos que serão gerados pela exibição.

Por esse motivo, o sistema deve prever incentivos que estimulem o compartilhamento de informações e documentos pelas partes, seja sob a forma de sanções punitivas pelo descumprimento, ou de sanções premiais pela postura cooperativa adotada pelas partes.

Seguindo, o terceiro ponto consiste na dependência da atuação judicial na produção de provas, o que eleva os custos para a sociedade. Como dito acima, na ausência de estímulos à exibição voluntária, torna-se essencial, na maior parte das vezes, obter uma determinação judicial para que a prova seja produzida.

Tal sistema vai na contramão da forma como o direito norte-americano regulamenta a produção probatória. Naquele país, as partes devem cooperar entre si para definir os pontos sobre os quais estão de acordo, devendo somente levar ao juiz o que for realmente controverso, além de deterem a responsabilidade primária pela condução na produção das provas.

Neste ponto em específico, entendemos que o modelo adotado nos Estados Unidos apresenta vantagens em relação ao do Brasil por estimular a cooperação entre as partes e reduzir a necessidade de participação do juiz na instrução.

Por fim, o quarto ponto do nosso sistema probatório que pode ser melhorado está ligado à deficiente aplicação da proporcionalidade como parâmetro no direito processual civil. A proporcionalidade aparece no nosso processo civil no cálculo de astreintes e nos horários sucumbenciais, mas não na instrução probatória.

Também nesse ponto identificamos uma diferença em relação aos sistemas norte-americano e inglês, nos quais a proporcionalidade é frequentemente citada como elemento a ser levado em consideração na organização do processo civil.

Questionamos, então, se haveria espaço no direito brasileiro para admitir a aplicação do princípio da proporcionalidade à produção de provas e, em caso afirmativo, de que forma. Já defendemos acima que a proporcionalidade poderia ser empregada para, por meio da ponderação dos custos impostos e das vantagens que podem ser proporcionadas pela antecipação, controlar a admissibilidade do requerimento de produção antecipada, entendendo a proporcionalidade como um dos aspectos da demonstração da "necessidade" da antecipação.

Uma outra forma de incorporar a proporcionalidade seria pela adoção de *cost-shifting rules* (traduzidas por regras de inversão dos custos), por meio da qual poder-se-ia fixar um limite para os custos com a produção das provas, levando em consideração as necessidades do caso e a probabilidade de obtenção de um resultado frutífero. Acima deste limite, a parte requerente deveria compensar o seu adversário pelos custos adicionais que deverão ser incorridos. Tal mecanismo tem o potencial de evitar a ocorrência de abusos no exercício do direito à prova, sem limita-lo.

4. Conclusão

Não há dúvidas de que o direito à prova é um importante componente do devido processo legal e do direito de ação. Especialmente no Brasil, podemos afirmar, sem medo de exagero, que se trata de um princípio de justiça pelo qual a sociedade (jurídica) brasileira nutre um "gosto especial", sendo comum que tentativas de limitação ao seu exercício sofram críticas.

Todavia, tampouco se pode negar que um sistema probatório ineficiente não será capaz de contribuir para as finalidades do processo. Nessa medida, é salutar que também o direito probatório seja interpretado pelo método de análise econômico do direito, como forma de buscar um sistema de produção de provas mais eficiente.

O presente artigo buscou, nesse contexto, apresentar apontamentos aptos a contribuir para o debate acerca da eficiência do sistema brasileiro de produção de provas, com foco especificamente no procedimento de produção antecipada de provas. Pelas lentes da análise econômica do direito e do princípio da eficiência, expusemos as vantagens e desvantagens da hipótese de antecipação sem urgência no CPC/2015, propondo formas pelas quais, diante do arranjo legislativo, esse instrumento pode ser implementado de maneira eficiente.

A conclusão a que chegamos é que, de maneira geral, a ampliação da produção antecipada de provas pelo legislador foi benéfica para o sistema como um todo na medida em que tem o potencial de promover a autocomposição dos conflitos e otimizar a apresentação de pretensões em juízo. Entretanto, não é possível elevar o direito autônomo à prova acima das demais garantias e princípios do processo, cabendo ao magistrado, de forma cautelosa, conformar o exercício desse direito para evitar abusos.

UMA ANÁLISE ECONÔMICA DAS VANTAGENS DA ARBITRAGEM

Thiago Dias Delfino Cabral

SUMÁRIO: 1. Introdução. **2.** O sistema multiportas de resolução de conflitos. **3.** O sistema multiportas de resolução de conflitos no Brasil. **4.** Por um efetivo sistema multiportas no Brasil: a importância da análise econômica no momento da escolha do método de resolução de conflitos. **5.**A análise econômica da arbitragem. **6.** Conclusão. **7.** Bibliografia.

1. Introdução

Desde o século XX, constata-se uma transformação em diversos sistemas processuais em decorrência: (i) da evolução da sociedade, que ficou mais complexa com o surgimento de novos valores e direitos[1]; (ii) do interesse inerente a qualquer cidadão de resolver seus conflitos rapidamente[2]; (iii) do surgimento de novas filosofias, como o "contraculturalismo"[3]; e (iv) do movimento de acesso à justiça, o qual, segundo Mauro Cappelletti, visa "analisar e procurar os caminhos para superar as dificuldades ou obstáculos que fazem inacessíveis para tanta gente as liberdades civis e políticas"[4].

---

1 FARIA, Marcela Kohbalch de. Meios alternativos de solução de conflitos: mais um caminho para a efetividade de direitos constitucionais. In: FUX, Luiz (coord). Processo Constitucional. Rio de Janeiro: Forense, 2013. P. 823.

2 MOREIRA, José Carlos Barbosa. O problema da duração dos processos: premissas para uma discussão séria. Temas de Direito Processual – Nona Série. Rio de Janeiro: Forense. 2007. No mesmo sentido, Antonio do Passo Cabral conclui que "a sociedade passou a exigir urgência na resposta estatal, o que evidentemente viria a transbordar no processo, pois muitos dos seus mecanismos para a solução de controvérsias ainda possuem formato milenar, em descompasso com as necessidades de provimentos céleres e respostas imediatas". (A duração razoável do processo e a gestão do tempo no projeto do novo Código de Processo Civil. In: FREIRE, Alexandre et al. (coord.). Novas tendências do Processo Civil: estudos sobre o projeto do novo CPC. Salvador: Jus Podium. 2013. P. 74).

3 De acordo com Marcela Kohbalch de Faria, "outro movimento sociocultural apontado como incentivador da adoção dos meios alternativos foi o chamado contraculturalismo, observado nos anos sessenta, no qual se desafiava as autoridades, pregando valores de individualismo, populismo, laissez-faire e igualitarismo. Esse ambiente cultural revelou-se facilitador dos 'meios comunitários' de solução de conflitos, com estímulo à mediação e à conciliação. O antiautoritarismo, anti-intelectualismo e a realização comunitária verificadas no movimento gerou a repulsa às decisões impostas, agregada à ideia de que as instituições legais formais, incluídos os Tribunais Estatais, seriam mecanismos para manutenção do poder das elites" (Meios alternativos de solução de conflitos: mais um caminho para a efetividade de direitos constitucionais. In: FUX, Luiz (coord). Processo Constitucional. Rio de Janeiro: Forense, 2013. P. 815).

4 CAPPELLETTI, Mauro. Métodos alternativos de solução de conflitos no quadro do movimento universal do acesso à justiça. In: Revista de Processo, v. 74, p. 82-97, abr-jun. São Paulo: Editora Revista dos Tribunais. 1994, Versão Eletrônica.

Nesse contexto, não causa qualquer surpresa que o sistema processual brasileiro também tenha passado por profundas transformações, em especial durante a segunda metade do século XX, período no qual foram empreendidas diversas reformas visando o aperfeiçoamento de nosso sistema processual[5].

Dentre essas reformas, destacamos a regulamentação e o incentivo à utilização dos métodos adequados de resolução de conflitos, fenômeno este que atingiu seu auge com a promulgação do Código de Processo Civil de 2015, o qual adotou, expressamente, o sistema multiportas de resolução de conflitos.

No entanto, conforme será demonstrado no decorrer desse trabalho, o sistema multiportas somente será eficaz se o jurisdicionado souber escolher o mecanismo mais adequado para sua controvérsia, o que implica, necessariamente, na realização de uma análise econômica.

Diante da amplitude do sistema multiportas, no presente artigo, por uma questão metodológica, apontaremos os benefícios da arbitragem à luz da análise econômica do direito. Para alcançar essa finalidade, em primeiro lugar, apresentaremos a origem do sistema multiportas e sua adoção no Brasil. Em seguida, apontaremos as mudanças necessárias para que o aludido sistema seja eficiente, o que inclui a utilização da análise econômica do direito pelos litigantes. Por fim, apresentaremos os benefícios da arbitragem à luz análise econômica do direito.

2. O sistema multiportas de resolução de conflitos

O sistema multiportas de resolução de conflitos foi sistematizado durante uma viagem realizada por Frank Sander, professor emérito da *Harvard Law School*, para a Suécia em 1975, onde passou a questionar a capacidade do Poder Judiciário para solucionar conflitos de direito de família.[6]

No ano seguinte, na *Pound Conference,* realizada em Saint Paul (no Estado de Minnesota), Frank Sander apresentou suas conclusões em palestra intitulada "Variedades de Processamento de Conflitos", na qual defendeu a contenção da litigiosidade por meio da utilização de métodos alternativos ao Poder Judiciário para solucionar e pacificar conflitos.[7]

---

5 CARNEIRO, Paulo Cezar Pinheiro. Comentários aos artigos 1º ao 15 do Código de Processo Civil. In: WAMBIER. Teresa Arruda Alvim et al. (coords). Breves Comentários ao Novo Código de Processo Civil. 2ª Tiragem. São Paulo: Editora Revista dos Tribunais. 2015. P. 62.

6 SANDER, Frank; CRESPO, Maria Hernandez. Diálogo entre os professores Frank Sander e Maria Hernandez Crespo. In: ALMEIDA, Rafael Alves *et al.* (coords.). *Tribunal Multiportas*: investindo no capital social para maximizar o sistema de solução de conflitos no Brasil. Rio de Janeiro: Editora FGV. 2012.

7 VENTURI, Elton. Transação de Direitos Indisponíveis? In: *Revista de Processo*. Volume 251. P. 391-426. Jan. São Paulo: Editora Revista dos Tribunais. 2016, versão eletrônica.

Nessa palestra, também sugeriu a criação de um órgão cuja finalidade seria realizar uma análise prévia do conflito e, em seguida, sugerir o melhor método para solucioná-la.[8]

Nascia, naquele momento, o conceito de "Tribunal Multiportas"[9], expressão que, de acordo com Antonio do Passo Cabral e Leonardo Carneiro da Cunha, "decorre de uma metáfora: seria como se houvesse, no átrio do fórum, várias portas; a depender do problema apresentado, as partes seriam encaminhadas para a porta da mediação; ou da conciliação; ou da arbitragem; ou da própria justiça estatal"[10].

Entretanto, em nosso entendimento, a melhor expressão para sintetizar o pensamento de Frank Sander é "sistema multiportas", pois permite a utilização dos métodos adequados de resolução de conflitos da forma e no momento que as partes desejarem, sem que haja a necessidade obrigatória de intervenção do Poder Judiciário.

Fato é que, no sistema multiportas, o Poder Judiciário não é o único mecanismo para solucionar conflitos. Pelo contrário, trata-se de um método, dentre vários, que pode atingir essa finalidade.

Outro aspecto relevante desse sistema consiste na outorga de poder ao cidadão para escolher o mecanismo que melhor se adapta ao seu litígio, de forma que, ao final do conflito, possa se sentir satisfeito com a sua solução.[11]

---

8 Gustavo Santana Nogueira e Suzane de Almeida Pimentel Nogueira explicam que, "segundo o Professor poderia haver, dentro das Cortes ou mesmo fora delas, um mecanismo de 'triagem' do conflito, e que tal conflito seria analisado e encaminhado para a porta em que a solução poderia ser encontrada de forma mais satisfatória. Ele não aponta hierarquia entre os métodos (as portas), posto que cada uma das possibilidades apresenta vantagens e desvantagens, mas é exatamente aí que transparece o brilhantismo da sua proposta: essa triagem seria capaz de analisar o litígio e descobrir não a solução definitiva para o mesmo, mas sim o método (simbolizado pela porta) que seria o mais adequado para obter uma solução." (O sistema de múltiplas portas e o acesso à justiça no Brasil: perspectivas a partir do novo código de processo civil. In: *Revista de Processo*, v. 276, p. 505-522, fev. São Paulo: Editora Revista dos Tribunais. 2012, versão eletrônica).

9 Sobre a origem desse termo, Frank Sander declarou, em entrevista à Mariana Hernandez Crespo, que "após aquela palestra na Pound Conference, no verão de 1976, uma das revistas da ABA [American Bar Association – Ordem dos Advogados dos Estados Unidos] publicou um artigo sobre essa conversa. Na capa da revista, uma grande quantidade de portas, representando o que chamaram de Tribunal Multiportas. Eu tinha dado um nome bem mais acadêmico: 'centro abrangente de justiça', mas muitas vezes o rótulo que se dá a uma ideia depende mais da divulgação e da popularidade dessa ideia. Assim, devo à ABA esse nome de fácil assimilação: Tribunal Multiportas". (SANDER, Frank; CRESPO, Maria Hernandez. Diálogo entre os professores Frank Sander e Maria Hernandez Crespo. In: ALMEIDA, Rafael Alves *et al.* (coords.). *Tribunal Multiportas:* investindo no capital social para maximizar o sistema de solução de conflitos no Brasil. Rio de Janeiro: Editora FGV. 2012. P 32).

10 CABRAL, Antonio do Passo; CUNHA, Leonardo Carneiro da. Negociação direta ou resolução colaborativa de disputas (collaborative law): "Mediação sem Mediador". In: ZANETI JR. Hermes; CABRAL, Trícia Navarro Xavier (coords). *Justiça Multiportas*: Mediação, conciliação, arbitragem e outros meios de solução adequada para conflitos. Salvador: JusPodium. 2016. P. 710.

11 João Luiz Lessa Neto destaca que "o modelo multiportas é essencialmente democrático e participativo. Ele parte da noção de empoderamento e de que o cidadão deve ser o principal ator da solução

Diante da inovação apresentada por Frank Sander na *Pound Conference*, em pouco tempo, suas ideias foram criticadas[12], estudadas[13] e postas em prática. Nesse último aspecto, deve-se mencionar que, a partir 1985, a Corte Superior do Distrito de Columbia, localizada em Washington D.C., instituiu um sistema multiportas com: (i) mediação em causas de pequeno valor e em conflitos domésticos; (ii) arbitragem compulsória em demandas com valor inferior a US$ 50.000,00 (cinquenta mil dólares); e (iii) semanas dedicadas à conciliação[14].

De acordo com Gladys Kessler e Linda Finkelstein, passados 3 (três) anos da instituição desse modelo, os referidos métodos tinham sido utilizados em mais de 10.000 (dez mil) processos.[15] Embora o espaço temporal da análise tenha sido curto, esse número é suficiente para indicar o potencial do sistema multiportas, tanto que, em 1990, iniciou-se um processo de incorporação dos métodos adequados de resolução de conflitos no ordenamento jurídico norte-americano.[16]

Nesse período, houve a promulgação: (i) do Administrative Dispute Resolution Act de 1996, segundo o qual as agências federais devem considerar a utilização de métodos adequados de resolução de conflitos e, se for o caso, indicar um especialista no assunto; e (ii) do Dispute Resolution Act de 1998, o qual impôs que cada corte distrital federal estabelecesse um programa de métodos adequados de resolução de conflitos.[17]

Passada cerca de uma década do surgimento do conceito de sistema multiportas, pode-se declarar que, atualmente, o cidadão norte-americano possui um amplo sis-

de seu conflito." (O novo CPC adotou o modelo multiportas!!! E agora?!. In: *Revista de Processo*, Ano 40. n. 244, jun. São Paulo: Editora Revista dos Tribunais. 2015. P. 432).

12 Owen Fiss, professor emérito da *Yale Law School*, critica o movimento de valorização da conciliação em detrimento do Poder Judiciário por entender, em linhas gerais, que o acordo pode: (i) consolidar injustiças quando houver desigualdade entre as partes; (ii) ter sua legitimidade questionada em ações coletivas devido à dificuldade na representação de grupos; (iii) ser questionado pelas partes em juízo e (iv) impedir que o questões essenciais para a sociedade sejam devidamente analisadas pelo Poder Judiciário. (FISS, Owen. Against Settlement, In: Yale Law Journal, vol. 93, 1984).

13 O Departamento de Justiça dos Estados Unidos criou a Divisão de Melhoramentos na Administração de Justiça com essa finalidade ao passo que a Ordem dos Advogados dos Estados Unidos criou uma Comissão para Resolução de conflitos. (SANDER, Frank; CRESPO, Maria Hernandez. Diálogo entre os professores Frank Sander e Maria Hernandez Crespo. In: ALMEIDA, Rafael Alves *et al.* (coords.). *Tribunal Multiportas*: investindo no capital social para maximizar o sistema de solução de conflitos no Brasil. Rio de Janeiro: Editora FGV. 2012.p. 34).

14 KESSLER, Gladys; FINKELSTEIN, Linda J. The evolution of a Multi-Door Courthouse. In: *Catholic University Law Review*, vol. 37, issue 3, *spring*, 1988. Disponível em: < https://scholarship.law.edu/cgi/viewcontent.cgi?article=1897&context=lawreview>. Acesso em: 17 set. 2018.

15 Ibidem.

16 VENTURI, Elton. Transação de Direitos Indisponíveis? In: *Revista de Processo*. Volume 251. P. 391-426. Jan. São Paulo: Editora Revista dos Tribunais. 2016, versão eletrônica.

17 SANDER, Frank E.A. The Future of ADR. In: *Journal of Dispute Resolution*, vol. 2000, issue 1, 2000.

tema de resolução de conflitos, no qual há uma plêiade de mecanismos à disposição das partes, que podem escolher aquele que for mais adequado para solucionar seus conflitos.[18]

Esse movimento de adoção do sistema multiportas de resolução de conflitos, contudo, não se restringiu aos Estados Unidos. Em 1998, houve uma profunda reforma no sistema processual inglês visando a criação de um modelo cooperativo[19], que fosse mais justo, célere, efetivo e menos dispendioso[20-21]. Dentre as alterações realizadas, deve-se mencionar a outorga de poderes ao magistrado para, após analisar as peculiaridades da demanda, gerenciar o processo[22], podendo, inclusive, estimular a adoção dos métodos adequados de resolução de conflitos[23].

---

18 Na visão de Luis Fernando Guerrero, "nos Estados Unidos observa-se uma grande variedade de métodos de trabalho de solução de conflitos (mini-trial, avaliação neutra de terceiro, summary jury trial, private-judging etc.), buscando-se sempre o mais apropriado para a solução do conflito, sendo admissível ainda a combinação de mais métodos. Trata-se do chamado sistema de multi-door courthouse, o qual se visa ao fornecimento da melhor forma possível de solução de determinado conflito." (*Os métodos de resolução de conflitos e o processo civil*. São Paulo: Atlas. 2015. P. 12).

19 Neil Andrews ensina que "as regras do processo civil (1998) (CPR – do inglês, Civil Procedural Rules) tiveram a finalidade de modificar a cultura litigiosa dos tribunais ingleses. Um dos objetivos das reformas era o de que o processo civil inglês passasse de um sistema antagonista para um modelo de cooperação entre litigantes e seus advogados." (Relações entre a corte e as partes na era do case management. In: *Revista de Processo*. V. 217. P. 181-203. Mar. 2013. Versão eletrônica).

20 Diogo Assumpção Rezende de Almeida indica que os principais objetivos consistiam na implantação de um modelo que: "*(*i) fosse capaz de conferir decisões justas; (ii) lidasse com os litigantes de maneira justa; (iii) oferecesse procedimentos adequados a custos aceitáveis; (iv) prestasse a jurisdição em tempo razoável; (v) fosse compreensível para os jurisdicionados; (vi) considerasse as necessidades dos litigantes; (vii) fosse capaz de conferir segurança jurídica; e (viii) fosse bem estruturado e organizado". (O case management inglês: um sistema maduro? In: *Revista Eletrônica de Direito Processual* – REDp. Volume VII. Nº. 1. P. 287-335, jan/jun. 2011).

21 Neil Andrews entende que o case management inglês "possui três funções principais: encorajar as partes a procurarem mediação, onde esta se mostrar adequada; em segundo lugar, prevenir o caso de progredir de forma demasiadamente lenta e ineficiente; finalmente, assegurar que os recursos judiciais sejam alocados proporcionalmente, conforme disposto nos principais objetivos (the overriding objetiva) das CPR, parte 1". (Relações entre a corte e as partes na era do case management. In: *Revista de Processo*. V. 217. P. 181-203. Mar. 2013. Versão eletrônica).

22 ALMEIDA, Diogo Assumpção Rezende de. O case management inglês: um sistema maduro? In: Revista Eletrônica de Direito Processual – REDp. Volume VII. Nº. 1. P. 287-335, jan/jun. 2011.

23 De acordo com Marcela Kohlbach de Faria, "dentre os poderes atribuídos ao juiz, consta expressamente na regra 1.4 das CPR o estímulo ao uso dos Alternativa Dispute Resolutions. A premissa contida nos relatórios desenvolvidos pelo Lord Woolf é a de evitar o máximo o exercício de jurisdição." (FARIA, Marcela Kohlbach de. Meios alternativos de solução de conflitos: mais um caminho para a efetividade de direitos constitucionais. In: FUX, Luiz (coord). *Processo Constitucional*. Rio de Janeiro: Forense, 2013. P. 815).

Esse fenômeno também pôde ser constatado em outros países da Europa[24], África[25], Ásia[26] e na América Latina[27], dentre os quais o Brasil, que será analisado de forma individualizada a seguir.

3. O sistema multiportas de resolução de conflitos no Brasil

Embora estejam presentes em nosso ordenamento jurídico desde o período colonial[28] e imperial[29], os métodos adequados de resolução de conflitos somente ga-

---

24 CAPPELLETTI, Mauro. Métodos alternativos de solução de conflitos no quadro do movimento universal do acesso à justiça. In: *Revista de Processo*, v. 74, p. 82-97, abr-jun. São Paulo: Editora Revista dos Tribunais. 1994, Versão Eletrônica.

25 Gustavo Santana Nogueira e Suzane de Almeida Pimentel Nogueira declaram que "no ano de 2007, uma lei na Nigéria criou um Tribunal Multiportas, expressamente inspirado nas ideias de Frank Sander, com os seguintes objetivos: aumentar o acesso à justiça mediante a criação de mecanismos alternativos de resolução de litígios (ADR); minimizar a frustação dos cidadãos e os atrasos na entrega de justiça, fornecendo a possibilidade de uma solução justa e eficiente das disputas através da Resolução Alternativa de Disputas (ADR); servir como ponto focal para a promoção da ADR no Estado de Lagos; e promover o crescimento e funcionamento eficaz do sistema de justiça através de métodos alternativos de resolução de litígios." (O sistema de múltiplas portas e o acesso à justiça no Brasil: perspectivas a partir do novo código de processo civil. In: *Revista de Processo*, v. 276, p. 505-522, fev. São Paulo: Editora Revista dos Tribunais. 2012, versão eletrônica).

26 CAPPELLETTI, Mauro. Métodos alternativos de solução de conflitos no quadro do movimento universal do acesso à justiça. In: *Revista de Processo*, v. 74, p. 82-97, abr-jun. São Paulo: Editora Revista dos Tribunais. 1994, Versão Eletrônica.

27 Para Ronaldo Campos e Silva, "vai crescendo, inclusive na América Latina, a ideia que pode haver autêntico exercício de jurisdição fora do próprio Estado, o que tenciona o milenar princípio segundo o qual a jurisdição é um monopólio estatal que constitui emanação da soberania (iudiciaria potestas pars summi imperrii)." (Parâmetros para um novo conceito de jurisdição. In: PORTO, José Roberto Sotero de Mello; RODRIGUES, Roberto de Aragão Ribeiro. *Direito Processual Contemporâneo* – Estudos em homenagem a Humberto Dalla Bernadina de Pinho. Rio de Janeiro: LMJ Mundo Cristão. 2018. P. 536).

28 De acordo com Celso Agrícola Barbi, "durante o período colonial, a legislação portuguesa que vigorava no Brasil já previa que os juízes deveriam conciliar as partes (Ordenações Filipinas de 1603, Liv. III, Tít. XX, § 1º). No regime imperial que durou de 1822 até 1889, o direito público se inspirava na legislação e doutrina europeia. Por isso, a regra do Cap. V, art. 6º, da Constituição Francesa de 1971, segundo a qual a tentativa de conciliação antes do comparecimento ao Tribunal era essencial, foi acolhida pela Constituição Imperial Brasileira de 25.4.1824, cujo art. 161 dispunha: 'não se começará processo algum, antes que se demonstre ter havido tentativa de conciliação', e o art. 162 dispunha: 'para atingir essa meta, haverá juízes de paz que serão eleitos". etc." (O papel da conciliação como meio de evitar o processo e de resolver conflitos. In: *Revista de Processo*, v. 39, p. 119-121, jul-set. São Paulo: Editora Revista dos Tribunais. 1985, Versão Eletrônica).

29 Luis Fernando Guerrero aponta que "já na Constituição de 1824, a primeira de nosso país já independente, estipulava-se a utilização das partes para se usar a arbitragem como forma de solução de controvérsias (art. 160), bem como se impedia que qualquer processo judicial tivesse início sem ser demonstrada 'tentativa de reconciliação' (Art. 161) entre as partes. Esse ideário repetiu-se nas

nharam força no Brasil durante a segunda metade do século XX, época em que foi empreendida uma série de reformas legislativas para incorporá-los em nosso ordenamento jurídico[30].

Em primeiro lugar, houve o incentivo à conciliação, método no qual um terceiro neutro e imparcial atua, ativamente, em prol da solução do litígio, podendo, inclusive, apresentar propostas de acordo.[31] No caso, o Código de Processo Civil de 1973 dispunha que (i) o juiz deveria buscar a conciliação das partes em litígios que envolvessem direitos patrimoniais disponíveis ou direito de família[32] e, após reforma legislativa realizada em 2002, (ii) passou a prever a realização de audiência preliminar com esse intuito[33].

Esse método também foi incentivado no art. 5º, §2º da Lei Federal nº 6.515/1977, que regulamenta a dissolução da sociedade conjugal e do casamento, e na Lei Federal nº 7.244/84, que então dispunha sobre os juizados de pequenas causas[34].

Um incentivo abstrato aos métodos adequados de resolução de conflitos, contudo, somente ocorreu com a Constituição Federal de 1988, a qual dispõe que a atuação do Brasil em âmbito internacional é regida pelo princípio da "solução pacífica dos conflitos" (art. 4, VII)[35]. Por força do referido dispositivo legal, no âmbito internacio-

---

Constituições seguintes, com alguns hiatos, mas com as mesmas limitações de ordem prática." (GUERRERO, Luis Fernando. *Os métodos de resolução de conflitos e o processo civil*. São Paulo: Atlas. 2015. P. 3).

---

30 Na visão de Humberto Dalla Bernadina de Pinho, esse fenômeno decorre do fato de que "os meios adequados de solução de controvérsias apresentam-se, desde a segunda metade do século XX, como a melhor saída para os problemas de lentidão e inefetividade da justiça estatal." (*Jurisdição e Pacificação*: limites e possibilidade do uso dos meios consensuais de resolução de conflitos na tutela dos direitos transindividuais e pluri-individuais. Curitiba: CRV. 2017. P. 249).

31 De acordo com Fernanda Tartuce, "pela conciliação um terceiro imparcial intervém tecnicamente para colaborar no encontro de situações que favoreçam a celebração de acordos; se necessário, o conciliador pode expor vantagens e desvantagens das posições sustentadas pelas partes, propondo saída alternativas para a controvérsia sem, porém, forçar a realização de pactos." (Comentários aos artigos 165 a 175 do Código de Processo Civil. In: WAMBIER. Teresa Arruda Alvim *et al.* (coords). *Breves Comentários ao Novo Código de Processo Civil*. 2ª Tiragem. São Paulo: Editora Revista dos Tribunais. 2015. P. 523).

32 MOREIRA, José Carlos Barbosa. Breve noticia sobre la conciliación em el proceso civil brasileño. In: *Temas de Direito Processual* – Quinta Série. Rio de Janeiro: Editora Saraiva. 1994. P. 96.

33 PINHO, Humberto Dalla Bernadina de. *Jurisdição e Pacificação*: limites e possibilidade do uso dos meios consensuais de resolução de conflitos na tutela dos direitos transindividuais e pluri-individuais. Curitiba: CRV. 2017. p. 250.

34 MOREIRA, José Carlos Barbosa. Breve noticia sobre la conciliación em el proceso civil brasileño. In: *Temas de Direito Processual* – Quinta Série. Rio de Janeiro: Editora Saraiva. 1994. P. 98-99.

35 BRASIL. Constituição da República Federativa do Brasil, de 5 de outubro de 1988.

nal, o Brasil tem o dever de buscar sua solução por qualquer meio de resolução de conflitos.[36]

Ou seja, o ordenamento jurídico brasileiro prevê que, no âmbito internacional, pode-se adotar qualquer mecanismo de resolução de conflitos que seja capaz de implicar a paz de qualquer conflito que envolva o Brasil. Em nossa concepção, não há qualquer óbice à aplicação extensiva desse dispositivo aos conflitos internos que envolvam entes federativos, tampouco a litígios que envolvam particulares.

Cite-se, ainda, que nosso diploma constitucional determina a criação de juizados especiais compostos por juízes, de direito e leigos, com competência para "a conciliação, o julgamento e a execução de causas cíveis de menor complexidade e infrações penais de menor potencial ofensivo" (art. 98, I).[37]

Tal mandamento foi cumprido em 1995, por meio da Lei Federal nº 9.099, que estabeleceu o procedimento dos juizados especiais cíveis, cujo art. 2º impõe que, no decorrer do procedimento, haja, se possível, a busca da conciliação entre as partes.[38]

Ainda, após a promulgação da Constituição, como incentivo à diversificação dos mecanismos de resolução de conflitos, em 1996, por meio da Lei Federal nº 9.307, regulamentou-se a arbitragem.

Em 2009, os três poderes que compõem o Estado Brasileiro (Executivo, Legislativo e Judiciário) assinaram o "II Pacto Republicano de Estado de Estado por um sistema de justiça mais acessível, ágil e efetivo". Esse documento contém uma série de medidas para aprimorar o acesso à justiça, dentre as quais se destaca, para fins deste trabalho, o fortalecimento da "mediação e [da] conciliação, estimulando a resolução de conflitos por meios autocompositivos, voltados à maior pacificação social e menor judicialização" (objetivo III, d)[39].

---

36 Segundo George Rodrigo Bandeira Galindo, "as constituições brasileiras anteriores estabeleciam que o recurso à guerra somente poderia ser utilizado em caso de esgotamento da arbitragem ou outros meios pacíficos de solução de controvérsias. A falta de referência ao princípio da solução pacífica das controvérsias como requisito prévio ao recurso à guerra na Constituição de 1988 não contradiz a tradição constitucional brasileira. A guerra, que é inclusive limitada pelo princípio da defesa da paz, somente pode ser entendida como possível na medida que respeite o princípio da solução pacífica das controvérsias. Assim, nos casos em que ela ainda é possível, deve ser precedida da busca de uma solução pacífica. Há vários meios disponíveis no direito internacional para se resolver uma controvérsia. Uma enumeração se encontra no art. 33 (1) da Carta da ONU, que menciona, de maneira exemplificativa: negociação, inquérito, mediação, conciliação, arbitragem, solução judicial e recurso a entidades ou acordos regionais." (Comentários ao artigo 4, VII da Constituição do Brasil. In: CANOTILHO, J. J. Gomes *et al.* (coord.). *Comentários à Constituição do Brasil* – 2ª Edição. São Paulo: Saraiva, 2018. P. 174.

37 BRASIL. Constituição da República Federativa do Brasil, de 5 de outubro de 1988.

38 Art. 2º O processo orientar-se-á pelos critérios da oralidade, simplicidade, informalidade, economia processual e celeridade, buscando, sempre que possível, a conciliação ou a transação.

39 II PACTO REPUBLICANO DE ESTADO POR UM SISTEMA DE JUSTIÇA MAIS ACESSÍVEL, ÁGIL E EFETIVO. Disponível em: <http://www.planalto.gov.br/ccivil_03/Outros/IIpacto.htm> Acesso: 20 set. 2018.

No ano seguinte, o Conselho Nacional de Justiça, órgão criado pela Emenda Constitucional nº 45[40], estabeleceu, por meio de sua Resolução nº 125, uma política para os conflitos surgidos no Brasil, que deveriam ser solucionados pelo mecanismo que lhe fosse mais adequado[41].

Na visão de Trícia Navarro Xavier Cabral e Rafael Calmon, o Conselho Nacional de Justiça "cumpriu, assim, uma importante missão de chamar para este poder da república a responsabilidade pela transformação do modelo de Justiça existente no Brasil, abrindo a discussão e as perspectivas sobre tais métodos".[42]

Finalmente, em 2015, o movimento em prol dos métodos adequados de resolução de conflitos em nosso ordenamento jurídico alcançou seu ápice[43]. Isso porque, no referido ano, houve a promulgação da: (a) Lei Federal nº 13.105/2015, que veicula o atual Código de Processo Civil[44]; (b) Lei Federal nº 13.129/2015, que reformou a Lei de Arbitragem[45]; e (c) Lei Federal nº 13.140/2015, que instituiu a primeira lei de mediação no Brasil[46].

---

40 De acordo com Alexandre de Moraes, "a EC 45/2004 concedeu ao CNJ a elevada função de realizar o controle da atuação administrativa e financeira do Poder Judiciário e do cumprimento dos deveres funcionais dos juízes, estabelecendo constitucionalmente suas atribuições administrativas, em especial competindo-lhe zelar pela autonomia do Poder Judiciário e pelo cumprimento do Estatuto da Magistratura, pela observância dos princípios da Administração Pública e pela legalidade dos atos administrativos praticados pelos órgãos do Poder Judiciário e realizar a fiscalização ético-disciplinar de seus membros". (Jurisdição Constitucional e Conselho Nacional de Justiça. In: *Revista dos Tribunais*, v. 951, p. 141-151, jan. São Paulo: Editora Revista dos Tribunais. 2015, Versão Eletrônica)

41 Ao analisar essa resolução, Humberto Dalla Bernadina de Pinho conclui que "o art. 1º da Resolução institui a Política Judiciária Nacional de tratamento dos conflitos de interesse, com objetivo de assegurar a todos o direito à solução dos conflitos por meios adequados, deixando claro que incumbe ao Poder Judiciário, além da solução adjudicada mediante sentença, oferecer outros mecanismos de soluções de controvérsias, em especial os chamados meios consensuais, como a mediação e a conciliação, bem assim prestar atendimento e orientação ao cidadão." (Marco Legal da Mediação no Brasil. In: GABBAY, Daniela Monteiro; TAKAHASHI, Bruno (coord). *Justiça Federal*: Inovações nos mecanismos consensuais de solução de conflitos. Brasília: Gazeta Jurídica. 2014. P. 38).

42 CABRAL, Trícia Navarro Xavier; CALMON, Rafael. Justiça Multiportas no Brasil: breve panorama. In: *Revista da Federação Nacional de Mediação de Conflitos*, 1.ª Edição Junho 2018. P. 67. Disponível em: < https://issuu.com/fmc2018/docs/1.__edi__o_revista_fmc_final> Acesso: 19 set. 2018.

43 Wilson Pimentel declara, de forma categórica, que "o ano de 2015 provou ser une grande année para o desenvolvimento dos métodos de solução de conflitos no Brasil." (O CPC de 2015, mediação e arbitragem: um sistema geral de solução de conflitos. In: *A Reforma da Arbitragem*. Leonardo de Campos Melo e Renato Rezende Beneduzi (coords). Rio de Janeiro: Forense. 2016. P. 339).

44 BRASIL, Lei nº 13.105, de 16 de março de 2015.

45 BRASIL, Lei nº 13.129, de 26 de maio de 2015.

46 BRASIL, Lei nº 13.140, de 26 de junho 2015.

A primeira lei acima mencionada, que instituiu o primeiro Código de Processo Civil integralmente elaborado durante um período democrático no Brasil[47], buscou solucionar uma série de problemas do Poder Judiciário que reduziam sua credibilidade perante o jurisdicionado.

De forma mais específica, pretendeu, dentre outros objetivos: (i) harmonizar o Código de Processo Civil aos preceitos e valores da Constituição Federal de 1988; (ii) apresentar um sistema orgânico de normas processuais; e (iii) oferecer uma prestação jurisdicional mais simples e eficiente.[48]

Seguindo uma tendência vista em outros países[49], o Código de Processo Civil de 2015 também buscou pacificar os conflitos surgidos em nossa sociedade da melhor forma possível, tanto que, nas normas fundamentais do processo civil brasileiro[50], (i) permitiu a arbitragem (art. 3º, §1º)[51]; (ii) impôs o dever ao "Estado [de promover],

---

47 Antes da promulgação da Lei Federal nº 13.105/2015, Antônio Carlos de Araújo Cintra, Ada Pellegrini Grinover e Cândido Rangel Dinamarco apontavam que os principais diplomas legislativos da história processual civil brasileira eram: (i) o Regulamento 737/1850, instituído durante a Monarquia; (ii) o Código de Processo Civil de 1939, promulgado por Getúlio Vargas; e (iii) o Código de Processo Civil de 1973, estabelecido durante a ditadura militar. (*Teoria Geral do Processo*. 24ª Edição. São Paulo: Editora Malheiros.2008. P. 111-146).

48 De acordo com a Comissão de Juristas responsável pela elaboração do Código de Processo Civil, os trabalhos "se orientaram precipuamente por cinco objetivos: 1) estabelecer expressa e implicitamente verdadeira sintonia fina com a Constituição Federal; 2) criar condições para que o juiz possa proferir decisão de forma mais rente à realidade fática subjacente à causa; 3) simplificar, resolvendo problemas e reduzindo a complexidade de subsistemas, como, por exemplo, o recursal; 4) dar todo o rendimento possível a cada processo em si mesmo considerado; e, 5) finalmente, sendo talvez este último objetivo parcialmente alcançado pela realização daqueles mencionados antes, imprimir maior grau de organicidade ao sistema, dando-lhe, assim, mais coesão." (Exposição de Motivos do Código de Processo Civil de 2015, disponível em: <https://www2.senado.leg.br/bdsf/bitstream/handle/id/512422/001041135.pdf> Acesso em: 04 mar. 2018).

49 Fredie Didier e Hermes Zaneti atestam que "a solução judicial deixa de ter a primazia nos litígios que permitem a autocomposição e passa a ser a última ratio, extrema ratio. Assim, do acesso à justiça dos tribunais passamos ao acesso aos direitos pela via adequada de composição, da mesma forma que, no campo do processo, migramos da tutela processual, como fim em si mesmo, para a tutela dos direitos com finalidades do processo". (Justiça Multiportas e Tutela Constitucional Adequada: Autocomposição em Direitos Coletivos. In: ZANETI JR, Hermes; e CABRAL, Trícia Navarro Xavier (coords). *Justiça Multiportas*: Mediação, conciliação, arbitragem e outros meios de solução adequada para conflitos. Salvador: JusPodium. 2016. P. 36).

50 De forma inovadora, o Código de Processo Civil possui um capítulo dedicado às normas fundamentais do processo civil brasileiro, motivo pelo qual Paulo Cezar Pinheiro Carneiro defende que, nessa seção, estão inseridas "as principais garantias constitucionais que balizam o sistema processual, as quais passam a retratar a principiologia do novo Código de Processo Civil – [...]." (Comentários aos artigos 1º ao 15 do Código de Processo Civil. In: WAMBIER. Teresa Arruda Alvim *et al*. (coords). *Breves Comentários ao Novo Código de Processo Civil*. 2ª Tiragem. São Paulo: Editora Revista dos Tribunais. 2015. P. 57).

51 BRASIL. Lei nº 13.105, de 16 de março de 2015.

sempre que possível, a solução consensual dos conflitos" (art. 3º, §2º)[52]; e, principalmente, (iii) determinou que "a conciliação, a mediação e outros métodos de solução consensual de conflitos [sejam] estimulados por juízes, advogados, defensores públicos e membros do Ministério Público, inclusive no curso do processo judicial" (art. 3º, §3º)[53].

Para Luiz Guilherme Marinoni e Daniel Mitidiero, por meio dos referidos dispositivos legais, o legislador brasileiro "procura instituir claramente um sistema de justiça multiportas em nosso país, procurando adequar a prestação de justiça com as especificidades de direito material".[54]

Como visto, a Lei Federal nº 13.105/2015, além de incentivar a conciliação, também regulamentou a mediação, método no qual um terceiro neutro e imparcial auxilia as partes a solucionarem por si mesmas um litígio[55], em sua modalidade judicial[56].

Ainda em 2015, o legislador brasileiro: (a) empreendeu uma reforma pontual da Lei de Arbitragem[57], por meio da Lei Federal nº 13.129/2015; e (b) regulamentou "a mediação entre particulares como meio de solução de controvérsias e sobre a autocomposição de conflitos no âmbito da administração pública" pela Lei Federal nº 13.140[58].

Com base nas diversas reformas legislativas ocorridas desde a segunda metade do século XX, não há dúvidas de que, atualmente, o ordenamento jurídico brasileiro é regido pelo sistema multiportas de resolução de conflitos, no qual existe uma série de mecanismos à disposição das partes, cabendo-lhes escolher o mais adequado[59].

---

52 Ibidem.

53 Ibidem.

54 MARINONI, Luiz Guilherme; MITIDIERO, Daniel. *Comentários ao Código de Processo Civil*: artigos 1º ao 69. São Paulo: Editora Revista dos Tribunais. 2016. P. 109.

55 Francisco José Cahali ensina que "a mediação é um dos instrumentos de pacificação de natureza autocompositiva e voluntária, no qual um terceiro, imparcial, atua como facilitador do processo de retomada do diálogo entre as partes, antes ou depois de instaurado o litígio." (*Curso de Arbitragem*. 7ª Edição. São Paulo: Editora Revista dos Tribunais. 2018. P. 93).

56 Para Humberto Dalla Bernadina de Pinho, "o CPC/2015 tomou a opção de valorizar as conciliações e as medições judiciais, bem como a arbitragem, demonstrando uma verdadeira modificação de paradigma em relação a essas questões" (*Jurisdição e Pacificação*: limites e possibilidade do uso dos meios consensuais de resolução de conflitos na tutela dos direitos transindividuais e pluri-individuais. Curitiba: CRV. 2017. P. 250).

57 José Rogério Cruz e Tucci, ao analisar Lei Federal nº 13.129, declara que, "além de alguns reparos formais e terminológicos, verifica-se que três alterações pontuais foram acolhidas, referentes à: a) ampliação subjetiva e objetiva da incidência da arbitragem; b) delimitação da atividade do juiz togado até a instituição da arbitragem; e c) maior liberdade das partes na indicação dos árbitros." (Liberdade das partes na escolha dos árbitros. In: SALOMÃO. Luis Felipe; e ROCHA. Caio César Vieira. Arbitragem e Mediação – A reforma da legislação brasileira. 2ª Edição. São Paulo: Atlas. 2017. P. 214).

58 BRASIL. Lei nº 13.140, de 26 de junho de 2015.

59 Francisco José Cahali aponta que "consolidou-se, no Brasil, então, com a Res. 125/2010 a implantação do chamado Tribunal Multiportas, sistema pelo qual o Estado coloca à disposição da sociedade alternativas variadas para se buscar a solução mais adequada de controvérsias, especialmente va-

4. Por um efetivo sistema multiportas no Brasil: a importância da análise econômica no momento da escolha do método de resolução de conflitos

A adoção do sistema multiportas, contudo, não é suficiente para que o jurisdicionado brasileiro utilize, de forma eficiente, os métodos de resolução de conflitos que estão à disposição[60]. Isso porque, de acordo com Diogo Assumpção Rezende de Almeida, esse sistema consiste na "implementação efetiva do princípio da adequação, porquanto parte da premissa de que existem vantagens e desvantagens na utilização de cada um dos processos de solução de conflitos e, por conseguinte, oferece ao interessado as diversas opções existentes"[61].

Ou seja, o sistema multiportas somente será eficaz se as pessoas souberem escolher o método mais adequado para solucionar seus conflitos. Todavia, para que essa finalidade seja alcançada, é preciso que haja uma radical alteração na cultura jurídica brasileira.

Explique-se: conforme ensina Kazuo Watanabe, no Brasil, vige a "cultura da sentença", onde o cidadão brasileiro, independentemente do seu conhecimento jurídico, sempre utiliza o Poder Judiciário para resolver seus conflitos[62].

Entretanto, para que os demais métodos adequados de resolução de conflitos sejam utilizados é preciso haja um incentivo por parte dos operadores do direito[63] e da iniciativa privada[64].

---

lorizados os mecanismos de pacificação (meios consensuais), e não mais restrita a oferta ao processo clássico de decisão imposta pela sentença judicial." (*Curso de Arbitragem*. 7ª Edição. São Paulo: Editora Revista dos Tribunais. 2018. P. 67). João Luiz Lessa Neto, por outro lado, entende que somente "o NCPC adota o modelo multiportas de processo civil." (O novo CPC adotou o modelo multiportas!!! E agora?!. In: *Revista de Processo*, Ano 40. n. 244, jun. São Paulo: Editora Revista dos Tribunais. 2015).

60 COELHO, Eleonora. Desenvolvimento da cultura dos métodos adequados de resolução de conflitos. In: Arbitragem e Mediação – A reforma da legislação brasileira. 2ª Edição. São Paulo: Atlas. 2017.P. 111.

61 ALMEIDA, Diogo Assumpção Rezende de. O princípio da adequação e os métodos de solução de conflitos. In: Revista de Processo. vol. 195, p. 195-116, set, São Paulo: RT. 2011, versão eletrônica.

62 WATANABE, Kazuo. A mentalidade e os meios alternativos de solução de conflitos. In: GRINOVER, Ada Pellegrini *et al* (coord.). Mediação e Gerenciamento do Processo: revolução na prestação jurisdicional. São Paulo: Atlas. 2013.

63 Na visão de Eleonora Coelho, seria "indispensável a cooperação do Poder Judiciário para a transformação da 'cultura do litígio' em nosso país" (Desenvolvimento da cultura dos métodos adequados de resolução de conflitos. In: Arbitragem e Mediação – A reforma da legislação brasileira. 2ª Edição. São Paulo: Atlas. 2017.P. 118). Já Gustavo Santana Nogueira e Suzane de Almeida Pimentel Nogueira, apontam que "ajudaria enormemente se tivéssemos um centro de triagem, não necessariamente formado por advogados, porém como não temos os advogados e defensores públicos poderiam perfeitamente cumprir essa função, uma vez – obviamente – capacitados para oferecer ao cidadão todas as alternativas possíveis" (O sistema de múltiplas portas e o acesso à justiça no Brasil: perspectivas a partir do novo código de processo civil. In: Revista de Processo, v. 276, p. 505-522, fev. São Paulo: Editora Revista dos Tribunais. 2012, versão eletrônica).

64 Diogo Assumpção Rezende de Almeida declara que o sistema multiportas "pode também ser idealizada pelo Estado ou por empresas privadas para que funcione totalmente independente do Poder

Além disso, também deve existir um grande investimento na educação dos operadores do direito[65] e, principalmente, do jurisdicionado, pois, conforme ensina Luis Fernando Guerrero, "em um sistema multiportas de solução de conflitos, em que o Estado pretende disponibilizar uma gama de métodos para os cidadãos, a forma de escolha deve ser clara"[66].

É exatamente nesse ponto que surge a importância da análise econômica do direito, afinal, conforme destacado por Alexandre Coutinho Pagliarini e Analize Klotz Fayad, "the relation between law and economics is interpendent, considering that economy plays a role over human needs, while law formats such needs as a limiting agent, receiving the factor and economic values and then fit them to the legal framework"[67].

Assim, não há dúvidas de que o jurisdicionado e os operadores do direito precisam estar cientes dos custos de cada método de resolução de conflitos, de forma que possam sopesar as vantagens e desvantagens de cada mecanismo[68]. Nesse contexto, somente a análise econômica propiciará as informações necessárias para a escolha adequada do método.

Judiciário. É possível, ainda, que seja instalada e aplicada em grandes empresas, universidades e hospitais, com a finalidade compor conflitos surgidos nas suas dependências ou entre essas instituições e terceiros" (O princípio da adequação e os métodos de solução de conflitos. In: Revista de Processo. vol. 195, p. 195-116, set, São Paulo: RT. 2011, versão eletrônica). Da mesma forma, Eleonora Coelho sustenta que "mostra-se de extrema importância a cooperação da iniciativa privada no fomento aos ADRs e no incentivo ao desenvolvimento da cultura de paz (Desenvolvimento da cultura dos métodos adequados de resolução de conflitos. In: Arbitragem e Mediação – A reforma da legislação brasileira. 2ª Edição. São Paulo: Atlas. 2017.P. 121).

65 Para João Luiz Lessa Neto, "o desafio educacional ou de formação é duplo. Precisa-se preparar os operadores jurídicos desde a faculdade e é indispensável, de imediato, educar os operadores jurídicos e treinar e capacitar adequadamente os mediadores e conciliadores para que desenvolvam o seu mister" (O novo CPC adotou o modelo multiportas!!! E agora?!. In: Revista de Processo, v. 244, p. 427-441, jun. São Paulo: RT. 2015. P. 433).

66 GUERRERO, Luis Fernando. O custo dos métodos adequados de solução de litígios para as empresas. In: NASCIMBENI, Asdrubal Franco; BERTASI, Maria Odete Duque; RANZOLIN, Ricardo Borges (Coord.). Temas de mediação e arbitragem. São Paulo: Lex, 2017. P. 233-234.

67 Tradução livre: "A relação entre direito e economia é interdependente, considerando que a economia desempenha um papel relativo às necessidades humanas, enquanto que o direito formata tais necessidades como um agente limitador, recebendo o fator e valores econômicos e então encaixando-os na estrutura legal" (PAGLIARINI, Alexandre Coutinho; FAYAD, Anelize Klotz. Relations Between arbitration and economic analysis of law. In: Revista de Arbitragem e Mediação, v. 58, p. 287-310, jul-set, São Paulo: Editora Revista dos Tribunais. 2018. Versão Eletrônica).

68 Segundo Luis Fernando Guerrero, "é importante medir, ter conhecimento do que se irá pagar a fim de avaliar se um método de solução de conflitos é melhor do que o outro e gerenciar o conflito. E só se pode medir aquilo que se conhece" (O custo dos métodos adequados de solução de litígios para as empresas. In: NASCIMBENI, Asdrubal Franco; BERTASI, Maria Odete Duque; RANZOLIN, Ricardo Borges (Coord.). Temas de mediação e arbitragem. São Paulo: Lex, 2017. P. 242).

5. A análise econômica da arbitragem

A arbitragem, método por meio do qual as partes escolhem uma ou mais pessoas para proferir decisão vinculante que ponha fim ao conflito[69], tem sido cada vez mais utilizada no direito brasileiro[70]. No entanto, vem crescendo as críticas na doutrina sobre os custos necessários para instauração e prosseguimento da arbitragem[71], que, a depender da situação, poderiam, inclusive, impedir o acesso à justiça de determinado cidadão[72].

Para se ter ideia da relevância da questão, em pesquisa realizada em 2012 pelo Centro Brasileiro de Arbitragem e o Instituto Ipsos com 158 (cento e cinquenta e oito) profissionais da área, 60% (sessenta por cento) dos entrevistados apontaram que o custo da arbitragem é a principal desvantagem desse método adequado de resolução de conflitos[73].

A percepção sobre esse problema se agrava quando comparamos com os custos necessários para ajuizamento de uma ação no Poder Judiciário[74]. Nesse contexto,

---

69 Carlos Alberto Carmona conceitua arbitragem como "meio alternativo de solução de controvérsias através da intervenção de um ou mais pessoas que recebem seus poderes de uma convenção privada, decidindo com base nela, sem intervenção estatal, sendo a decisão destinada a assumir a mesma eficácia da sentença judicial" (Arbitragem e Processo – Comentários à Lei no 9.307/96. 3a Edição. São Paulo: Editora Atlas. 2009. P. 31).

70 Em pesquisa empírica, Selma Ferreira Lemes apontou que, entre 2010 e 2016, houve um aumento de quase 95% (noventa e cinco por cento) no número de novos procedimentos arbitrais nas principais câmaras arbitrais brasileiras. Disponível em: http://selmalemes.adv.br/artigos/An%C3%A1lise-%20Pesquisa-%20Arbitragens%20Ns%20%20e%20Valores%20_2010%20a%202016_.pdf Acesso em: 29set. 2018.

71 Ao analisar a utilização da arbitragem em litígios societários, Mayara Gasparoto Tonin e Mayara Roth Isfe declaram "a escolha pela via alternativa traz consigo outros problemas, como os limites subjetivos da cláusula compromissória, o sigilo do procedimento arbitral, as possíveis decisões contraditórias advindas do litisconsórcio ativo unitário, a suposta imparcialidade dos árbitros, os custos e a longa duração das arbitragens atualmente, (...)" (Apontamentos sobre a efetividade do sistema de aplicação da lei (enforcement) no mercado de valores mobiliários brasileiro. In: Revista de Direito Empresarial, v. 9, p. 263-295, maio-jun, São Paulo: RT. 2015. Versão Eletrônica). Da mesma forma, Sérgio Bermudes aponta que "ainda pesa contra a arbitragem o seu elevado custo, compreendido pela remuneração dos árbitros, pelos honorários dos advogados, pelas despesas com a entidade incumbida da organização do processo, com a retribuição dos serviços dos auxiliares do tribunal, como intérpretes, peritos e taquígrafos, e com a utilização de salas, equipamentos e a parafernália adequada". (Arbitragem: um Instituto florescente. In: Revista de Arbitragem e Mediação, vol. 50, p. 387-389, jul-set, São Paulo: Editora Revista dos Tribunais. 2016, versão eletrônica).

72 Ao analisar a aplicação da arbitragem em conflitos societários de sociedades anônimas, Haroldo Durclerc Verçosa menciona que "a questão do custo é absolutamente essencial para que não se caracterize uma situação de impossibilidade do recurso àquela por um sócio de menor poder aquisitivo ou quando se trata de questão de valor relativamente baixo" (Aspectos da arbitragem no direito societário. In: Revista de Direito Empresarial, v. 6, p. 251-259, nov-dez. São Paulo: Editora Revista dos Tribunais. 2014. Versão Eletrônica).

73 Pesquisa CBAR-IPSOS – Arbitragem no Brasil. Disponível em: <http://www.cbar.org.br/PDF/Pesquisa_CBAr-Ipsos-final.pdf> Acesso em: 12 set. 2018.

74 Luis Fernando Guerrero aponta que "os custos financeiros diretos dos métodos poderiam levar o estudioso a concluir que a arbitragem sempre seria um mau negócio, que a mediação poderia ser

Marilda Rosado de Sá Ribeiro aponta que a doutrina norte-americana identifica que " apesar da arbitragem ter diversas características que a tornam atrativa em relação ao processo judicial, ela pode se mostrar extremamente custosa, sendo por vezes referida como a 'justiça dos RollsRoyce'"[75].

Ocorre que, em nossa opinião, a doutrina brasileira limita a discussão dos custos aos valores necessários para instauração e prosseguimento do procedimento ao invés de realizar uma análise econômica desse método de resolução de conflitos[76].

Uma análise econômica impõe a verificação dos custos de transação da arbitragem, que, segundo os ensinamentos de Luciano Bennetti Timm e Eduardo Jobim, "nada mais são que o custo envolvido em uma transação econômica para adquirir e transferir direitos de propriedade"[77].

De forma mais específica, a análise dos custos de transação da arbitragem leva em consideração algumas vantagens da arbitragem[78], dentre as quais: (i) a celeridade; (ii) a flexibilidade; (iii) a especialização do árbitro; (iv) os impactos da utilização desse método na relação entre as partes; e (v) a confidencialidade.

Em primeiro lugar, a arbitragem é considerada um mecanismo de resolução de conflitos célere[79] ao mesmo tempo que consegue preservar as principais garantias

um bom negócio e que, por fim, o Judiciário seria muito mais barato" (O custo dos métodos adequados de solução de litígios para as empresas. In: ASCIMBENI, Asdrubal Franco; BERTASI, Maria Odete Duque; RANZOLIN, Ricardo Borges (Coord.). Temas de mediação e arbitragem. São Paulo: Lex, 2017.. P. 244).

75 RIBEIRO, Marilda Rosado de Sá. Comentários sobre a arbitragem no brasil: custos, eficiência e outras questões controvertidas. In: Revista de Arbitragem e Mediação, vol. 48, p. 185-202, jan-mar, São Paulo: RT. 2016, versão eletrônica.

76 Luciano Benetti Timm, Bruno Guandalini e Marcelo de Souza Richter são precisos ao apontar que, "sem as lentes da ciência econômica, partindo-se da premissa superficial de que custo é sinônimo de pagamento financeiro, poder-se-ia acreditar que a arbitragem é cara quando comparada ao método estatal de solução de controvérsias. Em contrapartida, ao se aplicarem alguns conceitos de ciência econômica, por meio da mensuração de todos os custos relacionados a uma disputa, muitas vezes chega-se à conclusão oposta" (Reflexões sobre uma análise econômica da ideia de arbitragem no Brasil. In: CARMONA, Carlos Alberto et al (coord.). 20 anos da lei de arbitragem: homenagem a Petrônio R. Muniz. São Paulo: Atlas. 2017. P. 84).

77 TIMM, Luciano Benetti; JOBIM, Eduardo. A Arbitragem, os Contratos Empresariais e a Interpretação Econômica do Direito. In: Direito & Justiça, v. 33, nº 1, p. 80-97, 2007.

78 Giovanni Ettore Nanni menciona que "o desenvolvimento comprovou o que há muito se sustentava, isto é, que a arbitragem apresenta características que a diferenciam da forma tradicional de resolução de disputas pelo contencioso judicial, sendo muitas vezes uma opção extremamente viável." (Direito Civil e Arbitragem. São Paulo: Atlas. 2014. P. 12-13).

79 CAHALI, Francisco José. *Curso de Arbitragem*. 7ª Edição. São Paulo: Editora Revista dos Tribunais. 2018. P. 126

processuais previstas na constituição federal e na lei de arbitragem[80]. A celeridade decorre, principalmente, da inexistência de recurso contra a sentença arbitral[81].

Fato é que essa vantagem do procedimento arbitral fica ainda mais visível quando comparamos esse método com o Poder Judiciário, cuja ineficiência faz com que um litígio perdure por anos[82].

Ou seja, normalmente, um litígio será solucionado mais rápido se for submetido à arbitragem do que ao Poder Judiciário, de forma que a parte vencedora poderá usufruir, desde logo, de seus direitos[83].

Por outro lado, conforme apontam Antonio Celso Fonseca Pugliese e Bruno Meyerhof Salama, "as partes terão, assim, incentivos para cumprir as obrigações assumidas no contrato, pois eventuais inadimplementos serão punidos com rapidez e precisão"[84].

Por esses motivos, Diego Franzoni declara que, "considerado globalmente, o prejuízo causado por um litígio que se arraste por décadas no Judiciário pode ser mui-

---

80 José Antônio Fichtner, Sérgio Mannheimer e André Luís Monteiro sustentam que "[...], o instituto da arbitragem, bem aplicado, tem aptidão natural para preservar a qualidade da celeridade respeitando, ao mesmo tempo, (i) a fiel observância dos princípios do devido processo legal e do contraditório, (ii) o detalhado exame das provas apresentadas pelas partes e (iii) o acurado entendimento da controvérsia pelos árbitros (FICHTNER, José Antonio *et al. Teoria Geral da Arbitragem.* Rio de Janeiro: Forense. 2018. P. 50).

81 Para Natália Mizrahi Lamas, "considerando-se a definitividade da decisão arbitral que, na grande maioria dos casos, é proferida em apenas uma única instância, a arbitragem também costuma ter a vantagem de ser mais célere do que o judiciário, apesar de não ser tão rápida quanto o sugerido pelo prazo de seis meses constante do art. 23, caput, da LArb." (LAMAS, Natália Mizrahi. Introdução e princípios aplicáveis à arbitragem. In: LEVY, Daniel; PEREIRA, Guilherme Setoguti J. (coord.). *Curso de Arbitragem*. São Paulo: Editora Revista dos Tribunais. 2018. P. 31).

82 Na visão de Eduardo Jobim, a ineficiência do Poder Judiciário "causa prejuízo ao desempenho econômico, ao progresso tecnológico, à eficiência das firmas, ao investimento e à qualificação da política econômica" (A arbitragem, os contratos e a interpretação econômica do direito e das organizações. In: JOBIM, Eduardo; MACHADO, Rafael Bicca. Arbitragem no Brasil: aspectos jurídicos relevantes. São Paulo: QuartierLatin. 2018. P.129).

83 Antonio Celso Fonseca Pugliese e Bruno Meyerhof Salama defendem que "(....), se comparada à prestação jurisdicional estatal, a arbitragem pode reduzir os custos de transação da prestação jurisdicional. Em primeiro lugar, em razão da agilidade com que é concluída. O procedimento arbitral não está sujeito à rigidez dos processos judiciais, não se submete ao regime dos infindáveis recursos a instâncias superiores, e os árbitros, não raro, contam com a infraestrutura necessária para que suas decisões sejam tomadas com grande rapidez. Na prestação jurisdicional, o tempo de espera por uma decisão definitiva gera alto custo para as partes, que ficam privadas dos bens ou direitos litigiosos durante todos os anos que precedem o efetivo cumprimento da decisão não transitada em julgado" (A economia da arbitragem: escolha racional e geração de valor. In: JOBIM, Eduardo; MACHADO, Rafael Bicca. Arbitragem no Brasil: aspectos jurídicos relevantes. São Paulo: QuartierLatin. 2018. P.78).

84 *Ibidem*. P.79.

to maior que o investimento numa arbitragem que se resolva em alguns poucos anos"[85].

Assim, não há dúvidas de que as partes devem considerar o impacto indireto da celeridade nos custos da arbitragem, em especial se for para escolher entre esse método e o Poder Judiciário[86].

Outra vantagem da arbitragem que tem impacto direto em sua análise econômica é a flexibilidade[87]. No caso, o procedimento arbitral pode ser formatado pelas partes da maneira que melhor lhes aprouver para solucionar o litígio[88], o que, certamente, trará uma maior efetividade.

Além disso, constata-se, na arbitragem, uma menor probabilidade da sentença arbitral estar errada. Isso porque, normalmente, a decisão possui uma maior qualidade técnica, afinal, é prolatada por árbitro(s) especializado(s)[89] que precisa(m) exercer seu ofício adequadamente pelo alto valor recebido a título de remuneração[90].

Ademais, de acordo com Flávia Bittar Neves, os métodos adequados de resolução de conflitos "[contribuem] para a manutenção do relacionamento comercial entre

---

85 FRANZONI, Diego. Arbitragem Societária. In: WAMBIER, Teresa Arruda Alvim; TALAMINI, Eduardo (coord.). Coleção Liebman. São Paulo: Revista dos Tribunais. 2015. P. 51.

86 Flávio Bittar Neves ensina que "é preciso observar que a atual realidade do Poder Judiciário brasileiro é fator que deve ser considerado pelas empresas ao tomar decisões sobre a forma de solucionar controvérsias. A morosidade, o formalismo e a burocracia, típicos do processo judicial, às vezes prejudicam a eficácia da prestação jurisdicional" (A visão empresarial da arbitragem: como a administração de conflitos pode melhorar os resultados econômicos e não-econômicos do negócio. In: Revista Brasileira de Arbitragem, vol. 9, p. 30-39, jan-mar, Curitiba: Comitê Brasileira de Arbitragem. 2006. P.35).

87 CAHALI, Francisco José. *Curso de Arbitragem*. 7ª Edição. São Paulo: Editora Revista dos Tribunais. 2018. P. 126.

88 LAMAS, Natália Mizrahi. Introdução e princípios aplicáveis à arbitragem. In: LEVY, Daniel; PEREIRA, Guilherme Setoguti J. (coord.). *Curso de Arbitragem*. São Paulo: Editora Revista dos Tribunais. 2018. P. 30.

89 De acordo com Antonio Celso Fonseca Pugliese e Bruno MeyerhofSalama, "a especialização permite, (....), a redução de erros nas decisões arbitrais. Em tese, apesar de todos os procedimentos estarem sujeitos a erros, a probabilidade de o árbitro especializado decidir de forma equivocada, por não conhecer a matéria discutida, é menor. A redução da probabilidade de erro na decisão reduz o risco da relação contratual, tornando o contrato mais atrativo para as partes e todo o mercado. A diminuição dos custos também pode ser reflexo de uma maior garantia de imparcialidade do árbitro" (A economia da arbitragem: escolha racional e geração de valor. In: JOBIM, Eduardo; MACHADO, Rafael Bicca. Arbitragem no Brasil: aspectos jurídicos relevantes. São Paulo: QuartierLatin. 2018. P.79).

90 Para Luciano Benetti Timm, Bruno Guandalini e Marcelo de Souza Richter "a arbitragem apresenta a vantagem de que o árbitro tem incentivos econômicos para proferir uma melhor decisão. Isso decorre principalmente de se tratar de um mercado profissional competitivo" (Reflexões sobre uma análise econômica da ideia de arbitragem no Brasil. In: CARMONA, Carlos Alberto et al (coord.). 20 anos da lei de arbitragem: homenagem a Petrônio R. Muniz. São Paulo: Atlas. 2017. P. 93)

as partes envolvidas na lide, gerando alto nível de satisfação entre os empresários e seus stakeholders, tais como parceiros comerciais, fornecedores e clientes"[91].

Por fim, deve-se apontar que confidencialidade, uma característica incidental da arbitragem[92], também pode apresentar uma vantagem do ponto de vista econômico, pois, Luciano Benetti Timm, Bruno Guandalini e Marcelo de Souza Richter "reduz em muito o risco de vazamento de informações privilegiadas sobre desenvolvimento de produtos, pesquisas realizadas, potenciais mercados e informações que possivelmente poderiam ser utilizadas pelos concorrentes"[93].

Assim, não há dúvidas de que uma verdadeira análise dos custos da arbitragem não pode se limitar aos valores que devem ser despendidos pelas partes para instauração e prosseguimento da arbitragem, mas abranger os impactos econômicos das vantagens desse mecanismo de resolução de conflito.

Essa análise, por sua vez, demonstra que a arbitragem não é necessariamente cara, dependendo das circunstâncias concretas do litígio para as partes verificarem o proveito de sua utilização em relação ao Poder Judiciário ou de qualquer outro método de resolução de conflitos[94].

---

91 NEVES, Flávia Bittar. A visão empresarial da arbitragem: como a administração de conflitos pode melhorar os resultados econômicos e não-econômicos do negócio. In: Revista Brasileira de Arbitragem, vol. 9, p. 30-39, jan-mar, Curitiba: Comitê Brasileira de Arbitragem. 2006. P.30

92 Em outro estudo sobre o tema, concluímos que "embora exista uma divergência doutrinária, atualmente, o legislador brasileiro, ao promulgar um novo Código de Processo Civil e ao alterar a Lei Federal nº 13.129/2015, fortaleceu o posicionamento de que a confidencialidade é uma característica incidental à arbitragem que decorre, única e exclusivamente, da vontade das partes que estipularam resolver seus conflitos pela via arbitral". (CABRAL, Thiago Dias Delfino. A mitigação da confidencialidade da arbitragem na recuperação judicial. In: Revista Brasileira de Arbitragem, vol. 57, jan-mar, p. 45-66, Holanda: Wolter Kluwer. 2018. P. 54).

93 TIMM, Luciano Benetti *et al*. Reflexões sobre uma análise econômica da ideia de arbitragem no Brasil. In: CARMONA, Carlos Alberto et al (coord.). 20 anos da lei de arbitragem: homenagem a Petrônio R. Muniz. São Paulo: Atlas. 2017. P. 94.

94 Para Natália Mizrahi Lamas, "a arbitragem pode ter custos diretos maiores do que o processo estatal, mas este pode apresentar custos de transação (demora, incerteza, insegurança, má qualidade da decisão etc.) mais elevados, o que pode fazer com que, no final das contas, a arbitragem seja, sob essa ótica, mais vantajosa financeiramente." (LAMAS, Natália Mizrahi. Introdução e princípios aplicáveis à arbitragem. In: LEVY, Daniel; PEREIRA, Guilherme Setoguti J. (coord.). Curso de Arbitragem. São Paulo: Editora Revista dos Tribunais. 2018. P. 32). No mesmo sentido, Francisco José Cahali indica que "o segundo benefício provável deste método é econômico-financeiro. Em um primeiro momento, os valores para se instaurar um procedimento arbitral poderiam desencorajar o uso do instituto, mas o resultado final, medido a partir do custo-benefício (por exemplo, a própria confidencialidade, tecnicidade do árbitro ou a insegurança das decisões judiciais), bem como, e especialmente, a celeridade na obtenção do resultado, pode levar a outra conclusão quando comparado a um processo na justiça estatal." (CAHALI, Francisco José. Curso de Arbitragem. 7ª Edição. São Paulo: Editora Revista dos Tribunais. 2018. P. 127-128).

6. Conclusão

Em virtude da evolução de nossa sociedade, constata-se uma alteração no âmago de diversos sistemas processuais com a adoção do sistema multiportas, no qual o Poder Judiciário perde a exclusiva função de solucionar conflitos, tornando-se mais um, dentre vários mecanismos, capazes de atingir essa finalidade.

Nesse contexto, o sistema processual brasileiro também passou por essa transformação, que se iniciou no século XX e atingiu seu ápice em 2015, com a expressa adoção do sistema multiportas no Código de Processo Civil.

Entretanto, a simples adoção legislativa do sistema multiportas não é suficiente para torna-lo efetivo, sendo necessário que (i) os operadores do direito incentivem a utilização dos demais métodos adequados de resolução de conflito; (ii) o jurisdicionado tenha consciência, por meio da análise econômica do direito, das vantagens e desvantagens de cada mecanismo.

Feita essas ponderações, realizamos uma análise econômica da arbitragem, oportunidade na qual constatamos que não procedem as críticas de que esse método de resolução de conflito é caro. Isso porque, embora haja um elevado custo para instauração e prosseguimento do procedimento arbitral, esse mecanismo possui uma série de vantagens que, no fim, podem fazer com que, dependendo do litígio, seja um método mais adequado para solucionar um conflito do que o Poder Judiciário.

7. Bibliografia

ALMEIDA, Diogo Assumpção Rezende de. O case management inglês: um sistema maduro? Revista Eletrônica de Direito Processual – REDP. Volume VII. no 1. P. 287-335, jan/jun. 2011.

________. O princípio da adequação e os métodos de solução de conflitos. In: Revista de Processo. vol. 195, p. 195-116, set, São Paulo: RT. 2011, versão eletrônica.

ANDREWS, Neil. Relações entre a corte e as partes na era do case management. In: Revista de Processo. V. 217. P. 181-203. Mar. 2013. Versão eletrônica.

BARBI, Celso Agrícola. O papel da conciliação como meio de evitar o processo e de resolver conflitos. In: Revista de Processo, v. 39, p. 119-121, jul-set. São Paulo: Editora Revista dos Tribunais. 1985, Versão Eletrônica.

BEDÊ JÚNIOR, Américo; CHMATALIK, Cristiane Conde. Conciliação – as técnicas de negociação e a nova política judiciária. In: ZANETI JÚNIOR, Hermes; CABRAL, Trícia Navarro Xavier. Justiça Multiportas: mediação, conciliação, arbitragem e outros meios de solução adequada de conflitos. Salvador: Juspodium. 2016.

BERMUDES, Sérgio. Arbitragem: um Instituto florescente. In: Revista de Arbitragem e Mediação, vol. 50, p. 387-389, jul-set, São Paulo: Editora Revista dos Tribunais. 2016, versão eletrônica.

BRASIL. Constituição da República Federativa do Brasil, de 5 de outubro de 1988.

BRASIL, Lei nº 13.105, de 16 de março de 2015.

BRASIL, Lei nº 13.129, de 26 de maio de 2015.

BRASIL, Lei nº 13.140, de 26 de junho 2015.

CABRAL, Antonio do Passo. A duração razoável do processo e a gestão do tempo no projeto do novo Código de Processo Civil. In: FREIRE, Alexandre et al. (coord.). Novas tendências do Processo Civil: estudos sobre o projeto do novo CPC. Salvador: Jus Podium. 2013.

CABRAL, Antonio do Passo; CUNHA, Leonardo Carneiro da. Negociação direta ou resolução colaborativa de disputas (collaborative law): "Mediação sem Mediador". In: ZANETI JR. Hermes; CABRAL, Trícia Navarro Xavier (coords). Justiça Multiportas: Mediação, conciliação, arbitragem e outros meios de solução adequada para conflitos. Salvador: JusPodium. 2016.

CABRAL, Thiago Dias Delfino. A mitigação da confidencialidade da arbitragem na recuperação judicial. In: Revista Brasileira de Arbitragem, vol. 57, jan-mar, p. 45-66, Holanda: Wolter Kluwer. 2018.

CABRAL, Trícia Navarro Xavier; CALMON, Rafael. Justiça Multiportas no Brasil: breve panorama. In: Revista da Federação Nacional de Mediação de Conflitos 1.ª Edição Junho 2018. P. 67. Disponível em: < ht-tps://issuu.com/fmc2018/docs/1.__edi__o_revista_fmc_final> Acesso: 19 set. 2018.

CAHALI, Francisco José. Curso de Arbitragem. 7ª Edição. São Paulo: Editora Revista dos Tribunais. 2018.

CAPPELLETTI, Mauro. Métodos alternativos de solução de conflitos no quadro do movimento universal do acesso à justiça. In: Revista de Processo, v. 74, p. 82-97, abr-jun. São Paulo: Editora Revista dos Tribunais. 1994, Versão Eletrônica.

CARMONA, Carlos Alberto. Arbitragem e Processo – Comentários à Lei no 9.307/96. 3a Edição. São Paulo: Editora Atlas. 2009.

CARNEIRO, Paulo Cezar Pinheiro. Comentários aos artigos 1º ao 15 do Código de Processo Civil In: WAMBIER. Teresa Arruda Alvim et al (coords). Breves Comentários ao Novo Código de Processo Civil. 2ª Tiragem. São Paulo: Editora Revista dos Tribunais. 2015.

CINTRA, Antônio Carlos de Araújo *et al*. Teoria Geral do Processo. 24ª Edição. São Paulo: Editora Malheiros.2008.

COELHO, Eleonora. Desenvolvimento da cultura dos métodos adequados de resolução de conflitos. In: Arbitragem e Mediação – A reforma da legislação brasileira. 2ª Edição. São Paulo: Atlas. 2017.

DIDIER, Fredie Didier; ZANETI JÚNIOR, Hermes. Justiça Multiportas e Tutela Constitucional Adequada: Autocomposição em Direitos Coletivos. In: ZANETI JR, Hermes; e CABRAL, Trícia Navarro Xavier (coords). Justiça Multiportas: Mediação, conciliação, arbitragem e outros meios de solução adequada para conflitos. Salvador: JusPodium. 2016.

EXPOSIÇÃO DE MOTIVOS DO CÓDIGO DE PROCESSO CIVIL DE 2015, disponível em:<https://www2.sena-do.leg.br/bdsf/bitstream/handle/id/512422/001041135.pdf> Acesso em: 01 out. 2018.

FARIA, Marcela Kohbalch de. Meios alternativos de solução de conflitos: mais um caminho para a efetividade de direitos constitucionais. In: FUX, Luiz (coord). Processo Constitucional. Rio de Janeiro: Forense, 2013.

FICHTNER, José Antonio et al. Teoria Geral da Arbitragem. Rio de Janeiro: Forense. 2018.

FISS, Owen. Against Settlement. In: Yale Law Journal, vol. 93, 1984.

FRANZONI, Diego. Arbitragem Societária. In: WAMBIER, Teresa Arruda Alvim; TALAMINI, Eduardo (coord.). Coleção Liebman. São Paulo: Revista dos Tribunais. 2015.

GALINDO, George Rodrigo Bandeira. Comentários ao artigo 4, VII da Constituição do Brasil. In: CANOTILHO, J. J. Gomes et al. (coord.). Comentários à Constituição do Brasil – 2ª Edição. São Paulo: Saraiva, 2018.

GUERRERO, Luis Fernando. Os métodos de resolução de conflitos e o processo civil. São Paulo: Atlas. 2015.

___________. O custo dos métodos adequados de solução de litígios para as empresas. In: NASCIMBENI, Asdrubal Franco; BERTASI, Maria Odete Duque; RANZOLIN, Ricardo Borges (Coord.). Temas de mediação e arbitragem. São Paulo: Lex, 2017.

JOBIM, Eduardo. A arbitragem, os contratos e a interpretação econômica do direito e das organizações. In: JOBIM, Eduardo; MACHADO, Rafael Bicca. Arbitragem no Brasil: aspectos jurídicos relevantes. São Paulo: Quartier Latin. 2018.

KESSLER, Gladys; FINKELSTEIN, Linda J. The evolution of a Multi-Door Courthouse. In: Catholic University Law Review, vol. 37, issue 3, spring, 1988. Disponível em: < https://scholarship.law.edu/cgi/viewcontent.cgi?article=1897&context=lawreview>. Acesso em: 17 set. 2018

LAMAS, Natália Mizrahi. Introdução e princípios aplicáveis à arbitragem. In: LEVY, Daniel; PEREIRA, Guilherme Setoguti J. (coord.). Curso de Arbitragem. São Paulo: Editora Revista dos Tribunais. 2018.

LEMES, Selma Ferreira. Disponível em <http://selmalemes.adv.br/artigos/An%C3%A1lise-%20Pesquisa-%20Arbitragens%20Ns%20%20e%20Valores%20_2010%20a%202016_.pdf>. Acesso em: 01 out. 2018.

LESSA NETO, João Luiz. O novo CPC adotou o modelo multiportas!!! E agora?!. In: Revista de Processo, v. 244, p. 427-441, jun. São Paulo: Editora Revista dos Tribunais. 2015.

MARINONI, Luiz Guilherme; MITIDIERO, Daniel. Comentários ao Código de Processo Civil: artigos 1º ao 69. São Paulo: Editora Revista dos Tribunais. 2016.

MORAES, Alexandre de. Jurisdição Constitucional e Conselho Nacional de Justiça. In: Revista dos Tribunais, v. 951, p. 141-151, jan. São Paulo: Editora Revista dos Tribunais. 2015, Versão Eletrônica.

MOREIRA, José Carlos Barbosa. O problema da duração dos processos: premissas para uma discussão séria. Temas de Direito Processual – Nona Série. Rio de Janeiro: Forense. 2007.

___________. Breve noticia sobre la conciliación em el proceso civil brasileño. In: Temas de Direito Processual – Quinta Série. Rio de Janeiro: Editora Saraiva. 1994.

___________. A Emenda Constitucional nº 45 e o processo. In: Temas de Direito Processual – 9ª Série. Rio de Janeiro. Editora Saraiva. 2007.

NANNI, Giovanni Ettore. Direito Civil e Arbitragem. São Paulo: Atlas. 2014.

NASCIMBENI, Asdrubal Franco. Os meios extrajudiciais de solução de conflitos como forma adequada de pacificação social e a tendência de desjudicialização. In: Revista de Arbitragem e Mediação, vol. 52, p. 221-258, jan-mar, São Paulo: RT. 2017, versão eletrônica.

NEVES, Flávia Bittar. A visão empresarial da arbitragem: como a administração de conflitos pode melhorar os resultados econômicos e não-econômicos do negócio. In: Revista Brasileira de Arbitragem, vol. 9, p. 30-39, jan-mar, Curitiba: Comitê Brasileira de Arbitragem. 2006.

NOGUEIRA, Gustavo Santana; NOGUEIRA, Suzane de Almeida Pimentel. O sistema de múltiplas portas e o acesso à justiça no Brasil: perspectivas a partir do novo código de processo civil. In: Revista de Processo, v. 276, p. 505-522, fev. São Paulo: Editora Revista dos Tribunais. 2012, versão eletrônica.

PAGLIARINI, Alexandre Coutinho; FAYAD, Anelize Klotz. Relations Between arbitration and economic analysis of law. In: Revista de Arbitragem e Mediação, v. 58, p. 287-310, jul-set, São Paulo: RT. 2018. Versão Eletrônica.

Pesquisa CBAR-IPSOS – Arbitragem no Brasil. Disponível em: <http://www.cbar.org.br/PDF/Pesquisa_CBAr-Ipsos-final.pdf> Acesso em: 12 set. 2018.

PIMENTEL, Wilson. O CPC de 2015, mediação e arbitragem: um sistema geral de solução de conflitos. In: A Reforma da Arbitragem. Leonardo de Campos Melo e Renato Rezende Beneduzi (coords). Rio de Janeiro: Forense. 2016.

PINHO, Humberto Dalla Bernadina de. Jurisdição e Pacificação: limites e possibilidade do uso dos meios consensuais de resolução de conflitos na tutela dos direitos transindividuais e pluri-individuais. Curitiba: CRV. 2017.

PINHO, Humberto Dalla Bernadina de. Marco Legal da Mediação no Brasil. In: GABBAY, Daniela Monteiro; TAKAHASHI, Bruno (coord). Justiça Federal: Inovações nos mecanismos consensuais de solução de conflitos. Brasília: Gazeta Jurídica. 2014.

PUGLIESE Antonio Celso Fonseca; SALAMA, Bruno Meyerhof. A economia da arbitragem: escolha racional e geração de valor. In: JOBIM, Eduardo; MACHADO, Rafael Bicca. Arbitragem no Brasil: aspectos jurídicos relevantes. São Paulo: Quartier Latin. 2018.

RIBEIRO, Marilda Rosado de Sá. Comentários sobre a arbitragem no brasil: custos, eficiência e outras questões controvertidas. In: Revista de Arbitragem e Mediação, vol. 48, p. 185-202, jan-mar, São Paulo: RT. 2016, versão eletrônica.

SANDER, Frank; CRESPO, Maria Hernandez. Diálogo entre os professores Frank Sander e Maria Hernandez Crespo. In: ALMEIDA, Rafael Alves et al (coords.). Tribunal Multiportas: investindo no capital social para maximizar o sistema de solução de conflitos no Brasil. Rio de Janeiro: Editora FGV. 2012.

SANDER, Frank E.A. The Future of ADR. In: Journal of Dispute Resolution, vol. 2000, issue 1, 2000.

SILVA, Ronaldo Campos e. Parâmetros para um novo conceito de jurisdição. In: PORTO, José Roberto Sotero de Mello; RODRIGUES, Roberto de Aragão Ribeiro. Direito Processual Contemporâneo – Estudos em homenagem a Humberto Dalla Bernadina de Pinho. Rio de Janeiro: LMJ Mundo Cristão. 2018.

TARTUCE, Fernanda. Comentários aos artigos 165 a 175 do Código de Processo Civil. In: WAMBIER. Teresa Arruda Alvim et al. (coords). Breves Comentários ao Novo Código de Processo Civil. 2ª Tiragem. São Paulo: Editora Revista dos Tribunais. 2015.

TIMM, Luciano Benetti *et al*. Reflexões sobre uma análise econômica da ideia de arbitragem no Brasil. In: CARMONA, Carlos Alberto et al (coord.). 20 anos da lei de arbitragem: homenagem a Petrônio R. Muniz. São Paulo: Atlas. 2017.

TIMM, Luciano Benetti; JOBIM, Eduardo. A Arbitragem, os Contratos Empresariais e a Interpretação Econômica do Direito. In: Direito & Justiça, v. 33, nº 1, p. 80-97, 2007.

TONIN, Mayara Gasparoto; ISFE, Mayara Roth. Apontamentos sobre a efetividade do sistema de aplicação da lei (enforcement) no mercado de valores mobiliários brasileiro. In: Revista de Direito Empresarial, v. 9, p. 263-295, maio-jun, São Paulo: RT. 2015. Versão Eletrônica.

TUCCI, José Rogério Cruz e. A Liberdade das partes na escolha dos árbitros. In: SALOMÃO. Luis Felipe; e ROCHA. Caio César Vieira. Arbitragem e Mediação – A reforma da legislação brasileira. 2ª Edição. São Paulo: Atlas. 2017.

VENTURI, Elton. Transação de Direitos Indisponíveis? In: Revista de Processo, v. 251, p. 391-426, jan. São Paulo: Editora Revista dos Tribunais. 2016, versão eletrônica.

VERÇOSA, Haroldo Malheiros Durclerc. Aspectos da arbitragem no direito societário. In: Revista de Direito Empresarial, v. 6, p. 251-259, nov-dez. São Paulo: Editora Revista dos Tribunais. 2014. Versão Eletrônica.

WATANABE, Kazuo. A mentalidade e os meios alternativos de solução de conflitos. In: GRINOVER, Ada Pellegrini *et al* (coord.). Mediação e Gerenciamento do Processo: revolução na prestação jurisdicional. São Paulo: Atlas. 2013.

II PACTO REPUBLICANO DE ESTADO POR UM SISTEMA DE JUSTIÇA MAIS ACESSÍVEL, ÁGIL E EFETIVO. Disponível em: <http://www.planalto.gov.br/ccivil_03/Outros/IIpacto.htm> Acesso: 20 set. 2018.

A PRESUNÇÃO DE INOCÊNCIA E SEUS EFEITOS NA DISTRIBUIÇÃO DO ÔNUS DA PROVA NO PROCESSO PENAL

Tiago Lezan Sant´Anna

1. Introdução

Tanto no direito processual brasileiro, quanto no sistema americano, verificam-se graus de exigência de prova muito diferentes, de acordo com o ramo do direito material. Da mesma forma, observam-se importantes variações na relação da presunção com os fatos que a contradigam.

O modelo de Hay e Spier (1997) permite demonstrar que a regra de distribuição do ônus da prova afeta a decisão dos litigantes sobre produzir ou não determinadas provas. Esse modelo pode ser usado para, explorando esse fenômeno, orientar a alocação de presunções para minimizar os custos para a sociedade associados a o desenvolvimento ou não de litígios judiciais. O mesmo acontece com o modelo de Bernardo, Talley e Welsch (2000) para avaliar o custo social dos litígios.

Após a revisão desses modelos de análise econômica, analisa-se neste trabalho a especificidade do processo penal, no que diz respeito à distribuição dos ônus probatórios. Tal especificidade deriva do papel fundamental da presunção de inocência no processo penal.

2. O Conceito de Ônus da Prova

O ônus da prova é "um imperativo que a lei estabelece em função do próprio interesse daquele a quem é imposto" (TOURINHO FILHO, 2011). Concretamente, o ônus da prova é o encargo, atribuído a uma das partes, de demonstrar a existência ou inexistência de fatos controvertidos no processo, para o convencimento do juiz.

Nas palavras de Nucci: "Deve-se compreender o ônus da prova como a responsabilidade da parte, que possui o interesse em vencer a demanda, na demonstração da verdade dos fatos alegados, de forma que, não o fazendo, sofre a 'sanção processual', consistente em não atingir a sentença favorável ao seu desiderato" (NUCCI, 2011).

Interessante é, nessa conceituação, registrar a distinção entre ônus e obrigação: quem não cumpre uma obrigação voluntariamente é obrigado a prestá-la ou ficará sujeito a indenizar a outra parte. Já o ônus não pressupõe a existência de direito de outrem.

No caso dos ônus da prova, a parte contrária não tem o direito de exigir daquele que tem o ônus que prove determinado fato. Nem tampouco fará jus a qualquer indenização. Entretanto, a parte que não consegue se desincumbir do ônus da prova tem um maior risco de que o julgamento lhe seja desfavorável.

Diante de uma questão de fato, o julgador encara duas possibilidades:

> a) a ocorrência ou inocorrência do fato é comprovada ou não precisa de prova (é o caso dos fatos elencados nos três primeiros incisos do artigo 334 do Código de Processo Civil, mantido *ipsis literis* no Art. 374 do Novo CPC, os fatos notórios, confessados ou incontroversos), de modo a permitir a aplicação do direito objetivo ao caso concreto (subsunção ou integração normativa);

ou

> b) a ocorrência do fato não é comprovada, tanto quanto sua inocorrência. Neste caso, se o ônus da prova está com uma das partes, a decisão será em desfavor dessa parte. O juiz aplica o direito objetivo ao caso concreto, presumindo que são inverídicos os fatos cuja ocorrência deveria ser provada por quem tem o ônus da sua prova.

A Constituição do Brasil não possui previsão específica em relação à distribuição do ônus probatório, limitando-se a prever o devido processo legal (art. 5º, LIV), o direito ao contraditório e à ampla defesa (art. 5º, LV) e a inadmissibilidade de provas ilícitas (art. 5º, LVI).

Já descendo ao nível infraconstitucional, o tema se faz presente de forma mais ampla nas disposições do Código de Processo Civil.

3. A Atribuição do Ônus da Prova no Processo Civil Brasileiro

No processo civil brasileiro o ônus da prova é atribuído, em regra, à parte que alega o fato. No entanto, admite-se a aplicação de outro critério, em determinadas hipóteses.

3.1. Regra Geral

Em regra, o autor da ação tem o ônus de provar os fatos constitutivos do direito que alega ter (antigo artigo 333, I, do Código de Processo Civil de 1973, substituído pelo artigo 373, I do Novo Código de Processo Civil).

Do mesmo modo, o réu, sempre que alegar fatos novos que impedem, modificam ou extinguem o direito do autor (defesa de mérito indireta), atrairá para si o ônus da prova em relação a tais fatos (antigo artigo 333, II do Código de Processo Civil, substituído pelo artigo 373, II, do CPC vigente).

Se o réu formular defesa de mérito direta, apenas negando o direito do autor ou negando os fatos alegados pelo autor, não atrairá o ônus da prova. É importante, aqui, notar que isto só se aplica à defesa de mérito direta, em que o réu apresenta uma negativa absoluta, indeterminada. Caso faça qualquer outra afirmativa em sua defesa, que não a simples negação das afirmações do autor, tem o réu o ônus da prova do que afirma.

Vale transcrever os artigos acima mencionados.

Do CPC de 1973:

> *Art. 333. O ônus da prova incumbe:*
>
> *I. ao autor, quanto ao fato constitutivo do seu direito;*
>
> *II. ao réu, quanto à existência de fato impeditivo, modificativo ou extintivo do direito do autor.*

Do CPC vigente:

> Art. 373. O ônus da prova incumbe:
>
> I – ao autor, quanto ao fato constitutivo de seu direito;
>
> II – ao réu, quanto à existência de fato impeditivo, modificativo ou extintivo do direito do autor.

No parágrafo único do art. 333 do CPC/73 e nos parágrafos do art. 373 do CPC/15, porém, se estabelece outro critério, conforme se passa a expor.

3.2. Inversão do Ônus da Prova

Ao atribuir o ônus de forma diversa da regra geral, dizemos que se processa uma inversão do ônus da prova. A inversão do ônus da prova pode ocorrer, em primeiro lugar, por acordo entre as partes. É neste caso chamada de convencional, e já era autorizada no CPC de 1973:

> *Art. 333. O ônus da prova incumbe:*
>
> *(...)*
>
> *Parágrafo único – É nula a convenção que distribui de maneira diversa o ônus da prova quando:*
>
> *I. recair sobre direito indisponível das partes;*
>
> *II. tornar excessivamente difícil a uma parte o exercício do direito.*

No CPC vigente, além de se manter a previsão de inversão convencional do ônus da prova, acrescenta-se um critério econômico ao critério de atribuir o ônus da prova a quem traz o fato à consideração do juízo.

A teoria da distribuição dinâmica do ônus da prova, intitulada, também, teoria das cargas probatórias dinâmicas, desenvolvida pelo argentino Jorge W. Peyrano

(PEYRANO, 2004), consiste em atribuir o ônus da prova à parte que possui melhores condições de produzir a prova, independentemente de quem alega os fatos.

Transcrevem-se abaixo os parágrafos do art. 373 do CPC vigente:

> *Art. 373. O ônus da prova incumbe:*
>
> *(...)*
>
> *§ 1º Nos casos previstos em lei ou diante de peculiaridades da causa relacionadas à impossibilidade ou à excessiva dificuldade de cumprir o encargo nos termos do caput ou à maior facilidade de obtenção da prova do fato contrário, poderá o juiz atribuir o ônus da prova de modo diverso, desde que o faça por decisão fundamentada, caso em que deverá dar à parte a oportunidade de se desincumbir do ônus que lhe foi atribuído.*
>
> *§ 2º A decisão prevista no § 1º deste artigo não pode gerar situação em que a desincumbência do encargo pela parte seja impossível ou excessivamente difícil.*
>
> *§ 3º A distribuição diversa do ônus da prova também pode ocorrer por convenção das partes, salvo quando:*
>
> I – recair sobre direito indisponível da parte;
>
> II – tornar excessivamente difícil a uma parte o exercício do direito.
>
> § 4º A convenção de que trata o § 3º pode ser celebrada antes ou durante o processo.

Considerando a redação destes parágrafos, verifica-se que a inversão deve ser determinada pelo juiz da causa, nos casos previstos em lei. Concede-se, também, discricionariedade ao juiz de determinar a inversão, de acordo com as peculiaridades do caso.

A previsão legal que dá ensejo de forma mais frequente à inversão do ônus da prova nos processos judiciais brasileiros encontra-se no Direito do Consumidor. Tem base no artigo 6º, VIII, do Código de Defesa do Consumidor (Lei nº 8.078/90), que preceitua, *in verbis*:

> Art. 6º São direitos básicos do consumidor:
>
> (...)
>
> *VIII – a facilitação da defesa de seus direitos, inclusive com a inversão do ônus da prova, a seu favor, no processo civil, quando a critério do juiz, for verossímil a alegação ou quando for ele hipossuficiente, segundo as regras ordinárias de experiências".*

Assim, tratando-se de relação de consumo, o juiz poderá inverter o ônus quando presente um dentre dois requisitos, a verossimilhança da alegação ou a hipossuficiência do consumidor.

O entendimento consolidado na doutrina e na jurisprudência é de que a hipossuficiência do consumidor não é necessariamente econômica. Pode ser também associada à dificuldade ou impossibilidade de produzir a prova em razão da falta de conhecimento técnico. Esta inversão se justifica pelo fato de que o fornecedor, em regra, tem mais informação a respeito do produto que comercializa do que o consumidor.

Conforme será exposto na seção 5, abaixo, a pesquisa de HAY & SPIER (1997) permite perceber que ao se atribuir a uma das partes a tarefa de produzir provas, alivia-se seu oponente, até certo ponto, dessa tarefa - economizando assim gastos que poderiam ser incorridos por esse oponente. Com base nessa análise, é possível concluir que, para a sociedade, a distribuição do ônus da prova, se realizada de forma ideal, pode minimizar o total de gastos incorridos para se fazer justiça.

Outras inversões do ônus da prova decorrem da aplicação de presunções, como veremos a seguir. Mais adiante, na seção 7, analisa-se o efeito da presunção de inocência na distribuição do ônus da prova no processo penal.

4. Presunções: Conceito e Fontes

Uma presunção é um mecanismo que ajuda uma das partes ou dificulta a outra a satisfazer um ônus de prova, ou transfere de uma para outra esse ônus:

> "*Pre*sunção é um processo racional do intelecto, pelo qual do conhecimento de um fato infere-se com razoável probabilidade a existência de outro ou o estado de uma pessoa ou coisa" (Dinamarco, 2017).

As presunções podem se originar de probabilidades de ocorrência, de objetivos ou valores sociais, ou da maior facilidade de uma ou outra parte produzir a prova (do mesmo modo que na distribuição dinâmica do ônus da prova).

Exemplos de objetivos ou valores sociais protegidos por presunções são: a legitimidade dos filhos, a validade do casamento, a estabilidade dos títulos de propriedade, a segurança daqueles que confiam a si mesmos ou seus bens à administração de outros; bem como a própria presunção de inocência, em matéria penal.

4.1. Exemplos de Presunções

A seção 7 terá por objeto a análise da presunção de inocência. No entanto, há diversas outras presunções que influenciam julgamentos.

São exemplos de presunções expressamente previstas na legislação brasileira:

> a) as regras contidas no artigo 232 do Código Civil (veracidade dos fatos quando a parte contrária se recusa a se submeter à perícia médica) e no parágrafo único do artigo 2º-A da Lei nº 8.560/92 ("a recusa do réu em se submeter ao exame de código genético – DNA gerará a presunção da paternidade, a ser apreciada em conjunto com o contexto probatório")
>
> b) a regra contida no artigo 659, § 4º do Código de Processo Civil de 1973 (com a redação dada pela **LEI N° 10.444/2002**) e também prevista no § 4º do artigo 828 do CPC vigente, segundo a qual terceiro não poderá alegar desconhecimento do fato de o imóvel adquirido estar penhorado, em razão de sua anterior averbação no ofício imobiliário.

É interessante notar que, com a redação do § 4º do artigo 659 do CPC/73, se constitui um exemplo de presunção absoluta (jure et de jure). Neste caso, o juiz deve aceitar o fato presumido (conhecimento por terceiros em relação à penhora), desconsiderando qualquer prova em sentido contrário.

Em geral, porém, as presunções, ainda que estabelecidas em lei, são relativas (juris tantum). Ou seja, podem ser desfeitas pela prova em contrário. Assim, elas apenas atribuem ao interessado no reconhecimento do fato contrário ao presumido o ônus de prová-lo.

Muitos exemplos de presunções, algumas delas também previstas na legislação brasileira, são constatados por Rohtstein (2017):

a) Fusão entre empresas implica truste;

b) res ipsa loqitur (a coisa fala por si mesmo), como no caso de instrumento encontrado na barriga do paciente, que enseja a presunção de negligência do médico;

c) Quem dirige o carro está autorizado pelo dono;

d) Uma pessoa inexplicavelmente ausente de casa por longo tempo é falecida;

e) A morte súbita de um segurado é o resultado de acidente e não de suicídio;

f) O autor de um testamento está em juízo perfeito;

g) O preço que um investidor paga por um título é influenciado pelos documentos contábeis a que tem acesso;

h) Dinheiro entregue por uma pessoa a outra era devido a este último;

i) Qualquer coisa entregue por uma pessoa a outra pertence ao último;

j) Um título de dívida entregue ao devedor faz presumir que a dívida foi paga;

k) O autor em posse de uma ordem de pagamento de dinheiro pagou em conformidade. Inversamente, se o título de crédito está na posse do credor, presume-se que não foi pago;

l) O pagamento das parcelas posteriores enseja a presunção de que as parcelas anteriores foram pagas;

m) A posse, ou seja, o exercício de atos de propriedade, faz presumir a propriedade;

n) A data que consta em um documento presume-se que seja a data em que foi emitido;

o) Uma correspondência endereçada corretamente e enviada corretamente pelo Correio ou por *email* presume-se recebida pelo destinatário;

p) Um administrador ou outra pessoa, cujo dever era transmitir bens imóveis a uma pessoa em particular, presume-se que tenha realmente efetivado a transmissão, quando tal presunção é necessária para aperfeiçoar o título dessa pessoa ou seu sucessor.

q) Um livro, de que consta que foi impresso ou publicado por uma autoridade pública, presume-se que foi impresso ou publicado por ela;

5. O Modelo de Hay and Spier

Hay & Spier (1997) constroem um modelo para fundamentar presunções, partindo da hipótese simplificadora de que não há outros objetivos no sistema legal em relação à distribuição dos ônus da prova senão o de minimizar os custos do litígio. Além disso, em seu modelo básico, a possibilidade de um acordo resolvendo a questão antecipadamente é descartada.

Construído sobre tais fundamentos, o modelo tem ainda as seguintes hipóteses:

H1) Ambas as partes têm acesso a um conjunto de evidências que indicam, com o nível de certeza exigido, o que se deseja saber e ambas as partes sabem qual evidência é apresentada.

H2) Esse corpo de evidências é unitário por natureza. Se uma parte tentar enganar a Corte com uma apresentação seletiva da evidência, a outra parte fornecerá o restante da evidência.

H3) O custo de uma parte apresentar a prova é suficientemente baixo para que toda evidência necessária possa ser apresentada.

Quanto ao comportamento das partes, o modelo supõe que, uma vez definido o ônus da prova, a parte com o ônus apresentará a evidência se e somente se a evidência apoiar sua posição, enquanto a outra parte se absterá de apresentar evidências, independentemente de a evidência apoiar sua posição ou não.

O modelo básico é formulado, ainda, considerando uma ação judicial em que a questão contestada é se certo evento X ocorreu.

O autor diz que X ocorreu, enquanto o réu diz que não (X pode ser, por exemplo, um ato negligente do réu). A responsabilidade do réu para com o autor depende de X ter, de fato, ocorrido.

O objetivo de minimizar os custos leva a atribuir o ônus da prova ao autor da ação se o produto da probabilidade de X ter ocorrido pelo custo para o autor de mostrar que ocorreu for menor que o produto da probabilidade de não ter ocorrido pelo custo para a defesa de mostrar que não ocorreu, e inversamente no caso contrário.

A presunção consiste na aceitação de um indício Y de que X ocorreu.

A probabilidade de que X ocorreu dado que Y ocorreu pode ser calculada pela fórmula de Bayes: $P(X|Y)= P(Y|X)P(X)/P(Y)$.

Analogamente, $P(\sim X)$ denotando a probabilidade de X não ter ocorrido, $P(Y|\sim X)$ denotando a probabilidade de se observar o indício Y condicionalmente em X não ter ocorrido e $P(\sim X|Y)$ denotando a probabilidade de X não ter ocorrido dado que Y foi observado, vale a seguinte fórmula:

$$P(\sim X|Y)= P(Y|\sim X)P(\sim X)/P(Y)$$

Assim, com C_A e C_D denotando, respectivamente, os custos de produzir a evidência para o autor e para a defesa, o objetivo de minimização dos custos leva a atribuir o ônus da prova ao autor se e só se

$$P(Y|X)P(X)C_A < P(Y|\sim X)P(\sim X)C_D.$$

Assim, extraem-se justificativas para a regra geral de que o ônus da prova caiba ao autor da ação analisando cada um dos três fatores desse produto.

i) Quanto ao terceiro fator: em geral, os custos do autor de reunir e apresentar provas sobre uma questão contestada não são substancialmente maiores do que os do réu;

ii) Quanto ao segundo fator: as pessoas geralmente cumprem a lei, independentemente de como o ônus da prova é atribuído; assim, se X se referir a algum tipo de "delito " (cometer um ato ilícito, quebra de contrato, e assim por diante), P(X) é relativamente baixo;

iii) P(Y|~X) não é muito baixo em relação a P(Y|X), isto é, o indício recebido (antes de atribuir a carga) tem uma explicação neutra, no sentido de que pode aparecer tanto quando o réu cumpre a lei quanto quando não cumpre.

5.1. Exceções

i) A coisa fala por si mesma (*res ipsa loquitur*): P(Y|X)>>P(Y|~X); isto se verifica quando Y é a ocorrência de um acidente que normalmente ocorre por negligência.

ii) Presunções práticas: P(X) alto; a Justiça geralmente assume como verdade o que, na prática, quase sempre é verdadeiro. Um exemplo é a presunção de que uma carta ou telegrama atinge seu destinatário designado.

Outras presunções com este fundamento são as justificadas por diferenciais nos custos das partes de coletar e produzir provas. Por exemplo, o contribuinte tem o ônus da prova em ações propostas pela autoridade tributária porque ele tem maior acesso às provas sobre os seus próprios negócios.

iii) À primeira vista (*prima facie*): P(Y|X)>P(Y|~X); ainda que sem o mesmo grau de certeza do *res ipsa loquitur*, atribui-se ao acusado o ônus de desmentir uma impressão inicial.

Veremos, na seção 7, que parte da doutrina brasileira não admite tal presunção em desfavor de acusados, no processo penal, sustentando que sempre deve prevalecer a presunção de inocência.

iv) Defesa afirmativa: $C_D < C_A$; casos em que a defesa levanta um argumento que é mais fácil que ele mesmo prove.

5.2. Refinamentos do Modelo

i) Possibilidade de Acordo

Se os recursos consumidos na negociação de um acordo em determinado caso crescem proporcionalmente ao custo na produção de prova, então o problema em que se admita possibilidade de acordo é o mesmo do modelo básico; se, no entanto, os custos do acordo não variarem de forma linear com o custo na produção da prova, a atribuição ideal do ônus não será necessariamente a mesma do modelo básico.

ii) Decisão de Litigar não é Indício Considerável

O autor pode propor uma demanda infundada na esperança de extrair um acordo do acusado. Em particular, se for do réu o ônus da prova, é possível que ele esteja disposto a pagar determinada quantia para resolver o caso, a fim de evitar os custos de provar que X não ocorreu.

Sabendo disso, alguns litigantes podem optar por processar independentemente do mérito de sua reivindicação. Consequentemente, a decisão do demandante de processar não é necessariamente uma forte indicação Y da ocorrência de X.

iii) Efeito nas Condutas

O modelo não considera o objetivo social de mudar comportamentos.

Assumindo que efeitos dessa natureza não precisam ser considerados, o modelo se limita a considerar como objetivo da distribuição do ônus da prova a redução dos custos do litígio.

6. O Modelo de Bernardo, Talley e Welsch

Na pesquisa de Bernardo, Talley e Welsch (2000) constrói-se, inicialmente, um modelo baseado no cotejo de duas finalidades econômicas opostas:

1) combater esforço insuficiente pelo prestador de serviço negligente;

2) reduzir o custo para o contratante do serviço.

Depois, os autores adotam um segundo enfoque em que o objetivo é reduzir o custo total com o litígio.

Assim, o primeiro modelo permite analisar como presunções podem conter duas fontes de desperdício: litígios dispendiosos e esforço insuficiente pelo prestador de serviço jurídico.

O modelo combina uma abordagem de risco moral de comportamento negligente do prestador de serviço com um jogo de litígio redistributivo no qual, a seguir, um parâmetro de presunção pondera como o tribunal atribui maior ônus da prova a cada uma das duas partes, o cliente e o prestador do serviço.

Na primeira construção, é considerada a finalidade econômica de produção e, na segunda, a de distribuição. Na primeira, é analisado o *trade off* entre os custos, para o autor, de contratação do prestador de serviço, e para este, de prestá-lo com a diligência esperada. Na segunda é analisado o *trade off* entre os custos do litígio para as duas partes.

Fortes presunções favorecendo a defesa desestimulam completamente as ações judiciais, mas também estimulam a negligência. Fortes presunções favorecendo o autor têm efeitos opostos.

Presunções moderadas dão origem a equilíbrios nos quais há certa probabilidade tanto de negligência quanto de iniciativa de litígio judicial.

O nível de presunção socialmente ótimo pode ser forte ou moderado, dependendo da importância social do esforço do advogado, dos custos do processo e da vantagem comparativa que os agentes diligentes obtêm sobre os negligentes.

6.1. Condições do Modelo

São considerados dois atores: a cliente (Titular) e o contratado (Agente).

A cliente (Titular) contrata um prestador (agente) para a execução de um serviço.

Não há pagamento por êxito e a cliente não tem como monitorar a execução do serviço pelo prestador.

Resta à cliente, apenas, a possibilidade de mover ação contra o prestador, se o retorno for insatisfatório.

6.2. Variáveis da Primeira Fase

V1. Esforço dispendido pelo contratado.

Tem dois níveis: e^H = esforço alto e e^L = esforço baixo.

V2. Custo do esforço alto: f, medido em unidades monetárias.

O custo do esforço baixo se supõe nulo.

V3. Remuneração do contratado: w.

V4. Resultado para a titular da ação.

Tem dois níveis: V_H = *payoff* alto e V_L = *payoff* baixo.

Primeiro parâmetro: p = probabilidade entre ½ e 1, de esforço alto do contratado resultar em *payoff* alto para o cliente e probabilidade de esforço baixo do contratado resultar em *payoff* baixo para o cliente.

1-p é a probabilidade associada a esforço alto do contratado e *payoff* baixo, assim como é a probabilidade da ocorrência de esforço baixo do contratado *payoff* alto para seu cliente.

O *payoff* esperado para a titular em caso de esforço alto do contratado é $pV_H+(1-p)V_L$.

O *payoff* esperado para a titular em caso de esforço baixo do contratado é, do outro lado, $(1-p)V_H+pV_L$.

Do ponto de vista social, a utilização de recursos gere produtos, o esforço alto do contratado só faz sentido se $[pV_H+(1-p)V_L]-[(1-p)V_H+pV_L]>f$.

Por meio de um cálculo algébrico, os autores do modelo demonstram que $[pV_H+(1-p)V_L]-[(1-p)V_H+pV_L]>f$ é equivalente a $(2p-1)(V_H-V_L)>f$.

O resultado dessa primeira parte do jogo é um lucro w-f para o contratado honesto e w para o contratado negligente.

Para a titular da ação, determina-se apenas lucro condicional, V_H-w, condicionalmente em alto esforço do contratado, e V_L-w, condicionalmente em baixo esforço do contratado.

Do ponto de vista ético, espera-se w=f e que o esforço do contratado seja alto.

6.3. Variáveis da Segunda Fase

V5. O contratante pode decidir acionar judicialmente o contratado ou não: "Sue or Not Sue".

V6. Indenização paga pelo contratado ao seu cliente em caso de este ganhar o litígio: D.

V7. Custo fixo para a titular com o litígio: F.

V8. Esforço da titular em produzir evidência incriminatória no litígio: L_P.

V9. Esforço do contratado honesto em produzir evidência exculpatória: L_A^H.

V10. Esforço do contratado negligente em produzir evidência exculpatória: L_A^L.

Segundo Parâmetro: b = grau de exigência de evidência da acusação em relação à defesa (presunção).

A presunção de inocência cresce com b, de modo que b=0 indica presunção absoluta de certeza do autor e impossibilidade absoluta de refutar a acusação.

6.4. Equilíbrio Econômico

Outros parâmetros:

b, probabilidade de alto esforço pelo contratatado na primeira fase.

g, probabilidade de que o cliente opte por acionar o contratado ao receber o resultado V^L na primeira fase.

a, convicção da titular que recebe resultado V^L de que o contratado despendeu esforço e^H.

Custo marginal, que se supõe constante, da produção de provas para o cliente: c_P.

Custo marginal, que se supõe constante, da produção de provas para o contratado honesto: c_A^H.

Custo marginal, que se supõe constante, da produção de provas para o contratado negligente: c_A^L.

Hipótese de dificuldade de gerar provas: $c_A^L > c_A^H > 0$.

Desta hipótese, assim como da própria realidade da negligência, decorrerá, em geral, $L_A^H > L_A^L$.

Ganho líquido esperado pela titular no litígio: $R_P(a)=[aL_P/(L_P+bL_A^H)+(1-a)L_P/(L_P+bL_A^L)]D-c_PL_P-F$.

Perda total do prestador honesto no litígio: $[L_p/(L_p+bL_A^H)]D+c_A^H L_A^H$.

Perda total do prestador negligente no litígio: $[L_p/(L_p+bL_A^L)]D+c_A^L L_A^L$.

A otimização dessas expressões demonstra que:

i) L_p, L_A^H e L_A^L crescem com D e existe um valor intermediário de b que maximiza L_p, L_A^H e L_A^L.

ii) RP(a) é função contínua e estritamente decrescente de a e, para a fixo, é função estritamente crescente de D e estritamente decrescente de F e de b.

iii) o ganho líquido do contratado decorrente de despedir alto esforço é função contínua estritamente crescente de g e, para a e g fixos, é função estritamente crescente de D e p e estritamente decrescente de f.

iv) Para L_p, L_A^H e L_A^L ótimos, os valores de a, b e p são relacionados por:

$a=(1-p)b/[(1-p)b+p(1-b)]$,

ou equivalentemente,

$b=pa/[pa+(1-p)(1-a)]$.

Conclusões são associadas a três faixas de valores de b.

Proposição 1:

Para b alto, o equilíbrio se obtém com valores nulos para a, b e g.

Proposição 2:

Para b baixo, assumindo F suficientemente pequeno para incentivar o cliente a propor ação reparatória e f suficientemente pequeno para que valha a pena o prestador realizar esforço sabendo que o litígio é inevitável se o resultado da ação inicial for baixo, o equilíbrio se obtém com a=b=g=1.

Em particular, para b=0, o resultado é equivalente a um contrato de êxito em que o contratado recebe w em caso de sucesso e paga D-w em caso de insucesso.

Proposição 3:

Assumindo F suficientemente pequeno para incentivar o cliente entrar com a ação reparatória e f suficientemente pequeno para que valha a pena o prestador realizar alto esforço sabendo que o litígio é inevitável se o resultado da ação inicial for baixo, há valores intermediários de b para os quais o equilíbrio se obtém com valores intermediários de a, b e g.

Proposição 4:

Assumindo F suficientemente pequeno para incentivar a titular da ação a propor ação reparatória e f suficientemente pequeno para que valha a pena o prestador realizar esforço sabendo que o litígio é inevitável se o resultado da ação inicial for baixo, para valores intermediários de b, b é estritamente decrescente com b e g é estritamente crescente com b.

Surge uma conclusão surpreendente na Proposição 4, que pode ser explicada pela reação da contratante à perspectiva de o contratado tornar-se mais negligente à medida que se sente mais protegido.

Isso explica um caso, analisado na pesquisa, em que o efeito da legislação mais protetora da defesa acabou por provocar aumento da quantidade de litígios.

Corolário da Proposição 4: nas condições da Proposição 4, a taxa de vitória do cliente decresce com b tanto contra provedor que dispendeu alto esforço quanto contra provedor negligente. Entretanto, para b acima de certo ponto na faixa intermediária, a taxa de vitória esperada do cliente é estritamente crescente.

Esta aparente contradição é explicada pelo aumento na proporção de contratados negligentes. Então, embora para cada tipo de prestador de serviço a taxa condicional decresça, como cresce a proporção do tipo (negligente) em que a taxa é maior, o valor esperado cresce.

6.5. Otimização Macroeconômica

A presunção economicamente ótima para a sociedade é a que minimiza o custo social da negligência do prestador e as despesas com o litígio.

O custo social da negligência é dado por $(1\text{-}b)[(2p\text{-}1)(V_H\text{-}V_L)\text{-}f]$, para b ótimo. O segundo fator resulta do cálculo realizado na Seção 6.3.

O custo social do litígio é dado por $g[b(1- p)+(1-b)p][ac_A^H L_A^H+(1\text{-}a)c_A^L L_A^L+c_P L_P+F]$ para a, b e g ótimos.

7. A presunção de inocência e seus efeitos na distribuição do ônus da prova no Processo Penal brasileiro

Considerando que a principal função do processo penal, de servir de elemento limitador ao poder punitivo do Estado (Mirza, 2016), deriva-se da presunção de inocência (art. 5º, LVII) a conclusão de que o ônus da prova é sempre do acusador.

Indaga-se, porém, se pode haver presunção contra o acusado?

Um caso bastante interessante para a análise é o do dever jurídico que o § 2.° do art. 13 do Código Penal Brasileiro incumbe a quem:

> a) tenha por lei a obrigação de cuidado, proteção ou vigilância;
>
> b) de outra forma, assumiu a responsabilidade de impedir o resultado;
>
> c) com seu comportamento anterior, criou o risco da ocorrência do resultado.

Um exemplo de presunção contra o acusado é considerar que a condição de dirigente de uma empresa implica na assunção de um dever de vigilância, de modo que a defesa tenha que comprovar que acusado foi vigilante.

No caso do "mensalão"[1], o STF entendeu que havia elementos para condenar determinados indivíduos por lavagem de dinheiro e por crimes contra o sistema financeiro nacional, tais como o delito de gestão fraudulenta, uma vez que o dolo seria depreendido a partir de elementos objetivos como a ocupação de determinado cargo em organograma empresarial e a participação formal em atos, "como decorrente do dever de controle e fiscalização que está incumbido em razão de sua posição hierárquica"[2].

O nosso Código de Processo Penal não trata da questão com rigor. A atribuição do ônus da prova é reduzida ao texto do artigo 156, ao dispor que a prova da alegação incumbirá a quem a fizer. Esta disposição vai de encontro ao princípio da presunção de inocência preconizada no artigo 5º, inciso LVII da Constituição.

O Código Penal, por outro lado, atribui à acusação ônus da prova no artigo 41, ao estabelecer que compete à acusação expor o fato criminoso com todas as suas circunstâncias:

> **Art. 41.** A denúncia ou queixa conterá a exposição do fato criminoso, com todas as suas circunstâncias, a qualificação do acusado ou esclarecimentos pelos quais se possa identificá-lo, a classificação do crime e, quando necessário, o rol das testemunhas.

Transcrevem-se, abaixo, algumas lições acerca das consequências da presunção de inocência no processo penal:

> *A acusação (Ministério Público ou querelante) deverá provar, cabalmente, os fatos deduzidos na denúncia (queixa), com todas as suas circunstâncias relevantes. Ou seja, o(s) fato(s) constitutivo(s) de seu direito. Ao réu cabe, tão somente, opor-se à pretensão do acusador, ou seja, o ônus da prova é todo da acusação. Vale mencionar que a dúvida quantos aos fatos constitutivos leva, inexoravelmente, à absolvição. A rigor, o réu não alega fato algum, apenas opõe-se à pretensão ministerial ou àquela do querelante. Isto porque é presumidamente inocente e a dúvida o socorre, sendo a absolvição medida que se impõe.* (MIRZA, 2010, p. 542).
>
> O estado de inocência é indisponível e irrenunciável, constituindo parte integrante da natureza humana, merecedor de absoluto respeito, em homenagem ao princípio constitucional regente da dignidade da pessoa humana. (...) Noutros termos, a inocência é a regra; a culpa, a exceção. Portanto, a busca pelo estado excepcional do ser humano é ônus do Estado, jamais do indivíduo. Por isso, caso o réu assuma a autoria do fato típico, mas invoque a ocorrência de excludente de ilicitude ou culpabilidade, permanece o ônus probatório da acusação em demonstrar ao magistrado a fragilidade da excludente e, portanto, a consistência da prática do crime. (NUCCI, 2012, p. 264/266).

---

1 A teoria adotada naquele precedente do Supremo ficou conhecida como "Cegueira deliberada" (*willfulblindness*).

2 RUIVO, Marcelo Almeida. Brevíssimas observações sobre a gestão fraudulenta na AP 470/STF, Boletim do IBCCRIM, jan. 2013, p. 12-13.

> *Quando se pretende aludir a um suposto ônus do réu de provar a existência de fato impeditivo, modificativo ou extintivo do direito alegado pelo autor, com isto pretendendo-se dizer que causas excludentes da antijuridicidade ou da culpabilidade deveriam ser alegadas e provadas pelo réu, ignora-se, antes de tudo, que a presunção de inocência implica que o réu não tenha necessidade de construir sua inocência, já construída de antemão pela presunção que o ampara, o que, naturalmente, conduz ao ônus da Acusação de destruir completamente esta posição de inocência, afastando, através das provas que lhe cabe cuidar que sejam produzidas, todas as dúvidas sobre a prática do fato punível.* (KARAM, 2009, p.21).
>
> A doutrina, em maioria, ao estudar a divisão do ônus probatório, sustenta que a divisão do ônus é baseada no interesse da própria afirmação, ou seja, o ônus compete a quem alega o fato. Trata-se de uma visão exclusiva e isolada do art. 156 do CPP, com redação da Lei 11.690/08, em desconformidade com a Carta Política do País, pois há que se fazer, hodiernamente, uma interpretação conforme a Constituição. *(RANGEL, 2011, p. 498:*

Entretanto, a jurisprudência não está consolidada nesse sentido, sendo frequentes os julgados em que se afirma que *"cabe à defesa provar sua tese de excludente de ilicitude e/ou de culpabilidade"(v.g. STJ – AgRg no REsp: 871739 PE 2006/0153533-2, Relator: Ministro ARNALDO ESTEVES LIMA, Data de Julgamento: 18/11/2008, T5 – QUINTA TURMA, DJe 09/12/2008)*

Ora, se o ônus probatório é todo da acusação, a única consequência da inércia da defesa deveria ser a perda de uma consequência favorável, qual seja, o fortalecimento da alegação de uma excludente de ilicitude e um aumento na possibilidade de absolvição.

Em sentido idêntico, Aroca (1997, p. 153) entende que"el acusado no necesita probar nada, siendo toda la prueba de cuenta de los acusadores, de modo que si falta la misma ha de dictarse sentencia absolutória".

Como visto na seção 6, fortes presunções favorecendo a defesa, desestimulam completamente as ações judiciais e estimulam a negligência.

Apesar das críticas da doutrina, na jurisprudência chega-se a mitigar a exigência de que as denúncias narrem de forma minudente as condutas quando imputados delitos societários, valendo transcrever ementa de precedente do STF neste sentido[3]:

> HABEAS CORPUS SUBSTITUTIVO DE RECURSO ORDINÁRIO. INADEQUAÇÃO DA VIA. NÃO CONHECIMENTO. AÇÃO PENAL. DELITO SOCIETÁRIO. CRIME DE AUTORIA COLETIVA. DENÚNCIA GENÉRICA. INÉPCIA. INOCORRÊNCIA. OBSERVÂNCIA DO ART. 41 DO CPP. SUFICIENTE DESCRIÇÃO DO FATO TIDO COMO CRIMINOSO. PODER DE GESTÃO NA PESSOA JURÍDICA. INDÍCIO MÍNIMO DE AUTORIA. NÃO CONCESSÃO DA ORDEM DE OFÍCIO.
>
> 1. Não se admite habeas corpus substitutivo de recurso ordinário, sob pena de ofensa ao regramento do sistema recursal previsto na Constituição Federal.
>
> 2. **Não há abuso de acusação na denúncia que, ao tratar de crimes de autoria coletiva, deixa, por absoluta impossibilidade, de esgotar as minúcias do suposto cometimento do crime**.

3 BRASIL. Supremo Tribunal Federal. HC 118891, Relator(a): Min. EDSON FACHIN, Primeira Turma, julgado em 01/09/2015, PROCESSO ELETRÔNICO DJe-209, publ. 20/10/2015.

> 3. Há diferença entre denúncia genérica e geral. Enquanto naquela se aponta fato incerto e imprecisamente descrito, na última há acusação da prática de fato específico atribuído a diversas pessoas, ligadas por circunstâncias comuns, mas sem a indicação minudente da responsabilidade interna e individual dos imputados.
>
> 4. Nos casos de denúncia que verse sobre delito societário, não há que se falar em inépcia quando a acusação descreve minimamente o fato tido como criminoso.
>
> 5. **O poder de gestão configura indício mínimo da autoria das práticas delitivas realizadas, em tese, por meio de pessoa jurídica.**
>
> 6. Habeas corpus não conhecido.
>
> (grifos nossos)

Adotando-se a premissa de que a única presunção admissível no processo penal é a presunção de inocência, não há espaço para se aplicar o modelo de Hay & Spier (1997), que parte da hipótese simplificadora de que não há outros objetivos no sistema legal em relação à distribuição dos ônus da prova do que o de que minimizar os custos do litígio.

Também não tem aplicabilidade a parte do modelo de Bernardo, Talley e Welsch (2000) que enfoca a redução do custo total do litígio.

O acusado só pode ser condenado se a prova contra ele está acima de qualquer dúvida razoável e, conforme previa o artigo 67 do Código Penal da República, de 1890: "Nenhuma presunção, por mais veemente que seja, dará lugar a imposição de pena".

8. Conclusão

Tendo em vista a presunção de inocência, parte da doutrina considera que o processo penal não permite presunções em desfavor do acusado.

Considerando-se os modelos acima apresentados, pode-se concluir que a distribuição do ônus da prova que decorre da presunção preconizada no artigo 5º, inciso LVII da Constituição não é a que minimiza os custos do litígio.

Na jurisprudência, contudo, observa-se uma tendência de flexibilização da presunção de inocência, por exemplo, levando a que recaia sobre a defesa o ônus de provar *excludentes de ilicitude e/ou de culpabilidade.*

A prevalecer tal entendimento, pode-se estender a aplicação de modelos fundamentados na minimização de custos para que se verifique, caso a caso, qual a regra ótima de distribuição do ônus da prova mesmo no processo penal.

9. Referências

AROCA, Juan Montero. *Principios del proceso penal*. Valencia: Tirant lo Blanch, 1997.

RANGEL, Paulo. *Direito Processual Penal*. Rio de Janeiro: Lumen Juris, 2011.

BERNARDO, Antonio E & TALLEY, Eric & WELCH, Ivo (2000). A Theory of Legal Presumptions. Journal of Law, Economics, and Organization, Oxford: Oxford University Press, vol. 16(1), 1-51.

DINAMARCO, Cândido R. (2017) Instituições de Direito Processual Civil, vol. III, 7ª. Ed. São Paulo: Malheiros.

HAY, Bruce L. & SPIER, Kathryn, E. (1997) Burdens of proof in civil litigation: an economic perspective. Journal of Legal Studies, 26(2), 413 -431.

KARAM, Maria Lucia. (2009) Liberdade, presunção de inocência e direito à defesa, Rio de Janeiro: Editora Lumen Juris.

MIRZA, Flávio (2010). Processo justo: o ônus da prova à luz dos princípios da presunção de inocência e do in dubio pro reo. Revista Eletrônica de Direito Processual, vol. 5, 540-559.

MIRZA, Flavio (2016). Novos paradigmas da prisão preventiva: um claro retrocesso. Revista Brasileira de Ciências Criminais, 122, pp. 115-134.

NUCCI, Guilherme de Souza. (2011) Provas no Processo Penal – o valor da confissão como meio de prova no processo penal, 2ª Ed., São Paulo: Editora Revista dos Tribunais.

NUCCI, Guilherme de Souza. (2012) Princípios constitucionais penais e processuais penais, 2ª edição, São Paulo: Editora Revista dos Tribunais.

PEYRANO, Jorge W. (2004) La doctrina de las cargas probatorias dinámicas y la máquina de impedir en materia jurídica. In PEYRANO, Jorge W. & WHITE, Inés L. (Coords.) Cargas probatorias dinámicas. Santa Fé: Rubinzal-Culzoni.

ROTHSTEIN, Paul F. (2017) Demystifying Burdens of Proof and the Effect of Rebuttable Evidentiary Presumptions in Civil and Criminal Trials, SSRN Electronic Journal, available at https://scholarship.law.georgetown.edu/facpub/2001/

TOURINHO FILHO, Fernando da C. (2011). Processo Penal – volume III, São Paulo: Editora Saraiva.

Este livro foi impresso nas oficinas gráficas da Editora Vozes Ltda.,
Rua Frei Luís, 100 – Petrópolis, RJ.